U0857198

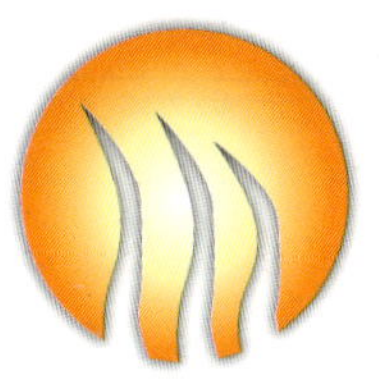

曲靖年鉴

QUJING YEARBOOK

2011

中共曲靖市委
曲靖市人民政府　主办

曲靖市人民政府地方志办公室　编

德宏民族出版社

图书在版编目（C I P）数据

曲靖年鉴. 2011 / 曲靖市地方志办编. — 潞西 :德宏民族出版社，2011.6

ISBN 978-7-80750-496-2

I. ①曲… II. ①曲… III. ①曲靖市-2011-年鉴 IV. ①Z527.43

中国版本图书馆CIP数据核字（2011）第125061号

书　　名　曲靖年鉴（2011）
作　　者　曲靖市地方志办 编
出版·发行　德宏民族出版社
社　　址　芒市勇罕街1号
邮　　编　678400
电　　话　0692-2124877　2112886
网　　址　www.dmpress.cn
责任编辑　方　萍
责任校对　毕　兰
装帧设计　昆明凡影（原雅昌）图文艺术有限公司
印　　刷　昆明富新春彩色印务有限公司

开　　本　大16
印　　张　34.37
字　　数　1200千
版　　次　2011年7月第1版
印　　次　2011年7月第1次
印　　数　1-1000
书　　号　ISBN 978-7-80750-496-2/Z · 154
定　　价　220.00元

编辑部地址　云南省曲靖市文昌街67号市委办公大楼六楼
邮　　编　655000
电　　话　0874-3124274
传　　真　0874-3124274
邮　　箱　qjnj007@163.com

《曲靖年鉴》（2011年版）编辑委员会

顾　　问　赵立雄　刘海芳　赵建华

主任委员　岳跃生

副主任委员　李云忠　朱德光　毕文权　李建军

杨光彦（常务）

委　　员　（以姓氏笔画为序）

王　伟　王松平　毛　辉　毛文光　韦滇平

尹耀春　宁伯浩　纪爱华　李学勇　李国强

李永锐　谷　鸣　张　鑫　张石生　林爱平

罗世雄　钟　玉　唐宝友　高怀潮　展宏斌

崔吉耀　谢绍益　董云昌

编 辑 部

主　　编　杨光彦

副 主 编　崔吉耀　张　鑫（常务）

编辑部主任　张　鑫

责任编辑　（按部类顺序排列）

张　鑫　特载、大事记、概况、人物、附录

李振东　政治、军事

黎　俊　法治、综合管理与监督、工业

马　燕　农业、烟草业、交通、信息业、城乡建设、环境保护

孙立云　旅游、开发区·园区、财政税务、县（市）区

孟德良　金融·保险·证券·期货、商贸流通服务业、非公有制经济、市场建设

陶汝雄　教育、科技、文化·体育

李　宁　卫生、社会生活

版式设计　（图片征集）张　鑫　李振东

中文目录编制　李振东

英文翻译　赵常友

保密审查　曲靖市国家保密局

索引编制　张　鑫　黎　俊　李振东

封面摄影　沈良启

《曲靖年鉴》（2011年版）撰稿人员

（按部类顺序排列）

特约撰稿

赵立雄　岳跃生

撰　稿

孙富明　徐天国　李振东　张　鑫　刘建华　刘云飞　刘江梅　高兴标　缪黎霞
卓　维　张　艳　赵应华　付　瑜　周广信　赵　洋　余书勤　保亚莉　何　浩
周　洲　孙用坤　李红林　王云萧　查翔华　刘　毅　吴毅芳　黄成华　张光灿
陈小兵　高兴元　杨　羚　包艳玲　汪德勇　张　丹　陶　攀　李　勇　李　勇
吴　松　王建华　骆红波　钱韦龙　黄驿琴　赵云芬　熊曦璇　解佳丽　浦仕灿
隽　明　孟利锋　李　婧　张　静　张　荣　司徒若周　陈守忠　李　进　张燕祥
李因华　张瀛文　侯　玲　汤　杰　钱光平　张　浩　方　艳　缪　林　李　云
牛　智　杨　韬　黄　河　殷　林　姚丽萍　辜良君　郭培栋　余孝茹　董朝斗
保云莹　朱东陆　胡克文　江从新　彭　海　陈顺达　陈立康　范全军　史奇红
赵　斌　黄　刚　雷　勇　朱学松　左家稳　范东元　朱金生　吴封泽　吕家旭
陈玉森　耿其龙　柴正相　张建波　孙　荣　缪应舜　徐永仑　高庆生　郭自建
徐长先　凌　峰　杨荣宝　杨华维　徐兴浩　黄丽多　高见昆　杨海兰　李　骞
杨　峰　张　健　毕　然　牛　锋　杨坤清　陈　婷　张明林　黎华东　陶　倩
冯小宇　苏丽萍　李金亮　奠石云　徐　勍　张　勇　阮江红　赵　龙　郑明书
惠泽道　徐　霞　施兴季　杨本枝　罗巧红　李　榕　陈张雁　苏　跃　肖姗艳
许贤芳　李洪斌　钱　丽　吴　杰　朱　猛　胡　芳　谢　艳　武媛媛　丁文勇
王天荣　陈　虹　何会攀　冯亚玲　倪华武　潘　燕　包荣芹　董　玲　何继熠
张　志　毋海燕　江志旭　王冰莹　许洪强　朱　军　胡莲尖　刘省贤　李关惠
黎中飞　杨　峰　陶光平　崔建宝　唐玉良　吕　淼　肖云英　宋　琪　易儆琳
钱　萍　杨晓梅　陈　力　高吉生　何丽娟　袁锦文　艾金钰　刘亚江　浦　丹
徐国龙　吕庆江　何树虎　王　娟　朱　勇　牛　靠　吴菊梅　赵苏荣　黄又卿
李志诚　吴而民　龚绍山　栗　昆　王怀相　邵　纬　余　晖　崔艳英　肖学锋
张丽梅　黄雪梅　徐云锋　余　灿　许泰舟　黎　俊　陶　琴　徐鸿昌　李　昆
敖惠琼　张　瑜　王玉生　陈世全　胡　锦　何宗义　陶丽芬　桂小梅　陈德云
蒋科艳　熊石玉　丁　鲴　李　芬　周潮昆　张玉文　罗培洪　何甚良　徐　斌
李在勇　李　筠　管晓方　余俊柏　苏正平　樊联奎　庞亚萍　戚乔寿　保满良
田德粉

编辑说明

1.《曲靖年鉴》系中共曲靖市委、市人民政府主办的大型资料性工具书，为党委、政府权威性的年度“公报”，由曲靖市人民政府地方志办公室《曲靖年鉴》编辑部编辑，德宏民族出版社出版，国内外公开发行。

2.本年鉴坚持以马列主义、毛泽东思想、邓小平理论和“三个代表”重要思想为指导，全面贯彻落实科学发展观，以经济建设为中心，紧紧围绕党委、政府中心工作，全方位反映全市各行各业、各部门及所辖县（市）区的基本情况，展现改革开放、经济建设中的新情况、新事物、新信息、新经验和新问题，具有较强的综合性、系统性、权威性和实用性。

3.本年鉴为综合年鉴，由彩图、特载、大事记、概况、百科、人物及二次文献组成，共设29个部类。共有栏目364个，条目2469个，彩图32页、照片108幅，内文插图149幅，力求图文并茂，增强可读性。

4.本版年鉴按照惯例，均记述上年（2010年）情况，条目前冠以“2010年”，其余均作省略处理。

5.年鉴中选载市委、市政府主要领导专文，对全市工作带有全局性指导意义，增强了年鉴的权威性。其余资料均由市直各部门、各县（市）区提供。所使用的数据主要来源于市和县（市）区统计公报，并注有统计口径，具有可比性。

6.年鉴撰稿人员在书前署名，以示负责。多人撰稿的部门原则上列主要撰稿人，其余省略。

7.本版年鉴卷首列有中英文目录，卷末附主题分析索引，以汉语拼音音序排列，以提高年鉴的参见性和检索性，方便读者查阅。

8.年鉴编辑为浩繁的文化系统工程，涉及面广，学科交叉，资料细密，虽经分类编辑加工，副主编、主编统稿，但由于时间紧、容量大，编辑水平有限，不当之处在所难免，敬请读者批评、指正。

《曲靖年鉴》创刊以来，得到各级领导、同仁和社会各界的关心、支持，在此谨表谢忱！

《曲靖年鉴》编辑部

2010年12月29日，中共曲靖市委三届九次全体会议召开。

（沈良启/摄）

2010年2月3～7日，曲靖市三届人大三次会议在曲靖召开。

（陈自坤/摄）

2010年2月2～6日，中国人民政治协商会议曲靖市第三届委员会第三次会议在曲靖召开。

（市政协/提供）

2010年3月19日，国务院总理温家宝（右3）到陆良县视察旱情。
（市政府办秘书一科/提供）

2010年2月25日，国务院副总理回良玉（右3）到陆良视察旱情时，边实地察看边听取汇报。
（市政府办秘书一科/提供）

2010年7月28日，全国人大常委会原副委员长、民建中央原主席、著名经济学家成思危（前排右3）考察曲靖职教园区。
（市政府办秘书一科/提供）

2010年7月21日，公安部副部长张新枫（前排右3）一行10余人到罗平县公安局警务站、陆良县强制戒毒所和看守所视察、指导。

（市公安局/提供）

2010年10月26日，国家地震局副局长赵和平（右1）到马龙县调研防震减灾工作。

（市政府办秘书三科/提供）

2010年4月10日，空军指挥学院副院长朱和平（后排右2）少将到会泽县田坝镇奋斗小学进行抗旱送水及捐赠活动。

（蔡六良/摄）

2010年6月24日，全国妇联副主席甄砚（左3）到曲靖市考察。

（沈良启/摄）

2010年6月5日，中共中央组织部原部长张全景（前排左2）到陆良县对爨文化进行调研。

（市委组织部/提供）

2010年4月13日，云南省委书记、省人大常委会主任白恩培（前排右3）到曲靖市调研工业企业。

（市政府办秘书一科/提供）

2010年3月29日，云南省委副书记、省长秦光荣（中）到会泽县待补镇叻咩村委会生菜基地调研农业生产。

（缪黎霞/摄）

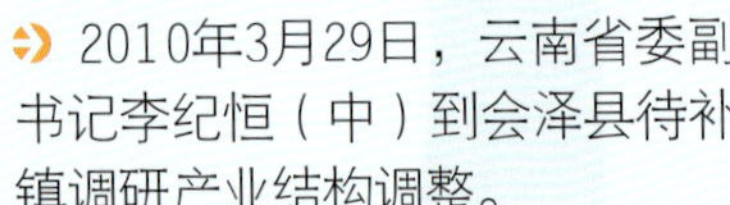

2010年3月29日，云南省委副书记李纪恒（中）到会泽县待补镇调研产业结构调整。

（缪黎霞/摄）

2010年3月18日，云南省政协主席王学仁（前排右2）到罗平县旧屋基彝族乡民族中学，调研学生用水及抗旱救灾工作开展情况。

（珠江网站/提供）

2010年3月31日，成都军区副司令员李作成（左1）中将到马龙县大庄乡调研抗旱救灾工作。
（市政府办秘书三科/提供）

2010年11月26日，云南省委常委、常务副省长罗正富（右1）到曲靖调研铁路建设推进工作。
（珠江网站/提供）

2010年4月14日，云南省委常委、副省长李江（右5）到宣威市调研抗旱保春耕工作。
（市政府办秘书七科/提供）

2010年6月4日，云南省委常委、组织部部长辛桂梓（左4）到陆良县调研社区建设工作。
（市委组织部/提供）

2010年5月12日，云南省人大常委会常务副主任晏友琼（右1）到曲靖市调研指导重点工程建设。
（市人大/提供）

2010年10月29日，云南省人大常委会副主任杨建甲（前排右4）到曲靖市检查指导工程建设。
（市人大/提供）

2010年8月5日，云南省人大常委会副主任杨保建（右2）到曲靖市检查教育工作。
（市政府办秘书二科/提供）

2010年7月15日，云南省副省长孔垂柱（前排左3）到沾益县西平镇石羊村视察云南松低效林改造种植桤木速生丰产林示范点。
（张明翔/摄）

2010年9月10日，云南省副省长高峰（右5）到曲靖一中看望慰问教师。
（市政府办秘书三科/提供）

2010年1月13日，云南省副省长曹建方（右4）参加在曲靖市召开的全省消防工作会并到曲靖市消防支队视察。
（蔡六良/摄）

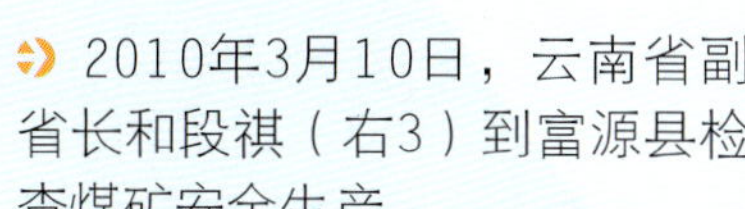

2010年3月10日，云南省副省长和段祺（右3）到富源县检查煤矿安全生产。
（市政府办秘书四科/提供）

2010年4月26日，云南省政协副主席王学智（右2）到曲靖市调研企业发展工作。
（市政协/提供）

2010年5月21日，曲靖市委书记赵立雄（左1）到珠江源广场观看抗旱摄影展。
（张明翔/摄）

2010年8月6日，曲靖市委副书记、市长岳跃生（左2）为曲靖市综合应急救援支队授旗。
（张明翔/摄）

2010年7月30日，曲靖市委副书记范华平（右2）到武警曲靖支队看望武警战士。
（谢晓东/摄）

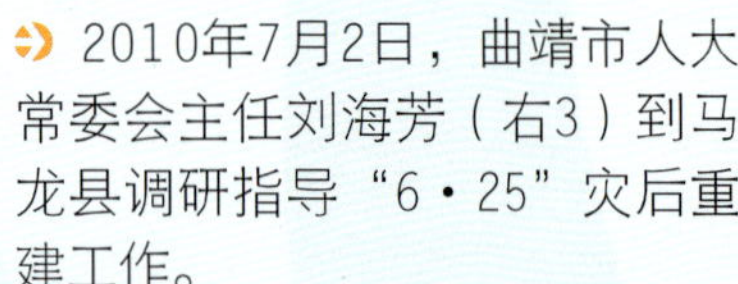

2010年7月2日，曲靖市人大常委会主任刘海芳（右3）到马龙县调研指导“6·25”灾后重建工作。
（市人大/提供）

2010年8月10日，曲靖市政协主席赵建华（右2）率部分政协委员调研汽车零部件生产企业情况。

（市政协/提供）

2010年7月13日，曲靖市委常委、常务副市长周宗（左1）到麒麟区越州镇调研烤烟生产工作。

（蔡六良/摄）

2010年1月24日，曲靖市委常委、市纪委书记孔荣华（右2）到马龙县调研指导抗旱工作。

（张光灿/摄）

2010年3月17日，曲靖市委常委、政法委书记朱家美（左4）到挂钩支援帮助的麒麟区雷家庄村委会指导抗旱救灾工作。

（市委政法委/提供）

2010年2月24日，曲靖市委常委、军分区政委薛家芳（右3）、司令员卢兴波（左3）实地指导抗旱救灾工作。

（熊海清/摄）

2010年6月2日，曲靖市委常委、宣威市委书记许玉才（前排右2）到务德地震灾区慰问老百姓，帮助指导灾民恢复生产，重建家园。

（宣威市委办/提供）

2010年2月3日，曲靖市委常委、副市长陈军（左2）到国电宣威发电公司调研。

（市政府办秘书七科/提供）

2010年3月30日，曲靖市委常委、统战部部长朱兴友（右2）到陆良县指导抗旱救灾。

（市委统战部/提供）

2010年1月29日，曲靖市委常委、市委秘书长朱德光（左1）到会泽县待补镇叻咩村委会看望慰问困难群众。

（缪黎霞/摄）

2010年4月9日，曲靖市委常委、组织部部长李云忠（前排右2）到沾益县棚云村看望慰问抗旱救灾的解放军官兵。

（市委组织部/提供）

2010年8月6日，曲靖市委常委、宣传部部长何华（左）为曲靖市文化市场综合行政执法支队成立揭牌。

（谢晓东/摄）

2010年6月18日，曲靖市副市长周玲（左1）调研供销社农村规范化网点建设情况。

（市政府办秘书六科/提供）

2010年11月11日，曲靖市副市长饶卫（中）到沾益县检查“两基”迎国检工作。

（市政府办秘书三科/提供）

2010年7月27日，曲靖市副市长张向明（中）到马龙县调研工业规划工作。

（市政府办秘书四科/提供）

2010年12月29日，曲靖市副市长宁德刚（左2）深入沾益德泽查看牛栏江—滇池补水工程水库坝体施工情况。

（杨李伟/摄）

2010年10月5日，曲靖市副市长旱明光（中）接待上访群众。

（市政府办秘书八科/提供）

曲靖市副市长毕文权（左4）到驰宏公司曲靖冶炼厂调研。

（赵玉林/摄）

2010年6月29日，全国县级供销合作社工作曲靖经验现场会在曲靖市召开。

（珠江网站/提供）

2010年3月11日，国土资源部百名机关干部集中下基层调研组到曲靖市调研并召开座谈会。

（市政府办秘书四科/提供）

2010年6月24日，全国妇联预防子宫颈癌项目筛查公益活动启动仪式在曲靖市举行。

（市政府办秘书三科/提供）

2010年5月28日，国家检查组到曲靖卷烟厂检查安全生产工作。

（市政府办秘书四科/提供）

2010年11月29日，曲靖市举行接受国家“两基”督导检查汇报会。

（徐武/摄）

2010年5月24日，水利部视察组视察曲靖市节水型社会建设试点工作。

（市政府办秘书五科/提供）

2010年3月30日，全省春耕生产现场会议在宣威市召开。

（市政府办调研科/提供）

2010年3月31日，全省水利建设工作会议在宣威市召开。

（市政府办调研科/提供）

2010年2月22日，曲靖市召开万名干部下基层抗旱救灾动员大会。

（沈良启/摄）

2010年5月24日，曲靖市召开第二批“千村扶贫、百村整体推进”总结表彰大会。

（沈良启/摄）

2010年7月9日，曲靖市召开全市创先争优活动推进会。

（市委组织部/提供）

2010年，马龙“6·25”洪涝灾害救灾现场。

（武警支队/提供）

2010年5月12日，曲靖市在珠江源广场举行防灾减灾宣传周开幕式。

（张明翔/摄）

2010年7月28日，曲靖市地质灾害应急演练现场观摩会议在富源县召开。

（市政府办秘书四科/提供）

2010年5月25日，曲靖市召开民族工作会议暨第六次民族团结进步表彰大会。

（市政府办秘书一科/提供）

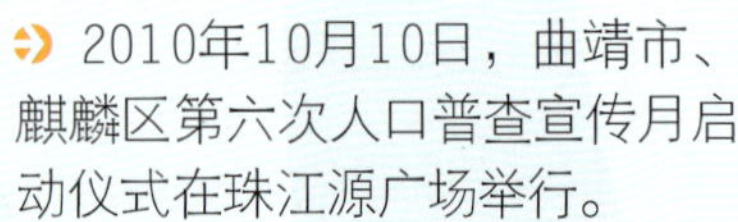

2010年10月10日，曲靖市、麒麟区第六次人口普查宣传月启动仪式在珠江源广场举行。

（徐武/摄）

2010年7月29日，曲靖市矿村共建资源开发新机制现场推进会在宣威市召开。
（市政府办秘书四科/提供）

2010年11月9日，曲靖市在南城门广场举行“119消防日”宣传活动启动仪式。
（市政府办秘书五科/提供）

2010年12月29日，曲靖市召开推进曲靖中心城区治安防控体系建设誓师大会。
（张明翔/摄）

2010年4月19日，曲靖市举行“百万少儿唱红歌·百万少儿诵经典”活动启动仪式。
（沈良启/摄）

2010年11月15日，云南省、曲靖市领导为市“五馆一中心”奠基培土。
（市政府办秘书一科/提供）

2010年12月10日，曲靖市在宣威市举行云南普立至宣威高速公路开工仪式。
（徐虎/摄）

2010年11月25日，曲靖恒大名都开工典礼举行。
（谢晓东/摄）

2010年1月27日，沾益至曲靖又一条快速通道——龙华大道正式通车。
（张明翔/摄）

2010年12月30日，曲靖市举行中心城区管道天然气点火通气庆典仪式。

（市政府办秘书一科/提供）

2010年6月11日，曲靖市村级"三室一庭"办公室计算机发放仪式在市公安局办公大楼前举行。

（市政府办秘书八科/提供）

2010年3月31日，曲靖市举行52辆救护车发给乡镇卫生院仪式。

（谢晓东/摄）

2010年10月19日，CCTV-7《生活567》"5000元改厨改卫行动"走进云南曲靖开机仪式在珠江源广场举行。

（徐武/摄）

2010年3月29日，曲靖经济技术开发区与云南省工业投资控股集团有限公司举行合作建设100万平方米标准厂房项目签约仪式。

（谢晓东/摄）

2010年6月21日，上海日亮公司与曲靖经济技术开发区管委会举行球墨铸铁项目合作签约仪式。

（市政府办秘书七科/提供）

2010年11月3日，曲靖市政府与云南省工投集团举行开发区新兴产业示范园战略签约仪式。

（谢晓东/摄）

2010年6月25日，曲靖工商学校与金龙控股集团举行合作签字仪式。

（市政府办秘书七科/提供）

2010年4月21日，云南省、曲靖市代表团在法国与利马革兰集团董事长会谈并签署合作协议。

（市政府办秘书一科/提供）

2010年1月31日，昆钢富源煤资源综合利用有限公司举行揭牌仪式。

（市政府办秘书七科/提供）

2010年2月24日，曲靖市政府与民生银行昆明分行签订战略合作协议。

（谢晓东/摄）

2010年12月8日，中国光大银行曲靖分行举行开业仪式。

（市政府办秘书六科/提供）

2010年10月27日，曲靖师范学院举行百年师范庆典大会。
（徐武/摄）

云南省人大、政协领导为曲靖师范学院庆典栽树、培土。
（谢晓东/摄）

2010年3月15日，曲靖市企业踊跃捐款支援全市抗旱救灾。
（谢晓东/摄）

2010年1月14日，曲靖市举行销毁百辆黑车仪式。
（谢晓东/摄）

2010年10月22日，2010年西部名城汽车巡展曲靖站在曲靖南片区中心广场举行。

（徐武/摄）

汽车巡展现场。

（张明翔/摄）

2010年9月26日，曲靖市第六届珠江源美食文化节活动之一——自驾之旅现场。

（谢晓东/摄）

2010年9月27日，曲靖市第六届珠江源美食文化节活动之二——美食汤锅麒麟寥廓会场。

（徐武/摄）

德格海子水库干涸见底，泥块裂缝中随手可以拎出干死的蚌壳。（张建刚/摄）

德格海子水库渴死的鱼保持着要喝水的姿态，令人触目惊心！（张建刚/摄）

村民说，太干了，裂缝有三四十公分深。（张建刚/摄）

钻井队加班打井。（张建刚/摄）

土桥村群众不等不靠，发动群众打井抗旱。（张建刚/摄）

再现“红旗渠”精神——宣威家俄村凿开悬崖峭壁引来幸福泉。（张明翔/摄）

出水啦——会泽县马路乡水井湾村民抗旱挖井现场。（张明翔/摄）

送水到户——党员村干部给困难户付正方家送水。（张明翔/摄）

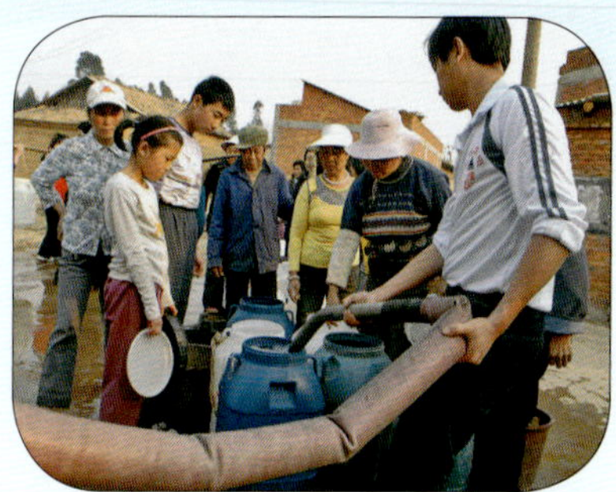

送水车来了，村民抢着来接水。（张建刚/摄）

学生下到深井里打水。（张建刚/摄）

摩托车、牛车运水抗旱。（谢晓东/摄）

马驮运水抗旱。（谢晓东/摄）

麒麟晨曦。（沈良启/摄）

马雄山杜鹃。（沈良启/摄）

罗平坝子。（沈良启/摄）

富源县十八连山原始森林风光。（沈良启/摄）

目 录

军　事

曲靖军分区

武　警

消　防

人民防空

法　治

综　述

社会治安综合治理

公　安

检　察

审　判

司法行政

政府法制

劳动教养

综合管理与监督

综 述

发展规划管理

价格管理

国有资产监督管理

工商行政管理

土地管理

矿产资源管理

统计管理

审计监督

质量技术监督

安全生产监督管理

煤矿安全监察

食品药品监督管理

财政税务

综　述

财　政

税　务

·国家税务·

·地方税务·

金融·保险·证券·期货

金　融

·概　述·

·工商银行曲靖分行·

·农业银行曲靖市分行·

·农发行曲靖市分行·

·建设银行曲靖市分行·

·中国银行曲靖市分行·

·交通银行曲靖分行·

·邮储银行曲靖市分行·

·广发行曲靖分行·

·招商银行曲靖分行·

·浦发行曲靖支行·

·光大银行曲靖分行·

·民生银行曲靖分行·

文化·体育

文 化

体　育

卫　生

社会民生

附　录

Main Contents

Features

Chronicle of Events

Profile

Polotics

Military Affairs

Rule of Law

Comprehensive Administration and Supervision

Industry

Agriculyure

Tobacco Industry

Traffic

Information Industry

Administration and Construction of the Urban and Rural Area

Environmental Protection

Tourism

Development Area · Park

Finance and Tax

Finance · Insurance · Securities · Futures

Circulation Services for Commerce and Trade

Non – public Sectors of the Economy

Market Construction

Education

Science and Techonology

Cultures · Physical Education

Sanitation

Society and People's Life

Counties and Districts

Personage

Appendix

特　载

责任编辑　张　鑫

承前启后　开拓创新
努力推动曲靖经济社会又好又快发展

——在中共曲靖市委三届十次全委会上的报告

中共曲靖市委书记　赵立雄

（2011年2月10日）

同志们：

这次全会的主要任务是：深入学习贯彻党的十七届五中全会、中央经济工作会议和省委八届十次全会精神，审议《中共曲靖市委关于制定国民经济和社会发展第十二个五年规划的建议（草案）》，认真总结“十一五”全市经济社会发展取得的成就，深入分析当前和今后一个时期面临的形势，研究部署“十二五”全市经济社会发展的目标任务及今年工作，进一步动员全市广大党员干部群众，深入贯彻落实科学发展观，解放思想，抢抓机遇，开拓创新，锐意进取，努力推动全市经济社会又好又快发展。

下面，我受市委常委会委托，向全会报告工作。

一、同心协力，攻坚克难，圆满完成“十一五”经济社会发展目标任务

“十一五”时期是全市发展极不平凡的五年。面对国际金融危机的巨大冲击，面对五十年不遇的冰雪灾害和百年不遇的特大旱灾，在党中央、国务院和省委、省政府的正确领导下，市委团结带领全市各族人民，紧紧围绕“富民强市”总目标，坚持“率先发展、科学发展、安全发展、和谐发展”不动摇，坚定不移实施农业稳市、工业强市、商旅活市、科教兴市、生态立市、依法治市和以城带乡战略，突出特色，发挥优势，抢抓机遇，真抓实干，扎扎实实打基础，突出重点强产业，依靠科教增效益，改革创新添活力，持之以恒惠民生，齐心协力建和谐，战胜了严峻的挑战，经受住了空前的考验，完成或超额完成了“十一五”规划确定的主要目标任务。

五年来，我们始终坚持发展第一要务不动摇，综合经济实力大幅提升。坚持把工业作为推动经济增长的“牛鼻子”，全力推进新型工业化、农业产业化，大力发展现代服务业，经济实现又好又快发展，工业主导地位更加突出，农业基础地位更加牢固，第三产业加速发展，综合经济实力和竞争力显著增强。“十一五”末与“十五”末相比，市内生产总值从441.79亿元增至1005.5亿元，年均增长13.4%；财政总收入从94.4亿元增至251亿元，年均增长21.6%；地方财政一般预算收入从29.45亿元增至72.4亿元，年均增长19.7%；三次产业结构由20:50:30调整为18.2:52.4:29.4。农业产业化水平不断提高，粮食产量连创新高，建成7个国家级农业标准化生产示范区，建成全国最大的优质烟、万寿菊、魔芋种植加工基地，建成西南最大的马铃薯、油菜种植加工基地，建成全省最大的生猪养殖基地、蚕桑种植加工基地。农业增加值从“十五”末的87.41亿元增至“十一五”末的183.5亿元，年均增长7.1%。新型工业化进程不断加快，工业发展势头强劲，曲靖经济技术开发区成功升格为国家级经济技术开发区，建成3个省级工业园区、1个省级特色园区、8个县级工业园区，建成西南重要的能源基地和轻型卡车制造基地、全省最大的煤化工基地和重要的绿色食品生产加工基地。工业增加值从“十五”末的193.5亿元增至“十一五”末的468.7亿元，年均增长15.5%。第三产业快速发展，服务业成为推动经济快速增长的重要力量。第三产业增加值、社会消费品零售总额分别从“十五”末的133亿元、91.5亿元增至“十一五”末的295.3亿元、232.8亿元，年均分别增长13.9%、20.5%。

五年来，我们始终坚持夯实发展基础不动摇，城乡面貌发生显著变化。累计完成固定资产投资2318亿元，是“十五”的3.6倍，成为全市基础设施投资总量和建设规模最大、发展速度最快的时期。新开工建设3件中型、12件小（一）型骨干水源工程，新增库容7049万立方米，建成各类水利工程15.2万件，解决135.69万人饮水安全问题；改造建设高稳产农田地131.5万亩，创造出以马龙“己沃模式”为代表的曲靖经验，连续两年被省政府表彰为“中低产田地改造工作一等奖”，连续四年被省政府表彰为“冬春农田水利基本建设一等奖”；公路通车里程达26671千米，公路密度达92.15千米/百平方千米，是全省的近两倍，县（市）区通高等级公路率达100%，乡（镇）通等级公路、通客车率达100%，行政村通路、通车率达100%；建成500千伏分区、220千伏分县、110千伏分片、35千伏分乡的电网；基本建成有线、无线、语言、数据四位一体的覆盖城乡的现代信息网络。城镇功能进一步完善，城镇化步伐不断加快，城乡一体化取得明显成效，城镇化率达37%，比“十五”末提高10个百分点，“四城联创”成效明显，中心城区创建成省级园林城市，先后三次被评为全国十佳宜居城市，入选“新中国60年城市发展代表”；整合投入40.12亿元，分两批实施了332个贫困村委会3131个自然村的千村扶贫、百村整体推进“866”工程，使近100万人的整体生产生活水平显著提高，被国务院扶贫办称为新时期新的扶贫方式——曲靖模式；整合投入17.7亿元，高标准建成19个新农村建设示范村；整合投入17.54亿元，在10个乡（镇）实施“整乡推进”，城乡面貌发生深刻变化。

五年来，我们始终坚持改善民生不动摇，人民群众得到更多实惠。调动一切积极因素，采取一切有力措施，全面战胜了五十年不遇的冰雪灾害、百年不遇的特大旱灾和6·25特大洪灾，最大限度降低了灾害损失，切实保障了广大群众的生命财产安全。积极扩大就业，累计新增城镇就业17.9万人，转移农村富余劳动力54.15万人，城镇零就业家庭实现“动态清零”，城镇登记失业率控制在3.5%以内。优先发展教育，在全省率先基本完成了100万平方米中小学D级危房整体改造暨标准化建设，得到教育部肯定；建成占地3平方千米、能容纳10万名学生、集学产研工为一体的市职教中心，全市在校职教生与普高生的比例达1.2:1；“两基”工作顺利通过国家检查验收；在全省率先基本普及高中阶段教育；各类教育均衡发展。进一步完善公共卫生服务体系，在全国率先推行药品统一招标、采购、配送，城乡药品实现同药、同质、同价，基层公立医疗服务机构全部使用国家基本药物目录品种并实行零差率销售，基本医疗保障覆盖95%以上城乡居民。大力发展文化事业，60万山区群众听广播、看电视难的问题基本得到解决，市县乡村四级社会文化网络基本形成。建成覆盖全市400人以上自然村的农村综合购销网络，有效解决工业品下乡难、农产品进城难问题，经验在全国推广。社会保障覆盖面不断扩大，保障水平不断提高，五项保险参保人数达194万人。建设保障性住房1156.5万平方米，解决13.12万户城市低收入家庭住房困难。人口和计划生育、残疾人、老龄、慈善等各项事业健康发展。人民群众生活水平不断提高，城镇居民人均可支配收入、农民人均纯收入分别从“十五”末的8878元、2078元增至“十一五”末的15940元、4130元，年均分别增长12.4%、14.7%。

五年来，我们始终坚持维护安全稳定不动摇，安定和谐局面不断巩固。整合资源，上大关小，以铁的制度、铁的纪律、铁的手腕、铁石心肠抓安全生产，在全省率先开展煤矿安全质量标准化矿井建设，“3568”安保双基工程建设经验在全省推广，安全生产制度建设成为全省标杆，“十一五”末的安全事故起数和死亡人数分别比“十五”末下降57.97%、58.41%，成为全国煤矿百万吨死亡率最低的州市之一。加大生态安全建设力度，累计淘汰落后产能1622.18万吨，单位生产总值能耗累计下降18%，连续四年超额完成节能减排任务，城市污水集中处理率达80%，垃圾无害化处理率达96%，全国生态示范区建设试点工作扎实推进，森林覆盖率从“十五”末的35%提高到40.3%，进入全国10个环境空气质量最好城市行列。深入推进社会矛盾化解、社会管理创新、公正廉洁执法三项重点工作，在全省率先构建矛盾纠纷大调解格局、建立代表党委政府处理信访突出问题的市县乡三级联合工作组和涉法涉诉联合接访服务中心、实行矛盾纠纷调解“以案定补、以奖代补”制度，涉诉特困群体执行救助机制、社会稳定风险评估机制在全国推广，荣获全国“打击防范和处理邪教工作先进集体”、“涉诉特困群体执行救助先进集体”称号，综治维稳工作连续十年被评为全省先进典型，连续四年被评为全国最安全的地级城市之一。全面落实党的民族宗教政策，各民族共同团结进步、共同繁荣发展的局面进一步巩固，荣获“全国民族团结进步模范集体奖”。

五年来，我们始终坚持改革创新不动摇，促进科学发展的动力和活力明显增强。坚持用改革的办法化解发展中的矛盾，以创新的思维破解前进中的难题，深入推进行政管理体制改革、社会事业体制改革、财税体制改革、投融资体制改革、农村综合改革，基本完成集体林权制度主体改革任务，建立了一系列破除发展障碍、保障科学发展的体制机制。建立市县乡村四级政务服务体系，行政审批事项和行政事业性收费项目集中办理，市县两级行政审批事项精简率分别达54.8%、52.4%，行政事业性收费项目精简率分别达48.2%、46.6%；建立贯彻落实科学发展观的综合考核评价激励约束机制，每年节约财政资金2000多万元，使1万多名干部每人每年至少多腾出1个月时间抓落实，经验在全省推广；建立对部门的社会评价激励约束机制，实现了对部门作风和干部作风的硬约束；建立精简会议、转变会风机制，既节约了时间，又增强了会议效果；建立固定资产投资项目各级政府集中办公、快速审批机制，有效解决用地、环评、立项难题；建立大交办、大催办、大督办、大查办机制，促进了各项工作落实；建立政府性投资项目前置审计机制，节约资金16亿元，节约率达15%，确保了造价合理、工程优质、干部廉洁；建立农村土地、林地依法流转机制，产出率大幅提高；建立投融资担保机制，做大做强投融资担保公司，试行惠农信用卡制度、农民房产证抵押贷款制度，有效解决企业融资难、农民贷款难问题；建立企业与当地群众共享资源开发成果机制，把企业开发资源与当地群众增加就业、增收富民、建设新农村、保护环境有机统一起来；与国家土地督察成都局共建土地管理新机制，实现保障与保护相统一、相促进，土地管理绩效考核等经验在全国推广。

五年来，我们始终坚持加强党的建设不动摇，领导科学发展的能力进一步提高。全面推进党的思想、组织、作风、制度和反腐倡廉建设，各级党组织的创造力、凝聚力和战斗力不断增强。全面实施“云岭先锋”工程，扎实开展保持共产党员先进性教育活动，深入开展解放思想大讨论、学习实践科学发展观、“创先争优”等活动，切实解决了一批影响和制约科学发展的问题。学习型党组织建设扎实推进，党员干部思想政治水平、战略思维能力、科学文化素质和推动科学发展的能力不断提高。坚持和健全民主集中制，党内科学民主依法决策水平不断提高。深入开展效能型、富民型、和谐型、效益型、质量型、创新型“六型”党建，基层组织建设不断加强。健全村干部激励保障机制，所有行政村全部设立党总支，村民小组党支部实现全覆盖，村级组织活动场所建设全面推进，各项活动蓬勃开展。加大社区、非公有制经济组织、社会组织等领域党组织建设力度，党的组织和党的工作覆盖面不断扩大。全面落实党风廉政建设责任制，深入推进惩治和预防腐败体系建设，党员干部作风方面存在的突出问题得到切实解决，党的先进性建设、执政能力建设进一步加强。坚持人民代表大会制度、中国共产党领导的多党合作和政治协商制度，分别召开市委人大、政协工作会议，对加强新时期人大工作和支持人民政协履行职责分别下发了文件，人大、政协积极履行职能，工作成效显著。统一战线、双拥、老干部、国防动员等工作取得新成绩，工会、共青团、妇联等群团组织作用得到充分发挥。

我们认真贯彻执行《党政领导干部选拔任用工作条例》、干部选拔任用工作四项监督制度和有关制度规定，坚持党管干部原则，按照德才兼备、以德为先的用人标准，注重干部的综合素质、工作实绩、基层领导工作经历和群众公认度。2010年，共选拔任用县处级领导干部7批52人。积极稳妥地推进干部人事制度改革，加大竞争性选拔干部力度，制定出台了《市级党政机关内设机构领导干部竞争上岗工作实施办法》，选拔副处级领导干部7名，正科级领导干部17名，副科级领导干部23名。坚持和完善从基层一线选拔干部制度，从优秀村（社区）党组织书记中选拔了21名乡镇（街道）党政副职。继续加大年轻干部培养选拔力度，制定出台了《曲靖市培养选拔年轻干部实施意见》。通过一系列行之有效的措施，至2010年底，9个县（市）区四班子领导中，有40岁以下处级领导干部26名，全市优秀年轻干部的数量明显增加。充分发挥改任非领导职务干部作用，制定下发了《曲靖市改任非领导职务干部管理办法（试行）》。完善干部初始提名制度，规范干部选拔任用提名行为，完善提名方式和提名程序，明确提名责任，严肃提名纪律。认真实施和完善《曲靖市干部考察结构化计分办法（试行）》，探索把民主推荐结果与干部年度考核结果有机结合的评价使用干部的新措施、新办法。加强干部监督和管理工作，大力抓好干部选拔任用工作"四项监督制度"的学习贯彻。认真落实中央关于从严管理干部的要求，继续加强对"一把手"、乡镇（街道）党（工）委书记等关键岗位干部的监督和管理，加大对违反干部人事纪律行为的查处力度，深入整治用人上的不正之风，选人用人公信度明显提高。

事非经过不知难。过去的五年是新世纪以来形势最为复杂、考验最为严峻的五年。五年的生动实践，五年的砥砺奋进，五年的蓬勃发展，使"十一五"成为曲靖经济社会发展最快、城乡面貌变化最大、人民群众得到实惠最多的时期。这些成绩的取得，是党中央、国务院和省委、省政府正确领导的结果，是在市委领导下市人大、市政府、市政协精诚团结、共谋发展的结果，是全市各级各部门和广大党员干部群众同心同德、不懈努力的结果，是驻曲部队指战员、武警官兵、民兵预备役支持帮助的结果，是各民主党派、工商联、人民团体、无党派人士广泛参与、离退休老干部关心支持的结果。在此，我代表中共曲靖市委，向所有关心、支持和参与曲靖改革发展的同志们、朋友们表示衷心的感谢并致以崇高的敬意！

在充分肯定成绩的同时，我们也清醒地认识到，全市经济社会发展中还存在许多困难和问题：一是发展不足，经济总量小，人均占有量更小；二是发展方式粗放，经济增长的质量和效益较低；三是发展不协调，产业结构、需求结构、城乡结构、区域结构、所有制结构不合理；四是发展不全面，社会事业发展滞后于经济发展；五是基础设施建设相对滞后，节能减排、生态建设、安全生产、维护社会稳定的任务重；六是发展的创新能力不强，发展活力不足，体制机制仍有障碍；七是少数干部理想信念不够坚定、执政为民宗旨树得不够牢、贯彻落实科学发展观的能力比较低、作风漂浮、创新意识差、执行力不强、以权谋私、损害民利，影响和制约了科学发展；八是民主法制建设仍需加强，等等。我们必须高度重视，采取有力措施，切实加以解决。

二、昂扬奋进，真抓实干，努力开创"十二五"科学发展新局面

今天，我们站在了一个新的历史起点。今后五年，是曲靖科学发展的黄金期、攻坚克难的创新期、全面建设小康社会的关键期。要在新一轮竞争中把握发展主动权，赢得先机，必须对面临的形势进行科学判断和准确把握。从国际上看，尽管国际金融危机影响深远，世界经济复苏进程艰难曲折，但和平发展合作仍是时代潮流，世界经济将总体保持平稳增长。从国内看，尽管经济社会发展与资源环境的矛盾日益尖锐，但经济发展长期向好的趋势不会发生根本改变；国家实施扩大内需和新一轮西部大开发战略，云南实施"两强一堡"战略，曲靖被列为国家主体功能区规划的重点开发区和云南省滇中经济圈规划，东部产业向西部梯度转移，央企和省企入曲，曲靖经济技术开发区升格为国家级经济技术开发区，这些都为我市发展提供了良好的宏观环境、政策机遇和发展空间。从市内看，尽管我们的发展面临着既要"转"又要"赶"的双重压力，但"十一五"时期综合实力的明显增强为今后的发展奠定了坚实基础，创新的一系列体制机制正在逐步释放活力，各族人民全面建设小康社会的愿望更加迫切，广大干部群众勇于创新、团结进取的精神更加奋发，全市上下心齐气顺、风正劲足的发展氛围更加浓厚。因此，"十二五"期间曲靖既面临着加快发展的新机遇，也面临各种严峻挑战，但总体上机遇大于挑战。机遇稍纵即逝，谁能珍视机遇、抓住机遇、用好机遇，谁就能在日趋激烈的区域竞争中赢得先机、赢得主动、赢得优势。我们必须进一步增强机遇意识、责任意识和忧患意识，把对宏观形势的清醒认识、对发展阶段的准确定位、对发展内涵的深刻把握转化为引领发展的清晰思路、促进发展的强力举措，紧紧抓住和奋力推动发展这个第一要务，不断增强加快转变经济发展方式的自觉性、主动性、创造性，提高发展的协调性、全面性、可持续性，推动全市经济社会又好又快发展。

"十二五"时期全市经济社会发展的总体要求是：高举中国特色社会主义伟大旗帜，以邓小平理论和"三个代表"重要思想为指导，深入贯彻落实科学发展观，围绕"富民强市"总目标，以科学发展为主题，以转变经济发展方式为主线，实施农业稳市、工业强市、商旅活市、人才兴市、生态立市、依法治市和统筹城乡战略，着力打基础、调结构、转方式、强产业、兴科教、惠民生、活机制、建生态、保平安、促和谐，好中求快、又好又快发展，在全省率先实现转型发展、创新发展、绿色发展、和谐发展，把曲靖建成云南现代农业强市、新型工业强市、安全文明卫生园林宜居的珠江源大城市，出省入滇的重要交通枢纽，云南重要的产业基地和区域物流中心。

"十二五"时期全市经济社会发展的主要预期目标建议为：到2015年市内生产总值突破2000亿元，比2010年翻一番，年均增长10%以上；人均市内生产总值突破35000元，比2010年翻一番；财政总收入突破500亿元，比2010年翻一番，年均增

长12%以上；地方财政一般预算收入突破150亿元，比2010年翻一番，年均增长12%以上；全社会固定资产投资累计突破5500亿元，年均增长15%以上；社会消费品零售总额突破500亿元，年均增长18%以上；三次产业比重调整为15:52:33；城镇化率达47%；城镇居民人均可支配收入、农民人均纯收入分别突破20000元和7000元，扣除价格因素后年均分别增长10%，努力实现经济发展与城乡居民收入增长同步；城镇登记失业率控制在4%以内；森林覆盖率达45%；价格总水平保持基本稳定，人口自然增长率、单位生产总值能耗完成省下达的目标任务。

要实现上述目标，应重点把握好以下几个方面：

（一）调优结构转方式，着力提高发展的质量和效益

加快发展是解决曲靖一切问题的“总钥匙”，不发展，发展得慢，一切工作都失去了根基。要牢牢把握发展这个主题，推动经济结构战略性调整，加快转变发展方式，好中求快，在转变发展方式中谋发展，在发展中促进发展方式转变，不断提高发展质量和效益，实现又好又快发展。

进一步调整优化产业结构。调强一产、调优二产、调快三产，打造具有竞争优势的现代产业体系。坚持把强农惠农作为经济又好又快发展的基础来抓，在确保粮食安全的前提下，加快农业产业结构调整，巩固提升粮油、烤烟、畜牧三大传统产业，发展壮大蔬菜、花卉、魔芋、蚕桑、水产五大优势产业，大力发展以泡核桃为主的木本油料、中药材两大新兴产业，推广普及先进适用的农业科技，发展壮大农业龙头企业，加强农业基础设施建设，提高农业经营组织化程度，创新增强农业发展活力的体制机制，加快农业现代化步伐。坚持把工业作为经济又好又快发展的关键来抓，着力调整优化工业结构，加速改造提升能源、烟草、化工、冶金等传统优势产业，大力发展轻工业，重点培育新能源、新材料、装备制造、新型建材、生物制药等战略性新兴产业，实施三个“千亿工程”，推动工业向园区聚集、企业向园区集中，加快通用标准厂房建设，为承接产业转移和轻工业、中小企业、民营企业发展搭建平台，强化科技进步和管理创新，努力培植龙头企业带动、关联企业聚集、协作配套紧密、规模效应显著、资源利用节约、生产方式循环的产业链，推动工业规模发展、集中发展、延伸发展、循环发展、创新发展。加快发展现代服务业，重点打造物流、旅游两个产业，大力发展IT服务、人力资源管理、客户服务、研发、产品设计、中介咨询、社区服务等服务外包产业，改造提升商贸、餐饮等传统服务业，促进服务业发展提速、比重提高、质量提升，努力使第三产业成为发展最快的产业。

进一步调整优化区域结构。坚持有所为、有所不为，发挥比较优势，突出各地特色，进一步明确县域发展战略定位，科学规划主体功能、主体经济和主导产业区域，优化生产力布局，形成各具特色的新型产业体系，实现错位发展、整体推进。

进一步调整优化需求结构。坚持以增加有效投资、扩大消费需求、转变外贸发展方式为重点，努力形成以内需为主、内外需协调拉动经济增长的良好格局。坚持以大项目特别是工业大项目为龙头，加大骨干项目论证、储备、争取、引进力度，着力实施一批有利于扩大内需、做强做大优势产业、加强基础设施建设、增强发展后劲、实现节能环保、促进经济结构优化升级的项目。鼓励民间资本进入市场，不断拓宽投融资渠道。抓住政策带动性消费和激发居民自主消费两个重点，不断健全商贸流通体系，着力增强居民消费能力、改善消费环境，积极培育消费热点，不断拓展消费领域，把消费潜力转化为现实购买力。优化出口产品结构，逐步扩大出口份额。

进一步调整优化所有制结构。坚持“非禁即入”，加大扶持力度，改善发展环境，创新服务体系，鼓励和引导非公经济进入公用事业、基础设施、社会事业、金融服务等领域，不断提高非公经济比重，促进非公经济与公有制经济公平竞争、互相渗透、共生相长、协调发展。

（二）统筹城乡促融合，着力增强发展的协调性

统筹城乡发展是推动城乡生产要素组合优化、促进城乡共同繁荣的根本举措。要坚持走新型城镇化道路，妥善处理城乡发展的关系，着力构建城乡之间优势互补、良性互动、协调发展的新格局。

建设珠江源大城市。按照“现代、大气、一流、特色、生态、宜居”的要求，以安全、文明、卫生、园林四城联创为载体，加强城市基础设施建设，完善城市功能，繁荣城市经济，创新城市管理，加快沾益、马龙改区步伐，进一步增强中心城区的承载力、辐射力、吸引力，力争“十二五”末，把覆盖麒麟、沾益、马龙的中心城区建成大城市。发挥比较优势，突出各地特色，建成一批设施配套、功能完善、环境优美、各具特色的新型中小城市，加快罗平县改市步伐，力争“十二五”末，把宣威市建成中等城市，把会泽、罗平、富源、陆良、师宗建成各具特色的山水园林城市。切实抓好集镇建设，集中力量打造一批重点镇、特色镇、示范镇。

加快城乡一体化步伐。要以缩小城乡差距、加速城乡融合为目标，加大以工哺农、以城带乡力度，逐步打破城乡二元结构。以“城增村减”、“矿村结合”和深化户籍制度改革为抓手，以“三集中、两分两换”为切入点和突破口，因地制宜，先试点后推开、先易后难、先近后远、先城郊后农村，大力开展新村庄、新社区建设和新产业发展，促进城镇化和新农村建设互促并进。深入推进开发式扶贫，加强农村基础设施建设，加快农村教育、卫生、文化等社会事业发展，进一步提高农村社会保障水平，缩小城乡公共事业发展差距，逐步实现公共服务均等化。

加强居民收入分配调节。稳步提高城乡居民收入，缩小城乡收入差距。要通过加快发展做大经济“蛋糕”，落实国家和省调整收入分配的政策，为城乡居民提供创业创新创造、增加收入的平等机会，千方百计增加城乡居民的政策性收入、经营性收入、工资性收入、财产性收入，综合运用财政、税收等手段，有效调节过高收入，扩大中等收入群体比重，提高低收入群体收入，打击非法收入，解决好困难群众生活问题，逐步构建公平、合理的收入分配格局。

（三）夯实基础增后劲，着力增强发展的承载力

基础设施是经济社会发展的基础和必备条件，抓好了可以为发展积蓄能量、增添后劲，反之则会成为制约发展的瓶颈。要以敏锐的视角和抢抓的意识，牢牢把握新一轮西部大开发和“桥头堡”建设机遇，超前谋划，努力争取，积极搞好政策对接和项目衔接，建立和完善政府推动与市场推动相结合的多元化投融资体系，充分调动全社会的积极性，集中力量实施一批事关全局、事关长远的基础设施骨干项目，加快构建适度超前、功能配套、安全高效的现代化基础设施体系。

加快水网建设。以建设安全、资源、民生、生态水利为目标，加大病险水库除险加固及河道综合整治力度，加强骨干水源工程建设和水资源管理，加快实施人饮安全、“五小”水利工程，加强重要流域水环境综合治理，努力建成重点流域和区域综合防洪抗旱减灾、城乡水资源合理配置和高效利用、水环境保护和河湖生态健康保障、水利管理和运行保障四大体系。

加快电网建设。加快骨干电源项目建设，着力构建以大型骨干电源为主、多种电源并存、相互补充、互为依托的电力发展格局。调整优化城乡电网布局和结构，完善重点输电通道和联网工程，推进城乡电网改造升级，逐步提高电力供应保障能力。

加快路网建设。按照“联络节点、延伸路线、加密路网”的思路，加快高速公路、县乡油路、乡村公路建设，积极支持过境铁路建设，加快汽车客货运站点建设，形成布局合理、覆盖城乡、区域互通、干支相连的公路交通网络，努力将曲靖建成出省入滇的重要交通枢纽。

加快信息网建设。着力实施电子政务、企业信息化、信息兴农、公共信息资源共享四大工程，大力发展第三代移动通信网、光纤宽带接入网和新一代广播电视网络，积极推进“三网融合”，加快建设“数字曲靖”。

加快物流网建设。依托资源优势和区位优势，积极引进国内外大而强的物流企业，大力发展第三方物流，科学规划建设集仓储、装卸、配送、交易为一体的区域性现代物流中心。

（四）改革开放促创新，着力增强发展的动力和活力

实践证明，敢于改革、勇于开放、善于创新是经济社会持续发展的动力之源。要坚持深化改革、扩大开放，大力推进科技进步和创新，着力实施人才兴市战略，不断健全保障科学发展的体制机制，增强转变经济发展方式的内生动力。

深化行政管理体制改革。按照建设人民满意政府的要求，着力强化政府的公共服务职能，推动政府管理创新、职能转变，逐步实现权责一致。加快政企分开、政事分开步伐，大力发展中介服务组织，充分发挥好市场配置资源的基础性作用。强化政府信息公开，完善社会公示和社会听证等制度，提高政府工作的透明度和公信力。大力发展电子政务，优化工作流程，降低行政成本，提升行政效能。积极稳妥推进科技、教育、文化、卫生、体育等事业单位分类改革，促进社会各项事业全面进步。

统筹推进经济体制改革。深化政府投融资体制改革，增强投融资平台自我发展能力。完善财政体制，健全公共财政服务体系；着力推动企业管理创新，充分发挥企业在管理创新中的主体作用，引导企业健全完善现代企业制度，创新企业文化，提升企业的组织领导力、团队战斗力和公益诚信力，不断提高企业经营管理水平。

不断提高对外开放水平。实行更加积极主动的开放战略，坚持“引进来”、“走出去”，加大招商引资和招商选资力度，主动承接东部产业梯度转移，加大引进央企、省企入曲发展的工作力度，以存量换增量，以资源引资金，以环境引人才，提高利用外资水平。优化对外贸易结构，积极参与区域合作与竞争，进一步提高对外开放水平，努力构建全方位、多层次、宽领域的对外开放格局。

着力强化科技支撑能力。围绕实施“创新型曲靖行动计划”，进一步完善科技创新的体制机制，建立政府引导、企业主体、社会参与的多元化科技创新投入体系，不断加大科技创新投入力度。充分发挥企业主体作用，引导和支持创新要素向企业集聚，着力实施重大科技专项和科技创新工程，依托高校、科研院所和龙头企业，共建重大科技创新平台，着力推动信息化和工业化深度融合，培养企业原始创新、集成创新和引进消化吸收再创新的能力，促进科技成果向生产力转化，打造一大批具有自主知识产权、掌握核心技术、管理方式先进、具有较强国际竞争力的优势企业和集团，开发一批具有自主知识产权的先进技术和产品，增加技术密集型产业和高新技术产业在国民经济中的比重，不断提高科技对经济增长的贡献率。力争到2015年，科技进步对经济增长的贡献率达到60%以上。

努力建设创新型人才队伍。创新是进步的灵魂，人才是创新的基础。要坚定不移实施人才兴市战略，围绕实施人才兴市“百十千百”工程，切实加大人才的培养、引进力度，着力推进以高素质劳动者和高层次创新人才为重点的人才整体开发建设，努力打造滇东人才高地，为推动科技创新和加快转变发展方式提供强有力的人才支撑。

切实抓好体制机制创新。近年来，我们创新建立了市县乡村四级贯彻落实科学发展观的综合考核评价激励约束机制、市县乡村四级便民利民政务服务体系等10多项新机制，实践证明这些机制是有利于推动科学发展的，要进一步坚持和完善。要继续探索，勇于创新，努力在公共资源交易管理、投融资、环境保护、土地使用等重要领域和关键环节取得突破，构建一整套保障和促进科学发展的体制机制，有效化解经济社会发展进程中的深层次矛盾和问题。

（五）抓好环保建生态，着力增强发展的可持续性

良好的生态环境是经济社会可持续发展的根本保证。要牢固树立绿色、低碳、循环发展理念，加快构建资源节约、环境友好的生产方式和消费模式，努力以较低的资源代价实现较高的发展水平，促进经济发展与人口资源环境相协调。

狠抓节能减排。着力实施结构调整降份量、循环发展减排量、把好关口控增量、技术改造优存量、淘汰落后腾容量、突出重点限总量六大措施，强化责任落实和执法监督，努力营造全社会关注、支持、参与、监督节能减排的良好氛围，确保完成省下达的节能减排目标任务。

发展低碳经济。坚持走低消耗、低排放、高产出、高效率、可循环和可持续发展之路，加强循环经济企业、循环经济工业园区、循环经济示范区建设，加大“三废”综合治理力度，推进废弃物资源化再利用，大力发展低碳产业，加快发展循环经济。深入开展节约型城市、节约型政府、节约型企业、节约型社区等节约创建活动，倡导文明、健康、节俭的消费方式，大力推进节能、节水、节地、节材和资源综合利用，努力建设节约型社会。

加强生态建设。坚持环境保护与经济增长并重，在发展中保护环境，在保护环境中可持续发展，加强生态文明建设。建立生态建设和环境保护补偿机制，加强环境治理和生态修复，着力提高防灾减灾能力。巩固林权制度改革成果，深化配套改革，大力发展以泡核桃为重点的经济林、以川滇桤木和杉木为重点的用材林，加强森林管护，大力开展全民植树活动，做到生态建设产业化、产业发展生态化，实现经济发展与生态环境相协调。

（六）以人为本重民生，着力增强发展的全面性

经济社会发展的目的从来就不是单纯的财富积累，而是不断改善民生、增进人民福祉，没有民生的全面改善，就失去了发

展的意义。必须坚持富民强市、富民优先，政策向民生倾斜，资金向民生投入，项目向民生集中，实现民生改善与经济发展同步，让改革发展成果更多、更好地惠及民生。

千方百计扩大就业。实施更加积极的就业政策，加大就业服务和创业培训力度，激励广大群众自主创业，促进创业带动就业，多渠道开发就业岗位，切实维护劳动者合法权益，构建和谐的劳动关系。

不断完善社会保障体系。扩大城乡居民社会保险覆盖面，推进新型农村养老保险，建立完善城乡社会救助、减灾救灾、被征地农民生活保障、城乡最低生活保障、社会抚恤安置、社区服务等六大体系，加快推进城乡一体化社会保障安全网建设，努力让全市人民都享有基本社会保障。

优先发展教育事业。持续加大教育投入，深入开展校舍安全工程建设，基本消除中小学危房，加快城市义务教育校点建设，深化教育综合改革，基本普及学前教育，巩固提高义务教育，大力发展职业教育，稳定普通高中办学规模，稳步提高教育教学质量，基本实现由上得起学向上得好学转变。

加大保障性住房建设力度。加快经济适用房、廉租房、公租房建设步伐，加强矿区危房和棚户区改造，全面推进农村危房改造，大力增加中低价位、中小户型普通商品住房有效供给，切实解决低收入群体住房困难。

大力发展卫生事业。深化医药卫生体制改革，健全基层医疗卫生服务体系，建立完善以国家基本药物制度为基础的药品供应保障体系，大力支持中医药事业发展，稳妥推进公立医院改革试点，加强对医疗机构的监督和管理，强化医德医风建设，提高应对突发公共卫生事件的能力，稳步提高基本医疗保障水平。

加快发展文化事业和文化产业。深化文化体制改革，加快公共文化基础设施建设，积极发展公益性文化事业，深入推进文化精品工程建设，扶持发展骨干文化企业，大力发展文化产业，着力提升文化软实力，不断满足人民群众日益增长的文化需求，更好地发挥文化引导社会、教育人民、推动发展的功能。

同时，要进一步做好人口和计划生育工作，积极发展体育、老龄、残疾人和慈善事业。

（七）安定团结优环境，着力增强发展的和谐度

稳定是发展之基、和谐是时代之需、平安是百姓之福。要创新思路，突出重点，落实举措，深入推进社会管理创新，大力加强民主法制建设，切实维护社会和谐稳定。

推进社会管理创新。建立健全对安全事故、自然灾害、公共卫生事件、食品安全事件、社会安全事件的预防预警和应急处置体系，进一步加大安全投入，完善安全保障，加强安全教育，强化安全监管，落实主体责任，严格责任追究，切实加强各领域的生产安全，确保全市安全生产形势持续好转。坚持依法管理、统筹兼顾，重点围绕服务民生、社会矛盾纠纷化解、特殊人群服务管理、社会治安重点地区排查整治、综治维稳基层基础建设、非公经济组织和新社会组织服务管理、互联网管理等工作，加强社会管理创新，逐步形成党委领导、政府负责、社会协同、公众参与的社会管理格局。进一步完善人民群众诉求表达机制和社会矛盾调处机制，妥善处理好各方面利益关系，提高从源头上化解矛盾和应对突发事件的能力，最大限度地减少不和谐因素。进一步加强综治维稳的基层基础工作，健全完善社会治安防控体系。加快基层服务体系和管理设施建设，提高城乡社区自治和服务能力，形成社会管理服务的强大合力。深化党委政府主导的维护群众权益机制，巩固提升“五级联动、三调对接”矛盾化解大调解机制，健全完善重大事项社会稳定风险评估、社会安全应急处置和社会稳定预警机制，完善处置信访问题的联合工作机制、涉法涉诉联合接访服务机制，着力解决影响稳定的源头性、根本性、基础性问题。深入开展新一轮禁毒防艾人民战争，依法严厉打击各种违法犯罪行为，维护好人民群众的生命财产安全。

加强民主法制建设。坚持依法治市，切实加强民主法制建设，认真贯彻落实省市人大、政协工作会议精神，大力支持人大、政协依法履行职能，巩固和壮大最广泛的爱国统一战线，认真贯彻党的民族宗教政策，努力促进政党关系、民族关系、宗教关系、阶层关系、海内外同胞关系的和谐。不断加强国防后备力量建设，深入推进基层民主政治建设，积极支持工会、共青团、妇联等人民团体依法开展工作，不断巩固和发展民主团结、生动活泼、安定和谐的政治局面。

三、切实加强和改进党的建设，为经济社会又好又快发展提供坚强保障

顺利实现“十二五”经济社会发展目标，必须充分发挥党的领导核心作用，以改革创新精神全面推进党的思想、组织、作风、制度和反腐倡廉建设，为经济社会发展提供强有力的组织保障。

（一）提升素质，增强推动科学发展的能力

坚持把思想建设放在首位，以党的创新理论武装为根本加强学习型党组织建设，促进党员干部在理论学习中不断改造思想，提升境界，牢牢把握正确的政治方向，树牢正确的世界观、权力观、事业观，不断提高政治理论素养和综合素质，切实把思想和行动统一到调结构、转方式、促进科学发展的战略任务上来，把思想政治建设成果转化为谋划科学发展的正确思路、促进科学发展的政策措施、领导科学发展的实际能力。

（二）发扬民主，提高科学决策制度化水平

坚持把制度建设贯穿党的建设的始终，不断加强党的领导制度、组织制度、工作制度、党内生活制度和监督制度建设，使党的建设各项工作走上科学化、制度化和规范化的轨道。要以民主集中制建设为重点，进一步完善各级党委全委会、常委会议事规则和决策程序，健全集体领导与个人分工负责相结合的制度，做到重大决策、重要干部任免、重大项目安排和大额资金使用由党委集体研究决定。发扬党内民主，畅通民主渠道，充分发挥人大、政协在依法、民主决策中的作用，健全科学民主依法决策机制、决策失误纠错改正机制和责任追究制度，不断提高党内科学民主依法决策水平。

（三）固本强基，充分发挥基层组织的战斗堡垒作用

坚持以“六型”党建为载体，进一步创新党组织设置方式，逐步实现党的组织和党的工作全覆盖；高度重视在非公有制经济组织和新社会组织中发展党员工作，加大农村党员发展力度，解决党员空白村问题；严肃换届纪律，认真抓好市县乡三级

党委换届工作，进一步深化干部人事制度改革，完善干部选拔任用机制，着力加强各级领导班子和干部队伍建设，选好配强基层党组织领导班子，切实增强各级党组织和党员领导干部的创新力、执行力、落实力；深入开展创先争优活动，努力把创先争优活动成果转化为科学发展成果；认真落实党委抓基层党组织建设的责任制，建立健全基层党组织建设经费保障、绩效考核、激励约束等机制，切实增强基层党组织的活力。

（四）求真务实，保持奋发有为的精神状态

坚持把作风建设作为保证科学发展的长期任务，不断加强思想作风、学风、工作作风、领导作风、生活作风建设，切实解决党员干部作风方面存在的突出问题。要重点围绕经济社会发展的各项目标任务，强化责任意识，保持昂扬斗志，发扬优良作风，一心一意谋发展，不折不扣抓落实。要牢记全心全意为人民服务的宗旨，始终把维护群众利益放在第一位，经常深入基层、深入群众，广泛开展调研，掌握实际情况，解决实际问题。要切实做好新形势下的群众工作，特别是在拆迁安置、土地征用等涉及群众切身利益的问题上，决不能简单地以长远利益为借口侵害群众合理的现实利益，决不能以全局利益为借口牺牲部分群众的具体的合法权益，真正实现好、维护好、发展好广大人民群众的根本利益。

（五）惩防并举，营造风清气正的发展环境

认真贯彻落实十七届中央纪委六次全会、省纪委八届六次全会精神，坚持把反腐倡廉建设作为必须始终抓好的重大政治任务，切实加强惩治和预防腐败体系建设，更加有效地预防腐败，更加坚决地惩治腐败。着力强化“一岗双责”意识，严格执行党风廉政建设责任制。加强反腐倡廉教育和领导干部廉洁自律工作，增强各级领导干部的拒腐防变能力。加大违纪违法案件查处力度，发挥查办案件惩戒功能和治本功能。健全权力运行制约和监督机制，完善政府性投资项目前置审计、政府采购等制度，推进权力运行程序化和公开透明。扎实推进反腐倡廉制度创新，从源头上预防和治理腐败，努力营造风清气正的干事创业环境。

今年是中国共产党成立90周年，是“十二五”开局之年，做好经济社会发展各项工作具有十分重要的意义。要认真贯彻落实国家宏观调控政策，着力在推动经济结构战略性调整、提高自主创新能力、深化改革开放、加强基础设施建设、强化环境保护和生态建设、统筹城乡发展、保障和改善民生、维护社会和谐稳定上取得较大突破，努力实现经济社会又好又快发展，为“十二五”开好局、起好步，以优异的成绩迎接建党90周年。

同志们，新的形势充满机遇和挑战，新的起点孕育生机和希望，新的任务更加光荣而艰巨。让我们更加紧密地团结在以胡锦涛同志为总书记的党中央周围，高举中国特色社会主义伟大旗帜，全面贯彻落实科学发展观，进一步解放思想、振奋精神，实事求是、与时俱进，开拓创新、克难奋进，凝心聚力、扎实工作，为实现经济社会发展第十二个五年规划和全面建设小康社会宏伟目标而努力奋斗！

政府工作报告

——2011年2月17日在曲靖市第三届人民代表大会第四次会议上

市　长　岳跃生

各位代表：

现在，我代表市人民政府，向大会报告政府工作。请连同《曲靖市国民经济和社会发展第十二个五年规划纲要（草案）》一并审议，并请市政协委员提出意见。

一、主动作为、克难奋进，全市经济社会发展迈上新台阶

"十一五"以来的五年，是曲靖发展史上极不平凡的五年，是在应对各种重大考验中奋力前行的五年，是在科学发展道路上迈出坚实步伐的五年。在省委、省政府和市委的领导下，市人民政府团结和依靠全市各族人民，全面贯彻落实科学发展观，经受住了国际金融危机以及五十年不遇冰冻、百年不遇的特大干旱等各种自然灾害的考验，保持了经济社会又好又快发展，胜利完成了第十一个五年规划确定的目标任务。

这是综合实力明显增强的五年。市内生产总值由"十五"末的441亿元增加到1005.5亿元，跨上了千亿元台阶，年均增长13.4%，翻1.2番。人均GDP由7809元增加到17000元，年均增长13.9%。财政总收入由"十五"末的94.4亿元增加到251亿元，年均增长21.6%，翻1.4番；地方财政一般预算收入由"十五"末的29.45亿元增加到72.4亿元，年均增长19.7%，翻1.3番，具备了在新的起点上谋求更大发展的基础和条件。

这是发展质量明显提升的五年。工业总产值达1265.1亿元，年均增长22.2%；规模以上工业累计实现利税180亿元。累计淘汰落后产能1696.5万吨，12个园区、11户企业列入全省工业循环经济试点，万元GDP能耗下降18%。农业总产值303亿元，年均增长7%，粮食连续8年增产。实现社会消费品零售总额806.4亿元，年均增长20.5%。县以上建成区面积170平方千米，城镇人口218万人，城镇化率达37%。入选新中国成立60周年中国城市发展代表，进入了全国10个空气质量最好的城市行列，被省政府命名为第五批省级园林城市，师宗县、罗平县、会泽县被省政府命名为省级园林县城。

这是发展基础明显夯实的五年。累计完成固定资产投资2318.8亿元，年均增长25.3%，是"十五"期间的3.7倍。基本建成贵昆铁路六沾二线曲靖段，启动沪昆客运专线曲靖段建设；改造农村公路1.15万千米，公路、铁路通车里程分别达26671千米和597.9千米。水库新增库容7049万立方米，新增和改善灌溉面积11.9万亩，治理水土流失面积1855.3平方千米。城市污水处理率达80%；垃圾无害化处理率达100%；森林覆盖率提高到40.3%。

这是发展环境明显优化的五年。推进法治政府、责任政府、阳光政府、效能政府建设，出台16项制度，建成市、县、乡、村四级政务服务体系，累计办理各种行政审批和服务事项111万件。投资环境明显改善，累计利用外资1.25亿美元，完成外贸进出口总额8.9亿美元，分别是"十五"期间的1.75倍和1.3倍，全方位、多层次、宽领域的对外开放格局进一步形成。

这是社会事业明显进步的五年。建成占地4平方千米、可容纳10万人的职教中心，高中阶段毛入学率达85.6%，在全省率先基本普及了高中阶段教育；排除中小学D级危房143.9万平方米；全面落实"两免一补"政策，"两基"质量和水平进一步巩固提高；学前三年儿童入园率达63.8%。积极推进创新型曲靖行动计划，累计取得科技成果139项。新型农村合作医疗累计减免、补助费用17.2亿元；投资7亿元，改扩建2家市级医院、14家县级医院和96所基层卫生机构，医疗卫生服务网络日趋完善。投入2.5亿元，建成10个县级文化体育场馆、67个乡镇文化站和一批农村文化设施。

这是人民生活明显改善的五年。各级财政对农民的直接补贴资金达34.12亿元。扶贫投入达75.7亿元。完成8.5万户农村危房改造和地震安居工程，解决了135.7万人饮水安全问题。安排城镇就业岗位17.9万个，转移输出农村富余劳动力54.1万人（次）。全面启动了城镇居民基本医疗保险试点，农村社会养老保险参保70.1万人。投入资金49.6亿元，建成各类保障型住房105.1万平方米。城镇居民人均可支配收入达15940元，农民人均纯收入达4130元，分别是"十五"末的1.8倍和1.95倍。

刚刚过去的2010年，我们全力以赴抗大旱，攻坚克难保增长，坚定不移转方式，千方百计保民生，圆满完成市三届人大三次会议确定的主要目标。

（一）始终把坚定信心主动应对作为化解困难的动力之源

面对异常复杂的国际国内经济环境和百年不遇的特大旱灾，大量企业生产经营遇困、投资意愿大幅下降、农业农村经济受到较大损失。我们及早分析形势，超前谋划工作，抓生产、增投资、促消费，为实现全年目标任务赢得了时间，争取了主动，特别是温家宝总理、回良玉副总理先后来曲视察，为我们攻坚克难增强了信心。累计投入200万人（次）和7.8亿元抗旱救灾资金，确保了大灾之年农业夺得了丰收。制定水利基础设施建设"三个二五"规划，一批水利项目纳入国家"十二五"规划。

争取新增烤烟收购计划3.5万吨，使烟农增收5亿元以上，烟叶税增收1亿元。开展“五访五帮”、“农业损失工业补”专项行动，一企一策解决企业生产中的突出问题。制定了工业招商引资管理办法和实施细则，实行重大投资项目联席会议、领导挂钩联系、并联审批办理等项目管理制度，对100个省市重点项目实行包保责任制和目标倒逼管理。加大土地利用计划争取力度，开展城乡建设用地增减挂钩试点，新增农用地7240.3亩，保障了重大项目用地需求；积极引导优势资源向优势企业集中，保障了大企业、大集团的资源需求；生产原煤4353.7万吨，全年发电量达382.9亿千瓦时。采取扩大生产供应、投放储备粮食、加大调运力度、加强价格监管调控等措施，认真落实“米袋子”、“菜篮子”行政首长负责制，增加蔬菜种植面积39.4万亩；争取中央和省级储备粮规模10万吨，投放了2955吨省级储备粮，确保全市粮油供应不脱销、不断档，主要农产品价格保持基本稳定。

（二）始终把扩大需求作为加快发展的根本途径

紧紧抓住国家扩大内需的政策机遇，集中力量争项目、上项目、引项目，完成固定资产投资701.5亿元，增长26.4%。投入1.15亿元项目前期工作经费，协调金融机构投放重大项目贷款53亿元，争取中央和省补助资金20.3亿元。加快水利、交通和城镇基础设施建设步伐。新开工建设6件骨干水源工程、13件病险水库除险加固工程，完成60件病险水库除险加固，建成4.9万件“五小水利”工程，解决了46.2万人的饮水安全问题。千方百计抢抓蓄水，蓄水总量达8.7亿立方米。宣普高速公路开工建设，宣倘二级公路竣工通车，富江二级公路建设快速推进，新建、改建农村公路3817.4千米。扎实推进建设人民满意城市三年行动计划，按中心城市、县城、乡镇、中心村四个层次修编市域城镇体系规划，控规覆盖率分别达100%、80%、50%和20%。启动了市级“五馆一中心”建设，推进了一大批城市基础设施项目建设。

增强消费对经济增长的拉动力。完成270个农家店、6个配送中心、22个商品市场的规范化建设。红星美凯龙、恒大地产等商贸地产项目快速推进。餐饮住宿完成零售额31.7亿元，同比增长18.4%；落实家电、农机、汽车和摩托车下乡政策，补助2.3亿元，带动21.9亿元产品销售。推进旅游“二次创业”，加快黄家庄旅游小镇、罗平布依风情园、师宗凤凰谷旅游区等一批旅游基础设施建设，实现旅游综合收入43.3亿元。持续改善金融生态环境，不断提高金融服务水平，银行类金融机构发展到16家、保险类金融机构25家、证券期货机构4家、村镇银行1家、小额贷款公司24家，全年新增贷款155.9亿元。

（三）始终把抓好“三农”工作作为全部工作的重中之重

认真落实国家强农惠农政策，对全市农民的直接补贴达到11.6亿元，市级财政涉农专项资金支出达到32.9亿元。深入开展“百日抗旱促春耕、高产创建夺丰收”活动，粮食产量达254.7万吨，增产10.5万吨。推进优势特色产业规模化、区域化、特色化发展，特色经济作物面积达365.6万亩，规模以上农业龙头企业达127家。流转农户家庭承包地25.9万亩，新认定16个无公害农产品产地，新认证44个无公害农产品。整合生猪标准化规模养殖场建设、生猪调出大县奖励资金8600万元，新建432个生猪养殖小区，实现畜牧产值165亿元。实施“全市农村劳动力转移就业特别行动计划”，转移农村富余劳动力14.5万人（次），人均工资性收入1234元。整合资金14.2亿元，改造中低产田地131.5万亩。建设天保工程公益林24万亩，退耕还林3.5万亩，实施公益林生态效益补偿面积662.9万亩。集体林权制度配套改革稳步推进，集体林确权率达99.2%、均山到户率达89.9%。发展木本油料基地50万亩，发展速生丰产林20万亩，完成中低产林改造55.8万亩；新建沼气池2.98万口，节能改灶3.6万户。大旱之年实现了无重大森林火灾和人员伤亡事故的好成绩。

（四）始终把调整工业结构作为转变发展方式的主攻方向

完成工业投资248.6亿元，实现工业增加值468.7亿元。认真落实产业振兴规划，加大曲靖烟厂、会泽烟厂技改力度，完成技改投入189亿元；支持煤化工、冶金产业进一步延伸产业链；投资30亿元的多晶硅一期项目建成试生产，填补了全市乃至全省工业发展的多项空白；新布局了一批新能源、新材料项目，杨梅山风电项目建成投产；工业内部结构继续改善，轻重工业结构比调整为26:74。12个工业园区总规划面积达到419平方千米，园区工业总产值占全市工业总产值的42.7%；安排1389.5万元补助资金推动300万平方米标准厂房建设，已建成100万平方米；曲靖国际农业食品科技园建设顺利推进，累计完成投资10.7亿元。部署质量兴市和标准化发展战略，设立“市长质量奖”。安排1565万元中小企业和非公经济发展专项资金，进一步加快非公有制经济发展。

采取对黄磷、铁合金、电石等高能耗低附加值的行业进行关停、限电等措施，淘汰落后产能736万吨。对会泽者海、陆良西桥等11个工业片区实施专项整治和重金属污染防治工作。城市“两污”设施全部建成投入使用。

（五）始终把体制机制创新作为改革发展的核心内容

曲靖开发区成功升级国家级经开区。市县政府机构改革任务基本完成。事业单位人事制度改革有序开展，在义务教育学校、公共卫生与基层医疗卫生事业单位实施绩效工资。认真组织实施增值税转型、成品油价格和税费改革方案，强化预算科学化、精细化、绩效化管理，在115个乡镇建立了县乡财政管理新模式。深入推进五项医药卫生体制改革，基本医疗保障制度、国家基本药物制度、公共卫生服务均等化、基层医疗服务体系和公立医院改革试点取得新进展。启动了矿村共建资源开发新机制。完成第二轮文化体制改革，对经营性文化事业单位实行转企改制。承接产业转移和招商引资成效突出，引进市外国内资金195亿元，实际利用外资2166.6万美元，中德财政合作项目顺利实施。

（六）始终把改善民生作为政府工作的出发点和落脚点

社会保障体系进一步完善。提供城镇就业岗位3.8万个，“零就业家庭”实现动态清零，城镇登记失业率为3.5%。累计发放小额贷款3.2亿元，共扶持6719户创业、带动2.48万人就业。五项社会保险参保人数突破194万，调整工伤保险基准费率，将所有老工伤人员纳入社会统筹，将企业退休人员基本养老保险金、工伤保险待遇、失业人员救济金提高10%，城镇职工医疗保险实现异地持卡就医。在基层医疗机构100%实行国家基本药物制度并实行零差率销售。提高新农合统筹标准，全年减免补偿费用6亿元；启动了富源县、师宗县新型农村社会养老保险试点，新农保参保人数51.2万人，其中领取养老金人数为9.7万人。安排1.6亿元，对56.8万困难人口实施救助，发放粮食8790.9吨。启动价格临时干预机制和社会救助、保障标准与物价上涨挂钩的联动机制，对困难群众实行价格临时补贴。安排4.32亿元，为9.4万人发放城市低保金、26.1万人发放农村低保金。实施城乡医疗救助34077人（次），农村五保供养2.25万人，资助参合参保41万人，新建和改扩建8所农村敬老院。认真做好移民搬迁安置和后期扶持工作。建成廉租房34.1万平方米、经济适用房25万平方米、公共租赁房3.6万平方米，改造棚户区12.7万平方米、农村危房7200户，实施抗震安居工程10700户。改造农村电网5万户，基本消除无电人口。完成10个“整乡推进”、453个省级“整村推进”扶贫工程建设。

各项社会事业全面发展。筹资3.51亿元改造中小学D级危房38万平方米；撤并10所中学、61所小学、482个小学教学点，推动了城乡教育均衡发展；投入“两免一补”资金5.5亿元，圆满完成“两基”迎“国检”任务；高中阶段毛入学率达85.6%，高考上线人数占全省的1/5；职业教育加快发展，高等教育取得新成效，高等学校在校生达2.15万人。市第一、第二人民医院综合住院大楼建成投入使用，完成3个县级医院、25个乡镇卫生院和2个社区卫生服务中心改扩建。疾病预防控制、艾滋病防治、血液管理、妇幼保健等工作进一步加强。保持省甲级卫生城市称号。人口和计生工作完成预定目标。加大基层公共文化基础设施的建设力度，建成36个文化站、84个文化信息资源共享工程站点、632个农家书屋。开展文化市场专项整治行动。成功举办了曲靖市第三届少数民族传统体育运动会，积极参加省第十三届运动会和省第九届民运会，争取了十四届省运会的承办权。在第十六届亚洲残疾人运动会上，我市运动员取得了游泳项目3金2铜的好成绩。推进第二批“村村通”工程建设，解决了60万山区群众听广播、看电视难的问题。邮政服务实现全覆盖。深入开展“红盾护农”、“消费维权”专项整治活动。顺利开展了第六次全国人口普查工作。高度重视民族工作，出台了加快少数民族和民族地区科学发展的政策措施。全面贯彻党的宗教政策，依法加强宗教事务管理。加强国防后备力量建设和人防工作，驻曲部队和民兵预备役人员在经济社会发展中发挥了积极作用。新闻出版、档案、地方志、社会科学、政策咨询、知识产权保护工作进一步加强。外事、侨务、保密、地震、气象、水文、妇女儿童、老龄、红十字、慈善、残疾人等事业取得新进步。

（七）始终把维护社会和谐稳定作为政府工作的第一责任

高度重视煤矿、非煤矿山、道路交通等重点领域和关键环节的安全监管工作，扎实推进“3568”安保双基工程，实现了安全生产事故总量持续下降的良好态势。加强防灾减灾体系建设，加强重点地区的地质灾害治理。继续抓好深化社会矛盾化解、社会管理创新、公正廉洁执法“三项重点工作”，建立人民调解与司法调解、行政调解“三调对接”机制，深入开展“法律六进”活动，信访总量和群体性事件实现“双下降”。深入推进社会治安防控体系建设，确保了社会稳定。

（八）始终把制度建设作为政府自身建设的重要抓手

坚持重大决策听证工作月报制度、报送审查制度和讨论前置制度，清理市级单位行政审批事项266项。加强政务督查，在重点岗位和关键环节实施“一线工作法”和“目标倒逼管理”，机关行政能力不断提高。加强党风廉政建设，新建反腐倡廉警示教育基地。启动公共资源交易平台建设，加强对政府重点工作的绩效审计稽察评价，审计核减项目资金3.63亿元；全面落实会议、文件、庆典、论坛和考察“五控”要求。自觉接受市人大及其常委会监督，依法执行市人大决定决议。支持市政协履行政治协商、民主监督、参政议政职能。认真办理人大代表议案、建议和政协提案。居民自治、村民自治等工作深入开展，完成第四届村民委员会换届选举。

各位代表，2010年，是曲靖发展极不平凡、极其艰难、极富成效的一年；“十一五”取得的成就来之不易，经验弥足珍贵。这是贯彻执行党中央、国务院和省委、省政府一系列方针政策的结果，是中共曲靖市委统揽全局、正确领导的结果，是市人大、市政协大力支持、有效监督的结果，是全市各族人民共同努力的结果。在此，我代表市人民政府，向全市人民，向驻曲解放军指战员、武警官兵和公安干警，向各民主党派、工商联、各人民团体和社会各界人士，向所有关心和支持曲靖发展的同志们、朋友们，表示衷心的感谢并致以崇高的敬意！

在肯定成绩的同时，我们也清醒地认识到，尽管近年来全市经济社会发展取得了令人瞩目的成就，但与发达地区相比，与中央加快转变经济发展方式的新要求相比，全市经济社会发展的软硬条件、发展的层次和水平、发展的方式还有很大差距，发展不充分、不协调、不平衡，发展内生动力不足、外向度不高的问题仍然是经济社会发展的主要矛盾。经济持续快速增长，但投资拉动仍处在突出位置，还没有形成投资、消费、出口协调拉动的格局；产业层次不断提高，但工业仍处在打基础、扩总量、提质量阶段，现代农业和现代服务业发展相对不足，还没有形成一、二、三产协同带动的格局；要素投入结构发生积极变化，但资源要素投入过大，科研基础薄弱、高层次人才紧缺、自主创新能力不足的问题仍很突出，还没有形成科技、人才、管理等高端要素支撑发展的格局；节能减排取得阶段性成果，但粗放发展方式还未根本扭转，资源和环境压力加大，特别是水资源支撑不足，还没有形成资源环境协调发展的格局；公共财政投入不断加大，社会建设不断加强，但可用财力有限，远不能满足公共事业发展和民生改善的需要，城乡之间、行业之间收入差距较大，部分群众生活还很困难，还没有形成居民收入与经济协调增长的格局。面对这些困难和问题，我们将一如既往地保持迎难而上、奋发有为的精神状态，增强化危为机、破解难题的胆识能力，努力形成同心同德、共克时艰的强大合力，脚踏实地做好各项工作，再谱曲靖发展新篇章。

二、开拓创新、奋力赶超，推动曲靖科学发展新跨越

“十二五”时期，是曲靖全面建设小康社会的关键期、经济发展的突破期、结构调整的攻坚期、民生改善的提升期和开放型经济发展的加速期。我们必须紧紧抓住机遇、全力用好机遇，牢牢把握发展的主动权，提高发展的全面性、协调性、可持续性，把实现科学发展的要求与曲靖实际相结合、发展的阶段性特征与转变发展方式的要求相融合、当前目标与长远需要相统一、市内市外“两个大局”相统筹。

（一）“十二五”经济社会发展的总体要求

高举中国特色社会主义伟大旗帜，以邓小平理论和“三个代表”重要思想为指导，深入贯彻落实科学发展观，围绕“富民强市”总目标，以科学发展为主题，以转变经济发展方式为主线，实施农业稳市、工业强市、商旅活市、人才兴市、生态立市、依法治市和统筹城乡战略，着力打基础、调结构、转方式、强产业、兴科教、惠民生、活机制、建生态、保平安、促和

谐，又好又快发展，在全省率先实现转型发展、创新发展、绿色发展、和谐发展，把曲靖建成云南现代农业强市、新型工业强市、安全文明卫生园林宜居的珠江源大城市，出省入滇的重要交通枢纽，云南重要的产业基地和区域物流中心。

（二）“十二五”经济社会发展的主要目标

——基本具备与城市地位相适应的综合实力。主要经济指标增幅保持全省乃至西部前列，经济总量保持两位数增长，经济结构更加优化，现代产业体系初具雏形，服务业规模、水平和比重全面提升，自主创新、可持续发展和抵御风险能力显著增强，经济发展步入创新驱动、内生增长的轨道。“十二五”末，经济总量突破2000亿元，人均GDP突破3.4万元，均实现翻番；财政总收入突破500亿元，地方财政一般预算收入突破150亿元。

——基本实现曲靖跨越发展的战略定位。依托十大工业优势产业，现代农业十大工程，做强做大煤电、现代化工、新能源新材料、装备制造、冶金、轻工、国际优质烟、生物资源产业，培育更多的经济增长点，产业链、配套链、服务链进一步完善，产业集聚效应进一步发挥，产业基地服务区域经济的效应充分体现，基本建成云南新型工业强市、现代农业强市和云南重要的产业基地和区域物流中心，努力与昆明、贵阳形成三点一线区域经济增长极。

——基本建立比较完善的开发开放体制机制。曲靖国家级经开区建设取得新突破，综合配套改革取得新进展，重要领域和关键环节改革迈出重大步伐，有利于科学发展的体制机制初步形成，市场配置资源的基础性作用进一步发挥，对外开放广度和深度不断拓展，开放型经济达到新水平，建成云南开发开放新高地，成为全省开放程度最高、发展活力最强、最具竞争力的地区之一，累计实现进出口总额18亿美元，实际利用外资1.5亿美元、引进市外国内资金1320亿元。

——基本形成安全文明卫生园林宜居珠江源大城市格局。构建中心城市“一主两副”具有园林生态城市个性和现代工业城市特色的大城市，载体功能、服务功能和综合保障功能显著增强。掀起城市建设高潮，以中心城市为依托，积极打造具有较强辐射力和集聚功能的珠江源城市群，麒麟中心城区建成国家级文明城、生态城，力争所有县城建成国家级园林生态城市。马龙县、沾益县完成县改区工作，罗平县完成改市工作。中心城区和各县（市）区综合实力明显增强，城市核心区、县城和小城镇三个层面发展更加协调，城镇化率达47%，中心城区城镇化率达74%，使曲靖成为创业者向往、珠源人自豪、外来人羡慕的现代化宜居新城。

——基本构建覆盖城乡的社会公共服务体系。科教更加进步，文化更加繁荣，市民思想道德素质、科学文化素质和健康素质显著提升，科技实力、教育水平、文化竞争力和卫生服务均等化水平处于全省前列。社会保障水平进一步提高，城镇职工及城镇居民基本医疗保险和基本养老保险覆盖率分别达95%和67%，农村养老保险覆盖率达70%。努力实现城乡居民收入和经济同步增长，城镇居民人均可支配收入、农民人均纯收入分别突破20000元和7000元，人民生活质量持续改善，富裕程度处于全省前列。

（三）“十二五”经济社会发展的重点

——坚持发挥优势、开放发展，实现由后发地区向云南开放开发示范区转变。牢牢把握重要战略机遇期，立足比较优势，主动融入国家和云南发展大局，在滇中城市经济群建设中谋求新的更大的发展，依托内力、借用外力，构建珠江源经济圈。进一步建立与珠三角经济区在金融、物流、贸易、旅游、科技、人力资源等领域的深入合作，围绕优势产业链招商，强化利用外资的产业导向，加大现代服务业、基础设施和公用事业等领域引资力度，努力把曲靖建成全省设施最好、服务最优、承接能力最强的国际国内产业转移的首选基地。以曲靖国家级经开区为平台，将全市12个工业园区打捆，用好用足各种叠加的优惠政策，积极申报设置海关、保税区和出入境检验检疫局，加快铁路车站、快速干道等战略性、支撑性基础设施建设，建成300万平方米标准厂房；以引进战略性重大项目为突破口，抢占产业制高点，布局一批重大的支撑性项目，努力打造珠江源中心城市的核心经济增长极。到2015年，经济技术开发区及12个工业园区工业增加值突破650亿元。

——坚持产业主导、加快发展，实现由能源大市向云南新型工业强市转变。充分发挥资源在发展中的话语权、竞争中的主动权、开发中的优先权，坚持资源跟着高端产业走，实现从开采冶炼及初加工向集研发、生产、加工成套、服务于一体转变；坚持板块化发展、园区化承载、集群化推进，形成上下游紧密衔接的产业链和集群发展的态势。在增量中加快结构调整，不断提高能源资源综合利用效率，加快构建以低碳排放为特征的产业体系，引导优势特色产业升级，大力发展和壮大非资源型产业，培育战略性新兴产业，努力构建多元发展、多极支撑的现代产业体系。组织实施“三个千亿”工程，强化电力、煤炭、化工、冶金、烟草五大支柱产业支撑能力，提升汽车及装备制造业、建材两大优势产业，壮大新材料、生物、轻工三大特色产业规模。到“十二五”末，全市工业总产值突破2500亿元，工业增加值突破900亿元，单位GDP能耗下降15%。

——坚持打牢基础、持续发展，实现由主要依靠外延动力向依靠内生动力转变。统筹实施一大批交通和水、电、生态环保等重大基础工程，使城乡基础设施不断完善，发展硬环境不断优化。加快进出曲靖运输大通道和交通枢纽建设，打通连接四川、贵州、广西三省区通道，建设普宣、宣曲、曲靖东南过境线、沾待高速公路和国道324线一改高工程；建设沪昆客运专线曲靖段，启动渝昆铁路曲靖段、滇中城际环线曲靖段建设，铁路复线率达45%以上，实现骨架公路高速化、干线公路标准化、交通运输公共服务均等化，形成市到县2小时经济圈。大力建设城市公用设施，提高交通、供排水、电力、燃气、通信等保障能力和承载力，积极推进轨道交通建设，构建城市核心区半小时经济圈，实现公交线路100%覆盖，形成珠江源大城市交通网。建成一批中小学校、医院及文体活动场所，形成15分钟教育圈、医疗圈、文体活动圈。县以上城市全部建成污水和生活垃圾处理设施。提高水利保障能力，加快骨干水源工程、病险水库除险加固工程、灌区续建配套工程建设，力争市“三个二五”水利工程全部建成，“十二五”末新增蓄水量3.6亿立方米，水资源综合开发利用率达15%。调整优化电网布局，加快城市电网改造，确保“十二五”末城市电网供电可靠率达99.9%。以“数字曲靖”建设为目标，推进第三代移动通信网建设，实现宽带接入的普遍服务，提高互联网普及率，适时推进电信网、广播电视网和互联网的“三网融合”，加快物联网、“云计算”网络运用，“十二五”末实现通信覆盖率、行政村互联网通达率、广播电视网络覆盖率均达100%。

——坚持统筹兼顾、协调发展，实现由城乡二元结构向城乡统筹转变。统筹城乡改革发展，重点加快农村基础设施和农村公共服务体系建设，促进城乡基本公共服务均等化，增强城乡发展的全面性协调性。加速推进户籍制度改革。完善城乡就业和社会保障制度，推进城乡劳动力市场一体化和社会保障全覆盖。推进现代农业发展，以建设一县一个农业示范区、一乡一个农业园区为载体，以农业龙头企业培育为重点，以设施农业建设为基础，以提高农民素质为根本，努力把曲靖建设成为全省最大的优质粮油、肉食品、水产品、外向型蔬菜加工基地和良种繁育交易中心，“十二五”末实现粮食总产300万吨，肉类总产180万吨。改造中低产田地194.2万亩，基本解决全市232万人农村居民饮水安全问题。走生产发展、生活富裕、生态良好的道路，切实抓好公益林保护和以中低产林改造为重点的生态工程建设，实现森林覆盖率达45%以上。

——坚持优化结构、活力发展，实现由工业主导向工业与服务业并重转变。以实施服务业提速计划为抓手，重点发展现代物流、金融保险、科技和信息服务等生产性服务业，提升发展商贸餐饮、旅游休闲、健身娱乐、家政养老等生活性服务业，推动服务业比重提高、结构优化、竞争力提升，“十二五”末服务业增加值占GDP比重达33%以上。推动产业向研发、设计、物流、营销、品牌推广、系统集成等上下游延伸，形成资源型产业与服务业相互支撑、相互促进的发展格局。加强市场流通体系建设，完善城乡流通基础设施建设。推动重工业内部服务专业化发展，整合利用好物流信息、交通运输资源，积极引导工业企业主辅分离，建成一批以陆良、沾益、马龙等为重点的现代综合物流中心，大力发展第三方专业化服务企业，推动物流业社会化、专业化、规模化发展，物流成本与全省平均水平持平。着力打造休闲曲靖、文化曲靖、活力曲靖、魅力曲靖、美食曲靖，建设一批高端精品旅游项目，实现旅游综合收入70亿元。

——坚持民生为本、共享发展，实现由经济发展向经济与社会协同发展转变。把保障和改善民生作为发展的根本出发点和落脚点，实现富民和强市的有机统一。加大公共财政投入，围绕教育、医疗卫生、文化体育、就业服务、社会保障五大框架体系建设，建立健全民生保障机制。五年新增城镇就业17.5万人、转移农业劳动力50万人，城镇登记失业率控制在4%以内。基本普及学前教育，高水平普及九年义务教育，高质量普及高中阶段教育，大力发展职业教育，提高高等教育办学水平和人才培养质量，率先构建现代教育体系；推进校舍标准化建设，排除全市中小学抗震设防不达标校舍158万平方米。完善四级文化体育基础设施，建成市级文化馆、博物馆、美术馆、图书馆、规划展览馆、体育中心，承办好第十四届省运会。深化医药卫生体制改革，完善城镇居民基本医疗保险和新型农村合作医疗制度，“十二五”末“五险”参保人数突破480万人，新型农村合作医疗参合率稳定在98%以上。新增保障性住房面积271万平方米。认真落实各项增收措施，合理调节收入分配关系，加大对低收入群众的帮扶救助力度，让人民群众生活得更有质量、更有保障、更有尊严。

三、抢抓新机遇、增创新优势，努力实现“十二五”良好开局

2011年，是“十二五”的开局之年，也是既复杂又困难的一年。经济社会发展的主要预期目标建议为：市内生产总值增长10%以上；全社会固定资产投资增长20%以上；地方财政一般预算收入增长12%以上；社会消费品零售总额增长18%以上；进出口总额增长10%以上；城乡居民收入都增长10%；居民消费价格总水平控制在104%左右；城镇登记失业率控制在4.6%以内；人口自然增长率控制在6‰以内；单位生产总值能耗降低3%。今年重点要抓好以下九项工作：

（一）围绕现代农业发展，加快农业强市建设步伐

加快转变农业发展方式，大兴水利强基础，狠抓生产保供给，力促增收惠民生，着眼统筹添活力，力争农业总产值突破350亿元，农民人均纯收入突破4550元。

高度重视重要农产品供给。围绕保障农产品供给、促进农民增收的中心任务，加大强农惠农政策力度，进一步调动农民种粮的积极性，深入开展“百亩攻关、千亩展示、万亩带动”高产创建活动，强化技术集成配套，加快推广种养机械和设施农业机械，加快陆良、师宗国家级产能县和麒麟、沾益、宣威、会泽、富源、罗平省级主产县建设，确保粮食播种面积不低于860万亩，总产突破260万吨。实施“放心肉”、“放心菜”工程，扩大蔬菜种植面积到250万亩，建设4个县级粮油批发市场、8个乡级粮油交易市场，推进“农超对接”，落实和完善鲜活农产品“绿色通道”政策，形成流通成本低、运行效率高的农产品营销网络。完善重要商品储备和重要生活必需品商业代储制度，建设2.5万吨市级粮食储备库，落实市级临时储备粮3500吨、食用植物油储备2300吨、猪肉活体承储1.87万头，确保市场供应和价格稳定。

加快转变农业发展方式。大力优化农业生产力布局，加快实施优势农产品区域规划和十大农业特色优势产业基地建设。全力推进曲靖国际农业食品科技园、宣威国家现代农业示范区建设，推进“一县一个农业示范区、一乡一个农业园区”建设，提高特色优势农产品聚集度，提升粮油、烤烟、畜牧传统优势产业，壮大蔬菜、花卉、魔芋、蚕桑、水产品优势特色产业，培育木本油料、中药材新兴特色产业，形成优势突出、特色鲜明的农产品产业带。稳定烤烟种植面积，确保收购烟叶19万吨，收购总值31亿元以上；优化畜牧业结构，建设200个生猪标准化规模养殖场，实现肉类总产142万吨，畜牧业产值180亿元。扶优扶强重点农业龙头企业，新培育10个以上农民专业合作社，探索推广农业龙头企业流转土地发展订单农业的产业发展模式。实施农业标准化生产，加快“三品一标”认证步伐。

抓好农村基础设施建设。扎实推进农村饮水、公路、危房改造，解决35万人的饮水安全问题，新建、改建农村公路3000千米。抓好26个特色小城镇建设，完成100个自然村村容村貌整治。以山区、半山区和民族地区为重点，改造中低产田地44.9万亩。继续推进水库移民搬迁安置和后期扶持工作。优化耕保机制，加快推进土地整理。统筹推进一批新村庄和新型农村社区建设。探索统筹城乡发展和工业反哺农业的新途径，促进城乡经济社会发展一体化制度建设。

（二）更加重视工业结构调整，着力提升工业经济发展水平

抓好大项目、大产业、大基地建设，培育5家年销售收入100亿元以上、50家10亿元以上、50家1亿元以上的领军企业，努力形成新的竞争优势，力争工业总产值突破1300亿元，工业增加值突破540亿元。

改造提升传统优势产业。积极引进新技术、新工艺、新设备，加快产业升级、企业转型、产品换代，做强电力、煤炭、化工、冶金、烟草五大支柱产业，力争实现产值1050亿元。支持雨汪煤电一体化、东源恩洪煤矸石综合利用项目加快建设；建成100个省二级以上标准化矿井、100个15万吨以上矿井，启动100个机械化矿井项目建设；加快煤层气开发利用，推进凤凰

山电化一体化项目建设；支持驰宏锌锗、云维集团、罗平锌电延伸产业链；推进铝电结合，发展铝材深加工、铝产业包装及铝合金产品，加快冶金集团30万吨铝产品加工、三元德隆铝型材等项目建设；以越钢、双友、呈钢、金广为龙头，加快发展不锈钢、镍合金等高附加值钢铁产品；支持曲靖卷烟厂、会泽卷烟厂加快技改步伐，启动曲靖复烤中心建设。壮大汽车装备、新型墙材和轻质板材产业，力争启动一汽通用、中铝、昆钢一体化循环经济等项目建设。

培育壮大新兴产业。加强政策支持和规划引导，培育新材料、新能源、生物等新兴产业，启动500兆瓦太阳能硅晶片项目建设，加快富源华能风能和宣威生物质能源综合利用项目建设。推进一批太阳能光伏发电、核电项目前期工作，力争尽快开工建设。抓好金龙控股、乔治白服装等一批轻工企业入园工作。

强化工业园区的承载作用。加快制定工业园区与曲靖国家级经开区的捆绑优惠政策，促进产业集约化、链群式发展，合理布局园区产业，逐步形成各园区相互支撑、各具特色的产业集群，实现园区工业增加值占工业增加值的比重达45%以上。围绕支柱产业抓配套，引导中小企业向工业、产业集中区聚集。深入实施“创新型曲靖”行动计划，鼓励企业加大研发基地建设力度，积极培育高新技术企业和创新型试点企业。

进一步抓好经济运行要素保障。争取金融机构加大对重点领域和薄弱环节的信贷支持，确保信贷增速高于全省平均水平、中小企业贷款增速高于全市信贷增速，新增贷款不低于120亿元。抓好重要原材料组织协调和供需衔接，保障重点企业电力、运力等生产要素需求，力争发电量达460亿千瓦时。生产原煤4550万吨、洗精煤1000万吨。积极争取支持，尽量满足项目用地需求。进一步完善投资机制，重视做好对民间资金的引导工作，鼓励社会资金多渠道投入经济建设。

（三）扩大消费总量，增强经济发展的协调性和竞争力

完善消费持续增长长效机制，积极调整优化需求结构，增强消费拉动力，力争社会消费品零售总额突破270亿元。

改善城乡商业业态。充分利用现有综合交通优势和周边消费需求，着力构建麒麟、沾益、马龙“半小时消费圈”、市内城市群“2小时消费圈”、省外周边城市“3小时消费圈”，把曲靖打造成为云南省新兴商贸城市。加快建设中心城区中央商务区等服务业集聚区和各类服务业重点项目，加快财富中心等一批中央商务区建设，进一步改善城市核心区商业业态，创造更好的城市品质，增强消费吸引力。支持农业银行、农业发展银行和邮政储蓄银行业务转型；加快曲靖商业银行业务扩张，支持跨区域发展。积极促进保险业健康发展，探索融资服务、信用咨询等新型金融衍生行业发展，推广金融IC卡应用，增强金融配套服务功能。加快发展非公有制经济和中小企业，支持优质民营企业上市融资。加强农村流通体系建设，扩大农村消费。改扩建10个配送中心、100个农家店。继续落实家电下乡政策。

统筹物流中心规划建设。加快以西城区、花山和南海子等为主的物流园区、物流中心和物流节点建设，积极开展曲靖地方铁路货场及重点企业铁路专用线建设，推进铁路战略装车点建设。加快区域性工业产品交易中心、农产品配送中心、商品交易市场、生产要素交易中心等建设。鼓励发展连锁经营、物流配送、电子商务等现代流通方式，推进小坡商贸物流城建设。

积极发展旅游业。继续推进罗平布依风情园、黄家庄特色旅游小镇等8个旅游项目建设，做好6个旅游小镇和7个旅游特色村的规划建设，加快罗平、会泽省旅游改革和发展重点县建设，整合办好罗平国际油菜花文化旅游节等节会活动，实现旅游总收入47.2亿元。

（四）加快推进基础设施建设，为又好又快发展提供保障

进一步调整优化投资结构，市级安排不少于3000万元的项目前期工作经费，围绕项目争取、开工、投产等重点环节，以更大的决心、更强的力度、更有效的措施推动重大基础设施建设，确保固定资产投资突破840亿元。

提高供水保障能力。把水利作为基础设施建设的优先领域，健全投入长效机制，抓好阿岗、车马碧、黑滩河等重点水源工程前期工作，加快麒麟发脉、沾益水洞山、师宗小务龙、马龙石灰冲、罗平洒谷骨干水源工程和宣威窑上海子引水工程等在建项目建设，启动宣威大型引水济榕工程和麒麟草白海子大型引水工程建设，尽快启动陆良大坝冲、富源岔河、富源牛耳箐、会泽马厂、会泽八道等一批中小型水库建设，完成洞上、小干河等5件骨干水源工程建设，建成各类水利工程4万件，新增库容7455万立方米。抓好库塘蓄水，积极推进一批民生水利工程。

提高交通运输能力。支持宣普高速公路加快建设进度，完成富江二级公路建设，新建和改建农村公路3000千米以上，完成4个市、县客运站和15个乡村客运站建设，争取开工曲宣高速公路；继续做好曲靖东南过境线、沾待高速项目前期工作，启动渝昆高速会泽段、纳雍至河口高速公路师宗至丘北段前期工作，确保完成公路项目投资22亿元以上。加快沪昆客运专线曲靖段建设，积极推进渝昆铁路新建、南昆铁路扩能改造、滇中城市群城际铁路环线、罗平至文山天保、宣威至会泽铁路前期工作，力争完成铁路投资20亿元。

提高电力信息支撑能力。投资7亿元，开工9项、建成7项输变电工程，增加输电线路82千米。投入8亿元推进“数字曲靖”骨干网络建设，加快建设第三代移动通信网络、交互式高清数字电视改造和移动多媒体系统建设，全面推进光纤宽带接入的普遍服务。

（五）继续实施人民满意城市行动计划，不断提升城市建管水平

坚持规划是前提、建设是重点、管理是关键的发展理念，推动城镇快速协调发展，确保全市城镇人口达235万人，城镇化率提高2个百分点，达39%。

高标准高起点规划设计。按照200平方千米、200万人规模编制珠江源大城市总体规划、城市现代服务业暨城市产业经济规划，完成中心城区全部控制性规划和相应的专业规划，中心城区按照“东扩、西进、北延、南拓、中提升”思路，全面拓展城市空间，构建“一主两副、一城四区”的珠江源大城市格局，建立麒麟、沾益、马龙、经开区同城规划、共域发展机制。向东扩展中心城区规模；向西加快经济技术开发区基础设施建设和产业聚集，加快向马龙延伸；向北加快麒麟城区和沾益城区建设，实现麒麟与沾益零距离连接；向南加快向三宝方向拓展并辐射温泉；强化基础、优化功能、提升品质，加快提升中心城区的带动力、影响力。科学规划，积极做好外移珠江源大城市市内高速公路收费站相关工作。

加大建设改造力度。加快中心城区国家级园林城、省级园林县城创建活动，加强城市创意设计，深入挖掘地域文化内涵和

民族文化元素，打造标志性工程。加快城市公共交通、绿化、供排水、防洪体系等基础设施建设，重点加快南小线城区段、紫云路、珠江源大道南延线等26个城市交通项目建设，开工建设南城、西城水体公园和靖湖、西河、玉带公园等10个城市景观项目，推动城市生态建设从“绿化”向“美化”和“艺术化”提升。改造排水管网160千米和供水管网65千米；优化公交线路，更新公交车100辆，实现中心城区公交、供排水、消防、电力全覆盖，燃气管道供气40%覆盖，基本建成防洪体系，解决城区雨污分流问题。力争城镇建设投资突破250亿元。

高效能精细化管理城市。实施城市形象提升行动计划，进一步完善运行市场化、管理网格化、作业精细化、考核标准化的城市管理体系，以地理信息系统为基础，组织实施数字城管、便民服务、社会治安和应急管理等一系列信息化应用项目，尽快形成科学规范、高效快捷、为民便民的城市运行新机制。加快交通管理智能系统建设，加大停车场点建设，大力改造城市路网和公交场站，构建快捷高效的城市交通体系，着力解决交通拥堵、出行不便的问题。实施违法违章建筑、户外广告、施工扬尘、小街小巷和城市“死角”综合整治，打造宜居宜业的城市环境，切实提高全体市民的满意度。

促进小城镇和大中小城市协调发展。按照中小城市提质、小城镇协调发展的要求，完成50%的村庄规划。以点带面，抓好县城和重点镇提质扩容，加快16个省级重点特色小城镇和10个市级重点集镇建设，重点扶持建设100个新村庄示范点，促进城乡一体化发展。坚持试点先行，引导农村迁村并点，利用农村危改、土地合理流转等政策加快小城镇建设。加快“村改居”进程，研究制定农村人口转移到二、三产业和离乡离土进城长期务工人员的政策保障机制。

（六）强化节能减排和生态保护，增强发展的可持续性

重视抓好节能减排。继续加大有色、冶金、化工等传统行业技改力度，再淘汰一批落后产能。深入开展环保专项行动，完善节能减排激励政策、技术标准和管理制度，健全政府节能减排目标责任考核评价体系。建立饮用水源污染应急预案处理机制，严格划定和保护饮用水源保护区，坚决关闭水源保护地一级保护区内所有排污口。在冶金、化工、造纸等重点行业，全面推行环境安全目标责任制管理，进一步加大工业园区和工业集中区环境综合整治。完成10个城镇污水处理厂新建、扩建和升级改造，启动16个特色小集镇“两污”处理设施建设。

大力发展循环经济。优化循环经济发展布局，加快循环经济示范区和南北循环经济发展保障带建设，以工业园区和循环经济试点企业为重点，加快循环经济技术开发和应用，开展驰宏公司国家循环经济试点和云维集团省级循环经济试点，推广煤电矿气一体化等发展模式。

提高资源保障能力。继续深入推进共建土地管理新机制试点工作，重点抓好城乡建设用地增减挂钩和盘活国有废弃建设用地，确保发展用地需求。深入推进矿产资源整合，优化矿山开发布局，促进矿山规模化开发、集约化开采。

继续抓好生态建设。落实公益林生态效益补偿和退耕还林政策，完成人工造林60万亩，封山育林50万亩，改造中低产林50万亩；积极发展林业碳汇项目，配合做好法国贷款户用沼气减排项目，建设沼气池3万户，节能改灶1万户。启动全市饮用水源地保护规划，加大对“两江”、南盘江等重点河流保护，抓好潇湘水库、西河水库、独木水库等饮用水水源地保护，加大城市山体绿化、水体净化治理力度。

（七）大力推进体制机制创新，增添科学发展新动力

提升对外开放水平。加大招商引资力度，坚持布局集中、产业集聚、用地集约，大力推行项目“熟地供应”模式，建设100万平方米标准厂房，争取布局一批基础设施和重大产业关联项目，实现引资来源、引资领域和引资方式的多元化、多层次。实施东西联动，争取设立承接东部产业转移示范区，成批引进内需型加工制造企业。健全招商引资后续工作机制，确保签约项目顺利实施。大力实施“走出去”战略，增强配置国内、省内资源的能力。抓好桥头堡建设的产业基地和区域物流中心总体规划和专项规划，明确桥头堡建设的产业发展、基地建设、政策支持、项目支撑和措施保障，制定更具优势的产业政策、物流政策、人才政策，使桥头堡建设成为曲靖经济发展的加速器。继续加强侨务、外事工作。

推进重点领域和关键环节改革。继续深化政府机构改革，加快推进事业单位分类改革，全面完成聘用制岗位设置管理，推进事业单位绩效工资改革。创新体制机制，推动曲靖国家级经开区顺利实现体制转型和发展转轨。按照财力与事权相匹配的要求，进一步理顺市县政府财政分配关系；提高预算完整性和透明度，完善预算编制与预算执行、结余结转资金管理有机结合的制度，提高预算支出执行的均衡性；依法加强财税征管，强化非税收入管理，建立规范的收入管理体系。推进资源性产品价格和环保收费改革。全面推进矿村共享资源开发新机制工作，探索建立资源节约的共建机制、环境友好的共保机制、开发成果的共享机制。继续加强国有资产管理、统计、保密等工作。

继续深化农村综合改革。抓好乡镇机构改革，完成农业技术推广、动植物疫病防控、农产品质量监管等公共服务机构改革任务。完善农村居民转为城镇居民的户籍管理制度，推进就业帮扶、社会保障、子女入学、住房租购等政策体系建设，引导有条件的农村居民转为城镇居民。研究出台农村土地承包经营权流转指导意见，开展宅基地确权试点，探索农民自愿有偿退出农村承包地和宅基地办法，促进城乡要素双向流动。抓好集体林权制度配套改革，开展农村土地、林权等生产要素抵押、质押和涉农保险试点。继续推进水价改革、水利投融资体制改革，理顺优化水务管理体制。

（八）加大公共财政投入力度，加快和谐曲靖建设步伐

坚持把增加群众福祉放在政府工作的首位，更加注重制度建设的激励性，更加注重保障体系建设的普惠性，始终把改善民生工作放在心上、抓在手里，努力让人民群众得到更多实惠。

坚持教育优先发展。继续深化教育综合改革，重点推进校长公选、教职员工聘任、绩效工资改革和课堂教学改革；继续深化义务教育经费保障机制改革，进一步提高义务教育水平。高度重视学前教育，加快100所农村幼儿园和15所示范性幼儿园建设，确保幼儿学前三年入园率达70%以上。完成中小学校舍安全工程二期工程，启动三期建设，排除中小学抗震设防不达标校舍10万平方米，启动实施义务教育标准化建设工程，进一步巩固和提高“两基”水平。大力发展中等职业教育和成人教育，组建职业教育集团。高度重视特殊教育、民族教育。积极支持高等教育发展。

提高医疗卫生服务水平。巩固完善新农合制度，确保参合率稳定在95%以上，最高报销限额提高到3.5万元；深化医药

卫生体制改革，全面实施国家基本药物制度，落实公共卫生服务均等化任务，稳步推进公立医院改革。开工建设妇幼医院南苑医院，完成市精神卫生中心和4个县级医院、14个乡镇卫生院、3个社区卫生服务中心建设，改扩建100个村卫生所。实施国家儿童免疫规划，继续做好重大传染病、艾滋病等重点疾病的防控、防治工作。加强流动人口服务管理，落实好计划生育家庭奖励扶助政策，提高出生人口素质。

繁荣发展文化体育事业。开展文化事业提升年活动，加大财政资金投入力度，重点加快市图书馆、博物馆、美术馆、文化馆和体育中心建设，建设宣威、罗平、师宗等11个县级文化体育基础设施；抓好16个乡文化站、272个村文化室、552个农家书屋、65个文化活动小广场建设；建立文化体育人才培养培训和引进机制。推出一批文艺精品；办好第四届文化艺术周活动，广泛开展全民健身运动，大力发展竞技体育，积极筹备第十四届省运会。继续加强文化市场监管。发展社会科学、档案、地方志和决策咨询研究工作。推进农村信息化建设，行政村宽带通达率达70%以上。实施好第三批“村村通”工程，解决27万户108万群众看电视难、听广播难问题。

千方百计扩大就业。继续推进国家级创业型城市建设，全面推进小额担保贷款和“贷免扶补”工作，完善鼓励创业和促进就业政策，扶持3500人自主创业，确保新增城镇就业2.4万人；加强农村劳动力技能培训，引导农民就近就地创业就业，确保新增转移就业8万人，实现经济增长与就业增长的良性互动。

努力提高社会保障水平。建立社会救助和保障标准与物价上涨挂钩的联动机制，切实保障低收入群体生活不因价格上涨而降低。继续扩大各类社会保险覆盖范围，推进农民工、非公企业就业人员、个体工商户、灵活就业人员参保工作。按时足额发放企业离退休人员养老保险金和失业人员失业保险金。进一步抓好富源县、师宗县新型农村社会养老保险试点，研究出台农村社会养老保险试点办法，力争在全市全面实施。全面实施城镇职工基本医疗保险市级统筹和门诊统筹，全面启动城镇居民大病补充医疗保险工作，确保城镇居民医保政策范围内的住院平均报销比例提高到60%，最高支付限额达到城镇人均可支配收入的6倍。工伤保险待遇平均水平提高10%。做好社会保险关系跨制度、跨地区转移接续工作。完善城乡低保制度，力争符合条件的城乡居民家庭实现应保尽保。加强残疾人社会保障和服务体系建设。建设1个县级养老机构和20个居家养老服务中心。大力推进红十字、慈善等事业发展。加快保障性安居工程建设。建设35万平方米廉租房、58万平方米经济适用房、10万平方米公租房，改造82万平方米棚户区和1.5万户农村危房，实现低保家庭廉租房全覆盖。

切实维护社会安全稳定。继续深化“3568”安保双基工程建设，落实安全生产责任，强化煤矿、非煤矿山、道路交通等行业和领域安全生产监管工作，加强安全生产应急救援队伍建设。加强食品、药品安全监管。抓好地震、地质、气象、生物灾害的防灾减灾体系建设，完善公共应急管理体系，加快综合应急指挥平台建设，建成市县两级气象灾害监测预警中心，增强防灾减灾救灾能力。继续做好信访、仲裁、法律援助、人民调解、安置帮教和行政复议等工作，着力解决好新形势下人民内部矛盾和群众工作，形成科学有效的利益协调、诉求表达、矛盾调处和权益保障机制。创新社会服务与管理模式，加强实有人口动态化、社会组织、网络虚拟社会和特殊人群管理，健全完善扁平化指挥、网格式警区防控机制，确保社会稳定。

深入推进精神文明和民主法治建设。深入开展群众性精神文明创建活动，推进社会信用体系建设，开展和谐社区建设。坚持向市人大及其常委会报告工作，主动接受人民政协的民主监督，提高办理人大代表议案、建议和政协提案的水平，广泛听取各民主党派、工商联、无党派人士意见和建议。支持工会、共青团和妇联积极开展工作。推进“六五”普法，发展基层民主，完善基层自治制度。积极做好拥军优属、国防动员、民兵预备役和人民防空工作。推进民族团结进步事业，深入开展民族团结进步创建活动。全面贯彻党的宗教政策，引导宗教与社会主义社会相适应。

（九）加强自身建设，努力建设人民满意政府

严格依法行政。建立完善管用、精细的政府管理制度体系，提高政府执行力和公信力。继续清理和规范行政审批，完善行政许可项目在线审批系统和电子监察系统，对行政审批行为实行全过程监控。继续清理和规范行政收费，进一步优化投资环境。实行行政执行跟踪、责任追究制度，健全信息反馈、绩效评估和纠偏机制，建立责任追究体系，完善问责办法。

控制行政成本。各级行政机关办公费支出要在2010年基础上降低5%。将因公出国（境）经费纳入预算管理，并在前3年平均基数上减少20%。各级行政机关公务接待费用支出要在2010年基础上削减10%；严格控制各类会议和庆典等活动。执行会议审批制度，严格控制会议规格和规模。完善公务车辆管理办法，最大限度降低公务用车经费支出。严格控制各级行政机关新建办公楼和培训中心、宾馆等楼堂馆所。加强财政资金监管，落实政府性投资项目资金“双控”管理。

强化行政监督。推进政务服务中心规范化建设，出台政务服务管理暂行办法，加快电子政务建设和公共资源交易中心建设，构建公正开放、有序竞争、优质服务、依法监管的公共资源管理服务新体系。深化惩防体系建设，建立廉政风险预警防控机制，加强重点岗位和关键环节的监管，继续深化工程建设领域突出问题专项治理。继续完善社会评价部门工作，加强对重点领域、重点部门、重点项目的审计，深入推进领导干部经济责任审计，使权力运行更加规范透明。

各位代表，珠源大地新一轮跨越发展的序幕已经拉开，科学发展的航船已经扬帆启航。让我们更加紧密地团结在以胡锦涛同志为总书记的党中央周围，坚持以邓小平理论和“三个代表”重要思想为指导，深入贯彻落实科学发展观，坚决打好转变发展方式的攻坚战，打赢科学发展的持久战，为实现“十二五”良好开局和全面建设曲靖小康社会宏伟目标而努力奋斗！

大 事 记

责任编辑 张 鑫

2010年十大新闻事件

●全市万众一心抗大旱。2009年7月至2010年4月，曲靖市出现严重的夏、秋、冬季连旱天气，发生范围之广，干旱程度之深，造成的损失之重，为曲靖历史上百年一遇。曲靖旱情得到党中央、国务院，省委、省政府的高度重视，引起全国新闻媒体和全国各族人民的关注。市委、市政府带领全市人民抗旱救灾、保民生促生产，成功战胜了这一特大自然灾害。

●曲靖跻身大城市行列。2010年7月25日，云南省委八届九次全会透露，云南第二大城市曲靖主城区人口达58万人，已经跻身全国大城市行列。从2010年起，全市开始实施100个大项目、100亿元投资、100幢高楼的城市建设“三百工程”，拟用3年时间建设200幢高楼，建设珠江源大城市，实现城市跨越式发展。

●全市“两污”治理创优良生态环境。到2010年底，曲靖市所有县以上城市全部建成污水生活垃圾处理设施，污水处理率达80%，生活垃圾无害化处理率达100%，云南省政府提出到2012年全省县城以上城市全部建成污水处理厂和垃圾无害化处理厂的目标。

●曲靖市供销系统现代经营服务体系惠农。曲靖市供销部门通过“新网工程”和“乡村流通工程”建设，全市9个县（市）区都建成农资配送中心和日用消费品配送中心；建立了1510个农资销售网点，恢复和发展农村经营网点4058个。近3年全市供销系统实现了经营总额翻3番。

●野马村中低产田地改造模式将在全省推广。于2009年12月启动，总投资6069.28万元的野马村3万亩中低产田地改造实现“旱能浇、涝能排”的目标，为农业产业化、规模化和集约化发展开辟了新路。2010年5月10～11日，由驻滇及云南主流媒体的20余名记者组成的采访团深入会泽县待补镇野马村进行采访，中低产田地改造“曲靖经验——会泽模式”将在全省推广。

●全市“两基”工作为发展强基固本。2010年11月29～30日，国家“两基”督导检查组到曲靖市督导检查，并充分肯定了全市“两基”工作取得的突出成效，这将有力地推动全市教育事业又好又快发展。

●沪昆高速铁路开工兴建。2010年12月3日，沪昆铁路客运专线云南段首开工点——富源县壁板坡隧道正式开工兴建。新建沪昆铁路长沙至昆明客运专线全长1167千米，其中云南段正线全长184.7千米，经富源县、沾益县、麒麟区、马龙县、嵩明县到达昆明南，是云南境内首条高速铁路。壁板坡隧道全长14756米，为全国时速350千米铁路客运专线中的第一长隧道。

●曲靖“五馆一中心”开建。2010年11月15日，集文化、体育、大众休闲功能为一体，位于珠江源大道旁珠江源古镇西侧的曲靖“五馆一中心”正式开工建设。作为曲靖的标志性建筑和云南省运会场馆，“五馆一中心”工程包括博物馆、美术馆、科技馆、图书馆、规划展示馆以及体育中心，总投资概算15亿元，建设规模总计15万平方米，占地面积59.94万平方米，工期两年，预计2012年底建成。

●洪水袭击马龙县城。2010年6月25日20时至26日8时，马龙县出现208.4毫米特大降雨，距县城约6千米的龙泉水库出现漫坝达1.5米，导致县城部分淹水。洪灾发生后，曲靖市市级相关部门和马龙县及时启动应急预案，组织各方力量抢险救灾。抢险救灾工作结束后，马龙县及时启动灾后重建工作，受灾群众2010年底将迁入新居。

●新农村建设整乡推进52万群众生产生活得改善。从2009年10月至2010年底，曲靖市全面启动实施9个乡（镇）的“整乡推进”扶贫开发建设工程。第二批“千村扶贫、百村整体推进”工程共完成项目总投资21.23亿元，户“八有”、自然村“六有”、行政村“六有”分别完成建设计划的125%、110%、110%，实现预期建设目标。170个村委会52万群众的发展基础和整体生产生活水平向前跨越了15～20年。

（孙富明　徐天国）

1月

4日下午，曲靖市2009年度云南省集中检查考核动员暨综合汇报会举行，省委常委、统战部部长黄毅出席并讲话。省第三检查考核组4～11日对曲靖市进行集中检查考核。

5日上午，总投资上亿元、历时10个月、全长879米、为双向四车道的中心城区寥廓南路南延线桥隧道路竣工通车。

10日上午，总投资近6100万元、占地100亩的金麟湾体育运动中心举行奠基仪式，正式开工建设。

11日，云南省供销合作社改革发展曲靖现场推进会在会泽县召开。省委副书记李纪恒、副省长孔垂柱等领导参会并讲话。

13日，云南省消防工作会议在曲靖召开。副省长曹建方和省委、省人大、省政府、省政协和有关部门领导参会。

18～19日，云南省政协视察组深入曲靖市视察投资环境和外资企业发展情况。

19日，全国人大农业与农村委员会副主任委员刘振伟等深入麒麟区茨营乡，调研城镇化过程中的农村土地管理及劳务产业发展工作情况。

20日，卫生部专家团一行到曲靖市进行职业健康检查和职业病诊断调研。

同日，曲靖市委、市政府与省级金融部门举行座谈会。

27日下午，投资1.25亿元、在原320国道基础上扩宽建设的沾益到曲靖城的又一条快速通道——龙华大道正式开通。该大道全长3170米、路宽50米，为双向8车道。

30日，国际马铃薯研究中心主席皮特·万德载格先生参观云南（曲靖）国际农业食品科技园。

同日14点左右，曲靖城区寥廓山发生火灾，经过多部门联合扑救，火势在16点左右得到有效控制。

31日，由昆明钢铁控股有限公司投资50亿元建设的曲靖富源—昆钢新型工业化基地项目在富源县后所镇举行开工典礼。

1月，在由人民网、新浪网、央视网等共同参与的“金旅奖”网上投票评审中，曲靖市旅行社在1600余家景区、2800余家旅游经营服务类企业中，获第十五届亚洲（博鳌）旅游“金旅奖”和“最受好评的旅行社”称号。

1月，宣威市得禄村5组村民孔祥德在自家地里挖出一根长229厘米，最粗直径46厘米，最细直径22厘米，重达76千克的罕见大葛根。

2月

2～6日，曲靖市政协三届三次会议召开，应到委员407人，实到委员395人。会议首先审议通过市政协三届三次会议议程，由市政协副主席王宝德主持，市委书记赵立雄讲话，市政协主席赵建华作常委会工作报告，市政协副主席唐德荣作提案工作报告，市委副书记、市长岳跃生，市委副书记范华平和市委常委、副市长刘海芳等到会祝贺。

3日上午，曲靖市三届人大三次会议召开，应出席代表434人，实到416人。会议由市人大常委会副主任毕志峰主持，市委副书记、市长岳跃生向大会报告工作，市委书记赵立雄、市委副书记范华平、市政协主席赵建华和市委常委、副市长刘海芳等在主席台就座。

4日，国家安全生产监督管理总局副局长杨元元率督查组到曲靖市督查，并到市安监局、云南煤监曲靖分局慰问干部职工。

5～10日，比利时东弗兰德省苗圃协会主席让·万和、比利时东弗兰德省装饰植物研究中心主任布诺·高宾访问曲靖市。

6日下午，由四川金广实业（集团）股份有限公司投资15亿元兴建的占地50余亩的师宗60万吨镍合金项目在师宗县大同工业园区举行开工典礼。

8～9日，曲靖市委、市政府召开2010年工作会暨廉政工作会议。

10日，云南省委副书记李纪恒到曲靖市调研抗旱救灾工作，代表省委、省政府看望慰问受灾群众。

同日下午，曲靖市委、市政府召开2010年春节团拜会。

21日0时50分，曲靖中心城区发生2.9级地震，部分居民有震感。

22日上午，曲靖市委、市政府召开万名干部下基层抗旱救灾动员大会。会上，举行抗旱救灾捐款仪式，曲靖卷烟厂、驰宏公司、云维集团等34户曲靖工业企业捐出999万元现金和价值170万元的物资。

23～26日，“行走发现新视界——罗平区域旅游经济与旅游品牌论坛会”在罗平县举行。

24日上午，曲靖市政府与民生银行昆明分行在曲靖签订战略合作协议。

25日，中共中央政治局委员、国务院副总理回良玉先后深入到陆良县芳华镇、大莫古镇，察看群众生活生产用水和春耕生产情况。

27日上午，曲靖市举行抗大旱保民生促春耕工作汇报会，市委副书记范华平代表市委、市政府向省委、省政府抗大旱保民生促春耕督办组汇报曲靖市抗旱救灾工作情况。

3月

2日，云南省财政绩效管理工作会议在曲靖召开。

3～4日，云南省地方税务系统政策法规工作会议在曲靖市召开。

6～7日，全国著名感恩教育专家南翎绍雄先生应邀到会泽实验高中，为5000多名师生和学生家长作感恩教育报告会，并对350多名教职工进行一次NAC教师心理素质拓展训练。

8日，由云南省农村劳动力资源开发促进会会长董恒秋带领的省、市调研组，实地调研陆良县在特大干旱形势下的农村劳动力转移及劳务输出工作。

9～10日，云南省副省长孔垂柱率省水利厅、省农业厅、省扶贫办等部门领导深入马龙、沾益、宣威等县（市），调研指导抗旱救灾、春耕生产工作。

10日上午，曲靖市文明单位抗旱救灾志愿者服务活动启动暨省级文明单位命名授牌仪式在市交警支队举行。

10～12日，云南省副省长和段琪率省工信委、省安监局、云南煤监局等部门领导，深入富源县大河镇、黄泥河镇、十八连山镇和沾益县盘江镇及曲靖经济技术开发区、南海子工业园区等地调研，并座谈、交流。

11～12日，由中央驻滇和省级共22家媒体记者组成的采访团深入富源县，对曲靖市市、县联动，众志成城“抗大旱、抗长旱、保民生、保春耕”工作开展情况进行一线采访报道。

同期，云南省委常委、省纪委书记李汉柏先后深入宣威市得禄乡、龙潭镇、来宾镇，马龙县通泉镇和陆良县大莫古镇视察指导截流蓄水抗旱、田间保苗抗旱、打机井、组织送水抗旱和烤烟、核桃、玉米育苗备耕等工作。

12日，原云南省副省长梁公卿率省政府铁路建设工作督导组有关领导到曲靖市，调研检查铁路建设工作。

17日，云南省政协主席王学仁、省政协秘书长车志敏率水利、烟草等部门领导深入罗平县、师宗县，调研指导抗旱救灾、春耕生产、现代烟草示范区建设等工作。

同日，中国烟叶公司副总经理吴洪田一行4人到曲靖市，调研烤烟生产抗旱救灾工作和现代烟草农业建设情况。

19～20日，中央电视台通过卫星连续2天现场直播了宣威市双河乡白所村委会家俄村开渠引水的情况。该村从悬崖峭壁上开凿全长5.7千米的引水沟渠，这一典型事迹引起了中央、省、市主要媒体的高度关注。

19～21日，中共中央政治局常委、国务院总理温家宝到陆良县、师宗县，视察抗旱救灾工作。

21日，云南省委常委、常务副省长罗正富深入富源县及滇东电厂，调研煤电项目建设、煤电企业发展、安全生产、抗旱救灾等工作。

22日，中共曲靖市委召开常委会议，传达贯彻中共中央政治局常委、国务院总理温家宝到曲靖视察抗旱救灾工作时的重要指示精神。

同日，总投资10.5亿元的曲靖越钢集团麒麟焦化公司三期120万吨焦化项目举行开工仪式。

23日，曲靖市商业银行昆明分行开业，副省长曹建方等省、市及相关部门领导出席并剪彩。

23～24日，曲靖市委、市政府召开全市“抗大旱、保民生、抓春耕、促发展”专题会议。

24日，罗平县政府与昆明城建房地产开发股份有限公司在罗平签订总投资约40亿元的系列旅游项目开发合作协议。云南省旅游局局长喻顶成，曲靖市委副书记、市长岳跃生等领导参加签约仪式。

25日，计划投资18亿元的曲靖双友钢铁公司镍合金深加工项目开工仪式在曲靖市举行，该项目的建设将填补曲靖市无特钢产能的空白，促进全市钢铁产品的结构升级。

26日，云南省特种设备安全监察与检验工作会议在曲靖市召开。

同日晚，10多家中央和国家级媒体的记者从陆良县实地采访抗旱救灾典型后，赶到曲靖城区参加曲靖市抗旱救灾工作情况通报会。

26～27日，由水利部组织的中央媒体“西南抗旱行”采访组到曲靖市，集中采访报道抗旱救灾情况。

27日，爱尔启聪中国行走进云南曲靖暨新生儿听力筛查项目在曲靖市正式启动。

同日上午，曲靖经济技术开发区与云南省工业投资控股集团有限公司合作建设100万平方米标准厂房签约仪式在曲靖市举行。

29日，云南省委副书记、省长秦光荣，副省长孔垂柱到会泽县、宣威市调研抗旱保春耕工作。

29日至4月1日，中央电视台新闻评论部副主任张洁带领《焦点访谈》、《东方时空》摄制组一行10人赴会泽县，采访报道抗旱救灾工作。

30日，云南省春耕生产工作现场会议在曲靖市召开。省委副书记、省长秦光荣，省委副书记李纪恒，省人大常委会副主任李春林，副省长孔垂柱，省政协副主席王学智，省政府秘书长丁绍祥等领导参会。

31日，云南省水利建设工作会议在宣威市召开。省委副书记、省长秦光荣，省委副书记李纪恒，省人大常委会副主任李春林，副省长孔垂柱，省政协副主席王学智，省政府秘书长丁绍祥等领导参会。

从31日起，央视《东方时空》栏目连续播出《马路乡抗旱日志》，以特写和纪实的方式，报道会泽县马路乡的抗旱故事。

4月

1日，云南驰宏锌锗股份有限公司与昆明理工大学校企战略合作签约仪式在曲靖举行。

同日，曲靖市总工会、开发区总工会领导为雄业制药有限公司职工书屋授牌，这是开发区总工会在民营企业中建立的首个示范性职工书屋。

2日，云南省委常委、常务副省长罗正富到富源县考察调研滇东电厂运转情况。

3日晚，由中华慈善总会、中国文联、中共北京市委宣传部、中共云南省委宣传部、云南省民政厅、云南省慈善总会主办，北京卫视、东方卫视、浙江卫视、广东卫视、湖南卫视、江苏卫视、安徽卫视、香港凤凰卫视中文台、云南卫视联合承办的大型公益晚会《抗旱救灾我们在行动》在九大卫视频道同步现场直播，中国网络电视台、腾讯网、搜狐网、凤凰网、网易网、优酷网、云网、云视网和全国网络视频联盟等几十家网络媒体同步进行在线直播，该场晚会共筹集抗旱资金近3亿元。

3～4日，国家卫生部“爱心浇灌、健康有我”抗旱救灾医疗队到陆良县开展义诊活动。

8日，川渝中烟工业公司向陆良县捐赠100万元抗旱资金。

同日，上海市静安区向曲靖市捐赠抗旱救灾款39.25万元，捐赠价值15万元的大米34吨，并在市民政局举行捐赠仪式。

9日，曲靖市委宣传部携手格力电器集团到罗平县板桥镇最边远、最贫困的山区村寨大鸡登村进行赈灾支援活动，捐赠20余万元助罗平抗旱救灾。

10日，中国空军指挥学院副院长朱和平少将到会泽革命老区视察工作，并深入会泽县田坝乡奋斗小学，现场捐赠2万元抗旱保教资金。

同日，曲靖市举行解决信访问题联合工作组成立暨挂牌授印仪式。

11日，“迎世博·彩云南宣传云南暨州市巡展”活动在珠江源广场举行。

12日上午，云南省委书记白恩培，省委常委、省委秘书长杨应楠，副省长和段琪及省直相关部门负责人到曲靖市调研工业生产情况。

12～13日，西南地区重点水源工程专项调研组水利部总工程师汪洪、珠江水利委员会副主任王秋生一行到陆良县、罗平县、师宗县查看旱情，了解水利资源。

13日，云南省政协副主席王学智一行到师宗县视察抗旱救灾工作。

同日下午，投资10亿元、占地1000亩的曲靖市麒麟区小坡商贸物流中心项目在官房大酒店举行签约仪式。

13～16日，云南省委常委、副省长李江率省直有关部门负责人到会泽县、宣威市、富源县、马龙县的工厂、农村、社区，专题开展“抗大旱、保春耕、促发展”调研活动。

14～15日，由云南省人大代表组成的省人大常委会执法检查组到曲靖市，开展贯彻实施《中华人民共和国妇女权益保障法》执法检查和工作调研。

15～16日，云南省新型农村社会养老保险试点工作座谈会在富源县召开。

16日，国家烟草专卖局局长姜成康到陆良县视察烤烟生产工作情况。

19日上午，曲靖市“百万少儿唱红歌、百万少儿诵经典”活动在市第二小学校园启动。

21日，云南省深化危险化学品安全生产专项整治暨化工企业自动化改造现场推进会在曲靖市召开。

同日上午，《春城晚报》携众商家抗旱救灾送水启动仪式在曲靖市珠江源广场举行。

22日，曲靖市2010年烤烟抗旱移栽现场会在宣威市召开。

26日中午，由云南省、曲靖市两级广播电台联合制作的新闻访谈节目《抗旱热线——为了温总理的嘱托》在曲靖人民广播电台新闻直播间播出。

29日，由云南大学、复旦大学、四川农业大学3所高校部分学子组成抗旱救灾爱心志愿队，带着6万元人民币到罗平县板桥镇大鸡灯村委会，为该镇学生和村民们送去爱意。

同日，云南省推进区域性职业教育中心建设现场工作会议在曲靖市召开。

30日下午，陆良县大莫古镇戈衣村举行取水仪式，取水工程由中国有色金属工业昆明勘察设计院勘探设计施工。经过工作，找水突击队打井201米，提前找到地下水，并达到日出水量800立方米。

5月

6日下午，曲靖市土地储备中心与77298部队就老营区收购地块举行交接签字仪式。

同日，曲靖市“万众一心抗大旱，同舟共济渡难关”抗旱救灾摄影图片展评选活动正式开始，此次摄影展参选图片数量超过1万张，创曲靖摄影展历史之最。19日，摄影图片展在珠江源广场开展。

7日，由中央财办副主任、中央农办副主任唐仁健率领的中央农办水利部水利改革发展调研组在云南省副省长孔垂柱及省有关负责人的陪同下到曲靖市，调研水利改革发展工作。

10日，云南省人大常委会副主任杨建甲、省政协副主席王学智到会泽县，调研扶贫开发工作。

同日上午，曲靖市、麒麟区重点工程珠江源大道南延线道路工程建设开工仪式在金江大道上举行，市委副书记、市长岳跃生出席仪式并宣布工程正式开工。

10~11日，由驻滇及云南主流媒体的20余名记者组成的采访团，深入会泽县待补镇野马村3万亩中低产田地改造工地进行采访，中低产田地改造“曲靖经验——会泽模式”将在云南省推广。

11日，云南远东亚鑫年产120万吨水泥项目开工建设仪式在宣威市羊场镇举行，项目由云南远东水泥集团公司和宣威亚鑫工贸公司合资建设，一期工程拟投资2.5亿元。

同日，由国家发改委、财政部、国家粮食局、农发行总行等单位统一调度支持曲靖市抗旱救灾保民生的600余吨优质成品限价粳米，由中央储备粮曲靖直属库正式投放市场。

同日上午，上海浦东发展银行曲靖支行开业仪式举行。

12~13日，云南省人大常委会常务副主任晏友琼率省人大视察组到曲靖市，对2009年财政部代云南省发行地方政府债券资金的安排使用情况进行视察。

13日，云南省政府在曲靖市召开云南（曲靖）国际农业食品科技园项目协调推进领导小组工作会议。副省长、科技园项目协调推进领导小组组长孔垂柱带领省直相关部门领导到云南（曲靖）国际农业食品科技园建设现场，查看情况并提出具体要求。

14日，曲靖市委宣传部组织新华社、中新社、农民日报、新浪网、香港商报、香港大公报、云南网、春城晚报等中央、港澳驻滇媒体、省级主流媒体和市级主流媒体的20余名记者，先后深入到陆良县、麒麟区的部分乡（镇）春耕生产一线集中采访。

16日晚8点15分左右，曲靖上空出现“月掩金星”天象。

17~21日，云南省安全生产工作大检查第四检查组到曲靖市检查安全生产工作。

18日，中信银行曲靖分行正式开业。

18~19日，以原云南省人大常委会常务副主任牛绍尧为组长的省政府滇池水污染防治专家督导组到曲靖市，调研牛栏江流域水环境保护工作。

19日上午，曲靖市、麒麟区重点项目326国道小坡铁路桥至沾益段道路改建工程开工。

19~20日，云南省丘北经验推广工作暨“县乡平安出行”创建活动现场会在富源县召开。

22日，曲靖市扶贫办、工商联、体育局、邮政局联合在珠江源广场举行曲靖为全国灾区学生爱心捐赠启动仪式。

24日，国务院有关部委劳动模范社会保障工作情况调研组到曲靖市调研，并与市部分全国劳动模范、云南省劳动模范代表进行座谈。

25~26日，联想集团项目总监闵忠一行到曲靖市考察科技数码城和科技孵化中心两个投资项目，并与市政府就具体合作事宜进行商洽。

27日，全国政协常委、提案委副主任、中共中央直属机关工委常务副书记孙淦率全国政协委员调研组到曲靖市，就《关于把云南建设成为我国面向西南对外开放的桥头堡的提案》进行专题调研，并深入云维集团了解情况。

27~28日，水利部总工程师汪洪率领国务院安委会第七督察组深入曲靖市煤矿、烟草、化工企业和水库等地，检查安全生产工作。

28日，曲靖第二届家装文化博览会在龙潭公园拉开帷幕。

5月，由国家投资200万元的2万亩森林抚育补贴试点项目在会泽县野马林场启动。

6月

2~5日，云南省委副书记李纪恒在曲靖市调研创先争优活动和“三农”工作。

3日，法国利马格兰种业集团就云南（曲靖）国际农业食品科技园生物降解塑料项目到曲靖市考察。

5日，由佳能（中国）有限公司、中国摄影报、曲靖市摄影家协会联袂打造的2010年第三届佳能“感动典藏”摄影大赛全国推广“走进曲靖”影友联谊会在曲靖市举行。

7~9日，云南省创先争优活动采访团带领新华社云南分社、云南日报、云南电视台、《党的生活》杂志社、云南人民广播电台、云南网等7家中央驻滇、省内主流媒体记者一行12人，对会泽县开展创先争优活动的主要做法和经验进行集中采访和宣传报道。

8日，曲靖市政府与昆明钢铁控股有限公司举行曲靖昆钢商贸物流园区项目签约仪式。

9日，国家林业局集体林权制度改革典型县核实工作组赴会泽县检查指导林改工作。

10日上午，由77298部队和曲靖地方企业共同合作开发建设的曲靖首家综合汽配城——天马汽配城建成并投入使用。

10~11日，滇桂黔3省（区）5州（市）人大常委会主任会议第三次联席会议在曲靖市召开。

13日，曲靖市政府与中国石油云南销售公司框架协议签约仪式在昆明市举行。

15日，法国埃克沙联合公司（Hexaliance）和加拿大管网未覆盖区域饮用水及污水处理设备公司（M. M. C.）客商访问曲靖市。

19日，法国卢瓦尔大区植物开发领域威瑞宝力（Vegepolys）联合机构代表团访问曲靖市。

22日下午，云南省政协副主席、民进云南省委主委罗黎辉带队到民进曲靖市委，就“两个创建”及参政议政工作情况进行调研。

25～27日，由曲靖市医学会主办，曲靖交通医院承办的曲靖市首届妇科疾病诊断及微创技术研讨会举行。

25日晚8点至26日凌晨5点，马龙发生特大洪灾，全县通信、电力中断，5万人受灾，县城3万人和农村1万人被困，房屋倒塌1.1万间、涉及3500户，房屋受损2万间、涉及7200户，14万亩粮食作物、8.4万亩经济作物受灾，直接经济损失10.8亿元。

26日，马龙县遭遇特大暴雨袭击后，云南省委副书记李纪恒、副省长孔垂柱率省有关部门负责人赶赴灾区，实地查看了解灾情，代表省委、省政府看望慰问受灾群众和参与抢险救灾的驻军指战员、武警官兵，并要求全力以赴，做好受灾群众的转移安置工作。

同日，国务院同意曲靖经济技术开发区升级为国家级经济技术开发区，定名为曲靖经济技术开发区，实行现行国家级经济技术开发区的政策。

同日上午，一部由中共曲靖市委组织部出品，北京国影影视文化有限公司制作，取景于会泽，以组织部长为题材的数字电影《公道天职》在云南曲靖举行开机仪式。

27日上午，云南省委副书记、省长秦光荣赶赴马龙灾区现场指挥抗洪救灾，查看灾情，看望慰问受灾民众。下午，深入开发区西城工业园区实地调研标准厂房建设进展情况。

28日，云南省危险化学品事故应急救援演练活动在沾益县花山工业园区云维集团举行。

29日，亚太地区企业管理软件龙头——金蝶国际软件集团在曲靖举办金蝶曲靖分公司开业庆典，曲靖市人大、政协、经委、财政局等政府部门和越州钢铁、罗平锌电、曲靖供电等百余企业出席庆典仪式。

同日，云南省“云之南”艺术团“大爱化甘霖 希望满人间”大型慰问演出在宣威市美奂广场举行。

同日上午，全国县级供销社工作曲靖经验现场会在珠江源大剧院召开。

30日至7月2日，云南省人大常委会选联工委组织临沧、文山、德宏3州（市）的基层人大代表到曲靖市进行考察学习。

7月

自1日起，曲靖开始执行新的最低工资标准，最低月工资标准平均提高22%左右。

1～3日，云南省政府非公有制经济调研组到会泽县、马龙县，调研非公有制经济发展情况。

2日，由国家文物局、文化部、商务部等部门领导和专家组成的联合督察组到曲靖市，督察指导第三次全国文物普查工作。

2～3日，大理白族自治州政府考察团到曲靖市考察城市建设，察看了南城门十组、玄坛社区杨家新村2个城中村改造典型，参观了南片区中心商务广场、南城门片区、大花桥绿化景观、珠江源大道、沾益玉林广场5个曲靖中心城区和县城建设亮点。

3日晚，由曲靖制片人自编自导的第一部由民间投资拍摄的影片《跆旋风》在珠江源广场举行首映式。

3～4日，浙江温州金龙集团董事长金绍平等到曲靖市考察投资环境。

4日，欧盟—联合国粮农组织/中国农业生物生物多样性项目在曲靖市启动实施。

5日，国家交通运输部珠江航务管理局及珠江流域的广东、广西、贵州、云南4省（区）的交通、海事、航运及海运企业的代表汇集曲靖珠江源，举行珠江片区航海日纪念碑揭幕暨助学捐赠仪式。

6～7日，华泰汽车集团董事长张秀根、中国华力控股集团公司董事长丁明山等率投资考察团到曲靖考察洽谈华泰汽车生产项目和寥廓山庄开发项目，双方签订合作框架协议。

7日，曲靖市召开第六次全国人口普查工作会。

8日下午，全国文明单位考评领导小组一行到曲靖市第二中学调研。

9日，云南省高校毕业生就业工作调研组到曲靖市，就高校毕业生就业工作进行专题调研，并在曲靖师院召开曲靖市高校就业工作调研座谈会。

同日，曲靖市召开“创先争优”活动推进会。

10日，由麒麟区消协与云南洪兴律师事务所共同协商组建的麒麟区消费者协会法律服务中心挂牌成立，它是曲靖市消协第一家法律服务中心。

7月上旬，中国县域经济网发布《第八届中国西部县域经济基本竞争力百强县（市）》，沾益县首次跨入中国西部百强县行列。

12日，四川金广集团董事长陈陆文到曲靖市考察项目建设工作。

14～15日，云南省政协副主席王学智率省政协节能减排重点提案调研组到曲靖市调研。

15～16日，云南省中低产林改造推进会在曲靖市召开。

15～17日，在上海举行的世博会2010中国节庆高峰论坛上，已创办12年的中国·云南·罗平国际油菜花旅游节被中国节庆高峰论坛组委会、全国节庆活动评选办公室评选为“中国最具魅力的节庆活动”。

20日，曲靖市第六次全国人口普查综合试点入户登记启动仪式在陆良县举行。

21日，公安部副部长张新枫在陆良县视察戒毒所、看守所建设管理情况。

21～22日，云南省委第二巡视组到曲靖市巡视工作，并对曲靖市工业园区建设情况进行调研。

22日上午，曲靖市与四川金广实业集团股份有限公司签订协议，由金广集团投资35亿元，在罗平县实施镍合金复合材料一体化项目。

22～24日，曲靖市首届农村文艺汇演推进会暨首届新农村文艺汇演启动仪式在宣威市举行。

23日，曲靖市政府与广西鹿寨化肥有限责任公司签订协议，由国家开发投资公司、广西投资集团公司、广西鹿寨化肥公司投资7.5亿元，在罗平县实施硫电一体化开发项目。

同日，马龙县法院审判法庭大楼奠基。这是曲靖市基层法院中最后一家启动建设的新审判法庭大楼，标志着曲靖市法院系统硬件建设走在全省前列。

25日，在召开的云南省委八届九次全会透露，截至目前，滇东重镇曲靖市主城区人口达58万人，已经跻身“大城市”行列。这意味着长期以来仅有昆明一个特大城市的云南省产生了另一个大城市，成为云南加快城镇化进程的一个标志性成果。

26日，曲靖市政府召开市政协重点提案面商会议，就市政协三届三次会议《关于加强我市农村村级财务管理的建议》的提案进行面商。

26～27日，欧盟—联合国粮农组织/中国农业生物多样性项目云南省级专家组组长李成云教授一行4人到师宗县五龙乡，实地考察指导农业生物多样性项目的实施。

27日上午，云南省首个涉法涉诉联合接访服务中心在曲靖正式挂牌成立，该中心的成立标志着云南省以党委、政法委为主导，公、检、法、司各负其责，集中接待、合力解决处理群众反映的涉法涉诉信访问题的接访工作新机制正在形成。

27～28日，云南省副省长高峰等领导陪同全国人大常委会原副委员长、民进中央原主席、著名经济学家成思危到曲靖市考察。

28～29日，云南省滇南片区就业论坛活动在会泽县举行，中国就业促进会会长林用三等出席论坛并讲话。

30日，曲靖举办曲靖市领导干部新视野知识讲座第三讲，邀请素有“媒介军师”之称的喻国明教授为曲靖各级领导干部及媒介人士作题为《如何应对网络舆论？——网络舆论的分析与前瞻》的专题讲座。

同日上午，曲靖市彝学学会召开成立庆祝大会，云南省人大常委会原主任李桂英，《求是》杂志原主编王天玺，省人大常委会原副主任卢邦正等领导出席会议，共有400余人参会。晚上，以《和谐欢歌》为主题的曲靖城区第十三届彝族火把节文艺晚会在曲靖市珠江源大剧院上演。

同日下午，曲靖召开曲靖市土地利用总体规划（2006～2020年）听证会。

8月

2日，云南曲靖、昆明、河口3个城市的《国家公路运输枢纽总体规划》通过交通运输部科学研究院和云南省交通行业专家的联合评审。

同日下午，近千人到麒麟区珠街乡三源村委会角家村参加2010年度党政军义务植树活动。

3日上午，受最高人民法院、共青团中央委托，曲靖中院举行为宣威市人民法院倘塘中心人民法庭“全国青年文明号”授牌仪式，并对该庭记集体三等功1次。

4～6日，云南省人大常委会副主任杨保建率省人大代表视察组到曲靖市，视察“两基”迎国检工作。

5日，曲靖市电影行政管理职能由市文化局划转到市广播电视局。同时，将市电影公司、国风等电影院一并划归市广播电视局管理。

6日，云南方言魔幻喜剧数字电影碟片《玩转时空的爱恋》举行首映仪式。

同日，曲靖市成立综合应急救援支队，成立暨揭牌仪式在市公安消防支队举行。

10日，全国妇联在清华大学举行第二批全国妇联基层组织建设示范县（市）区授牌仪式，麒麟区荣获云南省唯一一个“全国妇联基层组织建设示范县”称号。全国人大常委会副委员长、全国妇联主席陈至立为麒麟区授牌。

12日，中国高等教育学会联合办学研究分会2010年年会暨第四届全国高校联合办学研讨会在曲靖市召开。

13日上午，曲靖市召开2010年度全国文明城市创建工作推进落实暨迎接全国城市公共文明指数测评动员大会。

15日18时18分，总投资3.45亿元的云南曲靖市生活垃圾焚烧发电厂首次并网发电成功，试运行日消耗垃圾350吨。28日，该发电项目一号机组投入试生产。

24日上午，曲靖市第三届文明诚信创建活动评选结果正式揭晓。评选出的15个文明诚信市场、8条消费者满意街、45户文明诚信企业和73户文明诚信经营户代表在闽南建材城受到市文明办和市工商局的联合表彰。

同期，云南省公安消防总队组织曲靖、昆明、昭通、玉溪、红河、文山、普洱、版纳8个支队和曲靖市公安、交警、医疗急救、环境监测等社会联动单位，在沾益县盘江镇云南云维集团大为制焦有限公司（200万吨）储罐群开展云南省公安消防部队跨区域化工灾害事故处置实战测试演练。

26～27日，云南省反邪教警示教育现场推进会在曲靖市召开。

30日下午，云南网曲靖新闻中心正式挂牌成立，成为云南网在全省首家组建并挂牌的区域新闻中心，全新改版的云南网曲靖频道也同时上线发布。

31日，国家发展和改革委员会批复建设普宣高速公路。

同日，云南省企业联合会、云南省企业家协会共同发布2009年云南省100强企业名单，曲靖有11户，仅次于昆明。

9月

1日开始，移动电话用户手机实名登记制度正式启动。

2～3日，云南省人大常委会副主任程映萱率检查组到曲靖市，并就贯彻落实《云南省外来投资促进条例》情况进行执法检查。

6日，曲靖市人民政府·家乐福项目合作举行签约仪式，欧洲第一大零售商——家乐福在云南省州（市）一级设立的第一家分店落户曲靖。

同日，沪昆铁路新建六盘水至沾益铁路二线工程炎方至松林段双线开通。

同日下午，由云南网、《云南日报》、《法制日报》、云南法制网、《春城晚报》、《云南经济日报》、《云南科技报》、《云南民族时报》、《滇池晨报》、《云南法制报》等11家中央和省级新闻媒体记者共同组成的“‘五五’普法云岭行”新闻采访团，深入云南省第四监狱、曲靖市劳教所，对省四监的“五五”普法工作、“三项重点”工作推进情况、“大培训”、“大练兵”情况及其他司法行政重点工作、亮点工作、特色工作等进行专题采访宣传报道。

8日，日本朝日电视台《中国神秘之旅》拍摄组到会泽县、麒麟区，对当地的文物古迹、民间斑铜工艺、爨乡古乐等进行现场实地拍摄。

10日，云南省副省长高峰到曲靖看望慰问曲靖优秀教师，向全市广大教师和教育工作者致以节日的问候。

同日，云南省本科院校书记、校长座谈会在曲靖市召开。

14日，为期5天的2010曲靖第十届房地产展示交易会在麒麟区白石江公园落下帷幕。实际成交房屋358套，成交金额达1.18亿元；意向性成交房屋4100多套。

15～16日，云南省副省长孔垂柱带领省农业厅、省扶贫办、省林业厅、省中低产田改造办等部门负责人到麒麟区、宣威市，调研农业农村工作。

16日，以“节约能源资源、保护生态环境、保障安全健康”为主题的曲靖市2010年“全国科普日”宣传活动在会泽县乐业镇启动。

同日，靖宁宝塔在曲靖寥廓山竣工落成，并向市民开放。

同日，曲靖师范学院与云南大学合作协议签字仪式在昆明举行，两校将开展联合培养硕士研究生工作。

同日上午，云南省“云岭先锋、创先争优”优秀共产党员事迹巡回报告会在曲靖市举行。

17日，曲靖市政府召开长昆客专曲靖段征地拆迁工作动员大会。

20日上午8时30分，红云红河集团制造文化建设示范基地授牌暨现场交流会在曲靖卷烟厂举行。

22日，曲靖第四届国际汽车品牌文化展在曲靖南片区中央商务广场开幕，为期5天。

24日，2010年云南省州（市）报社社长、总编辑联谊会在曲靖市召开。

28日，罗平县政府县长张长英与国电云南电力有限公司总经理李宏远签署战略合作框架协议，双方协议由国电云南公司投资43.85亿元在罗平县境内开发清洁能源和可再生能源项目，项目涉及装机总容量40兆瓦的中小水电项目、装机总容量200兆瓦风电项目、原煤年产能200万吨煤炭（燃料）项目等。

同日，曲靖市西城污水处理厂正式竣工投产，生活污水处理规模达到3万吨/日，满足西城片区10平方千米范围内的生活污水处理需求。

30日上午，曲靖市党员、团员“共建创先争优、共创和谐社区”志愿者服务行动启动仪式在珠江源广场举行。

9月，投资1000余万元、占地面积10余亩、总建筑面积2400余平方米的南海子新区消防站建成投入使用。

9月，曲靖市在云南省首创建设创业公寓项目启动。

9月，滇东北规模最大的专业建材批发市场——宣威市新世纪建材城在环城路与电厂路交汇处建成投用，吸纳了158家经营商户入驻。该建材城由福建商会、宣威市新世纪有限责任公司投资6000万元兴建，占地面积80余亩，经营面积3.2万平方米。

10月

1日下午，由曲靖市政府、云南省旅游局主办，麒麟区政府、曲靖市旅游局承办，曲靖经济技术开发区、曲靖市餐饮与美食行业协会共同协办的曲靖市第六届珠江源美食文化节马龙分会场正式启动。3日下午，美食文化节落下帷幕。

14日，云南省首届“路县长、路乡长”评选活动结束，富源县委书记顾琨成为曲靖首位“路县长”，师宗县丹凤镇镇长周文茂荣获“路乡（镇）长”称号。

19日，由中央电视台、国家住房和城乡建设部、美的集团共同举办的“5000元改厨改卫行动”开机仪式在曲靖市举行。

同日，云南省人大内务司法委、省高级人民法院、省民政厅、省人力资源和社会保障厅、省财政厅等在涉诉特困执行救助“宣威模式”的发源地曲靖市组织召开《涉诉特困人员救助办法》立法座谈会，来自昆明、曲靖、昭通、玉溪等10个州（市）人大内务司法委员、法院执行局领导、研究室干部80人参会。

19～21日，云南省“两基”迎国检督导组到宣威市督导“两基”工作。

20日上午9时，曲靖市公安机关防暴处突演练在麒麟区瑞和西路举行，来自曲靖公安、消防、武警的13支方队、800余名公安民警、消防官兵、武警战士参加演练。

24～27日，原辽宁省委副书记、纪委书记王唯众率中央第十八检查组一行深入会泽县、麒麟区、沾益县，检查曲靖市贯彻落实扩大内需政策暨工程建设领域突出问题专项治理工作情况。

25日，全国新建本科院校联席会议暨第十次工作研讨会在曲靖师范学院召开，全国26个省（市）区的125所新建高校领导和代表350余人参会。

26日，国家地震局副局长赵和平率国务院防震减灾领导小组办公室调研组到曲靖市，调研防震减灾工作。

27日，曲靖师范学院举行“百年师范·十年本科”庆典大会，省政协副主席王学智致辞，中国科学院院士潘际銮、国务院参事任玉岭出席。下午，潘际銮教授作题为《我心中的西南联大》的专题讲座。

同日下午，曲靖市市长岳跃生代表曲靖市政府与云南冶金集团股份有限公司签署了硅材料产业基地项目投资建设协议。

同期，曲靖市举办全市领导干部新视野知识视频讲座，邀请著名经济学家、国务院参事、东中西部区域发展和改革研究院院长任玉岭教授作题为《解放思想，抓住机遇，促进曲靖经济大发展》的专题讲座。

11月

1日起，曲靖市6500名科级领导干部正式被纳入在线学习范围，标志着曲靖市科级干部的培训学习迈入网络信息化时代。

1日，曲靖一中入围2011年度北大“中学校长实名推荐制”推荐名单。

2日，曲靖市政府与云南省工业投资控股集团有限责任公司签署战略合作协议，共同打造曲靖经济技术开发区新兴产业示范园。

同日，昆明市正式启动城镇职工医保卡异地就医试点，包括昆明、曲靖、怒江等在内的10州（市）的城镇职工医保卡实现“一卡通”。

同日，云南省首个县级管道天然气工程——会泽县城区管道燃气工程竣工点火，结束了会泽县没有管道天然气的历史。该工程总投资6762.5万元，工程占地面积1.3万余平方米，年供气量2923.8万立方米。

同日下午，曲靖市举办政法干部心理压力与心理调适讲座。邀请云南省委党校、云南行政学院公共管理教研部副主任钱素华教授讲授。

2～3日，云南省发改委、省农业厅、省财政厅、省外事办组成的调研组到曲靖市，专题调研云南（曲靖）国际农业食品科技园建设和管理体制。

3日上午，“百名法学家百场报告会”曲靖专场开讲，曲靖市委、市政府邀请中国政法大学法学院院长、博士研究生导师薛刚凌教授专题讲授社会管理创新与法治保障。

3～5日，加拿大Agro－Neo公司商务代表到曲靖市考察生物杀虫剂、生物杀菌剂项目。

8日，曲靖市召开全市和谐社区建设工作推进会。

9日，2010年“119消防日”宣传活动启动仪式在南城门广场举行。

同日，曲靖市出租车行业联合工会正式成立。

12日下午，“多彩贵州·醉美之旅”贵州省精彩西线旅游推介会在曲靖市召开。

15日，攀枝花华益能源有限责任公司与云南省曲靖市德鑫煤业股份有限公司煤气煤焦综合利用项目签字仪式在富源县举行。

同日上午，曲靖市举行概算投资16.21亿元、占地规模599亩、建设总规模15万平方米的“五馆一中心”开工奠基仪式，市长岳跃生宣布建设工程开工，副市长饶卫致辞。该项目是曲靖历史上单个建设项目中投资最大、规模最大、拆迁量最大、设计标准最高、设计单位最多的市政设施。

17日，云南云河专用汽车建设项目在宣威市虹桥工业区举行开工仪式。

23～25日，法国利马格兰集团蔬菜种子部Vilmorin公司战略及市场总监安德烈·克拉夫到曲靖市，考察蔬菜种植和种子市场情况。

25日，恒大集团与曲靖安厦集团签署曲靖经济技术开发区西城景观公园项目开发建设合作协议，该项目命名为曲靖恒大名都，位于曲靖开发区农业科技园内，总投资约60亿元，占地约160公顷，由恒大地产集团投资开发，并于当天举行开工典礼。曲靖市市长岳跃生宣布项目开工。该项目的开工，意味着恒大成为中国地产十强中首个进驻曲靖的开发商。

26日，云南省委常委、常务副省长、省铁路建设领导小组组长罗正富，省政府铁路建设工作督导组组长、原副省长梁公卿一行到沾益县视察六沾二线和长昆客专建设情况。

28日上午，2010年曲靖银行业公众教育服务日活动启动仪式在南城门广场举行，16家金融机构共同参与，主题为“和谐金融，美好生活”。

28～29日，云南省革命老区扶贫开发经验交流会在陆良县召开。

29日，曲靖市史志学会成立大会暨志鉴理论与实践论文研讨会召开，曲靖史志网站开通。

同日上午，云南省第六次全国人口普查数据处理光电录入开机仪式在曲靖市举行。

29～30日，国家督学、教育部督导办原副主任于芳率国家教育督导团专家组到曲靖市，督导检查“两基”工作。

30日晚，国家广电总局副局长张丕民一行到富源县调研农村电影放映工程推行工作。

11月底，曲靖市各县（市）区“两污”设施建设项目接近尾声，其中新建、改建污水处理设施项目建成7个、在建3个，垃圾处理项目建成9个，在建1个，累计完成投资18亿元。

截至11月底，曲靖有7个县（市）区超额完成蓄水计划任务，全市库塘蓄水总量8亿多立方米，占计划蓄水的99.57%。

12月

1日上午，位于曲靖市麒麟区白石江街道辖区的黄家庄旅游小镇项目正式开工建设。该项目占地540.47亩，计划总投资5.3亿元，是云南省的“三百”、文化产业、旅游产业重点项目之一。

3日上午，壁板坡隧道正式开工建设。标志中国在建350千米时速铁路客运专线第一长隧道正式破土。该隧道位于云南省曲靖市富源县境内，全长14788米，是沪昆铁路客专云南段首开工点。

4日下午，云南禁毒防艾志愿者“嘉年华”系列活动在曲靖市南城门广场正式启动。

8日，红云红河烟草（集团）有限责任公司向曲靖市政府、会泽县政府捐赠仪式在曲靖烟厂举行。捐赠仪式上，红云红河集团向曲靖市政府捐赠教育及水利建设资金1000万元，向会泽县政府捐赠扶贫资金100万元。

同日上午，中国光大银行曲靖分行举行开业庆典，正式对外营业。

10日上午，预计投资71.2亿元、全长83.9千米的普立（滇黔界）至宣威高速公路开工仪式在宣威市举行。

13日，曲靖市第三届科技论坛召开。

同日，在浙江省杭州市余杭区结束的第四届“中国戏剧奖·小戏小品奖”复赛暨中国·余杭“良渚文化杯”小戏小品大赛上，陆良县爨乡艺术团（滇剧团）代表云南参赛，作品《守望家园》获得优秀演出奖。

14日，富源县大河镇一位农民种出一个重25.38千克的特大魔芋，这个特大魔芋周长1.45米、直径45厘米、高24厘米。该魔芋被富源金田原农产品开发有限公司以4.2元/千克的价格收购后决定申报世界纪录。经认证，魔芋荣获上海大世界吉尼斯最大魔芋纪录。

17日，由中共曲靖市委组织部出品，北京国影影视文化有限公司制作的首部组织工作题材数字电影《天道公职》（又名《组织部长》）在曲靖会堂举行首映式。

21日上午，曲靖市召开2010年度社会评价工作会议。

25日，云南中建博能有限公司光电光热产业基地落成典礼在曲靖经济技术开发区轻工业园区举行。

26日，国家民委组织安排香港民安队少年团一行20人到曲靖市田家炳民族中学进行参观交流。

28日，曲靖市首家县级慈善总会在陆良县成立。

29日，曲靖市召开第二届文学艺术创作政府奖颁奖大会，对荣获曲靖市第二届文学艺术创作政府奖的119名文艺家进行颁奖。

同日上午，曲靖市举行中心城区社会治安防控体系建设誓师大会。

同日下午，曲靖市卫生应急大队成立仪式在珠江源广场举行。

30日，曲靖市中心城区管道天然气项目点火通气。

30～31日，云南省政协副主席、省检察院副检察长、省慈善总会顾问倪慧芳一行到马龙县、富源县，开展“送温暖，献爱心”活动。

12月，曲靖城区建成区省级园林城市创建工作通过省考评组验收评审。

（李振东）

概况

责任编辑 张 鑫

市情概貌

【位置 面积】 曲靖市位于云贵高原中部，云南省东部偏北，地处滇、黔、桂三省结合部，是长江和珠江两大水系的上游分水岭地带，又是珠江的发源地，自古有“入滇锁钥”之称。东接贵州省六盘水市、兴义市和广西壮族自治区西林县，西与昆明市嵩明县、寻甸回族彝族自治县、东川区接界，南连文山壮族苗族自治州丘北县、红河哈尼族彝族自治州泸西县及昆明市石林彝族自治县、宜良县，北与昭通市巧家县、鲁甸县及贵州省威宁县毗邻。地理坐标为东经103°03′~104°50′，北纬24°19′~27°03′之间，自秦开五尺道以来，一直是中国多数省（区、市）进出云南的门户，也是云南进入内地及东南沿海和大西南走向东南亚、南亚次大陆的陆路交通枢纽。自蜀汉至唐天宝年间，是“南中”的政治、经济、文化中心。曲靖还是云南省实施“通江达海，连接周边地区”交通战略的主战场。中国共产党曲靖市委员会、曲靖市人民政府驻麒麟区，西距省会昆明市135千米。全市国土总面积2.89万平方千米，占云南省面积的13.63%，市境东西最大横距103千米，南北最大纵距302千米。

【建置沿革】 曲靖是云南建制最早的地区之一。市境内的南盘江流域是人类活动较早的地区之一，留有旧石器时代人类活动的足迹，宣威尖角洞文化遗址和富源癞石山旧石器遗址为此提供了丰富的说明。2001年3月，富源县大河癞石山旧石器遗址的发现，说明了曲靖远古先民至少在距今10万年前就已生息、繁衍于滇东红土地上，即旧石器时代中期曲靖就有了人类活动。2001年6月，中国社会科学院考古研究所实验室对麒麟区珠街乡陡山偏窟坑出土的炭化稻进行测定为公元前1175±54年，有力地说明了在公元前12世纪以前，在珠江源头的南盘江两岸，曲靖的先民已创造着自己的农耕稻作文明。春秋战国时曲靖为“靡莫之属”。秦修“五尺道”至建宁（曲靖），始通道置吏，把曲靖与内地紧密联系起来。汉朝首先在曲靖地区推行郡县制。西汉建元六年（前135年），堂琅县（今会泽、东川一带）、存鄢县（今宣威）的设立（为同年设立的犍为郡所辖），标志着郡县制在曲靖在云南的最早确立。公元前112年牂牁郡的设置，其中平夷、漏卧、漏江三县即为今曲靖的富源、罗平、师宗三县。西汉元封二年（公元前109年）置益州郡，辖区包括味县（曲靖）、牧靡（寻甸）、铜濑（马龙）、同劳（陆良）。至此，曲靖的郡县制度全部确立。三国蜀汉建兴三年（公元225年），改益州郡为建宁郡，庲降都督由南昌（今贵州毕节）移至建宁（今曲靖），统管“南中”（包括今云南全境、川南、黔西一部）地区，曲靖成为“南中”政治、军事、经济、文化中心。曲靖成为蜀汉政权控制云南的要津。西晋至唐初，中原纷乱，曲靖为爨氏大姓所据，王朝先后在此置宁州（全国19州之一，直属中央王朝）、南宁州、郎州，治所均在曲靖。唐天宝七年（公元748年），崛起于洱海区域的南诏灭爨，徙爨区20余万人到永昌（今保山一带）。时今曲靖市辖境由南诏拓东节度使控制。宋大理国时期，设石城郡，统磨弥等10余部。宋大理国明政三年（公元971年），段氏与三十七部会盟石城，一定程度上恢复和发展了曲靖的封建领主制，促进了当时社会生产关系的改善和发展。公元1271年，曲靖设磨弥万户府，辖石城千户（麒麟区）、普么千户（越州）、纳垢千户（马龙）、落温千户（陆良），师宗千户属落蒙万户府辖，会泽属[illegible]畔万户府辖。元朝至元十三年（公元1276年）设曲靖路，辖南宁县、越州、马龙州、罗雄州、亦佐县、陆凉州、沾益州（今宣威）、交水县、石梁县（今宣威东北部）、罗山县（今富源北部）等十六州（县）；至元二十二年（1285年）改石城为南宁县，治所南宁，辖陆凉、越州、罗雄、马龙、沾益、路南等州和仁德府。至元二十五年（1288年），改曲靖路总管府为曲靖路宣抚司。至元二十八年（1291年），改曲靖路宣抚司为曲靖路宣抚司管军民万户府。明洪武十四年（1381年），明军征云南克曲靖，翌年改曲靖路为曲靖军民府，治所南宁（今麒麟区），所辖州（县）与元基本相同。成化十二年（1476年），在云南置曲靖等4兵备道。曲靖兵备道分署驻曲靖府。在曲靖设置邮传、关隘，加强与内地的联系。清王朝时，曲靖政治与明朝大致类似。改明代的布政使司为云南省，设巡抚，清初云贵总督曾驻曲靖。清朝雍正初年“改土归流”，缩小了曲靖与内地的差异，五年（公元1727年）从沾益分设宣威州，东川府（今会泽）从四川划归云南，八年（1730年）置迤东道，治所先设于寻甸后迁南宁（曲靖），移民屯田垦殖，发展了农业，繁荣了商业，会泽铜商在清前期一时四方辐辏，商贾云集。儒家文化在曲靖广为播扬。民国2年（1913年）废曲靖府，改南宁县为曲靖县。除师宗属蒙自道监察区外，其余曲靖各县均属滇中道监察区。民国十六年（1927 年），直隶云南省。民国36 年（1947 年）设云南省第二区行政督察专员公署，驻曲靖县。1949 年底，曲靖地区各县相继建立人民政权。

1950 年 3 月 25 日，建立云南省曲靖专区督察专员公署，辖曲靖、沾益、马龙、宣威、平彝、嵩明、寻甸 7 县，11 月改称云南省人民政府曲靖区专员公署。1954 年 7 月，宜良专区与曲靖专区合并，建立曲靖行政专员公署，辖区增加了宜良、路南、罗平、师宗、陆良、泸西 6 县，共辖 13 县，行政专员公署驻曲靖县。后泸西县划入红河哈尼族彝族自治州。1964 年 10 月，会泽县由东川市划入曲靖地区。1983 年 10 月，曲靖、沾益撤县合并组建曲靖市，宜良、路南、嵩明 3 县划归昆明市，曲靖地区辖 8 县 1 市。1994 年 2 月 18 日，宣威撤县设市。1997 年 5 月 6 日，经国务院批准，撤销曲靖地区行政公署，建立地级曲靖市，实现由省的派出机构向市级地方政权实体的转变，原县级曲靖市分设为麒麟区、沾益县。1998 年 2 月 8 日，国务院批复寻甸回族彝族自治县划归昆明市，1999 年正式调整为昆明市管辖。至 2010 年末，曲靖市辖麒麟区和沾益、马龙、富源、罗平、师宗、陆良、会泽 7 县，代管宣威市。

【自然概貌】 曲靖市地处云贵高原中部滇东高原向黔西高原过渡地带的乌蒙山脉，西与滇中高原湖盆地区紧紧相嵌，东部逐步向贵州高原倾斜过渡，中部为长江、珠江两大水系分水岭地带，高原面保存较好，形态完整，东南部具有典型的岩溶丘原景观。市境属扬子地台的滇东褶皱带，地势西北高，东南低。全市最高点在会泽县大海梁子牯牛寨，海拔 4017. 3 米，系乌蒙山脉主峰；最低点在会泽县娜姑镇王家山象鼻岭小江与金沙江汇合处，海拔 695 米，相对高差 3322. 3 米。市政府所在地海拔 1881 米。市境地貌以高原山地为主，间有高原盆地，高山、中山、低山、河槽和湖盆多种地貌并存，有万亩以上的坝子 34 个，其中素有“滇东粮仓”之称的陆良坝子面积 771. 99 平方千米，曲沾坝子 435. 82 平方千米，分别为全省第一、第四大坝子。境内山岭河谷相间交错，地质构造复杂，地层发育较为齐全，碳酸盐岩石分布广、面积大，多溶洞和岩溶地貌，山脉有乌蒙山系和梁王山系，多呈北东—南北向或近南北向，大致可分为西列、中列和东列 3 个平行岭脊。

【水文气候】 曲靖市地处长江、珠江两大水系的分水岭地带，山高谷深，断裂、河曲发育，流域面积 100 平方千米以上的河流有 80 多条，以南盘江、北盘江、牛栏江、黄泥河、以礼河、块择河、小江等为主要干流，分属长江和珠江两大水系。珠江发源于距市区 70 千米的马雄山麓。具有南亚热带到北温带 6 种气候类型，主要为亚热带高原季风气候。一般具有冬春光照条件较好，春温不稳，风高物燥，降水不均；夏无酷暑，降水集中，涝旱兼有，风和日丽；秋季降温快，阴雨多；冬暖冬干，寒潮降温的气候特点，具有“一山分四季，十里不同天”的立体气候。多年平均气温 14. 5℃。

【土地资源】 曲靖市国土总面积 28904. 11 平方千米，土地资源总量 289. 53 万公顷，80. 3% 的土地面积是山地和丘陵，耕地面积 29. 28 万公顷。境内土壤类型从赤红壤到亚高山草甸土均有分布，土壤地理分布具有明显的垂直带和一定的水平差距。全市土壤划分为 14 个土类、35 个亚类、75 个土属、273 个土种，以红壤为主（占 61. 07%），其次为紫色土（占 9. 84%）、黄棕壤（占 5. 16%）、水稻土（占 4. 94%）、黄壤（占 3. 47%）、石灰土（占 3. 47%），其他土壤占 12%。赤红壤分布于东南部南盘江及其支流海拔 1100 米以下河谷；燥红土分布于西北端小江海拔 1300 米以下河谷，表土复盐基过程明显；黄壤为东南部（罗平、师宗及富源南部）基带土壤，垦殖系数较高；山地黄棕壤、棕壤、暗棕壤、亚高山灌丛草甸土出现于高山、半高山的垂直带谱中，仅山地黄棕壤分布较大，垦殖率稍高；紫色土和石灰土是幼年性岩成土，前者集中于北部，后者多见于东南部；冲积土、草甸土和沼泽土散布于第四系、第三系河谷或湖盆坝区，一般垦殖历史悠久，土层深厚肥沃，大部分辟为耕地。山原红壤是滇东高原广大地区的基带土壤，保留古红色风化壳残留特性，化学风化和物理风化强烈，具有“干、酸、粘、瘦、薄”等障碍因素，有机质含量低，是造成本地区中低产田地多和林草生长缓慢的重要因素之一。

【水资源】 全市水能资源理论储量 423. 89 万千瓦，多年平均降水量 323. 26 亿立方米，多年平均径流量 140. 90 亿立方米。曲靖市境内的主要河流有南盘江、北盘江及其支流黄泥河、喜旧溪、块择河、革香河、可渡河、牛栏江、以礼河、小江等，分属珠江流域西江水系和长江流域金沙江水系，多数河流都源短流急，落差较大，水量随季节变化显著。境内珠江流域西江水系主要是南盘江和北盘江两大河流。南盘江发源于沾益县马雄山东南麓，北盘江发源于马雄山北麓，源头海拔 2444 米。南、北盘江在市境内的流域面积 17662. 8 平方千米，占全市国土面积的 61%；水资源量 100. 66 亿立方米，占全市水资源总量的 75%。

【生物资源】 曲靖市植物资源以亚热带植被为主，典型植被有常绿阔叶林、针叶林。植被组成复杂，常见的有松科、杉科、柏科、山茶科、壳斗科、大戟科等。由于历史原因和频繁人为活动，原生植被基本被破坏殆尽，取而代之的是天然次生植被和人工植被。种子植物 3000 余种，其中药用植物 400 余种，食用植物 170 余种，工业用植物 236 种，花卉 285 种。有树蕨、野山茶、木兰、辣子树、银杏、红豆杉等 37 种国家和省级保护植物。主要乔木树种有云南松、华山松、油杉、杉木、黄杉、栎类等。主要经济林有梨、桃、杏、李、苹果、板栗、核桃、银杏、花椒、红椿、漆树、油桐等。常见的灌木林有火把果、耐冬果、苦刺、杨梅、马桑、小叶鸡脚黄连等数十种。主要草种有白健杆、野古草、金茅、蜈蚣草、营草等。野生菌种类较多，主要有鸡㙡、牛肝菌、干巴菌、松茸、清头菌等。有大灵猫、猕猴、水獭、金猫、斑羚等 30 多种珍稀保护动物。

【矿藏资源】 曲靖市已发现 47 种矿产资源，探明 29 种矿产 225 处矿产地。总储量 354. 7 亿吨，按 1990 年不变价计算，潜在经济价值 12947 亿元。有较大开发利用价值的矿藏 30 多种，矿藏资源丰富，磷矿总储量 63 亿吨，占全省的 1/3，重晶石 3. 39 亿吨，铅锌矿 189 万吨。此外还有铜、锑、锡、银、金、大理石、莹石、锰矿等分布，陆良还有石油天然气。煤炭远景储量 300 亿吨，占全省的 56%，探明储量 87 亿吨，占全省的 35. 55%，炼焦用煤储量占全省的95%以上；煤种齐全，以低灰、低硫、高发热量煤为主，煤层分布6县1市1区及3个乡（镇）、4个煤田22个矿区98个井田，大多埋藏在500米垂深以内。已探明铅矿储量61.65万吨，占全省第3位；锌矿107.95万吨，占全省第4位；锰矿441.9万吨，占全省第3位；锑矿2986吨，占全省第5位；硫铁矿3.55亿吨，占全省第1位；磷矿10.27亿吨，占全省第2位；水泥用石灰岩4.47亿吨，占全省第1位；铁矿3376.9万吨，占全省第8位；已开发利用煤、磷、铅、锌、锑、铁、锰、硅石、重晶石、石灰石、耐火材料、地热水、矿泉水等36种。

【比较优势】 曲靖市是珠江源第一市，爨文化的发祥地，是云南省重要的能源、汽车、化工、建材和工业原料基地，主要农产品粮食、油料、蚕桑、畜牧生产基地，也是全国的烟草工业和优质烤烟生产基地。农业素有“滇东粮仓”之称，罗平、陆良是全省油菜优质产品生产基地，宣威、富源、陆良、会泽、麒麟是全省生猪生产基地县（市）区，陆良、麒麟、沾益、师宗是全省蚕茧生产基地县（区）。曲靖是全国最大的烟草产区，烤烟产量占云南的1/3，占全国的1/10。曲靖有工业行业的35个门类，已初步形成烟草、煤炭、电力、机械、化工、冶金、纺织、建材、造纸、皮革、粮油加工为主的较为完善的工业化体系。贵昆、南昆两条电气化铁路干线、贵昆铁路盘西支线、羊场支线纵贯市内6县1区1市。公路以昆（明）—曲（靖）、曲（靖）—胜（境关）、曲（靖）—陆（良）、嵩（明）—待（补）高速公路为龙头，320、324、326、213四条国道为骨架，麒麟城为中枢，省道和地方公路为经络，水路运输为补充，构成了覆盖全市的交通网络，曲靖城区到所有县（市）区公路均实现高等级化。邮电通讯业发展较快，已建成有线、无线、载波、微波、光缆等多种传输和交换平台组成的广播电视、电信和计算机网络。

【人口民族】 至2010年末，曲靖市辖麒麟区和沾益、马龙、富源、罗平、师宗、陆良、会泽7县，代管宣威市，共115个乡镇（街道办事处），其中：镇62个、乡44个（8个民族乡）、街道办事处9个，镇和街道占乡镇（街道）总数的61.74%。年末全市总户数182.9万户，户籍总人口626.4万人，比上年增10.2万人，增1.7%，其中：男性328.2万人，女性298.2万人，男女性别比例为110.1：100。总人口中，非农业人口78.1万人，占总人口的12.5%。全市60岁以上人口69.1万人。全市人口密度为217人/平方千米。2010年，全市有少数民族46.1万人，占全市总人口的7.4%，7种世居少数民族人口分别为：彝族25.2万人、回族8万人、壮族3.5万人、布依族3.3万人、苗族3.4万人、水族0.8万人、瑶族0.2万人。

经济和社会建设

【简述】 2010年，曲靖市委、市政府带领全市各族人民一手抓抗旱，一手抓发展，克服经济运行和社会发展中的矛盾和困难，不断深化改革，优化结构，转变方式，提高效益，改善民生，全市国民经济实现平稳较快发展，各项社会事业全面发展，人民生活水平继续提高。据统计，2010年全市实现生产总值1005.5亿元，按可比价格计算比上年增长13.1%，人均GDP突破1.7万元。其中：第一产业实现增加值183.5亿元，增6.6%，拉动GDP增长1.1个百分点，对经济增长的贡献率为8.0%；第二产业实现增加值526.7亿元，增15.5%，拉动GDP增长8.2个百分点，对经济增长贡献率为62.7%；第三产业实现增加值295.3亿元，增12.4%，拉动GDP增长3.8个百分点，对经济增长贡献率为29.3%。三次产业结构比为18.2：52.4:29.4。亿元GDP死亡率0.18，单位GDP能耗完成省下达的计划指标。

【工业】 2010年，曲靖市全部工业增加值实现468.7亿元，按可比价计算增长14.9%，拉动GDP增长7.1个百分点，对经济增长贡献率为54.1%。规模以上工业企业实现增加值365.7亿元，增长15.1%。轻工业实现增加值125.5亿元，增11%，重工业实现增加值240.2亿元，增17%。主要支柱产业：烟草制品业实现工业增加值114亿元，同比增10.8%；电力热力的生产和供应业69.5亿元，增8.1%；煤炭开采和洗选业64.5亿元，增19.9%；炼焦业29.8亿元，增33.8%；有色金属冶炼及压延加工业28.9亿元，增16.3%；黑色金属冶炼及压延加工业5.14亿元，增26.9%；化学原料及化学制品制造业23.6亿元，增20.6%；非金属矿物制品业11.5亿元，增40.2%；交通运输设备制造业2.68亿元，降19.3%。全市539户规模以上工业企业共实现利润54.5亿元，增23.79%；利税总额179.58亿元，增14.3%。主要工业产品产量：原煤4353.74万吨，增5.5%；焦炭1031.2万吨，增9.8%；发电量382.86亿千瓦时，减1.1%；卷烟534.2亿支，增3.1%；汽车52831辆，减25.5%；十种有色金属63.38万吨，增10.8%；水泥1127.6万吨，增44.5%；生铁129.68万吨，增8.4%；黄磷10.4万吨，减18.2%；合成氨52.59万吨，增51.9%；农用氮、磷、钾化学肥料67.71万吨，增6.0%。

【农业】 2010年，曲靖市农村经济稳步增长。全市实现农林牧渔业增加值183.5亿元，按可比价计算增长6.6%。全年粮食播种面积870万亩，粮食总产量达25.47亿千克，增4.3%；蔬菜种植面积171.55万亩，产量达20.55亿千克。主要农产品产量：粮食25.47亿千克，比上年增4.3%；稻谷3.82亿千克，减7%；玉米12.18亿千克，增19.5%；薯类7.14亿千克，减1.1%；油料0.47亿千克，减43.6%；烤烟2.05亿千克，增7%；蔬菜20.55亿千克，增5.1%。主要畜产品产量：肉类总产量138.93万吨，比上年增12.1%；水产品产量8.16万吨，增13.4%；年末大牲畜存栏数131万头，增4.4%；年末生猪存栏695.99万头，增4.8%；年末羊存栏208.11万只，增11.1%；出栏猪1195.7万头，增13.2%；出栏牛54.18万头，增19.3%；出栏羊160.36万只，增15.2%。林业生态建设稳步发展。全年造林面积达102.48万亩，其中：封山育林23.5万亩，义务植树2732万株。

【固定资产投资】 2010年，曲靖市全社会固定资产投资规模跨越700亿元大关，完成701.5亿元，增长26.4%。全市重点行业投资完成情况：工业完成投资248.62亿元，增17.95%，其中制造业148.51亿元，增25.66%；水利20.28亿元，增91.14%；公路建设26.16亿元，增30.79%；城市基础建设和房地产192.66亿元，增11.31%，其中房地产开发101.56亿元，增19.74%；煤炭55.70亿元，增32.05%；电力34.25亿元，减32.06%；电网10.1亿元，减64.02%；铁路23.5亿元，增49.4%。

【国内外贸易】　2010年，曲靖市消费品市场活跃。全年实现社会消费品零售总额232.8亿元，增长22.5%。从经济成分看，非公有制经济占主导地位，全年实现零售额178.5亿元，占全市零售总额的比重为76.7%。从城乡市场看，城镇实现消费品零售额156.1亿元，增24.3%；农村实现消费品零售额76.7亿元，增19%。从行业看，批发和零售业零售额201.1亿元，增23.2%；住宿和餐饮业零售额31.7亿元，增18.4%。

【市场物价】　2010年，曲靖市市场物价基本稳定，各类物价指数有增有减。居民消费价格总指数103.6%，食品110.3%，烟酒及用品99.6%，衣着97.4%，家庭设备用品及维修服务99.9%，医疗保健和个人用品107.8%，交通和通信97.9%，娱乐教育文化用品及服务99.9%，居住104.8%，商品零售价格总指数104.1%，农业生产资料价格指数103.9%，工业品出厂价格指数108.5%，轻工业102.3%，重工业110.2%，企业家信心指数133.5%，企业景气指数130.3%。全年全市居民消费价格指数（CPI）上涨3.6%，工业品零售价格指数（PPI）上涨8.5%，企业家信心指数比上年提升17.7个百分点。

【外贸进出口】　2010年，曲靖市进出口总额达2.17亿美元，增28.8%，其中：出口总额2亿美元，增132.9%，进口总额0.17亿美元，下降78.9%。

【交通】　2010年末，曲靖市公路通车里程达26671千米，其中高速公路392.7千米。年末全市机动车总量达75.32万辆，其中个人拥有70.93万辆。年末全市拥有汽车27.62万辆，其中个人拥有23.4万辆。

【电信】　2010年末，曲靖市移动电话用户358.34万户，同比增长27.5%。固定电话用户达38.8万户，下降2.1%。互联网用户达21.88万户，其中宽带网用户达21.84万户。

【旅游】　2010年，曲靖市旅游业运行良好。全年共接待海外游客1.73万人（次），增长6%，旅游外汇收入396.1万美元，增57%；国内游客707.3万人（次），增16%；旅游总收入达43.4亿元，增16%。

【财政】　2010年，曲靖市财政收入快速增长。全市财政总收入达251亿元，增长19.6%，地方一般预算收入72.4亿元，增14.6%，其中税收收入62.7亿元，增15.7%。在税收收入中，增值税收入17.3亿元，增12.7%，营业税收入16.9亿元，增23.0%。全年地方一般预算支出181.6亿元，增长29.6%。

【金融】　2010年，曲靖市金融运行平稳，存贷款持续增加。年末金融机构各项存款余额1017.4亿元，同比增长21.7%，其中：企业存款余额308.2亿元，增10.2%；储蓄存款余额510.1亿元，增21.1%。金融机构各项贷款余额629.9亿元，增19.6%，其中：短期贷款221.7亿元，增10.9%；中长期贷款389亿元，增25.5%。

【教育】　2010年，曲靖市教育事业稳步发展。建立健全“两免一补”制度。全部免除农村义务教育阶段学生学杂费，认真做好农民工随迁子女的义务教育工作。年末全市共有普通高等院校3所，在校生2.15万人；中等职业学校30所，在校生12.85万人；普通中学242所，在校生45.55万人；特殊教育学校5所，在校生4398人；小学1705所，在校生65.15万人；幼儿园768所，在园幼儿15.69万人。小学适龄儿童入学率99.81%。

【文化】　2010年，曲靖市文化事业日益繁荣，公益性文化事业稳步发展，公共文化服务能力显著提高。年末全市有文化艺术表演团体7个，文化馆10个，文化站115个，文物管理所10个，公共图书馆11个。全市电视人口覆盖率96.16%，广播人口覆盖率96.3%。

【卫生】　2010年，曲靖市卫生事业扎实推进。全市共有各类卫生机构603个，其中：医院64个，乡镇卫生院108个，共有病床1.75万张，卫生技术人员1.28万人。

【城市建设】　2010年，曲靖市城镇建设投资192.7亿元，其中：房地产投资完成101.6亿元，城镇基础设施共投资91.1亿元。城镇化率达到37%，比上年提高2.2个百分点。

【环境保护】　2010年，曲靖市环境保护系统人员393人，各级环境监测站145人，全市共有19个自然保护区，保护区面积达30.3万公顷。

【人民生活】　2010年，曲靖市城乡居民收入水平持续提高。城镇居民人均可支配收入达15940元，增长13%；农村居民人均纯收入4130元，实际增长12.7%。职工工资水平继续提高。2010年全市城镇单位从业人员33.27万人，比上年增长4.3%，从业人员劳动报酬105.1亿元，增15.0%。城镇在岗职工年平均工资32520元，增10.1%，其中：国有单位38486元，增12.8%；集体28012元，增14.9%；其他单位23715元，增6.7%。

【社会保障】　2010年末，曲靖市城镇职工参加基本养老保险20.86万人，参加失业保险21.88万人，全市城镇职工参加基本医疗保险和大病统筹39.15万人，启动城镇居民基本医疗保险，全市城镇居民参加医疗保险43.06万人，社会保障体系进一步完善。

（张　鑫）

精神文明建设

【简述】　2010年，曲靖市精神文明建设工作以社会主义核心价值体系建设为根本，以“双百活动”和“志愿服务活动”为载体，以“为民服务”为主题，扎实开展公民思想道德建设，促进未成年人健康成长，深化拓展群众性精神文明创建活动，建设和谐文化，培育文明新风，全市公民文明素质和城乡整体文明程度进一步提高，精神文明建设精神动力、道德支撑、舆论氛围和文化条件作用得到充分发挥。

【文明城市创建】　2010年，曲靖市文明办认真组织开展争创全国文明城市工作，启动文明交通行动计划，对出租车行业运营环境进行集中整治，开展市容市貌、城市环境综合整治行动，组织窗口行业进行文明服务规范化建设。市、区两级组织全国文明城市公共文明指数测评工作，8月13日，召开推进全国文明城市创建暨迎接城市公共文明指数测评动员会议，对各项创建工作任务进行细化分解落实。组织4个督查组深入城区进行督导。8月28～31日，全国城市公共文明指数测评组对曲靖市进行测评，曲靖市在全国被测的79个地级市中得分62.87分，排名第66位，未成年人思想道德建设测评得分66.66分，排名第66位。积极组织开展文明县城创建工作，向省文明办推荐罗平县和沾益县为云南省首批文明县城候选县城，并通过测评验收。

【文明单位创建】 2010年，曲靖市文明办对曲靖市文明单位（村、社区、小城镇）测评体系进行修改完善，形成综合测评体系。对申报创建的2009年度市级文明单位（村、社区、小城镇）进行考评。11月，报市委、市政府命名表彰160个单位、46个村、14个社区、8个小城镇为2009年度市级文明单位、文明村、文明社区、文明小城镇。11月底，启动2010～2011年度的市级文明单位、文明村、文明社区、文明小城镇创建工作。

【文明风景区创建】 2010年，曲靖市文明办组织开展“云南省第三届文明风景区”申报创建工作，向省文明办推荐珠江源风景区、师宗县五龙壮族乡、罗平县多依河风景区、罗平县九龙瀑布风景区等4个风景名胜区参与云南省第三批文明风景旅游区评选。认真指导开展创建工作，4景区均顺利通过省级考评验收。

【公民思想道德建设】 2010年5月10日，曲靖市文明办制定下发《关于评选表彰第二届曲靖市道德模范的通知》，成立评选活动领导小组及其办公室，认真组织各级各部门推荐候选人，对各地推荐来的模范事迹进行初评。组织开展道德模范事迹学习宣传实践活动。组织开展关爱空巢老人志愿服务活动，在麒麟区福利院举行“老吾老以及人之老”为主题的关爱空巢老人志愿服务活动启动仪式。加强与曲靖电台交通广播、出租车行业协会的沟通协调，高考期间，组织出租车司机开展“爱心送考”公益志愿活动，共出动车辆706台（次），接送考生2260人，接送8000趟（次）。

【文明诚信创建】 2010年8月，曲靖市文明办命名表彰15个市场、8条街（路）、45户企业、73户个体工商户为曲靖市第三届文明诚信市场、消费者满意街、文明诚信企业、文明诚信经营户。同时，表彰11家基层工商行政管理单位为文明诚信创建工作先进集体。

【抗旱救灾志愿者行动】 2010年，针对全市发生的特大旱情，曲靖市文明办策划组织开展抗旱救灾“绿丝带”志愿者行动。3月5日，印发《关于开展曲靖市“绿丝带志愿者行动计划”的通知》。3月9日，在市交警支队举行抗旱救灾“绿丝带”志愿者行动启动仪式。3～5月，全市各级各部门围绕“万众一心抗大旱、同舟共济渡难关”绿丝带志愿者行动主题，广泛组织开展“绿丝带”宣传实践行动、润泽行动、春苗行动、和谐行动，成为全市抗旱救灾工作的品牌活动。全市抗旱救灾“绿丝带”志愿者行动参与单位达3000余个，参与志愿者90余万人，组织活动7万余次，发放抗旱救灾倡议书15万余份，抗旱节水宣传资料70万余份，志愿者捐款1400多万元，单位出资5000多万元，切实帮助2500余个村、120余万人、150余万头牲畜解决饮水困难，支持抗旱春耕190余万亩。

【文明单位爱心捐献活动】 2010年5月10日，《曲靖日报·珠江源晚刊》刊发了新闻稿件《拯救学生刘召云》。市文明办向全市各级文明单位发出倡议，为刘召云募捐治疗费用。在不足一个月的时间里，市文明办收到来自文明单位干部职工和社会各界爱心人士的捐款258762元。6月12日，市委常委、宣传部部长何华到罗平县看望慰问身患尿毒症的优秀大学生刘召云及其亲属，并送去善款。

【文明交通行动计划】 2010年，曲靖市文明办组织实施以“关爱生命，文明出行”为主题的文明交通行动计划。市文明办与市交警支队制发《曲靖市文明交通行动计划实施方案》。1月30日，在曲靖交通集团举行“文明交通行动计划”启动仪式。8月19日，召开经验交流暨工作推进会。在全市组织开展“十一个一”活动和“十个一百”活动，着力开展倡导六大文明交通行为、摒弃六大交通陋习、抵制六大危险驾驶行为、完善六类道路安全及管理设施工作。

【“双百”活动】 2010年，曲靖市文明办牵头协调市教育局、团市委在全市各中小学（含中等职业技术学校）、幼儿园广泛开展“百万少儿唱红歌、百万少儿诵经典”活动。三个部门共同制定了实施方案。4月19日，在市第二小学举行全市“双百”活动启动仪式。“双百”活动贯穿全市全年教育教学工作的始终，各级各学校充分利用五一、五四、六一、七一、八一、十一等纪念日，结合端午节、中秋节、重阳节等传统节日，策划开展校园红歌会、校园经典诵读会等活动，形成“校校有活动、班班有歌声、人人诵经

2010年8月13日，曲靖市2010年度全国文明城市创建工作推进落实暨迎接全国文明城市公共文明指数测评动员会议召开。（沈良启/摄）

典”的良好氛围。

【未成年人思想道德建设】　2010年2月22日，曲靖市文明办组织召开全市未成年人思想道德建设工作经验交流电视电话会议，市文明委表彰未成年人思想道德建设工作先进单位30个、先进工作者50名。年内，组织在北关小学、云南北辰高级中学开展“做一个有道德的人”的主题班会。云南北辰高级中学在云南省“做一个有道德的人”主题班会电视大赛上荣获一等奖，北关小学荣获优秀奖，市文明办荣获优秀组织工作奖。调整充实以宣传部、文明办、文化局、工商局、公安局等单位为成员的净化社会文化环境工作领导小组，全面开展“净网”、“净吧”、“净屏”、“净市”、“净边”等五大专项整治行动。组织“五老”人员，成立志愿者队伍，对特殊未成年人和留守学生开展关爱行动，构建以社区、村委会为依托，以“五老”志愿者为核心，全社会参与的未成年人关爱监护网络。确定麒麟区东关小学等12所学校为“曲靖市农村留守儿童、流动人口子女示范家长学校”。

【“美德少年”评选表彰】　2010年，曲靖市文明办组织在全市广大青少年中开展“美德少年”评选活动。全市共推荐产生23名“美德少年”候选人，经过评选，向省文明办推荐6名少年作为首届“云南省美德少年”候选人。经过全省投票评选，有5位当选为“云南省美德少年”，是全省当选人数最多的州（市）。

【西部开发助学工程】　2010年，曲靖市文明办继续组织实施西部开发助学工程，会同教育部门共同做好资助对象的遴选、确定工作。经推荐，沾益、陆良、师宗、马龙、富源、会泽、宣威7个县（市）各有一名品学兼优贫困大学生受到每人2万元的资助。至此，“西部开发助学工程”实施11年来，曲靖市已累计有77名贫困大学生受到资助。

【绿色电脑进西部工程】　2010年，在由中央文明办牵头组织实施的“绿色电脑进西部活动”中，曲靖市获赠电脑415台。市文明办向宣威市、会泽县各赠送电脑50台，其余县（区）各赠送电脑45台。至11月底，415台电脑全部赠送到全市66个学校、乡（镇）文化站、宣传文化活动中心。

【信息工作】　2010年，曲靖市文明办上报的信息被中央文明办简报采用3篇，被省文明办简报采用16篇。对精神文明建设简报进行改扩版，全年共撰写编发《曲靖精神文明建设简报》31期，在抗旱救灾“绿丝带”志愿者行动、“百万少儿唱红歌、百万少儿诵经典”活动、文明单位创建活动等方面取得积极的宣传效果。

（刘建华）

重点工程建设

【简述】　2010年，曲靖市坚持投资带动战略，扎实推进项目建设，全市重点项目建设进展顺利。一批涉及道路交通、水利、电网、能源的基础设施重点建设项目建成投产，有力支撑了曲靖经济社会快速发展。年内，全市重点续建和新开工建设项目100个，总投资827.53亿元，年度计划投资209.38亿元，实际完成投资262.75亿元，累计完成投资564.61亿元，占全市全社会固定资产投资总量的72.88%。

【能源项目】　2010年，曲靖市能源重点工程14个，总投资235.66亿元，累计完成投资184.61亿元。年度计划投资57.27亿元，实际完成投资101.41亿元。

1. 陆良30万千瓦风能发电项目：建设规模为30万千瓦，总投资30亿元。2010年度计划投资7亿元，实际完成投资8.7亿元，累计完成投资13.7亿元。年内，一、二期已竣工，三期完成70%。

2. 宣威万家口子电站项目：装机容量18万千瓦，总投资16.4亿元。年度计划投资3.2亿元，实际完成投资3.21亿元，累计完成投资8.21亿元。年内，已完成坝肩支护，正在进行坝基开挖和浇筑。

3. 宣威响水电站扩容项目：建设规模为装机13.5万千瓦，总投资3.75亿元。年度计划投资1.5亿元，实际完成投资1.56亿元，累计完成投资4.16亿元。年内，正在进行引水隧洞衬砌和厂房砼浇筑及高压埋管安装。

4. 宣威泥猪河电站项目：装机容量10.2万千瓦，总投资3.9亿元。年度计划投资1亿元，实际完成投资1.03亿元，累计完成投资3.45亿元。年内，正在进行导流洞、大坝、引水隧洞工程施工，厂房和道路工程正在进行土石方开挖和回填。

5. 宣威毛家河电站项目：装机容量3×6万千瓦，总投资11.91亿元。年度计划投资1.5亿元，实际完成投资2.97亿元，累计完成投资2.97亿元，年内，正在进行大坝工程施工。

6. 师宗高良水电站项目：装机容量2万千瓦，总投资1.5亿元。年度计划投资0.5亿元，实际完成投资0.7亿元，累计完成投资0.74亿元。年内，完成“三通一平”，并启动主体工程建设。

7. 罗平长底电站及滇东电厂提水设施项目：建设规模和内容为装机1.6万千瓦，1立方米/秒提水设施，总投资2.18亿元。年度计划投资0.32亿元，实际完成投资0.61亿元，累计完成投资1.78亿元。年内，项目已完工投入试运行。

8. 宣威电厂储灰场扩建工程：建设内容为对虹桥铺冲灰场和庙后灰场进行扩建，满足六期、七期扩建储灰需要，总投资1亿元。年度计划投资0.5亿元，实际完成投资1.14亿元，累计完成投资1.14亿元。年内，项目已建成投产。

9. 国投富煤一矿项目：建设内容包括90万吨/年煤矿及瓦斯发电站和200万吨/年选煤厂。总投资12.7亿元，2009年开工建设。年度计划投资2亿元，实际完成投资2.7亿元，累计完成投资4.03亿元。年内，输变电工程通过验收，正进行进场道路施工。

10. 东源集团罗平片区煤矿建设项目：建设内容包括云宝煤矿、革来煤矿、金竹煤矿、松山煤矿、富乐煤矿、乐兴煤矿、东城煤矿7个项目设计年产煤255万吨，总投资9.32亿元。年度计划投资1.1亿元，实际完成投资1.3亿元，累计完成投资4.03亿元。年内，已开展部分井巷工程建设。

11. 富源白龙山煤矿建设项目：新建500万吨/年煤矿，总投资31.25亿元。年度计划投资2.5亿元，实际完成投资3.5亿元，累计完成投资38.08亿元。年内，项目正在建设中。

12. 富源雨汪煤矿建设项目：新建300万吨/年煤矿，总投资16.51亿元。年度计划投资5亿元，实际完成投资6.5亿元，累计完成投资6.5亿元。年内，项目正在建设中。

13. 曲靖地方重点矿井建设项目：建89个地方煤矿，总投资74.26亿元。年度计划投资20.4亿元，实际完成投资57.34亿元，累计完成投资

72.1亿元。年内，项目正在建设中。

14. 曲靖电网建设项目：建设内容包括500千伏、220千伏、110千伏及以下电网改造，总投资21亿元。年度计划投资10.75亿元，实际完成投资10.15亿元，累计完成投资22.89亿元。年内，项目正在建设中。

【工业通信项目】 2010年，曲靖市重点工业通信项目21个，总投资171.5亿元，累计完成投资149.91亿元。年度计划投资61.31亿元，实际完成投资66.36亿元。

1. 云翔玻璃马龙生产线建设项目：建设内容包括二期550吨/日浮法玻璃，三期290吨/日超白玻璃，总投资3.3亿元。2010年度计划投资1亿元，实际完成投资0.32亿元，累计完成投资2.18亿元。年内，已完成烟囱基础，正在进行设备采购。

2. 双友高强度镍合金深加工项目：规模为建年深加工60万吨高强度镍合金项目，总投资9.6亿元。年度计划投资2.5亿元，实际完成投资8.61亿元，累计完成投资16.02亿元。年内，正在进行土地平整，部分进入开工实施阶段。

3. 石林瓷业电瓷、建筑瓷、煤气烧成项目：建设内容包括年产煤气7160万立方米，280万平方米建筑陶瓷生产线，年产2万吨电瓷生产线等，总投资1.8亿元。年度计划投资0.8亿元，实际完成投资0.65亿元，累计完成投资1.27亿元。年内，已完成筛焦楼、烟囱基础工程的浇注施工。

4. 宣威市宣拓牧业科技有限公司项目：建设内容包括年加工火腿6000吨，冷链系统、物流配送、交易中心等，总投资1.49亿元。年度计划投资0.89亿元，实际完成投资0.89亿元，累计完成投资1.5亿元。年内，业务用房、仓储设施、物流配送已进入施工阶段。

5. 云维凤凰山20万吨/年醋酸乙烯项目：内容包括20万吨/年醋酸乙烯，配套300万吨石灰岩矿山、60万吨电石等，总投资19.1亿元。年度计划投资3.8亿元，实际完成投资3.9亿元，累计完成投资8.55亿元。年内，60万吨电石项目正进行边坡治理；300万吨石灰岩矿山项目进行地勘。

6. 云维花山园区30万吨尿素工程：建年产30万吨尿素生产线，总投资3.3亿元。年度计划投资0.58亿元，实际完成投资0.58亿元，累计完成投资3.3亿元。年内，项目已竣工投产。

7. 云维花山园区10万吨甲胺项目：建年产30万吨尿素生产线，总投资6.55亿元。年度计划投资1.9亿元，实际完成投资1.9亿元，累计完成投资6.46亿元。年内，锅炉已投运，蒸汽外管安装完工。

8. 驰宏公司会泽冶炼基地建设项目：建设内容包括年产10万吨锌、6万吨铅、3.1万平方米综合业务用房和51万平方米配套生活小区建设等，总投资34.64亿元。年度计划投资19.6亿元，实际完成投资20.26亿元，累计完成投资33.56亿元。年内，综合仓库已完成土建部分。

9. 云南冶金集团多晶硅项目：规模为年产3000吨多晶硅，总投资29.46亿元。年度计划投资8亿元，实际完成投资7.44亿元，累计完成投资26.02亿元。年内，生产线已试车。

10. 曲靖东源铝业技术升级节能改造工程：规模为23万吨/年铝型材加工，总投资18.4亿元。年度计划投资1.9亿元，实际完成投资3.91亿元，累计完成投资20.91亿元。年内，1段已建成投产，2段完成启动，3段正在启动。

11. 宏捷公司年产13.8万吨阳极碳素技改项目：规模为13.8万吨/年阳极碳素，总投资7.4亿元。年度计划投资0.6亿元，实际完成投资3.15亿元，累计完成投资3.15亿元。年内，完成厂房建设，准备安装设备。

12. 曲靖卷烟厂制丝线技改项目：建设内容包括5.1万平方米制丝工房和改造4.6万平方米老厂房，总投资7.5亿元。年度计划投资5亿元，实际完成投资0.45亿元，累计完成投资0.72亿元。年内，技改项目总规设计已完成；技改土石方及挡土墙工程施工进入尾声；脱硫项目正在进行设备安装。

13. 昆钢师宗98万吨焦化项目：建设规模为年产干熄焦98万吨，甲醇10万吨，总投资15.19亿元。年度计划投资6.2亿元，实际完成投资8.23亿元，累计完成投资17亿元。年内，2号焦炉已出煤，1号焦炉投产，甲醇系统正在建设中。

14. 云南滇东电线电缆有限公司生产电线电缆（二期工程）改扩建项目：建设规模为年产3600千米电线电缆，总投资0.9亿元。年度计划投资0.25亿元，实际完成投资0.1亿元，累计完成投资0.75亿元。年内，一期工程已竣工。

15. 曲靖通用及矿山机械产品生产线技改项目：建设内容包括备料、成品、冲压、铆焊、机加工、组装调试、热处理、理化检测车间以有关配套设施等，项目占地120余亩，总投资1.7亿元。年度计划投资0.3亿元，实际完成投资0.3亿元，累计完成投资1.29亿元。年内，生产设备基本安装完毕。

16. 华泰公司砌块墙材技改项目：建设规模为年产30万立方米砌块墙材。总投资0.51亿元，属2010年新开工建设项目。年度计划投资0.5亿元，实际完成投资170万元。年内，正在做环评及土地征用报批工作，已开始设备询价。

17. 罗平县阳洋公司小黄姜综合加工项目：建设规模为年加工生姜7.2万吨，内容包括生产1万吨速冻姜、6000吨精加工干姜、50吨姜油。总投资1.15亿元，属2010年新开工建设项目。年度计划投资1.1亿元，实际完成投资0.46亿元。年内，已完成“三通一平”、围墙，待标准化厂房设计完成后即可进行主体工程建设。

18. 陆良县际云公司年锌焙砂及副产物脱硫项目：建设规模为年产15万吨锌砂，总投资0.99亿元。年度计划投资0.49亿元，实际完成投资0.68亿元，累计完成投资0.99亿元。年内，项目正在建设中。

19. 陆良县新蓥峰化工公司项目：建设规模为年产20万吨磷酸一铵配10万吨硫酸，总投资3.6亿元。年度计划投资2.3亿元，实际完成投资0.6亿元，累计完成投资2.69亿元。年内，一期工程已竣工投产。

20. 中国移动曲靖分公司网络建设项目：建设内容包括G网工程、TD网工程、核心网工程和本地网七期工程等，总投资3.57亿元，属2010年新开工建设项目。年度计划投资2.4亿元，实际完成投资2.69亿元。年内，项目正在建设中。

21. 中国联通曲靖分公司网络建设项目：建设内容包括WCDMA一期工程、WCDMA网室内覆盖新建工程和GSM网新建（第二期）工程等。总投资1.33亿元，属2010年新开工建设项目。年度计划投资1.2亿元，实际完成投资1.2亿元。年内，项目正在建设中。

【环境与资源综合利用项目】 2010年，曲靖市环境与资源综合利用项目项目17个。总投资42.68亿元，累计完成投资36.36亿元。年度计划投资9.3亿元，实际完成投资14.73亿元。

1. 东源煤电股份公司恩洪矿区煤矸石综合利用电厂项目：建设内容包括2×15万千瓦厂房建设、设备安装等，总投资13.8亿元。年度计划投资0.13亿元，实际完成投资3.35亿元，累计完成投资15.53亿元。年内，正在进行勘探精查。

2. 众一煤化5万吨/年蒽油加氢制洁净燃料油工程：建设内容包括燃料油2.888万吨/年、石脑油1.562万吨/年、液化气0.833万吨/年等，总投资1.25亿元。年度计划投资0.95亿元，实际完成投资0.1亿元，累计完成投资0.4亿元。年内，正在进行工艺审定。

3. 云电投新能源公司曲靖生活垃圾发电厂项目：建设规模为装机容量2×1.2万千瓦，总投资3.63亿元。年度计划投资0.78亿元，实际完成投资1.11亿元，累计完成投资3.4亿元。年内，正在进行整改和查线；接入系统架线结束，并进行保护屏柜安装，等待倒送电时间。

4. 德鑫集团焦化、焦油深加工及污水焚烧发电项目：建设内容包括98万吨焦化、15万吨/年焦油深加工及6000千瓦时污水焚烧发电项目建设等，总投资10.98亿元。年度计划投资2亿元，实际完成投资2.95亿元。累计完成投资6.3亿元。年内，一座50万吨/年焦炉已投产。另一座焦炉工程土建及安装基本完成，正在准备炉体建设和安装。

5. 云南曲靖越钢集团有限公司能量系统优化技改项目：建设内容包括绿色照明、锅炉改造、电机节能等，总投资0.62亿元。年度计划投资0.36亿元，实际完成投资0.36亿元，累计完成投资0.62亿元。年内，项目竣工验收合格投入运行。

6. 驰宏公司铅锌锗资源综合利用项目：新建30吨/年锗系列产品生产线，总投资2.05亿元。年度计划投资0.38亿元，实际完成投资2.18亿元，累计完成投资2.46亿元。年内，主体工程基本完成，正在进行设备安装。

7. 宣威市滇黔之窗大型商贸城项目：建设内容为商贸物流设施建设，总投资1.7亿元。年度计划投资0.7亿元，实际完成投资0.72亿元，累计完成投资1.22亿元。年内，正在进行基础施工。

8. 南海新区污水处理厂及配套管网建设项目：建2万吨/日污水处理厂及管网辅设，总投资0.99亿元。年度计划投资0.3亿元，实际完成投资0.2亿元，累计完成投资0.52亿元。年内，项目正在建设中。

9. 西城污水处理项目：建设规模为日处理4万吨污水，总投资0.51亿元。年度计划投资0.3亿元，实际完成投资0.28亿元，累计完成投资0.66亿元。年内，综合楼已竣工验收，正在进行设备调试。

10. 两江口污水处理厂B段建设项目：建设规模为日处理8万吨污水，总投资0.98亿元。年度计划投资0.4亿元，实际完成投资0.12亿元，累计完成投资0.7亿元。年内，项目竣工投产。

11. 两江沿线污水收集处理工程：建截污干管，总投资0.78亿元。年度计划投资0.55亿元，实际完成投资0.49亿元，累计完成投资0.74亿元。年内，正在建设中。

12. 富源县城市污水处理厂及排水管网工程：建设规模为日处理2万吨污水，总投资0.62亿元。年度计划投资0.4亿元，实际完成投资0.42亿元，累计完成投资0.54亿元。年内，已完成地勘、征地、三通一平、场内土方回填等工作，并完成污水主干管道安装170余米。

13. 师宗县污水处理厂截污管网建设项目：建设规模为日处理3万吨污水，总投资0.96亿元。年度计划投资0.45亿元，实际完成投资0.81亿元，累计完成投资0.91亿元。年内，项目已竣工。

14. 马龙县污水处理厂及管网建设项目：建设规模为日处理3万吨污水、建管网49千米等，总投资0.61亿元。年度计划投资0.55亿元，实际完成投资0.3亿元，累计完成投资0.36亿元。年内，项目正在建设中。

15. 沾益县城污水处理厂建设项目：建设规模为日处理3万吨污水，总投资0.75亿元。年度计划投资0.55亿元，实际完成投资0.49亿元，累计完成投资0.65亿元。年内，项目已竣工。

16. 陆良县污水处理厂建设项目：建设规模为近期日处理3万吨，远期日处理4万吨污水。总投资1亿元。年度计划投资0.35亿元，实际完成投资0.8亿元，累计完成投资1亿元。年内，项目已竣工。

17. 宣威市污水处理一厂二期工程：建设内容包括铺设管道长59.03千米及厂房设备，总投资1.47亿元。年度计划投资0.4亿元，实际完成投资0.42亿元，累计完成投资0.48亿元。年内，正在进行管网工程基建施工。

【交通运输项目】 2010年，曲靖市交通重点项目4个。总投资66.39亿元，累计完成投资60.58亿元。年度计划投资18.33亿元，实际完成投资23.79亿元。

1. 师宗县城至罗平（阿岗）公路师宗县城至竹基段项目：建15.4千米二级公路，总投资1.55亿元。年度计划投资0.9亿元，实际完成投资1.2亿元，累计完成投资1.74亿元。年内，正在进行路基铺设。

2. 宣威至倘塘公路项目：建63.75千米二级公路，总投资6.03亿元。年度计划投资1.43亿元，实际完成投资2.09亿元，累计完成投资6.1亿元。年内，项目已竣工通车。

3. 曲靖市交通集团二类公路主枢纽站项目：建总面积400亩的主枢纽站，总投资4亿元。年度计划投资1亿元，实际完成投资0.69亿元，累计完成投资1.06亿元。年内，项目正在建设中。

4. 贵昆铁路六（盘水）沾（益）增建二线工程（曲靖段）项目：建曲靖境内148千米铁路线，总投资54.8亿元。年度计划投资15亿元，实际完成投资19.81亿元，累计完成投资51.68亿元。年内，项目正在建设中。

【农林水项目】 2010年，曲靖市农业重点项目14个。总投资167.23亿元，累计完成投资67.76亿元。年度计划投资30.98亿元，实际完成投资35.83亿元。

1. 富源硐上水库项目：建水库总库容2420万立方米，总投资1.92亿元。年度计划投资0.3亿元，实际完成投资0.31亿元，累计完成投资1.9亿元。年内，项目已竣工验收。

2. 宣威红石岩水库项目：建水库总库容3126万立方米，总投资2.82亿元。年度计划投资1.14亿元，实际完成投资1.2亿元，累计完成投资1.44亿元。年内，供电工程已完工，导流洞已贯通，管理厂房正在施工。

3. 宣威小干河水库项目：建水库总库容975万立方米，总投资0.94亿元。年度计划投资0.55亿元，实际完成投资0.56亿元，累计完成投资1.26亿元。年内，管理所、导流隧洞、围堰填筑、副坝工程已完工，正在进行主坝检查孔、溢洪道施工。

4. 陆良恨虎坝水库项目：建水库总库容803万立方米，总投资0.96亿元。年度计划投资0.35亿元，实际完成投资0.46亿元，累计完成投资0.66亿元。年内，项目正在建设中。

5. 会泽苏斗河水库项目：建水库总库容1124万立方米，总投资1.43亿元。年度计划投资0.8亿元，实际完成投资0.8亿元，累计完成投资1.01亿元。年内，导流隧洞已开挖，并开始砼浇筑。

6. 牛栏江调水工程：建设内容包括德泽水库、水库至昆明输水管道等，总投资79亿元，属2010年新开工项目。年度计划投资4亿元，实际完成投资4亿元。年内，项目正在建设中。

7. 曲靖市农村人饮安全工程：建设内容包括解决30万人安全饮水困难。2010年建成集中供水工程272件，集雨水窖1318口，供水9.33万人，总投资2.76亿元。属2010年开工项目。年度计划投资1.2亿元，实际完成投资2亿元。年内，项目正在建设中。

8. 曲靖市整乡推进工程：建设规模为9个乡（镇）整乡推进，总投资19.39亿元。年度计划投资12.89亿元，实际完成投资12.9亿元，累计完成投资19.4亿元。年内，项目正在建设中。

9. 陆良云新系列核桃良种产业化及示范项目：建基地面积5140亩，总投资21.9亿元。年度计划投资1.5亿元，实际完成投资1.51亿元，累计完成投资5.6亿元。年内，正在进行厂房建设。

10. 陆良运鸿公司万头奶牛养殖配套基地项目：建设内容包括标准化养殖奶牛舍及办公生活土建设施建设，其他附属设施建设等，总投资5.79亿元。年度计划投资0.4亿元，实际完成投资0.4亿元，累计完成投资0.64亿元。年内，已完成青贮窖、围墙等，牛舍生产用房基础建设。

11. 曲靖市烟叶基础设施建设项目：建设内容包括烟水配套项目、机耕路、烟叶调制设施、烟草农机等，总投资2.27亿元。年度计划投资2亿元，实际完成投资2.2亿元，累计完成投资2.25亿元。年内，已完成计划任务。

12. 师宗速生商品林基地项目：建100万亩杉木为主的商品林，总投资2.25亿元。年度计划投资0.45亿元，实际完成投资0.59亿元，累计完成投资1.1亿元。年内，已完成造林9万亩。

13. 曲靖市巩固退耕还林成果建设项目：建设内容包括口粮田、沼气池、补植补造、生态移民等，总投资0.8亿元，属2010年新开工项目。年度计划投资0.4亿元，实际完成投资0.89亿元。年内，已完成计划任务。

14. 云南（曲靖）国际农业食品科技园项目：建设规模为占地面积300万平方米，建筑面积19万平方米，总投资25亿元。年度计划投资5亿元，实际完成投资5.8亿元，累计完成投资9.45亿元。年内，正在进行园区基础设施建设。

【社会事业项目】 2010年，曲靖市社会事业重点项目14个。总投资88.45亿元，累计完成投资14.38亿元。年度计划投资7.91亿元，实际完成投资6.62亿元。

1. 富源县职业技术学校：建设规模为总建筑面积128696平方米，计划在校生8000人，总投资2.12亿元。年度计划投资0.3亿元，实际完成投资0.31亿元，累计完成投资0.61亿元。年内，土地征用基本结束，正进行建设范围内的坟墓及高压线搬迁。

2. 沾益县珠江源职业技术学校：建设规模为建筑面积5.5万平方米，在校学生3500名，计划总投资1.3亿元。年内，已完成规划设计（单体）方案审查和选址、环评等前期工作，尚未开工建设。

3. 罗平职中搬迁项目：新建校舍72790平方米，总投资0.97亿元，属2010年新开工项目。年度计划投资0.3亿元，实际完成投资0.38亿元。年内，项目正在建设中。

4. 罗平县体育馆项目：建筑面积1.74万平方米，总投资0.5亿元，属2010年新开工项目。年度计划投资0.3亿元，实际完成投资0.36亿元。年内，项目正在建设中。

5. 陆良县中医院项目：总建筑面积37627平方米，建成后病床数450张，总投资0.83亿元。年度计划投资0.26亿元，实际完成投资0.81亿元，累计完成投资1.2亿元。年内，项目正在建设中。

6. 马龙剧院项目：总建筑面积1.8万平方米，总投资0.62亿元。年度计划投资0.35亿元，实际完成投资0.47亿元，累计完成投资0.74亿元。年内，工程建设已近尾声。

7. 麒麟温泉旅游小镇开发项目：建5.7平方千米旅游小镇，总投资50亿元。年度计划投资1.5亿元，实际完成投资1.52亿元，累计完成投资5.68亿元。年内，温泉SPA改扩建工程已完成建设40%，室内装修工程已经完工。

8. 麒麟区黄家庄旅游小镇项目：建设内容包括镇内道路及配套基础设施、商业贸易区、文化产业建设等，总投资2.97亿元。年度计划投资0.8亿元，实际完成投资0.8亿元，累计完成投资1.3亿元。年内，项目用地转项手续已办理，市场策划、规划设计基本定稿，项目内房屋拆迁安置正在进行，三条主道路规划设计、图审前期审计已结束。

9. 金阳公司理想运动休闲度假中心项目：建产权式运动公寓、酒店，面积8.89万平方米，总投资9.5亿元。年度计划投资0.8亿元，实际完成投资0.48亿元，累计完成投资0.83亿元。年内，因业主变更，正在进行投资规划。

10. 立得集团马龙太阳山谷开发项目：建设内容包括国际会议中心、温泉度假村、产权式酒店、青少年创新活动基地、太阳山谷光明净土生态文化园等，总投资15亿元。年度计划投资1.5亿元，实际完成投资0.32亿元，累计完成投资0.99亿元。年内，正在进行景区道路修建。

11. 宣威市体育运动中心项目：建体育场（馆）及附属工程，总投资0.8亿元。年度计划投资0.4亿元，实际完成投资0.41亿元，累计完成投资0.61亿元。年内，正在进行主体施工。

12. 宣威市文化中心项目：总建筑面积2万平方米，其中：文化馆、图书馆、艺术剧院各5000平方米，总投资0.5亿元。年度计划投资0.3亿元，实际完成投资0.4亿元，累计完成投资0.68亿元。年内，正在进行主体施工。

13. 麒麟区体育训练中心项目：新建体育馆、网球场、射击场等2.66万平方米，总投资0.93亿元。年度计划投资0.5亿元，实际完成投资0.31亿元，累计完成投资0.59亿元。年内，项目正在建设中。

14. 麒麟区旅游局天和山庄生态园项目：占地5000亩，建设集休闲度假、陶艺、农业生态观光为一体的生态园，总投资2.41亿元。年度计划投资0.1亿元，实际完成投资0.05亿元，累计完成投资0.4亿元。年内，正在进行寺庙的改造和修建。

【城市基础设施项目】 2010年，曲靖市城市基础设施重点项目12个。总投资86.65亿元，累计完成投资46.41亿元。年度计划投资17.73亿元，实际完成投资11.41亿元。

1. 富源县城北片区开发项目：建房60万平方米及片区内的城市基础设施等，总投资20亿元。年度计划投资0.5亿元，实际完成投资0.51亿元，累计完成投资1.71亿元。年内，正进行开工前准备工作。

2. 曲靖市中心城区两江治理工程：建设内容包括河道、绿化、沿河道路、截污，总长17千米，总投资8亿元。年度计划投资5.2亿元，实际完成投资0.2亿元，累计完成投资1.2亿元。年内，绿化景观工程Ⅱ期招标工作正在进行，绿化景观工程Ⅰ期收尾、综合管沟及道路工程、引水入城工程管网建设正在抓紧实施。

3. 曲靖市中心城区供水管网改造工程：规模为日供水16万吨，总投资1.48亿元。年度计划投资0.64亿元，实际完成投资0.22亿元，累计完成投资0.88亿元。年内，项目正在建设中。

4. 曲靖市中心城区燃气工程：建设内容包括建设城市天然气中心储备站，城市及周边用户燃气管网，汽车加气站、母站及工业用户管网等，总投资3.97亿元。年度计划投资1.1亿元，实际完成投资0.24亿元，累计完成投资0.34亿元。年内，项目正在建设中。

5. 宣威市凤凰山工业园区供水工程：建输水管27.3千米，总投资1.46亿元，属2010年新开工项目。年度计划投资1亿元，实际完成投资1.01亿元。年内，项目正在建设中。

6. 宣威来宾、羊场、田坝煤矿沉陷区治理工程：建设内容包括新建、货币补偿、择址重建、加固维修等工程，总投资3.88亿元。年度计划投资1.3亿元，实际完成投资2.9亿元，累计完成投资7.49亿元。年内，煤矿居民安置点主体工程已结束，正在进行附属工程施工；羊场煤矿沾益安置点已完工；田坝煤矿居民安置点选址已确定。

7. 曲靖职教中心基础设施工程：建校区、道路，总投资23亿元。年度计划投资2.5亿元，实际完成投资3亿元，累计完成投资19.5亿元。年内，项目正在建设中。

8. “五馆一中心”配套道路工程：建设内容包括紫云路（建宁路至南小线）北延线、鑫康路、风苑路、轩顺路、靖州路、文体园支路等，总投资3.29亿元，属2010年新开工项目。年度计划投资3亿元，实际完成投资1.9亿元。年内，项目正在建设中。

9. 南海新区南海大道工程：大道长2120米，宽46米，总投资0.68亿元。年度计划投资0.49亿元，实际完成投资0.3亿元，累计完成投资0.48亿元。年内，项目正在建设中。

10. 麒麟区国家级园林城市创建工程：建设内容包括曲靖中心城区街道、节点、单位（小区）及有关配套设施的建设，总投资1.9亿元。年度计划投资0.5亿元，实际完成投资0.08亿元，累计完成投资0.88亿元。年内，已完成两江治理清淤工程和区五中旁、胜峰小区内小园的建设，对区财政局、市劳动教养所进行庭院绿化改造，对城区道路及路灯进行改造维护，对城区园林绿化进行抗旱保苗工作。

11. 城南片区基础设施建设项目：建设内容包括城南片区道路、绿化建设等，总投资9亿元。年度计划投资0.5亿元，实际完成投资0.5亿元，累计完成投资9.81亿元。年内，除珠江源大道、月雨路北段、龙泉路东段、环南路西段暂未建设外，其余基本建设完成。

【商贸流通项目】 2010年，曲靖市商贸流通项目4个。总投资13.97亿元，累计完成投资4.58亿元。年度计划投资6.55亿元，实际完成投资2.59亿元。

1. 曲靖卷烟厂老厂区仓库改建工程：建9.38万平方米仓库，总投资1.87亿元。年度计划投资1.85亿元，实际完成投资0.44亿元，累计完成投资0.7亿元。年内，工程已完标，并完成合同谈判，中标单位正准备入场施工。

2. 曲靖卷烟厂南海子仓库项目：建仓库30万平方米，总投资9.6亿元，属2010年新开工项目。年度计划投资4亿元，实际完成投资1.38亿元。年内，正在进行三通一平。

3. 坤茂商贸公司富源县黄泥河物流中心项目：建设内容包括建筑面积40625平方米，道路2.08万平方米，停车场3000平方米等，总投资1亿元。年度计划投资0.1亿元，实际完成投资0.1亿元，累计完成投资0.71亿元。年内，已完成综合楼建设，正进行商贸交易区土地征用。

4. 滇东北农产品交易中心项目：新建市场12.1万平方米，占地200亩。总投资1.5亿元。年度计划投资0.6亿元，实际完成投资0.68亿元，累计完成投资1.79亿元。年内，农产品交易区及综合大楼主体竣工投入使用。

（刘云飞）

体制改革

【简述】 2010年，曲靖市加大重点领域和关键环节的改革，推进行政管理体制改革；优化经济结构，加快服务业和非公有制经济发展；继续深化农村改革；深化财税、金融、投资体制改革；推进民生领域体制改革；推进涉外经济体制改革；建立健全环境保护机制。同时开展改革试点示范工作，使全市经济体制改革取得新进展，为曲靖经济社会平稳较快发展提供体制保障。

【改革试点示范】 2010年，曲靖市的改革试点示范工作突出重点，发展创新，改革试点向纵深推进，并取得积极成效。麒麟区统筹城乡发展试点成效显著，8个试点乡镇（街道）累计招商（创办）企业171个，完成投资6.2亿元；各种产业建设完成投资2.5亿元；培育特色高效产业50个，特色高效产业占居民收入的比重为26.3%；有33%的劳动力从事非农产业，累计转移输出劳动力59095人，务工工资性收入占居民总收入的65%。以特色居民住宅小区建设为突破口，居民小区及基础设施建设进度明显加快，年内，基本完成31个试点社区113个小区的选址工作。同时，以公司统分运行与集体土地流转的方式，探索节约集约管理使用农村土地新模式，通过迁村并点，旧房拆除的方式，实现集体土地流转2356.8亩，土地增值幅度在20%左右。宣威市财政直管县试点工作稳步推进。省对下各项转移支付补助直接分配到试点县（市）。曲靖市和试点县（市）各自编制本级财政收支预算和年终决算；市级财政要按规定汇总试点县（市）的财政预决算，并报市人大常委会审查；试点县（市）财政结算项目，由省财政直接办理；试点县按收入划分规定直接向中央、省级金库报解库款，资金由省财政直接调度；对2009年12月31日前市、试点县（市）原有政府性债权债务，经双方清理确认后报送省财政厅备案，按照既定还款规定归还；2010年1月1日后的债务，由试点县（市）与省直接办理新借债务手续，按“谁举债、谁受益、谁偿还”明确债务主体。继续保留市级对试点县（市）统计、报表汇总和日常监管等职责，试点县（市）各项数据仍纳入市统计范围，并统一上报。马龙县扩权强县试点工作启动实施。组织编制《曲靖市开展扩权强县马龙县试点工作的实施方案》上报省政府研究室（省县域办），市、县两级加强组织领导，建立各级分工协作的试点工作体系，建立联席工作制度，确保试点取得实效。通过扩权强县试点各项工作的实施，马龙县实现与省发改委在内部各环节顺利对接，项目投资方面，从立项、审批到建设的速度明显加快。

【农村改革】 2010年，曲靖市继续深化农村改革，推进曲靖农业和农村经济发展。推进农村综合改革。优化财政支出结构，构建财政支农投入的稳定增长机制。完善粮食直补、农资综合补贴、农机具补贴等各种惠农补贴管理办法，将各种惠农补贴兑现到农户手中，全年落实兑付各项涉农补贴45506万元。做好发展现代农业项目规划申报工作。年内，市本级预算安排500万元，在陆良、师宗、会泽、马龙、沾益5个县启动市级农业综合开发项目试点。全市农业综合开发中低产田改造7.55万亩，总投资9273万元。深化集体林权制度改革。全市集体林权制度主体改革任务年内已基本完成。全市编制完成省级公益林实施方案，制定公益林管理办法。罗平、沾益、会泽、富源等县均成立林权管理服务中心，开展林地、林木流转和抵押贷款业务。罗平县建成占地3公顷的木材交易市场，师宗县建成占地40公顷的深加工基地及木材交易市场。完善农村土地流转制度，因地制宜开展土地流转。引进农业龙头企业实施土地出租以实现土地的合理流转。发挥农民专业合作社作用实现土地股份合作。沾益县率先成立农村土地流转工作领导小组，还成立沾益县农村土地承包纠纷仲裁委员会。加快组建农民专业合作组织，培育发展专业化、市场化的农业社会服务体系。年初出台《曲靖市人民政府关于加快发展农民专业合作社的实施意见》。

【行政管理体制改革】 2010年，曲靖市推进行政管理体制改革，促进行政管理科学规范。建立健全制度体系，推动效能政府建设。制定《曲靖市推行效能政府四项制度实施方案》和《曲靖市行政机关行政行为监督制度实施办法》。制定《关于在全市行政机关推行行政监督制度的工作方案》，把贯彻执行行政行为监督制度纳入党风廉政建设责任制工作与市委千分制综合考核。加强政府法制监督，规范行政执法行为。年内，共举办审验培训班20期，培训人员3600人，全市1.87万名行政执法人员持证上岗。推动建立行政处罚自由裁量权基准制度。推进相对集中行政处罚权工作，曲靖独木水库管理局和麒麟区试点效果明显。加强监督检查，推进政务服务体系建设，在政务服务中心设立纪检监察室。深化软环境建设，促进科学决策。组织对市直单位行政审批项目进行全面清理，市级单位行政审批事项保留实施243项，精简266项，精简率52%。266项精简事项中，取消19项、下放由各县（市）区审批72项、由社会服务管理10项、省级以上审批市级初审转报81项、内部管理18项、监督管理54项、上级主管部门上收审批权及虽有依据但市级暂无审批项目的12项。做好行政复议和行政调解工作，2010年1～10月，全市各级行政调解机构共受理958件行政争议案件，成功调解908件，调解率92.2%。严格听证，促进决策科学化。全面清理45个市直部门应当进行重大决策听证的事项共481项，组织重大决策听证85项。加强指导，规范公共资源交易行为。依托市建设工程交易中心集中交易，完善工程建设领域市场信用制度。起草《关于推进公共资源交易中心建设的意见》、《曲靖市公共资源交易市场管理暂行办法》、《曲靖市纪检监察机关公共资源交易监督办法（试行）》、《曲靖市廉政风险预警防控管理暂行办法》、《曲靖市政府性投资建设项目前置审计补充规定》、《曲靖市政府性投资建设项目变更工程管理规定》、《关于进一步加强和改进政府采购工作的若干规定》等制度，逐步规范公共资源交易行为。

【融资体制改革】 2010年，曲靖市深化投融资体制改革，拓展融资渠道，完善投融资体系，支持中小企业发展。鼓励金融机构支持中小企业筹集资金。支持建立资本多元化、多层次的担保体系，鼓励民间资本组建商业性担保机构，构建曲靖市完善的中小企业信用担保体系。年内，全市小额贷款公司试点范围全面覆盖9个县（市）区，共有28户小额贷款公司获准组建，注册资金总额达18.16亿元，其中22家已开业运营，6家正在加快推进筹建工作。增加财政资金的后续资金注入，增强中小企业贷款担保实力。支持金融机构加大金融产品创新力度，尝试推出无形资产质押贷款、动产抵押贷款、仓单质押贷款、个人委托贷款、自然人担保贷款、企业联保互保贷款和信用共同体贷款等新的融资方式。

【涉外经济体制改革】 2010年，曲靖市推进涉外经济体制改革，完善对外贸易经营资格者备案登记。抓园区，以项目为载体，培育外资增长点。年内，曲靖市经济技术开发区被国务院批准为国家级经济技术开发区。全市有关部门利用《曲靖商务》、网站、报纸等媒体宣传国家、省市有关“走出去”政策、东南亚和南亚周边国家和地区投资政策，并有重点地对企业进行专题政策宣讲，引导企业合理、有效的“走出去”。通过举办“东南亚和南亚国家和地区投资”培训班，提高企业“走出去”的意识和信心。

【财税管理体制改革】 2010年，曲靖市推进以预算管理改革为重点的财税管理体制改革。建立完善预算编审委员会集体编审预算机制，规范预算管理体制。对基本支出和项目支出预算管理办法进行修改完善，初步建立以部门预算为基础、以投资评审为支撑、以绩效评价为导向、以监督检查为手段的“四位一体”公共预算体系，提高部门预算编制水平和效率。2011年市本级部门预算的编制工作在2010年6月22日正式启动。推进预算管理公开、透明，加快建立健全规范的预算公开机制，坚持完善财政预算执行通报制度，通过《曲靖市财政收支情况》月报和相关情况汇报等及时将财政执行情况向人大报告、向审计公开，依法接受监督。

【金融体制改革】 2010年，曲靖市推动金融体制改革，完善金融服务体系。加大财政投入力度、支持金融服务体系构建。年内，申报全市各金融机构涉农贷款增量奖励3552.69万元，争取在全市开展农业保险。加大扶持力度，推动农村金融体制改革与创新。推进城市商业银行组建惠民村镇银行工作；鼓励各涉农金融机构改进农户小额信用贷款和农户联保贷款，加大对农民专业合作组织、专业协会和专业大户的信贷支持力度；支持金融机构创新投融资机制，在担保方式上，不断完善应收账款、仓单、林权、渔权等权利质押方式，同时改革信贷审批模式；协调金融机构扶持农业产业化建设，落实金融服务“三农”政策，加大对符合条件的龙头企业高质量的配套金融服务。完善金融服务体系，增强金融服务功能。年内，曲靖市基本形成覆盖城乡的金融服务网络，金融服务体系日趋完善。至年末，全市拥有16家银行类金融机构413个网点，从业人员5570人；保险类金融机构24家，证券营业机构3家，期货公司1家。5月17日，全市首笔跨境贸易人民币业务在中国银行曲靖市分行成功办理，标志着曲靖市跨境贸易人民币业务实现“零”的突破并进入实质操作阶段。全年成功办理7笔业务，金额682万元人民币。农行曲靖市分行金穗惠农卡全面铺展到各县（市）区营业网点。全市农村信用社以金碧惠农卡为载体，对符合贷款条件的农户办理循环农户小额信用贷款、联保贷款和担保贷款。

【资源管理体制改革】　2010年，曲靖市推进资源管理体制改革，合理开发和科学规范利用资源。推进征地制度改革。执行省政府批准的征地区片价和统一年产值标准（全市征地平均补偿标准约4.5万元/亩，高于全省平均水平3.3万元/亩），落实失地少地农民社会保障费（2万元/亩）。成立征地补偿安置争议协调裁决机构，全面推行征地补偿安置争议协调裁决制度。对马龙县扩权强县、宣威市省直管县财政、麒麟区统筹城乡发展改革试点给予年度用地计划指标重点倾斜，马龙县单列100公顷用地计划指标。3个县（市）区共获批准各类建设用地项目46件1.23万亩。推进矿产资源管理改革。编制曲靖市2011年探矿权、采矿权出让计划，依法审查探矿权和采矿权转让、新立、延续、变更。审查和督促矿村共建协议、矿山地质环境保护与治理恢复方案的落实。全市于2010年初正式启动矿村共建新机制试点工作并取得新进展。宣威市倘塘镇通南铺村，通过与秦家地煤矿开展共建，先后投资7000多万元，对矿区山、水、田、路、林、村进行综合整治。投资3638万余元，建成新型住宅100套，通过变分散居住为集中居住和对旧村整治，节约土地100余亩；同时，秦家地煤矿把全村的土地集中起来，发展种植和养殖业，当地农民变成企业工人，解决了群众的就业问题。此外，富源县老厂镇拖竹村、宣威市向前集团、宣威市兄弟实业有限公司、会泽县矿山经济开发有限公司等也走出了矿村共建新路子。

【收入分配制度和社会保障体系改革】
2010年，曲靖市以抓好全市公务员津贴补贴规范和义务教育学校绩效工资改革为重点，加大收入分配制度改革力度和完善社会保障体系。完成对全市机关津贴补贴实施情况的自查，并按规定发放津贴补贴34937人。妥善解决市属义务教育学校奖励性绩效工资的发放问题。制定《曲靖市义务教育学校绩效工资实施办法》。完善社会保障体系。年内，全市落实安排城市低保补助资金901万元，争取上级补助低保资金10018万元，累计发放城市低保金10895万元，月人均补差109元。市级财政安排农村低保资金926万元，共争取上级补助资金13581万元。发放农村最低保障金16466万元，月人均补差69元。并将全市农村五保供养对象全部纳入农村低保。推进新型农村养老保险试点工作。富源县被列为全国新型农村养老保险试点县，出台《富源县新型农村社会养老保险试点实施方案》，基本实现农村居民“老有所养”社会目标。同时，实施积极的就业政策。全年全市累计提供就业岗位36888个，使城镇失业人员新增就业人数达25547人，225户零就业家庭实现每户1人就业，共安排农村劳动力转移培训资金150万元，实现农村劳动力转移就业151110人。

【教育体制改革】　2010年，曲靖市推进教育体制改革。推动高中阶段招生考试工作重大改革。研究制定中考招生改革的实施方案，试行一级高中20%的招生指标分配到各初级中学定向择优招录，明确择优招录的各项具体条件和招录办法。整合资源，优化结构，提升教育发展层次、质量。开展农村中小学校点布局调整工作，发展学前教育和特殊教育，做好特校项目申报工作，推动各县（市）区申报民办教育项目评审、推荐、上报工作，全年有31个项目申报云南省民办教育专项资金。加大政府投入力度，实施好义务教育保障政策。全年安排4.18亿元全市农村义务教育经费，保障全市中小学的正常教学。发放农村义务教育阶段贫困家庭寄宿制学生生活补助1.56亿元，帮助226894名贫困学生。多渠道筹措资金8.08亿元，加大中小学危房改造和标准化建设，保障二期40万平方米排危任务的完成。做好教育改革和发展规划。提出全市教育发展重大项目、重大工程及配套实施措施，对全市今后10年和下一个5年的教育改革和发展进行科学谋划，破解制约曲靖教育科学发展的矛盾和问题，提出切合曲靖实际的教育宏观政策和发展战略。

【文化体制改革】　2010年，曲靖市深化文化体制改革。明确市图书馆、文化馆、艺研所、图片社、画院、珠江源演艺中心为全额拨款的公益性文化事业单位。推进法人代表公选聘任制，全员聘用制，用工合同制，报酬浮动制，文化产品、文化服务政府采购制改革。对市艺术剧院、国风影剧院等经营性文化事业单位实行转企改制，退出事业单位序列、核销事业编制、注销事业法人登记，实行国有授权经营。开展文化市场综合执法改革，整合文化市场执法工作，成立市文化市场综合执法支队，综合行使文化、文物、体育、广电、新闻出版（版权）的执法职能。理顺电影管理体制，将原文化局承担的电影发行放映管理、市场准入、市场监管、农村和社区等电影公共服务、农村电影放映工程的实施、指导基层电影队伍建设等职责，统一归口划入广电部门。

【科技体制改革】　2010年，曲靖市推进科技体制改革。新修订的《曲靖市科学技术奖励办法》自2010年1月27日起施行。基本完成事业单位岗位设置方案。年内，完成市科技局下属的市科学技术情报研究所、市科技培训中心、市专利管理中心3个事业单位岗位设置方案并上报相关部门核准。

【医药卫生体制改革】　2010年，曲靖市深化医药卫生体制改革，完善医药卫生保障体系。建立健全医改政策、措施，构建制度支撑体系。全市基本药物制度和基层卫生综合改革启动，相继出台《曲靖市医药卫生体制改革（2009～2011年）五项重点工作实施意见》、《曲靖市关于促进基本公共卫生服务均等化的实施意见》、《曲靖市基层医药卫生体制综合改革实施意见》。上报《曲靖市关于深化医药卫生体制改革的实施意见》、《曲靖市引入社会资金发展民营医疗机构的意见》、《关于成立曲靖市医院管理委员会的请示》、《曲靖市公立医院改革的实施意见（送审稿）》。对乡村医务人员和卫生院实施补助，乡村医生每人每月补助100元，乡（镇）中心卫生院每所每年补助8万元，一般乡（镇）卫生院每所年补助6万元。并借鉴南京、上海等先进地区经验，草拟采取三方调解机制处理医疗事故的办法。推进新农合扩面，实施公共卫生服务均等化，提高公共卫生服务能力。2010年上半年，全市新型农村合作医疗实现全覆盖，提前三年超额完成医药卫生体制改革参合率90%的目标。新农合筹资标准达140元/人，全市累计减免补偿1252.7万人（次），减免补偿总费用4.66亿元，人均减免补偿44.67元，最高补偿3万元。推动公共卫生服务均等化。按人均15元的标准下达项目经费8135.5万元，重点开展3类9项基本公共卫生服务项目；针对全体人群建立居民健康档案和开展健康教育；针对重点人群开展儿童、孕产妇、老年人保健服务；针对疾病预防控制开展包括预防接种、传染病报告和处理、慢性病管理和重性精神疾病患者管理的公共卫生服务，全年各项工作进展顺利。加快基层卫生综合改革步伐。加强乡（镇）卫生院规范化管理，实行等级达标管理。在全省率先制定并实施《乡镇卫生院服务评价标准（试行）》和《医疗质量安全分析会议制度》，加强村卫生所管理，实行“村办乡管”六统一模式：乡（镇）卫生院对村卫生所行政、业务、人事、财务、药械、收费“六统一”管理。村卫生所标准化建设规划、设计、图纸、建设、标准、管理“六统一”标准。全市所有乡（镇）卫生院和村卫生所全部实现“乡村一体化管理”。在县卫生局成立会计核算中心，探索乡（镇）卫生院会计集中核算制度，会泽试点已成功，并逐步在全市推广。自2010年3月1日起，所有政府举办的社区卫生服务中心（站）和乡（镇）卫生院及村卫生所，全部配备和使用307个国家基本药物及云南省增补基本药物目录品种，并全部实行零差率销售，药品售价按照《2010年云南省医疗机构药品网上集中采购成交品种目录（基本药物部分）》的中标价格执行。推进公立医院改革。年初曲靖市被确定为全省公立医院改革试点城市，草拟全市公立医院改革实施方案。年内对市妇幼医院与市妇幼保健院进行资源整合。

（刘云飞）

领导名录

中共曲靖市委

书　记　赵立雄（白族）
副书记　岳跃生
　　　　范华平
常　委　周　宗
　　　　刘海芳（2010年1月止）
　　　　孔荣华（回族）
　　　　朱家美（女）
　　　　薛家芳
　　　　许玉才
　　　　陈　军（2010年4月任）
　　　　朱兴友
　　　　朱德光
　　　　李云忠
　　　　何　华（白族）
秘书长　朱德光
副秘书长　高怀潮
　　　　李京南
　　　　李　觅
　　　　孟靖华
　　　　杨建平
　　　　陈　荣（2010年8月任）
　　　　许尚鸿
　　　　贺　勇（2010年8月止）
　　　　毛建桥（2010年8月任）

曲靖市人大常委会

主　任　周　云（2010年2月止）
　　　　刘海芳（2010年2月任）
副主任　毕志峰（彝族）
　　　　李玉雪（女）
　　　　李洪辅（回族）
　　　　余荣忠
　　　　苏永宁
　　　　李桂珍（女）
秘书长　马克利
副秘书长　魏　忠
　　　　凌　风
　　　　张毕云
　　　　袁其亮（2010年9月任）

曲靖市政府

市　长　岳跃生
副市长　周　宗
　　　　刘海芳（2010年1月止）
　　　　胡祖俊（2010年5月止）
　　　　陈　军
　　　　周　玲（女）
　　　　饶　卫
　　　　张向明
　　　　宁德刚（2010年5月任）
　　　　早明光（2010年5月任）
　　　　毕文权（挂职，2010年11月任）
秘书长　李建军
副秘书长　杨云光
　　　　赵致和
　　　　太月娥（女，2010年5月止）
　　　　王建明（2010年10月止）
　　　　侯文通（2010年8月任）
　　　　张国强
　　　　赵　松（2010年7月任）
　　　　朱开荣
　　　　伏永红
　　　　唐　玲（女）

曲靖市政协

主　席　赵建华
副主席　王宝德
　　　　唐德荣（彝族）
　　　　夏传煊（女）
　　　　陈吉书
　　　　马宝功（回族）
　　　　赵鸿年
秘书长　熊新喜（2010年2月止）
　　　　高吉贵（2010年2月任）
副秘书长　李保祥（2010年5月止）
　　　　高吉贵（2010年2月止）
　　　　李元平（2010年9月任）
　　　　孙　敬（兼，2010年2月任）
　　　　张　立
　　　　董德云（兼）
　　　　游方华（兼，2010年2月任）
　　　　杨艳琼（女，兼，2010年2月任）
　　　　徐若冰（女，彝族，兼，2010年2月任）
　　　　保春英（女，回族，兼，2010年2月任）

曲靖市纪委

书　记　孔荣华（回族）
副书记　杨光寿
　　　　陈亚焕（女）
　　　　孟端平
常　委　马中华
　　　　禄文彬
　　　　李玉峰（彝族）
　　　　孙艳春（女）

（刘江梅/供稿）

曲靖军分区

司令员　卢兴波
政　委　薛家芳
参谋长　刘长寅（2010年7月止）
　　　　谢绍益（2010年7月任）
政治部主任　王礼辉
后勤部部长　王　荣

（曲靖军分区/供稿）

曲靖市中级人民法院

院　长　李雪松
副院长　王正明（2010年8月止）
　　　　陈俐君（女）
　　　　沈庆高
　　　　王国奇

（市中级法院/供稿）

曲靖市人民检察院

检察长　张边卫
副检察长　史和平
　　　　吴洪泽
　　　　马敏护
　　　　叶敬东

（市检察院/供稿）

武警曲靖市支队

支队长　张建忠（2010年4月止）
　　　　方红霄（2010年4月任）
第一政治委员　胡祖俊（2010年5月止）
　　　　早明光（2010年5月任）
政治委员　李祥彬
副支队长　张永贵
　　　　鄢　伦
　　　　朱建平（2010年4月止）
副政治委员　王家林
参谋长　朱建平（2010年4月止）
　　　　何　山（2010年4月任）
政治处主任　徐均义
后勤处处长　陈百喜

（市武警支队/供稿）

曲靖市消防支队

支队长　赵　俊
政治委员　史晓亮
副支队长　刘关能
参谋长　张红臣
政治处主任　侯亚兴
防火处处长　曹　卿
后勤处处长　李春林（白族）

（市消防支队/供稿）

中共曲靖市委部门

市委办公室
主　任　高怀潮
副主任　张明道
市委督查室
主　任　李　觅
市委机要局、市密码管理局
局　长　李　会（女）
密码督查员　朱培勇
市委保密办、市保密局
主任、局长　王　伟
市委组织部
部　长　李云忠
常务副部长　段卫平(2010年5月止)
　　　　尹耀春(2010年5月任)
副部长　董云昌（兼）
　　　　陈永恒(兼，2010年5月任)
　　　　李建华
　　　　瞿国飞
　　　　谭力华（2010年8月任）
部务委员　谭力华（2010年8月止）
　　　　成雪红（女）
　　　　徐来家
市委老干部局
局　长　陈永恒
副局长　苏　韬（彝族）
　　　　田红霞（女）
市直机关干休所
所　长　赵书华
市委编办
主　任　董云昌（2010年8月任）
专职副主任　吕元奇(2010年8月任)
市委宣传部
部　长　何　华（白族）
常务副部长　孙进周（2010年8月止）
副部长　范利军
　　　　许泰权（2010年8月任）
　　　　全恩德
　　　　张绍忠
市文明办
主　任　孙进周(兼，2010年8月止)
　　　　许泰权(兼，2010年8月任)
副主任　陈玉澎
市文产办
主　任　范利军（兼）
副主任　钱世昌
市委统战部
部　长　朱兴友
副部长　白丽芬（女，回族）
　　　　孙　敬（彝族）
市委政法委
书　记　朱家美（女）
副书记　胡祖俊(兼，2010年5月止)
　　　　早明光(兼，2010年5月任)
　　　　罗世雄
　　　　杨学智
政治部主任　区小周
政治部副主任　徐华万
办公室主任　代玉莲（女）
市综治办
主　任　罗世雄（兼）
副主任　和秀权(女，纳西族，2010年10月止)
　　　　朱家早
市维稳办
主　任　杨学智（兼）
副主任　张庆昌
市防范和处理邪教办公室
副主任　缪涤非
　　　　李树平（兼）
市委政研室
主　任　李京南
副主任　李本宪
　　　　崔向扩
　　　　陈发成
市委农村工作领导小组办公室
专职副主任　王　斌
市直机关工委
书　记　卢佳明
副书记　李　凤（女）
　　　　孙爱平
市委党史研究室
主　任　杨光彦
副主任　崔吉耀
　　　　韦滇平（女，壮族）
市委党校（市行政学院、社会主义学院）
市委党校校长　范华平（兼）
行政学院院长　岳跃生（兼）
社会主义学院院长　朱兴友（兼）
常务副校（院）长　张向前
副校（院）长　张耀波
　　　　田　云(2010年5月

止）
滕黎南
朱　升(2010年8月任)
行政学院副院长　董云昌（兼）
社会主义学院副院长　孙　敬（兼，彝族）
办公室主任　吕金学
科研办主任　朱　升(2010年8月止)
组织人事处处长　李家柱
教务处处长　牛炳建
图书馆馆长　张　玲（女）
马克思主义理论教研室主任　张洪昌
行政学与法学教研室主任　杨靖学
函授处处长　杨　霞（女）
文史科技教研室主任　桂亚平（回族）
后勤处处长　向宝富
经济学教研室主任　徐永光
曲靖日报社
社长、总编　王乔富
副社长、副总编　岳　松
副总编　刘坚咏

曲靖市人大常委会各委室

法制委员会
主任委员　杨洪春
财经委员会
主任委员　太树海
办公室
主　任　魏　忠
副主任　阮　虹（女）
杜绍伟
研究室
主　任　凌　风
城乡建设与环境资源保护工作委员会
主　任　彭　健
农业工作委员会
主　任　杜　健
代表人事工作委员会
主　任　邓家万
副主任　李稚娟（女）
教科文卫工作委员会
主　任　杨松盛
民族华侨工作委员会
主　任　袁家留

（刘江梅/供稿）

曲靖市政府部门

市政府办公室
主　任　杨云光
副主任　吴晓青（女）
陈永奎
余学琨
市中低产田地改造领导小组办公室
专职主任　方德全（2010年1月任）
市政务服务中心管理局
局　长　李光辉（彝族）
副局长　张江华（白族）
市政府法制办
主　任　刘彦群
副主任　魏思部
市委、政府信访局
局　长　储　凡
副局长　顾朝学
张德勋
市接待处
处　长　李继祥
副处长　郑云祥
市档案局（馆）
局（馆）长　张石生
驻昆办事处
主　任　田　琨（2010年1月任）
副主任　余云芬(女，2010年1月任)
宁伯江（2010年1月任）
市信息产业办
主　任　王富荣（2010年9月止）
副主任　赵剑波（2010年9月止）
市经济委员会
主　任　王松平（2010年9月止）
副主任　李绍坤（2010年9月止）
樊　毅（2010年9月止）
姜保成（2010年9月止）
胡绍恩（2010年9月止）
张元明（2010年9月止）
纪委书记　李清明（2010年9月止）
市工业和信息化委员会
主　任　王松平（2010年9月任）
副主任　王富荣（2010年9月任）
李绍坤（2010年9月任）
姜保成（2010年9月任）
樊　毅（2010年9月任）
张元明（2010年9月任）
胡绍恩（2010年9月任）
纪委书记　赵剑波（2010年9月任）
市外事办公室
主　任　赵建群（2010年9月止）
副主任　董　忠（2010年9月止）
市政府外事侨务办公室
主　任　赵建群（2010年9月任）
副主任　张　燕（女，2010年9月任）
董　忠（2010年9月任）
市发展和改革委员会
主　任　展宏斌
副主任　钟全武
卢昆生
蒋绍荣
吴成龙
高兴文
市政府重点项目稽察特派员办公室
副处级稽察特派员　高曙光(2010年9月任)
田志清(2010年9月任)
曹聚德(2010年9月任)
市公益性项目代建管理中心
主　任　袁新华（2010年11月止）
市开发投资公司
董事长　宁德亮
总经理　李卫星
副总经理　崔庆稳（2010年12月任）
市科学技术局（知识产权局）
局　长　李国强
副局长　段家东（2010年1月任）
曾雅云(女，2010年6月任)
叶荣昌（2010年9月任）
市教育局
局　长　毛　辉
副局长　李　莉（女）
范文礼
朱汝锷
党委副书记　吉云刚
纪委书记　胡兴逵
市人口和计划生育委员会
主　任　权美琼（女）
副主任　陈金平（女）
李　敏
李昌忠
市建设局
局　长　殷永坤（2010年9月止）
副局长　付熙麟（2010年9月止）
吴兴安（2010年9月止）
方玉谷（2010年9月止）
樊兴桥（2010年9月止）
党委副书记　周琴方(2010年9月止)
纪委书记　华海波（2010年9月止）
市住房和城乡建设局
局　长　殷永坤（2010年9月任）
副局长　吴兴安（2010年9月任）
方玉谷（2010年9月任）
樊兴桥（2010年9月任）
党委副书记　付熙麟(2010年9月任)
纪委书记　华海波（2010年9月任）
市规划局
局　长　付熙麟
副局长　钱林周
市房地产管理局
局　长　严尔宏
市容办
主　任　陈燕莺(女，2010年9月止)
市城市综合行政执法局
局　长　陈燕莺(女，2010年9月任)
市住房公积金管理中心
主　任　徐文敢
副主任　余锦萍
市商务局

局　长　李学勇
副局长　李春文
　　　　管　琦
　　　　许玉红

市财政局

局　长　唐宝友
副局长　王树平
　　　　戴云全
　　　　李向梅（女，彝族）
　　　　姚庭忠
　　　　范学臣
总会计师　李建春

市非税收入管理局

局　长　范学臣

市融资担保公司

董事长　徐天护
副总经理　袁齐鸿

市国有资产监督管理委员会

主　任　王富民（回族）
副主任　刘开林

市人事局

局　长　董云昌（2010年9月止）
副局长　吕元奇（2010年9月止）
　　　　李云华（2010年9月止）
　　　　刘云芝(女，2010年9月止)

市编办

主　任　董云昌（兼）
副主任　吴仕懿（2010年9月止）

市外国专家局（市智力引进办公室）

局长（主任）　吕元奇（2010年9月止）

市劳动和社会保障局

局　长　陈世禹（2010年9月止）
副局长　陈学文（2010年9月止）
　　　　金云权（2010年9月止）
　　　　李建军（纳西族，2010年9月止）

市人力资源和社会保障局

局　长　董云昌（2010年9月任）
副局长　金云权（2010年9月任）
　　　　刘云芝(女，2010年9月任)
　　　　李建军（纳西族，2010年9月任）
　　　　吴仕懿（2010年9月任）

市公务员局

局　长　董云昌（兼）

市人才服务中心

主　任　雷永明

市社会保险管理服务中心

主　任　周盛惠（女）

市监察局

局　长　杨光寿
副局长　张建萍（女）
　　　　禄文彬

第一监察分局

局　长　陈灿全

第二监察分局

局　长　王晓洪

第三监察分局

局　长　李景富

第四监察分局

局　长　周贵廷

第五监察分局

局　长　尧　聪

第六监察分局

局　长　耿　利（女）

第七监察分局

局　长　卢吉贵

第八监察分局

局　长　纪文耀

市民政局

局　长　吕寒松
副局长　冯占武
　　　　李凡剑
　　　　周晓云（女）

市老龄办

主　任　翟应江
副主任　李美莲（女）

市公安局

局　长　胡祖俊（2010年5月止）
　　　　早明光（2010年5月任）
副局长　陈　川（2010年7月任）
　　　　徐兴华
　　　　柴家平
　　　　汤跃宏（兼）
　　　　李树平
　　　　崔　勇
　　　　尹大宝（兼）
　　　　胡建东（兼）
政治部主任　安庆荣（彝族）
纪委书记　李卫科

市交通局

局　长　刘廷旺（2010年9月止）
副局长　李宝成（2010年9月止）
　　　　孙志勇（彝族，2010年9月止）
　　　　段宏波（2010年9月止）
纪委书记　冯家惠（2010年9月止）
总工程师　高治国（2010年9月止）

市交通运输局

局　长　刘廷旺（2010年9月任）
副局长　桂国林（2010年9月任）
　　　　冯家惠（2010年9月任）
　　　　孙志勇（彝族，2010年9月任）
纪委书记　胡光泉（2010年9月任）
总工程师　高治国（2010年9月任）

交通运政管理处

处　长　冯建平

市民族宗教事务委员会

主　任　保明富（回族）
副主任　姬兴波（彝族）
　　　　马家兴（回族）

市农业局

局　长　朱党柱
副局长　陈俊良
　　　　邹开金
　　　　高世华

市农业局

局　长　朱党柱（2010年5月止）
　　　　高　阳（2010年5月任）
副局长　王宗吉（2010年9月任）
　　　　陈俊良（2010年9月任）
　　　　高世华（2010年9月任）
　　　　陶炳贵（2010年9月任）
　　　　陈吉清（2010年9月任）

市畜牧兽医局

局　长　王宗吉(兼，2010年9月任)

市招商引资局（市经济合作办公室）

局　长（主任）　罗　芳(女，2010年1月任)
副局长（副主任）　陈金林
　　　　郑增延
　　　　叶德伟
　　　　周　敏

市林业局

局　长　王朝欢
副局长　杨金荣
　　　　余学政
　　　　杨　琼（女）
　　　　温培源

市森林公安局

局　长　刘明才
政　委　张美华
副局长　刘文虎
　　　　陈明坤

市水务局

局　长　彭志能
副局长　马社达
　　　　李　榕（女，白族）
　　　　俞富生
　　　　何耀先
　　　　张　能
纪委书记　王家霖
总工程师　李绍堂

市独木水库管理局

局　长　王乔贵

市灌区管理局

局　长　王自云

市文化局

局　长　纪爱华（2010年9月止）
副局长　念卫国（2010年9月止）
　　　　陈尤智（2010年9月止）
纪检组长　牛全发（2010年4月止）

市体育局

局　长　张吉德（2010年9月止）
副局长　余学礼（2010年9月止）
　　　　李卫东（2010年9月止）

朱　伟（2010年9月止）

市文化体育局

局　长　纪爱华（2010年9月任）

党委书记　张吉德（2010年9月任）

副局长　陈尤智（2010年9月任）
　　　　李卫东（2010年9月任）
　　　　朱　伟（2010年9月任）

纪委书记　王丽杰（女，2010年8月任）

市体育训练中心

主　任　李卫东（2010年9月止）

市卫生局

局　长　唐　锐（女）

副局长　叶留玉
　　　　何吉文

党委副书记　陈　波

纪委书记　伏　涛

市食品药品监督管理局

局　长　缪应虎

副局长　李在浒
　　　　李启宝
　　　　董学才

纪委书记　耿选权

市卫生监督局

局　长　管　毅

市司法局

局　长　秦福生

副局长　顾　明
　　　　刘明武

纪委书记　王　华

政治处主任　罗建文

市劳教所

政　委　刘贤章

副所长　赵建才
　　　　唐　宇

纪委书记　周　杰

政治处主任　刘晓萍（女）

市审计局

局　长　宁伯浩

副局长　郭建春
　　　　李生荣

市统计局

局　长　钟　玉

副局长　罗荣汇
　　　　马俊岭
　　　　岳光荣

国家统计局曲靖调查队

队　长　王利民

副队长　周　文
　　　　刘　东
　　　　赵德文（2010年3月任）

市国土资源局

局　长　朱家甫

副局长　王　剑（苗族）
　　　　朱　寒
　　　　施宗敏
　　　　聂永宽

党组副书记　王文党

市土地储备中心

主　任　傅云华

市环境保护局

局　长　杨树先

副局长　温绍达
　　　　王　颖（女）
　　　　袁新华（2010年11月任）

市广播电视局

局　长　韩开柱（2010年5月止）
　　　　孙进周（2010年9月任）

副局长　张慧新（女）
　　　　张亚昌
　　　　朱厚琪

曲靖电视台台长　包　华

曲靖人民广播电台台长　周卡林

市旅游局

局　长　谭增权（彝族）

副局长　唐　玉
　　　　浦　真（女，2010年1月任）

市粮食局

党组书记　张寿益

局　长　王继龙

副局长　蒋正勤（女）
　　　　徐广满

市安全生产监督管理局

局　长　周云锋

副局长　高红子
　　　　薛　建

市政府扶贫开发办公室

主　任　许云华

副主任　徐尤坤
　　　　何少文

市人防办

主　任　王汝洪（2010年11月止）
　　　　王建明（2010年11月任）

副主任　沙春红（女）

市政府地方志办公室

主　任　杨光彦

副主任　崔吉耀
　　　　韦滇平（女，壮族）

市煤炭工业局

局　长　张　勇

副局长　李全和
　　　　李晓毅
　　　　陈　志

纪委书记　李　勇

总工程师　吕龙祥

市供销合作社

主　任　黄耀春

副主任　宋晓芬（女）
　　　　周绍刚

纪委书记　李彦秋

市地震局

局　长　太月娥（女，2010年6月任）

副局长　付兴平

市移民开发局

局　长　董宝才

副局长　沈宗文
　　　　梁顺成

曲靖经济技术开发区

党委书记　杨文有

主　任　傅学宾（兼）

副书记、纪委书记　李　文

副主任　桂　桦（女）
　　　　浦冬云
　　　　孙伟增（2010年1月任）
　　　　徐升奎
　　　　沈祥林（兼）

曲靖职教中心管委会

常务副主任　殷永坤（兼）

（高兴标/供稿）

曲靖市政协各委室

办公室

主　任　高吉贵（2010年9月止）
　　　　李元平（2010年9月任）

副主任　张　立
　　　　常秋卿（女）

提案委员会

主　任　王　彩（女）

副主任　太月娥（兼，女）
　　　　王跃勇（兼，彝族）
　　　　荀　顺（兼）

教科文卫体委员会

主　任　苏华祥

副主任　范文礼（兼）
　　　　念为国（兼）
　　　　徐金学（兼）

文史资料委员会

主　任　杨开云（白族）

副主任　杨卓成（兼）
　　　　叶国伟（兼）

经济建设委员会

主　任　马琼芬（女，回族）

副主任　赵小和（兼）
　　　　钟全武（兼）
　　　　徐天护（兼）

联络学习委员会

副主任　龙骏飞（彝族）
　　　　张耀波（兼）

社会和法制委员会

主　任　雷　毅

副主任　罗世雄（兼）
　　　　张建萍（兼，女）
　　　　梁巧玲（兼，女）

民族宗教委员会

主　任　桂春丽（女，回族）

副主任　合子祥（兼，回族）
　　　　姬兴波（兼，彝族）

人口资源环境委员会
主　任　李保祥（2010 年 5 月止）
研究室
副主任　张箭英

曲靖市纪委工作机构

办公室
主　任　杨庆东
干部室
主　任　孙艳春（女）
信访室
主　任　唐晓玲（女）
纪检监察一室
主　任　何衍雄
纪检监察二室
主　任　朱汝贤
案件审理室
主　任　李四荣（2010 年 8 月止）
　　　　黄海鸥（2010 年 8 月任）
党风廉政建设室
主　任　陈　实
宣传教育室
主　任　马中华
执法监察室
主　任　李玉峰（彝族）
纠风室
主　任　崔　宁（女）
政策法规研究室
主　任　徐兴朝（2010 年 8 月止）
　　　　杨　岚（女，2010 年 8 月任）
监察综合室
主　任　余　馨（2010 年 8 月止）
　　　　徐兴朝（2010 年 8 月任）
市纪委派出第一纪工委
书　记　李晋云（白族）
副书记　陈灿全
　　　　高本爱
市纪委派出第二纪工委
书　记　李永培
副书记　王晓洪
　　　　方聪菊（女）
市纪委派出第三纪工委
书　记　陈吉敏
副书记　李景富
　　　　桂发权（回族）
市纪委派出第四纪工委
书　记　刘廷光
副书记　周贵廷
　　　　孔德跃
市纪委派出第五纪工委
书　记　高　丽（女）
副书记　尧　聪
　　　　王丽杰（女，2010 年 8 月止）
市纪委派出第六纪工委
书　记　丁喜亮
副书记　耿　利（女）
　　　　李正祥
市纪委派出第七纪工委
书　记　杨春碧（彝族）
副书记　卢吉贵
　　　　史翠芬（女）
市纪委派出第八纪工委
书　记　李　平（彝族）
副书记　纪文耀
　　　　黄建才（2010 年 8 月任）

人民团体

市总工会
党组书记、主席　毕志峰（兼，彝族）
党组副书记　龚岳喜
常务副主席　龚岳喜
副主席　胡克琳（女）
　　　　奠琼芬（女）
团市委
党组书记、书记　施兴满
副书记　彭显崇
　　　　李建玲（女）
市妇联
党组书记、主席　李桂珍（兼，女）
常务副主席　刘　浩（女，2010 年 8 月任）
副主席　何　文（女）
　　　　马　珍（兼，女）
　　　　唐　锐（兼，女）
　　　　权美琼（兼，女）
　　　　李　莉（兼，女）
市科协
党组书记　施艳华（女）
主　席　王跃勇（彝族）
副主席　施艳华（女）
　　　　薛向东
　　　　尹　明（兼）
　　　　张正华（兼）
　　　　朱汝锷（兼）
　　　　高世华（兼）
　　　　夏开宝（兼）
　　　　丁　荧（兼）
市文联
党组书记、主席　杨卓成
副主席　陶丽萍（女）
　　　　念为国（兼）
　　　　张永刚（兼）
　　　　朱厚琪（兼）
市社科联、社科院
主席、院长　叶国伟
副主席、副院长　敖成敏
　　　　　　　　张耀波（兼）
　　　　　　　　顾永清（兼）
　　　　　　　　王宗吉（兼）
　　　　　　　　姚庭忠（兼）
市侨联
党组书记　孙　敬（彝族）
党组副书记　杨荣湘(2010 年 8 月任)
主　席　杨荣湘
副主席　许云华（女）
　　　　陶晓明（兼，女）
市残联
党组副书记　梁巧玲（女）
理 事 长　梁巧玲（女）
副理事长　孙承建
　　　　　金华明
市红十字会
专职副会长　徐天荣（女）

（刘江梅/供稿）

民主党派·工商联

中国国民党革命委员会曲靖市委员会
主　委　郭　湘（女）
副主委　孟靖宇
　　　　游方华（专职）
　　　　邵钟文（2010 年 9 月任）
中国民主同盟曲靖市委员会
主　委　王继龙
副主委　张正华（2010 年 9 月止）
　　　　董德春（2010 年 9 月止）
　　　　杨艳琼（专职，女）
　　　　浦绍兴（2010 年 9 月任）
　　　　张忠玉（2010 年 9 月任）
中国民主建国会曲靖市委员会
主　委　马琼芬（女，回族）
副主委　张　立
　　　　吴明东
　　　　姚　芬(专职，女，2010 年 6 月任)
中国民主促进会曲靖市委员会
主　委　夏传煊（女）
副主委　张昔康
　　　　张宏伟
　　　　周红芬(专职，女，2010 年 6 月任)
中国农工民主党曲靖市委员会
主　委　王明琼（女）
副主委　曾永利
　　　　周沛华
　　　　徐若冰（专职，女，彝族）
中国致公党曲靖市委员会
主　委　荀　顺
副主委　丁瑞江
　　　　杨映锦（女）
　　　　保春英（专职，女，回族）
九三学社曲靖市委员会
主　委　陈吉书
副主委　黄　红
　　　　张永刚（2010 年 9 月任）
　　　　马艳春(专职，女，2010 年 9

月任）

市工商联

主　席　赵鸿年
党组书记、副主席　白丽芬（女，回族）
副主席　董德云
孙　炜（女）
傅天堂（兼）
张华友（兼）
敬霄云（兼）
邱光雄（兼）
朱德芳（兼）
陈本和（兼）
梁永辉（兼）
柏老六（兼）
李如华（兼）
秘书长　李　波（女）

（陈小兵/供稿）

县（市）区

麒麟区

区委书记　傅学宾
副书记　唐开荣（2010年1月任）
罗中山（2010年1月任）
鹿辉阳（挂职，2010年5月任）
区委常委　陈继峰
侯文利（女）
丁常云
林家德
刘兴华
祝继和
周永江（2010年8月任）
人大常委会主任　曾建明
副主任　丁美仙（女）
王石海（2010年7月止）
合子祥
杨国文
区　长　唐开荣（2010年1月任）
副区长　罗中山（2010年1月止）
林家德
汤跃宏
周光芬（女）
杨忠武
杨国全
政协主席　张　杰（女，彝族）
副主席　杨俊青
赵军学
郭　湘（女，兼）
纪委书记　陈继峰

（李筠/供稿）

沾益县

县委书记　聂祖良
副书记　毕尚鹏
张光彦
杨志雄（挂职，2010年5月任）
县委常委　付尔华（女）
保家礼（回族）
李　清
林爱平
肖大亮
王绍有
赵　松（白族，2010年7月止）
陈玉翔（2010年7月任）
丁世坤（2010年8月任）
人大常委会主任　张崇书
副主任　吴友书
杨正平
陈永萍（女）
高建华
县　长　毕尚鹏
副县长　保家礼（常务，回族）
林爱平
颜光耀
高朝花（女）
赵卫东
柯小燕
政协主席　刘吉平
副主席　马卫民（女，回族）
张晓鑫（仡佬族）
鲍双森
孟靖宇
纪委书记　付尔华（女）

（管晓方/供稿）

宣威市

曲靖市委常委、宣威市委书记
许玉才
副书记　夏新建（2010年8月止）
保明顺（回族，2010年8月任）
申忠林
杨家俊（挂职，2010年6月任）
市委常委　阳开府
杨焜荣
缪丽芳（女）
朱莉娥（女）
王　斌
窦华平
胡选坤
刘建贤
市　长　夏新建（2010年8月止）
代理市长　保明顺（回族，2010年8月任）
副市长　阳开府（常务）
缪丽芳（女）
李启信
程培仁
尹大宝
吴远长
人大常委会主任　高连恒
副主任　李正聪（彝族）
范光志（2010年7月止）
丁文宽（回族）
杨怀党
政协主席　肖坤全
副主席　杨　华
杨承根
周红芬（女，2010年5月止）
赵家任
纪委书记　胡选坤

（余俊柏/供稿）

马龙县

县委书记　李　微（女）
副书记　保明顺（回族，2010年8月止）
贺　勇（水族，2010年8月任）
田有芳
蒙冬梅（挂职，女，回族，2010年5月任）
县委常委　张石飞
张乔明
李石乔
范荣春
伍燕波
李金熙
王常富
崔建增（2010年6月止）
石　伟（2010年6月任）
人大常委会主任　鲁天龙
副主任　王克坤
杨荣赐
王晓燕（女）
马志坤（回族）
县　长　保明顺（回族，2010年8月止）
代理县长　贺　勇（水族，2010年9月任）
副县长　贺　勇（水族，2010年9月任）
李石乔（常务）
伍燕波
赵海燕
陈文波
沈祥林
凡　康（彝族）
政协主席　李琼英（女）
副主席　角燕生
章林才
范玉福
纪委书记　张乔明

（苏正平/供稿）

富源县

县委书记　宁德刚（2010年5月止）
　　　　　顾　琨（2010年5月任）
副书记　顾　琨（2010年5月止）
　　　　陈世禹（2010年7月任）
　　　　张晓国
　　　　龚　萍（女，挂职，2010年5月任）
县委常委　朱尤飞
　　　　　吕品红（女）
　　　　　黄　燕
　　　　　李党先（彝族）
　　　　　肖　明
　　　　　刘本芳
　　　　　冯建新
　　　　　高明生
人大常委会主任　王　涛
副主任　赵习能
　　　　王华庆
　　　　保明龙（回族）
　　　　尹江云
县　长　顾　琨（2010年7月止）
代理县长　陈世禹（2010年7月任）
副县长　吕品红（女，常务）
　　　　刘本芳
　　　　桂国林（回族，2010年7月止）
　　　　李才永（回族）
　　　　杨　军（彝族）
　　　　段宏波（2010年7月任）
　　　　段文茂（白族）
　　　　温宗阳（挂职，2010年8月任）
政协主席　陇聪明（彝族）
副主席　赵中祥
　　　　朱德芳
　　　　李艳萍（女）
　　　　李天明
纪委书记　高明生

（樊联奎/供稿）

罗平县

县委书记　高　阳（2010年5月止）
　　　　　韩开柱（2010年5月任）
副书记　张长英（女，白族）
　　　　吕连松
　　　　杨永建（挂职，2010年5月任）
县委常委　孙荣祥
　　　　　熊建良
　　　　　肖国祥（2010年6月止）
　　　　　张　军
　　　　　涂　勇
　　　　　陈　波（2010年9月止）
　　　　　方文华
　　　　　李武云（2010年6月任）
　　　　　晏　雁（女，2010年8月任）
人大常委会主任　杨黎晖
副主任　吕德华
　　　　敖龙富
　　　　吴玉常（彝族）
县　长　张长英（女，白族）
副县长　孙荣祥（常务）
　　　　涂　勇（2010年10月任）
　　　　詹　波
　　　　叶荣昌（2010年10月止）
　　　　高罗燕（女）
　　　　张昔康
　　　　赖　勇（挂职，2010年5月止）
　　　　蒋大清（2010年11月任）
政协主席　钱彦霖
副主席　吴彦英（女）
　　　　黄礼江（女，布依族）
　　　　郭志文
纪委书记　张　军

（庞亚萍/供稿）

师宗县

县委书记　王建忠
副书记　徐宏波
　　　　梁志强（2010年7月止）
　　　　武　炜（挂职，2010年5月任）
县委常委　李元平（2010年8月止）
　　　　　申　中
　　　　　张雅存（女）
　　　　　谌　蓬
　　　　　吴仕骏
　　　　　余　波
　　　　　杨金能
　　　　　陈祖平
　　　　　海建才（2010年8月任）
人大常委会主任　殷东青
副主任　刘云贵（壮族）
　　　　殷有德（2010年7月止）
　　　　赵程飞
　　　　左让华
县　长　徐宏波
副县长　李元平（常务，2010年9月止）
　　　　申　中（常务，2010年9月任）
　　　　杨金能
　　　　安兴荣（彝族）
　　　　曹丽华（女）
　　　　海建才（彝族，2010年9月止）
　　　　赖韦名（2010年7月止）
　　　　陈应权（2010年9月任）
　　　　周宗田（2010年9月任）
政协主席　何平华（回族）
副主席　念亚伟
　　　　杨威菊（女）
　　　　李亚富
　　　　张宏斌（壮族）
纪委书记　余　波

（戚乔寿/供稿）

陆良县

县委书记　尹耀春（2010年5月止）
　　　　　朱党柱（2010年5月任）
副书记　陈　锐
　　　　解天云
　　　　武红星（挂职，2010年5月任）
县委常委　段玉林（常务）
　　　　　刘德文
　　　　　陈志宏
　　　　　赵华芬（女）
　　　　　沈学龄
　　　　　岳石林
　　　　　王强平
　　　　　程时益
人大常委会主任　赵鸿翔
副主任　潘云忠
　　　　陈建有（2010年5月止）
　　　　太树国
　　　　马惠莲（女，回族）
县　长　陈　锐
副县长　段玉林（常务）
　　　　赵华芬（女）
　　　　吴剑航
　　　　李红能（回族）
　　　　苏国林
　　　　伏维民
政协主席　太云生
副主席　钱　宏
　　　　杨　勇
　　　　高兴洪
　　　　陈晓竹
纪委书记　沈学龄

（保满良/供稿）

会泽县

县委书记　何汝利（2010年5月止）
　　　　　陈国宝（2010年5月任）
副书记　陈国宝（2010年5月止）
　　　　梁志强（2010年7月任）
　　　　吴崇富
　　　　蒋　署（挂职，2010年5月任）
县委常委　李　华
　　　　　杨光旭
　　　　　朱廷发
　　　　　康　勇
　　　　　刘祖铭
　　　　　潘利华（女，2010年8月任）
　　　　　余　馨（2010年8月任）

许泰权（2010年8月止）
陈　荣（2010年8月止）
柳廷龙（2010年7月止）
人大常委会主任　杨文荣
副主任　杨明钟
尹正祥
舒应龙
左雄亚
县　长　陈国宝（2010年7月止）
代理县长　梁志强（2010年7月任）
副县长　杨光旭（常务）
朱廷发
杨应龙
李党荣
肖良开
潘利华（女，2010年8月止）
刘正礼（2010年9月任）
段绍任（挂职）
段琪慧（挂职，2010年8月任）
政协主席　马玉聪（回族）
副主席　李开明
杨万斌
姚　芬（女，2010年5月止）
张明东
纪委书记　康　勇

（田德粉/供稿）

教育系统

曲靖师范学院
党委书记　施洪甲
院　长　周本贞
副书记　杨思娅（2010年4月任）
王志刚（2010年4月任）
副院长　段德友（白族）
高小和
李　莉（女）
孙成科
纪委书记　徐显敏（2010年4月任）

（曲靖师范学院/供稿）

曲靖医学高等专科学校
党委书记　荀传美
校　长　巴春生
党委副书记　徐金学
副校长　王明琼（女）
尹　明

（曲靖医专/供稿）

云南能源职业技术学院
党委书记　胡广安
院　长　毛加宁
副院长　李其钒
张云星
蔡　冰
党委副书记、纪委书记　夏　琼（女）

（能源学院/供稿）

卫生系统

市第一人民医院
党委书记　李本万
党委副书记、院长　张小德
副院长　包丽芬（女）
丁绍平
陈卫文（女）
纪委书记　浦恩柏
市第二人民医院
党委书记、院长　张正华
副院长　史建琼（女）
孙　琼（女）
侯　荣
董丁贵
纪委书记　李占荣
市妇幼医院
党委书记　彭元富
院　长　刘忠厚
市疾病预防控制中心
主　任　殷国清（2010年9月止）
何　俊（2010年9月任）

（陈世全/供稿）

金融系统

人民银行
行　长　朱　斌
副行长　刘　波
速拥军
纪委书记　周绍清
工会主任　湛　明
农业发展银行
行　长　廖万春
副行长　黄利民
叶发坤
宁显飞（2010年5月任）
工商银行
行　长　赵　勇（2010年11月止）
赵有斌（2010年12月任）
副行长　陈世平（2010年9月止）
王增科（2010年9月任）
李蜀昆
李胜祥
纪委书记　徐守华
农业银行
行　长　陈建华
副行长　李东鸿
周　敏（2010年4月任）
殷福安
赵彤心（2010年5月任）
刘国姬（2010年4月止）
建设银行
行　长　吴灿文
副行长　崔同欢
潘　东
孙　敏
纪委书记　周学祥
风险主管　朱恒峰
中国银行
行　长　何　刚（2010年5月止）
刘　颖（2010年6月任）
副行长　王正敏
储　飞
纪委书记　李　顺
交通银行
行　长　王亚平（女）
副行长　黄文辉
孙丹兵（2010年7月止）
广发银行
行　长　何　苗（女）
副行长　赵应松
王　玲
招商银行
行　长　赵　曙
民生银行
行　长　李雪磊
行长助理　袁贤正
光大银行
行　长　刘定明
副行长　杨宏富
李晓友
中信银行
行　长　殷　震
副行长　代云锋
浦东发展银行
行　长　和三斤
副行长　谷云锐
农村信用联社
理事长　李　梅
主　任　李艳坤
副主任　唐建芳
监事长　晋乐安
曲靖市商业银行
董事长　李小生
行　长　侯宁波
监事长　储　涛
董　秘　陈二华
副行长　师得武
卯　翔
邮储银行
行　长　许德军
副行长　何雪涛
徐　坚
王　晖（2010年8月任）
惠民村镇银行
行长、董事长　左儒林
副行长　张继红

（杨本枝/供稿）

政　治

责任编辑　李振东

中共曲靖市委员会

概　述

2010年，曲靖市委团结带领全市广大党员干部群众，深入学习实践科学发展观，围绕“富民强市”总目标，实施农业稳市、工业强市、商旅活市、科教兴市、生态立市、依法治市和以城带乡战略，打基础，强产业，依靠科教增效益，改革创新添活力，惠民生，建和谐，有效应对国际金融危机，全面战胜百年不遇特大旱灾，经济社会实现又好又快发展，圆满完成“十一五”各项目标任务。市内生产总值迈上千亿元台阶，达1005亿元，同比增13.1%；财政总收入251亿元，增19.6%；地方财政一般预算收入72.4亿元，增14.6%；固定资产投资701.5亿元，增26.4%；社会消费品零售总额232.8亿元，增22.5%；城镇居民人均可支配收入达15940元，增13%；农民人均纯收入达4130元，同比增12.7%。经济增长的质量和效益显著提高，综合经济实力明显增强。

好中求快谋发展，经济实现又好又快发展。把发展质量和总量、速度和效益有机统一起来，调优产业结构，形成三次产业协同拉动发展的新格局。调强一产，农业现代化水平不断提高。巩固提升粮油、烤烟、畜牧三大传统优势产业，发展壮大蔬菜、花卉、魔芋、蚕桑、水产五大特色产业，培育发展以泡核桃为主的木本油料、中药材两大新兴产业，促进了粮食增产、农业增效、农民增收。发展266个大而强的农业龙头企业，在遭受特大干旱的情况下粮食仍增产1.41亿千克，400万农民实现“1231”目标，完成农业增加值183.5亿元，同比增6.6%。建成全国最大的优质烤烟和万寿菊种植加工基地，西南最大的马铃薯和油菜种植加工基地，全省最大的生猪养殖和蚕桑种植加工基地。调优二产，新型工业化进程不断加快。实施大项目带动战略，大力发展以绿色食品加工为主的轻工业，改造提升煤化工、冶金、烟草3个产业，培育壮大以汽车为重点的装备制造、以光电子为主的新材料、新能源3个产业，曲靖经济技术开发区升格为国家级经济技术开发区，建成3个省级工业园区、1个省级特色园区、8个县级工业园区，率先在全省建成100万平方米标准厂房，打造了产值超200亿元的产业4个、超100亿元的产业2个，推动工业规模、集群、延伸、循环、创新发展。完成工业投资220亿元；实现工业增加值468.7亿元，同比增14.9%；规模以上工业增加值365.7亿元，增15.1%。建成全省最大的煤化工基地、能源基地和轻型卡车制造基地。调快三产，现代服务业体系逐步建立。降低准入门槛，实施扶持政策，营造优良环境，围绕工业转型升级发展生产性服务业、消费结构升级发展生活性服务业、多元需求培育新兴服务业。建立“曲靖产品全球电子商务推广平台”，在全省率先成立互联网上网服务业协会，建成连接滇黔川桂的重要商贸枢纽。消费规模居全省第二，家电下乡产品销售数量和金额均居全省第一。完成第三产业增加值295.3亿元，同比增12.4%。

坚持不懈打基础，发展后劲不断增强。集中力量实施一批事关全局、事关长远的基础设施项目，进一步夯实发展基础。建成“五小”水利工程5万件，开工建设骨干水源工程6件，累计解决135.69万人安全饮水问题；改造建设高稳产农田地91.78万亩，创造出以马龙“己沃模式”为代表的曲靖经验，连续两年被云南省政府表彰为一等奖，连续4年被省政府表彰为冬春农田水利基本建设一等奖；基本建成贵昆铁路六沾二线曲靖段；沪昆客运专线曲靖段全面启动；建成二级以上公路63.9千米，公路通车里程达26671千米，公路密度达92.15千米/百平方千米，是全省的近两倍，县（市）区通高等级公路率达100%，乡（镇）通等级公路、通客车率达100%，行政村通路、通车率达100%；深入推进农村电网改造扫尾工作，建成500千伏分区、220千伏分县、110千伏分片、35千伏分乡的电网；基本建成有线、无线、语言、数据四位一体的覆盖城乡的现代信息网络。全力以赴保民生，群众利益得到有效保障。把解决群众最直接、最现实、最迫切的切身利益问题作为一切工作的出发点和落脚点，切实保障和改善民生。抗击自然灾害保民生，投入抗旱救灾资金7.27亿元，临时解决170余万人、120余万头大牲畜的安全饮水问题，发放救济粮7209吨、救助金3000万元、低保金8700万元，最大限度降低了灾害损失。面对“6·25”马龙特大洪灾，市委、市政府领导第一时间赶赴现场，组织抢险救灾，及时转移安置受灾群众，切实保障了群众的生命财产安全。发展社会事业惠民生，新增城镇失业人员就业2.9万人，新增农村劳动力转移输出15.1万人，城镇零就业家庭实现动态清零，城镇登记失业率控制在3.3%以内。新农合参合率达95.93%，公立基层医疗服务机构全部使用国家基本药物目录品种并实行零差率销售，让利患者591.1万元。各类社会保险参保人数达194万人，社会保障范围逐步扩大、水平进一步提高。在全省率先实施的100万平方米中小学D级危房整体改造暨标准化建设任务基本完成；建成“省内第一、全国一流、辐射东南亚”的曲靖职教中心，在校职教生与普高生的比例达1.2:1；各类教育全面发展。解决60万山区群众听广播、看电视难的问题，市、县、乡、村四级社会文化网络基本形成。建成覆盖400人以上自然村的农村综合购销网络，经验在全国推广。统筹城乡发展利民生，千村扶贫、百村整体推进“866”工程全面完成，近100万人的整体生产生活水平明显提高，在全省率先解决绝对贫困问题的目标基本实现；高标准建成19个小康示范村，10个乡（镇）的“整乡推进”工程全面完成，广大农村生产生活条件得到极大改善。完成住房和城乡建设投资220亿元，大力推进中心城区和县城建设，着力推进重点镇和特色镇建设，大力开展新社区、新村庄建设，逐步形成中心城区、县城、重点镇、特色镇四个层次的城镇体系，市级“五馆一中心”建设全面启动，城镇化率达37%，提高2.2个百分点；中心城区建成面积达56平方千米，城镇人口达60万人，城镇化率达69%，成功创建成省级园林城市。

坚定不移促和谐，安全稳定局面不断巩固。综合施策、严抓细管、标本兼治，安全生产形势持续向好，社会更加和谐稳定。狠抓安全生产，全面落实“两个主体责任”和“一岗双责”，充分发挥“四支队伍”的监管作用，以铁的制度、铁的纪律、铁的手腕、铁石心肠抓安全生产。在全省率先开展煤矿安全质量标准化矿井建设，“3568”安保双基工程建设经验在全省推广，安全生产制度建设成为全省标杆，地方煤矿发生安全事故起数、死亡人数、原煤百万吨死亡率同比分别下降33%、47%、50%，成为全国原煤百万吨死亡率最低的州（市）之一。重点领域安全生产和公共安全得到全面加强，食品药品生产、流通、消费全程监管进一步加强，安全生产形势持续好转。狠抓生态安全，严格建设项目环境准入，依法淘汰和限制落后产能，大力发展循环经济，全面推进七彩云南曲靖保护行动，城市污水集中处理率达80%，垃圾无害化处理率达96%，单位生产总值能耗下降4%，连续4年超额完成省下达的节能减排任务，全国生态示范区建设试点扎实推进，森林覆盖率达40.3%，进入“全国10个空气质量最好城市”行列。狠抓社会稳定，所有乡镇（街道）配备分管政法的专职副书记，乡镇（街道）综治办主任高配为副科级干部。率先在全省建立代表党委、政府处理信访突出问题的市、县、乡三级联合工作组和涉法涉诉联合接访服务中心，群众合理诉求得到100%解决。创新建立社会稳定风险评估机制，经验被中央维稳办在全国推广。加大基层平安创建力度，加强社会治安综合治理，积极推进社会管理创新，严厉打击严重刑事犯罪，综治维稳工作连续10年被评为全省先进典型。

改革创新建机制，持续发展动力显著增强。用改革的办法化解发展中的矛盾，以创新的思维破解前进中的难题，深入推进行政管理体制改革、社会事业体制改革、财税体制改革、投融资体制改革、农村综合改革，基本完成集体林权制度主体改革任务，行政效率进一步提高，发展软环境不断改善，建立了一系列破除发展障碍、保障科学发展的体制机制。建立贯彻落实科学发展观的综合考核评价激励约束机制，每年节约财政资金2000多万元、1万多名干部每人每年至少多腾出1个月时间抓落实，经验在全省推广；建立市、县、乡、村四级政务服务体系，实现了高效优质低费服务；建立对部门的社会评价激励约束机制，实现了对部门作风和干部作风的硬约束；建立精简会议、转变会风机制，既节约了时间，又增强了会议效果；建立固定资产投资项目各级政府集中办公、快速审批机制，有效解决用地、环评、立项难题；建立大交办、大催办、大督办、大查办机制，促进了各项工作落实；建立政府性投资项目前置审计机制，节约资金16亿元，节约率达15%，确保了造价合理、工程优质、干部廉洁；建立农村土地、林地依法流转机制，产出率大幅提高；建立投融资担保机制，做大做强投融资担保公司，试行惠农信用卡制度、农民房产证抵押贷款制度，有效解决企业融资难、农民贷款难问题；建立企业与当地群众共享资源开发成果机制，实现企业开发资源与当地群众增加就业、增收富民、建设新农村、保护环境有机统一。

始终不渝抓党建，领导科学发展的能力进一步提高。以改革创新精神全面推进党的思想、组织、作风、制度和反腐倡廉建设，各级党组织的创造力、凝聚力和战斗力明显增强。加强思想政治建设，不断提高党员干部的理论素养。把科学理论武装放在首位，切实推进学习型党组织建设。充分发挥党委（党组）中心组学习的示范作用，采取举办“曲靖领导干部新视野”知识讲座、开设“曲靖干部读书网”、开展“党员干部读经典”活动等形式，组织广大党员干部学习中国特色社会主义理论体系、社会主义核心价值体系、党的路线方针政策、中华民族传统优秀文化以及现代化建设所需要的经济、政治、法律、文化、社会和科技等各方面知识，党员干部的思想政治水平、战略思维能力、科学文化素质和推动科学发展的能力不断提高。坚持和健全民主集中制，积极发展党内民主。充分发挥党委总揽全局、协调各方的领导核心作用，支持人大依法履职、政府依法行政、政协围绕团结和民主两大主题履行职能；加强对统战工作的领导，做好双拥和老干部等工作，发挥民主党派、工商联、无党派人士、工青妇等群团组织和国防后备力量作用，形成同心协力谋发展的强大合力。落实党员权利保障条例，完善党代表大会制度和党内选举制度，规范议事规则和决策程序，健全科学民主依法决策机制、决策失误纠错改正机制和责任追究制度，有效提高了党内科学民主依法决策水平。深化干部人事制度改革，切实加强各级领导班子和干部队伍建设。坚持德才兼备、以德为先的用人标准，认真落实干部选拔任用四项监督制度，选人用人公信度明显提高。深化干部人事制度改革，探索干部任用初始提名改革和民主推荐结构化计票方法，加大竞争性选拔干部力度，选拔副处级领导干部7名、正科级领导干部17名、副科级领导干部23名，从村（社区）党组织书记中定向考录21名乡（镇）党政副职。注重从基层一线、凭工作实绩选拔优秀领导干部，加强后备干部队伍建设，重视年轻干部、妇女干部、少数民族干部和党外干部培养选拔工作，健全完善优秀人才选拔培养机制。着力抓基层打基础，全面加强党的基层组织建设。认真落实县委书记抓党建工作责任制。创先争优活动扎实开展，以“六型”党建为载体的基层组织建设取得实效，基层党组织设置方式不断改进，在非公有制经济组织和新社会组织中发展党员工作成效明显，行政村全部设立党总支，村民小组党支部实现全覆盖，消除党员空白村 183 个，实现 50 人以上自然村至少有 1 名党员的目标，463 户规模以上非公有制企业党组织全覆盖，307 户新社会组织设立党组织 79 户；加强以村党总支书记和村委会主任为重点的村干部队伍建设，圆满完成 1451 个村“两委”换届选举工作，书记、主任一肩挑 645 名，占总数的 44.45%；落实和完善村干部绩效工资制和养老保险、医疗保险等制度；建立困难党员救助制度，建立健全基层党组织建设工作经费保障机制，切实改善基层党组织工作条件。弘扬党的优良传统和作风，密切党同人民群众的血肉联系。把作风建设摆在突出位置，切实解决党员干部作风方面存在的突出问题。大力推行“一线工作法”，特别是在抗旱救灾工作中，各级领导干部深入基层、联系群众、帮民解困，进一步密切党同人民群众的血肉联系。认真落实厉行节约、制止奢侈浪费的各项规定，大力整治党员干部参与赌博、滥发奖金、私驾公车等不正之风；改进文风会风，做到少开会、开短会、发短文、讲短话、讲真话、讲新话、讲管用的话。深入推进反腐倡廉建设，营造风清气正的发展环境。认真履行“一岗双责”，严格执行党风廉政建设责任制，惩治和预防腐败体系建设深入推进；大力开展党性党风党纪教育和廉政文化建设，领导干部廉洁从政意识不断增强；加大案件查办力度，依纪依法严厉惩治腐败，全市各级纪检监察机关共办结案件 225 件，处分 254 人，挽回经济损失 1000 余万元；认真贯彻落实《廉政准则》，加强对党政领导干部尤其是“一把手”的监督，提高监督实效；以腐败易发多发领域为重点，推进反腐倡廉制度创新，从源头上预防和治理腐败工作取得明显成效。

重要会议

【市委常委会议】 2010 年 1 月 14 日，曲靖市委召开三届 67 次常委会议。会议主要研究干部工作，审议《曲靖市 2010 年市级财政收支预算草案建议方案》，讨论研究市人大三届三次会议有关事宜、2010 年市纪委工作要点和市纪委三届五次全会有关事宜、中国移动曲靖分公司党委成立纪委有关事宜，审定曲靖市第二届“优秀中国特色社会主义事业建设者”人员名单，审议《曲靖市领导干部新视野知识讲座实施方案》等议题。

1 月 28 日，市委召开三届 68 次常委会议。会议审议《市人大常委会工作报告（送审稿）》、《市政府工作报告（送审稿）》、《市政协工作报告（征求意见稿）》、《曲靖市重大事项社会稳定风险评估实施意见（送审稿）》、《关于加快中低产林改造的意见（送审稿）》、《关于进一步加强民族工作 促进民族团结 加快少数民族和民族地区科学发展的决定（讨论稿）》，讨论研究村“两委”换届有关事宜及全市民族工作会议暨第六次民族团结进步表彰会议有关事宜等。

2 月 7 日，市委召开三届 69 次常委会议。会议审议 2009 年度县（市）区综合考核结果，传达有关文件精神。

3 月 22 日，市委召开三届 70 次常委会议。会议传达温家宝总理在曲靖检查指导抗旱救灾工作时的重要指示精神、全国全省政法工作会议精神，讨论研究全市第二批“866”工程考核验收和表彰有关事宜，审议《曲靖市贯彻落实科学发展观 2010 年度县（市）区综合考核奖惩办法（讨论稿）》、2009 年度市直部门（单位）党风廉政建设责任制检查考核等次评定结果、《关于成立解决信访问题联合工作组的决定（讨论稿）》，讨论研究 2009 年度见义勇为公民表彰事宜、工青妇有关工作等。

4 月 27 日晚，市委召开三届 71 次常委会议，主要研究干部工作。

5 月 18 日，市委召开三届 72 次常委会议。会议主要研究干部工作，审议《关于依托云南省曲靖农业学校创办曲靖农村实用人才培训学校的实施方案》、《关于在全市党的基层组织和党员中深入开展创先争优活动的实施意见》、《曲靖市市直单位 2010 年度综合考核评价办法（试行）》，传达贯彻全省社区、农村基层党建工作座谈会和全省和谐社区建设推进会议精神，讨论研究 2009 年度捐资支持新农村建设先进集体和先进个人表彰事宜，讨论研究老干部工作、全市申报首批省级文明县城和省级文明风景旅游区名单等有关事宜。

5 月 19 日，市委召开三届 73 次常委会议，主要研究干部工作。

6 月 10 日，市委召开三届 74 次常委会议。会议主要研究干部工作，审议《关于促进残疾人事业发展的实施意见（讨论稿）、《关于深化医药卫生体制改革的实施意见（讨论稿）》、《关于进一步深化文化体制改革推进经营性文化事业单位转企改制的意见（讨论稿）》，讨论研究提高离岗退养民办教师生活补助有关事宜。

7 月 8 日，市委召开三届 75 次常委会议。会议主要研究干部工作、关于成立曲靖市涉法涉诉联合接访服务中心及民革、民盟、九三学社市委换届有关事宜等。

8 月 16 日，市委召开三届 76 次常委会议。会议主要研究干部工作、政府机构改革、《关于贯彻全民科学素质行动计划纲要实施意见》及市科协有关工作及抗旱救灾表彰奖励有关事宜。

8 月 30 日，市委召开三届 77 次常委会议，专题研究云南（曲靖）国际农业食品科技园区建设有关问题。会议听取副市长周玲关于组建云南（曲靖）国际农业食品科技园区建设管理公司及有关问题的情况汇报，并进行认真讨论研究。

10 月 20 日，市委召开三届 78 次常委会议。会议主要研究干部工作，审议《曲靖市中长期人才发展规划（2010～2020 年）（送审稿）》、《关于市政府机构改革涉及单位党组织有关事项的情况汇报》等，审议《曲靖市政府性投资建设项目前置审计补充规定（讨论稿）》和《曲靖市政府性投资建设项目变更工程管理规定（讨论稿）》、《关于命名表彰 2009 年度市级文明单位、文明村、文明社区和文明小城镇的请示》、《曲靖市公益性就业岗位管理办法（讨论稿）》、《关于推进学习型党组织建设的实施意见》，传达学习省委人大工作会议精神并讨论研究曲靖市贯彻落实会议精神的有关事宜及省委政协工作会议精神并讨论研究曲靖市贯彻落实会议精神的有关事宜，讨论研究市老促会换届有关事宜。

10 月 31 日，市委召开三届 79 次常委会议，主要研究干部工作。

12 月 3 日，市委召开三届 80 次常委会议。会议主要研究干部工作，讨论研究《关于市直机关及参照公务员法管理单位县处级非领导职务设置管理的意见》、《曲靖市市管领导班子和领导干部年度考核实施办法（试行）》、曲靖市人大常委会关于补选市三届人大代表的请示、市第三届人代会第四次会议有关事宜、政协曲靖市第三届委员会第四次会议有关事宜，审议《市人大常委会在市第三届人代会第四次会议上的报告（送审稿）》和《市人大常委会 2011 年度工作要点》，讨论研究关于出席省十一届人大四次会议曲靖代表团有关事宜、政协曲靖市第三届委员会委员届中变动的请示，传达全国全省党史工作会议精神，研究曲靖市贯彻意见。

12月30日，市委召开三届81次常委会议。会议传达全省换届工作座谈会议精神，研究曲靖市市、县、乡党委换届工作有关事宜及《曲靖市县（市）区委书记抓基层党建工作责任制年度考核办法》。

【常委（扩大）会议】 2010年8月3~5日，市委书记赵立雄主持召开市委常委（扩大）会议，传达学习省委八届九次全会精神，并结合曲靖市经济社会发展实际，对全市统筹城乡发展、地方财政增收、工业发展及布局、节能减排、中心城市中长期发展、曲靖经济技术开发区发展等6个重大问题进行专题研究。

【专题会议】 2010年1月11日，曲靖市委常委、市委秘书长朱德光主持召开专题研究2010年春节走访慰问活动相关事宜的会议。

3月2日，市委书记赵立雄在宣威市阿都乡主持召开专题研究阿都乡发展问题的会议。

3月4日上午，市委书记赵立雄主持召开专题研究全市烤烟抗旱育苗及移栽准备相关工作的会议。

3月4日下午，市委书记赵立雄主持召开专题研究曲靖市中心城区和沾益县城区（以下简称“两城区”）供水问题的会议。

3月23~24日，市委、市政府召开全市抗大旱、保民生、抓春耕、促发展专题会议。

4月8日，市委、市政府召开云南（曲靖）国际农业食品科技园建设专题会议。

4月23~27日，市委书记赵立雄率领市委常委、市委秘书长朱德光，副市长陈军、张向明以及有关市直部门负责人到会泽、陆良、师宗、罗平、麒麟、沾益、宣威等县（市）区，调研春耕生产和以标准厂房建设为重点的工业经济发展。

5月17日，全市抗旱救灾工作专题会议召开。市委副书记范华平讲话，副市长饶卫对全市下步的抗旱救灾及防汛工作作了安排。

6月10日，市委常委、副市长陈军，市委常委、市委秘书长朱德光召集相关部门负责人开会，专题研究曲靖工商职业技术学校有关问题。

6月11日，市委书记赵立雄主持召开专题研究曲靖市“十二五”规划编制有关工作会议。

同日，市委书记赵立雄主持召开市委专题会议，专题研究曲靖市落实“云南建设中国面向西南开放桥头堡”有关工作。

7月12日晚，市委副书记范华平主持召开陆良华侨农场改革和发展工作专题协调会。

11月23日，市委常委、市委秘书长朱德光主持召开曲靖市信息移动服务管理工作领导小组办公会议，专题研究曲靖市信息移动服务管理相关工作。

12月29日，“十二五”规划建议专题协商会、征求意见座谈会召开，就《中共曲靖市委关于制定国民经济和社会发展第十二个五年规划的建议（征求意见稿）》与广大政协委员进行专题协商，征求各民主党派、工商联、无党派人士的意见。12月30日，召开座谈会，听取市级离退休老领导的意见和建议。

【推进会议】 2010年7月9日，全市创先争优活动推进会召开。贯彻落实中央和全省创先争优活动推进会精神，总结交流创先争优活动进展情况，对活动进行再动员、再部署。8月23日，争先创优活动第二次推进会召开，市委副书记范华平在会上讲话。

8月5~6日，全市中低产林改造暨核桃产业发展推进会召开。市委书记赵立雄提出具体要求。

8月19日，曲靖经济技术开发区举行升级推进会，由省级开发区升格为国家级经济技术开发区。

同日，市委、市政府召开马龙县“6·25”洪灾灾后恢复重建工作推进会议。

12月8日，全市治理非法超限超载推进会召开，市委常委、副市长陈军参会，并就确保“治超”工作取得成效提出3点意见。会议现场与各县（市）区人民政府、各公路交通管理部门签订“治超”工作责任书，要求坚决打好“治超”攻坚战。

【座谈会】 2010年2月10日上午，2010年春节拥军座谈会在锦怡花园酒店多功能厅召开，地方领导与军界代表欢聚一堂，共叙军民鱼水深情，共商军地发展大计。

【团拜会】 2010年2月10日下午，2010年春节团拜会在官房大酒店二楼会盟厅召开。市委书记赵立雄代表市委、市人大、市政府、市政协在会上致辞，老同志代表、劳动模范代表，民主党派代表，中央、省、市属企事业代表，非公有制经济组织代表在团拜会上发了言。

【总结会】 2010年3月19日，曲靖市深入学习科学发展观活动总结大会召开，市委副书记、市长岳跃生在会上提出具体要求。

【现场会】 2010年4月22日，烤烟抗旱移栽现场会在宣威市召开。会议提出具体要求，市委副书记范华平讲话。红云红河烟草集团有限责任公司党委副书记朱俊英出席会议并讲话。

【茶话会】 2010年9月20日，全市各界人士国庆中秋茶话会举行。市委副书记、市长岳跃生在会上讲话。茶话会由市政协主席赵建华主持，市委常委、常务副市长周宗通报曲靖1~8月的经济社会发展情况。

10月19日，推进养老服务事业发展茶话会召开，市委副书记、市长岳跃生，市委副书记范华平，副市长、市老龄委主任周玲出席会议并讲话。部分原市级老领导出席会议，并就养老服务事业发展提出建议和意见。

【市委工作会议】 2010年9月29日，曲靖市委工作会召开，总结2010年以来的经济工作，部署后3个月的主要工作。

重要活动

【回良玉到曲靖察看旱灾】 2010年2月25日，中共中央政治局委员、国务院副总理回良玉在云南省委副书记、省长秦光荣，省委副书记李纪恒，副省长孔垂柱的陪同下，先后深入到陆良县芳华镇、大莫古镇察看群众生活生产用水和春耕生产情况。

【温家宝到曲靖指导工作】 2010年3月19~21日，中共中央政治局常委、国务院总理温家宝在国家发改委主任张平，民政部长李学举，财政部长谢旭人，水利部长陈雷，农业部长韩长赋，国研室主任谢伏瞻，国务院副秘书长、总理办公室主任丘小雄，国研室副主任田学斌，云南省委书记、省人大常委会主任白恩培，省委副书记、省长秦光荣，副省长孔垂柱等领导陪同下到曲靖市，指导抗旱救灾工作。

【成思危到曲靖考察教育】 2010年7月27～28日，全国人大常委会原副委员长、民建中央原主席、著名经济学家成思危在云南省副省长高峰的陪同下，对曲靖市职业教育发展情况和爨文化情况进行考察。

【白恩培到曲靖调研工业】 2010年4月12日，省委书记白恩培在省委常委、省委秘书长杨应楠，副省长和段琪及省直相关部门负责人的陪同下，到曲靖市调研工业生产情况。

【李纪恒到曲靖调研】 2010年2月10日，云南省委副书记李纪恒到陆良县大莫古镇发峨哨村委会、甘和村委会、马街镇麦子河水库调研、指导抗旱救灾工作，并代表省委、省政府看望慰问受灾群众，对曲靖市的抗旱救灾工作给予充分肯定。6月2～5日，李纪恒到会泽县、曲靖经济技术开发区、富源县、罗平县、师宗县，调研创先争优活动和扶贫开发、整乡推进工作。

【李汉柏到曲靖调研】 2010年3月11～12日，云南省委常委、省纪委书记李汉柏深入宣威市得禄乡、龙潭镇、来宾镇，马龙县通泉镇和陆良县大莫古镇视察指导截流蓄水抗旱、田间保苗抗旱、打机井、组织送水抗旱和烤烟、核桃、玉米育苗备耕等工作。

【王学仁到曲靖调研】 2010年3月17日，云南省政协主席王学仁率省政协秘书长车志敏和省水利厅、省烟草公司等部门领导，深入师宗县彩云镇、丹凤镇，罗平县旧屋基彝族乡、大水井乡等地调研抗旱救灾保春耕工作。7月14～19日，王学仁率省政协节能减排重点提案调研组到曲靖经济技术开发区、麒麟区、宣威市和沾益县调研。

【罗正富到曲靖调研】 2010年11月26日上午，云南省委常委、常务副省长罗正富率省铁路建设督导组成员和省有关部门人员深入贵昆铁路六盘水至沾益二线建设工地调研铁路建设情况。下午，罗正富到云南（曲靖）国际农业食品科技园了解建设情况，并与科技园相关人员研究产业支撑、技术引进、项目推进等问题。

【李江到曲靖调研】 2010年4月13～16日，云南省委常委、副省长李江率有关部门负责人到会泽、宣威、富源、马龙调研，并对曲靖市经济社会取得的成绩给予充分肯定。

【晏友琼到曲靖视察】 2010年5月12～13日，云南省人大常委会副主任晏友琼率省人大视察组，对曲靖市2009年财政部代云南省发行地方政府债券资金的安排使用情况进行视察，并充分肯定了曲靖市地方政府债券资金的使用效果。9月2～3日，程映萱率省人大执法检查组对曲靖市贯彻实施《云南省外来投资促进条例》情况进行执法检查，并与部分外来投资企业负责人座谈。

【杨建甲到曲靖视察中低产田改造工作】 2010年10月29～31日，云南省人大常委会副主任杨建甲率视察组到马龙县、陆良县、师宗县，视察中低产田改造工作。

【王学智到曲靖调研】 2010年4月13日，云南省政协副主席王学智到师宗县龙庆乡落红甸村委会的山黑坡村、束米甸村和彩云镇视察抗旱救灾工作。

【市委理论学习中心组集中学习活动】 2010年7月7～8日，市委理论学习中心组举行集中学习活动，全面分析全市经济社会发展面临的新形势新任务，着力查找在转变发展方式、调整经济结构中面临的突出困难和问题，深入研讨推进全市新型工业化和新型城镇化的新办法新措施。10月31日，市委理论学习中心组举行专题学习活动，学习贯彻落实党的十七届五中全会精神。11月11日，市委理论学习中心组结合学习贯彻《中共中央关于制定国民经济和社会发展第十二个五年规划的建议》进行集中学习，提出“十二五”时期曲靖将重点解决好六大问题，促进经济长期平稳较快发展和社会和谐稳定。12月7日，市委理论学习中心组就推进学习型党组织建设及做好新时期新阶段统一战线工作，促进全市经济社会又好又快发展进行集中学习。

【全国人大调研组到曲靖调研】 2010年1月20日，全国人大常委会委员、全国人大农业与农村委员会副主任委员刘振伟率调研组到曲靖市，围绕农民工权益保护和城镇化进程中的农村土地管理进行调研，为制定“十二五”发展规划和修改完善有关政策提供参考。

【调研活动】 2010年3月11日，国土资源部耕地保护司副司长黄鹤图率领调研组到曲靖市调研。调研组与副市长张向明，曲靖市相关部门领导和9个县（市）区国土局局长进行座谈，并深入国际食品科技园进行调研，副市长周玲向调研组介绍园区规划和建设情况。

3月12日，云南省政府铁路建设工作督导组到曲靖调研检查铁路建设工作。在听取有关部门的汇报后，对曲靖的铁路建设工作给予充分肯定。

4月16日，中纪委五室综合处处长杨正辉一行到曲靖市，就党风廉政建设和反腐败工作进行调研。市委书记赵立雄就曲靖当前的经济社会发展和抗旱救灾情况及党风廉政建设和反腐败工作情况作专题汇报。

5月6日，云南省国土资源厅厅长和自兴率调研组到曲靖调研制约经济社会发展的建设用地困难问题，调研时充分肯定了曲靖市国土资源工作。

7月20日，以云南省委宣传部副部长吴贵荣为组长的省委创先争优活动调研督察组到曲靖市调研。市委常委、市委组织部长李云忠介绍曲靖创先争优活动的开展情况。

7月21～22日，云南省委中心组集中学习活动到曲靖市，调研指导工作。

7月27～28日，云南省政协专题研究组到曲靖市，调研“转方式调结构”情况。市政协主席赵建华在汇报会上讲话，副市长周玲介绍云南（曲靖）国际农业食品科技园建设进展情况。副市长张向明汇报曲靖市转变经济发展方式和调整结构情况。

11月9～12日，中央党校第29期中青班二支部三组一行8名学员在中央党校副局级巡视员李雅琴的带领下到曲靖市职教园区、经济技术开发区、云维集团、麒麟区等地，对曲靖市调整经济结构、转变发展方式及和谐社会建设工作进行调研。

【视察活动】 2010年8月4～6日，云南省人大常委会副主任杨保建率省人大“两基”迎国检视察工作组到曲靖市，对有关工作进行视察指导。

9月7日至12月中旬，云南省委巡视组到曲靖市8个县（市），开展巡视工作，主要巡视县（市）党委、人大常委会、政府、政协委员会党组领导班子及其负责人。

10月20日，云南省人大常委会内务司法委员会副主任委员梁渝南率队到曲靖视察曲靖市涉法涉诉联合接访服务中心，听取创新社会管理方式、化解社会矛盾、公正廉明执法、建立涉法涉诉信访长效工作机制情况汇报。

【督察活动】 2010年10月12日，云南省委政法委常务副书记段兴祥率督察组到曲靖市，就社会治安综合治理工作进行督察。督察组对曲靖市社会治安综合治理工作给予充分肯定，要求曲靖继续紧抓落实，扎实推进社会管理创新等3项重点工作。

10月27～29日，云南省重点建设项目稽查特派员杜邵林率督察组到会泽县、宣威市、富源县，实地查看保障性住房建设。市政府29日举行曲靖市保障性住房建设工作专项督察汇报会。督察组肯定了曲靖市保障性住房建设工作取得的成绩和经验，指出存在的问题，就曲靖市的保障性住房建设提出意见和建议。

10月28～29日，云南省政府节能减排专项督察第二工作组一行到曲靖市部分企业，通过听取汇报、实地考察、察看资料文件和台账，对曲靖市节能减排工作进行预考核和督察。督察组对曲靖市节能减排所做的工作给予充分肯定。

12月23日，云南省环保厅副厅长杨志强率省政府节能减排督察组到国投曲靖发电有限公司、沾益县污水处理厂等地，就曲靖"十一五"节能减排工作完成情况进行再督查。督察组对曲靖市"十一五"期间节能减排工作取得的成绩给予充分肯定。

【工作检查】 2010年10月18～21日，云南省委统战部副部长、省工商联党组书记、省非公经济组织创先争优活动指导小组组长张功祥一行，到陆良县、富源县、罗平县检查指导非公经济组织创先争优活动。

12月2日，中纪委第五检查组组长、副局级纪律检查员、监察专员郭红一行到曲靖市，检查县级纪检监察机关建设工作。市委常委、市纪委书记孔荣华汇报曲靖加强地方县级纪检监察机关建设的情况。

【中央检查组到曲靖检查工作】 2010年10月26～27日，中央检查组第十八组组长、辽宁省委原副书记、纪委书记王唯众率中央检查组到曲靖市，检查扩大内需和建设领域专项治理工作，并对曲靖中央投资项目安排、配套资金落实、资金管理、工程质量安全和地方监督检查工作开展情况等进行检查。

【考察交流】 2010年6月30日至7月2日，云南省人大常委会选联工委组织临沧、文山、德宏3州（市）的14名基层人大代表到曲靖市考察学习。

10月13～14日，云南省委组织部50名离退休老领导在原省级老领导孟继尧和省委组织部副部长刘绍平的率领下，到曲靖市开展活动，了解"创先争优"等情况，举办老年人体育比赛，以此欢度重阳节。

重要事件

【曲靖市抗旱救灾工作】 2009年7月后，曲靖市遭遇60年不遇的特大旱灾，创下有气象资料记载以来的干旱持续时间最长、干旱程度最深、旱情发生范围最广、造成损失最大"四个历史之最"。2010年，旱情涉及曲靖所有乡（镇）及村委会，全市农作物受旱总面积达351万亩，成灾328万亩，绝收247万亩；农业直接经济损失超过16.8亿元；林业受灾662.7万亩，直接经济损失达15.7亿元。面对特大旱灾，市委、市政府围绕"以水为中心，以水做文章，苦战100天，保障3月份、攻坚4月份、决战5月份"的抗旱救灾工作思路，全党动员、全民动手、全力以赴，采取千方百计找水、全民动员运水、多措并举储水、计划节约用水，投入抗旱救灾资金7.27亿元，临时解决170余万人、120余万头大牲畜的安全饮水问题，发放救济粮7209吨、救助金3000万元、低保金8700万元，最大限度降低了灾害损失，取得抗旱救灾工作全面胜利。全市没有发生人畜断水，没有发生疫情疫病，没有发生重大森林火灾，没有发生因旱灾产生的重大安全事故，没有发生因争水、抢水引发的群体性事件，保持了正常的生产生活秩序。

【马龙县"6·25"特大暴雨灾害恢复重建工作】 2010年6月25日晚8时至26日凌晨，马龙县遭遇了有气象资料记载以来雨量最大、水势最猛、成灾最快、损失最重的特大暴雨灾害。据不完全统计，暴雨灾害造成县城及4个乡（镇）、32个村民委员会、117个村民小组受灾。全县100余家机关单位、1500余家商店和1300余辆汽车被淹，3300台农业机械受损；5万余人受灾，4000余人被困，165人受伤，1人死亡；房屋倒塌1.1万间、损坏2万间、进水3万余间；22.4万亩粮食和经济作物、1260亩林木、7318户养殖户受灾；16条供电线路受损；道路路基损毁77.75千米，路面损毁67.6万平方米，塌方4.8万立方米；被洪水冲毁河堤10425米、桥梁8座、输水干渠11780米；滑坡、泥石流190处；11所学校和11所医院、卫生院受灾；500余吨军供粮和救灾粮被淹；36家工业企业受损严重。共造成直接经济损失10.8亿元。其中月望乡小海子村范围降雨量达208毫米，是"6·25"特大暴雨灾害受灾最严重的村民小组。据测算，全县共需灾后恢复重建资金11.1亿元。按照云南省委、省政府和曲靖市委、市政府"2010年12月31日前全面完成恢复重建、灾民春节前搬进新居"的部署和要求，马龙县委、县政府按照"以人为本、民生至上，科学规划、分步实施，整体推进、突出重点，政府引导、群众主体"的原则，坚持整体联动、科学统筹、整合资源，全力抓好灾后恢复重建工作。到3月，已完成黄草坪水库至县城引水工程等15条8.3千米水毁输水干渠，市政道路和绿化、亮化等市政基础设施，马大、撒张等7条水毁严重道路，受损电力线路和通信等设施的修复；全县所有受灾个体工商户全部恢复营业，工商企业全部恢复正常生产，学校、医院和交通、电力、通信等基础设施恢复正常；重建房屋3240户7039间，修复房屋全部竣工，所有受灾农户在春节前搬进新居，全县的恢复重建工作取得重大胜利。

重要文件

【市委文件】 2010年2月5日，曲靖市委、市政府印发《关于加快推进中低产林改造的意见》（曲发〔2010〕2号）。3月17日，市委、市政府印发《关于进一步加强民族工作 促进民族团结加快少数民族和民族地区科学发展的决定》（曲发〔2010〕3号）。3月24日，市委、市政府印发《曲靖市贯彻落实科学发展观2010年度县（市）区综合考核奖惩办法》（曲发〔2010〕4号）。4月15日，市委、市政府印发《关于大力发展职业教育的实施意见》（曲发〔2010〕5号）。同日，市委印发《关于进一步加强工会、共青团、妇联工作的意见》(曲发〔2010〕6号)。5月21日，市委、市政府印发《曲靖市市直单位2010年度综合考核评价办法（试行)》(曲发〔2010〕7号)。6月21日，市委、市政府印发《关于促进残疾人事业发展的实施意见》（曲发〔2010〕8号)。7月15日，市委、市政府印发《关于深化医药卫生体制改革的实施意见》（曲发〔2010〕9号)。7月19日，市委、市政府印发《关于进一步深化文化体制改革推进经营性文化事业单位转企改制的意见》（曲发〔2010〕10号)。7月26日，市委、市政府印发《关于成立曲靖市涉法涉诉联合接访服务中心的决定（试行)》(曲发〔2010〕11号)。8月12日，市委、市政府印发《关于推进以新村庄新社区建设为重点的统筹城乡发展的实施意见》(曲发〔2010〕13号)。10月20日，市委印发《关于加强和改进新形势下人大工作的意见》(曲发〔2010〕14号)。同日，市委印发《中共曲靖市委贯彻〈中共云南省委关于支持人民政协履行职能发挥作用的意见〉的实施意见》(曲发〔2010〕15号)。12月6日，市委、市政府印发《曲靖市中长期人才发展规划（2010年—2020年)》(曲发〔2010〕16号)。12月16日，市委、市政府印发《关于贯彻全民科学素质行动计划纲要的实施意见（2008—2012年)》(曲发〔2010〕17号)。

【市委办文件】　2010年2月1日，曲靖市委办印发《中共曲靖市委办公室关于建立市级各民主党派与市委 市政府有关部门人民团体、中央和省驻曲有关单位对口联系工作制度的意见》(曲办发〔2010〕3号)。2月5日，市委办、市政府办印发《关于加快集体林权制度配套改革的意见》（曲办发〔2010〕4号)。2月7日，市委办、市政府办印发《关于做好全市村级党组织和第四届村民委员会换届选举工作的通知》(曲办发〔2010〕5号)。3月4日，市委办、市政府办印发《关于对当前森林防火工作实行严格问责的规定》（曲办发〔2010〕10号)。3月22日，市委办转发《中共曲靖市委宣传部2010年宣传思想文化工作要点》（曲办发〔2010〕11号)。同日，市委办印发《关于进一步完善学校、医院等市直事业单位干部任用和管理的补充意见》（曲办发〔2010〕12号)。5月5日，市委办、市政府办印发《曲靖市2010年党风廉政建设责任制实施意见》(曲办发〔2010〕20号)。5月31日，市委办转发《关于创办曲靖农村实用人才培训学校的实施方案》(曲办发〔2010〕27号)。6月10日，市委办、市政府办印发《曲靖市解决信访问题问责办法》(曲办发〔2010〕28号)。6月21日，市委办、市政府办印发《曲靖市市直单位2010年度综合考核综合管理工作目标考核细则》(曲办发〔2010〕29号)。同日，市委办、市政府办印发《曲靖市市直单位2010年度综合考核单位工作目标考核细则》(曲办发〔2010〕30号)。6月30日，市委办、市政府办印发《曲靖市市级部门（单位）2010年度社会评价办法》（曲办发〔2010〕34号)。9月14日，市委办、市政府办印发《曲靖市人民政府机构改革实施意见》(曲办发〔2010〕43号)。11月3日，市委办印发《关于推进学习型党组织建设的实施意见》(曲办发〔2010〕46号)。11月2日，市委办、市政府办印发《曲靖市廉政风险预警防控管理暂行办法》(曲办发〔2010〕47号)。12月6日，市委办、市政府办印发《曲靖市关于开展“法治曲靖”创建活动的实施方案》(曲办发〔2010〕50号)。12月14日，市委办印发《曲靖市市管领导班子和领导干部年度考核实施办法（试行)》(曲办发〔2010〕51号)。12月30日，市委办印发《曲靖市县（市）区委书记抓基层党建工作责任制年度考核办法》(曲办发〔2010〕54号)。

表彰决定

2010年1月13日，市委办、市政府办印发《关于对2009年度社会评价满意度较高的部门（单位）给予通报表彰的决定》(曲办发〔2010〕1号)，对市委办等在社会评价满意度测评中综合满意率高于90%的51个部门（单位）给予通报表彰。

2月1日，市委、市政府印发《关于表彰第二届优秀中国特色社会主义事业建设者的决定》（曲委〔2010〕1号)，决定授予王华标等30名非公有制经济人士“曲靖市优秀中国特色社会主义事业建设者”荣誉称号。

3月27日，市委、市政府印发《关于表彰全市第三批新农村建设工作队优秀个人和先进派出单位的决定》(曲委〔2010〕4号)，市委、市政府决定授予李建云等132人“曲靖市第三批新农村建设优秀指导员”、王国兴等11人“曲靖市第三批新农村建设工作队优秀队长”、曲靖市人大常委会机关等32个单位“曲靖市第三批新农村建设工作队及指导员工作先进派出单位”荣誉称号。

5月14日，市委印发《关于对麒麟区人民检察院进行嘉奖的决定》(曲委〔2010〕10号)，决定奖励麒麟区人民检察院10万元人民币。

5月24日，市委、市政府印发《关于表彰第二批千村扶贫、百村整体推进“866”工程建设先进集体和先进个人的决定》（曲委〔2010〕12号)，市委、市政府决定，对李彦秋等169名“866”工程建设优秀挂职扶贫干部，市委政研室等13个整合资金达到500万元以上的“千村扶贫、百村整体推进”整合资金先进集体，市委办公室等110个筹集落实帮扶资金达到10万元以上的“千村扶贫、百村整体推进”挂钩帮扶先进集体，中共麒麟区委、区人民政府等96个“千村扶贫、百村整体推进”建设先进集体，朱志宏等199名“千村扶贫、百村整体推进”建设先进个人进行表彰。

5月25日，市委、市政府印发《关于表彰全市民族团结进步模范集体和模范个人的决定》(曲委〔2010〕14号)，经市委、市政府研究，决定授予中共曲靖市委组织部等40个单位“全市民族团结进步模范集体”荣誉称号，董云昌等60名个人“全市民族团结进步模范个人”荣誉称号。

同日，市委印发《关于表彰全市工青妇工作先进集体、关心支持工青妇工作的优秀党政领导、优秀工青妇工作者的决定》(曲委〔2010〕15号)，经市委研究，决定对麒麟区总工会等90个工青妇工作先进集体，傅学宾等50名关心支持工青妇工作的优秀党政领导和丁美仙等150名优秀工青妇工作者予以表彰。

5月26日，市委、市政府印发《关于表彰2010年村“两委”换届选举工作先进集体和先进个人的决定》(曲委〔2010〕17号)，市委、市政府决定授予中共麒麟区委组织部等50个单位为“2010年村‘两委’换届选举工作先进集体”，许泰聪等100人为“2010年村‘两委’换届选举工作先进个人”称号。

8月16日，市委、市政府印发《关于表彰抗旱救灾先进集体和先进个人的决定》(曲委〔2010〕19号)，市委、市政府决定，授予市纪委办公室等62个单位“抗旱救灾工作先进集体”称号，贺勇等110名个人“抗旱救灾工作先进个人”称号。

11月3日，市委、市政府印发《关于命名表彰2009年度市级文明单位、文明村、文明小城镇和文明社区的决定》（曲委〔2010〕22号），市委、市政府决定，授予曲靖供电有限责任公司等160个单位为“2009年度市级文明单位”称号，麒麟区越州镇老吴村委会等46个村为“2009年度市级文明村”称号，麒麟区寥廓街道梅园社区等14个社区为“2009年度市级文明社区”称号，麒麟区茨营乡等8个小城镇为“2009年度市级文明小城镇”称号。

11月22日，市委、市政府印发《关于表彰全市集体林权制度主体改革先进集体和先进个人的决定》（曲委〔2010〕24号），市委、市政府决定，对获得集体林权制度主体改革目标考核一等奖的宣威市等4个县（市）、二等奖的麒麟区等5个县（区）、市财政局等48家集体林权制度主体改革先进集体和施建玲等150名先进个人予以表彰。

12月27日，市委、市政府印发《关于表彰全市史志工作先进集体先进个人和重视史志工作好领导的决定》（曲委〔2010〕25号），市委、市政府决定，对宣威市史志办等15个先进集体，李生云等50名先进个人和重视史志工作、事迹突出的冯建新等8名分管领导给予表彰。

中共曲靖市委办公室

【简述】 2010年，曲靖市委办公室按照“忠诚可靠讲政治、钻研业务强基础、用心工作出精品、甘于奉献勤耕耘、严于律己树形象、规范有序尽职责、团结协作求实效、服务大局创一流”的工作要求，围绕市委工作中心，服务全市改革发展稳定大局，以开展创先争优活动为载体，以服务对象满意为目标，转变服务方式，提高服务能力，在“三办”上着力，在“三服务”上下功夫，圆满完成各项工作任务，实现“安全、优质、有序、高效”的工作目标，为全市经济持续发展、社会和谐进步作出新贡献。

【办文工作】 2010年，曲靖市委办公室健全完善党委办公室系统办文工作流程，严格按照文件（文稿）拟稿、审核、签发、登记、打印、校对、印制、分发等程序，做到严格把关、规范操作、及时分发、认真归档、妥善保管。高质量做好文稿工作，力求每一份文稿都做到立意高、思路新、文风实、质量精、可操作，清晰、准确、全面、系统地反映市委主张。全年共起草领导讲话150余个，调研报告38篇，各种汇报材料、综合材料、录音整理等211个，以市委、市委办公室名义下发文件489个，印发正式文稿81390份，完成上年度档案整理、立卷、归档968件，积极做好日常查阅利用工作；编印《2009年市委文件汇编》，为各地各部门查阅、学习和使用市委文件提供便利。高效完成来文处理工作，做到不重不漏，及时、快捷、有序、准确无误办理。全年共收转、传阅、办理各级各类文件、材料2.9万份。加强对全市党委系统办公室办文业务的指导，在定期开展办文、文秘等业务培训的基础上，以《曲靖市党委系统秘书部门好公文评选办法》为标准，组织开展第五次好公文评选并编印《好公文评析》，促进了全市党委系统办公室之间的学习、交流和探讨，全面提升了全市党委系统办公室办文水平。

【综合协调】 2010年，曲靖市委办公室积极做好综合协调工作。认真抓好重大事项的协调，保证各项工作的有效衔接和落实，尽量让市委领导从具体的事务中解脱出来，集中精力谋大事、抓大事、干实事。高度重视各类会议、活动协调，确保市委重大会议、重大活动的顺利进行。加强对内对外协调工作，全年共拟制中央、省级领导来曲视察调研方案10余个，会议方案20余个，确保了温家宝总理、回良玉副总理到曲靖市视察调研和省委理论中心组到曲靖调研等重要活动；筹办市委工作会、常委会、常委（扩大）会以及以市委名义召开的会议90余个，接待外地来曲靖重要客人83批（次），组织安排市委领导重要活动77次，确保上级指示得到迅速贯彻落实及市内各项工作的完成。接到各类电话上万次，接待来访人员600余人（次）。

【督查工作】 2010年，曲靖市委办公室坚持和完善《关于加强和改进督查工作的规定》、《曲靖市党委系统督促检查工作考核评比办法》等制度，通过督查工作联席会议、督查反馈、重大事项专报、交办事项周报月结、重点项目定期督办和落实情况定期反馈等工作措施，进一步健全大交办、大催办、大督办、大查办工作体系，全市督查工作进一步走上制度化、规范化、科学化轨道，有效推进市委、市政府决策部署的贯彻落实。年内，围绕市委中心工作和全市改革发展稳定中的重大部署，把分解和督促落实省委八届八次全会精神、市委三届八次、九次全会、市委工作会各项目标任务以及重点项目建设、抗旱救灾、领导批示件办理作为督查工作重点，对各级党委支持和加强人大、政协、民族、群团组织等工作进行专项督查，较好完成省委办公厅交办的各项督查任务，受到省委办公厅的充分肯定。全年共完成目标工作任务分解141项（其中重点工作督查88项），形成《督查专报》25期（篇），上报省委办公厅《督查专报》16期，被单篇采用3篇，其中市委常委、市委秘书长朱德光撰写的《服务科学发展 争创一流业绩 努力开创督查工作新局面》被省委督查室印发到全省县处级单位参阅，办理中央领导批示件1件，办理省委领导批示和省直部门批转件5件、市委领导批示件185件，发出《督促检查事项通知》160期，回复上报《查办件办理情况》192期，发出《督查通报》11期，督办政协委员提案15件。2~5月，配合省委督查组两次深入全市乡（镇），对全市各级党委、政府抗大旱、保民生、促春耕情况进行全面督查，形成专题材料上报省委，其中总结的宣威“储水袋”经验，经省委领导批示，在全省进行推广。

【信息工作】 2010年，曲靖市委办公室落实《关于进一步强化信息工作的实施意见》，突出为市委服务职能，着重加强全市党委信息报送、网络建设等工作，健全完善重大紧急信息报送、信息调研、信息工作问责、业务指导培训等制度。全年共编发《信息专报》46期、《曲靖信息》41期451条、《舆情专报》82期、《工作交流》12期，及时准确向省委办公厅报送信息5238条、采用665条，省委办公厅编发19期《工作情况交流》，有3期是曲靖市的。一大批创新做法如“万名干部驻村抗旱”等被省委办公厅采用。文秘、督查、信息等科室深入基层扎实开展走访调研，围绕抗旱救灾、新型工业化、农业产业化、新型城镇化、统筹城乡发展、中低产田（地）改造等工作撰写调研报告，为领导决策提供第一手资料，把市委的重大举措、基层的先进典型及时向上级报告。

【后勤保障】　2010 年，曲靖市委办公室按照全局服务与重点服务、常规服务与应急服务、对内服务与对外服务相结合的要求，坚持勤俭节约、保障有力、安全规范、优质高效的原则，做到周到、细致、全面、安全地提供后勤保障。规范管理，节支降耗，建立健全财务报销、车辆管理、会务接待等后勤管理制度，年初规范预算，年终严格审核，办公条件有较大改善，机关国有资产得到高效管理。为各科室配齐、更新电脑、录音笔、打印机、复印机、存储盘及桌椅等办公设备。做好应急值守工作，进一步完善市委应急值守工作规范和处理突发公共事件的办法，市委值班室共接收、传送各类文稿 2200 余件，处理各类突发事件和自然灾害信息 100 余件，强化了上情下达、下情上报，做到畅通有序。安全规范做好机关保卫工作，健全完善《市委机关安全保卫管理规定》、《市委机关安全保卫工作方案》等规章制度，坚持工作日巡查和节假日亲自带班，强化对市委、市政府机关保卫大队的协调管理，市委机关社会治安综合治理、防范和处理邪教、禁毒、消防安全等工作取得较好成绩，市委办公室被评为全市防范和处理邪教工作先进单位，确保市委机关安全、和谐、稳定。做好车辆、房管等后勤工作，规范公务车辆管理，强化安全、责任、礼仪等方面的培训教育；进一步改善市委机关医务室就医环境，提高服务质量；高度重视办公区和 3 个住宅区的环境卫生、房管、水电管护工作，积极参与省级园林城市、园林单位创建工作，新增绿化面积 600 平方米，办公区绿化率达 25.5%。

【自身建设】　2010 年，曲靖市委办公室坚持把加强学习培训、改进机关作风、强化勤政廉政作为加强自身建设的重点来抓，全方位、多途径提高办公室干部队伍的综合素质。加强学习培训，年内，办公室共组织集中学习 12 次，外出学习培训 90 余人（次），请专家授课 2 次。邀请市农业局局长和市保密局局长到办公室授课，以“请进来”的方式拓宽干部职工的知识面，增强干部职工的保密意识。“七·一”前夕，市委常委、市委秘书长朱德光带领全体干部职工到爱国主义教育基地——沾益县播乐中学，开展以“发扬革命传统，增强服务意识”为主题的革命传统教育活动，让干部职工进一步增强宗旨意识、责任意识和奉献意识。在 9 月 30 日理论中心组第三季度集中学习活动中，市委办以改进机关作风为重点，以努力提高“三服务”质量和水平为目标，采取集体调研和集中学习的方式，组织全体干部职工到市工商局、市地税局实地参观，切身感受两个单位在机关效能提升、管理创新、创先争优活动等方面取得的成绩。10 月，组织 10 位干部到清华大学进行为期一周的继续教育学习。通过多种形式的学习活动，提高了干部职工的思想境界和综合素质。强化组织建设，认真贯彻落实民主集中制，建立和完善重大事项、人事问题、重大资金支出由秘书长、主任办公会议集体决策机制，办公室决策更加科学化、民主化。调整充实党总支班子，完成 7 个党支部的换届选举，配齐配强党务干部。健全强化工青妇组织，党务、群团工作有人抓、经常抓，为办公室各项业务工作的开展提供组织保障。高度重视老干部服务工作和关心下一代工作，积极开展各类文体活动，努力营造和谐的机关氛围。优化干部队伍建设，建立干部信息库，动态管理干部人事档案，注重选拔使用工作实绩突出、领导同事公认的干部，全年共推荐提拔 4 名处级领导干部、2 名科级干部，选派 1 人到省委办公厅跟班学习。进一步完善科室岗位职责，顺利完成医务室岗位设置工作。继续坚持党委系统办公室跟班学习制度，先后组织各县（市）区委办公室 2 批 18 人到市委办跟班学习。推进工作规范化制度建设，建立和完善办公室工作内部流程、科室工作流程、单项工作流程，细化信息报送、档案查阅、财务、值班、保卫等管理制度，明晰各科室在文稿起草、行文收文、会务活动、接待事务等方面的分工配合。同时，建立科室、职责、岗位、目标、考核、奖惩六位一体的目标责任制，激发干部职工服务的主动性、积极性和创造性，在内部形成比、学、赶、超的氛围。强化机关作风建设，进一步完善行政问责、服务承诺、首问首办、限时办结四项制度，并把办公室服务内容、办事程序、重要文件、领导干部联系方式、投诉方式等在市政务服务网站上向社会各界公布，方便群众查阅了解，公开接受社会监督，做到承诺必做到、首问必首办、办理必限时。年内，办公室派出 1 名副处级领导到富源县竹园镇茂兰村驻村帮扶新农村建设，1 名正科级干部到会泽县待补镇待补村参与“866”整乡推进扶贫工程，共协调资金 500 余万元帮助挂钩村解决水电路等基础设施建设困难，其中茂兰小康示范村顺利通过验收并被评为优良。全体党员在 2 个挂钩村共结对子 70 余户，帮助贫困群众解决生产生活困难，扶持发展致富产业。抗旱期间，办公室领导、干部职工深入挂钩联系点驻村入户，帮助抗旱救灾，共捐款 7..85 万元，党员交纳特殊党费 7.96 万元。强化党风廉政建设，认真贯彻落实党风廉政建设责任制，办公室领导干部认真学习和遵守《廉洁从政若干准则》，履行“一岗双责”，强化对分管科室的党风廉政教育。全体干部职工模范遵守办公室工作人员行为规范，没有出现违纪违法行为，没有干部职工受到群众投诉。

（缪黎霞）

组织工作

【简述】　2010 年，曲靖市组织系统围绕“三服务、两满意”目标，以贯彻党的十七届四中、五中全会《决定》、全省组织部长会议精神为抓手，以推进干部人事制度改革、匡正选人用人风气、加强领导班子能力建设、从严管理和重点管理干部、全面加强基层党组织建设、落实人才规划为重点，切实提高选人用人公信度、提升组织工作科学化水平、打造过硬组工干部队伍，为促进全市经济社会又好又快发展提供了坚强的组织保证和人才支持。年末，全市党政机关干部 20639 人，其中：地（厅）级干部 34 人，县（处）级干部 1073 人；妇女干部 4894 人，少数民族干部 1785 人；大专以上文化 1.91 万人，中专及中专以下文化 1539 人。全市有基层党委 229 个，各级党组 171 个，各级派出工委 12 个，党总支 1979 个，党支部 15392 个；党员 20736 名，其中：预备党员 5910 名，女党员 40633 名，少数民族党员 13859 名，大专以上文化 57660 名，中专、高中文化 39353 名，初中及以下文化 110351 名。2 月，部机关被中共云南省委、云南省人民政府表彰为“第三批新农村建设工作队及指导员工作”先进派出单位。7 月，部机关党总支被中共云南省委表彰为“共产党员抗旱先锋行动”先进基层党组织。

【学习实践科学发展观活动】 2010年，曲靖市各级党组织围绕“促进科学发展、确保民生改善、创新体制机制、建设生态文明、构建和谐曲靖”目标，着力解决影响科学发展的突出问题，第二批96家参学单位制定的1890项整改措施中，1780项已经解决，62项已接近尾声，中长期解决的48项正强力推进；出台“保增长、保民生、保安全、保稳定”措施4560条，为群众办实事好事29152件。第三批3774个参学单位认真抓好整改落实后续工作，废、改、立各类规章制度4882项。

【创先争优活动】 2010年，曲靖市各级党组织围绕“富民强市”目标，以“提质增效、民生改善、和谐家园、制度创新、素质提升”为载体，以创建基层组织建设先进县（市）区、基层党建示范点为抓手，分行业、分领域确定7个省级示范点和27个市级示范点；以公开承诺为主线，大力实施“我参与、我承诺、我奉献”珠源先锋行动，启动“共建创先争优、共创和谐社区”志愿者服务行动，召开“云岭先锋 创先争优——优秀共产党员事迹”报告会，策划“县（市）区委书记畅谈创先争优”专题采访和“创先争优 基层党建示范点风采录”系列报道活动，教育引导广大党员干部在“调整结构、转变方式促进科学发展；破解难题、发展社会事业；保安全、保稳定、构建和谐曲靖；增强动力、创新机制体制；推进学习型、创新型党组织建设”5个方面创先争优。

【干部队伍建设】 2010年，曲靖市委组织部大力推进学习型领导班子建设，深入开展“三个一”主题实践活动，将活动情况纳入领导班子和领导干部日常考核和综合评价中。加强关键岗位干部管理，配合省委、省政府对9个县（市）区委书记2006年换届以来履职情况进行集中考核，调整配备5名县（市）区委书记和4名县（市）区长。完成政府机构改革中新组建、机构性质调整和管理权限改变的12个部门领导班子60名领导干部的配备和52名非领导职务干部的调整工作。制定实施《关于加强后备干部队伍建设的意见》，选派69名处级后备干部任新农村建设工作队队长兼指导员，提拔使用16名正县（处）级、40名副县（处）级后备干部。制定实施《曲靖市培养选拔年轻干部实施意见》，采取组织调配、公开选拔、竞争上岗等方式，加大优秀年轻干部培养选拔力度。完成党群部门14名、法检系统54名公务员招录工作；审批公务员日常登记115人；办理市直党群部门27人调动、51名科级干部任免的审核工作；报批37名厅级干部工资变动，审批1258名处级干部工资变动；完成2010年党内统计和公务员统计。

【干部人事制度改革】 2010年，曲靖市委组织部制定实施《曲靖市干部任用初始提名办法（试行）》，有效解决“谁来提名”、“如何提名”以及“提名责任谁来承担”问题。制定实施《曲靖市干部考察结构化计分办法（试行）》，在5批共67名干部的民主推荐中采用结构化百分制计分。制定实施《曲靖市竞争性选拔领导干部工作实施办法》和《市级党政机关内设机构领导干部竞争上岗工作实施办法》，拿出4个处级、23个科级干部岗位进行公开选拔；采取“公推公选”的办法公选18名乡（镇）党委书记；10个市直部门拿出17个正科级、23个副科级中层干部岗位开展竞争上岗。采取“差额推荐、差额考察、差额酝酿”的方式，在8个市直单位和4个县（市）区选拔16名副处级领导干部。注重在重大项目中培养选拔干部，9名第二批“866”扶贫开发工程优秀挂职干部被提拔使用。出台《曲靖市关于从优秀行政村（社区）党组织书记、主任中选拔乡镇（街道）党政班子成员的意见》，从村（社区）党组织书记、主任中定向考录21名乡（镇）党政副职。抓好市委“双十”计划落实，从市级机关选调1名处级、2名科级优秀年轻干部到乡（镇）党政班子任职。

【干部监督】 2010年，曲靖市委组织部以“干部选拔任用工作法规学习宣传月”和“贯彻四项监督制度，提高选人用人公信度”自我学习教育活动为内容，全面开展“四项监督制度”学习宣传活动，增强领导干部的纪律性和自我约束力。开展以买官卖官、跑官要官为内容的干部选拔任用过程中行贿受贿专项整治行动，对63名市管干部的选拔任用工作进行全程记实；对9期74名拟提拔担任县（处）级领导职务人选进行公示，对公示中有举报反映的12名领导干部进行初步调查和组织函询。对2008年7月至2009年6月间新提拔的118名正、副县（处）级领导干部进行跟踪问绩问效问廉，委托审计部门对19名市管干部任期内经济责任进行审计，完成全市34名厅级、1124名处级党员领导干部报告个人有关事项工作；办理因公出国（境）人员审查审批67人（次）、因私自费出国（境）人员审查审批33人（次）。充分发挥“信访、电话、网络”三位一体的群众举报监督体系作用，受理来信来访25次、举报件44件、“12380”举报电话62个，受理《部长信箱》建议诉求12件。配合省委组织部对5名县委书记干部选拔任用工作职责情况进行离任、任中检查；在省委第五巡视组的指导下，对沾益、宣威等7个县（市）开展干部选拔任用“一报告两评议”工作；在麒麟区、富源县、宣威市、沾益县和市委办等30个市直单位启动提高选人用人公信度“示范县”、“示范单位”创建工作，全市组织工作满意度和领导班子及领导干部群众公信度比上年有明显提升，高于全国、全省平均水平。

【干部教育培训】 2010年，曲靖市委组织部出台《曲靖市干部教育培训积分制考核管理办法（试行）》，对干部学习情况实行年度积分百分制管理；推行“菜单式”选学，把组织调训和个人自学有机结合起来，提升干部培训的质量和水平；推进自主选学和在线学习，全市801名副处级以上领导干部参加全省干部在线学习，6500余名科级干部参加全市干部在线学习。举办3期学习贯彻党的十七届五中全会精神专题培训班，共510人参训。选派18名厅级、71名处级、398名科级及以下干部参加省级以上培训班，组织55名新任处级干部到北京大学开展任职培训；组织29批1600余名党政干部、专业技术人员、企业管理人员开展异地培训。全市共举办498个培训班（次），培训干部60176名，参加晋升副县（处）级领导职务资格考试的1523名正科级干部合格率达95.8%。

【基层党组织建设】 2010年，曲靖市委组织部进一步调整和优化基层党组织设置，全市1373个行政村全部改设为党总支，在13649个村民小组设立党支部9240个，实现村民小组党支部全覆盖；2483户非公有制企业中，应建党组织的939户全部建立党组织，

482户规模以上企业实现党组织全覆盖。出台《关于进一步加强党员队伍建设的意见》，共发展农村党员2523名，培养入党积极分子6778名，消除党员空白村183个，提前一年实现总人口在50人以上的自然村至少有1名党员目标。组织60681名农村无职党员参加设岗定责活动。完成村“两委”换届选举工作，村“两委”班子年龄、知识、民族结构得到明显改善。制定实施《曲靖市村（社区）干部目标考核激励机制》和《关于进一步加强村（社区）干部队伍建设的意见》，进一步激发村干部队伍活力。加大基层党组织建设的资金投入，根据人口规模给予每个行政村（社区）每年2~3万元的党组织工作经费。以“四有一化”为重点，加强社区党建，因地制宜，发展壮大集体经济，227个社区集体经济年收入达1万元以上；91%的社区有办公用房、88%的社区活动场所功能设施齐全。建立社区服务中心、社区文体中心和社会救助中心，推进“一站式”服务。招募党员志愿者45326名，组建以党员为核心的各类志愿者队伍6085支，开展志愿服务18945次。在非公经济组织中广泛开展“亮身份、明责任、树形象”、“党员示范岗”、“我为企业发展献计策”等活动，曲靖越钢集团公司党建材料被省委组织部推荐上报中组部作为全国非公企业党建工作会交流材料。开展“城乡基层党组织互帮互助”活动，选派1477名新农村指导员，建立城乡党组织结对帮扶对子6533个，党员干部结对帮扶农村党员群众63812人，提供帮扶资金94067万元，帮助基层党员群众办实事65182件。

【村级党组织活动场所和党员干部现代远程教育站点建设】 2010年，曲靖市共投入资金1.29亿元，完成276个排危重建村级组织活动场所建设任务，实现活动场所行政村全覆盖。建成1个市级现代远程教学网络平台，1714个终端接收站点，实现县、乡、村远程教育网络全覆盖。积极推行“站点+基地、站点+协会、站点+农户”等多种学用模式，开发制作远程教育课件80多个，组织2万余次学习收看活动，培训党员干部和群众40余万人（次）。

【“星级达标”和“新农村故事会”活动】 2010年，曲靖市委组织部围绕“八有”、“五化”标准，对村级组织活动场所的建设、管理和活动水平实施“星级达标”考评管理。组织开展“新农村故事会”活动，全市1219个村（社区）累计投入经费311.41万元，开展活动6672场（次）、讲故事16931个、发展故事员4992人，参与群众达34万人（次）。“新农村故事会”活动的开展，得到中组部及省委组织部有关领导的充分肯定，受到党员群众的广泛认可和欢迎。

【共产党员抗旱先锋行动】 2010年，曲靖市委组织部在抗旱救灾中及时在全市基层党组织和广大党员中开展“共产党员抗旱先锋行动”，通过开展“抗旱心连心”活动，建立党员领导干部驻村联系点8511个，组建共产党员抗旱先锋队1637支，帮助受灾群众解决生产、生活难题48520个；开展“共产党员抗旱救灾特别捐献”活动，全市547个党组织、67033名党员共捐款2511万元，惠及困难群众10万余人。

【人才工作】 2010年，曲靖市委组织部召开全市人才工作会议，制定下发《曲靖市人才队伍建设中长期发展规划纲要（2009~2020）》，对人才工作进行全面部署。切实抓好曲靖市人才工作领导小组会议筹备、轮值人员安排、部门之间沟通协调等工作，不断加强农村实用人才培训，依托曲靖农业学校创办曲靖农村实用人才培训学校，100人参训。加强专业技术人才培训，组织参加在宁波市举办的培训班，培训第一人民医院中层干部130人；与清华大学联合培训教育系统管理人才80余人。

【数字电影《公道天职》】 2010年，曲靖市委组织部创新宣传形式，由市委常委、组织部部长李云忠亲自创意，历时两年多，数易其稿，与北京国影影视文化有限公司合作拍摄反映党建和组织工作的数字电影《公道天职》（又名《组织部长》），于12月17日在珠江源大剧院举行首映式。

2010年12月17日，《公道天职》（又名《组织部长》）首映式在曲靖会堂举行。

（市委组织部/供稿）

【自身建设】 2010年，曲靖市委组织部统筹开展好创先争优、“讲党性、重品行、做表率”活动，围绕“五抓五强创五好，五学五比五带头”，把加强组工干部的党性教育与创建“学习型机关”结合起来，全面加强部门自身建设。积极开展“组工干部下基层”活动，组工干部下基层调研2243人（次）、撰写调研报告249个、解决实际问题314个、建立各级联系点102个，结对帮扶困难党员群众440人、与干部谈心谈话5132人。面对百年不遇的旱情，全市组织系统207名组工干部踊跃参加“共产党员抗旱救灾特别捐献”活动，共计捐款404955元。切实落实“三个留人”要求，加大干部培养选拔力度，制定实施《部机关中层干部竞争上岗实施方案》，对部机关空缺的6个科级领导岗位进行竞争选拔；提拔使用17名处级、科级干部，交流轮岗8人，选派1名干部参与整乡推进扶贫开发工程，选调2名干部担任乡（镇）党政班子正职。配合省委组织部完成3项组织工作重点调研课题，牵头完成全市23项自选组织工作重点调研课题。举办全市组织系统第三届“同心杯”文体活动；投入80余万元资金，完成全市“大组工网”建设。组织开展《组工文化板报》、《组工信息》等评比活动，营造“学、比、帮、超”的良好氛围，编发《曲靖组工信息》152期、《曲靖共产党员抗旱先锋行动快报》35期，播出《“云岭先锋”在曲靖》党建电视专题片12期。

（卓　维）

机构编制

【简述】　2010年，曲靖市编办围绕市委、市政府的战略部署和总体目标，注重突出为“保增长、保民生、保稳定”提供体制机制保障，努力推进行政管理体制改革，全力开展政府机构改革，着力加强机构编制管理，较好地完成各项任务。

【行政管理体制改革】　2010年，曲靖市编办围绕深化行政管理体制改革的总体目标，以转化政府职能为核心，以理顺职责关系为重点，优化政府组织机构，明确和强化责任，完善运行机制，推进依法行政，提高行政效能，逐步建立起权责一致、分工合理、决策科学、执行顺畅、坚定有力的行政管理体制，抓好市政府机构改革工作。积极探索政府大部门体制改革，在推进工业和信息化、加强城乡建设统筹规划、机关企事业单位人员管理、建立健全从就业到养老的服务和保障体系，以及大农业、大文化、大交通运输方面，实行职能有机统一的大部门体制方面迈出新步伐，组建工业和信息化委员会、人力资源和社会保障局、住房和城乡建设局、交通运输局，将与原市人事局合署办公的市机构编制委员会办公室单独设置，列党委机构系列，名称为中国共产党曲靖市委员会机构编制办公室，保留曲靖市机构编制委员会办公室牌子。结合实际，科学设置政府工作部门。坚持实事求是、因地制宜、上下协调的原则，与省人民政府机构设置大体相衔接，设置32个政府工作部门：人民政府办公室、发展和改革委员会、工业和信息化委员会、教育局、科学技术局、民族宗教事务委员会、公安局、监察局、民政局、司法局、财政局、人力资源和社会保障局、国土资源局、环境保护局、住房和城乡建设局、交通运输局、农业局、林业局、水务局、商务局、文化体育局、卫生局、人口和计划生育委员会、审计局、广播电视局、统计局、旅游局、粮食局、煤炭工业局、安全生产监督管理局、人民政府外事侨务办公室、人民政府扶贫开发办公室、人民政府国有资产监督管理委员会；2个部门管理机构：食品药品监督管理局、公务员局。理顺职责关系，按上级有关文件，进一步明确市煤炭局、国土、安监、工信等部门对矿井关闭监管各自的职责，卫生局、农业局、药监局等部门对食品安全监管各自的职责，财政局和国资委关于行政事业单位国有资产监管职责，发改委、工信委、煤炭工业局等部门对新建煤矿、电煤调度、煤炭生产等方面的职责；理顺了人社局与教育局在毕业生离校前与离校后的就业服务指导工作职责。着重解决了市发改委、市劳教所长期混用事业编制及部分机构行政职能“体外循环”的问题，在交通运输局、财政局、水务局等部门规范核定了科级“总师”领导职数。切实做好政府机构改革“三定”工作，全市政府机构改革部门定主要职责、定内设机构、定人员编制及领导职数（以下简称“三定”）的共45个单位，包括市政府工作部门32个，部门管理机构2个，使用行政编制的其他行政机构3个（人民防空办公室、人民政府法制办公室、市委市政府信访局），行使行政职能、人员参照公务员法管理的副处级以上事业单位8个（市委市政府接待处、人民政府驻昆明办事处、老龄工作委员会办公室、移民开发局、招商合作局、地震局、供销合作社、档案局）。在职责分工上，参照省政府各部门的职责调整，结合全市实际，对45个部门应取消、下放、划出、划入、整合等职责调整事项进行认真审核，并请市政府法制办公室对45个“三定”规定进行合法性审查；在内设机构的设置上，按照精简、效能、统一的原则，突出合理调整、科学设置；人员编制方面，突出控制总量、规范使用。加强县级政府机构改革的业务指导，市编办在组织实施市政府机构改革的同时，研究拟定并报请市委、市政府于2010年9月份印发各县（市）区机构改革方案。市编办组成两个指导组，对各县（市）区机构改革业务进行指导。

【事业单位改革】　2010年，按照政事分开的原则，曲靖市编办认真研究探索事业单位改革的新路子。积极参与相关部门关于医药卫生体制改革、“两基”迎国检、林业管理体制等调研活动，提出意见、建议。将两个经营性事业单位转制为企业。为解决社会经济发展需要与总量控制的矛盾，盘活事业编制存量，将部分市属单位长期闲置的事业编制收回，为教育卫生等部门适当增加事业编制，为部分县（市）区增加事业编制总量。

【机构编制管理】　2010年，曲靖市编办做好机构编制日常管理工作。抓好动态管理，强化实名制为管理手段的机构编制管理和推进政务与公益专用中文域名的应用普及工作。机关事业单位进出人员关口前移，与财政、组织、人事部门相互配合制约，为市直600余名退休、调动、考录、退役士兵和军队转业干部办理变动注册手续。加强对县（市）区编办实名制管理和政务与公益专用中文域名的应用普及工作的指导。适时稳慎调整、配置机构编制资源，对分散在各部门的培训机构以及科技宣传普及机构进行调研，提出整合成立中小企业生产力促进中心和科技孵化中心的意见、建议；为加强公共安全提供机构编制保障和解决经济社会发展中关系民生的重大问题，成立医疗事故鉴定中心、重点项目建设稽查特派员办公室、盐务执法支队、西城国土资源所、曲靖市强制戒毒所大营分所、曲靖市中级人民法院环境保护审判庭、市公安局特警支队和反恐支队；为增加工作职责的信访局、维护稳定领导小组办公室、煤矿安全检测监控中心、动物疫病预防控制中心等机构适时增加科级领导职数或编制。按照省编办的文件要求，完成省垂直管理的市、县（市）区食品药品监督管理局移交同级政府管理工作。并把省编办核定全市食品药品监督管理系统的158名行政编制，41名事业编制和省2009年和2010年下达给曲靖市加强公安、公路交巡警、法院、检察院一线和基层司法所的专项编制和政法专项编制控制数341名（公安系统186名，法院系统47名，检察院系统50名，司法系统11名，专门用于江召高等级公路交巡警大队政法专项编制控制数47名）及2008年师团职军转干部行政编制8名下达到各部门。

【事业单位登记管理】　2010年，曲靖市实行网上办公和实时汇总事业单位登记管理数据工作。全年共办理事业单位法人设立登记9家、变更登记58家；年检合格2742家，其中：市级194家、县（市）区2548家，并在《曲靖日报》上对年检合格的事业单位法人作了全面公告；建立健全市直事业单位法人档案292件。

（张　艳）

宣传思想工作

【简述】　2010年，曲靖市宣传思想文化工作深入贯彻落实科学发展观，认真落实党的十七大和十七届三中、四中、五中全会精神以及省、市委关于宣传思想文化工作的决策部署，高举旗帜、围绕大局、服务人民、改革创新，进一步解放思想观念，把握工作规律，转变话语方式，创新工作载体，着力推进理论教育大众化、文化服务民生化、舆论引导平民化、创建活动群众化、对外宣传特色化、城市形象品牌化、文化经济产业化，各项工作稳步推进，成效显著。

【理论武装工作】　2010年，曲靖市理论武装工作围绕创建学习型党组织活动，按照理论教育大众化的要求，重在载体和形式上创新，在深入学习、广泛普及上下功夫，巩固全市干部群众构建和谐、促进发展的共同思想基础。抓龙头，推动理论学习常态化、规范化。全市各级各部门在开展学习型党组织建设和创先争优活动中坚持用党的创新理论凝聚思想、统一认识，各级党委（党组）中心组深入学、扎实用的意识和能力进一步增强，省创先争优办两次召开宣传工作座谈会均安排曲靖市作经验交流。市委中心组率先垂范，全年组织集中学习新型工业化、十七届五中全会精神、学习型党组织建设、新时期统一战线工作等4个专题。全年全市各级中心组共举行中心组学习500多场（次），参加学习39363人（次）；共举办各级各类在职干部培训班600多期，理论骨干培训班193期，共计10万余人（次）参训。抓载体，推动科学理论的宣传普及。创办"曲靖市领导干部新视野知识讲座"，先后邀请中央党校、北京大学、中国人民大学等知名专家教授作专题讲座，拓宽领导干部视野。实施党员干部读书计划，开设"曲靖干部读书网"，开展"党员干部读经典"活动，搭建党员干部新的读书学习平台。在全市各县（市）区所属乡镇（街道）选取一个村委会和一个社区开展推进中国特色社会主义理论体系的宣传和普及试点，初步形成具有曲靖地方特色的普及试点经验。抓调研，推动理论研究成果向实践转化。进一步完善《曲靖市领导干部调查学习制度》，围绕理论热点问题和重大现实问题开展科级以上领导调研成果评比，定期摘编优秀调研报告主要论点供领导决策参考。办好市级新闻媒体和理论刊物理论宣传专栏，刊载400多篇优秀理论研讨文章。在会泽县召开的全省调研工作片区座谈会上，全市精神文明建设、农村文化户发展等3篇调研报告入选会议文集。

【抗旱宣传】　2010年，面对曲靖市遭遇百年一遇的特大旱灾，全市宣传战线以高度的政治敏锐性和责任感，超前谋划、周密部署、层层联动、强化督查，积极做好抗旱救灾宣传。主动作为，赢得关注。旱灾期间，市委宣传部共协调组织省级以上主流媒体开展5次大规模的集中采访活动，省级以上各类新闻媒体50余家300多个批（次）近千名记者对全市的旱情和抗旱救灾工作进行采访报道。特别是新华社和中央电视台在第一时间关注曲靖，报道曲靖旱情，使全市抗旱宣传工作取得主动权。其中中央电视台新闻中心4次直播的宣威市双河乡家俄村干部群众开挖引水路的事迹、《东方时空》制作的10集《马路乡抗旱日志》、新华网以《艰辛背水路》为题图文并茂报道的会泽县马路乡岔河村村民抗旱组照在全球各大网站转载达40万余条等一系列专题宣传，在国内外引起广泛关注；中央电视台以及东方卫视、凤凰卫视、广东卫视、江苏卫视、江西卫视等各主流媒体及港澳媒体的关注和支持使全市旱情和抗旱救灾工作引起强烈反响，赢得全国、社会各界对全市抗旱救灾工作的大力支持。社会宣传形成合力。市级媒体在宣传报道中采用专栏、专版、专访、公益广告、MTV抗旱歌曲等形式，把主要精力、重要时段、重点版面都投入到抗旱救灾宣传上，全面、真实、客观、生动地记录了全市"抗大旱保民生促春耕"的场景，成为曲靖媒体投入人员最多、投入版面最多、投入时段最长、报道规模最大、报道效果最好的一次战役性宣传报道。利用手机"新华快讯"、"曲靖快讯"发送曲靖抗旱救灾工作、节约用水、护林防火等信息100余条，利用"微博曲靖"网络平台发布抗旱救灾工作信息500余条，扩大宣传面。全市各级各部门

2010年3月1日，全市抗旱救灾宣传工作推进会召开。

（市委宣传部/供稿）

各单位结合实际利用干部职工会、宣传栏、黑板报、标语口号、宣传单（册）等各种载体采取多种形式，开展节约用水、文明用火、关爱灾区等宣传教育活动。“欢乐珠江源”广场文化活动连续3个月以抗旱为主题演出达20余场（次），募集救助款35万多元。仅麒麟主城区就悬挂抗旱宣传大型公益广告20多块，横幅500多条，安装出租车LED电子显示屏公益广告500余块，营造全社会万众一心抗大旱、同舟共济渡难关的良好氛围。志愿者行动得到认可。市委宣传部、市文明办与团市委、总工会、民政局、妇联共同组织全市3000余个单位、90余万人参与抗旱救灾“绿丝带”志愿者行动7万余次，志愿者捐款1400多万元，单位出资达5000多万元，切实帮助2500余个村、120余万人、150余万头大牲畜解决了饮水困难，支持抗旱春耕190余万亩。

【舆论引导】 2010年，曲靖市舆论引导工作按照对外宣传特色化、舆论引导平民化的要求，开展主题宣传和重大活动宣传，加大舆论引导能力。组织策划“创先争优活动”、云南和平解放60周年、国家实施西部大开发战略10周年、“构建和谐社会”、“866”整乡整村扶贫攻坚、市人代会和政协会、学习郑垧靖同志先进事迹等主题宣传活动，全面宣传各级各部门开展创先争优活动的好做法、好经验，充分展示全市深化改革、加快发展、改善民生、保持稳定、促进和谐的良好局势，使改革开放好、共产党好、社会主义好更加深入人心。加强与市直部门配合，开展全市第6次全国人口普查、大学生志愿者暑期禁毒宣传“六进”活动、全省第二届百姓最喜爱的十大人民警察评选活动、全国县级供销社改革与发展曲靖经验现场会、全市科技活动周启动仪式、“全国第20个助残日”等相关活动的宣传，社会宣传工作得到深化。另外，党风廉政建设、爱国统一战线、民族团结、节能减排、环境保护、武装工作、国防建设和禁毒防艾等方面的宣传扎实有效。在全市广泛开展学习宣传战线的典范郑垧靖同志先进事迹活动，激励全市宣传文化系统在创先争优活动中争创佳绩。组织市级媒体深入基层挖掘并大力宣传“宣威双河抗旱一线再现红旗渠精神”、“一心为民的好村长陆建友”等先进典型，打造群众身边的平民榜样，让广大干部群众学习有标准，行动有标杆。全面加强阵地建设。《曲靖日报》开设“百姓财富”栏目，增强亲和力和影响力。广播电视主动削减广告播出时间，积极培育本土品牌广告，成为全省业界增幅最大、增长最快的州（市）广播电视媒体。市电视台开展移动数字电视项目（CMMB）建设，以3G手机、MP4、车载电视等移动终端为服务对象的移动数字电视项目已经完成设备安装并投用，培育出新的经济增长途径。电台推出《王广播话农事》、《榜样资讯》两个栏目，形成了一定的社会影响力。网络媒体进一步落实监管、编审制度，覆盖面和影响力明显增强。在城区建设一批以“展示曲靖形象、构建文明和谐”等为主要内容的大型公益广告。

【文化建设】 2010年，曲靖市文化建设工作围绕文化服务民生化、文化经济产业化，以深化文化体制改革为动力，坚持群众性文化活动和打造文化精品并举，不断兴起文化建设新高潮。认真总结第一轮文化体制改革经验，出台《关于进一步深化文化体制改革推进经营性文化事业单位转企改制的意见》，明确职责、增加投入、规范管理、完善机制。继续推进文化基础设施建设。通过实地查看、认真审查申请材料，确定2009年全市农村公共文化基础设施建设补助名单，补助资金全部拨付到位，全市共补助乡镇综合文化站29个265万元，行政村文化活动室340个170万元，全市县级场馆及其他以奖代补50万元，曲靖市文学艺术创作政府奖30万元，共拨付补助资金515万元。同时，对全市已进行补助的乡镇综合文化站、行政村文化活动室进行检查，进一步规范管理，使之发挥应有作用。大力发展繁荣文化事业。着力打造广场文艺演出品牌，组织召开2010年欢乐珠江源广场文化活动动员大会和启动仪式，并对全市2008～2009年参加广场文化活动表现较为突出的曲靖市公安局等33个先进单位进行表彰。举办抗旱救灾广场义演活动，9家中央、省、市、区机关及企事业单位、厂矿、学校、人民团体演出节目108个，观众人数达8万余人，募捐救灾款5万余元。配合省委宣传部成功组织“云之南”艺术团在抗旱第一线宣威的专场慰问演出，协助农行成功举办“盛中国新春音乐会”，以及庆祝建党89周年大型音乐会。市文联牵头组织第二届文艺创作政府奖评选，为推动全市文艺创作和繁荣提供了支撑。

【对外宣传】 2010年，曲靖市坚持对外宣传特色化要求，以树立曲靖良好形象、提升曲靖知名度为目的，整合资源、集中力量、聚集优势，精心策划重点报道和典型宣传，做好热难问题和突发事件的舆论引导，积极探索改进和提高对外宣传质量和效果的方法途径，不断开辟新的外宣阵地，巩固和扩大对外宣传成效。主题宣传彰显特色。围绕“十一五”建设成就和市委、市政府重点工作，做强主题外宣。在抗旱救灾宣传、“6·26”马龙抗洪救灾宣传、全市供销社网络建设、“866”扶贫工作、中小学危房改造、标准化厂房建设等重大工作中精心策划，组织中央、港澳驻滇媒体和《云南日报》等主流媒体采访，推出一系列份量足、影响大的报道。在“866”扶贫工程的宣传工作中，深入挖掘、总结全市各级各地新农村建设及扶贫工作中的典型，突出特色亮点；全面报道曲靖市供销社网络建设工作；圆满完成一年一度昆交会的主题宣传工作；进一步加强与省级以上媒体的交流、沟通、合作，组织开展“桥头堡建设大家谈·滇中经济圈建设大家谈”集中采访活动、“纪念西部大开发十周年”、“大旱之年话丰收”、“转变发展方式”、“节能减排”等主题宣传，进一步增强中央、港澳及省级媒体对曲靖经济社会的关注度。积极畅通宣传渠道。继续加强与新华社、人民日报、中央电视台等中央主流新闻媒体的联系沟通，探索并建立省级以上新闻媒体良好的合作机制，形成良性互动的合作关系。进一步完善新闻发言人制度，突发事件和热难点问题的舆论引导更加有力，在“6·26”马龙县特大洪涝灾害及抗洪救灾工作的宣传报道中，第一时间发布信息，向外界反映灾情及应对措施，为做好救灾工作营造了良好的舆论氛围。宣传载体有所拓展。坚持利用手机短信移动服务平台和“微博曲靖”等新兴传媒发布大量时政类、资讯类、服务类信息，进一步提高网民对曲靖的认识和认知程度，“微博曲靖”已拥有粉丝3万余人，在“新浪微博”排行榜中列为官方微博第一名。特别是在马龙特大洪灾中，“微博曲靖”以开放的姿态和快速畅通的信息传递客观真实地反映了灾情，其转变话语方式的做法受到网民的关注和《人民日报》等国内许多媒体的好评。在开心网注册“开心曲靖”，把曲靖的名胜古迹及土特产品推介到开心网，成为政府进驻开心网第一家，拥有粉丝超过3万人，网上影响力不断增强。仅1～11月份，全市在省级以上新闻媒体共发稿超过3500篇（条、幅、部，不含网络媒体）。其中，中央级新闻媒体（含港澳媒体）刊播近500条（篇、幅），省级及省外新闻媒体刊播3000余条（篇、幅）。尤其是各类网络媒体在抗旱救灾及马龙水灾救灾过程中，刊载20多万条稿件，网上点击1800余万次；中央电视台在抗旱救灾期间播出曲靖的新闻（专题）超过100条（个）。

（赵应华）

统战工作

【简述】　2010年，曲靖市统战系统围绕“大团结、大联合”主题，加强基层统战组织建设，着力促进政党关系、民族关系、宗教关系、阶层关系和海内外同胞关系和谐，开创全市统战工作新局面。

【宣传信息】　2010年，曲靖市统战系统强化统一战线宣传工作。积极协调将统战理论知识纳入中共曲靖市委理论学习中心组学习第三次集中学习活动内容。制定下发《中共曲靖市委统战部信息、理论文章及调研工作奖励办法》。年内，全市统战系统共向中央统战部、省委统战部、《中国统一战线》、《云南日报》、《云南统一战线》等报送信息220多条，编发《曲靖统战工作》简报24期，被中央统战部内部信息采用6条，中央统战部网站采用信息稿件18条，《云南统战信息》、《云南统一战线》采用调研报告、信息60余篇，《曲靖日报》等刊物采用40余篇，获省委统战部信息工作二等奖。部领导分别给全市县处级领导干部培训班、麒麟区基层统战干部培训班、全市党外干部培训班、全市基层统战干部培训班、市老龄办等单位授课。

【基层统战工作】　2010年，曲靖市统战系统推动基层统战工作再上台阶。印发《中共曲靖市委统战部关于进一步巩固基层统一战线组织建设成果，深入推进基层统一战线工作的通知》，安排部署统战工作任务较重的市直单位有序开展统战工作。组织市委统战部机关全体干部、各县（市）区委统战部1名统战干部和全市115个乡镇（街道）统战委员共140多人参加为期3天（11月24～26日）的全市基层统战干部培训班。制定市直单位统战工作目标责任制及考核实施细则，进一步修订各县（市）区委统战工作目标责任。

【政党工作】　2010年，曲靖市委统战部着力深化多党合作机制建设，促进政党关系和谐。提请市委研究下发《中共曲靖市委办公室关于建立市级各民主党派与市委、市政府有关部门、人民团体、中央和省驻曲有关单位对口联系工作制度的意见》（曲办发〔2010〕3号）文件，7月2日召开曲靖市各民主党派与市直有关单位对口联系工作座谈会，就文件精神的贯彻落实作动员部署。10月，市委督查室就文件精神的贯彻落实进行专题督查。下发《中共曲靖市委统战部关于建立民主党派定期报送发展成员情况制度的通知》（曲统通〔2010〕5号），对各民主党派市委发展成员情况实行季度通报制度，协助各民主党派市委切实加强思想建设和组织建设。积极请示、多方协调为各民主党派市委各配备1辆公务用车，各民主党派市委办公经费由上年的10万元提高到15万元，为民建、民进、九三学社曲靖市委配齐专职副主委，提请市委解决各民主党派兼职主任委员、副主任委员工资待遇补差，进一步改善各民主党派工作条件。做好协调和课题调研成果转化等相关工作，进一步建立健全督查机制。2009年各民主党派的13个调研课题所提意见建议得到全面批转落实，2010年安排部署的14个调研课题形成调研报告送交市委办理。组织各民主党派在马龙县通泉镇大海哨村委会集中开展社会服务活动。认真组织和配合省委统战部开展党外代表人士队伍建设调研工作。完成民革、民盟、九三学社换届工作。加强党外干部学习培训工作。11月9～11日，与市社会主义学院联合举办全市党外干部培训班，108人参训。组织民主党派主委赴台湾考察学习。

【民族工作】　2010年，曲靖市统战系统认真贯彻党的民族理论和民族政策，促进民族关系和谐。成立市委民族工作领导小组，加强对民族工作的领导。牵头组织召开曲靖市民族工作会议暨第六次全市民族团结进步表彰大会，表彰40名模范集体和60名模范个人。指导各县（市）区和民族工作部门宣传贯彻党的各项民族方针政策，协调关系，化解矛盾，抓好热点、难点问题的排查和调处工作。协调推动《中共曲靖市委 曲靖市人民政府关于进一步加强民族工作促进民族团结加快少数民族和民族地区科学发展的决定》的贯彻落实。会同市委组织部、市民宗委组织全市40名民族领导干部在中央民族干部学院参加为期半个月的民族工作干部培训班。

【宗教工作】　2010年，曲靖市统战

2010年11月24日，全市基层统战干部培训班开班。

（付瑜/摄）

系统全面贯彻落实党的宗教工作基本方针，积极引导宗教与社会主义社会相适应。成立市委宗教工作领导小组，建立健全县、乡、村宗教工作网络，保持宗教界的团结、稳定、和谐。开展创建和谐寺观教堂活动，增强宗教界和信教群众爱国意识、法律意识和公民意识。坚持定期走访宗教团体和慰问代表人士，密切与宗教界代表人士的沟通和联系，完成市佛教协会、市基督教“两会”换届工作，在具备条件的县（市）区筹建宗教团体，全面加强宗教教职人员队伍建设，充分发挥宗教团体和宗教爱国人士的作用，积极引导宗教与社会主义社会相适应。向省委统战部协调修缮宗教场所补助资金45万元。组队参加云南省首届宗教届运动会并取得较好成绩。

【新的社会阶层人士统战工作】 2010年，曲靖市统战系统贯彻“充分尊重、广泛联系、加强团结、热情帮助、积极引导”的方针，做好新的社会阶层人士统战工作。牵头抓好非公经济组织深入开展创先争优活动，促进非公有制经济组织实现科学发展和非公有制经济人士健康成长。召开全市“优秀中国特色社会主义事业建设者”表彰大会暨市工商联三届五次执委会议，授予30名企业家“第二届曲靖市优秀中国特色社会主义事业建设者”荣誉称号。组织引导全市非公经济人士和非公经济组织为全市新农村建设和抗旱救灾工作捐款捐物近6000万元。落实非公经济联席会议制度，制定和完善非公有制经济代表人士综合评价相关程序，组织开展第一批76名非公有制经济代表人士的综合评价工作。

【海外统战】 2010年，曲靖市统战系统推进对台和海外统战工作。配合市侨联（侨办）稳步推进陆良华侨农场改革、发展和稳定工作，非归难侨危房改造工作进展顺利，农场基础设施建设、产业结构调整和就业工作进一步加强。归侨侨属侨眷人员基础数据统计工作全面完成，为侨服务和侨务工作基础明显加强。接待来访台胞台属10批35人（次），全市赴台人数达3300多人，办理因公赴台手续52人（次）；妥善处理一起台商企业工伤事件；慰问黄埔同学会员12人（送慰问金3.2万元），看望黄埔同学会员遗孀2人（送慰问金3000元）；争取“明德小学”5所7个项目，总投资3500万元，其中台资280万元。

【理论研究和调研】 2010年，曲靖市统战系统加强统战理论和调研工作。召开全市统战部长暨市委统战部理论学习中心组集中学习会议。组织市委统战部部领导、科室负责人、各县（市）区委统战部长围绕如何做好新时期新阶段统一战线工作、统一战线如何服务科学发展和实现自身科学发展、如何推进五大关系和谐、如何推进基层统战组织建设等内容作中心发言，积极探索基层统战工作规律，研究解决制约统战工作科学发展的重大问题。认真落实“党委出题，政府支持，党派调研，部门协调，成果转化”的参政议政考察调研机制，做好党派课题调研协调、成果转化等相关工作。年内，确定《曲靖市城乡公共卫生工作》、《曲靖市湿地资源现状与保护》、《曲靖市农村文化户发展情况》等14个调研课题，所形成调研报告已送交市委得到全面的批转落实。组织全市统战系统干部深入开展调查研究，形成理论文章和调研报告86篇。《中国统一战线》采用调研报告1篇，《云南日报》刊载理论文章1篇，《云南统战信息》、《云南统一战线》采用理论文章、调研报告6篇，组织上报6篇调研文章，获省委统战部理论调研组织工作一等奖，调研报告《牢牢把握“两个共同”主题，推动散杂居地区民族团结进步事业全面发展》被评为一等奖。

【自身建设】 2010年，曲靖市委统战部制定下发《2010年统一战线工作要点》，研究制定统战工作考核实施细则并将其纳入曲靖市贯彻落实科学发展观2010年度县（市）区综合考核和市直单位2010年度综合考核内容，及时下发《市委统战部关于对2010年全市统战工作任务进行责任分解立项的通知》、《2010年度市委统战部干部职工目标责任制考核办法》，制定印发《中共曲靖市委统战部机关2010年学习计划》，制定下发《中共曲靖市委统战部关于在党支部和全体共产党员中深入开展创先争优活动的实施意见》。组织全体党员深入旱情较重的沾益县白水镇月亮洞村民小组开展义务劳动。“七一”前夕，市委统战部机关党总支召开全体党员大会，集中学习（一次）《中共共产党章程》，集中回顾（一次）个人入党历程，集中进行（一次）入党宣誓，庆祝中国共产党成立89周年。于11月22日召开2010年年度民主生活会。规范统战系统内部机构设置，建立《市委统战部慰问制度》、《市委统战部密码电报使用、管理规定》、《市委统战部卫生管理制度》、《干部职工目标责任制考核办法》。选派8人（次）参加中央、省委统战部举办的各种培训班学习，1名干部参加市委、市政府组织的北京信访劝返工作队工作，1名干部到师宗县五龙乡担任新农村建设指导员。6月，部机关被区委、区政府命名为区级文明单位。安排11批22人（次）到挂钩联系点陆良县芳华镇高梨树村指导抗旱救灾工作，组织市委统战部干部职工捐款3.16万元，多方筹集资金22万元帮助抗旱救灾。用好省委统战部门下拨的230万元抗旱救灾资金捐款，在9个县（市）区18个乡（镇）24个边远贫困村委会建设水窖951个。

（付　瑜）

政策研究和农办工作

【简述】 2010年，曲靖市委政策研究室、市委农村工作领导小组办公室组织开展对全市经济社会发展中的有关重大问题和热点难点问题进行专题调究，总结推广典型经验，提出发展思路和对策建议，强化农业农村工作综合协调和督查指导，抓好小康示范村、新农村省级重点建设村、新农村建设工作队及指导员管理服务和农村民居地震安全工程建设等专项工作，完成市委市政府安排的有关文稿起草和重点工作督查等任务。

【专题调研】 2010年，曲靖市委政研室、市委农办组织开展对统筹城乡发展、和谐社区建设与管理、“桥头堡”建设、发展现代农业、矿村共建资源开发新机制等专题调研，撰写《曲靖市统筹城乡发展调研报告》、《曲靖市和谐社区建设调研报告》、《加速推进新型工业化和城市化进程把曲靖打造为“桥头堡”建设战略新高地》、《曲靖市发展现代农业产业化“十二五”规划》、《解决民生热点难点问题的调研报告》、《关于矿村共建资源开发新机制督查调研情况报告》等专题调研报告13个。完成《曲靖市矿村共建资源开发新机制》课题研究，课题成果得到国土资源部、国家土地督察成都局和市委、市政府领导的肯定和认可。调研总结推广在新农村建设、新农村省级重点建设村、小康示范村建设、中低产林改造、农作物秸秆综合利用等方面的典型经验材料7个。

【文稿起草】　2010年，曲靖市委政研室、市委农办起草《曲靖市统筹城乡发展的实施意见》、《关于推进以新村庄新社区建设为重点的统筹城乡发展的实施意见》、《关于认真做好2010年度社会主义新农村省级重点建设村工作的通知》、《曲靖市贯彻落实科学发展观2010年度县（市）区综合考核奖惩办法》、《曲靖市市直单位2010年度综合考核评价办法（试行）》、《曲靖市贯彻落实科学发展观2010年度县（市）区综合考核实施细则》、《曲靖市新村庄新社区建设考核验收办法》等文件和市委、市政府领导在有关会议上的讲话稿10余个。同时，还撰写向上级有关领导和部门到曲靖调研的汇报材料《曲靖市贯彻落实中央和省委农村工作会议精神的情况报告》、《曲靖市2010年农村劳务产业情况报告》、《曲靖市农村土地管理情况汇报》、《曲靖市农民工工作情况汇报》和2010年版《云南经济年鉴·曲靖篇》等7个。

【农业农村工作综合协调】　2010年，曲靖市委政研室、市委农办强化对农业农村工作的综合协调。做好2009年度全市农村民居地震安全工程建设自查总结工作，协调配合有关职能部门抓好2010年度全市农村民居地震安全工程建设的项目安排、补助资金的拨付和监管等组织实施工作。撰写省委农村工作会议曲靖书面发言材料《强基添后劲 增收惠民生 努力巩固农业农村发展良好势头》和书面交流材料《深化改革 加大投入 确保农业稳定发展农民持续增收》。做好市人大三届三次会议第15号建议《关于切实加大新农村建设巩固力度》，市政协三届三次会议第98号提案《关于解决农村困难户住房问题》、第102号提案《关于加快我市城乡经济社会发展的一体化建设》、第291号提案《关于解决曲靖市“三农问题”的县域经济》等建议和提案的调研、面商和回复工作，代表、委员满意率达100%。抽调专人参与市综合考核领导小组认真做好2009年度县（市）区综合考核奖励兑现工作，并抓好2010年度综合考核的日常工作；参与市发改委调研并起草全市“十二五”规划建议和规划纲要编制工作；参与市委办、市政府办和市供销社分别做好全国、全省供销合作社改革与发展曲靖经验现场会议有关文稿的起草、现场筹备等工作；参与市级有关部门做好村级组织活动场所建设和“整乡推进”扶贫开发的考核验收。参与防汛抗旱、护林防火、烤烟生产与收购、惠农强农补助资金、矿村共建资源开发新机制等专项督查工作，并撰写相关督查报告。

【社会主义新农村省级重点建设村】2010年，曲靖市委政研室、市委农办组织实施了第一批176个省级重点建设村工作。实施中突出农村民居、基础设施、产业发展等重点。截至6月底，全面完成年度工程建设任务。共投入建设资金12872.66万元，其中：省级补助2640万元，市、县两级补助451.2万元，整合部门资金1983.43万元，社会帮扶资金725.06万元，群众自筹（含投工投劳）7072.97万元。完成危旧房改造工程3138户，其中拆除重建1252户，加固改造1886户。发展种植业5.65万亩、养殖业6463头（只）、林果业1.55万亩。改厨529间、改厕565间、改厩497间，新建垃圾池46间、卫生厕44间，村内公共绿化5750平方米。实施人畜饮水工程7件，架设管道18783米，新建水池9个。硬化进村入户道路265627.5平方米，新修进村公路80千米，架设桥梁2座。新建太阳能100户、沼气池550户，新建文体活动场所5892.4平方米、文体活动场地28768平方米。项目建设使建设村2.97万户115651人受益。同时，启动实施第二批180个省级重点建设村工作。

【小康示范村建设】　2010年，曲靖市委政研室、市委农办全面完成第二批9个小康示范村建设工作。据统计，共投入建设资金76692.73万元，其中：争取省级以上投入3634.4万元，市级财政投入1800万元，县级财政投入2880.6万元，乡镇财政投入981.7万元，整合部门项目资金3955.25万元，社会捐助1866.4万元，集体经济投入1119.55万元，群众自筹（含投工投劳）59124.83万元，其他投入1330万元。共培育特色高效产业350个，新扶持培育农产品龙头企业14个，累计扶持培育农产品龙头企业31个，培育各类农民合作经济组织22个、农民经纪人437个，累计转移农村劳动力16278人；农村经济总收入由29748万元增加到39285.3万元，同比增32%；农民人均纯收入由4042元提高到5385元，同比增33.2%。村共拆除新建民房1704户，维修加固2646户，粉刷墙面2118547平方米，改造私厕4046个，建公厕76所，改厩4482个，建沼气池1875个，改节能灶5246个，建垃圾池122个，硬化村内道路357952平方米，村内绿化110735万平方米。实现98%的电网改造，100%进村公路实现硬化，村内道路硬化率达95%以上，沼气、电能、太阳能、液化气等清洁能源使用率达80%以上，家用电器普及率明显提升。建成文化活动室7345平方米，文化活动广场20680平方米，体育场地17250平方米，“万村千乡”农家店14个。97%的农民参加新型农村合作医疗，新型农村合作医疗、新型农村养老保险、农村社会救助制度更加健全和完善。创“十星级文明户”8816户，占总户数的85%，乡村治理机制进一步完善。经市委、市政府组织3个考核验收组进行检查考核确定为优良等次。同时，按照市委、市政府《关于推进以新村庄新社区建设为重点的统筹城乡发展的实施意见》的要求，认真做好以新村庄新社区建设为重点的统筹城乡发展试点工作，年内启动实施首批新村庄新社区建设试点30个，到12月底，完成建设规划总投资的21%。

【新农村建设工作队及指导员管理服务】　2010年，曲靖市委政研室、市委农办在做好第三批新农村建设驻村指导员的年度考核、推优评先和表彰奖励工作的同时，做好全市选派第四批新农村建设指导员1472名（含总队长及副总队长）管理服务工作，指导员中省派69人、市派212人、县派624人、乡（镇）派554人，以乡（镇）为单位组建新农村建设驻村指导员工作队112支，实现了全市1459个建制村（居）委会全覆盖。会同市委组织部共同做好新农村建设工作队及指导员的选派工作，并抓好市级212名新农村建设指导员的抽调和培训工作，妥善安排好省下派的新农村建设指导员到其派出单位对应挂钩帮扶的县（市）区驻村。组织召开全市新农村建设工作队长座谈会4次，抓好下派驻村指导员的日常管理和协调服务等工作。加强市、县、乡三级新农村建设指导员工作领导机构建设，建立完善工作队长和指导员工作的学习培训、汇报交流、信息报送、考核考勤、督查指导、保障激励、重大事项报告、宣传报道、请销假等相关配套的管理制度。充分利用简报、新闻媒体等有效形式，大力宣传新农村建设工作队及驻村指导员的先进事迹、典型经验，树立和发挥先进典型的示范作用。8月，在全省新农村建设指导员工作座谈会议上，曲靖市新农村建设工作队及指导员组织管理工作得到省委副书记李纪恒充分肯定和表扬，并通过省的检查考评。

【抗旱救灾】 2010年，曲靖市委政研室、市委农办按照面对百年不遇持续严重干旱，做好抗旱救灾工作的情况收集、整理、上报，编印抗旱救灾工作简报33期，起草抗旱救灾工作汇报、工作总结、电视直播访谈等材料20余份。派出1名正科级扶贫挂职干部到罗平县长底乡帮扶整乡推进扶贫工程建设，协调50余万元资金帮助挂钩村解决水电路等基础设施建设困难，分别通过市、县两级的考核验收。帮助农村干部远程教育工作挂钩联系点宣威市海岱镇协调解决4个村委会的"农村书屋"建设项目，共8万元。抗旱期间，组织干部职工为挂钩点捐出抗旱救灾经费1.22万元，又筹措资金5120元，购买塑料桶160只，送到困难户手中。共产党员捐献"共产党员抗旱救灾特别捐献款"16550元，直接交由民政部门用于抗旱救灾。

【期刊资料编辑发行】 2010年，曲靖市委政研室编辑发行《珠江源经济》期刊12期，其中刊载的文章被国务院发展研究中心信息网采用5篇。同时，编发《曲靖政研参考》7期，主要反映政研（农办）工作的有关重要调研成果，其中第1期《关于沾益县盘江镇以"抓两头带中间"为抓手全面推进新农村建设的调研报告》、第6期《提升认识 把握规律 完善措施 扎实稳步推进中低产林地改造》分别被省委农办《云南新农村建设通讯》第2期和第12期转发各州（市）。

【新农村建设指导员视频会议】 2010年2月27日，全市第三批新农村建设工作队及指导员工作总结暨欢送第四批新农村建设导员视频会议在市电信公司电子政务网视频会议中心召开。市委常委、组织部部长、市委新农村建设工作队领导小组副组长李云忠提出明确要求。市人大常委会、市政府、市政协分管联系农业农村工作的领导，市委新农村建设工作队领导小组成员单位领导和办公室成员、市级抽调下派新农村建设工作队长和指导员参会。在各县（市）区设立分会场，通过视频会议系统参加会议。3月4日，市级抽调下派的159名第四批新农村建设指导员集中在市委党校进行业务培训；5日，分赴各县（市）区驻村参与农村基层组织做好抗旱救灾工作和新农村建设。

【新农村建设先进集体和个人表彰】 2010年5月24日，在全市第二批"千村扶贫、百村整体推进"总结表彰大会上，市委、市政府对2009年度在全市新农村建设中贡献突出的30个捐资捐物50万元以上支持新农村建设的"先进集体"、11名捐资捐物100万元以上支持新农村建设金质功勋章获得者、30名捐资捐物30万～50万元支持新农村建设银质功勋章获得者、46名捐资捐物10万～30万元支持新农村建设铜质勋章获得者；第三批新农村建设驻村指导员工作中涌现出的132名优秀指导员、11名优秀工作队队长、32个先进派出单位进行表彰奖励。会上，市委政研室被市委、市政府授予"曲靖市第二批'千村扶贫、百村整体推进'整合资金先进集体"，调研员何敏被授予"曲靖市第二批'千村扶贫、百村整体推进'整合资金先进个人"，农村工作督查科科长陈开斌被授予"曲靖市第二批'866'工程建设考核在前30名的优秀挂职扶贫干部"。

【全市抗旱救灾工作总结表彰会议】 2010年8月25日，市委、市政府在市电信公司电子政务网视频会议中心召开全市抗旱救灾工作总结表彰会议。市委副书记、市长岳跃生讲话，市委副书记范华平主持会议并提出要求。市人大常委会主任刘海芳，市委常委、市纪委书记孔荣华，市委常委、市委秘书长朱德光，副市长宁德刚，市政协副主席王宝德，曲靖军分区司令员卢兴波等领导出席会议，市、县（市）区两级有关部门领导，受表彰的先进集体和个人参加曲靖主会场的会议，各县（市）区设立分会场，通过视频会议系统参会。会议表彰了12个先进集体、110名先进个人。

（周广信）

老干部工作

【简述】 2010年，曲靖市委老干部局抓住落实老干部政治、生活待遇这条主线，努力提升"双高期"老干部的服务管理水平，切实从政治上尊重、思想上关心、生活上照顾老干部，进一步提高老干部工作的满意度。年末，全市有健在的离休干部1464人。其中：行政单位617人，事业单位425人，企业单位422人；副地厅级以上17人，县处级596人（其中享受副厅级单项待遇26人），科级及以下851人；70～79岁299人，80岁以上1165人，70岁以上的占100%，80岁以上的占79.6%。退休干部27435人，年内退休1305人、离休干部99人去世。

【落实政治待遇】 2010年，曲靖市委老干部局全面落实老干部的政治待遇。坚持阅文件制度，坚持理论培训，11月9～10日，市委组织部、老干部局举办曲靖市2010年老干部读书班，省直、市直和麒麟区330余位副处级以上离退休老干部、老干部党支部书记及工作人员参加读书班。全市累计举办老干部党支部书记或老干部理论培训班36期，参加学习的老干部达2097人（次）。坚持情况通报，市委、市政府分别于8月18日和12月30日，由市委副书记范华平和市委常委、常务副市长周宗向市直单位、麒麟区副处以上离退休老干部通报曲靖市"十一五"国民经济和社会发展情况，向担任过实职的地厅级离退休老干部征求《中共曲靖市委关于制定曲靖市国民经济和社会发展第十二个五年规划的建议》修改意见，年内全市通报情况85场（次），参加老干部达1万多人（次）。年内，市委、市政府邀请地厅级老干部参加重要会议（活动）21场（次），参加老干部398人（次）。组织老干部参加重要会议或重大活动166次、3163人（次）。坚持走访慰问，市委书记赵立雄、市长岳跃生等市"四班子"领导带头走访慰问43名原市级老领导和住干休所的离休干部。6月下旬，市委副书记范华平到师宗县走访慰问老党员，看望正处级离退休老干部。在中秋、重阳节来临之际，市长岳跃生率市委常委、市委秘书长朱德光和市政府秘书长李建军，看望慰问在家的原市级老领导；市委老干部局分3个组对80名享受副地厅级待遇（含单项待遇）的老干部及340名困难企业、家居农村老干部和已故老干部无工作的遗属进行走访慰问，发放慰问金23万余元。年内，各地走访慰问老干部2461人（次），发慰问金97.65万元。坚持参观考察制度，3月18日，由市委组织部副部长、老干部局局长陈永恒带队，组织局机关及市直机关干休所、市总工会的老干部到马龙县参观考察中低产田地改造、小寨工业园区、县城建设情况。9月9~20日，组织曾任副厅级以上实职的离退休老领导到新疆、甘肃、宁夏、青海等地参观考察。10月11~13日，组织全市曾任副厅级以上实职离退休老领导到师宗、罗平两县参观考察工农业项目。全市累计组织60次1729名老干部参观考察，其中组织到省外21次364人。

【老干部党支部建设】　2010年，曲靖市委老干部局按照《关于进一步加强和改进离退休干部党支部建设工作的实施意见》和创先争优“五个好”党支部建设的要求，抓好老干部党支部建设。全市健在离休干部中有党员993人、退休干部中有党员11831人，有老干部党支部229个，支部活动、组织生活和其他政治理论学习活动均能正常开展。同时，全面落实了离退休干部党支部党费的留用比例提高到80%的规定。

【落实生活待遇】　2010年，曲靖市各级党委、政府进一步落实离休干部生活待遇。针对离休干部普遍进入“双高期”，市、县两级工作部门把重点放在医药费保障机制上，从离休干部整体进入高发病期实际出发，研究确定与离休干部就医需求、与当地经济社会发展水平相适应的医药费统筹标准（市直2.6万元，县市区1万至3.2万元）。财政部门加大支持力度，确保“二费”无拖欠，离退休费按时足额发放、医药费按规定实报实销。规范市级机关退休人员公用经费标准，退休人员每人每年400元公用经费按现行经费开支渠道，列入预算解决。协调规范国有改制和破产企业离休干部的服务管理工作。做好高龄养老服务工作。全年全市共走访老干部540多人（次），其中：看望离休干部和地厅级老领导200多人（次），家住农村老干部152人，困难企业老干部188人。做好老干部保健工作，各地各部门每年都坚持为老干部举办保健知识讲座，每2~3年进行一次健康体检。全市连续两年把享受地厅级单项待遇以上退休干部体检和打预防针纳入财政统筹。11月9~10日，市委组织部、市委老干部局联合举办曲靖市2010年老干部读书班，安排老年养生保健知识专题讲座。全市举办老干部保健知识讲座32次、1859人（次）参加。市直单位和各县（市）区按政策规定兑现离休干部健康奖，市直部门最高奖额6000元，县（市）区奖额3000~6000元。看望慰问易地安置老干部，2010年度市、县老干部局走访看望慰问省内安置老干部127人，省外安置老干部15人。加大对有特殊困难老干部的帮扶力度，市委老干部局每年争取25万元特困金纳入财政预算，各县（市）区设有5000元至5万元的特困金，用于解决老干部的特殊困难和必要的活动开支。全市年内帮助有特殊困难离休干部解决实际困难171人，补助金额12万元；帮助无工作遗属158人，补助金额23万元。

【“四就近”服务管理】　2010年，曲靖市委老干部局利用社区资源做好离退休干部“四就近”服务管理试点工作。确定麒麟区南宁街道瑞东社区作为试点单位，提出“123”工作目标（即成立1个试点工作领导小组，成立“2室2站”，建立3个制度）和“三步并走”的总体思路。市委老干部局先后组织县（市）区老干部局局长和相关工作人员到大连、沈阳参观考察“四就近”服务管理工作，到麒麟区瑞东社区召开现场推进会。上级部门充分肯定了试点工作，并要求把瑞东社区“四就近”试点工作创办成全省的示范点。

【调研工作】　2010年，曲靖市委老干部局针对新形势下老干部工作出现的新问题，加大调研宣传力度，建立逐级疏导化解的信访工作机制和大调研、大宣传格局。积极探索退休干部管理服务模式，组织在全市范围内开展退休干部服务工作专题调研活动。全市形成调研报告21篇，市委老干部局从中评选优秀调研报告，获一等奖4篇、二等奖7篇、优秀奖10篇。市、县两级老干部门上报工作信息177篇，市委老干部局编发工作简报34期，被省委老干部局和省级以上报刊采用19篇。在中组部组织的“做好新形势老干部工作”征文活动中，市委老干部局共组织推荐29篇论文参加评选，《建立和完善新时期老干部工作机制探析》被中组部评为一等奖，1篇获二等奖，2篇获三等奖，1篇被《老干部之友》刊登；《拓展工作领域创新服务模式》被省委老干部局评为一等奖，2篇获二等奖，5篇获三等奖。全年编辑上报信息简报34期，上报信息177条，调研报告、典型材料20篇。其中，被省委老干部局和省级以上报刊采用19篇。全年共办理老干部信访件67件。

【发挥老干部作用】　2010年，曲靖市委老干部局激励引导老干部发挥积极作用。发挥参谋作用，一批担任过市、县级党政领导的离退休干部，对加强党建、发展区域经济、社会建设等做好政策咨询工作，为全市各项事业发展出谋献策。退休后的原地委书记朱发虞和原地委农工部副部长张兴祥深入到宣威市，就烟薯套种的经验及做法进行调研，形成《烟地套秋薯粮钱双丰收》调研报告，得到市委的高度重视，市委副书记范华平作了批示。原市人大巡视员、市老体协主席张爱民《敬老活动月该为老年人做点什么》分别在《云南老年报》、《曲靖日报》上登载，为做好老年人工作提供了思路。发挥督查作用，一批工作经验丰富、德高望重的老干部被市、县党委和纪检、组织等部门聘任为党风廉政监督员和行风督查员，在考察干部、监督党员、督查行风方面起到了促进作用。发挥教育培育下一代的作用，为在校学生开展革命传统、爱国主义和社会主义荣辱观教育，带头捐资助学，配合相关部门做好社会失足青少年转化工作。传播先进文化的作用，各种老干部组织和社团协会热心文化事业，积极开展各类文体活动，推进地方文化建设，弘扬民族精神。市戏剧家协会艺术团在全国中老年合唱艺术节暨全国中老年合唱之星邀请赛演唱的《在太行山上》、《阿诗玛的回音》齐获金奖，团队获组织奖。年内，市委组织部、老干部局表彰奖励30个“老有所为”先进集体和64名先进个人。积极推动老年社团的有益活动，主动引导并多次参与市直17个老年社团的会议及活动，局长还带头到市老书协为党员上党课，年内局领导参加17个社团的活动累计30余次。

【老干部活动阵地】　2010年，曲靖市、县两级老干部活动中心、老年大学进一步建立健全服务制度，加强管理、优化服务，积极组织开展丰富多彩的文体活动。在完成市老干部活动中心、市老年大学成建制划转的同时，积极为3个下属单位协调解决实际困难，完善基础设施建设，提请市委二届72次常委会议研究通过市、县

（市）区老年大学建设市级财政按省级补助资金的1:1进行配套安排，改造市直机关干休所水电设施所需资金10.5万元由市财政拨付。市直机关干休所新建停车场，解决交通拥堵的问题，新设老干部第二活动室，购置设施配备党员活动室。全市11所老年大学根据老同志的需求开设20多门学科，组织老干部参加重要文体活动301次，参加老干部达13154人（次）。市老年大学参加第二届全国老年大学文艺汇演和第二届中国老年文化艺术节，舞蹈《布依山寨迎光明》荣获君子兰奖，《珠江源头晚霞情》获金奖。

【老干部工作政策业务知识竞赛】 2010年9月25日，曲靖市委老干部局、各县（市）区委老干部局等12支参赛代表队参加老干部工作政策业务知识竞赛闭卷考试。评出11个获奖单位。其中：一等奖4个，二等奖5个，三等奖2个。市委组织部、老干部局下文对获奖单位进行表彰。曲靖市参加全省老干部工作政策业务知识竞赛，获二等奖。

（赵　洋）

机关党建

【简述】 2010年，中共曲靖市直机关工委探索创新机关党的活动方式，围绕学习型、效能型、创新型、服务型建设和人民满意的机关建设，重点抓好效能型机关建设，深入开展创先争优活动，不断提高机关党的建设科学化水平，努力推进市直机关各级党组织思想建设、组织建设、作风建设、制度建设和反腐倡廉建设，为全市经济和社会又好又快发展提供坚强的政治、思想和组织保证。至年末，市直机关工委所属党组织共有69个直属党组织，其中，机关党委21个、党总支14个、党支部240个（含机关党委下属156个、总支下属50个）、党小组353个、党员4470名（其中女党员1104名，离退休党员1237名）。年内，《中共曲靖市直属机关工委志》出版发行。工委领导班子在曲靖市2010年社会评价工作民主测评中“满意”率为94.83%。

【思想教育工作】 2010年，曲靖市直机关工委把加强思想建设、理论武装摆在机关党的工作的首要位置来抓，抓住学习型组织建设，促进理论武装取得明显成效。成立创建学习型党组织领导小组及办公室，下发开展学习型党组织创建活动的意见，加强对市直机关各级党组织创建活动的领导和指导。加大对党务干部的培训，6月28日，邀请云南省直机关工委领导就“如何搞好机关党建”对市直机关90多名党务干部进行专题辅导；2010年9～11月，工委组织所属党务干部87名，分3期分别到清华大学、上海世博园、重庆警示教育基地进行培训考察。积极为市直机关各级党组织搞好服务，为各级党组织征订《支部生活》、《党员特刊》、《党课参考》等党内读物；通过《机关党建》和报刊电视等媒体，积极宣传、交流、推广开展机关党建工作的好经验、好做法和先进模范党员，全年共编印《机关党建》8期。在学习中，市直机关各级党组织完善学习机制，形成团队学习、持续学习、有效学习以及成果转化的良好格局；积极探索创新学习方式，有的采取网上在线学习、举办培训班、学习班、研讨班等“套餐式”教育；有的采取集中学习、辅导讲座、参观考察等“快餐式”教育；有的采取观看录像短片、党建故事会、有奖知识问答等“自助餐式”教育，引入启发式、研究式、体验式学习方法，通过案例分析、实地调研、情景模拟，提高党员学习教育的针对性和实效性，改变了过去政治理论教育多、业务素质教育少，临时性教育多、系统性教育少，灌输式教育多、渗透式教育少，党的知识教育多、社科知识教育少的问题。党员的学习积极性、主动性和自觉性不断提高。

【基层组织建设】 2010年，曲靖市直机关工委按照“五好五带头”的要求，抓好市直机关各级党组织创先争优工作，发挥机关各级党组织和党员先锋模范作用取得新成效。5月21日，工委及时成立以工委书记为组长、两位副书记为副组长的创先争优活动领导小组，下发《开展创先争优活动的实施方案》。确定12个示范点，市财政局机关党委为省级示范点，市国税局机关党委、市农业局机关党委、市劳动和社会保障局机关党委、市工商局机关党总支、中储粮曲靖直属库党支部、市商务局党委下设的宏瑞商贸有限责任公司党支部、市红十字会党支部等7个党组织为市级示范点，市地税局机关党总支、市计生委机关党总支、市统计局机关党总支、市审计局党支部等4个党组织为工委示范点。建立联系制度，工委每个班子成员都联系到党组织，加强督促指导。针对市直机关各党组织活动经费普遍不足的实际，工委决定从工委的留存党费中拿出24万元，补助给市直机关各党组织。召开创先争优活动汇报推进会。6月29日，工委召开所属69个党组织负责人参加庆“七一”党建工作汇报会。抓机关党建目标管理。把机关党建工作纳入市委市政府的综合考核目标之中。工委下发《中共曲靖市委市直机关工委2010年工作要点》。抓

2010年8月7日，市直机关工委组织部分第三届党代表视察农业产业化和新农村工作。

（余书勤/摄）

"党的代表大会代表任期制"的探索工作。工委于8月17～19日组织市直机关12个单位的16位工作一线的市第三届党代表，对曲靖市社会主义新农村建设和农业产业化发展情况进行视察。抓好基层党组织班子建设，工委加强同相关单位党组的协调配合，及时调整配齐机关党组织领导班子，具体指导28个机关党组织进行换届改建（其中新成立机关党支部3个、4个党总支改建为机关党委）。做好发展党员工作，举办曲靖市直机关第二十三期入党积极分子培训班，对市直机关和麒麟区直机关56个单位的355名入党积极分子进行为期5天的培训；审批发展新党员41名、预备党员转正50名。年内，面对百年不遇的特大旱灾，工委组织开展"共产党员抗旱救灾特别捐献活动"、"城乡党组织结对抗旱心连心活动"、"共产党员抗旱先锋队活动"。市直机关所属党组织69个、党员4000余名，在特别捐献活动中共捐款1871348元，捐款1000元以上（含1000元）的党员有545名。关心贫困党员和老党员的学习生活，各单位党组织都利用节假日走访慰问老党员和贫困党员，仅工委慰问80岁以上老党员132名，发放慰问金2.64万元；慰问困难党员20名，发出慰问金4000元；共计开支经费3.04万元。

【党风廉政建设】 2010年，曲靖市直机关工委抓实党风廉政建设和反腐倡廉工作。成立班子，健全机构，成立以工委书记任组长，副书记为副组长，其他领导为成员的市直机关工委党风廉政建设领导小组，并根据工作需要经市委批准在工委内设立纪检科。吃透精神，统一思想，认真传达学习《曲靖市2010年党风廉政建设责任制实施意见》，印发《市直机关工委2010年党风廉政建设工作意见》。争取把机关党建工作和党风廉政建设工作纳入市委、市政府的综合考核目标之中，整体推进市直机关党风廉政建设和反腐倡廉工作深入开展。工委认真分解目标责任，制定下发《市直机关党风廉政建设责任制考核办法》，加强对党政领导干部的监督和管理。把机关党风廉政建设工作纳入领导班子和领导干部目标考核管理的重要内容，与行政工作一起部署、一起落实、一起检查、一起考核。召开曲靖市机关党建工作汇报会，专门就市直机关党风廉政建设和反腐败工作提出明确要求。市直机关各党组织认真推进廉政文化进机关活动。组织广大党员认真学习《中国共产党党员领导干部廉洁从政若干准则》、《中国共产党党内监督条例》、《中国共产党纪律处分条例》和领导干部廉洁自律"四大纪律、八项要求"等内容，并组织参加曲靖市学习贯彻《中国共产党党员领导干部廉洁从政若干准则》知识测试。通过建廉政文化走廊、宣传版面、宣传橱窗、宣传画册、组织知识竞赛等一系列活动，从思想上筑牢拒腐防变的思想防线，促进机关党风廉政教育工作整体水平的不断提高。市直机关各党组织认真开好民主生活会，会前拟定主题提出方案，到基层党组织中收集对工委班子和班子成员工作的意见和建议；严格按照有关规定程序，严肃认真地召开班子民主生活会，认真听取基层党组织对班子和班子成员的意见、建议，开诚布公地进行批评与自我批评，结合班子和个人思想、工作实际认真分析、剖析自我、交心谈心，查找不足，提出整改措施，认真进行整改。积极支持市直机关党的纪检组织在党风廉政建设中发挥职能作用。年内，工委加强和市纪委及派出的8个纪工委的协调、沟通、配合，办理违纪案件2件，处分两名违纪党员。

【群团工作】 2010年，曲靖市直机关工委抓好市直机关工会工作委员会组建，推进机关群团组织建设。市直机关工委及各级党组织把群团工作作为机关党的工作的重要组成部分，切实加强领导和指导。抓机关工会成立工作，12月初召开曲靖市直机关工会工作委员会成立大会。组建工会班子，明确工作职责。支持市直机关工团委按照章程开展活动，组织开展"三月有爱"青年志愿者活动，为曲靖市特殊教育学校学生献爱心捐赠活动，送去价值7500余元的学习、生活、体育用品和400多本旧挂历制作盲文作业本。开展"五四"系列活动：组织市直团员青年40余人开展"四走进"活动——"走进农村"，为罗平县板桥镇大基登村委会送去720件近2万瓶矿泉水；"走进企业"，到曲靖市商业银行罗平支行参观学习；"走进警营、走进青年文明号"，到省级青年文明号市公安局交警支队江召大队参观学习；开展"鲜花送模范"活动；召开青年文明号创建经验交流暨现场学习观摩会；召开市直机关团工委"五四"座谈会。组织开展"中华美文朗诵大赛"，经过初赛、复赛和决赛，有8个团组织获优秀组织奖，28名个人分别获一、二、三等奖及优秀奖。

（余书勤）

保密工作

【简述】 2010年，曲靖市委、市政府将保密工作纳入全市综合考核内容，对各县（市）区进行考核。县（市）区又分别将保密工作纳入本县（市）区综合考核内容，促进了各项保密工作任务的落实。市、县（市）区保密组织和保密行政管理部门继续开展"五五"保密法制宣传教育工作，充分利用各级党校、行政院校及各种培训班开展保密宣传教育110期，参训人员18040人（次），其中：市委党校3期149人，县（市）区委党校22期，参训人员3810人（次）；乡镇党校85期，参训人员14081人（次）。3月，组织对涉密载体进行检查，成立市涉密信息设备维护销毁中心，加强涉密信息设备维修维护和销毁保密管理。开展全市保密科学技术"十一五"发展规划总结验收；对2009年中央、省委下发全市的涉密文件进行清退；做好市政府机构改革中的保密工作；开展保密工作调研。按照自审与送审相结合的原则，对2010年版《曲靖年鉴》和有关部门对外提供资料送审稿进行保密审查。配合有关部门做好全国、全省、全市统一考试试卷的领取、押运和保密督促检查，确保考试试卷的保密安全。

【保密知识竞赛】 2010年6月，曲靖市委保密委员会办公室、市国家保密局组织本地本部门签订保密承诺书的领导和涉密人员参加保密技术知识赛活动。全市有889个单位10797人参赛，其中：厅级领导32人、处级领导789人、科级领导3772人、其他人员6204人。

【新《保密法》学习宣传】 2010年10月1日，新修订的《中华人民共和国保守国家秘密法》施行，曲靖市国家保密局、市委宣传部、市司法局、市委普法办联合发文，成立市宣传学习活动领导小组，下设办公室在市国家保密局，负责组织、督促、指导全市开展宣传教育活动。在宣传活动中，把9、10月定为《保密法》集中宣传月。市委常委、市委秘书长、市委保密委员会主任朱德光在9月30日《曲靖日报》上专题发表《以学习保密法为契机，推动全市保密工作再创新绩》署名文章。市、县（市）区保密行政管理部门和保密组织积极组织征订《信息公开保密审查工作手册》3864本、《保密法释义》3135本、《保密法宣传挂图》300套宣传学习资料。

【《保密工作》通联工作】 2010年，曲靖市、县（市）区保密工作部门做好2011年《保密工作》的征订，全市共征订2258份。年内，曲靖市《保密工作》通联工作受到《保密工作》编辑部表彰；市国家保密局和富源、会泽、宣威、师宗、麒麟、陆良6个县（市）区保密局被评为云南省通联工作先进单位，市国家保密局林云南被评为全省通联发行先进个人，分别受到云南省委保密委员会办公室、省国家保密局表彰。

【清理取缔涉密文件资料非法交易】 2010年9月，曲靖市国家保密局与市经委、信息产业办、公安局、商务局、工商行政管理局联合发文，要求市、县（市）区及时抽调人员组成清理检查组，对辖区旧货市场、再生资源集散市场进行清理和检查，并建立清理检查目录，从源头杜绝涉密文件资料交易。检查中，未发现有非法交易，对发现的隐患和漏洞，及时向被查单位领导进行反馈，提出整改意见，对部分单位进行整改复查。

【保密普法验收】 2010年7月，曲靖市保密委员会办公室抽调人员组成3个检查组，分别对各县（市）区、市直有关单位“五五”保密法制宣传教育进行交叉检查。11月12～16日，云南省“五五”保密法制宣传教育第一检查验收组到曲靖市，对曲靖市及市公安局、市烟草公司（烟草专卖局），会泽县及县人事局、县法院，师宗县及县财政局、煤炭局进行检查。全市“五五”保密法制宣传教育工作通过省检查组验收。

（保亚莉）

曲靖市人大常委会

【简述】 2010年，曲靖市人大常委会坚持党的领导、人民当家作主和依法治国有机统一，紧紧围绕市委的中心工作，依法行使重大事项决定权、监督权及人事任免权，先后听取和审议“一府两院”专项工作报告164项，作出决议、决定80项，发出审议意见164份，开展执法检查27次，组织调查、视察74次，配合全国人大和省人大常委会开展调研、视察和执法检查51次，任免市级国家机关工作人员238人（次），对推动全市上下全力以赴抗击自然灾害、攻坚克难保持经济增长、千方百计保民生保稳定促和谐中发挥了应有作用；为推进全市民主法制建设、保障和促进经济社会又好又快发展作出积极贡献。

【市三届人大三次会议】 2010年2月3～7日，曲靖市三届人大三次会议在曲靖举行，会议听取和审查市长岳跃生作的市人民政府工作报告、市人大常委会常务副主任毕志峰作的市人大常委会工作报告、市中级人民法院代理院长李雪松作的市中级人民法院工作报告、市人民检察院检察长张边卫作的市人民检察院工作报告，审查计划、财政两个书面报告，批准以上6个报告，并作出相应决议。会议依法补选刘海芳为市三届人大常委会主任，李雪松为市中级人民法院院长。会议期间，共收到代表议案31件，经大会议案审查委员会审查并报告大会主席团决定，将李祥栩等14名代表提出的《关于将强制隔离戒毒人员中艾滋病感染者及其他传染病感染者进行分开收容管理的议案》列为议案办理，其余30件议案转为代表建议，连同大会期间收到的代表建议、批评和意见，交有关部门办理并答复代表。

【常委会会议】 2010年，曲靖市三届人大常委会共召开常委会会议8次（第14～21次），听取和审议21项“一府两院”专项工作报告，讨论决定提请常委会会议审议的有关重大事项，依法任免63名市级国家机关工作人员。

1月29日，市人大常委会召开第十四次会议，审议通过关于市人大代表资格审查的报告，作出相应决议，确认9名市人大代表的代表资格自行终止，补选的9名代表资格有效；审议通过市三届人大三次会议议程、日程、主席团和秘书长名单及议案审查委员会组成人员、列席人员、市人大常委会工作报告报告人名单6项草案，以及提请会议审查的市人大常委会工作报告；根据市人民政府、市人民检察院和市人大常委会主任会议的提请，依法任免12名国家机关工作人员。

3月2日，市人大常委会召开第十五次会议，审议通过市人民政府关于向市广发行申请贷款用于市体育中心项目建设的议案，并作出相应决议。

4月27～28日，市人大常委会召开第十六次会议，审议市人民政府关于抗旱救灾保民生抓春耕促发展工作情况及曲靖市中心城区“两江”治理和全市“两污”设施项目建设进展情况报告，市人民检察院关于民事行政检察工作报告，以及市人大常委会对上述工作的调查报告；审议市审计局、市教育局工作评议的整改情况报告；表决通过3个决定；根据市中级人民法院和市人民检察院的提请，依法任免14名国家机关工作人员。

5月31日，市人大常委会召开第十七次会议，审议通过市人民政府关于向农发行曲靖市分行申请贷款用于富江二级公路建设和关于确认许可对市三届人大代表王永忠采取强制措施的议案，并作出相应决议；根据市人民政府的提请，依法任免6名国家机关工作人员。

6月23～24日，市人大常委会召开第十八次会议，审议通过市人民政府2009年地方财政决算情况报告和市级财政预算执行和其他财政收支的审计工作报告，并作出相应决议；审议全市广播电视“村村通”和有线数字电视工作情况、种子生产经营和监督管理工作情况报告，以及市人大常委会、市人大财经委关于上述工作的调查、审查报告和对市商务局进行工作评议的情况报告；根据市人民检察院的提请，依法任命1名国家机关工作人员。

9月14～15日，市人大常委会召开第十九次会议，听取市人民政府关于机构改革方案的说明；审议市人民政府关于2010年1～6月国民经济和社会发展计划执行情况、中低产田（地）改造、粮食工作、深化医药卫生体制改革及矿区建立环境保护长效机制议案办理落实情况报告，审议市人大常委会关于贯彻实施《律师法》的执法检查和对市文化局工作评议及对政府重点举债项目实施情况跟踪检查的报告；表决通过修改后的任免市级国家机关工作人员办法、工作评议办法和新制定的授予“人民满意单位”荣誉称号实施办法（试行）；根据市人民政府、市中级人民法院、市人大常委会主任会议的提请，依法任免9名国家机关工作人员。

11月2～3日，市人大常委会召开

第二十次会议，审议市人民政府关于2010年市级财政预算调整方案、1~9月地方财政预算执行情况、市三届人大三次会议代表议案办理情况、代表建议、批评和意见办理情况、陆良华侨农场改革和发展情况报告，以及关于将长昆客专建设征地拆迁补偿资金贷款列入市级财政预算还本付息的议案，审议市人大常委会关于贯彻实施《云南省盐业管理条例》的执法检查和对市供销社工作评议的情况报告；表决通过3个决议和代表议案办理情况报告；根据市人民政府、市中级人民法院、市人民检察院、市人大常委会主任会议的提请，依法任免4名国家机关工作人员。

12月27~28日，市人大常委会召开第二十一次会议，审议市人民政府关于"十二五"规划纲要（草案）编制情况，工业经济运行和工业园区建设情况，贯彻执行将曲靖市土地储备及市政基础设施项目资金信托股权回购资金纳入市级财政预算决议的情况和市商务局工作评议整改情况报告；表决通过关于召开市三届人大四次会议的决定和提请会议审查的市人大常委会工作报告，以及新制定的代表建议办理工作测评办法（试行）；根据市中级人民法院、市人民检察院、市人大常委会主任会议的提请，依法任免17名国家机关工作人员；会议还分别听取市国土资源局、市统计局、市药监局的工作情况汇报。

【主任会议】 2010年，曲靖市人大常委会共召开主任会议18次（第28次至45次），讨论研究拟提请常委会会议审议的有关事项及常委会重要工作。

1月11日，第28次主任会议。讨论研究召开市三届人大常委会第十四次会议的预告事项和拟提请市委审定的关于召开市三届人大三次会议的议程、日程等草案。

1月27日，第29次主任会议。讨论研究召开市三届人大常委会第十四次会议的具体时间、议程安排和关于召开市三届人大三次会议的有关事项。

3月1日，第30次主任会议。讨论研究市人大常委会2010年工作计划和对政府部门进行工作评议等有关事项；针对严重的旱情，调整工作计划，决定对抗旱救灾保民生抓春耕促发展工作情况进行调查，并将在常委会会议上审议政府专项工作报告。

4月7日，第31次主任会议。讨论研究市三届人大常委会第十六次会议预告事项、市人民政府关于市三届人大三次会议代表议案的办理方案、市级国家机关工作人员年度述职报告的评审方案及设立市人大常委会预算工委等有关事宜。

4月20日，第32次主任会议。讨论研究召开市三届人大常委会第十六次会议的具体时间、议程和开展评选表彰优秀市人大代表的活动方案，听取并原则同意代表人事工委关于2009年代表工作创新奖评选情况的汇报，通报市直部门2010年综合考核的有关情况。

5月24日，第33次主任会议。讨论研究召开市三届人大常委会第十七次会议的时间和议程。听取滇黔桂周边5州（市）人大常委会主任第三次联席会议、全市人大代表工作暨县（市）区人大常委会第四次联系会议筹办工作、市级国家机关工作人员年度述职报告评审意见反馈情况汇报。会议还讨论常委会机关上半年党组理论中心组学习和开展"创先争优"活动等有关事项。

5月31日，第34次主任会议。讨论研究市人民政府关于向农发行曲靖市分行申请贷款用于富江二级公路建设的有关事项，同意提请常委会会议审议。

6月4日，第35次主任会议。讨论研究召开市三届人大常委会第十八次会议的时间和议程，研究常委会机关制度建设等工作。

7月23日，第36次主任会议。讨论研究召开市三届人大常委会第十九次会议的预告事项，听取机关各委（室）督办代表议案、建议的情况汇报，研究常委会会议听取市政府部门工作情况汇报的有关事项。会议还初步研究关于承办西部地区部分城市人大工作第十六次研讨会的有关事宜。

8月9日，第37次主任会议。听取市人民政府机构改革方案的有关情况汇报，讨论研究延期召开市三届人大常委会第十九次会议的有关事项。

9月13日，第38次主任会议。讨论研究召开市三届人大常委会第十九次会议的时间和议程，讨论通过关于召开西部地区部分城市人大工作第十六次研讨会的筹备方案。

9月25日，第39次主任会议。讨论研究召开市三届人大常委会第二十次会议的预告事项，听取修改任免国家机关工作人员办法和工作评议办法、制定授予"人民满意单位"荣誉称号实施办法的情况汇报，研究关于调整常委会秘书长、副秘书长、办公室副主任分工的有关事项。

10月29日，第40次主任会议。讨论研究市三届人大常委会第二十次会议的时间和议程，同意将市人民政府关于将长昆客专建设征地拆迁补偿资金贷款列入市级财政预算还本付息的议案等事项提请常委会会议审议。

11月2日，分别召开第41、42次主任会议。讨论研究市人民政府关于提名毕文权为市人民政府副市长及市人民检察院关于提名刘建华为市人民检察院检察员的人事事项，同意提请常委会会议审议。

11月19日，第43次主任会议。讨论研究召开市三届人大常委会第二十一次会议的预告事项、市人大常委会2011年工作要点、工作计划和工作报告（提纲）。会议还讨论关于对代表建议办理工作进行测评的办法（草案）和补选市人大代表等事项，听取市人大各专委、常委会各委（室）的年度工作情况汇报，对常委会机关下步工作进行安排部署。

12月16日，第44次主任会议。讨论研究召开市三届人大常委会第二十一次会议的时间、议程，研究补选1名省十一届人大代表及拟提请市委审定的关于召开市三届人大四次会议的议程、日程、主席团和秘书长名单等事项；会议还再次讨论市人大常委会2011年工作要点、工作计划和工作报告（讨论稿）。

12月23日，第45次主任会议。讨论研究市中级人民法院、市人民检察院提请的人事事项，同意提请常委会会议审议。

【市委人大工作会议】 2010年11月1日上午，中共曲靖市委专题召开5年1次的全市人大工作会议，出台《关于加强和改进新形势下人大工作的意见》，对全面推进新形势下的人大工作，支持人大及其常委会依法履职，充分发挥地方国家权力机关作用作了全面安排部署，为人大机关自身建设提供了强有力的组织保障和经费保障。

【决议决定】 2010年，曲靖市人大常委会共依法作出决议决定14项。

1月29日，市三届人大常委会第十四次会议作出关于批准《市人大常委会代表资格审查委员会关于市人大代表资格审查的报告》的决议。

3月2日，市三届人大常委会第十

五次会议作出关于批准《市人民政府关于向市广发行申请贷款用于市体育中心项目建设并将贷款还本付息资金列入市级财政预算的议案》的决议。

4月28日，市三届人大常委会第十六次会议作出《关于授予曲靖市审计局“人民满意单位”荣誉称号的决定》、《关于批准设立曲靖市城郊地区人民检察院的决定》和《关于确认许可对市三届人大代表李乔生采取强制措施的决定》。

5月31日，市三届人大常委会第十七次会议作出《关于确认许可对市三届人大代表王永忠采取强制措施的决定》和关于批准《市人民政府关于向农发行曲靖市分行申请贷款用于富江二级公路建设并将贷款还本付息资金列入市级财政预算的议案》的决议。

6月24日，市三届人大常委会第十八次会议作出关于批准2009年市级财政决算的决议。

9月15日，市三届人大常委会第十九次会议作出关于修改《市人民代表大会常务委员会任免市级国家机关工作人员办法》、《市人民代表大会常务委员会关于组织市人大代表开展工作评议的办法》的决定。

11月3日，市三届人大常委会第二十次会议作出关于批准2010年市级财政预算调整方案、《市人民政府关于将长昆客专建设征地拆迁补偿资金贷款列入市级财政预算还本付息的议案》和接受卢邦正辞去云南省第十一届人大代表职务的决议。

12月28日，市三届人大常委会第二十一次会议作出关于召开市三届人大四次会议的决定。

【执法检查】 2010年7月12~20日和9月1~10日，曲靖市人大常委会分别组成执法检查组，对全市贯彻实施《中华人民共和国律师法》和《云南省盐业管理条例》情况进行2次执法检查。此外，还配合省人大常委会执法检查组，分别对全市贯彻执行《妇女权益保障法》、《云南省外来投资促进条例》情况进行执法检查。

【调研】 2010年2月24~27日，曲靖市人大常委会各位领导分别深入到挂钩联系的县（市）区调研指导抗旱救灾工作。市人大常委会围绕全市工作大局，按照年度工作计划，组织常委会组成人员、部分人大代表及常委会机关干部，先后对全市财政工作、中低产田地改造项目建设、明珠·东方城项目规划建设情况、市中级人民法院执行工作、会泽县污水处理和农业产业结构调整工作等进行调研。年内，市人大配合全国人大调研组，对全市贯彻实施新修改的《选举法》情况及县、乡换届选举工作进行调研；配合省人大法制委、内司委，省人大常委会农工委、教工委、选联工委、办公厅，对《云南省农村医疗卫生条例》、《云南省实施〈中华人民共和国义务教育法〉办法》、《云南省涉诉特困人员救助办法》、《云南省林地管理条例》、《云南省科学技术进步条例》进行立法调研，对全市的蚕桑产业发展和中低产田（地）改造、信访工作等进行调研。

【视察活动】 2010年11月16~18日，曲靖市人大常委会组织曲靖市选举的省十一届人大代表在麒麟区、马龙县开展会前视察，并专门听取马龙县“6·25”特大暴雨灾后重建工作情况汇报。12月20日，又组织部分市人大代表对独木水库除险加固工程建设情况进行视察。年内，委托各县（市）区人大常委会分别组织驻当地的市人大代表进行会前视察；市人大常委会主任刘海芳等领导及有关委（室）负责人陪同全国人大常委会原副委员长成思危视察全市的有关工作，陪同省人大常委会常务副主任晏友琼、副主任杨建甲等领导率领的省人大视察组，对全市2009年财政部代全省发行的地方政府债券资金安排使用情况、“两基”迎国检、中低产田地改造等工作进行视察。

【调查活动】 2010年，曲靖市人大常委会分别组成调查组，对全市“两污”处理项目规划建设与运行情况、“两江”治理进展情况、种子生产经营和监督管理工作、广播电视“村村通”和有线数字电视发展情况、深化医药卫生体制改革工作、2010年1~4月预算执行情况以及市直重点部门预算执行情况、政府重点举债项目实施情况及偿债资金落实情况、各县（区）2009年地方财政决算情况、市人民检察院民事行政检察工作进行调查和检查。

【工作评议】 2010年，曲靖市人大常委会把加强对政府部门的工作评议作为人大监督工作的重要举措，先后组织对市商务局、市文化局、市供销社进行工作评议，并在常委会会议上听取和审议上年度被评议的市教育局、市审计局的评议整改情况报告，督促被评议部门增强服务意识，改进工作作风、不断提高依法行政的能力。

【代表工作】 2010年，曲靖市人大常委会始终把代表工作作为人大工作的重要抓手，采取有效措施，为代表依法履职提供良好的服务和保障，不断增强代表工作活力。年内，共邀请120余名市人大代表列席常委会会议，组织市人大代表380余人（次）参加执法检查、集中视察、专题调研、工作评议、听证会等活动，深入开展代

2010年11月1日，中共曲靖市委召开市委人大工作会。

（陈自坤/摄）

表工作创新活动，召开全市人大代表工作会议，总结交流代表工作先进经验，表彰奖励富源、马龙、宣威等先进单位和个人，广泛开展“人大代表风采”宣传活动，宣传报道20余名优秀人大代表的先进事迹，有力促进了全市人大代表工作的创新发展。

【议案、建议办理】 2010年3月24日，曲靖市人大常委会和市人民政府联合召开市三届人大三次会议代表议案、建议交办会。为督促承办部门认真落实好《关于将强制隔离戒毒人员中艾滋病感染者及其他传染病感染者分开收容管理的议案》办理措施，市人大常委会分管领导多次深入到市司法局等部门，与承办部门一起共同研究办理工作方案，检查办理工作措施落实情况。市人大常委会为加强对上年度人代会确定的《关于在矿区建立环境保护长效机制的议案》继续办理工作的跟踪督办，专门组织部分人大代表对续办工作进行实地调查，并听取市人民政府对议案继续办理情况的专题汇报，提出促进工作的意见、建议。为全面推进代表建议办理工作依法有效开展，市人大常委会对群众反映强烈、办理时间较长和难度较大的建议，通过听取专题汇报、召开协调会、组织代表视察、落实“再办理、再答复”制度和跨年度跟踪督办等形式进行重点督办，督促承办部门加强调查研究，强化办理措施，努力提高代表建议所提问题的解决率。截至年底，139件代表建议已全部办结并作了答复，代表建议所提问题已解决的有45件，占总数的32.6%。

【外联工作】 2010年，曲靖市人大常委会举办西部地区部分城市人大工作第十六次研讨会、滇黔桂周边5州（市）人大联席会议，指导马龙、师宗召开县（市）区人大工作联系会议；组织县（市）区人大常委会主任赴广东省，就财政预算监督工作进行学习考察；先后接待湖北恩施、内蒙古乌海、贵州遵义、广西南宁等省（区）及怒江、迪庆等州（市）人大的参观考察。

【人事任免】 2010年，曲靖市人大常委会按照新修改的任免市级国家机关工作人员办法，强化任前法律考试及任职发言等措施，严格依法行使人事任免权，进一步规范人事任免工作；按照省人大常委会的通知要求，依法补选1名省人大代表；根据市人大代表变动情况，指导有关选举单位补选13名市人大代表；对市人大及其常委会选举和任命的“一府两院”国家机关工作人员向市人大常委会报送的216份述职报告进行评审，进一步加强任后监督工作。

2010年曲靖市三届人大常委会人事任免名单

1月29日	常委会十四次会议	根据市人大常委会主任会议的提请，同意周云辞去市人大常委会主任职务，同意杨照民辞去市中级人民法院院长职务，任命李雪松为市中级人民法院副院长并代理市中级人民法院院长；根据市长岳跃生的提请，决定免去刘海芳的曲靖市副市长职务；根据市人民检察院检察长张边卫的提请，批准龙光志辞去沾益县人民检察院检察长职务，批准敖仕伟辞去罗平县人民检察院检察长职务，免去颜彦、梅芝义市人民检察院检察员职务，任命叶敬东为市人民检察院副检察长，任命龙光志为市人民检察院检察员、检察委员会委员，任命敖仕伟为市人民检察院检察员，批准鲍顺林担任罗平县人民检察院检察长。
4月28日	常委会十六次会议	根据市中级人民法院院长李雪松的提请，决定免去李晓图市中级人民法院立案庭副庭长职务，免去唐文兵市中级人民法院行政庭副庭长职务，免去毛凤华、刘会全市中级人民法院审判员职务，任命付晓蓉、蔡雁、高体所、李连毅、熊华东、张霞、刘招银为市中级人民法院审判员；根据市人民检察院检察长张边卫的提请，批准任命王强为沾益县人民检察院检察长；任命赵云芬、李勋为市人民检察院检察员。
5月31日	常委会十七次会议	根据市长岳跃生的提请，决定免去胡祖俊副市长、市公安局局长职务，免去朱党柱市农业局局长职务，免去韩开柱市广电局局长职务，任命宁德刚为副市长，任命早明光为副市长、市公安局局长，任命高阳为市农业局局长。
6月24日	常委会十八次会议	根据市人民检察院检察长张边卫的提请，任命孙跃周为市城郊地区人民检察院检察长。
9月15日	常委会十九次会议	根据市长岳跃生的提请，决定任命王松平为市工业和信息化委员会主任，董云昌为市人力资源和社会保障局局长，殷永坤为市住房和城乡建设局局长，刘廷旺为市交通运输局局长，纪爱华为市文化体育局局长，赵建群为市政府外事侨务办公室主任，孙进周为市广播电视局局长；根据市人大常委会主任会议的提请，任命袁其亮为市人大常委会副秘书长；根据市中级人民法院院长李雪松的提请，决定免去王正明市中级人民法院副院长职务。

续表

11 月 3 日	常委会 二十次会议	根据市长岳跃生的提请，任命毕文权为副市长（挂职二年）；根据市中级人民法院院长李雪松的提请，决定免去王永胜市中级人民法院审判委员会委员、审判监督庭庭长职务；根据市人民检察院检察长张边卫的提请，决定任命刘建华为市人民检察院检察员、检察委员会委员；根据市人大常委会主任会议的提请，同意接受卢邦正辞去云南省第十一届人民代表大会代表职务。
12 月 28 日	常委会 二十一次会议	根据市人大常委会主任会议的提请，决定免去张毕云市人大常委会副秘书长职务，补选石富康为云南省第十一届人民代表大会代表；根据市中级人民法院院长李雪松的提请，决定免去李云江、潘丽华市中级人民法院审判员职务，任命高卜强、李祖发、王瑛分别担任市中级人民法院刑一庭庭长、民二庭庭长、环境保护庭庭长；根据市人民检察院检察长张边卫的提请，决定批准孙跃周、刘建华分别辞去陆良县人民检察院检察长、宣威市人民检察院检察长职务，分别任命张焱、朱学仁为市城郊地区人民检察院副检察长、检察委员会委员，任命刘桧平为市城郊地区人民检察院检察委员会委员、检察员，任命王庆、祝磊、杨新华、刘林枫、龚顺开为市人民检察院检察员。

全国和省人大代表名单

（一）曲靖市第十一届全国人大代表

岳跃生　王富民（回族）
罗笔晖（女）

（二）曲靖市第十一届云南省人大代表

李纪恒
卢邦正（彝族，11 月 3 日接受辞职）
刘子杨　周　云　高苏平　郝青山
施　哲　王安康　刘宗全　杨照民
张英杰（女）　陆应权　胡祖俊
夏新建　石富康（12 月 28 日补选）
赵立雄（白族）　岳跃生　黄有能
陈世贵　毕志峰（彝族）　张边卫
马克利　展宏斌　唐宝友　高　阳
田德良　朱　斌　谷　鸣
王富民（回族）　李　翔
缪桂芬（女）　浦绍鑫
任　玲（女）　周盛惠（女）
李巧芬（女，彝族）　柏老六
姚　芬（女）　高连恒
李明勇（彝族）　朱绍林（苗族）
王智仙（女，回族）　白存珍（女）
傅学宾　曾建明　朱　艺（女）
王跃刚（彝族）　张崇书　毕尚鹏
邓跃燕（女）　李　微（女）
鲁天龙　顾　琨　王　涛
李　莹（女，水族）
郭　东（蒙古族）　朱党柱
赵鸿翔　马惠莲（女，回族）
常双明（彝族）　殷东青　徐宏波
余晶凤（女，壮族）　杨黎晖
黄礼江（女，布依族）　唐玉生
陈国宝　杨文荣　糜祖琼（女，回族）
李永星（彝族）

（何　浩）

曲靖市人民政府

概　述

2010 年，曲靖市人民政府团结和依靠全市各族人民，全力以赴抗大旱，攻坚克难保增长，坚定不移转方式，千方百计保民生，圆满完成市三届人大三次会议确定的主要目标。具体表现在以下 8 个方面：

始终把坚定信心、主动应对作为化解困难的动力之源。2010 年，市政府面对异常复杂的国际国内经济环境和百年不遇的特大旱灾，大量企业生产经营遇困、投资意愿大幅下降、农业农村经济受到较大损失，市政府及早分析形势，超前谋划工作，抓生产、增投资、促消费，为实现全年目标任务赢得了时间，争取了主动，特别是温家宝总理、回良玉副总理先后来曲视察，为攻坚克难增强了信心。年内，累计投入 200 万人（次）和 7.8 亿元抗旱救灾资金，确保了农业丰收。制定水利基础设施建设“三个二五”规划，一批水利项目纳入国家“十二五”规划。争取新增烤烟收购计划 3.5 万吨，使烟农增收 5 亿元以上，烟叶税增收 1 亿元。开展“五访五帮”、“农业损失工业补”专项行动，一企一策解决企业生产中的突出问题。制定工业招商引资管理办法和实施细则，实行重大投资项目联席会议、领导挂钩联系、并联审批办理等项目管理制度，对 100 个省、市重点项目实行包保责任制和目标倒逼管理。加大土地利用计划争取力度，开展城乡建设用地增减挂钩试点，新增农用地 7240.3 亩，保障重大项目用地需求；积极引导优势资源向优势企业集中，保障了大企业、大集团的资源需求；生产原煤 4353.7 万吨，全年发电量达 382.9 亿千瓦时。采取扩大生产供应、投放储备粮食、加大调运力度、加强价格监管调控等措施，认真落实“米袋子”、“菜篮子”行政首长负责制，增加蔬菜种植面积 39.4 万亩；争取中央和省级储备粮规模 10 万吨，投放 2955 吨省级储备粮，确保了全市粮油供应不脱销、不断档，主要农产品价格保持基本稳定。

始终把扩大需求作为加快发展的根本途径。2010 年，市政府紧紧抓住国家扩大内需的政策机遇，集中力量争项目、上项目、引项目，完成固定资产投资 701.5 亿元，增长 26.4%。投入 1.15 亿元项目前期工作经费，协调金融机构投放重大项目贷款 53 亿元，争取中央和省补助资金 20.3 亿元。加快水利、交通和城镇基础设施建设步伐。新开工建设 6 件骨干水源工程、13 件病险水库除险加固工程，完成 60 件病险水库除险加固，建成 4.9 万件“五小水利”工程，解决 46.2 万人的饮水安全问题。抢抓蓄水，蓄水总量达 8.7 亿立方米。宣普高速公路开工建设，宣倘二级公路竣工通车，富江二级公路建设快速推进，新建、改建农村公路 3817.4 千米。扎实推进建设人民满意城市 3 年行动计划，按中心城市、县城、乡镇、中心村 4

个层次修编市域城镇体系规划，控规覆盖率分别达100%、80%、50%和20%。启动市级“五馆一中心”建设，推进一大批城市基础设施项目建设。增强消费对经济增长的拉动力。完成270个农家店、6个配送中心、22个商品市场的规范化建设。红星美凯龙、恒大地产等商贸地产项目快速推进。餐饮住宿完成零售额31.7亿元，同比增长18.4%；落实家电、农机、汽车和摩托车下乡政策，补助2.3亿元，带动21.9亿元产品销售。推进旅游“二次创业”，加快黄家庄旅游小镇、罗平布依风情园、师宗凤凰谷旅游区等一批旅游基础设施建设，实现旅游综合收入43.3亿元。持续改善金融生态环境，不断提高金融服务水平，银行类金融机构发展到16家、保险类金融机构25家、证券期货机构4家、村镇银行1家、小额贷款公司24家，全年新增贷款155.9亿元。

始终把抓好“三农”工作作为全部工作的重中之重。2010年，市政府认真落实国家强农惠农政策，对全市农民的直接补贴11.6亿元，市级财政涉农专项资金支出32.9亿元。深入开展“百日抗旱促春耕、高产创建夺丰收”活动，粮食产量达254.7万吨，增产10.5万吨。推进优势特色产业规模化、区域化、特色化发展，特色经济作物面积达365.6万亩，规模以上农业龙头企业达127家。流转农户家庭承包地25.9万亩，新认定16个无公害农产品产地，新认证44个无公害农产品。整合生猪标准化规模养殖场建设、生猪调出大县奖励资金8600万元，新建432个生猪养殖小区，实现畜牧产值165亿元。实施“全市农村劳动力转移就业特别行动计划”，转移农村富余劳动力14.5万人（次），人均工资性收入1234元。整合资金14.2亿元，改造中低产田地131.5万亩。建设天保工程公益林24万亩，退耕还林3.5万亩，实施公益林生态效益补偿面积662.9万亩。集体林权制度配套改革稳步推进，集体林确权率达99.2%、均山到户率达89.9%。发展木本油料基地50万亩，发展速生丰产林20万亩，完成中低产林改造55.8万亩；新建沼气池2.98万口，节能改灶3.6万户。全年实现了无重大森林火灾和人员伤亡事故。

始终把调整工业结构作为转变发展方式的主攻方向。2010年，全市完成工业投资248.6亿元，实现工业增加值468.7亿元。认真落实产业振兴规划，加大曲靖烟厂、会泽烟厂技改力度，完成技改投入189亿元；支持煤化工、冶金产业进一步延伸产业链；投资30亿元的多晶硅一期项目建成试生产，填补了全市乃至全省工业发展的多项空白；新布局一批新能源、新材料项目，杨梅山风电项目建成投产；工业内部结构继续改善，轻重工业结构比调整为26∶74。12个工业园区总规划面积419平方千米，园区工业总产值占全市工业总产值的42.7%；安排1389.5万元补助资金推动300万平方米标准厂房建设，已建成100万平方米；曲靖国际农业食品科技园建设顺利推进，累计完成投资10.7亿元。部署质量兴市和标准化发展战略，设立“市长质量奖”。安排1565万元中小企业和非公经济发展专项资金，进一步加快非公有制经济发展。采取对黄磷、铁合金、电石等高能耗低附加值的行业进行关停、限电等措施，淘汰落后产能736万吨；对会泽者海、陆良西桥等11个工业片区实施专项整治和重金属污染防治工作，城市“两污”设施全部建成投用。

始终把体制机制创新作为改革发展的核心内容。2010年，曲靖开发区成功升级国家级经开区；市、县政府机构改革任务基本完成；事业单位人事制度改革有序开展，在义务教育学校、公共卫生与基层医疗卫生事业单位实施绩效工资。认真组织实施增值税转型、成品油价格和税费改革方案，强化预算科学化、精细化、绩效化管理，在115个乡（镇）建立县、乡财政管理新模式。深入推进五项医药卫生体制改革，基本医疗保障制度、国家基本药物制度、公共卫生服务均等化、基层医疗服务体系和公立医院改革试点取得新进展。启动矿村共建资源开发新机制。完成第二轮文化体制改革，对经营性文化事业单位实行转企改制。承接产业转移和招商引资成效突出，引进市外国内资金195亿元，实际利用外资2166.6万美元，中德财政合作项目顺利实施。

始终把改善民生作为政府工作的出发点和落脚点。2010年，曲靖市社会保障体系进一步完善。提供城镇就业岗位3.8万个，“零就业家庭”实现动态清零，城镇登记失业率为3.5%。累计发放小额贷款3.2亿元，共扶持6719户创业、带动2.48万人就业。五项社会保险参保人数突破194万人，调整工伤保险基准费率，将所有老工伤人员纳入社会统筹，企业退休人员基本养老保险金、工伤保险待遇、失业人员救济金提高10%，城镇职工医疗保险实现异地持卡就医。在基层医疗机构100%实行国家基本药物制度并实行零差率销售。提高新农合统筹标准，全年减免补偿费用6亿元；启动富源县、师宗县新型农村社会养老保险试点，新农保参保人数51.2万人，其中领取养老金人数为9.7万人。安排1.6亿元，对56.8万困难人口实施救助，发放粮食8790.9吨。启动价格临时干预机制和社会救助、保障标准与物价上涨挂钩的联动机制，对困难群众实行价格临时补贴。安排4.32亿元，为9.4万人发放城市低保金、26.1万人发放农村低保金。实施城乡医疗救助34077人（次），农村五保供养2.25万人，资助参合参保41万人，新建和改扩建8所农村敬老院。做好移民搬迁安置和后期扶持工作。建成廉租房34.1万平方米、经济适用房25万平方米、公共租赁房3.6万平方米，改造棚户区12.7万平方米、农村危房7200户，实施抗震安居工程1.07万户。改造农村电网5万户，基本消除无电人口。完成10个“整乡推进”、453个省级“整村推进”扶贫工程建设。

年内，各项社会事业全面发展。筹资3.51亿元，改造中小学D级危房38万平方米；撤并10所中学、61所小学、482个小学教学点，推动城乡教育均衡发展；投入“两免一补”资金5.5亿元，圆满完成“两基”迎“国检”任务；高中阶段毛入学率达85.6%，高考上线人数占全省的1/5；职业教育加快发展，高等教育取得新成效，高等学校在校生达2.15万人。市第一、第二人民医院综合住院大楼建成投用，完成3个县级医院、25个乡镇卫生院和2个社区卫生服务中心改扩建。疾病预防控制、艾滋病防治、血液管理、妇幼保健等工作进一步加强，保持省甲级卫生城市称号。人口和计生工作完成预定目标。加大基层公共文化基础设施的建设力度，建成36个文化站、84个文化信息资源共享工程站点、632个农家书屋。开展文化市场专项整治行动。成功举办曲靖市第三届少数民族传统体育运动会，积极参加省第十三届运动会和省第九届民运会，争取十四届省运会的承办权。在第十六届亚洲残疾人运动会上，曲靖市运动员取得游泳项目3金2铜的好成绩。推进第二批“村村通”工程建设，解决了60万山区群众听广播、看电视难的问题。邮政服务实现全覆盖。深入开展“红盾护农”、“消费维权”专项整治活动。顺利开展第六次全国人口普查工作。高度重视民族工作，出台加快少数民族和民族地区科学发展的政策措施。全面贯彻党的宗教政策，依法加强宗教事务管理。加强国防后备力量建设和人防工作，驻曲部队和民兵预备役人员在经济社会发展中发挥了积极作用。新闻出版、档案、地方志、社会科学、政策咨询、知识产权保护工作进一步加强。外事、侨务、保密、地震、气象、水文、妇女儿童、老龄、红十字、慈善、残疾人等事业取得新进步。

始终把维护社会和谐稳定作为政府工作的第一责任。2010 年，市政府高度重视煤矿、非煤矿山、道路交通等重点领域和关键环节的安全监管工作，扎实推进“3568”安保双基工程，实现了安全生产事故总量持续下降的良好态势。加强防灾减灾体系建设及重点地区的地质灾害治理。继续抓好深化社会矛盾化解、社会管理创新、公正廉洁执法“三项重点工作”，建立人民调解与司法调解、行政调解“三调对接”机制，深入开展“法律六进”活动，信访总量和群体性事件实现“双下降”。深入推进社会治安防控体系建设，确保了社会稳定。

始终把制度建设作为政府自身建设的重要抓手。2010 年，市政府坚持重大决策听证工作月报制度、报送审查制度和讨论前置制度，清理市级单位行政审批事项 266 项。加强政务督查，在重点岗位和关键环节实施“一线工作法”和“目标倒逼管理”，机关行政能力不断提高。加强党风廉政建设，新建反腐倡廉警示教育基地。启动公共资源交易平台建设，加强对政府重点工作的绩效审计稽察评价，审计核减项目资金 3.63 亿元；全面落实会议、文件、庆典、论坛和考察“五控”要求。自觉接受市人大及其常委会监督，依法执行市人大决定决议。支持市政协履行政治协商、民主监督、参政议政职能。认真办理人大代表议案、建议和政协提案。居民自治、村民自治等工作深入开展，完成第四届村民委员会换届选举。

重要活动

2010 年 1 月 5 日，曲靖中心城区寥廓南路南延线桥隧道路竣工通车。

1 月 13 日，中国华能集团国际电力股份公司总经理刘国跃一行到滇东能源有限公司考察工作。

1 月 14～15 日，云南省侨场改革和发展领导小组到陆良县检查指导华侨农场改革和发展工作。

2 月 3 日，中国·云南·罗平第十二届国际油菜花文化旅游节开节仪式在罗平县举行。

2 月 4 日，国家安全生产监管总局副局长杨元元率国家安全生产监管总局、云南省安全监管局、省煤炭安全监管局领导到曲靖市，视察安全生产工作。

2 月 24 日，曲靖市政府与民生银行昆明分行在曲靖举行战略合作协议签字仪式。

2 月 25 日，中共中央政治局委员、国务院副总理回良玉率国家抗旱救灾视察组到陆良县察看旱灾情况，勉励曲靖市干部群众坚定信心，齐心协力，坚决打好抗旱救灾这场硬仗。

3 月 5～14 日，曲靖市全国人大代表岳跃生、王富民、罗笔晖在北京出席第十一届全国人民代表大会第三次会议。

3 月 9～11 日，云南省副省长孔垂柱率省水利、农业、扶贫等部门领导到马龙县马过河镇、王家庄镇，沾益县德泽乡，宣威市热水镇、落水镇、普立乡、宝山镇、龙场镇等地，调研抗旱救灾、春耕备耕、水利工程建设。

3 月 10～12 日，云南省副省长和段琪率省工信委、省安监局、云南煤矿安全监察局领导到曲靖市，开展“抗大旱保发展”专题工作调研。

3 月 17～18 日，云南省政府耕地保护责任目标履行情况检查组对曲靖市耕地保护责任目标履行情况进行检查验收。

3 月 19～21 日，中共中央政治局常委、国务院总理温家宝到陆良县、师宗县，深入旱灾最严重的地区，看望慰问受灾群众，指导抗旱救灾工作。

3 月 21 日，云南省委常委、常务副省长罗正富到滇东电厂调研。

3 月 23 日，曲靖市商业银行昆明分行开业。云南省副省长曹建方及省、市相关领导出席开业庆典仪式并剪彩。

3 月 27 日，中国贫困聋儿救助行动大型公益活动之《爱尔启聪中国行》2010 走进云南暨曲靖市新生儿听力筛查启动仪式在曲靖市举行。

3 月 29 日，云南省委副书记、省长秦光荣到宣威市龙潭镇、会泽县待补镇、会泽县农资配送中心，调研抗旱保春耕工作、农资储备及市场情况，还调研了驰宏锌锗公司 16 万吨/年铅锌冶炼项目和红云红河集团会泽卷烟厂技改项目进展情况，并考察会泽县古城保护与开发工作。副省长孔垂柱，省政府秘书长丁绍祥及省农业厅、水利厅的主要负责人随行调研。

4 月 12 日，云南省委书记白恩培在省委常委、省委秘书长杨应楠，副省长和段琪及省直相关部门负责人的陪同下到曲靖市调研工业生产情况。

4 月 13～16 日，云南省委常委、副省长李江深入会泽县、宣威市、富源县、马龙县，专题开展“抗旱保春耕、促发展”调研活动。

4 月 16 日，云南省副省长曹建方陪同国家烟草专卖局局长姜成康率调研组到陆良县调研。

5 月 7 日，由中央财办副主任、中央农办副主任唐仁健率领的中央农办水利部水利改革发展调研组在云南省副省长孔垂柱及省有关部门负责人的陪同下到曲靖市，调研水利改革发展工作。调研组实地查看麒麟区越州镇马房现代蔬菜基地节水工程、寥廓街道潇湘集镇水厂建设管理情况，听取曲靖市水利改革发展情况汇报。

5 月 10 日，市、区重点工程珠江源大道南延线道路工程建设开工仪式举行。

5 月 11 日，上海浦东发展银行曲靖支行开业仪式举行。

5 月 12～13 日，云南省人大常委会常务副主任晏友琼率省人大视察组深入曲靖市，视察牛栏江—滇池补水、沾益县人民医院新建住院大楼、曲靖城区廉租住房等使用地方政府债券资金的项目建设情况，并听取曲靖市工作情况汇报。

5 月 18 日，中信银行曲靖分行正式开业。

5 月 18～19 日，以云南省人大常委会原常务副主任牛绍尧为组长的省政府滇池水污染防治专家督导组到曲靖市调研，并召开牛栏江流域（云南段）水环境保护工作调研督导总结会。

5 月 27 日，全国政协常委、提案委员会副主任、中共中央直属机关工委常务副书记孙淦率领由云南省政协副主席陈勋儒等组成的全国政协委员调研组到曲靖市，就《关于把云南建设成为我国面向西南对外开放的桥头堡的提案》进行专项调研。

5 月 27～28 日，国务院安委会第七督查组在水利部总工程师汪洪的带领下到曲靖市检查安全生产。督查组深入麒麟区、陆良县、富源县、沾益县，分别对煤矿、烟草、化工企业和水库等安全生产情况进行实地检查，并专题听取市政府工作情况汇报。

6月2~5日，云南省委副书记李纪恒到曲靖市调研。

6月6日，曲靖市政府参加在昆明举办的第八届东盟华商投资西南项目推介会暨亚太华商论坛招商推介会。

6月6~11日，曲靖市组织参加在昆明举办的第18届中国昆明进出口商品交易会和第三届南亚国家商品展，开幕当日，省政协主席王学仁、副主席王学智等到曲靖馆巡馆并指导工作。

6月8日，曲靖市政府与昆明钢铁控股有限公司举行曲靖昆钢商贸物流园区项目签约仪式。

6月9日，国家林业局集体林权制度改革典型县核实工作组赴会泽县检查指导。

6月13日，曲靖市政府与中国石油云南销售公司框架协议签约仪式在昆明举行。

6月18~19日，曲靖市委副书记、市长岳跃生应邀出席在江苏省南京市举行的第三届中法地方政府合作高层论坛，并作专题发言，向中外嘉宾介绍曲靖促进农业对外合作的做法和经验。

6月24日，由全国妇联、国务院妇儿工委办、卫生部主办，中国妇女发展基金会、曲靖市人民政府、北京协和医院承办的“母亲健康快车·手拉手护平安工程”云南省曲靖市预防子宫颈癌复查项目公益活动启动仪式在曲靖官房大酒店举行，全国妇联副主席、书记处书记、中国妇女发展基金会副理事长甄砚出席启动仪式并讲话。

6月25日晚8时至26日凌晨5时，马龙县遭遇特大暴雨袭击。云南省委书记白恩培作出指示，要求确保受灾群众得到妥善安置。26~27日，省委副书记、省长秦光荣，省委副书记李纪恒，副省长孔垂柱和曹建方，省政府秘书长丁绍祥等赶赴现场查看洪灾情况，部署抢险救灾工作。

6月27日，云南省委副书记、省长秦光荣，省委副书记李纪恒，副省长孔垂柱，省政府秘书长丁绍祥一行深入曲靖经济技术开发区，调研标准厂房建设。同日，秦光荣到马龙县部署抢险救灾工作，现场会上他强调：要把保障人民群众生命财产安全放在第一位，切实加强对救灾工作的领导。

6月28日，全省危险化学品事故应急救援演练活动在沾益县花山工业园区云维集团举行。

6月30日，宣威—倘塘二级公路通车典礼在宣威市举行。

7月2日，市委副书记、市长岳跃生，副市长饶卫，市政府秘书长李建军一行到马龙县检查指导救灾重建工作，对下一阶段的工作重点作了安排部署。

7月7~8日，曲靖市委理论学习中心组举行集中学习活动，市委书记赵立雄对学习活动提出要求，市委副书记、市长岳跃生，市委常委、常务副市长周宗，市委常委、副市长陈军作中心发言。

7月14~15日，云南省政协主席王学仁率省政协节能减排重点提案调研组到曲靖市调研。

7月17~18日，国家发改委产业协调司副巡视员余东明率国家赴云南“桥头堡”建设调研组（工业组）深入曲靖南海子多晶硅项目、驰宏公司、博浩生物科技公司现场调研，听取曲靖市有关情况汇报。

7月21~22日，云南省委中心组集中学习活动到曲靖市调研。

7月27日，曲靖市涉法涉诉联合接访服务中心成立，副市长早明光主持会议，并就政法各部门认真履行职责和市涉法涉诉联合接访服务中心加强自身建设提出要求。

7月27~28日，云南省副省长高峰陪同全国人大常委会原副委员长、民建中央原主席、著名经济学家成思危到曲靖市考察。

8月5日，曲靖市委副书记、市长岳跃生带领市直有关部门负责人上线云南人民广播电台《金色热线》栏目，就听众提出的问题进行交流解答，并介绍曲靖市贯彻落实“效能政府”四项制度及马龙特大洪灾灾后恢复重建工作情况。

8月6日，曲靖市综合应急救援支队在市公安消防支队成立。

8月8日，曲靖市举行第三届少数民族传统体育运动会开幕式。

8月19日，曲靖市委副书记、市长岳跃生出席曲靖经济技术开发区升级转型推进会，并作动员讲话。

8月20日，云南省副省长孔垂柱率省农业厅厅长张玉明、省发改委副主任李新平一行到陆良县、麒麟区部分乡镇田间地块，检查指导工作。

8月26~29日，曲靖市委副书记、市长岳跃生率曲靖市党政学习考察团到上海市静安区学习考察，市委副书记范华平，市政协主席赵建华，市人大常委会副主任李玉雪，市政府秘书长李建军以及各县（市）区政府主要领导和市直有关部门主要负责人参加学习考察。

9月2~3日，云南省人大常委会副主任程映萱率《云南省贯彻外来投资促进条例》执法检查组到曲靖市进行执法检查。

9月9日，全省第九次城市卫生检查团到曲靖市检查工作。

9月10日，云南省副省长高峰到曲靖市看望慰问教师代表，并出席在曲靖师范学院召开的全省本科（院）校书记、（院）校长座谈会。

9月15~17日，云南省副省长孔垂柱一行到麒麟区、宣威市，调研农业农村工作。

9月27日，曲靖市第六届珠江源

2010年7月2日，市长岳跃生深入马龙“6·25”洪涝灾害受灾现场指导灾后重建工作。

（周洲/摄）

美食文化节开幕式在珠江源广场举行，云南省副省长刘平发来贺电。

10月18～20日，云南省委宣传部组织近20家中央及省级新闻媒体组成的大型采访团到曲靖市采访。

10月20日，曲靖市举行公安机关防暴处突演练。

10月24～27日，辽宁省委原副书记、纪委书记王唯众率第十八中央检查组一行深入会泽县、麒麟区、沾益县，采取现场查看、查阅资料、听取汇报等方式，检查曲靖市贯彻落实扩大内需政策暨工程建设领域突出问题专项治理工作情况。

10月26日，国家地震局副局长赵和平率国务院防震减灾领导小组办公室调研组到曲靖市调研防震减灾工作。

10月26～27日，中央检查组对曲靖市扩大内需和建设领域专项治理工作进行检查。

10月27日，曲靖市政府与云南冶金集团股份有限公司举行项目推进座谈会暨硅材料产业基地投资建设协议签约仪式。

同日，云南省政协副主席王学智出席曲靖师范学院举行的“百年师范、十年本科”庆典大会并致辞，中国科学院院士潘际銮，国务院参事任玉岭出席庆典大会。

11月2日，曲靖市政府与云南省工业投资控股集团有限责任公司在昆明签订共同开发建设曲靖经济技术开发区新兴产业示范园战略合作协议。

11月4日，国家农业部部长韩长赋在农业部听取云南（曲靖）国际农业食品科技园情况汇报。

11月15日，曲靖市“五馆一中心”开工建设。

11月22日，曲靖市委副书记、市长岳跃生，副市长周玲，加拿大天辰国际集团董事长皮埃尔·布克，常务副董事长齐文在成都与新希望集团商洽云南（曲靖）国际农业食品科技园建设合作事宜。

11月26日，云南省委常委、常务副省长罗正富到曲靖市，调研铁路建设情况。

同日，曲靖经济技术开发区管委会与恒大集团、安厦集团举行曲靖城西城景观公园项目开发建设合作签字仪式。当日，“曲靖·恒大名都”项目开工。

11月28日，由曲靖银监分局主办，16家银行机构承办的2010年曲靖银行业公众教育服务日活动举行启动仪式。

11月29日，云南省第六次全国人口普查数据处理光电录入开机仪式在曲靖市举行。国家、省、市相关领导出席开机仪式。

11月29～30日，国家督学、教育部督导办原副主任于芳率国家教育督导团专家组到曲靖市督导检查“两基”工作，听取曲靖市和沾益县接受国家“两基”督导检查工作情况汇报，并进行现场督导检查。

12月7日，曲靖市委副书记、市长岳跃生主持市委理论学习中心组集中学习活动，市委副书记范华平等市级领导参加学习活动。

12月8日，中国光大银行曲靖分行开业。

12月10日，普立—宣威高速公路在宣威市举行开工仪式，省、市相关领导出席开工仪式。

12月17日，影视作品《公道天职》首映式在曲靖珠江源大剧院举行。

12月18日，云南省工业技师学院揭牌仪式暨建校50周年庆祝大会在曲靖市举行，省委常委、副省长李江为学院揭牌，并看望慰问学院师生。

12月24日，曲靖市委副书记、市长岳跃生率市有关部门负责人到昆明市，向省发改委专题汇报曲靖市“十二五”规划编制情况。

12月30日，曲靖市举行中心城区管道天然气点火通气庆典仪式。

12月31日，曲靖市生活垃圾焚烧发电项目正式投产。

同日，曲靖市委副书记、市长岳跃生主持召开会议，专题研究2011年全市城镇建设工作。市委常委、常务副市长周宗，市政府秘书长李建军，市直有关部门负责人及曲靖开发区、麒麟区的领导参加会议。

重要会议

【市政府常务会议】 2010年1月7日，市长岳跃生主持召开曲靖市第三届人民政府第十三次常务会议。会议讨论《曲靖市2010年市级财政收支预算草案建议方案》和《曲靖市重大事项社会稳定风险评估实施意见》，听取市安监局关于《2009年安全生产形势和下步工作思路》的情况汇报，并对有关问题作出决定。

4月7日，市长岳跃生主持召开曲靖市第三届人民政府第十四次常务会议。会议讨论并原则通过《曲靖市人民政府顾问聘请办法》、《曲靖市人民政府关于建立矿村共享资源开发成果新机制的意见》、《曲靖市行政机关行政首长出庭应诉规定》、《曲靖市人民政府推行效能政府四项制度实施方案》、《曲靖市行政机关推行效能政府四项制度实施办法》、《曲靖市人民政府关于创建园林城市的实施意见》、《曲靖市城市绿地和绿化树木认建认养办法》、《曲靖市异地补建绿地实施办法》、《曲靖市城市绿线管理规定》、《曲靖市古树名木保护管理规定》、《曲靖市建设人民满意城市（2010～2012年）行动计划》、《曲靖市人民政府关于进一步加强新时期粮食工作的意见》以及《曲靖市人民政府 曲靖军分区关于进一步推进人民防空事业发展的实施意见》，并就有关问题作出决定。

5月28日，市长岳跃生主持召开曲靖市第三届人民政府第十五次常务会议。会议对组建综合应急救援队伍、医药卫生体制改革、促进残疾人事业发展、曲靖市中医医院发展、离岗退养民办教师生活费补助、市本级基本支出和项目支出预算管理等问题进行讨论，原则通过《关于深化医药卫生体制改革的实施意见》、《曲靖市医药卫生体制改革（2009～2011年）五项重点工作实施意见》、《曲靖市基本公共卫生服务均等化的实施意见》、《曲靖市基层医药卫生体制综合改革实施意见（试行）》及8个配套改革方案、《关于促进残疾人事业发展的实施意见》、《曲靖市市本级基本支出预算管理暂行办法》和《曲靖市市本级项目支出预算管理暂行办法》，并就有关问题作出决定。

8月6日，市长岳跃生主持召开曲靖市第三届人民政府第十六次常务会议。会议讨论并原则通过《曲靖市人民政府机构改革实施意见》、《曲靖市各县（市）区政府机构改革方案》、《曲靖市住房置业担保公司实施方案》和《中共曲靖市委 曲靖市人民政府关于贯彻全民科学素质行动计划纲要的实施意见》（讨论稿）。会议还研究关于全市乡（镇）事业单位解聘人员有关问题、曲靖市“五馆一中心”建设问题、组建云南（曲靖）国际农业食品科技园项目园区建设管理公司问题，并就有关问题作出决定。

11月2日，市长岳跃生主持召开曲靖市第三届人民政府第十七次常务会议。会议对曲靖市2010年市级财政预算调整方案和1～9月地方财政预算执行情况、沪昆客运专线长沙至昆明段曲靖市境内征地拆迁资金筹集、曲靖市玉带公园项目建设、市住房公积金中心信息化建设和县市分中心综合业务楼建设进行讨论，并就有关问题作出决定。会议讨论通过《曲靖市市属企业国有资产处置审批制度（试行）》，听取全市2010年前三季度安全生产工作的情况通报，并就做好下一阶段安全生产工作提出要求。

12月3日，市长岳跃生主持召开曲靖市第三届人民政府第十八次常务会议。会议听取2010年政府系统廉政工作情况及2011年工作建议、全省深化政务公开推进政务服务工作现场会主要精神以及全省宣传部长座谈会会议精神汇报。会议讨论《曲靖市2011年国民经济和社会发展计划（草案）》、《曲靖市人民政府关于实施质量兴市战略的意见》、《曲靖市人民政府关于实施标准化发展战略的意见》、《曲靖市市长质量奖管理办法》、《曲靖市城镇居民基本医疗保险门诊医疗统筹暂行办法》、《曲靖市城镇职工基本医疗保险市级统筹实施办法》、《关于调整离退休干部统筹医疗费缴费基数的问题》、《曲靖市农民工工资保证金管理试行办法》、《曲靖市关于解决和谐社区建设中若干问题的意见》，并就有关问题作出决定。

【专题会议】 2010年1月11日，曲靖市政府召开全市铁路建设推进会。

1月30日，市政府召开发展改革暨固定资产投资工作会议和建设人民满意城市工作会议。

2月4日，市政协三届三次会议举行政府工作报告协商会。

2月6日，全市农业农村工作会议召开。

2月8~9日，市委、市政府2010年工作会暨廉政工作会议召开。

2月22日，市委、市政府召开万名干部下基层抗旱救灾动员大会。

2月24日，市委常委、常务副市长周宗主持召开曲靖市中心城区重点城市建设项目推进会，听取市建设局、麒麟区政府、曲靖开发区管委会2010年中心城区重点城市建设项目情况汇报，对有关问题进行研究和安排。

2月27日，全市财税工作会议召开。

3月1日，曲靖市政银座谈会召开。

3月19日，市委召开全市深入学习实践科学发展观活动总结大会。

3月23~24日，市委、市政府召开全市“抗大旱、保民生、抓春耕、促发展”专题会议。

4月5日，全市烤烟“抗大旱、促移栽”工作会议召开。

4月7日，全市“两基”迎国检暨抗旱保教工作动员电视电话会议召开。

4月15日，市政府召开全市铁路建设工作会暨市铁路建设协调领导小组第一次会议。

6月3日，全市深化医药卫生体制改革工作会议召开。

同日，市安全生产委员会召开2010年第二次全体会议。

6月11日，市委召开“十二五”规划编制专题会议。

6月15~17日，曲靖经济技术开发区在深圳市举行招商推介会。87家企业参会，6家企业签约，签约项目计划投资7亿元。

7月7日，市政府召开全市第六次全国人口普查工作会议。

7月20日，市政府召开“十二五”规划编制工作会议。

7月21日，市政府召开全市“两基”迎接国家检查验收工作推进会议。

7月27日，市政府召开全市烟叶收购暨现代烟草农业建设工作会议。

8月2日，“一府两院”向人大代表通报主要工作情况会议召开。

8月12日，中国高等教育学会联合办学研究分会2010年年会暨第四届全国高校联合办学研讨会在曲靖市召开。

9月16日，“云岭先锋、创先争优”优秀共产党员事迹报告会在曲靖市举行。

9月16日，市委、市政府召开曲靖市政府机构改革动员大会。

9月21日，市政府召开会泽者海片区环境综合治理协调会。

10月8日，市委、市政府召开全市第二批小康示范村建设考核验收工作会。

10月14日，市预防道路交通事故工作领导小组2010年第三季度全体会议召开。

10月15日，市政府、军分区召开2010年冬季征兵工作电视电话会议。

10月19日，推进养老服务事业发展茶话会召开。

11月20日，曲靖市在昆明召开“十二五”规划纲要咨询论证会。

12月9日，全市人才工作会议召开。

同日，市政府召开质量兴市和标准化发展战略工作会议。

12月16日，云南省科技厅、市政府召开2010年科技工作会商会议，省、市相关领导出席会议。

12月31日，市委副书记、市长岳跃生主持召开会议，专题研究2011年全市城镇建设工作。

同日，市委副书记、市长岳跃生主持召开曲靖市矿村共建资源开发成果新机制领导小组会议。

【经济分析会】 2010年4月16日，市政府召开一季度经济运行分析会。7月19日，市政府召开2010年上半年经济运行分析会议。

【总结表彰会】 2010年5月24日，市委、市政府召开全市第二批“千村扶贫、百村整体推进”总结表彰大会。

5月25日，市委、市政府召开民族工作会议暨第六次全市民族团结进步表彰大会。

5月26日，全市村“两委”换届选举工作总结表彰大会召开。

8月25日，市委、市政府召开全市抗旱救灾工作总结表彰会。

12月2日，全市集体林权制度主体改革总结表彰暨冬季农业工作会议召开。

12月17日，全市2011年烤烟工作暨抗大灾保增收表彰会议召开。

【汇报会】 2010年1月4日，曲靖市2009年度全省集中检查考核动员暨综合汇报会举行，云南省委常委、统战部部长黄毅出席会议并作动员讲话。

3月26日，市委、市政府召开全市“抗大旱、保民生、抓春耕、促发展”工作汇报会。

【现场会】 2010年1月6~7日，全市农村客运安全发展现场会暨市预防道路交通事故领导小组第四季度会议在富源县召开。

1月11日，全省供销合作社改革发展曲靖现场推进会在会泽县召开。云南省委副书记李纪恒出席会议并讲话，副省长孔垂柱主持会议，省政协常务副主席管国忠出席会议。

3月30日，全省春耕生产工作现场会在宣威市召开。云南省委书记、省人大常委会主任白恩培对全省春耕备耕工作作出批示，省委副书记、省长秦光荣出席会议并讲话，省委副书记李纪恒主持会议，省人大常委会副主任李春林出席会议，副省长孔垂柱对贯彻会议精神作部署，省政协副主席王学智出席会议。

6月28～30日，全国县级供销合作社工作经验现场会在曲靖市召开。全国供销总社党组书记、理事会主任李成玉，总社党组成员、理事会副主任李春生，云南省委副书记李纪恒出席会议并讲话。全国供销总社党组成员、理事会副主任戴公兴主持会议。云南省副省长孔垂柱，全国供销总社监事会副主任张祥茂等出席会议。

7月29日，全市矿村共享资源开发新机制现场推进会在宣威市召开。

10月14日，市政府召开长昆客专曲靖段建设现场推进会。

【省级会议】 2010年1月13日，全省消防工作会议在曲靖召开。云南省副省长曹建方出席会议并讲话。

2月23日，云南省委、省政府召开抗旱救灾动员电视电话会议，省委副书记、省长秦光荣在昆明主会场作抗大旱保民生动员报告，省委副书记李纪恒主持会议。

3月2日，全省财政绩效管理工作会议在曲靖市召开。

3月31日，全省水利建设工作会议在宣威市召开。云南省委书记、省人大常委会主任白恩培对全省水利建设工作作出批示，省委副书记、省长秦光荣出席会议并讲话，省委副书记李纪恒主持会议并对贯彻会议精神提出要求，省人大常委会副主任李春林出席会议，副省长孔垂柱对全省水利建设工作作具体安排，省政协副主席王学智，省政府秘书长丁绍祥出席会议。

4月15～16日，云南省新型农村社会养老保险试点工作座谈会在富源县召开。省委常委、副省长李江出席会议并讲话。

5月13日，云南省政府在曲靖市召开云南（曲靖）国际农业食品科技园项目协调推进领导小组工作会议，副省长、科技园项目协调推进领导小组组长孔垂柱出席会议并讲话。

6月13日，云南省发改委主任米东生主持召开会议，专题研究云南省相关高校、科研院所支持云南（曲靖）国际农业食品科技园建设事宜。

7月15～16日，全省中低产林改造推进会在曲靖市召开，云南省副省长孔垂柱出席会议并讲话。

重要文件

2010年1月18日，市政府办公室印发《七彩云南曲靖保护行动2010年度工作计划及实施方案》（曲政办发〔2010〕1号）。1月25日，市政府办公室印发《关于开展危险源普查整治工作的通知》（曲政办发〔2010〕6号）。1月26日，市政府公布《曲靖市城镇住宅小区供用电管理规定（暂行）》，自2010年3月1日起施行。

2月21日，市政府办公室印发《曲靖市土地储备管理委员会工作规则》（曲政办发〔2010〕12号）。2月22日，市政府公布《曲靖市市级财政偿债准备金管理办法》，自2010年4月1日起施行。同日，市政府公布《曲靖市市级政府债务管理办法》，自2010年4月1日起施行。2月28日，市政府公布《曲靖市中心城区建设工程规划验收管理办法（试行）》，自2010年3月1日起施行。

3月4日，市政府办公室印发《曲靖市抗旱救灾资金管理办法》（曲政办发〔2010〕25号）。3月9日，市政府印发《关于加快发展农民专业合作社的实施意见》（曲政发〔2010〕16号）。同日，市政府办公室印发《曲靖市开展农民专业合作社示范社建设实施方案》（曲政办发〔2010〕28号）。3月25日，市政府办公室印发《关于认真做好农村劳动力转移就业工作的通知》（曲政办发〔2010〕36号）。3月26日，市政府印发《关于实施“3568”安保双基工程的意见》（曲政发〔2010〕22号）、《曲靖市推行效能政府四项制度实施方案》（曲政发〔2010〕27号）；《曲靖市行政机关行政绩效管理制度实施办法》、《曲靖市行政机关行政成本控制制度实施办法》、《曲靖市行政机关行政行为监督制度实施办法》、《曲靖市行政机关行政能力提升制度实施办法》（曲政办发〔2010〕38号）。3月30日，市政府印发《关于加强行政调解工作的实施意见》（曲政发〔2010〕23号）。

4月13日，市政府办公室印发《曲靖市人民政府顾问聘请办法》（曲政办发〔2010〕37号）。4月14日，市政府印发《关于进一步加强新时期粮食工作的意见》（曲政发〔2010〕32号）。4月16日，市政府公布《曲靖市城市绿线管理规定》，自2010年5月1日起施行。同日，市政府公布《曲靖市城市绿地和绿化树木认建认养办法》，自2010年5月1日起施行。4月19日，市政府印发《关于创建园林城市的实施意见》（曲政发〔2010〕34号）。4月20日，市政府印发《曲靖市行政机关行政首长出庭应诉规定》（曲政发〔2010〕35号）。同日，市政府办公室印发《关于实施工程建设项目绿色图章制度的通知》（曲政办发〔2010〕57号）。4月21日，市政府办公室印发《曲靖市城乡规划联席会议工作制度》（曲政办发〔2010〕58号）。4月29日，市政府印发《曲靖市筑牢社会消防安全“防火墙”工程的实施意见》（曲政发〔2010〕36号）。同日，市政府办公室印发《关于深入推进社区戒毒工作的实施意见》（曲政办发〔2010〕61号）。4月30日，市政府公布《曲靖市古树名木保护管理办法》，自2010年6月1日起施行。同日，市政府公布《曲靖市异地绿化补建绿地实施办法》，自2010年6月1日起施行。

5月17日，市政府印发《关于建立矿村共享资源开发成果新机制的意见》（曲政发〔2010〕38号）。5月20日，市政府印发《曲靖市人民政府 曲靖军分区关于进一步推进人民防空事业发展的实施意见》（曲政发〔2010〕40号）。5月24日，市政府办公室印发《曲靖市人民政府重大决策听证规定》（曲政办发〔2010〕71号）。5月28日，市政府办公室印发《关于组建综合应急救援队伍的通知》（曲政办发〔2010〕74号）。

6月2日，市政府印发《曲靖市医药卫生体制改革（2009～2011年）五项重点工作实施意见》（曲政发〔2010〕51号）。6月8日，市政府办公室印发《曲靖市促进基本公共卫生服务逐步均等化的实施意见》（曲政办发〔2010〕81号）。6月9日，市政府办公室印发《关于调整城镇职工基本医疗保险有关待遇的通知》（曲政办发〔2010〕83号）。6月11日，市政府办公室印发《中国烟草云南宣威大型引水济榕工程建设实施方案》（曲政办发〔2010〕85号）。6月13日，市政府办公室印发《曲靖市市本级基本支出预算管理暂行办法》（曲政办发〔2010〕86号）。同日，市政府办公室印发《曲靖市市本级项目支出预算管理暂行办法》（曲政办发〔2010〕87号）。6月18日，市政府办公室印发《关于建立市级项目支出绩效管理机制的通知》（曲政办发〔2010〕92号）。同日，市政府办公室印发《关于建立市级部门项目支出预算评审机制的通知》（曲政办发〔2010〕93号）。6月21日，市政府印发《曲靖市人民政府 曲靖军分区关于做好驻曲部队干部随军家属就业和子女入学工作的通知》（曲政发〔2010〕43号）。

7月5日，市政府办公室印发《关于进一步控制和规范会议文件庆典论坛考察的通知》（曲政办发〔2010〕101号）。7月21日，市政府印发《关于进一步加强财政支农资金管理的意见》（曲政发〔2010〕54号）。7月26日，市政府办公室印发《曲靖市推进桥头堡建设规划编制工作方案》（曲政办发〔2010〕107号）。7月30日，市政府印发《关于进一步推进财政支农资金整合的意见》（曲政发〔2010〕58号）。

8月2日，市政府办公室印发《关于加强工程建设项目管理工作的通知》（曲政办发〔2010〕108号）。8月4日，市政府办公室印发《曲靖市建设人民满意城市行动计划（2010年—2012年）》（曲政办发〔2010〕109号）。8月16日，市政府印发《关于开展现代农业示范区建设促进优势特色产业发展的意见》（曲政发〔2010〕60号）。

9月20日，市政府办公室印发《曲靖市治理非法超限超载车辆工作实施方案》（曲政办发〔2010〕127号）。

10月15日，市政府印发《关于切实加强政府融资平台公司及债务管理的通知》（曲政发〔2010〕67号）。10月20日，市政府办公室印发《曲靖市矿村共建资源开发新机制实施方案》（曲政办发〔2010〕131号）。10月25日，市政府办公室印发《曲靖市信用村镇创建工作实施方案》（曲政办发〔2010〕132号）。

11月1日，市政府印发《关于加快牛羊产业发展的意见》（曲政发〔2010〕69号）。11月2日，市政府印发《关于建设五馆一中心的决定》（曲政发〔2010〕72号）。

12月2日，市政府办公室印发《曲靖市粮食临时供应应急保障预案（试行）》（曲政办发〔2010〕152号）。12月8日，市政府印发《曲靖市实施质量兴市战略的意见》、《曲靖市实施标准化发展战略的意见》和《曲靖市市长质量奖管理办法》（曲政发〔2010〕80号）。12月15日，市政府办公室印发《曲靖市化解农村义务教育债务实施方案》（曲政办发〔2010〕166号）。12月27日，市政府办公室印发《关于调整离休干部统筹医药费缴费基数的通知》（曲政办发〔2010〕164号）。12月30日，市政府印发《曲靖市市属企业国有资产处置审批制度（试行）》（曲政发〔2010〕87号）。12月31日，市政府印发《关于进一步严格土地管理确保依法依规用地的通知》（曲政发〔2010〕86号）。同日，市政府公布《曲靖市城镇职工基本医疗保险市级统筹实施办法》和《曲靖市城镇居民基本医疗保险门诊医疗统筹暂行办法》，自2011年1月1日起施行。

表彰决定

2010年3月3日，市政府印发《关于表彰数字乡村工程建设和农村土地承包经营权证补换发工作先进集体及先进个人的决定》（曲政发〔2010〕15号），决定对市财政局等20个“数字乡村”工程建设先进集体、赵荐才等27名“数字乡村”工程建设先进个人和市农业局等10个农村土地承包经营权证补换发工作先进集体、马林康等23名农村土地承包经营权证补换发工作先进个人予以表彰。

4月9日，市政府办公室印发《关于表彰2009年度档案工作先进单位和先进个人的通知》（曲政办发〔2010〕44号），决定对麒麟区档案局馆等53个单位和何海涛等58人给予表彰。4月12日，市政府印发《关于表彰奖励2009年度见义勇为公民的决定》（曲政发〔2010〕28号），决定授予肖安宁等15人曲靖市见义勇为公民荣誉称号，并颁发荣誉证书和奖金。同日，市政府印发《关于表彰无毒乡镇巩固无毒乡镇的决定》（曲政发〔2010〕29号），决定对达到无毒乡镇标准的宣威市宝山镇，会泽县新街回族乡、雨碌乡授予“无毒乡镇”称号；对巩固无毒成效显著，继续保持无毒状态的麒麟区三宝镇等15个乡镇授予“巩固无毒乡镇”称号。

7月26日，市政府印发《关于表彰滇东现代烟草农业示范区建设工作先进单位和先进个人的决定》（曲政发〔2010〕55号），决定对滇东现代烟草农业示范区建设工作中做出突出成绩的陆良县召夸镇政府等4个先进单位、王建忠等45位先进个人给予表彰奖励。7月30日，市政府印发《关于表彰全市国税系统先进集体和优秀税务工作者的决定》（曲政发〔2010〕56号），决定对曲靖市国家税务局办公室等52个国税系统先进集体和李林等84名优秀税务工作者进行表彰。

9月17日，市政府印发《关于表彰云南省第十三届运动会曲靖代表团“突出贡献奖”单位和个人的决定》（曲政发〔2010〕61号），决定授予会泽县体育局等7个单位、李德麟等19位教练员、高峰等84位运动员参加云南省第十三届运动会曲靖代表团“突出贡献奖”。

10月12日，市政府印发《关于表彰经济普查先进集体和先进个人的决定》（曲政发〔2010〕66号），决定授予麒麟区南宁街道办事处等50个单位为“曲靖市第二次全国经济普查先进集体”荣誉称号，授予许永泉等200人为“曲靖市第二次全国经济普查先进个人”。

11月18日，市政府印发《关于表彰2009年度荣获云南名牌产品称号企业的决定》（曲政发〔2010〕75号），决定对荣获“云南名牌”产品称号的云南驰宏锌锗股份有限公司、云南曲靖麒麟焦化有限公司等13户企业予以表彰。同日，市政府印发《关于表彰2009年度产品质量管理先进单位和先进个人的决定》（曲政发〔2010〕76号），对2009年度在产品质量管理工作中做出突出贡献的云南云维集团有限公司等10个先进单位和丁荧等20名先进个人予以表彰。11月26日，市政府印发《关于表彰2006年—2010年度森林防火工作先进单位和先进个人的决定》（曲政发〔2010〕77号），决定授予曲靖市林业局等27个单位“全市森林防火工作先进单位”称号，授予杨云光等63人“全市森林防火工作先进个人”称号。

12月16日，市政府印发《关于表彰2010年度烤烟生产抗大灾保增收先进单位和个人的决定》（曲政发〔2010〕83号），决定对在2010年烟叶生产抗大灾保增收工作中做出突出成绩的师宗县政府等9个单位、师宗县丹凤镇等23个乡（镇）、吴家吉等10名烤烟生产技术服务能手和严应才等22名种烟能手进行表彰。12月23日，市政府印发《关于表彰获得2009年度云南省著名商标曲靖市知名商标企业及单位的决定》（曲政发〔2010〕71号），决定对获得2009年度云南省著名商标的云南曲靖药业有限公司等19户企业及单位和获得曲靖市知名商标的云南马龙产业集团股份有限公司等41户企业及单位进行表彰。12月28日，市政府印发《关于曲靖市第二届文学艺术创作政府奖的表彰决定》（曲政发〔2010〕84号），决定对在2008年1月1日至2009年12月31日两年期间，罗远书等119人创作的119件作品进行表彰奖励。12月29日，市政府印发《关于表彰曲靖市第一次全国污染源普查先进集体和先进个人的决定》（曲政发〔2010〕85号），决定授予曲靖市环境保护局等20个单位“曲靖市第一次全国污染源普查先进集体”荣誉称号，授予杨树先等149人“曲靖市第一次全国污染源普查先进个人”荣誉称号。12月30日，市政府印发《关于2009年度科学技术奖励的决定》（曲政发〔2010〕88号），决定对为曲靖市科学技术进步、经济社会发展作出贡献的科学技术人员和单位给予奖励，授予“生物多样性防控魔芋软腐病”等4项成果为曲靖市科学技术奖一等奖，授予“曲靖市山羊痘综合防控技术研究与应用”等20项成果为曲靖市科学技术奖二等奖，授予“有机魔芋种植基示范建设”等14项成果为曲靖市科学技术奖三等奖。

（周　洲）

市政府办公室

【简述】 2010年，曲靖市政府办公室按照“建设三型机关，树立四种作风”和“讲政治、求团结、重效率、守纪律”的要求，全面加强机关各项建设，努力提高工作效率和水平，较好完成了各项工作目标任务。

【文秘工作】 2010年，曲靖市政府办牢固树立“严、勤、细、实”的工作作风，全面做好“办文、办会、办事”各项工作。进一步规范来文审查、办理时限、催办督办、立卷归档等规程，严把起草关、程序关、文字关和格式关，切实提高公文质量。全年共制发曲政发、曲政请、曲政办发、会议纪要等各类编号文件1579件，同比减少20.3%，以文辅政的能力和水平有新的提高。强化“细节意识”，全年共承办政府全会、政府常务会议、市长办公会议及其他重要工作会议500余次，起草编发会议纪要72期。积极参与温家宝总理、回良玉副总理到曲靖视察抗旱救灾接待工作，参与承办“两基”迎国检、第六届珠江源美食文化活动周、全省中低产林改造现场推进会等高规格大型会议和活动。强化协调，在抗旱救灾、项目建设、招商引资、资源整合、市场供应等方面，做了大量的综合协调、组织实施和参谋服务工作。

【信息工作】 2010年，曲靖市政府办向云南省政府办公厅上报信息1410条，被采用225条，被省政府领导批示5条，累计得分1596分，位居16个州（市）第一名。市政府办公室和市政府秘书长李建军分别被国务院办公厅秘书局表彰为2010年度信息报送工作先进单位和先进个人，市政府办公室被省政府办公厅表彰为2010年度信息报送工作特等奖。上报信息《滇黔桂结合部万峰湖库区生态安全亟需立法保护》被国务院办公厅《专报信息》采用，并得到中共中央政治局常委、国务院副总理李克强批示，实现了全市政务信息国办采用和国务院领导批示两个“零”的突破。全年刊发《信息专报》38期、《曲靖政务信息》38期，开办《舆情专报》并刊发30期，创办《曲靖要情》并刊发36期，4个刊物共刊登信息1497条，被市政府领导批示20条（次）。

【应急管理】 2010年，曲靖市政府办充分发挥“应急值守、信息汇总、综合协调”的职能作用，及时编辑《曲靖市值班信息》、《应急快报》、《灾情信息》等上报各级领导，下发各级有关部门，全年共接收上级来文1300余件，办理突发事件信息610件，发送应急快报107件，发送短信2700余条。组建以公安消防、公安特警、民兵应急队伍、矿山救护队为骨干，以地震、民政、交通等专业队伍为补充的全市综合应急救援支队。在会泽县、富源县分别举行防震救援应急演练和地质灾害应急救援演练。建立市、县两级应急办，主动与昆明、文山、红河等省内州（市）和广西、贵州等省有关县（市）应急办联系交流制度，探索建立监测预警、信息共享、应急保障等应急管理联动机制。

【政务公开工作】 2010年，曲靖市政府办共组织重大决策听证165项，重要事项公示2598项，发布重点工作通报5993项。建立并优化政府网站、政务专线等公开载体，认真组织好重要事项公示和重点工作通报，加强96128专线的咨询、办事和服务功能，增强政务公开服务群众的能力。全市共建809个政府信息公开网站，主动公开政府信息84346条。684个部门开通96128政务信息查询专线，分别建立公示网站、通报网站、听证网站和信息查询网站，促进了政府信息公开工作的开展，方便了人民群众对政府信息的查询。

【督查工作】 2010年，曲靖市政府办紧盯热点、突出重点、突破难点，积极探索政务督查工作新思路、新机制、新办法，推动了重大决策部署的有效落实。对《政府工作报告》确定的主要工作、省政府督查的20个重大项目和20项重要工作，进行立项分解，明确各项工作具体完成时限，开展定期和不定期督查，及时通报进展情况，每季度通报一次“双20”推进情况，每半年通报一次《政府工作报告》主要目标任务完成情况；对23项重点工作和重大项目进展情况开展半月督查专报；整合部门督查力量，对春耕备耕生产、水利基础设施建设、节能减排、重点流域环境治理、稳定物价确保市场供应等工作进行20次联合督查，较好促进了项目快推进和工作快落实。全年共上报督查专报50期，下发督查通报10期、督办通知10期，跟踪督查10次，形成项目单位主动、责任单位促动的有效联动机制。

【建议提案办理】 2010年，曲靖市政府办认真贯彻落实《中共曲靖市委关于加强和改进新形势下人大工作的意见》、《中共曲靖市委贯彻〈中共云南省委关于支持人民政协履行职能发挥作用的意见〉的实施意见》和市政府领导关于议案办理工作的要求，加大督办力度，议案办理质量不断提高。全年共承办省人大代表建议8件，市人大代表建议134件，全国政协提案1件，省政协提案5件，市政协提案331件。面商率、满意率、答复率均为100%。

【队伍建设】 2010年，曲靖市政府办围绕“推动科学发展、构建和谐机关、服务人民群众、加强基层组织”的目标，以“当好科学发展的参谋、做好统筹协调的助手”为主题，以建设“学习型、创新型、效能型”机关和“服务型”队伍为载体，以“三办”、“三服务”为重点开展创先争优活动。圆满完成党总支（党支部）的换届选举工作。党风廉政建设各项工作任务分解到位、责任落实到位、监督检查到位，党风廉政建设责任制工作连续3年被评为“一等奖”。抓好责任政府、法治政府、阳光政府、效能政府四项制度的贯彻落实，继续组织对科室进行社会评价。

【后勤保障】　2010年，曲靖市政府办坚持以服务为宗旨，以管理为手段，加强财物管理，科学做好预、决算编制，确保办公室经费的正常开支，为各项工作提供资金保障。以“效能政府”四项制度建设为载体，完善机构编制管理与财政预算管理相配套的协调约束机制，进一步完善公务用车的编制、配置标准，审批、报废、更新等管理制度，严格执行公务用车统一保险、定点加油、定点维修制度，采取有效措施降低车辆运行成本。加强门卫管理，重视消防安全，机关及生活区安全保卫工作得到加强，生活秩序得到改善，全年未出现重大安全事故。

（孙用坤）

政务服务

【简述】　2010年，曲晴市政务服务中心管理局以机关效能建设和创先争优等活动为契机，以建设一流政务服务中心为目标，坚持点线面结合、市县乡村四级联动，全力推进政务服务体系建设，初步构建了上下联动、覆盖城乡、便民利民、高效廉洁的四级政务服务体系，优化了政务服务环境，提高了政务服务水平。市政务服务中心2009年6月8日建成运行后，40个市直部门137名窗口工作人员385项行政审批和服务事项进入中心集中办理。全市9个县级政务服务中心，115个乡级为民服务中心，1604个村级为民服务中心代办点在6月30日前100%建成运转。截至12月31日，全市累计受理各种行政审批和服务事项127.26万件，办结125.86万件，办结率达98.9%，服务对象满意度达100%。其中：市级受理8.69万件，办结8.69万件；县级受理45.98万件，办结45.85万件；乡级受理44.38万件，办结43.85万件；村级受理28.21万件，办结27.47万件。

9月2～3日，市政协组织部分市政协委员，对全市四级政务服务体系建设和运行情况进行视察，并提出重要意见和建议。同时，经验和做法得到交流和推广，市政务服务中心先后接待全省监察局长会议、省委巡视组、甘肃省张掖市、贵州省黔西南州和云南玉溪、德宏、丽江、文山、昭通、保山、大理7个州（市）等有关领导检查指导和参观考察。11月3～5日，在德宏州召开的全省深化政务公开、推进政务服务工作现场会议上，市委常委、市纪委书记孔荣华代表市委、市政府就政务服务作经验交流和发言。

【管理机制】　2010年，曲靖市政务服务中心管理局出台《曲靖市政务服务体系标准化建设实施方案》，明确目标、量化工作、分解任务，推进各级政务（为民）服务中心标准化建设、规范化运行。制定《曲靖市政务服务中心工作指南》和《曲靖市政务服务中心规章制度汇编》，明确窗口单位及工作人员职责，规范中心工作秩序。推行指纹打卡、不定期查岗制度，坚持周小结和定期汇报制，加强中心管理，突出量化考核，落实奖罚措施。抓好廉政文化建设，在市政务大厅内挂置各类廉政书画30余幅。对窗口工作人员实行双重管理，政务中心管理机构负责组织实施窗口工作人员的年度考核工作，考核结果报组织、人事部门备案。年内，市政务服务中心管理局共对进驻满3个月的80名窗口工作人员进行年度考核。实施绩效考核办法，定期对进驻中心的单位窗口和工作人员进行量化评分考核，并根据考核结果兑现奖惩。

【服务机制】　2010年，曲靖市政务服务中心管理局按照统一服务窗口建设、统一项目进驻、统一窗口运行机制、统一信息平台建设、统一窗口管理机制的“五统一”要求，建立和完善便民利民各项措施。在市、县两级开展项目提速工作，对进驻的审批服务事项的审批流程逐项进行梳理和优化，提高即办件比率，压缩承诺件的审批时限，增强中心“一窗口受理，一条龙服务，一站式办结”的服务功能，防止“两头受理、体外循环”。抓好服务评价体系建设，逐步启用“满意度”评价系统，把服务评价权交给办事群众。同时推进并联审批和“绿色通道”建设，市政务服务中心以市信息产业办为试点，试行网上审批，探索网上审批和并联审批流程。罗平、沾益、富源等县（市）区推行并联审批制度，开通审批服务“绿色通道”。在乡、村两级重点将社会管理和公共服务项目整合进中心，探索建立全程代办制、村级代办制、流动服务制、预约服务制、上门服务制等便民利民新举措，尽其所能帮助弱势群体和普通群众。

【监督体系】　2010年，曲靖市政务服务中心管理局充分运用科技手段增强监察效能，同步建设电子监察系统，连接到党委、人大、政府、政协有关领导和纪检监察机关领导办公室，对咨询、申请、受理、转办、审批、办结、出件、归档等环节进行事前、事中、事后监察，对违规行为发出催办和黄、红牌警告，实时进行预警纠错，确保行政审批和服务的每个环节都纳入电子监察系统，实现全过程监控。

2010年9月9日，省纪委副书记高旭升到市政务服务中心调研政务服务及政务信息公开工作。

（张江华/摄）

协助驻中心纪检监察室依法依纪对进驻部门的项目进驻、收费、办理等情况进行全程监督。设立专门的投诉窗口，公布投诉举报电话，开通网上投诉信箱，对投诉举报100%受理、100%查清、100%依纪依规严肃处理。

【信息网络】 2010年，曲靖市政务服务中心管理局完善市政务服务中心信息化平台建设，拓宽业务专网接入渠道，开通使用无线电业务专网、地税业务专网等，畅通单位窗口的业务办理通道。完善政务服务中心网站咨询、查询等功能和信息公开内容，实时受理网上咨询、投诉及业务申请，定期公开政务服务建设运行情况。加快推进县乡村三级政务服务体系信息化网络建设，积极与省、市信息产业、通信部门协调，逐步完成县级中心以国家电子政务外网为平台、乡镇（街道）中心和村（社区）代办点以互联网为平台采取VPN接入方式接入审批业务系统和电子监察系统，实现四级政务服务机构“统一网络、统一平台、统一数据库、统一流程”办公。年内，除宣威、富源2个县（市）自主开发业务系统外，其余7个县（区）政务服务中心全面开通国家电子政务外网，接入云南省行政审批服务平台和电子监察系统，其中陆良县所有乡镇（街道）为民服务中心均采用VPN接入方式完成“两系统”接入工作，师宗、会泽等县正在加快建设中。

（李红林）

人事工作

【简述】 2010年，曲靖市人力资源和社会保障局努力扩大就业，不断完善社会保障体系，稳步推进人事制度改革，深入开展创先争优活动，各项工作都取得明显成效，为全市经济社会保持平稳较快发展作出积极贡献。

【公务员队伍】 2010年，曲靖市人力资源和社会保障局以提高公务员队伍整体素质为核心，从创新机制、强化管理入手，做好公务员（参公管理工作人员）日常登记工作及人事任免、职位管理等工作，公务员管理制度日益完善。在公务员（参公管理工作人员）日常登记审核、报批工作中，借助日常登记，及时更新公务员管理台账，严格把好初审、复核和审批3个环节，全年共登记232人。按照法定程序代市政府办理169名市管干部的任免手续。建立科级职务任免台账，对职务任免情况实行科学有效的动态管理，守好公务员职务晋升的“楼梯口”，办理146人的相关手续。加强和改进考试录用工作，对公务员队伍进行调整充实，公开考试录用公务员252人，定向考录乡镇（街道）公务员21人。继续开展选聘高校毕业生到村任职工作，选聘329名高校毕业生到村任职。

【三项制度推进】 2010年，曲靖市人力资源和社会保障局进一步加强机关行政效能建设，认真抓好全市实施服务承诺等三项制度工作的推进和长效机制建设。在教育和卫生系统事业单位推行责任政府四项制度，并向其他事业单位延伸。对市直各单位的服务承诺内容进行清理，并将服务承诺内容统一在网站上公开，通过社会监督促进承诺兑现，通过清理，市级50个行政机关和参公管理单位公开服务承诺具体事项663项。在部分企业开展推行服务承诺制度试点，重点将责任政府四项制度向与人民群众密切相关的供排水、公汽、出租车行业等窗口企业深入推进。会同有关部门深入市属部分窗口企业、学校、医院开展督促检查，强化服务承诺等四项制度的落实。

【事业单位人事制度改革】 2010年，曲靖市、县两级人力资源社会保障部门加快推进事业单位岗位设置管理工作，不断深化事业单位人事制度改革。完备事业单位岗位设置管理工作的相关政策，核准2680个事业单位的岗位设置方案，核准岗位85443个，完成聘用单位1507个，岗位聘用5.65万个。严格做好《聘用合同书》鉴证和《岗位聘任书》聘期确认工作，办理《聘用合同书》鉴证和《岗位聘任书》聘期确认手续57173份。积极开展人事争议仲裁和行政复议工作，接待人事争议来访人员350余人（次），办理人事争议案件39件，其中：成功调解15件、不予受理5件、案外处理19件。对事业单位公开招聘人员工作方式进行改革，公开考试录用1440人。

【工资管理】 2010年，曲靖市人力资源社会保障局严格执行工资政策，完成义务教育学校奖励性绩效工资分配、全市公共卫生和基层医疗卫生事业单位实施绩效工资及日常业务工作。准确把握政策，认真指导各义务教育学校制定奖励性绩效工资分配办法，至5月18日，批复完毕各义务教育学校分配办法，组织实施后运行情况良好。在公共卫生及基层医疗卫生事业单位实施绩效工资，于10月1日前兑现基础性绩效工资部分。加强机关津贴补贴的管理，配合相关部门对全市规范公务员津贴补贴工作进行监督检查。办理职务变动、公务员正常升档、事业单位增加薪级等日常业务审批工作21002人，完成事业单位岗位设置后工资审批3000余人。发布曲靖市2010年企业工资指导线和劳动力市场工资指导价位，全市9个县（市）区均按照规定认真执行。

【军转干部管理服务】 2010年，曲靖市人力资源和社会保障局不断促进军队转业干部管理服务工作向前发展，认真落实国家军队转业干部安置政策，妥善安置分配到曲靖市的41名军队转业干部和随调家属；组织2009年、2010年计划安置转业干部进行专业培训；加强对自主择业军转干部的管理服务工作，积极向企业推荐自主择业军转干部，按时足额发放自主择业军转干部退役金；认真落实企业军转干部解困政策，兑现解困经费3273412元，解困人数585人。逢节假日走访慰问企业军转干部特困户。

【培训教育】 2010年，曲靖市人力资源和社会保障系统紧紧围绕全市经济社会发展对各类人才培养需求，全面加强干部队伍的政治理论学习、行政能力训练和思想作风教育，继续完善科学化、规范化和制度化的新的培训管理体系建设，较大幅度提升全市公务员队伍、专业技术人员队伍和人力资源社会保障系统干部队伍的整体素质。组织2009年录用的公务员397人进行初任培训。在全市行政机关公务员和参照公务员法管理的工作人员中开展以“忠诚教育”为核心的“公共服务职业道德与技术方法”培训教育活动，19980人参加。成功组织“七个一”系列活动，选拔3名选手参加全省演讲比赛，获一等奖1名、二等奖1名、优秀奖1名，推荐优秀文章参加全省征文评比，获一等奖1篇、二等奖1篇、特别奖1篇，市人力资源和社会保障局荣获全省组织奖。在全市专业技术人员和企事业单位管理人员中开展以“低碳经济”为主题的公需科目培训，78574人参加统一考试。在事业单位新录用人员初聘培训中实行教考分离，培训新进人员

1921名。

【高层次人才培养】　2010年，曲靖市人力资源和社会保障系统不断创新和完善高层次人才培养选拔机制，以满足经济社会发展的需要。按照坚持宏观调控，突出重点、整体推进的原则，制定《曲靖市中长期人才发展规划（2010～2020年）》。认真开展专业技术人才评价工作，新推荐评审1000余名高级专业技术人才，办理高级、中级资格证书10733份。积极开展“省贴”、“省突”、“市贴”、“市中青年学术技术带头人”的推荐评选工作，3人荣获2010年度云南省政府特殊津贴奖，4人获得2010年度云南省有突出贡献的优秀专业技术人才三等奖，获得2010年度曲靖市政府特殊津贴奖36人，“曲靖市中青年学术技术带头人”称号19人。继续做好引智引才、引进项目及出国（境）培训工作。春节召开慰问专家座谈会，大力营造尊重知识、尊重人才的良好氛围。

【高技能人才队伍】　2010年，曲靖市人力资源和社会保障系统加强统筹规划，拓展培养通道，大力推进高技能人才队伍建设。继续落实“三年九千”高技能人才培养计划，拟定《曲靖市技能人才队伍建设十二五规划》，修改完善《曲靖市技能人才队伍建设中长期规划》。开展107个职业（工种）的培训，培训各类技能人员68830人。建立职业技能鉴定质量督导制度，定期不定期对全市职业技能鉴定工作进行检查监督。新培训职业技能鉴定考评员176人，开展96个职业（工种）的鉴定，鉴定合格取得职业资格证书31885人。在市技工学校等3所技校、云维集团等3家企业建立6个高技能人才培训基地，全年培训鉴定高级工以上高技能人才4036人。21所技工学校在全市录取新生6414人，技校招生工作连续6年取得较好成绩。通过培训考核，964名机关事业单位技术工人晋升了技术等级。

【其他人事管理和服务】　2010年，曲靖市人力资源和社会保障局在完成主要业务工作的同时，顺利完成其他人事管理和服务工作。在人员流动调配工作中，全年共办理调动手续193人，其中：机关62人，事业单位128人，企业3人。严格执行国家退休政策，为市直机关事业单位136名符合退休条件的工作人员办理退休手续，为市直事业单位6名工作人员办理辞职手续。各类人事考试全部实现网上报名和网上缴费，组织完成12项82480人（次）的各类人事考试，代办、发放各种证书6000余份。

（王云萧）

外事侨务

【因公出国（境）管理】　2010年，曲靖市因公派出国（境）工作坚持按需派出、按计划派出、讲求实效的原则，严格执行因公出国（境）有关规定：厅局、县处级正职干部原则上每年出国（境）不超过1次，出国（境）团组的申报必须有明确的公务目的和具体的出访任务，无实质性任务和内容的团组坚决不予办理。严把政策关，严格申报程序和手续，控制出访数量，实行外事专办员制度，加强因公出国（境）证件管理，建立健全因公出国（境）管理制度和工作机制。全年共审核、申报办理因公出国（境）39批（次）100人（次）。

【对外交流】　2010年5月15～21日，加拿大太平洋森林再造公司赴曲靖市农业食品科技园区投资考察。

6月14～19日，曲靖市委副书记、市长岳跃生参加第三届中法论坛并在中法论坛经济组担任经济组论坛执行主席，作题为《曲靖市在对外经济合作中的几点做法》的演讲。

10月26日，澳大利亚坎帕斯皮市市长彼德先生及中国经济项目合作专员李燕琼女士一行赴曲靖市，考察职业教育，市政府与澳大利亚客人就在教育领域的合作进行探讨。麒麟职业技术学校和曲靖市民族中学就双方合作办学及教育交流项目与外方进行洽谈。

3月17日，美国德克萨斯州泰勒市交流中心高尔夫指导教师大卫·戴克斯一行6人赴曲靖师范学院，开展为期4天的高尔夫球培训课。5月19日，泰勒市德州分校音乐舞蹈团一行4人到曲靖师院，开展为期4天的音乐舞蹈培训和交流活动。

【外事调研】　2010年，曲靖市外事调研围绕国家周边外交战略和建设面向西南桥头堡建设战略，在加强对周边国家发展形势研判的基础上，形成《关于建设西南桥头堡中有关外事政策的建议》、《2009年南亚国家情况综述》等调研报告，发挥外事工作的参谋和助手作用。

【涉外安全管理】　2010年，曲靖市外事工作充分发挥职能作用，在涉外安全工作中，加强事前预警，做到关口前移。加强涉外事件防控机制建设，完善各类应急预案，及时研究处理涉外突发事件。进一步加强对境外非政府组织的管理协调工作。按照有序开放、有效管理的原则，加强对来曲外国记者的服务和管理，注重以我为主，加强引导，敢于和善于做好外国记者工作，充分借助外国媒体的影响，加强开放条件下的对外宣传工作，营造客观、友善、和谐的国际舆论环境。积极配合公安、安全等部门在涉外领域、涉外安全、涉外疫情等方面，妥善处理多起涉外突发事件。

【侨务信访】　2010年，曲靖市积极做好侨务信访工作，依法维护好归侨侨眷和海外侨胞的合法权益，共受理、办结侨界群众来信来访48人（次）。

（查翔华）

信访工作

【简述】　2010年，曲靖市、县两级党政信访部门共受理群众来信来访9520件，比上年下降17.25%，其中来信4243件，下降11.16%；来访5277件，下降21.57%［集体访965批（次），下降14.2%，12224人（次），下降28.68%］。在受理的来信来访中，市信访局共受理3208件，下降11.11%，其中来信2089件，下降7.3%，来访1119件，下降17.42%［集体访221批（次），下降4.33%，3282人（次），下降3.64%］。“书记市长信箱”网上来信1162件，上升15.32%；市长热线来电共受理1196件，上升1%。年内，市信访局受理来信来访共立案和回报办理情况482件，办结率达93.6%。

【群众信访】　2010年，曲靖市群众信访内容表现为历史与现实两个方面的问题。历史问题：要求解决定期生活补助金，主要是20世纪五六十年代修建机场、公路，援越援老、自卫还击的民工。要求提高待遇，主要是伤残退伍军人、民办教师、退养民师；乡镇农业五站所聘用人员；企业军转干部要求解决生活出路。要求享受生活待遇，主要是“文革”“两案”人员和破产企业军转干部。企业改制问题，主要是被解除劳动关系的职工，对原国有资产管理、社会保险、特殊工作补偿、生活出路等问题。现实信访问题：征地拆迁问题，主要反映征地拆迁补偿政策不公开、补偿标准低、安置不合理、拖欠征地拆迁安置款、地表附作物纠纷等问题。矿产资源开发问题，反映民房受损、墙体开裂、水源枯竭、环境污染和资源开采权纠纷等问题。拖欠民工工资问题，部分民工因建设单位拖欠承建单位工程款，承建单位拖欠民工工资引发上访。事故纠纷信访问题，主要是医疗、交通、工程等事故引发的各种纠纷。司法信访问题，反映司法不公、执法不严、判决难执行等问题。社会管理问题，市政建设、城市交通、环境污染、出租车管理、职能部门服务。

【信访特点】 2010年，曲靖市群众信访主要呈现以下特点：信访总量明显下降，市、县两级党、政信访部门受理群众来信来访同比下降17.25%；到省、市集体上访明显下降，同比到省批（次）下降19.8%，人（次）下降22.1%，到市批（次）下降9.3%，人（次）下降8.3%。涉及面广、长期集体上访，解决无政策依据的信访问题较多，主要是企业军转干部，伤残退伍军人，20世纪五六十年代修建机场、公路的“民兵团”，援越援老、自卫还击支前民工，原民办教师，工商行自愿辞职人员，“文革”“两案”人员等。过激行为上访时有发生，上访群众到党政机关采取下跪、静坐、举布标、呼口号、穿告状字衣、披麻带孝、滞留接待室、围堵机关大门等过激行为。

【信访工作机制】 2010年4月2日，曲靖市委、市政府下发《关于成立解决信访问题联合工作组的决定》，从市纪委、市委组织部、市委政法委、市信访局等12个单位抽调具有基层工作经验、较强群众工作能力、较高法律政策水平、年富力强的处级干部或副处级后备干部及业务骨干到联合工作组工作，并明确联合工作组的工作任务是：协调、督促责任主体解决合理信访诉求，依法处理非正常上访行为，力争合理信访诉求100%解决，非正常上访比上年同期下降20%。年内，市信访局共移交给联合工作组合理信访诉求37件，非正常上访2件。与此同时，市委、市政府决定从公、检、法、司抽调30人成立曲靖市涉法涉诉联合接访服务中心，并于7月27日正式挂牌接访。

【排查化解】 2010年，曲靖市信访局共5次对全市信访热难点矛盾纠纷进行排查，共排查出310件，以市委联办名义下发通知，采取定责任单位、定责任领导、定化解时限的“三定”措施进行交办。3月1～31日，11月8～20日，市信访局2次共组织7个督查督办工作组，由市信访局领导带队，分别到各县（市）区对市信访局排查的重要信访案件；市委、市政府领导接待日转办件；国家、省、市信访局转办的立案件；“1·29”中央、省、市电视电话会议的贯彻落实情况；信访救助资金的管理使用进行督查督办。年底，排查出310件，办结298件，办结率96%。

【劝返工作】 2010年，曲靖市群众进京非正常上访261人（次），市信访局按照中央“人要回去，事要解决”的要求，组织人员到京开展劝返工作。继续每月从县（市）区和市直有关单位选派2名劝返工作人员驻京开展劝返工作。全国“两会”期间，市信访局组织7人驻京劝返工作组开展劝返工作。6月和10月，曲靖市到京非正常上访一度突出，又派出驻京劝返组增加驻京劝返工作力量。上海世博会期间，市信访局分批派人驻沪开展巡查劝返工作。对劝返的重点上访人员反映的问题，市信访局以市委联办名义，采取专题发函给县（市）区委、政府主要领导进行通报和督办；对突出的非正常上访人员移交市信访联合工作组依法处理；对到京非正常上访人员上访情况按月进行通报。

【信访信息】 2010年，曲靖市信访局编印《曲靖信访》12期33条，《重要信访动态》25期、《重要信访摘报》19篇、《越级上访通报》24期进行上报下发。4月13日至5月10日，市信访局由副局长顾朝学带队，到9个县（市）区和部分市直单位，分别召开有关职能部门领导、信访干部和部分乡镇分管领导座谈调研，形成《以科学发展观为指导，重新审视全市信访工作》的调研报告并上报市委、市政府有关领导。

【信访培训】 2010年6月1～5日，曲靖市信访局在市信息产业办举办全国信访信息系统推广应用培训班。云南省“两办”信访局应急处突处副处长王旭东等3人，在培训班上进行讲解和辅导。9个县（市）区信访局业务骨干及市信访局全体干部，共20余人参训。10月20～24日，市信访局在麒麟区三宝温泉举办全市信访工作培训及文体活动。副市长早明光到会作动员讲话，邀请省政府督查专员、省“两办”信访局副局长樊兴宇讲授《当前信访形势与群体性事件处置》，省委党校教授欧黎明讲授《妥善协调各方利益关系，正确处理人民内部矛盾》，住房和城乡建设局、罗平县、沾益县信访局分别交流《妥善处理房屋拆迁中的信访问题》、《非正常上访专项治理工作经验》、《网上信访工作经验》。各县（市）区信访局、市解决信访问题联合工作、市涉法涉诉接访服务中心、市委信访联席会议9个专项工作小组、市直有关单位专兼职信

2010年10月20～24日，曲靖市信访工作培训班在温泉举行。
（市信访局/供稿）

访干部、麒麟区寥廓、南宁、白石江、建宁4个街道办事处信访办主任及市信访局全体人员共240余人参训。

（刘　毅）

接待工作

【简述】　2010年，曲靖市接待工作坚持"围绕发展搞接待，搞好接待促发展"的理念，营造出接待是"第一个窗口，第一张面孔，第一个环境，第一项服务"的氛围，突出"服务政务、服务经济、服务客商"的主题，坚持"热情周到、有利工作、勤俭节约、反对浪费"的原则，强化接待服务工作。年内，完成温家宝总理、回良玉副总理等领导来曲指导抗旱救灾和白恩培、秦光荣等领导到曲靖调研及全国县级供销合作社改革与发展曲靖经验现场会的后勤保障服务工作。全年共接待来曲客人及随员1118批（次）、13176人，其中：省部级领导及随员42批1658人（次），厅级领导及随员421批3662人（次），厅级以下领导及随员504批5600余人（次），省外考察团46批715人（次），省内考察团35批709人（次），国内外客商59批635人（次），外宾11批158人（次）。参与市委、市政府领导外出考察、学习后勤服务工作3次，市接待处共分4批（次）组织全市接待系统员工赴大理、丽江、普洱、西双版纳、上海、浙江、南京等地学习。

【曲靖宾馆】　2010年，曲靖宾馆重新装修营业。美食节期间，组织餐厅员工参加鸡、羊、鱼等五系列美食竞技比赛，获得羊系列银奖；积极组织员工参加曲靖市百优经理人、百优厨师和百优服务员评选活动，2位经理获"百优经理人"称号，6位厨师获"百优厨师"称号，2位服务员获"百优服务员"称号，宾馆也荣获"百优企业"称号。曲靖宾馆7～11月（即宾馆装修后开业以来）实现销售收入196万元，比上年同期的56万元增长3倍多。全年销售收入510万元，比上年增加106万元，上缴国家税收35万元，比上年增加11万元。

（吴毅芳）

2010年曲靖市曲靖市重要接待宾客一览表

时　间	接　待　宾　客
1月4日	省委常委、统战部部长黄毅一行到曲靖市，参加2009年度全省集中检查考核动员暨综合汇报会。
1月11日	省委副书记李纪恒、副省长孔垂柱、全国供销合作总社合作指导部副部长刘崇高、省属有关部委办局负责人等领导到曲靖市，参加全省供销合作社改革发展现场推进会。
1月13日	副省长曹建方，省委、省人大、省政府、省政协有关部门领导，省消防安全委员会各成员单位负责人到曲靖市，参加全省消防工作会议。
2月4日	国家安全生产监管总局副局长杨元元率国家安全生产监管总局、省安全生产监管局、省煤炭安全监管局领导到曲靖市，视察安全生产工作。
2月5～10日	比利时东弗兰德省苗圃协会主席让·万和、比利时东弗兰德省装饰植物研究中心主任布鲁诺·高宾访问曲靖市。
2月11日	云南铜业集团冶炼厂党委书记王坚率云南铜业考察组到曲靖市考察工作。
3月9～11日	副省长孔垂柱率调研组到马龙县、沾益县、宣威市，调研抗旱救灾、春耕备耕、水利工程建设。
3月10～12日	副省长和段琪率省工信委、省安监局、云南煤矿安全监察局领导到曲靖市，开展"抗大旱保发展"专题工作调研。
3月11～12日	原副省长梁公卿率省政府铁路建设工作督导组有关领导赴曲靖市，检查指导工作。
3月19～21日	中共中央政治局常委、国务院总理温家宝深入陆良县、师宗县旱灾最严重的地区，看望慰问受灾群众，指导抗旱救灾工作。
3月20日	成都军区国防动员委员会综合室副主任、动员部部长袁仕聪大校到曲靖市，调研国防动员建设发展情况。
3月21日	省委常委、常务副省长罗正富，省发改委主任米东生到曲靖滇东电厂调研。
3月26日	中国人民解放军总政治部群工部副主任郭增奎大校到曲靖市，调研驻曲部队抗旱救灾工作并召开座谈会。
3月30日	省委副书记、省长秦光荣，省委副书记李纪恒，省人大常委会副主任李春林，副省长孔垂柱，省政协副主席王学智，省政府秘书长丁绍祥，农业部种植业管理司司长叶贞琴等领导到曲靖市，参加全省春耕生产工作现场会。

续表

时　间	接 待 宾 客
3月31日	省委副书记、省长秦光荣，省委副书记李纪恒，省人大常委会副主任李春林，副省长孔垂柱，省政协副主席王学智，省政府秘书长丁绍祥等领导到宣威市，参加全省水利建设工作会议。
4月10日	空军指挥学院副院长朱和平少将、孙晓虹大校、田庆大校一行深入曲靖市，看望灾区学生，捐款、捐水。
4月12日	省委书记白恩培，省委常委、省委秘书长杨应楠，副省长和段琪及省直相关部门负责人到曲靖市，调研工业生产情况。
4月13~16日	省委常委、副省长李江到曲靖市，专题开展“抗旱保春耕、促发展”调研活动。
5月7日	由中央财办副主任、中央农办副主任唐仁健率领的中央农办水利部水利改革发展调研组在副省长孔垂柱及省有关部门负责人的陪同下到曲靖市，调研水利改革发展工作。
5月12~13日	省人大常委会常务副主任晏友琼率省人大视察组深入曲靖市，视察牛栏江—滇池补水、沾益县人民医院新建住院大楼、曲靖城区廉租住房等使用地方政府债券资金的项目建设情况，并听取曲靖市工作情况汇报。
5月27~28日	国务院安委会第七督查组在水利部总工程师汪洪的带领下到曲靖市，检查安全生产。
6月2~5日	省委副书记李纪恒等领导到曲靖市调研。
6月27日	省长秦光荣等一行到曲靖市，视察云南（曲靖）国际农业食品科技园建设。
6月28~30日	全国供销总社党组书记、理事会主任李成玉，总社党组成员、理事会副主任李春生，云南省委副书记李纪恒，云南省副省长孔垂柱、全国供销总社监事会副主任张祥茂等到曲靖市，出席全国县级供销合作社工作经验现场会，全国供销总社党组成员、理事会副主任戴公兴主持会议。
7月14~15日	省政协主席王学仁率省政协节能减排重点提案调研组到曲靖市调研。
7月15~16日	副省长孔垂柱、省政府副秘书长李琳玻及省、市有关部门，各州市政府及相关部门、部分县的有关领导到曲靖市，参加全省中低产林改造推进会并讲话。
7月27日	香港缤纷园艺控股有限公司董事长周征宇一行到曲靖市考察访问。
7月27~28日	副省长高峰等领导陪同全国人大常委会原副委员长、民建中央原主席、著名经济学家成思危到曲靖考察。
8月4~6日	省人大常委会副主任杨保建率省人大代表视察组到曲靖市，视察“两基”迎国检工作。
8月12日	中国高等教育学会联合办学研究分会2010年年会暨第四届全国高校联合办学研讨会在曲靖市召开。
9月2~3日	省人大常委会副主任程映萱率《云南省贯彻外来投资促进条例》执法检查组到曲靖市，进行执法检查。
9月10日	副省长高峰到曲靖看望慰问教师代表并出席在曲靖师范学院召开的全省本科（院）校书记、（院）校长座谈会。
9月15~17日	副省长孔垂柱一行到麒麟区、宣威市调研农业农村工作。
10月18~20日	省委宣传部组织近20家中央及省级新闻媒体组成的大型采访团到曲靖采访。
10月26~27日	中央检查组到曲靖市，对全市扩大内需和建设领域专项治理工作进行检查。
11月26日	省委常委、常务副省长罗正富到曲靖市，调研铁路建设情况。
11月29~30日	国家督学、教育部督导办原副主任于芳率国家教育督导团专家组到曲靖市，督导检查“两基”工作。
12月18日	省委常委、副省长李江到曲靖市调研。
12月30~31日	省政协副主席倪慧芳率慰问组到曲靖市看望慰问困难群众。

中国人民政治协商会议曲靖市委员会

【简述】 2010年，曲靖市政协牢牢把握团结和民主两大主题，切实履行政治协商、民主监督、参政议政职能，充分发挥协调关系、汇集力量、建言献策、服务大局的作用，全面完成市政协三届三次会议提出的目标任务，为促进“十一五”规划圆满完成和科学制定“十二五”规划作出积极贡献。年内，政协各参加单位和委员们共向全市灾区捐款捐物和协调资金5156万元。

【市政协三届三次会议】 2010年2月2~6日，中国人民政治协商会议曲靖市第三届委员会第三次会议在曲靖举行。395名市政协委员、206名特邀列席人员出席和列席会议。中共曲靖市委书记赵立雄讲话。会议听取并审议通过市政协主席赵建华作的三届市政协常务委员会工作报告，听取并审议通过市政协副主席唐德荣作的关于提案工作情况的报告。委员们列席市三届人大三次会议，协商讨论政府工作报告、“两院”报告及其他重要报告；围绕全市经济、政治、文化和社会建设中的重大问题，人民群众普遍关心的问题，通过委员分组讨论、撰写提案、议政发言、专题协商、联组会议等形式提出意见建议586条，并开展委员联谊活动。会议对民盟曲靖市委提出的《关于加强乡村公路建设监管力度的建议》、《关于进一步完善农村低保制度的建议》两件提案进行现场办理。会议补选市政协秘书长和2名常务委员，高吉贵当选为市政协秘书长，孙敬、彭显崇当选为市政协常委。通过会议决议和常委会工作报告决议、提案工作报告决议。闭幕会上，市政协主席赵建华作题为《凝心聚力促转变 同心同德建和谐》的讲话。

【市政协三届常委会会议】 2010年2月1日，曲靖市政协主席赵建华主持召开三届十一次常委会议，会议听取中共曲靖市委组织部领导就有关人事事项说明，会议审议通过有关人事事项。孙敬（彝族）、游方华、杨艳琼（女）、徐若冰（女，彝族）、保春英（女，回族）任市政协副秘书长。

3月24~25日，市政协主席赵建华主持召开三届十二次常委会议，听取市政府关于2010年重大投资和民生项目建设情况、全市抗旱救灾保民生、抓春耕、促发展工作情况的通报；学习全国“两会”精神，审议通过《政协曲靖市委员会2010年工作计划》（讨论稿）。会议期间，副市长饶卫传达温家宝总理在曲靖视察抗旱救灾的重要讲话精神及中共曲靖市委、市人民政府的贯彻落实意见。

6月29~30日，市政协主席赵建华主持召开三届十三次常委会议。副市长宁德刚通报2010年上半年全市经济社会发展情况和下半年工作安排意见，会议共收到45篇议政发言材料，10名常委作议政发言。会议还表决通过有关人事事项，李保祥不再担任市政协副秘书长、人口资源环境委员会主任。

9月29~30日，市政协主席赵建华主持召开三届十四次常委会议。会议听取市政府关于曲靖市“十一五”规划执行情况和“十二五”规划编制情况的通报，组织委员围绕“十二五”规划编制主题进行专题议政发言，会议共收到54篇议政发言材料，10名常委作议政发言。会议还通过有关人事事项，李元平任市政协副秘书长、办公室主任；高吉贵不再担任市政协副秘书长、办公室主任。

12月22~23日，市政协主席赵建华主持召开三届十五次常委会议。会议听取市委常委、市纪委书记孔荣华关于全市党风廉政建设情况的通报，副市长宁德刚关于市政协三届三次以来提案办理情况的通报，市委副秘书长、市委督查室主任李觅关于市委办公室办理市政协调研视察报告和提案办理的情况通报，对办理市政协重点提案情况进行民主评议，审议通过政协曲靖市第三届委员会第四次会议有关事项并作出相关决议。会议还通过有关人事事项，增补李元平、谭增权、陈川、刘家升为三届市政协委员；因工作调动，同意唐云泽、马有林、柳廷龙、李彪辞去市政协委员；因触犯刑法，决定撤销王启平委员资格。

【中秋茶话会】 2010年9月20日，由中共曲靖市委、曲靖市人民政府主办，政协曲靖市委员会举办的曲靖市各界人士国庆中秋茶话会在政协宾馆举行。中共曲靖市委副书记、市长岳跃生讲话，市政协主席赵建华主持茶话会，市委常委、常务副市长周宗通报全市1~8月经济社会发展情况，11位各族各界代表人士围绕促进全市经济社会又好又快发展提出意见建议。

【中共曲靖市委政协工作会议】 2010年11月1日，中共曲靖市委召开政协工作会议。会议强调，进一步加强和改进党对政协工作的领导，切实支持政协履行政治协商、民主监督、参政议政职能，更好地发挥人民政协在推动科学发展、促进社会和谐中的重要作用，努力

2010年9月2~3日，市政协领导带领部分政协委员深入富源县大河镇白马村为民服务中心代办室等地，视察市、县、乡、村四级联动政务服务体系建设情况。

（殷云宝/摄）

开创全市政协工作新局面。会上，市委制发《关于贯彻<中共云南省委关于支持人民政协履行职能发挥作用的意见>的实施意见》。中共曲靖市委副书记、市长岳跃生，市政协主席赵建华，市委常委、常务副市长周宗分别讲话，市委副书记范华平主持会议并作总结讲话。

【主席联系会议】 2010年，曲靖市政协主席赵建华主持召开曲靖市、县政协主席联系会议2次，市政协副主席、秘书长出席，各县（市）区政协主席以及办公室主任，市级各民主党派、工商联负责人参加。6月18日，曲靖市第十四次县政协主席联系会议在马龙县召开，会议围绕学习胡锦涛总书记在庆祝人民政协成立60周年大会上的重要讲话和贾庆林主席在全国政协十一届三次会议上所作的工作报告，推动政协事业科学发展主题进行交流。11月26日，曲靖市政协第十五次市、县政协主席联系会议在罗平县召开。会议围绕学习贯彻中共十七届五中全会、市委政协工作会议精神作交流发言。

【全国政协调研组到曲调研】 2010年5月27日，以全国政协常委、提案委员会副主任、中共中央直属机关工委常务副书记孙淦为组长，全国政协委员、提案委员会副主任、重庆市政协原主席刘志忠为副组长的调研组，就《关于把云南建设成为我国面向西南对外开放的桥头堡的提案》到曲靖市进行专题调研。

【调研视察】 2010年，曲靖市政协紧紧围绕“调结构、转方式、保增长、重民生、促和谐”工作重点，组织委员对经济结构调整、国务院《宗教事务条例》的贯彻落实、中心城区交通拥堵问题、中心城区和各县城饮水安全、农村文化建设情况进行调研；对现代农业食品科技园建设、煤矿安全生产、农村饮水安全、社会矛盾纠纷大调解、中小学危房改造、重点工程项目建设、生猪“三百”工程、市县乡村四级政务服务体系建设情况进行视察；对民主评议市农业局工作整改落实情况和构建矿村共享资源开发成果新机制进行跟踪视察。年内，共开展重点调研视察15项，形成调研报告5份、视察报告10份，报送中共曲靖市委、市政府作决策参考。市委、市政府对调研视察报告共作出9次批示，采取有效措施，促进了相关问题的解决落实。

【专题协商】 2010年，曲靖市政协组织委员先后对《政府工作报告》、《曲靖市2009年国民经济和社会发展计划执行情况及2010年国民经济和社会发展计划的报告》、《曲靖市2009年地方财政预算执行情况和2010年地方财政预算报告》、《曲靖市中级人民法院工作报告》、《曲靖市人民检察院工作报告》等进行专题协商，提出协商意见建议470条。主席会议就全市经济社会发展大局的重要决策部署、重要文件出台等进行认真讨论协商，提出意见建议。各专委会围绕经济、社会发展、科技、教育、文化、卫生、民族宗教、资源环境等方面提出意见建议。

【建言“十二五”规划】 2010年，曲靖市政协把协助党委、政府编制好“十二五”发展规划作为政协年度履职的重点，广泛动员并组织政协各参加单位和广大政协委员，为科学制定“十二五”规划建言献策。围绕全市“十二五”规划编制举办专题学习讲座、开展调研、召开常委会议，组织各党派、工商联、政协专门委员会、委员界别活动组以“十二五”规划编制为主题进行专题议政，共收到议政发言材料54篇，10名委员作书面发言，提出意见建议324条。组织委员和专家学者对“十二五”规划《建议》和《纲要》进行专题协商，36名委员积极建言献策，提出意见建议99条，内容涵盖加快经济发展方式转变、推进新型工业化进程、提升对外开放水平、统筹城乡发展、加强社会建设等方面。不少建议在文稿修改中被积极吸收和采纳。

【常委会专题讲座】 2010年，曲靖市政协举办常委会议专题讲座4次，围绕调整结构、加快经济发展方式转变和曲靖市“十二五”规划、认真学习贯彻省委政协工作会议精神、加快推进学习型政协建设、中共十七届五中全会精神等主题，邀请专家学者进行专题辅导。

【提案办理】 2010年，曲靖市政协三届三次会议共收到提案370件，经审查立案352件，76件内容相同、相近的提案归并为28件。会后经主席会议确定8件重点提案。截至12月底，306件交办提案全部办理完毕。其中提案所提问题得到解决的131件，正在解决和计划解决的156件，暂时不能解决的19件。8件重点提案所提问题得到解决的3件，正在解决的5件。在提案办理中，坚持市政协领导牵头督办与专委会协调督办相结合的制度；创新督办方式，采取先调研后面商的形式；通过常委会和组织部分委员的方式，对市委、市政府办理的8件重点提案和市教育局提案办理工作进行民主评议，促进提案办理落实。跟踪视察《加强矿产资源管理的提案》续办续复情况，推动了“矿村共建”机制的出台。

【曲靖市企业家论坛】 2010年9月9日，市政协副主席王宝德主持召开以“加大经济结构调整力度，提高经济发展质量和效益”为主题的恳谈会。市政协主席赵建华，副市长陈军讲话。恳谈会收到48篇书面发言材料，14名代表围绕主题作大会发言。

【全市提案工作会】 2010年10月29～30日，曲靖市政协第八次提案工作会议在宣威市召开。会议认真总结市政协三届三次会议以来的提案工作经验，紧紧围绕贯彻落实中共十七届五中全会和省委政协工作会议精神，安排部署全市提案工作。会上，市政协主席赵建华、副主席唐德荣对做好提案工作提出要求，市政协提案委主任王彩通报市政协三届三次会议以来的提案工作情况，各县（市）区政协和市直部分提案承办单位交流工作经验。

【民主评议】 2010年，曲靖市政协对市工信委工作进行民主评议。7月13日，市政协召开民主评议动员会，对做好民主评议作动员培训和部署安排。8月，组织经济界部分政协委员和企业代表分成5个调研组，就加快企业固定资产投资、调整工业经济结构、强化企业自主创新能力、完善工业管理体制机制、贯彻落实国家省市有关政策5方面进行专题调研。10月14日，市政协秘书长高吉贵主持召开民主评议市工业和信息化委员会工作会议，39名市政协委员投票测评结果满意票30票，基本满意票7票，不满意票2票，满意和基本满意率为94.87%。

【抗旱救灾摄影展】 2010年5月19～26日，由政协曲靖市委员会办公室和市委宣传部主办，曲靖市摄影家协会承办，曲靖日报社、曲靖电视台、曲靖珠江网协办的“万众一心抗大旱，同舟共济渡难关”摄影展在珠江源广场开展，此次摄影展分灾情篇、抗旱篇、关爱篇3个大类，共展出展板102块、摄影作品180件，参观人数达3万余人。摄影展用摄影艺术形式记录和展示曲靖市人民抗旱救灾的生动画面，留下了珍贵的影像，获得了广泛好评。

【界别组活动】 2010年，曲靖市政协引导界别组围绕“调结构、重民生、促和谐、抗旱救灾”等主题组织学习、开展活动。主席会议成员带头参加界别活动，各专门委员会加强对界别活动的联系和指导，18个界别活动组共组织学习讨论、调研视察、扶贫济困等活动57次，分别就遗址保护、抗旱中水源监测和消毒等问题提出有价值的意见建议。

【社情民意】 2010年，曲靖市政协共编报《社情民意》10期，提出意见、建议39条，处理群众来信来访19批46人（次），办理信访52件。

【宣传信息】 2010年，曲靖市政协与各新闻媒体配合，在《云南政协报》、《曲靖日报》等新闻媒体上刊登政协工作稿件587篇。办好《曲靖政协》、《政协工作简报》、《社情民意》和曲靖市政协网站“三刊一网”。其中，编辑出版《曲靖政协》刊物6期450篇文章，编辑《曲靖政协工作简报》38期196条信息；曲靖市政协网站刊发信息600余条；编辑《社情民意》12期。

【曲靖政协系统第二届职工运动会】 2010年11月20～21日，曲靖市政协系统第二届职工运动会在市体育训练中心举办。9个县（市）区政协以及市级民主党派、工商联和市政协机关共12个代表队参加篮球、迎面接力、拔河、羽毛球、乒乓球、象棋、扑克比赛项目。市政协主席赵建华宣布运动会开幕和闭幕。市政协主席会议成员在闭幕式上为获一等奖的沾益县政协机关代表团，获二等奖的市政协机关第一代表团、民主党派工商联机关代表团，获三等奖的罗平县政协机关、会泽县政协机关、陆良县政协机关代表团和荣获精神文明奖的麒麟区政协机关、宣威市政协机关代表团颁奖。

【姜成康到曲靖调研】 2010年4月16日，国家烟草专卖局局长姜成康，云南省副省长曹建方到陆良县调研抗旱工作及现代烟草农业建设情况。

【省政协调研组到曲调研】 2010年1月18～19日，省政协港澳台侨和外事委员会视察组深入曲靖市，视察投资环境和外资企业发展情况。3月17日，省政协主席王学仁在省政协秘书长车志敏等陪同下深入罗平县，调研指导抗旱救灾、春耕生产、现代烟草示范区建设等工作。4月13日，省政协副主席王学智深入师宗县，调研视察抗旱救灾及春耕工作。7月15日，省政协主席王学仁在省政协秘书长车志敏的陪同下，率省政协节能减排重点提案调研组深入曲靖市，调研节能减排工作情况。7月27～28日，省政协副主席王学智率调研组深入曲靖市，调研云南经济发展方式转变和经济结构调整。9月25～26日，省政协副主席白成亮率部分省政协委员到曲靖市，视察中低产田地及中低产林改造。

省政协十届委员会驻曲政协委员名单

赵建华　朱兴友　夏传煊（女）
陈吉书　郭　湘（女）　王继龙
王跃勇（彝族）　罗天进（水族）
马琼芬（女，回族）刘金文（彝族）
刘金萍（女，布依族）
吕　竹（女，苗族）　杨艳琼（女）
邱光雄　朱德芳　许岷江

2010年曲靖市政协优秀提案一览表

序号	提案名称	提案人	承办单位
1	关于加强曲靖汽车零部件产业发展的提案	周东云	工信委
2	关于加快我市现代物流业发展的提案	民建	发改委
3	关于加强城区高层建筑规划和建设的建议	九三学社	住建局
4	关于促进曲靖特殊教育事业发展的建议	民进	教育局
5	关于制定实施《农村饮水工程运行管理办法》的提案	环资委	水务局
6	加强我市农村村级财务管理的提案	张建萍等	农业局
7	关于出台曲靖市企业家成长促进办法的建议	工商联	工信委
8	关于我市春节等传统节日活动安排的提案	周智鸥等	宣传部
9	加强乡村公路建设监管力度的建议	民盟	交通局
10	关于注重网络舆论引导 加强网络建设管理的提案	民建	工信委
11	关于加大农村医疗卫生人才队伍建设力度的建议	农工党	卫生局
12	认真解决好乡村文化站（室）重建轻管的问题	教科委	文化局
13	关于加强曲靖东山环境治理保护工作的建议	经建委	环保局

续表

序号	提案名称	提案人	承办单位
14	规范城市改造、拆迁，创和谐曲靖	杨咏滔	住建局
15	建议加大秸秆综合利用的力度	荀顺等	农业局
16	关于大力发展我市文化创意产业的提案	敬霄云等	宣传部
17	关于进一步加强曲靖职业教育中心综合管理	学联委	教育局
18	关于增强青少年体质 促进青少年健康成长的建议	民盟	教育局
19	关于曲靖市县级职业中学平衡发展的建议	民革	教育局
20	进一步做好家电下乡的建议	民革	商务局
21	关于尽快增建人行天桥、地道的建议	沈丽华	住建局
22	关于加强林改后森林管护的建议	李琼英等	林业局
23	多管齐下 进一步改善曲靖城区交通状况	农工党	住建局
24	关于加快建设龙华大道续建工程麒麟段的提案	刘吉平等	麒麟区
25	抓卫生综合医改 促民营医院健康发展	民进	卫生局
26	关于加大区域流域水污染治理力度的提案	钱彦霖等	环保局
27	关于利用供销网点推行连锁经营和电子商务的建议	杨志刚	供销社
28	切实转变政府职能 打破软环境建设中的制度性障碍	致公党	政府办
29	关于净化公交车宣传广告的提案	高建萍等	住建局
30	关于促进中小企业发展 增加就业岗位的提案	民宗委	人力资源和社会保障局
31	组建曲靖公交集团 逐步实现城乡公交一体化	九三学社	交通局
32	关于预防未成年人犯罪的建议	郭湘	教育局
33	把热电联产集中供热作为工业园区节能减排的重要途径	俞燕翔等	工信委
34	关于加大本土题材影视作品筹拍扶持力度的建议	杨卓成等	宣传部
35	关于加强偏桥水库周边环境治理确保宣威市区 30 万人饮水安全的提案	肖坤全等	水务局
36	关于加强路市合一交通监管与服务的建议	卢俊等	公安局
37	关于变更曲靖危险废物集中处置项目建设场址的紧急提案	提案委等	环保局

备注：1～8 件为重点提案兼优秀提案。

【“十一五”政协工作回顾】　“十一五”期间，曲靖市政协按照“做科学发展的助推者、民主政治的建设者、先进文化的倡导者、构建和谐的实践者、政协工作的创新者”的工作思路，履行职能，发挥作用。政治协商有序推进，以政协全会、常委会议、主席会议等形式，对“一府两院”工作报告、“十二五”规划建议及其他重要报告进行协商讨论，提出许多具有针对性和可操作性的意见建议，为市委、市政府科学民主决策提供重要参考。民主监督深入开展，坚持和落实委员视察、委员提案、大会发言、反映社情民意等有效监督形式，建立和完善特约监督员管理、民主评议等工作制度，组织委员开展重点视察 35 次，提出提案 1498 件，反映社情民意信息 700 多条，对 8 个政府部门的工作进行民主评议。参政议政富有实效，举办企业家论坛，组织委员开展专题调研 33 次，开展专题议政活动 17 次，提出意见建议 1000 多条。

（黄成华）

中共曲靖市纪律检查委员会

【简述】　2010 年，曲靖市各级纪检监察机关坚持标本兼治、综合治理、惩防并举、注重预防的方针，以反腐倡廉制度建设为核心，加快推进惩治和预防腐败体系建设，坚定不移地推进党风廉政建设和反腐败各项工作深入开展，为推进科学发展、促进社会和谐提供有力支持和坚强保证。年内，市纪委、监察局被中央纪委党风廉政建设室表彰为党风建设工作联系点先进单位，被省委、省政府表彰为云南省第三批新农村建设工作队及指导员工作先进派出单位，被曲靖市委、市政府表彰或授予为曲靖市“千村扶贫、百村推进”挂钩帮扶先进集体、曲靖市抗旱救灾工作先进集体、曲靖市史志工作先进集体一等奖。

【市纪委三届五次全会】 2010年2月1日，中共曲靖市第三届纪律检查委员会第五次全体会议在曲靖举行，市纪委常务委员会主持会议，市纪委委员34人出席会议，市委、市人大、市政府、市政协有关领导和市中级人民法院、人民检察院党组主要负责人，市委和市级国家机关各委办局主要负责人及分管反腐倡廉建设的领导，各县（市）区党政主要领导，各企事业单位、人民团体主要负责人，中央、省属单位和部分企业主要领导、纪检组长（纪委书记）等300余人参会。全会认真传达十七届中央纪委五次全会和省纪委八届五次全会精神，总结2009年全市党风廉政建设和反腐败工作，研究部署2010年工作任务。全会审议通过市委常委、市纪委书记孔荣华代表市纪委常委会所作的《以党的十七届四中全会精神为指导 深入推进全市党风廉政建设和反腐败工作》的工作报告。市委书记赵立雄在全会上作《突出制度建设重点 深入推进反腐倡廉 为全市经济社会又好又快发展提供坚强保障》的讲话。

【市政府廉政工作会议】 2010年2月9日，市政府召开工作会暨廉政工作会议，传达学习市纪委三届五次全会精神，总结2009年政府系统廉政建设和反腐败工作，部署2010年工作任务。市监察局、国土局、环保局、交通局、建设局、财政局等单位作书面交流。市委副书记、市长岳跃生作了强调，并对政府系统反腐倡廉建设作全面的安排部署。

【党风廉政建设责任制】 2010年初，市委书记赵立雄分别与县（市）区、市直单位"一把手"签订党风廉政建设责任书。将党风廉政建设和反腐败工作主要任务细化分解为5个方面66项内容，明确24家牵头单位和58家协办单位。对74个市直部门和10个中央省属驻曲单位2009年度党风廉政建设责任制工作落实情况进行检查考核，将10个中央省属驻曲单位的考评情况向其上级主管部门进行书面反馈；对贯彻落实党风廉政建设责任制较好的36个优秀单位和38个合格单位上报市委、市政府进行表彰奖励。将县（市）区落实党风廉政建设责任制和惩防体系建设情况纳入县（市）区2010年度落实科学发展观千分制综合考核，将市直单位（部门）落实党风廉政建设责任制和惩防体系建设情况纳入市直单位2010年度综合考核评价体系，考核结果作为领导班子和领导干部业绩评定、奖励惩处、选拔任用的重要依据。加大责任追究力度，做到"三个百分之百"，即凡有举报的百分之百受理、凡受理的百分之百查实、凡查实的百分之百处理。全年共对57名领导干部实行责任追究。建立市级惩治和预防腐败体系建设工作联系点5个、县级27个，以点带面推进惩防体系建设。

【监督检查】 2010年，曲靖市纪委对440个扩大内需项目进行监督检查，切实发现和纠正一批项目建设中存在的突出问题。严肃抗旱救灾工作纪律，及时制定抗旱救灾资金监督管理办法，对全市9个县（市）区抗旱救灾资金、物资和捐赠款物的分配管理使用情况进行全面检查，确保抗旱救灾工作有序开展。加强对市、县、乡、村四级政务服务体系建设情况的监督检查，建立纪工委监察分局依次轮流派人进驻市政务服务中心进行监督的长效机制；组织9个督查组对各县（市）区三级政务服务体系建设情况进行全面督查，确保6月底，全市1个市级政务服务中心、9个县级政务服务中心、115个乡级为民服务中心、1604个村级代办点100%建成运转。加大对不作为、慢作为、乱作为以及效率低下等行为的问责力度，全年共问责各级干部163名，促进了中央、省、市重大决策部署、政策措施和纪律规定的落实。加强节能减排和环境保护政策落实情况的监督检查，配合有关部门检查和清理新开工项目95项，取消和停建项目2项，纠正违法违规问题18项，提出监察建议12项，督促建章立制7项。强化安全责任事故的调查处理，建立安全生产较大事故责任追究沟通协调联系会议制度，对14起责任事故的21名责任人进行党政纪责任追究。

【作风建设】 2010年，曲靖市纪委认真督促落实中央"六个着力"、"四个大兴"和省委"三个一"及市委关于加强党员干部作风建设的各项要求，着力解决党风政风方面存在的突出问题。完善落实社会评价部门制度，组织296名社会各界代表对市直81个部门（单位）进行社会评价。狠刹乱告状、乱编造、乱议论等歪风，为86名受到失实举报的党员干部澄清事实。大力整治文风会风，用2天时间，将往年持续近2个月的70多个分散开的会议集中开完、集中部署。严肃整治党员干部参与赌博、滥发奖金、公款大吃大喝、私驾公车等突出问题，对7名干部违反公车管理规定行为进行问责，对44人（次）申报因私出国（境）和64人（次）申报因公出国（境）事项进行廉政审查。全市因公出国（境）、公务车辆购置及运行、公务接待费用及用电、用油、用水等费用实现零增长。

【案件查办】 2010年，曲靖市各级纪检监察机关坚持以查促教、以查促纠、以查促建，进一步发挥查办案件的治本功能。全年共接受群众来信来访和电话举报1229件（次），同比减少55件（次），下降4.3%。初核违纪线索425件，其中：转立案263件，失实86件，适当处理76件，办结率达100%。全市共新立案件263件298人，同比增加19件。市纪委监察局自办案件8件，各县（市）区纪委机关自办案件86件；全市共结案254件，处分人员270人，其中给予党纪处分203人，政纪处分107人（双重处分40人），通过案件查办挽回经济损失1000余万元。继续加大查办商业贿赂案件力度，全市检察机关共查办商业贿赂案件48件48人，其中工程建设领域11件11人，医药购销7件7人，银行信贷4件4人，资源开发和经销7件7人，其他23件23人，通过案件查办，挽回经济损失700余万元。

【监督制约】 2010年，曲靖市纪委认真督促落实《党内监督条例》，严格执行"五必谈一约谈"和"三谈两述"及函询制度。全市34名地厅级和1124名县处级领导干部报告个人有关事项，纪委领导同下级党政主要负责人谈话690人（次），领导干部任前廉政谈话634人（次），诫勉谈话150人（次），述职述廉6256人（次）。对10批254名干部进行任前廉政审查。认真落实法治政府、责任政府、阳光政府、效能政府建设各项制度，加强廉政风险防范，督促各单位、部门查找廉政风险关键岗位1525个、重点环节2104个、风险表现形式3402个，制定防范措施3589条。支持审计部门开展领导干部经济责任审计99项，发现和纠正违规资金614万元，管理不规范资金1996万元。督促落实党务、政务、厂务、村务公开和公共事业单位办事公开制度，畅通群众监督渠道。

探索加强和改进党内监督的有效方式，在陆良县试行党内监督与民主监督联系制度。开播“珠源清风——广播对话”栏目23期，帮助群众解决热难点问题125件（次）。

【纠风工作】 2010年，曲靖市纪委坚持“标本兼治、纠建并举”的方针，切实纠正损害群众切身利益的不正之风。督促落实教育收费“两免一补”政策，对43所高中、1072所义务教育学校的收费情况进行专项检查，及时查处教育乱收费案件4件6人。大力推行药品购销体制改革，全市177家医院参加网上集中采购药品，307种国家基本药物在全市所有社区卫生服务中心（站）和乡（镇）卫生院及村卫生所全部实行零差率销售，进一步减轻患者负担。督促执行新农合制度，进一步落实参合农民减免补偿政策。继续巩固治理公路“三乱”成果，严肃查处2起公路“三乱”问题，给予党纪政纪处分1人。深入开展工程建设领域突出问题专项治理，对100万元以上的2005个政府投资和使用国有资金项目进行排查，发现并督促整改问题295个，查处违纪违规案件38件38人。配合有关部门对食品药品安全进行专项整顿，查处药品和医疗器械案件368件2601批（次）。加强对涉农补贴兑现、农资供应、土地征用、“三资”管理、涉农收费等的监督检查，查处违纪案件32件32人。加强新农村建设资金监管，查处新农村建设中贪污受贿案件7件11人。

【宣传教育】 2010年，曲靖市纪委把反腐倡廉宣传教育融入全市大宣教工作规划，统一部署、协调推进，实现反腐倡廉宣传教育与宣传思想工作的深度结合。结合创先争优活动，开展反腐倡廉理论教育、形势教育、警示教育、新提拔干部任前廉政教育、党的优良传统和作风教育。市纪委监察局及各派出纪工委（监察分局）领导带头宣讲反腐倡廉形势50余场（次），受教育人数达1万余人（次）。在第一纪工委试行党风廉政教育辅导员制度。围绕《廉政准则》的贯彻落实，举办“风清气正促勤廉”演讲比赛；组织全市副科以上党员干部参加《廉政准则》知识测试；每周向全市副科以上党员领导干部发送以《廉政准则》“52个不准”为主要内容的廉政短信。加强反腐倡廉网络舆情信息工作，发表《干部作风无小事》等网络评论文章44篇，加强网上舆论引导。巩固创新宣教阵地，投资750余万元建设曲靖市警示教育基地。

【源头治理】 2010年，曲靖市纪委制定下发《曲靖市廉政风险预警防控管理暂行办法》，对廉政风险点采取前期预防、中期监控、后期处置等措施进行科学化管理。牵头研究草拟《关于推进公共资源交易中心建设的意见》等文稿，并报经市委、市政府相关会议进行研究，为规范全市公共资源交易管理工作。牵头研究制定《曲靖市公益性就业岗位管理办法》，从制度上解决公益性就业岗位管理过程中群众反映强烈的突出问题。在督促落实《曲靖市建设工程招标投标管理试行办法》及其配套制度的基础上，牵头拟定《园林绿化工程招投标管理办法》及其4项配套办法和《政府性投资建设项目前置审计的补充规定》、《政府性投资建设项目变更工程管理规定》，进一步形成全覆盖、宽领域、多层级、高绩效的建设工程招投标管理体系，促进了工程优良、造价合理、干部廉洁。支持审计部门对980项政府性投资建设项目进行前置审计，节约政府投资4.72亿元，平均核减率9.3%。

【自身建设】 2010年，曲靖市纪委把开展“做党的忠诚卫士、当群众的贴心人”主题实践活动与创先争优活动及学习型党组织建设有机结合起来，以创建学习型、服务型、创新型、和谐型、落实型“五型”机关，争做科学发展的服务者、党风廉政的建设者、先进文化的倡导者、团结和谐的实践者、纪检监察工作的创新者“五型”干部为目标，不断加强自身建设，提高履职能力。市纪委监察局为抗旱救灾捐款18万元，筹集资金10.6万元。帮助新农村建设挂钩联系点协调资金120余万元，以实际行动帮助基层群众解决生产生活中遇到的困难和问题。选派纪检监察干部参加中纪委、省纪委短期业务培训42人（次），参加西南政法大学为期半年的业务学习培训7人（次）。投入1000万元，加强市、县两级纪检监察机关办公办案装备及信息化建设。9个县（市）区严格落实纪委领导班子成员职务排序、职级待遇、决策参与以及机关人员编制、内设机构人员配置等各项规定，共增加行政编制53名，地方县级纪检监察机关建设不断加强。加大干部交流提拔力度，4名处级领导干部分别被交流到县（市）区和市直单位任职；通过竞争上岗方式，选拔5名科级干部，提拔2名副处级纪检监察员，选拔任用9名科级干部。加强机关内部管理，投资近60万元建成机关保密内网，推进机关信息化建设。加强信息调研工作，对55个全国纪检监察重点调研课题和28个市级重点调研课题进行选择性调研。编报纪检监察信息600余条，被中纪委办公厅采用23条，省纪委办公厅采用159条，《中国纪检监察报》采用5条，《云南纪检监察》采用100余条，多条信息被中央及省级领导批示，信息工作考核评分居全省前列。加强对县级纪检监察机关的考核管理，将12项业务工作考核内容细化分解为165项，明确评分、计分标准，进一步促进纪检监察业务工作目标量化管理考核的规范化、制度化和科学化。

（张光灿）

民主党派·工商联

【简述】 2010年，曲靖市各民主党派、市工商联继承和发扬多党合作优良传统，深入开展调查研究，积极建言献策和反映社情民意。注重加强领导班子建设，着力提高班子成员的政治把握能力、参政议政能力、组织协调能力和合作共事能力。稳步推进组织发展工作，强化对党员（会员）的教育、培训和管理。加强对基层组织的领导和指导，不断提升基层组织的建设水平和工作水平。以建设学习型机关为抓手，着力提高机关的服务能力。进一步建立健全规章制度，提高各项工作的制度化、规范化和程序化水平。充分发挥各自优势，以马龙县通泉镇大海哨村委会为重点帮扶对象，积极开展社会服务活动。认真贯彻落实对口联系工作制度，推进联系工作的常态化和实效化。多渠道及时报送各类工作信息，增进社会各界对民主党派、工商联的了解。至年底，全市有民主党派成员958人，其中：民革112人，民盟194人，民建80人，民进149人，农工党164人，九三学社184人，致公党74人，全市工商联有会员7059人。

【民革曲靖市委】 2010年9月17～18日，民革曲靖市委召开民革曲靖市第三次代表大会，选举产生民革曲靖市第三届委员会。在市人大三届三次会议上，提交代表建议5件，《关于加快农村金融体系建设的建议》被确定为重点建议；在市政协三届三次会议上，提交政协提案40件（其中：集体提案12件，委员个人提案28件），共6件集体和委员提案获优秀表彰；提交会议交流材料5篇，作大会议政发言和专题发言各1篇；完成《加大社会保障体系建设力度，促进我市经济社会全面发展》和《发展农民专业合作组织，实现农村经济新发展》2篇调研报告，协助民革云南省委到曲靖市开展2个调研课题。市委会领导班子成员积极参加市委、市政府、市政协等召开的协商会、情况通报会、民主评议会及各类视察活动，就全市大政方针、经济建设、社会发展等热点问题提出建设性意见和建议。受聘为全市有关部门担任特约监督员、行风评议员、人民监督员的党员，认真履行工作职责。组织马龙县通泉镇大海哨村委会15名生猪养殖大户到富源县东恒集团公司实地参观学习，就现代科学养殖技术、经营方式和养殖模式等知识举办1期培训，联合东恒集团赠送18头种猪给当地养殖大户，并免费提供后期技术指导；发动全市民革党员捐款2万元支援抗旱救灾；敬老节期间，组织党员到沾益县菱角乡为22位孤寡老人开展免费体检和保健指导，捐赠价值2000多元的食品和常用药品，同时为当地群众免费体检700余人（次），免费发放药品价值3000多元，发放健康宣传资料3000多份。于9月19日召开2010年台胞台属中秋座谈会。年内，市委会各有1人被民革中央表彰为民革全国优秀女党员和民革全国基层工作先进个人。

【民盟曲靖市委】　2010年9月18～19日，民盟曲靖市委召开民盟曲靖市第三次代表大会，选举产生民盟曲靖市第三届委员会，完成基层支部换届工作。在市政协三届三次全会上，提交集体提案8件，委员个人或联名提案11件，《关于加强乡村公路建设监管力度的建议》、《关于进一步完善农村低保制度的建议》被列为现场办理重点提案，盟员周东云提交的《关于加强曲靖汽车零部件产业发展的建议》被列为市政协重点提案；提交大会发言材料3篇，《推进基本公共服务均等化 促进社会和谐发展》作大会议政发言，盟员温少清作《顺势而为 大力发展现代物流业》大会交流发言；开展并完成《曲靖市农村文化户（联合体）发展情况》、《关于曲靖市农作物高产创建活动开展情况》2个重点课题调研；向《民生论坛》提交《加强彩票公益金监管 促进社会公益事业发展》、《采取有效措施 积极应对人口老龄化》2篇论文。盟市委班子成员积极参加市委、市人大、市政府、市政协和有关部门召开的协商会、座谈会、意见征求会、情况通报会，认真负责提出意见建议。盟市委的各级人大代表、政协委员、人民监督员、特约检察员、行风评议员积极参加各种视察、考察、调研和评议活动，了解情况，积极提出建议。认真抓好农村教育"烛光行动"，继续在罗平县旧屋基民族中学实施支教工作，并将马龙县大海哨村委会小学纳入活动；加强与对口联系单位的联系协作，邀请市农业局、市林业局、市文化局相关领导和专家，深入大海哨村委会进行调查研究，市林业局专家现场向林农传授核桃树管护知识，市文化局图书管理专家对大海哨村文化室图书规范管理问题进行指导，帮助村委会申报建成1所文化信息资源共享工程农民素质教育网络培训学校分校；继续办好民盟职业技术学校；广大盟员在抗旱救灾中积极捐款捐物达5万余元。年内，盟员有20余人（次）获省、市、县（区）级各类表彰。

【民建曲靖市委】　2010年，民建曲靖市委在市政协常委会上，提交《调整结构 加快经济发展方式转变》、《完善小额信贷支持"三农"发展》等3篇发言材料；在市政协党组理论中心组学习活动上，提交《提高参政能力建设适应时代要求的民建组织》、《以求真务实精神改进我们的文风》、《认真学习全会精神 积极发挥民建作用》等3篇发言材料；在民建省委召开的两次地方组织领导联系会议上，提交《加强机关建设 服务民建大局》、《加强基层组织建设 充分发挥会员作用》2篇文章；市委会撰写的《加强会内监督 推进参政党自身建设》论文荣获民建中央2010年重点理论研究课题优秀成果二等奖。在市人大三届三次全会上，提出建议1件；在市政协三届三次全会上，提交提案19件（集体提案10件，委员个人提案9件），《关于加快我市现代物流业发展的提案》被市政协列为重点提案，《关于建立我市中小企业信用信息系统的建议》、《关于建立留守儿童教育和管理长效机制的建议》和《关于促进我市企业技术进步的建议》被评为优秀提案；提交议政材料3篇，《务实推进结构调整 转变发展方式 实现我市经济又好又快发展》在全会上作议政发言。积极开展社会服务，全年市委会为全市的抗旱救灾工作共捐助和筹集资金达155.15万元，如组织会内各界人士捐款40.15余万元，通过民建省委为师宗县五龙乡争取抗旱救灾资金20万元和云南民建·新浪网友援建云南思源水窖100口，共计补助资金30万元；与民政部门协调，为马龙县通泉镇大海哨社区抗旱机井工程争取5万元的资金补助，另外，还为马龙县争取民建中央援建50口思源水窖，每口水窖补助3000元，共计补助资金15万元。年内，民建会员叶序春被民建中央表彰为优秀会员，民建曲靖市委第二支部被民建云南省委评为先进支部，民建会员李荣平、张炜被民建省委表彰为优秀会员。

【民进曲靖市委】　2010年，民进曲靖市委以"关于开展创建民进全国先进地方组织、先进基层组织活动"为抓手，秉持"无懈无滞、有思有行"的工作思路，切实加强自身建设和参政议政能力建设，夯实政治基础和工作基础，自觉践行"继承传统、以党为师、立会为公、参政为民"的价值理念，将"两个创建活动"和参政议政、社会服务工作结合起来，切实履行参政党职能。建立激励机制，鼓励支部和会员积极开展调查研究和反映社情民意，年内，民进曲靖市委从支部和会员提供的95条调研信息中，精选20件作为党派集体和委员个人提案，其中《关于促进曲靖特殊教育事业发展的建议》被列为市政协重点提案，5件被评为优秀提案。注重调查研究，开展《曲靖市水资源利用保护情况》和《曲靖市中小学布局结构调整》2个专题调研，形成调研报告送中共曲靖市委作决策参考。注重成果转化，市委会充分运用面商这一环节，力促意见建议进入决策参考，如《关于加强曲靖职业教育"双师型"教师队伍建设的建议》、《关于促进曲靖特殊教育事业发展的建议》2个提案，副市长饶卫和相关部门参加面商，大部分建议已获采纳。积极开展社会服务活动，面对百年不遇的严重旱灾，市委会协调艾美特电器（深圳）有限公司捐资5万元，加上民进曲靖市委会员募捐爱心资金6万元共计11万元，为师宗县龙庆乡中心完小新建水池1个，帮助学校师生解决饮水困难；组织会员捐资3万余元，协调曲靖交通医院捐资2万元，加上民进中央给予的7万元共计12万余元，支援宣威市普立乡的抗旱救灾工作；继续抓好对师宗县五龙中学、麒麟区茨营中学的定点扶持工作，同时确定对马龙县通泉镇大海哨村委会实施长期对口服务；协调曲靖交通医院为大海哨村委会所属7个村民小组共计247名妇女提供免费健康检查。年内，民进曲靖市委被民进中央表彰为"民进全国先进地方组织"，民进曲靖市委麒麟区三中支部被民进中央表彰为"民进全国先进基层组织"。

【农工党曲靖市委】 2010年，农工党曲靖市委各项工作成效明显。成功举办庆祝中国农工民主党成立80周年演讲比赛，选派2名党员参加农工党云南省委举办的"学习和践行社会主义核心价值体系演讲比赛"均获二等奖，编印《中国农工民主党曲靖市委员会志》300册，完成纪念农工党云南省委成立25周年宣传画册曲靖篇目的编撰工作。班子成员共20余人（次）参加市委、市政协、市委统战部等召开的专题协商会、征求意见会、民主座谈会，就相关议题提出意见建议。在市政协三届三次全会上，共提交提案21件（集体提案16件，个人提案5件），《加强网吧监管工作 促进未成年人健康成长》、《加强疾病预防控制机构艾滋病专业技术队伍建设的建议》被评为优秀提案；提交大会议政发言稿3篇，《曲靖市农村卫生人才需求现状及对策》在全会上作议政发言；提交市政协常委会等书面交流材料9篇，反映社情民意2条；完成《关于加强我市城乡公共卫生工作的调研》、《关于完善我市医保定点药店管理的调研》2个市委会年度重点课题调研；协助农工党中央到全市开展县级医疗卫生体制改革和新时期计划生育工作情况调研，陪同农工党云南省委到全市开展旅游小镇建设及风景名胜区开发与保护情况和基本农田保护工作情况调研。农工党政协委员8人（次）分别参加市政协组织的"全市饮用水安全情况"、"全市重点工程项目"等视察；2名社会评价员积极参加市纪委组织的2010年度社会评价工作；人民监督员5次参加市检察院组织的学习、相关案件监督或旁听；1人受聘为市检察院特约检察员，2人受聘为市食品药品安全社会监督员。协调大海哨村卫生所医务人员4人（次）参加曲靖医专举办的"高血压等慢性病管理"和"执业医师考前辅导"等培训班学习；为大海哨村委会小学赠送矿泉水100件共计2400瓶；组织医疗服务队到大海哨村委会开展送医送药活动1次；党员在支援抗旱救灾工作中多渠道捐款1.2万元；组织党员为建盖邓演达纪念园捐款21110元；世界艾滋病日和世界精神卫生日期间，部署支部开展宣传教育和义诊体检活动3次。年内，主委王明琼荣获农工党中央"社会服务工作先进个人"表彰，一支部荣获农工党中央"社会服务工作先进支部"表彰；王明琼、李娟被农工党云南省委列为树立和践行社会主义核心价值体系先进人物。

【致公党曲靖市委】 2010年，致公党曲靖市委召开庆祝中国致公党成立85周年大会在市政协三届三次全会上，共提交《关于我市物业服务收费难服务质量差的原因分析及应对对策的建议》等7件集体和个人提案，《加强城市地下管线的综合管理的提案》和《在开放式公园休闲广场增设安装体育健身设施的提案》获市政协优秀提案奖；提交《关于曲靖旅游二次创业的几点思考》、《供销合作社——托起新农村经济腾飞的希望》等议政发言材料4篇；完成《充分利用"桥头堡"建设平台，促进曲靖产业结构调整》年度重点课题调研，并形成专题调研报告上报中共曲靖市委；与市政协社法委等多个部门和单位联合对曲靖中心城区道路交通拥堵问题进行历时两个多月的专题调研，形成《关于曲靖中心城区道路交通拥堵问题的调研》上报中共曲靖市委；在市政协三届十四次常委会上，作题为《曲靖市在桥头堡建设中的战略定位》的交流发言。市委会领导班子成员、市委会党员中的政协委员和人大代表及部分党员40余人（次）分别参加市委、市人大、市政府、市政协、市纪委、市委统战部及市直有关部门等召开的情况通报会、协商会、意见征求会及相关视察、调研和民主评议等活动，提出意见建议多条。市委会主要领导先后2次深入大海哨村委会实地调研，认真了解村情民意，制定工作方案。年内，市委会3名党员分别被聘为市公安局第二届特邀监督员、市人民检察院第二届特约检察员、市食品药品监督管理局社会监督员和市工商局行风监督员，市委会荣获致公党云南省委参政议政"先进集体"表彰，2名党员荣获致公党云南省委"参政议政先进个人"表彰。

【九三学社曲靖市委】 2010年，九三学社曲靖市委领导班子成员积极参加市委、市政府、市政协及有关单位召开的民主协商会、座谈会、情况通报会等，就全市重大决策、重要决定等积极建言献策。社市委政协委员参与市政协组织的对全市重点工程项目建设情况、农村饮水安全调研的意见建议落实情况、市县乡村四级政务服务体系建设情况和全市中小学校舍安全工程建设情况的视察，参加市政协对市工业和信息化委员会的民主评议，积极提出意见建议；社员中的社会评价员、人民监督员等积极参与有关部门组织的各类执法检查、行风评议等活动。在2010年省政协会议上，省政协委员陈吉书提交《关于加快昆曲经济带建设的提案》等3件提案；在市政协三届三次会议上，社市委共提交提案34件（集体提案18件，个人提案16件），《关于加强城区高层建筑规划和建设的提案》被确定为重点提案，由市政协副主席唐德荣亲自督办，《加强工业固体废弃物综合利用的提案》等4件提案被市政协表彰为优秀提案；提交大会议政发言材料3篇，书面交流材料4篇，《打造低碳曲靖 实现社会经济可持续发展》和《加强曲靖城市文化研究 提升曲靖城市文化品位》作大会议政发言，《合理利用闲置土地加快曲靖中心城市建设》在界别联组会议上作了发言；完成社市委《曲靖湿地资源保护情况调研》、《曲靖城市文化研究》2件课题和社省委安排的《机关建设情况调研报告》等3个课题调研；社员唐似亮撰写的《关于创建乌蒙循环经济区的建议》被九三学社云南省委确定为向社中央申报的3个课题之一；组织收集社情民意21件，社员唐似亮撰写的《经济增长方式的转变必须从转变消费方式开始》、孙兴勤撰写的《使生命之源数量多、质量高的建议》被社中央采用，余红波撰写的《关于家电下乡规范管理几点建议》和《关于农业科技措施推广的建议》被云南省政协采用。社市委全体社员以不同方式捐款4万多元，并将社省委下拨社市委的爱心善款2万元和九三学社山东省委文教委员会联合山东省英才学院师生捐赠的1万元，分别捐给师宗县五龙乡牛尾村老圭坡村小组、富源县营上镇海戛小学和茂河村委会桃树坪村用于抗旱救灾；组织社内医疗专家，带着价值2000余元的节日礼品和药品赴麒麟区潇湘敬老院开展敬老送医疗活动；组织社九三艺术团、社内医疗、法律、畜牧和农业等方面专家，到大海哨村委会开展送文化、送医、送科技下乡活动。年内，社员张永刚、唐似亮被社中央表彰为优秀社员，医疗支社被社省委评为社务工作先进基层组织，李世纬、赵德柱被社省委评为社务工作先进个人。

【市工商业联合会】 2010年，曲靖市工商联加强非公有制经济代表人士思想政治工作，全年分行业、分类别、有针对性的走访70余户非公企业，加强思想疏导和政治引导，切实帮助解决困难17件；在年初召开的市工商联三届五次执委会议上，邀请市经委副主任张元明和市银监局监管二处处长陈丽华分别作题为《中小企业扶持政策及项目选择》和《金融形势及中小企业金融政策》的专题辅导，组织非公经济人士参加各级各类学习培训7次；分别组织工商联界别组的21名政协委员开展“调结构、转方式，提高经济增长质量和效益”等4次主题活动。全年召开全市非公经济组织创先争优活动动员、推进、交流会议共31次，深入非公企业调研指导50余次，工作受到省委非公经济组织创先争优活动指导组的充分肯定，3户企业作经验交流；组织召开曲靖市第二届“优秀中国特色社会主义事业建设者”表彰大会，全市30名非公经济人士受到市委、市政府表彰，配合工会、妇联、社保、扶贫等部门开展“和谐企业”、“扶贫先进集体和个人”、“光彩之星”等表彰活动。与市光彩事业促进会联合发出《倡议书》，号召全市各级工商联组织和广大非公经济人士、广大会员为抗旱救灾捐款捐物达2839万元，一批非公经济人士和会员企业被市、县评为抗旱救灾先进个人和先进集体；与诺仕达集团合作，每年选择5名贫困大学新生，各捐赠3万元助其完成4年学业；组织实施“全国贫困地区及云南灾区学生六一关爱行动”爱心包裹项目；与曲靖创想电脑公司举办“六一”儿童节5000套教学软件（价值35万元）——“欢乐学堂大礼包”捐赠活动，并在师宗丹凤小学和罗平钟山小学开展“光彩行”活动；全市各级工商联以“乡企共建”、“村企共建”、“矿村共建”等模式组织实施示范项目9个，非公企业共捐款1.3亿元；市内外非公企业和非公经济人士通过市光彩事业促进会捐赠新农村建设、抗旱救灾等各类资金230余万元。围绕调结构、转方式，促进非公经济平稳发展，深入调研，形成专题调研报告6篇，其中《全市工商联会员企业党建工作情况》获市委统战部调研成果一等奖，《全市小额贷款公司运作情况》受到省工商联表扬；全年非公经济人士中的政协委员、人大代表、特邀监督员共提交提案23件，1件被列为重点提案，4件被市政协表彰为优秀提案，在政协全会、常委会、企业家论坛上共提交议政发言材料70篇，大会交流发言21篇，提出意见建议207条。指导成立行业商会和异地商会6个，完成湖南商会、四川商会的届中调整和计算机网络商会的换届工作。认真抓好“贷免扶补”工作，全年全市工商联共接收2000人创业申请，经审核受理创业申请856份，组织创业培训778人，推荐创业项目765个，配备创业导师120人，核定700人，协助信用社发放创业贷款3500万元，带动就业2116人。引导会员企业建立5个高校毕业生就业见习基地，全市工商联组织共挂钩建立高校毕业生见习基地22个，协同市人力资源和社会保障局举办“2010年非企业招聘周”活动，41家企业提供1699个就业岗位。与中瑞信担保公司云南分公司、招商银行曲靖分行等金融机构签订合作协议，为16家民营企业进行融资服务，达成贷款协议2亿元；引导帮助有条件的非公企业和商会创办小额贷款公司，全市已开业的24家小额贷款公司中有8家是工商联会员企业创办；与曲靖经济技术开发区联合举办招商引资项目推介会，组织50余位非公经济人士和9家商会实地考察开发区标准化厂房建设和投资项目情况；组织会员企业和商会参加产品展销活动3次；配合有关部门考察企业2家，招商引资入驻曲靖标准厂房达成初步协议企业4户，总投资达3亿元；组织部分非公经济人士和工商联干部赴温州金龙控股集团、厦门宏美集团等考察学习调结构转方式的做法和经验；全年参与会员企业协调解决矛盾纠纷30起，挽回经济损失20余万元，维护了会员的合法权益。

（陈小兵）

人民团体

曲靖市总工会

【简述】 2010年，曲靖市总工会按照“组织起来、切实维权”的工作方针，充分发挥组织、引导、服务、维护的职责，为全市经济社会发展和全面建设小康社会做出了应有贡献。市总工会被授予“2010年度云南省工会重点工作目标考核一等奖”。全年全市有职工422346人，其中女职工114942人。有10个县级总工会，14个市直系统工会，2687个基层工会，413380名工会会员，其中农民工会员196294人。有专职工会干部640人，其中女工会干部215人。有兼职工会干部9510人，其中女工会干部2851人。

【组织建设】 2010年，曲靖市总工会在全市开展“广普查、深组建、全覆盖”集中建会行动，全市工会组建工作取得新突破。年内，全市新组建工会组织367家，新发展会员3.91万人。在全市115个乡（镇）分别配备至少1名工会专干，并以党委文件发文明确。全市已有99个乡（镇）工会配备工会专干，并以党委的文件发文明确，实现了乡（镇）工会有人办事。麒麟区总工会通过公开招考，择优录取6名工会专职组织员下派到6个街道（镇），专门从事工会工作；选聘56个工会组织建设联络员，分派到56个社区开展工作。全市99个乡镇（街道）建立规范的工会组织和会员管理台账，并建立电子档案，实行动态管理。

【经济技术创新工程】 2010年，曲靖市总工会在企业积极开展技术革新、岗位练兵活动，开展岗位练兵8000人（次），技术比武3600人（次），开展技术革新1524项，推广先进操作方法784项，推荐上报省总工会表彰职工百佳节能减排创新成果2项。在全市组织开展10万职工“节能减排”百题知识竞赛活动，择优推选一汽通用红塔云南汽车制造有限公司参加全省百万职工节能减排知识竞赛，曲靖市总工会获得团体第二名。联合市人力资源和社会保障局、市交通运输局，举办曲靖市第二届公路建设管理职工技能比武大赛、曲靖市机关事业单位技术工人职业技能竞赛，选送曲靖仙女服装劳保公司职工周振蓉参加首届省服装缝纫工技术技能大赛。参加云南省农民工十佳革新能手、云南省职工十佳质量标兵、云南省职工优秀创新成果评比活动，推荐会泽滇北工贸公司职工权本洪作为云南省农民工革新能手候选人。

【创争活动】 2010年，曲靖市总工会认真开展“创建学习型组织、争做知识型职工”活动，在一线职工和外来务工人员集中的社区、企业和乡镇建立职工书屋，创建国家级职工书屋3个，省级职工书屋6个，市级职工书屋20个。组队参加全省职工乒乓球大赛，在全市卫生系统举办以“关爱生命、展示形象”为主题的5·12国际护士节演讲比赛，在曲靖温泉职工疗养院举办120名工会干部参加的职工文体活动。在《曲靖日报》开辟工会专页3期，编辑《曲靖工运》12期，创刊《曲靖工会》，制作曲靖工会宣传片。举办全市乡镇（街道）工会干部培训班，260名工会干部参训，进行维权、组织宣传教育、经费审查、财务方面的业务培训。

【安全生产】 2010年，曲靖市总工会以煤炭、建筑、交通等高危行业和非公企业为重点，开展“科学发展抓预防、预防为主重教育”为主题的安全知识竞赛，组织60个企事业单位、1783个班组、26450名职工参加全国安康杯知识竞赛。在企业认真推广使用“一法三卡”，参加各类安全检查170次，安全事故查处5起，“三同时”审查验收项目183项。在企事业单位班组、车间、窗口行业，组织开展以创“一流素质、一流工作、一流服务、一流业绩、一流团队”为主要内容的“工人先锋号”创建活动，命名表彰市级“工人先锋号”100家，推荐产生省级“工人先锋号”11家。

【民主管理】 2010年，曲靖市总工会成立厂务公开协调领导小组，全市1176个企事业单位建立职代会（职工大会）制度，涵盖职工149986人。全市1929个企事业单位与职工签订劳动合同，职工人数达211222人；623个单位与工会签订集体合同，其中317个单位签订专项集体合同。1117个单位召开职代会，参加职工代表达11960人；984个单位实行厂务公开，涵盖职工140939人；230个单位建立董事会制度，112个工会主席进入董事会；212个单位建立监事会制度，257个工会主席进入监事会。

【法律援助】 2010年，曲靖市总工会依托特困职工帮扶服务工作站，对合法利益被侵犯的生活特困职工，在与相关部门协调无效的情况下，负责与司法部门联系，提供法律援助，维护其合法权益。为四川省自贡市农民工李光德因公致残提供法律援助，为师宗县丹凤镇职工李忠福落实相关待遇，对麒麟区三宝镇刘木兴职业病诉求进行调查，通过法律援助行动，成功维护6起职工合法权益案件。全年市、县两级工会共接待职工来信来访58件，累计186人（次），处理个案38件。认真贯彻落实《劳动争议调解仲裁法》，市、县均建立工会劳动保障法律监督委员会，调处劳动争议89件。

【“和谐企业”创建】 2010年，曲靖市总工会下发《关于开展创建“劳动关系和谐企业”活动评审工作的通知》，组织县（市）区总工会及部分企业工会主席到先进地区进行学习培训，并把创建活动纳入全市目标责任制，形成“党委领导、政府主抓、三方运作、部门联动、企业争创、职工参与”的工作格局。规模以上企业参与创建活动覆盖面达100%。已创建省级“劳动关系和谐企业”28家、市级“劳动关系和谐企业”89家，年内表彰“曲靖市劳动关系和谐企业”35家。

【困难帮扶】 2010年，曲靖市总工会帮扶工作站制定《曲靖市帮扶工作站规范化建设实施方案》，全市有8181个困难职工家庭建立电子档案。全年市、县两级“金秋助学”活动共资助485名职工，资助经费48.5万元，其中市总工会本级资助101人共10.1万元。元旦、春节期间，市总工会对80家企业的2400户困难职工家庭进行走访慰问，发放慰问金120万元。中秋、国庆期间，市总工会本级筹资52.76万元，走访慰问零就业困难职工家庭324户。市总工会开展临时救助40人，发放救助金4万元。在全市开展城市低收入贫困职工家庭住房困难状况大调研。

【农民工工作】 2010年，曲靖市总工会深入到曲靖温泉职工疗养院建筑工地、陆良抗旱打井队工地走访慰问农民工，送去慰问金5万余元。开展业务培训和职业介绍，为3.7万名农民工免费提供政策咨询、就业信息和职业介绍服务。免费为500名农民工开展职业技能培训，为2000名农民工免费办理“安康保险”，免费组织600名一线职工、农民工、劳模到曲靖温泉职工疗养院进行疗休养。

【贷免扶补】 2010年，曲靖市总工会下发《关于下达2010年度鼓励企业“贷免扶补”工作目标任务的通知》，扶持160名有创业意愿的人员成功创业，配合农信社发放“贷免扶补”小额创业贷款900万元以上，培训创业人员180人，吸纳就业280人。

【医疗互助】 2010年，曲靖市总工会认真组织发动好第七期职工医疗互助活动，全市第七期职工医疗互助活动共有1651个单位的254794名职工参加医疗互助活动，共收缴互助金1271.33万元。认真办理职工医疗互助补助业务。

【劳模管理】 2010年，曲靖市总工会推荐4名劳模到北京接受全国劳模表彰；选送1位全国劳模参观上海世博会和国庆活动；开展关爱劳模健康体检行动，为118名劳模免费疗休养和体检；为全国劳模、省劳模发放全国劳模“三金”、省劳模“两金”，走访慰问困难劳模，资助困难劳模子女上大学。

【女职工工作】 2010年，曲靖市总工会按照“54321”创建活动要求，认真做好女职工工作，全力维护女职工特殊权益，女职工特殊权益保障合同签订率明显提高。在会泽县召开全市女职工工作推进会，广泛开展“和谐家庭”创建评比表彰，推荐上报14户“和谐家庭”接受省总工会表彰。在全市开展“女性安康、男性帅康团体重大疾病保险”工作。

【职工疗休养】 2010年，曲靖市总工会分别于7月、8月、9月，先后分3期组织600名一线职工、市劳模、农民工、工会干部到曲靖温泉职工疗养院免费疗休养，开展健康体检咨询、兴趣小组交流，举办劳动合同法、职业病防护知识、安全生产知识、健康保健知识系列讲座，举办篮球比赛等体育活动。

【财务管理】　2010年，曲靖市实现地税代收工会经费，建立地税代收工会经费协调机制，经费收缴率明显提高，建立完善经费收缴台账，创建横向、纵向联动工作机制，经费收缴实现动态管理。从1月起，市总工会严格执行新工会会计制度，认真做好新老会计制度的衔接工作，10月举办新工会会计制度业务培训班。财务工作接受省总工会经审会的审计，受到省总工会的肯定。先后补助马龙县、师宗县、会泽县、麒麟区、陆良县、罗平县总工会进行文化宫等场所改造筹资700万元，对曲靖温泉职工疗养院进行维修改造，疗养院各项经营指标实现新发展，疗养院资产增值数倍。认真开展清产核资工作，工会资产的处置严格按程序报批。

【经费审查】　2010年，曲靖市总工会经审会对本级2009年度经费决算、2010年度经费预算进行审计监督。派出审计组对麒麟区总工会、曲靖越钢集团公司工会、马龙县总工会、会泽县总工会、宣威市总工会、师宗县总工会2009年度中央（省）财政帮扶资金专项资金、劳模专项资金、第六期职工医疗互助资金、2010年百万职工抗旱献爱心资金进行抽查审计。派出审计组对麒麟区总工会、曲靖越钢集团公司工会、曲靖温泉职工疗养院、马龙县总工会、会泽县总工会、宣威市总工会、师宗县总工会共7个单位2009年度经费收支进行就地审计。在全市开展2009年度困难职工帮扶资金收支情况自查审计。在13个市直系统工会和9个县（市）区总工会、曲靖经济技术开发区总工会开展职工队伍状况调查。制定《曲靖市工会经费审查工作规范化建设标准》、《曲靖市总工会特约审计员管理办法》、《曲靖市总工会党组定期听取经审工作汇报办法》等多项制度。推荐曲靖市总工会经审会对陆良县总工会、罗平县总工会2008年度工会经费的审计作为优秀审计项目，参加省总工会经审会组织的优秀审计项目评比，获“云南省工会优秀审计项目”荣誉。曲靖市总工会经审工作在全省工会经审工作评比考核中位居全省第一名。

（高兴元）

共青团曲靖市委

【简述】　2010年，共青团曲靖市委（以下简称“团市委”）以有效服务党政工作大局和青少年成长发展为目标，以加强青年思想引领、促进青年就业创业和推进团的基层组织建设和基层工作为重点，切实发挥共青团在组织青年、引导青年、服务青年和维护青少年合法权益方面的职能作用，团结带领团员青年为推进全市经济社会又好又快发展作出新贡献。年末，全市共有基层团委432个，团总支1905个，团支部11849个，基层团工委29个；专职团干部346名，团员38.78万名，发展新团员31079名，团青比例34.8%，“推优”入党3497名。

【青年志愿服务】　2010年，曲靖市各级团组织围绕党政中心工作，团结带领广大团员青年担当各种急难任务。积极参与抗旱救灾，3～5月，共组建100多支“绿丝带”抗旱志愿服务队参与抗旱救灾。6月，承担全国县级供销合作社改革与发展曲靖工作经验现场会的青年志愿服务工作。整合社会力量，不断探索“青帆夜校”工作的运行模式和管理机制，开展“青帆夜校”志愿服务活动，已组建志愿者讲师队伍11支，开展“青帆夜校”志愿讲座23次，培训学生13380人。通过“一对一”结对等方式，以“爱眼你我牵手，爱心温暖童心”活动为主题，对农民工子女开展长期有效的志愿关爱服务。会泽县成立13支志愿服务队，爱心结对100对，并依托会泽驻昆团工委建立会泽县志愿者服务基地，招募50余名会泽籍在昆就读大学生志愿者，为会泽籍在昆农民工子女开展“一对一”关爱活动；曲靖大世界眼镜店从12月起，将用一年时间开展以“爱眼你我牵手，爱心温暖童心”主题活动，捐赠配镜卡80万元，服务农民工子女1万名。10月，通过组织实施“创先争优·情暖社区”青年志愿服务社区“三百行动”计划，对219名吸毒人员进行长期帮助教育，已成功戒毒105名，关爱社区空巢老人80户。

【抗旱救灾】　2010年，曲靖市各级团组织在抗旱救灾中对内进行宣传发动，对外积极协调争取，全力做好募捐资金及物资的接转和使用工作，共接转抗旱物资、资金援助折合人民币540.97万元。年内，积极向上级争取项目资金，帮助贫困山区人畜解决饮水难问题，共争取到资金4900855元，组织新建“希望水窖”1938个、“希望水池”15个、“希望水井”1口，总蓄水量达41760立方米，项目共涉及全市9个县（市）区，受益群众4044户农户，受益学校2所。

【青少年思想政治教育】　2010年，曲靖市各级团组织加强青少年思想政治教育。结合重大节假日，组织广大青少年到革命遗址、烈士陵园等开展革命传统教育；组织广大青少年开展“百万少儿唱红歌、百万少儿诵经典”活动，进行爱国主义教育。结合主题实践，组织开展节水常识、自救自护等知识的普及教育；开展大、中专学生暑期“三下乡”、“橙人行动”等社

2010年12月3日，青帆温暖课堂进社区活动现场。

（杨羚/摄）

会实践活动；开展校园艺术节、家务劳动技能比赛、书画、英语口语、才艺、科技创新比赛、暑期夏令营等活动，让广大青少年得到有效锻炼和教育。组织社会各界有为青年走进学校、社区、企业和农村，扎实开展“四进”公益励志巡回演讲活动，成功举办8期，参与青年达1.5万人。广泛开展争创“青年文明号”、安全生产示范岗、青工职业技能大赛等活动，加强职业道德教育。

【青年创业就业】 2010年，曲靖市各级团组织积极为广大青年就业创业铺路搭桥，重点推进落实就业创业项目培训、“青年就业创业见习基地”创建、“贷免扶补”创业贷款发放等工作。全年累计创建“青年就业创业见习基地”80个，其中：国家级6个、省级5个、市级36个、县级33个，有6个同时被市政府命名为“示范见习基地”，基地提供见习岗位2295个，到岗见习青年1856名；共发放“贷免扶补”小额贷款5525万元，扶持创业青年1105名，同时将获得贷款青年的相关信息全部录入到团中央“青年创业小额贷款”工作管理系统。此外，联合市人力资源和社会保障局建立“1+3”跟踪服务机制和工作台账，进一步提升服务青年创业的质量和水平。

【希望工程】 2010年，曲靖市各级团组织深入实施“希望工程”，通过开展“爱心圆梦大学”助学活动，积极动员社会各界力量，共筹集资金56.7万元，资助贫困大学新生185人。

【青少年维权】 2010年，曲靖市各级团组织针对不同群体青少年，采取有效措施，着力营造环境，切实维护合法权益。协调司法、公安、检察等部门，组织开展法律知识进校园宣传活动，引导广大青少年牢固树立法律意识、维权意识，做到知法懂法守法。年内，共发放法律法规宣传资料30余万份，参与青少年人数达24.4万人。团市委采取座谈、深入实地等形式，对新生代农民工有关情况进行深入调研，形成《关于新生代农民工调研报告》；组织人大代表、政协委员广泛听取青少年意见，积极反映青少年的普遍性利益诉求，探索建立青少年利益协调机制、诉求表达机制、矛盾调处机制和权益保障机制。

【创先争优】 2010年，曲靖市各级团组织把开展创先争优活动作为一项重要政治任务，成立领导小组，下发《实施意见》，建立团干部挂钩联系点制度，创新活动载体，丰富活动内容，确保活动有效开展，涌现出一批先进典型。如会泽团县委积极探索流动团员管理新路子，创新组织设置形式，在昆明建立全省首个“流动团工委”，同时根据不同行业、不同区域务工青年的聚集特点，成立团支部，对流动团员进行有效跟踪服务。马龙团县委把“三级联创”与创先争优活动结合起来，以为基层团组织授一块标识牌、开展一块网络阵地、配一面团旗、配一本团章、配一本基层团组织实用读本、配一本工作手册、上一次团课，要求基层团组织撰写一篇思路性文章、抓实一项以上核心工作的“九个一”活动为载体，积极展开争创“五好团组织”活动，增强基层团组织的工作活力。

【自身建设】 2010年，曲靖市各级团组织结合新时期共青团工作发展形势，认真按照“两个全体青年”要求，坚持党建带团建、团建服务党建，创新工作载体，完善工作思路，实现共青团工作整体活跃。在巩固传统领域团建的基础上，加大非公企业及“两新”组织的建团力度，全市共有市属国有企业86个，非公有制企业2690个，其中规模以上非公有制企业463个，有新社会组织307个，在非公企业、“两新”组织中建立团组织1007个。以村“两委”换届为契机，完成全市1521个村委会团组织换届工作，配齐配强村级团组织班子，增强组织活力。分别在麒麟区寥廓街道、三宝镇和马龙县马过河镇完成团组织格局创新试点工作。加强培训，提升团干部的队伍素质。全市共组织82名团干部和少先队辅导员参加团中央、团省委组织的培训，各级团组织共开展团干部理论培训73期，共8240名团干部参训，开展少先队辅导员培训34期，参训人数达1550余人。

（杨 羚）

曲靖市妇女联合会

【简述】 2010年，曲靖市妇联坚持“一手抓发展，一手抓维权”的工作方针，实施“贷免扶补”、母亲水窖、母亲沼气等项目，开展女性素质提升、妇女创业就业、妇女儿童权益维护、平安和谐家庭创建等活动，团结引领全市广大妇女为推动曲靖经济社会又好又快发展作出贡献。

【市妇联三届三次执委（扩大）会议】 2010年5月26日，曲靖市妇联召开三届三次执委扩大会议，副市长饶卫到会并讲话，市人大常委会副主任、市妇联主席李桂珍作《践行科学发展观 推进曲靖妇女事业新发展》工作报告，市妇联执委及女工委主任100余人参会；会议表彰市级三八红旗手、巾帼文明岗、巾帼创业示范户、巾帼创业示范基地各30个，表彰市级“平安和谐家庭”98户。

【家庭教育工作经验交流现场会】 2010年11月11～12日，曲靖市家庭教育经验交流现场会在富源县召开，总结全市十一五家庭教育工作，安排今后任务，命名市级“示范性家长学校”和示范性留守儿童、流动子女家长学校各30所，表彰家庭教育工作先进个人30名。

【妇女创业就业先进典型巡回演讲】 2010年“三八”期间，曲靖市妇联组织5名优秀创业妇女历时半月在9县（市）区举办“曲靖市妇女创业就业先进典型巡回演讲”报告会9场（次），承办省妇联优秀妇女事迹报告团曲靖报告活动，5600余名创业女性、公益岗位女性等听取事迹报告。

【“贷免扶补”工作】 2010年，曲靖市妇联做好2009年329户1500万元贷款监管工作，确保资金回收率为100%；2010年完成2655人、1.325亿元“贷免扶补”任务；发放循环金45万元；扶持近4000名女性创业，1.4万名女性就业。9月初，在宣威市召开推进会。通过交流学习、制定《管理办法》、签订责任书等形式，狠抓落实。

【妇女技能培训】 2010年，曲靖市妇联重点在麒麟、宣威、罗平、沾益、富源、马龙、会泽7县（市）区建核桃种植科技示范林（场、基地）7个，培训700余名妇女骨干。组织50余名基层妇女干部、女能手免费到云南农大参加种植、养殖技术培训。累计开展妇女实用技术等培训2310期20.9316万人（次）；创建“巾帼示范村”62个，培树巾帼科技致富带头人2367人；妇女科技专业协会17个；

2484名妇女获农函大或农广校证书，1163人获女农民技术员证书；152人被评为女能人。

【母亲水窖】　2010年，曲靖市妇联组织实施全国妇联“母亲水窖·饮水安全”妇女健康培训与项目试点工程，在师宗县竹基乡竹基村建集中供水工程1件、雄壁镇独龙村建水窖263口；95%以上乡、村妇女干部和妇女代表接受安全引水及健康知识培训。

【沼气项目】　2010年，曲靖市妇联组织实施新建“母亲沼气”510口，其中省妇联和省林业厅补助30万元在罗平县和会泽县建成“母亲沼气”200口。

【妇女劳务转移输出】　2010年，曲靖市各级妇联开发妇女就业岗位8917个，帮助81294名城乡妇女就地转移或外出务工。年内，市、县妇联组织师宗县53名青年到珠海务工。下发600份调查问卷，深入部分家庭和市劳动就业服务中心、部分医院、家政服务中心，开展“家政服务情况”调研，并形成调研报告。

【妇女儿童维权工作】　2010年，曲靖市妇联接待来信来访112件，办结110件，结案率达98.2%；重点协调有关部门解决会泽县张某某、麒麟区顾某某等典型案件。“三八”期间，联合公安等部门在珠江源广场举办“三八”妇女维权周法律宣传咨询活动，发放宣传资料1万余份，受教育群众达2万余人。4月12～15日，配合云南省人大调研组深入麒麟区寥廓街道反家庭暴力投诉站、沾益县妇幼保健院等6个部门实地调研，召开妇女儿童权益保障工作座谈会，从源头上维护妇女儿童的合法权益。

【第三期中国妇女社会地位调查】　从2010年3月，曲靖市妇联搜集、汇总、上报会泽、富源、马龙3个县所辖的40个乡镇（街道）607个村（居）委会户数、人数等有关信息，深入马龙县、富源县10个乡（镇）、10个村（居），150户开展入户调查，调查内容包括健康、教育、经济、社会保障、婚姻家庭、法律权益和认知、性别观念和态度等9个方面，为党和政府制定促进妇女发展、推进性别平等政策措施服务。

【扶贫帮困送温暖】　2010年春节、三八节、六一节期间，曲靖市妇联走访慰问特困、留守妇女儿童3次，送去价值4万余元慰问品和1万元慰问金；实施“爱眼行动”，免费为7600名学生开展视力检查，为贫困学生配送质量合格眼镜；与九洲医院、五洲医院联合为11323名妇女进行健康体检；积极开展“绿丝带志愿者行动”，组织“万众一心抗大旱、同舟共济渡难关”主题抗旱救灾宣传活动，发放宣传资料2万余份；为宣威市乐丰乡明德村、马龙县纳章镇方郎村解决5万元抗旱经费，为宣威市乐丰乡明德村龙家丫口和师宗县永安完小送去5万瓶矿泉水；组织干部职工和女企业家、女能人为挂钩联系点妇女群众捐款、捐物40余万元；马龙洪灾期间，市妇联领导带队到马龙走访慰问受灾妇女儿童，为马龙县妇联送去1万元慰问金。

市妇联领导陪同省妇联副主席和红梅调研女能人刺绣品加工基地。（王任远/摄）

【子宫颈癌筛查公益活动】　2010年6月23～30日，曲靖市妇联配合市政府办、卫生局启动实施全国妇联、国务院妇儿工委办、卫生部共同主办的云南曲靖手拉手护平安·子宫颈癌筛查项目活动，对沾益县、会泽县、麒麟区、陆良县18个乡（镇）72个村委会7万余名18～65周岁妇女开展健康知识培训，免费为6120名妇女进行预防子宫颈癌筛查和HPV感染检测。完成妇女群众宣传发动、调查摸底、表册上报、组织参检、信息反馈、相关工作人员培训和全国妇联等领导、专家、学者的沟通协调及接待工作。

【“低碳家庭·时尚生活”主题活动】　2010年3月，曲靖市妇联联合市发改委、环保局等部门启动“低碳家庭·时尚生活”主题活动，通过开展启动仪式、读书征文、知识竞赛、巡回演讲、小发明小创造征集、建立家庭小档案、发放宣传画册、宣传环保袋等活动，引导广大家庭成员从自己做起、从家庭做起、从点滴做起，形成节约能源资源和保护生态环境的生活理念、消费模式。

【“电信杯·巾帼风采”征文活动】　2010年，为纪念“三八”节100周年，曲靖市妇联联合曲靖日报社、电信公司开展“电信杯·巾帼风采”征文活动，收到优秀征文39篇，评选出一等奖1篇、二等奖2篇、三等奖8篇、优秀奖2篇。

【“两规划”实施】　2010年，曲靖市各县（市）区和市直各成员单位认真按照市妇儿工委办“两规划”〔曲靖市妇女发展规划（2001～2010）和曲靖市儿童发展规划（2001～2010）〕预评估工作安排开展自检自查；围绕重难点指标的突破，先后到麒麟、沾益、宣威、师宗等县（市）区实地调研，听取各地妇儿工委工作汇报，研究具体解决措施。12月，分7个调研组历时11天深入9县（市）区和市直成员单位，针对不同内容开展调研，为编制新规划奠定基础。

【推动妇女进村“两委”】　2010年3月，曲靖市妇联出台《关于做好第四届村“两委”换届选举及妇代会换届工作意见的通知》，争取市“两委”换届办出台《关于推进妇女参选参政工作的意见》，将村妇代会换届选举工作与村“两委”换届选举工作同研究、同部署、同实施，营造妇女参选参政良好舆论氛围，女性进村“两委”比例比上届提高 1.13 个百分点；其中村党组织选出女委员 1127 名，占委员总数的 14.42%；女支书或副支书 27 名，占总数的 2%；村委会选出女委员 946 名，占总数的 17.05%；女主任 22 名，占总数的 1.52%。1246 名村妇代会主任进村“两委”。

【女干部培养工作】 2010 年 9 月 25 ~29 日，曲靖市妇联联合市委组织部举办科级暨年轻女干部培训班，158 名女干部接受为期一周的培训；选派 12 名女村官免费到北京、昆明学习考察；组织 37 名女干部到新疆、甘肃、西安等地考察学习；建立 79 名女性正高职称人员数据库；组织女干部读书征文活动，收到稿件 59 篇。

【参与禁毒防艾】 2010 年，曲靖市妇联参与“12·1”世界艾滋病日宣传，开展“拒绝毒品、抗击艾滋、建设家园、共创平安”活动，发放宣传资料 3.6 万份，展出墙报、图片、橱窗 50 个版面，为 400 余名群众提供义务咨询，救助 20 名艾滋家庭儿童；发放禁毒宣传“六进”活动巡演光盘《致命的红豆》1000 余碟，组织 5 万名妇女儿童观看 150 多场（次），近 10 万人受教育。

（包艳玲）

曲靖市社会科学界联合会

【简述】 2010 年，曲靖市社科联（院）认真贯彻落实《中共中央关于进一步繁荣发展哲学社会科学的意见》、《中共云南省委关于繁荣和发展哲学社会科学的意见》，围绕市委、市政府的中心工作，积极发挥桥梁纽带、组织协调、咨询服务、宣传普及等作用，为推进社科事业繁荣发展、推进全市现代化建设作出积极贡献。年内，启动第三次社会科学优秀成果评选，共收到专著和论文 109 部（篇）。

【理论学习】 2010 年，曲靖市社科联（院）不断加强理论武装工作。组织干部职工认真学习“三个代表”重要思想和科学发展观；党的十七届四中、五中全会提出的一系列重大战略思想、重大理论观点、重大工作部署；中央、省、市纪委全会精神；通过学习，进一步明确新时期哲学社会科学发展的指导思想、总体目标和主要任务，充分认识哲学社会科学的地位和作用，强化做好哲学社会科学工作的政治意识、大局意识、责任意识，增强做好哲学社会科学工作的责任感和使命感。

【社科研究】 2010 年，曲靖市社科联（院）积极开展课题研究，组织协调大专院校、科研机构、党校系统和社科学会的力量，年内完成市政府主要领导提出的《建设活力曲靖》课题的研究，课题对全市现代化进程中存在的问题、产生原因以及发展趋势提供有说服力的理论分析和对策研究；完成省委宣传部批准立项的《珠江上游生态文明建设》课题，课题就如何破解建设生态文明这个重大课题，推进曲靖实现更长时期、更优质量、更高水平的经济社会全面协调发展提供智力服务。研究编制全市社科发展“十二五”规划，以《中共中央关于进一步繁荣发展哲学社会科学的意见》、《中共云南省委关于繁荣和发展哲学社会科学的意见》精神为指针，对“十二五”期间全市社会科学发展的总体目标、基本原则、重点任务、研究领域、体制机制、保障措施等进行专题研究，编制完成《曲靖市社会科学院“十二五”发展规划》。

【学术活动】 2010 年，曲靖市社科联（院）从各学会、协会、研究会的实际出发，力求把学术年会办成展示学人风采、促进学科交流、提升城市文化品位、活跃学术氛围的公共平台。会合市警察协会、延安精神研究会、档案学会举办学术年会，年会围绕社会进步、经济发展和曲靖建设的重点、热点问题展开讨论，集中全市广大哲学社会科学工作者的智慧，展示全市社科界的学术水平，形成了一定的学术氛围。

【社科宣传普及】 2010 年，曲靖市社科联（院）根据形势和任务的需要，不断打造科普品牌载体、传播科学理论、解决现实问题、创新社科普及活动形式、协调配合联运。让更多的人了解社科普及工作的意义，更多的人受益于社科宣传普及活动。市社科联（院）在《曲靖社会科学》上开设专栏，加强对全市各行各业学习贯彻党的十七届四中全会情况的宣传报道；组织相关学会、协会和专家到全市各县（市）区进行专题调研，总结、宣传全市在学习贯彻十七届四中、五中全会精神过程中好的经验和做法，发表相关理论文章 20 余篇。按照科普活动计划，5 月，市社科联（院）组织全体职工到马龙县通泉镇大海哨村委会开展科普活动；在“六一”儿童节期间，到富源县富村镇普红村委会开展科普活动，为普红小学捐赠科普知识读本 300 余册、协调投入 1 万余元开展扶贫慰问。

【《曲靖社会科学》】 2010 年，曲靖市社科联（院）在办刊内容上强化对科学发展观的学习宣传，党的十七届四中、五中全会精神的学习和研究，曲靖地方特色的调查研究，强化社科研究的综合性和代表性；在工作方法上做到加强重大问题的约稿工作，重点课题的选登工作，选登文章的编辑指导工作，杂志栏目的设计工作。年内，编印《曲靖社会科学》6 期，共登载政治、经济、社会、文化等方面的理论、学术文章 90 余篇，所刊发的部分文章具有较高的专业水平和学术水平，被外省、市报刊、丛书转载和收录。

【学会管理】 2010 年，曲靖市社科联不断总结学会工作经验，认真研究新形势下学会工作的新路子，不断改进团体会员的管理方式和服务方式。不断加强和改进对团体会员的管理，增强学会照章办会、规范管理的意识，引导学会健康发展。加强对科研工作和学术活动的业务指导，进一步鼓励学会积极开展学术活动，择时举办学习会、培训会、交流考察等，努力提高业务骨干的理论水平和业务水平，增强学会的工作活力和凝聚力，搭建学术交流平台，营造学会活动的良好环境，既支持和鼓励学会积极开展形式多样的学术活动，活跃学术氛围，又加强管理，不给错误的政治观点提供传播场所和传播渠道。通过多种途径，积极争取支持，进一步促进社会各方对学会工作的关心、重视与支持。在有条件的单位建立社科联组织，吸引更多的社会力量投入社科事业。年内，曲靖市史志学会成立。

（汪德勇）

曲靖市侨联

【简述】　2010年，曲靖市侨联全面贯彻落实全省第九次侨代会精神，深化“凝聚侨心、汇集侨智、发挥侨力”的工作思路，在全市侨界大力弘扬“创先争优”精神，结合曲靖侨情，围绕发展创新做实侨联工作。至11月底，共编写印发专项工作简讯10余篇。年内，开展集中学习7次，没有人员出现违纪、违法的行为。在抗旱救灾期间，多方争取海外救灾捐赠资金，全市侨务系统及海外捐赠救灾资金共计37.88万元。

【外联外宣】　2010年，曲靖市侨联按照“巩固东南亚、拓展欧美澳、加强港澳”的对外联谊思路，利用参加第八届东盟华商投资西南项目推介会及海外华商、社团到曲靖市考察投资、捐赠项目的机会，深交老朋友，广交新朋友，全年共拜访、接待参加东盟华商会及来曲探亲访友、考察投资、捐赠项目的海外华商、华侨华人、港澳同胞、海外侨团、知名侨领等200余人（次）。全年共寄送和发放各种招商引资项目手册、投资指南、宣传光碟等共计200余份。在与新生海外社团、华裔新生代建立联系，邀请菲律宾恒昌国际集团董事长林晓昌先生、菲律宾金谷农业科技有限公司总裁许克宜先生、缅甸珍宝国际旅游公司董事长赵志龙先生、泰国方大进出口公司董事、总经理方明亮先生、福耀玻璃集团执行董事李新玉女士、著名澳籍华人画家姚迪雄先生、浙江新华爱心教育基金会副秘书长刘黎理女士、香港福慧慈善基金会、香港应善良基金会等8批海外华商和慈善社团，到曲靖市考察、洽谈投资和捐赠项目。

【海外捐赠】　2010年，曲靖市海外捐赠工作取得新成效。共争取到海外抗旱救灾捐赠资金27.5万元；已签订捐建协议和在建“侨心、侨爱工程”教学楼项目3个，开办“维翰珍珠班”1个，资助贫困学生60名，捐资额共计129万元。

【信访维权】　2010年，曲靖市侨联以《归侨侨眷权益保护法》颁布实施20周年为契机，在全市组织开展一系列《归侨侨眷权益保护法》宣传活动。全年共开展宣传活动14次，参加人数2000多人（次），发放各类宣传资料2400多份，受理、办结侨界群众来信来访10人（次）。

【华侨农场及侨务扶贫】　2010年，陆良华侨农场归侨侨眷和场员职工的社会保障覆盖面不断扩大。解决了1100余名离退休人员和保留职工身份的场员的医疗保险纳入社会统筹；将792名退休人员按最低门槛纳入社会化管理；全场有661户1740名困难场员纳入社会最低生活保障，每年发放最低生活保障费221万元。积极做好华侨养老保险补助和危房改造工作，对2007年以前欠缴基本养老保险的296名归难侨和92名非归难侨场员职工，2008年符合财政补助条件的174名归难侨“4050”人员，2009年符合财政补助条件的363名归难侨及非归难侨“4050”人员的基本养老保险金进行补助，累计补助142.63万元；对符合危房改造条件的1799户归难侨和场员职工完成危房改造。陆良县政府将总面积16852.38亩的6个国有土地使用证颁发给陆良华侨农场。同时，上级给予的8.43万元补助奖励资金也全部到位。截至8月，中央、省、市、县各项配套资金共计3110.36万元全部划拨到位。此外，市侨联多方协调“贷免扶补”资金50万元，用于支持陆良华侨农场10户归侨、侨眷发展经济作物种植；全场粮经种植比例已调整为2:8，蔬菜、水果种植产业迅速发展壮大，其中朝鲜蓟种植规模已扩大到4100亩、蔬菜1590亩、葡萄1580亩、花卉63亩、鱼塘2083亩，形成了以蔬菜为主、多业并举的农业产业化发展格局。

【“三送”活动】　2010年春节前夕，曲靖市侨联组织3个春节慰问组，分赴全市9个县（市）区及驻曲中央（省）属企业开展“送温暖”活动。共走访慰问全市困难归侨侨眷、华侨农场场员职工、离退休侨务干部、基层侨务干部、南侨机工遗属、老归侨以及驻曲中央省属企业困难归侨、侨眷等350余户，筹措、发放慰问金共计11.75万元。通过积极争取，为全市尚健在的3名南侨机工遗孀落实补发2009年因故未发及2010年的生活补助费共计2.7万元。

【会务活动】　2010年，曲靖市侨联组织召开“传达省侨联八届六次全委会、八届八次常委会精神专题学习会”、“市侨联五届三次全委（扩大）会”、“中秋茶话会”等会议。在1月4~7日在昆举行的全省第九次归侨侨眷代表大会上，曲靖市11位归侨侨眷代表参加，而且杨荣湘、许云华、冯春兰、郑锡芬、徐水萍、谢振辉当选为省侨联第九届委员，杨荣湘还当选省侨联第九届常委，曲靖市侨联、市商务局侨联分别被授予“云南省侨联先进集体”，郑锡芬、徐水萍、吕石兰、邹维、余秀华、尹坚、徐媛芬分别被授予“云南省归侨侨眷先进个人”称号，梁飞云、张丹分别被授予“云南省侨联系统先进个人”称号。

【参政议政】　2010年，曲靖市侨联建立领导班子办公会议，讨论和审议参政议政重大事项的议事制度，制定《参政议政工作暂行规定》、《提案、建议征集与筛选机制》、《优秀提案奖励办法》等制度。同时，通过以会代训和不定期举办培训班的方式，不断提高侨界人大代表、政协委员的参政议政水平。曲靖侨界人大代表、政协委员在人大、政协“两会”上共提出集体提案8件、个人提案14件。2009年提出的1件《关于建议政府应加强物业管理》的集体提案在2010年被评为优秀提案。

（张　丹）

军　事

责任编辑　李振东

曲靖军分区

【简述】　2010年，曲靖军分区部队按照“理论武装强根本，双应准备抓核心，建章立制重规范，从严治军促安全”的总体思路，部队和国防后备力量建设呈现出稳步发展、整体推进的良好局面，思想政治建设成效明显。深入推进学习型党组织建设活动，制定下发《曲靖军分区关于推进学习型党组织建设的意见》。持续推进学习实践科学发展观活动整改落实后续工作，制约分区建设科学发展、群众反映强烈的13个倾向性问题得到较好解决。以“弘扬战区五种精神、忠诚履行历史使命”教育内容为重点，以开展学习龚曲此里活动为抓手，在抗旱救灾、抗洪抢险行动中深入开展培育当代革命军人核心价值观主题教育活动，不断打牢官兵高举旗帜、听党指挥的思想政治基础。遂行多样化军事任务能力不断增强。认真贯彻落实各项战备制度，结合形势任务变化修订战备方案和应急预案，投入160万元用于机动指挥信息系统升级改造，确保执行重大任务通信指挥畅通。严格落实《军事训练与考核大纲》，采取训考结合的办法，狠抓首长机关、基层部队和民兵训练，军事斗争准备扎实推进。按照“建设一支队伍、配齐多套装备、开展多能训练、完成多样任务”的思路，加强民兵应急专业救援力量建设，积极协调驻曲部队1100多名官兵、组织全市3000多名民兵，出动兵力4万余人（次）、车辆6500多台（次），圆满完成抗击特大旱灾、马龙“6·25”抗洪救灾、森林灭火、增雨防雹等急难险重任务。党委班子和干部队伍建设全面加强。以加强思想作风建设为抓手，着力提高各级党委班子凝聚力、战斗力和干部队伍综合素质。在团以上党委机关扎实开展“增强党性、严守纪律”专题教育整顿及“艰苦奋斗，献身使命”主题教育活动，党员干部党性观念、责任意识、使命意识明显加强。按照“五个好”、“五个带头”总体要求，结合部队实际深入开展创先争优活动，一个团级党委、3名优秀共产党员受到上级表彰。认真学习贯彻《中国共产党军队纪律检查委员会工作条例》，强化纪委职能作用，加大党纪法规学习和警示教育力度，部队风气进一步纯洁。国防后备力量建设稳步发展。协调召开市委议军会暨第四次国动委全会，制定下发《关于做好驻曲部队干部随军家属就业和子女入学工作的通知》。迎接成都军区、云南省国动委对曲靖市国防动员及“双应”力量建设考评和调研，全市国防动员工作受到上级肯定。坚持“按纲抓建、科学发展”，不断深入研究解决制约基层建设科学发展的重难点问题，基层建设不断强化，分区9个县（市）区人武部全面建设圆满达标。圆满完成民兵整组任务，各类应急专业救援队伍和信息作战、科技支前、勤务保障等骨干队伍作用更加明显。针对新形势新特点，通过改进作风、强化督导，圆满完成全市兵员征集任务。配合地方党委、政府深入开展双拥共建活动，9个县（市）区全部跨入省双拥模范（先进）城（县）行列。积极组织部队和民兵预备役人员投身新农村建设，先后为灾区及困难群众捐款40余万元，植树3.8万余株。以学习宣传新颁布的《国防动员法》为契机，深入开展国防教育，市国防动员综合训练基地等6个红色教育资源分别被表彰命名为省国防教育先进单位、省级国防教育基地和省级国防教育示范基地。后勤装备综合保障能力不断提升。认真落实省军区后勤“三长”集训精神，拟制下发《分区推进后勤科学发展实施方案》。狠抓后勤硬件建设，投入178万元购置8台高原型野战炊事车和139顶野营帐篷，应战应急保障能力有新提高。认真落实《曲靖军分区物资集中采购管理规定》，推广网上询价、限时现场兑价、竞争性谈判、实地考察等办法，资金使用效益有新提升。认真贯彻全军和两级军区“两成两力”10年总结表彰电视会议精神，及时修订会审装备战备方案，结合部队军事训练开展装备训练，装备保障能力有新加强。加大对武器弹药仓库维护力度，及时修缮分区寥廓山仓库倒塌围墙和毁损脉冲电网，为库区建筑安装避雷设施。根据云南省军区统一部署，圆满完成报废民兵武器弹药的收交和销毁工作。关心老干部，曲靖军分区干休所投资26.35万元，为老干部安装紧急呼救综合管理系统。正规化建设水平巩固提高。坚持依法从严治军方针，不断提高部队安全管理和正规化建设水平。认真学习贯彻新修订的共同条令，广泛开展“条令学习月”活动，通过多种形式开展宣传教育，不断增强广大官兵学用条令、遵守条令的自觉性。严密组织防范重大安全问题专项活动，系统学习有关理论，结合实际制定总体预案、专项预案、单位预案和个人预案，组织9个县（市）区人武部进行防范重大安全问题预案演练，提高部队安全防范能力。拟制出台《曲靖军分区机关办公保密正规化管理规定》、《士官和机关公勤人员一日生活制度管理规定》、《分区机关车辆管理规定》，开展信息安全保密检查，加强士兵及警卫分队日常管理，机关秩序进一步正规。深入开展“实作风、严纪律、促安全、求发展”专项教育，着力纠正个别单位教育管理不严、个别干部顶风违纪等不良倾向，官兵遵章守纪意识进一步增强。认真开展“三项清理”工作，部队正规化建设进一步巩固。密切关注社会动态，配合地方妥善处理各类群体性事件，依法打击“三假”活动，抓好涉军维权、应急信访、平安创建工作，为构建和谐曲靖做出积极贡献。

【军分区党委十二届十次全体会议】 2010年1月19日，曲靖军分区党委召开十二届十次全体（扩大）会议，分区党委委员共25人参加。分区司令员卢兴波代表分区党委常委作《深入贯彻落实科学发展观，大力提高分区部队全面建设水平》的工作报告，政委薛家芳作《建班子、强队伍、实作风、保安全，高标准高质量抓好年度工作落实》的讲话，曲靖市委书记、分区党委第一书记赵立雄作《军地融合兴市强军，开创部队和国防后备力量发展新局面》书面讲话。会议强调高标准抓好年度工作落实，必须抓好建班子、强队伍、严作风、从严治军保稳定4件事。

【市委议军会暨市国动委第四次全会】 2010年5月24日，曲靖市委召开2010年度议军会暨市国动委第四次全会，市委常委、军分区常委、各县（市）区委书记等95人参加。会议研究解决建设经费等事宜，通过《关于加强新形势下双拥工作的意见》，并决定全市所有公园和风景区对现役军人免费开放。

【纲要集训】 2010年5月下旬至6月下旬，曲靖军分区分3个批（次）认真组织《军队基层建设纲要》培训，培训坚持以“按纲抓建、科学发展”为主题，按照“连队化管理、士兵化生活、院校式教学、带着问题训、唱好基层戏”的培训思路，深入学习掌握《纲要》内容和基本精神，集中研究解决制约基层建设科学发展的重难点问题，培养了一大批按纲抓建的“明白人”和“实干家”。

【抗旱摄影展】 2010年6月10日始，曲靖军分区联合曲靖市委宣传部、曲靖日报社，在珠江源广场举办为期一周的抗旱救灾摄影展。展览分为旱情篇、抗旱篇、关爱篇3个篇幅，展出作品1000余件。展览用摄影艺术形式记录和展示曲靖军民万众一心抗大旱、同舟共济渡难关的感人场景。开展当日，1000余驻曲部队官兵和数万群众参观展览。

【“6·25”特大暴雨抢险救灾】 2010年6月25日20时至26日5时，马龙县突降特大暴雨，灾情发生后，曲靖军分区迅速启动应急预案，派出前进指挥所到一线靠前指挥，共调集马龙、麒麟、富源3个县（区）民兵2700人，出动运输车30台、橡皮艇10艘，冲锋舟2艘，救生衣600余件等救灾器材参加抗洪抢险。转移被困群众，在受灾最重的通泉、月望、马过河和王家庄4个乡（镇），转移被困群众9500余人；协助市民政部门运送救灾物资120余吨；巡坝查险，配合水利部门对有险情的5座水库进行巡坝排险，及时排查水库堤坝安全隐患；清理受灾物资，清理倒塌房屋3000余间，各类物品260余吨；开展卫生防疫，派出民兵卫生防疫分队对受污染的街道和房屋进行消毒；开展送温暖献爱心活动，组织全区官兵职工进行捐款，帮助受灾群众渡过难关；维护社会治安，在城区进行治安巡逻，安抚受灾群众，防止因灾引发社会群体性事件。

【抗旱救灾】 2009年7月至2010年5月，曲靖市遭遇了百年未遇的特大旱灾，面对持续的严峻旱情，曲靖军分区主动加强和地方党委政府、相关职能部门及驻曲各部队之间的沟通协调，全力以赴投入到抗旱救灾工作中。积极协调驻曲部队1100多名官兵，组织全市3000多名民兵，共出动兵力3.6万多人（次）、车辆5800多台（次）投入抗旱救灾。运水送水8520吨，开挖沟渠33千米，打井27口；实施人工增雨作业164次，发射各类增雨弹2923发；扑灭森林火灾86起，扑火面积1260公顷。

【重大安全问题防范】 2010年6月18日，曲靖军分区召开党委常委会，提出建立“五项制度”，有效防范重大安全问题。学习培训制度，各人武部、干休所每月组织一次防范重大安全问题知识培训和对各级指示要求的专题学习，军分区每半年组织一次培训和经验交流。督察检查制度，各级每月对本单位防范重大安全问题进行一次分析，军分区适时督察检查，及时督导纠正问题。修订预案制度，各单位每年修订一次预案，由分区统一组织会审和讲评。演练检验制度，每年定期对各类预案进行演练。奖惩激励制度，把防范重大安全问题纳入评先创优的硬指标，对成绩突出的个人在立功受奖、晋职晋衔等方面优先考虑；对发生事故案件的从严追究单位领导和当事人的责任。

【人武部全面建设达标】 2010年，

2010年6月26日，曲靖军分区组织人员在马龙县特大洪灾现场展开救援。

（熊海清/摄）

曲靖军分区按照《云南省县（市）区人武部全面建设达标细则》，认真抓好人武部全面建设达标工作，参加云南省军区第二批达标的马龙、宣威、沾益、罗平和师宗5个单位，考评成绩均达到920分以上，9个县（市）区全面完成达标任务，率先在全省实现人武部全面建设达标满堂红。

【省军区工作组到曲靖检查调研】 2010年7月1~2日，云南省军区军事法院工作组一行3人采取听取情况介绍，走访地方维权工作领导小组成员单位，查阅维权指导文件、制度规范、登记表册，询问维权工作人员等方法，对宣威市和陆良县的涉军维权工作进行检查和考评。工作组充分肯定了两县（市）在涉军维权方面取得的成绩。

【军分区党委十二届十一次全会】 2010年7月22日，曲靖军分区党委召开十二届十一次全体（扩大）电视会议。会议围绕加强干部队伍建设这个主题，传达学习两级军区党委扩大会议精神，总结上半年工作，部署下半年任务。会议强调，锻造奋发有为的高素质干部队伍必须在强化学习实践、严格教育管理、加强作风建设上下功夫。

【军分区成立60周年电视会议】 2010年7月30日，曲靖军分区举行庆祝军分区成立60周年电视会议，全区官兵、职工和民兵骨干共326人参加。会议回顾军分区奋斗历程，总结发展经验，提出奋进方向。

【曲靖市综合应急救援支队】 2010年8月6日，曲靖市政府、军分区在市武警消防支队举行曲靖市综合应急救援支队成立暨揭牌仪式，救援支队按照"军分区牵头组建、市政府统一调度指挥、市财政统一保障、行业部门归口管理"的模式组建运行，由矿山救护、地震救援、防化救援、森林防火、卫生防疫、气象预测、应急通信等15支民兵专业救援分队和公安特警、消防、武警3支专业救援分队共18支分队670余人组成，主要担负全市抢险救灾和反恐维稳等公共突发事件的处置任务。

【"中青"班领导军事训练和国防教育】 2010年8月，云南省委党校组织第二十七期厅级后备干部中青班全体学员到曲靖军分区开展为期5天的国防教育和军事训练。来自全省16个州（市）及省直机关、院校、科研院所的46名厅级后备干部以普通一兵的身份参加活动。军分区组织全体学员进行队列基础、轻武器射击及军体拳训练，参观国防教育展、军史馆和国防教育长廊，邀请专家教授开办两场国防教育专题知识讲座。

【"三项清理"】 2010年8月6日至9月5日，曲靖军分区部队集中开展"超占干部和士兵、多占多购住房、违规购置使用车辆"清理清查工作。分区4次召开领导小组专题会议，分析全区"三项清理"工作底数、工作进展情况和存在疑难问题，研究解决问题的措施办法，并提出具体要求，有力推进"三项清理"工作进展。分区各级纪委充分发挥职能作用，积极协调，按照省军区明确的方法、步骤和时限，扎实抓好每个环节落实，保证了清理工作有力有序推进。主要领导自觉执行规定，亲自组织协调，带领工作组宣讲政策规定，说明情况，以自身的模范作用带动"三项清理"工作全面落实。在解难帮困促工作中，讲求工作方法，在多渠道做好思想工作的同时，主动帮助解决实际困难6件。

【报废弹药销毁】 2010年9月，曲靖军分区根据云南省民兵报废弹药销毁处理实施方案和云南省2010年民兵报废弹药销毁处理工作安排，完成24个品种23173发（枚）16.99吨报废民兵武器弹药的收交，就地组织销毁19类21901发（枚）3.78吨炮弹和手榴弹引信及炸药、拉火管等危险弹药。

【两级军区考核组到曲靖考核"三先"表彰对象】 2010年9月9~10日，两级军区考核组在军区干部老干处处长张军的带领下到曲靖军分区干休所，对曲靖军分区推荐的"先进老干部"表彰对象进行考核。考核组认真听取干休所党委的意见和建议，并分别找多名老干部、老阿姨了解表彰对象的基本情况、突出事迹。工作组对此项工作给予肯定，并提出希望。

【实兵拉动演练】 2010年9月13~20日，曲靖军分区司令员卢兴波、参谋长谢绍益带领考核组分别对9个县（市）区民兵专业救援分队，进行带战术背景的实兵综合演练考核。演练以国防后备力量完成多样化军事任务为主题，按照"战训一致、以考促训"的原则，采取"情况虚设、空间压缩、自导自演、连贯作业"的方式，紧密结合担负任务和工作实际，分别对会泽县人武部抗震救灾、宣威市人武部矿难救援、富源县人武部卫生防疫、罗平县人武部泥石流灾害救援、师宗县人武部森林灭火、陆良县人武部兵员应急动员、马龙县人武部抗洪抢险、麒麟区人武部维稳处突、沾益县人武部防化救援9个课目进行量化考核。演练共动用民兵专业救援分队8支、兵力1460人、各类车辆80余台、专业装备器材1000余套，同时协调各县（市）区公安、武警、消防、卫生、民政、煤炭等部门出动专业分队200多人配合参演。

【军分区第十三次党代会】 2010年10月26~27日，曲靖军分区召开第十三次党员代表大会，全区50名党员代表出席大会。会议听取和审议分区第十二届党委、纪委工作报告，选举产生分区第十三届党委和纪委。新一届党委书记、副书记就加强党委班子和部队全面建设提出明确要求。

【《关于进一步加强基层人武部专武干部队伍建设的意见》】 2010年，曲靖军分区积极协调曲靖市委、市政府，联合制定下发《关于进一步加强基层人武部专武干部队伍建设的意见》，对基层专武干部选拔使用、调整交流、教育管理等方面进行全面规范。特别提出要切实落实基层专武干部编制，严禁挪用挤占；各县（市）区每年组织公务员考试，必须设置1~2个专武干部定向考核岗位，吸收优秀人武专业毕业生进入专武干部队伍。

【军车管理】 2010年，曲靖军分区认真贯彻落实《军队车辆交通安全管理规定》和两级军区关于加强车辆管理的指示要求，明确工作职责，健全工作制度，规范军车运行秩序。通过邀请地方交警现场授课，采取理论讲解、示例剖析、法规学习和经验交流等形式，丰富驾驶员的交通安全知识、增强遵纪守法意识、提高防范车辆事故能力；分区为所有车辆安装GPS监控系统，按辖区外用车、辖区内用车、城区内用车3个档次，明确审批权限和相关手续，切实加强车辆交通安全管理。

【后勤保障能力建设】 2010年，曲靖军分区认真落实云南省军区后勤“三长”集训精神，拟制下发《分区推进后勤科学发展实施方案》，认真抓好后勤业务训练，修订完善后勤战备方案和保障计划，狠抓后勤战备库室建设。11月，投入178万元购置8台高原型野战炊事车和139顶野营帐蓬配发各县（市）区人武部，并组织操作培训，进一步提高了应战应急保障能力。

（陶　攀　李　勇）

武　警

【简述】　2010年，武警曲靖市支队党委围绕“五抓”工作思路，准确分析把握部队建设形势，坚持精心搞谋划、灵活抓教育、合力保中心、科学练精兵、后勤强建管，保证官兵理想信念坚定，党委核心领导坚强，各项任务完成出色，基层建设逐步牢固，部队内部安全稳定，支队全面建设呈现稳步发展的良好势头。在总队军事比武中，取得团体第四名，2名个人取得个人全能第一。在参加曲靖市公安系统特警警务技能比武中，取得4个单项第一、团体总评第一。年底，曲靖市支队被云南武警总队表彰为“先进支队”。

【党委支部班子建设】　2010年，武警曲靖市支队围绕先进性建设主线，深入开展学习实践科学发展观活动，着力提高领导部队科学发展能力。抓好理论武装，将学习实践科学发展观活动与党委中心组学习结合起来，组织学习《邓小平理论》、《江泽民文选》、《科学发展观教育读本》等篇目70多个，从谋划准备、理论学习、分析检查到整改提高等主要环节，党委成员人人参与，带头落实，已整改各类问题12个，人均撰写理论文章20篇。坚持集体领导，落实科学依法民主决策要求，严格遵循“十六字”方针，正、副书记不搞“一言堂”。加强廉政建设，抓党风廉政建设责任制不放松，健全三级纪检监督网络，修订《敏感热点问题处理规定》、《工作组廉洁自律六条规定》，研究决定重大事务，自觉实行阳光作业，增强处理敏感事务的透明度。党支部“三化”问题得到有效解决，部队建设成效明显，3名个人和3个党支部被总队党委表彰。全年调整使用36名干部、22名技术学兵、选晋111名士官、发展97名党员、86个单位和个人立功评先等，都做到公正公平，年终总队组织民主测评，官兵满意率为99.6%。

【思想政治教育】　2010年，武警曲靖市支队坚持把学习实践科学发展观活动和培育当代革命军人核心价值观主题教育作为全年的重大政治任务来抓，不断打牢官兵“听党指挥、服务人民、英勇善战”的思想政治基础。着眼“三个确保”时代课题，坚持把思想政治建设摆在首位。深入抓好思想政治教育。突出“培育当代革命军人核心价值观”主题教育，针对中缅边境维稳和上海世博会、广东亚运会安保等开展形势任务、战斗精神专题教育，党委成员带头上课，基层主官网上交叉授课，每季度进行理论测试、通报讲评，促进学习教育落实，真正使当代革命军人核心价值内化为官兵的坚定信念，外化为官兵的自觉行动。做细做好经常性思想工作。认真贯彻武警部队经常性思想工作会议精神和《经常性思想工作实施意见》，深化“三互”、“双四一”和“深知兵、真爱兵”活动，坚持每月谈心、每季度分析思想，先后9次召开官兵思想分析会；建立官兵思想档案，对重点关注人员落实“三包一”责任逐个帮教，组织2个法律暨心理咨询服务小组，分片到基层为官兵解疑释惑，化解官兵思想出现的各种新情况、新问题10余个，确保官兵思想稳定。积极推进“四位一体”警营文化建设。为基层配发文体器材180余件、书籍2500余册、多功能广播系统12套，增设身边典型挂像等7项，沾益等4个单位在官兵休闲娱乐的草坪上树起景观文化石，雕刻励志名言警句，使官兵在潜移默化中接受教育，培育官兵的战斗精神。为所属中队建起网络学习室和可容纳1000人在线的视频聊天系统，让官兵在学、听、看中时时受教育。注重做好任务中政治工作。健全各类组织，配强骨干队伍，修订完善政治工作预案，定期组织政工方案演练，官兵熟悉应对不同情况、处置不同时段的“三战”技能。

【执勤训练】　2010年，武警曲靖市支队坚持执勤训练与安全管理同步抓，以训促管强勤保中心。绷紧“居安思危”这根弦，时刻不忘确保中心工作圆满完成这个根本。狠抓制度落实和正规勤务秩序。严格执行勤务八项制度、三项纪律等制度，运用“日统计汇报、周分析研究、月讲评通报”确保制度运行经常。加大实地查勤查岗力度，坚持做到“三问、三考、六查、一教”，及时纠正“常见病”、“多发症”，促进执勤秩序正规。组织临时勤务。针对季节变化和任务实际，及时修订战备方案，举办2次抢险救灾专题知识讲座，圆满完成森林火灾扑救、“春运”执勤、武装押解、曲靖市“两会”和大型活动安全保卫、温家宝总理视察期间的警卫、9个县（市）区武装巡逻、宣威抗旱、马龙抗洪等55起临时勤务。认真做好维稳“处突”准备。有针对性地开展防暴器材

2010年3月22日，武警曲靖市支队官兵为旱区学校运送生产生活用水。

（章发扬/摄）

使用、防暴队形及紧急出动等应急训练，做好遂行任务的各项准备。大抓军事训练和反恐分队建设。集中军事干部、骨干、教练员和反恐队员利用勤训轮换进行强化训练，对擒敌等6个课目进行规范和统一，突出“四哨”、情况处置五步法、方案演练等重点课目，成效明显。全面加强反恐装备建设，以反恐特战排为主体，充实部分训练尖子，指派专人蹲点负责，实行脱岗封训。以体能、射击、战术等内容为重点，注重做好特种装备的人装结合训练，在总队军事比武中，取得团体第四名。在参加曲靖市公安系统特警警务技能比武中，取得4个单项第一、团体总评第一。

【正规化管理教育】 2010年，武警曲靖市支队牢固树立安全发展理念，在严格正规的管理中实现安全发展。不断强化安全教育。年内，支队主官和党委成员利用电视会议系统，5次对官兵进行专题安全教育，2次聘请专家进行心理健康、保密形势、防灾自救常识辅导，督导基层坚持经常性安全意识、法规、常识教育。对“五个过一遍”、“深知兵真爱兵”等经常性基础性工作进行严查细纠。年初，集中15天时间，对部队“四项经常性工作”、“深知兵真爱兵”、“五个过一遍”活动成效等进行一人不漏地全面检查，对发现的工作薄弱环节责任到人限时整改。利用安全检查之机，派出5个联合工作组，对活动情况进行跟踪。扎实开展“治‘三松’、严纪律、保安全”教育整顿。结合支队实际，从12个方面细化排查治理要求，重点对官兵思想、落实安全制度、完善安全设施、确保安全能力等进行全面覆盖排查，从支队主官到工作组带队领导、大队、中队、班排、个人，层层签订《安全工作责任书》，把具体要求明确到每个人头上，把安全责任分解到各级组织、各级干部身上，营造“人人参与安全管理、人人负有安全责任”的良好氛围。抓好依法从严治警集训精神转化和新条令的学习贯彻。组织官兵传达学习总队从严治警集训精神，并与贯彻落实新条令、“刹酗酒、守纪律、树形象”教育整顿紧密结合，从抵御“四不”、从严治酒等5个专题进行强化教育，组织官兵收看法纪警示教育录像，派出由党委成员带队的工作组对所属单位贯彻落实情况进行检查，对存在的问题及时进行纠正和整治。

【后勤保障】 2010年，武警曲靖市支队按照“保中心、保基层、保生活”要求，重点抓后勤规范化管理、应急保障和基础建设。强化规范管理。建立责任管理机制，制定经费管理等规定，落实公务卡结算制度，每月组织司务长集体办公，对基层经费使用情况进行综合检查，加强预算调控和资产量化管理。参加总队2009～2010年财务业务会审，总评第二；财务交叉检查总评优秀。加强应急保障。修订完善后勤保障方案，协调建立3个战备物资配送点，购买野战食品、给养物资、野营装具和战备药品，战备储备物资达5大类10余个品种。对全部车辆进行安全检测，组织进行野外炊事、卫勤、宿营、汽修保障等训练。完善基础建设。认真贯彻落实总队基层“四项设施”讲评部署会议精神，召开党委会议专题研究部署“四项设施”整治工作。在把准实情、摸清底数的基础上，邀请地方规划部门有关专家依据标准，对支队教导队、机动大队、富源县中队、第六中队进行规划论证，支队及时对不符合配套要求的设施进行改造。抓好医疗服务。坚持防控结合，在部队普遍开展“三个一”活动：每周对营区、食堂等场所进行一次卫生消毒，每月开展一次卫生常识教育，每季度为基层换发一次常用药品。定期组织医务人员到基层进行巡诊，医治伤病员80余人（次）。官兵昼夜发病率控制在1‰以内。狠抓后勤人员业务培训。采取岗前培训、以会带训、选送学习、集体办公等形式，加强后勤队伍专业素质建设，提升后勤保障综合能力水平。年内，在总队举办的比武竞赛中，取得后勤团体第二名。

【抗旱救灾】 2010年，武警曲靖市支队分赴宣威市、陆良县、马龙县、麒麟区52个乡（镇），担负送水和保春耕生产任务，为52个乡（镇）、106个村委会、26所学校203917名群众及师生运送生产生活用水153328吨，捐赠大米1600千克，矿泉水350箱，帮助灾民移栽烤烟、抢种玉米286亩，疏通和维修水渠6.8千米，铺设水管12.6千米，捐款12.4万元。

【沾益“5·19”捕歼战斗】 2010年5月19日，沾益县盘江镇发生一起持械杀人暴力案件。武警曲靖市支队奉命出动9名官兵，与公安干警密切配合，经过2小时10分钟的战斗，成功抓获犯罪嫌疑人1名，缴获自制火药枪1支，梭镖1把。

【马龙抗洪】 2010年6月25日，马龙县城及部分乡（镇）突降特大暴雨，灾情发生后，武警曲靖市支队党委迅速启动《抢险救灾预案》，投入抗洪救灾工作，安全转移群众3000余人，大牲畜800余头，拆除危房142间，搬运粮食38吨，搭建帐篷158顶，抢修道路600余米，共清扫街道淤泥1.6万平方米，垃圾514吨。

（李　勇）

消　防

【简述】 2010年，曲靖市公安消防支队以构筑“防火墙”工程、打造消防铁军为抓手，全面建设保持良好发展态势。支队以年终综合考核排名第一的成绩，被表彰为全省全面建设先进支队，并在总队党委扩大会议上作经验交流。支队党委班子、军政主官被表彰为“一个好班子”、“一对好主官”。支队被表彰为全省抗旱救灾先进集体、全省安全管理工作先进单位、全省信息工作先进单位、全市民族团结进步模范集体和双拥工作先进单位。3个单位荣立集体二等功、三等功，4人被省公安厅记二等功、三等功，1人作为消防部队唯一代表当选全省第二届“百姓最喜爱的十大人民警察”。特别是温家宝总理、回良玉副总理亲切接见救灾一线的消防官兵，在曲靖消防发展史上写下了厚重的一笔。

【班子队伍建设】 2010年，曲靖市公安消防支队坚持建团结型班子、带团结型队伍，抓住公安部消防局、总队把支队作为落实新大纲试点单位的契机，推进政治工作规范化建设，在全省思想政治教育规范化建设现场会上作交流发言。深化警民“1+1”共建模式和特色警营文化建设，支队选送的节目获“云岭消防之歌”晚会评选二等奖。开展“五无”创建，保持部队安全稳定。支队多篇论文在总队、公安部消防局评比中榜上有名，1名班子成员被公安部消防局聘为特约研究员，参与全国消防“十二五”发展战略研究。

【基层基础和装备建设】 2010年，

曲靖市公安消防支队投资近千万元，建成曲靖经济技术开发区消防二中队并进驻官兵，马龙大队公寓房重建和老营房改造竣工投用，麒麟三中队、应急救援专业训练基地和全市官兵生活小区建设已提上日程并取得重大进展。全年投入近2000万元，购置重型（特种）消防车、抢险救援车、通信指挥车、消防宣传车25辆，全市战斗车总数达70辆，超出国家标准规定的141%。在总队集中采购配发价值182万元、475件（套）器材的基础上，支队又集中招标采购总价299万元的770件（套）器材，实现所有执勤中队攻坚组装备按标准全部配齐。尤其是全国第四辆、云南省首配的价值380万元的涡喷消防车等一批先进车辆装备投入执勤，曲靖消防装备水平一举跃升全省前列。

【消防应急救援能力建设】 2010年，曲靖市成立市、县、乡三级应急救援队伍，市长岳跃生出席市应急救援支队成立仪式；富源、沾益、罗平、会泽、麒麟5个县（区）投入900多万元，为所属各乡（镇）购置50辆消防车、12辆执勤巡查车和一大批装备器材，组建乡（镇）专职队或应急救援分队，全市政府、企业专职消防队已发展到70支、673人、87辆消防车，壮大基层应急救援实力。深化打造消防铁军活动，组建14个攻坚组，开展会泽防震救灾、富源地质灾害和化工灾害应急救援和大跨度、大空间建筑灭火演练，举行全市现役、专职、志愿消防队大比武活动，圆满承办全省攻坚组比武暨跨区域化工灾害事故实战演练，支队获全省执勤训练优秀奖，特勤攻坚组获全省团体比武第一名，部队实战能力有效提升。

【火灾防控基础建设】 2010年，曲靖市公安消防支队报请市政府出台《筑牢“防火墙”工程实施意见》，抓住全市开展的“千村扶贫、百村整体推进”的契机，统一部署推进农村（社区）消防建设，改善农村消防安全条件。结合全市“三室一庭”建设（综治室、调解室、警务室和巡回审判庭），在所有社区、村委会设立消防工作站。开展单位“四个能力”建设达标创建活动，建成150个示范单位；开展“云岭平安”专项行动，实施处罚88起，罚款144万元，拘留9人，全市挂牌督办的9家重大火灾隐患单位全部完成整改。举行“119”消防日宣传活动，副市长饶卫、早明光出席启动仪式，招募消防志愿者4.6万名，发动社会力量做好火灾预防工作，筑牢具有曲靖特点的火灾防控基础，并在全省构筑“云岭防火墙”工程现场会上作经验交流。

2010年4月1日，曲靖市消防部队车辆器材配发仪式。

（任俊/摄）

【消防社会管理】 2010年，曲靖市公安消防支队开展执法示范单位创建，深化“区域执法协作模式”，支队、麒麟大队被评为省级执法示范单位和全国消防监督执法示范单位，在全省监督执法技能竞赛中获1个单项第一、2个单项前三和团体第三名。依托中介组织成立消防技术服务队，为建筑工程审核验收、消防产品管理、火灾隐患整改等事项提供技术服务。在麒麟公安分局试点取得成功经验的基础上，提请市公安局发文部署要求全市城区和有条件的乡（镇）派出所全部组建消防中队，开创派出所主动消防监管新模式。曲靖消防社会管理创新经验在全省公安局长会议上作了介绍。

【灭火救援】 2010年，曲靖市消防部队共接警出动576次，出动消防车辆1562（次），消防官兵6857人（次），抢救被困人员186人，疏散人员1753人，抢救财产价值2830万元。尤其在特大旱灾、马龙“6·25”抗洪抢险中，支队成立珠源消防抗旱救灾先锋队和女兵分队，全力投入抗灾攻坚行动，自2009年7月以来，全市消防部队和43支政府、企业专职队共出动车辆20675台（次），警力51687人（次），送水9万余吨。

（吴　松）

2010年曲靖市火灾事故统计表

年度	2009	2010	比上年（+ -）%
起数	95	108	+13.7
死人（人）	8	7	-12.5
伤人（人）	3	0	-100
直接财产损失（万元）	342.3	688.6	+101.2

人民防空

【简述】 2010年，曲靖市人民防空工作突出抓好城市整体防护能力、服务经济社会发展能力和人防持续发展能力的提升，在基础设施建设上使劲、在关键环节管理上用力、在机制制度建设上创新，圆满完成各项目标任务。10月，市人防办被国家人力资源和社会保障部、总参谋部联合表彰为全国人防建设先进集体。

【人防工程建设】 2010年，曲靖市人防部门坚持以建为主，结合城市基础设施建设，从增强城市整体防护能力出发，严格把握防空地下室建设审批标准，确保人防“结建”工程应建尽建。全年全市共审批“结合城市建设修建防空地下室”项目27项，建筑面积比上年增长74.7%。年内，全市人防系统切实加强指挥工程基础设施建设，计划投资650万元的沾益县人防地面指挥工程建设已完成主体工程建设；计划投资260万元的马龙县人防指挥工程建设有序开展；建设规划用地2公顷，概算投资1200万元的师宗县防空防灾应急训练基地进入规划设计阶段；计划投资1300万元的罗平县人防应急指挥中心工程已进入施工阶段。市级人防机构全年共投入人防建设经费472万元。

“十一五”期间，曲靖中心城区结合民用建筑建设审批已建和在建防空地下室面积比“十五”期间增长5.14倍，人均占有面积增长5.19倍。“十一五”时期，总投资4000余万元的曲靖市人防应急指挥中心建成投用，人防应急救援指挥功能得到进一步完善。

【人防易地建设费收缴】 2010年，曲靖市人防部门强化以收促建，积极落实人防工程易地建设管理相关政策法规，既注重坚持标准、依法收缴，又注重处理好人防法规与经济建设的关系，人防易地建设费收缴健康发展。全年市本级共许可防空地下室易地建设项目报批建筑总面积130万平方米，收缴人防易地建设费比上年增长14.34%。罗平、陆良、沾益、马龙等地年度收缴人防易地建设费均达100万元以上。全年共出动180人（次）对87个建设工程进行人防执法检查，检查防空地下室建设项目51项，发出整改通知8份，依法追缴易地建设费280余万元。“十一五”期间，全市收缴防空地下室易地建设费是“十五”期间的3.5倍。

【人防指挥通信建设】 2010年，曲靖市人防部门依法落实人民防空警报试鸣制度，9月18日上午10时，全国定人防警报器、车载移动警报器、电视台同步发放人防预先警报、空袭警报、解除警报音响信号及有关电视画面，警报鸣响率达100%，音响覆盖率达98%，增强了全民国防观念和防空意识。完善人防电台通信管理，基本形成以固定电台为主，车载移动电台为辅的人防应急通信网络。“十一五”期间，投资400余万元，建成集多媒体中央集中控制系统、视频显示系统、信号切换控制系统、数字会议系统、专业扩声系统、远程视讯系统和空情接收系统为一体的人防信息化指挥中心，基本实现上下联通，军队地方互接的人防信息通信网络，为平时应急救援和战时对敌防空指挥提供了保障。

【人防宣传教育】 2010年，曲靖市各级人防部门开展形式多样的宣传教育和庆祝系列活动，既反映人民防空创立60周年来所走过的光辉历程，又展示曲靖人防建设60年来（特别是“九五”时期以来）所取得的业绩。全市共组织召开“人民防空创立60周年”座谈会10场（次），参会人数300余人。展出人防宣传挂图展板300块，向群众散发宣传彩单6万份、宣传彩页3000份。利用“曲靖快讯”、“企业通”等短信平台组织发送人防宣传手机短信18条6.55万人（次）接收。媒体播放人防宣传口号、人民防空警示教育片25小时。悬挂人防宣传标语338条，开展广场宣传活动10场（次）。

【人防自身建设】 2010年5月18日，《曲靖市人民政府 曲靖军区关于进一步推进人民防空事业发展的实施意见》出台。年内编制完成《曲靖市人民防空建设发展第十二个五年规划》。制定实施《曲靖市人民防空办公室推行效能政府四项制度实施方案》、《曲靖市人民防空办公室推行效能政府四项制度实施细则》。年内，全市政务中心人防窗口共受理人防行政事项187件，解答服务对象咨询人防事宜665人（次）。全年全市人防系统未发现违纪事件，人防政务服务、工作作风、办事效率方面均未出现被单位和群众举报、投诉的行为。

（王建华）

人防教育从娃娃抓起。

（王建华/摄）

法 治

责任编辑 黎 俊

综 述

2010年，曲靖市政法工作紧紧抓住影响社会和谐稳定的源头性、根本性、基础性问题，全面推进社会矛盾化解、社会管理创新、公正廉洁执法三项重点工作，有力维护了全市政治安全、经济发展和社会稳定，不断推动政法工作全面发展进步。

积极履行第一责任。从2010年起，市、县（市）区两级人均综治工作经费按照市级1元、县级2元纳入市、县两级财政预算；市、县（市）区党委政法委机关公用经费和业务经费参照当地法院、检察院保障标准核定，列入本级财政预算；加大基层法院、检察院、司法所建设市级配套资金力度。组织上，在全市115个乡镇（街道）各配备1名党委副书记专抓政法综治维稳工作。装备上，深入实施城乡社区警务战略，搭建社会管理服务新平台，着力解决好流动人口服务管理、特殊人群帮教管理、社会治安重点地区综合治理、网络虚拟社会建设管理、社会组织管理服务等问题。工作机制上，进一步完善和落实好涉诉特困群体执行救助、矛盾纠纷大调解和矛盾调处“以案定补、以奖代补”、重大事项稳定风险评估等制度。考核上，在全市的综合责任制考核中，加大政法综治维稳工作比重，单列分值用于考核各地各部门公正廉洁执法情况，并安排考核奖励经费50万元；在全市政法系统开展评选“曲靖市十佳政法干警”活动，由市委、市政府表彰奖励；加大对全市见义勇为公民奖励力度。政法各部门以贯彻落实全省全市政法工作会议为动力，着力推进八大机制创新：健全完善化解矛盾纠纷大格局，把大量矛盾纠纷化解在基层、解决在萌芽状态；建立重大事项社会稳定风险评估机制，实行“源头化解、前端管理、事前防范”；建立涉法涉诉信访救助资金、成立解决信访问题联合工作组，设立涉法涉诉联合接访服务中心，制定实施解决信访问题一揽子方案，实现合理诉求100%解决和信访总量明显下降；建立治安防控“八张网”、流动人口信息化管理和特殊人群“一体化”教育改造安置帮教机制，推进社会管理创新；建立以法律效果、社会效果和政治效果为主要衡量标准的执法考评机制和群众评判执法工作机制，公正廉洁执法再上一个新台阶；建立政法队伍培训、考核、监督机制，全面加强政法队伍思想建设、组织建设、作风建设和反腐倡廉建设；建立政法“12112”大宣传机制，形成政法工作浓厚氛围。

全面推进三项重点工作。一、多措并举，深入推进社会矛盾化解。一是健全完善调解网络。累计投入1400余万元，按照全覆盖、不留死角的要求，统一建立机构、统一明确领导、统一配备人员，进一步健全完善市、县、乡、村、组“五级联动”，人民调解、司法调解、行政调解“三调对接”的社会矛盾纠纷大调解工作体系。市、县两级全部建立调解委员会，下设调解中心负责日常工作；市、县调解中心分别在司法局、政府法制办、法院、检察院、公安局、信访局、维稳办设立7个工作室，配备专职工作人员；乡、村两级设立调解委员会，乡级依托综治维稳中心、村级依托“三室一庭”开展工作；村民小组设调解员，负责简单矛盾纠纷的化解和信息收集；系统、行业、单位成立调解委员会和相应调解工作室，明确专人负责。至年底，全市建立人民调解委员会1816个，专兼职人民调解员12898人；建立行政调解组织41个，配备行政调解员232人；法院建立调解组织734个，专职调解员734人；检察院建立调解组织40个，专兼职调解员89人；公安机关建立调解组织1600个，专职调解员3600人，实现了“哪里有人群、哪里就有调解组织，哪里有纠纷、调解工作就做到哪里”。二是加强基层基础建设。全年市、县两级投入大调解工作经费200万元，兑现“以案定补”63048件283.8万元，“以奖代补”132万余元。加强基层派出所、司法所、人民法庭和群防群治组织建设，基层法院配套建设资金743.5万元、基层检察院配套建设资金530万元、司法所建设配套资金284万元纳入政府工作规划，争取逐年解决。不断发展壮大群防群治组织，在1215个部门单位建立社会治安综合治理工作机构。三是强化矛盾纠纷排查化解。不断完善定期排查、分级调处、领导包案等制度，坚持市每季度、县（市）区每月、乡镇（街道）每15天、村（社区）每7天、村小组每天开展矛盾纠纷排查，积极主动做好疏导、调解、稳控工作。不断加大对大调解工作运行机制的调整和规范，形成了责任具体化、管理正规化、制度规范化、培训专业化、保障常态化“五化”运行机制，着力提高化解矛盾纠纷的能力和水平。进一步健全完善矛盾纠纷化解“以案定补、以奖代补”模式，按照“谁调解、补偿谁”的原则，根据简易纠纷、疑难复杂纠纷、热点纠纷、重大热点纠纷等不同档次进行“以案定补”；对预防工作成效明显，年内辖区内未发生1件矛盾纠纷的村（居）委会调解组织和村（居）民小组，每年给予一定数额的奖励。全年全市各级各部门共排查受理矛盾纠纷76650件，妥善化解70002件，化解率达91.3%。四是积极组织开展涉法涉诉信访积案化解和案件评查。对2009年12月31日以来的来信来访进行逐一排查，共排查出涉法涉诉信访积案285件，化解169件，化解率达60%。加大教育稳控力度，有效杜绝或减少了到省、进京或到上海世博会等重要敏感地区非正常访，全年全市到省、进京非正常访同比下降51%。建立案件评查规则和标准，突出评查重点，扩大评查范围，严把质量关，全市两级政法部门共抽样评查案件1020件，促进了执法规范化建设。市委政法委先后主持召开7次案件协调会，及时协调处理分歧意见较大的重大疑难复杂案件，促使7件有争议的疑难案件得到依法及时妥善处理，及时协调处理办结各级领导批示件66件，解决了一批热难点问题。二、积极探索，深入推进社会管理创新。一是全面推进社会管理创新。广泛深入调研，制定方案，分级试点，层层建立挂钩联系制度，转变社会管理理念，整体推进社会管理创新。沾益县被确定为全省的社会管理创新试点县，麒麟区、师宗县被定为全市的社会管理创新试点区（县），其余6县（市）各确定2个乡镇（街道）作为县级试点单位，社会管理创新纳入“十二五规划”，实现了“五个一”：有一个强有力的领导小组及办公室，有一个明确的实施方案，有一个具体的推进思路，有一套扎实有效的推进办法，有一批具体抓业务的人员，有一套检查考核机制。二是加强流动人口服务管理。将流动人口服务和管理纳入地方经济社会发展规划，投入2600万元，着力推动流动人口管理全覆盖，着力解决流动人口就业、居住、就医、子女就学等问题。按照500:1的标准配齐配强协管员队伍，建立流动人口管理办公室140个、办证服务点231个，配备专职干警368人，聘用管理人员385人，全面落实“一人一证”登记制度，建立流动人口“四色标注”管理机制（红色代表有违法犯罪记录在案，黄色代表有轻微违法行为，蓝色代表有违法倾向，绿色代表有正当职业、收入固定、状态稳定），积极探索和推行“以证管人、以房管人、以业管人”服务管理新模式。三是加强特殊人群服务管理。加强对青少年的教育、管理和服务工作，加强对留守儿童、学生的教育和帮助，加大对闲散青少年特别是有劣迹青少年的帮教力度，全市中小学选配法制副校长1681人，建立青少年活动站928个，有工作人员2327人。全面推行社区矫正工作，组建专业队伍和志愿者队伍，积极探索建设对矫正对象的GPS定位系统，加强监外执行“五种人”矫治工作。加强刑释解教人员安置帮教，健全工作机构，完善工作机制，大力推广劳务中心推介对象就业。加大对精神病人、吸毒人员、“法轮功”邪教人员等高危人群的帮教管控力度，严防漏管失控、危害社会。全市共接收社区矫正对象4200人，安置帮教刑释解教人员7895人，无重新违法犯罪；清理排查重点人员22971人，撤管2274人，新列管2083人。四是加强重点行业管理和综合整治。加强和改进交通、消防安全管理和安全生产监管，加强食品药品、公共卫生、特种设备和特殊物品的安全管理。大力推行娱乐场所“A级、AA级、AAA级”分级管理，积极探索在基层派出所建立消防中队，有效解决和弥补农村、社区消防应急能力薄弱的问题。年内，收缴各类非法出版物24115件，取缔出版物市场1个，查办案件1起，行政处罚10起。全市安全生产形势进一步好转。五是加强社会组织和网络信息监督管理。充分发挥主管部门的管理职能作用，完善分类管理制度，探索加强日常监管的有效办法，做好社会组织的引导工作。严格境外非政府组织准入制度，做到依法、有序、有效管理，坚决抵制、防范渗透破坏活动。加强和改进网络信息监管，建立健全政法综治维稳部门与新闻宣传部门沟通机制和网上舆情监测研判机制，加强对司法个案、突发事件的网上舆论引导，提高运用和应对新闻媒体的能力和水平。年内，网监部门发现处置网上有害信息1658条，收集上报网络情报信息841条，协助破案33起，抓获犯罪嫌疑人68人。三、加强领导，深入推进公正廉洁执法。一是全面落实队伍建设各项制度。健全落实政法机关领导干部轮训、主要领导干部轮岗交流、任职资格审查等制度，建立各级政法委书记和乡镇（街道）负责综治维稳工作的领导“初任培训”制度。认真贯彻法官、检察官、人民警察、司法机关工作人员等职业保障的有关规定，建立完善任用、晋升、奖励和抚恤制度，积极探索非执法岗位文职雇员制，切实解决基层公安干警、法官、检察官、司法行政工作人员短缺问题。大力推行中层干部竞争上岗和一般干部双向选择制度，6名处级干部和10名科级干部通过竞争上岗走上领导岗位；选派19名优秀年轻干部到基层挂职锻炼，多渠道培养锻炼干部。二是切实加强政法综治维稳组织建设。进一步理顺和加强综治委领导机构和办事机构，市、县两级综治委由党委主要领导任第一主任，政府主要领导任主任，政法委书记任第一副主任，乡镇（街道）综治委由党委书记任主任，配齐配强市、县两级综治办主任、副主任和工作人员，市综治办配备专职干部9名，县级综治办配备专职干部不少于3名。全市各乡镇（街道）增配一名副书记专抓政法综治维稳工作，综治办主任按副科级高配，至年底已全部配齐到位。三是切实加大教育培训力度。采取走出去、请进来的办法，组织全市政法综治维稳工作人员参加各种培训1126期，共计13559人（次）；鼓励支持政法干警参加司法考试，攻读法学硕士、博士学位，全市政法干警硕士以上学历有161人；邀请省委党校钱素华教授对全市政法综治系统400多人进行“政法干部心理压力与心理调适知识”讲座；“双百”活动在曲靖开展时，采取视频会议的方式，组织市、县、乡5600多名政法干警和综治维稳人员，集中收听收看中国政法大学薛刚凌教授的“社会管理创新与法治保障”讲座；建立考评机制，把政法综治维稳工作人员参加教育培训与干部考核、评模选优、晋级晋职挂钩。四是积极稳妥推进司法体制改革。审判机关建立健全巡回审判、民事案件速裁、轻微刑事案件民事化处理、涉诉特困人员救助、多元化解决纠纷、涉诉信访等六项为民便民机制。检察机关狠抓诉讼监督制度、执法规范化建设和接受监督长效机制的建立和完善，完善对诉讼活动实行法律监督的程序、措施和范围，进一步完善职务犯罪案件上提一级审查逮捕机制，建立拘留通报、重大疑难复杂案件适时介入、重大疑难案件协调、侦捕联动、捕后跟踪监督等机制，开展检察官派驻派出所试点。公安机关针对滋生腐败的热点岗位、重点环节，健全执法过错、违纪违法责任追究和领导干部失职责任追究等制度，推行治安案件公开调解、消防事故责任公开认定、道路交通事故公开处理制度。加强执法业绩档案建设，全市5819名干警建立执法业绩档案，建档率100%。五是不断加强政法宣传工作。进一步整合资源、整合力量，以“一个栏目，两个专栏，一个网站，一个平台，两支队伍”为主要内容的“12112”政法大宣传工作格局进一步巩固和完善。全市政法综治维稳宣传工作受到中央政法委和省委政法委的充分肯定，《法治曲靖》入选“全省十佳社教电视栏目”，人民群众对平安建设的知晓率达95.17%，参与率达35.27%。

全力维护社会安全稳定。一、创新机制，着力从源头上减少不稳定因素。一是建立并推行社会稳定风险评估机制。市、县两级出台《曲靖市重大事项社会稳定风险评估制度（试行）》及《曲靖市重大事项社会稳定风险评估实施意见和细则（试行）》，在全市建立党委统一领导、政府组织实施、主管部门具体负责、维稳部门指导督办考核的社会稳定风险评估机制，对重要政策和重大改革措施的出台，重大工程建设项目的实施，关系群众切身利益的重大事项的推行，实行稳定风险评估，从源头上预防和减少不稳定因素。2010年11月召开推进会，全市累计对97件重大事项进行社会稳定风险评估，涉及重大建设项目89个、重大活动8个。经评估，准予实施71项，分步实施24项，暂缓实施2项。曲靖市的经验做法在全省推广，已被中央维稳办、省委政法委以简报形式在全国和全省转发。二是建立并实施联合解决信访突出问题工作机制。全市在市、县、乡三级成立解决信访问题联合工作组，抽调专人，集中办公，协调、督促责任主体解决合理信访诉求，引导群众依法表达信访诉求，依法处置非正常上访行为，进一步集中力量、集中精力解决信访突出问题。联合工作组实现了“四有”：有健全的工作机构，有明确的工作职责权限，有强有力的工作保障，有规范的工作流程和管理制度。自4月份成立至年底，市解决信访问题联合工作组受理119件，办结116件，3件正在办理；各县（市）区联合工作组受理361件，办结311件，办结率86%；各乡镇（街道）受理1131件，办结813件，办结率72%。三级联合工作组清理排查非正常上访人员和稳控对象294人，经工作息诉罢访119人，信访终结56人，稳控124人；依法处理非正常上访、缠访闹访人员129人。全市信访总量与上年同比下降17.3%。三是建立并实施涉法涉诉信访联合接访服务机制。在全省率先开展涉法涉诉联合接访服务试点，市、县两级成立涉法涉诉联合接访服务中心，明确工作职责，规范工作流程，“一站式”接访、“会诊式”处理、“全程式”督办，一案一研究、一案一解决、一案一存档，积极探索建立党委政法委主导，公、检、法、司各负其责，齐抓共管，合力解决的涉法涉诉接访工作新机制，力争合理信访诉求100%解决，到省到京上访下降20%。市接访服务中心成立4个月以来，共接待来访312件849人（次），办结205件，办结率为65.7%；启动实施救助82件224人，发放救助资金108万元，清理了一批信访“积案”。各县（市）区接访服务中心接访128件134人（次），办结65件，办结率为52%。全市涉法涉诉信访比上年同期下降25%。四是建立并实施重大社会安全事件应急处置机制。广泛调研，多方征求意见，在建立突发重大社会安全事件总体应急处置机制的基础上，分类制定道路交通、生产安全、食品安全、教育系统突发公共事件等17个应急处置机制，成立领导、指挥、日常工作机构，组建专家组，健全工作体系，明确工作职责，分工负责，责任到单位。并分系统、分部门不定期开展演练，确保重大社会安全事件发生时，第一时间组织开展应急处置。五是建立并实施社会稳定预警机制。制定实施《曲靖市建立维护社会稳定预警工作机制的规定》，明确相关部门的职责、工作程序和考核奖罚办法，实行情报信息的搜集、研判、报送、预警、处理、报告和督查。建立预警机制以来，对54起已经发生和可能发生影响社会稳定的重大不稳定因素进行了有效预警，确保对影响社会稳定的问题和隐患发现得早、控制得住、处置得好、化解得了。二、综合施治，全力维护社会稳定。一是加强国家安全人民防线建设。建立健全全方位、多层次、动态性的维稳情报信息网络，认真研究和把握对敌斗争的新形势，严密防范、严厉打击各种敌对势力的渗透颠覆与分裂破坏活动，严密防范和打击“法轮功”等邪教组织的捣乱破坏活动。及时成立领导机构，落实工作措施，加大摸底排查力度，切实做好涉日游行的防范控制工作，全市没有发生涉日不稳定事件。二是深化严打整治斗争。深入推进“打黑除恶”、打击“两抢一盗”、“命案侦破”、打击拐卖妇女儿童、打击破坏“三电”等专项行动，依法严厉打击非法集资、金融诈骗、传销等涉众型经济犯罪，继续开展“扫黄打非”和禁赌工作，深入推进新一轮禁毒人民战争。三是深入排查整治治安混乱地区和突出治安问题。市级对2个地区的突出治安问题挂牌整治，对15起重特大刑事案件挂牌督办，对16名在逃犯罪嫌疑人挂牌督捕。加大对省挂牌督办的麒麟区赌博问题、宣威市“三电”问题、会泽县机动车被盗问题的督办力度，市、县两级出动整治人员1200余人（次），进行专项督促检查18次，专项整治取得了明显成效。加强对学校、幼儿园及周边环境排查整治，对2427所学校派驻保安人员470名，在学校周边设立治安岗亭1050个。四是加强治安防控体系建设。五是深入推进平安建设。以争创先进平安县（市）区为基础，进一步丰富创建内容、拓展创建领域、创新创建方式、增强创建实效，加大基层平安创建力度，不断巩固综治维稳工作根基。六是积极引导全市政法系统抗旱救灾。多次召开会议，制定下发通知，指导全市政法战线及时主动投入抗旱救灾。市政法委加强组织领导，坚持保安全、保稳定、保春耕和抗旱救灾相结合，适时组织和指导好抗旱工作。审判、检察机关严厉打击破坏水资源的违法犯罪行为和火灾事故责任人，对涉水矛盾纠纷就地调查询问、就地调解、就地执行，对涉农案件快立、快审、快调、快判、快执。公安机关广泛开展送水送粮送物送钱送温暖活动，全力投入扑救森林火灾和民房火灾中。司法行政机关调解涉水涉农矛盾纠纷6770件，为救灾工作营造良好环境。抗旱救灾中，全市政法机关参战干警5万人（次），出动警车1.34万辆（次），解决各种案（事）件9000余件，捐款340余万元，帮助受灾群众40余万人。

（骆红波）

社会治安综合治理

【简述】 2010年，曲靖市社会治安综合治理工作紧紧抓住影响社会和谐稳定的源头性、根本性、基础性问题，以落实综治维稳责任制为核心，深入推进社会矛盾化解、社会管理创新、公正廉洁执法三项重点工作，进一步提升维护社会稳定的能力和水平，确保全市治安大局持续平稳。

【社会治安综合治理责任制】　2010年，曲靖市各级党委、政府把综治维稳工作纳入经济社会发展总体规划，纳入对县（市）区和市直单位（部门）的大目标责任制考核，严格考核奖惩。市、县两级进一步理顺和加强了综治委领导机构和办事机构，由党委主要领导任综治委第一主任，政府主要领导任主任，政法委书记任第一副主任，相关部门主要领导为成员。进一步完善落实了党政领导干部综治维稳政绩专项考核、综治委全会、五部委联席会议、各专门工作小组会议、挂钩联系、成员单位述职、综治维稳巡视督查、一票否决等制度，进一步强化了领导责任和部门责任，形成了齐抓共管的工作格局。年内，市、县两级党委、政府研究政法、综治、维稳工作60余次，预算综治工作经费1805万元。各级签订目标责任书3200余份，对32个集体、25名个人实施一票否决，对4个乡（镇）降低“平安乡（镇）”星级并限期整改。

【矛盾纠纷排查化解】　2010年，曲靖市完善落实重大事项社会稳定风险评估机制，从源头上预防社会矛盾的产生，累计对97件重大事项进行社会稳定风险评估，准予实施71项，分步实施24项，暂缓实施2项，制定重大事项维稳预案36个。进一步健全完善市、县、乡、村、组“五级联动”，人民调解、司法调解、行政调解“三调衔接”的矛盾纠纷大调解工作体系。1～11月，各级各部门排查受理矛盾纠纷76650件，已妥善化解70002件，化解率达91.3%。创新联合解决信访问题的工作机制和涉法涉诉联合接访服务机制，在市、县、乡三级成立解决信访问题联合工作组，市、县两级成立涉法涉诉联合接访服务中心。三级工作组受理信访案件1611件，办结1240件，办结率77%；市、县两级涉法涉诉接访服务中心接访440件983人（次），办结270件，办结率61.4%。全市信访总量与上年同比下降17.3%，涉法涉诉信访总量同比下降20%。

【治安防控体系建设】　2010年，曲靖市加快推进市、县、乡三级以电子视频监控、入侵防盗报警为主的报警和监控系统信息平台建设，加快推进中心城区、重点集镇、交通干线、公共复杂场所、重点要害部位视频监控系统建设，逐步推广农村“小技防”措施。加强和改进保安服务工作，落实机关、学校、企事业单位内部治安、安全防范措施。进一步发展壮大多种形式的群防群治队伍，落实各区域治安防范措施。全市建设一、二、三级监控中心51个，在中心城区、重点部位、治安复杂地段布置电子监控点1152个，在重点单位、场所安装摄像头4283个。建立治保会2548个，有专兼职治保人员9075名；内部保卫组织2044个，有专兼职治保人员8314名；发展保安队伍10支，有保安人员8000余名。建立义务巡逻队2935支29574人、农户轮流值日小组12266个。

【严打整治】　2010年，曲靖市立足于源头预防和综合治理，深入推进“打黑除恶”、打击“两抢一盗”、“命案侦破”、打击拐卖妇女儿童犯罪、打击破坏“三电”等专项行动，大力整治治安混乱地区和突出治安问题，进一步增强人民群众安全感。依法严厉打击非法集资、金融诈骗、传销等涉众型经济犯罪，切实维护市场经济秩序。继续开展“扫黄打非”和禁赌工作，深入推进新一轮禁毒人民战争，净化社会环境。全年公安机关立刑事案件34607起，破11447起，抓获刑事案件作案成员4353名。立命案79起，破72起；立“两抢”案件4480件，破2214件；立盗窃案件26503件，破7360件；破获毒品刑事案件267件，缴获毒品78.28千克，抓获犯罪嫌疑人228人。发现受理治安案件40011起，查处39014起36512人，查处率97.51%。检察机关受理提请批捕各类刑事案件2950件5036人，审查批准逮捕2394件3982人；受理移送审查起诉3482件6116人，审查提起公诉2880件4809人。人民法院受理一审刑事案件3696件（含上年结转113件），审结3574件，结案率96.70%。全市排查治安混乱地区42个，整治扭转40个，正在整治2个；排查突出治安问题49个，解决49个。

【社会管理创新】　2010年，曲靖市坚持以点带面、典型引路的原则，深入开展社会管理创新试点工作，在扎实抓好全省社会管理创新试点县——沾益县试点工作的同时，又确定麒麟区、师宗县为市级试点区（县），其余县（市）各确定2个乡镇（街道）作为县级试点单位，开展试点工作。通过抓点促面，推动社会管理工作不断创新发展。加强流动人口服务管理，积极探索和推行“以证管人、以房管人、以业管人”的服务管理模式。全市登记暂住人口162205人，登记出租房屋22359户65933间，与业主签订责任书22951份。加强对青少年的教育、管理和服务，加大对闲散青少年特别是有劣迹青少年的帮教力度，全市中小学选配法制副校长1681人，上法制教育课4200余节；排查登记有不良行为青少年10472名、流动人口中的青少年32267名、农村留守儿童61894名、服刑在教人员未成年子女6213名。全面推行社区矫正工作，积极推行社区矫正对象信息管理平台，切实加强对监外执行“五种人”的矫治，累计接收社区矫正对象4592名，累计解除矫正1967名。加强刑释解教人员安置帮教工作，完善落实衔接登记、建档立卡、帮教协议、排查等工作机制，大力推广劳务中心推介对象就业。全年接收刑释解教人员1752人，安置1732人，安置率98.9%，帮教1740人，帮教率99.3%。加大对有危害社会倾向和行为的精神病人、吸毒人员、“法轮功”邪教人员等高危人群的帮教管控力度，排查肇事肇祸精神病人985人，列管重点人员4154人，收戒吸毒人员2621人。加强社会组织管理，完善分类管理制度，引导社会组织在法律允许和行政批准的范围内活动。改进和加强网络信息监管，建设与网络产业发展相适应的网络监控、侦查和舆论引导队伍，构建网上网下结合的防控体系，提高网上发现、侦查、控制、处置能力。

【平安创建】　2010年，曲靖市以争创“先进平安县（市）区”为载体，深入开展新一轮平安建设，星级平安乡镇（街道）创建以及平安单位、平安家庭、平安校园、平安医院、平安文化市场、平安边界、平安旅游、平安出行等创建工作稳步推进。全市已创建省级“平安县（市）区”9个（其中省级平安建设先进县5个，国家级平安建设先进区1个）；创建市级一星级平安乡镇（街道）15个、二星级平安乡镇（街道）38个、三星级平安乡镇（街道）33个、四星级平安乡镇（街道）19个、五星级“平安乡镇（街道）”10个、一星级“平安单位”68个、二星级“平安单位”17个；创建市级平安边界16条、平安农机示范乡镇（街道）11个、无邪教乡镇（街道）111个；创建县级平安村（社区）

1596个，乡级平安村组24679个、平安单位2038个、平安家庭972768户。

【综治基层基础】 2010年，曲靖市进一步加强乡级综治维稳中心和村级综治维稳室、调解室、警务室、巡回法庭规范化建设。市委三届70次常委会议研究决定，各乡镇（街道）综治办主任按副科高配，并配备一名副书记专抓政法综治维稳工作，政法专职副书记和综治办主任均已配备到位。加大基层综治维稳组织经费保障，把乡镇（街道）综治维稳中心每年2万元、村（社区）“三室一庭”每年2000元的办公经费纳入县级财政预算，把村级专职治保调解员每月不低于300元的补助，按市、县、乡三级1:1:1的比例纳入财政预算，足额保障到位，每年需1140余万元。市、县两级投入大调解工作经费200万元，作为矛盾纠纷调解“以案定补”、“以奖代补”专项经费。在2008年市、县两级财政一次性投入1200余万元，统一配齐村级“三室一庭”办公设备的基础上，2010年协调资金100余万元，统一招标采购第一批230台办公计算机，发放到村级“三室一庭”。

【安全生产监管】 2010年，曲靖市加强和改进交通、消防安全管理和生产安全监管，全年无重特大安全事故发生。全市发生各类安全事故332起，死亡183人，受伤263人，直接经济损失2596.60万元，与上年同比，事故起数、死亡人数分别下降0.90%、6.63%，受伤人数、经济损失数分别上升3.54%、24.39%。

【铁路护路】 2010年，曲靖市紧紧围绕“保畅通、保安全”的目标，大力加强铁路护路联防工作，确保了经济大动脉安全畅通。沪昆线宣威—沾益段、南昆线罗平—陆良段被命名为中央级“平安铁路示范路段”；沪昆线麒麟—马龙段、盘西Ⅰ线沾益—富源段和南昆线师宗—陆良段被命名为省级“平安铁路示范路段”。曲靖市护路办被中央综治委铁路护路联防领导小组评为2004~2008年度全国铁路护路联防先进集体。

【综治宣传】 2010年，曲靖市进一步完善政法、综治维稳大宣传机制，充分利用“133”宣传平台（1个手机短信平台，《曲靖法治》、《政法之声》、《政法专栏》3个电视电台栏目，曲靖政法网、曲靖平安网、曲靖见义勇为网3个网站），加大对社会治安综合治理、平安创建工作的宣传力度，《法制曲靖》栏目入选“云南省广播电视十佳电视栏目”。全年播发政法、综治维稳、平安建设短信48条，播发面120余万人（次）；制作播出《法治曲靖》电视栏目220期（条），在各类报刊编发政法、综治维稳、平安建设专栏14期354篇文章；网站收集编发信息2469条。在坚持搞好经常性宣传的同时，以“化解矛盾·综合治理”为主题，深入扎实开展3月综治维稳宣传月活动，在报刊、广播、电视、网站等新闻媒体刊播新闻信息3621篇（条）；设立墙上标语、板报、挂图、灯箱等户外宣传21815条；进行广场文化宣传发放宣传资料63.3万份，法律咨询9377人。通过问卷调查，公众对平安建设的知晓率达95.17%，参与率达31.68%。

【见义勇为】 2010年，曲靖市大力开展见义勇为表彰奖励工作，弘扬社会正气。市委、市政府表彰奖励16名见义勇为公民，颁发奖金24万元，其中3人被省政府表彰为全省见义勇为公民，颁发奖金16万元。

【治安形势分析评估】 2010年，曲靖市社会治安形势比较平稳。通过公众安全感问卷调查，人民群众对社会治安状况总体评价的满意度达94.82%。曲靖市连续三年入选全国最安全城市排行榜，2010年排名第19位。

（钱韦龙）

公 安

【简述】 2010年，曲靖市公安机关进一步夯实“三基”工程建设，以“三项重点工作”和“三项建设”为载体，着力解决影响社会和谐稳定的源头性、根本性、基础性问题。充分发挥职能作用，全力维护社会和谐稳定，及时应对、妥善处置了各种社会矛盾引发的群体性事件，大力开展打黑除恶、社会治安整治等各项专项行动，执法水平和执法质量进一步提升，治安防控体系建设进一步完善，维护国家安全、驾驭社会治安局势、处置突发事件和服务经济社会发展的能力进一步增强，为维护社会和谐稳定、促进全市经济又好又快发展作出了积极贡献。

【维护社会政治稳定】 2010年，曲靖市公安机关做好热点隐患排查化解工作。全年共排查热点隐患902起，其中预警815起，实际发生470起，参与处置403起，参与化解167起，没有发生因处置不当而导致矛盾激化、事态扩大、影响社会稳定的事件。成功处置“6·05”富源后所煤矿矿村纠纷、“6·07”陆良活水村民阻挠风电项目施工和师宗“8·30”等事件。加强互联网监控和网上斗争。按照“公开管理、依法管理、主动管理”的原则，强化对网上有害信息和重点人员的管理与控制。全市公安机关共监控发现并有效处置有害信息5874条。加强应急救援、警卫安保工作。全市公安机关共筹集资金2700万元购置各类消防车62辆和一大批装备器材，组建以消防部队为主体，覆盖市、县两级的综合应急救援队伍，消防部队应急救援能力明显增强，经受住了百年不遇的特大干旱、“6·25”马龙特大暴雨抗洪抢险等急难险重任务的实战考验。市公安局于10月20日成功组织开展主题为“反破坏、保安全、维稳定、促和谐”的全市公安机关防暴处突演练活动；于10月20~23日组织开展首届公安特警警务技能比武。圆满完成中共中央政治局常委、国务院总理温家宝到曲靖指导抗旱救灾工作“3·19A”等警卫任务10余起和全省消防工作会议等重大活动安全保卫任务50余起。

【打击犯罪】 2010年，曲靖市公安机关以“打黑除恶”为龙头，认真组织开展“2010严打整治行动”，严厉打击各种严重刑事犯罪、经济犯罪和毒品犯罪。狠抓如实立案工作，全年共立各类刑事案件34381起，破案11229起，抓获作案成员4591名，及时侦破了罗平“3·02”故意杀人案、麒麟“3·08”特大绑架案、宣威“4·23”特大持枪抢劫案和“7·05”特大网络赌博案等一批大要案件。认真组织开展打击发票犯罪、打击银行卡犯罪和打击“两烟”犯罪等专项行动，严厉打击各种经济犯罪活动，全年共立经济犯罪案件357起，破获342起，为国家、集体和人民群众挽回经济损失1.2亿元。成功侦破省纪委督办的“王永忠”专案、“5·31”（南疆税案）等专案。打好新一轮禁毒人民战争。全年查获毒品案件168起，缴获毒品78.27千克，其中：海洛因40.33千克，冰毒37.01千克，鸦片0.13千克，吗啡0.79千克，共抓获犯罪嫌疑人121名。加大毒品预防教育力度。全年共开展各种大型禁毒宣传活动222场（次），毒品预防教育宣传活动1577次。在全市建立“禁毒教育基地10个”、“毒品预防教育示范学校”79所，毒品预防教育示范点和“村委会禁毒宣传教育点”633个。11月11～12日，全省学校毒品预防教育经验交流会在曲靖召开。认真组织开展社会治安重点地区排查整治工作。全市公安机关按照“县不漏乡、乡不漏村、村不漏户、户不漏人”和“全面摸排、不留死角”的要求，全面排查治安重点地区，对确定的重点整治地区逐一制定整治方案，限期整治。全年共排查发现治安重点地区597个，已整治578个，正在整治19个，整治率为96.78%。把社会治安重点地区排查整治工作与治爆缉枪专项行动结合起来，对危险物品单位全面进行安全检查，发现并整改安全隐患1500余起。以“打团伙、打流窜、打系列”为重点，组织打击“两抢一盗”等侵财犯罪，遏制多发性侵财犯罪高发势头。全市共立“两抢一盗”案件31005起，破9576起，抓获犯罪嫌疑人2630名，缴获赃款206.85万元。深入开展打击拐卖妇女儿童犯罪，全市共立拐卖妇女儿童案38起，破21起，抓获犯罪嫌疑人30名，解救被拐妇女、儿童19名。

【社会治安防控体系建设】 2010年，曲靖市公安机关更加注重从源头上预防和减少违法犯罪，着力构建公秘结合、专群结合、点线面结合、人防物防技防结合、网上网下结合，打防控管一体化的社会治安动态防控网络，重点是建好“三张网”。积极构建街面防控网。最大限度地把警力投向街面，依托警务亭，合理划分巡逻区域，以巡特警队伍为主体，采取步巡与车巡、机动巡逻与蹲点守候、公开巡逻与便衣巡逻相结合等方式，建立网格化巡逻格局，提高街面见警率和管事率。9月20日麒麟中心城区全面开展街面巡逻防控工作以来，“两抢一盗”案件大幅度下降，社会治安明显好转，增强了人民群众的安全感。11月1日起，市公安局机关除几个工作性质特殊的部门外，其余366名民警按照每人每月巡逻两天的要求，直接参与中心城区街面巡逻，加强了曲靖中心城区街面巡逻防控工作。市公安局特警支队和武警曲靖支队安排警力每天在重点时段、重点区域和重点部位进行公开武装巡逻，有效威慑街面违法犯罪。积极构建单位内部防控网。全市公安机关督促各单位、小区认真贯彻落实《企业事业单位内部治安保卫条例》，加强单位内部的保卫组织建设和小区的保安队伍建设，强力推行门卫保安化，落实各种物防、技防措施，安装必要的防盗设备和报警监控系统。全市17206家机关团体企事业单位建有保卫组织2471个，有保卫力量11669个，安装报警监控设施3895处。大力发展各种义务性的群防群治力量，广泛开展社区巡逻、看楼护院、邻里守望等多种形式的治安防范工作，积“小安”为“大安”。积极构建视频监控网。在全市各城区重点部位、治安复杂地段安装监控探头1152个，在26个出入城卡口安装高清晰度监控探头56个，提高了社会治安防控的科技含量，使视频监控技术成为提高公安机关侦查破案能力的新的增长点。增加监控中心的警力，全天候开展视频巡逻，并与街面巡逻、单位内部防控有机结合起来，通过视频监控系统发现违法犯罪线索、抓获现行违法犯罪分子，有效发挥了视频监控在打击违法犯罪工作中的作用。

【公安行政管理】 2010年，曲靖市公安机关深入推进公安行政管理工作创新。创新道路交通安全管理。全市公安机关着力打造“社会化大交管”体系，大力实施“六大交管工程”，深入推进“三项重点工作”，进一步深化“三基”工程建设和“三项建设”，科学预防道路交通事故。在派出所成立交警中队，延伸道路交通安全管理触角，切实加强对农村、集镇的道路交通安全管理。全年共受理一般程序处理的道路交通事故192起，因事故死亡136人、受伤234人、直接财产损失156.59元，与上年同比事故起数下降11.11%，死亡人数下降5.56%，受伤人数下降2.90%，直接财产损失上升2.26%。创新消防安全管理工作。全市公安消防部门以构筑“防火墙”工程和打造消防铁军为抓手，深入推进消防工作社会化进程。2010年底，全市共招聘合同制专职消防员162名，组建专职、志愿、义务消防队1692支。将农村消防工作纳入全市“866”工程和小康示范村建设一并实施，农村房屋财产火灾保险覆盖率达100%。着力推进消防安全管理创新，在派出所成立消防中队，在112个社区警务室和186个农村警务室设置消防工作室，形成“政府主导、公安主抓、整体联动、部门协作、全面覆盖、整体推进、反应灵敏、扑救及时”的公安派出所消防监管新模式。2010年初，省政府在曲靖召开全省消防工作会议，总结推广曲靖市火灾防控经验。创新出入境管理工作。认真贯彻执行《中华人民共和国护照法》、《中华人民共和国普通护照签发管理工作规范》及相关业务规范，严厉打击出入境领域违法犯罪活动，维护了全市正常的出

2010年10月20日，全市公安机关防暴处突演练活动。
（曲靖市公安局政治部宣传处/供稿）

入境管理秩序。全市公安机关共受理审批公民因私出国（境）申请18548人，管理临时入境境外人员5153名，管理常住境外人员128名，查处涉外案事件31起。适时组织开展清理“三非”外籍人员专项行动，共遣送“三非”外籍人员19名。进一步加强国家工作人员登记备案和法定不批准出境人员通报备案工作，继续做好市管干部、重点部门、重点人员的分类管理，严防各类非法出入境活动。认真履行公安矿监职能。全年共收集安全隐患、非法开采、涉矿矛盾纠纷等预警性情况信息1284条，各地党委、政府根据公安矿监部门提供的情报信息，责令相关职能部门开展综合整治200余次，炸毁各类非法开采煤井800多口，治安处罚违法开采人员79人（次），刑事处罚28人（次）。认真履行公安环保、水务、公交职能。全年办理环境污染刑事案件3起，抓获违法犯罪嫌疑人7名，收缴销毁医疗废物31.8吨；共接涉水警情43起，成功调解涉水案件26起，查处治安案件2起；共接报涉公交行业警情822起，立刑事案件256起，破案55起，受理治安案件469起，查处338起，处理各类违法犯罪人员330人，其中打处犯罪团伙2个。认真履行110报警服务承诺。参与抢险救灾、救助群众和调处纠纷等工作，加强指挥中心“窗口”建设，确保接处警工作机制运转顺畅、反应灵敏，指挥协调及时、得当、有力。全年共接警19.7万余起，其中接受公民求助13196起，解决纠纷53698起。

【公安信息化建设】 2010年，曲靖市公安机关认真开展信息化建设工作。共投入经费3896.25万元保障各项信息化建设任务，基本完成公安信息化基础设施建设，公安信息化建设已经进入从大规模基础设施建设向大规模实战应用转变、从被动应用向主动应用转变的关键阶段。整合市公安局科技处和信息通信处的力量，加强信息中心、指挥中心和情报中心建设，为信息化建设及应用提供强有力的体制、机制保障。全年全市公安机关利用信息化手段破获刑事案件4678起（占破案总数的52.3%）、抓获犯罪嫌疑人3009名；通过情报平台预警查处抓获在逃人员1452名，其中命案在逃人员52名，查获吸毒人员819名。

【公安“三项重点工作”】 2010年，曲靖市公安机关深入推进社会管理创新、执法规范化建设和和谐警民关系建设。建立健全实有人口动态化管理机制。按照“底数清、情况明，行知去向、动知轨迹”的要求，切实管理好以流动人口、暂住人口、重点人口为重点的实有人口。加强对旅馆业的日常监管，督促旅馆安装旅馆业治安系统和二代证读卡仪，全面落实“一人一证”登记制度，及时采集上传流动人口信息。建立完善流动暂住人口服务管理体制，按照500:1的标准逐步配齐配强协管员队伍，形成以城市社区为重点、“以房管人”为主、“以证管人”和“以业管人”为补充的管理机制。将扬言报复社会、有现实危害的重点人员纳入视线，利用传统手段和信息化布控手段全面落实管控措施。认真组织开展第六次全国人口普查户口整顿工作和公民身份证号码纠正工作，基本摸清了人口底数，采集充实了大量的户口信息。建立健全社会矛盾排查化解常态工作机制。紧紧依托“三室合一”构建“大调解”工作体系，落实好“以案定补”、“以奖代补”等制度，积极排查、化解各类社会矛盾。共排查矛盾纠纷29551起，化解28891起，化解率达97.76%。认真做好涉法涉诉信访积案清理化解等信访工作。积极建设公安信访信息系统，实现信访工作网上统计、网上交办和网上监督。从信访案件预防和案件查处两个方面建立健全信访工作长效机制，市公安局建立健全信访工作规则、信访工作联席会议制度、登门回告制度以及信访问题责任倒查和追究制度等一系列规章制度，进一步规范和加强全市公安信访工作。全年共受理群众来信来访1967件（次），共清理化解信访积案70件。开展警综平台师资培训，强力推广运用警综平台，逐步形成执法信息网上录入、执法流程网上管理、执法活动网上监督、执法质量网上考评的工作机制，实现对执法办案的全程化、实时化、动态化监督。加强民警的教育培训，全市公安机关举办执法规范化建设培训，培训民警5000余人（次）；认真组织开展季度基本法律知识考试，合格率达100%。本着一线先配、急用先配的原则，逐步配备执法监督装备，加强对民警执法行为的监督和对民警执法权益的保护。严格实行执法质量终身负责制和执法过错问责制，按照“谁审批，谁负责”、“谁办案，谁负责”的原则，明确执法办案各个层级的执法责任，真正把执法责任追究落到实处，凡被追究执法责任的民警两年内不得提拔使用。积极培养、创建执法示范单位，全市4家单位被省公安厅命名为全省执法示范单位，花山派出所同时被公安部命名为全国公安机关执法示范单位。加大公安法制员队伍建设力度，全市公安机关共设置专职法制员163名，兼职法制员230多名。重点打造“公安亲民爱民名片”、“警察公共关系名片”、“警务工作创新名片”、“公安群众工作名片”和“社会矛盾化解名片”，全面推进和谐警民关系建设。省委书记白恩培对沾益县公安局的警察公共关系建设工作作了批示，要求全省各级、各部门、各行业学习借鉴；省委常委、政法委书记、公安厅长孟苏铁对麒麟分局化解社会矛盾的做法给予充分肯定，要求在全省公安机关推广；副省长曹建方对曲靖的公安社区消防工作给予高度评价。沾益县公安局被公安部授予“全国公安机关爱民模范集体”荣誉称号；在公安部举行的“全国公安机关政治部主任座谈会”上，曲靖市公安局作为全国8个地（市）公安局之一，在会上交流构建和谐警民关系的经验和做法；麒麟公安分局、马龙县公安局被确定为“云南省爱民实践活动示范单位”；6月16日中央电视台“激情广场——爱国歌曲大家唱·云南宣威公安篇”大型活动在宣威成功举办；在省公安厅开展的第二届百姓喜爱的十大人民警察评选活动中，曲靖市2名民警被授予云南省第二届“百姓最喜爱的十大人民警察奖”荣誉称号（含1名消防官兵），2名民警被授予云南省第二届“百姓最喜爱的十大人民警察奖提名奖”荣誉称号。中央电视台、《人民公安报》、《法制日报》、《云南日报》等多家媒体均报道了曲靖的和谐警民关系建设，人民群众对公安机关的综合测评满意率逐年上升。

【公安队伍建设】 2010年，曲靖市公安机关结合公安工作实际制定《曲靖市公安局关于在深入开展创先争优活动中实行公开承诺的实施方案》，围绕推动科学发展、服务人民群众等七个方面作出公开承诺，局属27个党委（总支、支部）、1028名党员结合本部门、本警种的工作职责、岗位特点，公开承诺事项分别为401和6168件，全市公安机关涌现出一大批先进个人和先进集体，共有136个集体和1245名民警受到各级表彰奖励。加强队伍教育培训。全市公安机关着力构建具有公安特色的“大培训、大教育、大督察”工作格局，大力推行“轮训轮值、战训合一”的训练模式，按照“干什么、练什么，缺什么、补什么”的要求，有计划、分层次地组织开展实战训练和专业培训，不断提高广大民警的职业素养和履职能力。狠抓队伍管理。全市公安机关严格执行党风廉政建设责任制，市公安局修订完善《曲靖市公安队伍建设和廉政风险防范管理抵押制度》和《曲靖市公安机关党风廉政建设责任制》等规章制度，做到用制度管人、靠制度办事。大力开展警车和涉案车辆违规问题专项治理活动，清理核查全市公安机关在用警用车辆共1010辆、警用摩托98辆，检审率达100%，办理341辆（汽车149辆，摩托车192辆）警车报废手续。坚持廉政谈话和廉政考试制度，对新提拔的45名科级领导干部进行任前廉政谈话和任前廉政考试。坚决查处民警违法违纪问题，全市公安机关共查处民警违法违纪案件8起8人，对工作拖沓、执法程序违规、工作出现失误的5名民警进行问责。

（黄驿琴）

2010年曲靖市机动车统计表

县（市）区	机动车数量（辆）			比上年新增（辆）		
	合计	汽车	摩托车	合计	汽车	摩托车
麒麟区	143406	70350	73056	20506	12924	7582
马龙县	31580	9677	22485	2641	1790	1433
陆良县	113604	25331	90626	12332	4514	10171
师宗县	44522	18187	27239	5246	3412	2738
罗平县	74545	21258	53287	10190	3719	6471
富源县	64294	30652	33642	10132	4329	5803
会泽县	79495	22927	56568	10785	4015	6770
沾益县	66231	19728	46503	8602	3904	4698
宣威市	118738	52820	65918	20237	8469	11768
合 计	740254	270930	469324	104510	47076	57434

2010年曲靖市交通事故统计表

项目	次数（次）		死亡人数（人）		受伤人数（人）		直接财产损失（元）	
	数量	占全市百分比	数量	占全市百分比	数量	占全市百分比	数量	占全市百分比
合计	192	100%	136	100%	234	100%	1565894	100%
麒麟大队	24	12.50	15	11.03	23	9.83	56500	3.61
马龙大队	1	0.52	1	0.74	0	0.00	800	0.05
宣威大队	22	11.46	19	13.97	22	9.40	68423	4.37
富源大队	5	2.60	3	2.21	5	2.14	34700	2.22
罗平大队	5	2.60	4	2.94	5	2.14	45111	2.88
师宗大队	5	2.60	6	4.41	2	0.85	15202	0.97
陆良大队	10	5.21	11	8.09	6	2.56	37801	2.41
会泽大队	47	24.48	24	17.65	54	23.08	132156	8.44
沾益大队	8	4.17	8	5.88	7	2.99	129000	8.24
曲陆大队	3	1.56	5	3.68	0	0.00	306000	19.54
曲胜大队	4	2.08	3	2.21	6	2.56	116200	7.42
功待大队	30	15.63	19	13.9	65	27.78	531500	33.94
江召大队	28	14.58	18	13.24	39	16.67	92501	5.91

检　察

【简述】　2010年，曲靖市检察机关紧紧围绕经济社会发展大局，以深入推进社会矛盾化解、社会管理创新、公正廉洁执法三项重点工作为载体，不断强化法律监督、强化自身监督、强化高素质检察队伍建设，为经济社会发展提供了有力的司法保障。

【打击各类刑事犯罪】　2010年，曲靖市检察机关共受理提请批准逮捕各类刑事案件3004件5092人，批准逮捕2448件4038人；受理移送审查起诉各类刑事案件3620件6264人，提起公诉3001件4939人，出庭支持公诉2259件（次），人民法院判决生效2883件4676人，全部判决有罪。深入开展“打黑除恶”专项斗争，坚决依法打击严重危害公共安全犯罪、毒品犯罪以及严重暴力犯罪、多发性侵财犯罪等，始终保持对严重刑事犯罪的高压态势，批捕该类犯罪嫌疑人2667人，起诉2984人。加大打击破坏社会主义市场经济秩序犯罪力度，批捕破坏社会主义市场经济秩序犯罪127人，起诉145人。

【社会矛盾化解】　2010年，曲靖市检察机关加强涉检初信初访首办工作，创建“文明接待室”，开展检察长接待日和领导干部接访、下访巡访、开启“绿色通道”等活动，办理信访案件1463件（次）。继续深入推进“检调对接”工作，主动与全市“大调解”工作对接，调解协调各类赔偿补助资金共计114.5万余元，达成刑事和解、涉法涉诉民生诉求和解248件（次），救助刑事被害人47人。圆满办结并息诉罢访中央、省、市交办的8件涉检重信重访案件。继续推行涉检信访风险评估预警机制，做到涉检信访事项早发现、早预防、早处理，各业务部门向控申部门发出涉检信访风险预警98件，全部落实了化解方案。进一步加大对重大疑难和久诉不息的申诉案件的办理力度，把申诉理由比较充足和存有疑点的案件作为重点，集中力量复查，办理刑事申诉案件26件，对原决定确有错误的依法纠正2件，决定给予刑事赔偿3件，支付赔偿金5.43万元。

【职务犯罪查办预防】　2010年，曲靖市检察机关加大查办职务犯罪工作力度，共受理贪污贿赂、渎职侵权案件线索136件，立案侦查121件128人，其中大要案100件，重特大案件8件。侦查终结的119件126人，全部移送起诉，提起公诉101件110人，有罪判决率为100%，为国家挽回经济损失2019万元。围绕中心工作开展预防职务犯罪工作，建立开通全市行贿犯罪案件档案查询系统，向社会各界提供行贿犯罪档案查询服务1840件（次）。继续加强警示教育力度，开展职务犯罪警示教育或法制教育活动246次，加快“侦防一体化”机制建设，对111件职务犯罪案件进行立项预防。开展职务犯罪案例剖析131件，结合办案向有关单位提出预防检察建议99件，被相关单位采纳，开展预防调查479件（次），预防检察建议和调查报告引起当地党委、人大、政府领导重视并作出批示的57件。全面完成全市农村村级“两委”班子的预防职务犯罪教育培训。

【立案监督和侦查活动监督】　2010年，曲靖市检察机关重点纠正违法采取强制性侦查措施和取证违法、办案程序违法行为，以及错捕漏捕、错诉漏诉等问题。对30件案件发出检察建议；对事实不清、证据不足的1060件案件，退回侦查机关补充侦查；对应当逮捕而未提请逮捕的纠正漏捕116人，对应当起诉而未移送起诉的追加起诉21人；对不符合逮捕条件的，不批准逮捕544人；对依法不应当追究刑事责任或证据不足的，决定不起诉39人。深化检察官派驻侦查机关工作制度，有选择地扩大推广检察官派驻侦查机关工作制度。把刑事立案监督的重点放在监督纠正有罪不究、以罚代刑和违法立案行为。监督侦查机关立案75件。监督立案侦结后移送起诉46件65人，起诉37件54人，法院审结并判有罪27件37人，其中5人被判十年以上徒刑。完成行政执法与刑事司法信息共享平台建设，确保诉讼监督工作顺利开展。

【刑事审判监督】　2010年，曲靖市检察机关继续实施《曲靖市检察机关公诉案件裁判审查规则（试行）》，创新规定专人审查起诉意见书、起诉书、判决书、抗诉申请书的“四书会审”制度，明确审查处理的6种方式及重点监督的8种情形。市检察院新成立刑事审判监督室，专门办理刑事抗诉案件、发回重审案件，强化全市刑事审判法律监督工作的专业化和规范化建设。在全市成立“三书”会审机构，全面开展“三书”会审工作，按“三书”会审审查判决、裁定4676份。重点监督纠正有罪判无罪、无罪判有罪、量刑畸轻畸重以及严重违反法定程序的问题。提出抗诉27件，支持抗诉21件，法院审结25件，改判19件、发回重审4件。

【民事审判和行政诉讼监督】　2010年，曲靖市检察机关重点办理群众反映强烈、影响社会稳定、涉农、侵害弱势群体利益案件。在省、市电视台播出7个专题片宣传民行检察职能，邀请省、市、县三级人大代表、政协委员联合开展“民行检察进社区”活动，建立律师代理申诉制度。监督法院纠正错误的判决，确实维护司法公正。市检察院提出抗诉案件7件，法院审结5件，改变率为100%。充分运用检察建议启动再审和纠正违法，发出再审检察建议31件，法院采纳27件，纠正违法115件（次）。积极探索支持起诉、督促起诉、公益诉讼等监督方式，在防止国有资产流失、维护弱势群体利益、保护环境资源等方面发挥了积极作用。针对社会各界反响强烈的执行监督问题，积极探索对法院执行活动监督的方式方法，办理执行监督案件33件。

【刑罚执行和监管执法活动监督】　2010年，曲靖市检察机关重点推进刑罚变更执行同步监督机制建设，监督纠正监外执行罪犯脱管漏管以及违法减刑、假释、暂予监外执行6992人。高度重视在押人员非正常死亡问题，完善检察机关介入调查的工作机制，及时介入33件正常死亡、2件非正常死亡事件善后处理调查工作。加快监所检察同步监督机制建设，10个派驻检察室全部实现与看守所监控、信息“双联”工作。

【检察工作机制改革】　2010年，曲靖市检察机关继续深入探索有利于贯彻宽严相济刑事政策的工作机制和办案方式，建立轻微刑事案件快速办理机制，实行简繁分流改革。对初犯、偶犯、未成年人和老年人犯罪以及因邻里、亲友纠纷引发的轻微犯罪案件落实依法从宽处理政策，对涉嫌犯罪但无逮捕必要的，决定不批准逮捕442人；对犯罪情节轻微，依照刑法规定不需要判处刑罚或者免除刑罚的，决定不起诉12人。进一步推行和规范检察长列席同级人民法院审判委员会制度改革，市、县两级检察院检察长列席审判委员会17件（次）。深入推行公诉案件庭审量刑建议，向法院提出量刑建议201件（次），采纳率为84.58%。深化职务犯罪案件上提一级审查逮捕工作，市检察院共受理县级检察院报请审查逮捕54件56人，经审查，全部决定逮捕。深入推进“逮捕必要性证明”制度，从根本上降低捕后轻刑判决率。

【参与社会管理创新】 2010年，曲靖市检察机关依法开展对社区矫正工作的法律监督，督促执行机关完成对全市2339名社区矫正对象台账的建立、变更及完善。积极参与平安创建活动，先后联合有关职能部门开展社会综合治理集中整治工作18次。以检察建议为平台，向党委政府有关部门提出消除隐患、强化管理的对策建议，促进社会治安防控体系的建设。深化“未检”工作专业化，设立未成年人刑事检察科或办案组，注重探索未成年人犯罪跟踪帮教制度，对135名未成年人进行结案后的回访帮教。开展送法进校园活动，开设法制知识课，选派资深检察官到小学、职高兼任法制副校长。建立健全检察环节应急处置机制，加强网络舆情监测研判和引导工作。市、县两级检察院明确专人负责网上舆情监测研判、重大案件事件快速反应、网上舆论引导等工作，成功应对多起涉检舆情。办理敏感案件过程中，加强适时介入，建立敏感案件向政法委请示报告、逐级上报和善后处理机制，确保案件依法准确处理。

【内部监督】 2010年，曲靖市检察机关综合运用执法检查措施不断完善执法规范和行为规范，认真开展检察机关直接立案侦查案件扣押冻结款物专项检查“回头看”，案件质量评查，办案安全专项检查，批捕、反贪案件质量交叉检查活动。全面推行自侦案件询问证人和讯问嫌疑人全程不间断同步录音录像制度。加大检务督察力度，重点监督检察人员执法办案中履行职责、遵守纪律等情况，加大对检察干警违法违纪案件和领导干部违反“十个严禁”行为的查处力度，对3人进行批评教育和诫免谈话。继续建立执法档案，在8个业务部门建立执法档案。认真开展自身反腐倡廉建设，组织600余人参加全国检察机关自身反腐倡廉教育巡回展。

【外部监督】 2010年，曲靖市检察机关进一步加强与代表委员的联络工作，召开征询代表、委员意见建议座谈会通报检察工作情况，听取意见建议，邀请代表委员视察、座谈侵权渎职检察工作。配合市人大常委会领导及市人大法制委员会委员组成的两个调查组对全市民事行政检察工作进行全面调查。加强检务公开，在市政府政务公开网站建立市检察院“政务公开、检务公开”网页。全面推行人民监督员制度，人民监督员监督“三类案件”2件。组织人民监督员旁听重大疑难案件的法庭审理，参加相关会议及活动。做好特约检察员聘任工作，聘任11人担任第二届曲靖市人民检察院特约检察员。

2010年8月18日，曲靖市城郊地区人民检察院成立仪式。

（李爱/摄）

【教育培训】 2010年，曲靖市检察机关开展大规模检察教育培训工作，先后组织1000余人参加各种业务培训及领导素能培训。加强岗位练兵，积极选拔培育检察专家人才和业务尖子，1人获得“全国十佳公诉人”提名奖。继续抓好在职人员学历教育工作，已毕业和在读法律硕士共71人，在读法学博士1人，本科以上学历干警占94.06%。继续抓好司法考试工作，30人通过2010年司法考试。实施科技强检战略，办案中充分运用信息网络、科技侦查、司法鉴定等科技手段，提高办案能力。

【检察文化建设】 2010年，曲靖市检察机关以物质文化建设为基础，行为文化建设为载体，制度文化建设为保障，精神文化建设为核心，较好地实现了曲靖检察文化建设的价值取向。年内，在全市检察机关文化建设经验交流暨“珠江源杯”检察文学作品颁奖会上，对39名来自不同省市、不同行业的作品比赛获奖作者进行表彰奖励。

【基层基础建设】 2010年，曲靖市检察机关规范监狱、劳教所检察工作，曲靖市城郊地区人民检察院正式成立并已开展工作。检察经费保障工作取得明显成效，中央和省级政法转移支付资金给予曲靖检察机关（不含宣威市院）的补助比上年增加354万元。继续改善执法办案条件，市检察院“两房”改扩建工程已顺利开工，罗平县检察院的“两房”新建得到市发改委批复立项。加强办案安全防范工作，在全市各院均成立法警大队。

（赵云芬）

审判

【简述】 2010年，曲靖市法院系统围绕“案结事了”一个目标，强化“为大局服务、为人民司法”两种观念，深入推进“社会矛盾化解、社会管理创新、公正廉洁司法”三项重点工作，严格“审务、政务、事务、党务”四项管理，强化“人民法庭建设、审判监督指导、法院信息化建设、信息调研宣传、物质保障”五项工作，健全“巡回审判、民事案件速裁、轻微刑事案件民事化处理、涉诉特困人员救助、多元化纠纷解决、涉诉信访”六项机制，狠抓执法办案第一要务，切实加强法院队伍建设，全面深化法院工作机制创新，忠实履行了宪法和法律赋予的职责，各项工作取得新进展。全年全市法院共受理各类诉讼、执行及减刑假释案件31704件，同比减少1366件，下降4.29%；审（执）结30730件，结案率为96.93%，上升0.55%。其中，中院受理各类诉讼、执行及减刑假释案件9427件，增加338件，上升3.83%；审（执）结9160件，结案率为97.17%，上升0.19%。曲靖市中级法院被最高法院评为全国法院文化建设示范单位、全国司法公开示范法院、全国法院调研工作先进集体、全国法院网络宣传先进集体；沾益法院被最高法院评为全国优秀法院，宣威倘塘法庭被最高法院、团中央授予“青年文明号”称号。

【审判工作】　2010年，曲靖市法院系统充分发挥审判职能作用，全力化解各类矛盾纠纷，各类诉讼案件一审上诉率为12.72%，二审维持率为60.39%，上升2.81%，改判、发回重审率下降3.4%，无超审限案件，审判、执行及涉诉信访工作呈现“三降三升”的良好局面，即案件收案数、涉诉信访率和强制执行率明显下降，结案率、服判息诉率和自动履行率明显上升。认真贯彻宽严相济的刑事政策，依法打击犯罪，维护社会稳定。共受理各类刑事诉讼案件4103件，增加160件，上升4.18%；审结3949件，结案率为96.25%，上升0.55%。其中，中院受理800件，审结768件，结案率为98.35%，上升0.65%。依法审理以被告人李朝华为首的19人黑社会性质组织犯罪等一批影响和谐稳定的案件，积极开展量刑规范化试点工作，切实增强量刑公开透明，共判处罪犯3641人，其中被判处五年以上有期徒刑、无期徒刑至死刑的711人，依法宣告缓刑1493人，免予刑事处罚119人，依法对不构成犯罪或犯罪证据不足的30名刑事自诉案件被告人宣告无罪。依法审理在调结构、促转变、扩内需中发生的各类民商事案件，努力化解纠纷，促进社会和谐。共受理各类民商事案件14956件，减少168件，下降1.13%；审结14676件，结案率98.13%，上升0.09%。其中，中院审理1677件，审结1598件，结案率为95.29%，上升0.79%。坚持促进依法行政与保护相对人合法权益并重的原则，妥善审理各类行政诉讼案件，共受理行政诉讼案件171件，减少129件，下降45.42%；审结168件，结案率为98.25%，上升3.65%。其中，中院审理50件，全部审结。

【案件执行】　2010年，曲靖市法院系统继续巩固“清理积案”成果，积极创建“无执行积案法院”和开展“委托执行案件专项清理”活动，共受理申请强制执行案件5729件，减少1563件，下降23.64%；执结案件5300件，执结率92.51%。其中，中院受理165件，执结134件，执结率为81.21%。自动履行2928件，自动履行率为51.11%；强制执行399件，强制执行率为6.96%；执行和解540件，占执结案件的9.43%。重新规范和修订执行工作制度23项，完善执行联动威慑机制，加强对逃避、抗拒执行的综合整治，对不执行法院裁决的人在融资、消费等方面实施限制和查处。积极探索建立“立、审、执”前后衔接机制，有效缓解执行压力。认真协助省、市人大在曲靖召开《涉诉特困人员救助办法》立法调研座谈会，推动“宣威模式、曲靖经验”执行救助工作向纵深发展。在加大资金筹集力度和严格救助程序的同时，推进救助方式的多样化，除给予必要的金钱、物质救助之外，对确有特殊困难的申请人给予就业、子女就学等方面的帮助和指导，共对346件案件602名涉诉困难当事人进行救助，救助金额167.6万元，其中，中院救助62件184人41.2万元。

【涉诉信访】　2010年，曲靖市法院系统办理人大、上级法院、政法委交办信访案件236件，息诉87件，销案36件，拟报终结49件，化解率达73%，高于全省法院平均水平，处理来信676件（次），下降20.65%，接待来访1878人次，减少20.37%，呈现涉诉信访率下降，息诉服判率明显上升的局面。开展涉诉信访积案集中清理活动，共排查信访案件1760件，清理出涉诉信访积案30件，逐案制定化解方案，通过“定人员、定任务、定时限”予以重点化解。积极探索接处访新机制，认真参与联合接访工作，抽调4名法官到市联合接访中心负责日常接访，班子成员每周轮流到接访中心专门接访一天，同时，开展院长接待活动89次，接待来访260余人（次）。实施涉诉信访源头治理，强调一审做“实”，实实在在地解决纠纷；二审做“精”，确保二审裁判在全市法院具有指导意义；再审做“了”，从根本上化解矛盾于司法程序之内。同时，开展案件质量评查，对抗诉、二审、

会泽县人民法院巡回法庭。

（区鸿雁/摄）

再审及改判案件进行研究分析，总结审判经验，发布审判指导意见及典型案例，全市法院案件质量明显提高，各类诉讼案件一审服判息诉率达87.28%。

【司法为民】 2010年，曲靖市法院系统维护民生更加主动，诉讼服务更加便民。面对特大旱情，在全省法院系统率先出台《法院应对抗旱救灾工作八条措施》，充分运用巡回办案、调解、速裁、法制宣讲等措施，维护抗旱救灾秩序。共捐款120余万元用于抗旱救灾。巡回审判覆盖范围进一步扩大，审判工作深入到村寨和田间地头。全市法院共计巡回审判案件6776件，部分派出法庭巡回办案率高达97%。积极开展民事案件速裁工作，基层法院一审适用简易程序审理案件10443件，达到63.8%，上升5.8%。因地制宜开展预约立案，推行假日法庭，设立诉讼信息联络员等司法便民措施，方便和服务群众。对“三养”案件、追索劳动报酬及人身损害赔偿等案件实行诉讼“绿色通道”，快速依法办理，及时保护合法权益。认真落实司法救助，共为1488件经济确有困难的当事人减、免、缓交诉讼费45.47万元，救助涉诉信访困难当事人60名34万元，救助刑事被害人58人32.3万元，为716名被告人指定了辩护人。为残疾人诉讼提供方便和关怀，对信访窗口、立案大厅、审判法庭、休息室、楼道、卫生间等设施进行“无障碍”改造，设立“无障碍通道和法庭”。

【综治维稳】 2010年，曲靖市法院系统进一步强化审判工作的延伸功能和服务功能，发挥审判工作在维护社会稳定、调控社会秩序、规范社会行为、预警社会风险方面的重要作用。认真参与社会治安综合治理。坚持“寓教于审、惩教结合”的原则，依法审理未成年罪犯452人，对253名未成年罪犯判处非监禁刑，回访帮教未成年犯503人（次）。开展模拟法庭活动，编写未成年人犯罪案例警示教育读本，做好未成年人犯罪预防、矫正及挽救工作。认真做好刑释解教人员资料保存、移交，防止脱管、漏管。依法开展减刑假释工作，审理减刑假释案件6574件。认真办理国家赔偿案件3件，决定赔偿1件，赔偿金额9.2万元；审查非诉行政执行案件1183件，准予执行1169件，不准执行14件。积极做好轻微刑事案件民事化处理工作，审理刑事自诉案件472件，通过民事化处理后调解和解297件。中院增设环境保护审判庭，统一受理各类环保案件。全面实施矛盾纠纷多元化解。建立诉讼与非诉讼对接的矛盾纠纷解决机制，建立司法调解与人民调解、行政调解衔接互动的诉调对接机制，与相关部门协调成立调解工作机构1613个，配备调解员1105人，通过邀请调解、委托调解等工作措施，促进矛盾纠纷多渠道分流、疏导。全年民事案件调撤结案8168件，调撤率达55.66%。全市行政机关首长出庭应诉由上年度的8件增加至49件，行政案件协调和解由上年度的6件增加至47件。不断加强法治宣传教育，积极构建以网络、报纸、广播、电视为主要载体的多元、立体宣传模式，用司法审判活动教育当事人和人民群众。开展法官“进社区、进农村、进学校、进企业、进厂矿”五进活动，开展司法建议、执法培训、工作咨询服务，发出司法建议27条，应邀对公安机关、计生部门等进行执法培训。充分发挥人民陪审员参与审判案件、监督审判活动、联系人民群众的重要作用，全市人民陪审员参与审判活动2562人（次），陪审案件1667件，占一审普通程序的27.4%。

【队伍建设】 2010年，曲靖市法院系统把改进队伍作风、促进公正廉洁司法放在队伍建设的首位，全面开展队伍作风建设。整顿作风提升形象。中院把2010年确定为全市法院的“作风建设年”，结合创先争优、竞争上岗和文化建设，大力开展纪律作风专项教育整顿活动和创先争优活动，加强和改进法院党建工作。中院在全市国家机关率先对全部空缺的8个副处级岗位实行竞争上岗，部分基层法院也相继开展中层干部竞争上岗。启动每月“推荐一本好书、观看一部好电影、撰写一篇反思笔记、讲授一堂党风廉政课、开展一次业务专题培训”的法院文化建设“五个一”工程。建立文化墙和文化长廊，开展演讲比赛、重走长征路等文化活动，营造“崇德、奉法、致公、为民”的曲靖法院文化氛围。在全省法院率先对105辆没有用于警务用途的警车进行改色和更换地方牌照工作，从源头治理滥用警车、特权使用警车问题。先后举办刑事、民商事审判等10余期专题业务培训工作，完成279名1～5级法官的巡回续职培训和227名晋级高级法官在线学习，对新一届324名人民陪审员、全市30个派出法庭庭长进行轮训。组织中青年法官到延安进行革命传统和党性教育，选派年轻干警到发达地区法院跟班学习，共组织市级以上各类培训76期2800人（次），其中国家法官学院等培训25期82人，省级培训18期440人。先后出台《岗位目标暨绩效管理考核办法》、《执法业绩档案管理考核办法》等十余项促勤治懒制度，全面开展工作业绩考评，出台《关于对干警八小时工作以外活动的管理规定》、《关于禁止赌博的管理规定》等

2010年10月，全省法院行政审判工作座谈会在曲靖召开。
（区鸿雁/摄）

九项拒腐防变制度，实行干警廉政、勤政、案件质量及执法业绩档案管理，实行案件审理一案一卡回访制度，方便当事人监督法官公正廉洁办案。中院班子成员定期巡查各基层法院。加大审务公开，通过设立法院公众开放日、开通民意沟通电子邮箱等措施，自觉接受外部监督。严格按照建议提案办理程序，及时办理人大代表建议8件，承办政协提案6件，认真办理代表关注案件50件，委员关注案件16件。积极邀请代表、委员视察法院，旁听庭审，参加调解、执行、信访接待等工作，接待代表、委员来访105人（次），邀请代表、委员、无党派人士旁听案件审判270人（次）。

【司法保障】 2010年，曲靖市法院系统在全省法院中率先建成三级专网，中院及辖区9个基层法院26个派出法庭实现了网络信息互联互通。马龙法院审判法庭建成并投入使用，全市法院审判大楼全部建成，办公条件得到显著改善。改造更新安检监控系统，保障了审判工作安全、有序。努力争取资金清偿“两庭”债务，为审判一线部门购置更新部分业务用车、电脑等办公设备，促进法院各项工作顺利开展。

（熊曦璇）

司法行政

【简述】 2010年，曲靖市各级司法行政机关深入贯彻全国政法工作电视电话会议精神，以深入推进三项重点工作为契机，以开展创先争优活动为载体，全力维护曲靖社会和谐稳定。

【人民调解】 2010年，曲靖市司法行政机关和基层调解组织充分发挥人民调解在化解矛盾纠纷中的基础性作用，创新调解员报酬保障机制，通过实行“三补合一”调动调解员积极性。年内，全市司法行政机关开展人民调解化解矛盾纠纷百日会战活动和人民调解化解社会矛盾专项攻坚活动，实现“小事不出村（居、社区），大事不出乡镇（街道），矛盾不上交”的目标。全市各级人民调解组织共调解各类民间矛盾纠纷57817件，调解成功56293件，成功率达97%，防止民间纠纷引起自杀173件，防止民间纠纷转化为刑事案件602件，防止群体性上访479件，制止群体性械斗338件。努力整合调解资源，着力做好行业性、专业性人民调解组织建设和人民调解员队伍专业化、社会化建设工作，在公安、检察院、法院、法制办设立人民调解工作室。积极与市公安局、市保险行业协会协调，联合成立曲靖市道路交通事故损害赔偿调解委员会，与市卫生局联合成立医疗纠纷调解委员会，积极开展道路交通事故和医疗矛盾纠纷的调解工作。推动企事业单位人民调解工作的积极开展。至年底，全市有人民调解委员会1769个，其中，乡镇（街道）调解委员会115个，村（居）人民调解委员会1604个，企（事）业单位人民调解委员会21个，联合调解委员会23个，区域性或行业性调解委员会6个，有专兼职人民调解员12434人，形成覆盖市、县、乡、村、组和行政接边地区的调解组织网络体系。

【法制宣传和依法治理】 2010年，曲靖市举办由市委和市级国家机关各部委办局、企事业单位、人民团体、市级政法各部门领导干部500余人参加的“百名法学家百场报告会”，邀请中国政法大学法学院院长薛刚凌教授就社会管理创新与法治保障进行讲解，各县（市）区、各乡镇（街道）5600余名领导干部在各分会场听讲座。组织全市公务员（含参公管理人员）共27494人参加云南省“五五”普法干部法律知识考试。组织全市律师、公证员、基层法律服务工作者、司法鉴定工作者近800人参加全省司法行政系统“五五”普法规划检查验收法律知识考试。认真开展“五五”普法检查验收工作，通过实地考察、痕迹管理检查、座谈会等形式，对各县（市）区和部分市直单位、企业进行“五五”普法检查验收和“六五”普法规划调研工作。顺利通过省检查组对曲靖市“五五”普法依法治理工作的检查验收。

【法律服务】 2010年，曲靖市以开展“提高法律服务质量年”活动为载体，借助新《律师法》贯彻落实的检查活动，进一步整顿了法律服务市场，规范律师执法行为，依法保障了律师的执业权利，逐步健全律师执业准入制度，建立执业状况评价体系。全市有律师事务所34家共269名执业律师，共为288家单位担任法律顾问，办理刑事诉讼辩护及代理1470件，民事案件诉讼代理2251件，行政案件诉讼代理57件，非诉讼法律事务398件，解答法律咨询26175件，代书法律事务文书1164件，组织调解60件，办理仲裁业务146件，共参加公益事业和社会活动1630次。

【公证工作】 2010年，曲靖市加大公证业务工作的督查与业务考核。全市10个公证处共有公证工作人员46人，全年共办理各类公证业务10118件，其中：国内公证事项9444件，涉外公证631件，涉港澳台公证43件，制止不法经济活动12件，为当事人避免和挽回经济损失120万元。

2010年9月12日，国家司法考试曲靖考场。

（解佳丽/摄）

【司法鉴定】 2010年，曲靖市严格实行司法鉴定人和司法鉴定机构名册管理，组织司法鉴定人岗前培训，着力提升司法鉴定保障司法、服务诉讼的能力和水平。全市14家鉴定机构共办理鉴定案件4045件。

【法律援助】 2010年，曲靖市法律援助工作围绕深入开展“法律援助便民服务”主题活动，全面落实建立健全法律援助便民服务窗口、拓宽法律援助申请渠道、简化援助受理审查等十项便民服务措施。全年全市法律援助机构共接待来访、解答法律咨询2510人（次），受理法律援助案件1212件，为贫弱者免收法律服务费用30余万元，为当事人避免经济损失500余万元。

【司法考试】 2010年，曲靖市报名参加国家司法考试的人数大幅度增加，达1035人，通过196人，通过率为18.94%。

【基层司法所建设】 2010年是曲靖市基层司法所基础设施建设工作的收尾年，全市115个司法所已全部建成并投入使用，总占地面积达50343.85平方米，建筑面积达41893.44平方米，平均每所建筑面积达361.15平方米。115个司法所均设立办公室、会议室、所长室、调解室、接待室、档案室、微机室、社区矫正工作室、安置帮教工作室及法律援助工作站，悬挂统一的司法行政标识、标牌，相关制度都上墙公示，并配备必要的办公桌椅、电脑、传真机、打印机、数码照相机等现代化办公设备，有条件的司法所还配备交通工具，使基层司法所逐步形成“体系健全、管理规范、制度完善、运转灵活”的体制和机制。

【特殊人群管理】 2010年，曲靖市司法局把安置帮教工作重心放在安置上，着力探索刑释解教人员安置新途径，以沾益县司法局为试点，主动加强与劳务中心、人才市场的联系，积极帮助指导劳务管理服务中心围绕“创新举措、提升技能、注重帮教”的思路抓好刑释解教人员安置帮教工作。落实社区矫正工作接收、管理、教育、奖惩、解除矫正的各项措施，切实加强思想教育、法制教育、社会公德教育和组织各类公益劳动，采取分类型、分阶段、分级别的矫正方法，提高矫正工作的针对性、实效性。着力做好建机构、建队伍、建机制、强管控、抓保障五个方面的工作，全面履行社区矫正工作的职能。利用现代网络和信息技术，建设全市社区矫正信息化管理平台，促进社区矫正工作向制度化、规范化、法制化发展。

【监狱劳教】 2010年，曲靖市司法局主动为驻曲监狱做好协调服务工作。深入监狱开展监管安全检查，尤其在节假日或重大安保任务之前，深入到驻曲监狱，督促、指导各监狱强化防范措施的落实。市劳教所在加挂市强制隔离戒毒所牌子后，软硬件条件面临极大考验，市司法局继续加强对市劳教所的领导，为筹建大营强制戒毒分所、加强场所安全防范设施、改善干警工作环境等作出积极努力。

（解佳丽）

政府法制

【简述】 2010年，曲靖市政府法制机构贯彻实施《国务院关于加强市县政府依法行政的决定》，加强规范性文件审查，强化行政执法监督，认真办理行政复议应诉案件和政府法律事务，深化行政审批制度改革，扎实开展创先争优活动，狠抓党风廉政建设、效能政府四项制度建设，深入推进法治政府建设和依法行政工作。

【抽象行政行为监督】 2010年，曲靖市政府法制办审查各类文件送审稿30件；办理省政府规章和地方性法规征求意见稿25件；审查合同协议等法律文书16件；以市政府公告发布规范性文件8件，报送省政府登记、备案规范性文件8件，登记备案率为100%；审查市直部门和各县（市）区政府登记、备案的规范性文件10件，准予登记10件。参与省起草领导小组起草《云南省牛栏江保护条例》。

【行政执法监督】 2010年，曲靖市政府法制办分别对市公安局等8家市直部门行政处罚自由裁量权基准制度建立工作进行调研和指导。截至年底，除4个单位在等待省级细化、量化行政处罚自由裁量权基准制度未备案公布外，其他单位已全部备案公布；共举办行政执法人员培训班20期，培训人员3600人；进行资格审查817人，办理发放行政执法证3600份；共接到投诉案件7件，协助省政府法制办调处信访案件1件，其中：自行撤销1件，协调解决3件，电话答复4件，全部办结，办结率100%；曲靖市城市综合行政执法局挂牌成立，陆良县上报的城市管理相对集中行政处罚权实行综合行政执法工作方案市政府已批复同意实施。

【行政复议应诉】 2010年，曲靖市政府行政复议办公室共收到行政复议申请16件，不予受理2件，受理14件，办结14件；办理行政应诉案件1件。

【行政审批制度改革】 2010年，曲靖市政府法制办成立行政审批项目清理领导小组，组织5名法律专业人员为市编办制定的各单位“三定”方案规定中的行政审批项目进行大规模清理、审核，共清理、审核43个单位，其中对11个单位的行政审批事项进行了调整，对7个单位行政审批事项的文字表述进行修改，经过清理审核，有31个单位有行政审批项目，共278项，有12个单位无行政审批项目。

【行政调解】 2010年，曲靖全市各级共建立行政调解机构41个，配备专兼职行政调解工作人员232名。市政府法制办领导带队到市直单位和9个县（市）区进行督促和调研，全市受理各类行政争议案件958件，调解908件，调解率为94.8%。其中市行政调解工作室及市直单位行政调解工作机构受理88件，调解81件，调解率为92.2%。

【重大决策听证】 2010年，《曲靖政府法制》出刊7期1050份，反映各地各部门开展重大决策听证工作的做法和经验。3篇宣传曲靖市重大决策听证工作的简报和信息被省政府法制信息网“州市信息”栏目采用。清理45个市直部门应当举行重大决策听证的事项范围，共计481项；各级各部门举行重大决策听证会都在云南省人民政府重大决策听证网站及时发布公告；部门组织的重大决策听证，听证报告报同级政府法制机构审查，政府组织的重大决策听证，听证报告报上级政府法制机构审查；需提请政府审议的重大决策事项，应当听证而没有听证的，一律不得提交政府常务会议讨论。年内，大理州和临沧市到曲靖学习考察和借鉴开展重大决策听证工作的经验和做法。全市共组织重大决策听证会85次。

【效能政府四项制度】　2010年，曲靖市政府法制办成立行政效能建设工作领导小组，下设办公室负责处理行政效能建设的日常事务。围绕“行政绩效管理、行政成本控制、行政行为监督、行政能力提升”为主要内容的效能政府四项制度，开展机关效能政府建设活动。制定《曲靖市人民政府法制办公室贯彻实施效能政府四项制度实施方案》、《曲靖市人民政府法制办公室行政效能监督制度实施办法》、《曲靖市人民政府法制办公室行政能力提升学习培训工作方案》、《曲靖市人民政府法制办公室行政能力提升工作方案》、《曲靖市人民政府法制办公室关于开展以忠诚教育为核心的公共服务职业道德与技术方法培训教育活动实施方案的通知》、《曲靖市人民政府法制办公室一线工作法实施方案》和《曲靖市人民政府法制办公室服务承诺制》。

（浦仕灿）

劳动教养

【简述】　2010年，曲靖市劳教所深化三项重点工作，始终坚持“教育、感化、挽救”的劳教工作方针，以维护场所安全稳定为重点，以队伍建设为保障，创造性地开展各项工作，多项工作受到各级组织的肯定和嘉奖。连续十年实现管理、生产、执法、安全无事故。

【教育矫治】　2010年，曲靖市劳教所创新教育理念，坚持“严管理、强教育、善待人”的工作理念，坚持依法、严格、科学、文明执法，切实维护劳教人员（强制隔离戒毒人员）的合法权益，大力推进强制隔离戒毒工作。牢固树立“首要标准”，不断完善机制，丰富教学内容，提高教育效果。扎实开展“三课”教育和职业技术教育，把教育人、挽救人作为劳教工作（强制隔离戒毒工作）的根本出发点。探索戒毒教育矫治模式，编写强制隔离戒毒人员入所教育矫治读本。

【管理工作】　2010年，曲靖市劳教所认真落实安全防控、安全排查、应急处置、责任追究“四项机制”，全面构筑人防、物防、技防“三道防线”，强化第一责任。深入对照安全稳定“十个关键环节”加大对重点部位、重点时段、重点人员等的检查、管控力度，确保场所安全稳定。做到依法收容、收治。对劳教人员（强制隔离戒毒人员）减（延）期、所外执行、所外就医、探视、探访严格做到“两公开一监督”，准、放假制度严格规范，申请和审批手续完备。

【生活卫生】　2010年，曲靖市劳教所强化生活卫生标准化管理，健全完善疾病防治各项制度，做到“四确保”。确保消费透明，实行劳教人员（强制隔离戒毒人员）消费一卡通和网络化管理。强化服务，提高生活质量，搞好自种自养，降低生活成本。确保饮食卫生和安全，认真执行食品安全卫生法律法规和各项规章制度，严把食品采购、加工关。确保防病救治，认真开展健康教育，杜绝传染性疾病所内传播和流行。对新收劳教人员（强制隔离戒毒人员）实行艾滋病当日初筛建卡，建立健康普查和评价档案。

【强制隔离戒毒】　2010年，曲靖市劳教所认真做好思想、组织、物质、保障的准备，做好强制隔离戒毒工作。积极协调挂牌、经费保障，做好警察职工的思想动员和警力调配，在全省率先加挂强制隔离戒毒所牌子，率先收治强制隔离戒毒人员。安排职能科室大队相关人员到省外、所外考察学习，借鉴外地经验。认真开展强制隔离戒毒各项工作，加强对强制隔离戒毒人员的教育、管理，确保场所安全稳定。积极做好强制隔离戒毒所大营分所建设立项工作，已纳入市政府“三个一百”重点项目，并积极做好省级及国家级立项申报等工作。

【制度创新】　2010年，曲靖市劳教所将建所以来的工作制度进行整理、规范、完善、创新，着重清理不符合科学发展的规章制度，共计废除、修改包括《督察通报》、《警察职工有错与无为追究办法》等10余项制度。全面清理涉及劳教（强制隔离戒毒）基础工作的各项制度。结合实际，制定《曲靖市强制隔离戒毒所强制隔离戒毒人员管理工作实施细则》、《强制隔离戒毒人员守则》、《强制隔离戒毒人员行为规范》、《曲靖市强制隔离戒毒所强制隔离戒毒人员考核奖惩实施细则》等规章制度。

【禁毒防艾】　2010年，曲靖市劳教所认真落实“四免一关怀”政策，探索实践艾滋病抗病毒治疗以及转介模式。主动承担司法部劳教局、省劳教局下达的“艾滋病病人抗病毒治疗”、“警察心理健康咨询”等项目。组织开展戒毒康复和艾滋病抗病毒治疗。

【宣传工作】　2010年，省、市多家新闻媒体对曲靖市劳教所进行宣传报道，年内有1篇理论调研文章被省劳教局采用并获三等奖，在省、市级媒体上刊发文章10篇，编发情况通报12期、简报33期、景晖报6期。自办的所内互联网网站、景晖电视台、《景晖》报等，已成为警察职工理论探索和经验交流的平台和文化建设阵地。

（隽　明）

综合管理与监督

责任编辑 黎 俊

综 述

2010年是曲靖市发展环境极为复杂、各类重大挑战极为严峻的一年，面对复杂多变的国内外经济形势和特大干旱天气的影响，全市紧紧围绕市委、市政府确定的经济和社会发展目标任务，一手抓抗旱，一手抓发展，全力推进投资拉动、消费促动战略，增投资、强基础、调结构、转方式、重民生、促和谐，千方百计降低特大干旱造成的损失，努力化解金融危机后续影响，实现了经济平稳较快发展。

年内，除居民消费价格指数外，其余各项主要经济指标均能圆满完成市三届人大三次会议确定的预期目标。其中，全市生产总值增长13.1%，比计划目标高3.1个百分点；全社会固定资产投资增长26.4%，比计划目标高6.4个百分点；社会消费品零售总额增长22.5%，比计划目标高4.5个百分点；城镇居民人均可支配收入增长13%，比计划目标高4个百分点；农民人均纯收入增长12.7%，比计划目标高4.7个百分点；城镇登记失业率控制在3.5%，比计划目标低0.5个百分点；人口自然增长率控制在6.04‰，比计划目标低0.01个千分点；单位生产总值能耗下降4%，完成计划目标；外贸进出口总额增长28.8%，比计划目标高18.8个百分点；城镇化率达37%，完成计划目标；居民消费价格指数上涨3.6%，比计划目标高0.6个百分点。

"十一五"期间，全市经济总量年均增长13.4%；全社会固定资产投资年均增长25.3%；地方财政一般预算收入年均增长19.7%；城镇居民人均可支配收入和农村居民人均纯收入年均分别增长12.4%和14.7%。"十一五"规划主要目标任务较好完成。

经济平稳较快发展。2010年，全市应对旱灾和金融危机的措施成效明显，经济实现平稳较快增长。全市生产总值实现1005.5亿元，增长13.1%，其中：第一产业实现增加值183.5亿元，增长6.6%；第二产业实现增加值526.7亿元，增长15.5%，其中工业完成增加值468.7亿元，增长14.9%；第三产业实现增加值295.3亿元，增长12.4%。三次产业结构比为18.2:52.4:29.4。

农业在大灾之年获得丰收。年内，由于认真实施"小春损失大春补、粮食损失经济作物补、种植业损失畜牧业补、农业损失非农补"战略，最大限度降低了灾害造成的损失，大灾之年喜获丰收，农业保持平稳发展势头。全市粮播面积完成870万亩，粮食产量254.7万吨，增长4.3%。烤烟产量20.5万吨，增长7%。肉类总产138.9万吨，增长12.1%。扎实推进中低产田、中低产林改造工作。全市"整乡推进"扶贫开发项目村"六有"建设全面推进，累计完成投资17亿元，明显提升40余万人整体生产生活水平。

工业经济保持快速增长。2010年，全市着力破解煤电油运资等要素制约，有效保障了工业经济快速发展。全市工业增加值实现468.7亿元，增长14.9%。工业主要产品产量"八增三降"，"八增"即原煤4353.7万吨，增长5.5%；卷烟534.2亿支，增长3.1%；焦炭1031.2万吨，增长9.8%；合成氨52.6万吨，增长51.9%；化肥67.7万吨，增长6%；水泥1127.6万吨，增长44.5%；十种有色金属63.4万吨，增长10.8%；生铁129.7万吨，增长8.4%。"三降"即：汽车5.28万辆，下降25.5%；黄磷10.4万吨，下降18.2%；发电量382.9亿千瓦时，下降1.1%。

扩大内需成效明显。年内，全市切实加强了对项目和资金的争取力度，使全市325个项目共争取资金达20.3亿元，比上年增3.8亿元，是"十一五"期间争取资金最多、成效最好的一年。同时，积极协调金融机构投放重大项目贷款82亿元，确保了中小学危房改造、六沾二线、长昆客专等建设项目顺利推进。全社会固定资产投资完成701.5亿元，增长26.4%。

第三产业快速发展。2010年，在全市实施的消费促动战略成效显现，社会消费、旅游、金融业快速增长。第三产业完成增加值295.3亿元，增长12.4%。全市社会消费品零售总额完成232.8亿元，增长22.5%。旅游总收入实现43.4亿元，增长16%。金融机构各项存款、贷款余额分别达1017.4亿元、629.9亿元，分别增长21.7%、19.6%。

城市建设取得新进展。年内，建设人民满意城市行动计划扎实推进，城镇化进程不断加快。全面落实推进城镇化建设各项目标责任制，加大省级旅游小镇、省级重点小城镇和市级重点小城镇建设力度。全市创建园林城市取得明显成效，2010年，曲靖中心城市创建为省级园林城市，师宗、罗平、会泽创建为省级园林县城。麒麟、沾益、马龙珠江源大城市建成区面积达73平方千米，城市人口76万人。全市城镇化率达37%。

节能减排成效显著。2010年，全市坚决淘汰落后产能，大力发展循环经济，节能减排和生态环境保护工作取得实效。全市万元生产总值能耗下降4%，顺利完成"十一五"节能减排目标。完成企业能源审计和清洁生产审核验收任务，削减二氧化硫6.799万吨、削减化学需氧量1680吨。森林覆盖率提高到40.3%。

民生进一步改善。年内，全市实施积极的就业政策和社会保障措施，千方百计扩大就业，并取得了较好的成就。全市新增城镇就业岗位3.8万个，城镇登记失业率控制在3.5%以内，新增转移农村富余劳动力15万人，“零就业家庭”保持“动态清零”，劳动者合法权益得到维护。城乡保障性住房建设步伐加快，建成34.1万平方米廉租房、25万平方米经济适用住房、3.6万平方米公共租赁房，完成1.07万户农村抗震安居工程建设任务。社会保险发展步伐加快，人民生活水平进一步提高。农民人均纯收入4130元，比上年增加464元，增长12.7%；城镇居民人均可支配收入15940元，比上年增加1835元，增长13%。

社会事业全面进步。2010年，全市教育事业协调发展，完成中小学危房改造38万平方米；投入“两免一补”资金5.5亿元，圆满完成“两基”迎国检任务；基本普及高中阶段教育。市（县）、乡、村三级医疗卫生服务网络不断健全，公共卫生服务能力进一步提高；医疗卫生体制改革全面推进，新型农村合作医疗参合率达95.93%。加强食品药品监管，有效保障人民群众饮食用药安全。文化、教育、广播影视等社会事业全面进步。

2010年是“十一五”规划的收官之年，年内，各项目标任务的完成，为曲靖“十一五”经济社会规划的实现奠定了坚实的基础，使“十一五”期间全市的经济社会取得长足的发展，但在发展中，仍存在着一些突出的矛盾和问题影响和制约着曲靖经济社会平稳和协调，主要表现在：发展不足，发展不平衡、不充分、不协调，经济结构调整、转变发展方式压力大；基础设施薄弱，抗灾能力弱，“瓶颈”制约突出；价格调控、改善民生、维护社会稳定任务繁重，保持经济快速增长基础仍不牢固。

发展规划管理

【简述】 2010年是实现“十一五”规划的收官之年，曲靖市发改委按市委、市政府“打基础、调结构、转方式、强产业、增效益、上水平、重民生、兴科教、建生态、促和谐”的总体部署，以“十一五”规划为蓝图，以保增长为首要任务，以项目带动、投资拉动、消费促动为工作重点，较好地完成各项工作目标任务。“十一五”期间，市发改委科学编制发展规划，全力争取各级各类资金支持，强化项目管理，扎实做好经济运行分析，强化价格监管，积极推进各项改革，促进经济又好又快发展。

【中长期发展规划】 2010年，曲靖市发改委推进“十二五”规划编制工作。草拟全市和委内部的“十二五”规划编制实施方案。草拟并提请市政府转发《曲靖市人民政府办公室转发市发展和改革委员会关于市“十二五”规划编制实施方案的通知》，确定以1个《纲要》、20个重点专项规划、若干行业规划为支撑的市“十二五”规划体系。全面完成“十二五”前期课题研究。采取公开招标的形势于3月初全面完成涉及产业发展、基础设施、人民生活、资源环境等10个领域的39个重大课题研究。全面完成《曲靖市国民经济和社会发展规划第十二个五年规划基本思路》的研究。扎实开展《曲靖市国民经济和社会发展第十二个五年规划纲要》的编制工作。指导帮助各县（市）区和市直相关部门编制好规划纲要和专项规划，科学完成2010年计划编制工作。

【固定资产投资及管理】 2010年，曲靖市发改委始终把保投资作为保增长的首要任务来抓，全力推进项目建设，确保全社会固定资产投资稳步增长。将投资目标任务分解落实到975个具体的支撑项目上，并从支撑项目中认真筛选市级“三个一百”重点项目，报市委、市政府批准后重点推进。对投资1000万元以上的项目，采取定人、定项目、定任务、定时限、定奖惩的方法，全力推进。健全重大投资项目推进联席会议制度、市级领导挂钩联系制度、联合审批办理制度、部门联系人跟踪服务制度、推进监督检查制度、定期通报制度、前期工作保障制度、施工协调制度。出台《曲靖市重大投资项目推进工作制度（试行）》，确定审批、核准、备案工作流程，出台《曲靖市2010年固定资产投资及重点项目目标考核办法》。对项目实施包保责任制。在成立包保责任制领导小组的基础上，由包保责任组对各县（市）区投资总量目标和投资1亿元以上的100个省市重点项目实行包保责任制管理，每个月协调1次，强力推进项目建设。将全市43个省级“三个一百”重点项目、200个市级“双百”重点项目纳入重点工作督查范围，倒排工期，全力推进项目建设。采取责任领导落实（每个项目有一位县级领导挂钩联系）、责任人落实（每个项目有一个县级职能部门负责人作为解决问题的责任人）、解决问题的措施或方案落实、问题的办结时限落实等“四个落实”的工作方法，推进项目建设。成立项目督查领导小组，进一步加强对重大项目和中央扩大内需项目的督查。将全市2010年固定资产投资和项目建设目标任务纳入对各县（市）区、市直各部门督查范围，及时将相关目标任务进行分解，依托市委、市政府督查室的专项督查，针对项目推进中存在的问题，迅速提出整改措施，明确办理时限，及时督办，确保了每个问题得以及时整改。在市审计部门进行扩大内需项目专项资金审计时，主动通报有关情况，积极配合做好相关工作，确保各级项目配套资金按时足额到位。针对项目审批过程中需要相关部门相互衔接、同步推进的问题，及时牵头协调相关部门予以解决。出台《关于对重大投资项目实行并联审批制度的补充通知》，确保项目快速推进。全力做好铁路建设的支援协调工作。

【农业及农村经济】 2010年，曲靖市突出区域经济发展、促进城乡统筹、积极培育现代农业和全力推进社会主义新农村建设。把握宏观，做好规划。组织完成曲靖“十二五”期间涉农的各项专项规划。加强农情监测预测和重大问题调研。坚持农情会商制度，定期与涉农部门对农业和农村经济形势进行适时认真研究。重点加强对粮食、生猪等大宗农产品的生产情况、农民收入增长的结构组成、灾害影响、乡镇企业运行情况等分析，全年重点围绕监测农村经济形势和促进农民增收、整合政府支农投资、加强农村小型基础设施建设、密切跟踪重大政策和重大改革措施落实情况等4个问题开展调研。进一步加大项目的争取力度，努力改善全市农业和农村基础设施。年内，全市共争取中央扩大内需投资农业基本建设投资9.1亿元。重点支持新建水源工程、病险水库除险加固、大型灌区续修配套工程、农村饮水安全、水保工程、节水灌溉工程、中小河流治理，国家新增千亿斤粮食产能县建设、生猪标准化规模养殖小区（场）建设、动物防疫体系、农产品质量安全检验监测体系、基层农技服务体系建设、农村沼气（大中型沼气）工程，天保工程、退耕还林、防护林重点生态工程及国有林区棚户区改造等建设。严格项目管理，全力推进扩大内需项目建设。创新扶贫思路，抓好以工代赈及易地搬迁，实现山水林田路生产设施和水电路气房公共服务生活设施综合治理。年内，全市争取国家以工代赈和易地扶贫投资1914万元，以集中连片区域中的贫困乡村和特困村作为扶持对象，重点解决贫困地区小型农田水利、基本农田建设、乡村道路、人畜饮水、小流域综合治理等工程和易地扶贫搬迁区域内的基础设施、生产生活设施、社会事业、劳动力培训及生态建设等工程。因地制宜，突出区域建设重点，提高以工代赈和易地扶贫搬迁实施的针对性和建设效果。2010年有2.88万贫困人口受益，对3256个丧失基本生存条件的贫困人口实施了易地扶贫搬迁。

【工业经济建设及管理】 2010年，曲靖市从战略上调整工业经济布局，优化工业经济结构，着力破解煤电油运资等要素制约，保障工业经济的快速发展。大力推进工业重点项目建设，为曲靖工业经济的快速发展和推进工业化进程担保项目和资金支持。进一步做好曲靖市新能源项目规划、开发建设工作。完成《曲靖市太阳能光伏电站选址规划报告（2010－2020年）》初稿，共规划太阳能光伏电站建设场址11个，规划面积达7956亩。积极配合中核集团做好核电项目有关工作，协调市直有关部门收集大量资料，核电项目项目选址工作取得初步进展。开展高耗能高排放和产能过剩行业投资项目清理。组织完成对辖区内2009年以来高耗能高排放和产能过剩行业固定资产投资项目、所有钢铁企业总体情况和2005年以来开工建设钢铁项目的清理工作，并将清理结果及时上报。做好全市煤矿建设项目安全管理，在建水电站项目施工安全生产工作。组织完成各县（市）区对辖区内煤矿建设项目、在建中小水电站工程的检查，并对煤矿建设项目报批、施工中存在不尽规范、不按设计施工等问题，督促煤矿整改落实，确保建设项目安全管理到位。积极做好“桥头堡”建设的调研工作。

【交通运输建设及管理】 2010年，曲靖市努力完善交通运输网络，全力推进交通运输基础设施建设。认真做好年度计划，确保交通运输重点项目有序推进。年内，确定曲靖2010年交通11个重点建设项目（含中央省属），抓好在建的贵昆铁路六沾增建二线工程（曲靖段）、宣威至倘塘公路、富江二级公路、师宗县城至罗平（阿岗）公路县城至竹基段、全市农村公路建设等项目建设推进工作，重点保障沪昆客专长昆段铁路外业工作的开展。同时，认真做好普立至宣威高速公路、宣威至曲靖南海子高速公路、曲靖东南过境线高速公路、沾益至待补高速公路等项目前期推进工作，使普立至宣威高速公路、沪昆客专长昆段铁路均完成国家发改委可研报告批复工作，年内实现开工。认真做好交通项目的上报审批及协调工作。全年草拟各类公文112件，共争取国家和省交通项目资金11371万元。突出工作重点，综合协调铁路建设。指导协调好贵昆铁路六沾增建二线工程（曲靖段）征地拆迁后续工作、拆迁安置点建设，确保六沾二线建设按计划分段开通，做好沪昆客运专线建设的服务工作。积极配合建设、设计单位开展沪昆客运专线各项前期工作，组织开展迁改设施调查和协议签订，制定支铁机构工作措施，协调省补资金及时拨付，研究筹措征地拆迁缺口资金等，确保了沪昆客运专线按省的要求于10月初实质性开工建设。六沾二线炎方至松林段、松林至曲靖段均于年内开通投入运营；沪昆客运专线建设也进入重点控制性工程施工阶段。积极做好对项目的跟踪协调、调研工作，并以简报的形式提供有效信息，为领导决策提供参考。

2010年，全市交通建设项目完成投资49.7元，同比增长39%。其中：公路建设项目完成投资26.2亿元，铁路建设项目完成投资23.5亿元。

【社会事业】 2010年，曲靖全市继续加大对科技、教育、卫生、文化、体育、人口与计划生育、旅游、就业和劳动保障等社会事业重点领域的投入，推动社会各项事业全面协调发展。优先发展教育事业。把巩固提高“两基”成果、发展高中阶段教育、实施中小学危房改造工程及校舍安全工程、农村初中校舍改造、特殊教育学校建设及深化农村义务教育经费保障机制改革作为重点，保障和促进了教育事业的健康快速发展，全面完成2010年小学、初中、高中、大学等各级各类学校招生计划。加强公共卫生和医疗服务体系建设。新型农村合作医疗试点工作在全市全面展开，使全市的新型合作医疗参合率达93.93%。农村卫生服务体系建设不断完善，县级医院、乡镇卫生院改扩建成效明显。各卫生建设项目的实施加快，基层医疗卫生条件得到改善。全力做好人口与计划生育工作。突出“奖优免补”、流动人口计划生育管理服务、优质服务和村（居）自治四项重点工作，强化基层计划生育优质服务、流动人口计划生育管理与服务工作，实施农村计生服务网络建设工作，全年争取的12个计生项目已全部完工投入使用。稳步发展旅游业。做好会泽古城保护开发、珠江源景区、多依河景区、陆良沙雕博览园、麒麟温泉旅游小镇、王家庄旅游小镇、马龙太阳山谷度假区等重大旅游项目协调服务工作，努力争取国家及省的投资补助、贴息资金，发挥其引导作用，拓宽旅游项目投融资渠道，积极抓好红色旅游、乡村旅游、旅游小镇建设工作，继续将麒麟温泉旅游小镇建设项目、王家庄旅游小镇建设项目纳入省重点建设项目。不断改善旅游基础设施，积极推动管理体制和经营机制改革，打造旅游精品，提高服务质量和管理水平，大力发展旅游产业，努力实现“二次创业”各项目标任务。全年完成旅游业综合收入43亿元。大力发展文化事业和体育事业。加强文化基础设施建设，配合国家、省实施乡镇综合文化站建设专项工程，农村电影放映“2131”工程和广播电视基础设施建设，进一步深化文化体制改革，以项目为支撑，文旅互动，加强服务工作，通过争取一批文化重点项目启动实施，做大做强一批文化企业，加快文化产业发展步伐，提高文化产业增加值。同时，大力推进全民健身运动，继续实施农民健身工程。年内，会泽、麒麟农民体育健身工程的实施和竣工，进一步加强劳动就业和社会保障工作。通过实施积极的就业政策和再就业援助制度，加强劳动力市场建设，进一步拓宽了就业渠道，促进了就业增长。全年累计提供就业岗位36888个，实现失业人员再就业22247人。

【西部开发】 2010年是国家实施新一轮西部大开发的开头之年，全市全面贯彻落实国家新一轮西部大开发战略，及时转发国家和省2009年西部大开发工作总结和2010年工作重点，指导各县（市）区西部大开发工作。认真组织和搞好西部大开发的总结上报和宣传工作，形成《曲靖市实施西部战略情况报告》，组织上报《西部大开发在云南》、《西部大开发十周年生态环境与人居环境成就展》相关材料，同时完成在全市范围内开展的西部大开发十年成就宣传工作。开展企业申报享受西部大开发税收优惠政策的初审工作。年内，转报滇东商城、云维化工、宣威宇恒水泥、陆良滇东水泥、万客齐食品、健之佳健康连锁药店等企业享受西部大开发税收优惠政策的请示材料，并获省发改委的批准。认真抓好西部地区人才培训工作。及时上报参加西部地区人才培训计划，组织全市10名干部参加在广州举办的东部城市对口支持西部地区人才培训专题研讨班。抓好巩固退耕还林成果建设项目的实施。以相关部门组成四个检查组对全市2008、2009年巩固退耕还林成果专项规划建设项目实施情况进行检查，形成自查报告上报省各相关部门。做好2010年巩固退耕还林成果建设项目计划的落实。组织市、县有关部门做好建设项目实施方案等前期工作。及时上报全市2011年度巩固退耕还林成果建设项目计划，及时向省发改委上报曲靖的调整方案。

价格管理

【简述】 2010年，曲靖市的价格管理工作以保持价格总水平基本稳定为目标，密切关注市场价格变化情况，适时掌握市场价格动态，采取有效措施，确保了全市价格总水平的基本稳定。建立健全价格工作机制，继续完善农产品和涉农价格政策，认真做好成本监审工作，积极稳妥地推进以电价、水价为主的资源性产品价格改革和环保收费改革。做实做细价格监测分析及预警工作，切实强化粮油肉及农业生产资料的储备，组织开展涉农、涉企收费和药品医疗服务等价格检查，严格清理乱收费行为。年内，共查处106件价格违法案件，查处价格违法金额累计达1203.968万元。全市价格总水平保持基本稳定，促进了全市经济的稳健运行。由于成本调查和监审工作成效显著，曲靖市发改委连续四年被国家发改委表彰为先进集体，局长褚绍祥年内被国家发改委表彰为先进个人。

【价格改革】 2010年，曲靖市健全和完善价格管理机制，积极稳妥的深化价格改革，确保了全市价格总水平的基本稳定。继续完善农产品和涉农价格政策。年内，完善农产品价格形成机制，及时贯彻国家较大幅度提高粮食最低收购价等政策措施，进一步完善粮食最低收购价执行预案，适当扩大执行范围，保持粮食等农副产品价格的合理水平。密切关注生猪、油料等农产品市场价格变动，积极发挥重要农产品储备调节机制，保持农产品合理价格水平，保障农民种植养殖收益。在遭受百年不遇干旱期间，采取临时价格干预措施的部署，及时部署全市临时价格干预措施，下发《曲靖市发展和改革委员会关于做好临时价格干预措施实施工作的通知》和《曲靖市发展和改革委员会关于继续实施临时价格干预措施有关问题的通知》，向全市公告，并将全市82家关系民生的9大品种纳入临时价格干预范围。同时，继续落实好国家对种粮农民的农资综合直补政策，努力缓解种植成本上升的压力；全力落实尿素淡季储备制度，保障市内市场需求，进一步降低农业生产成本，减轻农民负担。积极稳妥推进资源性产品价格和环保收费改革。完成国家成品油、天然气价格调整方案在全市实施，继续推进电价、水价改革。圆满解决全市煤层气发电上网电价执行中的若干问题，积极推进陆良、会泽、师宗、沾益县垃圾和污水价格改革。在对陆良县第一步水价调整方案执行情况进行跟踪问效调研的基础上，批复陆良县第二步城市供排水价格改革方案。指导各县（市）区开展污水和生活垃圾处理费核定的前期工作，按程序召开听证会和对方案认真修改讨论的基础上，批复沾益县垃圾处理费标准、宣威市污水处理费标准、罗平县城区污水和垃圾处理费标准。完成沾益县污水处理厂污水处理费标准和曲靖生活垃圾焚烧发电项目垃圾处理费标准和上网电价核定和转报工作，开展调查研究为深化资源性产品价格改革打基础。在全市开展水资源、污水处理、垃圾处置收费情况调查，写出并上报相关的各类报告为推进资源环境价格改革打下了基础。继续做好煤焦价格调节基金征缴工作。进一步完善煤焦价格调节基金征收管理使用办法，全面完成2010年调节基金征缴的征收任务。全年各县（市）区上缴到市级财政的基金达3969.43万元。认真做好药品价格、物业服务价格、经济适用住房价格审批工作。两次抽调人员统一对曲靖城区60多个医保定点药店的17种药品销售价格进行检查，通过实地调查和如实审核成本，按权限和规定程序办理部分小区物业服务和停车费标准的审批和备案工作。认真办理人大、政协代表、委员建议提案答复。配合市卫生局开展市政协委员会第三次会议《关于强化对餐饮业消毒餐具监管的建议》（提案），按要求完成政协提案续办续答工作。

【收费管理】 2010年，曲靖市的收费管理注重对市场价格的引导和规范，扎实推进消费、治乱、减负工作，切实发挥价格职能作用，保持价格总水平基本稳定。认真做好《收费许可证》年审、办证和管理工作，从源头整治乱收费行为。进一步规范《收费许可证》管理，对新办《收费许可证》严格实行资质审查，认真核对收费项目和标准依据。同时，严把年审关，重点审核各级政府明令取消的收费标准是否从许可证上注销，对越权制定收费项目和标准坚决不予上证。从源头要求各执收单位做好收费公示工作，努力提高公示率。于2010年5月30日前完成2009年度审验工作任务，收费总额达92673.39万元。提高依法行政、依法管费意识，充分发挥价格职能作用，为构建和谐社会、优化经济发展环境服务。对符合条件的经营者或申请人所报材料及时审查，及时办结，利用《收费许可证》年审契机，巩固完善收费公示制度，及时变更收费内容，注重社会监督作用，提高交费者依法自我保护意识。进一步规范和完善教育收费政策，继续落实好农村义务教育经费保障机制改革措施，监督农村义务教育学生免费发放教科书，城市义务教育学生免除杂费，取消片外生借读费的政策贯彻落实，认真组织讨论城市中小学服务性收费、代收费项目的修改意见。继续加强义务阶段教材价格、教辅材料限额管理。坚持公办高中择校生“三限”政策。大力扶持职业教育发展，规范民办学校的收费行为。规范各类学校代收费、服务性收费行为。年内，对全市108项行政事业性收费项目精简免收情况进行督查。通过对市直25个部门和各县（市）区的督查，各部门、各单位都能对照公告和有关政策，做到令行禁止。充分利用收费政策，疏导收费矛盾，调解处理各种利益关系，促进经济和社会可持续发展。及时转发并组织实施国家和省出台制定或调整的各项收费标准，按照“补偿教育成本，适当考虑合理回报”的原则，制定或调整部分民办学校的学费标准。同时，调整部分幼儿园收费标准。此外，及时启动联动方案，重新核定曲靖道路旅客运输价格，保证国家有关燃油价税费改革的顺利进行。加强涉及民生和和重要行业的收费监管力度，深入贯彻落实中央、省清费治乱精神。调整殡葬火化费、运尸费收费标准，进一步明确基本殡葬服务项目和全市统一收费标准，进一步完善非基本殡葬服务项目的收费管理，进一步完善全市安全生产培训、煤炭生产安全培训、机动车驾驶培训收费工作，加大对培训机构的资质等级、培训计划、培训内容、培训对象、培训收费的监管力度，制定全市统一培训收费备案表。规范和调整房地产的有关收费，统一规范招投标保证金收取标准，取消涉及房地产的两项检测收费和建筑企业劳动者保障费。联合财政、民政部门开展对社会团体收费的清理整顿，对市直各单位和各县（市）区行政主管部门以及所属事业单位开展清理规范经营服务性收费。加强涉农收费管理，切实保护农民切身利益。年内，加强对农机、农技推广，农产品质量认证等农村服务性收费管理，认真清理强制服务，强行收费。并落实好涉及农村就业和再就业、医疗、有线电视收看、鲜活农产品“绿色通道”、化肥运输等收费价格优惠政策，促进农民增收。围绕经济社会发展中热点、难点问题，开展调查研究。年内，及时组织市直有关部门召开6个专题座谈讨论会，并通过召开听证会，综合各方意见，下发《曲靖市发展和改革委员会关于曲靖城区出租汽车客运价格完善调整的通知》，规范出租车营运。同时，抓好游览参观点门票价格清理整顿后期工作，及时指导罗平县召开景区门票价格调整听证会，调整九龙瀑布群景区和多依河景区门票价格。组织安排对22项医疗服务价格进行论证和修改。此外，还开展对《云南省〈汽车运价规则〉及〈道路运输价格管理规定〉实施细则》的意见修改调研，并提出实施意见。

【成本调查和监审】 2010年，曲靖市的成本调查和监审工作以提高成本调查质量为基础，以加强垄断行业和社会公益行业定价成本监审为重点，围绕环保资源性产品价格改革，为听证会提供成本监审报告，平稳推进改革服务。全面完成农产品成本调查工作。深入各县（市）区完成2009年粳稻、玉米、马铃薯、烤烟、油菜籽、桑蚕茧、黄姜、散养生猪、中规模饲养生猪、大规模饲养生猪和大规模蛋鸡等11个农产品种常规调查和2009年农户农资购买以及2010年农户农资购买意向情况调查等专项调查的成本数据审核、汇总、分析和上报工作。同时，完成农民种植与农户存粮、生猪月报调查和曲靖市主要农产品（油菜籽、玉米、烤烟和粳稻）成本预测工作和油菜籽成本预测、直报调查工作。在全省率先颁发国家定点农产品成本调查单位（户）证书。开展重要商品价格成本调查工作。通过对曲靖市辖区内的24户企业的2009年度25个调查品种开展成本调查，完成2009年重要商品价格成本调查工作，并按照规定时间审核、上报，为政府决策服务。推进成本监审工作，为价格决策提供定价成本。年内，在全市分别开展污水处理成本、幼儿教育培养成本、机械化生猪屠宰服务成本、游览参观点门票成本、供热（蒸汽）成本、垃圾处理成本、物业服务成本、廉租房租金成本、城乡供水成本等11个行业（类）39个项目的成本监审工作，审核经营者上报的商品和服务生产经营成本总额30514.99万元，核减虚报和不合理成本3083.50万元，核减率为10.11%。同时，在全省开展首例供热（蒸汽）成本监审。完成烟叶收购价格、粮油禽蛋等生活必需品市场价格、固体废弃物处置和医疗废弃物处置成本等专题调查。强化成本信息服务工作，为政府决策提供依据。全年共撰写涉及全市主要农产品、经济作物和种养殖业等各类成本预测、收益分析材料11篇，反映存在的问题，提出解决措施和建议。

【价格监测】 2010年，曲靖市围绕确保居民消费价格总水平103以内的调控目标和任务，有效开展各项价格监测工作。认真搞好价格总水平的分析预测，提高价格调控的预见性。围绕年初全市确定的居民消费价格总水平调控目标，密切关注市场价格动态，尤其是针对曲靖遭受百年不遇的干旱和10月份后市场价格涨幅较大的形势，加强对抗旱救灾物资、农业生产资料和居民生活必需品有关重要商品的监测分析，及时提出应对措施建议，为政府和上级主管部门提供决策依据。按时保质完成价格监测常规任务，扎实开展节假日市场价格巡查、监测分析工作。由全市设立的69个监测点，全面完成包括粮食价格、食品价格、日用工业品、工农业生产资料、成品油、经济作物、煤炭、城市和农村居民服务价格等共13类365余个品种的价格监测常规任务。并根据监测到的市场变化，以及市场价格热点及时进行监测分析预测，扎实开展元旦、春节、“五一”、国庆节假日市场价格巡查、监测分析工作。加强专项价格监测工作。深入宣威市、富源县、陆良县开展调研，分别向政府提出《关于启动防止生猪价格过度下跌调控预案的请示》二级、一级响应相关措施建议，并相应地启动临时储备等相关措施。组织完成全市保障物价稳定和市场供应督查工作。

【价格监督检查】 2010年，曲靖市组织开展各项价格检查，维护市场价格和收费秩序，规范价费行为，切实为曲靖经济发展提供保障。加强重要节日期间市场价格监管。年内，在元旦、春节和“五一”期间，加强对农用柴油、农业生产用水、用电价格的检查，确保了“两节”期间与群众生活密切相关的重要商品和服务价格的基本稳定。依法行政，切实履行价格监督检查职能，开展好各项专项检查，维护群众和消费者的合法权益。年内，对重点行业和垄断部门相继开展涉农收费、涉企收费、行业协会收费、电力价格、教育收费和成品油价格等专项检查，努力稳定消费价格总水平。开展治理和规范涉企收费督查。由市发改委、市监察局、市财政局抽调人员组成3个督查组，对各县（市）区及市直各部门治理和规范涉企收费工作进展情况进行认真督查，进一步规范了各县（市）区及市直涉企收费单位的收费工作。做好价格举报电话“12358”的监督举报工作。年内，全市把健全价格举报机制作为全年价格监督检查工作的一个重点。全年共受理价格举报123件，其中：价格政策咨询68件，违法行为举报55件，来信14件，来电99件，来访10件；上级交办4件，办结率达100%。

2010年，全市共查处价格违法案件106件，查处违法所得金额1203.968万元，退还用户金额298.234万元，没收违法所得金额905.733万元，罚款金额18.668万元，上缴财政金额924.401

万元，经济制裁总金额1222.636万元；其中市物价局33件，查处违法所得金额826.492万元，退还用户金额233.395万元，没收违法所得金额593.097万元，罚款金额13.030万元，上缴财政金额606.127万元，经济制裁总金额839.522万元。

【价格认证】 2010年，曲靖市价格认证工作坚持以涉案财物价格鉴定为立足点，不断拓展业务，扎实有效地开展各项价格认证，积极促进政府价格部门职能转变、增强市场服务功能。严格按照《云南省涉案财物价格鉴证管理条例》、《云南省价格鉴证工作规范（试行）》、《曲靖市涉案财物价格鉴定集体审议制度》办案，严格程序，依法办案。加强内部管理，以制度和纪律规范价格认证人员的行为，确保认证质量。严格程序，确保价格鉴定结论客观公正，经得起法律的检验和当事人的质询。年内，全市价格认证中心共接受委托、办理各类案件2311件，认证标的金额达12864.1万元。其中：市价格认证中心共接受委托、办理各类案件98件，完成认证标的金额1001.3万元，无一例错案和复核裁定案件。

（刘云飞）

2010年曲靖市发改委制定调整收费标准表

执收单位	收费项目	计费单位	收费标准（元）	收费批准机关及文号	备注
麒麟区第一幼儿园	保育费	每生每学期	800	曲发改收费［2010］44号	幼班：900
沾益县第一幼儿园	保育费	每生每学期	600	曲发改收费［2010］34号	幼班：700
华西航空旅游学校曲靖分校	学费	每生每学年	5500	曲发改收费［2010］33号	
华西航空旅游学校曲靖分校	住宿费	每生每学年	400	曲发改收费［2010］33号	
九龙瀑布群景区	门票价格	每人次	75	曲发改收费［2010］25号	
多依河景区	门票价格	每人次	55	曲发改收费［2010］25号	
宣威市幼儿园	保育费	每生每学期	600	曲发改收费［2010］20号	幼班：700
马龙县幼儿园	保育费	每生每学期	600	曲发改收费［2010］16号	幼班：700
富源县中安镇中心幼儿园	保育费	每生每学期	600	曲发改收费［2010］2号	幼班：700

国有资产监督管理

【简述】 2010年，曲靖市国资委围绕国有资产保值增值目标，创新监管模式，深化国有资产管理体制改革，履行出资人职责，加强国有企业监督管理力度，规范国有产权交易行为，开创国资监管工作新局面。

【国有资产监督管理】 2010年，曲靖市国资委把国有企业调整经济结构、转变经济增长方式和不断深化改革作为工作重点，注重优化经济结构、注重提高经济增长质量和效益，全市国有企业国有资产营运质量明显改善，生产经营保持良好发展态势。截至年末，全市纳入资产财务统计的企业户数为80户，国有企业资产总额377亿元，同比增长13.9%，净资产总额110亿元，增8.7%；2010年实现营业总收入42亿元，增10%，实现利润0.82亿元，降67%，国有资产保值增值率达到101.3%。其中市国资委重点监管的10户国有企业资产总额为295亿元，同比增长12.7%，净资产总额83亿元，增6.6%；2010年实现营业收入12亿元，增20.9%，实现净利润1.38亿元，减1.2亿元，国有资产保值增值率达到102.2%。

【产权管理】 2010年，曲靖市国资委加强对国有产权交易的监管工作。对国有产权转让情况进行专题调研，市政府和市纪委在3月下旬分别对全市国有资产交易情况进行专题调研，市国资委领导及相关人员参与调研活动。对国有产权交易情况进行督查，代表市政府对9个县（市）区开展国有产权转让督查工作，向市政府提交专项督查报告，对进一步规范产权转让工作提出8个方面的建议。根据市纪委《关于对我市公共资源交易情况进行调研的通知》要求，市国资委对近年来国有产权交易情况进行专题调研，向市纪委调研组上报专题调研报告，为市委市政府决策提供参考依据。加强对国有产权交易的监督管理工作，市产权交易监督管理中心全年共办理国有产权交易事项7项，完成交易金额2546万元。办理行政事业单位资产处置事项26项，牵头完成市中医院的股权回购和曲靖财经学校等市属5所学校的产权变更及资产移交工作，并代表市政府签订中医院的股权回购协议和5所学校的资产移交协议，批复宣威市人口和计划生育局、宣威市公安局交警大队办公用房进行公开拍卖。

【考核评价】 2010年，曲靖市国资委印发《关于下达市属重点监管企业2010年国有资产保值增值任务的通知》（曲国资［2010］22号），对10户重点监管企业的国有资产保值增值率、净资产、经营收入、利润总额及部分行业指标下达任务。将县（市）区国有资产监督管理和保值增值目标纳入全市综合考核范围，市国资委向县（市）区下达2010年的考核目标任务，从5个方面对县（市）区国有资产监督管理工作进行考核，2010年12月完成考核工作，向市委、市政府上报了考核结果。

【国资监管制度体系建设】 2010年，曲靖市国资委制定完善了国资监管政策制度，由市国资委研究制定《关于监管企业重大事项报告制度的暂行规定》（曲国资〔2010〕4号），对监管企业的重大事项实行报告和备案制度。

由市国资委牵头负责全市企业重大国有资产处置审批制度的协调推进工作，起草《曲靖市市属企业国有资产处置审批制度（试行）》草案，在征求各方意见后上报市政府研究，市政府于11月2日召开第十七次政府常务会进行讨论并通过，以曲政发〔2010〕87号文印发执行。加强国有资本收益管理，维护国有资产所有者的合法权益，向市政府上报《曲靖市国有资本经营收支预算管理意见（试行）》草案，待市政府召开相关会议进行研究。

【创先争优】 2010年4月开始，曲靖市国资委组织委机关党员干部开展创先争优活动，同时，做好市属12户国有企业党组织的创先争优活动的指导工作，包括2个党委、3个总支、37个支部、517名党员。国有企业党组织以实施“提质增效工程”为主题，深入开展“争创政治引领力强、推动发展力强、改革创新力强、凝聚保障力强的党组织；争做政治素质优、岗位技能优、工作业绩优、群众评价优的共产党员”的“四强四优”主题实践活动。通过完善党组织参与重大决策制度，设立党员责任区、党员先锋岗，发挥党组织政治核心作用，维护国有资产安全，提高资产运行质量，增强经营效果，促进企业科学发展。

【效能政府四项制度】 2010年，曲靖市国资委推行以行政绩效管理、行政成本控制、行政行为监督、行政能力提升为主要内容的效能政府四项制度。加强组织领导、制定实施方案、强化学习培训，明确行政绩效管理的重点和工作措施，向牵头部门上报重点工作计划和一季度工作开展情况。明确行政成本控制5个方面的主要内容和工作要求，做好统计数据和相关材料的报送工作。在行政行为监督工作中，以人、财、物管理使用为关键岗位，以行政审批权力运行、国有资产产权交易为重点环节，科学配置权力，健全运行机构，完善监督措施，确定3个关键岗位和重点环节进行监督。在行政能力提升工作中认真制定学习培训计划，梳理行政审批事项、实施重点工作目标倒逼管理、积极探索一线工作法，及时向牵头部门和有关单位上报相关材料和表格，加强信息沟通，确保制度推进工作顺利开展。

（孟利锋）

工商行政管理

【简述】 2010年，曲靖市工商系统立足工商职能，紧扣“五项指标”和“六项重点工作”，全力服务曲靖地方经济发展，各项工作稳步推进，业务建设、队伍建设、党风廉政建设不断得到加强，监管执法、服务工作进一步强化，“红盾护农”、“消费维权”、“素质提升”等各项工作出亮点、出特色，多项工作在全省工商系统位居前列，全年工作亮点频出，多次受到省工商局和曲靖市委、市政府的表彰肯定。年内，全市个体工商户数达121021户；全市新增私营企业1498户；新注册商标262件，争创中国驰名商标1件，认定曲靖市知名商标40件；完成“贷免扶补”任务200名，金融机构发放贷款1000万元，带动668人就业；协助关闭高耗能、高污染和产能过剩的“两高一剩”产业83户。全市工商系统2010年共查办各类案件5236件，共受理消费者申（投）诉举报3618件，为消费者挽回经济损失1174.02万元。在2010年特大干旱灾害中，全市工商系统干部职工共为灾区捐款438020元，市工商局筹措资金7万余元用于解决挂钩点村民的日常饮水问题，全市个私协会为抗旱救灾捐款201966元。

【企业注册登记管理】 至2010年底，曲靖市共有内资企业5577户，注册资金4029637万元。年内新注册内资企业202户，注册资金99776万元。曲靖市工商系统按照“增加总量、扩大规模、鼓励先进、淘汰落后”的总体要求，积极扶持培育特色经济、主导产业的发展，推进曲靖区域经济发展。坚持好中求快的发展原则，优化准入类型，畅通准入通道，为各类经济主体创造了良好的市场准入环境，促进市场主体健康发展。积极做好年检验照工作。年内，内资企业和私营企业应检15073户，实检14441户，参检率95%，通过14441户，合格率100%；个体工商户应验照86519户，实检84251户，验照率97.38%，合格率100%。与相关部门配合，协助关闭高耗能、高污染和产能过剩的“两高一剩”产业83户。年内，全市淘汰焦化装置101座、水泥生产线4条、铝冶炼和铁合金装置各2座，总产能658万吨，圆满完成2010年淘汰落后产能任务。

【个体私营经济监管】 至2010年底，曲靖市实有个体工商户120813户，从业人员205132人，注册资金403920万元，总产值255268万元、销售总额或营业收入2113929万元、社会消费品零售额1317948万元，全年新开业个体工商户24001户，注销8494户，净增15507户。全市共有私营企业10610户，从业人员216739人，注册资本2285758万元，总产值1505021万元、销售总额和营业收入1041698万元、社会消费品零售额700348万元，私营企业户均注册资本215.4万元，全年新登记私营企业1465户，注销290户，净增1175户。紧紧围绕服务“三农”发展，支持经济结构优化调整，全市工商系统立足职能，积极引导、帮扶农民专业合作社发展。全市共有农民专业合作社796家，成员总数9165人，注册资本74085.4万元。大力发展非公有制经济，拓宽投资领域，扩大就业渠道，促进自主创业，全市年内共有53958人通过从事个私经济实现了就业。积极扶持下岗失业人员、高校毕业生、退役军人、返乡农民工通过创办个体工商户和私营企业实现自主创业，自谋职业，以创业带动就业，鼓励个体工商户、私营企业积极吸纳下岗失业人员就业。全市有965名下岗职工、118名大学毕业生个体私营经济领域实现就业再就业。全年共帮扶200名创业人员成功创业，带动628人就业，帮助创业者获得创业贷款1000万元。各县（市）区工商局成立无照经营专项清理整治工作领导小组，制定实施方案，严格开展无照经营查处取缔工作。全市共查处无照经营案件3018户，案件总值3100.48万元，引导办照1838户，取缔383户。

【诚信市场建设】 2010年，曲靖市工商系统共创建1A、2A级诚信市场51个，3A、4A级诚信市场29个，报省工商局获得认定5A级诚信市场2个（麒麟区闽南建材城、陆良县大型建材市场）。

【“一会两站”建设】 2010年，曲靖市大力推进“一会两站”建设，全市115个乡镇（街道办事处）已全部建立消协分会，建立“两站”1868个，基本实现了全市乡镇（街道办事处）100%建立消费者协会分会，全市集贸市场（批发市场、专业市场）、国家级、省级旅游景点和营业面积在500

平方米以上的超市（商场）全部建立“两站”的目标。进一步建立健全“一会两站”工作机制和制度，大力开展业务培训和工作指导，“一会两站”在维权质量、水平、规范等方面的作用得到进一步提升。

【商品交易市场信用分类监管】 2010年，曲靖市工商系统按照“先行试点、重点指导、示范带动、逐步推开”的原则，立足曲靖市场实际，以引导、帮助、监督市场开办单位自觉履行市场监管第一责任人职责为切入点，以确认市场主体信用类别为抓手，以场内经营户诚信评比为载体，以工商所（分局）实施分类监管为落脚点，按照“规范化、制度化、程序化、法制化”的要求，紧紧围绕企业信用分类监管、个体信用分类监管、市场信用分类三个评价体系，对场内经营户、曲靖市场开办单位开展商品交易市场信用分类监管工作。派出人员到省工商局市场处、信息中心请示汇报，对辖区内商品交易市场信用分类指标进行重新采集、认定、上报。截至11月底，全市已录入商品交易市场282个，占全市市场总数的99.6%，已认定275个，其中：A类市场77个，B类市场127个，C类市场64个，D类市场7个。

【商标监督管理】 2010年，曲靖市新注册商标262件，共有商标总数2062件。全市工商系统继续深入开展“一所多标”和农村专业合作社（公司）+商标+农户的工作，加大新注册商标培育力度，建立争创中国驰名商标、云南省著名商标、曲靖市知名商标长效机制，创新商标监管机制，建立重点企业重点联系制度，指导企业正确应用商标战略占领市场和扩大市场占有率，提升商标知名度，提高经济效益。切实加大侵犯注册商标专用权力度，以食品商标、药品商标、涉农商标、地理标志、涉外商标、驰名商标、著名商标、知名商标为重点进行专项治理。注册商标培育、发展、保护工作有序进行。年内，全市有23件商标获云南省著名商标认定，40件商标获曲靖市知名商标认定，成功争创中国驰名商标1件，即云南罗平锌电股份有限公司的“久隆及图”商标，全市共有中国驰名商标总数3件。共查处商标侵权案件117件，案值70.7万元，罚没款56.69万元。

【食品安全监管】 2010年，全市工商系统狠抓流通环节产品质量和食品安全监管，大力开展食品安全专项整治，严厉打击各种违法行为，维护消费安全，从各个环节抓牢抓实食品安全工作，为广大人民群众筑牢食品消费安全保障线。年内，全市工商系统紧紧围绕节日食品市场、食品广告专项整治，农村食品市场和流通环节违法添加非食用物质和滥用食品添加剂执法检查，地沟油、不合格一次性筷子、流通环节乳品和含乳食品专项整治等，全方位开展流通环节食品安全监管工作。在强化食品安全日常监管的基础上，不断探索，规范完善食品安全动态监管机制，监督食品经营户建立索证索票和进货台账制度，推进“食品安全示范店”创建，从源头上加强了流通环节食品安全监管，推进了市场监管长效机制的建立。至10月底，全市各级工商部门共检查食品经营户54454户（次）、查处取缔无照经营463户，立案查办制售假冒伪劣食品案件150件，案值达8.022万元。

【消保维权】 2010年，曲靖市工商系统围绕把12315打造成曲靖工商第一形象品牌的要求，大力推进12315行政执法体系建设，在加大工作力度、完善功能、提升水平和扩大网络覆盖面及规范高效运行上下功夫，充分发挥“四个平台”的作用。在认真落实“两个100%”承诺的基础上，坚持“三真”（真心维权、真诚服务、真情解难），做到“有诉必接、有假必打、有案必查”，坚决消除畏难情绪和懈怠思想，杜绝处理不及时、解决不认真等情况。继续实行“三个督察”制度，即：对各地处理和回复消费者申（投）诉举报的考核记录制度、对消费者的抽查回访制度和受理动态分析、各地工作情况通报制度，把督促检查贯穿于12315受理、处理全过程中。年内，市工商局指挥中心共受理消费者申（投）诉举报3238件，为消费者挽回经济损失1147.88万元。2月28日，曲靖市工商局12315消费者申诉举报指挥中心被云南省妇联授予“云南省三八红旗集体”荣誉称号。

【行政执法】 2010年，曲靖市工商系统积极探索完善全员执法办案机制，推进基层工作职能到位，提高监管执法能力，以影响市场秩序和人民群众关心的重点、难点、热点问题为突破口，在执法工作中树权威、收实效，维护全市健康有序的市场经济秩序。全市工商部门积极开展商标专用权保护、虚假违法广告整治、打击传销、“两烟”市场整治、工程建设领域突出问题专项治理、“扫黄打非”、整治手机市场等一系列专项行动，平安创建和社会治安综合治理深入推进，执法能力建设不断加强。截至10月底，全市工商系统共查办各类案件1689件，案值11461.1万元。

【服务农村改革发展】 2010年，曲靖市工商系统抓好红盾护农工作，切实加强化肥、种子、农药、地膜等农资市场监管，加大对农资市场的巡查频次，严厉查处制售假冒伪劣农资案件，认真受理和处理涉农申（投）诉案件。年内，全市工商系统在“红盾护农”工作中立案查办案件32件，案值16.94万元。抓好农村经纪人培育发展工作。年内，全市新发展经纪人817户，共有各类经纪人4479户，比上年底增长22.3%。抓好农民专业合作社培育发展工作。年内，全市新登记农民专业合作社383户，共有农民专业合作社774户，比上年底增长80%。积极开展食品安全星级示范店评定活动。制定食品安全星级示范店评定工作方案，全市创建星级“食品安全示范店”88个。

【规范化建设】 2010年，曲靖市工商系统有基层在建项目10个，麒麟区工商局机关办公楼，会泽县大井工商所，宣威市城北工商分局，富源县黄泥河、墨红、后所、营上、富村、老厂等工商所（分局）办公楼已建成投入使用。各县（市）区工商局明确目标、细化措施，建章立制，规范内部管理，加大软硬件建设力度，28个工商所通过市工商局检查验收。

【党建工作】 2010年12月1日，曲靖市工商局机关成立机关党委，全系统9个县（市）区工商局分别设立机关党委或党总支（其中成立党委7个，总支2个），全市基层工商所（分局）已成立党支部53个，占基层工商所（分局）数量的71%。至年底，全市个私协会共建立党组织76个，其中党总支5个，党支部71个，党员人数511人。2010年新批准预备党员28人。

【机构改革】 2010年，曲靖市工商局根据省工商局总体部署和省编办、省工商局印发的《三定方案》，统筹谋划、积极稳妥推进机构改革。通过机构改革的开展，市工商局机关科级干部平均由43.6岁下降到41岁，科长轮岗面达81.3%；副科长轮岗面达66.7%；一般干部职工轮岗比例达到63%。

（李　婧）

2010年曲靖市荣获中国驰名商标企业名单

序号	单　位	商标	生产产品
1	罗平锌电股份有限公司	久隆	电解锌，电解镉，锗精矿

2010年曲靖市荣获云南省著名商标企业名单

序号	单位	商标	生产产品
1	云南省陆良化工实业有限公司	云星	重铬酸钠
2	陆良县爨乡茧丝业有限公司	爨乡	被子；丝毯
3	云南安宏化工有限责任公司	石林	氧气
4	云南富源金田原农产品开发有限责任公司	白金芋宝	魔芋粉；含淀粉食品
5	云南则黑酒业有限责任公司	则黑	（含酒精饮料）不包括啤酒
6	云南省罗平县腊山有限责任公司	多依河	住所（旅馆、供膳寄宿处）；餐厅
7	云南大天种业有限公司	飞燕	小麦；玉米
8	云南马龙万企化工有限公司	龙马	立德粉；氧化锌
9	沾益县银龙实业发展有限公司	银龙蕻	蔬菜汁（饮料）；果汁饮料（饮料）
10	云南驰宏锌锗股份有限公司	金沙	电铅
11	曲靖市云康药业有限公司	云康	推销（替他人）；替他人作中介
12	云南雄业制药有限公司	珠江源	中西药制剂
13	曲靖市麒麟区红源老家调味品厂	松汇	辣椒粉；调味品（辣）；胡椒（调味品）
14	曲靖曲福酒业有限公司	曲福	清酒；果酒；米酒
15	曲靖市麒麟区福丝有限公司	福丝	床罩；被子；床单
16	云南师宗县五龙裕酒业有限公司	阿庐古	酒
17	云南会泽铜乡食品酒业有限公司	铜乡	酒；米酒
18	云南（炬锋）电焊机有限公司	炬锋	电焊机
19	云南会泽林峰集团有限公司	图形	过磷酸钙
20	宣威市顺达火腿食品有限公司	宣达	火腿、香肠
21	宣威市中博塑料有限公司	杜鹃花	塑料管；农用地膜
22	宣威市鸿福火腿有限公司	鸿威	火腿；猪肉食品
23	宣威市振宣食品有限公司	宣火	肉；肉汁
24	*云南马龙晶龙生物食品工业有限责任公司	晶晶	甜藠头
25	*马龙县佳誉塑料制品有限责任公司	神模	农业用塑料膜；农用地膜
26	*马龙县闽星饼业有限责任公司	融星	饼干；糕点
27	*云南东恒经贸集团食品有限公司	富云	火腿；猪肉
28	*富源县光华魔芋开发有限公司	富绿	魔芋粉；信用淀粉产品
29	*富源县宏兴天然矿泉水有限公司	清溪山泉	矿泉水；矿泉水（饮料）
30	*云南罗平锌电股份有限公司	久隆	电解锌；电解镉
31	*国营云南燃料一厂	石林	雷管；炸药

续表

序号	单位	商标	生产产品
32	*云南曲辰种业有限公司	QUCHEN	种子
33	*曲靖富力发展有限责任公司	富力	粉丝（条）；魔芋粉
34	*曲靖麒麟海绵有限责任公司	麒麟	软质聚氨酯泡沫塑料
35	*曲靖卿源有限责任公司	沙林	矿泉水
36	*曲靖市麒麟金叶塑料有限公司	金叶	塑料薄膜；农地膜
37	*曲靖市麒麟蔬菜集团兴曲调味品有限公司	阿诗玛	韭菜花
38	*云南师宗县五龙裕酒业有限公司	宗竹	酒
39	*云南磷源化工有限公司	双燕	化肥
40	*曲靖宣峰水泥发展有限公司	宣峰	水泥
41	*云南省宣威市荣升火腿有限责任公司	升达	火腿
42	*曲靖市石林瓷业有限责任公司	stones	日用瓷器，日用陶器

注：其中打*的是到期重新认定。

（张　静）

土地管理

【简述】　2010年，曲靖市国土资源管理以耕地保护为核心，以基础业务建设、队伍建设和领导班子建设为重点，以“保护再加强、保障再提升、试点再推进、作风再转变、服务再提高、防范再严格、形象再树立”为工作目标，严格资源保护，强化用地保障，狠抓作风建设，为全市经济社会持续发展提供了有力的资源支撑。

【目标责任制管理】　2010年，曲靖市国土资源部门严格执行《云南省州市人民政府耕地保护责任目标考核办法》和《曲靖市耕地保护责任目标考核办法》，严守耕地红线不动摇，确保基本农田落实到地块、落实到农户、面积不减少、质量不降低、用途不改变。严格执行《曲靖市县级党政领导班子和领导干部土地管理绩效考核办法（试行）》，确保县级党政一把手保护耕地责任的落实。市、县、乡、村逐级签订新一轮耕地保护目标责任书，将严格耕地保护、促进节约集约用地相关指标纳入县级党政领导干部综合评价指标体系，进一步拓展考核范围、丰富考核内涵、健全考核机制，为进一步强化耕地保护责任提供制度保障。

【土地整治】　2010年，曲靖市国土资源部门坚持“在保护中开发，在开发中保护”的原则，抓实土地整理项目和耕地占补平衡项目的申报及项目实施的规范化管理。“十一五”期间，全市共实施土地开发整理项目49个，新增建设用地7.95万亩。2010年，全市有国家和省级投资土地整理项目共19个，完成竣工验收项目1个，竣工初验项目9个，县级待申报初验项目1个，在建项目8个；市、县级投资耕地占补平衡项目的申报、续建、入库等工作稳步推进，经省验收确认新增耕地入库9761.85亩。在建市、县级投资土地整治（耕地占补）项目11个（市级4个、县级7个），建设规模5.75万亩，新增耕地1.33万亩。全市2010年经批准建设占用耕地1.84万亩，通过开发整理新增耕地2.3万亩，实现了耕地占补平衡并略有结余。

【用地计划管理】　“十一五”期间，曲靖市每年年初均对各县（市）区当年建设项目用地情况进行深入细致的调查、排序和梳理，全面掌握用地需求和具备报批条件的建设项目情况。加强建设项目用地预审管理。按照“有保有压、突出重点、区别对待”的原则，对不符合土地利用总体规划、国家产业政策和市场准入条件的项目，不予通过预审，对超标准用地的项目予以核减，优先保障国家、省、市重点项目用地。“十一五”期间，共组织

2010年4月9日，市长岳跃生到富源县看望慰问国土资源系统抗旱救灾地下找水工作队员。

（张荣/摄）

上报预审报件239件，面积119133.68亩。2010年共组织上报预审报件49件，面积29312.87亩。

【用地报批服务】 2010年，曲靖市国土资源部门在用地前期征地补偿标准的测算把关和用地报件审查把关中，严把用地补偿关，及时纠正低于统一年产值补偿标准和片区综合地价补偿标准的行为。全力做好省、市各“一百个”重点项目的前期用地跟进服务工作，高度重视沪昆高速铁路长昆段、中缅输油管道云南段等国家重大工程，竭力做好前期用地服务。按照淡化用地计划指标的要求，抢抓机遇，进一步加大“五促五报”工作力度，确保用地报件及时组织上报审批。2010年，全市共上报各类用地报件133件3.6万亩，经批准的往年和当年上报非农建设农转征用地125件，总面积2000公顷。

【土地供应】 2010年，曲靖市国土资源局积极推进土地收储和土地供应工作，对中心城区土地实现100%垄断收储、100%招拍挂出让、100%监管到位。全面开展城镇土地定级与基准地价更新工作。投入资金260余万元，积极开展曲靖中心城区、罗平、师宗、陆良、马龙、会泽、富源、宣威等县（市）城镇土地定级与基准地价更新工作，上报省国土资源厅验收后批准使用更新成果。建立健全土地市场动态监测系统，自2009年1月1日土地市场动态监测与监管系统运行以来，严格遵循“谁管理、谁上报、谁创建、谁修改、谁审核、谁负责”的原则，确保上传数据真实、准确，为强化土地批后监管搭建了新平台。严格政策把关，提高报件质量，全面抓好项目供地。“十一五”期间，全市共办理供地报件2146件，面积73000亩。2010年，共办理供地报件306个，面积20845亩，供应土地797宗，面积19408.00亩（其中新增4404.38亩，存量15003.62亩）。

【城乡建设用地增减挂钩工作】 2010年，曲靖市城乡建设用地增减挂钩试点工作取得明显成效，省国土资源厅批准实施增减挂钩实施方案7个，涉及6个县，拆旧区总面积3198.66亩，整治后新增农用地2585.76亩，批准使用挂钩周转指标2113.62亩（其中耕地1346.63亩）。

【盘活废弃国有建设用地】 2010年，曲靖市按照“计划指标保重点，一般项目靠挖潜”的原则，进一步加大盘活废弃国有建设用地力度。共有各类废弃国有建设用地111宗，面积53272.47亩，其中：可整理复垦为耕地的64宗，面积36698.98亩；可复垦为其他农用地的20宗，面积7190亩；可利用为其他项目建设用地的82宗，面积9383.49亩。

【执法监察】 2010年，曲靖市国土资源部门严厉打击涉地、涉矿领域违法违规行为，健全执法机制，结合共建保障和促进科学发展土地管理新机制试点工作，建立土地执法监察联席会议制度，组成由法院、检察院、公安、纪检监察、国土、发改、规划、建设、环保、财政、工商、电力等部门共同组成联合执法工作组，严肃查处国土资源领域的违法违规案件。健全完善国土资源案件移送制度，严厉打击涉地涉矿违法违规行为。“十一五”期间，共立案查处土地违法案件603件，涉及面积25889亩。2010年，共立案查处土地违法案件71件，涉及面积3637.5亩（耕地1438.8亩），拆除违法建筑1040余平方米。

【农村土地所有权和集体建设用地使用权确权登记试点工作】 2010年，曲靖市积极推进农村土地所有权和集体建设用地使用权确权登记试点工作。探索农村土地管理新机制，拟定《集体土地所有权和集体建设用地使用权确权登记有关问题的意见》。帮助指导麒麟区积极推进集体建设用地流转“增减挂钩”试点工作。争取省国土资源厅支持，将沾益县列为全省农村集体土地所有权和集体建设用地使用权确权登记工作试点单位，并争取试点经费30万元。

【党风廉政建设】 2010年为曲靖市国土资源系统作风建设年，投资2万余元增加了道德修养、职业道德、廉洁勤政等方面的格言、宣传画共69幅。把风险防范管理岗位警示牌摆放在党员干部办公室醒目位置。分岗位、科室和单位三个层次，从思想道德、岗位职责、制度等方面结合现行工作范围内行政管理职权，查找岗位及权力运行所有环节中可能产生的不廉洁和影响工作绩效的廉政风险点。共查找出岗位廉政风险点258条，179名干部职工岗位廉政风险点685条，重点岗位风险点75条。根据查找出来的风险点，对每个岗位的工作职责、法定权限和运行流程进行认真梳理，绘制工作流程图，并围绕行政审批、行政执法、土地出让、矿业权评估等行政行为制定了切实有效的防控措施。根据查找出的岗位、廉政风险点，先后形成《曲靖市国土资源局工作规则》、《曲靖市国土资源局党组工作规则》，制定并下发《曲靖市国土资源局干部问责查处办法（试行）》等制度。

2010年曲靖市建设用地报批情况统计表

单位：亩

项　目	总面积	农用地		建设用地	未利用地
		小计	其中：耕地		
建设项目用地预审面积	29312.87	25217.43	9430.19	851.44	3244
上报农用地转用和土地征收面积	36001	29006	22243	5318	1677
经批准的往年和当年上报非农建设农转征用地面积	30548	24420	18707	4773	1355

2010 年曲靖市国有建设用地供应情况表

单位：亩

		建设用地供应总量		划拨		出让					
						合计		协议出让		招拍挂合计	
		面积	新增	面积	新增	面积	新增	面积	新增	面积	新增
合计		19408.00	4404.38	9072.77	2177.74	10335.23	2226.64	911.75	0.00	9423.48	2226.64
1. 商服用地		763.12	145.18	0.00	0.00	763.12	145.18	77.55	0.00	685.57	145.18
2. 工矿仓储用地	工业、仓储用地	5219.58	1051.77	501.64	0.00	4717.94	1051.77	23.03	0.00	4694.91	1051.77
	采矿用地	163.06	0.00	0.00	0.00	163.06	0.00	163.06	0.00	0.00	0.00
3. 住宅用地	普通商品住房用地	4777.60	1029.69	254.18	0.00	4523.41	1029.69	648.11	0.00	3875.30	1029.69
	经济适用住房用地	99.00	0.00	99.00	0.00	0.00	0.00	0.00	0.00	0.00	0.00
	廉租住房用地	104.07	49.84	104.07	49.84	0.00	0.00	0.00	0.00	0.00	0.00
	高档住宅用地	0.00	0.00	0.00	0.00	167.70	0.00	0.00	0.00	0.00	0.00
4. 其他	公共管理与公共服务用地	4770.33	1403.15	4602.63	1403.15	0.00	0.00	0.00	0.00	167.70	0.00
	交通运输用地	1041.54	508.05	1041.54	508.05	0.00	0.00	0.00	0.00	0.00	0.00
	水域及水利设施用地	2469.71	216.71	2469.71	216.71	0.00	0.00	0.00	0.00	0.00	0.00
	其他用地	0.00	0.00	0.00	0.00	167.70	0.00	0.00	0.00	0.00	0.00

矿产资源管理

【简述】 2010 年，曲靖市国土资源局以确保全市生态及国土资源有效保护和合理开发为出发点，在严厉打击非法私挖滥采矿产资源行为，促进矿产资源安全生产形势稳定好转的同时，积极开展矿村共享资源开发成果新机制试点工作，把矿产资源开发与生态环境保护结合起来，企业发展与新农村建设结合起来，企业增效与农民增收结合起来，较好地解决矿区生态环境保护和改善当地群众生产生活问题，实现了矿业开发、生态环境、经济和社会的健康协调发展。

【探矿权采矿权数据库更新】 2010 年，曲靖市国土资源局及时更新探矿权、采矿权变更数据。全市共有探矿权 346 个，其中：煤 107 个，铅锌 54 个，铜 44 个，金 40 个，铁 39 个，铝土矿 1 个，银 2 个，铀矿 2 个，其他 57 个，勘查面积 6139.83 平方千米。全市共有采矿权 1791 个，其中：煤 551 个，磷 5 个，铅锌 15 个，铁 11 个，铜 3 个，金 1 个，锰 1 个，萤石 1 个，矿泉水 3 个，建材及非金属矿产 1199 个，开采面积 890.731 平方千米。

【打击非法采矿专项行动】 2010 年，曲靖市组织开展打击非法采矿专项行动，采取各部门联动、加大巡查力度、领导和部门分片负责等措施，严厉打击非法采矿行为。全市共出动巡查人员 32055 人（次），出动车辆 5388 辆（次），查出非法矿井（坑）707 口，炸毁关闭 707 口，耗用炸药 30049 千克、雷管 4887 枚，遣散非法采矿人员 1020 人，刑事处罚 5 人，行政处罚 127 人，没收非法所得 1.4 万元、没收非法矿产品 190 吨，罚款 1.2 万元，发放入户通知书 1 万份，查处超层越界开采 1 处，查处证件不全 9 处。

【储量动态管理】 2010 年，曲靖市设立市、县级人政府矿产资源勘查专项资金，促进矿产资源的合理开发和有效保护。“十一五”期间，共筹集资金 4771.365 万元，对全市矿产资源利用现状进行核查。全年省国土资源厅补助资金 130.65 万元，市政府安排 394.65 万元，县（市）区级政府安排 367.765 万元，筹集其他资金 3878.3 万元，对全市矿产资源利用现状进行核查，共核查矿区 309 个，详细掌握全市矿产资源储量家底，为矿山储量动态监管、矿产资源规划、合理设置矿业权、加强矿产资源宏观调控等工作奠定坚实的基础，逐步实现全市矿产资源的节约集约开发利用。至年底，共收缴矿产资源有偿使用费 157703316 元，资源补偿费 20310687 元。

【矿村共建】 2010 年，曲靖市委、市政府创造性的提出矿村共建共享资源开发新机制的战略决策，计划用 3 ~ 5 年时间，构建起资源节约的“共建机制”、环境友好的“共保机制”、开发成果的“共享机制”三大机制，通过试点，涌现了一批先进典型。宣威市倘塘镇通南铺村，通过与秦家地煤矿开展共建，先后投资 7000 多万元，对矿区山、水、田、路、林、村进行综合整治，投资 3638 万余元，建成新型住宅 100 套，通过变分散居住为集中居住和对旧村的整治，节约土地 100 余亩；同时，秦家地煤矿把全村的土地集中起来，发展种植和养殖业，当地农民变成企业工人，解决了群众的就业问题。此外，富源县老厂镇拖竹村、宣威市向前集团、宣威市兄弟实业有限公司、会泽县矿山经济开发有限公司等也走出了矿村共建的新路子，为节约集约利用国土资源起到积极的示范作用。年内，全市共投入矿村共建资金 177154 万元，发展 54 个惠农产业，实现了矿区群众 14.69 万人务工，户年均收入增加 57024 元；累计投入生态建设和环境治理资金 13273.5 万元，完成 198 个污水处理设施建设项目，植树造林 6.577 万亩，治理地质灾害隐患点 109 个，矿区环境和生态问题得到明显改善；矿山企业单独出资或合伙出资，对口帮扶贫困村 657 个，累计解决 18.86 万人绝对贫困人口温饱问题，异地搬迁41个自然村户，修缮旧房7087户；矿企投资51632.5万元，修建通村油路（水泥路）860.12千米，建设水利工程593件；配套修建学校（95）所，医务室74个，文化中心56个，超市32个。计划配套实施推动86个增减挂钩项目支持矿村共建，预计开垦新增耕地9067.3亩，结余建设用地指标5440.4亩，实现土地增值收益27202万元。

及整合矿山982个，整合后减少151个，减少15.4%。同时，逐步实现优势资源向优势企业集中，把资源优势转变为经济优势。积极引导云维集团在年内收购7个煤矿，东源集团、国投、国电正加大工作力度，集中整合煤炭资源。90%的磷矿资源向云南南磷集团、云南磷化集团、江苏澄星集团集中，70%的铅、锌资源向驰宏锌锗股份有限公司、罗平锌电股份有限公司集中。

2010年11月23～24日，全省推进矿产资源整合工作暨矿业权换证观摩会议在曲靖召开。

（张荣/摄）

【准入管理】 2010年，曲靖市建立采矿权标识制度。对依法新设的采矿权，在开采作业场所的显要位置设立采矿权标识牌，接受社会监督。坚持矿产储量规模与矿山建设规模、服务年限相适应的矿产资源开发原则，合理设置矿产资源最小开采规模，严禁大矿小开。“十一五”期间，共收件审查、会审各类探矿权、采矿权报件2127件。2010年，共收件审查、会审各类探矿权、采矿权报件492件；审查备案矿产资源开发利用方案197个；有偿出让采矿权79个；清理过期采矿权199个，注销63个；完成矿产资源利用现状调查309个。

【资源整合】 2010年，曲靖市国土资源局编制了宣威市格学锰矿区（省确定的省级重点整合矿区）、富源县富村铅锌矿区、罗平县富乐铅锌矿区的整合实施方案。各县（市）区均按要求组织编制了非煤矿产资源整合实施方案，并经市整规办批准实施，共涉

【资源保护】 2010年，曲靖市全面推行矿山环境恢复治理保证金制度，要求采矿权人制定矿山环境恢复治理方案，落实恢复治理责任。加强对矿山企业资源开发利用情况的监督管理，禁止采易弃难、乱采滥挖等破坏矿产资源的开采行为，将提高“三率”指标、共伴生矿产综合利用、尾矿回收利用、矿山“三废”治理和矿山开发利用集约化程度作为矿山企业生产经营管理的重要指标进行考核，对实际回采率低于核定回采率的，责令限期整改，并按照计算的回采率系数计征矿产资源补偿费。

（张　荣）

统计管理

【简述】 2010年，曲靖市各级统计机构和广大统计人员及时提供准确的统计信息，深入开展统计分析和监测，扎实推进第六次全国人口普查，强化统计业务基础和基层建设，积极推进信息化建设，坚持依法统计，为曲靖经济又好又快发展提供了统计保障。年内，认真开展统计法和统计违法违纪行为处分规定贯彻执行情况大检查，单位挤出办公经费7万元、干部职工捐款25400元，支持马龙县通泉镇鸡头村委会进行抗旱救灾。年内，市统计局被麒麟区文明委员会授予“文明单位”称号。

【统计服务】 2010年，曲靖市统计局通过创建“五型机关”（学习创新型、求真务实型、优质服务型、文明和谐型、廉洁高效型机关），各科室、中心都能认真开展每年5月和9月的调研月活动，针对党政领导关心的热点、难点问题开展统计专项调查，进行专题研究，撰写一批时效性、针对性较强的统计分析报告。定期撰写季度国民经济发展统计报告，在市委、市政府经济分析会上使用，为“两会”提供“统计公报”、统计分析等。严格执行国家统计方法制度，不断规范数据采集、整理、审核工作流程。加强对GDP核算数据的质量管理，围绕重点数据，强化内部审核。抓紧抓好源头数据的监测审核，按季召开统计调查系统经济运行分析会，对国民经济核算、工业、农业、固定资产投资、社会消费品零售额等数据进行评估，对主要经济社会的统计指标实行下管一级，解决全市GDP与各县（市）区测算不相匹配的问题，客观地反映了曲靖经济社会的发展水平和工作业绩。

【统计体制改革】 2010年，曲靖市统计部门认真做好乡镇（街道办事处）统计工作，加强能源统计工作，加强服务业统计工作，落实科学发展观综合考核工作，加强部门和行业统计工作，加强文化产业统计工作，加强“地域产品”出口统计工作，加强地方统计调查机构建设等方面的工作稳步推进。

【第六次全国人口普查】 2010年，曲靖市开展第六次全国人口普查，成立以市长岳跃生为组长的人口普查领导小组，市人普办组织完成人口普查任务。严把经费、人员、宣传、物资、业务关。市、县、乡共落实人口普查经费近2000万元，选调人口普查员和指导员近4万人，并进行严格培训。认真开展人口普查宣传月、宣传周和宣传日活动，利用广播、电视、报纸

等媒体平台，以及宣传画、标语、宣传车等群众喜闻乐见的宣传方式推动人口普查宣传工作。专门成立物资材料组负责普查物资分发相关事宜，发放各类普查物资80多吨。分片挂钩加强对各县（市）区业务工作的检查、指导，切实实行质量全程控制。超前谋划，确保总人口、出生、死亡人口数据准确性。市人普办从2009年11月1日开始就要求各县（市）区、各乡（镇）建立出生人口、死亡人口台账，并要求与计生部门联系获取相关出生资料；与卫生部门联系获取婴儿出生证、婴儿防疫、接种表和死亡人员表等资料；与公安部门和当地派出所及时沟通，获取户籍资料；与殡葬管理部门联系提供火化人员信息作为死亡人口数据的参考。千方百计确保人口普查质量，全力搞准人口总量、出生率、死亡率三个指标。

【节能减排统计】 2010年，曲靖市统计局设立能源统计科，各县（市）区统计局也成立能源统计股（科），积极争取工作经费，夯实节能减排统计工作基础。建立健全完善单位GDP能耗统计核算、统计监测、统计考核体系，提供准确的能耗统计数据。强化基础管理，建立能耗公报制度。按月向市、县领导、各有关部门通报月度工业能源消费情况，按季发布单位GDP能耗公报。完善节能减排统计培训制度。加强制度建设，建立长效机制。制定《曲靖市节能降耗统计工作实施意见》、《能源统计数据公报制度》、《能源统计培训制度》、《能源统计专报制度》、《能源统计数据分析联审制度》等制度，从制度上规范能源统计基础工作。针对各县（市）区工业、能源统计专业人员，对能源数据处理程序、工业生产与能源消耗以及报表审核按月、季度进行培训。各县（市）区分管工业副县（市）区长、统计局局长、经济局局长，年能源消耗万吨以上的工业企业分管领导和能源统计专业人员参加培训。

【第三产业及服务业统计】 2010年，曲靖市统计局成立服务业科，充实统计力量，各县（市）区明确服务业统计专业人员。明确部门职责分工，加强部门协调配合，建成政府统计和部门行业统计职责明晰、分工协作、成果共享的服务业统计体系。建立完善统计资料报送制度，做到“渠道畅通，数出有源，不重不漏，全方位覆盖”。认真贯彻省统计局制定的服务业统计制度。加强服务业发展的监测分析，建立健全服务业统计网络。强化措施、加强培训，努力提高基层统计人员的业务素质，确保第三产业及服务业统计工作顺利开展。要求各县（市）区统计局要做大、做强限额以上贸易、服务业统计，全市凡是批发业达到2000万元、零售业500万元、住宿餐饮业200万元以上的企业、个体户，在2010年上半年都已经全部纳入统计报表统计中，并且对各县（市）统计局实行严格的奖惩。

【工业统计】 2010年，曲靖市统计局以提高数据质量为核心，加大对工业报表数据审核工作。对企业的统计台账进行完善。加大对主要工业指标、工业总产值、工业用电量、主要产品产量的审核和与能源报表的对接。加强对县（市）区工业统计的程序培训。不断提高工业统计的服务水平。按月提供工业统计资料、工业信息专报。按季对工业经济运行趋势、存在问题、建议和对策情况进行专题分析。加强与部门的协作，与市工信委、市煤炭局建立联审联报工作制度。

【建设领域统计】 2010年，曲靖市统计局严格执行报表制度，进一步提高全市建设领域统计数据质量，准确反映固定资产投资、房地产开发和建筑业的规模、结构及变化趋势。以建设项目跟踪统计基层基础规范化工作为主线，全面夯实统计基础工作。投资项目联席会议制度化。建立健全数据质量“下管一级”制度。认真组织实施国家统计局关于开展楼市调控政策对房地产开发企业影响情况问卷快速调查。采取措施确保3000家房地产联网直报率。房地产联网直报全市15家房地产企业，上报率达到100%。

【农产品信息工作】 2010年，曲靖市农产品信息工作本着“信息扶农、信息兴农、信息富农”的服务宗旨，多渠道发布供求信息，对信息跟踪反馈。年内，珠江源农网共发布各类涉农信息11523条，促成农产品交易额达7.55亿元。

【市域内流入流出产品统计】 2010年，曲靖市统计局认真开展市域内流入流出产品综合调查工作，为市委、市政府准确掌握全市地方产品的生产、销售情况及外地产品流入情况，促进地方产品供求平衡，提高全市对外开放水平，增强经济外向度提供可靠决策依据。

（司徒若周）

审计监督

【简述】 2010年，曲靖市审计机关贯彻“依法审计，实事求是，围绕中心，服务大局，求真务实”的审计工作方针，深化财政预决算审计，加强重点建设项目审计、专项资金审计，积极开展经济责任审计，加强审计机关各项建设，全面加强审计队伍建设，进一步加大对重点部门、重点领域、重点单位、重点项目的监督力度，审计工作取得显著成绩。全市审计机关共完成审计项目1934项，审计共查出违规金额34210万元、管理不规范金额179604万元。审计决定处理应上缴财政18969万元；应归还原渠道资金4723万元；应调账处理3089万元，应减少财政拨款和补贴333万元。全市共完成前置审计项目888项，审计拦标价45.98亿元，审定前置审计价41.69亿元，审计核减工程造价4.29亿元，平均核减率9.3%。通过审计，提出建议2425条，被采纳的审计建议1234条。提交审计专题、综合性报告和信息简报174篇，被有关部门批示、采用41篇（次），向社会公告审计结果69项。市审计局共完成审计项目339项，共查出违规金额10542万元，管理不规范金额93511万元。审计决定处理应上缴财政5484万元。2009年12月，市审计局被省委、省政府命名为文明单位；2010年4月，市审计局被市人大授予“人民满意单位”荣誉称号，11月，市审计局被省建设厅命名为“园林绿化先进单位”。

【财政预算执行审计】 2010年，曲靖市审计机关完成预算执行审计64项，查出预算编报不实5082万元，未按规定征收缴纳预算收入19039万元，隐瞒转移截留预算收入1227万元，财政收入核算不实384万元，资金滞留906万元，财政支出核算不实975万元，违规改变资金用途91万元，超预算列支546万元，账外资产8003万元，未落实收支两条线管理规定278万元，预算结余不实1919万元，资产核算不实113万元，其他违规问题20295万元。审计处理应上缴财政8641万元。

【财政决算审计】 2010年，曲靖市审计机关完成财政决算审计29项，查出决算编报不规范186万元，未按规定征收缴纳预算收入2332万元，隐瞒转移截留预算收入342万元，财政收入核算不实9979万元，财政支出核算不实390万元，违规改变资金用途135万元，其他问题6152万元。审计处理应上缴财政2576万元。

【政府性投资项目前置审计】 2010年，曲靖市共完成政府性投资项目前置审计项目888项，审计拦标价45.98亿元，审定前置审计价41.69亿元，审计核减工程造价4.29亿元，为政府节约投资4.29亿元，平均核减率9.3%。市审计局共完成前置审计项目279项，审计拦标价13.87亿元，审定前置审计价12.11亿元，审计核减工程造价17620万元，平均核减率12.7%。

【建设工程竣工决算审计】 2010年，曲靖市完成建设项目竣工决算审计项目391项，审计总投资164552万元，审计核减5229万元。市审计局完成竣工决算审计项目65项，审计总投资43266万元，审计核减1123万元。按照市政府的要求，市审计局组织完成36项小（一）型水库除险加固工程竣工决算审计任务。

【重点建设项目审计监督】 2010年，曲靖市共完成招标文件、合同审查事项304项，出具审查意见362条，其中，招标文件148项，出具审查意见186条；合同156项，出具审查意见176条。在全市实施拉动内需、校舍安全工程、建设领域专项治理和政府投资重大项目绩效审计，建立健全《曲靖市重大建设项目绩效管理自评表》和《责任单位行政绩效管理自评报告》。

【专项资金审计】 2010年，曲靖市审计机关围绕新农村建设、落实各项惠民措施和构建和谐曲靖的目标，把审计重点放在“三农”、土地、环境、教育等领域，着力加强抗旱救灾资金、农业综合开发资金、中小学校舍维修改造资金、财政支农专项资金、社会保障基金、新型农村合作医疗资金等专项资金的审计。完成专项资金审计145项，审计资金总额99.6亿元，查出违规改变项目计划和资金用途254万元，资金滞留闲置14189万元，配套资金不落实410万元，其他问题3390万元，促进拨付到位资金1082万元。

【抗旱救灾款物审计】 2010年，曲靖市共审计抗旱救灾款物48522万元，资金到位率98.3%，未发现截留、转移、挪用和改变资金用途等问题，督促水务、农业、林业等部门拨付资金185.08万元，减少资金滞留期，及时有效发挥抗旱资金使用效益。

在抗旱救灾中，全市审计机关派出抗旱人员186人（次），审计机关捐款32.92万元，协调资金70.26万元（其中市审计局挤出经费30万元），解决抗旱物资64300元；276名审计干部职工捐款65700元；198名党员特殊捐款62270元；解决10340名群众生产生活用水和6433头大牲畜饮水困难，解决群众生产用水2.27万立方米，解决群众生产生活难题30个。

【“两基”教育经费专项审计】 2010年，曲靖市审计机关对全市2007～2009年“两基”教育经投入管理使用情况进行专项审计调查，查出教育经费未及时足额拨付、兑现1442万元，学生生活补助到位时间晚320.92万元，违规收费134.9万元，收入未纳入单位财务统一核算178.02万元，固定资产未入账130.34万元。提出加强教育费附加费、义务教育经费管理等审计建议，为“两基”迎国检做了大量工作。

【新型农村合作医疗资金审计】 2010年，曲靖市审计机关对全市2009年度新型农村合作医疗基金进行审计，审计资金总额51016.24万元，共查出未执行规定限价，超标准收费122765.85元；无依据收取病情证明费、医疗费14786元。提出加大宣传力度、提高参合比例、加强报销补偿的审核把关、建立健全三级医疗卫生网等建议。

【经济责任审计】 2010年，曲靖市审计机关完成对99名领导干部的任期经济责任审计，其中：县处级领导18人，县处级以下领导81人。查出违规金额614万元，管理不规范金额1996万元，均属主管责任。

【行政事业审计】 2010年，曲靖市审计机关共完成166个党政部门和行政事业单位的审计，查出应缴未缴财政收入914万元、隐瞒转移截留收入110万元、违规改变资金用途130万元、虚列支出1650万元，未落实收支两条线管理和专户管理规定6327万元，账外资产2353万元，少计少缴税费578万元，乱收费乱摊派乱罚款334万元，其他问题31679万元。审计决定处理应上缴财政5686万元。市审计局配合监察、财政部门对23家市级行政事业单位及其所属13个后勤服务单位及经济实体经营性国有资产进行核查，核查发现占用上级单位国有资产进行经营735.82万元，经营性国有资产未办理竣工结算、未结转固定资产1845.87万元，经营性国有资产未办理产权登记1582.85万元，自查上报少报资产经营收入82万元，经营性资产不实1308.77万元，经营性固定资产出租收入未执行收支两条线217.03万元，收取承包管理费144万元未入财务账内核算等问题。

【审计业务培训】 2010年，曲靖市审计局围绕落实审计结果公告、计算机运用、绩效审计项目开展、专业技术职称提升等，于1月、2月集中举办为期20天的培训班，邀请有关专家对全体审计人员进行政治理论、审计执法业务、财税会计业务、信息化及网络安全、审计现场实施系统（AO）和审计管理系统（OA）运用等培训。组织全市审计人员参加审计署审计现场实施系统（AO）认证培训和考试，实际参考人员245人，222人通过考试，考试合格率达90.1%。

【审计公开】 2010年，曲靖市审计局按照“行政问责制”四项制度、“阳光政府”四项制度以及“效能政府”四项制度要求，将审计职责、审计程序、审计执法依据、“八项”工作纪律、审计服务承诺、审计投诉方式通过在办公区、政府信息公开网上公开；修订完善《审计工作流程》、各科室《工作职责》、开通公众投诉监督热线、96128政务查询专线，公开审计门户网址、审计投诉电话、网络投诉地址，增强审计工作的透明度。全年共受理网络举报3件，96128政务查询专线举报1件，办理群众来访3件。公告审计结果69项。

【审计队伍建设】 2010年，曲靖市审计局对39名党员设立党员责任岗、党员示范窗口，对16名普通干部职工通过设立审计人员责任岗，全体人员挂牌上岗。经过考核评选出2010年度优秀公务员11名、优秀审计人员5名、先进科室4个、优秀审计组4个；评选优秀党员10名、优秀党务工作者1名、优秀党小组2个；评选优秀审计项目、优秀绩效审计项目、优秀审计结果公告项目、优秀计算机辅助审计项目各3个，由局党组表彰。开展岗位练兵活动，对7个项目审计组、2个科通报表彰。

【行政绩效管理】 2010年，曲靖市审计机关牵头会同发改、财政、政府办公室等部门成立行政绩效管理工作协调领导小组。审计、财政、发改三部门研究协商，制定《曲靖市行政机关行政绩效管理制度工作方案》，对市政府2010年政府重大建设项目、重点民生资金、重要工作进行调查摸底，分工协作，细化了各自工作任务。组织开展重大建设项目绩效审计和稽查，农村文化设施、新型农村合作资金、新农村建设及整乡推进、农业综合开发、抗旱救灾资金等民生专项资金的绩效审计和绩效评价工作。

【市人大评议审计工作】 2009年8月，曲靖市人大启动对市审计局工作评议，市审计局制定整改方案，认真落实市人大提出的整改意见建议，抓学习、抓培训、抓制度、抓管理、抓创先争优，在机关管理、队伍建设、业务提高、制度创新等方面初见实效。2010年4月28日，在曲靖市第三届人民代表大会常务委员会第十六次会议上，与会代表通过对市审计局评议整改情况的调查报告、市审计局评议整改情况的报告、议案的审议，会议表决通过，授予曲靖市审计局“人民满意单位”荣誉称号。

【“云审工程”建设】 2010年，曲靖市审计局对9县（市）区审计机关基础建设情况进行摸底排查，并向市政府做专题汇报，市政府出台《曲靖市人民政府关于加强基层审计工作的意见》（曲政发〔2009〕78号）文件，全市加强基层审计机关建设工作全面展开。全市9个县（市）区审计机关，计划投资3250万元，其中：省审计厅4年共补助曲靖920万元（会泽、宣威、富源分别120万元，共360万元；罗平、马龙、陆良、沾益、麒麟分别100万元，共500万元；师宗60万元。）市级配套每年300万元，4年共1200万元；县级配套每年不低于50万元。年内，马龙、罗平业务用房已完工，宣威、会泽、沾益县已开工，其他县（区）正在进行前期工作。

（陈守忠）

质量技术监督

【简述】 2010年，曲靖市质监系统以“质量兴市”为契机，围绕“保增长、保民生、保稳定、保安全”，深化“大局为重、民生为本、质量为贵、安全为先、监管为要、服务为荣”的工作理念，着力实现“法制立局、科技兴局、素质强局、创新活局、和谐稳局”的目标，提高监管把关能力，切实转变工作作风，强化服务意识，全面履职，努力工作，全市质量技术监督工作取得明显成效。年内，受理行政许可、行政审批事项13200件，办结率为100%。

【质量管理】 2010年12月9日，召开全市质量兴市和标准化发展战略工作会，出台《实施质量兴市战略的意见》、《实施标准化发展战略的意见》和《曲靖市市长质量奖管理办法》。确定质量兴市和标准化发展战略工作经费200万元，纳入市财政年度预算，并每年递增20%，成立市长任组长的领导小组，下设办公室和产品质量、农产品质量、工程质量、服务质量、环境质量工作组，开展全市的质量兴市和标准化发展战略工作。年内，云南驰宏锌锗股份有限公司的“银鑫”牌锗系列产品和“金沙”牌铅锭、云南云维股份有限公司的“云维”牌乙酸乙烯酯（VAC）、云南云维集团有限公司的“花山”牌工业甲醇共3家企业的4个产品获得云南名牌产品称号，使全市的名牌产品总数增加到20个，居全省第二位，名牌产品生产总值占全市国内生产总值的40%以上，产品覆盖了全市支柱产业。建立质量信用平台，提高企业诚信水平，有效防范重大产品质量事件发生。至年底，30户重点骨干企业已有26家企业建立质量信用档案。全市建立企业质量档案589个，B级以上守信企业354家，占评价总数的69.55%。全市共有175家企业生产的23类产品获得194个国家工业产品生产许可证。

【质量监督】 2010年，曲靖市质监局制定食品质量监督抽查和工业产品质量定期监督检验计划和《曲靖市产品质量监督抽查检验结果和不合格产品后处理程序（试行）》，完善27个产品的监督抽查实施规范。年内，监督抽查（包括定检）1282家企业83种产品1413批（次），合格企业1126家，企业抽查合格率87.83%，合格产品766批（次），产品实物质量抽查批次合格率为87.76%。组织召开全市桶装水产品质量分析座谈会，全面分析全市桶装水的质量状况和存在问题及其对策措施，帮助不合格企业查找造成质量不合格的原因，47家到会企业交流保障桶装水质量安全的经验做法。

【标准化工作】 2010年，曲靖市质监局完成麒麟区韭菜花第六批全国农业标准化示范项目考核验收，制订3个曲靖市地方农业规范《麒麟区韭菜花》综合标准。启动罗平九龙瀑布服务业标准化良好企业试点单位实施工作。会泽县政府和驰宏锌锗股份有限公司荣获“云南省标准化工作贡献”奖。云南驰宏锌锗股份有限公司被认定为国家4A级标准化良好行为企业，一汽通用红塔云南汽车制造有限公司、曲靖天福烟叶复烤有限责任公司被认定为国家3A级标准化良好行为企业。驰宏锌锗、云维股份、陆良和平科技等6家企业参与国家标准的制定。

【计量监督管理】 2010年，曲靖市质监局加强对定量包装商品的监督管理，针对性开展食品等定量包装生产企业的定量包装商品净含量的监督检查。进一步完善定包装商品量生产企业的计量档案，帮助、引导企业提高计量保证能力，提高产品净含量合格率。全市抽查食品企业28家，抽查定量包装商品32种，合格率78%，比上年提高了1个百分点。检定出租车计价器1553台件，出租车计价器检定率100%；检定县级以上医院B超、X光机、心电图机等医用强检计量器具1626台件；开展“5·20世界计量日”活动，共发放能源计量、民生计量、科普计量宣传资料3900余份。对36家集贸市场进行计量检查和免费检定，共检定公平称41台，检定合格率100%；固定摊位衡器2546台，检定合格率86%。帮助企业配备生产需要的能源计量器具，科学记录和分析能源计量数据，用能源计量数据指导生产，为完成节能减排的各项指标提供服务。对全市119家重点耗能企业建立企业能源计量器具台账，能源计量器具配备率达99.5%，主要次级用能单位能源计量器具配备率达88.7%以上，单机配备率达67.9%以上，能源计量器具综合受检率达79.76%。

【食品安全监管】 至2010年底，曲靖市有食品生产加工单位1647个，其中：食品生产获证企业266家，食品加工小作坊1381个，小作坊占83.85%。食品销售收入近10亿元，产值过亿元的企业2家，年产值500万元以上的企业17家。食品行业中拥有云南名牌产品和地理标志产品各1个。宣威火腿是国家第2个地理标志产品，8家宣威火腿生产企业获准使用地理标志产品标志。10家企业取得质量管理体系认证证书，4家企业取得HACCP（危害分析和关键控制点）认证证书，3家企业获得有机产品认证证书，5家企业获得绿色食品认证证书，4家企业获得中国无公害农产品认证证书。制定《曲靖市食品生产获证企业食品生产人员培训和健康管理办法（试行）》、《曲靖市食品安全信用档案管理办法（试行）》、《曲靖市质监部门督促食品生产加工企业开展食品质量比对检验和委托检验管理办法（试行）》三项食品安全管理制度。通过打击违法添加非食用物质和滥用食品添加剂专项整治，严格市场准入、落实食品安全监管责任制，突出食品加工小作坊固化原料生产等监管，强化监督抽查等有效措施，生产加工环节无食品安全事故，食品质量明显好转。地方监督抽查食品企业165家166个批次产品，食品合格148批次，食品实物质量抽查批次合格率为89.16%。省监督抽查食品生产企业101家107批次产品，合格77家企业83批次产品，产品批次合格率为77.57%，地方和省级监督抽查食品综合合格率为83.36%，比上年提高4.4个百分点。

【特种设备安全监察】 至2010年底，曲靖市有特种设备注册使用单位2829户，注册登记特种设备（不含压力管道和气瓶，下同）14650台；压力管道800余千米；各类气瓶379832只（其中液化石油气瓶298364只）；在册特种设备作业人员21275人。通过开展小锅炉、液化石油气瓶、冶金起重机械整治，创新“三确认”监管方式，着力建立完善特种设备三方安全责任的长效机制、动态监管体系及安全责任体系、应急救援体系，确保了特种设备和危化品包装物安全。全年应检在用设备5052台，实际完成定期检验4830台，综合定期检验率95.56%。实施压力容器制造过程监督检验207台，监督检验率为100%；特种设备安装修理改造监督检验1835台，监督检验率为100%。安全检查发现不合格设备530台，现场整改507台，取缔“土设备”2台，责令停止使用21台。共发现隐患和问题1276条，已整改1225条，整改率96%。

【整顿和规范市场经济秩序】 2010年，曲靖市质监系统围绕食品、特种设备、农资、建材、下乡家电等危及人身安全和人体健康的产（商）品，开展打假治劣工作。共出动执法人员1.2万余人（次），查处案件464起，货值金额29433万元。严厉打击制假售假黑窝点，有力地震慑了制假售假违法行为，维护了公平的竞争环境和放心的消费环境。受理质量申诉、举报案件60余起，为消费者挽回经济损失30余万元，处理率为100%。

【检验检测】 2010年，曲靖市质监系统坚持科技兴检、人才强检，着力提高检验检测能力、科研能力和安全保障能力。建成云南省煤及煤化工产品质量监督检验中心。为切实提高和加强食品质量安全、特种设备安全和关系民生问题的医疗计量检验检定能力，投入近2508万元购置检验检测设备，同时加大质检机构人员聘用和考核工作，使曲靖质监的检验检测能力在门类和项目上有较大增强，达到1656个参数，实现除烟草外，全市支柱产业所需的检验检测能力全覆盖，多次在国家、省级比对和能力验证中取得满意的成绩，基本满足曲靖经济社会科学发展的需要，为现代工业强市提供了良好技术支撑平台。扎实开展检测工作整顿，分别制定实验室监督管理整顿工作、提升检测机构监督检验能力和水平、特种设备检验检测机构整顿工作、法定计量检定机构和授权计量检定机构检测工作整顿四个实施方案。全年完成产（商）品检验5308个样，检定计量器具28613台（件），特种设备检验5398台（件），压力管道检验3404条共178.73千米，检验危险品汽车罐体（常压）180台，校验安全阀3715支。

【认证认可】 至2010年底，曲靖市有强制性工业产品（3c认证）获证企业14家（汽车配件、电线电缆、低压电器等88个产品），非强制性认证（ISO质量管理体系）153家，农产品58家（无公害农产品133个、绿色农产品24个、有机农产品3个），获资质认定实验室67家，机动车安全检验机构9家。

【队伍建设】 2010年，曲靖市质监系统在各基层局全部成立党组，配齐班子。科级干部平均年龄由48岁降为42岁。有研究生4名，本科以上101名，占50%，专业技术人员持证上岗率达100%。组织干部职工参加系统培训1000多人（次），开展法律法规学习考试、行政执法大比武、应急演练和检验检测岗位练兵等活动。在省质监局组织的全省各州（市）质量监督检测中心主任竞聘中，曲靖质监系统9人参加，5人通过笔试、面试，进入考察，最终2人上任。在全省行政执法大比武中取得第三名的好成绩，1人被选入省质监局代表队参加全国的行政执法大比武并取得第八名的好成绩。

（李　进）

安全生产监督管理

【简述】 2010年，曲靖市深入开展“安全生产年”活动，落实安全生产“一岗双责”，强化政府监管责任、企业主体责任的落实，开展重点行业（领域）专项整治，打击非法违法生产经营建设行为，组织实施“3568”安保双基建设工程，进一步深化、拓展安全生产“三项行动”、“三项建设”，“安全生产年”各项工作扎实推进，重点行业（领域）的安全状况持续改善，重要时节和关键时段的安全生产形势相对平稳，全市安全生产形势总体稳定，呈现出“两降两升、一个稳定、一个较好”的特点，全市事故绝对控制指标都控制在省政府下达给曲靖市的指标进度范围之内，年度安全生产目标考核位列全省第一名。

【事故控制】 “十一五”期间，曲靖市发生各类伤亡事故2102起，死亡1220人，受伤1709人，直接经济损失1.32亿元。与“十五”期间相比，事故起数下降89%，死亡人数下降53%，受伤人数下降66%，实现亿元GDP安全生产事故死亡率逐年大幅下降的目标，全市安全生产形势稳步好转。2010年与2005年相比，安全事故起数和死亡人数连续保持“双下降”，事故起数减少463起，死亡人数减少270人，分别下降57.97%和58.41%，平均每年减少死亡54人。

2010年，全市共发生各类事故332起，死亡183人，受伤263人，直接经济损失2596.6万元，与上年同期相比事故起数、死亡人数、受伤人数、经济损失分别下降0.9%、下降6.63%、上升3.54%、上升24.39%。发生较大事故4起，死亡15人，受伤1人，直接经济损失309.1万元，占年度较大事故控制指标的40%。

【组织领导】 2010年，曲靖市共召开6次政府常务会议、9次专题会议，专门研究安全生产工作，先后组织安全生产督查检查12次。市委、市政府把安全生产工作列为2010年20项重点工作，市委、市政府主要领导与9个县（市）区党委、政府签订年度安全生产责任书，先后下发21个文件对安全生产工作作安排部署。

【执法行动】 2010年，曲靖市安监局按照“依法治安、重典治乱”的思路不断深化执法工作。深入开展专项执法活动。成立专项执法检查领导小组，制定执法检查方案，抽调人员组成多个执法检查组，重点对部分危险化学、非煤露天矿山、烟花爆竹和工商贸生产经营单位开展5次专项执法检查行动。强化联合执法。针对元旦、春节、“五一”、国庆等重大节假日前后等特殊时段，联合煤炭、国土、建设、公安、交通等有关部门部署开展各类大检查活动，并组织多个督查组分行业到各县（市）区和部分企业进行督促指导。强化执法检查成效。年内，市安监局对全市550户非煤矿山、危险化学品、烟花爆竹、工商贸等企业进行执法检查，查出隐患3000余条，对隐患严重整改不力的15户企业实施停产停业整顿，对存在严重违法行为的32户企业实施行政处罚。

【行政许可】 2010年，曲靖市安监局进一步严格执行安全生产许可制度，加强源头管理。积极推进行政许可公开。编制局行政权力公开运行目录，把所有的行政许可全部纳入市政务服务中心。梳理市安监局19项行政许可事项，共计97个小项的形式审查要点，并在网上进行公布。严格办理安全生产行政许可事项。全年市安监局共办理行政许可业务546户。非煤矿山新办企业28户、延期239户、变更企业96户。新办危险化学品经营延期企业123户，变更企业25户，烟花爆竹批发企业2户。

【专项整治】 2010年，曲靖市安监局重视重点领域的专项整治工作。在非煤矿山方面：围绕“合法生产、现场安全、管理规范”三大目标，实现“五有五落实十达标”整治要求，大力开展非煤矿山专项整治，进一步提升非煤矿山安全生产水平。继续加强对已办安全生产许可证尾矿库的日常安全监督管理，努力确保尾矿库安全运行。在危险化学品方面：切实落实辖区内危险化学品从业单位的重大危险源界定和备案工作，明确存在重大危险源的重点企业、重点区域、重点县（市）区，建立重大危险源数据库和档案库，逐步在全市建立起重大危险源监控网络。同时，有序开展辖区内首批涉及危险工艺的企业生产工艺生产装置自动化改造工作。在烟花爆竹方面：以烟花爆竹行业禁用氯酸钾，“三违”和“三超一改”违法行为、烟花爆竹经营为重点开展专项整治，初步实现了烟花爆竹行业禁用氯酸钾的目标。同时，积极开展标准化建设，提高管理水平。

【宣传教育】 2010年，曲靖市安监局进一步强化安全生产宣传教育工作。大力开展安全生产法律法规和安全科普知识“进企业、进机关、进学校、进家庭、进社区、进农村”的宣传活动。充分利用“安全生产月”等有力平台，首次举办“3+1”活动，即放映一场安全主题电影，开展一次安全主题咨询活动，发放一本安全常识手册、举办一次安全生产主体文艺汇演等活动。加强安全生产教育培训工作。年内，市安监局共举办49期培训班，培训学员达9885人（次），共发放特种作业证6261本，发放各类安全资格证2498本，对全市取得安全资格证书的1124人进行安全知识再培训。

【应急救援体系】 2010年，曲靖市安监局加强应急救援管理，重点加强应急预案管理工作，抓好事故预案演练工作，加强预案的审查和备案。至年底，已有221家企业进行预案备案。年内，全市各部门和企业共组织开展演练424次，参演人数32243人。继续做好应急管理基础性工作。做好安全生产形势分析工作，认真落实应急值班工作制度。及时准确上报突发事故信息，强化事故预防预警。全年共及时上报23期《安全生产事故信息专报》，共接到气象信息12期，及时发布预警信息12期。切实提高事故应急处置能力。不断完善事故应急处置机制，强化应急总结评估，建立全市安全生产应急管理宣传教育工作通讯员队伍，进一步加强安全生产应急管理信息的宣传和上报工作。

【“3568”安保双基工程建设】 2010

2010年6月13日，安全生产月宣传咨询日活动。

（市安监局/供稿）

年，曲靖市全面实施“3568”安保双基建设工程。“3568”安保双基建设工程计划用3年时间共投资1620万元用来夯实全市安全生产基层基础。年内，安监队伍能力不断加强。市、县两级安监部门共有人数192人，持有行政执法证和安全生产监察员证180人，占总人数的93%；全市乡级安监部门共有专兼职安监人员433人，持行政执法证和安全生产监察员证人数292人，占总数的67%。各级安监部门共组织安监人员安全检查执法培训17次，共计506人（次）参加培训；组织应急培训7次，共计479人（次）参加培训。安全监管装备有效配备。全年全市投入821万元采购监管执法车辆、基本办公设备、专业监督检测设备、个人防护装备四项40类。支撑体系建设得到完善。以曲靖市安全生产协会为依托，共吸纳单位会员56家，个人会员200余名。同时，重点建立非煤矿山、危险化学品、煤矿等8个专家委员会，有160多名技术人才充实到专家库中。安全生产“八项制度”全面落实。各县（市）区认真抓好“八项制度”文件的贯彻落实，结合本地实际，突出工作重点，充实完善相关内容，达到“八有”目标。

（张燕祥）

2010年曲靖市较大及以上生产安全事故情况统计表

事故时间	事故地点	事故性质	死亡人数	受伤人数
1月12日	麒麟区紫云路颐安大酒店路段	道路交通	4	1
3月21日	富源县后所镇一非法井口	煤矿	5	
9月1日	罗平县小海子煤矿	煤矿	3	
10月1日	曲陆高速公路K85+700米处	道路交通	3	

煤矿安全监察

【简述】 2010年，云南煤矿安全监察局曲靖监察分局（以下简称曲靖监察分局）围绕开展“安全生产年”活动，坚持标本兼治，抓好规范执法，落实煤矿安全“两个主体责任”，注重推进煤矿安全基础工作，强化煤矿安全监察，全市煤矿安全状况保持了平稳发展态势。

【煤矿事故状况】 2010年，曲靖市各类煤矿生产原煤4329.64万吨，发生煤矿死亡事故14起，死亡23人，百万吨死亡率为0.53人。与上年相比，事故起数减少1起，下降6.67%；死亡人数减少1人，下降4.17%；百万吨死亡率减少0.06人，下降10.17%。

按事故等级统计：一般事故（一次死亡1～2人）发生12起，占85.71%；死亡15人，占65.22%。与上年相比，事故起数减1起，降7.69%；死亡人数少1人，降6.25%。较大事故（一次死亡3～9人）2起，占14.29%；死亡8人，占34.78%。与上年相比，事故起数、死亡人数持平。未发生重大（一次死亡10～29人）及特别重大（一次死亡30人以上）煤矿死亡事故。

按事故类别统计：顶板事故8起，占57.14%；死亡12人，占52.17%。与上年相比，起数减2起，降20%；死亡人数减1人，降7.69%。瓦斯事故3起，占21.43%；死亡8人，占34.78%。与上年相比，事故起数增2起，升200%；死亡人数增6人，升300%。运输事故3起，占21.43%；死亡3人，占13.04%。与上年相比，事故起数增2起，升200%；死亡人数增2人，升200%。未发生水害、火灾等其他事故。

按事故单位经济类型统计：省属国有煤矿发生死亡事故6起，占42.86%；死亡7人，占30.43%；百万吨死亡率为1.88。与上年相比，事故起数增1起，升20%；死亡人数增2人，升40%。乡镇煤矿（含地方国有煤矿和非法煤井）发生死亡事故8起，占57.14%；死亡16人，占69.57%；百万吨死亡率为0.4人。与上年相比，事故起数减2起，降20%；死亡人数减3人，降15.79%。

【煤矿事故查处】 2010年，曲靖监察分局组织调查煤矿事故14起，事故牵头调查率为100%。按照分级负责原则，曲靖监察分局批复12起一般事故，云南煤矿安全监察局批复2起较大事故，事故按期批复结案率为100%。在事故查处中，对120个有关责任单位和个人依法实施行政处罚；建议追究刑事责任8人；建议给予党纪政纪处分47人；暂扣安全生产许可证4个；责令停产整顿矿井2个；责令关闭非法开采井口2处。

【安全监察执法】 2010年，国家煤矿安全监察局和云南煤矿安全监察局批复曲靖监察分局监察计划261矿，实际监察271矿（次），完成年度计划的103.8%。在煤矿现场安全监察中，共制作各类执法文书1271份，查出各类事故隐患2129条，其中报告期内应整改的隐患2088条，实际整改2088条，隐患整改率100%；停止违法违规作业点（面）32个；撤出危险区域作业人员186人；对169个存在安全生产违法行为的责任单位和个人依法实施行政处罚；责令停产整顿矿井8个；暂扣安全生产许可证19个；4次向煤矿安全监管部门和当地政府提出加强和改善安全管理建议书和意见书。

【建设项目监察】 2010年，曲靖监察分局继续开展煤矿建设项目安全专篇审查和竣工验收工作，严把煤矿建设项目的安全准入关。年内，全市有19个煤矿建设项目安全设施设计通过审查，均为煤矿扩建项目，新增设计生产能力69万吨/年。11个矿井安全设施通过竣工验收，新增生产能力69万吨/年。截至年末，在建煤矿建设项目123个，其中：新建项目20个，扩建项目103个。

【富源县非法煤井“3·21”较大瓦斯事故】 2010年3月21日14时，富源县后所镇外后所村委会杨梅山村破沙沟一非法煤井发生瓦斯窒息事故，造成5人死亡，直接经济损失11.8万元。事故发生的直接原因是：该非法煤井为独眼井，井下积聚了大量有毒有害气体；非法开采人员冒险进入该井偷采煤炭，窒息死亡。该事故为责任事故，建议追究法律责任1人，给予行政处分10人，给予党纪处分8人。

【罗平县小海子煤矿二号井“9·01”较大顶板事故】 2010年9月1日20时，罗平县小海子煤矿二号井1401通风上山与人行通道交叉点处发生冒顶事故，将1人埋住，救援过程中顶板二次冒落，将2名救援人员埋住，最终造成3人死亡，直接经济损失293.8万元。事故发生的直接原因是：巷道支护强度不够，发生顶板冒落，人员冒险通过，被冒落的煤矸埋压；抢救过程中，发生二次冒顶，造成事故扩大。该事故为责任事故，建议追究法律责任1人，给予行政处罚6人，给予行政处分4人，给予党纪处分2人。

（李因华）

2010年曲靖市煤矿事故基本情况表

事故时间	事故单位	事故类别	死亡人数	受伤人数	直接原因	直接损失（万元）
1月13日 7时40分	宣威市海岱镇小白岩煤矿	顶板	1		工作地点应力集中，回柱时顶板垮落。	52.028
2月23日 17时30分	师宗县金鑫煤矿	顶板	2	1	巷道变形严重，顶板破碎，检修时顶板垮落。	125
3月12日 14时0分	富源县后所镇杨梅山非法煤井	瓦斯窒息	5		独眼井，有毒有害气体积聚；非法开采人员冒险进入，窒息死亡。	11.8
5月12日 8时13分	云南省后所煤矿打磨沟二号井	顶板	2		采煤工作面过老巷和遇断层，顶板垮落。	121.4
6月5日 23时15分	沾益县新村煤矿	顶板	1		残采工作面顶板垮顶。	41
6月12日 12时0分	师宗县瓦鲁煤矿	顶板	1		掘进工作面顶板垮顶。	47.4
7月1日 3时0分	师宗县雄壁镇雨柱村非法煤井	瓦斯爆炸	2	17	独眼井，通风不良，瓦斯积聚；使用非防爆的电镐落煤，产生火花引起瓦斯爆炸。	110.9
7月15日 5时0分	羊场煤矿杨家矿井	顶板	1		采煤工作面空顶作业，顶板掉矸，被砸中头部。	42.5
8月27日 18时30分	宣威市来宾祥源煤业有限公司祥源井	运输	1	1	用刮板运输机运送溜槽，溜槽翘起造成巷道顶板垮落。	68.1
9月1日 20点0分	罗平县马街镇小海子煤矿二号井	顶板	3		支护强度不够，作业人员盲目通过冒顶危险区，被冒落的煤岩埋住；盲目施救致事故扩大。	293.8
9月7日 3时11分	云南省田坝煤矿四号井	瓦斯窒息	1		作业人员冒险进入瓦斯积聚的掘进工作面，窒息死亡。	77.48
9月11日 11时35分	云南省田坝煤矿四号井	运输	1		作业人员冒险进入危险区域处理掉道矿车，被矿车挤压致死。	79.48
10月24日 9时40分	宣威市来宾祥源煤业有限公司祥源井	运输	1		绞车提升巷道狭窄，违章蹬钩被挤压死亡。	68.8
12月13日 12时30分	云南省曲靖市狮子山煤矿	顶板	1	1	采煤工作面支护不力，顶板垮落。	154.5

食品药品监督管理

【简述】 2010年，曲靖市食品药品监督管理局以确保公众饮食用药安全为主线，以维护机构改革发展大局为重点，抓好食品安全整顿和药品安全专项整治，切实加强干部职工队伍教育管理，积极参与推动地方经济社会发展，保障了机构改革及职能调整期间全市食品药品监管的队伍安全、食品安全和药械质量安全，实现了年内全市未发生重特大食品药品质量安全责任事故（件），一般性食品药品安全事故（件）明显减少，人民群众饮食用药安全得到有效保障的目标。

年内，全市食品药品监督管理系统共有在职职工195人（含市食药检所31人）。全市共有药品生产企业10家，药品批发企业30家，药品零售企业2643家，医疗机构2347家，医疗机构制剂室7家，餐饮服务单位22827户，保健食品、化妆品生产经营使用企业4100余家。

【食品安全综合监管】 2010年，市委、市政府将食品安全相关工作纳为对各县（市）区的年度综合目标考核内容，将食品安全整顿工作列为市政府20项重点督办工作之一，共安排食品安全整顿及药品安全整治工作经费34万元，食品安全“政府负总责、部门各司其责、企业是第一责任人”和分段监管的责任体系进一步落实，全面覆盖9个县（市）区、115个乡镇（街道）1539个行政村的食品安全责任体系进一步完善。深入开展食品安全专项整顿，市食品药品监督管理局认真履行市食品安全委员会和食品安全整顿领导小组办公室的职能，切实加强与各县（市）区和市直相关职能部门的沟通协调，牵头组织开展打击违法添加非食用物质和滥用食品添加剂、农产品质量安全、食品生产企业、流通环节、餐饮消费环节、畜禽屠宰、保健食品等7方面的专项整顿，组织开展针对问题奶粉、地沟油、不合格一次性筷子等重点品种及春节、两会、中秋等重要时期的10余项专项执法检查，同时，还结合校园周边环境整治工作的开展，组织对全市学校及周边食品安全进行为期1个月的集中整治。截至11月底，全市共检查食品企业5.76万余户（次），查处食品违法案件346件，与食品生产经营企业签订质量安全承诺书2760余份，取缔无证照经营户590户，查扣违法违规物资31万余千克。结合“3·15”、“食品安全知识宣传周”等活动开展宣传，全市共悬挂标语750余条，摆放宣传展板110余块，向市民派发《食品安全法》及宣传手册8万余份，接受咨询6万余人（次）。全年共制发专项整顿信息简报3期、食品安全预警公告4期、食品安全工作动态10期。认真开展餐饮、保化环节安全监管，对麒麟城区78家餐饮店进行集中消毒餐具、一次性筷子、小麦粉、大米、食用油、蔬菜、鲜奶、生活饮用水等16个品种共120份样品的采样、送检，按时完成省食品药品监管局2010年餐饮服务食品安全监督抽验任务；委托市、县卫生行政部门办理餐饮服务许可证6751件；认真组织开展摸底调查，全面摸清全市餐饮服务及保健食品、化妆品监管的状况；积极选送业务骨干参加国家和省级食品安全监管工作培训交流活动近20余人（次），进一步建立健全食品安全事故预防及应急处置体系，努力做好承接餐饮服务食品安全监管等职能的准备工作。罗平县在创建“国家级食品安全示范县”过程中，组织实施示范乡（镇）、村、点三级联创的“示范工程”，利用政府再就业资金开发公益性岗位，聘用下岗职工作为食品药品协管员，将食品安全宣传培训与农民工技能培训相结合，分批对1896名农村红白宴席厨师、学校食堂从业人员、村食品安全信息员进行农村食品安全暨宴席厨师技能培训，提升农村宴席食品安全保障水平。宣威市在创建“省级食品安全示范县”工作中，以健全农村食品安全监管体系、学校食品安全保障、农村群体聚餐管理、宣威火腿产业发展为重点的创建工作思路，建立市、乡、村安全协管员制度。富源县在全县推行《学校食品安全举报奖励制度》，对情况属实的举报者给予500—2000元不等的一次性奖励，该制度实施的信息，被国家局、省局网站采用。马龙县在全市率先承担起全县餐饮服务环节食品安全监管职责，圆满完成“珠江源美食节”马龙点和该县“6·25”特大暴雨灾害期间的食品安全保障工作，完成县域内320户企业和85个学校食堂的《餐饮服务许可证》批办工作，并开展学校食品安全专题讲座。

【药械安全综合监管】 2010年，曲靖市食品药品监管部门加强药械质量安全监管，进一步强化目标责任制管理，深入开展药械安全整治，全面推动市场规范化建设，努力推行诚信体系建设，药械质量安全监管取得显著成效。年内，先后组织开展特殊药品、疫苗类、非药品冒充药品、药品广告、利用互联网宣传销售假药等27项专项整治。截至11月底，全市依法查处药械案件369件，查处涉案药械2601个批（次），涉案金额44.53万元。大力推进市场规范化建设，全年顺利完成GSP（药品经营企业质量管理规范）认证470余件；对地方媒体播出的药械广告实行24小时动态监测，依法向工商行政管理部门移送17条违法药品医疗器械广告；严格审查备案制度，完成药械销售人员备案审查400余人（次），审查清退60余人（次）。严厉整治无证经营、无证销售、出卖证照、挂靠经营等违法违规行为，依法吊销注销药品经营企业许可证71件。为确保药械招标采购环节的安全，严防问题企业和问题药械通过政府采购进入曲靖市，实施政府集中招标采购药品投标企业资格审查制度，共审查投标企业60余户（次），建议取消3户（次）企业的投标资格。全市37家县级、146家乡级和1539家村级医疗机构均已通过检查验收，医疗机构药房“两规”建设基本完成。全力保障农村用药安全，年内，安排27万余元专项经费对聘请的农村药品安全“监督员、协管员、信息员”队伍进行全员培训。积极鼓励支持有实力、经营规范的药品连锁经营企业向农村及偏远地区发展连锁规范经营，药品“供应网”进一步完善。着力抓好药品安全宣传，组织开展第四期“家庭小药箱”清理及安全用药宣传月活动，共回收价值50余万元的居民家庭过期失效药械进

2010年11月18日，曲靖市第四届家庭小药箱清理活动月启动仪式在南城门广场举行。

（张瀛文/摄）

行集中销毁。加强药械不良反应监测工作，年内共收集上报药械不良反应报表495份，药物滥用调查表432份，完成药品监督抽检570批（次）和基本药物全抽检200批（次）；药品快速检测车快速检测药品610批（次），药械安全风险评估和应对能力进一步提高，公众用药用械安全技术保障能力明显增强。

【药业产业发展】 2010年，曲靖市新增药品批发企业2家、零售企业143家，有药品从业人员2万余人，药品经营企业覆盖了100%的乡镇、80%的行政村。全市共有国药准字号的药品165个，进入国家及省医保的有11个。沾益县、师宗县获“云药之乡”荣誉称号。全市中药材种植以示范样板为带动，分别以沾益县2000亩的当归种植高产示范样板、宣威市2000亩的白术种植高产示范样板、罗平县2000亩薏苡仁种植高产示范样板为代表，全市已建成70多个中药材品种的中药材资源库。

【信息宣传】 2010年，曲靖市食品药品监管信息被各级新闻媒体及当地党委政府刊物采用100余条，市以上新闻媒体及上级主管部门政务网站采用60余条，各级电视台宣传报道50余次，《中国医药报》刊登曲靖市的食品安全举报奖励制度、快检车运行模式、全国医药系统先进个人等新闻。曲靖市全面推行的药械“买假先退”、“举报奖励”等制度受到上级主管部门的充分肯定和社会各方面的好评，药品快速检测车“三三循环”和稽查工作“九看九查一抽验”做法在全国经验交流工作会议上进行交流。信息宣传工作在全省食药监系统始终位列前五，并受到年终表彰。

（张瀛文）

银行业监督管理

【简述】 2010年，曲靖银监分局按照云南银监局“有效监管强化年”和“内部管理强化年”的工作要求，紧紧围绕“调结构、防风险、强监管、促发展”的工作思路，不断增强监管的针对性和有效性，在促进结构调整、强化风险管控、改善金融服务、支持经济发展、转变工作作风、完善管理制度等方面取得新突破。全年共办理群众来信来访12件、4份政协提案，廉政监督卡回馈满意率达100%；分局档案建设工作通过“四星级”验收；在全省银监系统被授予“2010年度综合考核先进单位”荣誉称号。至年末，全市共有471个持证银行业机构，5826名在册员工；全市银行业各项存款余额987.53亿元，比年初增加159.18亿元，增长19.22%；各项贷款余额634.82亿元，增加108.27亿元，增长20.56%；不良贷款余额20.29亿元，减少3.35亿元，下降14.16%，不良率为3.22%，下降1.27个百分点，银行业运行秩序良好、各项业务经营安全稳健。

【市场准入】 2010年，曲靖银监分局共核准7个机构开业、15个机构搬迁、5个机构终止营业；核准128名高管人员任职资格、否决6名，对134名高管进行任前谈话、55名高管进行履职谈话、19名高管进行诫勉谈话，对58名高管人员2009年履职情况作考核评价。全年共发放金融许可证43张，收缴42张，未发生丢损证情况。

【法人监管】 2010年，曲靖银监分局深入推进法人治理工作。着力推进对农村信用社监管，采取“三谈”、风险提示、按旬监测和专项督导等措施，有效遏制不良贷款反弹势头，促进合规稳健经营。年末，曲靖市农村信用社不良贷款余额比高峰时期减少4.69亿元，不良率比高峰时期下降3.41个百分点。着力推进对惠民村镇银行的监管。不断督促完善法人治理，找准市场定位，明确发展战略。年末，惠民村镇银行各项存款余额2.7亿元，各项贷款余额1.51亿元。着力推进对曲靖市商业银行监管。加强对曲商行外部董事履职情况的持续跟踪评估；组织召开由监管部门、曲商行、外部审计机构参加的三方会谈，达成定期交换信息、共享监管成果的会谈机制。年末，曲商行各项贷款余额43.77亿元，比年初增长26.27%，加大对中小企业、微小企业的支持力度，发展态势良好。经银监会最终审定，曲商行2009年度综合评级为三级B等，比2008年有所上升。

【风险监管】 2010年，曲靖银监分局注重重点领域风险监管，确保全市银行业审慎经营。做好非现场分析，充分发挥窗口指导和风险提示作用。制定印发《曲靖市银行业二〇一〇年窗口指导和风险提示意见》，从“准确把握宏观调控政策，优化调整信贷结构；坚守风险底线，提升资产质量”等方面，督导辖内银行机构认真贯彻中央精神，进一步做好金融服务工作。有效运用非现场监管系统进行综合风险分析，根据指标监测情况，以发出风险预警通知书、约见高管谈话等形式，及时化解风险隐患。注重提高现场检查的权威性和有效性，发挥现场检查督促宏观政策和审慎监管要求落实的功能。全年现场检查涉及辖内16家银行业机构，覆盖内控、信贷、存款、会计、中间业务等范围，涉及贷款新规、信息科技、政府融资平台等内容；共检查营业机构79个，参加检查人员298人（次），检查工作量5083天，检查金额208.37亿元，发现问题金额36.98亿元，提出整改意见144条，罚款20万元，有效规范银行

2010年11月28日，曲靖市“银行业公众教育服务日”大型公益活动在南城门广场启动。

（陈勋宇/摄）

业经营行为。细化责任，防范化解地方政府融资平台风险。及时督促全市银行机构按照国务院、银监会的有关要求，对平台贷款清理登记、重新评估、整改保全、分类处置。通过加强领导、统一会谈、集体约谈等措施，签订银企协议，商定贷款偿还计划，平台贷款风险管控取得阶段性成效。全市平台公司锁定为49家，年末贷款余额117.31亿元，其中全市银行业金融机构的贷款存量82.19亿元。重视银行金融机构环境安全，落实各项检查。对所有持枪网点枪弹管理制度进行检查梳理，确保辖内银行机构枪弹使用合规安全；对银行网点的安保配置情况和安防硬件设施进行全面摸底、对辖内各行（社）自助机具设备开展拉网式检查，排除风险隐患，确保自助设备安全。狠抓案件防治工作，有效遏制发案势头。以开展“银行业内控与案防制度执行年”活动为契机，通过与各银行业机构签订《目标责任书》、案件风险全面排查、召开“全市银行业金融机构禁赌和案件防控工作会”等形式，深入落实案件防治“四个到位”、“四挂钩”要求，始终保持案件防控高压态势，确保全市金融平安。

【监管服务】 2010年，曲靖银监分局创新服务方式，提高金融服务水平。认真履行社会责任，齐心协力抗击自然灾害。面对百年不遇的严重旱灾，先后开展献爱心捐款活动3次，共捐款24950元，捐赠矿泉水100余箱；班子成员多次率队深入宣威柏木村、米茂村、沾益播乐乡、富源得戛村等旱情严重村镇调研，指导金融机构做好金融服务，支持农业生产及兴修水利等基础设施建设。组织1.77万元资金帮助村民修缮水窖、购置水管，有效解决宣威米茂村500多户群众1800多人的正常饮水问题。马龙“6·25”特大暴雨后，组织银行业抗洪抢险，稳定县城金融秩序。支农扶农，为“三农”服务提供有力支持。认真贯彻执行“国十条”、“金九条”，要求各信用社涉农贷款平均增长率必须达到15%以上，实现涉农贷款增量、增幅、占比“三个高于”目标；大力推进信用村镇建设，推动“信用社难贷款、农户贷款难”问题的有效解决；布置曲靖市商业银行、曲靖惠民村镇银行制订支持民族地区发展规划。年末，全市农业贷款余额为112.73亿元，比年初增加32.26亿元，增长40.09%。重点扶持、稳健推进中小企业金融服务。按照小企业融资特点，督促银行机构加强金融服务创新，不断加大对中小企业发展的信贷支持力度，以信贷支持调整带动地方产业结构的优化升级。年末，全市银行业金融机构中小企业贷款4011户，累计发放贷款97.91亿元，贷款余额为188.95亿元，比年初增加3.83亿元。曲靖银监分局和曲靖市商业银行被云南银监局推荐为全国小企业服务先进单位。全面推进银行业公众教育服务活动。5~8月，在全市银行业金融机构广泛开展学习贯彻“三法一指引”的大型活动，8月，组织举办“曲靖市银行业‘三个办法、一个指引’知识竞赛”。全市16家银行机构组队参赛，曲靖电视台对2场预赛和1场决赛进行录播，起到向公众宣传贷款新规的良好社会效果。11月28日，在南城门广场启动曲靖市“银行业公众教育服务日”大型公益活动，辖内16家行（社）积极参与。活动期间各行通过展位宣传、网点宣教等形式发放宣传材料9种共计42.3万套、宣传台历600本；全市400余个银行网点悬挂宣传布标，张贴宣传海报2种940套，放置易拉宝150个；通过播放公益广告、发送短信等方式向大众宣传金融知识。将公众教育活动与“送金融知识下乡”、“送金融知识进社区”、“送金融知识进企业”等有机结合，宣传金融知识，提高大众金融意识。

（侯　玲）

住房公积金管理

【简述】 2010年，曲靖市住房公积金管理中心围绕“诚信、廉洁、高效、创新”的工作主题，深入开展住房公积金专项治理，维护职工合法权益，努力提高曲靖住房公积金覆盖面，有效防范贷款风险，加强管理监督，确保资金安全，各项工作取得显著成效。全年归集住房公积金15.96亿元，支取住房公积金6.68亿元，发放住房公积金贷款9.38亿元。

【住房公积金归集与支取】 2010年，曲靖市住房公积金归集持续快速增长，截至年底，全市参加缴存住房公积金职工220078人。当年归集住房公积金15.96亿元。累计归集住房公积金75.77亿元，住房公积金余额47.28亿元。提取住房公积金6.68亿元，其中购房还贷支取16776.07万元。离退休支取7106.99万元，累计提取住房公积金28.49亿元。

【住房公积金贷款与回收】 2010年，曲靖市住房公积金管理中心向6735户职工发放住房公积金贷款9.38亿元，已累计向110171户职工发放住房公积金贷款54.92亿元，住房公积金贷款余额24.58亿元。重视贷后管理，降低贷款风险，由专人负责逾期贷款的催收工作，针对逾期贷款通过逾期通知书进行催收，针对重点客户进行上门、发律师函等方式进行催收，并对多次催收无效的客户向人民法院提起诉讼，确保资金安全。当年回收6.27亿元。

【业务收支】 2010年，曲靖市住房公积金管理中心实现业务收入13321.94万元，其中：个人住房公积金委托贷款利息收入8839.7万元，存款利息收入4358.17万元，国债利息收入103.04万元。全年业务支出8336.7万元，其中支付职工个人住房公积金存款利息7944.06万元。实现增值收益4985.24万元。

【廉租住房建设】 2010年，曲靖市住房公积金管理中心提取城市廉租住房建设补充资金1800万元，比上年增加447万元，增33.04%。至年末，全市已累计提取城市廉租住房建设补充资金4502.63万元，已上缴财政2702.63万元。

【住房公积金专项治理】 2010年，曲靖市开展住房公积金专项治理工作，加强内部管理，完善缴存使用政策，堵塞监管漏洞，维护资金安全。成立公积金专项治理工作小组，及时召开专项治理工作动员大会，传达国务院、部、省、市相关文件精神，统一思想，提高认识。增强企业法制意识，促使企业为职工缴存住房公积金，维护职工合法权益。认真贯彻落实“控高保低”缴存政策，对曲靖所有住房公积金缴存单位的缴存基数和缴存比例进行排查，未发现超过缴存基数或者缴存比例的单位。麒麟区部分乡（镇）未建立住房公积金已于2010年建立住房公积金制度，保证了职工的合法权益。

（汤　杰）

生猪屠宰管理

【生猪定点屠宰】 2010年，曲靖市共有生猪定点屠宰企业33户，县城以上城区供应鲜肉的屠宰厂10个，分割肉深加工的屠宰厂5个，乡（镇）屠宰场18个。其中：麒麟区8户，陆良县7户，师宗县2户，罗平县1户，富源县6户，宣威市4户，沾益县2户，马龙县1户，会泽县2户。全年屠宰生猪830086头，同比增长31%，其中：麒麟区224010头，陆良县128790头，师宗县38926头，罗平县51490头，富源县172649头，宣威市99934头，沾益县54191头，马龙县24918头，会泽县35178头。全市生猪定点屠宰环节生猪无害化处理4466头。

【食品安全整顿】 2010年，曲靖市商务局根据《曲靖市食品安全整顿工作实施方案》要求，按照《曲靖市商务局食品安全整顿工作实施方案》提出的目标任务，开展猪肉质量和酒类流通安全专项整治，严厉打击各种私屠滥宰、制售病害肉、注水肉等扰乱市场秩序的不法行为，规范酒类流通管理，加强酒类备案登记、随附单工作。全市城区生猪定点屠宰率达100%。

【执法检查】 2010年，曲靖市商务局加强生猪定点屠宰环节管理，坚决打击私屠滥宰不法行为，严肃查处屠宰加工病死猪肉、注水肉等违法行为，严防病死、注水、未经肉品品质检验或检验不合格猪肉出厂。全年全市共开展执法检查7787人（次），出动检查车辆4737辆（次），查处违法案件43件。按照商务部第二批商务综合行政执法试点的要求，市商务局积极开展工作，加强商务执法支队建设，落实工作人员，安排办公场所，配备必要装备，开通12312商务举报投诉电话。

【规范生猪屠宰管理】 2010年，曲靖市商务局统一证章，统一制作肉品品质检验证章下发各屠宰企业，自9月1日全市所有生猪定点屠宰企业已全部启用。市商务局还统一制作曲靖市生猪定点屠宰厂（场）生猪进场、肉品出场、检验检疫及病害猪处理登记表发给屠宰企业规范使用，管理进一步规范。

【升级改造】 2010年，麒麟区、沾益县、马龙县、师宗县4户城区屠宰企业和分割加工的陆良县众益食品有限公司共5户企业完成技术升级改造工作，会泽宏瑞生猪定点屠宰有限公司、宣威畜牧科贸有限公司生猪屠宰厂、陆良县七里香食品有限公司生猪屠宰厂3户企业进入商务部屠宰企业标准化改造项目。年内，陆良县七里香食品有限公司、云南东恒经贸集团和云南滇东联合食品有限公司3户企业被评为省级“放心肉”体系建设先进企业。

（钱光平）

酒类流通管理

【酒类流通备案登记】 2010年，曲靖市继续执行《酒类流通管理办法》，巩固和加强酒类流通备案登记管理，新增酒类流通备案登记118户，自然消失37户，定期对酒类流通备案登记企业进行检审。至年底，全市共有酒类备案登记11232户，其中：麒麟区2603户（批发企业102户，零售企业1332户，餐饮企业1065户，酒吧及娱乐场所104户），陆良县1386户（批发企业40户，零售企业973户，餐饮企业347户，酒吧及娱乐场所26户），沾益县298户（批发企业17户，零售企业152户，餐饮企业118户，酒吧及娱乐场所11户），宣威市1996户（批发企业94户，零售企业1474户，餐饮企业393户，酒吧及娱乐场所35户），会泽县1187户（批发企业41户，零售企业985户，餐饮企业140户，酒吧及娱乐场所21户），马龙县878户（批发企业55户，零售企业549户，餐饮企业271户，酒吧及娱乐场所3户），富源县1226户（批发企业41户，零售企业788户，餐饮企业381户，酒吧及娱乐场所16户），师宗县717户（批发企业75户，零售企业344户，餐饮企业267户，酒吧及娱乐场所31户），罗平县941户（批发企业32户，零售企业601户，餐饮企业230户，酒吧及娱乐场所78户）。

【推行酒类随附单】 2010年，曲靖市继续推行酒类流通随附单制度，严把酒类经营主体准入关，依法规范经营主体资格，确保酒类流通环节质量安全。全年累计发放酒类流通随附单101187份。

（钱光平）

开发投资

【简述】 2010年，曲靖市开发投资公司（以下简称公司）以公司成立10周年为契机，牢固树立“服务全市改革发展大局”理念，围绕“做大做强做实政府投融资平台”目标，以充分履行“投资、融资、资产管理”三项职能为主线，进一步理顺体制、搞活机制，全面完成了年初董事会确定的各项目标任务。全年共融资到位5.5亿元（其中：政府信用贷款到位2.7亿元，协助企业完成申贷2.8亿元），回收贷款本息12.47亿元（其中：政府信用贷款本息6.29亿元，“麒麟福-金秋财富”理财产品5.836亿元），回收电力建设借款700万元。

【项目融资】 2010年，公司狠抓投融资机遇，增强职能发挥，充分发挥政府融资平台作用，积极与各级金融机构沟通协调，多渠道筹集资金，支持城市基础设施和重大项目建设。从中国农业发展银行融资到位2亿元政府信用贷款支持全市中小学D级危房改造；从国家开发银行融资到位4000万元支持云南能源技术学院新校区建设；积极争取抗旱救灾信贷支持，先后向国家开发银行云南省分行争取到抗旱救灾应急贷款4000万元；协助师宗县职业技术学校向国家开发银行贷款900万元合同已签订；积极协助企业融资，先后为农业科技示范园有限公司、麒麟焦化有限公司融资租赁、双友钢铁有限责任公司节能减排、曲靖市燃气有限公司煤气改天然气等项目引进民生银行、交通银行、中信银行等多家银行资金，为其提供融资支持近2.8亿元。

【项目调研】 2010年，公司狠抓项目调研，增强监管力度。强化项目资金的监管力度，重点突出项目管理、财务管理和安全管理。继续执行按季抽查，年终全面检查的制度，抓好项目配套资金和偿债资金的落实。认真做好即将完工项目的扫尾、竣工项目的验收和项目资金使用情况的审计和到期本息的收回工作。

【资产管理】 2010年，公司狠抓资产盘活，增强公司实力。加快公司资源重组步伐，认真理顺债权债务关系，盘活存量资产，不断增强公司的投融资能力、盈利能力和抗风险能力。加强对注册资本金的管理，积极稳妥地对重点领域和行业进行投资，盘活国有资产，确保资产的保值、增值。继续支持配合省旅游开发投资公司做好曲靖温泉旅游小镇开发，继续跟踪对电力建设借款催收工作。按照市政府的要求，积极协调配合业主做好云南（曲靖）国际农业食品科技园建设工作，积极支持曲靖燃气公司开展各项前期工作。加强与云南大为制焦、曲靖大为焦化制供气、麒麟焦化等入股企业的合作，充分履行股东权利，为企业的发展尽职尽责。按照公司整合要求，积极做好划转资产的清理核实，积极配合做好政府融资平台清理的审计、核实等工作。

【机制创新】 2010年，公司狠抓机制创新，拓展融资模式，拓宽融资渠道。创新融资模式，积极探索争取发行10亿元企业债券，充分利用社会民间资本，进一步拓宽地方政府融资渠道，加快基础设施建设步伐。协助企业和项目单位采取银团贷款、委托代建、BT模式等方式进行融资，突破融资瓶颈。全年公司的合作银行已从过去单一的国家开发银行逐步向建行、农发行、交通银行、民生银行、浦发银行、中信银行以及城市商业银行等转变，融资的领域更加广泛。

【经营管理】 2010年，公司狠抓经营管理，增强资金安全。严格按照《曲靖市市级政府预算内投资管理办法》和《政府信贷建设项目资金管理办法》实施，对会计核算严格按照“三专一单列”的办法来运作，对资金支付实行两个“三级审批”和“六个不准”来规范操作，对各县（市）区公司及重点项目单位年终实行检查考评。严审中小企业项目贷款，按照《曲靖市国开行中小企业贷款实施办法》和《曲靖市中小企业申请国开行中小企业贷款推荐项目评议办法》的要求，认真筛选项目推荐上报。

【贷款催收】 2010年，公司狠抓贷款催缴，增强偿债机制。认真做好日常台账登记。根据与各县（市）区投融资公司及项目单位签订的合同约定还款期限和贷款金额，及时地做好清算工作。根据贷款台账记录，认真清理到期贷款，督促用款单位做好偿债资金的筹集。

（张　浩）

企业改革

【简述】 2010年，曲靖市工信委坚持建立现代企业制度的改革方向，按照《曲靖市2010年深化企业改革工作指导意见》要求，指导企业进一步深化改革，推进企业破产各项工作，推进各项配套改革，帮助企业研究解决发展中的困难和问题，及时排查和化解改革发展中的矛盾，有效维护企业及社会稳定。

【企业改革指导】 2010年，曲靖市工信委积极帮助研究曲靖医药批发有限公司、曲靖九天建筑安装有限公司等企业改制遗留有关问题的处置，帮助协调曲靖珠源纺织有限公司改革发展补助资金事宜，推进企业发展。年内，指导云南曲靖越钢集团有限公司与富源县大河镇黑路山煤矿的整合重组。

【企业破产工作】 2010年，曲靖市工信委加强协调，积极处理破产企业工伤人员补助、医疗保险、托管人员费用、清算组工作经费等事项。加大企业破产财产处置力度，分析研究破产财产处置方式，提出合理化建议并及时上报审批。研究解决原云南省滇东磷化工公司花山生活区学生接送交通车的处置。帮助解决曲靖化工机械厂破产后原曲靖化工机械厂医务室医患纠纷事宜；解决原云南省滇东磷化工公司和原云南省曲靖化工机械厂涉及中国东方资产管理公司债务约1.8亿元。

【企业矛盾化解】 2010年，曲靖市工信委着力化解了5～11月期间云南省滇东磷化工公司破产人员（含退休人员及家属）、曲靖市翠峰瓷厂、曲靖市天和丝绸有限公司改制前退休人员及改制时选择自谋职业人员多次规模上访，根据上访人员构成，及时查找源头，认真分析上访人员诉求，把握政策尺度和相关程序，努力疏导和化解矛盾；耐心疏导曲靖市新业物资有限公司上访人员，认真做好政策解释工作，有效处理了信访反映的问题。

【企业改革信息统计】 2010年，曲靖市工信委继续开展对改制存续企业的跟踪问效。全年改制重组企业资产总额达120.95亿元，同比增长6%；实现工业总产值124.11亿元，增7%；实现销售收入144.24亿元，增15%；上缴税金7.01亿元，增3%；实现利润2.38亿元，增190%。

（方　艳）

工 业

责任编辑 黎 俊

综 述

2010年，曲靖市工业经济受到了国际金融危机持续、欧洲债务危机及百年未遇特大旱情的影响。全市工业和信息化战线广大干部职工发扬敢于攻坚、勇于创新的优良作风，努力推进各项工作，各项工作成绩斐然。

——工业实现高速发展，主导作用明显显现。2010年，全市工业总产值达1265.1亿元，是2005年464亿元的2.72倍，年均增长22.2%；完成工业增加值468.7亿元，是2005年194.4亿元的2.41倍，年均增长17.2%；完成工业投资248.62亿元，是2005年83亿元的2.99倍，年均增长22%。工业占全市GDP的比重从2005年的44.1%提高到2010年的48.1%。

——培育支柱产业，产业结构明显优化。过去曲靖的工业产业主要以烟草为主，以及规模较小的化工、机械、轻纺等，产业单一，基础薄弱。经过“十一五”的发展，曲靖工业产业从弱到强、从小到大、从粗到精。做强了烟草、电力、煤炭、化工、冶金产业；壮大了建材、机械汽车产业；培育了光伏电子新材料产业，构建了较为完善的现代产业体系。2010年，卷烟实现产值137.2亿元，电力实现产值211.7亿元，煤炭实现产值261.6亿元，化工实现产值104.4亿元，冶金实现产值164.2亿元，建材实现产值34.8亿元，汽车及机械制造实现产值42.7亿元。

——节能降耗工作有效推进，成效明显。2010年，全市工业节能降耗、资源综合利用、清洁生产等工作有效推进，完成“十一五”节能降耗目标，实现单位GDP能耗下降18%。淘汰落后产能任务提前完成。截止9月30日，省政府考核曲靖市淘汰落后产能目标任务［涉及企业81户、119条（座）生产线、产能736万吨。其中：焦炭生产装置107座，产能654万吨；水泥生产装置8座，产能73.5万吨；铅冶炼及烧结生产线2条（座），产能7万吨；铁合金生产装置2座，产能1.5万吨］已经全部关闭拆除。

——工业园区加快发展，集聚效应明显。在工业园区建设上，坚持大手笔规划、大投入建设、大容量收储土地、大强度招商、大前景发展、大气魄融资的发展思路。着力打造光电子、磷化工、煤化工、有色金属、电力、煤炭、汽车制造、建材、生物制药、其他轻工等十大产业基地。至年底，全市拥有国家级开发区1个，省级重点工业园区（基地）5个，县级工业园区8个，总规划面积达到419平方千米，收储土地约193.33公顷，400户企业入驻园区。2010年，全市工业园区建成标准厂房100万平方米，园区基础设施建设得到显著加强，园区工业总产值占全市工业总产值的42.7%。

——信息化建设加快推进，成效明显。2010年，全市通信光缆线路长度达31万千米，拥有固定电话用户38.5万户、宽带网用户20万户，建设无线通信基站3900座，移动电话交换机容量490万门，移动电话用户达265万户；有线电视用户数59.5万户，完成全市数字电视用户36万户，完成固定资产投资约9亿元。

2010年，全市工业和信息化工作坚持科学发展观，坚定不移地走新[illegible]工业化道路。认真落实省委、省政府在2003年10月曲靖现场办公会上的决定，树立“打造现代工业强市、建设珠江源大城市”的发展思路，在全省“率先基本实现工业化，率先进入大城市行列”。在全市上下形成抓工业、讲工业、干工业的良好氛围。加快实施工业发展“一拖五”。即以《曲靖市进一步加快推进新型工业化的决定》为中心，围绕《曲靖市工业发展千亿工程实施意见》、《曲靖市重点企业发展千亿工程实施意见》、《曲靖市工业投资千亿工程实施意见》、《曲靖市企业上市工作意见》、《曲靖市加快工业企业发展的意见》5个工作意见，全面落实推进工业加快发展的各项优惠政策，加快实施“工业强市”战略，实现“科学发展、和谐发展、率先发展、安全发展”。明确各职能部门工作职责，认真贯彻落实“一拖五”，以服务工业发展、推进新型工业化进程为己任，创造性地开展工作。各县（市）区结合各自实际，认真研究工业发展思路，把工业作为富[illegible]县的重要工作抓好、抓实，形[illegible]市上下齐抓工业的良好局面。

坚持服务企业发展和[illegible]项目建设。深入企业帮助解决[illegible]困难。为帮助全市工业企业特[illegible]中小企业抵御国际金融危机[illegible]干旱等自然灾害的影响。市委[illegible]政府先后组织开展“五访五[illegible]现场办公会等活动，由主要领[illegible]领相关部门负责人及时深入企[illegible]行调研，了解企业生产经营现[illegible]面临的困难和问题。针对企业[illegible]的困难和问题，实行一企一策、[illegible]动研究、现场解决的工作方式。有效地帮助企业解决了一大批重大建设项目和生产经营困难，极大地增强了企业发展的信心。加快推进项目建设。实行市级领导挂钩重点项目工作机制，做到一个项目一个挂钩领导、一个服务团队，较好地解决了项目推进中遇到个各种问题。开展“包保”工作。作为工业经济管理部门，市工信委采取“包保”责任制，由委领导分别联系各县（市）区，帮助研究各项工作，围绕“保节能、保增长、保投资”实行工作任务包干到人，确保各项工作圆满完成。真情服务企业。工作中与企业交朋友、讲真情，做到教育、护育、扶育、促育，帮助企业出谋划策，发展壮大。

坚持培育壮大延伸支柱产业。采取横向纵向延伸产业链的发展模式，加快工业结构调整和技术改造，实现产业升级；加快推进资源整合、企业重组，推动优势企业做大做强。提升烟草产业，加快推进红云红河集团曲靖烟厂、会泽烟厂就地技改项目，搞好增量、提质、配套和增效。培育新材料产业，以冶金集团为龙头打造光电子产业，开发多晶硅及下游产品，构建光电子产业链，实现单晶硅、单晶硅切片、太阳能电池等工业化生产。壮大煤化工产业，以云维集团、众一精细化工等项目为重点，优化配置煤资源，延伸煤化工产业。发展精细磷化工产业，以宣威磷电为龙头，发展精细磷化工产业。延伸冶金产业，以驰宏公司、罗平锌电、曲靖铝业、曲靖双友为龙头，延伸冶金产业，开发合金产品和板材、线材、管材等精深加工，提高附加值。发展制造业，加快推进通用公司与一汽红塔合作生产20万辆轻卡和5万辆重卡项目建设。发展汽车和装备制造业及其配套产业。发展生物资源产业，大力发展万寿菊、魔芋、生姜等优势农特产品加工业，加快推进加拿大天辰国际农业产业示范园在曲靖落户。加快发展轻工产业，围绕标准厂房建设，加快培育劳动密集型服装、电子、电器等轻工产业。

坚持技术创新。坚持以科技创新为抓手，依托资源优势、培育打造系统的煤化工、精细磷化工产业链。改变传统单一的原材料加工模式，通过精深加工，进一步延伸产业链，生产高附加值的产品，实现更大的效益。创建企业技术中心，提高科研、技术水平。至2010年全市共有29个技术中心通过市级认定，11个技术中心通过省级认定。开发新技术，提高核心竞争力。依靠自主创新，云维集团、众一精细化工、宣威磷电等重点企业研发并掌握运用了一大批诸如焦炉煤气制甲醇，大型侧装捣固焦炉装置，大型SHELL粉煤气化制合成氨装置，电石炉尾气净化回收产业化，大型粉煤气化炉、甲醇洗涤塔等化工生产关键设备自主研发制造，焦炉煤气生产合成氨的新工艺，焦炉煤气生产半补强炭黑、热裂解炭黑装置，低浓度二氧化碳燃烧排放尾气分解粗酚装置，维生素K3联产铬粉新工艺等国际、国内领先技术，其中相关技术获得专利，极大增强了企业的核心竞争力。

坚持工业招商。围绕工业招商工作如何开展，制定《曲靖市工业招商引资管理办法》和《曲靖市工业招商引资实施细则》。围绕“以商招商、以企招商、以人力资源招商、以中间产品招商”的新思路、新方法，由市委、市政府主要领导带队前往“长三角”、“珠三角”等发达地区举办招商项目推介会，取得了较好的效果。积极引进“央企、省企”入曲。与昆明钢铁控股有限公司签订战略合作框架协议。计划在3~5年的时间，昆钢在曲靖投资80亿元以上建设昆钢煤焦、新型建材、地产开发、现代物流等重要产业基地。与云南冶金集团签订铝产业发展框架性协议。其他诸如多晶硅、中铝、一汽通用、乔治百服装等项目也正在大力推进中。

坚持信息化和工业化融合。围绕“推进信息化与工业化融合，促进工业由大变强”，起草完成《曲靖市经济社会信息化和信息产业“十二五”规划》；同时积极推进曲靖市西城工业园区“两化融合”工作，争取“数字园区”项目，全面构建园区现代产业体系。加快推进城乡信息化建设，从2010年起3年内实现全市所有自然村通信网络全覆盖、所有行政村实现宽带接入，建设教育信息化平台、万村千乡物流配送信息化平台、政务服务平台等农村重点公共服务平台。加强信息系统安全工作。与市公安局网警支队联合开展信息网络等级保护与风险评估工作，完成63家单位156个信息系统备案，其中68个信息系统被确定为二级以上安全保护级别。完成全市信息系统安全普查，提高各单位和相关工作人员信息安全意识。

（缪　林）

煤　炭

【简述】　2010年，曲靖市煤炭工业立足安全发展前提，牢牢抓住结构调整、提质增效主线，按照“控量、扩能、提质、增效”的发展思路，坚持“加大投入抓技改，夯实基础抓现场，标本兼治抓达标，落实责任抓监管，找准载体抓治理”，在加快煤炭产业发展中进一步强基础、重投资、调结构、兴科技、保安全、重民生、促和谐，全市煤炭工业呈现出良好发展态势。

2010年，全市煤炭工业经济运行稳中有升，呈现出良好发展趋势。区域内生产原煤4353.7万吨，占年计划的103.66%，比上年增长7.16%，其中地方煤矿生产3963.58万吨，增7.06%；生产洗精煤626.85万吨，增7.42%。“十一五”期间，全市累计生产原煤19453.22万吨，是“十五”期间9399.17万吨的2.07倍；累计生产洗精煤3022.02万吨，是“十五”期间486.34万吨的6.21倍。区域内煤焦产业实现现价工业总产值232.98亿元，占年计划的126.19%，比上年增长27.95%，其中地方煤矿218.67亿元，增29.02%。“十一五”期间，全市累计实现煤炭工业总产值829.95亿元，是“十五”期间232.22亿元的3.57倍。煤炭工业总产值占全市工业总产值的20%左右，煤炭工业增加值占全市国内生产总值的10.28%，其基础性、先导性、关联性地位得到进一步发挥。

煤矿安全生产形势稳定好转。2010年，全市地方煤矿发生死亡事故6起、死亡9人、原煤百万吨死亡率为0.23，与上年同期的9起事故、死亡17人、百万吨死亡率0.46相比，分别下降33.33%、47.06%和50%。“十一五”期间，全市煤矿事故起数逐年减少（分别为19起、11起、6起、9起、6起），原煤生产总量为“十五”期间的2.07倍，累计死亡人数比“十五”期间少50人，原煤生产百万吨死亡率逐年递减（由“十一五”初的1.44，分别递减为0.76、0.56、0.46、0.23），年平均百万吨死亡率为0.60，与“十五”期间的1.79相比，下降66.48%，并实现了连续3年无重大以上事故、连续2年杜绝瓦斯事故的煤矿安全生产良好水平。

【煤矿安全监管】　2010年，曲靖市煤炭管理部门坚持管理、装备、培训并重原则，切实抓好预防事故与查处隐患、检查督查与治理整改、安全投入与提高素质、落实责任与强化执法“四个结合”，采取有效措施防范事故发生。进一步完善煤矿安全生产责任制度，健全目标管理机制和奖惩激励机制，把煤炭安全生产纳入年度综合考核内容，实行目标考核，进行立项督查，强化责任落实，把安全生产领导责任、企业主体责任、部门监管责任落到实处。认真贯彻落实国务院及省关于进一步加强企业安全生产工作的相关文件精神，抓住重点部位和关键环节，严格煤矿安全监管执法。市煤炭局领导和安全技术管理人员每年到基层调研不少于4次、每月下矿井检查安全生产不少于1次，全年下矿井检查不少于15对，2010年累计检查矿井248对，查出并督促整改安全隐患1490条。深入组织开展隐患排查治理工作。进一步完善和落实煤矿隐患排查、整改、验收、分级管理、报告等工作制度，全市地方煤矿基本实现隐患排查治理的制度化、经常化、长期化，全年各级煤炭部门累计排查安全隐患49826条，整改率为100%。深入开展瓦斯治理工作。按照“通风可靠、抽采达标、监控有效、管理到位”的工作体系，狠抓39对矿井的专用回风井建设，把131对高瓦斯矿井、7对煤与瓦斯突出矿井列为重大危险源进行重点监控，建立健全矿井监管档案。2010年，全市累计组织开展69次瓦斯防治专家“会诊”活动，“会诊”煤矿142个；积极探索瓦斯抽采利用技术，全市安装使用瓦斯抽放系统111套，有效控制瓦斯事故发生。认真落实“管理保安”的政策措施，督促指导煤矿企业严格执行“一通三防”各项管理制度，狠抓现场管理。突出抓好矿领导带班作业制度的落实，抓好现场隐患排查治理，严格执行作业规程，确保作业安全。全面推行“科技保安”各项措施的落实。“十一五”期间，全行业投资37.46亿元狠抓安全技术改造，稳步提高煤矿抗灾免灾能力。以“安全生产宣传月”、“11·25”事故警示教育月、“安全生产平安月”等活动为载体，深入开展打“三非”、反“三违”、治“三超”专项执法行动，严肃查处煤矿违法生产和建设行为。

【煤炭重点项目投资】 2010年，曲靖市煤炭行业完成固定资产投资55.7亿元，占年计划的159.14%，比上年42亿元增长32.62%。“十一五”期间，全市煤炭行业累计完成固定资产投资148.21亿元，是“十五”期间56.2亿元的2.64倍。

【产业结构调整】 2010年，曲靖市认真实施“关小建大、整合技改、管理强矿”发展战略，对全市地方煤矿分类指导，“整合优化一批、技改提升一批、新建壮大一批、关闭淘汰一批、勘查储备一批”，煤炭产业结构调整初见成效。整合煤炭资源，依法关闭不具备安全生产条件、不符合产业政策的矿井。2010年，全市关闭矿井39对，“十一五”期间累计关闭各类矿井316对（其中关闭“六证”不齐全的不具备安全生产条件矿井189对），通过关小建大，煤矿矿井总数由“十五”末的645对下降为483对，比“十五”末下降25.12%。全市矿井单产能力明显提高，生产矿井实际生产能力由“十五”末的5.32万吨/年提高到9.38万吨/年，单井生产能力提高43.28%。通过新建、改扩建，培育一大批产能高、规模大、安全基础条件好的骨干煤矿。“十一五”期间煤矿共新建、改扩建煤炭建设项目315个，其中核准项目292个，取得开工备案回执180个，已竣工验收67个，正在开展前期工作的矿井157个，在建矿井113个，在建煤炭扩建项目72个。全面实施大集团发展战略。通过招商引资、资源整合，先后引进16家大型企业整合煤炭资源，并开展老厂、恩洪2个国家级大型煤炭基地建设工作，其总体规划已经国家发改委批准。着力抓好煤炭加工转化，发展循环经济，延伸煤炭产业链。2010年，全市99座洗煤厂入洗原煤1318.13万吨，原煤入洗率达32.45%，回收率达58.19%，与“十五”末相比，设计入选能力增加1420万吨/年，原煤入洗率提高12.43%，精煤产量年平均增长16.53%；煤炭焦化工艺、单炉规模水平明显提高，通过取缔土法炼焦和小机焦，全市25座焦化厂生产能力达1270万吨，焦炭产量比“十五”末增3.34%，其中冶金焦达847.4万吨；煤矸石、粉煤灰综合利用有较大突破，2010年末全市建有煤矸石、粉煤灰水泥厂47座，年利用煤矸石、粉煤灰580万吨以上，煤矸石电厂装机6.6万千瓦，年利用煤矸石量100余万吨；煤炭深加工取得新突破，云南煤化工集团大为焦化厂利用焦炉煤气转化合成甲醇35万吨/年，以焦炭制气生产化肥的厂家也不同程度地生产甲醇产品；矿井瓦斯抽采利用技术得到推广，全市7个煤矿采用瓦斯发电技术，其中麒麟区小窑沟煤矿、柳树青煤矿瓦斯发电已联网运行。一批符合环保政策、支撑力强的煤炭加工转化项目陆续竣工投产，煤电、煤气、煤化一体化格局初步形成，煤炭产业结构逐步优化。

【安全质量标准化矿井建设】 2010年，曲靖市煤炭行业以提升安全保障能力为重点，强化安全基层基础建设，在煤矿企业广泛开展以安全质量标准化矿井建设为主要内容的安全生产标准化创建活动，着力推进煤矿井下各系统安全达标。年内，地方煤矿投入1.76亿元，新建达省二级标准安全质量标准化矿井59对，累计达123对，占矿井总数的25.47%。

【白国周班组管理法推广】 2010年，曲靖市煤炭行业大力推广“白国周班组管理法”，倡导在煤矿班组安全管理工作中做到“三勤”（勤动脑、勤汇报、勤沟通）、“三细”（心细、安排工作细、抓工程质量细）、“三到位”（布置工作、检查工作、处理隐患到位）、“三不少”（班前检查、班中排查和班后复查不能少）、“三必谈”（对情绪不正常的工友、受到批评的工友必须谈心，每月召开一次谈心会）、“三提高”（提高安全意识、岗位技能和团队凝聚力）。通过开展安全班组创评活动，推进全员、全过程、全方位的煤矿安全管理。

【煤矿技术改造】 2010年，曲靖市煤炭行业认真实施科教兴煤战略，推动煤炭工业发展由原始积累的粗放型经济增长方式向依靠科技进步的集约型经济发展方式转变。推进采煤技术现代化，积极推进采煤方法改革，组织召开各种煤炭新技术推广应用工作现场会议3次，在全市地方煤矿全面推行壁式采煤方法和以替代坑木为重点的井巷支护技术，全市地方煤矿回采工作面全部淘汰了木支柱。2010年，全市共有459对矿井实现壁式工作面采煤，占矿井总数的95.03%；推广单体液压支柱工作面72对，总数达364个；推广锚喷支护和钢架支护矿井305个，新增机械化采煤工作面7个（综采4个，高档普采3个）；新增开拓及主要采区巷道坑木替代矿井104对，总数达269对。推进矿井建设质量标准化，在大中型煤矿推行综合机械化采煤，实现矿井提升、运输、通风、排水、供电等生产系统及装备配套，新增机械化运送人员矿井23对，总数达45对；煤矿新增机械化掘进矿井1对，总数为10对；煤矿新增连续机械化运输矿井20对，总数达67对，通风质量标准化矿井、机电标准化矿井达矿井总数的60%以上；高瓦斯矿井全面推行专用回风井建设，共立项建设专用风井59对。推进管理信息化，在全省首家研究开发煤矿安全监管执法软件，469对矿井安装瓦斯监测监控系统，高瓦斯矿井实现100%井下瓦斯监测监控，58对矿井安装井下人员定位系统，富源、宣威、麒麟、师宗、罗平5个重点产煤县（市）区实现煤炭销售过磅计量信息化管理，6个主要产煤县（市）区瓦斯监测监控系统实现县、乡、矿三级联网。“十一五”期间，全行业共投入安全、技改资金140亿元，原煤全员效率由“十五”末的1.1吨/工提高到1.6吨/工，地方煤矿资源回收率由“十五”末的37%左右提高到45%以上。

【安全教育培训】 2010年，曲靖市共举办煤炭安全、技术、管理、执法、瓦斯监测监控、矿山应急救援等方面的专业培（复）训7.8万人（次），全市2.2万名煤矿特种作业人员、班组长实现100%持证上岗作业。“十一五”期间，全市累计培训地方煤矿特种作业人员及专业、管理人员6.93万余人（次），煤矿全员培训复训职工40万人（次）。

【电煤供应】 2010年，曲靖市各级各部门累计组织生产供应电煤1782.7万吨，电煤供应量占全市原煤总产量的41.45%，比上年增8.46%，是“十五”末的1.94倍，较好完成了保煤增电任务。“十一五”期间，全市累计组织供应电煤6660.34万吨，占原煤总产量的34.2%。

【矿村共建】 2010年，曲靖市煤炭行业缴纳各种税金2.9亿元，比“十五”末的1.01亿元增长177.16%；缴纳各种规费、投入新农村建设及社会公益事业资金13亿元。“十一五”期间，全市煤炭行业支持新农村建设及社会公益事业投资约37亿元，解决了10余万农村剩余劳动力的就业问题。

【煤炭行业管理体制改革】 2010年，在曲靖市级机构改革中，市煤炭工业局得以保留并由参公管理事业单位升格为市政府工作部门。12月30日，市政府办印发《关于印发曲靖市煤炭工业局主要职责内设机构和人员编制规定的通知》，对曲靖市煤炭工业局的工作职责和内设机构重新调整。市煤炭工业局机关设办公室、政策法规科、发展规划科、安全监管科、技术装备科、教育培训科、统计信息科和财务稽查科等8个内设科室（正科级），并根据工作实际强化工作职能，完善运行机制，为强化全市煤炭行业管理和服务提供了机构、组织保障。

【市政协委员视察煤矿安全生产】 2010年6月21～25日，曲靖市政协组织部分委员对全市地方煤炭安全生产工作进行视察。在市政协副主席唐德荣、马宝功的带领下，参加视察的市政协委员分别深入宣威、富源、麒麟、师宗、罗平、沾益等6个主产煤县（市）区的10个煤矿企业进行视察。视察组通过听取汇报、走访煤矿、现场勘查、召开座谈会、查看书面材料及相关资料等方式，围绕煤矿安全生产工作的基本做法、煤矿安全生产主体责任落实、煤矿安全监管队伍建设、完善事故防范机制体制、安全投入、科技兴安、安全生产保障能力建设、煤矿安全宣传教育培训、煤矿安全生产执法、隐患排查治理、瓦斯综合治理等方面的情况，深入细致进行调查研究，广泛听取地方政府、煤炭安全监管部门、煤矿企业和矿区群众的意见，分析了制约全市煤炭产业安全发展的主要因素和问题，并就加强煤炭安全生产工作、推进煤炭产业安全发展、促进矿区和谐稳定等方面提出建议和意见。

【煤炭工业发展“十二五”规划】 2010年，曲靖市煤炭工业局组织编写《云南省曲靖市煤炭工业发展“十二五”规划》，12月底经省发改委审定通过。《规划》提出推进全市煤炭工业发展的思路、目标、重点、策略，并突出安全生产、结构调整、改善民生、低碳发展等规划重点，为构建本质安全型、资源节约型、环境友好型的煤炭工业体系，促进曲靖煤炭产业持续快速健康发展提供了指导。

（李　云）

电　力

概　述

2010年，曲靖市全力抓好全市电煤供应和电力生产供应工作，较好保障了电厂电煤和经济社会发展用电，促进了全市经济平稳较快增长；在做好电煤供应和电力保障的同时，统筹兼顾好曲靖市电力“十二五”发展规划、汛期小水电安全度汛检查、节电降耗、电力行政执法等工作。

电力生产供应平稳有序。2010年底，全市电源装机容量达856.55万千瓦（不含企业尾气电站），其中：火电685万千瓦、水电158.75万千瓦，新增风电装机10万千瓦、垃圾电站装机2.4万千瓦、煤层气发电装机0.4万千瓦。全年累计发电380.39亿千瓦时，比上年下降1.7%，其中：火电发电316.2亿千瓦时，下降3.5%；水电发电64.19亿千瓦时，增8.1%；风力发电0.26亿千瓦时；垃圾发电0.25亿千瓦时。全年全市全社会用电184.3亿千瓦时，比上年增27.1%，其中下网132.1亿千瓦时，增17.23%。

2010年5月底前，由于全省全市遭遇百年未遇的特大旱情，抗旱救灾和春耕生产用电大幅增加，全省电力供应紧张，为确保有序用电、电力供应安全和贯彻落实市委、市政府“农业损失工业补”精神，曲靖市三电办一方面积极争取省级增加下网电量，另一方面在保障抗旱救灾用电前提下，继续按照“五保四压”（即：保人民生活、保效益、保增长、保行业整合，压高能耗、高污染、低附加值、不符合产业政策的企业、项目和产品）的有序用电原则，加强需求侧分析，密切跟踪用电负荷变化，优化编制全市有序用电方案和应急拉闸限电方案，力争最大限度促进工业经济发展。

电煤供应相对充足。2010年，全市累计供应电煤1809万吨，比上年增0.3%，12月31日在曲各火电厂存煤达290万吨。1月，面对旱灾，曲靖市为了确保春节前期在曲各火电厂存煤目标，于1月18日召开曲靖市“增煤保电”紧急会议，传达贯彻落实省政府1月13日常务会议和1月15日省工信委召开的全省“增煤保电”紧急会议精神，举全市之力“增煤保电”，超额完成省下达曲靖市的电煤供应目标任务。

2月后受春季持续干旱影响，全省水电发电大幅下降，而用电有增无减，全省电力平衡全靠火电支撑，在曲各火电厂进煤存煤从春节前开始急剧下降，存煤从2月8日的198万吨到3月14日急剧下降为98万吨，滇东电厂已在存煤警戒线下运行，随时面临缺煤停机。曲靖市按照省政府的要求，采取明确电煤供应任务、落实责任、打击掺杂使假、严格考核奖惩、严禁原煤外运、煤电挂钩、加强电煤供应督促检查等措施，基本保障了电厂用煤。5月31日，在曲各火电厂存煤107万吨，其中：滇东电厂40万吨，滇东二电17万吨，宣威电厂19万吨，曲靖电厂31万吨。

5月后，随着雨季的来临，全省旱情逐步得到缓解，电煤供应正常，为改进往年电煤工作“汛期少安排、少干预，枯季猛干、狠干”的工作方式，曲靖市经委先后2次在汛期召开市煤炭局、各县（市）区煤炭局和经济局、各火电厂及电煤督察组等有关单位参加的电煤座谈会，重点商讨汛期电厂存煤问题，截至12月31日，各火电厂存煤288.97万吨，其中：滇东电厂101.88万吨，滇东二电40.13万吨，宣威电厂83.21万吨，曲靖电厂63.75万吨。

曲靖市电煤办坚持做好电煤供应日报表管理工作，每天11点前及时将前一日在曲各火电厂进煤、耗煤、存煤、机组运行、发电量和地方小水电发电量、全市用电量等情况汇总后报省工信委、市委、市政府，同时提交曲靖市工信委网站，并以短信方式报送省、市、县有关领导，方便领导及时掌握情况。

电力管理工作有序推进。根据曲靖市防汛抗旱指挥部有关文件精神，为贯彻落实“安全第一，常备不懈，以防为主，全力抢险”的防汛工作方针，保证汛期已建小水电站人身、设备、电网安全，提高电站防洪防汛安全意识和责任心，2010年4月20日以《曲靖市经委关于开展2010年已建水电站安全度汛检查工作的通知》（曲经能源〔2010〕2号）对全市小水电站防汛检查工作进行安排部署，要求各县（市）区经济局在2010年4月27日前进行自检自查并上报检查结果，并对检查情况进行抽查，确保已建电站安全度汛。

为实现曲靖市节能减排目标，曲靖市工信委继续与曲靖供电局多渠道筹措资金，采取自主节电改造、“EMC”合同能源管理模式、还本付息等方式引导用户实施节电技术改造，积极开展节电降耗工作。至2010年底，共实施节电改造项目436个，其中：用户自助实施节电改造315个，改造用电设备9300台，改造功率达36.5万千瓦，节约功率12.5万千瓦，项目实施后，综合节电率达到8%～40%；对缺乏资金和技术的用户，纷纷采取合同能源管理“EMC”模式，通过合同能源管理公司，引进资金和技术实施节电改造，累计实施项目121个，涉及改造容量16.5万千瓦，节约功率3.4万千瓦，综合节电率达25%。

为加强和充实电力行政执法队伍，依照行政执法人员资格制度要求，按照省工信委安排，曲靖市工信委组织各县（市）区经济局从事电力管理但没有取得云南省电力行政执法证的12名人员，参加云南省工业和信息化委员会举办的2010年全省电力行政执法培训班，依法取得电力行政执法证。

严格执行差别电价，自2006年执行差别电价以来，至2010年底全市执行差别电价的企业共71户，其中：由曲靖供电局执行的27户、由各供电公司执行的44户；共收取差别电费2768.96万元，其中：曲靖供电局收取1529.13万元、各供电公司收取1239.82万元，至此，全市已没有执行差别电价的企业。

（牛　智）

云南电网公司曲靖供电局

【简述】 2010年，云南电网公司曲靖供电局经历了特大旱灾、马龙“6·25”特大洪灾，以及广州2010年亚运保供电的考验。全年曲靖供电局售电量132.127亿千瓦时，同比增长17.23%，完成年度计划的104.86%。含税平均电价426.14元/千千瓦时，增长12.19%。电力销售收入51.79亿元，增长31.53%。电费回收率99.98%、上缴率100.40%。完成电网建设投资92269万元，建成投产输变电工程10项，变电容量104万千伏安，输电线路102.665千米。至年末，全局有技师、高级技师109人，中高级职称人员比例由37.7%提高到41.9%。

【安全工作】 2010年，曲靖供电局通过修编完善69个体系标准，制作变电、检修、保护等7个专业的66个可视化流程图，建立电网运行风险动态预警机制，推行安全文底看板化、风险提示图示化，并实际应用和细化执行，强化了风险管理体系的应用和落实。初步建立了统一管理、分级负责、持续改进的作业管理机制，开展全局性作业管理评价2次。健全状态检修工作标准和设备评价数据，获得省公司认定的220千伏及以下输变电设备状态检修资质。编制检修、试验类作业指导书311本，并实现培训覆盖率和执行率100%。开展“责任落实年”活动，分专业制定行动措施102条，并全部落实。在全局变电运行专业开展规范化管理工作，8个变电班组全部建立规范化管理手册。出台安全生产激励制度和问责规定，表彰上半年的6个安全生产先进集体、26名先进个人。制定工程外包、劳务分包安全管理规定，大幅度提高安全保证金缴纳标准，明确返还条件及比例，已开始在外来施工单位和外协队伍中实行。

年内，全局安全生产总体平稳，实现3个百日安全生产长周期。风险管理体系第二次外审获得3钻认证，得分率较第一次提升了9个百分点。出台《供电可靠性管理办法》、《变电站倒闸操作时间定额标准》等管理标准。制定并完善曲靖城网一体化管理方案，认真清理和完善配网基础资料。城区分局供电可靠性纳入局层面统计分析，开始实行规范化管理。建设改造城网项目23项，曲靖城区10千伏配网可转供电率由25.70%提升至40.51%，中心城区配网环网率由30%提高到50%。制定并落实提高供电可靠率8大速赢措施，开展配网带电作业27次，实施临时转供电74次，加装线路分段开关缩小停电范围33次，累计减少4328个停电时户，提高城网供电可靠率0.098个百分点、农网供电可靠率0.0072个百分点。

【电力供应】 2010年，曲靖供电局通过完善大客户用电日跟踪制度，按月分解下达电量预控指标，利用负控系统和调度平台实时开展负荷监测，动态平衡电力电量，在严重缺电的情况下保障了电力有序供应。开通抗旱用电“绿色通道”，办理报装业务89起，装接容量7483千伏安。汛期对26起业扩报装实行提级管理、专人落实，主动上门协调解决用电问题38次，促成东源铝厂二期二段、三段等新增负荷顺利投产。供电日负荷12次创新高，日电量16次破纪录。认真开展“三指定”专项治理工作，稽查业扩报装、用电变更41户（次），整改问题3个，业扩报装工程进一步规范。深入开展迎亚运系列优质服务活动，业务受理平均等待时间、装表接电平均时间同比分别下降8%和8.1%，业扩

2010年曲靖供电局经济技术指标表

项 目	单 位	2010年完成	2009年完成	同期相比%	备注
售电量	亿千瓦时	132.13	112.7	17.23	
售电收入	亿元	51.79	39.533	31.53	不含税
售电平均电价	元/千千瓦时	426.14	379.83	12.19	含税
供电单位成本	元/千千瓦时	83.3	74	12.57	
线损率	%	3.29	3.47	-0.051	百分点
电压合格率	%	99.18	99.15	0.03	综合电压
城市供电可靠率	%	99.89	99.84	0.05	RS1
电费回收率	%	100	100		
负荷率	%	91.74	92	0.28	

报装供电方案及时答复率、停电提前通知到户率均达100%。曲靖营业厅被南方电网公司评为A类供电营业厅。

【电网建设】 2010年，南方电网公司指定、云南电网公司重点督办的陆良县农村电网改造升级规划试点工作完成。曲靖城网2011～2020年控制性详细规划通过省公司的评审。通过参与地方土地利用规划修编，实现2013年前项目用地一次性调整为建设用地。建立可研周报和催办机制，积极争取政府部门压缩审批时限，促进项目前期工作。完成项目可研21项，通过核准9项。认真落实项目经理制，推行“大监理、小业主”模式，健全基建安全以及设计、质量、进度定期协调机制，强化工程管理。10项新建工程全部按考核时限开工，220千伏会泽迤车、师宗丹凤，110千伏宣威格宜变二期、放马坪变二期工程等10个项目顺利投产。会泽县4815户无电人口通电任务全面完成，曲靖市境内无电人口基本消除。同时，从强化概预算编制力量、实行封闭评标、扩大公开招标率、规范项目合同会签及评审等方面入手，扎实开展“投资管理年”活动，节约投资1.073亿元。成立物流中心，强化物资配送和仓储管理，11个仓库获得南方电网公司统一配发的仓库编码。

【基础管理】 2010年，曲靖市供电局建立了办公费、差旅费、劳保费定额管控机制，成本与预算差异率接近于零。制定会计差错考核办法，推行票据管理流程表单化，实现万次处理、百亿元资金收付无差错。认真对近几年内外部审计及各类检查揭示的问题进行梳理，识别财务风险点52个，明确防控措施52条。建立联合审计制度，强化审计及审计整改，完成审计项目157项，审计整改316项，提出管理建议265条，促进增收节支907.37万元。开展“小金库”专项治理工作，各项经营业务进一步规范。

【农电改革和“一体化”工作】 2010年，曲靖供电局积极推进农电改革发展，县级供电企业基础管理全部达网标，完成宣威、会泽、罗平3家公司改制划转协议的签署工作。至年末，已完成6家县（市）公司改制重组。建立县级供电企业总会计师和财务负责人集中委派制度。8家县级供电企业全面启动基础管理达标创优工作，管理水平和经营效益稳步提升，售电量、售电单价、销售收入同比分别增长16.85%、5.35%、23.11%，线损率下降0.6个百分点。

【人力资源管理】 2010年，曲靖供电局完善了干部管理标准，基本形成制度化、规范化的干部管理机制。继续推进“交叉任职”和“双向进入”，调整交流中层管理人员29人（次），干部队伍结构和素质进一步优化。对180余名中层管理人员进行职业操守教育。两级班子开展“一线工作法”调研586次，解决问题183个。扎实开展“教育培训年”活动，举办各类培训班198期，累计培训6567人（次），全员培训覆盖率达99.83%，同比提高3.3%。与2009年相比，人均素质当量由0.88提高到0.91，人才密度由87.6%提高到91.72%。

【党群工作】 2010年，曲靖供电局认真开展“创先争优”活动，举办专题学习讨论47场（次），1543名在岗党员进行创先争优公开承诺。“特色党支部”和“党员先锋岗”建设持续深化，创建覆盖率分别达90.5%和97%。开展廉洁风险点辨识工作，举办党风廉政警示教育9期，1250名党员干部和党员接受教育。开展职工代表培训、述职、巡视作业现场等活动，促进了民主管理和民主监督。年内，召开职代组长联席会，对《曲靖供电局明星员工评选管理办法》、《曲靖供电局反违章管理办法》等涉及职工切身利益的重大事项进行审议。续签新一轮集体合同。组织100多名职工家属、子女开展“安全文化进家庭”生命自救互救知识普及活动。开展工作环境噪音、照明度监测、职业健康和人机工效调查工作，切实保障职工的安全与健康。500千伏曲靖变电站等4个“和谐温馨”变电站通过省公司验收。对外宣传上稿460余篇。获得省公司及以上集体和个人荣誉27项（次）。

【创先工作】 2010年，曲靖供电局调整充实创先机构，增加督查督办、思想宣传和综合协调3个组。开展创先方案修编工作，修编年度创先行动计划25项，调整创先目标值10个。建立月度创先分析机制，重点就提高供电可靠率、曲靖城网一体化管理、创先方案修编、内部管理提升等工作进行专题研讨。举办“创先我尽责、工作上台阶”主题讨论活动。组织76名中层管理人员到清华大学进行创先能力培训。选拔33名班组长和骨干人员到沿海地区先进供电局考察学习，并实现学习成果在全局范围内交流共享。通过宣传培训，全局400多人制定了个人创先行动计划。

2010年8月27日，曲靖供电局成为云南电网公司首家安全生产风险管理体系达“三钻”水平的供电局。

（曲靖供电局/供稿）

【抗灾救灾】 2010年，曲靖供电局落实“大灾当前、责任当先”的要求，组成81支突击队、装配27台送水车开展“万人下乡、抗旱送水”活动，累计送水5133吨，惠及21万多人。建设南网井5口。在马龙“6·25”特大洪灾中，投入抢修人员300余名，发电和应急照明设备45台，以及配变、导线、电杆、低压照明设施等一批应急物资，有序开展抢险救援，仅用5天时间便基本恢复灾区正常供电。

【亚运保供电工作】 2010年，曲靖供电局制定亚运保供电方案，并按专业分层次细化落实。对50座变电站、93条线路、20户重要客户进行重点盯防。投入专业队伍28支、群众护线员2028名，对西电东送主通道进行巡护，并联系当地派出所、联防队参与防守，确保安全畅通。亚运会前，专门调整和优化基建、大修、技改项目时序，保证了亚运会期间电网运行方式完整可靠。制定变电站安保工作标准，明确出入审批流程，逐一落实包保责任。

【获奖情况】 2010年，曲靖供电局党委荣获国务院国资委党委授予的“先进基层党组织”称号；曲靖供电局荣获中国电力企业联合会授予的“管理创新成果”奖，荣获中国水电质协电力分会授予的“QC小组活动优秀企业”称号，荣获中电联企业文化发展中心授予的“2010年度全国电力系统最具社会责任感企业”称号；曲靖供电局曲靖电力呼叫中心荣获中国南方电网公司授予的“巾帼文明岗”称号；曲靖供电局输电管理所带电水冲洗QC小组荣获中国水电质协电力分会表彰的“全国电力行业优秀QC小组一等奖”，荣获中华全国总工会、中华全国妇女联合会、共青团中央、中国科学技术协会、中国质量协会联合授予的“全国优秀质量管理小组”称号；曲靖供电局电力调度中心调度组荣获中华全国总工会、中华全国妇女联合会、共青团中央、中国科学技术协会、中国质量协会联合授予的“全国质量信得过班组”称号；曲靖供电局继电保护所直流班QC小组荣获中国就业培训技术指导中心表彰的“全国中小企业优秀QC小组发布会一等奖”；曲靖供电局修试所变检一班荣获中国水电质协电力分会授予的“质量信得过班组”称号；曲靖供电局团委被表彰为南方电网公司2009~2010年度“五四红旗团委”。简学军荣获“中央企业先进职工标兵”称号，荣获中国南方电网公司授予的“先进生产工作者”称号；陈旐、刘林荣获中国南方电网公司授予的“第16届亚运会和第10届亚残运会保供电先进个人”称号；赵琴琴荣获中国南方电网公司授予的“优秀青年志愿者”称号。

（杨 韬）

国投曲靖发电有限公司

【简述】 2010年上半年，国投曲靖发电有限公司（以下简称“公司”）面对百年不遇的严重旱灾，精心组织策划，通过开展深度节水措施、调整机组经济运行方式等各种手段，有效保障了4台机组的安全稳定运行，为缓解旱灾期间的电网用电紧张起到了重要作用；同时公司充分发挥中央企业的社会责任，积极支持和参与地方抗旱救灾活动，向灾区捐钱捐物，组织消防车辆和专职消防队及时参加地方救灾工作。年内，省内电煤价格持续上涨，公司发电成本较难控制。7月份以后，由于受汛期火电机组调停、公司机组检修以及云南省“十一五”污染减排目标控制等各种原因影响，公司长时间单机运行，对下半年发电量造成较大影响，全年累计发电量62.03亿千瓦时。由于煤价及其他各种材料的价格上涨，公司发电成本较高，全年经营亏损，经营形势较为被动。

2010年1月，国家开发投资公司授予公司“国投集团2009年度先进集体”荣誉称号；公司党委书记、总经理朱基伟被评为“国投集团2009年度优秀管理者”；公司第三党支部被评为“国投集团2009年度先进基层党组织”；工会副主席罗静被评为“国投集团2009年度先进党务工作者”；发电运行部周早寿被评为国投集团“2009年度优秀共产党员”；发电运行部王小勇和技术安全部徐文立被评为“国投集团2009年度先进工作者”。2月，云南省政府授予公司“2009年度电力供障突出贡献先进集体”荣誉称号。9月，公司被云南省企业联合会评选为“云南省2009年度100强企业”。10月，云南省商务厅授予公司“2009年度云南省优秀外商投资企业”荣誉称号。11月，国家开发投资公司授予公司“2009~2010年度国投集团财务报告编报工作先进单位”荣誉称号。

2010 年国投曲靖发电有限公司经济技术指标表

指标名称	单位	本年完成	上年完成	同比增减（%）
发电量	亿千瓦时	62.03	65.77	-5.69
上网电量	亿千瓦时	58.51	61.78	-5.29
供电标煤耗率	克/千瓦时	344.41	343.45	0.28
综合厂用电率	%	5.66	5.59	1.25
设备利用小时	小时	5169	5480.55	-5.68
等效可用系数	%	86.63	88.01	-1.57
主设备完好率	%	100%	100%	0.00
利润总额	万元	-2312.36	5121	-145.15
上缴税金	万元	10640	16616.6	-35.97
全员劳动生产率	万元/人年	343.53	341.52	0.59

【电煤供应情况】 2010 年，国投曲靖发电有限公司实际进煤 429.92 万吨（日均 1.18 万吨），比上年多进煤 14.33 万吨。全年入厂煤低位热值为 3723 千卡/千克，同比上升 2.5 千卡/千克；入炉煤低位热值为 3396.7 千卡/千克，下降 46.6 千卡/千克。

【安全生产】 2010 年，国投曲靖发电有限公司坚持贯彻“安全第一，预防为主，综合治理”的方针，贯彻落实安全生产责任，围绕“安全、健康、环保”三大主题，推进 NOSA 安健环管理体系建设，开展安全和谐班组建设，进一步提升全员安全管理意识和防范能力，完善安全管理制度和标准化建设，逐步达到制度化、规范化、流程化、标准化管理；加强安全风险分析和控制管理，制订和完善各项应急管理预案，使安全管理实现可控在控。

2010 年，公司较好完成了年初抗旱保供电、上海世博会和广东亚运会保供电和各个重大节日安全保供电任务，实现全年安全生产 365 天，圆满完成年度安全生产目标任务；顺利通过云南省环保厅组织的清洁生产审核；通过 NOSA 安健环三星认证，安全管理水平进一步提高。

【设备检修及技术改造】 2010 年，国投曲靖发电有限公司完成 1 号和 2 号机组 C 级检修、3 号机组 A 级检修、4 号机组 B 级检修。完成标准项目 1923 项、完成率 101%；完成非标项目 46 项、完成率 124%；完成技术监督项目 192 项、完成率 98%；消除主要缺陷 916 项、完成率 100%。

年内，技术改造工作紧紧围绕节能降耗和改善机组经济运行指标为目标，全年完成重大技改 10 项，主要项目有：二期机组发变组保护装置改造、一期 6 千伏公用系统真空接触器改造、调度通信系统配合电网改造、3 号机组调节级喷嘴改造、一期机组凝泵电机变频调速改造、二期机组一次风机变频调速改造、1 号炉、3 号炉和 4 号炉空预器密封改造、500 千伏光设备双通道改造、1 号机组凝汽器改造等项目；完成一般技改 15 项，主要项目有：1 号发电机转子冷却水处理系统改造、一期机组高压主汽门前和高压导汽管疏水电动门改造、2 号机组顶轴油系统改造、3 号机组高压调门油动机改造、4 号机组控制直流充电装置改造等项目。技改项目实施后，对降低厂用电率、水耗等经济技术指标起到明显的效果，有效改善机组运行的经济性。

【节能减排】 2010 年，国投曲靖发电有限公司 4 台机组运行时间 25728 小时，脱硫装置运行时间 25252 小时，脱硫效率 94.8%，脱硫系统投运率 98.15%，全年二氧化硫减排量 84171 吨，有效促进了云南省、曲靖市 2010 年和“十一五”减排目标任务的顺利完成。

【内部建设】 2010 年，国投曲靖发电有限公司以 NOSA 体系建设为主线，坚持增收节支和管理创新的工作思路，

2010 年 8 月 31 日，曲靖电厂脱硫旁路铅封仪式。

（黄河/摄）

积极组织抗旱救灾活动和向玉树地震灾区捐赠活动，号召公司广大员工及时捐款捐物，组织各工会小组和公司共青团到周边农村送水送物等；积极组织举办“三八”妇女节活动、第九届“曲电杯”篮球赛、第二届乒乓球赛、书法比赛等丰富多彩的文体活动，不断提高员工的集体荣誉感和工作协作能力，提升企业的凝聚力；根据NOSA安健环体系建设工作进度，先后组织两次NOSA安健环知识竞赛，对广泛宣传NOSA知识和提高全员安健环意识和安全防范能力起到积极的推动作用；根据系统用电情况和公司机组检修情况及时组织开展2010年度机组检修劳动竞赛和“保安全、抢电量、增利润”活动；组织开展“节能降耗”合理化建议活动。

【组织机构调整】　2010年1月，国投曲靖发电有限公司根据实际工作需要，经公司董事会批准，成立粉煤灰开发部。该部门成立后，公司共有总经理工作部、经营策划部、商务管理部、财务管理部、燃料管理部、技术安全部、设备管理部、发电运行部和粉煤灰开发部9个职能部门。

（黄　河）

国电宣威发电有限责任公司

【简述】　2010年末，国电宣威发电有限责任公司（以下简称公司）在岗员工1076人，退养员工171人，离退休员工886人。总装机容量1800兆瓦，固定资产原值70.49亿元。

年内，完成发电量62.47亿千瓦时，同比减少29.16亿千瓦时；机组等效可用系数85.2%，下降6.78个百分点；发电设备平均利用小时3471小时，减少1620小时；综合厂用电率6.42%，升高0.64个百分点；供电标煤耗率339.01克/千瓦时，升高1.54克/千瓦时。实现主营业务收入16.68亿元，亏损3.97亿元，上缴税金6773.73万元。

年内，采购燃煤463.13万吨，耗煤402.73万吨，年底存煤88.14万吨。对燃煤管理体制进行“三分离”改革，将原燃料部的职能一分为三，成立燃料供应部、燃料管理部和煤质化验中心。

【安全生产】　2010年，国电宣威发电有限责任公司围绕全年的安全生产目标，层层落实责任，全方位强化安全生产管理。全年未发生人身事故、设备损坏事故、恶性误操作事故等及以上有影响的其他事故，实现全年连续安全运行；全年无环保处罚，无环保污染事故，实现全年环保安全，实现了安全生产稳定。公司累计安全生产2191天。

【技改工程】　2010年，国电宣威发电有限责任公司完成7号、8号机组大修。两台机组共完成6项重大非标项目、33项重大技改项目、128项标准项目和50项一般性非标准项目。实施烟囱防腐、电除尘器改造、空预器改造、汽轮机汽封改造等技改项目，彻底根治了汽轮机振动大等影响机组安全和满负荷运行的重大隐患。经过热力试验，7号机组供电标煤耗率下降11.6克/千瓦时；8号机组供电标煤耗率下降8.1克/千瓦时，两台机组的经济性明显提高。

年内，投资6500万元，于6月30日按期完成六、七期4台300兆瓦机组烟气脱硫系统增容改造工程。12月30日，由云南省、曲靖市、宣威市环保局的领导和专家组成的检查验收组一致同意通过验收。在全国率先取消4台机组烟道旁路、对五期机组烟道旁路挡板进行铅封，云南省环保厅2次在公司召开云南省火电机组烟道旁路挡板铅封和封堵现场会，在全省推广公司的成功经验。

（殷　林　姚丽萍）

华能滇东第一发电厂

【简述】　截至2010年底，华能滇东第一发电厂有员工301人，总装机容量4×600兆瓦，累计完成投资80.81亿元。全年完成发电量109.62亿千瓦时；上网电量102.95亿千瓦时；发电设备平均利用小时4567.39小时；综合厂用电率5.82%，同比减少0.02%；综合供电标煤耗率327.17克/千瓦时，下降7.68克/千瓦时；发电标煤耗率308.11克/千瓦时，下降7.18克/千瓦时；实现主营业务收入44.9亿元，上缴税金1.88亿元。

【生产经营】　2010年，华能滇东第一发电厂牢固树立“以人为本、安全发展”的安全理念和“关注安全、关爱生命”的核心价值观，以本质安全为目标，始终把安全生产作为第一责任、第一效益、第一工作，全面加强安全生产管理，圆满完成春节、“两会”、抗旱保电、迎峰度夏、亚运会等重点时段的安全保电工作。公司全年实现安全生产365天，累计安全生产1772天。

【电煤供应】　2010年，华能滇东第一发电厂坚持“富源煤为主、其他煤为辅”的进煤思路，采取丰枯期不同煤价政策等各种激励措施，积极拓展煤源、煤种，保障电煤供应，全年累计采购电煤543.79万吨，其中富源煤210.94万吨，拉动地方经济近9亿元。没有发生因供煤短缺而影响发电量，甚至被迫停机的事件。

【技改工程】　2010年，华能滇东第一发电厂仅用6个月时间就完成4台机组脱硫系统增容改造工作，彻底将原鼓泡塔工艺升级改造成喷淋塔工艺，设计燃煤硫分大幅度提高到3.4%，从源头上解决了二氧化硫排放超标问题，脱硫效率达98%~99%，各项指标均达到环保减排要求，顺利通过国家环保部“十一五”及2010年二氧化硫总量减排核查，扭转了节能减排的被动局面。

年内，华能滇东第一发电厂完成1、2、3号机组分离器改造，改造后煤粉细度改善，制粉效率显著提高，磨煤单耗降低1.5千瓦时/吨，煤机出力增加5吨/时，锅炉燃烧效率也得到较大提升，机组供电煤耗降低4克/千瓦时。完成1、2、3号机组循环水泵电机改双速工作，节电率约34%。完成1、2、3号机组凝结水泵改变频工作，节电率约44%。

（辜良君）

华能滇东第二发电厂

【简述】　2010年末，华能滇东第二发电厂在职员工224人，总装机容量2×600兆瓦，固定资产原值538405.93万元。全年完成发电量61.85亿千瓦时；上网电量56.56亿千瓦时；机组等效可用系数97.28%；发电设备平均利用小时5349.92小时，同比降低535.68小时；综合厂用电率6.68%；供电标煤耗率324.96克/千瓦时；发电标煤耗率303.25克/千瓦时；实现主营业务收入157181.90万元，上缴税金1103.88万元。

【电煤供应】　2010年，华能滇东第

二发电厂坚持“保煤促电、以煤定电”经营思路，努力增加供煤量，同时，积极加强同电网公司的联系沟通，优化机组运行方式，枯水季节努力争取电量，提高机组负荷率，汛期积极做好电煤储存工作，为枯水期机组高负荷运行打下坚实基础。全年累计进煤309万吨，耗用277万吨，入厂煤平均累计热值为19.69兆焦/千克。没有发生因供煤短缺而影响发电量，甚至被迫停机的事件。

【生产经营管理】 2010年，华能滇东第二发电厂牢固树立“以人为本、安全发展”的安全理念，以本质安全为目标，按照华能安全管理标准，完善安全管理网络，健全安全管理制度，深入开展“外包工程安全管理年”等专项活动，加强应急和消防管理，圆满完成春节、“两会”、抗旱保电、迎峰度夏、亚运会等重点时段的安全保电工作，规范了安全管理程序。认真开展“经营评价年”和“燃料管理年”活动，坚持“保煤促电”经营思路，超前抓电量争取和电煤采购工作，经营管理水平显著提高。

【技改工程】 2010年，华能滇东第二发电厂对1号机组锅炉受热面进行清焦和水冲洗，锅炉效率增加约0.05%；对高中压疏水系统进行治理，降低热耗约50kj/kwh，节约煤耗0.2g/kwh左右；磨煤机分离器形式由径向型改为双级轴向型，磨煤单耗降低1.5kwh/t，煤机出力增加5t/h，机组供电煤耗降低4克/千瓦时；将电除尘灰斗电加热器改为辅汽加热，每年节约电量352万千瓦，厂用电率下降约0.1个百分点；将凝泵电机改变控制，采用“一拖二”方式，厂用电率降低约0.2个百分点；2月3日开始对1号机组脱硫设备进行增容改造，改为技术成熟、设备可靠性高、对燃煤硫分波动大适应性强的喷淋塔，同时对2号机组脱硫按照环保要求，重新设计，进行基建安装。运行期间各运行参数达到设计值，原烟气二氧化硫浓度7000mg/NM3时，净烟气二氧化硫浓度低于200mg/NM3，脱硫效率达到97%。

（郭培栋）

鲁布革水力发电厂

【简述】 2010年，中国南方电网公司调峰调频发电公司鲁布革水力发电厂围绕“安全、发展、和谐”三大主题，经受住了安全生产风险管理体系建设任务重、亚运保供电要求高、极端天气影响大等考验，各项工作取得显著成绩。年内，鲁布革水力发电厂获得第十二批云南省文明单位，南方电网公司2009年度增供扩销先进集体、信息化工作先进单位，云南省劳动关系和谐企业，2009年度全国大型水电厂（站）劳动竞赛先进单位，2009年度云南省园林单位/云南省园林小区，云南省厂务公开民主管理工作先进单位，云南省“安康杯”竞赛优胜企业。李国强获云南省五一劳动奖章，周锡波获云南省“厂务公开民主管理工作先进个人”，侍洪亮等5个家庭被云南省总工会授予“和谐家庭”，侯海琳等3人3篇新闻作品获云南省“五一新闻奖”，范琼仙获南方电网公司“巾帼建功”标兵，王立福获南方电网公司调峰调频发电公司第二届“十大杰出青年”，岳绍清、岳龙获南方电网公司调峰调频发电公司“优秀党务工作者”，普建文、朱鹏程、张建鹏获南方电网公司调峰调频发电公司“优秀共产党员”。

【安全生产】 2010年，鲁布革水力发电厂认真落实安全生产责任制，实现安全生产2606天，连续第七年保持了安全无事故。安全生产风险管理体系建设目标如期实现。严格按年初计划推进，年内进行2次内审和1次外审，对审核发现问题及时梳理并制订整改措施抓好整改，11月中旬，如期达到2钻目标。按照安全生产管理体系化、规范化、指标化要求，强化基础管理。开展作业指导书修编工作，覆盖范围扩展到了发电、信通、水工等专业，全年修编数量为272个，比2009年增加了121个。积极开展EAM系统建设及应用培训，EAM系统156个业务流程全部上线运行。组织完成机组小修标准项目修编，并在机组检修中应用。标准化检修取得新的进步。认真做好修前调研，强化检修过程管理，突出抓文明检修，严格执行作业指导书，完成4台机组的检修及预防性试验。逐步开展任务观察和人机功效分析。机组检修后评价显示运行情况较好。大修、技改、科技和信息化项目全面完成。认真编制项目实施计划，及时跟进检查项目执行情况，完成1号、2号、4号机励磁系统更换，

2010年鲁布革水力发电厂经济技术指标表

指标名称	本年完成	上年完成	同期相比（%）
发电量（亿千瓦时）	23.58	16.90	39.53
综合厂用电率（%）	1.23	1.33	-0.1
机组等效可用系数（%）	94.6	94.48	0.12
发电事故	0	0	0
设备一类障碍	2	0	增加2起
机组启动次数	952	1131	-15.83
机组启动成功率（%）	99.47	99.2	0.27
机组非计划停运次数	13	20	-35.00
机组非计划停运小时	38.56	68.76	-43.92
强迫停运率（%）	0.11	0.15	-0.04
继电保护正确动作率（%）	100	100	持平

3号、4号机调速器更换，2号机发变组保护装置更换等项目，年度项目完成率100%。技术监督进一步强化，适时监督设备运行状态，全年239项技术监督项目应试完成率100%，及时发现并处置1号机电压互感器绝缘电阻不合格、025开关至3号水泵房10千伏电缆绝缘不合格等问题，确保了设备的安全可靠运行。缺陷管理更加到位。做好缺陷的定期排查、集中排查和专项检查。对影响机组、线路安全稳定运行的隐患，制定科学合理的整改方案，做到定责任、定时间、定措施，逐项督促整改。全年发现设备缺陷120项，处理119项，消缺率99.17%。

【经营管理】　2010年，鲁布革水力发电厂超额完成发电任务。面对严重干旱天气和汛期来水分布极不均匀的不利形势，在确保泄洪安全的同时，通过拦蓄洪尾，实现增发7713万千瓦时，全年超发电量1.97亿千瓦时。

财务管理进一步强化。根据生产经营管理实际需要，合理、优先安排资金计划，全面完成年度预算指标；改进经济活动分析会形式，提高分析针对性；加强财务核算管理，财务核算规范性得到提高。招标与合同管理更加规范。通过制度宣传贯彻、培训、召开招标座谈会等方式，加深对《招标管理办法》的理解，提升工作水平。调整补充评标专家，编制招标文件、评标报告的水平有了较大提高。合同资料收集整理更加完整、管理更加规范。在调峰调频发电公司组织的预算执行及大修、技改、小型基建项目实施情况专项审计中，招标与合同管理工作得到充分肯定。

【亚运保供电】　2010年，鲁布革水力发电厂强化政治意识，亚运保供电任务圆满完成。认真贯彻落实调峰调频发电公司亚运会保供电相关会议精神，编制亚运会保供电方案，抓好公司亚运保供电专项检查提出问题的整改，做到安全生产、安全保卫可控、在控，员工队伍稳定，圆满完成了亚运特级保供电任务。

【小型基建】　2010年，鲁布革水力发电厂加强项目前期工作，强化施工过程管理，小型基建工作取得明显成绩，特别是乃格生产现场运行检修员工宿舍、职工食堂的投运和周边绿化工程的实施，使厂区环境面貌焕然一新。

【队伍建设】　2010年，鲁布革水力发电厂开展实用型培训和特色培训，组织30名班组长到海尔集团参观学习，并结合学习成果每人提出3条以上工作建议，部分得到采纳。在班组开展“人人都是培训师”活动，对新设备、新技术和作业指导书等进行学习、探讨、交流。全年共培训3532人（次），班组长集中脱产培训30人（次）。

（余孝茹）

以礼河发电厂

【简述】　截至2010年末，华电云南发电有限公司以礼河发电厂共有在册员工900人，其中：在岗766人，退养122人，离岗培训12人。有大专以上学历343人，综合管理人才（中层干部）56人，专业管理人才9人，高级技能人才24人。年内，以礼河发电厂围绕“创环境、树形象、强管理、提效益”整体工作思路，努力克服百年一遇的干旱和种种不利因素带来的挑战，成功创建中国华电集团公司“三星级发电企业”，获中国华电集团公司“文明单位”、“安全生产先进单位”等荣誉。三级运行二值被中华全国总工会授予“全国模范职工小家”；四级运行一值被华电集团公司工委命名为“工人先锋号”。发电分场团支部荣获云南省“青年文明号”称号。全年在中国华电集团公司网站上稿36篇，在云南公司网站上稿228篇，上稿数量创并入华电集团公司以来的最好成绩。

【安全生产】　2010年，以礼河发电厂认真落实各级人员安全生产责任制，层层签订安全目标责任书；积极组织开展安全生产各项检查和安全性评价工作，先后开展春、秋两季安全生产大检查、水电企业专项安全检查、防汛专项安全检查以及各种节假日和特殊时段的安全检查；深入持续地开展好安全生产年活动，积极开展“应急演练周”活动，全厂各单位共组织7次现场预案实战演练；积极推进安全文化建设，制作安装安全文化理念、安全警句、安全提示等标示牌到生产工作场所，加大对安全文化的宣传贯彻力度，深化员工对安全文化的认同。全年没有发生考核及以上事故和因本单位责任造成严重社会影响的不安全事件，累计安全生产天数达3052天，创历史最好成绩，被中国华电集团公司评为“安全生产先进单位”。

【检修技改】　2010年，以礼河发电厂共完成各种检修项目38台（项），其中完成发电机组大修1台、小修11台，主变压器小修7台，各种断路器大修2台、小修16台；共完成各种技术改造项目30台（项），其中LCU更新改造8台、调速器更新改造4台、变压器更新改造2台、各种断路器更新改造10台、各种电压等级的避雷器更新改造6台；全年共处理缺陷274次，消缺率达98.2%。

2010年华电云南以礼河发电厂主要经济技术指标表

项　目	单位	本年完成	上年完成	同期增减（%）
发电量	亿千瓦时	8.76	14.02	-37.51
上网电量	亿千瓦时	8.47	13.56	-37.53
综合产用电率	%	3.28	3.29	-0.3
设备利用小时	小时	2726	4361	-37.49
设备可调小时	小时	7508	7878	-4.69
等效可用系数	%	85.72	89.94	-4.69
主设备完好率	%	100	100	0

【内控管理】 2010年，以礼河发电厂认真加强内控制度体系建设，全年共召开10次内控制度体系建设专题会，完成312个规章制度的订立、修改和编印。严格规范“三重一大”事项的决策程序，全年所有“三重一大”事项的决策均按相关规定和要求执行。严格进行成本控制，全年各项成本费用在预算基础上节约10%。进一步深化对标管理，促进各项指标的进一步优化，发电水耗、厂用电率等经济技术指标进一步降低。积极开展星级发电企业创建工作，不断提升企业基础管理水平，成功创建中国华电集团公司“三星级发电企业”。

【队伍建设】 2010年，以礼河发电厂积极加强员工培训，全年完成特种电工作业313人的复审考试换证和数据登录，完成电力行业特种作业职业资格66人的技能鉴定申报、审核工作，全年共开展各类培训1273人（次）。积极开展技术竞赛和技术比武活动，组织共有356名员工参加、涉及19个工种的技能竞赛活动，并组织30余名技术竞赛状元外出参观考察。积极开展“五型班组”建设，全年共评出标杆班组3个、优秀班组22个，达标班组4个，优秀率高达80%。坚持开展“三支人才”队伍建设，组织考评、认定专业管理人才4人、高级技能人才4人，使全厂专业管理人才增加至9人，高级技能人才增加至24人。“评先选优”工作成效突出，共有16名员工获得上级单位、公司的表彰奖励，其中谢学见荣获云南省“五一”劳动奖章，马跃先荣获“中国华电集团公司先进个人”，陈荣荣获“中国华电集团公司安全生产先进个人”，谢依琳荣获“中国华电集团营销统计先进个人”，崔明东、赵奎荣获“华电云南公司先进个人标兵”，尹子明等10人荣获“云南公司先进个人”。

（董朝斗）

超高压输电公司曲靖局

【简述】 中国南方电网有限责任公司超高压输电公司曲靖局（以下简称曲靖局），成立于1996年8月12日，是中国南方电网有限责任公司超高压输电公司在云南省负责“云电东送”的重要基层单位。管辖500千伏罗平变电站、云电东送线路6回，包含世界上第一条±800直流输电线路，共计600多千米。主要负责为曲靖境内滇东电厂、雨汪电厂、曲靖电厂、宣威电厂和鲁布革电厂所发电力及云南省内其他州（市）富余电力的输送，每年为省内送出电力200多亿千瓦时，同时负责为曲靖市内南昆电气化铁路和罗平县、师宗县直接供电，年供电量30多亿千瓦时。曲靖局成立至2010年底，已为云南安全送出电量1100多亿千瓦时，创造产值300多亿元。2010年云南省遭遇特大干旱时，水电出力严重不足，曲靖局及时通过主网送进电力3.2亿千瓦时，有效缓解了省内用电紧缺局面。

年内，曲靖局取得国家专利1项，通过国家专利初审5项，荣获州（市）级以上荣誉30项，连续安全运行2074天，完成外送电量298.74亿千瓦时。

【安全生产】 2010年，曲靖局对所辖线路进行山火等级划分，与地方政府、林业部门和沿线村民建立应急联动机制，规范山火处置流程，全年发生山火32起，成功控制31起。迎峰度夏期间，曲靖局所辖区域大风、雷电、暴雨灾害频发，曲靖局及时排查隐患，采取措施，避免楚穗直流输电线路倒塔停电事故。及时发现并消除因风舞引发金具变形、发热等重大缺陷8处。完成罗平站综合整治，开展二次综合治理工作。线路围绕降低跳闸率深入开展整治。深入分析迎峰度夏期间的8大风险，落实9项控制措施。结合实际梳理落实147项亚运保电具体工作，确保人员和设备安全，圆满完成保电任务。

【电网建设】 2010年，曲靖局完成滇南外送228千米线路环评验收，串补站用地收尾工作，消除云广直流施工遗留缺陷34项，确保云广直流线路“6·18”双极投运的目标。完善了“两渡”工程和滇南外送二回工程前期工作。溪洛渡工程建设准备工作到位，完成现管部盐津现场办公设施的配备，人员进驻，工作开展。

【企业管理】 2010年，曲靖局稳步推进“三化”（标准化、规范化、一体化）建设，全面提升管理水平。曲靖局将管理标准与风险管理体系建设有效融合，完成标准化体系建设。标准化通讯站建设具备验收条件，标准化线路以92分通过公司验收，标杆现管部建设在南方电网超高压公司评比中排名第三。曲靖局以规范化为龙头，融合体系化、标准化、指标化管理，进一步理顺和规范生产管理。输电班组规范化建设以88.7分通过超高压公司验收，变电班组规范化建设具备验收条件。修编完善《备用金管理办法》等内控制度。开展一体化创优秀活动，修编完善办公室工作职责、规范办公系统各岗位职责和工作标准，各专业管理标准及管理制度，理顺办文、办会、公关接待、档案管理、后勤管理等工作流程。

【科技创新】 2010年，曲靖局成功

抗冰保电青年突击队。

（超高压公司曲靖局/供稿）

完成2项超高压公司统管科技项目和9项自管科技项目研究。超高压公司统管科技项目形成5项国家专利申报并通过初步审查。9项自管科技项目覆盖到教育培训、财务管理、生产技术攻关。年内，召开曲靖局首次QC活动发布会，有9个QC小组形成成果参加发布。

【队伍建设】　2010年，曲靖局共组织中心组学习、扩大学习16次。领导班子人均上讲台讲课2次以上，编写课件、撰写心得体会、形成调研报告共22篇。举办局级培训班59期，培训2267人（次），全局员工培训覆盖率100%，生产一线员工培训覆盖率100%，全员培训积分达标率94%，班组长积分达标率100%。分专业制定技能鉴定计划，年内完成5人（次）鉴定。开发曲靖局在线“企业大学”，为各级人员引进大量优秀培训课程，培训40人（次）、20个科目。筹备“员工互助基金”。组织开展输电、变电运行、驾驶人员技术比武。举办“庆国庆、迎亚运”等大型活动6次。

（保云莹）

机　械

【简述】　2010年，曲靖市机械工业以发展为主题，调整结构为重点，科技创新和技术进步为动力，以市场为导向，结合行业实际，发展市场容量大、对地方经济和行业有拉动效应的重要产品，提高技术创新、新产品开发能力，增强产品竞争力，原料涨价、资金短缺等瓶颈制约，全市机械工业全部国有及年销售收入500万元以上非国有独立核算工业企业共17户（不含一汽通用汽车有限公司），全年实现现价工业总产值12.38亿元；实现增加值2.714亿元；实现产品销售收入9.337亿元；实现利税8278万元，其中利润4657万元。

【云南大为化工装备制造有限公司】2010年，云南大为化工装备制造有限公司签订销售合同165份，合同总金额19796万元，其中：云维集团合同金额2336万元，占合同总额的11.8%；集团外合同金额17460万元，占合同总额的88.2%；另外云维集团内零星维修及加工920万元，其他零星加工360万元。全年累计合同承揽额21076万元，完成年度计划的103.8%，完成货款回收18835万元。全年实现工业总产值16321.4万元，完成预算的97.5%；实现工业增加值3581.3万元，完成预算的63.8%；实现营业收入17596万元，完成预算的101.27%；实现利润总额522万元，完成预算的102.4%。

年内，公司与省内外多家科研机构及高科技企业合作，共同研究开发高温炉气过滤、煤气化炉烧嘴修复制造、污水处理净化等技术和产品，已掌握Shell煤气化炉烧嘴的制作、修理的基本技术，产品及试验装置均已完成测试；其余项目也已完成产品设计、试验和工业装置实验，进入市场推广阶段；全面开展石油炼化装置加氢设备制造技术攻关，完成材料分析检验、步冷试验、焊接、热处理、弯管内壁自动堆焊等工作，从技术层面做好加氢反应器的制造准备；开展氨合成塔内件的研究和制造技术攻关，利用大修工作已完成两台轴径向氨合成塔内件的解体测绘，进一步掌握了氨合成塔内件修复关键技术。公司取得中国石油石化能源一号网一级物资供应商资格，获得炼化装置不锈钢、铬钼钢、复合板制塔器、分离器、锻焊、板焊反应器制造供货许可证，为公司参与中石油炼化装置项目拿到准入证。

公司全年没有发生任何多人急性中毒、重大火灾、爆炸事故，没有发生死亡和重伤事故，全年安全生产责任制目标考核被云维集团公司评为优秀档次。公司的PDM/CAPP（产品数据管理/计算机辅助工艺设计）一体化系统经过一年的调研、开发、测试和试运行四个阶段，软件达到了预期的目标，通过了项目验收，OA系统已进入测试、试运行阶段。认真做好“云南省大型化工装备开发制造工程技术研究中心”的基础建设。组织申报“加氢反应器研制及产业化”、“曲靖国家化工装备制造高新技术产业化基地”等省级重点新产品开发项目。公司承担制造的省科技厅重点新产品开发计划项目“30万吨/年尿素关键设备开发制造”通过省科技厅组织的项目验收和产品鉴定，产品完全符合设计要求和国家的相关标准规定。

【云南机器三厂】　2010年，云南机械三厂完成工业总产值48431万元，比2009年增长2.3%，其中，民品完成22737万元，增长46.2%；完成销售收入45952万元，减少1%；实现利税4942万元，减少11.3%。超微细锌粉销售8503吨，烟配及外协加工销售收入1806万元；缅甸项目：铁肩272万件、橡胶垫板180万件、钢模1350套、定位套4.8万件。全年重特大安全事故为零，轻伤千人负伤率4.9‰，在省国防工业局下达的6‰事故指标内；军品一次交验合格率计划100%，实际为100%，全年综合良品率计划≥98.4%，实际为99.7%。

研制的产品XX弹和XX弹，已解决关键技术难题，于12月完成初样机鉴定和立项；扩建一条1万吨砂型自动造型铸造生产线，生产汽车零部件及其他。切实把科研放在首位。在生产过程和各个工作环节中，坚持科研研发工作是一号调度令的原则，承担任务的单位始终把科研所需的材料、零件、工装作为重点工作要求，经营生产部门将科研零件生产列入考核范畴，对拖延科研零件生产的单位追究其领导责任，确保科研工作顺畅进行。

开展多种形式的安全宣传、教育活动，开展全员教育、变换工种教育、火工装配安全培训和特种作业人员的教育复训；开展“六月安全月”活动和“安康杯”竞赛活动，继续抓好“一法三卡”的推广应用。继续深化安全奖惩制度，把安全生产责任与个人经济利益挂钩；加大安全生产检查力度，及时整改安全隐患。技安、消防等部门在认真开展好生产日查的基础上，结合2010年生产经营和科研工作特点，又开展多种形式的安全专项检查和综合检查，并指派专人蹲守重点部位，加大危险工序、危险岗位的现场监督力度。继续在全厂范围内开展安全生产“三项行动”，提高作业场所和设备设施的本质安全程度；加强易燃易爆物品和危险化学品管理，确保安全生产和社会平安稳定。年内，根据老厂区新改、扩建工程实际，工厂加大人力物力投入，高度重视防火、防盗、防破坏工作，保障了易燃易爆物品和危险化学品的存储安全。

积极配合用户方推广和实施弹药产品零缺陷工程。实施全员质量素质提升工程，进一步确立质量兴企的发展理念。继续推进“质量三项行动”，重点抓好技术状态管理、工艺纪律、质量保证大纲的执行情况、产品检验、测试标准以及器材入库验收等环节的检查验证。纠正违规行为，消除质量隐患，提高质量管理水平。提高科研质量、增强产品设计保障能力；强化技术研究，夯实技术基础；优化工艺，提升生产技术控制水平。

抓好定额管理，重点抓劳动定额、物资消耗定额、劳动报酬定额、工作指标量化等工作，为编制计划和组织生产、开展各项工作提供科学依据。通过技术革新、小改小革、努力挖潜、提高工作效率等方式来节约能源，降低物耗，提高综合效益。抓好计划管理，加强施工质量和建设成本管理。严格执行项目建设的各项规章制度，按照规定和程序做好招投标、预决算、物资采购等工作，抓好成本控制。

【曲靖重型机械制造有限公司】 2010年，曲靖重型机械制造有限公司年签订有效订单2.18亿元，比上年增长18.5%；实现销售收入2.03亿元，增长5.2%；实现利润1539万元，增长23.9%；实现税金880万元，增长5.3%。全年签订订单中市场营销部完成9416万元（含分包合同5196万元，公司生产订单约4220万元），汽车车架厂完成11497万元，通用机械厂完成159万元、铸造厂完成728万元。与神华集团合作开发设计褐煤提质新工艺成套设备；开发设计φ4.5×35米磷二胺干燥机、φ3.2×24米煤泥烘干机等，协作完成φ4×60米迴转窑筒体及部分结构件的生产制作。年内，公司组织生产骨干进行各类培训共计570人，安全教育54人（次）。

【云南模二机械有限责任公司】 2010年，云南模二机械有限责任公司完成工业总产值10698.7万元，比上年减少1444.1万元，降低11.89%；完成工业增加值2573.6万元，减少572万元，降低18.18%；完成主营业务收入8187.9万元，减少5392.9万元，降低39.71%；实现利润29.3万元，减少138.17万元，降低82.50%；生产各型车轮387208套，其中：5.50F系列173258套，41/2J（K）系列178190套，6JJ系列35552套，6.00G系列208套；比上年减少65062套，降低14.39%。燃油箱实际完成2077套，其中：A70型1328套，A22型749套，实现当年开发，当年形成小批量生产。

建立健全质量管理体系，严格执行相关制度和工作流程，正常开展质量管理评审，定期进行现场审核，管理体系适宜，监控有力，运行有效。质量工作和质量目标有实施计划，并逐级分解，层层落实，全厂综合良品率计划97.7%，实际97.69%，较计划降低0.01%；质量损失率计划1.9%，实际1.76%，较计划下降0.14%；计量器具合格率计划96%，实际98.3%，较计划提高2.3%。

【马龙县首锋矿山配件有限公司】
2010年，马龙县首锋矿山配件有限公司完成产品产量166532吨；实现工业总产值61858万元；销售产值5.9亿元；工业增加值9400万元；实现利税总额651万元，其中：上缴税金450万元，利润201万元，占到云南矿山配件总产量的80%。

综合能耗13817.52吨标煤，同期9885吨标准煤，同比上升39.8%；万元产值能耗0.22吨标准煤，同期0.262吨标准煤，同比下降15.4%；万元增加值综合能耗1.47吨标准煤，同期1.53吨标准煤，同比下降3.9%。考核指标增加值能耗年均降低3.5%，实际下降3.9%；万元增加值能耗为2吨标准煤，实际1.93吨标准煤，同比下降3.5%。

【云南中建博能工程技术有限公司】
2010年，云南中建博能工程技术有限公司生产太阳能热水器3万套、智能化烤烟设备2800套、空气源热泵热水器950台，实现销售收入7703万元，利润1093万元，税金156万元。“中建”牌太阳能热水器2010年成为国家家电下乡中标产品。公司拥有“农村瓦屋面分体式实用太阳能热水器”、“烟叶烘烤全程自动控制装置”、“耐高温高湿风机”、“复合换热烟叶烘烤热风炉”、“采用太阳能和热泵辅助热源的烤烟设备”和“太阳能、小功率热泵和煤联合烤烟设备”，获得了6项国家专利。

年内，公司在曲靖市经济技术开发区西城工业园区完成投资3600万元，建成占地29亩的低碳科技节能产品生产基地，建有标准厂房7550平方米，低碳科技楼1900平方米以及其他辅助建筑2310平方米。引进国内先进的生产成套设备，具备了年产太阳能热水器6万套、智能化烤烟设备1万套、空气源热泵热水器3000套的生产能力。

【云南炬锋电焊机有限公司】 2010年，云南炬锋电焊机有限公司实现销售收入1431万元，同比增长10.9%；实现利税82万元，同比增长34.2%，其中利润12.87万元，同比增长25%。公司完善员工手册，修订公司章程，出台劳动纪律管理条例，签订董事成员与车间挂钩责任书。与珠海电焊机有限公司合作，整机引进二氧化碳气体保护焊280、350两个机型，与四川科鹰电焊机有限公司合作引进IGBT直流逆变焊机；与深圳聚凯特焊接设备有限公司合作引进逆变焊机生产线。

（朱东陆）

汽　车

【简述】 2010年末，一汽通用红塔云南汽车制造有限公司在岗员工2689人，其中，管理人员290人，工程技术人员243人。下设13个职能部门、4个专业厂。厂区面积127万平方米，生产建筑面积19.81万平方米。固定资产原值72023万元。各类在用主要设备3552台。全年公司生产整车52836辆；销售整车55192辆；实现主营业务收入20.62亿元；实现利润4166.65万元，实现利税10981万元。产品有商用车和乘用车两大系列，商用车有“解放微卡”、“解放霸铃”、“解放金铃”、“L501”及工程车系列产品。乘用车有“一汽自由风MPV”系列产品。年内，罗笔晖被授予“全国劳模”，后桥机加班被授予“中国一汽五一劳动奖状”和云南省“工人先锋号”称号。公司团委被团中央中央企业团工委确定为“2010～2012年中央企业五四红旗团委”创建单位、被集团公司团委授予“先进团委”荣誉称号，在集团公司团委开展的创先争优活动中，有3个团支部和6名团员被集团公司表彰为先进。还有多个集体和个人被集团公司、合资公司表彰为先进。

【生产经营】 2010年，一汽通用红塔公司把内部经营工作与市场营销紧密结合起来，解决制约体系中的瓶颈问题和薄弱环节，增强产品竞争力。融合通用GMS理念，质量规范化、标准化管理取得新进步。实施质量目标绩效考核，强化过程质量管理控制，提高解决现场质量问题的效率；主动开展市场调研，及时改进产品质量。商用车主营收入索赔率、主营收入废品率均控制在目标值以内，整车质量评审分值均优于目标值。关键质量参数合格率目标98%，平均达到98.38%；质量改进项目完成率目标85%，平均达到94.88%。按照ISO9001:2008版的要求，完成质量管理体系文件的换版修订，10月份通过ISO9001:2008换版审核；完成3C年度认证；解放霸铃系列底盘性能提升设计改进及样车试制、解放金铃密封性改进均取得较好成效，分别荣获一汽集团QC成果铜奖和QC成果鼓励奖。优化生产组织，总装双班产能达到280辆/天，工程车单班产能提升至40辆/天；组织生产准备59项；完成25个新产品工艺项目；实施技改项目123项；开展工艺普查，136项问题全部整改完毕。

【企业管理】 2010年，一汽通用红塔公司积极推行GMS管理，公司在优化管理流程、推行标准化管理的工作中做了大量的基础工作并取得阶段性成效。经过半年的努力，车身涂胶线已建成GMS标准班组，总装C线在工位组织、标准化作业方面已取得一定进展；在专业厂及试点班组试运行BPD板；完成试点班组划分及班组长选拔工作；启动SWE建设项目工作；培养了一批标准化作业编制人员；开展GMS基础知识的培训和考试。安全管理进一步规范，实施安全达标项目改进，安全技改累计投入503万元；完成"安全生产标准化"整改项目968项。经行业专家组"复评"打分，达到"一级安全企业"标准；实施GMS安全健康项目11项；安全、环保、消防指标均控制在目标值以内。进一步完善绩效管理，制定年度公司级和部门KPI指标，分层签订责任书，开展室主任及二级经理绩效考评工作，促进了工作效能提升。完成20个部门506个职位说明书的修订换版工作，完成《生产准备管理办法》等9个管理标准及《质量手册》的起草、发布工作；制定公司级GMS-BPD绩效管理的年度业务计划及各个项目计划书。推行内部变革，公司由20个部门减少为17个，科室由61个减少到52个；根据机构职能调整及干部考评情况，重新选拔任用二级经理，其岗位由38个调减为31个。调整主任级干部，技术人员和一般管理人员选聘上岗。

【信息化工作】 2010年，一汽通用红塔公司开展网络二期改造；实施整车IC卡管理；一、二级工艺路线合并，进行PDM/CAPP软件模块、UG、CATIA高级三维设计软件的升级，提高了产品开发的效率。

【教育培训】 2010年，一汽通用红塔公司注重学习培训，开展技能竞赛，实施评先树优，为职工搭建成才平台。学习型企业创建9个项目、63个子项目按计划节点实施；开展"争第一、创新业、担责任"、"双月评"活动，王涛获集团公司8月份"双月评"个人典型；年度员工培训总学时68773学时（人均25.6学时）；邀请专家到公司举办培训，外派262名员工异地学习；举办汽车装配、焊工、计算机操作技术比武。承办合资公司"我为一汽通用建功留名"技能大赛，并荣获汽车装配工竞赛前三名、焊工竞赛第三名。举办公司第三届职工运动会，1700名员工参加项目比赛。

【内部建设】 2010年，一汽通用红塔公司对公司采购配套、技改技措、废旧物资处理等实施效能监察监督93项，对工程建设等方面突出问题进行排查整改，实施节电和成本效能监察，促进项目健康运转。开展"学、查、促"主题教育实践活动，制定8项活动内容并组织实施。圆满召开中国共产党一汽通用红塔公司第一次代表大会，选举产生公司新一届党委会和纪律检查委员会，换届选举产生新一届党支部委员会；召开一汽通用红塔公司第一次会员代表大会和首届一次职工代表大会，换届选举产生新一届工会委员会和工会经费审查委员会。年内，公司分别为玉树抗震救灾、吉林省洪涝灾害和曲靖市抗旱捐款近42万元。

（胡克文）

冶 金

【云南驰宏锌锗股份有限公司】 云南驰宏锌锗股份有限公司成立于2000年7月18日，是云南冶金集团股份有限公司控股的A股上市公司，是一户以铅锌产业为主，集地质勘探、采矿、选矿、冶金、化工、科研和深加工为一体的国家第一批循环经济试点企业。2010年，完成铅锌总产量29.16万吨、锗产品含锗8.8吨、银产品134.7吨、黄金150.8千克、硫酸35.5万吨。全年实现工业总产值50.09亿元，同比增长29.59%；营业收入48.5亿元，增长26.88%；利润5.53亿元，增长83.53%。

2010年，驰宏公司平均铅粗炼回收率、铅冶炼综合能耗、电锌冶炼总回收率三项指标排名同行业第一位，铅冶炼总回收率排名第二位，锌选矿回收率、粗铅焦耗两项指标排名第三位。全年二氧化硫排放量同比下降30%，烟尘排放量同比下降63%，废气排放量同比下降8%，外排水总量同比下降27%。"十一五"期间，驰宏公司与省政府签订的节能目标为4.26万吨标煤，实际完成6.8万吨标煤，超额完成省政府下达节能目标的160%。

年内，驰宏公司与加拿大塞尔温资源有限公司就加拿大塞尔温铅锌矿项目签订相关合作协议，该项目列入胡锦涛主席对加拿大进行国事访问并出席二十国集团领导人第四次峰会期间的十四项成果之一。驰宏公司还在昭通市彝良县、大关县，昆明市东川区，四川宁南县，内蒙古呼伦贝尔市等地的资源整合及地质找探矿工作取得明显成效。7月28日，呼伦贝尔20万吨项目通过国家环保部环评批复，迅速展开工程建设；昭通10万吨锌项目环评报告已经受理；会泽16万吨项目进展顺利；30吨锗项目7月5日投入生产。同时，成立曲靖技改工程项目建设指挥部，统筹推进曲靖分公司技改工程建设。年内，驰宏公司在建铅锌冶炼产能40万吨，拟建产能30万吨。新申请专利5件，6件专利获得授权，其中发明专利3件；授权专利总数达到30件，其中发明专利6件。同时，公司被确立为"第四批全国知识产权试点企业"、"全国创新型试点企业"，被云南省认定为第一批创新型企业。

（江从新）

【双友钢铁公司】 2010年，曲靖双友钢铁有限公司基本完成年初制定的各项指标任务。由于受到特大干旱的影响，6月份连续停产24天，故生铁、钢坯产量比原计划略低。全年生产生铁54.86万吨，比上年增长10.36万吨，增23.28%；计划产量60万吨，完成计划的91.43%。全年生产钢坯60.2万吨，比上年增长24.26万吨，增67.5%；计划产量65万吨，完成计划的92.62%，产品合格率为98.62%，比上年提高1.52个百分点。全年生产烧结矿95.6万吨，比上年增产20.95万吨，增28.06%，平均碱度为1.7%，年平均利用系数为1.47。全年自发电8634.56万千瓦时，比上年多发电1242.5万千瓦时；全年自发电量占总用电量的49.13%，从2007年3月至2010年底已累计发电2.982亿千瓦时。全年制氧量5963万立方米，比上年多制氧903万立方米，（不含变压吸附10月份开始试产，生产低压氧399万立方米)。全年回收转炉煤气5580万立方米，供石灰窑及炼钢厂使用。全年生产生石灰块3.34万吨，比上年增产1.39万吨，增71.3%。全年完成工业产值25.01亿元，比上年增加8.21亿元，增48.87%，实现销售收入16.5亿元，增长39.8%，实现利税8921万元，其中：利润4254万元，税金4667万元，分别增长34%和22.4%。

【曲靖铝业公司】 2010年，曲靖铝业公司精心组织安全生产经营和推进项目建设，通过不断优化生产工艺，大力开展节能减排、降低成本、控亏增盈，采取积极灵活的营销策略等一系列抓管理、保生产、谋发展的措施和办法，确保了公司的稳定和发展，38万吨/年型材加工项目9月份竣工投产。生产铝锭293816.26吨，完成计划的101.32%；销售铝锭286266.26吨，完成计划的100.44%；销售收入完成382553.94万元，完成计划的103.39%；工业总产值完成392642.41万元，完成计划的100.68%；工业增加值完成31563.09万元，完成计划的78.91%；利润完成-4636万元。曲靖铝业公司23万吨/年技术升级节能改造型材加工项目完成，38万吨/年电解生产线全部竣工投产。13.8万吨/年预焙阳极炭素项目累计完成投资17092.23万元，完成投资计划的35.6%，由于受金融危机影响，项目建设资金筹措困难，项目已暂停施工。

【越钢集团】 2010年，越钢集团较好地完成年初公司制定的各项生产经营指标和各项目标任务。全年生产生铁71.34万吨，比上年增43.3%；合格机焦215.45万吨，增15.1%；水泥28.23万吨，降3%；供电量完成14743.4万千瓦时，降2.5%；混凝土空心砌块5.28万立方米，增6.5%；洗精煤98.41万吨，增17.1%。实现现价工业总产值46.71亿元，增14.9%；工业增加值6.11亿元，降35.7%；实现销售收入48.97亿元，增25.6%；实现税利4.998亿元，其中：税金2.46亿元，利润2.538亿元，分别增12.8%和53.3%。

【富源矿厂】 2010年，云南省富源矿厂按照“资金、市场两头在外，努力盘活资产、人力资源优势”的经济工作思路，在生产经济极为严峻的形势下，确保2座炼铁高炉持续生产，超额完成年度和“十一五”节能目标任务，实现了保生存、保就业、保稳定的目标。全年共生产生铁188569.24吨，同比增52837.11吨，增38.93%；发电3574.5492万千瓦时，同比增547.9752万千瓦时，增18.11%。完成工业总产值（现行价）47509.17万元，同比增18595.51万元，增64.31%；工业增加值1571.8万元，同比增3869.8万元；节能量13861吨标准煤，超额完成年度节能任务。

【罗平锌电公司】 2010年，罗平锌电公司调结构、促转变、抓落实、强“五保”，克服了自然灾害和物流环境的严重影响，安全生产、节能减排、环境保护和改革创新等各项重点工作取得明显进展。1~11月，生产硫酸103155.62吨，创产值3904万元，实现销售收入3167万元；硫酸实现毛利786万元；生产蒸汽112106吨，创产值672万元，实现销售收入595万元；产出锌焙砂45302.78金属吨、锌焙尘15631.39金属吨，焙烧矿回收率为98%；生产过磷酸钙18661.80吨，比上年同期降29.6%，创产值596万元，实现销售收入732万元，利润-270万元；为锌电股份公司及其他单位提供生产生活用水71.62万立方米，实现经济效益-17.33万元。全公司1~11月份共创工业产值5272.26万元，同比增长32.95%；实现销售收入4735万元，增加54.03%；实现利润-1681万元。完成工业增加值802万元。

【马龙呈钢公司】 2010年，马龙呈钢公司如期实现炼钢、轧钢等8大重点工程项目当年开工当年投产的目标，并提前实现全年的生产经营指标。截至年底，共完成工业生产总产值78567万元，比上年增长52.43%；完成销售收入67156万元，增长46.43%；实现利税3840万元，增长339%。完成二期200万吨炼钢转炉、年产60万吨550-1#螺纹棒材生产线、2座年产8万吨石灰窑、3座年产25万吨负压式球团竖炉、110千伏变电站、制氧厂、住宅楼和办公大楼工程等，所有开工项目全部实现如期竣工投产和交付使用的目标，共完成基建投资8亿多元。

【滇北工贸公司】 2010年，会泽滇北工贸有限公司完成总产值6.78亿元，公司的整体经营及发展取得较好成绩。完成粗铅18662吨、电铅17923吨、阳极泥340吨，实现产值3.2亿元；分别完成年计划的103%、71%、97%、66%。完成熟料479998吨、水泥599998吨，实现产值2.35亿元；分别完成年计划的119%、107%、139%。完成精锌7369吨，实现产值1.23亿元，分别完成年计划的139%、153%。

（彭　海）

化　工

【简述】 2010年，曲靖市化工企业外部生产经营环境极为复杂，面对后金融危机和百年不遇干旱天气的影响，市场持续低迷。各级各部门和企业以强管理、降成本、增效益为思路，正确应对市场变化，克服生产经营中的各种困难，项目建设稳步推进。

【云维集团】 2010年，云维集团抓好产能释放和顺市营销工作，项目建设进展顺利，煤资源整合取得重大突破，扭亏增盈目标顺利实现。全年实现工业总产值85.5亿元，比上年增长58.39%。营业收入91.9亿元，计划完成率102%。利润总额6600万元，计划完成率44.3%。完成固定资产投资16.5亿元，计划完成率97.06%。企业盈利能力逐步恢复。三季度装置产能较二季度上升8.5个百分点，四季度基本实现了高产、稳产，其中股份水泥4月、5月连创新高；制氨公司从3月份起创造39天连续运行记录，8月煤气化装置稳定在90%以上的生产负荷，全月生产合成氨40395吨，创历史新高；沾化尿素和股份BDO装置9月份产量均创历史新高。借助大维肥业公司和销售公司在滇西区域性机构整合后的平台，促进尿素扩容销售，利用低关税时期出口尿素1.8万吨。四季度取得较好的经济效益，企业的盈利能力逐步恢复。煤资源整合取得较大突破。截止2010年已完成7家煤矿的收购，涉及公司生产急需的多种煤种，控制储量约1.8亿吨，生产产能达75万吨。加大“十一五”项目收尾力度，一批项目建成投产，“十二五”规划编制完成。全年完成投资16.5亿元，新投产项目8个，新增销售收入23.58亿元。20万吨/年醋酸装置2月份投产，8月份负荷达到60%；30万吨/年尿素装置5月8日开始投料试车，8月产出合格品；12万吨/年粗苯精制装置5月3日开车成功；保山1

号电石炉4月3日投运；泸西95万吨/年焦化装置2号焦炉3月29日顺利出焦，甲醇系统8月4日出产品，项目全面建成投产；西双版纳磨憨仓储及配套项目年底全部投用。沾化型煤改造一期工程型煤炉7月7日全部投运，四季度实现5～7台炉子供4～5机生产，吨氨耗煤平均为2.05吨，沾化亏损状况得到一定改善。宣威乙炔化工300万吨/年石灰石矿山一期200万吨/年石灰石项目于8月10日开工建设，10万吨电石项目正在土建施工。

强化安全基础管理，节能减排取得长足进步。全年公司没有发生死亡、多人中毒、重大火灾爆炸及化工泄漏事故，安全生产形势与上年相比有较大好转，发生工伤事故11起，造成轻伤12人，重伤2人，千人轻伤率为1.19‰，千人重伤率为0.19‰。2010年全集团实现减排化学需氧量1145.59吨，二氧化硫1281.25吨。全年实现节能量109430.65tce，完成年度节能目标109.43%。“十一五”期间共完成节能量773685.67tce，完成目标任务的285.75%，减排二氧化硫3966.94吨，化学需氧量1426.68吨。加大人才引进力度，搭建人才培养平台，保障人力资源稳定。做好定向委培中专及技校毕业生共计700余人的实习考核、招收录用，组织各单位到各高校招收大学本科、专科毕业生150余人。新增公司的技能型人才培养和鉴定平台，采取各种措施保障人力资源稳定。云维集团国家职业技能鉴定所获得批准，成为云南省第255职业技能鉴定所。按规范高效运作的要求调整机构，成立云维集团污水处理厂，由集团安全环保部直管，成立云维集团标准计量中心、云维集团电气试验中心，由集团生产综合管理部直管，并将沾化分公司电仪车间标准计量室人员和电气试验班人员全部划入两个中心；撤销云维集团驻昆联络处和项目办，相关的工作职能划入化工工程公司。

【云峰公司】 2010年，云峰公司落实“理渠道、保原料、降消耗、节费用、多融资、少投资”的18字措施，以技术进步为核心，以节能减排、挖潜增效为重点，强化内部管理，完善运作机制，增强管控能力，生产经营持续向好，主要产品产量超额完成年初预算目标，主要消耗指标稳中有降。主要产品产量：合成氨11.7万吨，同比增加4%；硫酸62.0万吨，增1.9%；磷酸32.1万吨，增17%；化肥总量80.2万吨，增16%。其中硫酸、磷酸和化肥总量均创历史新高，磷酸产量首次突破30万吨，复肥总量首次突破80万吨。主要消耗指标：合成氨耗原焦1317千克/吨，比年计划下降83千克/吨，比上年下降86千克/吨；合成氨耗动力电1603千瓦时/吨，比年计划下降147千瓦时/吨，比上年下降78千瓦时/吨；磷酸耗硫酸2512千克/吨，与年计划下降18千克/吨，与上年基本持平。主要费用控制指标完成情况：可控管理费用7433万元，与预算目标持平，比上年下降353万元；可控制造费用2456万元，与预算目标相比下降411万元，比上年下降227万元；可控费用与预算目标相比下降411万元，比上年下降580万元。备品备件库存金额4646万元，与预算目标相比下降1565万元，比上年下降1484万元。2010年可比产值节能量5.19万吨标煤，“十一五”期间累计完成可比产值节能量24.2万吨标煤。工业总产值19.85亿元，完成年度预算的115%，比上年增长25.4%；实现销售收入17.43亿元，完成年度预算的97%，比上年增长8.71%；完成工业增加值4.67亿元，实现利润1177万元。

【宣威磷电公司】 2010年，宣威磷电有限责任公司重点做好“三废”的综合利用，发展高附加值的精细磷化工产品，培育延长产业链、产品链，将磷电一体化项目建设成上下游一体化、资源配置合理、技术先进的有特色的磷化工项目。全年共生产黄磷82758吨，比上年增加9887吨，同比增长13.57%；发电103002万千瓦时，增19404万千瓦时，增23.21%；实现销售收入120048万元，增加值为15647万元，增14.99%；上缴各类税金6690万元，增加值为3834万元，增134.24%。黄磷尾气净化利用项目投产，黄磷尾气回收利用率达90%，每年可节约标煤近7万吨；工业废水循环使用项目，将电厂和黄磷生产所产生的工业废水收集处理后循环使用不外排，使水资源得到充分利用。公司投资建设6500吨/年泥磷制酸项目，有效地处理泥磷，提高了黄磷回收率，又降低了消耗。同时公司还建成年产2.5万吨磷酸、3.2万吨三聚磷酸钠项目，把黄磷进一步深加工，延伸产业链。投资1.2亿元的20万吨/年烧结工程项目正积极开展。

【曲靖众一精细化工】 2010年，众一公司通过国家、省、市三级“危险化学品从业单位安全标准化考核”，达到国家三级标准。众一公司资产总额达9.14亿元，全年实现工业总产值10.015亿元，销售收入6.63亿元，利税8000万元，较好地完成了年度生产经营计划。完成原料油（无水）采购量18.7万吨，焦油和混合蒽油处理量15.8万吨。全年销售煤化工产品15.6万吨，炭黑产品4.8万吨，生产和销售基本做到两平。年内，众一公司申请微细物料在线自动取样装置等专利共计13项，已获授权5项。自主研发6万吨/年蒽油、洗油加工新工艺，产品的回收率由50%提高到85%以上。公司成功开发的富氧燃烧模型，使吨炭黑油耗比全国平均水平降低20%，每条生产线产能都有15%左右的提高，产品一次合格率达到95%以上。成功开发半补强加油富化新工艺，提高产能5倍。成功研发3种炭黑新产品——ZY－900、N660、N774，提高软质炭黑区域的市场占有率。全年实际完成投资1.49亿元，投资3620万元的4万吨软质炭黑生产线于3月28日投产，投资3660万元的3万吨特品炭黑生产线于11月10日投产，投资5000万元的4万吨蒽油＋2万吨洗油深加工线于12月17日投产。

【马龙产业集团马龙事业部】 2010年，马龙产业集团马龙事业部积极争取磷炉早日开车，使云天化及集团公司列为重点的磷渣综合利用项目得以按期开展试车工作，基本上完成了集团公司安排的减亏控亏指标。全年共生产黄磷3933.2吨，完成全年计划的71.51%，泥磷回收装置于10月20日开车，回收泥磷375吨；生产磷酸1149吨，完成年计划的14%。年内，马龙事业部累计实现营业收入40971万元，累计亏损3672万元，扣除上级单位分配的期间费用及转入费用，本单位累计实际亏损1280万元，完成集团下达的控亏指标。年内顺利通过云南省危险化学品企业安全标准化二级验收，成为黄磷行业首家通过安全标准化验收的单位。黄磷单位产品能耗为3.39吨标煤/吨磷；黄磷耗焦实物量1.76吨/吨磷、黄磷耗煤0.76吨/吨磷，能耗达到公司责任目标要求。

【沾益化工公司】 2010年，沾益化工公司产销量比上年略有增长。全年完成工业总产值（现行价）2422.30

万元，比上年下降135.70万元，下降5.3%。全年生产钙镁磷肥半成品37560吨，生产钙镁磷肥系列、复混肥系列产品共计51640吨，增加3589.48吨，增长7.47%。其中：钙镁磷肥系列成品产量51170吨，增加5557吨，增长12.18%；复混肥系列产量470吨，减少1967.52吨，减少80.7%。全年销售钙镁磷肥系列、复混肥系列产品50854.675吨，比上年增加2476.755吨，增长5.12%。其中：销售钙镁磷肥系列产品49834.675吨，增长6.3%；销售复混肥系列产品1020吨，下降31.9%。全年完成销售收入2472万元，比上年减少24.15万元，减少0.97%。因原材料价格的上涨，钙镁磷肥半成品生产成本比上年上升11.27%；钙镁磷肥成品优等品成本上升18.95%；一级品成本上升14.74%；合格品成本上升16.87%。全年实现利润-343万元。

【新蓥峰化工公司】 2010年，新蓥峰化工公司强化内部管理，积极挖潜增效，坚持深化成本管理，进一步完善经济考核方案，目标层层分解，责任层层落实；严格执行物资采购的比质比价招标程序；继续加强内审工作，进一步规范收支管理，大力推行“5S”现场并初见成效。坚持以技术创新推动企业稳步发展，重视节能降耗、技改技革工作。全年超额完成年初制定任务指标，创下历史最好水平。全年累计生产磷酸一铵121782吨，实现工业总产值59740万元，比上年增长32%；实现销售收入58867.1万元，增长34%；实现利税3018.6万元，增长50%。公司超额完成与市政府签订的“2010年销售收入达33050万元，年均增长18.9%”的倍增计划责任目标。

（彭　海）

建　材

【简述】 2010年，曲靖市散装水泥办公室、曲靖市墙体材料革新办公室推广应用散装水泥达362.47万吨，散装率达32.4%，超过全省平均水平；规划区范围内新墙材建筑应用面积达158.4余万平方米，同比增长18.3%，新墙材建筑应用面积占在建建筑工程面积的比例达83%左右；两项专项资金征收达到预算目标；行业发展不断加快，部分企业通过内部节能环保改造，环保排放达到标准，实际生产能力已基本达到设计能力，推进行业结构调整取得新的进展，新型干法水泥生产能力已达到79.8%；行业服务协调与监督管理逐步制度化和规范化，全行业经济运行质量和效益显著，基本实现年初确定的各项预期目标。

【产业优势】 2010年，曲靖市建材工业实现工业总产值34.82亿元，比上年增45.6%；工业增加值11.5亿元，增46.1%。全年水泥生产量1127.62万吨，比上年增31.7%。其中新型干法水泥产量888.87万吨，占78.82%。散装水泥供应量达362.47万吨，比上年增58.68%，发散比例32.4%，其中新型干法水泥生产线发散量324万吨，占89.39%。预拌混凝土供应量达75.26万立方米，增4.3%。新墙材生产量达11.8亿标块，增14.56%，占墙材总量的37.50%。支柱产业优势更加明显。

【《曲靖市建材产业“十二五”发展规划》】 2010年，曲靖市工信委建材处牵头，与云南省建筑材料科学研究设计院合作，编制《曲靖市建材产业“十二五”发展规划》，并通过专家组评审。《规划》对建材产业现状、“十二五”面临的机遇与挑战等进行分析，提出水泥、新型墙体材料、商品混凝土、玻璃、石材、耐火材料等行业规划。

【新型干法水泥】 2010年，曲靖市建成新型干法水泥生产线——富源老厂宏发水泥公司2000吨/日生产线，使新型干法熟料生产线达到15条，生产能力达到835万吨；机立窑生产线12条，产能162万吨；全市水泥熟料产能1007万吨，新型干法水泥熟料占82.91%，同时新型干法水泥发散量占89.38%，充分体现了新型干法先进生产力的带动作用。至年底，在建新型干法水泥项目4个，拟建新型干法水泥项目2个。同时云翔玻璃填补了曲靖市玻璃行业的空白；陶瓷、石材、水泥制品、耐火材料等行业也得到快速发展。全年全市共淘汰落后水泥熟料生产能力73.5万吨。

【新型墙体材料】 至2010年底，曲靖市有一定规模的新型墙体材料企业164余户，生产能力21亿标块，产品品种有加气混凝土砌块、混凝土砌块、蒸压粉煤灰砖、粉煤灰自养砖、煤矸石砖、页岩砖、锌渣砖、轻质墙板等。富源县大力推广煤矸石砖等新型墙材，成为曲靖市第一个以煤矸石新墙材占主导地位的县。年内，规划区范围内新墙材建筑应用面积达154.3余万平方米，同比增长18.9%，新墙材建筑应用面积占在建建筑工程面积的比例达到82.2%左右。

【专项资金征管】 2010年，曲靖市预征收散装水泥专项资金137.86万元，预征收新墙材专项基金1118.2万元；执行曲政发〔2009〕23号缓缴一年的墙材、散水基（资）金分别是2219.5万元和219.58万元。共投入专项资金320万元用于购买散装水泥设施、设备和技术改造，新型墙体材料产品的研究开发、设备更新。

【商品混凝土生产】 2010年，麒麟区的商品混凝土产能大约320万立方米，实际生产75.26万立方米，充分满足了麒麟区城市规划区内禁止现场搅拌混凝土的需要，“禁现”工作快速发展。此外，宣威、罗平、马龙、陆良等县（市）也建起商品混凝土搅拌站，推动了当地“禁现”工作的开展。

【《云南省发展新型墙体材料条例》宣传活动】 2010年6月1日，《云南省发展新型墙体材料条例》颁布实施，《曲靖日报》刊登《条例》全文，并配发曲靖市墙体材料革新领导小组办公室副主任、市经委主任王松平就贯彻落实《条例》的答记者问；在曲靖街头悬挂布标；印发宣传材料5000余份；罗平县、陆良县等地也开展形式多样的宣传活动。

【墙体材料革新】 2010年，陆良、宣威、富源、罗平、沾益已成立墙体材料革新办公室，陆良、沾益已出台政府文件，马龙、罗平、宣威已报请政府出台文件开展墙材革新工作。除会泽外，其他县（市）都有免烧砖、页岩、煤矸石砖企业取得《云南省新型墙体材料产品合格证》，基本能满足各县市开展“禁实”工作的需要，墙体材料革新工作在全市范围内有序有效开展起来。

（陈顺达）

2010年曲靖市水泥企业一览表

县（市）区	序号	企业名称	设计熟料生产能力				水泥生产能力（万吨/年）	备注
			新型干法窑（吨/日）	立窑（万吨/年）	湿法窑	粉磨站		
麒麟区	1	云南雄业水泥有限责任公司	2000				81	
			2500				101.25	前期
	2	越钢水泥有限责任公司				√	30	
沾益县	3	云维股份有限公司水泥厂	1000		√		40.5	
	4	沾益县宇恒水泥有限责任公司				√	100	
			3000				121.5	前期
	5	沾益县益宁水泥厂	300				12.15	
	6	沾益县珠源水泥有限公司		6			6	
	7	沾益县沾益水泥有限公司		8			8	
	8	红林盛亚有限公司	2000				81	前期
马龙县	9	马龙县天恒工贸公司	2000				81	
			3000				121.5	前期
宣威市	10	宣威宇恒水泥有限责任公司	1000				40.5	
			3000				121.5	
	11	宣峰水泥有限责任公司	2000				81	
	12	宣威进发工贸有限公司	3000				121.5	
				8			8	
	13	宣威龙头水泥有限公司				√		
会泽县	14	会泽金塬建材有限公司	3000				121.5	在建
				13			13	
	15	云南会泽芳华建材有限公司		16			16	
	16	会泽者霸水泥有限公司		12			12	
	17	会泽滇北工贸公司	2000				81	
富源县	18	富源宏发水泥有限公司	2000				81	
	19	富源国华水泥有限公司	2000				81	在建
	20	富源县水泥有限公司		8			8	
陆良县	21	云南远东水泥有限公司	1×1500			45	60.75	
			2×2500			150	202.5	
	22	云南滇东水泥有限公司	2000			60	81	
	23	云南宇东水泥有限公司	2500			75	101.25	在建
	24	陆良磊奉建材有限公司		10			10	
	25	陆良富强建材有限公司		12			12	
	26	陆良三岔河水泥厂		12			12	
	27	云南福隆建材有限公司		28			28	
	28	云南滇东水泥有限公司滇锦粉磨站			√		60	
	29	陆良同乐水泥粉磨有限公司			√		30	
	30	云南云达水泥有限公司			√		60	

续表

县（市）区	序号	企业名称	设计熟料生产能力				水泥生产能力（万吨/年）	备注
			新型干法窑（吨/日）	立窑（万吨/年）	湿法窑	粉磨站		
师宗县	31	昆钢嘉华曲靖水泥建材公司	4000			120	162	
	32	云南师宗明驰水泥有限公司	2000			60	81	在建
	33	云南师宗明丰水泥有限公司		10			10	
	34	云南师宗宏华师能有限责任公司		16			16	
罗平县	35	罗平县玉马水泥有限公司	2000			60	81	
	36	罗平县斯特水泥有限公司		8			8	
	37	曲靖际丰水泥有限公司	1000			30	40.5	
	38	罗平九龙粉磨站			√		30	
合计			54800	167			2696.4	

轻　纺

【简述】 2010年，曲靖市轻纺工业完成产值185.25亿元，比上年增17.9%；完成增加值125.48亿元，增13%；产品销售收人完成174.52亿元，增15.1%；利税完成103.06亿元，增7.1%。

【云南新千佛茧丝绸有限公司】 2010年，云南新千佛茧丝绸有限公司以市场为导向，以科技为支撑，以服务为纽带，以效益为中心，以龙头企业和蚕农双赢为目标，推动桑、蚕、茧、丝全面发展，延伸产业链，拓展房地产开发项目，着力把新千佛打造成优势企业。

年内，陆良县发种饲养桑蚕19.8万张，比上年减少0.6万张，下降2.94%；实际饲养量23.9万张，减少2万张，下降7.72%；鲜茧社会总产量7170吨左右，减少630吨，下降8.08%；实际收购量3007.2吨，减少188.3吨，下降5.89%；平均收购单价35.64元/千克，增加11.28元/千克，增长48.29%；鲜茧直接收购值107176608元，增加29346128元，增长37.71%；全县实现蚕桑农业综合产值2.66亿元，增加5600万元，增长26.67%；5万户蚕农户均增收1120元，整个蚕桑产业经济效益显著。

年内，公司缫丝规模增加到4000绪，共恢复了三岔河丝厂和马街丝厂两家丝厂的缫丝工业生产，就业岗位增加到538个，增加218个，增长68.13%；生产生丝200吨，比上年增加175吨，增长7倍；平均质量等级5A级，提高0.2级；工业产值6800万元，增加5900万元，增长8.5倍；税利1100万元，增加300万元，增长37.5%。

年内，在陆良青山工业园区征地100亩，积极打造陆良丝绸工业园区，至年底园区围墙已经完工，进入土地平整、下水道、沟渠等基础设施建设阶段。园区第一期1万绪自动缫技改扩建项目正在开展可行性研究报告完成和审批工作，第二期年收烘能力1000吨茧站建设项目和年产200万米绸缎建设项目已列入实施计划。

【云南省曲靖珠源纺织有限公司】 2010年，云南省曲靖珠源纺织有限公司生产经营各项指标与上年同期相比略有下滑：棉纱实物产量446吨，比上年减少50.01%；布实物产量7万米，减少41.67%。全年完成工业总产值现价1119万元，减少44.9%；工业销售产值现价1103万元；工业增加值114万元；产品销售收入1099万元，减少50.05%；其他业务利润472万元。全年上缴增值税69.16万元；营业税、房产税、城建税、土地使用税、印花税、车船使用税、教育附加等地方税173.59万元，减少329.42万元。全年亏损605万元。截至12月底，企业总资产13252万元，负债14637万元，负债率110.45%。

【云南陆良银河纸业有限公司】 2010年，云南陆良银河纸业有限公司完成机制纸产量97539.14吨，比上年增加18940.284吨，上升24.54%；实现工业总产值（现价）60233万元，增加21044万元，上升34.94%；产品销售销量95282.67吨，增加114309.86吨，上升17.67%；实现产品销售收入46653.1万元，增收11439万元，上升32.49%；实现工业增加值11700万元，增加2340万元，上升25%；上缴税金2258万元，增加268万元，上升13.46%；实现净利润总额4137万元，增加868万元，上升26.55%。

【会泽四通纸箱包装有限公司】 2010年，会泽四通纸箱包装有限公司共生产纸箱168万只，比上年增加12万只，增7.69%。其中烟箱产量146万只，增加6万只，增4.29%；商标等其他包装箱22万只，增加6万只，增37.5%。

全年实现产值903万元，比上年减少7万元，减0.77%；实现销售收入961万元，增加33万元，增3.56%；上缴税金128万元，增加48万元，增60%；实现利润226万元，比上年增加56万元，增32.94%，比年初计划增加76万元，增50.67%。全年，资金周转3.58次，比上年快0.28次；资产负债率37.11%，比上年39.8%减少2.69%；员工人均收入2.36万元，增加6300元，增36.42%。

【曲靖乾坤纸制品有限公司】 2010年，曲靖乾坤纸制品有限公司生产铝箔复合纸、框架纸2808.58吨，生产各种纸箱593.9万只；销售铝箔复合纸、框架纸2770吨，销售各种纸箱600.7万只。实现销售收入8135.8万元，与上年期相比增加970.6万元。实现利润总额101万元。

年内，公司加强市场信息收集反

馈，对市场动向和公司产品在客户中的品质状况高度重视，并积极探索维护客户关系的新途径。开展一系列的降本增效、增收节支活动，保证了生产经营的基本稳定。加强质量管理，提升产品品质，积极着手 IS09001:2008 版换版工作，使公司质量管理体系更加完善。加强制度建设，强化内部管理。抓好设备技改，强化设备管理。加大队伍建设力度，努力提高员工素质。切实加强安全管理工作，坚持“安全第一、预防为主、综合管理”方针进一步落实安全目标责任制。

【曲靖福牌彩印有限公司】　2010 年，曲靖福牌彩印有限公司注重工艺技术创新、开拓市场、提高产品质量、加强售后服务工作和强化内部管理。全年共完成生产产值 5898.17 万元，实现销售收入 5986.46 万元，比上年同期净减 671.27 万元，减 10.08%；实现利润总额 806.26 万元，实现税费 638.5 万元。

【曲靖市石林瓷业有限责任公司】　2010 年，曲靖市石林瓷业有限责任公司围绕生产目标，强化管理，加强人员培训，不断提高员工操作技能，攻克、解决半成品、成品生产过程中遇到的各种难题，合理安排、调度，严格督促、检查，全面落实精细化操作、管理，严格按照质量管理体系要求，全面加强车间质量管理，全面完成企业各项经济指标。全年完成总产量 8032 万件，合格品产量 6298 万件，合格品率达 78.4%；完成产品总销量 7928 万件，合格品销量 6202 万件，实现销售收入 6865 万元，产销率达 98.7%；回笼资金 6835 万元，资金回笼率达 99.6%。

年内，公司积极对全国日用陶瓷宏观市场需求趋势进行科学预测，在微观市场方面，对主要日用瓷器市场需求量，主要客户、新产品需求趋势、价格趋势作出科学预测。全面作出以云南省市场作为重点市场、依托贵州、四川、重庆、广东、广西市场，带动产品销售渠道逐渐拓展到甘肃、新疆、西藏等多个市场，形成宽领域、多渠道的销售市场，产品出现供不应求的局面。公司先后 3 次对产品价格进行调整，调整幅度为 15%，产品销售形势呈现出良好的发展态势。

【曲靖博浩生物科技股份有限公司】　2010 年，曲靖博浩生物科技有限公司收购万寿菊鲜花 5.2 万吨，比上年下降 45%，生产万寿菊干花颗粒 4260.706 吨，生产万寿菊叶黄素浸膏 1350.912 吨，实现销售收入 1.55 亿元，比上年下降 6%。公司净利润持续增长。

（陈立康）

制　药

【简述】　2010 年，曲靖市制药行业面对干旱，原材料、能源价格、劳动力价格的大幅上涨，药品政策性降价、国家实行药品招投标而导致的价格竞争等不利因素的困难，坚持抓内部管理、抓外部市场，做好市场开发、技术进步和降本增效工作。全市制药行业 6 家企业除云南大东生物制药有限公司因故停产外，其余企业在国家利好政策引导下积极经营，取得一定成绩，完成工业总产值 16053 万余元。

【云南永安制药有限公司】　2010 年，云南永安制药有限公司完成产值 3389.5 万元，产量 30106.56 件，完成销售收入 2601 万元，实现总收入 2636.2 万元，营业利润 -302.8 万元，净利润 -298.9 万元。

【云南雄业制药有限公司】　2010 年，云南雄业制药有限公司坚持“内抓管理、外抓市场”，全力做好市场开发、技术进步和降本增效工作，在提高公司的管理水平、凝聚企业团队力量、提升产品市场占有率、降低生产能耗等方面，取得了一定成绩，使企业进入一个管理标准化、规范化的良好状态。全年实现工业总产值 963.74 万元，比上年增长 10.14%；实现销售收入 898.65 万元，增 37.39%；上缴税金 76 万元，增 26%；利润与上年持平。

【云南曲靖药业有限公司】　2010 年，云南省曲靖市医药（集团）总公司收购宣威市制药厂，正式更名为云南省曲靖药业有限公司。企业具有批准文号的国药准字号产品 28 个品种 38 个规格。常年生产氨咖黄敏片、清肺抑火片、溃疡胶囊、八珍益母片、感冒清片、复方穿心莲片、白及颗粒、元胡止痛片、维 C 银翘片等 20 多个中西成药。年初，公司产值以平均 40% 的增长率增长，月均产值突破 200 万元。1～8 月总产值已经超越了 2009 年全年总产值，达到 1500 万元，月同比增长 50%。年内，云南省曲靖药业有限公司有国药准字号药品批文 37 个，70% 为中成药制剂，主要原料为当归、党参、桔梗、黄芩、茯苓、板蓝根、丹参、金银花等 40 多味中药材，其中 80% 的中药材适合曲靖地区种植，有利于与农村联合开发。年内，公司与麒麟区农业局产业办联合在东山、三宝、潇湘等办事处落实中药材种植事宜。

【云南金乌黑药制药有限公司】　2010 年，云南金乌黑药制药有限公司产销比上年增长约 38%，全年没有发生生产安全责任事故，各项任务完成较好。年内，生产三乌胶（丸）39167 千克，比上年增加 10754 千克，增长 37.85%；胶剂与丸剂的比例为 32.39:67.61；销售三乌胶 29299.60 千克，增加 1646.7 千克，增长 5.95%。全年实现产值 1701 万元，比上年增加 485 万元，增长 39.88%，主要原因是三乌胶（丸）产量增加和肝苏分散片投产；实现销售收入 1295 万元，增长 110 万元。因原材料、燃料、水电等的价格居高不下，全年实现利润 3.29 万元，亏损 25 万元，比上年同期减亏 28.29 万元。全年产品质量稳定，质量管理和质量控制实施到位，未发生质量方面的问题和隐患。

【沾益县益康中药饮片有限责任公司】　沾益县益康中药饮片有限责任公司成立于 2006 年，是一家专业从事中药材种苗繁育、技术推广服务、产品回收加工、研究开发和销售为一体的综合性企业。公司位于沾益县西平镇望城坡，占地面积 1 万多平方米，拥有固定资产 2000 万元，有固定员工 96 名。拥有两条现代化中药饮片生产线和一套质量检测化验设备，可年产 4000 吨中药饮片。2010 年曲靖市政府调整农业产业化发展规划，公司上半年建立种子种苗基地 3050 亩，产值达 200 多万元，发展中药材种植面积 3 万亩，带动 6 万农户直接参与中药材的种植，实现产值 9000 多万元，生产加工实现销售收入 1 亿多元。

（陈立康）

食　品

【云南宣威升达火腿集团公司】　2010 年，云南宣威升达火腿集团公司下设云南省宣威市荣升火腿有限责任公司、宣威市裕升火腿有限公司、宣威市永丰余畜牧科技有限公司、宣威市良种猪场、宣威火腿原料基地、昆明销售分公司、企业技术中心。公司有员工358人，其中：管理人员12人，技术技能型工人98人，普通型工人128人，季节性工人120人。资产总额7601.9万元，工业产值6412万元，销售收入5829万元，同比增收202万元，利润361.5万元，增利23.2万元，税金172.6万元，增税67.6万元。

【宣威市宣泰火腿有限公司】 2010年，宣威市宣泰火腿有限公司有职工186人，拥有总资产5208万元，年销售总额达5101万元，上缴税金111万元。公司在省内外下设有8个分支机构，拥有专门的生猪养殖基地。产品畅销昆明、重庆、贵阳、武汉、广州、深圳、北京、香港、澳门等大中小城市，已形成稳定的系统产品销售网络。银行资信为A+级。通过QS和HACCP认证，属宣威市食品卫生A级单位。“宣泰”牌商标被认定为云南省著名商标。2006年6月，获得“钓鱼台国宾馆特供火腿”特供权；同年12月，被农业部授予“全国乡镇企业创名牌重点企业”；参加生活新报、中国名牌杂志社举办的“领袖云南”百万公众投票评选中“品牌排行榜”及专家评审被确定为云南知名品牌50强和“云南十大历史品牌”。2008年“宣泰”牌火腿荣获“中国名牌农产品”，在省内同行业中居领先地位。

【宣威市鑫宇工贸有限公司】 2010年，宣威市鑫宇工贸有限公司全年生产加工高原金珠牌低盐型优质宣威火腿系列产品190吨，完成产值1593.1万元，实现工业增加值518万元，实现销售收入1447.7万元，利税总额212.5万元。

【云南罗平丰瑞粮油产业有限公司】 2010年，云南罗平丰瑞粮油产业有限公司有流动资产16495万元，贷款总额1.15亿元，支付银行利息568万元，完成生产产值3.7亿元，销售收入25951万元，利润总额956万元，上缴税金241万元。

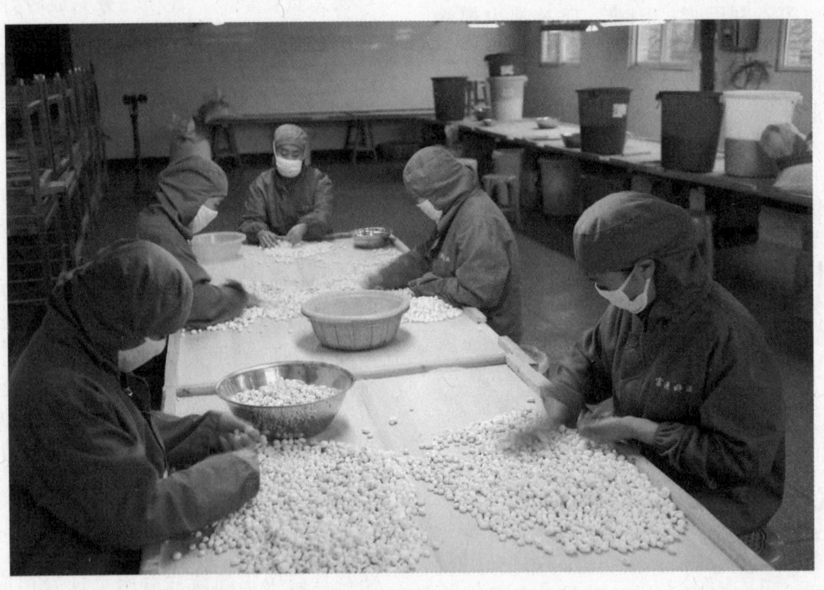

黄泥河好源食品加工厂加工出口日本的半夏。

（沈良启/摄）

【罗平县华跃生态食品有限公司】 2010年，罗平华跃生态食品有限责任公司收购鲜姜892588千克，收购干姜570246千克，生产低硫姜片124830千克。实现销售收入1392万元，其中出口495万元；利润6.9万元。

【云南富源金田原农产品开发有限责任公司】 2010年，云南富源金田原农产品开发有限责任公司被认定为云南省成长型中小企业、云南省第二批中小和非公企业上市培育重点企业、“中国中小企业创新100强”企业。金田原公司全年共生产魔芋系列产品2000吨、实现产值7500万元，实现销售收入7130万元，实现税金143万元，实现利润378万元。

【曲靖富力发展有限公司】 2010年，曲靖富力发展有限公司收购鲜魔芋2000吨，农烤干片150吨，共支出收购资金900万元，辐射带动农户3000多户，生产季节解决周边乡镇200多人的就业问题。公司全年生产魔芋精粉110吨，生产魔芋胶75吨，实现产值872万元，实现销售收入750万元，出口创汇81万美元，直接出口创汇81万美元。

【云南则黑酒业有限公司】 2010年，云南则黑酒业有限公司生产5000毫升则黑窖酒400余件，2.5升富源酒1500余件，500毫升喜来庆1300余件，450毫升则黑土坛酒8200余件（其中400毫升土坛600余件），500毫升土坛400余件，400毫升则黑老白干1700余件，500毫升富源红3000余件。生产白酒210余吨，其中：生产玉米酒110余吨、麦酒6余吨、荞酒40余吨、高粱酒63余吨。全年实现产值、销售收人、利税翻番。

【师宗海利食品有限公司】 2010年，师宗海利食品有限责任公司完成肥猪销售24120头，比上年上升19%；经营收入1273万元；上缴税金68万元（不含砖厂）；实现利润18.40万元。

【云南新海丰食品有限公司】 云南新海丰食品有限公司是云南省第一家集水产品养殖、加工、销售为一体的民营企业，至2010年已经发展为拥有罗平、富宁、墨江3个鱼片加工为主的公司和2个饲料厂，带动发展电站库区渔民10余万人从事渔业生产，成为云南养殖罗非鱼规模最大、加工和出口创汇最多的企业，也是全国同行业中质量最优的企业。被农业部评定为云南省唯一一家水产品交易定点市场，国务院扶贫办评为国家扶贫龙头企业，省政府评为“企村结对”共建新农村先进单位、农产品出口先进企业和省级农业产业化经营重点龙头企业。2010年，公司生产冻罗非鱼片5351吨，销售收入为20015万元，利税总额为3280万元。

（陈立康）

2010年曲靖市30户重点骨干工业企业主要经济指标完成情况表

单位：万元

企业名称	主营业务收入			利润总额			应缴税金		
	本年累计	去年同期	增（减）%	本年累计	去年同期	增（减）%	本年累计	去年同期	增（减）%
红云红河集团曲靖卷烟厂	1270797	1178122	7.9	178514	179369	-0.5	820659	751141	9.3
一汽通用红塔云南汽车制造有限公司	235100	296720	-20.8	4370	9562	-54.3	5449	3812	42.9
国电宣威发电有限公司	166819	243111	-31.4	-34945	14306	-344.3	5073	25576	-80.2
国投曲靖发电有限责任公司	168561	168858	-0.2	-2312	5121	-145.1	9222	15659	-41.1
云南云峰化学工业有限公司	173627	159573	8.8	805	-20250	104.0	604	422	43.2
云南新莹峰化工有限责任公司	58867	43826	34.3	3019	2011	50.1	377	251	0.0
云南弛宏锌锗股份有限公司	457351	360934	26.7	50494	29779	69.6	40906	34740	17.7
云南省富源矿厂（含沾益钢铁厂）	44415	24924	78.2	-5280	-2800	-88.6	1104	812	35.9
云南省曲靖越钢集团有限公司	476309	377595	26.1	25942	16555	56.7	50920	37791	34.7
云南省曲靖化学工业有限公司	85363	74465	14.6	858	3295	-73.9	2048	1854	10.4
云南云维集团有限公司	850393	545659	55.8	6235	-2983	309.1	18580	16674	11.4
云南罗平锌电股份有限公司	111994	112200	-0.2	-3000	9200	-132.6	-3313	3086	-207.3
云南马龙产业集团股份有限公司	51574	28882	78.6	-3273	-2666	-22.7	1705	1369	24.6
曲靖盛凯集团有限责任公司	117576	139090	-15.5	2625	-4533	157.9	2882	5084	-43.3
云南包装厂	46004	42291	8.8	7200	7410	-2.8	4643	4485	3.5
云南师宗焦化有限责任公司	68152	59761	14.0	1720	1400	22.9	2823	2328	21.3
云南陆良县龙海化工有限责任公司	23033	11435	101.4	-372	964	-138.5	1321	792	66.7
东源煤业集团曲靖铝业有限公司	383349	202527	89.3	4636	5040	-8.0	2	161	-98.8
国营云南机器三厂	45952	46435	-1.0	4210	5310	-20.7	725	261	177.5
富源德鑫集团有限公司	124743	45048	176.9	4056	2895	40.1	3674	2573	42.8
会泽滇北工贸公司	9237	7072	30.6	-69	63	-210.1	662	527	25.6
云南宣威磷电有限责任公司	65695	76696	-14.3	3696	997	270.9	5772	2405	140.0
马龙县呈钢钢铁有限公司	67165	17258	289.2	2979	716	316.2	877	650	34.9
国营云南燃料一厂	57551	48135	19.6	15015	12029	24.8	6597	5492	20.1
云南陆良银河纸业有限公司	55631	55413	0.4	5141	2345	119.2	1984	1623	22.2
曲靖市宣威宇恒水泥有限公司	58510	51740	13.1	12995	9137	42.2	3679	3512	4.8
曲靖双友钢铁有限公司	233280	128086	82.1	4435	818	442.2	4116	3840	7.2
云南省师宗县民科煤业有限公司	29552	20976	40.9	-767	-3981	80.7	1421	1273	11.7
云南滇东能源公司（滇东电厂）	449042	379693	18.3	2217	14459	-84.7	18104	24720	-26.8
曲靖交通集团有限公司	42125	35824	17.6	1024	859	19.2	1623	1381	0.0
总计	6027769	4982346	21.0	292169	296427	-1.4	1014239	954291	6.3

农 业

责任编辑 马 燕

综 述

2010年，曲靖市级财政涉农专项资金支出32.9亿元；实现农业总产值3293767万元、农业增加值183.7亿元、农民人均纯收入4150元，分别增（同比，下同）6.47%、5.79%和13.2%，圆满完成全年和“十一五”规划确定的目标任务。

抗旱救灾全面胜利。2010年，面对百年不遇的特大干旱，全市筹集抗旱救灾资金7.8亿元，投入200万人（次），实施增雨抗旱作业41天，解决170余万人、120余万头大牲畜的饮水困难，抗旱浇灌农作物188万亩；发放生活救助资金1.2亿元、救济粮7200余吨，救助困难群众110万人。在干旱持续时间最长、发生范围最广、干旱程度最深、影响及损失最大的大灾之年，没有一名群众缺粮断炊，没有发生疾病流行、重特大森林火灾和人员伤亡事故、重大安全事故。国务院总理温家宝、副总理回良玉先后到曲靖视察。

农业生产能力稳步提升。2010年，全市粮食产量连创新高。播种面积870万亩、产量25.47亿千克、平均单产293千克，分别增2.6%、4.26%和2.8%，实现连续7年增产。畜牧产业再创佳绩。建设生猪标准化规模养殖场，争取生猪调出大县奖励资金8600万元，新建432个生猪养殖小区。出栏肉猪1100万头、肉牛50万头、肉羊145万只、肉禽2200万只，分别增4.1%、10.16%、4.18%和4.22%。肉类总产132万吨、禽蛋产量4.0万吨、奶类产量1.8万吨，分别增6.5%、15.27%和9.09%。实现产值1496638万元、收入962078万元，分别增10%和11.1%。农民人均畜牧业收入达1754.73元，增10%。特色产业快速发展。加大烤烟、蔬菜、蚕桑、魔芋、花卉、中药材、水产等特色产业培育力度，促进优势特色产业规模化、区域化、特色化。除烤烟外的特色经济作物种植面积365.6万亩，增13.7%；产量356万吨，增8.5%。

产业化经营和结构调整扎实推进。2010年，农业内部结构更加优化。传统种植业比重下降，主要经济作物和优势特色产业比重逐年增长。烤烟、核桃、速生丰产林、蔬菜、蚕桑、魔芋、花卉、中药材、水产、畜牧“十大特色产业”的培育和基地建设全面推进。新建核桃采穗圃2500亩，完成速生丰产林建设20万亩。收购烟叶20564万千克、实现产值30.96亿元。区域布局更趋合理。初步形成优质稻米、专用玉米、优质油菜、加工型马铃薯、蚕桑、商品蔬菜、腌肉型肉猪、优质黑山羊8大生产区域。累计建成农产品生产专业乡60个、专业村240个，培育种养大户12.5万户。产业化经营迈上新台阶。新增农业龙头企业20个，有规模以上农业龙头企业140个，市级以上重点农业龙头企业实现产值53.7亿元、增14.3亿元，带动农户143万户（含重复带动），户均增收854.9元；新发展农民专业合作社61家，各类专业合作经济组织550个，成员总数14万人，带动非成员农户23.17万户；全市农产品加工企业实现加工产值41.8亿元，加工转化率50%，有规模以上农产品加工企业94个。标准化生产和农产品品牌创建不断扩大。新认定16个无公害农产品产地，新认证44个无公害农产品。全市累计认定“三品”产地面积707.645万亩（无公害种植业671.01万亩、无公害渔业12.775万亩、绿色食品22.86万亩、有机食品1万亩），畜禽养殖规模546万（头、羽、只）；累计认证无公害农产品191个，绿色食品32个，有机农产品5个，1个单位的产品通过农产品地理标志产品登记，实现曲靖市农产品地理标志产品零的突破；有1个中国名牌农产品、12个云南名牌农产品、20个省级著名商标。就业结构逐步优化。培训农村劳动力22.23万人，完成农村富余劳动力转移就业14.5万人，实现劳务综合收入140亿元，增13%，人均工资性收入1234元。

发展后劲持续增强。2010年，全市水利建设完成固定资产投资20.3亿元，创新中国成立以来投资最高纪录；建成各类水利工程3.2万件，新增蓄水能力455万立方米、蓄水总量8.7亿立方米，新增供水受益人口50万人；建成“五小”水利工程4.93万件，解决46.17万人饮水安全问题；一批水利项目纳入国家“十二五”规划。完成中低产田地改造43.96万亩，中低产林改造40万亩。新建、改建农村公路3817千米，乡（镇）通等级公路、通客车率和行政村通路、通车率均达100%。投入资金4.26亿元，改造农村电网5万户，受益农民20.49万人，基本消除无电人口。实施公益林生态效益补偿662.9万亩，建成天保工程公益林24万亩、退耕还林3.5万亩、封山育林1.5万亩，森林覆盖率40.3%；治理水土流失440平方千米。新建沼气池2.98万口，完成节能改灶3.62万户，建成农村能源服务网点4个。完成270个农家店、6个配送中心、22个商品市场的规范化建设。

农业科技支撑作用突出。2010年，

全市推广“主导品种+主推技术+主体培训”三位一体科技配套措施，形成“核心区+示范区+辐射区”的科技推广示范格局。根据旱情实际和水资源分布情况，大春粮播种面积由计划545万亩调增到600万亩，重点发展节水、耐旱、生育期短、比较效益高的优势特色品种。无水源地方实施水改旱40万亩，改种玉米22万亩、马铃薯8万亩、大豆杂粮5万亩、蔬菜5万亩。派出11475名科技人员深入生产一线，举办科技培训4190次（期），培训农民32.8万人（次），下发技术明白纸、科技光盘、简易图书和抗旱短信155.3万张（条）。其中，培训农民“绿证”学员22752人、结业21557人，完成农民“素质工程”培训4.68万人、农村实用技术培训98123人（次）。市级十项重点科技措施推广2606万亩，增170万亩。落实部、省、市级高产创建样板80片，示范面积83.76万亩，超计划127%；推广间套种示范面积550万亩，完成计划的100%；推广玉米地膜覆盖251万亩，占玉米总播种面积的85%；推广测土配方施肥技术690.84万亩；完成农机作业面积634.4万亩，其中耕播收作业387.1万亩，农机总动力260.042万千瓦。完成畜种改良133.6万头，其中：猪种改良47万窝（人工授精43万窝），牛种改良5万头（冻精改良3万头），马匹改良3万匹，山羊改良11万只，绵羊改良2万只。推广良种禽300万只，推广良种兔17万只。完成蔬菜质量安全例行监测抽检样品126个，农药残留快速抽检95个批（次）、11485个蔬菜样品，认证产品抽检46个，合格率90%以上。

农村民生显著改善。2010年，曲靖市落实农村税费改革转移支付、粮食直补、农资综合补贴、良种补贴、退耕还林补贴、农村义务教育减免等政策，及时足额发放各项惠农补贴11.6亿元。其中：家电、农机、汽车和摩托车下乡补贴2.3亿元，带动21.9亿元产品销售。落实农民负担收费审核、涉农价格收费公示、农民负担监督卡等“五项制度”，有效防止农民负担反弹。筹资3.51亿元改造中小学D级危房38万平方米，新建校舍47.4万平方米；全面落实“两免一补”政策，涉及资金5.5亿元。完成37个县级医院、25个乡（镇）卫生院改扩建。新建、改扩建乡（镇）综合文化站36个、村级文化活动室505个、农家书屋632个，建设文化小广场31个。解决60万山区群众听广播、看电视难的问题，广播电视“村村通”工程实现行政村全覆盖。提高新农合统筹标准，全年减免补偿费用6亿元，参合率95.93%。启动富源县、师宗县新型农村社会养老保险试点。安排1.6亿元资金，对56.8万困难人口实施救助。为26.1万人发放农村低保金，低保和五保供养对象实现应保尽保。改造棚户区12.7万平方米、农村危房7200户，实施抗震安居工程1.07万户。

扶贫开发和新农村建设不断推进。2010年，曲靖市完成453个省级“整村推进”扶贫工程；整合投资17.54亿元，完成10个乡（镇）到乡、村、户的“整乡推进”扶贫开发“8666”工程，98个行政村、835个自然村、11万户、43万人直接受益；启动实施宣威市阿都乡省级“整乡推进”扶贫开发新增试点工作。第二批9个小康示范村建设顺利完成。投入资金7.67亿元，新建民房1704户，维修加固2646户，粉刷墙面211.9万平方米，改造私厕4046个，建公厕76所，改厩4482个，建沼气池1875口，改灶5246个，建垃圾池122个，硬化村内道路35.8万平方米，完成村内绿化11亿平方米，建成文化活动室7345平方米、文化活动广场20680平方米、体育场地17250平方米，培育特色高效产业350个，农民人均纯收入由4042元增至5385元。完成176个省级重点建设村、8700户农村民居地震安全工程建设任务，启动实施2010年度180个省级重点建设村建设工作。在全省率先开展以新村庄、新社区建设为重点的统筹城乡发展工作，首批30个“两新”建设试点即将启动。启动矿村共建资源开发新机制。

农村改革和基层组织建设成效显著。2010年，规范土地承包经营权流转，流转面积25.9万亩。集体林权制度主体改革基本完成，配套改革加快推进，确权率99.2%，均山到户率89.9%。在115个乡（镇）建立县乡财政管理新模式。农村金融改革稳步推进。供销合作社改革深化，成功举办全国县级供销合作社现场会。全面开展“创先争优”活动，农村基层党组织建设加强。一批优秀村干部充实到乡（镇）干部队伍。下派新农村建设工作队及指导员、挂职驻村扶贫干部，充实农村基层工作力量。全市第四批新农村建设指导员1477人（含总队长及副总队长18人），其中：省派69人、市派212人、县（市）区派624人、乡（镇）派554人，组成新农村建设工作队112支，自3月5日起奔赴全市1459个建制村和农村居委会，实现全覆盖。驻村期间，指导员走访农户27.2万户、23.1万次，召开群众大会7799次，完成驻村摸底调查2456份，提出合理化建议6114条，被采纳4675条。参与调解矛盾纠纷7399起，帮助制定和完善各项制度3781个。组织召开党员会议、上党课4382次。加强和谐村建设，农村社会保持和谐稳定。

（范全军）

“十一五”期间，曲靖市农业和农村经济保持较快增长。至2010年底，农牧渔业完成产值322亿元，同比增16%，比2005年增120%。其中，种植业产值151亿元，增20.8%，比2005年增96.1%；水产产值6.3亿元，增8.6%，比2005年增186.4%；畜牧产值161亿元，增15.3%，比2005年增98.7%。农民人均纯收入4130元，增464元、12.7%，比2005年增96.1%。全年粮食播种面积完成870万亩；产量25.46亿千克，增1.04亿千克、4.2%，较2005年增26%；平均单产292.7千克，增8.2千克、2.9%，较2005年增6.4%。全市肥猪出栏1100万头、肉牛出栏50万头、肉羊出栏145万只、肉禽出栏2200万只，分别增4.1%、10.2%、4.2%、4.2%，比2005年增95.7%、145.8%、134.6%、208.4%。肉类总产132万吨、禽蛋产量4.0万吨、牛奶产量1.8万吨，分别增6.5%、15.3%、9.1%，比2005年增101.7%、163.2%、89.5%。

（史奇红）

农业抗旱

【简述】 2010年，曲靖市委、市政府启动抗旱Ⅱ级应急响应，把抗旱救灾保民生工作作为压倒一切的政治任务和头等大事来抓。市委书记赵立雄和市长岳跃生带领相关部门负责人，深入基层调研旱情、研究对策，在市委三届八次、九次全会和市纪委三届五次全会上，对抗旱救灾工作进行部署。

【饮用水调度】 2010年，曲靖市委、市政府对城镇供水、农村人畜饮水困难情况摸底排查，弄清水量，算清水账，从5月底倒排供水用水计划，以乡（镇）、村组为单位建立旱情及人饮困难情况台账，制定供水用水应急方案，做到一库一策、一村一案，细化到村组、户、人。加快农村饮水安全项目和山区“五小水利”工程建设进度，重点抓好直接关系群众生产生活的水毁灾毁水利工程修复。打破水库传统灌溉区域，对全市小二型以上水库的灌溉面积、灌溉区域、放水时间和放水量统一安排，集中使用工程蓄水，增加灌溉面积。动员旱灾区干部群众疏浚渠道、打井、筑坝引水、购买小型抗旱机具，开动一切水利设施，抽、引、提相结合，渠、井、塘一齐上，多引、多提、多拦、多蓄水，增加抗旱水源。没有灌溉条件的地方，采取车拉畜驮人担等办法，抓好点浇点灌，开展抗旱保苗活动。市、县、乡防汛抗旱指挥部和农口相关部门实行24小时应急值班，建立健全信息预警和灾情报告制度，落实专人值班和领导带班制，实行旱情每日报送制度。

【种植结构调整抗旱】 2010年，曲靖市各级农业部门以调制旱，调整大春作物种植、品种结构，调整栽种节令、方式，实行水改旱、长改短、粮改经多措并举，由大面积抗旱转向小面积集中抗旱，做到适时播种栽插。在种植结构上，全市大春粮食播种面积由计划545万亩调增到600万亩，特色经济作物面积由300万亩调增到350万亩。在种植品种上，选择早熟、节水、耐旱、生育期短、需水量相对较少、比较效益高的作物品种。在抗旱育苗上，采取集中育苗、钵盘旱育、营养袋育苗移栽、分段式育苗、异地育苗等方法，促控结合，满足不同时段抗旱移栽的需求。在栽种节令上，结合各地水源状况，实行分片分时栽种，对有水源保证的田块，按最佳节令开展育苗移栽；对无水源保证的地方，适当延迟栽种时间，全面采用地膜覆盖栽培，提早制定水改旱种植方案，做好改种种子等农资准备，避免抛荒撂荒，减少灾害损失。在种植技术上，重点推广地膜覆盖栽培、间套种、集雨节水技术、免耕栽培技术、喷施抗旱保水剂等旱作节水技术。在田间管理上，指导农民增施有机肥、壮秧剂，挑水保苗、节水灌溉、查苗补苗等，确保大春作物满栽满种。

【科技抗旱】 2010年，曲靖市、县农业部门及时成立科技抗旱救灾工作领导小组和技术指导组。市农业局研究下发《关于切实做好抗旱保生产工作的意见》、《全市农作物抗旱综合技术方案》、《全市抗旱良种保障技术方案》、《全市农作物病虫害抗旱综合防治技术方案》、《关于实行领导挂钩指导抗旱促春耕工作的通知》及《关于开展“百日抗旱促春耕，高产创建夺高产”活动的通知》等，抽调安排100名市级农业专家、1000名县级农业专家，协同农业部、省农业厅下派曲靖市的专家指导组、指导技术服务队的50名专家，深入9县（市）区、115个乡（镇）、500个重点村委会，会同当地农业技术人员，深入抗旱一线进行巡回科技培训、指导和服务。市农业局从部门预算经费中挤出抗旱救灾保春耕补助经费到各县（市）区，用于良种研发、抗旱育苗和扶贫联系点解决人畜饮水困难。全市争取中央、省级抗旱救灾资金10698万元，抓好种子、农膜、化肥等农用物资的储备、调运、供应工作，因地制宜做好大春备耕工作，抓住时令，落实改种任务，做好改种补救工作，切实做到粮食作物损失经济作物补、上季作物损失下季作物补、种植业损失畜牧业补。全市供应“两杂”良种1554万千克，同比增64万千克；各种化肥27.6万吨、农药3420吨、农膜9714吨。全市派出11475名科技人员深入生产一线，举办科技培训4190次（期），培训农民32.8万人（次），下发技术明白纸、科技光盘、简易图书和抗旱短信155.3万张（条）；组织投入农机具抗旱作业43298台（套），组织翻犁整地480万亩（次）；完成市级十项重点科技措施推广2606万亩，同比增170万亩；落实高产创建示范样板80片83.76万亩、间套种推广550万亩、玉米地膜覆盖251万亩。

【联合抗旱】 2010年，曲靖市水利部门加强水资源的统一管理，搞好抗旱用水调度；气象部门加强天气预测预报，提供及时准确的气象信息，适时做好人工增雨；农业部门开展和落实水改旱、高产创建、间套种、地膜覆盖等抗旱高产技术措施；供销、交通运输等部门做好物资调运和协调供应；发改部门确保抗旱用电、用油；民政部门做好受灾群众生活救济；财政部门将抗旱救灾资金及时足额配套到位；新闻媒体单位宣传抗旱节水知识，各地抗旱保民生、保生产的典型和经验，调动社会各界抗旱救灾的积极性。

【农业受灾情况】 2010年，曲靖市遭遇严重的旱灾，干旱发生范围之广、持续时间之长、干旱程度之深、造成损失之重，都是历史罕见。全市旱情涉及9个县（市）区、115个乡镇（街道办）、1583个村委会。全市农作物受灾面积345万亩，占已播种的98%。其中：夏粮受灾210万亩，占夏粮的100%，成灾185万亩，绝收127万亩；夏收经济作物受灾134万

2010年9月15～16日，副省长孔垂柱一行到宣威市调研农业农村工作。
（市农业局/供稿）

亩，占经济作物面积的96%，成灾127万亩，绝收49万亩；水果受灾32万亩，占97%；蚕桑受灾20万亩，占73%；水产养殖受灾8万亩，占27%。直接经济损失13.5亿元。此次旱灾主要影响大小麦、油菜、马铃薯、蔬菜、蚕豆、豌豆等冬播农作物正常生长，致使作物根系分布浅、欠发达，幼苗长势弱、早花结荅或枯死，蚜虫、锈病、斑病、白粉病等病虫害发生迅速、范围扩大、危害加重，综合防控难度加大；果树桑条嫩梢萎蔫，新梢提早封顶，枝干易折断，花芽分化不好、干瘪，影响开花结果；水产养殖池塘水分蒸发过大，水位降低，水中富营养物质的浓度偏高，鱼类病害增多，有缺氧浮头的危险，成鱼不进食，容易导致鱼苗死亡。持续干旱高温少雨天气，严重影响水库、坝塘的正常蓄水和广大群众的生产生活用水，使大春生产形势严峻。

（赵　斌）

种植业

【简述】　2010年，曲靖市农林牧渔业实现现价总产值326.7亿元，同比增6.47%；农林牧渔业现价增加值183.7亿元，增5.79%；农民人均纯收入4150元，增13.2%。粮食播种面积870万亩，增1.4%；粮食总产量254.6万吨，增4.26%；平均单产292千克，增2.8%。全市粮食生产连续7年获得丰收。

【科技增粮】　2010年，曲靖市农业局组织开展“百日抗旱促春耕、高产创建夺高产”活动，向科技要单产、要质量、要效益，成立高产创建领导小组和专家指导组，召开现场会、技术培训会、科普板报、发放明白纸和农业信息网开辟高产创建专栏，利用科技示范户现身说教，宣传高产创建活动。加大主导品种、主推技术的示范和推广，抓好重大增产技术的集成、组装和配套，搞好科技培训和技术指导服务，确保良种良法直接到田、技术要领直接到人。市级抽派百名农业科技人员挂钩联系高产创建示范样板，建立技术负责制，细化工作日程，广泛开展科技培训和技术指导服务，帮助群众抓好农业增产骨干科技措施的集成配套推广普及，将重点科技措施落实到户、人、田、作物，让农民“看有样子、学有例子、做有尺子、增收有法子”。

【地膜玉米推广】　2010年，曲靖市把推广地膜玉米作为科技抗灾减灾，提高粮食综合生产能力的一项重要措施来抓，做到早宣传、早布置、早行动、早落实。市、县农业部门成立地膜玉米推广工作机构，制定实施方案，组建农业科技入户专家组。采取多种形式广泛宣传省、市“以膜代补”扶持政策，将种植任务迅速落实到乡村、农户、田块。全市整合项目资金4600万元，推广玉米地膜覆盖251万亩，完成计划的100%。据测产统计，盖膜玉米比对照亩增产粮食118～278千克，平均增幅17%～38%。市农业局印发《全市地膜玉米优质高产栽培技术》、《全市玉米主要病虫害防治技术》和《全市地膜玉米种植技术要点》等技术资料3.2万份，召开培训会1016场（次），培训农民311730人（次），摄制电视宣传专题片14期，宣传培训覆盖面达95%。会泽县、宣威市结合高寒山区特点，创新改进地膜玉米栽培技术中的播种方法、播种期和盖膜技术，改“破膜接苗”为“破膜或打孔播种，单株留苗”，改迟播为适时早播，改宽膜覆盖为窄膜覆盖，并与育苗移栽或湿直播结合，实行侧膜移栽或直播。

（赵　斌）

渔　业

【简述】　2010年，曲靖市渔业生产保持水产品产量和出口加工产量云南省第一的优势。全市养殖面积24.54万亩，总产8.16万吨，产值9亿元，其中：养殖产量7.58万吨；池塘养殖7.16万亩，产量3.87万吨，单产540千克；水库养殖16.8万亩，产量2.9万吨，单产172千克；稻田养鱼11.27万亩，总产量4038吨，亩产量35.8千克，总产值4800余万元，亩产值430元。捕捞产量5862吨，新建商品鱼基地957亩。

2010年曲靖市水产品产量表

地区	水产品总产量				淡水养殖产量			
	实际完成（吨）	上年同期（吨）	绝对量（吨）	幅度（%）	实际完成（吨）	上年同期（吨）	绝对量（吨）	增减幅度（%）
曲靖市	81634	71980	9654	13.41	75772	66227	9545	14.41
麒麟区	10249	9681	565	5.83	10190	9621	569	5.91
马龙县	4160	4090	70	1.71	3640	3890	-250	-6.43
陆良县	9297	7520	1777	23.63	9160	7110	2050	28.83
师宗县	4636	46000	36	0.78	4003	3980	23	0.58
罗平县	26000	21000	5000	23.81	23319	18350	4969	27.08
富源县	5000	4500	500	11.11	4750	4200	550	13.10
会泽县	6265	5354	911	17.02	6105	5054	1051	20.80
沾益县	6700	6476	224	3.46	6398	6211	187	3.01
宣威市	9327	8756	571	6.52	8207	7811	396	5.07

2010年曲靖市水产养殖面积情况表

地区	淡水养殖面积				池塘养殖面积			
	实际完成（亩）	上年同期（亩）	绝对量（亩）	幅度（%）	实际完成（亩）	上年同期（亩）	绝对量（亩）	增减幅度（%）
曲靖市	245394	240918	4476	1.86	71627	70670	957	1.35
麒麟区	28472	28582	-110	-0.38	13349	13534	-185	-1.37
马龙县	12640	11484	1156	10.07	6140	5674	466	8.21
陆良县	27000	26000	1000	3.85	10314	10193	121	1.19
师宗县	11597	11597	0	0	5111	5111	0	0
罗平县	55000	53000	2000	3.77	3100	2800	300	10.71
富源县	19258	19002	256	1.35	6561	6394	167	2.61
会泽县	35170	35380	-210	-0.59	4500	4800	-300	-6.25
沾益县	27537	27473	64	0.23	8267	8199	68	0.83
宣威市	28720	28400	320	1.13	14285	13965	320	2.29

【产业发展】 2010年，曲靖市渔业特色产业、外向型产业发展较好，继续巩固罗非鱼产业，帮扶罗平新海丰渔业有限公司发展渔业加工产业链，提升水产品加工品质，丰富水产品加工种类和产品类别，提升质量体系认证标准，逐步理顺万峰湖库区网箱养殖，形成“公司+合作组织+农户”的有机管理体系，使天然资源合理利用与当地农业经济发展相协调。北京阿穆尔鲟鱼养殖有限公司落户会泽县，开展待补鲟鱼子酱出口加工基地建设项目，在会泽县经济开发区内建设鲟鱼、虹鳟鱼加工出口厂，项目总投资6000余万元。

【高标准示范基地】 2010年，宣威市建设500亩池塘养殖标准化生产示范基地，600亩坝塘养殖标准化生产示范基地，90亩生态养殖标准化生产示范基地。富源县打造500亩稻鱼示范样板、40亩流水养殖样板和14亩休闲渔业示范样板。会泽县开展待补鹧鸡特色水产养殖基地，迤车镇迤北、滇泽冷流水养殖场建设。

【渔业养殖区域格局】 2010年，麒麟区在珠街、沿江、三宝等渔业重点乡（镇）进行连片高产基地的新品种推广，形成以彭泽鲫鱼、湘云鲫鱼、青鱼、武昌鱼、西兰鲤等名特优新品种养殖为主的池塘精养高产区，在山区、半山区水质较好的乡（镇），发展叉尾鮰、加州鲈鱼养殖。宣威市实施池坝塘精养高产健康养殖技术试验示范，使全市池坝塘精养高产健康养殖技术及生态养殖面积突破1万亩池塘。罗平县动员养殖户在天生桥库区进行网箱养殖，达4922箱。会泽县形成以金钟镇为中心，带动其他乡（镇）发展的稻田养鱼规范养殖区，对零星稻田进行合并成片承包管理，逐步形成以养殖大户为主的稻田养鱼模式，农民得到租地收益，村委会得到管理资金，大户通过长期合同约定，敢于投资改善设施，使单位产量效益明显增加，形成“三赢”局面。

【技术推广】 2010年，曲靖市农机推广站和市水产站联合进行新型渔用增氧机试验，证明新型增氧机在水体极端环境和恶劣环境下有助于提高鱼类成活率，在一般养殖环境下有助于改善水体环境，提高单位产量。罗平县抓好广州鹭业奥尼杂罗非鱼与广特超新吉富罗非鱼的品种比较试验，开展塘箱结合养殖试验，探索网箱养殖罗非鱼高产高效养殖模式和技术措施。麒麟区开展芙蓉鲫养殖推广，引进异育银鲫优质新品种100万尾进行试养。沾益县推广“藕鱼共生”等节水生产技术，种植莲藕1200亩、慈姑50亩。宣威实施基层农技推广体系改革与建设示范县项目，构建“专家组+技术指导员+科技示范户+辐射带动户”的渔业科技成果转化应用模式，抓好全市50户渔业科技示范户的技术培训和指导，通过示范户带动发展周围500余个养殖户；完成2个渔业科技示范基地（宣威市渔业科技示范基地、西泽虹鳟鱼养殖示范基地）建设。马龙县加大对稻田养鱼无公害养殖技术的普及和指导力度。全年全市开展渔业培训4347人（次），发放各种资料3380余份。

【抗灾救灾】 2010年，曲靖市遭遇干旱，各中、小型水库库容都不同程度减少，部分水库干涸，平均蓄水量为上年同期的52.6%。渔业受灾面积135666亩（含稻田养鱼），水产品19662吨，直接经济损失21411万元。各级渔业部门出动636车（次）、3466人（次），发放抗旱救灾技术资料3500余份，摸清旱情，指导渔业生产，调控鱼苗鱼种，及时化解用水矛盾。采取调整投放种苗时间，捕大上市留小生产，及时销售缓解存塘鱼种，并塘增氧，疫病防控等技术措施，保证渔业生产平稳运行。6月25日，马龙县遭遇特大暴雨，造成5200亩渔业养殖面积不同程度受灾，渔业损失2000余万元。灾害发生后，马龙县农业部门深入灾区调查了解灾情，发动组织群众恢复水毁渔业设施，发放《马龙县水产养殖洪灾后恢复生产技术措施要点》，做好种苗调剂、开展药物防病灭病等工作。

【长江水生生物资源养护宣传年】 2010年是长江水生生物资源养护宣传年，曲靖市以禁渔工作为核心，以打击渔业水域违法行为为重点，开展禁渔工作。主要地区是会泽县、宣威市、马龙县，采取通告、标语、传单等多种形式宣传长江禁渔，发布政府文件、通告12个，散发传单2360份，张贴通告、标语716条。依靠群众，形成有效监督，设立监督举报电话，制定群众举报的奖惩办法，落实禁渔监管执法。开展对小江、牛栏江等重点水域巡查，加大枯水期渔政执法力度。统一组织检查行动8次，出动车辆41辆（次），执法人员145人（次），查获电捕鱼案2起、炸鱼案2起、毒鱼案1起，查获电捕鱼器具2台及15颗钓钩，没收非法所得鱼15千克，接受举报5起，查处5起，达到“江中无渔船、岸边无网具、岸上无江鱼”的要求。

【渔业资源增殖放流】 2010年10月，曲靖市在珠江流域上游举行珠江流域罗平段渔业资源增殖放流活动，放流130万尾鱼苗。

【水产品质量安全监管】 2010年，曲靖市制定《水产品质量安全专项整治实施方案》，开展水产品养殖专项执法检查。罗平县对1家水产养殖企业、140个养殖户建立监管相对人基本档案，发放8个养殖场的养殖证，登记注册网箱4362口，与养殖户签订水产品质量安全承诺书160份。召开2次渔养民座谈会，全面了解水产品质量安全现状，研究对策措施，推行以生产记录、用药记录、投售记录为核心的三项记录制度，发放三项记录300余本。1月和5月，马龙县组织开展2次专项执法检查，出动车辆18辆（次），出动人员90人（次），针对养殖大户进行监察，共计检查82户（次），督促建立完备养殖生产记录档案，同时检查14户卖鱼户和12家涉鱼餐厅。麒麟区开展专项水产品市场整治3次，出动执法人员30余人（次），配合农业部水产品质量监测中心抽检水产品2次。宣威市检查渔场12个，养殖户152户。

【渔业安全生产】 2010年，曲靖市各级渔业部门制定《安全生产年活动检查实施方案》，明确安全生产责任制和追究制度，强化渔业船舶安全管理，对养殖户进行安全生产培训教育，签订安全生产责任书。对渔业船舶进行“一船一档、责任到人”的管理，规范渔业船舶适用用途和操作程序，对有安全隐患的渔业船舶，坚决予以销毁或责令限期修复加固。罗平县已登记捕捞机动渔船检验率达到90%，发放渔业船舶检验证书34本，强制配备救生衣70件（每船2件），开展经常检查6次、重点检查1次、突击检查2次。马龙县组织开展渔船安全检查4次（县集中检查1次、抽查1次，乡镇自行检查2次），累计出动车辆32辆（次），人员89人（次），检查渔船280艘（次），发送《马龙县渔业船舶安全生产制度》41份，填写检查登记表123份，签订《马龙县渔业船舶安全生产责任书》和《马龙县渔业船舶安全生产保证书》各41份，下发整改通知书12份，报县安委会材料8份，确定渔业船舶75艘，同时与养殖大户签订《马龙县渔业安全生产责任书》38份，抽查安全生产情况24次。麒麟区开展渔业船舶登记工作，登记非机动渔船18艘，与船主签订安全责任书18份，登记病险船舶15艘，和船主签订严禁使用保证书15份，发放渔船管理制度33份。

（黄　刚）

土　肥

【测土配方施肥项目】 2010年，曲靖市采集土样6303个，其中：核心土样930个，常规土样3801个，试验土样892个，其他土样680个；完成全测土样1369个，常规分析土样1016个。曲靖市土肥站进行农户调查4530户；发放施肥建议卡59.56万份，培训农户9.73万人（次）。全年推广测土配方施肥技术面积690.84万亩。其中：玉米204.81万亩，水稻57.57万亩，烤烟29.48万亩，辣椒11.05万亩，马铃薯196.75万亩，蔬菜17.25万亩，麦类52.17万亩，蚕豆11.92万亩，油菜71.8万亩，魔芋6.1万亩，万寿菊12万亩，其他作物20万亩。全市制定95个不同作物的施肥配方，参与配方肥生产的企业11家，推广使用测土配方专用肥19.6万吨，施用面积316.8万亩。

【土壤化验室】 2010年，曲靖市正常运行的土肥化验室有7个，面积2302平方米，从业人员35名，化验室均具备常规分析能力，其中3个化验室具备微量元素分析能力。

【有机肥】 2010年，曲靖市绿肥播种面积142.042万亩，其中，与省农科院合作，继续实施烟草－绿肥轮作技术集成研究及示范项目17.7万亩。积造农家肥878.7万吨，同比减869.3万吨，其中：堆肥297万吨，沤肥37.7万吨，厩肥445万吨，土杂肥99万吨。

【红壤坡岗地玉米种植研究及实施旱作示范项目】 2010年，曲靖市确定坡岗地适宜取样单元划分依据和方法，补充完善试验研究内容和集成技术模式，在全市试验示范基地开展高效施肥技术模式示范和推广应用。富源县建成200公顷生物篱等高种植核心示范样板，其中：生物篱种植1000亩，推广缓坡地高种植技术2000亩；建立2个墒情监测点进行土壤墒情和肥力监测。

【新型肥料试验】 2010年，曲靖市土肥站组织完成云牌、金正大、天济丰等新型肥料试验21组，完成市政府安排的“EVL”生物菌包膜肥料在玉米、水稻和烤烟等作物上的肥效试验12组。

【耕地质量监测】 2010年，曲靖市土肥站对2005年以来建成的344个耕地质量监测点建立田间档案，坚持采用GPS定位采集耕层土样，监测土壤常规养分含量和植株吸收养分情况，根据监测数据资料提出指导不同作物合理施肥的技术措施。

（雷　勇）

植保植检

【简述】 2010年，曲靖市植保站抓好重大农作物病虫害的预测预报、统防统治、植物检疫、农药监督管理和农药残留检测等工作，发挥植物保护、植物检疫的技术服务及安全保障作用，构建和完善农作物病虫鼠害预测预报和综合防治体系、危险性病虫检疫防疫体系、农药质量检测和残留监测体系。

【病虫害测报】 2010年，曲靖市植保站根据栽种品种、节令、施肥、气象预报和病虫源等情况，编发《2010年小春（大春）作物主要病虫害发生趋势预报》。全年统计印发病虫害简报49期，重点加强对地下害虫、锈病、蚜虫、粘虫和蔬菜上甜菜夜蛾、斜纹夜蛾的防治；加强稻飞虱、马铃薯晚疫病、稻瘟病的监测。针对经济作物进行病虫害预测预报，如《辣椒苗期病虫害综合防治意见》、《曲靖市稻飞虱发生警报》等。由于2010年水稻移栽推迟，生育期普遍比往年偏迟，农户增施氮肥现象突出，各县植保站加强宣传，及时发布稻瘟病防治简报，控制稻瘟病发生。

【植物检疫】 2010年3月18日，曲靖市植保站发出《关于开展疫情普查的通知》。3月25日，全市召开各县植保站长参加的2010年疫情防控工作会，提出提高警惕，严密监测，及时发现，快速扑灭的战略方针，重点调查南盘江、牛栏江流域及与发生疫情县相邻的周边地区。4月15日，曲靖市植保站接到疫情报告，赶赴疫情发生点，针对发生情况做出安排，相关县对疫情区采取扑灭措施，将疫情发生扑灭情况向省植保植检站汇报。全年全市完成植物及植物产品调运检疫1560批（次）、19.77万吨，产地检疫20.5万亩。

【农药管理】 2010年3月，曲靖市植保站开展农药标签抽查，抽取3个经营单位的59个标签样本，其中：杀虫剂29个，杀菌剂27个，除草剂3个；合格样本54个，假冒、伪造、无农药登记证样本5个。

【重大病虫害综合防治】 2010年，曲靖市小春发生病虫鼠害188.65万亩、防治100.79万亩；大春作物发生病虫鼠害1184.54万亩（次），防治1485.91万亩（次），超额完成上级下达的100万亩任务。全年发生病虫鼠害1373.19万亩，防治1586.7万亩（次）。

（朱学松）

农业科研

【农作物新品种试验】 2010年，曲靖市种子管理站承担国家玉米品种7个组别、83个品种的科学试验任务，其中3个组别、33个品种属全省唯一试点。7月底，国家农业部全国农技推广中心品种管理处处长孙世贤率南方片区的8名专家，在省种子管理站副站长李学进等陪同下，参观考察玉米区域试验、展示工作。

【农作物新品种审定】 2010年，由曲靖市品种审定小组报送，经省品种审定委员会审核通过17个新品种，其中：玉米12个，马铃薯3个，水稻2个，具有优质、高产、多抗等特点。

【良种供应】 2010年，曲靖市杂交玉米种子可供总量1262万千克，其中：供应到生产上957万千克，种植杂交玉米290.8万亩，良种覆盖率96%左右，主推品种是宣黄单四号、宣黄单二号、会单四号等。水稻种子统供总量287.3万千克，同比增35%，主推品种是楚粳27、楚粳26、楚粳24等。曲靖市种子管理站引导和组织种子企业与大理、玉溪、红河等地的种子生产单位作好沟通和协商，调剂调入蚕豆、小麦、大麦、油菜种子，确保秋季小春作物良种供应。全市大麦、小麦良种推广种植102.8万亩，主推小麦品种是川麦107、云麦42、靖麦11号等；主推大麦品种是澳选3号、V43、港啤1号等。蚕豆良种种植38.9万亩，主推品种是凤豆4号、凤豆6号、凤豆1号等。油菜良种种植100.1万亩，主推品种是花油3号、花油6号、花油5号等。马铃薯良种种植226.3万亩，主推品种是会-2、合作88号、宣薯2号等。

【种子执法年活动】 2010年，曲靖市开展种子执法年活动，严格市场准入，重点检查种子标签、经营档案、种子生产、经营备案登记、品种审定及授权情况，清理不合格企业，监督检查种子质量。全市清理出有种子经营许可证的种子生产经营企业20家，出动执法人员4265人（次），检查种子交易市场502个，抽检种子企业20个，检查种子经营者1216个，抽检样品252个，种子质量合格率98%，品种真实性检测合格率97.5%，没收假劣种子22232千克，罚款金额6.7万元，出动执法人员4265人（次）。

【云南省品种审定会】 2010年9月中旬，云南省农作物品种审定委员会在曲靖召开2010年第六届第一次主任会议。会议由省品种审定委员会主任、省农业厅副厅长汤克仁主持，会议期间到弥勒县、罗平县和宣威市对州（市）特审品种现场审核，评价新品种在不同生态区、不同栽培水平条件下的适应性、丰产性、抗逆性、品质及其利用价值。总结会最后对玉米、稻谷专业委员会初审通过的品种和各州（市）品审小组初审通过的特审品种进行审核并通报审定结果。

【种子交易市场项目】 2010年，曲靖市列项申报的珠江源种子交易物流中心获省发改委批准为云南省2011年“三个一百”重点建设项目。项目前期工作正式启动，由曲靖市农业局牵头，曲靖市种子管理站行业归口管理，珠江源种业集团有限公司（注册资本3000万元）承担建设。项目规划投资1.56亿元，占地200亩，拟在麒麟区和沾益县城郊建设2大功能区，即标准品种培育园区和产业品牌展示园区，配套种子市场监管和技术服务体系及加工房、中心冷库共2万平方米。

（左家稳）

农业产业化

【简述】 2010年，曲靖市实施促进户均增收的“1231”工程（农民人均有1亩年产500千克以上的高稳产农田地、农民人均有2亩特色高效经济林果和特色经济作物、农民人均年出栏3头以上以肥猪为主的家畜、户均转移输出劳动力1人以上）和培育壮大农业龙头企业的“127”工程（培育年销售收入超亿元、利税超1000万元的龙头企业10家，年销售收入超5000万元、利税超500万元的龙头企业20家，年销售收入超1000万元、利税超100万元的龙头企业70家）。发展以20类产业为主体的现代农业示范园区建设，加强实施“一县一区，一乡一园”示范工程建设，推进农业产业化经营，带动农民增收。

【特色优势产业】 2010年，曲靖市建成特色产业种植基地365.6万亩（除烟草）和12个科技示范园（场），建成农产品生产专业乡60个、专业村240个，培育种养大户13万户。全市烟草种植面积135万亩，收购烟叶20564万千克，产值30.96亿元。蔬菜种植240万亩，总产量314万吨，总产值53亿元，较2005年增307%。桑园面积30万亩，较2005年增100%；蚕桑综合产值4.6亿元，较2005年增209%。魔芋种植22万亩，较2005年增105%；产量3.4亿千克，较2005年增108%；产值7亿元，较2005年增250%。花卉种植面积17万亩，产值4.62亿元，其中：工业用花卉（万寿菊）14.6万亩，产鲜花3亿千克，产值2亿元；鲜切花及球根花卉种球繁育2.2万亩，生产鲜切花6亿枝，产值2.6亿元。中药材种植20万亩，产值4.8亿元。水产养殖面积24.5万亩，产量8.1万吨，产值8.1亿元，比2005年增180.5%。畜牧业大牲畜存栏132万头（匹），家禽存栏1090万只，总产值165亿元，畜牧业收入98亿元。核桃种植总面积220万亩，杉木林和速生丰产林种植总面积94万亩。全市特色产业通过规模化发展，标准化生产，集约化经营，形成一批集生产、加工为一体的优势特色产业。万寿菊种植规模及加工水平居全国前列；魔芋规模化种植、有机魔芋栽培技术、魔芋产品加工开发居全国前列；畜牧业的产量产值、养殖大户、营销大户、畜产品加工能力和养殖小区数量均居全省第一；粮、油产量分别占全省六分之一、四分之一；杂交玉米良种推广占全省四分之一；马铃薯产量占全省三分之一；生姜产量占全省三分之二；蚕茧产量占全省四分之一；烤烟产量占云南三分之一、全国十分之一。

【农产品加工】 2010年，曲靖市形成以畜牧、杉木林、蔬菜、烤烟、蚕桑、魔芋、花卉、中药材、水产和粮食等为主的农产品加工体系。全市农产品加工企业246个，占农业龙头企业总数75%、销售收入的80%以上，建成165万吨年加工生产能力，农产品加工转换率50％。一批农产品加工企业发展成为同行业规模较大的企业，全市5家魔芋加工企业共建成年产6000吨魔芋精粉生产能力，曲靖成为国内外较大的魔芋淀粉生产、供应地区之一；云南润凯淀粉有限公司年产量6万吨，是亚洲最大的马铃薯淀粉加工企业；云南罗平丰瑞粮油产业有限公司年压榨、精炼15万吨油料油脂，是西南片区最大的植物油脂生产企业；云南东恒经贸有限公司年饲养大河乌猪4万头、年屠宰加工肉猪15万头、加工火腿1500吨、生产饲料1万吨，是西南地区最大的集养殖、加工、饲料生产、销售一体化的龙头加工企业；曲靖博浩生物科技有限责任公司年加工万寿菊鲜花20余万吨、干花颗粒2万吨、油膏900吨，是国内主要的叶黄素浸膏生产企业；宣威宣泰火腿有限公司和宣威市荣升火腿有限责任公司的火腿加工、陆良县港资企业万客齐食品（云南）有限公司的朝鲜蓟加工、麒麟蔬菜集团有限责任公司的速冻蔬菜加工、云南曲辰种业有限公司的种子生产加工、师宗华海木业有限公司的木材加工发展为国内、全省同行业规模较大的企业；沾益县绿丰农业科技有限公司、麒麟区港资企业勇记农业开发有限公司、堂生蔬菜种植有限公司、陆良县港资企业田园食品有限公司建成省内较大的供港蔬菜企业。

【龙头企业规模】 2010年，曲靖市拥有固定资产规模50万元以上的龙头企业266个，比2002年增229个，规模以上的农业龙头企业127个。其中：农业产业化经营国家重点龙头企业1个（曲靖博浩生物科技有限公司）；省级重点龙头企业33个，占全省八分之一；市级重点龙头企业125个。市级重点龙头企业中，从事蔬菜产业20个、粮油加工11个、种子生产6个、马铃薯加工3个、花卉产业3个、魔芋产业6个、茧丝绸产业4个、畜牧业42个、林业加工2个、核桃产业3个、水产业3个、其他22个。

【龙头企业产值】 2010年，曲靖市市级以上重点农业龙头企业实现产值53.74亿元，同比增14.32亿元；实现销售收入63.74亿元，同比增16.1亿元；上缴税金9513万元，增3030万元；实现净利润3.69亿元，增1400万元；投入原料基地建设4.1亿元，与农户签订5.8亿元原料收购订单，涉及种植面积250.6万亩、牲畜养殖量139.3万头、养殖水面13.6万亩，其中建设无公害、绿色、有机产品原料基地63万亩，带动农户227.3万户，户均增收980.80元。农业产业化经营带动农户收入由2002年的50%上升到2010年的85%，农民增收的50%以上来源于产业化经营。

【农民专业合作经济组织】 2010年，曲靖市优先发展种植马铃薯、养猪、养牛、养羊的专业合作社。截至年底，拥有一定基础的农产品营销经济组织1100余个，其中，在工商部门注册的合作社786个，运作规范的各类专业经济组织550个。专业合作社399个，同比增93.7%；专业协会147个；专业联合会4个。农民专业合作社中，从事种植业134个、林业8个、畜牧业186个、渔业9个、服务业25个、其他行业37个；专业合作社成员数2.41万人，其中农民成员2.2万人。全市专业合作经济组织成员总数14万人，带动非成员农户数23.17万户。各类专业合作组织统一组织销售农产品总值24053.6万元，统一组织购买农业生产投入品总值3945.36万元，完成农产品商标注册14个，通过农产品质量认证36个。

【标准化生产】 2010年，曲靖市制定和推广49项无公害农产品生产技术规程。整合形成《曲靖市无公害农产品生产技术规程研究与产业应用》，获云南省科技进步三等奖、曲靖市科技进步二等奖。建成7个国家级农业标准化示范区（罗平油菜、小黄姜，会泽马铃薯、乐业辣椒，陆良马铃薯、烤烟，富源大河乌猪），形成会泽马铃薯、乐业辣椒、罗平小黄姜等13项地方标准，填补曲靖市无地方农业标准的空白。多数龙头企业和农户逐步按照无公害农产品生产技术规程进行生产。

【品牌培育】 2010年，曲靖市累计认定无公害农产品基地105个、种植业产地700万亩、渔业产地12.8万亩，完成无公害畜禽养殖546万（头、羽、只）；累计培育农产品品牌276个，其中无公害农产品191个、绿色食品39个、有机农产品5个，富源魔芋通过日本AFAS的JAS有机农产品认证。“宣泰”牌宣威火腿被农业部认定为中国名牌农产品，云南蒳芋食品有限公司等9家企业的11个产品被认定为云南名牌农产品；另有中国驰名商标1个，国家地理标志产品认证1个，省级著名商标20个。全市“三品”认证和品牌创建工作全省领先。

（范东元）

2010年曲靖市农业产业化经营国家级、省级重点龙头企业情况一览表

企业名称	法人代表	企业性质	总资产（万元）	固定资产（万元）	主营产品名称	产值（万元）	销售收入（交易额）（万元）	利税总额（万元）	净利润（万元）	上缴税金（万元）	加工量（吨\立方）	加工产值（万元）	出口量（吨\支\立方）	创汇（万元）			已贷款金额（万元）	各级财政扶持资金（万元）					职工人数（人）			培训人数（人、次）	当年累计培训投入（万元）
														创汇总额	其中：直接创汇	间接创汇		10年累计	其中：1. 中央资金	2. 省级资金	3. 市级资金	4. 县（市）区资金	职工总数	其中：1. 固定工	2. 季节工		
曲靖博浩生物科技股份有限公司（国家级）	柏老六	私营企业	21019	6126	万寿菊干花颗粒	16625	16300	4931	4250	681	5358	16625	958	1615	1615		3500	819		500		319	354	236	118	1800	25
宣威市种子公司	李春城	国有企业	7231	1300	玉米种子	3010	3374	1060	1060	免税	2617	3374											45	15	30	1300	52
云南宣威荣升火腿有限责任公司	管升阔	有限责任公司	7601.9	1639	火腿	5938.9	5046.7	384.4	267	172.6	1650	5938.9					3200	50					218	190	28	350	8.5
云南省宣威市海璇实业有限责任公司	李璇	有限责任公司	6074	2649	生猪	5744	5227	705	705	120							2000	181	91	80		10	246	98	148	5000	72
云南润凯淀粉有限公司	李永进	有限责任公司	14334	2832	马铃薯淀粉	14	0	-142	-142	免税	210						2000						159	157	2		
云南省宣拓牧业科技有限公司	陈永伦	有限责任公司	6320	2860	"宣拓"牌宣威火腿	6948	5939	725	585	238	1727	6948					0	73		65	8		318	185	133	10000	30
宣威市宣泰火腿有限公司	张国生	私营企业	5208	2108	宣威火腿	5213	5100	449	337	112	1350	5213					1000	210		180	20	10	186	186		78	52
宣威市文东马铃薯批发配送中心	李伟	集体	3354.66	3186	马铃薯	41000	41000			1.3								605	470	135			22	20			
宣威市鹏跃科技饲料有限公司	彭庆跃	私营企业	6739	2430	猪饲料	10607	11992	2210	2210	免税	29998	11992					960	20		20			86	86			
云南新海丰食品公司	王汝智	非公企业	5858	2950	罗非鱼	12000	12000	160	90	70	12000	12000	4000	1400	365	1035	1000	320	20	300			150	100	50	800	13
云南慷葆食品科技公司	杨现康	非公企业	8750	7100	生姜	5350	5260	210	112	98	12150	5350						50		50			125	40	85	100	15
罗平丰瑞粮油产业公司	李建伟	非公企业	28050	5917	菜籽油	23870	22500	651	410	241	19511	22500					7500	365		180	185		64	34	30		
马龙县云昆养殖有限公司	王云昆	私营企业	4119.8	2116.2	鸡蛋、鸡	3701	3974	431	425	6							196	35		35			52	52		20	3.5
曲靖富力发展有限责任公司	姜德有	有限责任公司	5500	3850	魔芋精粉、魔芋胶、魔芋食品	4260	4068	582	336	246	7860（折成鲜魔芋）	4260	426	53	53		700	15			10	5	116	64	52	1000	11
曲靖市宏鑫丽泰科技示范园有限公司	许稳胜	有限责任公司	3248	2237	花卉及水果	2610	2610	182	154	105.3							500						356	86	270	213	35
曲靖市麒麟区禽蛋副食品有限公司	庄玉茸	有限公司	3186	1608	休闲食品、腌渍食品、豆制品	1610	2160	172	129	51	2456	1610					500	209	209				145	25	120	5300	20
曲靖市麒麟蔬菜集团有限责任公司	陈玉真	有限责任公司	4075	2072	青蚕豆、青毛豆、甜玉米	2813	2446	165	93	72	1400	1354	1194	205	205			68.5	28	40	0.5		105	105			
曲靖市开发区利民獭兔开发有限公司	何彬	私营股份制企业	2590	2100	种兔、兔肉、兔皮	3794.7	3794.7	564.93	509.86	30.37	674	2063.7						50		50			142	92	50	2490	36.6

续表

企业名称	法人代表	企业性质	总资产（万元）	固定资产（万元）	主营产品名称	产值（万元）	销售收入（交易额）（万元）	利税总额（万元）	净利润（万元）	上缴税金（万元）	加工量（吨\立方）	加工产值（万元）	出口量（吨\支\立方）	创汇（万元）			已贷款金额（万元）	各级财政扶持资金（万元）					职工人数（人）			培训人数（人、次）	当年累计培训投入（万元）
														创汇总额	其中：直接创汇	间接创汇		10年累计	其中：1. 中央资金	2. 省级资金	3. 市级资金	4. 县（市）区资金	职工总数	其中：1. 固定工	2. 季节工		
云南曲辰种业有限公司	苏小元	有限责任公司	3544	870	作物种子	2209.6	1950	1950	221	85	189	1749											16	16		700	50
云南师宗县振华食品有限公司	黄育鹏	外资企业	2300	800	青刀豆罐头	1681.6	1643	134.7	69.8	64.9	1501	1681.6	1466.8					106	106				12	12		800	2
师宗县雄壁蝇蛆微生态养殖基地	高小叶	私营企业	2084	1336	云雄乌鸡蛋	1548	1548	278.5	262	免税							130	61.6	5	55.5	0.5	0.6	38	16	316	1350	19.6
富源金田原农产品开发有限公司	张华煜	有限责任公司	34501	2100	魔芋系列产品	7435	7179	472.5	378	143	1989	7435					800	85		65		20	210	90	120	12000	15
富源县光华魔芋开发有限公司	刘光桥	有限公司	4726	2900	魔芋精粉	4193	3212	566	448	65	720	3845	87	46	46		1400	64		20	44		300	80	220	250	36
云南东恒经贸集团有限公司	张家永	有限责任公司	36821	9121	大河乌猪及其肉制品、生物饲料	11788	11613	1387	1262	625	10452	11788					11500	440		200	140	100	450	330	120	1811	25
富源县超凡食品有限责任公司	余贤能	有限责任公司	4689	3486	鲜猪肉	7018	7018	167	45	122	4200	7018											115	60	55		
富源县朝阳农业机械服务有限公司	雷 军	有限责任公司	4000	3000	农机服务	3870	3870	1210	790	233							800	150		85		65	110	90	20	6	0.3
富源县睿智经贸有限责任公司	张 敬	有限责任公司	4700	3700	生猪	3400	1000	322	80	18.8							2000	113		70	18	25	65	65		500	5
云南陆良银河纸业有限公司	肖国富	股份公司	42674	19571	机制纸	44800	44669	6373	3915	2458	138200	20731					6500						1007	747	260	80	3
云南新千佛茧丝绸有限公司	王玉兴	有限公司	8600	4200	干茧、生丝	14600	15180	1068	790.5	278	3050	5890					3900	50				50	518	469	49	8000	20
陆良县粮油购销总公司	李国宁	国有公司	20704	3629	大米、菜籽油	1752	3025	125	26	99	1692	1549					3542						225	225		700	2
陆良县七里香食品有限公司	张云	股份制公司	2285.4	1327.9	分割肉、肉制品	6667	7332	231	231	免税	6060	6667					1168	30		30			98	52	46	1011	4.5
云南蕨芋食品有限责任公司	刘家森	有限责任公司	5438	3018	魔芋精粉、微粉、饮料	2560	3119	746	418	242	884	2560					630						168	98	70	2500	18

注：云南大东生物制药股份有限公司2010年没有生产，市级农业龙头企业已摘牌，省级农业龙头企业还有一年整改期，所以，仍为省级农业龙头企业。

农 机

【简述】 2010年，曲靖市狠抓农机管理服务、科研推广、安全监理、教育培训，强化基础设施建设，农机装备数量猛增，装备结构更趋合理，农业机械化作业有较大突破。

【农业机械化水平】 2010年，曲靖市农业机械总值13.63亿元，同比增1亿元，增7.9%。农业机械总动力26亿瓦特，增5%；拖拉机38163台，增7.8%，其中：大中型拖拉机16923台，小型拖拉机21240台；农副产品加工机械66958台；农用排灌机械20541台。全年完成机耕面积361.27万亩，增29.92万亩；机播面积6.97万亩，减0.43万亩；机收面积18.87万亩，增2.37万亩；机电排灌面积105.68万亩，增46.33万亩；机械植保面积141.66万亩，增130.89万亩；完成运输量131278万吨千米，增18311万吨千米。

【服务体系建设】 2010年，曲靖市建成农业机械化作业服务组织7个，同比减1个，其中：拥有农机原值在20万~50万元（含50万元）的6个，拥有农机原值50万元以上的1个，减1个；农机户66650户，其中农机专业户3559户，乡村农机从业人员82468人；农机中介服务组织18个，从业人员99人；农机修理厂及维修网点832个，从业人员2129人；农机经销企业14个，农机经销点84个；农机供油站（点）75个。

【购置补贴】 2010年，曲靖市争取中央财政农机购置补贴资金3743万元，同比增793万元；烟草部门累计追加补贴1728万元，增368万元；补贴各种机具19828台，增12379台，其中：动力机械1144台、耕整地机械6887台、栽植施肥机械453台、田间管理机械913台、收获机械590台、收获后处理机械110台、农产品初加工机械3261台、农田基本建设机械2台，排灌机械4107台、畜牧水产养殖机械2361台，直接带动农民投资8622万元，受益农户16839户，新增农机总值12364万元。

【教育培训】 2010年，曲靖市农业局对全市9所农机化学校进行办学评估，实现农机教育培训分类管理。全市培训各类人员14796人，其中：农机管理人员181人，农机技术人员5148人，农机监理人员118人，农机操作人员9349人。

【科研推广】 2010年，曲靖市相关部门研制、引进适合全市耕作、起垄、播种、收获以及设施农业的新型农机具进行试验、示范和推广，收到较好效果。市农机推广站与云南诚兴农业发展有限责任公司签订马铃薯200亩样板机播机收协议，试验示范2BDS-4型马铃薯高垄高墒施肥播种机，使用该机具可提高工效40倍，漏播、漏收、破损率降30%左右，每亩增加产量150千克以上，节约种子10千克/亩，节约化肥8千克/亩，每亩可增加收入90元。全年推广烟苗移栽机和烟杆拔除机各451台，烟籽装盘播种机12台，育苗剪叶机26台。与烟草公司、模三机械有限公司联合开发中型拖拉机配套的覆膜机30台在宣威市、师宗县推广应用。选型引进4台（套）国内比较先进的微孔曝气增氧设备，先后在麒麟区茨营乡、陆良县马街镇、会泽县金钟镇建立虹鳟鱼、中华绒螯养殖样板。6月，引进斯洛文尼亚SIP公司生产的sipsilo80d型玉米青贮收获机械，该机具备秸秆还田和饲料青贮功能，于9月在沾益县大坡乡试验、示范，发现问题并提出解决方案。

【安全监理】 2010年，全市农机道路交通事故得到有效控制，农机田间场院事故死亡控制在省、市下达的安全生产目标管理控制范围内，农机供油点、加工点、修理点无伤亡事故，拖拉机、联合收割机挂牌率94.5%，检验率91.5%。全年受理农机监理业务16383件，限时办结16383件，首问首办办结1607件。无一起农机产品质量投诉、群众来信来访和行政纠纷，无一人因违规办理业务被问责。

【安全宣传】 2010年，曲靖市相关部门组织农机安全宣传。出动宣传人员4252人（次），出动宣传车1020台（次），印发宣传材料172963份，电视宣传52次，广播宣传710次，张贴标语3823条，悬挂宣传横幅489条，印发安全简报47期，进村2511个（次），进学校340所（次），进单位224个（次），进企业533个（次），进集市1098个（次），受教育的驾驶（操作）人员42568人（次）。拖拉机、联合收割机从业人员教育培训13次，参加人数29154人，占驾驶人在册数的96.2%；印发"倡议书"4.6万份，并在《曲靖日报》登载，印发《农机安全宣传手册》2.5万份、《农业机械安全监督管理条例》250份。

【"平安农机"创建】 2010年，曲靖市开展第二批平安农机示范县、乡、村创建活动。新创建示范县（区）1个、示范乡（镇）20个、示范村107个、示范户1217户，超额完成上级下达任务。麒麟区通过农业部、国家安监总局的抽查，考评为全国平安农机示范区，被曲靖市政府命名为曲靖市市级平安农机示范区。麒麟区农机局等10个单位被曲靖市政府评为平安农机创建先进单位，麒麟区东山镇等20个乡（镇）命名为曲靖市市级平安农机示范乡（镇），马龙县旧县镇大平地村等107个村被市农业局、市安监局命名为平安农机示范村。

【事故隐患排查】 2010年，曲靖市相关部门组织开展"春运"、"五一"、"百日安全"、"安全生产月"、"秋冬"5次全市性的农机安全生产大检查；组织实施农机安全生产隐患排查整治行动、拖拉机登记和驾驶证申领整治行动、无牌无证拖拉机清理整治行动。出动检查车1439台（次），出动检查人员5279人（次），检查拖拉机32142台（次），其中：查处无牌633台（次）、无证驾驶796人（次）、违法载人908台（次）、客货混装453台（次）、超载55台（次）、非法改装779台（次）、报废复驶117台（次）、其他违法2133台（次）。扣留拖拉机驾驶证70本，举办违法人员培训班44期，教育违法人员2165人（次）；召开违章座谈会62次，1887人参加；罚款810次、131640元。排查拖拉机26358台（次）、农机修理点471个（次）、加工点12755个（次）、供油点48个（次），排查出一般农机安全事故隐患5308件，已全部整改结束。

【安全责任制】 2010年，市、县、乡三级农机监理机构及执法人员全员实行农机安全生产责任制，市农机监理所与各县（市）区监理站签订目标管理责任书9份，各县（市）区农机局与局属相关单位签订目标管理责任书188份，各县（市）区监理站与职工签订责任书87份，各县（市）区农机局与农机站签订责任书113份，乡（镇）农机站与监理员签订责任书374

份，农机培训站（校）与教练员签订责任书81份。县、乡与拖拉机驾驶人签订安全保证书28953份，占拖拉机驾驶人在册数的95.5%。

（朱金生）

农经管理

【简述】　2010年，曲靖市农经工作强化农村土地承包经营管理、农民负担监督、农村财务管理，引导农民专业合作经济组织发展，发展壮大农村集体经济，做好农村富余劳动力转移就业等各项工作。

【农村产业】　2010年，曲靖市农村经济总收入418.9亿元，同比增12.9%。第一产业收入222.3亿元，占农村经济总收入的53.1%，其中：农业收入120.5亿元，占农村经济总收入的28.8%，增15.6%；林业收入3.7亿元，占0.9%，增13.5%；畜牧业收入96.2亿元，占22.9%，增13.5%；渔业收入1.9亿元，占0.5%，增5.7%。第二产业收入117.9亿元，占28.1%。其中：工业收入86.5亿元，占20.6%，增7.2%；建筑业收入31.3亿元，占7.5%，增14.7%。第三产业收入78.7亿元，占18.8%，增14.5%；农民外出劳务收入29.9亿元，增27.9%。全年农民人均所得3636元，增11.9%。

【土地承包管理】　2010年，曲靖市加强农村土地承包合同管理。实行家庭承包经营124.84万户，耕地面积428万亩，承包合同133.56万份，颁发土地承包经营权121.77万份；规范农村土地流转行为，引导农户自愿互换、鼓励实行规模生产。全年全市流转土地面积269358亩，其中：转包44054亩，转让12469亩，互换44267亩，出租122048亩，股份合作3743亩，其他形式流转42777亩，签订土地流转合同33680份。

【土地承包纠纷】　2010年，曲靖市发生土地承包纠纷1238件，调处农村土地承包纠纷1143件，调解率92.3%。市农经站接访18件信访上访案件。举办培训班对业务骨干进行强化培训，组织各县（市）区人员在师宗县农村土地承包经营纠纷仲裁庭，现场观摩一起农村土地承包经营纠纷仲裁案件。省经管站副站长何平专门到师宗县进行专题调研，对曲靖农村承包土地纠纷仲裁工作给予较好评价。

【农民减负】　2010年，曲靖市落实和完善减轻农民负担的涉农税收、价格及收费“公示制”，农村义务教育收费“一费制”，乡（镇）、村级组织和农村中小学校公费订阅报刊严格执行“限额制”，涉及农民负担案（事）件“责任追究制”四项制度。全市农民得到各项支农惠农补助资金52633万元。规范“一事一议”筹资投劳行为，促进农村集体公益事业健康发展。严格议事程序、议事范围、审批程序，加强经常性检查，全面实施财务公开，接受群众监督。公布《曲靖市2010年“一事一议”筹资筹劳和以资代劳限额标准》。全市有606个村开展筹资投劳“一事一议”活动，筹集资金9024.42万元，投劳503.08万个，进行农村公益事业建设。

【财务管理】　2010年，曲靖市有114个乡（镇）实行村组会计委托代理，代管1554个村、10911个村民小组的财务，代管集体资金120422万元，占集体资金总额的92.2%。有94个乡（镇）实行农村财务电算化管理，涉及1193个村委会、4957个村民小组。全市有1568个村（居）委会开展财务公开工作。

【农村审计】　2010年，结合全市第四届村“两委”换届选举，曲靖市开展村干部任期和离任经济责任审计工作。全年审计2077个单位，其中：对村干部任期和离任进行专项审计1622件，土地征用补偿费专项审计6件。审计资金总额299884万元，查处违纪单位8个，违纪金额89万元，已全部退赔。

【农民专业合作经济组织】　2010年，曲靖市加快农民专业合作社建设，提高农民组织化程度。全市有一定规模的农民专业合作经济组织792个，同比增382个，其中：有专业合作社662个，专业协会130个，在工商部门登记的农民专业合作社622个，成员总数6.18万人，带动非成员农户数10.14万户。统一组织销售农产品总值35312万元，统一组织购买农业生产投入品总值11104万元，拥有81个注册商标，16个通过农产品质量认证。

【集体经济】　2010年，曲靖市农村集体资产总额48.17亿元，同比增17.0%；净资产37.98亿元，增11.9%。全市村集体经营总收入20.12亿元，增6.1%，其中，村办企业收入15.69亿元，增12.88%。全市获省级扶持农村集体经济项目23个，资金230万元，已全面启动并组织实施。

【农村劳动力转移】　2010年，曲靖市农村劳动力318.87万人，就地转移从事二、三产业的农村劳动力和外出

2010年4月27日，中德财政合作项目开工典礼在宣威市格宜镇举行。

（吕家旭/摄）

务工劳动力总数120.4万人，占农村总劳力的37.8%。其中：就地转移从事二、三产业以及在乡村办企业的劳动力30.49万个，外出务工89.91万人，同比增10.6%，其中常年外出的劳动力67.61万人，增3.9%。农民外出劳务收入29.42亿元，增23.7%。

（吴封泽）

农业利用外资

【简述】 2010年，曲靖市实施农业利用外资项目6个，累计完成投资480万美元，占外资投资总额的62.3%。

【国外政府赠款项目】 2010年，会泽县、宣威市7乡（镇）实施中德财政合作云南农村贫困地区可持续发展项目，第一批招标的农田灌溉、饮水及水土保持工程于3月开工实施。4月27日，项目开工典礼在宣威市格宜镇举行。年末累计完成德方投资197万美元，占德方总投资的43.2%。

【国际组织援助项目】 2010年，由欧盟及联合国粮农组织援助30万美元，于2008年7月在师宗县4个乡（镇）启动实施的农业生物多样性保护项目执行结束，通过国家项目办组织的终结评估验收，项目的实施增强了社区农民对农业生物多样性保护与利用的管理能力。7月，由世界卫生组织、联合国粮农组织、国际劳工组织、联合国开发计划署、联合国儿童基金会等9家联合国机构共同援助参与的联合国千年发展目标基金中国妇幼营养和食品安全联合项目——改善农户微量营养素食物摄入农业子项目在会泽县启动实施，援助资金32.7万美元，年内该项目完成进村入户基线调查和培训。

【外商投资项目】 2010年，加拿大天辰国际集团及其相关3家企业入驻云南（曲靖）国际农业食品科技园区，投资250.9万美元，开展植物组培扩繁、畜牧良种及其产品精深加工等项目建设。

（吕家旭）

中低产田地改造

【简述】 自2008年中低产田地改造工作启动以来，曲靖市改造中低产田地143.96万亩。其中：2008年39.72万亩，2009年60.28万亩，2010年任务要到2011年4月底前完成，至2011年1月底已改造43.96万亩。创造出以马龙“已沃模式”为代表的曲靖经验，被省委书记白恩培誉为“这才是老百姓心中的丰碑”。中低产田地改造工作连续两年被省政府表彰为一等奖，被群众称赞为“的确是一件造福百姓的大好事”。

【组织协调】 2010年，曲靖市中低产田地改造办公室召开部门协调会议30余次，深入各县（市）区调研、协调50余次，组织召开责任部门领导及技术人员参加的规划评审、技术标准讨论、年度计划编制等会议20余次；强化督查和内外宣传工作，完成督查专报24期，编发简报、信息98期，省级以上媒体报道20篇（次）。建立“三级挂钩、四级联动”责任制，确保市县乡村四级层层有目标、有任务、有重点。

【工作进度】 2010年，曲靖市计划改造中低产田地50万亩，投资6.08亿元，于12月2日召开中低产田地改造现场会，截至2011年1月底，全市已完成改造43.96万亩，完成投资5.02亿元，改造面积及完成投资分别占计划数的88%和83%。在已完成的项目中，修建小型水利工程1604件，修建沟渠724.5千米，管网长度1988.53千米，田间机耕路734.12千米，坡改梯2.14万亩，土地平整9.69万亩，生物农艺措施面积3.04万亩，新增耕地3181.7亩。全市共72个中低产田地改造项目，其中安排在山区（半山区）的项目有52个，占72%，面积32.63万亩，占全年任务数的57%。

【机制创新】 2010年，曲靖市中低产田地改造办创新投入机制，坚持“资金性质不变、管理渠道不变，统筹规划、各司其职、各计其功”的原则，整合发改、农业、国土、水务、扶贫、农业综合开发、烟草等部门项目，集中进行中低产田地改造，形成“政府大投入、社会大参与、群众大建设”的投入格局；采取民办公助、以奖代补、技术服务等措施引导广大农民积极投入；采取贷款贴息等方式，鼓励和扶持现代农业经营主体和其他社会资金参与。创新管理机制，全面推行项目法人制、工程招投标制、工程监理制、项目资金公示制和工程质量保证金制度，确保“建设一件、成功一件、发挥效益一件”；建立挂钩责任制，明确每个挂钩组挂钩一个县（市）区，适时对各县（市）区中低产田地改造工作进行督促检查，及时帮助协调和解决工作中的困难和问题；制定项目管理办法、资金管理办法；明确项目招投标、施工监理、竣工验收、后续管理等制度，项目资金严格按照扶贫和国债资金的要求管理。

2010年3月29日，云南省省长秦光荣一行到会泽县待补镇检查指导中低产田地改造及产业结构调整工作。

（刘光信/摄）

【综合效益】　2010年，曲靖市中低产田地改造办提高土地利用率，促进增产增收；调优产业结构，发展现代农业。把中低产田地改造与结构调整、发展产业有机结合起来，提前考虑，大力扶持，项目区群众积极参与，改造后的项目区呈现出“处处谋调整、处处抓产业、处处得实惠”的局面。会泽县在2010年项目中，加速土地流转，累计出租流转土地3万余亩给公司种植中药材、花卉等经济作物，按照每年每亩400元计算，土地租金640万元，加上群众到基地的打工收入，租地农民年人均收入增加近2000元。宣威热水镇引导农户对承包地重新整合，统一规划，集中开发，建成现代蔬菜示范基地，引进云南鸿宾绿色食品有限责任公司、香港龙华农业发展有限公司、清禾粒农业开发有限公司3家农业产业龙头企业，2010年共投资2400万元，建设蔬菜冷库3个600平方米，种植蔬菜大棚400亩，发展辣椒订单200公顷。沾益县大坡乡建立200公顷马铃薯良种繁育示范基地，采用标准化生产，从种植到销售，实现规范管理，集约经营。生产云薯201、301，靖薯2号、3号，以及滇薯6号和爱德53号等种薯4000余吨，实现销售收入2000余万元，有效的解决该县马铃薯产业发展上的良种更换问题，为当地农民提供1万余个工日的劳动用工机会，实现当年建设当年见效。

（陈玉森）

畜牧业

【简述】　2010年，曲靖市畜牧业生产克服严重干旱灾害、饲料价格上涨、畜产品价格异常波动等不利因素的影响，保持持续快速健康发展，实现“十一五”圆满收官，为完成“十二五”规划目标奠定基础。全市大牲畜存栏1309977头（匹），比上年增4.38%，比2005年增21.56%；其中牛存栏1061227头，增5.27%，比2005年增27.04%。生猪存栏6959919头，增4.80%，比2005年增60.08%；其中能繁母猪存栏735061头，增3.74%，比2005年增69.96%。山、绵羊存栏2081099只，增11.08%，比2005年增44.22%；其中山羊存栏1952456只，增11.50%，比2005年增45.67%。家禽存栏12558222只，增10.64%，比2005年增94.37%。全市肉猪出栏11957201头，增13.17%，比2005年增112.77%；肉牛出栏541774头，增19.35%，比2005年增166.32%；肉羊出栏1603620只，增15.22%，比2005年增159.44%；肉禽出栏23391807只，增10.81%，比2005年增227.88%。肉类总产量1391842吨，增12.30%，比2005年增112.60%；禽蛋产量42876吨，增23.73%，比2005年增181.62%；奶类产量19205吨，增16.37%，比2005年增102.31%。畜牧业产值1496638万元，增7.2%，比2005年增172.57%。畜牧业收入962078万元，增13.53%，比2005年增123.78%。农民人均畜牧业收入1754.73元，增181.7元，比2005年增894.93元。

【旱灾损失】　自2009年7月至2010年上半年，曲靖市遭受特大干旱，对畜牧业生产造成严重损害。2010年2月9日至6月3日，全市因旱灾造成966.62万头（匹、只）牲畜饮水困难，其中：牛106.59万头、马20.14万匹、猪648.82万头、羊191.07万只。草山、草地成灾61.94万亩，饲料地成灾148.74万亩。全市有养殖户122万户，因干旱造成牲畜饮水困难86.93万户，占71.25%。全市有出栏牲畜50头（只）以上规模的养殖户（场）14200户，因旱灾造成饮水困难12500户（场），占88.03%。严重的旱灾造成畜牧业直接经济损失7.94亿元。

【抗旱救灾】　2010年，曲靖市投入畜牧业抗旱资金5.45亿元，其中，财政资金3598.06万元，畜牧系统干部职工捐款44.28万元。畜牧兽医科技人员驻村入户进场，指导养殖户做好生产、防疫、养殖管理等工作，降低灾害损失。全市组织畜牧业抗旱救灾209.45万人（次），其中畜牧科技人员2.5万人（次），投入机械设备2.47万台（套），出动运水车辆4.86万辆（次），建蓄水池4.4万个、43.2万立方米。曲靖市畜牧兽医局安排专人坚持24小时值班，实行日报制，负责上情下达和收集整理全市畜牧业灾情，及时掌握灾情动态，为领导决策提供依据。全年全市没有发生重大动物疫情。

【罗平县黄山羊被认定为畜禽遗传资源】　2010年1月15日，国家农业部发布1325号公告，经国家畜禽遗传资源委员会鉴定，罗平县黄山羊被认定为畜禽遗传资源。

【现代农业发展生猪产业项目】　2010年1月7～13日，受云南省财政厅、省农业厅委托，曲靖市财政局、曲靖市畜牧兽医局邀请有关领导和专家组成验收组，对会泽、宣威、富源、陆良4县（市）2008年度中央财政支持现代农业发展生猪产业项目进行验收。验收组现场检查、听取汇报、审查资料，进行评议后，同意通过验收。项目实施以来，在4个项目县建设科技示范户841户。改造和新建猪舍29.3万平方米，建设排污沟及管道8万米，建设“三结合”猪厩沼气池及规模养殖场（小区）污水处理设施容量1.3万立方米，新建和改扩建标准化猪人工授精站点43个，引进良种公猪180头，向辐射区饲养的母猪人工授精配种10.6万窝，均完成或超额完成项目计划任务目标。4个项目县完成总投资1.4亿元，其中：中央财政项目扶持资金1400万元，完成整合资金1.26亿元，资金管理使用中无违规、违纪行为。项目实施取得的经济、社会和生态效益：841户养猪示范户现存栏生猪11.2万头，新增8.5万头，其中能繁母猪1.98万头，新增1.36万头；出栏肉猪13.4万头，新增9.8万头。养猪纯收入7068.7万元，新增4785.9万元；改扩建30个种猪场，保障生猪生产种源供应；建设42个标准化人工授精站点，提高生猪良种覆盖率。实施粪污处理等措施，提高健康养殖、安全养殖意识，改善饲养环境和养殖户的居住条件。

【生猪标准化规模养殖（小区）】　2010年3月，曲靖市9个县（市）区生猪标准化规模养殖继续获得中央财政补助，80个生猪标准化规模养殖场（小区）共获得中央财政补助资金2300万元。其中：麒麟区建设生猪标准化规模养殖场（小区）6个，中央财政补助资金180万元。马龙县建设2个，补助80万元。陆良县建设4个，补助200万元。师宗县建设6个，补助180万元。罗平县建设6个，补助180万元。富源县建设8个，补助300万元。会泽县建设14个，补助350万元。沾益县建设5个，补助180万元。宣威市建设29个，补助650万元。

【马龙县洪灾损失】　2010年6月25日晚8时至次日凌晨4时，马龙县普降特大暴雨，造成全县8个乡（镇）畜牧业严重受灾。全县共有各类畜禽养殖户42365户，有7318户养殖户受灾。畜禽圈舍倒塌11.6万平方米，近18万平方米圈舍成危房，死亡畜禽67961头（匹、只、羽）。其中：大牲畜1276头（匹）、生猪11083头、山、绵羊9787只、禽45815只。12个规模养殖小区（场、户）受灾，约占规模养殖场户的5.7%。全县畜牧业直接经济损失7962.55万元。

【执法培训】 2010年6月6～14日，市政府法制办公室和市畜牧兽医局联合在曲靖温泉举办四期畜牧兽医系统行政执法人员审验取证培训班。全市畜牧兽医换证取证执法人员共1057人参加培训。

【会泽肉牛产业获中央财政补助】 2010年7月16日，会泽县获中央财政扶持现代农业肉牛产业项目资金补助，获得中央财政补助资金500万元。

【会泽339个种畜禽生产经营许可证录入国家管理平台】 2010年7月，会泽339个种畜禽生产经营许可证录入国家管理平台。会泽县成立专门工作小组，分组到各乡（镇）进村入户进行实地审核评估，对达到标准的养殖场（户）、改良站（点）办理许可证，采集相关信息。至6月底，会泽县取得种畜禽生产经营许可证的场（户）、站339个。其中：养殖场239个，牛冻精改良站点51个，猪人工授精站点47个，商品鸡场1个，绵羊综合示范场1个，全部纳入国家种畜禽生产经营网络管理。

【陆良县种猪试验场入选“第一届全国养猪行业百强优秀企业”】 2010年9月，陆良县种猪试验场获“第一届全国养猪行业百强优秀企业”称号。云南省仅3家养猪企业榜上有名。

【畜牧良种获中央财政补助】 2010年9月6日，麒麟区、沾益县、陆良县、宣威市、富源县、会泽县生猪良种继续获得中央财政补助。人工授精改良配种母猪任务数40.3万头，每头4份精液、每份精液补助10元，获得补助资金共1612万元。陆良县奶牛良种补助1700头，每头使用2剂冻精，每剂冻精补助15元，获得补助资金共5.1万元。会泽县肉牛良种补助2.4万头，每头使用2剂冻精，每剂冻精补助5元，获得补助资金共24万元。三项补助资金共1641.1万元。

【生猪调出大县中央财政补助】 2010年，罗平县新增为生猪调出大县中央奖励资金补助的县。曲靖市7个县（市）区获得生猪调出大县中央奖励资金补助5291万元，同比增1080万元。其中：宣威市1622万元、会泽县858万元、陆良县735万元、富源县678万元、沾益县497万元、麒麟区406万元、罗平县495万元。

【5家养殖企业入围农业部“畜禽标准化示范场”名单】 2010年10月27日，农业部办公厅公布第一批“畜禽标准化示范场”名单，曲靖市5家养殖场榜上有名，分别是：宣威市海璇实业有限责任公司养殖场、云南东恒经贸集团猪育种有限公司、宣威市通豪农业综合开发有限公司、富源县营上镇田园养殖场和马龙县富滇农业开发有限公司。

【师宗县年产100万只獭兔深加工项目】 2010年12月1日，师宗县年产100万只獭兔深加工项目开工建设。项目位于大同工业园区，占地面积50亩，由曲靖市利民獭兔开发有限公司投资3500万元新建，引进先进的獭兔屠宰深加工设备，拥有年屠宰100万只獭兔、加工1500吨兔肉系列产品的生产能力。

【马龙“深沟鸡”获农产品地理标志登记证书】 2010年12月24日，国家农业部发布第1517号公告，公告马龙县“深沟鸡”产品获《中华人民共和国农产品地理标志登记证书》，证书号为：AGI2010－09－00529。

【肉猪出栏】 2010年，麒麟区肉猪出栏突破100万头，达1002258头，同比增11.51%。全市肉猪出栏达百万头的县（市）区增至6个，会泽县1870003头、宣威市3190121头、陆良县1364576头、富源县1359989头、罗平县1103472头。6个县（市）区共出栏肉猪9890419头，占全市出栏肉猪数的82.72%。

【养殖小区】 2010年，曲靖市采取政府补助，养殖户建设、企业兴建等多种形式，按照“品种优良化、管理科学化、免疫程序化、设施规范化、产品安全化、养殖专业化”的“六化”标准，加大养殖小区建设力度，推进全市规模养殖快速发展。全市备案的畜禽规模养殖场（小区）2354个，其中，存栏50头以上能繁母猪和出栏肉猪300头以上的1492个，出栏肉牛50头以上的117个，出栏肉羊100只以上的183个，出栏肉禽1000只以上的354个，出栏肉兔1000只以上的24个，饲养奶牛20头以上的14个，饲养奶山羊100只以上的11个，饲养蛋禽1000只以上的159个。

【畜牧龙头企业】 2010年，曲靖市按照“政府引导、企业运作、带动农

林间放牧。 （沈良启/摄）

户、滚动发展”的思路，采取外引内联等方式，扶持培育一批起点高、效益好、示范带动能力强的畜产品生产、加工和营销龙头企业。全市培育发展具备一定规模的畜牧龙头企业114户，其中：综合性企业11户、产品加工企业33户、养殖企业70户，固定资产规模13.5亿元，实现收入9.1亿元，带动农户21.43万户。

【动物疫病防控】 2010年，曲靖市抓好口蹄疫、禽流感、猪瘟、猪蓝耳病等重大动物疫病强制免疫工作，确保免疫密度占应免数的100%。全市组织发放牲畜口蹄疫疫苗2907.46万毫升，免疫注射牲畜1419.3万头（只），其中：免疫注射猪961.21万头、牛170.95万头、羊287.14万只。组织发放禽流感疫苗811.5万毫升，免疫禽类1612.48万只。组织发放高致病性猪蓝耳病疫苗1589.4万毫升，免疫猪768.79万头。组织猪瘟疫苗950.48万份，免疫猪946.98万头。组织鸡新城疫疫苗782.9万毫升，免疫鸡1650.06万只。狂犬病免疫30.19万只，占存栏数的68.42%。根据采样送检免疫效果分析，重大动物疫病免疫抗体合格率75%以上。全年全市无重大动物疫情发生。

【畜牧科技】 2010年，曲靖市完成畜种改良133.60万头（窝、匹、只），其中人工授精改良95.23万（窝、匹、只），占71.28%。全市有猪种改良站点972个，改配94.85万窝，其中人工授精87.06万窝，占91.79%。有牛种改良站点909个，改配10.59万头，其中冻精改良6.22万头，占58.83%。有马匹改良站点305个，改配4.64万匹。有山羊改良站点3084个，改配19.52万只。有绵羊改良站点830个，改配4万只。推广良种禽661.07万只。推广使用青贮饲料129.24万吨、农作物秸秆氨化饲料30.81万吨、工业饲料28.44万吨。组织实施以生猪为主的计划免疫工作，全市共免疫注射猪肺疫疫苗361.24万头、仔猪副伤寒苗154.37万头、猪丹毒苗15.84万头，免疫注射禽霍乱苗182.08万只、牛出败疫苗0.13万头、羊痘苗23.89万只、羊四防苗44.84万只。畜禽驱虫2517.54万头（匹、只）。开展畜牧兽医科技培训3508期，培训人员28.6万人（次），其中：综合培训1114期11.9万人（次）；畜牧兽医执法培训293期1.5万人（次）；动物防疫技术培训630期4.9万人（次）；畜种改良技术培训699期4.8万人（次）；饲草饲料科技培训678期4.3万人（次）；农函大培训94期1.2万人（次）。

【适度规模养畜】 2010年，曲靖市生猪适度规模养殖户34.26万户，其中：出栏肉猪50头以上12951户，出栏肉猪202.82万头；1000头以上303户，出栏53.93万头；2000头以上62户，出栏27.51万头；5000头以上26户，出栏19.47万头。饲养3头以上的61651户，饲养38.26万头；100头以上325户，饲养5.67万头；200头以上82户，饲养3.16万头。出栏肉牛5头以上7670户，出栏10.37万头；100头以上43户，出栏8732头。出栏肉羊5只以上30056户，出栏65.96万只；100只以上511户，出栏8.92万只；300只以上53户，出栏2.31万只。出栏肉禽500只以上1617户，出栏603.38万只；5000只以上239户，出栏407.47万只；1万只以上122户，出栏327.66万只。饲养绵羊30只以上982户，饲养4.91万只。饲养蛋鸡500只以上460户，存栏143.68万只；1万只以上30户，存栏73.83万只。饲养奶牛5头以上94户，饲养1283头。出栏肉兔200只以上162户，出栏28.22万只。饲养中蜂20箱以上602户，饲养2.79万箱。

【畜牧兽医行政执法】 2010年，曲靖市加强对《畜牧法》《动物防疫法》《食品安全法》《农产品质量安全法》等法律法规的学习宣传和贯彻力度。全市畜牧兽医执法人员1074人全部参加市政府法制办举办的综合行政执法岗位培训，经考试合格后持证上岗。加强对全市23家饲料生产企业、1843家饲料经营企业、501家兽药经营企业的监管。抽检兽药300批（次），抽检饲料类产品440批（次）。全市115个乡镇（街道办事处）、1565个村（居）民委员会全部开展产地检疫工作，检疫畜禽806万头（只）；全市11个公路（铁路）动物防疫临时监督检查站共监督检查动物22.69万头（只）、动物产品0.22万吨；加强仓储、经营、加工等环节的动物卫生监督检查，共监督检查畜禽672.73万头（只），畜禽产品7.62万吨；全市141个定点屠宰场（点）全部实施屠宰检疫，检疫动物288.52万头（只），检疫率100%。开展种畜禽生产经营管理的自检自查和发证种畜禽场站信息采集、录入等工作。2008年以来，全市发放种畜禽生产经营许可证1111个，其中，申请省级发放6个，市级发放42个，县级发放1063个，相关信息已全部录入国家种畜禽生产经营许可证管理平台。依法查处各类动物卫生违法案件180件。推进畜产品质量安全追溯制度和畜禽产品市场准入制度建设。畜禽养殖场（小区）和出县境动物100%实施二维码标识管理。各县（市）区从5月1日均启动活畜及畜产品质量安全市场准入制度。全年全市没有发生畜产品安全事件。

【畜产品运销】 2010年，曲靖市畜产品营销大户发展到371户，从业人员3488人。运销肉猪1623932头、仔猪20.93万头、牛0.54万头、羊7.18万只、禽28.46万只、兔2.05万只、其他畜产品6116吨，销售总额38.01亿元。发展畜牧养殖协会147个，会员16268人。

【品牌建设】 至2010年底，曲靖市培育畜产品品牌33个，其中：国家工商局注册的15个、省工商局注册的6个、市工商局注册的2个、县级工商局注册的10个。

【执业兽医资格考试】 2010年10月24日，曲靖市进行全国首次执业兽医资格考试。828人进行网上报名，681人通过资格审查符合报考条件，实际参加考试人员626人，参考率91.92%。有120人考试合格，合格率19.17%，其中，执业兽医师39人，合格率6.23%；助理执业兽医师81人，合格率12.94%。

（耿其龙）

林 业

【简述】 2010年，曲靖市森林资源得到有效保护，完成营造林110.2万亩，义务植树2732万株，森林覆盖率40.3%，林业产值20亿元。

【“十一五”成绩】 “十一五”期间，全市以林业生态建设为重点，全面实施天然林保护、退耕还林、防护林建设、以核桃为主的木本油料和以杉木为主的速生丰产林建设、农村能源建设、国家重点公益林森林生态效益补偿等林业重点工程。按照“生态建设产业化，产业发展生态化”的思路，调整林业产业结构，实现生态体系与产业体系良性循环。开展中低产林改造，提升林业生产力，加快造林绿化步伐，实现森林增长量、蓄积量和森林覆盖率的三增长，生态、经济、社会三大效益协调发展。林业改革创新取得突破。全市集体林权制度主体改革基本完成，实现“山有其主、主有其权、权有其责、责有其利”和“产业增效、农民增收、生态良好、林区和谐”的目标。开展林业分类经营、林木采伐管理等改革，启动实施中低产林改造、林业政策性保险。生态建设迈上新台阶。全市完成省级以上重点工程造林208.43万亩，封山育林116.6万亩，义务植树98160.5万株，公民义务植树尽责率95%。完成中低产林改造55.75万亩。国家累计投入天保资金10190万元，1438.5万亩天然林得到有效管护；累计投入公益林建设资金13172万元，公益林建设138.78万亩，森林面积和林分质量提高；退耕还林各种投入39359万元，完成退耕还林建设48.3万亩。森林活立木蓄积由3647万立方米增至4363万立方米，森林覆盖率从“十五”末的35%提高到40.3%。产业发展实现新跨越。全市累计发展以核桃为主的木本油料220万亩，以杉木为主的速生丰产林105万亩。涉林企业368个，省级林业龙头企业9家，其中：野生动物驯养繁殖企业119家，省级龙头企业5家。林业产值由2005年的7亿元增至20亿元。森林资源得到有效保护。森林防火资金投入与2005年相比增加2倍，火灾次数、受害森林面积、受害率均大幅下降，与历史（1951～2010年）平均值相比，森林火灾次数、受害面积分别降85%、97%，特别是森林火灾当日扑灭率98%以上，防火工作连续五年被省政府考核为优秀，“十一五”期间森林防火工作被省政府表彰为全省森林防火工作先进单位，创下历史最好水平。林业有害生物防治率88%。建设沼气池18.5万口，节柴改灶13.4万户，有效减少森林资源消耗。查处各种涉林案件4328起，查获违法犯罪人员5827名，收缴木材6875.73立方米、野生动物756只（头），挽回经济损失1480.02万元。林农得到实惠增多。退耕还林农户现金补助3028万元，粮食折合现金31790万元，粮食调运费4541万元，涉及9个县（市）区、143个乡（镇、街道）、937个行政村、14.9万户退耕户，户均退耕2.67亩。启动森林生态效益补偿面积662.85万亩，补偿金额4513.01万元；林业贴息贷款5679.6万元；为9499551亩公益林和6626523亩商品林办理森林火灾保险，受益农户1007004户。

【集体林权制度改革】 2010年，曲靖市集体林权制度主体改革基本完成，2080万亩集体林确权率99.2%、均山到户率89.9%，发放林权证605530本，股权证255371本，均利证208435本。集体公益林签订管护到户责任书568585户665.4万亩。排查林权纠纷6403起，涉及面积135.3万亩，已调处6311起，面积130.9万亩，起数调处率99%，面积调处率97%。7月27日，省委、省政府召开全省集体林权制度主体改革总结表彰暨林业产业发展大会，曲靖市主体改革目标考核为一等奖，17个先进集体和26名先进个人受到表彰。配套改革稳步推进。市委、市政府出台《加快集体林权制度配套改革的意见》，明确配套改革的主要任务。罗平县、沾益县、会泽县、富源县成立林权管理服务中心，为林农搭建起林权交易、评估、流转平台；罗平县鲁布革乡罗斯村委会的林农自发成立杉木管理发展协会，师宗县高良、五龙等乡（镇）探索成立农村林产业协会，提高林农进入市场的组织化程度。培育罗平博林木业有限公司、师宗华海木业有限公司等一批辐射面广、带动力强的龙头企业，促进林业规模化、标准化、集约化经营。全年全市办理林地、林木流转57宗，交易金额996万元；林权抵押贷款127宗，抵押面积2.53万亩，贷款2050万元。

【抗旱救灾】 2010年，曲靖市森林火灾频发，大面积的华山松、云南松枯死，近年来的新造林地，特别是核桃基地大面积报废，损失严重。全市林业经济损失23.32亿元，其中：林木和种苗损失21.95亿元，森林火灾损失0.547亿元，森林病虫害损失0.526亿元，野生动物驯养损失0.3亿元。全市林业系统严防森林火灾；多举措抗旱保苗；抢前抓早，开展森林病虫害防治；加强林政执法；加强保护区监测，保护野生动物和古树名木；加强技术指导，组织工作队，深入基层和林区，指导抗旱防火工作；组织干部职工捐款7万余元支持抗旱救灾，争取各级财政投入林业抗旱保苗和森林防火资金2408万元。

【天然林保护】 2010年，曲靖市林业部门按照“四定五包一考评”（“四定”即定目标、定任务、定职责、定补助；“五包”即包无森林火灾、包无乱砍滥伐、包无毁林开荒、包无乱占林地、包无乱捕滥猎野生动物；“一考评”即年终采取定量考核与定性考评相结合的方法对护林员按“优秀、合

2010年12月2日，曲靖市召开全市集体林权制度主体改革总结表彰暨冬季农业工作会议。

（熊世昆/摄）

格、不合格”三个等次进行考核评定）的原则，落实护林人员4411人，承包管护森林面积1438.5万亩，占年度计划面积100%。中央预算内投资5795万元，完成24万亩公益林建设（人工造林11万亩，封山育林13万亩）。

【退耕还林】 2010年，曲靖市完成退耕还林3.5万亩（荒山还林2万亩，封山育林1.5万亩），退耕还林补助总面积39.8万亩，补助农户14.9万户、9199.39万元。退耕还林到期面积124891亩，保存率、合格率均为100%，通过国家退耕还林阶段验收。完成巩固退耕还林成果基本口粮田建设2.18万亩、沼气池2879口、节能灶6025台、太阳能180台、生态移民964人，后续产业种植业100020亩、棚厩建设3.45万平方米、青贮窖1.11万立方米、饲料地建设1.09万亩、技术培训5100人，补植补造14563亩。

【国有林区（场）住房改造】 2010年，曲靖市完成2009年度国有林区棚户区改造268户，建筑面积1.74万平方米，总投资2500.6万元。全年国有林区棚户区改造和国有林场危旧房改造工程建设安排中央预算投资732.5万元、省级配套601万元，国有林区棚户区改造263户，国有林场危旧房改造338户，完成土地清理及项目施工前期工作。

【公益林生态效益补偿】 2010年，曲靖市完成森林生态效益补偿区划认定面积1259.84万亩（国家级重点公益林827.84万亩，省级公益林432万亩）；实施补偿的公益林面积662.85万亩，占53%。国家级公益林253.62万亩、补偿资金2466.55万元；省级公益林409.23万亩，补偿资金2046.46万元。

【林业特色产业】 2010年，曲靖市调整产业结构，通过样板示范、典型引路，发展以核桃为主的木本油料林、以杉木为主的速生丰产林、野生动物驯养繁殖、森林生态旅游和木材加工等林产业，推广林业循环经济，提高林业产业的质量和效益，把林业产业建设成为带动山区经济社会发展、促进林农增收致富的骨干产业。全年完成以核桃为主的木本油料林90.2万亩，以杉木为主的速生丰产林20万亩。新增野生动物驯养繁殖企业29家，累计119家；省级林业龙头企业12家。

【中低产林改造】 2010年，市委、市政府出台《关于加快中低产林改造的意见》。市林业局编制《曲靖市中低产林改造规划》并通过市级评审，编制《中低产林改造实施方案（草案）》并进行听证。坚持“生态优先、保护和改造并重，分类指导、分类经营，政府引导、群众自愿，突出重点、先易后难，依法实施、有序推进”的原则，计划用10年时间，改造中低产林650万亩。年内完成中低产林改造55.75万亩。

【种苗工作】 2010年，曲靖市加大林木良种基地建设力度，加强种苗质量监管，做好种苗的生产供应。在全市开展大规模核桃优良单株筛选工作，海选出核桃优良单株4326株，采集核桃坚果样品637个并开展历时一个多月的考种工作，复选出优株31株，其他等次单株606株。全市17个木本油料定点育苗基地和5个定点采穗圃，共育木本油料苗1047.5万株。

【义务植树】 2010年8月2日，曲靖市党政军义务植树活动在麒麟区珠街乡三源村委会角家村开展，市委书记赵立雄，市委副书记范华平，市委常委、常务副市长周宗，市委常委、市委秘书长朱德光，市人大常委会副主任苏永宁，曲靖军分区司令员卢兴波等党政军领导参加植树活动，600余人共栽植1.1万余株藏柏、旱冬瓜、圣诞树。全年完成义务植树2732万株，建市、县级义务植树基地17块14487亩，乡（镇）级义务植树基地96块11567亩。

【农村能源】 2010年，曲靖市完成沼气池建设29761口，占计划的49.6%（林业完成9924口，占计划的290.1%；扶贫完成6500口，占计划的108.3%；国债完成12592口，占计划的37.3%；其他完成745口，占计划的4.3%）。改节能灶36166户，占计划的120.6%；完成农村能源服务网点建设4个，占计划的100%。开展技能鉴定和技术培训工作，于6月、8月分别在富源县和陆良县举办两期农村能源职业技能鉴定培训班，263人取得国家职业资格证书。

【森林防火】 2010年，曲靖市强化森林防火工作的领导责任制和责任追究制，市委、市政府出台《关于对当前森林防火工作实行严格问责的规定》，强化灾前防范，严格灾后处罚，提高应急能力，科学处置森林火灾，提升森林火灾科学防控水平。新增专业队伍3支394人、半专业队伍107支2599人、义务扑火队830支8258人、巡山护林5000人，配备扑火物资装备，提高森林火灾扑救队伍机具化建设。全年全市发生森林火灾57次。其中：一般森林火灾15次，较大森林火灾42次，火场总面积3445.67公顷，受害森林面积543.73公顷，受害

富源县发土林场。

（沈良启/摄）

率0.53‰，火案查处率88%，取得大旱之年无重大森林火灾和人员伤亡事故的好成绩，森林防火工作被省政府考核为优秀。12月，曲靖市森林火灾保险试点工作正式启动。

【森林病虫害防治】 2010年，曲靖市林业有害生物发生面积82.17万亩，发生率4.81%；成灾面积21.4万亩，成灾率7.97‰。防治林业有害生物面积72.64万亩，其中：生防16.92万亩，化防17.88万亩，人工防治34.54万亩，其他防治3.3万亩，防治率88.4%；调查监测面积1535.88万亩，监测覆盖率99.9%。

【资源林政】 2010年，曲靖市坚持依法审核工程项目征占用林地，把好建设项目征占用林地审查关。审核上报林地征占用62宗、459公顷，收缴森林植被恢复费1680万元。加强木材运输和经营加工管理，市、县办理省内、市内和出省木材运输12.3万立方米。加强采伐管理，规范采伐程序，采伐工作按规进行，未出现超计划采伐现象。

【森林公安】 2010年，曲靖市森林公安推进公安信息化、执法规范化、和谐警民关系"三项建设"，打击各类森林资源违法犯罪，加强队伍教育管理，提升森林公安队伍正规化建设水平。全年全市森林公安机关受理各类涉林案件1592起，其中：刑事案件150起，行政案件1442起；查获违法犯罪人员1756名，其中：追究刑事责任172名、林业行政处罚1584名；收缴木材1997.32立方米、野生动物89只（头），挽回经济损失458.58万元。全市森林公安机关开展林区禁种铲毒工作，深入林区发送禁毒宣传资料6700份、光碟110余张，制作23块宣传板，出动警力976人（次），踏勘可疑地块608处，铲除零星野生大麻13768株，清理出租房屋54间，巩固全市林区无吸毒、无贩毒、无种毒、无制毒的"四无"目标。

【宣传信访】 2010年，曲靖市林业局出版发行《曲靖市林业志》，该书历时3年，几易其稿，由序言、图照、概述、大事记、11章专章及附录等组成，约60万字，记载1831~2008年曲靖林业发展的历史与现状。编辑出版《曲靖市古树名木选编》，收录36科59属79种500多株，照片192幅，详细记载古树名木所在地点、经纬度、树位海拔、树龄、树高、胸围和地围、冠幅等内容。发行《天保退耕润珠源》邮票纪念册，展现天然林资源保护工程10年的建设成就。被市委、市政府表彰为史志工作先进集体二等奖。在《中国绿色时报》、《云南林业》、《曲靖日报》等各种报刊杂志上刊登林业文章114篇，国家林业局、省林业厅、市委、市政府两办信息采用1176条，获全省林业政务信息工作一等奖。承办人大建议5件，政协提案10件，全部办理完成，面商率和满意率均达100%。受理群众来信来访75件，办结率96%。

【全省中低产林改造推进会议】 2010年7月15~16日，全省中低产林改造推进会在曲靖召开。省中低产林改造工作领导小组成员单位领导，各州（市）政府分管领导，发改委、财政局、林业局主要负责人等参会。会议分析总结全省中低产林改造工作，安排部署下步工作，副省长孔垂柱出席会议并讲话。云南省政府副秘书长李琳玻主持会议，省林业厅厅长陈玉侯出席会议，曲靖市委副书记范华平出席中低产林改造现场会，副市长宁德刚在会上致辞。与会人员参观沾益县九龙山苗圃核桃采穗圃和优良乡土树种培育示范点、海寨林场华山松中幼林抚育和带状树种更替改造示范点、沾益县西平镇石羊村云南松低效林改造种植川滇桤木速丰林示范点。大理州、沾益县、腾冲县做交流发言。

【全市中低产林改造暨核桃产业发展推进会议】 2001年8月5~6日，曲靖市委、政府召开全市中低产林改造暨核桃产业发展推进会议。市委副书记范华平主持会议，副市长宁德刚，各县（市）区委书记或副书记、政府分管领导、林业局长，中低产林改造及核桃产业发展重点乡（镇）党委书记或乡（镇）长，市中低产林改造领导小组成员单位主要负责人参会。与会人员参观会泽县马路乡半坡村、迤车镇迤北村核桃栽植现场，马龙县通泉镇大海哨中低产林改造现场和沾益县白水、九龙山、七公里的中低产林改造现场。会泽县、马龙县、沾益县在会上作工作经验交流，市委书记赵立雄讲话。

【全市集体林权制度主体改革总结表彰暨冬季农业工作会】 2010年12月2日，曲靖市召开全市集体林权制度主体改革总结表彰暨冬季农业工作会议。市委副书记、市长岳跃生、市委副书记范华平、市人大副主任李洪辅、市政府副市长宁德刚、市政协副主席王宝德等领导出席会议。各县（市）区主要领导及分管林业副县长、涉农部门负责人、县林业局局长、森林防火专职副指挥长，全市深化集体林权制度主体改革领导小组26家成员单位领导及受表彰的先进集体和个人代表200余人参会。会议表彰全市集体林权制度主体改革48个先进集体和150名先进个人、"十一五"森林防火27个先进单位和63个先进个人，与各县（市）区政府签订"十二五"森林防火目标责任状。市长岳跃生讲话。会议由市委副书记范华平主持。

（柴正相）

水　务

【简述】 2010年上半年，曲靖市遭遇特大干旱，入汛后旱涝急转，以马龙县"6·25"特大洪灾为代表的局部洪涝灾害时有发生。大灾过后，曲靖市被列入水利部编制的西南五省区重点水源工程建设规划、云南省"两个一百"工程，曲靖市提出实施三个"二五工程"的战略构想。年内，全市完成水利投资20.2亿元（含德泽水库4亿元），创新中国成立以来最高水利年度投资记录。开工建设6件骨干水源工程，规划内60件病险水库全部完工验收，中央新一轮13件除险加固工程开工建设，建成4.93万件"五小水利"工程，解决46.17万人饮水安全问题，完成干支渠防渗工程204千米，治理水土流失面积440平方千米。"十一五"水利投资50.1亿元，是"十五"水利投资的2.6倍。

【全省水利建设工作会议】 2010年3月31日，全省水利建设工作会议在宣威市召开。省委书记、省人大常委会主任白恩培对全省水利建设工作作重要批示。省委副书记、省长秦光荣出席会议并讲话。省委副书记李纪恒主持会议并对贯彻落实会议精神提出要求。副省长孔垂柱对全省水利建设工作作出具体安排。省人大常委会副主任李春林，省政协副主席王学智，省政府秘书长丁绍祥出席会议。会议表彰2007~2009年度全省水利建设先进单位，对《云南省人民政府关于进一步加快水利建设的决定（讨论稿）》进行讨论。

【中央农办、水利部水利改革发展调研组到曲靖调研】 2010年5月7日，由中央财办副主任、中央农办副主任唐仁健率领的中央农办、水利部水利改革发展调研组，在副省长孔垂柱、曲靖市委书记赵立雄等省市领导陪同下到曲靖调研。调研组一行实地查看麒麟区越州镇马房现代蔬菜基地节水工程、寥廓街道潇湘集镇水厂并听取相关工作汇报后，认为曲靖农田水利基本建设取得很大成绩，但曲靖的大型骨干水源工程还非常缺乏，以小水窖为代表的“五小水利”工程也很少。

【抗旱】 2009年7月至2010年5月，曲靖市出现长达10个多月的夏秋冬春连旱天气，全市459.44万人受灾，169.9万人、120.4万头大牲畜饮水困难，554万亩小春作物几近绝收，农、林、畜及工业直接经济损失达60多亿元。全市投入抗旱资金4.08亿元，投入抗旱人数241.25万人，机电井1021眼，泵站1117处，机动抗旱设备2.4万台（套），机动运水车5万多辆（次）。抗旱浇灌面积134.93万亩，挽回粮食作物损失6.05万吨，挽回经济作物损失2.32亿元，临时解决169.82万人、120.53万头大牲畜饮水困难，抗旱减灾效益12亿元。大旱期间全市没有发生人畜断水、疫病疫情、重大森林火灾，没有因旱引发重大安全事故。

【防汛】 2010年5月底6月初，强降雨和单点暴雨使全市旱涝急转，特别“6·25”洪灾造成马龙县、沾益县、会泽县、麒麟区16个乡（镇）不同程度受灾，紧急转移4万余人，房屋进水1.3万间，倒塌1万余间，直接经济损失6.8亿元，马龙县城被淹，4000余人被困，1人死亡，165人受伤，损失6亿多元。整个汛期全市洪涝受灾41.08万人，倒塌房屋1.07万间，死亡1人，农作物受灾47.86万亩，停产工矿企业7个，公路中断36条次，损坏堤防40处、水闸10座、灌溉设施442处，造成直接经济损失9.97亿元。抢险救灾共投入8.89万人，资金1849.3万元，避免粮食减收0.78万吨，减少受灾人口8.6万人，解救洪水围困群众3.08万人，抗洪减灾经济效益1.24亿元。2010年，曲靖市水务局被国家防汛抗旱总指挥部、人力资源和社会保障部、解放军总政治部表彰为全国防汛抗旱先进集体。

【水源工程】 2010年，宣威羊过水中型水库通过竣工验收，富源硐上、宣威红石岩、会泽苏斗河3件中型和小干河、恨虎坝、摩西、田尾巴、小河、磨盘山6件小（一）型骨干水源工程续建项目实施顺利。沾益水洞山、麒麟发脉、师宗小务龙、马龙石灰冲、罗平洒谷、宣威窑上海子引水济榕6件骨干水源工程年内开工建设。

【除险加固】 自2007年，曲靖市实施中央专项规划内病险水库除险加固工程以来，至2010年底，规划内的60座（大型1座，中型4座，小一型55座）病险水库除险加固工程全部通过验收，累计完成投资4.7亿元。2010年，中央和省下达曲靖市新一轮除险加固项目25件，其中13件年内开工建设。

【人饮安全】 2010年，曲靖市完成农村饮水安全项目投资2.2亿元（其中中央和省级资金2.05亿元），新建饮水安全工程4865件（口），其中：集中供水工程1225件，分散供水工程（集雨水窖）3640口。解决461754人的农村饮水安全和困难问题，其中：解决农村人口39.97万人，解决农村学校人口62045人。

【农田水利基本建设】 2010年，曲靖市农田水利基本建设投劳6293万个，完成综合土石方5796万立方米，建设各类水利工程53111件，新增旱涝保收面积3.6万亩，新增灌溉面积8.4万亩，改善灌溉面积57.1万亩，新增除涝面积4.2万亩，新增节水灌溉面积26.6万亩，新增供水受益人口71.3万人。2010年，被列为2009年第一批中央财政小型农田水利重点县建设的麒麟区、沾益县，2009年项目全部完工，完成投资5067.67万元；被列入2010年第二批中央财政小型农田水利重点县建设的宣威市、会泽县规划及年度建设方案已通过省级审批，准备开工建设。

【水土流失综合治理】 2010年，曲靖市结合农村产业结构调整，多部门协调配合，以小流域为单元，以水为主线，以小型水利水保工程和坡耕地改造为重点，做好2010年度水土保持项目“长治”、“珠治”工程小流域综合治理任务。全市投入治理资金9459.81万元，其中：中央投入6896.97万元，地方投入2562.84万元。综合防治完成440.37平方千米，坡面水系完成300千米，塘坝池等小型蓄水保土工程建成1689座，设计蓄水量21.94万立方米。

【水政水资源管理】 2010年，曲靖市水务局接受各类行政许可审批项目92个，开展建设项目水资源论证3件，市级完成水资源费征收870万元。在牛栏江德泽水库上游的相关县开展以取水总量控制、用水效率控制、水功

2010年4月12日，陆良德格海子水库库水日减。

（市水务局/供稿）

能区纳污能力控制为核心的最严格的水资源管理制度试点工作。完成《曲靖灌区节水方案》编制工作，并于11月17日通过水利部审查验收。年内组织排查和及时消除水事矛盾隐患53件，调处水事纠纷27起。

【农村小型水利工程管理体制改革】 2010年9月15日，全市农村小型水利工程管理改革工作现场推进会在师宗县召开。至2010年底，改革基本完成，进入资料整编和检查验收阶段。通过改革，全市对210583件农村小型水利工程明确产权，其中：承包8919件，租赁10件，拍卖3件，用水合作组织管理7935件，委托管理11116件，农民自建自管的小水窖工程18.26万件，评估资产总值3.62亿元。改革回收资金361.26万元，带动群众投资110.6万元、投工44368个，以改带促修复损毁工程160件。

（张建波）

曲靖灌区

【项目投资】 十一五”期间，中央、省、市计划下达曲靖灌区项目投资7037.8万元，到位资金6150万元（中央资金5400万元，地方配套750万元），实际完成投资4979.35万元。投资完成情况为：2006年建设项目完成投资360万元，2007年762.63万元，2008年881.66万元，2009年1250万元，2010年725万元，2008年新增中央预算内投资续建配套和节水改造项目完成投资1000.06万元。

【项目建设】 “十一五”期间，曲靖灌区完成干支渠改造37.125千米。其中：2006年度完成沾益县西河北干渠6.2千米的续建配套建设；2007年度完成沾益东分闸东干渠5.928千米续建配套及陆良魏北河4.5千米续建配套建设；2008年度完成陆良永清河高山隧洞0.787千米续建配套建设；2008年完成的新增中央预算内投资续建配套和节水改造项目：永清水库东干渠隧洞进出口段1.022千米、黄泥堡东干渠4.456千米及配套1号支渠1.505千米、沿江乡四圩灌溉渠2.86千米及支渠0.898千米；2009年度完成麒麟区九龙河灌排渠7.913千米及支渠1.056千米的建设；2010年度项目组织实施中。

【项目效益】 “十一五”期间，灌区续建配套与节水改造项目实施后，曲靖灌区新增灌溉面积1.1万亩，改善灌溉面积3.5万亩。干渠水利用系数由0.45提高到0.65，灌溉水利用系数由0.45提高到0.48，灌溉保证率由40%提高到75%。每年减少输水损失约2200万立方米，减少渠首引水量3000万立方米，年增产粮食5175.75万千克，年增农业产值3354.8万元，年排涝效益1268.55万元。

【水价改革】 “十一五”期间，曲靖灌区管理局于2006年召开曲靖灌区水利工程供水价格听（论）证会，以规范的运作程序对灌区非农水价进行改革，灌区水价实现“老水价”向“新水价”平稳过渡。2007年，工业生产供水0.70元/立方米、城市生活供水0.60元/立方米。2010年底，曲靖灌区水利工程的供水价格为：粮食作物生产供水0.04元/立方米，经济作物及其他农、林、渔业生产供水0.06元/立方米；工业生产供水0.50元/立方米、城市生活供水0.40元/立方米。

【蓄水供水】 “十一五”期间，曲靖灌区直管五件中型水库共计蓄水量88026万立方米，年平均蓄水量17605万立方米（2006年20217万立方米、2007年18078万立方米、2008年20401万立方米、2009年12843万立方米、2010年16487万立方米）；总供水量64955万立方米（城镇生活供水15777万立方米、工业供水13624万立方米、农灌供水35554万立方米），年均供水量12991万立方米（2006年13748万立方米、2007年12602万立方米、2008年10630万立方米、2009年15143万立方米、2010年12832万立方米）。灌区5件中型水库蓄水逐年减少，供水总量逐年增加。

【灌区抗旱】 2010年，曲靖灌区水源工程、渠系工程在全面保障曲靖中心城区55万人原水供给和曲靖卷烟厂、火车站、云维集团等骨干企业和重要工业园区保产用水的同时，保证灌区“沾、麒、陆”坝子29.25万亩农田大春栽插用水，占灌区保证灌溉面积52.45万亩的55.77%；在灌区水资源联合调度中，减少输水损失1000万立方米，减少渠首引水量1900万立方米。

【灌区建设】 2010年，中央预算内投资续建配套和节水改造曲靖灌区项目为花山河灌排渠6.04千米及海河排涝沟7.2千米续建配套。项目总投资2500万元（中央资金2000万元，省级资金250万元，市级资金250万元），到位资金2300万元（中央资金2000万元，省级资金250万元，市级资金50万元）。该工程项目于2010年11月8日开工，至年底完成项目投资725万元。

【灌区蓄水】 截至2010年底，曲靖灌区水城、花山、潇湘、西河、白浪5件中型水库蓄水总量16709万立方米，占多年平均蓄水量的95%，占计划蓄水的83%（花山水库蓄水4245万立方米，占多年平均蓄水量的63.5%；白浪水库蓄水1706万立方米，占108%；西河水库蓄水2400万立方米，占97%；潇湘水库蓄水3432万立方米，占135%；水城水库蓄水4897万立方米，占114%）。蓄水总体情况好于2009年，部分区域供水形势严峻。

（孙 荣）

烟草业

责任编辑　马　燕

烤烟生产

【简述】　2010年，曲靖市烟草专卖局（公司）围绕“打造中国特色烟叶产区，创建行业标志性商业企业”的战略目标，以“创新驱动、彰显特色，科学发展、提升水平”为主线，经受住严重自然灾害、严格控制规模等多重压力，企业经济运行质量提高。全市种植烟叶9万公顷，收购烟叶20564万千克，收购总值30.96亿元。

【烟叶抗旱生产】　2010年，曲靖市烟草商业系统完成“保质量、保总量、保增收”的目标任务，先后被评为全省烟叶生产抗旱工作先进单位、烟叶生产抗大灾保增收工作突出贡献单位。在抗旱育苗期间，及时启动烤烟生产抗旱救灾系列应急预案，实行“一村一案、一点一案”，严把育苗、补水、病虫害防治、间苗补苗“四个关口”，保证烤烟抗旱移栽用苗需求。在抗旱移栽期间，围绕节令，构建保育苗、保移栽、保成活率“三道防线”，在最佳节令完成9万公顷烤烟移栽任务。在中耕管理阶段，突出做好防灾减灾、揭膜提沟培土、病虫害防治、科学烘烤四个环节工作，累计减少灾害损失0.31万公顷；完成揭膜管理3.5万公顷，占计划种植面积的36.7%。在整个抗旱救灾过程中，2000余名基层干部职工，一直坚守在抗旱救灾一线，涌现一批先进集体和个人。

【现代烟草农业建设】　2010年，曲靖市烟草专卖局（公司）抓住滇东现代烟草农业示范区建设机遇，在原料“三化”、基层创优、信息化和站点文化建设等方面取得成就，接纳省内外人员到示范区学习参观5000余人（次）。全市实施土地整治0.63万公顷，建成烟水工程453件、机耕路315条483.5千米、育苗大棚79个、防雹点10个、卧式密集烤房4735座、烘烤工场附属设施10座，配套现代农机1160台（套）。在全国、全省烟叶收购暨现代烟草农业建设现场会上，与会代表认为曲靖市现代烟草农业建设代表全国最高水平，反映现代烟草农业的发展方向。企业被评为滇东现代烟草农业示范区建设工作先进单位。

【资源配置方式改革】　2010年，曲靖市烟草专卖局（公司）构建适应“532”品牌发展的“三化一主线”原料建设模式，初步建立供求平衡、质量优良、特色突出、结构合理、配置高效的烟叶原料保障体系。陆良召夸、师宗彩云、宣威热水等10个品牌导向型基地单元，顺利通过省烟草专卖局（公司）的考评验收。特色优质烟叶开发力度加大，落实项目开发种植面积0.7万公顷，比2009年增0.23万公顷，专收专调烟叶155万千克。与上海等8家工业企业和青州烟草研究所等4家科研单位联合开展ESTB项目，大田示范面积0.37万公顷，专收专调烟叶825万千克。与联一国际合作，开展全等级出口优质烟叶研究与开发项目，全等级出口烟叶75万千克。扩大特色品种种植面积，全市红花大金元、K326、云烟97和中烟100四个特色品种种植面积4.71万公顷，占总面积的52.4%，收购烟叶1.06亿千克。

（缪应舜）

现代化烤烟育苗工场。

（市烟草公司/供稿）

烟叶复烤

麒麟复烤厂

【简述】 云南烟叶复烤有限责任公司麒麟复烤厂始建于1993年，1997年建成打叶复烤生产线，2001年由中国烟草总公司云南省公司、云南省烟草进出口集团公司、云南省烟草公司曲靖市公司共同参股改制为云南曲靖烟叶有限责任公司，是一家集烟叶收购、储备、复烤加工为一体的现代化复烤企业。2009年经国家烟草专卖局批准，将云南省内8家复烤厂重组整合为云南烟叶复烤有限责任公司，12月16日正式更名为云南烟叶复烤有限责任公司麒麟复烤厂。全厂总占地面积24.3万平方米，拥有现代化的烟叶存贮仓库12万平方米，可储备烟叶3万吨；露天货场12万平方米，可临时存放烟叶2.5万吨。具有国际先进水平的美国PIEDMONT打叶复烤生产线1条和配套物理检验设备，年复烤生产能力1.5万吨；生产线上配有高比国际有限公司生产的ModelQB－6500在线水分检测仪，指导生产过程的水分控制；化验室配置德国TEWS－ELEKTRONIK生产的MW3300微波水份测量系统和法国爱丽安斯生产的联想之星连续流动化学分析仪（ALLIANCE-FUTURA4），可进行总糖、尼古丁、氯、钾分析，为客户提供准确的化学成分数据。先后与安徽中烟工业公司、陕西中烟工业公司、河南中烟工业公司、江西中烟工业公司、湖南中烟工业公司、山东中烟工业公司、深圳中烟工业公司、福建中烟工业公司建立合作伙伴关系。2001年11月，在全市烟叶复烤行业首家通过ISO9001—2000国际质量体系认证。2003年，在全国首家采用“密闭式二次密码验收入库模式”进行烟叶验收入库，提高烟叶入库等级合格率。2007年10月，建立GB/T28001—2001职业健康安全管理体系，规范生产现场、设备管理、工艺质量、安全保卫等工作。至2010年底，麒麟复烤厂在岗在职员工161人，平均年龄34岁，其中，本科及以上学历49人，占30%；大专学历62人，占38%；中专、中技、高中学历27人，占16.56%。专业技术人员62人，其中：中级7人，占11.29%；初级55人，占88.71%。技术工人104人，其中：高级工51人，占49.38%；中级工50人，占48.08%。

【烟叶仓储分选】 2010年，麒麟复烤厂为沾益、麒麟、临沧、昆明、宣威、陆良、会泽、师宗、马龙、罗平、富源11家州（市）和县（区）烟草公司完成入库、移库烟叶4869万千克，其中：麒麟区烟草公司、沾益县烟草公司二次密码验级入库3549万千克，昆明、临沧、宣威等9家州（市、县）烟草公司移库1320万千克。为深圳中烟工业公司、福建中烟工业公司、陕西中烟工业公司、江西中烟工业公司、河南中烟工业公司5家卷烟企业开展个性化烟叶分选832万千克。

【烟叶复烤加工】 2010年，麒麟复烤厂狠抓设备维修保养与技术改造，强化保养维修，全年设备故障停机率1.05%。对铺叶解把工序的技术改造，提高解把率和润叶效果，减少烟叶缠绕和堵料现象，保证设备有效作业率，使润后烟叶水分均衡，降低打叶机负荷，提高叶梗分离效果，大中片率提高，减少造碎，提高产量和质量。全年完成复烤加工烟叶2375.5万千克，占2010年烤季计划的77.76%，产出片烟77432箱，烟梗、烟灰、碎片等副产品666万千克。各项工艺技术指标、主要质量指标全部达到行业标准和企业内控标准。

【烟叶混打】 2010年，麒麟区复烤厂为深圳中烟工业公司、福建中烟工业公司、陕西中烟工业公司、江西中烟工业公司、河南中烟工业公司5家卷烟企业开展原料来源于曲靖、昆明、临沧等不同烟叶原料产区、不同烟叶部位、不同烟叶等级的烟叶混打服务。

【内部管理】 2010年，麒麟复烤厂组织实施中层管理岗位竞聘上岗及职工全员竞聘上岗工作和专业技术职务及职业资格考核聘任工作，建立一套规范化、制度化、经常化的用人机制。全年组织内部培训257人（次），外部培训106人（次）。随着“6S”管理工作的深入，生产现场管理水平提升。坚持工艺标准和工艺纪律，加强质量监管、跟踪检查力度，烟叶复烤加工水分稳定，生产质量及工艺技术管理水平提升。

（徐永仑）

麒麟复烤厂生产区。

（徐永仑/摄）

宣威复烤厂

【简述】 宣威复烤厂位于宣威市环城东路，始建于1976年，2003年建成打叶复烤生产线（隶属于宣威市烟草公司）。2005年3月，改制重组为云南曲靖天然烟叶复烤有限责任公司宣威复烤厂；2009年12月16日正式更名为云南烟叶复烤有限责任公司宣威复烤厂。全厂占地面积473亩，有露天货场2万平方米、货位450个，初烟仓库2万平方米、成品仓库4.8万平方米，厂房2万平方米、分选场地1.6万平方米；收储烟叶最高年5250万千克，挑选缓存300万千克、成品收储量4000万千克。主要机器设备有1条12000千克/小时打叶复烤生产线，配套系统有2台10吨锅炉，2条10千伏高压输电线路。有职工121人，大专以上72人，各类专业技术人员47

人，分别占职工总数的60%和39%。2010年，复烤厂设置办公室、财务科、安全保卫科、综合管理科、质检科5个职能部门和仓储分选车间、生产加工车间；全厂设立党总支部委员会，下设3个党支部。

复烤生产加工车间现场。

（高庆生/摄）

【烟叶仓储分选】 2010年，宣威复烤厂通过预约入库、约时定量、个性化服务等措施主动与各州（市）烟草公司、卷烟工业企业衔接沟通，从原烟入库、烟叶分选、备料准备、库容周转方面合理安排烟叶入库与移库工作。全年为曲靖、普洱、文山、昭通、楚雄、昆明6家州（市）烟草公司完成入库、移库烟叶5616.5万千克，其中：曲靖市烟草公司宣威市分公司二次密码验级入库3074.5万千克；曲靖、普洱、楚雄等6家州（市）烟草公司移库烟叶入库2542万千克；外调宣威烟叶901万千克。全年为上海烟草集团（公司）、浙江中烟工业有限责任公司、江西中烟工业有限责任公司、江苏中烟工业有限责任公司、河北中烟工业有限责任公司、甘肃中烟工业有限责任公司6家卷烟企业完成个性化分选烟叶4045.5万千克。

【烟叶复烤加工】 2010年，宣威复烤厂狠抓设备维修保养与技术改造，强化设备的巡回检查力度，合理安排保养维修工作，全年设备有效作业率99.37%，同比提高0.77%。通过对烤片机、回潮机、烟梗筛分振筛的技术改造，降低人为操作对产品质量的影响。为确保打叶复烤生产均衡、产品质量稳定，提前制定生产计划，加强内控管理，细化工作措施，严格质量标准，强化产品流程控制。围绕质量控制、工艺质量控制、设备运行管理、质量检测、配方打叶五个方面不断挖掘潜力，实现生产加工工作平稳运行、产品优质、成本降低的目标。全年完成复烤加工3156.50万千克，占2010年烤季计划的56.88%，生产片烟103428箱，烟梗、碎片等副产品88万千克。各主要工艺控制指标、主要质量指标全部达到或超过行业标准和企业内控标准，满足客户要求。

【集中加工与配方打叶】 2010年，云南烟叶复烤有限责任公司把宣威复烤厂列为与上海烟草集团（公司）2010年烤季烟叶集中加工试点合作单位。全厂按照“服务第一、效益第二”的指导思想，主动协调、配合、服务卷烟工业企业，抓牢生产调度、仓储分选、生产加工、服务保障、队伍建设、信息管理六个核心环节，从组织领导、沟通协调、方案制定、组织实施、设备设施、原料保障、烟叶流动、工艺质量、个性化服务、工业评价十个方面开展集中加工配方打叶试点工作。全年为试点合作单位上海烟草集团（公司）集中加工烟叶1152.5万千克，完成17个批（次）的配方打叶，共计740.5万千克，配方数量占已加工数量的64.25%，已实施的配打模块烟叶原料涉及6家州（市）公司、上、中、下三个烟叶部位、18个烟叶等级。

（高庆生）

陆良复烤厂

【简述】 云南烟叶复烤有限责任公司陆良复烤厂位于陆良县城经济技术开发区，始建于1995年，主要设备打叶复烤主机，是采用意大利高多利12000千克/小时设备，辅联设备是采用国产先进的设备配套而成，年生产能力3万吨，厂占地面积345.6亩。2005年4月，改制重组为云南曲靖天然烟叶复烤有限责任公司陆良复烤厂。2009年12月16日正式更名为云南烟叶复烤有限责任公司陆良复烤厂。2010年，陆良复烤厂下设6个车间、科室：综合办、保卫科、财务科、生产质量管理科、仓储车间、复烤车间，设立党总支部委员会，下设2个党支部。有职工85人，其中：大专及以上学历64人，中专学历15人，高中及以下5人，职工平均年龄37岁，中级职称4人，初级职称35人，具备职业资格人员51人（高级工31人，中级工18人，初级工2人）。

【烟叶仓储分选】 2010年，陆良复烤厂入库烟叶4967万千克，其中曲靖区内4422.5万千克，外州（市）烟叶544.5万千克，初烟外调1681.5万千克，完成2668万千克计划内的生产加工任务。为做好复烤加工工作，针对烟叶收储库容严重不足问题，主动与曲靖市烟草公司相关部门联系，采取“预约入库、承诺服务”方式，保证2010年初烤烟叶平稳有序入库，没有一天出现过因货位不足而导致的停收停调现象。规范烟叶分级挑选程序，优化烟叶等级、提高烟叶等级纯度。主要客户为安徽中烟、山东中烟、川渝中烟、湖北中烟、福建中烟、吉林中烟6家卷烟工业企业。

【烟叶生产加工】 2010年，陆良复烤厂烟叶加工生产运行平稳有序，工艺参数稳定提高，一些影响产品质量的因素得到有效控制，烤后平均大中片率83.34%、叶含梗总率1.89%、长梗率81.59%，装箱水分12.19%，设备故障率0.43%，设备正常作业率99%，各项指标达到行业标准或客户要求。

【绿色生产】 2010年，陆良复烤厂投资49.82万元，加入城市统一蒸汽供热行列，变更供热方式，结束锅炉烧煤的历史。自9月6日开烤以来，烟叶加工生产正常，烟叶复烤质量平稳，地处陆良县城中心的陆良复烤厂不再受到周围居民的指责、抱怨。

（郭自建）

师宗复烤厂

【简述】 2010年，师宗复烤厂提高管理和技术水平，以集中加工试点工作为重点，精细管理，突出服务，打造"芙蓉王"品牌原料加工第一车间。年内，初烟入库总量4704.5万千克，其中：师宗入库2573.5万千克、罗平1136.5万千克、富源125万千克、马龙70万千克、宣威55万千克；外州市入库744.5万千克，外调出库843.5万千克。完成集中加工精选量1032.5万千克，普通把选量1619万千克。完成本年度初烟入库计划任务的78%，仓储损耗为1%。烟叶复烤加工2953万千克，完成年度加工计划的58.28%，片烟1914.5万千克，出片率64.83%，复烤损耗7.91%。吨片烟生产耗标煤129.5千克/吨，含副产品生产耗标煤97.64千克/吨。吨片烟生产耗电261千瓦时/吨，含副产品生产耗电183.85千瓦时/吨。吨片烟生产耗水1.5立方米/吨，设备有效作业率97.98%，设备完好率99.15%，设备故障停机率0.83%。生产质量：大中片率88.49%，机尾水分11.46%，叶含梗1.8%，长梗率84.53%，烤透率100%，重量、外观合格率100%，均满足加工标准要求。2010年，师宗复烤厂被省建设厅授予"园林单位"称号。

【集中加工试点】 2010年，师宗复烤厂被定为湖南中烟工业有限责任公司集中加工试点单位，承担湖南中烟集中加工烟叶1558.5万千克，其中外州（市）移库808.5万千克，涉及昆明、普洱、文山、玉溪4个州（市），叶片精选量1308.5万千克。师宗复烤厂在初烟货场紧张的情况下，设置湖南中烟专属货位88个，面积4430平方米，专人管理。分解制定月、旬入库计划，严格"约时定量、承诺服务、确保均衡"，安排2个片选场地面积近8000平方米，可同时容纳800人进行分选，分选能力接近20万千克/天。分选合格率、杂物控制率全部达到客户要求。按照集中加工实施方案，在打叶复烤工艺工序质量控制上，强化精细化生产，围绕非烟物质控制、工艺质量控制、成品质量检测、配方打叶、设备运行保障五个方面提升集中加工烟叶工作的服务质量，为"芙蓉王"品牌发展做好原料保障。

【用工分配制度改革】 2010年，师宗复烤厂制定竞聘上岗实施细则，设有员工竞聘岗位49个，全体员工通过演讲、答辩、考核方式竞聘上岗，一大批专业技术骨干、业务骨干充实到重点岗位。在专业技术及职业技能等级岗位竞聘上，通过职业技能鉴定及专业技术考核，聘用助理级岗位1人，员级岗位1人。

【教育培训】 2010年，师宗复烤厂组织职工参加各项培训22次，其中：内部培训3次，培训职工22人（次）；外部培训19次，培训职工129人（次）。面对片选用工量剧增和多年来季节工招聘困难，人员使用不足的问题，烤季前组织相关人员利用集市到本县的各乡（镇）进行季节工招聘宣传，招聘时严格进行入厂三方（复烤厂、劳务公司、专业培训机构）、三级（厂级、部门班组、岗位）安全教育培训。在使用过程中，申请专项扶贫项目，培训提升分级挑选辅助工、打叶复烤辅助工的技能。在季节性服务人员的使用上，与曲靖新航劳务服务有限公司签订服务承包合同和补充协议，规范劳动用工，杜绝各种因用工所带来的劳务纠纷，已具备一支由1770人组成，具有专业技能、稳定的季节工队伍。

【节能减排】 2010年，师宗复烤厂抓好厂内节能工作，重点从节水、节电、节煤方面控制加工成本。加强冷凝水回收使用效率。吨烟用水量，全厂生活用水量同比降2%以上。取缔能耗高、照度差的大功率灯泡。控制长明灯，优化负载输出量，减少变压器电贴费支付。实施锅炉分层燃烧，控制燃煤质量，原煤燃烧彻底，排放量相对减少。稳定供汽压力，避免锅炉蒸汽压力波动造成的能耗损失。除尘设备保持维修检查，减少烟灰、烟尘排放量。提高生产效能，保证月产量750万千克。2010年吨烟耗煤降2%以上，人工吨烟生产成本降2%~5%。

（徐长先）

卷烟生产

曲靖卷烟厂

【简述】 2010年，曲靖卷烟厂累计生产卷烟101.63万箱，同比增1.18万箱；上级抽检产品合格率100%，包装卷制质量达标率100%，产品质量市场投诉3起；设备完好率100%，卷包设备有效作业率90.13%，提高2.6个百分点；集团考核的12项物耗指标全部达标，主要物耗能耗指标下降，其中单箱嘴棒消耗同比降20支，单箱综合能耗11.88千克标煤、降15.32%，单箱耗水0.31吨、降13.88%；烟叶工商交接合格率提高5.5个百分点；质量指标、单箱制造费用、单箱综合能耗处于集团各生产厂最好水平，成为集团"制造文化建设示范基地"，并得到云南中烟工业公司和红云红河集团领导的肯定。

【均质生产】 2010年，曲靖卷烟厂提升柔性生产水平。建立不同品牌的生产组织模块，试点推行卷包模块化快捷生产方式，缩短换牌时间，提高响应速度，降低消耗，减少浪费；试点推行全员生产维护（TPM）体系，推广优秀操作法，优化设备配置，提高设备保障能力，使现有设备可同时生产9个不同品牌、规格的产品；加强产品提质维护，加大工艺研究和工艺试验的频次和深度，优化关键环节、重点工序的工艺参数，提升产品内在质量；完善质量体系，建立重点指标预警机制和质量竞赛机制，坚持质量过程人防、机防和技防有机结合，提升质量控制水平；推行QCD（质量、成本、效率）改善活动，对生产过程废品集中处理、回收利用，控制修理过程中的调试损耗；细化措施，推进"7S"管理，提升员工素养；加强信息技术的开发应用，提升生产过程信息化管理水平。承担集团品牌异地生产任务，实现红河（硬甲）、云烟（紫）、云烟（软珍品）的均质化落地生产，产品内外在质量得到红云红河集团领导和专家好评。

【"精品店"创办】 2010年，曲靖卷烟厂提出"精品店"绩效考核评价新思路，每月定期考核，倡导管理创新，鼓励全厂各部门积极立标、追标、创标。广泛运用PDCA循环，查短板、找差距、抓整改，全员参与、持续改善。

与曲靖市烟草公司深入沟通协调，共同就工商烟叶交接业务流程进行优化、完善，使收购工作标准化、制度化、规范化，完成4305万千克初烤烟收购入库任务，工商交接等级合格率提高，通过国家烟草专卖局检查验收。

2010年9月20日，曲靖卷烟厂制造文化基地揭牌暨现场会。

（徐维义/摄）

【技改工程】 2010年，曲靖卷烟厂按照“国际一流、国内领先”的目标，推进技改工程建设，各项目进入全面实施阶段：制丝线进口主机设备已经陆续到货，联合工房主体工程和卷包工房中庭院改造工程于9月先后进场施工，其他配套设备购置及相关工程建设按计划平稳推进；就地新建7幢烟叶仓库项目主体工程大部分已经封顶断水；南海子打叶复烤易地技改及新建烟叶仓储设施项目已征地700亩。

【队伍建设】 2010年，曲靖卷烟厂分类岗位管理，加大教育培训力度。完善考核聘任制度，组织开展专业技术人员及职业技能人员的考核聘任工作，抓好职业技能鉴定。全厂聘任各类专业技术人员325人，技师以上职业技能人员95人。组织培训132期5354人（次），同比增1000余人（次）；选派10批共74名管理人员和技术骨干到国外考察培训，强化电气应用技术、设备维修操作等技能技术培训，倡导员工对科学方法和知识工具的学习和运用；开展质检员、操作工“岗位互换”体验式培训，增强机台人员与质检员的工作认同感和协作性。

【烟叶收购】 2010年，曲靖卷烟厂在严格执行全封闭密码收购的基础上，

【和谐发展】 2010年，曲靖卷烟厂推进“安全生产年活动”，完成安全“六无”目标。坚持抓好节能减排工作，顺利通过曲靖市清洁生产审核。面对百年不遇的干旱，支持地方抗旱救灾，组织全厂党员和干部职工捐款。2010年，曲靖卷烟厂被集团评为优秀工厂、党建工作先进集体，获设备、安全、质量、增收节支、技术创新和巾帼文明岗先进集体，各项工作得到红云红河集团的高度赞誉；96名先进个人受到红云红河集团表彰，其中，劳模1人、红云红河之星4人、标兵3人、技术能手3人。

【“十一五”成绩】 2010年，曲靖卷烟厂实现集团多品牌异地均质化、规模化生产，小熊猫、红山茶、红河以及红云红河集团核心品牌云烟的4个牌号卷烟先后在曲靖卷烟厂落地生产。正式跨入行业为数不多的百万箱生产厂行列，卷烟年产量由“十一五”初期的91.47万箱逐年增长，2008年首次突破百万箱大关，2009年、2010年卷烟产量均超过百万箱。质量、物耗、能耗、设备效率等关键绩效指标提升：产品质量市场投诉2006年60起，2008年6起，2009年5起，2010年3起；卷包设备有效作业率从2006年的83.4%逐年提升，2010年超过90%，在集团内处于较好水平；单箱耗烟叶由2007年的33.76千克降至2010年的32.67千克；单箱综合能耗从2006年的14.03千克标煤降至2010年的11.88千克标煤，成为集团制造文化建设示范基地，并在行业创建优秀卷烟工厂活动中走在前列。“十一五”期间，曲靖卷烟厂获云南省厂务公开民主管理工作先进单位、云南省档案工作“八项工程”验收考核五星级、曲靖市文明单位和曲靖市高技能人才培养先进单位、产品质量管理工作先进单位、捐资支持社会主义新农村建设先进集体，以及红云红河集团优秀工厂、团队管理之星、先进工厂、党建工作先进集体、党风廉政建设先进集体等多项荣誉，自2007年以来连续4年被评为云南中烟设备管理先进单位。全厂近20人（次）获省部级以上荣誉称号，其中：叶学华获全国技术能手，张莲华获全国“巾帼建功”标兵，杨曙获全国绿化奖章，付菊生获全国烟草系统劳动模范；此外，还有20多人获云南中烟、曲靖市各类先进荣誉称号，近400人（次）受到红云红河集团表彰奖励。

（凌 峰）

会泽卷烟厂

【简述】 2010年，会泽卷烟厂完成卷烟生产19.855万箱，同比增26.18%；完成工业生产总值23.69亿元，增4.61%。会烟就地技术改造项目正获国家烟草专卖局批复同意。

【规范管理】 2010年，会泽卷烟厂修订完善工作标准25个、管理标准254个、技术标准142个、记录765个。加强“三标一体”管理体系的转版和持续改进工作。重点做好对内审员转版知识的培训和考核评价工作，中级管理人员占内审员比例达41%。组织进行全厂内审，并通过第三方监督审核。加强现场管理。灵活应用各种方法和工具，改善车间、办公区环境，目视化管理和职工素养得到锤炼，并适时导入节约和服务两个要素，使现场管理工作更加完善。加强“创优”、“对标”工作。成立专项领导机构，组织人员学习方案及指标要求，制定“创优”、“对标”实施方案，明确推进目标及工作要求。将“创优”

定性5项指标和定量10项经济指标进行分解。按月召开通报会及指标评价分析会。加强弱值指标改进，按季度制定改进计划，通过问责制对完成情况进行督查。各项指标改进效果明显，8项“创优”经济技术指标和1项“对标”指标达标。加强预算管理和经济合同审计与工程结算审核。提高预算执行率，全年费用性和维修改造预算合计10271万元，执行数8012万元，合计执行率78.06%。办理合同108项，送审2038.05万元，审定1899.70万元，审减138.35万元，审减率6.79%。开展工程项目和零星修理结算审核39批（次）584项，送审金额489.67万元，审减33.71万元。完成招标、竞争性谈判项目11个，成交金额470.31万元，节约资金32.96万元；完成比质比价项目采购12项，成交金额157.91万元，节约资金18.57万元。加强信息化工作。对桌面管理系统进行优化升级，增加机房核心设备的第三方定期巡检，完成应用系统重要数据的统一备份工作。对系统管理员集中培训，重建会烟信息港并正式上线运行。

【质量管控】 2010年，会泽卷烟厂坚持“我制造，我负责”的质量管理理念，严格管控质量过程，加大考核力度，奖惩并举，重在提高。克服人员素质参差不齐、设备逐年老化、质量检测设备不完善等实际问题，强化在线过程产品的抽检、巡检、专检以及辅料验证把关。对关键质量工序“弱值”指标进行有效监控，加强和规范在线自动检测设备的可靠性验证。运用各种统计技术及方法，对产品特性和过程控制进行分析整理，及时通过内网通报结果，为生产部门提供改进依据。加强评吸队伍建设，举办卷烟感官质量评吸、产品检验等培训，提高职工参与品牌建设的意识和能力。全年累计进行内部卷烟成品出厂检验1456批（次），平均97.32分，在国家局、省二级站交叉抽检和集团每月的监督抽检中，合格率100%。辅料进货检验1499批（次），合格率100%；出口卷烟商检92批（次），合格率100%。在线过程产品质量全年综合平均得分97.69分，同比提高0.59分，达到内部质量分值考核要求。全年产品市场投诉35个缺陷单位，投诉率每万箱1.8个缺陷单位，降71.2%。无重大质量事故发生。

【队伍建设】 2010年，会泽卷烟厂完善人力资源管理信息化系统职工基础资料的核对工作，推进人力资源管理相关制度建设。教育培训及技能鉴定工作推进。通过“请进来、送出去”、职业技能竞赛等方式，重点抓好技术技能、内部管理、业务水平等培训，提高职工理论知识和实际操作能力。全年完成各类培训2184人（次）。用工分配制度改革稳步推进。完善工厂用工分配制度改革实施细则。在绩效工资分配等重要事项决策上，坚持“办事公开、民主管理”的要求，广泛征求意见，集体讨论决定，职代会通过执行，保证按制度办事、靠监督落实。制定下发《会泽卷烟厂2010年绩效分配办法》，明确会烟年度分配的指导思想和原则，对健全和完善会烟绩效分配、绩效考核提出具体要求。拟制专业技术人员、职业技能人员考核聘任实施细则，完成岗位聘任申报、资格审查、部门考核等工作，内部竞争机制逐步形成。

【节能减排】 2010年，会泽卷烟厂重点加强节能改造、节能技术应用和节能措施有效性评价等工作。加大设备、安全、质量、生产作业计划、物耗单项等指标的考核力度。以计量管理、节能降耗为切入点，向工作质量要效益，向管理潜能要效益，做到增收节支，减少排放。单箱卷烟综合能耗17.61千克标煤，同比降16.7%；单箱耗煤13.46千克，降20%；单箱耗水0.83立方米，降46.8%；单箱耗电33.48千瓦时，增9.7%。单箱耗用烟叶30.1千克，降7.78%；单箱耗盘纸3024.47米，降0.37%；单箱耗小盒商标2513.51张，降0.29%；单箱耗条盒251.18张，降0.26%；单箱耗嘴棒12642.77支，降0.25%。烟箱单耗5.02只，降0.2%。全年二氧化硫排放量55吨，降2.3%；烟尘排放量32.8吨，增18.4%；烟草粉尘排放量7.5吨，降33.6%；化学需氧量排放量7.82吨，降26.4%。全年实现增收节支约1700万元。

【设备管理】 2010年，会泽卷烟厂以提升卷包设备综合效率和有效作业率为重点，注重制度建设，突出痕迹管理。加大设备保养监督检查力度，特别是关键部位和关键流程的检查，同时做好预算项目的组织实施。全年卷包设备有效作业率平均88.1%，同比提高3.3%；主要生产设备完好率100%；制丝故障停机率平均0.63%，降0.29%；设备综合效率全年平均84.71%，各月均达到集团考核要求。设备单箱配件消耗55.25元，控制在60元/箱的范围内。全年投入设备购置、维修改造资金1400.2万元。

【基建维修与改造】 2010年，会泽卷烟厂主抓2009年度预算内项目已竣工部分的验收结算，未完工程的结转处理，以及2010年集团审批预算项目的实施。主要完成硬包1号机组和成型3号机组的大修、制丝工段HT63上三体更换、KLK4烘丝机维修、俱乐部装修等预算项目的启动及工程实施。全年签订合同80余项，部分已验收，部分完工待验收。全年投入基建维修改造（含零星修理）资金792.3万元。

【安全保障】 2010年，会泽卷烟厂围绕“安全生产、预防为主、综合治理”的工作方针，落实安全生产责任制。强化日常安全管理。每月坚持组织安全大检查，开展各类专项活动，召开安全考评会议，对各部门实施安全考核。强化应急预案管理。组织开展各项应急预案的演练，并针对演练过程中的不足，对预案进行修订，提高预案的实用性和可操作性。强化安全规范管理。开展危险源辨识和法律法规的合规性评价工作，对存在的危险源和隐患采取控制措施，对重大危险源制订管理方案，实施重点管理。强化安全专题活动。组织开展“云岭防火墙工程”和消防安全“四个能力”建设工作，新增宣传专栏一期，安全标志1400余块。组织全厂接触过放射源的65名职工进行健康体检。

（杨荣宝）

两烟销售

【简述】 2010年，曲靖市烟草专卖局（公司）根据复烤企业改制后的实际情况，及时调整经营策略、规范内部管理，烟叶调拨入库、委托加工、工商交接、销售结算等工作规范有序。卷烟销售以“上水平、提结构、增效益”为核心，以“打造服务品牌，建设满意终端”为主攻目标，提高市场把握能力、品牌培育能力和市场服务能力，实现销量增长、结构提升、效益增加。销售烟叶17527万千克、卷烟21.3万箱，“两烟”实现销售收入93.42亿元，实现税利31亿元，其中：

利润15.59亿元，税金15.41亿元。税利同比增2.37亿元，增8.28%；利润增0.78亿元，增5.27%。

2010年7月6日，全国烟叶收购暨现代烟草农业建设现场会在曲靖召开。

（市烟草公司/供稿）

【烟叶销售】 2010年，曲靖市烟草专卖局（公司）与省内外卷烟工业企业衔接，完成17475万千克烟叶购销协议网上集中交易。其中：省内2家5396.5万千克，省外卷烟工业企业19家9387.5万千克，省储备1701万千克，出口备货990万千克。与省外19家卷烟工业企业以及省内4家工商企业就2010年度烟叶调拨业务进行沟通，掌握重点骨干卷烟品牌的发展趋势，调查曲靖烟叶在各卷烟品牌中的使用情况，征求卷烟工业企业对曲靖烟叶种植地域、品种、内在品质、外观质量的意见，介绍公司为“卷烟上水平”做好原料保障工作的规划、方针、措施和具体行动。

【品牌培育】 2010年，曲靖市烟草专卖局（公司）把实现工业企业、零售客户、消费者“三个满意”作为卷烟营销工作的根本出发点和落脚点，工商携手合作，实现货源供应、品牌培育的有机对接，高结构卷烟销量上升。全市一类卷烟销量同比增30.5%，二类烟增121.2%；含税单箱销售收入1.88万元，高于全省平均水平144元。通过品牌计分管理，促使客户在经营过程中既注重卷烟的销售数量，更注重经营结构和品牌宽度；通过开展婚庆促销等系列活动，推动玉溪、红塔山、云烟、双喜等重点骨干品牌卷烟的销量增长，其中，玉溪系列增80.5%、红塔山系列增53.9%、云烟系列增44.6%。会泽分公司卷烟销量增幅、单箱销售收入增幅和毛利增幅均处于全市前列，分别达11.2%、19.6%和37.1%。

【销售服务】 2010年，曲靖市烟草专卖局（公司）在卷烟销售工作中坚持“客户至上、服务为本”的经营理念，树立“后台为前台服务”的意识，加强客户关系管理，充分发挥零售客户夜校和客户之家的作用。在卷烟货源供应过程中，根据卷烟价位特点和不同消费群体将各类单品卷烟投放到不同类型市场，保证货源分配的相对稳定性和均衡性，满足消费者需求。按照“控制大户、培育中户、扶持小户”的要求，优化客户结构，严格控制大户数量，维护零售客户的合理利益，提高零售客户满意度。制定出台《曲靖市烟草公司卷烟零售终端管理办法》，从服务内容、管理要求等方面做好商品出样陈列和价格维护。累计投入1400余万元，制作标准卷烟柜台1.5万个，覆盖率66.6%。

【营销网建】 2010年，曲靖市烟草专卖局（公司）按照“双轮驱动、两网并举、经济适用”的网建模式，通过优化城网零售户结构、拓展农网延伸覆盖面、建设客户之家等工作，整合网络资源和人力资源，做到“两网”齐头并进。通过建设科学合理的卷烟配送体系，打破行政界限、区域界限，试点优化送货路线，提高送货的及时性和准确性。通过推行卷烟物流费用定额管理，加强物流各个环节费用的管理和控制，物流费用明显降低。2010年，卷烟单箱物流费用同比降2.9元/箱。

（缪应舜）

烟草专卖管理

【专卖管理体系建设】 2010年，曲靖市烟草专卖局把专卖管理体系建设、曲靖烟草专卖“象限管理”发展规划与创建优秀县级烟草专卖局有机结合，通过对现有制度进行全面梳理、修改和补充，明确专卖机构与相关部门之间各种工作流程，建立监督、制约、考核、协作机制；完善内外监管的专卖执法体系，完成《专卖管理手册》、《专卖监督管理“十二五”战略发展规划》的制定工作，补充完善专卖管理制度26个、专卖管理工作标准47个，制定完成专卖监督管理流程69个。

【打击涉烟违法犯罪】 2010年，曲靖市烟草专卖局保持对涉烟违法犯罪的高压态势，建立健全打击涉烟违法犯罪联动工作机制和维护跨省市县毗邻地区烟叶联合协调机制，开展“两烟”生产、经营、运输秩序的治理整顿工作。加大卷烟打假打私工作力度，坚决遏制制假活动反弹，严防制假售假活动转移扩散，打掉1个较大规模制售假烟网络，查获卷烟案件1212起，涉案卷烟1038.7件，案值308.1万元，罚没款96万元；制定打击走私烟网络、非法收购运输烟叶网络方案，加大打击烟贩烟霸及涉烟违法工作力度，营造良好的烟叶收购氛围，查获烟叶案件153起，涉案烟叶734.6吨。深入开展“清源治流”二号、三号、四号、五号专项行动，出动3.6万人（次），查处涉烟案件1466起，查获涉烟网络案件1起，受到公安部、国家烟草专卖局通报表彰；刑拘涉烟违法犯罪嫌疑人87人，逮捕40人，判刑23人。罗平县、马龙县加大打击力度，一举打掉以世××为首的大烟贩，端掉多个擅自收购囤积烟叶窝点。

（缪应舜）

交　通

责任编辑　马　燕

综　述

2010年，全市交通运输系统围绕“保增长、保民生、保安全、保稳定”的工作大局，把加快重点公路前期工作和农村公路建设作为重点，推进各项交通工作又好又快发展。“十一五”期间，市交通运输局被市委、市政府评定为文明单位，全系统创建和认定市级青年文明号单位各15个，评选出全省交通系统巾帼文明岗3个、路乡长和路县长各1人，获得国家总工会表彰的工人先锋号1个，省级表彰的精神文明单位称号2个，省级表彰的工人先锋号1个。“十一五”期间成为曲靖交通史上发展速度最快、发展效益最好的时期。

交通固定资产投资大幅增长。2010年，全市交通运输系统完成交通固定资产投资26.16亿元，占市政府下达目标任务的104.64%，同比增30.77%。“十一五”期间交通固定资产投资104.6亿，比“十五”期间增20.9%。

公路运输网络逐步完善。截至2010年底，全市公路总里程26632千米，比“十五”末的25606千米增4%；公路密度92.15千米/百平方千米，比“十五”末88.42千米/百平方千米增4.2%；高速公路里程392千米，占全省高速公路里程数的15.6%。县（市）区高等级公路通达率100%，乡（镇）等级公路、客车通达率100%，行政村通路、通车率100%。全市公路主骨架基本形成以曲靖中心城区为枢纽、高速公路为龙头、国省道为骨架、县乡公路为脉络的干支相连、布局合理的公路交通运输网络。

高速公路项目前期工作取得重大突破。2010年，普宣高速公路项目于12月10日正式开工建设。宣曲高速公路项目工可报告已通过评审并上报国家发改委待批。国道324线按照“一次性设计，分段实施”的原则启动“一改高”工程。曲靖东南过境线、沾待高速公路等项目前期工作扎实推进。

二级公路建设进展顺利。2010年宣倘二级公路于6月30日竣工通车，全长63.7千米。富江二级公路于1月开工建设。师竹二级公路于8月开工建设。

农村公路建设步伐加大。2010年，全市启动实施农村公路建设项目370个3817.43千米。“十一五”期间，农村交通建设投资规模最大、效益最明显，累计争取国家补助资金248987万元，新建和改造农村公路11464.8千米；投入农村公路管养资金40529万元，比“十五”末5000万元增710.6%，县乡村道优良路率全面提升。

道路运输能力显著增强。2010年，全市公路客货运力结构不断优化。截至年底，全市拥有营运客车5647辆、71366个客位，营运货车46230辆，比“十五”末分别增7%、2.8%、56.6%；客货运市场呈规模化、集约化、规范化、科学化发展态势。“十一五”期间，全市完成公路客运量22815万人、旅客周转量1659848万人千米、货运量48017万吨，货物周转量4041702万吨千米。运输服务功能全面拓展。物流经营线路从省内扩大到上海、深圳、温州、汕头等沿海开放城市。保障节假日的客货运输及电煤等重点物资的运输安全畅通。在抗

2010年11月4日，曲靖市交通运输局举行挂牌仪式。

（杨华维/摄）

击冰冻灾害、支援地震灾区、抗旱救灾和预防“甲流感”、“禽流感”等重大灾害过程中，发挥交通运输职能。

重点客运站点建设稳步推进。2010年，新建的曲靖西北客运站完成投资5935万元，曲靖客运南站累计完成投资2500万元，马龙县汽车客运站完成投资300万元，罗平汽车客运东站完成投资300万元，宣威汽车客运北站累计完成投资4700万元，罗平汽车客运北站已完工，完成投资1534万元。农村客运站点的建设规模与5年前相比，实现前所未有的历史性突破，全市有等级客运站92个，其中农村客运站79个。

海事建设全面发展。2010年，市海事局争取省海事部门、市级交通部门和县级财政补助共1336万元新建和改造一批船只。推进重点库区水上交通安全专项整治工作，完成天生桥库区航道清理工作，投资297万元实施航道养护炸礁2000余立方米、砍除树桩2940棵，投资30万元完善航标、地标等设施；做好船舶检验发证工作，库区运输船舶、船员持证率100%，库区水上交通安全隐患逐步消除。“十一五”期间，水运基础设施建设全面提速，累计投入建设资金2000余万元，启动重点库区航道治理、码头建设及船舶标准化建设改造，提升水运安全性和环保性。水上交通实现零责任事故。

公路养护质量显著增强。2010年，全市公路养护通过推广“同、牌、账、簿”一体化的管养模式，投入养护资金12251.65万元，农村公路好路率大幅提升，初步实现“有路必管、管必规范、有路必养、养必到位”的目标。在全省的公路管养考核中，曲靖名列第一。高等级公路大中修保养力度加大。宣天一级公路二期维修养护工作顺利完成，三期维修养护工作全面展开。2010年累计投入公路养护资金6224万元。

行业管理全面加强。2010年，全市交通运输保障能力显著提高。建立健全道路客运班线许可预审查和客运车辆报废限时办结制度，在全市推行循环发班运输管理模式，确保重大节假日的客货运输及电煤等重点物资运输安全畅通。在富源县成功试点乡村客运区域化管理模式。在会泽县推行城市、农村客运公司化经营，成效开始显现。在规定时间内全省第一家完成农村客运、城市公共汽车客运、出租汽车客运燃油消耗数据统计上报审核工作，并争取到2009年城乡道路客运成品油价格补助资金3639.45万元。联合打击非法营运行为力度加大，全年先后5次集中力量，联合开展打击非法营运行为专项行动，从严查处非法营运车辆2008辆（次）。路政管理加强。与交警、养护等部门联合开展治理公路“三乱”活动，加大公路联合治超力度，维护路产路权。交通企业发展有新面貌。市公路开发公司完成通行费征收5.27亿元，同比增23.4%。曲靖交通运输集团强化企业规范化管理，完成营运收入10.43亿元，实现利税4570万元。

行政效能建设卓有成效。2010年，市交通运输局制订适合交通行业特点、操作性强的行政效能四项制度，加强交通运输行业行政绩效管理、行政成本控制、行政能力提升和行政行为监督力度，为建设科学、高效、规范、和谐的交通运输行业新形象提供制度保障。2010年，交通运输系统受理各类行政审批和咨询服务事项10699件，限时办结率100%，没有出现超时办理、推诿扯皮现象，做到件件有落实、桩桩有反馈。“十一五”期间，市交通运输局取消、完善和新建立一批制度办法和标准规范。所有行政事项审批办理全部进驻市政务大厅。开通96128专线查询电话和网络在线查询网站。将原有的35项行政审批事项进行下放、划转，压缩到21项。免收8项涉农惠农行政事业性收费项目。结合燃油税费改革的实施，取消公路养路费等6项收费项目。在保留的审批项目中大部分审批时限从原来的10个以上工作日缩短到7个工作日内，最快的当场即可办结。逐步完成交通局向交通运输局的职能调整，增设安全科、运输科，争取公路处提级升格和路政、海事、质监、造价职能的独立设置。综合服务水平和社会满意度明显提升。强化对执法队伍培训，提高综合执法水平，改善执法环境，实现行政执法队伍正规化、行政职能透明化、办事效率高效化、首办首问责任化。

安全维稳形势良好。2010年，全市交通运输系统开展多次客货运输、公路、水运、工程安全大检查。全系统全年没有发生一起重特大安全事故，各项考核指标均控制在下达的目标责任范围之内。办理群众来信、来访，主动化解多起群众矛盾，妥善办理59件信访件，接待上访人员87人，没有出现一起10人以上越级上访事件。办理人大建议26件、政协提案22件。自2007年以来，全系统没有发生一起重特大交通事故。“十一五”期间，全系统未发生一起10人以上群体性越级上访事件，人大建议和政协提案答复工作近三年连续评定为优秀。

交通管理

【简述】 2010年，曲靖市交通运输市场基本形成规范、统一、开放、竞争、有序的格局。道路运输市场管理和服务水平提升，运输市场秩序规范。运输服务网络日趋完善。搞好公路与铁路、城内公交与城际运输的衔接，处理好城市公交与农村客运的关系，初步构建分工协作、连接贯通、布局合理的综合运输网络体系。

【抗旱救灾】 2010年，曲靖市交通运输系统把农村公路建设作为抗旱保民生、保春耕的生命线，做到项目、资金安排与抗旱工作紧密结合。安排交通项目资金518万元划拨到各县（市）区，用于保障农村公路通畅工程实施，确保绝大部分农村抗旱运输线路畅通。各收费公路开通抗旱救灾车辆“绿色通道”，确保省内外各类救灾物资安全、快捷运往灾区。组织市、县运输管理部门和运输公司，本着就近、就地的原则，配合各县（市）区科学合理调度和安排抗旱运水车辆1000余辆。由曲靖交通运输集团统一安排50辆抗旱运水、应急车辆，为全市抗旱总指挥提供应急保障。做好高等级公路抗旱工作，结合曲嵩高速公路、江石和宣天一级公路的实际情况，调动所有浇水车辆全天候循环工作，浇灌绿化带内植物。

【客运站场管理】 2010年，曲靖市交通部门探索客运管理新模式，根据运输淡、旺季和日客流高峰来调整车辆数和日发班次数，在全市推行循环发班运输管理模式，减少人力、运力及能源的消耗。建立健全道路客运班线许可预审查和限时办结制度，建立客运车辆报废许可限时办结制度。规范道路客运企业质量信誉考核，在全市13户客运企业中，有5户被评为AAA级，8户被评为AA级。规范道路客运运价管理，确保经营者和乘客合法权益。

【农村客运】 2010年，曲靖市交通运输系统以推广“丘北经验”为契机，紧扣百姓出行便捷化、营运车辆小型化、运力投放科学化、乡村客运区域化、管理体制规范化的“五化”工作目标，解决农村客运的规范发展问题。在富源县成功试点乡村客运区域化管理模式，得到省“推丘办”的认可，并在富源召开全省经验推广会，在全省推广学习；在会泽县推行城市、农村客运公司化经营，开始显现成效。争取省、市对农村客运站点的建设项目、资金扶持，续建和新开工项目79个。主动配合做好交通体制改革前城市公交、城市出租的相关协调工作，在规定时间内全省第一家完成农村客运、城市公共汽车客运、出租汽车客运燃油消耗数据统计上报审核工作。

【路政执法】 2010年，曲靖市交通运输系统理顺路政管理体制，与交警、养护等部门联合开展工作。开展高等级公路交通违法集中整治等一系列交通行政执法活动，对高速公路沿线群众开展《公路法》和交通法律法规等法制宣传活动，丰富全民爱路、护路、守法知识。制定完善《曲靖市路政管理工作考核办法》、《曲靖市路政管理工作量化考核标准》等管理规定，推进路政管理规范化、正规化和标准化。路政人员严格执法，杜绝乱收费、乱罚款现象。维护路产路权，开展路政专项整治行动，超限率由治超前的83%降至10%。

【交通安全】 2010年，曲靖市交通运输系统没有发生一起重特大安全事故，水上交通连续六年实现零责任事故。在春运、“五一”、“十一”及“两会”期间，交通安全形势持续稳定。汛期交通安全生产形势稳定。曲靖交通运输局安全生产委员会分别从机关、市运政处、市公路处、曲靖交通集团公司、市公路开发公司等部门抽派人员组成7个检查组，2次对全市公路运输（危货运输）安全、水上运输安全、路政管理、运输企业、危桥、险路、施工路段、公路养护等方面进行安全大检查。对渡口、码头、站点和重点路段实行定人、定岗、定责任。道路运输、在建工程、水上安全的各项措施落到实处。

【信访维稳】 2010年，曲靖市交通系统办理群众来信、来访，深入工地、收费站点、交通企业和基层单位，对公路建设、行业管理、企业改革发展、运输市场管理等方面的难点和热点问题进行排查，化解多起群众矛盾，全系统没有出现一起10人以上越级上访事件。

【效能建设】 2010年，曲靖市交通运输系统制订适合交通行业特点、操作性强的行政效能四项制度，加强交通运输行业行政绩效管理、行政成本控制、行政能力提升和行政行为监督力度。全年，交通运输系统受理各类行政审批和咨询服务事项10699件，其中，限时办结10699件，首问首办10699件，限时办结率100%，没有出现超时办理、推诿扯皮现象。

（杨华维）

公路建设

【简述】 截至2010年底，全市公路总里程26632千米，比2005年增4%；公路密度92.15千米/百平方千米，比2005年增4.2%；其中高速公路里程392千米，占全省高速公路里程数的15.6%。县（市）区高等级公路通达率100%，乡（镇）等级公路、客车通达率100%，行政村通路、通车率100%。全市公路主骨架基本形成以曲靖中心城区为枢纽、高速公路为龙头、国道省道为骨架、县乡公路为脉络的干支相连、布局合理、四通八达的公路交通网络。基本实现公路建设国道、市到县和出省的重要通道、重要经济干线高等级化和县乡公路油路化、乡到村公路油（弹石）路化、村内道路水泥化的“四化”目标。

【交通固定资产投资】 2010年，曲靖市交通固定资产投资26.16亿元，是市政府下达目标任务的104.64%，同比增30.77%。其中，重点公路建设完成投资85308万元，增29.72%；农村公路建设完成投资115763万元，增20.08%；路网改造公路建设完成投资13462万元，减49.33%；其他交通基础设施建设完成投资47067万元，增316.19%。

【普宣高速公路】 路线起于宣威普立，止于宣威板桥镇西，与拟建的宣威至曲靖高速公路相接。路线全长约83.9千米，路基宽24.5米，采用双向四车道高速公路标准建设，设计行车速度每小时80千米，估算投资约71.2亿元。该项目于2008年7月正式启动前期工作，于2010年12月10日正式开工建设。

【宣曲高速公路】 路线起于宣威板桥，与普宣高速公路相接，经卡朗、小石岩，止于国道320线昆曲高速公路南海子立交，估算投资约62.2亿元，采用双向四车道高速公路标准建设。2010年，工可报告已编制完成且上报省发改委评审，环评、水保的外

2010年6月30日，宣塘二级公路正式建成通车。

（杨华维/摄）

业工作已经完成，转入报告的正式编制工作。地灾评估报告已批复，矿产压覆报告已编制完成，待审批。土地预审工作报件，经省内评审通过，上报国家审批。工可报告经省发改委审查待批复，勘察设计工作省政府、省交通运输厅同意通过邀请招标方式进行。

【曲靖东南过境线】 全长51.5千米，估算总投资36亿元。其中：东过境线起点为大龙潭互通式立交（预留），止于三宝罗汉山，与曲陆高速交叉，长30.4千米，路基宽33.5米，估算投资19亿元；南过境线起点为罗汉山，止于国道320线昆曲高速南海子立交，长21.1千米，路基宽26米，估算投资17亿元。2010年，项目7个报件完成，开展土地预审工作；工程场地地震安全性评价提交中间成果，待地勘资料完成后可提交全部成果；勘察设计完成招投标工作。

【沾待高速公路】 路线全长68.77千米，估算投资为48亿元。起点为沾益的卡郎，接宣曲高速公路，止于会泽待补。2010年，该项目建议书批复同意，工可评审通过。环评、水保、地灾评价、矿产压覆工作已经开展，建设项目用地面积初测工作完成，规划调整工作正协调联系市、县、区国土部门开展。

【富源（胜境关）至兴义（乌沙镇）高速公路】 项目起点位于富源县胜境关，终点位于贵州省兴义市乌沙镇。2010年，富源县政府已成立前期工作组，该项目建议书已编制完成上报省发改委待批复。

【324线“一改高”工程】 2010年，工程正在进行勘察设计工作，与贵州的连接段由曲靖投资，已委托贵州省实施，正在建设。

【宣倘二级公路】 公路全长63.9千米，工程于2008年11月23日开工建设，于2010年6月30日建成通车。截至年底累计完成投资60348万元。

【富江二级公路】 公路全长69.86千米，概算总投资11.17亿元。项目于2010年1月开工建设，截至年底累计完成投资65100万元。

【农村公路建设】 2010年，是曲靖农村公路发展史上争取项目最多、投资最大、社会效益最好的一年。农村公路建设按照等级多标准、路面多形式、筹资多渠道、安保多样化、管养多方式、绿化多树种的“六多”要求，向上争取、整合交通项目和资金，解决老百姓出行难、乘车难等问题。全年全市启动实施农村公路和相关交通基础设施建设项目370个、3817.43千米，仅农村公路建设完成投资115763万元，同比增20.08%，主要涉及通乡油路、通达工程、农村客运站点建设、危桥改造、渡口改造及渡改桥工程。其中：通乡油路项目33个610.7千米，完成投资22557万元；通达工程项目116个976.79千米，完成投资15110万元；市、县自筹公路项目170个2224.94千米，完成投资73328万元；实施建设农村客运站点37个，完工15个，完成投资2618万元；国防公路项目2个，完成投资170万元；码头、渡口改造、渡改桥项目7个，完成投资116万元；改造危桥6座，完成投资1864万元。农村公路养护以独具曲靖特色的“同、牌、账、簿”一体化模式为主线，以各县（市）区建设“通、平、美、绿、安”示范路为龙头，全方位提升农村公路网络服务水平。截至年底，全市纳入统计的农村公路管养总里程17926.82千米，投入养护资金12251.65万元，农村公路好路率大幅提升，在全省的公路管养考核中，曲靖名列第一。

2010年曲靖市境内列入国家统计里程公路状况表（一）

单位：千米

类别	行政等级	高速公路	一级公路	二级公路	三级公路	四级公路	等外路	小计	备注
省管公路	国　道	391.79	253.373	17.299	216.987	199.958		1079.407	含曲陆高速公路87千米（已铺装路面），曲胜高速公路72.4千米（已铺装路面），嵩待高速公路42千米（已铺装路面），待昭高速公路114.5千米，列统里程合计20402.49千米，全市村道6230千米，总合计里程26671.01千米
	省　道			144.238	263.298	413.713		821.249	
	县　道			133.202	161.874	264.872		559.948	
	小　计	391.79	253.373	294.739	642.159	878.543	0	2460.604	
市管公路	省　道			58.038	40.031	190.373		288.442	
地方公路	县　道		18.42	46.895	171.02	2587.905	28.38	2852.62	
	乡　道			0.6	4.308	8900.716	706.365	9611.989	
	专用道			1.964	17.596	249.665	16.408	285.633	
	村　道			0	2.823	2502.759	2436.14	4941.722	
	小　计	0	18.42	107.497	235.778	14431.418	3187.293	17980.406	
合计		391.79	271.793	402.236	877.937	15309.961	3187.293	20441.01	

2010年曲靖市境内列入国家统计里程公路状况表（二）

单位：千米

里程		有铺装路面（高级）	简易铺装路面（次高级）	未铺装路面（中级、低级、无路面）		小计	备注
类别	行政等级			合计	其中：弹石路面		
省管公路	国道	662.462	268.612	148.333	148.333	1079.407	含曲陆高速公路87千米（已铺装路面），曲胜高速公路72.4千米（已铺装路面），嵩待高速公路42千米（已铺装路面），待昭高速公路114.5千米，列统里程合计20402.49千米，全市村道6230千米，总合计里程26671.01千米
	省道	144.238	605.261	71.75		821.249	
	县道	133.202	344.39	82.356	11	559.948	
	小计	939.902	1218.263	302.439	159.333	2460.604	
市管公路	省道	173.093	95.452	19.897	0	288.442	
地方公路	县道	1020.484	493.394	1338.742	232.975	2852.62	
	乡道	547.839	161.838	8902.312	55.38	9611.989	
	专用道	125.694	0	159.939	4.273	285.633	
	村道	147.25	159.612	4634.86	8.659	4941.722	
	小计	2014.360	910.296	15055.75	301.287	17980.406	
合计		2954.262	2128.559	15358.189	460.62	20441.01	

运政管理

【简述】 2010年，曲靖市运政系统将工作重心向“保民生、保稳定、保安全”转移，坚持创新思路、调整结构、做好规划、协调服务的工作方针，做到管理精细化、执法规范化、服务优质化、监管科学化。年末，全市拥有营运客车5563辆71022个客位（其中9座以下农村客运车辆3639辆），完成客运量4460万人，客运周转量330327.87万人千米，同比增1015辆、1233万人、94248.87万人千米；营运货车50165辆216140.25吨位，完成货运量8168万吨，货运周转量745160万吨千米，增12672辆、2496万吨、236761万吨千米。全市有汽车维修业户1497户，汽车租赁17户，汽车综合性能检测站9个，信息配载26户，货运代办40户，汽车驾驶员培训校（站）29户；客运线路798条（其中农村客运线路585条），等级客运站92个（其中农村客运站79个）。全市从事道路运输经营及其相关业务97821人，实现道路运输综合产值61.12亿元，增14.8亿元。

【客货运输】 2010年，曲靖市运政处编制《曲靖市城市公共客运发展现状调研报告》，为交通运输行政管理部门指导城市公共客运工作提供详实的资料；在总结富源县营上镇乡村客运区域化试点工作的基础上，按照交通发展一体化的要求，提出城郊客运公交化、乡村客运区域化的发展思路和乡村客运发展的财政、税收等方面具体政策；在全省规定时间内第一家完成农村客运、城市公共汽车客运、出租汽车客运燃油消耗数据统计上报工作，争取到2009年城乡道路客运成品油价格补助资金3639.45万元，占全省道路客运成品油价格补助资金总额的16.9%；建立道路客运班线许可预审查制度，规范项目可行性研究报告编制工作，累计办理客车报废许可申请42起，换发道路客运班（次）许可证明书935份。规范客运站（场）建设管理，配合有关县（市）交通主管部门完成拟开工建设的22个农村客运站工程可行性研究报告的报批，审核上报请求省运管局组织对罗平汽车客运东站和宣威汽车客运北站客运功能审查的请示；全市除会泽县的5个客运站限期按要求整改外，其余农村客运站都通过站级验收，颁发站级验收合格证。规范道路客运企业质量信誉考核工作，在全市13户客运企业中，有5户被评为AAA级，8户被评为AA级；规范道路客运运价管理，对涉及全市219条客运线路的计价里程与相关州（市）相互确认，做到数据真实、准确。对危货运输企业落实规范和安全生产情况进行2次检查，督促危货运输企业加强企业内部安全生产管理，促进企业用制度管人、管车、实现企业安全生产管理规范、标准化，落实企业安全生产主体责任。年内全市危货运输企业未发生重特大交通事故。组织对全市纳入考核的12家危货企业进行年度质量信誉考核，有8户为AAA级，3户为AA级，1户为A级。许可富源县衡安保安服务有限公司危货运输经营资质，以满足不同区域货运服务需求；许可宣威中通物流有限公司道路物流园区货运站场经营资质，弥补曲靖市道路运输物流园区建设空白。规范鲜活农产品运输绿色通道管理，对具有合法营运手续的车辆核发《云南省鲜活农产品准运证》，一年期8979份，一月期1700份，共计10679份。

【车辆技术管理】 2010年，曲靖市运政处及各运政所组织对全市813户机动车辆维修企业进行质量信誉考核，41户为AAA级，154户为AA级，617户为A级，1户为B级。对汽车综合性能检测人员、汽车综合性能检测站进行质量信誉考核，2户为三星级，其余7户为二星级。考核检测人员125人，124人为AAA级，1人为AA级。全市按《道路运输车辆燃料消耗量达标车型核查工作规范》，核查车辆2731辆，其中：合格2600辆，不合格131辆。全市汽车综合性能检测站完成检测145496辆（次），技术等级评定47555辆次（一级车42770辆次，二级车4785辆次）、二级维护竣工检测97941辆（次）、营运客车类型划分和等级评定复核1782辆次（高级客车159辆，中级客车760辆，普通级客车863辆）。

【道路运输从业人员培训】 2010年，

曲靖市运政处对全市教练车、教练员彻底清理，建立相应的内部管理档案；抓好教练员诚信考核换证工作，在全市1193名教练员中，通过诚信考核709名，换证334名。教练员送培150名。残疾人专用小型自动档载客汽车培训工作启动，有46名残疾人报名学车。组织培训考试客运从业人员986人，货运从业人员5144人，危货运从业人员238人，卫生救护知识培训考试合格9000余人。对全市29家机动车驾驶培训机构进行质量信誉考核，有13家培训机构考核为AAA级，14家培训机构为AA级，1家培训机构考核为A级，1家培训机构暂不列入质量信誉考核。配合市发改委到各培训校（站）对2009年12月20日起执行新的培训收费指导价情况进行检查落实，现场纠正过去收费不规范的行为。鼓励引导驾校采用先进科技手段和节能环保技术，要求普遍使用驾驶模拟器，实现节能减排目标。实行机动车驾驶培训计算机监督，推行IC卡管理。

【运政“打黑”】 2010年，曲靖市运政处、市公安局公交分局联合开展打击非法营运工作，设立联合“打黑”联络办公室，建立完善长效机制。5次集中处所稽查力量联合开展“打黑”、“治乱”行动，查扣处罚非法营运车辆2008辆（次）。6月5日，市运政处在全市范围内开展为期4个月的专项整治行动，出动执法车辆3665辆（次）、稽查人员12456人（次），查扣非法营运车709辆（其中麒麟中心城区128辆）。专项治理行动被省、市电视台跟踪报道5次，《曲靖日报》等报道5次，珠江网、曲靖电子政务网等网站报道7次。市运政处做好3125306举报投诉电话24小时值班工作，先后接到投诉举报案件98件，承办市长热线案件21件，承办信访案件5件，承办市政协提案1件，办结率100%。

【营运车辆年度审验】 2010年9月30日止，曲靖市道路运输经营业户经营许可证应考核数39213户，实考核36481户，考核率93%；道路运输营运车辆应审54767辆，实审50882辆，审验率93%，审验合格率100%。

【道路运输安全管理】 2010年，曲靖市运政管理部门把安全重点放在客运车辆、危货运车辆和客运站场上。落实安全责任追究制，层层签订目标责任书，重点落实企业安全主体责任，督促指导企业搞好安全管理，消除事故隐患。加大行业安全生产宣传力度。如“6月安全生产月活动”，全系统在城市主要街道、广场设立宣传点开展宣传活动，出动宣传车40辆（次），悬挂横幅20幅，发放宣传材料6000余份，解答群众有关政策咨询8000余人（次）；提前准备春运、“五一”、端午、“十一”等重要节假日期间的行业安全生产大检查工作。年内，处、所联合集中开展安全生产大检查活动3次。

（徐兴浩）

海事管理

【简述】 2010年，曲靖市地方海事局推进水运通道建设，发展库区航运，完善配套支持保障系统，督促有关县政府与涉水乡（镇）、各乡（镇）政府与村委会、村委会与船主逐层签订安全责任书，全市共签订808份，签订率100%。全市水上交通安全事故为零。

【安全检查】 2010年，曲靖市地方海事局组织和参与各种安全检查10次，检查有船单位和渡口48个，船舶465艘（次），纠正违章30余起，发出停航通知书30余份。4次参与滇、黔、桂三省（区）天生桥库区水上安全联动执法大检查活动，投入车辆12辆（次），出动海事执法人员76人（次），检查船舶108艘（次），处罚违法载客28艘（次），拆除动力装置4艘，扣留非法船舶2艘、罚款5000余元。拆除跨河抬网线10条，抬网10张，网具边线40条，约2980米。

【船舶检验发证】 2010年，曲靖市地方海事局检验各类船舶125艘，制作和发放船舶检验证书114本。

【船舶、码头改造】 2010年，曲靖市地方海事局推进全市船舶改造、新建工作，罗平鲁布革库区改造船舶1艘，天生桥库区新建21艘，独木水库新建2艘。

【航道新建及维护清理】 2010年，曲靖市地方海事局开展航道碍航清理整治工作，投入资金30万元炸除库区红斑段碍航暗礁，清除暗礁1500余立方米。投入经费10余万元在辖区通航水域设置地名标示标牌10处。投入资金75万元，改造渡口6道，清理航道30余处20余千米。至年底，全市共有航道16条，其中：库区航道9条，天然河道4条，山区急流航道3条，通航里程285.11千米。

（徐兴浩）

公路运输

【简述】 截至2010年底，曲靖交通集团在册员工2274人，从业人员6000多人，离休干部39人，退休人员4112人，机动车辆3953辆，其中营运车3783辆（含货车408辆，客车1222辆，出租车757辆，微型车1257辆，公交车139辆）。资产总额8.32亿元，在麒麟区、昆明市、宣威市、会泽县、罗平县、师宗县、陆良县、沾益县、马龙县设有60多个分公司及18个参股子公司。全年全公司累计完成客货运周转量4.65亿吨千米，同比降4.62%；百吨千米燃油综合单耗6.40升，万元运输增加值能源消耗5.74吨，累计节油4505.73万升，折合标准煤19088吨。全年实现营运销售收入11.21亿元，增2.7%；实现利润总额1816万元，增95%；应缴税费款4499.04万元，减支90万元，降2.8%；员工人均收入17887元，增11.6%。

【“十一五”发展成果】 “十一五”期间，曲靖交通集团按“主辅分离，主业做强，辅业搞活”的思路，即主要经营收入从以客运为主、货运和保修工业为辅转变为以旅客运输经营、盘活房地产土地资源为主财力，工业保修、货运、物流、多种经营部分（经营单位）从集团剥离，成立独立法人实体。“十一五”期间，公司道路运输主要经营场所逐步从各地市县中心区域向城郊搬迁。道路运输由以省会城市为主干线转变为超长班线、乡班客车为主。企业生产经营规模扩大，五年累计投资2亿元开展近百项基本建设和技术改造，完成客运站、检测站、修理厂、专营店、培训站等主要基础设施的更新改造，建设曲靖小坡、宣威小耿屯、陆良西桥、师宗凤凰山4个工业园区。安全保障和抗风险能力增强，坚持质量、环境、职业健康安全管理，改善生产一线的劳动保护和卫生条件，职业病危害得到有效控制，安全管理科技手段创新，以系统平台自动处理安管业务，以电脑实时分析事故原因，以GPA实时监控车辆运行，以RF卡智能系统把关现场安检，形成交强险、交统筹、安全互助“三效合一”的风险防范机制，道路运输安全各项指标大幅下降。五年来，公司连续跻身全国百强诚信道路运输企业，2010年度，公司在中国道路运输协会评定的“中国道路运输百强诚信企业”中排名44位，云南省企业100强排名第84位，是曲靖市50户重点骨干企业之一。集团公司、高快汽车站均获中国海员建设工会授予的农民工平安返乡（岗）安全优质服务先进集体，沾益片辖区内黑桥社区被评为全国群众体育先进集体、公司注册的曲交集团图形商标被确定为省“著名商标”和曲靖市“知名商标”。

【基础设施建设】 2010年，曲靖交通集团完成站点基础设施建设投资15408万元，完成工业业务收入4.21亿元，实现利税2648万元。列入省市基本建设计划的4个一级客运站（即麒麟区南客运站、宣威客运站南站、宣威客运北站和会泽客运中心站）项目全部启动。11月，位于马龙县金叶路A段和文河路A段交会处的马龙客运站项目主楼主体工程已完工，进入装修收尾阶段，占地面积29.9亩，建筑面积2200平方米，总投资1200万元，待修通城市道路后即可投入使用。罗平客运北站设计日均发送旅客5400人（次），总投资900多万元，位于规划建设的火车站迎宾大道与九龙大道相交处西南侧，规划占地13.11亩，设计等级为一级。在宣威市振兴街北延长线新征地450亩搬迁宣威客运北站，项目暂定名为“交通·金城”，8月被省发改委列为省级重点推进项目，规划一级客运站，建筑面积1.85万平方米，停车场15320平方米，日均旅客发送量1.2万人（次），项目还将设置相关配套设施：建筑面积1.6万平方米、年吞吐量1000万吨的中通物流，面积16万平方米的鑫亚批发市场，10月23日破土动工。师宗县酝酿占地10公顷的师宗交通工业园区，将师宗县的汽车销售、维修等产业规划到园区内。政府置换麒麟客运站新增的西片工业园被确定为瑞和工业园区，基础定位为重型卡车销售技术服务基地和道路运输枢纽中心，新引进的重型卡车已于年底进场销售。曲靖南客运站项目按政府要求已重新选址在三宝镇新房子村，占地85.7亩，预计总投资1.96亿元，现办理报批规划、土地等各项手续。曲靖交通集团投资2000多万元在宣威新工地、富源修理厂、沾益片生活区内建设廉租住房580套共计3.38万平方米。

【汽车检测行业】 2010年，曲靖交通集团完成各类二级维护、技术等级评定检测9.3万车（次），实现检测收入970万元。社会车辆急剧增加，汽车综合性能检测频率较上年同期增加，全年完成检测车数创历史新高。曲靖检测站日检车辆超过300辆，创下历史最高记录。重新编订和实施新版程序文件和作业指导书400多页，按新版管理体系运行，建立每月一次重复性验证检测仪器设备重点项目制度。在行业部门质量信誉考核中保持最高等级“三星级”，检测中重点强调制动力总和与整车质量百分比、轴制动力与轴荷百分比，左右轮制动力差百分比、驻车制动总和与整车质量百分比4个参数的标准要求和控制，强化对营运客车的转向、制动系统等安全关键参数检验，杜绝因检测质量把关不严而引发交通事故。

【客运业务】 2010年，曲靖交通集团完成客运量2337万人（次），旅客周转量30.2亿人千米，同比增6.49%和10.61%；拥有客运营运车辆3375辆，拥有省际客运班线40条，市际客运班线84条，县际58条、县内221条。公司把经营重点放在实施客运结构战略调整上，经行业管理部门批准新增曲靖至楚雄、安顺、重庆、玉溪等长途班车，为应对城际列车带给干线客运的冲击，开辟曲靖旅游客运，购置16辆旅游客车，与一些企事业大型单位、公司合作，承接单位的集体出行服务。在铁路城际列车增开提速冲击和昆明主城区站点调整的影响下，曲靖市、罗平县、师宗县、陆良县、富源县到昆明的班线客运主线营运市场占有率大幅下滑，曲靖到昆明旅客运量稀少，客运班车大部分闲置。主线城市运输市场的竞争以及乡村客运市场运输需要的增加，公司客运主线整体结构已进入大、快、高向短、小、密转变阶段，营运主力已从省属到州（市）向县（区）之间和县（区）与乡（镇）间转变，车辆也从40座以上向30座左右转变。加大乡（镇）客运站（场）和基本设施投入，增加车辆投放量，宣威市成立农村客运车队，麒麟区成立农村客运公司，共吸纳城乡微型客车1148辆，城乡农村客运车辆除部分19座中巴客车外，大部分为长安、昌河、东风小康、柳州五菱和一汽佳宝等微型客车，而从业人员绝大多数是各乡（镇）农民。通过市场化运作和资金补贴，对花山至麒麟的微型车进行整合，以“四车并一”方式规范管理、回收班线，将121辆微型车整合为31辆中巴车投入营运。2010年新购客车50辆，总投资6168万元。

【公共交通】 2010年，曲靖交通集团在师宗县、罗平县、富源县、会泽县、宣威市均设有所属公交公司，公交车辆增加13辆，达139辆。与云维集团等大型企业合作开发职工上下班通勤车，按照班线客运、农村客运和公交客运无缝衔接拓展经营业务。宣威市、会泽县、罗平县、师宗县、富源县公交客车运行正常，会泽县公交车开行一年亏损200多万元。

【安全管理】 “十一五”期间，曲靖交通集团把科技创新贯穿运输安全管理工作全过程。安管业务建立地址为http://60.161.78.196的网络管理信息平台；客运站安全监督设立智能系统把关，严把客运站点“五不出站”关，通过RF射频卡记录并检验车辆和驾驶员的信息；车辆运行全程GPS监控，实现动态管理创新；计算机全面分析事故原因，实现数据应用手段创新；黑名单跟踪违规肇事车、人，实现事故未查清、责任职工未受教育、防范措施未制订和落实责任人未按追究制度追究责任的“四不放过”执行措施创新。2010年，全公司纳入安全统计的机动车3994辆，发生道路交通事故100.75次，百车事故率2.52次；受伤88.5人，百车受伤率2.22人；死亡2.22人，百车死亡率0.14人；直接经济损失574万元，百车经损率14.37万元。员工因工千人重伤、千人死亡为零，火灾责任事故为零。与2005年相比，百车事故率降47.4%，受伤率降26.5%，死亡率降56.3%，经损率升42.4%，均低于考核指标。

【汽车销售】 2010年，曲靖汽车销售市场呈持续上升趋势，但曲靖交通集团营销的自主品牌下滑严重，客观存在的主要原因是国家购销汽车优惠政策透支、汽车购置税上调、石油价格连续上涨和百年难遇的干旱，影响汽车用户的消费信心，尤其是2009年销量看好的比亚迪汽车，受到资深品牌如一汽、上汽、广汽和通用等品牌降低利润空间等因素影响，销量大幅下滑。公司坚持把汽车销售技术服务当作产业来做，压缩利润空间，用足国家购置税减免和“汽车下乡”等促销政策。全年销售汽车6300多辆，同比大幅下降；累计完成各类汽车维修6.7万余车（次），同比增12.4%。其中：销售东风雪铁龙、比亚迪、众泰等系列轿车1250多辆，东风小康、奇瑞系列微型客车2200多辆，福特系列销售1010辆，重型卡车销售150辆，宣威片销售近1000辆。以汽车销售带动后续服务的4S品牌服务模式逐渐步入正轨，2010年福特系列服务收入1100万元，东风雪铁龙系列轿车售后产值2700万元，均大幅提升。

【物流】　2010年，曲靖交通集团货运量112.9万吨，货物周转量1.63亿吨千米，同比降16.24%和24.09%。年初大旱、全年不时出现柴油严重短缺、国家成品油价税费改革、养路费等政策实施，对货运物流业务产生不利影响。公司有货车408辆，各货运车主重新回到个体经营状态，货运市场再次呈现出小、散、乱状态。公司依靠长久运输经验，在临时合同关系下与各物流公司形成团队接洽物流业务，而各工业生产单位已实施标准化管理，单项单期均采取招投标方式，公司应其要求备齐投标资料，管理成本和运作成本日趋上升，利润空间更加有限，货运物流发展越来越难。各单位仅完成现代物流中货物装卸搬运过程，面临从传统货运到现代物流的转型问题。物流公司与曲靖石油公司签订长期运输合同，连续保持零事故记录。

（黄丽多）

公路管理养护

【简述】　2010年，曲靖公路管理总段以强正业、建干线、提等级、保畅通为主线，切实提高公路服务能力。开展好沥青路面预防性养护劳动竞赛活动；推进公路养护机械化、规模化、专业化进程；全面完成宣倘二级公路建设任务，推进参建二级公路建设进程，抓好应急保障队伍建设，规范完善总段、管理段机构设置等阶段性、及时性工作。克服旱灾、养路经费投入不足、体制改革带来的种种困难，力保年度工作目标任务完成。

【省市合作项目】　2010年6月30日，由曲靖公路管理总段受命承建的宣倘二级公路建成通车，云南省公路局和宣威市政府共同投资6.1亿元，公路全长63.9千米。曲靖公路管理总段参建的文山、红河、德宏等地4条二级公路，得到业主单位的肯定。

【治超工作】　2010年，路政人员分离后，曲靖公路管理总段管养公路路产路权受到严重侵害，违章建筑增多，违章占路加水严重，水沟人为阻塞现象突出，路面堆积物严重影响交通安全，任意开挖甚至切断公路无人过问，给路况质量造成前所未有的压力。加之严重超限超载无法全面制止，漏逃现象严重，治超工作面临重重困难。曲靖公路管理总段与路政及有关部门加强治超管理。截至11月20日共检测超限车辆951780辆，查处超限违法车辆554730辆。

【预防性养护】　2010年，曲靖公路管理总段在开展沥青路面预防性养护劳动竞赛中，累计采备砂石料126453平方米，栽植行道树15840株，对直径20厘米以上的行道树进行建档编号管理，进行路面处治22743平方米，路面表处40721平方米，路面微表处3.5万平方米，裂缝处治1325米，利用同步封层车进行路面防水封层25.34千米，修补路缘石24911米，修复路基缺口2260.6立方米，新做拦水埂、带400米，挡墙1531.16平方米，路基养护1750.9千米，修补坑槽18167平方米，修补面层59023平方米，利用再生技术处理基层8.3千米，新挖标准水沟3396米，清理水毁坍方26410立方米。在片区竞赛评比中，取得第一名（并列）。

【机械化养护】　2010年，曲靖公路管理总段利用维特根KMA200场拌冷再生设备为楚大路实施修缮工程59.3千米；利用维特根WR2500S就地冷再生机实施修缮工程70.9千米（曲靖总段为13.9千米）；利用维特根W2000铣刨机实施修缮工程63.8千米（曲靖总段4.5千米）；利用同步碎石封层车修复路面30千米；利用徐工16T胶轮压路机碾压路面45千米；利用徐工12T双钢轮压路机（串联式振动压路机）碾压路面10千米。

【规模化养护】　2010年，曲靖公路管理总段筹资解决总段和管理段两级机关的局域网络办公系统。1月，顺利完成总段机关办公楼搬迁；规范设置机关科室，完成麒麟公路管理段的搬迁工作；为养护站所统一配置办公电脑、数码相机，逐步解决职工住宿区的环境绿化，建设职工文体活动场所、添购设施，建设站所小型图书阅览室等。总段、管理段、站所建设逐步形成规模。

【科学养护】　2010年，曲靖公路管理总段营造讲科学、学科学、用科学的良好氛围，提高公路建、养、管科技水平，提升队伍专业化水平，促进全总段朝着学习型、创新型、专业型方向发展。公路养护新材料、新工艺、新技术在总段得到普及推广，冷补材料、乳化沥青就地再生等实用、方便、环保的技术运用，降低养护成本，减少工人劳动强度，减少污染物排放。

【应急保障】　2010年，曲靖公路管理总段完成民兵分队整组任务，获麒麟区人民武装部“民兵专业分队建设优秀单位”称号，并作为曲靖市民兵分队代表接受成都军区国防动员委员会首长的检阅和检查；应急机动人员保障中队进行为期一月的战备钢桥架设、军事素质训练，并参加云南省公路局组织的交通战备应急大比武活动，获组织奖且得到云南省交通运输厅、云南省公路局领导的肯定与表扬；抓好战备库管工作，解放军总后勤部交通局、财政部国防司领导视察总段308交通战备物资库，给予肯定。参与施工的国家边防公路建设完成预期目标任务。

【机构设置】　2010年，曲靖市成立马龙、沾益公路管理段，撤销石咀段、高管段，曲靖公路管理段更名麒麟公路管理段工作完成。

（高见昆）

铁路运输

【简述】　曲靖车务段属昆明铁路局直管段，位于曲靖市建宁西路，管辖53个车站、1个线路所，营运里程707千米。管辖车站分布在云贵两省4个州（市）、11个县（区）市，其中：客运办理站18个，货运办理站33个，有专用线车站26个、56条专用线，危险货物办理站8个，5个战略装车点。与成都局分界站有沪昆线的凤凰山站和水红线夹沟站。至年末，全段有职工1663人，其中干部221人，高级技术职务1人，中级技术职务26人。段机关设办公室、安全路风监察科、技术和统计科、职工教育科、劳动人事科、财务收入计划科、武装保卫科和党群工作办公室8个科室。全段设曲靖、宣威、红果3个党总支，金马村、黑老湾、富源、小新街、格以头、柏果、发耳7个党支部；设93个班组，其中客运班组10个，货运班组7个。

【安全生产】　2010年，曲靖车务段

完善安全“红线”管理考核体系，制订行车安全、劳动人身安全、客车安全、货装安全、施工安全、调乘安全、防溜安全“底线”控制目标及“红线”考核范围、奖惩标准。全年共计奖励145人6.7万元，查处严重违反“红线”规定的28人，其中5人待岗，1人扣款1000元、停职巡回检查。至12月31日18时止，全段实现安全年，无铁路交通一般D类事故454天。12月15日，六沾曲靖至松林段双线开通运营。

【运输任务】 2010年，曲靖车务段构建算账式组织运输生产管理体系，把运输生产任务指标、统计分析纳入到算账式生产组织中，实行每班一算账、每日一分析、每周一小结、每月一总结考核。10月6日全段完成装车1299车，创历史新高。为挖掘运输潜力，组织羊场支线牵引试验，使调机（双机）的牵引定数从1800吨增加到2000吨；协调东源铝业公司修复富源站专用线17、18道，利用富源站闲置的专用线股道，提高装卸作业能力。为提高机车应用效率，调整机车下东川次数，当塘子、天生桥作业量大时保证两站机车使用，缓解两站作业量，用一天时间完成二天的工作量。2010年，全段旅客发送917.69万人，同比增5.3%；货物发送2442.66万吨，增28.49%。运输收入20.85亿元，其中：客运收入2.59亿元，增37.17%；货运收入18.26亿元，增11.19%。

【经营管理】 2010年，曲靖车务段将多元企业的日班装车计划，纳入车站一日重点工作进行安排，加强多元装车作业站完成管内货物发送吨、管外货物发送吨等指标的考核，在多元装车站与多元生产单位之间营造合作共赢的意识。控制业务招待费。加强低值易耗品调剂和材料物资修旧利废力度，严把新购备品、设备质量关，全年节约成本20万元。对各种电脑耗材价格进行市场调研，组织招投标，择优选择供应商，签订购销合同，降低采购成本。

【干部队伍建设】 2010年，曲靖车务段段领导班子成员、机关科室负责人、专业管理人员、各党（总）支部书记、站长、二三等站副站长、安全员、车站监察、技术员等共计53名管理干部，被纳入添乘机车现场检查考核范围，量化每一名干部的检查指标及检查区段，确保有三分之二的干部在现场卡控。明确固化所有站长、副站长、值班干部、客货技术员一日必做工作，每日由站长考核副站长，副站长考核安全监察、分管技术员、客运主任和安全员一日工作落实情况。段干部作风督察组不定期抽查，对未按要求落实一日重点工作的车站，除直接对责任管理人员考核外实施连带站长考核，管理人员被“红牌”考核，对站长连带考核扣款50元；被警示通知书考核，对站长连带考核扣款100元。相同问题当月内重复发生的人员，给予诫勉或解聘处理。2010年，考核未落实月度添乘机车及现场检查计划、安全工作质量低下的干部216人（次），干部撤职3人、免职9人、降职11人、降级4人，共计调整干部203人（次）。对考核优秀的管理人员和职工，结合“十百千万”人才培养工程，建立起由116人组成的段级、车间级后备管理人员库。全年，管理人员提职15人、提级13人，从工人中选拔管理人员16人。

【职工队伍建设】 2010年，曲靖车务段每月以政治业务学习、遵章守纪、团结协作、职工评议为主要内容对工人进行一次岗位业绩考核，每人每月以150元作为奖励基数，根据岗位业绩考核成绩进行分配。把自控型班组建设的成效与包保干部、班组长、班组职工的经济利益切实挂钩。自8月8日起，加大劳务派遣工的奖励力度，凡部、局、车务段组织的各项评先选优，劳务派遣工不受身份限制，与国铁职工共同参加评选，奖励标准与国铁职工一致；对防止隐患、事故的有功人员，按照统一奖励标准予以表彰奖励；铁路局组织的季度、年度安全绩效评价考核奖励，比照国铁职工标准进行奖励。

【班组建设】 2010年，曲靖车务段自控型班组认定并保留59个，因“两违”超标失格12个，未认定16个，共计奖励班组长津贴37.47万元。4月，昆明铁路局组织全局货运系统在曲靖车务段宣威站、黑老湾等站召开现场观摩会，对自控型班组给予肯定。

【更新改造】 2010年，曲靖车务段投资20余万元为威红线及盘西线部分车站添置大量食堂设备及电器，完成红果、威箐站食堂的修缮改造。对责任站区加强管理，完善站区联合会制度，发挥站区职能，开展环境整治，改善职工生活环境和条件。

【“十一五”成就】 “十一五”期间，曲靖车务段职工人数由1635减为1603人。营运里程由400千米增为707千米，管辖车站由38个增为54个。旅客发送由439.87万人增为917.69万人，货物发送由1760.21万吨增为2442.66万吨，运输收入由10.66亿元增为20.85亿元。2007年2月1日，总投资37.5亿元、全长145.82千米、时速160千米的沾昆复线开通运营。2010年12月15日曲靖至炎方区段开通复线。自2007年6月1日起，曲靖至昆明开行城际列车。2007年8月1日起增开城际列车对数，由原来的2对增开至8对，其中有2对延伸开行到宣威车站。在曲靖火车站、林场新建靖秀园、靖雅园、靖和园小区，建盖经济适用房3000多套，解决沿线小站职工住房问题。总计投资2000万元更新改造各站站房、食堂和职工宿舍。

（杨海兰）

信息产业

责任编辑　马　燕

综　述

2010年，曲靖市信息产业系统深化效能政府制度建设，强化行政绩效管理，控制行政成本、加强行政行为监督，提升行政能力，提高社会各界和人民群众的满意度，构建行为规范、运转协调、公正透明、廉洁高效的行政管理体制。围绕“数字曲靖”建设目标，推进信息产业发展，加快信息化建设，提升无线电监管和保障水平；推进政府信息公开、政务信息查询、电子政务建设，增强政务信息化技术保障能力，推进工业、农业、社会信息化特别是3G业务的应用和发展，促进行业效益提升。

通信业创新发展。2010年度，市信息产业系统在新一轮网络建设中做好与省相关部门和通信企业的业务沟通对接，主动深入通信企业，落实基站升级改造和布点规划，组织专家做好可行性论证，加快许可审批、报备工作进度，完成3家通信公司年度建站审核，推进三代移动通信的建设步伐。年底全市通信光缆线路长度31万千米，拥有固定电话用户38.5万户、宽带网用户20万户，建设无线通信基站3900座，移动电话交换机容量490万门，移动电话用户265万户；有线电视用户59.5万户，数字电视36万户，完成固定资产投资9亿元。

重点项目建设应用成效明显。2010年，曲靖市充分利用电子政务外网平台，开展省、市、县、乡四级公文交换或网上办公。全市49个市直部门和部分县（富源、师宗）、乡开展网上公文交换或网上办公，运行效果良好，行政效率大幅提高，行政成本明显降低。在全省率先建成市、县、乡三级互联互通的视频会议系统，可召开中央、省的视频会议，可供市、县两级随时随地召开视频会议。全年承担全市各级部门召开视频会议82次，9个县（市）区通过视频会议系统召开到乡（镇）级会议61次，尤其在抗旱救灾指挥调度工作中，部分县、乡视频会议系统起到重要作用。推进曲靖市西城工业园区工业化与信息化融合工作，争取“数字园区”项目，构建园区现代产业体系。

推进电子政务建设，确保政务网络安全。2010年度，全市累计建成信息公开网站809个，其中：1个市政府网站，74个市直部门、5个党委及法检部门、9个县（市）区政府和720个县（市）直部门、乡镇（街道）信息公开网站。全年全市主动公开政府信息19773条，设立政府信息查询领导机构607个，录入常见问题8925件，政务信息网络查询系统累计受理群众网上提问1839件，办结回复1818件，回复率98.8%。整合96128专线提升便民服务水平，全市有5个单位短号码与96128专线整合，40个行政审批许可部门实现与政务中心窗口整合，有611个部门接入政务专线电话。全市96128专线累计应答电话23851次，除用户自行挂机和平台解答外，转接13865次，转接成功10237次，转接成功率74%，群众满意度98%。截至年底，有63家单位的156个信息系统提供备案信息，其中68个信息系统被确定为二级以上安全保护级别。联合市公安、保密、机要部门开展政务信息系统安全检查，市直各部门及各县（市）区对政务用信息网络、业务系统、办公系统、门户网站等开展自检自查。

信息产业管理

【政务网络管理】　2010年，曲靖市各县（市）区信息产业办承担全市各级部门召开视频会议82次，9个县（市）区通过视频会议系统召开到乡（镇）级会议61次。完成市、县两级190家单位网络运行维护，提供电子政务信息平台的支撑和保障。全市累计建成信息公开网站809个。加强基础信息网络安全检查，提高全市基础信息网络和重要信息系统的安全保护能力和水平。有63家单位的156个信息系统提供备案信息，其中68个信息系统被确定为二级以上安全保护级别。

【无线电管理】　2010年，曲靖市无线电管理处换发电台执照911个，新发964个，收取频率占用费33.418万元。频率许可11件，台（站）许可998件。开展广播电视无线电台专项检查，出动车辆25车（次），人员90人（次），检查单位9家，检查广播电台30台、电视发射台24台、移动电视基站1座，对有问题的电台责令整改。加大对无线电管理的执法力度，查处非法设台和非法占用频率行为，查处2起干扰护林防火通信系统案件，罚款2000元。

【无线电监测】　2010年，曲靖市无线电监测站进行5次电磁环境测试，查找无线电干扰11起。完成99个基站的通信运营公司基站检测任务，累计监测7503.12小时。重视监测网项目储备和申报，对二期工程5个小型站设备升级项目立项申报，争取到175万元设备投入。市无线电监测站自行设计建设的全国首个防雷击、自供电高山监测站经两年运行，得到省内外专家认可，完成成果申报流程。

【考试无线电监测】 2010年，曲靖市无线电管理处成立曲靖市信息产业办全国普通高校招生考试环境整治工作领导小组，明确工作职责。做好应急预案，对麒麟区的5个考点进行干扰效果测试并录制警示录音，配合公安部门捣毁2个考试作弊信号发射窝点。

（李　骞）

邮　政

【简述】 2010年，曲靖市邮政系统创新发展思路，推进专业化经营改革，提升服务质量；以效益为中心，推进邮政业务市场化、商业化运作，提升经营管理水平。围绕“一个中心，强化两个创新，贯彻三个方针，实现一个目标”的发展思路。即：围绕企业经营效益这一中心，创新发展方式和普遍服务方式；在经营上贯彻三个方针：全力发展专营业务，规模发展竞争性业务，保持邮务类业务高效快速发展。通过专业化改革，迅速扩张速递物流业务。以代理邮政金融业务为基础，拓展代理业务的领域和产品。2010年，全市邮政总收入完成10566万元（其中速递物流分公司2194万元），为省公司年计划的100.04%，同比增9.47%，增长绝对额914万元。在“创先争优”活动中，沾益县局营业部被云南省邮政公司授予“工人先锋号”称号；麒麟区邮政局严海龙、宣威市邮政局刘鑫、会泽县邮政局郭建昌、陆良县邮政局李丽萍被授予“优秀支局长”称号；曲靖市邮政局大客户中心高级客户经理李买菊、毛丽被授予“优秀营销标兵”称号；宣威市邮政局符兰波被授予“优秀营销能手”称号。

【业务收入】 2010年，曲靖市邮政局代理储蓄业务完成收入2850万元，为年计划的130.6%；邮务类业务完成4277万元，为年计划的94.4%；代理速递物流类业务完成687万元，完成年计划的121.96%。三大板块各占业务总收入的比重分别为：邮务类占51%，代理金融占38%，代理速递物流占8%。

【抗旱救灾】 2009年入秋以来，曲靖连续9个月干旱，全市邮政员工坚守工作岗位，确保通信畅通，捐款5.39万元支援地方水利建设。2010年6月25日，一场特大单次暴雨袭击了麒麟区和马龙县城，降雨量高达208.4毫米。市邮政局和马龙县邮政局干部职工积极投入到抗洪抢险保通信工作中，确保人身、邮件、设备和车辆安全，把损失降到最低程度，并以最快的速度恢复灾后通信生产。

【分配制度改革】 2010年，曲靖市邮政系统员工工资结构变化较大，固定薪酬占比大幅提高。全系统加强岗位履职考核，逐步加大岗位履职管理在绩效考核中的占比，提高工作人员的责任意识和工作效率，树立“岗位靠竞争、收入靠贡献”的竞争意识；推行计件计量工作，建立一套科学、合理的考核分配办法，按照“按劳分配、多劳多得、效率优先、兼顾公平”的原则，在投递发行部，宣威市、会泽县、陆良县邮政局试行投递员计件计量工资考核办法，在麒麟区邮政局推行营业员计件计量工资考核试点。2010年员工收入同比增20.7%。

【警示教育】 2010年，曲靖市邮政局分两批开展全市邮政警示教育活动，组织9个县（市）区邮政局和市邮政局各部门到云南省第四监狱开展警示教育活动。曲靖邮政系统290余人参加此次警示教育活动。

【速递物流专业化经营改革】 2010年8月1日，曲靖邮政速递物流分公司正式分账运作，专业化资产净值调查、审计、评估工作基本完成，土地、房屋资产确权办证率100%，关联交易和分账核算工作正在完善。

【硬件设施建设】 2010年，沾益县邮政生产综合楼竣工通入使用。沾益县邮政局综合楼2009年1月15日立项投标，5月14日开工，建设投资280万元，建筑面积1198平方米，是国务院西部邮政服务基础设施建设项目，2010年4月12日竣工初验。3月22日，富源县老厂邮政所房屋建设工程竣工初验。老厂邮政所生产房是国家西部邮政基础设施建设项目，总投资64.29万元（不含挡墙和土方挖运工程），其中中央预算内资金20万元，建筑面积413平方米，2009年4月29日开工。年内，完成全市21个网点改造的审计工作。

（杨　峰）

2010年8月，全市邮政系统体育活动。

（杨峰/摄）

电　信

【简述】 2010年，中国电信股份有限公司曲靖分公司（以下简称电信曲靖分公司）完成经营收入3.3亿元，同比增7%。全业务品牌客户、移动用户、宽带用户规模不断扩大；服务信息化能力大幅提升，非话收入占比居全省前列；成本、利润等各项指标达到省公司考核要求。2010年，曲靖分公司保持“市级文明行业”称号，并配合省公司建成省级文明行业；市分公司及8个区县分公司建成省级和市级文明单位。

【企业管理创新】 2010年，电信曲靖分公司创新商务模式。全面推进市场网格化管理项目，社会渠道能力增强，基本实现常态化发展；创新薪酬分配机制，完善岗位体系。成功实施“工资池”薪酬分配机制改革、人员退出机制、营销骨干队伍三项改革创新，盘活人力资源，优化业绩导向和团队氛围；规范财务管理，开展“小金库”专项整治工作，杜绝企业利益的跑冒滴漏和资金账外循环；规范采购和物资管理行为，实施物资集中采购、阳光采购，规范商务谈判，集中监督采购行为，确保企业整体形象和利益不受侵害。在全省率先建立2.5级仓储体系。

【信息化建设】 2010年，电信曲靖分公司借力3G和互联网优势，发挥曲靖电信在全市信息化建设进程中的主力军作用，提升服务能力。推进政务信息化建设，发挥曲靖市电子政务运营支撑中心职能，承接实施电子政务公文交换系统、“96128”专线平台、电子政务服务网络乡（镇）延伸等重大项目；实施推广警务E通、司法E通等信息化应用。完成平安城市二期工程，对综合治安要害地段以及网吧等特殊场所加大监控力度。推进教育信息化、卫生信息化、旅游E通、烟草E通、翼机通、电力抄表、煤矿安全监控等信息化应用；对金融系统专网提质改造，提高其运营效率。结合政府“866工程”和新农村建设，加快推进农村信息化建设进程。加大乡（镇）七站八所、农村中小学光纤覆盖；实施“村通”工程，优化C网网络，加强C网信号覆盖；在全市开展“天翼信息村”建设，为农村提供更优质的通信服务；拓展农村信息化应用，打造“金色农家”信息平台，为农村提供农业信息查询、技术指导和电话听广播服务，拓宽国家政策、政令及信息传递渠道。

【基础设施建设】 2010年，电信曲靖分公司加速移动网络建设。全年新建基站136个，在县以上城区及经济发达乡（镇），开通3G网络，CDMA移动网络能力持续提升。聚焦客户感知持续开展网优工作，无线网络指标持续改善，达到集团考核要求。开展宽带接入网新建、扩容、优化改造及农村宽带通达建设、城区缆线整治、WLAN热点建设等专项工作。完成14.74万线宽窄带新建改造，城区95%以上区域具备8兆以上带宽覆盖能力，较上年底提升79.27个百分点。推进网络基础设施共建共享，坚持召开互联互通月例会，落实其他运营商提出的共建共享需求，避免重复建设。

【网络信息安全】 2010年，电信曲靖分公司加强网络与信息安全工作。成立工作团队，完善应急预案，多次、全方位地开展网络与信息安全排查整治。对转接平台、呼叫中心、话务批发代理、专线、中继线、DID、IDC+DID等话音接入业务进行排查和监测，避免不良信息和非法IP电话通联情况发生；对本地接入中国电信互联网或托管主机进行网站内容清查和网站备案信息核查，凡是涉黄、涉毒、涉赌等互联网低俗非法信息网站及论坛一律关闭；加强对自营网站管理，对曲靖信息港网站开展常规性信息安全检查；群发短信严格按流程审批。

2010年7月20日，曲靖“青春珠江源数字云青”3G项目签字仪式。（市电信公司/供稿）

【通信保障】 2010年，电信曲靖分公司加强对党、政、军及重点行业客户的通信保障。在市委全会、人代会、政协会、维稳及各种自然灾害期间，做好重要通信保障。在“6·25”马龙洪灾、年底冰凌雪灾期间，做好抗灾通信保障和生产自救。

【行风建设及客户服务】 2010年，电信曲靖分公司维护市场秩序，加强行风建设。自觉遵守并维护市场竞争秩序，严格执行互联互通相关要求，规范电信资费套餐，严格执行业务套餐报批、报备制度，正确处理竞合关系，有效保障消费者合法权益。加强基础服务管理，提升客户感知。强化直销队伍建设，对重点政企客户推行纵向一体化营销服务。针对性开展营业厅装修整治，加强营业员业务和服务规范培训。提升10000号主动营销能力，发挥好服务质量监督职能。完善服务质量监督考核体系，实施客户申告分级责任制管理。推进服务转型，提升差异化服务能力。加强网厅、掌厅等新型电子渠道推广应用，拓展终端卖场、天翼服务站、空中充值站等社会渠道。聚焦不同客户群实施差异化、针对性服务，建立客户俱乐部和积分体系；市县终端维修中心覆盖率100%，乡（镇）设置终端接机点。

（张　健）

移　动

【简述】 2010年，中国移动云南公司曲靖分公司（以下简称曲靖移动分公司）树立“不唯指标唯市场”的理念，坚持客户发展和精细管理一起抓，存量市场和增量市场一起抓，城市市场和农村市场一起抓，和谐企业建设和开展创先争优活动一起抓，完成各项任务。获“云南省和谐企业”称号、

2010年度财务工作二等奖、2010年存续事物管理评比三等奖、2010年度管理创新优秀奖、“云南省群众体育先进单位”称号、“云南移动综治维稳先进单位”称号。沾益县分公司、富源县分公司获“曲靖市模范劳动关系和谐企业”称号；宣威市分公司城南片区经理马丽娅获“曲靖市优秀农民工”称号。

【运营收入】 2010年，曲靖移动分公司在网客户221万户，实现运营收入10.16亿元，上缴国家税收1.8亿元。

【网络建设】 2010年，曲靖移动分公司实施无线网工程3个批（次），新增基站400个，扩容基站759个，净增载频2416块，全网基站数2079个。

【TD四期工程】 2010年，曲靖移动分公司建设TD室外覆盖的宏蜂窝基站161个，室内29个。

【“两会”通信保障】 2010年2月1～7日，曲靖“两会”在曲靖会堂召开，曲靖移动分公司作为通信行业唯一赞助商，确保“两会”期间通信无故障。集团客户中心特派8名技术骨干为与会代表提供服务，在石林大酒店和官房大酒店门口布置“动力100”的展台宣传公司集团业务。提供1.7万瓶贴有“动力100”政务通贴标的矿泉水，其中：为政协委员提供1万瓶，为人大代表提供7000瓶。“两会”期间，以大会秘书处名义用企信通向与会代表发送温馨提示，如下榻酒店的信息、未来三天的天气预报等。

【抗旱救灾信息】 2010年，曲靖特大旱灾期间，曲靖移动分公司及时向每一位客户发送市委书记赵立雄、市长岳跃生的抗旱救灾指示。向全体党员发出“起好先锋模范带头作用，积极投入到抗旱救灾工作中”的短信党课。通过网络短信捐款5098元。

【抗洪保通信】 2010年6月25日晚至26日凌晨，马龙特大洪灾造成通信网络中断，曲靖移动分公司第一时间展开救援，保障通信，为受灾群众提供免费电话报平安及免费充电站。6月26日下午2点50分，10086热线服务中心开始向马龙县所有在网客户分批次连续地发出“6月26日凌晨发生特大洪灾，在县委政府领导下，应急措施已启动，全县水库安全，请大家不传谣不信谣，服从安排。——马龙县委政府”的信息，稳定灾民情绪。

【“橙人行动”】 2010年6月21日下午，曲靖移动2010年动感地带第四季“橙人行动”启动会在曲靖移动分公司会议室召开。共青团曲靖市委副书记李建玲，曲靖移动分公司副总经理黄湘云及曲靖师院、曲靖医专、曲靖财校等7所学校的有关领导共30余人参会，会议由市场部经理李建波主持。“橙人”行动计划在全市范围内招募“橙人”260名，从事营业前台、集团客户维系、校园迎新等各项工作。8月21日，“橙人行动——2010年动感地带曲靖市青少年暑期社会实践活动颁奖典礼”在珠江源广场举行。共青团曲靖市委副书记李建玲，曲靖移动副总经理黄湘云，曲靖各高校团委书记以及162名橙人参加颁奖典礼，3个团队、16名优秀“橙人”及多个优秀个人受到表彰。

【农信通、惠农网、136工程】 2010年7月24日，云南电视台、《曲靖移动报》就曲靖市广大乡村普及农信通、惠农网、136信息富民工程作深入采访，该工程得到农民肯定。全年曲靖移动分公司收集发布农产品市场信息、劳务信息、农村政策、农业科技信息和抗旱技术信息等短信800余条，通过“农信通”发至农户手中。

【曲靖职教园区信息化】 2010年10月15日，在曲靖官房大酒店二楼会盟室举行曲靖职教园区教学及管理综合信息化系统项目建设和曲靖明珠集团投资开发公司进驻协议签字仪式。曲靖市职教中心管委会、曲靖明珠集团投资开发公司与中国移动通信集团云南有限公司曲靖分公司达成协议，共同发展曲靖职教园区教学及管理综合信息化系统。10月9日，投标确定由曲靖移动分公司负责投资建设。曲靖移动分公司与曲靖明珠集团投资开发公司签订进驻协议。

【《曲靖移动》（旬报）获省奖】 2010年，《曲靖移动》（旬报）捷报频传，10月获云南新闻工作者协会颁发的“云南省最佳企业报”称号，毕然获“云南省企业优秀新闻工作者”称号；11月，获云南新闻出版局颁发的云南省第三届连续性内部出版物银奖，毕然获优秀编辑银奖。2010年《曲靖移动》（旬报）出刊36期，其中《一曲彰显移动人社会责任的凯歌——曲靖移动抗旱救灾纪实》、《打造绿色通信，巧绘绿色画卷，装扮滇东大地——曲靖移动践行“绿色行动”纪实》、《突降暴雨，曲靖马龙县城被淹，危难时刻，移动通信彰显责任——6·25抗洪保通信纪实》被《曲靖日报》、《春城晚报》、《云南日报》、《中国移动周刊》、《人民邮电》报采用。

【移动“满意·放心”服务】 2010年3月14日，曲靖移动麒麟区分公司在珠江源广场开展“满意服务，放心

2010年5月16日，曲靖移动分公司“5·17大型路演活动”开启。
（毕然/摄）

消费”主题活动，现场为广大移动客户答疑解惑。推出“七项服务举措”，加大不良信息治理力度，对不良信息，专线举报；自助服务，随时随地；服务密码，安全可靠；收费信息，清晰透明。当天接待咨询客户200余名，发放宣传资料500余份。

【“沟通100”外包厅服务】 2010年5月18日下午，曲靖移动分公司市场经营部组织全市沟通100外包厅负责人就2010年服务厅外包工作要求及服务质量提升召开曲靖移动服务厅服务质量提升座谈会。

【“5·17”大型路演】 2010年5月16日下午，曲靖移动分公司在滇东商业广场举办“5·17”大型路演活动。活动采用现场抽奖、颁奖的形式，产生一、二、三等奖和幸运奖。活动以“移动G3，让3G生活更美好”为主题，以手机电视业务免费体验为亮点，向客户诠释3G通信服务。

【流程穿越】 2010年6月13日，移动麒麟分公司南宁西路服务厅举办流程穿越活动。由曲靖移动分公司副总经理黄湘云、市场部副经理何琳、网络部副经理郭锐、贵宾客户中心副经理赵丽萍等组成的流程穿越活动小组共15人，在南宁西路服务厅集合。整个流程穿越活动分为三部分：客户穿越、岗位穿越和部门穿越。在客户穿越过程中，活动小组以真实客户身份在柜台办理各种业务。通过网上营业厅、短信营业厅、自助机等渠道申请开通、查询、下载使用和取消新业务，体验在服务厅期间所有的通话语音网络覆盖、语音网络通话质量、手机上网覆盖范围、手机上网速度等状况。在岗位穿越过程中活动小组走进柜台以营业员的身份为客户办理业务1个多小时，体验公司营销活动流程穿越、系统速度等优与劣，真实了解客户的消费期望和服务满意度。在部门穿越部分，通过查看公司下达的各项营销活动布置和宣传等，了解营销活动执行的速度、效果、问题反馈等情况。

【QC小组活动应用技术实务培训】 2010年6月1~2日，移动曲靖分公司举办QC小组活动应用技术实务培训。60名来自各县（市）区分公司各部门的班组长及QC小组活动负责人参加培训。本次培训由广州沃维企业管理咨询有限公司的老师叶思哲主讲。培训平均满意率97.73%。

（毕 然）

联 通

【网络建设】 截至2010年底，曲靖联通通信系统网络无线容量100万户，建有覆盖遍及全市、乡（镇）、行政村、公路干线和旅游景点的GMS130/131/132/156移动通信网络基站1400余个，WCDMA3G基站500余个，长途交换电路容量166880线，建有通达全市的光纤传输综合网络，光缆线路长度近4600千米。固定资产投资总值12亿余元。9月，曲靖联通WCDMA3G网络在各县的开网工作完成。对GSM网络进行全网调整优化，改善网络结构、现网网络安全、容量结构，改善曲靖区域网区域辐射面，降低用户在网络拥堵时通话掉线问题。

【业务发展】 2010年，曲靖联通做好市场细分和明确目标市场，推进名单制营销、体验式营销，提高客户经理的业务演示水平、全业务营销能力与水平。宽带发展的职能下移至县；以3G业务为重点，开展数十场“百日千场”及“百日冲刺”促销活动，iPhone手机四代上市后销售火爆；开展“家电下乡”活动。年底，移动通信在网用户38万，宽带用户3万余户，固定电话3万余户。

【客户服务】 2010年，曲靖联通成立各部门、各县（市）区分公司一把手为主要责任人的客服响应保障工作组，为公司前台服务人员提供良好的后台支撑保障。组建VIP客户经理队伍，落实分级服务，强化VIP客户服务维系工作。建立网格化服务保障体系，转变服务模式，落实服务功能，提高服务覆盖率，推进社区服务工作向家庭延伸。

【中国联通集团公司总经理陆益民一行到曲靖调研】 2010年12月14日，中国联通集团公司总经理陆益民在省分公司总经理虞立勤和宽带在线有限公司总经理左风等陪同下到曲靖市分公司进行调研。实地查看营业厅、3G合作手机卖场情况，看望一线员工，与曲靖市分公司领导干部及员工进行座谈。

【抗旱救灾】 2010年，曲靖联通为抗旱救灾做好通信抢修和保障工作。2月25日下午15点，曲靖市分公司召开抗旱救灾捐款大会，全体员工共捐款18220元，共产党员抗旱救灾特别捐款1.3万元。

【3G行业应用推介会】 2010年6月3日，曲靖联通在曲靖官房酒店举办“2010集团客户3G业务行业应用推介会”。曲靖公安、工商、税务、烟草、电力、水务、石油、环保、金融系统、保险、证券，各大企业、新闻媒体以及社会各界的集团关键人物及

2010年6月3日，联通曲靖市分公司举办集团客户3G行业推介会。

（牛锋/摄）

主管信息工作的人员、合作伙伴近120人参会。会议现场专门设置包含有iPhone终端、无线上网卡、网络监控器等产品的体验区，还有苹果专家在现场进行业务咨询。主要推介的行业应用产品有手机OA、移动视频监控、移动执法、移动工商、移动税务、手机银行、移动采编、环保监测、电力远程抄表、远程订损、加油站监控等。

【云南联通首次实战演练大赛】 2010年8月3~6日，云南联通首次以实战形式对商务楼宇客户开展营销拓展的一次全省性以赛代训大练兵活动——“沃在楼宇”商务楼宇拓展实战演练大赛在曲靖举办。集团公司集团客户事业部中小企业客户市场推广处处长楼志文和主任方宏到大赛现场指导工作。全省16个州（市）分公司均派代表队参加实战大赛，每队4人参赛。经过8月4日、5日短短两天的实战，各参赛队累计走访客户1000余家，成功发展商务客户近千户，收取现金总额40万元，年合同总额50万元。曲靖分公司的2位选手获得销售能手个人一等奖，曲靖分公司获组织贡献奖。

（牛　锋）

铁　通

【基础设施】 2010年，铁通曲靖分公司坚持整合现有资源、协同共享移动资源、避免重复建设的原则，以市场为导向，以提高投资效益和建设优质工程为目标，安排和实施部分城域网、接入网、互联网等重点工程建设。年内，完成新建缆线及设备扩容96项，宽带扩容6656线，利用PON新技术新建2224线，基本满足市场经营发展需要。在会泽县、马龙县、农校新校区、炮团新营区等铁通缆线未覆盖区域，利用移动资源共同拓展业务。

【服务工作】 2010年，铁通曲靖分公司把改善服务质量作为维护公司品牌的出发点和落脚点，引导干部职工牢固树立全员服务意识，切实转变服务态度。分公司加强监督检查，强化制约手段，加强用户回访力度，提升电话、宽带、专线装移机用户、投诉用户的综合满意度。在继续完善故障申告和10050客服热线的基础上，开展100%用户回访、真情回报用户等活动，提升铁通服务。针对互联网业务的迅速增长，分公司集团客户服务部采取回访、上门等方式为用户提供故障处理、系统维护、杀毒软件安装等优质的延伸服务。

【大客户管理】 2010年，铁通曲靖分公司抓好重点客户发展工作，经过大量的用户回访和市场调查，制定出台《集团客户工作制度》。为保证制度实施，分公司制定详细的营销工作流程、营销工作计划，设置集团客户工作小组，定期与移动集团客户部协同沟通，共享资源，共同进行集团客户的营销工作。大客户互联网专线接入业务取得突破性进展，全年共接入100余条互联网专线。

【机构重组】 2009年12月，国务院批示，自2010年1月1日将中国移动的铁通铁路专网通信设备及人员划归铁道部管理。铁通曲靖分公司成立相关机构，协助省分公司、昆明铁路局进行资产清查、设备交接、人员划转等工作。

（杨坤清）

广电网络

【网络建设】 2010年，云南广电网络曲靖分公司围绕市场需求，加大网络覆盖力度，为适应农村数字电视和城市高清互动电视业务发展的需要，对各县（市）城区和农村乡（镇）一级的网络进行大规模改造。同时安排和实施部分新的城域网、接入网、互联网等重点工程建设。全年网络改造建设投资4000余万元。

【客户服务】 2010年，云南广电网络曲靖分公司针对广大客户上班时间与广电网络上班时间同步的现状，曲靖分公司把客户服务时间调整为早上8：00点到晚上11：00，且在国家规定服务时限的基础上大大缩短故障处理、新装入网等服务时限。对客户服务和网络运维两个部门实行日考核制度，推行行政问责和重大事项专人督办制度，细分客户，对不同的客户群采取差异化服务。

【安全播出】 2010年，云南广电网络曲靖分公司修订和完善《安播操作规程》、《应急预案》、《演练实施细则》等可行性方案，并按照计划逐步推进实施。严格机房管理，确保重点部位不受外界干扰。认真排查、重点整改，确保技术维护的安全性、设备运行的稳定性、安全传输的可靠性。圆满完成各类安全播出任务。

【业务发展】 2010年，云南广电网络曲靖分公司电视累计用户60万户，其中：数字电视用户20万户，高清互动电视2万户，传统业务用户38万户。宽带互联网用户2.4万户。业务总收入9858.3万元，同比增5%。

（陈　婷）

城乡建设和管理

责任编辑　马　燕

综　述

2010年，曲靖市住房和城乡建设局（以下简称市住建局）围绕“打造现代工业强市，建设珠江源大城市”的战略目标和建设功能完善、环境优美、生活便捷、治安良好、人民满意的“城市建设三年行动计划”要求，狠抓“保增长、保民生、保稳定”的工作重点，重点在“拉骨架、打基础、提品位、重建管”上下功夫，实施人民满意城市创建，抓好结构调整和重大项目建设，实施“三百工程”，突出“两污”设施建设，加大城市基础设施建设力度，开展省级园林城市创建，推进房地产业、建筑业健康稳定发展，加快保障性住房建设，加大村镇建设力度，推进城镇化进程，统筹全市城乡一体化发展，克服百年不遇特大旱灾带来的各种困难，打赢“抗旱救灾保民生，投资建设促发展”两场攻坚战，保障城镇生活、生产用水安全，科学规划、建设、管理、经营城市，完成各项建设目标任务。

规划先行，以人为本，科学规划。2010年，曲靖市制定出台《曲靖市中心城区建设工程规划验收管理办法（试行）》（市政府第45号公告），加强规划管理，健全“五条高压线”规划管理。建立技术会、专家评审会、城乡规划联席会和规委会“四会一体”审查审批机制。2010年，立项编制8项规划和1项地形图测量。中心城区、沾益县、马龙县控制性详细规划实现全覆盖。参与滇中城市群规划编制。在总体规划指导下，城市和县城建立住房、交通、公交、公厕、停车场、供排水、人防、绿化、消防、电力、电信等专项规划体系，中心城区还编制燃气、户外广告、中小学布局、加油站、商业网点等专项规划。

固定资产投资增长，城镇化水平提升。2010年，全市固定资产投资突破220亿元大关，达223.08亿元，同比增50亿元，占全市固定资产投资的四分之一，三年实现翻两番的历史性突破，成为全市固定资产投资的重要支撑。全市县城以上建成区面积170平方千米，城镇人口218万人，城镇化水平达3%，超过全省平均水平。珠江源大城市建成区面积73平方千米，城镇人口76万人。曲靖中心城区建成区面积56平方千米，城镇人口60万人，城镇化水平69%，跨越式进入全国大城市系列，成为云南省第二大城市，进入城市化建设的快速发展期和城乡快速融合期。

基础设施建设加快，城镇功能不断完善。2010年，全市城市基础设施完成投资75亿元，投资额与上年相比实现翻番。所有县以上城镇“两污”设施项目全部建成，在云南省处于领先行列，污水处理率80%，生活垃圾无害化处理率96%，比省政府要求提前两年完成。重点项目推进顺利，全市城市基础设施建设完成一大批重点项目建设，建成省内领先、全国一流、可容纳10万学生入驻的曲靖职教中心；启动市级“五馆一中心”建设；“两江”（白石江、潇湘江）治理初见成效，垃圾发电厂等一大批城市基础设施项目建设竣工；全市城镇一大批交通设施，商贸物流设施，教育文化、医疗卫生设施，电力、电信设施，绿化、净化设施建成。全市城市公交投入加大，场站建设、车辆更新、线路拓展得到加强。城市供水能力、管网建设、维护管理增强，漏损率降低，全年城市供水平稳安全。

环境建设得到重视，城市形象日益提升。2010年，曲靖中心城区、罗平县、师宗县、会泽县顺利创建省级园林城市，各项提升环境建设工作全面加强。加大街边绿地改造和节点建设力度，中心城区新增绿化面积78万平方米，新建街边节点小游园29个，127个单位、43个小区获得“省级园林”称号。加强城市地下综合管沟建设。对新修建或改造的城市道路一律实行高标准综合管沟建设，实行雨污分流，强弱电分开，所有管线入地。加大“两江”治理力度，对“两江”进行截污、河道清淤、沿岸道路、绿化景观综合改造，实施引水入城工程，最后实现“路畅、灯亮、景美、水清、岸绿”的目标。实施灯光、亮化，彰显城市特色，提升城市品位。年内，中心城区实施58个亮化景观项目；已建设完成楼体景观精品亮化工程和公共接点景观亮化20余个。通过对城市片区、山体、河流、街道、广场、道路接点、重要建筑等进行形象设计、改造和美化，城市形象日益显现。

房地产业持续发展，住房保障成绩突出。2010年，曲靖市房地产投资稳步增长，投资总量再创历史新高，完成投资112亿元。房地产开发与销售在上年基数较大的基础上仍保持平稳较快增长，房地产开发增量拉动投资增长，房地产开发规模继续扩大。保障性住房建设措施有力，成效明显。在保障性住房工作中，全年全市发放租赁补贴1426.2万元，6268户最低收入家庭住房得到保障。在廉租房建设工作中，市住建局探索廉租住房和经济适用住房建设新模式，在全省率先探索性地采取“政校合作、政企合作、廉租房与经济适用房捆绑建设”等模式，在土地供应、资金筹措、房源拓展上为全省乃至全国创造廉租房建设新经验。在公共租赁房建设中，中心城区全年计划3.6万平方米、600套，总投资5400万元，年内已完成投资800万元。全市概算总投资5亿元（其中上级补助资金9500万元），实施农村危旧房改造、抗震安居工程。农村危改任务7200户，抗震安居1.07万户，开工率100%。国有工矿、林区棚户区改造和华侨农场危旧房改造概算总投资4亿元，年内项目全面启动实施。全市保障性住房建设工作得到上级部门肯定。

统筹城乡建设，村镇建设力度加大。2010年，全市99个乡镇（建制镇57个、乡集镇42个）实施集镇第二轮总体规划调整修编。按照省政府的要求2012年曲靖可全面完成村庄规划。全市通过实施“866”工程、“整乡推进扶贫”、新农村、新社区、小康示范村、重点小城镇和农村危改、民居抗震工程建设，村镇建设力度大幅提升。小城镇通过“八个一”工程建设（一条文明示范大街、一个以上物资交易市场、一个自来水厂、一个停车场、一个广场（公园）、一个垃圾填埋场、一个文化活动中心、一支强有力的规划建设队伍）的推动，基础设施配套建设和服务功能日趋完善，人口、产业聚集效应明显。年内，曲靖市住建局整合各类资金1806万元投入到整乡推进项目中，争取各类资金1.5亿元用于农村危改和抗震安居。全市有17个小城镇被云南省初步列为重点开发建设特色小集镇。全市村镇建设完成投资40亿元，小城镇建设已经成为推进城乡一体化的重要桥梁和纽带。

建筑业快速发展，产值大幅增长。2010年，全市加大建筑市场秩序治理整顿，严格建筑市场监督管理工作。按分级属地管理原则，规范建设市场各方主体行为，强化企业资质以及执业资格管理。同时，加大政策扶持力度，加大对国有骨干企业和有实力、讲信誉的民营企业的支持力度，扶持其提高资质等级。支持总承包和项目管理企业。切实抓好建筑工程安全质量管理，全市建筑领域安全生产形势基本保持稳定。实施《加快建筑业改革与发展的实施意见》，加快建筑行业产权结构、产业结构、市场结构、经营结构和增长方式调整，严格执行技术标准，推进建筑劳务用工机制改革，保持建筑业良好的发展态势。全市建筑业总产值突破100亿元大关，达133.82亿元，实现建筑业增加值57.9亿元，同比增24.12%，一跃成为支柱产业，增加值占GDP的比重达10%以上，经济总量实现历史性突破，建筑业在国民经济中的地位和作用增强。

城市管理更加科学，城市运行走向规范。推进城镇管理日常化。将管理工作的重点从集中整治转向日常化、正常化管理，建立和完善城镇监察、环卫队伍，实施城镇管理目标责任制和全方位、全过程监管。逐步创造条件，改革体制，将诸如绿化、环卫、基础设施等管护推向市场，实现社会化、企业化管理。推进城镇管理法制化，加强行政执法责任制工作。严格按照国家相关法律、法规及相关政策来管理城镇，逐步推进城市管理综合执法。推进城镇管理科技化。运用地理信息、遥感、网络、多媒体以及虚拟仿真等现代技术对城市进行动态监测管理，逐步实现数字化、网络化和智能化管理，推进城镇管理由粗放化向精细化转变，城市运行逐步走向规范。

创新机制，走出城镇建设新路子。2010年，市住建局加大投融资体制改革，理顺投融资体制，推进投融资平台建设，投资分解到40个项目，并成立40个项目工作组，由局领导为组长，各部门为成员，倒排目标，以目标促工期，以工期促任务，同时，确保工程质量和全年城镇固定资产投资的完成。加大市场化力度，在过去供排水事业改革、冠名权出让、BT模式建设的基础上，探索城镇建设资金来源渠道，集中精力引进大项目参与城市建设。

“十一五”主要指标圆满完成。“十一五”期间，全市住房和城乡建设快速、健康发展，呈现出城镇化加速提升、城镇规模明显扩大、城镇功能明显完善、城镇环境明显改善、城镇辐射带动作用明显增强的良好局面，实现城市建设规模扩展与提升质量双丰收的目标。2005、2006、2008年，曲靖3次被评为全国十佳宜居城市，2007年荣获中国走向世界——中小城市成就奖，2008年荣获省级文明城市，2007、2009年两次被评为中国最安全城市，2009年入选新中国建国60周年城市发展代表，2010年曲靖中心城区、罗平、师宗、会泽县创建为省级园林城市。全市住房和城乡建设“十一五”规划总体上实施良好，规划确定的主要发展目标均超额完成。

2000~2010年曲靖市城镇化率（%）

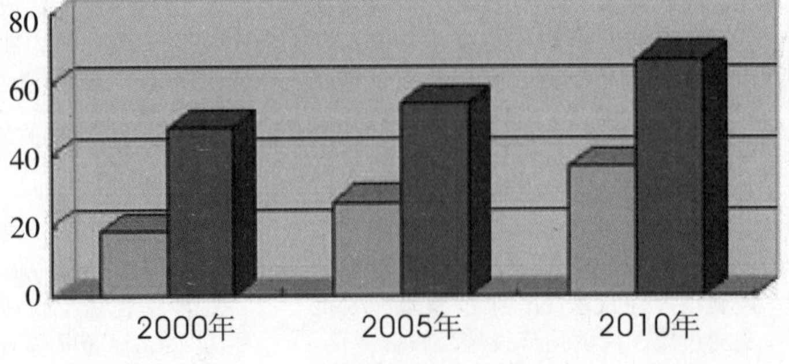

曲靖市“十一五”城乡建设主要指标完成情况表

指标内容		“十一五”确定目标	“十一五”完成指标	完成情况对比
城镇化率	全市	35%	37.3%	超2.3%
	中心城区	60%	69%	超9%
城镇人口	全市	205万人	224万人	超19万人
	珠江源大城市	66万人	73万人	超7万人
	中心城区	45万人	60万人	超15万人
建成区面积	全市县以上	155平方千米	170平方千米	超15平方千米
	珠江源大城市	63.2平方千米	72平方千米	超8.8平方千米
	中心城区	44.2平方千米	56平方千米	超11.8平方千米
固定资产投资	全市建设系统	450亿元	650亿元	超200亿元
	其中：房地产	200亿元	320亿元	超120亿元
	基础设施	130亿元	163亿元	超33亿元
	村镇投资	100亿元	115亿元	超15亿元
廉租住房		9000套	20624套	超11624套
污水处理率		60%	80%	超20%
垃圾处理率		70%	100%	超30%
建成区绿化覆盖率		16.50%	26.30%	超9.8%
人均公共绿地面积		6.5平方米	8.6平方米	超2.1平方米
人均道路面积		11.5平方米	12.83平方米	超1.33平方米

曲靖市“十一五”固定资产投资图　　单位：亿元

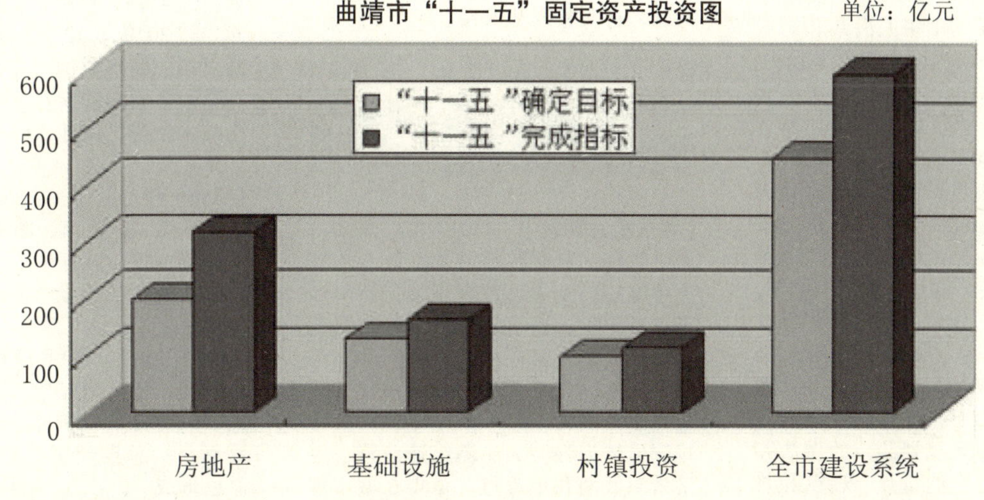

城市规划

【城乡规划编制】 2010年，曲靖市规划局参与滇中城市群规划编制工作，投入977.5万元，立项编制8项规划和地形图测量1项。继续完成上年度接转的编制项目，中心城区、马龙、沾益县城控规覆盖率100%，其他县（市）均达80%以上。

【行政审批】 2010年，曲靖市规划局组织召开技术审查会议31次、专家评审会议14次、规划联席会议4次、规委会议4次，审批平面规划项目117个、建筑项目单体方案61个，用地612公顷，建设规模1011万平方米。提出建设用地规划设计条件111件，核发建设项目选址意见书30件（用地面积85公顷，同比降84.56%）和建设用地规划许可证67件（用地面积395公顷，增43.53%）。提出建设项目选址和用地意见90余件（增50%）。完成拨地定桩43项，提供有偿使用地形图面积2170396.6平方米。核发建设工程规划许可证93件，建筑面积105万平方米（降82.2%），市政道路27万平方米。核发临时建筑许可证249件（门面装修120件，临时房85件，市政27件，广告17件），降11.4%。现场验线81次，增9.5%。

【规划验收项目监管】 2010年2月，曲靖市政府颁布《曲靖市中心城区建设工程规划验收管理办法（试行）》（第45号公告），对中心城区规划区范围内经市规划局批准的各类建设工程的规划验收管理工作作出规定。3月1日，市规划局启动规划验收工作。截至12月底，办理核发规划验收合格证项目41个，其中发出整改意见通知书项目10个，违规率占24%，责令整改内容120余项，补建绿地面积6670平方米，实施异地补绿项目1个，缴纳异地补绿费10万元，补建部分公厕、车位、夜景亮化工程等公建配套设施。

【规划巡查项目监管】 2010年7月1日，曲靖市规划局启动规划巡查工作，购置5辆电瓶车，与市城建监察支队联合安排10人，分为5个巡查小组，进行跟踪巡查。全年巡查100余个建设项目，发现违法建设12起，及时通知市城建监察支队进行查处。

【城乡规划宣传】 2010年，曲靖市规划局组织开展《中华人民共和国城乡规划法》颁布实施两周年宣传活动。在《曲靖日报》刊登《中华人民共和国城乡规划法》全文，并刊载曲靖市委常委、常务副市长周宗《以人为本统筹城乡全面推进城乡规划法制化进程》的文章。通过市政府政务信息发布渠道，对全市手机用户发布“曲靖快讯”进行宣传；通过市规划局网站，及时发布宣传工作新闻、图片和城乡规划法知识、城乡规划工作相关信息。牵头组织全市规划主管部门领导及相关人员在宣威市召开座谈会，交流各地贯彻落实《城乡规划法》的做法和经验，并就工作中的重点、难点和热点问题深入探讨，提出建设性意见和建议。

【城乡规划联席会议】 2010年，曲靖市政府办印发《曲靖市城乡规划联系会议制度》（曲政办发〔2010〕58号），促进城乡规划统筹协调工作，完善城乡规划工作机制。市规划局建立技术会、专家评审会、城乡规划联席会和规委会“四会一体”审查审批机制，“三会一体”到“四会一体”机制的转变，丰富了规划决策体系。

【靖和规划技术服务中心】 2010年，曲靖市组建曲靖市靖和规划技术服务中心，隶属曲靖市城乡规划协会，受市规划局委托承担测绘、规划技术咨询和审查服务，中心通过建立专家库，集中规划专家智力，探索规划技术审查工作由技术服务中心负责的新途径，提升技术审查质量和效率。

【制度建设】 2010年，曲靖市规划局组织起草8项制度，其中，《曲靖都市区城市规划管理办法》、《曲靖都市区规划管理技术规定》和《曲靖市建设用地容积率管理规定》于9月举行听证会。

【专项治理】 2010年，曲靖市规划局对2008年1月1日以来竣工和在建、拟建投资规模100万元以上政府投资和使用国有资金的项目进行清理，全市排查430个项目，总投资159.952亿元，建筑面积348.9万平方米，其中中心城区排查152个项目，用地面积13915.44亩，建筑面积850070.47平方米，项目总投资额119.104亿元，发现8个项目存在许可建筑面积与实际建筑面积不一致的问题，进行整改和处罚。

测绘设计

【城市规划测绘】 2010年，曲靖市测绘管理站打破传统观念，改变传统测绘方法，变依靠常规测绘仪器对城市进行测量、控制为GPS连续运行参考站，成为首家在曲靖市建立和完善GPS连续运行参考站的测绘单位，测绘控制范围覆盖整个规划区，解决常规测量体力强度大、测绘速度慢、经济效率低的几个难点。全年在城市规划测绘工作中共完成阳光花园五期工程、曲靖交通房地产公司西片区地块等规划地形测图和相关调查测量42件，曲靖雄业科技家园、职教园区云南能源技术学院等建筑定位和建筑位置测量66件，曲靖官房房地产公司潇湘新区、寥廓山靖宁宝塔等规划竣工测量64件。

【城市建设测绘】 2010年，曲靖市测绘管理站更新设备，新建并升级GPS连续运行参考站；注重测绘产品质量建设，建立并完善产品质量的过程控制制度；提高测绘产品的后期服务水平，做到有问必答、随叫随到，及时提供现场服务；加强自身建设，测绘精度提高。年内，完成农校片区、安厦老年康复中心等现状地形图测绘2000多亩，南海新区南海大道二期工程、曲靖开发区宁州路等道路带状地形图7.8千米，曲靖农业生态园环北路等新建道路纵、横断面测量25千米。测绘麒麟嘉园一期工程、凤苑路南侧2010年安居房等土方高程图500多亩，按设计要求计算土石方工程量。测绘范围北至沾益花山工业园区，南至越州工业园区，西至马龙县城，东至珠街、沿江片区。

【施工争议事件测绘】 2010年，曲靖市测绘管理站完成逸都小区、西河2号桥、曲靖巨远公司综合楼、靖兴药业综合大厦等基坑周边建筑物和桥墩的沉降测量。

市政建设

【曲靖职教中心】 曲靖职教中心规划占地4.735平方千米，总投资23亿元。至2010年12月，曲靖农校、曲靖财校、曲靖应用技术学校、曲靖工商学校、云南能源技术学院、曲靖应用技术学院已搬迁入驻职教中心。

【五馆一中心】 “五馆一中心”（曲靖美术馆、科技馆、图书馆、博物馆、规划展览馆、体育中心）及配套基础设施，概算总投资16.23亿元。2010年11月，主体工程全面开工建设。“五馆一中心”配套道路（紫云路北段一期、紫云路北段二移动期、鑫康路、凤苑路、轩顺路、靖州路、文体园支路）总投资33816万元，道路路基已形成。

【靖宁宝塔】 靖宁宝塔占地面积11160平方米，其中主塔2916平方米，基础设施8244平方米，总投资5005万元。塔高81米，共9层，于2010年9月完工。

【寥廓南路南延线桥隧及配套工程】 该工程长620米，宽25米，总投资22765万元，于2010年1月完工通车。

市容管理

【餐厨废弃物利用处理】 2010年8月，根据曲靖市政府相关领导对市发改委、住建局、环保局、农业局联合提出《关于开展城市餐厨废弃物资源化利用和无害化处理试点工作有关事项的请示》（曲发改环资［2010］8号）的批示，市容办研究制定《曲靖市开展城市餐厨废弃物资源化利用和无害化处理试点工作项目申报书》。《申报书》主要包括项目概况、相关政策、工作目标、工作内容和项目实施等，明确相关部门的职责分工、建立健全全程监管、执法联动和监督检查等工作机制，形成工作合力，可实现对城区“地沟油”和餐厨废弃物的全程监管，确保不留隐患和死角。年内，省发改委原则上同意将曲靖市列为云南省上报国家餐厨废弃物资源化利用和无害化处理试点的两个试点城市之一。

【机构改革】 2010年，根据《曲靖市人民政府机构改革实施意见》（曲办发［2010］43号）的通知，不再保留曲靖市市容管理委员会办公室，将其职责整合划入曲靖市住房和城乡建设局。12月底前，按市级机构改革工作的相关规定，开展职能转变和人员定岗定责等工作。

城乡建设

【城镇化率】 2010年，曲靖市城镇化率37%，同比提高2.2个百分点，与2000年底相比提高18.16个百分点。全市城镇人口218万人，10年增115万人。

【城市规模】 2010年，珠江源大城市建成区面积73平方千米（中心城区56平方千米，沾益县城8.34平方千米，马龙县城5平方千米，越州、三宝、珠街、花山四组团4平方千米），比上年扩大6平方千米；城市人口76万人（中心城区60万人，沾益县城6.3万人，马龙县城4.1万人，越州、三宝、珠街、花山四组团5.6万人），比上年增加7万人。全市县以上城市建成区面积170平方千米，比上年增16平方千米，比2000年扩大83平方千米。

【城市环境】 2010年12月27日，云南省政府印发《关于公布命名第五批省级园林城市和园林县城的通知》（云政发［2010］194号），命名曲靖市为省级园林城市，命名师宗县、罗平县和会泽县为省级园林县城。县城以上绿化覆盖面积同比增323万平方米，建成区绿化覆盖率38.92%，比2000年提高31.27个百分点。绿地面积增268万平方米，建成区绿地率34.64%，比2000年提高27.99个百分点。

【村镇规模】 2010年底，曲靖市除县城以外有55个建制镇，建成区面积118.84平方千米，建成区居住人口65.72万人；有44个乡集镇，建成区面积44.67平方千米，建成区居住人口20.85万人；1458个行政村，13983个自然村，村庄占地面积769.07平方千米，居住人口449.54万人。全市99个乡（镇）完成第二轮集镇总体规划调整修编，53个建制镇完成村镇体系规划，856个行政村完成村庄规划编制，占全市行政村总数的58.7%；完成自然村村庄规划2988个，占全市自然村总数的21.37%。

【居住状况】 2010年底，曲靖市建制镇有住房建筑面积1832.12万平方米，其中：混合结构1277.53万平方米，人均住宅建筑面积27.88平方米；乡集镇有住房建筑面积522.21万平方米，其中：混合结构291.47万平方米，人均住宅建筑面积25.05平方米；全市农村有住房建筑面积15986.87万平方米，其中：混合结构6512.07万平方米，人均住宅建筑面积35.56平方米。

【农村危房改造】 2010年，曲靖市完成2009年底省级下达曲靖市拆除重建任务3060户，其中：宣威市1080户，富源县1080户，会泽县900户。9月下达曲靖市农村危房改造任务7200户，已完成全部信息登录。至年底，开工建设5374户，占总任务的74.64%，已批准未开工的1691户，竣工133户，占总任务的1.9%。

【公共建筑及设施】 2010年底，曲靖市建制镇有公共建筑面积586.3万平方米，混合结构占539.45万平方米；生产性建筑面积344.18万平方米，混合结构占246.19万平方米；道路长度924.87千米，面积688.48万平方米；桥梁342座，路灯6187盏。乡集镇有公共建筑面积182.05万平方米，混合结构占148.85万平方米；生产性建筑面积67.94万平方米，混合结构占44.88万平方米；道路长度328.6千米，面积204.69万平方米；桥梁109座、路灯1599盏。全市村庄有公共建筑面积816.68万平方米，混合结构占690.18万平方米；生产性建筑面积1477.4万平方米，混合结构占372.69万平方米。

【园林绿化】 2010年底，曲靖市建制镇绿化覆盖面积428.00万平方米，

加固后的麒麟区农村民居。

（市住建局/供稿）

绿地面积226万平方米，公园绿地面积63.79万平方米。乡集镇绿化覆盖面积136.00万平方米，绿地面积63.00万平方米，公园绿地面积4.92万平方米。

【环境卫生】 2010年底，曲靖市建制镇有环卫机械73辆，公厕250座。乡集镇有环卫机械26辆，公厕149座。许多小城镇建设垃圾填埋场，对生活垃圾集中收集的行政村345个，对生活垃圾进行处理的行政村141个。

【自来水建设】 2010年底，曲靖市建制镇有水厂60个，供水管道1817.79千米，年供水总量7177.24万立方米，其中：生活用量2076.12万立方米，生产用量4765.6万立方米，用水人口65.39万人，用水普及率99.49%。乡集镇有水厂38个，供水管道1058.57千米，年供水总量966.82万立方米，其中：生活用量583.38万立方米，生产用量353.03万立方米，用水人口18.32万人，用水普及率87.88%。全市集中供水的行政村982个，有供水设施的村庄3923个，年生活用水量11699.69万立方米，受益人口315.42万人，用水普及率69.33%。

【小城镇建设】 2010年，曲靖市小城镇通过“八个一”工程建设的推动，基础设施配套建设和服务功能日趋完善，人口、产业聚集效应明显。全年全市6个省级旅游小镇（麒麟区三宝镇温泉旅游度假区、马龙县旧县镇、师宗县五龙乡、罗平县鲁布革乡、会泽县金钟镇、宣威市杨柳乡）完成投资近2亿元。

房地产管理

【简述】 2010年，曲靖市房地产管理局（以下简称市房管局）强化住房保障，促进房地产投资和市场监管，强化便民服务措施，实施效能政府和责任政府四项制度。全市完成房地产投资112亿元。

【信息化建设】 2010年，市房管局曲靖房产信息网站向社会发布房地产信息或房地产法律、法规查询和咨询，网站日点击量在1000人（次）以上。为群众免费发领证信息1.82万余条。管理软件升级到3.5版，加强流程管理和权限控制，推进房屋登记规范化，提高办事安全性、严谨性和工作效率。结合市委加强软环境建设的决定，开发二手房交易的管理程序，在全省率先推行二手房合同网上签约备案。开发房产管理信息系统的农房发证子系统模块，在麒麟区各乡（镇）开展农村房屋产权登记及换证工作。

【产权产籍管理】 2010年，市房管局受理、完成房屋产权初始登记、变更登记等共计2754件，发放所有权证29269本；商品房预购预告登记573件，预购抵押登记393件；房屋抵押登记5308件，抵押注销登记2583件；房屋权属登记公告53份。档案归档率100%。

【房产测绘】 2010年，市房管局完成房产测绘290万平方米。其中，商品房278万平方米，私房410户、12万平方米。

【房屋安全鉴定和拆除审批】 2010年，市房管局对全市7县1市1区中小学校舍安全排查进行整理、复核工作，并完善纸质档案、电子文档的归档工作；对沾六复线、各县乡镇道路建设、煤矿沉陷和采空区的房屋安全进行鉴定，共鉴定房屋1100幢，建筑面积35万平方米。

【保障性住房建设】 2010年，云南省下达曲靖市廉租房任务46.82万平方米，年底完成投资70%，竣工20%。省级批准棚户区改造面积11.76万平方米，年内完成总工作量的60%。公共租赁房建设600套。完成经济适用住房审批900余户。完成25个行政单位、14个事业单位住房补贴的发放工作，补贴人数432人，补贴面积10436.6平方米，补贴金额376.73万元。中心城区完成496户廉租住房配租工作。组织全市棚户区调查核实工作；制定曲靖市以及各县（市）区《2010～2012年棚户区改造三年规划》及《曲靖市“十二五”保障性住房建设规划》；制定《曲靖市人民政府关于进一步加强城市低收入住房困难家庭住房保障工作的实施意见》、《曲靖市实行廉租住房先租后售实施意见》。年内，保障性住房建设工作受到国家发改委和省政府表彰。

【住宅维修基金管理】 2010年，曲靖市累计归集住宅专项维修基金2.12亿元（曲靖中心城区1.8亿元）。

【农村房产登记】 2010年，曲靖市各乡（镇）通过英特网同市房管局联网办公，并为各乡（镇）配备办证所需设施；集中对各乡（镇）办证人员进行业务培训；在麒麟区建设局组建麒麟农村办证中心。全年全市办理农村房产登记22104户，发放房屋权属登记证44108本，办理房屋抵押贷款登记948万元。

【市场管理】 2010年，市房管局在中心城区全面启动预售资金监管制度，在省内率先开展商品房预购预告登记和抵押预告登记及网上备案。成立专项检查组，对中心城区所有房地产开发公司、所有在建房地产开发项目进

“三房”共建入住仪式。

（市住建局/供稿）

行全面检查。3月，对全市房地产企业经营行为进行专项检查。10月，开展保障性住房建设工程专项检查。

建筑业管理

【建筑业产值统计上报】 2010年，曲靖市建筑业管理处（简称市建管处）做好建筑业产值统计上报工作。自2010年开始，对全市建筑业产值统计按每季度一次进行分析并形成专项报告，报告中对季度完成建筑业产值数据进行通报，另根据统计数据进行综合分析，阐述全市当前建筑业发展形势以及存在问题、近期工作动态等内容。上报3期至市委、市政府和市住建局党委班子相关领导审阅，同时印发市属建筑业企业。该报告格式及内容已被市统计局作为范本采用。

【生产经营管理】 2010年，曲靖市有三级以上建筑企业213家（其中一级1家、二级104家、三级103家、劳务企业5家），同比增4.43%。年内，在曲施工的273家建筑施工企业（外地60家）签订合同额171.53亿元。建筑业"十一五"期间5年平均从业人数15万人，完成建筑业总产值133.82亿元，增60%，超额完成全年目标的33.6%；实现增加值57.9亿元，增24.12%。建筑业增加值占全市GDP的5.8%，成为曲靖经济发展的重要产业。房屋建筑业施工面积1090.52万平方米，增205.18万平方米，增长速度为5年来最高。全年全市完成各类房屋建筑和市政基础设施建设工程项目招标1129项，总投资102.57亿元；审查599个工程项目施工图设计文件；完成太阳能与建筑一体化设计建筑面积147.22万平方米，聚能热器安装2.99万平方米。"十一五"期间，全市累计完成建筑业总产值371.1亿元，年均增29.49%。

【企业资质管理】 2010年，曲靖市受理29家建筑企业的资质增项、升级、变更业务工作，其中，新办7家、增项13家，升级（三升二）9家。全市建筑业企业资质与上年相比，三级总承包建筑业企业增4家、专业承包增3家、二级总承包企业增2家，同比分别增7.02%、7.89%、2.22%。另外有3家二级企业申报一级企业资质，申报材料交省住建厅审核。

【施工许可证管理】 截至2010年底，全市办理审核、备案项目209件，其中办理施工许可证115项，建设规模250.3万平方米，投资额28.79亿元；工程报建项目94项，建设规模303.77万平方米，投资额66.56亿元。完成工程建设项目初步设计审批20项，开出施工图设计文件审查通知书81份，施工图设计文件审查备案63份。

【安全生产监管】 2010年，市建管处检查在建工地项目累计1081项（次），检查中查出一般隐患4000余条，整改率98.5%。查出重大隐患100余条，整改率100%。直接检查在建工地项目累计218项（次），经济处罚1次，责令停工整改项目35项（次），限期整改52项（次），涉及建筑面积累计703万平方米，工程造价累计70亿元。全年全市发生建筑意外伤害事故143起（人），无死亡事故，杜绝特大恶性伤亡事故发生，创建安全质量标准化示范工地15个。

【建设工程质量安全标准化达标培训】 2010年3～4月，全市举办三类人员（企业法人、技术负责人A证，项目经理B证，专职安全人员C证）培训班13期，培训人数4307人；培训建筑架子工、建筑起重机械司机、建筑起重机械安装拆卸工、建筑起重司索信号工、电工等10个特种工种，培训1500余人。

【农民工工资[illegible]】 2010年，市建管处配合人力资源和社会保障部门做好农民工工资拖欠问题清理工作。全市接到投诉20起，涉及金额905.22万元，已解决6起，涉及金额863万元。

建筑工程招投标

【简述】 2010年，曲靖市完成各类房屋建筑和市政基础设施建设工程项目招标1129项，总投资102.57亿元。由市招标办监管的招标项目216项，工程投资46.98亿元，中标价44.79亿元。通过招标竞争和前置审计节约工程造价2.19亿元。

【建设工程招投标监管】 2010年，曲靖市建筑业管理科对建设领域招投标突出问题进行专项治理。市招标办围绕建设领域突出问题，对住建局及市直单位2008年以来新开工和竣工的100万元以上政府投资和使用国有资金建设的项目进行自检自查和重点抽查，建立建设项目招标投标台账。通过自查排查项目430个，其中，市住建局直管项目76个，重点抽查项目15个。抽查出建设项目前期和招标阶段共11个问题，督促各项目单位对发现的问题进行整改，到11月底发现的问题均整改完成。加强投标企业不良记录管理。年内，有23家投标企业违反规定，受到"不良记录"处理。规范招投标程序管理。曲靖市政府出台《加强招投标程序管理的通知》；与监察局转发第19号公告，结合曲靖实际，提出明确具体的要求，遏制违标串标行为。

【市建设工程招投标行业协会一届三次会员代表大会】 2010年3月3日，曲靖市建设工程招投标行业协会第一届第三次会员代表大会在曲靖会堂新闻发布厅召开。出席会议的有市委常委、常务副市长周宗，市委常委、市纪委书记孔荣华，市政府副秘书长伏永红，市监察局局长杨光寿，市住建局党委书记、局长殷永坤等。大会应到人数279人，实到人数226人。协会副会长、市住建局党委书记、局长殷永坤主持会议。市委常委、常务副市长周宗讲话。大会审议并通过第一届理事会工作报告和财务工作报告；通过《曲靖市建设工程招投标行业协会第二届理事会理事、常务理事、会长、副会长、秘书长选举办法》；选举第二届理事会理事；第二届理事会选举产生常务理事及会长、副会长、秘书长；通过由秘书长提名的副秘书长人选。协会聘请市委书记赵立雄、市长岳跃生担任协会名誉会长。新任的协会秘书长华海波作表态发言，就协会下一步工作作安排布置。

公共事业

【供水管理】 2010年，曲靖市政公用事业管理局配合各企业做好供水安全工作，特别是对麒麟区周边乡（镇）的小水厂进行重点安全检查；组织供水企业人员进行在岗培训，对企业的供水许可证申报、复审进行审查上报，严格许可证管理制度，规范市场企业经营行为，保障供水安全工作的组织实施。对曲靖创业水务的销售情况每月进行数据跟踪审查，核实相关数据上报。

【燃气管理】 2010年，曲靖市政公用事业管理局加强燃气从业人员素质培训，规范燃气供应市场及行业管理。年内，配合富源县建设局、麒麟区建设局对两地燃气从业人员进行培训，共培训86人。曲靖燃气公司在建的天然气储备站主体工程基本完成，天然气主管网已敷设24.5千米。全年超额完成21.5千米的预定目标，完成率11.3%。临江花园小区、世纪涛岸小区、靖和园小区、龙泽园等6000余户天然气入户管网和潇湘新区二期、大维小区、龙润园小区高层3000余户的石油气管网供气工程结束，请云南省燃气工程质监站相关人员进行初步验收，对需要改进的地方提出整改要求。为改变燃气供应门市点多面广的格局，经与市技监局、市工信委等部门共同探讨，对燃气经营门市部进行优化组合，对不规范的经营门市进行整合。麒麟区、师宗县、富源县、陆良县完成整合，宣威市、沾益县在准备阶段。

【太阳能行业管理】 2010年，曲靖市政公用事业管理局加强太阳能行业管理，推广太阳能在生产、生活中的使用。完成全市太阳能企业的审验换发许可证工作，规范企业经营行为。全年太阳能安装面积63063平方米，热泵安装4042台（套），太阳能路灯129套，推进太阳能热水器及热泵利用。配合潇湘新区建筑节能一体化工程项目监管工作，使国家二次补助资金316万元落实到位。

【城市出租汽车行业管理】 2010年，曲靖市政公用事业管理局对全市出租汽车驾驶员开展3期再岗培训，办理并启用曲靖市出租汽车驾驶员服务资格证记分管理卡。加大对出租汽车的稽查力度，查处出租汽车违章经营400辆，滞留车辆80辆，查处违章人员500人（次）。对曲靖城区出租汽车计价器进行价格调整，将白天单价1.2元调整为1.5元，夜间单价1.7元调整为1.9元。处理“5·31”出租汽车停运事件。启动曲靖市第四届“爱心送考”活动。配合市技术监督局对曲靖城区1589台出租汽车计价器进行检测，合格率100%。建立出租汽车GPS定位系统监控中心，对城区1589辆出租汽车安装GPS，至年底全部安装完毕。组建出租汽车行业联合工会。协调曲靖市卫生局、曲靖妇幼保健院、曲靖市第二人民医院，为曲靖2000名出租汽车驾驶员进行甲型H1N1流感疫苗接种。

【楼体亮化】 2010年，曲靖市政公用事业管理局抓好责任单位和公共节点亮化工作。58家责任单位自筹资金，对本单位临街楼体实施灯光亮化工程，主要安装LED灯、射灯、霓虹灯亮化设施。公共节点亮化主要实施地点有：子午路彩虹桥、昆曲立交桥、南城门广场、翠峰路口圆盘、文化长廊（南城门城墙）、麒麟圆盘、子午路、大花桥圆盘、南城门北侧绿地、阿诗玛绿地、风雨桥、曲嵩高速公路彩虹桥、潇湘河河岸。

物业管理

【简述】 “十一五”期间，曲靖市物业管理进入依法管理、规范发展阶段，与2000年相比物业管理行业初具规模，物业服务企业从2000年的1家发展到2010年的124家，其中：中心城区78家，各县（市）46家；二级资质1家，三级资质123家。管理领域扩大，从住宅区扩展到工业区、医院、商场、办公楼等各类物业。2010年，全市实施物业管理的住宅小区面积14061095.93平方米，累计调处各种物业管理信访问题300件。市住建局调处各种物业管理信访问题50余件；办理物业管理方面1件重点人大建议和2件政协委员提案；按照建设部《物业企业资质管理办法》的规定审批申办物业服务企业资质，并定期进行行检行评和年检，以此加强和规范物业管理。

【曲靖市物业管理办法】 2010年，市住建局起草《曲靖市物业管理办法》，初稿已形成，待征求意见和与有关部门协调、协商有关重点和难点事宜后定稿上报市政府。

【物业管理招投标】 2010年，市住建局推进建管分离，实施物业管理招投标，在物业管理引入竞争机制，走市场化道路。年内，组织3个住宅小区通过招投标选择物业服务企业。

【业主委员会】 2010年，市住建局加强住宅小区管理，对符合条件的5个住宅小区与街道办事处、社区建立工作联系机制，监督指导其成立业主委员会。

【生活小区人口普查】 2010年，市住建局督促和指导小区物业公司如实向普查人员提供小区住户人口信息，并协助普查员做好入户登记，提供普查所需的各类生活小区图。

工程质量监督管理

【工程质量监督】 2010年，全市质量监督系统参与中小学校舍安全工程建设和保障性住房建设的安全质量大检查。全市建筑工程、基础设施工程无重大安全责任事故，工程质量验收合格率100%。年内，通过制定《站工程质量交叉监督检查制度》和《站检测监察制度》，全市工程质量管理水平得以提高，相关各方质量行为得到规范，做到城区范围内工程质量监督覆盖率100%，无质量通病住宅工程50%以上。全年全市质监系统受理工程质量监督工程753项，建筑面积621万平方米；竣工验收单位工程400个，备案工程建筑面积286万平方米，备案率100%。其中，市建筑工程质量监督管理站受理工程质量监督183项，建筑面积210余万平方米；竣工验收单位工程164个，备案工程建筑面积187万平方米，备案率100%。市质监站被中国建筑业协会工程建设质量监督分会授予“全国工程质量监督系统先进单位”称号，被云南省检测协会授予2009年度先进集体；2010年，市质监站团支部被共青团曲靖市委授予“曲靖市市级青年文明号”称号。

【检测试验】 2010年，曲靖市质监系统完成混凝土强度检验60985组，钢筋力学性能检验49091组，红砖、多孔砖及砌块试验1021组，砂浆抗压19070组，混凝土抗渗试验795组，混凝土抗折试验6组，水泥复试772组，砂子、石子物理检验分别为590组、226组，砼配合比试验272组，砂浆配合比试验458组，道路回弹弯沉试验3551点，道路钻芯84点，土颗粒分析34组，击实试验407组，防水卷材试验483组，防水涂料试验43组，回填密度试验4204点。建筑工程桩基检测方面，完成检测基桩单桩竖向静载荷试验1088棵，基桩低应变动力检测23825棵，孔底岩基平板静载荷试验222孔（点），深搅桩复合地静载荷试验9个试点，浅层平板静载荷试验、深层平板静载荷试验和砂石垫层平板载荷试验共42个试点，完成建筑物水电、防雷检测265个单位工程，混凝土强度芯法检测26个单位工程161个芯样，混凝土后置埋件锚固承载力检验1654根，回弹法检测混凝土强度8987根构件，建筑结构实体检测309个单位工程，建筑物沉降及变形观测16个单位工程，完成5214点的室内空气质量检测和369樘门窗检测。

标准定额管理

【建筑节能】 2010年，曲靖市标准定额管理站加强贯彻执行工程建设标准的监督检查力度，推行资源节约、土地合理利用、保护环境的节能、节地、节水、节材建筑工作。开展太阳能热水系统与建筑一体化设计审查备案，全年完成太阳能审查备案建筑面积140.06万平方米，安装太阳能聚热器2.67万平方米。

【工程造价管理】 2010年，曲靖市严格实行建设工程“三价备案”（拦标价、合同价、结算价）制度，强化中标方工程造价监管，规范部分中标价与合同价不相符签订合同行为，减少工程造价纠纷事件。全年完成工程造价备案160余项。加强对工程造价咨询单位的资质管理，规范工程造价计算，要求拦标价（或工程量清单）必须经在本单位的注册造价工程师审核签字盖章后方可生效。加强造价员管理。对2010年度考试合格的造价员进行初审和网上审批上报工作，完成审批上报70余人，完成28人的业务变更审查。

【材料价格信息服务】 2010年，曲靖市标准定额管理站对《曲靖市工程建设材料价格信息》（月刊）进行改版，每月定期收集建筑材料市场价格，编制、发行《曲靖市工程建设材料价格信息》（月刊）12期，合计4000余册，每月按时将材料价格信息上报，参与全省材料价格信息联网。

园林绿化

【城市绿化文件】 2010年4月7日，曲靖市政府出台系列规范性文件：《曲靖市城市绿线管理规定》、《曲靖市古树名木保护管理办法》、《曲靖市城市绿地和绿化树木认建认养办法》、《曲靖市异地绿化补建绿地实施办法》和《曲靖市人民政府关于加强城市绿化管理实施“绿色图章”制度的通知》，加强园林绿化规划和建设管理。

【园林城市创建】 2010年初，曲靖市政府颁布《曲靖市人民政府关于创建园林城市的实施意见》，决定2010年曲靖城区建成省级园林城市，罗平、师宗、会泽县城建成省级园林县城。1月30日，曲靖市召开全市建设人民满意城市工作会议，会议决定在全市深入开展园林城市、园林县城创建活动，对获得“云南省园林城市”称号和“云南省园林县城”称号的县（市）区分别奖励1000万元和500万元。进行以奖代补，对各省级园林创建单位（小区）采取签订责任状办法，第一责任人和第二责任人分别缴纳2000元和1000元的风险抵押金。12月23～24日，曲靖中心城区通过云南省园林城市验收专家组评审，达到云南省园林城市标准。28～31日，师宗县、罗平县、会泽县通过云南省园林县城验收专家组评审，达到云南省园林县城标准。截至年底，全市城市建成区绿地覆盖面积5892公顷，绿化覆盖率34.66%，比2000年增27.01个百分点；城市建成区绿地面积5231公顷，绿地率30.77%，比2000年增24.12个百分点；公园绿地面积1424公顷，比2000年增1299.71公顷；人均公园绿地6.53平方米，比2000年增1.65平方米。中心城区建成区绿化覆盖面积2180公顷，覆盖率38.92%，比2000年增27.6个百分点；城市建成区绿地面积1940公顷，绿地率34.64%，比2000年增23.45个百分点；公园绿地面积590公顷，比2000年增560.9公顷；人均公园绿地面积9.26平方米，比2000年增6.32平方米。

【园林单位、园林小区创建】 2010年，曲靖市开展园林单位和园林小区创建活动，267家单位获“云南省园林单位”称号，97个小区获“云南省园林小区”称号；中心城区有153家单位获“曲靖市园林单位”称号，66个小区获“曲靖市园林小区”称号。

【园林绿化行业协会】 2010年7月15日，曲靖市园林绿化行业协会在曲靖会堂召开成立大会。大会选举殷永坤为会长，司宪年为常务副会长，方玉谷、钱林周、朱寒、杨金荣、邓兆金、母其正、殷国兴、高虹、韩贵萍9人为副会长，陈燕莺为秘书长，陶正荣、谢云华为副会长。曲靖市园林绿化行业协会有单位会员53个，个人会员36个。

【玉带公园建设】 2010年9月，曲靖市政府批准玉带公园初设方案，开始实施玉带公园建设。玉带公园规划面积17公顷，一期工程14公顷，采取一水多用的方式，打造曲靖南入口门户景观公园。

【白石江景观工程】 2010年，白石江绿化景观一期工程10个标段全面竣工，建成绿地74219.65平方米，完成投资3718万元。完成白石江河道清淤泥工程8个标段，清淤泥140908立方米，完成投资1227.7万元。白石江二期绿化景观工程11个标段中二、三、六、九标段已全面进入施工阶段，完成白石江景观道路工程13260.86平方米和综合管沟360米。

环境卫生

【“两污”处理设施】 2010年，曲靖市、县（市）区均成立“两污”处理项目领导小组，建立起“两污”处理长效监督检查机制，实行每月督导制，季度专题会议制以及定期或不定期、全面和专项检查相结合的方式开展监督检查，推进项目建设。资金筹措方面，争取中央和省级补助资金4.24亿元、银行贷款1.7亿元、省“两污办”统贷资金1.04亿元、招商引资4.04亿元，BOT、BT等模式融资6.9亿元以及其他渠道，共筹措建设资金17.92亿元。至年底，全市所有县以上城镇全部建成污水和生活垃圾处理设施，污水处理率80%，生活垃圾无害化处理率100%，提前两年完成省政府下达的目标任务。

【城市生活污水处理项目】 曲靖市污水处理项目10个，近期处理能力27万吨/日，远期处理能力51万吨/日，管网总长481.27千米，项目总投资10.24亿元。至2010年底，全部建成投入运行，建成截污管网448千米，城市污水处理率80%，同比提高44%，比2000年提高80%。

【两江口污水处理厂】 麒麟区城南

片区污水处理设施及配套管网改扩建工程（两江口污水处理厂）概算总投资9980万元，2008年12月23日开工建设，2010年1月18日完工并投运。两江口污水厂A段建设工程由曲靖创业水务公司负责实施，处理规模8万吨/日，排放标准达国家一级A标准，总投资7500万元，于2010年1月通水运行。

【西城污水处理厂】 麒麟区西城污水处理厂属节能减排重点项目。采用生物处理工艺，工程总投资7822万元，占地82.69亩。设计日处理规模10万吨，分3期建设，一期建设日处理3万吨，概算总投资4759万元，出水水质一级A标，2009年4月27日开工，2010年7月29日完工并投运。2010年9月28日，污水处理厂设施建设正式投运。西城污水处理厂至河旺村段截污干管长980余米，管径DN1350毫米，埋深在5～10米，采用顶管施工，工程投资1200万元，实际完成1400万元。

【沾益县污水处理厂】 沾益县污水处理厂及配套管网工程远期建设规模日处理4万吨，近期日处理2万吨，概算总投资7953万元，出水水质一级A标，2009年4月30日开工，2010年7月20日完工并投运。

【师宗县污水处理厂】 师宗县污水处理厂及配套管网工程，远期建设规模日处理3万吨，近期建设规模日处理1.5万吨，概算总投资9541万元，出水水质一级B标，2008年12月10日开工，2010年8月10日完工并投运。

【罗平县污水处理厂】 罗平县污水处理厂及配套管网工程远期建设规模日处理5万吨，一期建设规模日处理2.5万吨，概算总投资6888万元，出水水质一级B标，2007年6月开工，2008年12月完工并投运。

曲靖中心城区南片区。

（沈良启/摄）

【会泽县污水处理厂】 会泽县污水处理厂及配套管网工程远期建设规模日处理5万吨，一期建设规模日处理2万吨，概算投资6979万元，出水水质一级B标，2008年10月开工，2010年9月2日完工并投运。

【宣威市污水处理厂】 2010年，宣威市污水处理厂及配套管网工程一期工程日处理能力3万吨投入运行，于7月组织总体验收；二期设计日处理能力3万吨，概算总投资14970万元，出水水质一级B标，2009年9月28日开工，2010年进行主体工程及截污干管施工。

【陆良县污水处理厂】 陆良县污水处理厂及配套管网工程远期建设规模日处理4万吨，近期建设规模日处理2万吨，概算总投资9958万元，出水水质一级B标，2009年11月开工，2010年12月投运。

【富源县污水处理厂】 富源县污水处理厂及配套管网工程远期建设规模日处理4万吨，近期建设日处理2万吨，概算总投资5840万元，出水水质一级A标，2009年10月开工，2010年12月开始调试运行。

【马龙县污水处理厂】 马龙县污水处理厂及配套管网工程远期建设规模日处理2万吨，近期建设规模日处理1万吨，概算总投资6100万元，出水水质一级A标，2009年9月开工，2010年12月开始调试运行。

【垃圾处理项目】 曲靖市垃圾处理项目9个，日处理能力2090吨，至2010年底建成投入使用8个，日处理能力2020吨，垃圾无害化处理率96.65%，同比提高46%，比2000年提高96.65%。新建生活垃圾处理项目6个（会泽、富源、陆良、师宗、沾益、马龙），总投资7.68亿元。至2010年底建成5个，在建1个（马龙）。师宗县垃圾处理厂建设规模130吨/日，总投资3400万元，2008年12月开工建设，2009年8月完工投用。陆良县垃圾处理厂建设规模150吨/日，项目总投资2685万元，2008年12月开工建设，2009年11月投产。富源县城市生活垃圾处理厂建设规模70吨/日，项目总投资3030万元，2007年9月开工，2009年7月投运。会泽县垃圾处理场建设规模处理120吨/日，概算总投资3530万元，主体工程于2007年5月开工，2008年12月完工。马龙县垃圾处理厂建设规模70吨/日，总投资2900万元，2010年12月开工，正在建设垃圾坝、准备铺设防渗膜。

【曲靖生活垃圾焚烧发电】 2006年9月19日，曲靖市政府与云南省电力投资有限公司签订《曲靖市城市生活垃圾焚烧发电项目合作协议》，采用招商引资，市场化融资方式，由省电投集团投资建设曲靖生活垃圾焚烧发电厂。2010年8月28日1号机组首次并网发电成功，年底前2号机组也投运，实现2台机组双投产运作。该工程项目总投资3.46亿元，选用循环流化床垃圾焚烧炉2台，利用燃烧热发电，配备N12－4.9/470凝汽式汽轮发电机组2台，年发电量约12亿千瓦时。2台机组满负荷运行日消耗生活垃圾800吨，可接受处理麒麟区、沾益县和马龙县中心城区的全部生活垃圾。曲靖生活垃圾焚烧发电厂的建成运营，使曲靖市生活垃圾的管理和处理工作走到全省前列。

城建档案

【目标管理考评机制】 2010年5月18日，曲靖市住建局下发《关于印发曲靖市城建档案工作综合目标量化考核奖惩办法的通知》（曲建字［2010］77号文）到各县（市）区贯彻执行，开展全市城建档案目标管理活动。6月4日，在罗平县组织召开曲靖市城建档案工作会议，市住建局分管领导和各县（市）区分管城建档案工作的领导和城建档案馆（室）负责人参会。会上，各县（市）区城建档案馆（室）汇报各地城建档案工作情况，局分管领导着重强调《曲靖市城建档案工作综合目标量化考核办法》的贯彻实施，并对开展全市城建档案目标管理活动进行安排布置。12月7～14日，市住建局组织检查考评组，对各县（市）区城建档案工作目标管理活动进行年终检查和考核评比，对城建档案工作目标管理达标的城建档案馆（室）进行表彰奖励。

【业务建设】 2010年，曲靖市城建档案馆与文津苑、职教园区、寥廓山观景塔、麒麟南路改造工程等项目307个新建工程签订《建设工程竣工档案报送责任书》214份，对市级签有责任书的建设、施工单位发出城建档案执法登记表476份。接洽业务指导咨询服务180余次，620多人，深入到云南工投曲靖经开区产业投资开发有限公司等施工现场授课和业务指导30次，参加工程项目验收56次，对中天国际广场、职教园区、麒麟南路改造工程等项目627个单位工程进行初验，对30607张竣工图的修改进行审核，加盖竣工图章。对锦湘南郡、白石江公园工程等项目488个单位工程进行终验，发放《建设工程档案合格证》，将竣工档案接收进馆。全年接收竣工档案488个单位工程2625卷（盒），图纸19274张，照片36590张、底片18540张。年内，针对基础设施建设项目大、工期长的特点，通过多种渠道，采取灵活方式主动上门服务，联系指导，抓好重点工程项目档案跟踪管理，做好档案的接收工作，对职教园区、隧道、“五馆一中心”、观景塔，新建改造道路等基础设施项目工程档案进行前期跟踪和指导，确保重点工程项目竣工档案顺利进馆。

公共交通

【简述】 2010年，曲靖市公共汽车总公司以安全优质服务为中心，以提高“两个效益”为目标，以抓好基础设施建设为重点，以优化运调管理为着力点，以做好安全优质服务为保障，改进工作作风、强化服务意识、加强营运管理，各方面工作都取得较好成绩。公司自1984年4月发展至2010年，有营运车辆577台，公交车辆年均增32%；营运线路22条（含沾益四公司3条线路），公交线路年均增15%，日平均客运量24.4万人（次），同比增15%。线路总长260.1千米，全年完成营运里程约2090万千米。

【营运】 2010年，曲靖市公共汽车总公司总结运调工作经验，在确保班次结构相对稳定的情况下，合理调整线路走向，公交线网城区街道覆盖率90%以上。调整7条线路的线路走向或始发站点，将2路线终点站由金湘花城调整至牛街；将4路线终点站由小坡调整至职教园区；将16路线终点站由水寨调整至世纪涛岸；将21路线终点站由冶金小区调整至金域蓝苑；将32路线终点站由许家山调整至小路口；调整6路线空军管线队至铁路小区线路；调整11路线市检察院至石林大酒店线路。年内，自筹资金购买60辆公共汽车，对1路、16路车辆进行整体更新，补充19路、21路、23路车辆。

【服务】 2010年，市公共汽车总公司修改内部《稽查管理规定》，及时纠正营运中违反服务规定的行为，规范营运服务。通过职工代表大会、黑板报、《公交简讯》等载体，宣传优质服务、职业道德。成立信访投诉办公室和行风管理办公室，完善举报投诉电话。营运车辆实行每月一大洗、每天一小洗、每天一消毒、每趟一扫的保洁办法，保持车辆卫生；在车厢内及各站点主动将服务承诺向社会公示，接受社会监督；实现所有公交驾驶员统一着装。

【站点建设】 2010年，曲靖市公共汽车总公司完成沾益小河底客运中心站一期工程和小坡公交北站竣工验收，完成沾益农村客运中心站二期候车楼工程的土地置换、施工图设计及图审等建设前期手续，完成新建征地50亩南片区公交枢纽站项目前期审批手续。全年新建港湾站台21个，灯箱式站台52个，修复综合港湾式站台24个。

【老年人免费乘车】 2010年，曲靖市公共汽车总公司新办理老年人免费乘车卡9212张，为老年人提供免费乘车1500万人（次）。

【安全工作】 2010年，曲靖市公共汽车总公司加强现场安全管理，及时发现、消除隐患；制止各种违章行为；加强员工安全教育，提高员工们的安全意识；各分公司及职能科室坚持每周例行检查以及日常巡查；总公司坚持定期不定期抽查跟踪，及时整改安全隐患，加大安全硬件设施投入。坚持落实重、特大事故应急预案，继续做好反恐维稳工作，自筹资金在新购60台车上安装视频监控。

城市供排水

【简述】 2010年，曲靖市城市供排水公司强化调度，加强安装维修、二次供水水质、一户一表、行业用水管理，加大供水执法稽查，严把水质质量关，确保全市人民饮用水安全。全年供水总量3345万吨，自来水售水总量2250万吨，实现销售收入6168万元；抄表率和水费回收率均达98%；污水处理总量1825万吨，实现污水处理费收入1828万元，回收率98%。中心城区自来水覆盖率98%，污水收集率65%以上，水质综合合格率99.5%，设备完好率99%，安全供水率和调度指令执行率均达100%，全年生产、经营全部达到预定目标。

【安装维修】 2010年，曲靖市供排水公司维修DN15—DN80管道159处，出动750人（次）；维修DN100—DN1000管道115处、685人（次）；维修更换各型阀门52只、268人（次）；维修及更换井盖25座、242人（次），维修PE管道66处、485人（次）。巡检出漏点6个，漏量3.2吨/小时，挽回经济损失9万多元。管网漏失率32%，同比降2.6%。

【二次供水水质管理】 2010年6月5日，曲靖市城市供排水公司成立二次供水清洗公司，负责清洗中心城区所有的二次供水设施，组建一支专业技术强的清洗队伍，清洗消毒地面、地下、房顶水池及水塔1045座。

【"一站式"服务】 2010年4月，曲靖市城市供排水公司将水费营销管理系统文邦4.0版升级到6.0版，满足抄表、收费管理要求，增加业扩报装流程管理，实现抄表、收费的微机化管理。7月，6.0版营销系统升级正式投入运行，改变公司手工抄收历史。年内，新增用户559户，受理变更业务804项。

【一户一表管理】 2010年，曲靖市城市供排水公司完成户表改造1350户，更换水表209只，清洗水表56只，维修水表47只，处理智能水表171只，拆堵水表152只，校验水表1713只。

【供水执法稽查】 2010年，曲靖市城市供排水公司稽查出勤260人（次），调整计划用水115户，查处违章用水25户，补收水费39665.60元，接收新增用户户表559户，通过加强行业用水和计划用水规范管理，实现超计划收入195万元。

【饮用水安全】 2010年，曲靖市城市供排水公司每天对污水处理厂的进水、出水进行9项检测；每天对3个水厂原水分别进行9项检测，出厂水进行10项检测；对曲靖市城市供排水总公司供水区域内的24个管网末梢点轮流抽取2个水质监测点进行10项检测。每月一次对3个水厂原水、出厂水及2个管网末梢水共8个水样进行37项全分析检测。每个季度一次对4个水源水，3个水厂原水、出厂水共11个水样进行62项全分析检测。全年检水样4600个（次），出具监测数据4.85万个，水质综合合格率99.5%。

【工程计划投资建设】 2010年4月26日，市发改委批复：2010年供水管网改造计划投资2876万元，其中：中心城区DN100－DN300管道埋设2264米，南片区DN100－DN500管道埋设5413米，西片区DN300－DN800管道埋设5315米，职教园区DN300－DN600管道埋设8138米。截至12月底，市城市供排水公司安装DN300－DN800毫米口径管道5400米，投资1199.48万元，剩余的1676.52万元为城市道路未建设项目，将配合道路建设工程进度进行；供水管网建设安装DN100－DN1000毫米口径供水管75.19千米，完成投资9613.26万元。完成玉带公园引水管道工程及西河引水项目前期工作。

【"市长热线"交办单】 2010年，曲靖市城市供排水公司接到"市长热线"交办单39件，全部按时、按质、按量完成回复工作。

【水城水库调水工程】 2010年，曲靖市城市供排水公司投资953万元，组织实施水城水库调水工程，由岸上管道连通工程、浮船及浮岛工程、水泵阀门设备安装工程、浮船到岸上的软管工程、高压变电工程、低压供电及电气工程6个分部工程组成。工程于3月5日开工建设，历时25天，于4月1日正式通水，每天供水5万吨，解决近25万群众饮水困难，解决中心城区50%以上区域的用水需求。

【抗旱保供水】 2010年，曲靖市城市供排水公司在抗旱保供水期间，先后采取各种临时保供水措施，保障曲靖中心城区用水需求，及时用消防车向缺水的学校、幼儿园、医院、养老院、生活小区义务免费送水，向用户发放送水服务联系卡，累计送水256车（次），送水量近3500吨，合计水费1.12万元。

【96128政务信息查询】 2010年，自开通96128政务信息查询专线以来，市城市供排水公司明确工作流程，对公司的职能、职责、政策法规、工作制度、办事程序、办事时限、监督举报等工作实行阳光作业，接到100多个96128查询、报漏、停水、查修电话，及时处理，出勤率、完成率和满意率均100%。

（张明林）

城市供电

【简述】 2010年，曲靖供电公司以创建"省内领先、国内先进"配网经营企业为目标，克服安全形势严峻、极端天气影响、电网建设任务繁重、经营管理压力大等诸多困难，完成各项生产经营任务，被评为云南省电网公司和曲靖市文明单位。至年末，公司设有10个职能部门、10个基层生产管理单位及14个供电所。现有在岗员工832人，劳务派遣制员工303人，离退休员工447人。公司拥有客户近35万户（直抄客户23.16万户），运行维护110千伏变电站6座，35千伏变电站15座，主变容量648兆伏安；110千伏线路4条，长110.99千米；35千伏线路33条，长345.5千米；10千伏线路184条，长2928.96千米；管辖配电变压器5714台，配电容量1180.13兆伏安。2010年，公司被中国电力企业联合会评为全国电力行业优秀企业，被全国水电质协客户评为五满意企业，被评为云南电网公司党委2009至2010年文明单位，被中共曲靖市委评为文明单位。《从思想文化入手着力做好融合大文章》政研课题被云南电力党建政研会评为优秀研究成果二等奖，快乐工作"12345"企业文化实践被中国电力行业协会评为全国电力行业企业文化成果二等奖。

2010年曲靖供电有限公司经济技术指标完成情况表

指标名称	单位	2010年完成	2009年完成	同比增减（%）	备注
供电量	亿千瓦时	14.20	12.08	17.59	
售电量	亿千瓦时	13.33	11.27	18.23	
销售收入	万元	76708	65197	17.65	净额
利润总额	万元	580	871	-33.40	
综合线损率	万元	6.16	6.68	-0.52	
电费回收率	%	99.30	99.83	-0.53	
供电可靠率	%	99.81	97.93	1.88	

【安全生产】 2010年，曲靖供电公司开展“责任落实年”活动，编制《曲靖供电有限公司安全生产“责任落实年”活动方案》，从安全管理、生产管理、营销管理、基建管理四个重点专业进行细化和重点控制。修订完善《各级管理人员及部门、单位安全生产职责》，制定《各级人员安全生产职责及到位标准》，完善各岗位安全职责，明确各级安全责任界面，健全安全生产保证体系和安全生产监督体系。抓好安全例行工作，提升基础管理能力。完善安全网例会，创新现场监察形式。组织开展春秋季安全大检查，对检查中发现的156项问题进行整改。加强现场安全监察，抓好安全生产过程控制，把监督重点提前到作业项目的开展前期。全年公司安监人员对1490项工作现场开展检查1771项（次），检查率100%，查处并纠正违章及不安全行为30次。开展隐患治理工作，从变电运行、变电检修、调度运行、输配电运行维护、安全管理、营销管理、生产管理、基建管理图实相符等重点专业领域开展隐患治理工作，夯实安全生产基础。加强安全教育培训，强化员工安全意识。落实“安规”考试100分上岗制度，合格上岗率100%。对200多人进行消防知识培训。组织开展事故预想、反事故演习活动。开展事故案例学习、分析和讨论活动。

【抗旱救灾】 2010年，曲靖供电公司启动共产党员抗旱先锋活动，先后组织117人（次）到茨营、菱角、德泽、炎方等乡（镇）送水35.2吨，抗旱捐款31020元。开通“抗旱保电绿色通道”，组织抗旱突击队，确保受灾严重的6个乡（镇）农业生产用电。

【电网建设】 2010年，曲靖供电公司完成生产项目1182项，结算资金8911.49万元。其中：新（基）建1项、修理类项目433项、技改类项目216项、三项费用项目532项。在建项目8项，在建项目资金1604.16万元。推进城农网建设工作，完成城网项目23项，完成投资6426万元；启动农网建设工程，完成2010年度已批复的农村电网建设项目，完成投资2068.3万元。

【电网规划】 2010年，曲靖供电公司完成公司“十二五”电网规划，规划期内总投资8.16亿元，规划新建岳东营、三宝、新村、白水、赤章、金龙、龙华、红土沟110千伏变电站8座，35千伏及以上投资3.85亿元，10千伏及以下投资3.74亿元，其他配套投资0.57亿元。

【营销服务】 2010年，曲靖供电公司推进营销自动化信息系统建设。建成一体化“四合一”的数据采集、监控与应用的电力负荷与电能量采集综合自动化信息系统，实现与云南电网公司客户服务支持系统的全面接口，实现电力负荷、电能量的远方自动采集、存储、管理、远程控制、计算与分析。完成营销自动化系统配套计量装置技术标准的建立和推广。制定《电能表技术规范》、《用电管理终端技术规范》，完成单项表计改造7392户、动力表计改造278户，自备变终端安装332套，公变终端安装143套。完成低压远程抄表表计安装及验收技术规范的编写和实施。组织编写《农网低压远程集中抄表户表安装及验收规范》，强化表计安装的技术管理。推进营销信息化工作。完成云南电网公司业扩模块的实用化测试工作，组织完成系统上线工作，完成线损模块的初始化和上线工作，率先完成省网公司系统上线工作任务。组织大客户参加曲靖电网客户节电降耗知识和变频节电技术专题培训，对网内10家大客户开展节能测试工作，为客户提供“节电建议”。编制完成《一站妥业扩工作方案》，拟建立以客户需求为中心的工作机构和机制。对网内重要用户开展安全用电服务工作，对重要用户进行分级、分类，开展安全用电、电源配置检查。规范营业厅服务，更新配置所有营业厅自助查询机，创新营业员培训方式。加强供电服务自律工作。开展客户工程“三不指定”专项整治工作，修编印发《曲靖供电公司客户受电工程管理办法》。做好信息公开工作，在12398网站上公开公司供电企业信息，主动接受监管。坚持开展客户满意度测评工作，采用95598电话回访、现场客户满意度测评等方式多渠道收集、分析客户满意度数据，改进服务质量。

【绩效考核】 2010年，曲靖供电公司开展组织绩效管理工作，形成公司领导全面负责，各指标涉及部门共同管理的组织绩效考核工作机制。公司与各单位部门签订目标责任书，确保压力有效传递，“算了干”的管理理念得到强化，在2010年云南电网公司农电系统组织绩效考核中获A级。

【班组建设】 2010年，曲靖供电公司按照“重点突破、整体推进”的思路和“面向班组、面向业务”的原则，建立班组管理业务体系。以标杆班组建设为突破，从基层班组、基础业务入手，按照形成“一张图（业务地图）、两张表（业务清单、业务概况）、三体系（标准、记录、归档）、四目标（模块化、体系化、标准化、简单化）”的要求，从各专业班组核心业务入手，初步建立“上下互动、左

城市电网改造施工现场。

（林涛/摄）

右联动”的班组基础业务体系，夯实班组管理基础。

【依法经营】 2010年，曲靖供电公司加强审计制度建设，强化对重点工作和关键岗位的内控与审计监督力度，加强成本与资金管理。完善招投标管理与合格供方评价体系，全面推行集中招标和合同谈判，组织完成招标及合同谈判项目149个，项目预算资金7804.64万元，实际合同成交金额7097.99万元。

【信息化建设】 2010年，曲靖供电公司强化信息化建设工作，相继完成营销信息化、人力资源管理信息系统、生产信息MIS系统、地理GIS系统、OA办公自动化系统和班组管理信息系统的建设上线运行。推进全面质量管理，开展QC活动，主动解决实际工作中的问题。

【人力资源管理】 2010年，曲靖供电公司级教育培训计划内项目30项，完成30项；公司级计划外培训项目6项，完成6项；培训计划完成率120%。外送培训69项。全年参加累计8个学时以上的员工533人，全员培训率92.7%，培训积分达标453人，培训积分达标率78.78%；C级管理人员、班组长、新员工培训率均达100%，一线员工持证上岗率高于80%。187名员工通过高级工技能培训鉴定，劳务派遣村电工220人通过中级工、40人通过初级工技能培训鉴定；申报享受曲靖市政府特殊津贴1人，学术技术带头人1人。

（黎华东）

室内装饰行业管理

【简述】 2010年，曲靖市持有室内装饰施工、设计资质企业142户，其中：公装企业64户，家装企业78户。在持有资质证的企业中，乙级资质企业16户，丙级28户，丁级98户。3月，市室内装饰行业协会转发省协会关于2010年室内装饰行业职称申报通知，组织企业申报工艺美术师类、工程类职称评定。市装饰行业协会组织全市企业参加全国设计大赛及省协会主办的“标杆企业”申报、评比工作。

【资质管理】 2010年，曲靖市室内装饰行业协会新办室内装饰设计丁级资质19户、施工丁级资质企业21户，对100余户持有室内装饰设计、施工资质企业进行资质年检工作；对新申报的15户家装企业及10户公装企业进行资格审查、现场考核和评审、办证；对4户已达到资质等级升级条件的企业进行初审、推荐；对部分年检不合格企业进行限期整改，未参加年检企业进行彻底清理，资质失效。

【质量管理】 2010年，曲靖市室内装饰行业协会对已达到升级条件的2户公装和3户家装企业进行工程质量抽检，其中，对东源矿山工程公司办公楼及东源商务酒店室内装饰工程质量进行检查；对家益配套装饰工程有限公司装修的某生态园进行室内装饰工程质量抽检。幸福小区及瑞和新城家庭居室室内装饰工程抽检均达到升级要求。

（陶　倩）

环境保护

责任编辑　马　燕

综　述

2010年，曲靖市环保系统树立维护群众环境权益的宗旨观念，增强应对日益严峻和复杂环境形势的忧患意识，以建设资源节约型、环境友好型社会为总目标，以实施“七彩云南曲靖保护行动”为主线，以“削减总量、改善质量、防范风险”为切入点，推动产业结构升级，促进经济发展方式转变，各项环保工作取得新发展。开展“十二五”环境保护规划编制工作，已完成专题研究、指标设置、支撑项目确定、文本编制等核心工作。

环境监管进一步加强。2010年，全市环保系统组织完成《辐射安全许可证》办换证工作，加强辐射源和放射源生产、使用、贮存和废弃处置等的管理。组织开展全市放射性同位素安全大检查，全市出动检查人员179人（次），检查辐射工作单位87家，放射源291枚。深入开展“6·5世界环境日”专题宣传和简讯、网站宣传，开展以环境保护进学校、进社区、进家庭、进机关、进农村、进公共场所为重点的多种形式的绿色创建活动。贯彻质量方针，完成全年例行监测、委托监测、事故监测。开展科研项目4个，投入科研经费100万元，编制完成16个建设项目环境影响报告书，32个建设项目环境影响报告表，6个竣工环境保护验收调查报告书（表），对外技术服务费收入328.2万元。加大现场监察、风险排查、排污费稽查力度，全市出动执法检查2366次，检查企业614家，通过限期治理、停产整治、挂牌督办、立案处罚等行政手段，对存在环境问题的企业集中整治，解决影响群众切身利益的环境问题。继续推行排污许可证制度，征收排污费3990万元。深入开展环保专项行动，对全市重金属排放企业、污染减排重点行业、饮用水源地、项目建设等方面环境违法问题集中整治，解决危害群众健康的环境问题。

主要污染物减排成效显著。2010年，省政府下达的27个重点减排项目任务（20个脱硫工程项目、5个污水处理厂项目、2个工业污水治理项目）全部完成。省环保厅下达的34个重点减排项目任务（27个工程减排项目、6个结构减排项目、1个管理减排项目）全部完成。市政府下达的47个重点减排项目任务（包括省政府和省环保厅下达的重点减排项目）全部完成。2010年国家核定曲靖市二氧化硫削减量161737.07吨，化学需氧量削减量2012.17吨。

污染治理取得实效。2010年，全市环保系统投入污染治理资金59363.4万元，实施污染治理项目39个。申报省级排污费资金项目23个，第一批资金申请到项目4个，资金160万元。市级排污费资金项目经筛选后申报34个，申报到资金项目23个，资金397万元。指导麒麟区、曲靖经济技术开发区开展烟尘控制区续建、创建工作。组织完成曲靖市重点行业企业环境风险及化学品检查工作。加强工业企业及医疗危险废物管理，建立健全危险废物档案和应急预案，预防危险废物突发环境污染事件的发生。召开全市环境质量定期分析会商会，及时掌握环境质量、污染治理现状，提高环保部门对环境管理的科学决策和综合治理水平。

生态保护稳步推进。2010年，曲靖市开展全国环境优美乡（镇）、省级生态乡（镇）、国家级生态村创建工作，先后创建国家级生态乡2个、省级生态乡（镇）31个、国家级生态村1个。全市环保系统推进“以奖促治”和“以奖代补”政策实施，研究制定加快解决突出农村环境问题实施方案。会泽县大桥乡大桥村、马龙县马过河镇下鲁石村、罗平县鲁布革乡多依村列入中央农村环保专项资金项目启动实施。

绿色创建活动成效明显。2010年，全市创建省级绿色学校9所、市级绿色学校34所；创建省级绿色社区1家，市级绿色社区3家；省级环境教育基地1家；市级环境友好企业8家。累计创建国家级绿色学校3所、省级绿色学校40所、市级绿色学校231所，国家级绿色社区2家、省级绿色社区7家、市级绿色社区20家，省级环境教育基地1家，市级环境友好企业8家。

环保宣传有声有色。2010年，全市环保系统在世界环境日、水日、地球日期间，通过悬挂标语、发放宣传资料、现场答疑等多种形式开展“保护七彩云南，共建绿色曲靖”为主题的宣传活动，邀请相关企业、志愿者及学生团体参加，组织文艺汇报演出，营造环境保护舆论氛围，增强群众环保意识。

环境综合质量保持稳定。2010年，全市整体环境质量趋于好转，中心城区环境空气质量、饮用水源水质均达到国家Ⅱ级标准，道路交通噪声、区域环境噪声低于国家规定的交通干线两侧噪声限值，辐射环境处于安全水平，全市未发生重特大环境安全事故。

“十一五”环保工作成绩显著。“十一五”期间，曲靖城区环境空气质量优良率97.3%，空气质量保持在清洁范围，空气中二氧化硫、二氧化氮和可吸入颗粒物日均浓度达标率分别保持在99.3%、100%和98.0%。地表水水质保持稳定，城市饮用水水质良好，声环境质量良好。废气中二氧化硫累计削减量23.3275万吨（不计增量）；废水中化学需氧量累计削减量3037.92吨（不计增量）。全市自然保护区总面积30.277万公顷，占国土面积的10.46%；有5个县（市）区被列为全国生态示范区建设试点，全市生态示范区建设面积15494.56平方千米，占国土面积的53.6%。麒麟区珠街乡被国家环保总局授予“全国环境优美乡”称号，会泽县黑颈鹤自然保护区成功申报国家级自然保护区。全市建成生活污水处理能力26.5万吨，相比2005年增100%。全市完成重大工程减排项目38个，完成投资31.6亿元；结构减排项目248座（条、家），淘汰落后产能1693.49万吨，其中：水泥310.5万吨、焦炭1168.13万吨、炼铁167.3万吨、黄磷4.25万吨、铁合金3.58万吨、铅锌7万吨、氧化铬0.6万吨、造纸0.37万吨。市、县两级环境保护机构实现独立建制，基本建成通过省级计量认证，具有监测能力的环境监测站和具有执法能力的环境监察支（大）队；全市所有乡（镇）挂牌成立环保所，形成集环境科研、环境监测、环境监察、环境管理一体化的行政执法及服务体系。

环境管理

【主要污染物减排】 2010年，曲靖市各级政府和环保部门采取“工程、结构、管理”等多项减排措施，把二氧化硫减排重点放在火电、冶金、化工等行业，化学需氧量减排重点放在县城生活污水处理厂建设等方面，确保省级和市级减排目标任务完成。强化项目建设促工程减排，针对全市火电二氧化硫排放量占工业排放量的70%，生活化学需氧量排放量占全市化学需氧量排放量的85%的现状，加大监管力度，确保滇东、宣威、曲靖三大火电厂共660万千瓦机组及全市4个煤矿自备坑口电厂共6.0万千瓦机组全部建成脱硫设施。淘汰落后产能促结构减排，取缔区域内“十五小”企业，严防“两土”死灰复燃。全年淘汰落后产能81座（条）家、产能799.37万吨。加强执法监管促管理减排，坚持“上大关小、以新带老、区域削减”的原则，把主要污染物排放总量控制指标作为环评审批的前置条件，推进规划环境影响评价工作，凡是污染物排放总量超过环境承载能力或总量控制指标的地区，停止审批、核准在该责任区内增加污染物排放的建设项目；建立健全以排污申报登记为基础，排污总量控制为主线，排污许可证管理为核心，污染源自动在线监测监控为手段，环保日常监管与社会监督相结合的污染源长效管理机制。

【重金属污染防治】 2010年，曲靖市环保局研究制定并下发《关于进一步做好整治重金属排放企业环境违法问题工作的通知》。在重金属排查整治期间，全市出动447人（次），检查企业79家。针对会泽县者海工业集中区重金属污染严峻的现状，对云南驰宏锌锗股份有限公司会泽者海分公司下达限期改正通知，督促会泽县政府制定《会泽县者海镇矿村共建新农村试点工作方案》，启动者海工业片区环境综合治理工作，安排450万元专项资金，规划、编制《者海镇区域重金属污染综合治理实施方案》。

【重点区域、流域污染防治】 2010年，曲靖市环保系统对9个县（市）区、会泽者海等11个工业片区、富源县嘉河等3条河流确定70项整治任务，其中：企业整治项目60个，区域整治项目10个，60个企业整治项目中属关停、淘汰落后产能项目24个。开展辖区内重金属污染防治工作，针对存在的问题，提出具体整治措施。5月，围绕污染源整治、环境修复示范项目、重金属监管能力建设三个方面组织筛选急需解决并需要国家、省级资金支持的重金属污染防治项目22个。6月，上报《云南驰宏锌锗股份有限公司雨水及高氯废水去除重金属回用新技术示范项目》，申请2010年度国家重金属污染治理专项资金。针对者海片区重金属污染严峻现状，对云南驰宏锌锗股份有限公司会泽者海分公司下达限期改正（曲环限改〔2010〕1号），对会泽县环保局下发《曲靖市环保局关于加强会泽者海工业片区企业环境监管工作的通知》（曲环发〔2010〕116号）。在全市组织开展涉及易燃易爆危险品建设项目环境风险和沿江沿河化工石化企业环境污染隐患排查整治工作。

【生态保护】 2010年，曲靖市环保局组织对全市已获得省政府命名的4批31个云南省生态乡（镇）进行复查，对2个更名为国家级生态乡的全国环境优美乡进行复核，组织3个乡（镇）申报国家级生态乡（镇）。推进村镇污染防治，组织开展曲靖市农村环境综合整治规划编制工作，成立曲靖市农村环境综合整治规划编制领导小组和编制技术组，印发规划编制方案；通过“以奖促治”和“以奖代补”政策的实施，开展农村环境综合整治，组织麒麟区沿江乡冯家圩村等6个项目开展农村环境综合整治示范建设，其中有3个项目争取到中央农村环保专项资金项目支持；审批畜禽养殖项目，审批养殖项目2个，对麒麟区的1个养鸭场和1个养猪场进行检查，针对存在问题提出整改要求。

【绿色创建】 2010年，曲靖市创建省级绿色学校9所、市级绿色学校34所；创建省级绿色社区1家，市级绿色社区3家；省级环境教育基地1家；市级环境友好企业8家。全市累计创建国家级绿色学校3所，省级绿色学校40所，市级绿色学校231所；国家级绿色社区2家，省级绿色社区7家，市级绿色社区20家；省级环境教育基地1家；市级环境友好企业8家。

【环境宣传】 2010年，曲靖市环保系统为纪念“6·5”世界环境日，向240余万手机用户发送主题短信，制作《我的低碳生活》专题片在电视台连续播放，在珠江网和《曲靖日报》专版刊登特别报道。配合省创建办组织开展环境小记者项目新闻作品大赛，组织幼儿园参加全国幼儿园环境教育研讨培训班及寻找中华绿色小记者博文大赛，启动七彩云南生态文明建设大家谈。编辑出刊曲靖市环境保护局《环境保护工作简讯》12期、报道环保信息文章124余篇；配合市人大完成2010年云南环保世纪行活动，联系省、市多家媒体记者采访报道。

【环境影响评价】 2010年，市环保局审批建设项目88个，环境影响报告书17个、环境影响报告表68个、环境影响登记表3份。出具29个项目环境影响评价文件执行标准确认函，出具35个项目环境影响评价文件初审意见，协调向云南省环境保护厅上报35个项目的环境影响评价文件。建立项目“三同时”台账和项目督查台账，对2008年以来的425个项目进行检查，对排查出的30个违法建设项目下达限期整改通知，按程序立案查处。审批非生产性建设项目115个，其中：报告书5个，报告表74个，登记表36个，参与审查6个省环保厅审批的项目；组织完成5个项目的竣工环境保护验收工作。审批9个输变电工程建设项目环评审批和5个竣工环保验收。加强规划环评管理，从决策源头防止环境污染和生态破坏，编制并审查工业发展专项规划环境影响报告书，完成12个工业园区、3个生态旅游度假区总体规划的环境影响报告书编制、审查、报批工作。

【辐射环境监管】 2010年，曲靖市环保系统开展放射性同位素安全大检查，出动179人（次），检查辐射工作单位87家，放射源291枚。完成全市194家辐射工作单位辐射安全许可证的核发工作，办证率100%。收贮2家企业5枚放射性废源。确保全市所有在用危险放射源处于安全监控状态，全年未发生一起放射源丢失、辐射污染及伤人事故。

环境质量

【环境空气质量】 2010年，曲靖市中心城区空气中，二氧化硫年平均值0.046毫克/标立方米，二氧化氮年平均浓度0.028毫克/标立方米，可吸入颗粒物年平均值0.082毫克/标立方米，均达到《环境空气质量标准》（GB3095－1996）二级标准。全年空气质量优良天数354天，占全年的97%。

【饮用水源地水质】 2010年，曲靖市中心城市集中式饮用水源地潇湘水库和西河水库水环境质量优良，均达《地表水环境质量标准》（GB3838－2002）Ⅱ类标准，达标率100%。

【地表水环境】 2010年，市境内的主要河流有1个国控监测断面和10个省控监测断面，达到水功能要求的断面数6个，占54.5%；超标断面5个，占45.5%。其中：达到Ⅰ类水质的断面数3个，占27.2%；达到Ⅱ类水质的断面数0个；达到Ⅲ类水质的断面数2个，占18.2%；达到Ⅳ类水质的断面数2个，占18.2%；达到Ⅴ类水质的断面数2个，占18.2%；劣Ⅴ类水质的断面数2个，占18.2%。

【声环境】 2010年，曲靖市中心城区声环境质量整体良好，其中各类功能区噪声全年平均值均能达标；区域噪声108个监测点平均等效声级48.9分贝，达到2类区标准；交通噪声平均等效66.4分贝，达到4类区标准，交通噪声达标覆盖率91.83%。

2010年8月20日，市环保局组织“七个一”活动。

（冯小宇/摄）

自然生态保护

【自然保护区】 2010年，曲靖市有各级各类自然保护区19个，其中：国家级1个，省级4个，市级2个，县级12个。保护区总面积30.277万公顷，占全市国土面积的10.46%。

【生态环境优美乡（镇）】 2010年，曲靖市环保系统组织麒麟区沿江乡、会泽县金钟镇申报创建国家级生态乡（镇）和陆良县芳华镇、龙海乡申报创建省级生态乡（镇）。完成全国环境优美乡（镇）更名为国家级生态乡（镇）的核查工作和省级生态乡（镇）的复查工作。至年底，全市有国家级生态乡（镇）2个、省级生态乡（镇）29个、国家级生态村1个。

污染防治

【污染物排放】 2010年，曲靖市废水排放总量9128.83万吨，化学需氧量排放3.36万吨，二氧化硫排放17.74万吨。各项污染物排放量均在计划控制范围内。

【工业污染排放及处理利用】 2010年，曲靖市汇总工业企业208家，企业专职环保人员550人，“三废”综合利用产品产值131580.1万元。工业锅炉163台，其中，烟尘达标排放162台，二氧化硫达标排放162台。工业锅炉24763.5蒸吨，其中，烟尘排放达标24753.5蒸吨，二氧化硫排放达标24623.5蒸吨。工业炉窑361座，其中，烟尘达标排放344座，二氧化硫达标排放349座。

【工业废水】 2010年，曲靖市工业用水总量225889.02万吨，其中：新鲜用水量15221.78万吨，重复用水量210667.25万吨，工业用水重复率93.26%；工业废水排放量3078.48万吨，工业废水排放达标量3057.6万吨，工业废水排放达标率99.32%。废水治理设施311套，废水治理设施处理能力105.91万吨/日，废水治理设施运行费用21817.6万元。工业废水污染物去除量：化学需氧量28694.73吨（当年新增设施去除量19754.89吨），氨氮53.22吨，石油类2.32吨，挥发酚18.64吨，氰化物1.22吨。工业废水中污染物排放量：化学需氧量5668.45吨，氨氮1135.45吨，石油类2.99吨，挥发酚0.28吨，氰化物0.36吨，砷0.04吨，铅0.26吨，镉0.04吨，汞0吨。

【工业废气】 2010年，曲靖市工业废气排放量3037.66亿标立方米，其中：燃料燃烧过程中排放量2003.76亿标立方米，生产工艺过程中排放量1033.90亿标立方米。废气治理设施783套（脱硫设施61套），废气治理设施处理能力4185.24万标立方米/时（脱硫设施脱硫能力113.23吨/时），脱硫设施运行费用30341.8万元，废气治理设施运行费用57410.9万元。二氧化硫去除量36.93万吨，其中：燃料燃烧过程中去除量16.25万吨，生产工艺过程中去除量20.68万吨，当年新增设施去除量610.12吨。二氧化硫排放量172819.4吨，其中：燃料燃烧过程中排放量160909.11吨，达标排放量158497.85吨，生产工艺过程中排放量11910.29吨，达标排放量11087.14吨。氮氧化物去除量0吨，氮氧化物排放量108878.06吨，达标排放106702.49吨。烟尘去除量688.11万吨，烟尘排放量2.49万吨，其中达标排放量2.45万吨。工业粉尘去除量12.98万吨，工业粉尘排放量1.37万吨，其中达标排放量1.29万吨。

【工业固体废物】 2010年，曲靖市工业固体废物产生量1873.2万吨，其中：危险废物46375.12吨，冶炼废渣186.19万吨，粉煤灰680.57万吨，炉渣233.63万吨，煤矸石150.67万吨，尾矿28.43万吨，放射性废物0吨，脱硫石膏42.6万吨，其他废物260.11万吨，非重点调查工业企业（占重点调查企业的18.05%）产生量286.37万吨。工业固体废物综合利用量970.27万吨，其中：危险废物3.98万吨，冶炼废渣153.47万吨，粉煤灰171.71万吨，炉渣177.5万吨，煤矸石118.97万吨，尾矿28.9万吨，脱硫石膏26.89万吨，其他废物107.91万吨，非重点调查工业企业（占重点调查企业的22.92%）综合利用量180.94万吨。其中综合利用往年贮存量13.33万吨。工业固体废物综合利用率51.43%，贮存量448.47万吨，其中危险废物贮存量0吨，工业固体废物处置量491.27万吨。

【工业污染治理项目】 2010年，曲靖市有39个工业污染治理项目开工建设，其中：工业废水治理项目14个，燃料燃烧废气治理项目5个，工艺废气治理项目17个，噪声治理项目2个，其他治理项目1个。工业污染治理项目竣工34个，其中：工业废水治理项目12个，燃料燃烧废气治理项目4个，工艺废气治理项目15个，工业固体废物治理项目2个，其他治理项目1个。施工项目总投资59363.4万元，其中：工业废水治理项目2131.2万元，燃料燃烧废气治理项目7459.2万元，工艺废气治理项目46303万元，工业固体废物治理项目3400万元，其他治理项目70万元。竣工项目新增设计处理废水能力1373吨/日，新增设计处理废气能力39万标立方米/时。

【生活及其他污染】 2010年，曲靖市城镇生活污水排放量6050.35万吨，化学需氧量排放量28024.52吨，氨氮排放量2378.28吨，生活及其他二氧化硫排放量4589吨，烟尘排放量9853吨。城镇生活污水处理总量3322.22万吨，化学需氧量和氨氮去除总量分别为3982.14吨和236吨。

环境监察

【污染源监督检查】 2010年，曲靖市出动污染源执法检查2366次，检查企业614家。通过限期治理、停产整治、挂牌督办、立案处罚等行政手段对存在环境问题的企业集中整治。

【排污费征收管理】 2010年，曲靖市环保系统对全市200余家企业进行排污申报登记，审核21家国家重点监控企业2009年报表数据，建立国家重点监控企业排污申报数据库。征收排污费3990余万元，超额完成省级下达的3300万元征收任务。

【环保专项行动】 2010年，曲靖市确定4项市级挂牌督办事项，对4项督办事项均明确督办单位、责任单位、整改措施、解决时限，落实责任。市专项行动办公室先后出动38人（次），检查挂牌督办企业12厂（次）。环保专项行动期间，全市出动环保执法人员4289人（次），检查企业1460厂（次）。在重金属排查整治期间，全市出动447人（次），检查企业79家。对沿岸排污企业展开全面排查，在摸清主要污染源和河流污染现状的基础上，制定科学的综合整治方案，促成以当地政府为主体，明确责任，限期治理，推进整治工作；对沿岸煤矿、选（洗）煤厂污水处理设施不配套或运行不正常的一律停产整顿，加大突击检查力度，如针对富源县嘉河、块择河、丕德河煤矿企业污染严重的现状，提出流域整治目标和任务，并由市政府发文实施；完成长江三峡库区上游牛栏江流域规划实施项目中曲靖项目实施情况的评估工作。曲靖市列入长江三峡库区上游牛栏江流域规划的2个项目（云南驰宏公司会泽者海生产区废水治理项目和会泽县污水处理厂建设项目）全部完成；加强牛栏江调水水源区曲靖段水污染防治工作，加强对马龙县马过河流域40余家工业企业的环境监管，强化对企业的监督检查，督促有关企业加快治理，确保工业废水“零排放”。

【案件调处】 2010年，曲靖市环保局受理环境信访64件，其中：省环保厅和省环境监察总队批转24件，市级有关部门批转3件，“12369”环保举报6件，直接受理群众来信来访31件，办结率100%。承办人大代表建议7件，政协提案13件，办理率100%。

环境监测与科研

【环境监测】 2010年，曲靖市各县（市）区均成立环境监测站，至年底有10个环境监测站（1个二级站，9个三级站）。其中获得省级计量认证资质的监测站9家，占全市的90%。对曲靖市3个集中式饮用水源地水质开展按月监测，监测项目42项，取得监测数据2680个；对主要河流11个断面（1个国控断面、10个省控断面）进行按月监测，监测项目25个，取得监测数据3662个；对曲靖市2个环境空气测点每天连续监测，监测环境空气中二氧化硫、氮氧化物和可吸入颗粒物3个项目，共取得监测数据2190个；对曲靖市5个功能区噪声测点、108个城市区域噪声测点、35个交通噪声测点分别进行按季监测，取得监测数据3700个；对曲靖市2个大气测点开展酸雨、降水、降尘和硫酸盐化速率监测，取得监测数据573个。全年取得环境质量监测数据12805个。开展重点污染源监督性监测和重点减排项目监测，完成35家重点污染源的按季监测，其中：国控废气重点污染源9家，国控废水重点污染源9家，省级重点污染源9家，市级重点污染源及重点减排项目8家，全年监测124家（次）；参加5起环境突发事件的应急监测，对3起污染纠纷事件进行现场调查监测；对农村环境质量进行试点村监测，监测内容包括环境空气质量、饮用水水质、地表水环境质量、土壤、噪声等。

【环境科研】 2010年，曲靖市环境科学研究所开展科研项目4个，投入科研经费100万元，编制完成16个建设项目环境影响报告书，32个建设项目环境影响报告表，6个竣工环境保护验收调查报告书（表），对外技术服务费收入约328.2万元。

环境教育宣传

【七彩云南保护宣传】 2010年，曲靖市环保局分别在城北小坡交叉路口、城南三叉路口、城西开发区翠峰西路交叉路口、城东交叉路口设置4块七彩云南保护行动公益广告，在曲靖城区拥有3座自主产权的公益广告牌位。在全市所有风景名胜区和城市各类公园广泛开展禁止白色污染宣传活动，基本做到在显著位置或地段都设置环境保护警示性标语、宣传口号。利用罗平菜花节、滇东饮食文化节及珠江源旅游文化节等重大节日活动，宣传“七彩云南保护行动”，展示曲靖保护生态环境、建设环境友好型社会方面所取得的成效。

【信息工作】 2010年，曲靖市环保局加强环保网站建设，推进阳光政府四项制度，履行便民服务承诺，发布重要事项公示6项，开通“96128”政务信息查询专线电话，确保公众对环保工作的知情权、参与权和监督权。全年出版《曲靖环境保护工作简迅》12期，1200份发送到各部门，选登各类信息报导1000余篇。

（冯小宇）

地质环境保护管理

【简述】 2010年，市国土资源局地质环境科、麒麟分局、沾益局、宣威局、富源局、罗平局、陆良局、马龙局被省国土资源厅表彰为全省抗旱救灾地下找水突击行动先进集体，副局长王剑等13人被省国土资源厅表彰为全省抗旱救灾地下找水突击行动先进个人。市国土资源局被市委、政府表彰为全市抗旱救灾先进集体，副局长王剑等被表彰为先进个人。

【地质灾害隐患】 2010年，曲靖市有地质灾害隐患点1446处，同比增186处。其中：按隐患类型分为滑坡1134处、崩塌63处、泥石流78处、不稳定斜坡57处、地面塌陷113处、地裂缝1处；按险情分为小型1131处、中型276处、大型32处、特大型7处；按地域分为麒麟区48处、沾益县21处、宣威市320处、富源县206处、会泽县544处、马龙县65处、陆良县41处、师宗县63处、罗平县138处。涉及104个乡（镇）、752个村委会、1214个村民小组。威胁人口16万余人、威胁财产12亿元。

【地质灾害】 2010年，曲靖市发生地质灾害50起，造成直接经济损失985.5万元，无人员伤亡。发生险情51起，威胁财产11529.5万元，威胁人员4743人。所发生灾情和险情的90%是在6~8月主汛期间。成功预报避灾1起，避免伤亡228人，避免经济损失100余万元。6月25日，马龙县城及周边遭受特大暴雨，引发多起滑坡、泥石流，造成直接经济损失311万元。6月25日至7月18日，会泽县金钟、老厂、迤车、纸厂、娜姑、乐业、待补7个乡（镇）因暴雨发生滑坡、泥石流，倒塌房屋174间，22户农户需搬迁，经济损失329万元。7月22日，师宗县五龙乡曲祖村委会沙锅寨发生滑坡，造成经济损失50万元。10月10日，宣威市倘塘镇倘塘村委会屋基村民小组发生大型滑坡，由于预报及时，处置果断，避免了人员伤亡。

【隐患排查】 2010年3~4月，曲靖市组织开展地质灾害隐患点排查。7月、8月，组织汛期地质灾害隐患点的再排查，公路、铁路沿线地质灾害隐患的排查及在建工程地质灾害隐患等3次排查。9月，开展地质灾害隐患再核查与防灾避险紧急行动，邀请省级地勘单位专家对178处隐患点进行核查，形成技术报告。摸清各地质灾害隐患点的位置、类型、规模、危害程度，确定防范措施，初步建立《曲靖市地质灾害防治项目库》。

【台账和预案】 2010年，曲靖市国土资源局编制《曲靖市地质灾害隐患点排查情况统计台账》，实施动态分类管理，对稳定性差、危险性大的隐患点实行重点监测、巡查、避让和管理。对危及群众生命安全的1446处地质灾害隐患点均编制应急预案，明确预警信号、撤离路线及应急保障等。全年安装裂缝报警器等地质灾害监测器材200余套，设置警示牌360余块。

【群测群防】 2010年，曲靖市国土资源部门发放《地质灾害防灾工作明

2010年7月28日，市政府副市长张向明参加富源县地质灾害应急救援演练活动并作点评。

（念明武/摄）

白卡》2359份，《地质灾害防灾避险明白卡》22960份，对工程建设单位发《地质灾害防治通知（函）》1536份。1446处地质灾害隐患点被纳入群测群防网络体系。安排878名监测员，同监测员签订责任书878份，投入群测群防经费200万元。确定在建工程地质灾害防治责任人34名，监测人36名，并签订责任书。汛期，每月给每位监测员补贴100~300元。

【防治方案】 2010年，市、县两级政府均组织有关部门编制包含主要灾害点分布，地质灾害威胁对象、范围，重点防范区防治措施，监测和防治责任人等内容的年度地质灾害防治方案。

【应急演练】 2010年，曲靖市政府成立应急工作领导小组和综合应急救援支队。市国土资源局组建市国土资源局地质灾害应急救援大队，聘任7名地质专家组建地质灾害应急调查组，对36起地质灾害灾情和险情进行应急调查。富源县政府在富源县中安镇东堡村委会举行地质灾害应急演练，市政府同时召开地质灾害应急演练观摩会。地质灾害应急演练从灾害预警信息报送、群众疏散、启动预案，救援力量调集，先期处置、道路抢通，现场救援、医疗救护及卫生防疫，灾民安置、新闻发布等方面检验、磨合地质灾害的应急指挥和应急队伍，提高应急反应能力。

【防治宣传】 2010年，曲靖市国土资源部门利用“4·22”地球日和“5·12”防灾减灾日，开展地质灾害科普宣传，印制宣传资料1.5万份，制作展板36块。与曲靖红十字会联合举办地质灾害急救技能竞赛。麒麟区、罗平县、师宗县对地质灾害防治的基层管理人员和所有监测人员，进行地质灾害防治知识培训。各地利用电视、广播、讲座等开展不同形式的宣传培训活动。

【矿山地质环境保护治理】 2010年3月1日起，凡申请办理采矿许可证新立、延缓、转让、变更时，采矿权申请人应当编制《治理方案》，按权限规定报国土资源行政管理部门进行评审和备案。原施行的矿山地质灾害危险性评估不再单独进行。经过评审、备案的“治理方案”作为办理采矿许可证的前置条件之一，是采矿权人实施矿山地质环境保护、监测和治理恢复的主要依据。全年全市有25家矿山编制《治理方案》。

【富源县后所煤矿矿山地质环境治理】 云南省后所煤矿由于历史原因导致滑坡、崩塌等地质灾害频发。2010年底，经过可研论证，最终得到国土资源部、财政部批准立项治理。国家下达项目资金710万元。

【地下找水突击行动】 2010年3月3日，曲靖市国土资源系统启动抗旱救灾地下找水突击行动。全市争取国土资源部、厅探采地下水井指标199口（深井39口、浅井160口），市国土资源局安排探采井1口，共计200口。麒麟区24口、沾益县17口、宣威市40口、富源县25口、会泽县21口、马龙县11口、陆良县19口、师宗县23口、罗平县20口。涉及79个乡（镇）、183个村委会、200个村民小组。其中，在中小学学校布井23口，在养殖场布井4口，采用空气潜孔锤钻机和高效节水钻探技术。马龙县旧县镇下袜度村井仅用19个小时钻成一口深度达104.5米的水井。组织10支地勘单位（省外地勘单位5家）、70支突击队、700余人（专业技术人员130人、施工人员571人）、钻机67台（套）、物探设备2台（套）参加地下找水突击行动。全市国土资源系统投入400余万元，提供施工用水3万方，架设施工电线15.2千米，电杆43棵，安装施工变压器16台，应急新修施工道路3000余米，协调租用吊车31台（次）。修建泵房40间、建井台173个、标牌40块、纪念碑4块。全市打机井200口，总钻井1.8万余米。实际探采成井供水172口，成井率86%，总计日涌水量3万立方米，旱季可解决100余万人和22万余头大牲畜的饮水问题。麒麟沿江曹家营井日涌水量480立方米，是全省浅井中日涌水量最大的；马龙鲁石井日涌水量为2500立方米，取泥灰岩含水层的水，成为西南抗旱打进单井口涌水量最大的一口井。市委、市政府向参加曲靖市抗旱救灾地下找水突击行动的中国有色金属工业昆明勘察设计研究院、中国地质调查局探矿工艺研究所、中国地质调查局西安地质调查中心、甘肃省地质矿产勘查开发局、青海省格尔木市柴达木综合地质矿产勘察院、河北省地质十一队等省内外地勘单位赠送牌匾，发感谢信。

【温家宝到陆良县大莫古镇戈依村打井施工现场视察】 2010年3月20日下午3点55分，中共中央政治局常委、国务院总理温家宝在省委书记白恩培、省长秦光荣、市委书记赵立雄、市长岳跃生等陪同下，到国土资源系统抗旱救灾地下找水打井点——陆良县大莫古镇戈依村打井施工现场视察，温家宝看望慰问施工人员，要求国土资源系统和施工队伍“再多打几口井，多找点水源，别让老百姓等得太久”。

（苏丽萍）

旅　游

责任编辑　孙立云

综　述

2010年，曲靖市以旅游重点项目为抓手、以打造旅游精品为目标，培育项目精品，推进资源整合，创新营销理念，优化旅游环境，克服旱灾的不利影响，全市旅游业实现持续、健康、稳步发展。全年全市共接待海外旅游者17302人（次），其中景区一日游1597人，同比增6%，国内旅游者707.3万人（次），增10.5%，实现旅游综合收入43.35亿元，增16%。“十一五”末，曲靖市接待国内外游客从2005年的439.35万人（次）增加到2010年的708.96万人（次），旅游收入从2005年的14.08亿元增长到2010年的43.3亿元。

节会活动的示范带动作用明显。2010年，曲靖市先后成功举办罗平第十二届国际油菜花文化旅游节、第六届珠江源美食文化节、第十届师宗五龙“三月三”民俗文化旅游节以及三月三宣威东山寺庙会。仅节会期间，全市接待游客70余万人（次），实现旅游综合收入1.5亿元。其中，罗平国际油菜花文化旅游节和珠江源美食文化节，辐射范围广，影响力大，产生了较强的带动效应。至“十一五”末，相继成功举办6届罗平国际油菜花文化旅游节、5届珠江源登山越野挑战赛、2届会泽“钱王之乡”文化旅游节、1届陆良国际彩色沙雕节、1届云南·师宗千花会文化旅游节、6届珠江源美食文化活动节、2届宣威火腿美食文化节以及师宗五龙壮乡文化节等活动。

对外宣传促销步伐加快。策划、更新制作曲靖旅游形象片、景区（点）画册，旅游线路图以及自驾车旅游地图等宣传品；继续编印《大美珠江源》旅游杂志，策划编辑出版《吃在曲靖》旅游图书，制作《城际快线－曲靖旅游》杂志；组织开展“大美·珠江源”曲靖旅游歌曲有奖征集活动；组织参加重庆国内旅游交易会、昆明国际旅游文化节昆明狂欢节、首届成都自驾车交易博览会、上海旅交会，并首次代表云南省参加香港旅游展览会；加强多媒体视频在星级酒店、景（区）点及有关非星级酒店的宣传工作；加强区域协作，配合日本电视台《中国神秘之旅》到曲靖拍摄旅游节目，配合贵阳、广西、楚雄等省内外旅游局到曲开展宣传促销工作，并与广西防城港市及楚雄市签订合作协议；在靖宁宝塔安装展示曲靖旅游形象宣传挂图。宣传促销方式和手段的逐步完善，不断提高曲靖知名度，吸引外地客商及游客，收到良好的宣传促销效果。

重大（点）项目稳步推进。按照加快构建观光旅游为基础，休闲度假旅游为重点，乡村旅游为特色的旅游产品新格局的思路，合力推进旅游重大项目建设。制定《曲靖市旅游“二次创业”目标责任制考核评价办法》，实行项目管理月报制。年内，麒麟温泉生态旅游小镇、黄家庄旅游小镇、敏大体育运动中心，马龙太阳山谷旅游度假区、金阳旅游运动休闲中心、龙泉新区，罗平布依风情园，师宗凤凰谷旅游区，会泽旅游区建设9个省对市考核的重大（点）项目共完成投资6.4亿元。

特色村及生态类新项目建设力度加大。年内完成了麒麟区白石江黄家庄村、会泽县金钟镇水城村、富源县中安镇回隆村、马龙县马鸣乡小桥河村第三批旅游特色村申报上报工作；列入首批旅游特色村的麒麟区沿江乡大龙村、沾益县沾益乡龙华村、师宗县五龙壮族乡水寨村、罗平县长底布依族乡发达村通过省旅游局的验收；列入第二批旅游特色村的罗平鲁布革乡腊者村、马龙县马过河乡河边村、陆良县板桥镇车马堡石墙寺村建设进展顺利；富源县中安镇回隆村、会泽县金钟镇水城村、马龙县马鸣乡小桥河村列入第三批旅游特色村。

旅游服务质量和水平明显提高。着力提高从业人员素质，对全市210余名持证导游人员进行《旅行社条例》、《劳动法》及与导游职业相关的法律、法规知识培训，提升全行业从业人员的业务水平和服务技能；组织全市中级导游考试和全国导游人员资格考试考务工作；开展旅游市场整治和旅游安全工作，进一步加强旅游市场监管，规范旅游市场秩序，创造诚信旅游市场秩序。行业管理工作得到进一步规范，旅游市场秩序明显好转，旅游接待能力和水平等到进一步提高。

旅游行业管理

【“大美·珠江源”曲靖旅游歌曲有奖征集活动】　2010年1月下旬，市旅游局、市文化局组织开展以“大美·珠江源”为主题的歌曲作品征集活动。活动以“大美·珠江源”为主题，围绕休闲曲靖、文化曲靖、魅力曲靖、美食曲靖四个品牌形象，反映曲靖市旅游风光、自然山水、历史文化、人文景观、民族特色、民俗风情、品牌景区、美食文化等各个方面，全方位、多层次展示全市旅游形象、特色和优势。

【春节旅游安全工作】　2010年1月

下旬至2月5日，市旅游局及各县（市）区旅游局联合消防、工商、卫生、安监等部门对辖区内星级宾馆酒店、旅行社及旅游景区（点）、农家乐进行市场整治及安全生产大检查，确保春节期间旅游安全。

【春节“黄金周”旅游收入上亿元】 2010年2月13～19日春节“黄金周”期间，全市共接待国内外游客31.12万人（次），实现旅游综合收入12394.69万元，分别比上年同期增长35.4%和39.5%。

【葵山镇温泉旅游区规划通过专家评审】 2010年3月14日，《师宗县葵山镇温泉旅游区修建性详细规划》评审会在葵山镇召开。省旅游局产业处、省旅游规划研究院、市旅游局等7位专家通过实地勘察、文本审验、综合评估、科学论证，规划文本一致通过评审。

【省旅游局到曲靖市检查验收首批旅游特色村】 2010年4月12～13日，由省旅游局政策法规处、云南大学工商管理与旅游管理学院有关人员组成的首批旅游特色村检查验收小组一行4人对曲靖市首批旅游特色村建设工作进行检查验收。检查组对曲靖市大力发展特色乡村休闲旅游，全力推进景区带动型、民俗文化型、城镇周边型、农业观光型等四种类型旅游特色村的开发建设取得明显成效给予了充分肯定。

【富源滇南胜境旅游景区详细规划（修编）通过评审】 2010年4月14日，曲靖市旅游局在富源主持召开《富源滇南胜境旅游景区详细规划（修编）》专家评审会，来自省内旅游规划、建筑设计、景观规划、园林设计、民族文化以及文物管理部门的专家和市文化局、富源县相关部门负责人参加了评审。

【“五·一”曲靖旅游收入近五千万元】 2010年5月1～3日，曲靖市共接待游客9.36万人（次），实现旅游综合收入4941.78万元。其中：接待一日游游客5.22万人（次），收入1574.2万元；接待过夜游游客4.14万人（次），收入3367.58万元。

【端午节小长假曲靖接待游客近9万人次】 2010年端午节小长假期间，曲靖市共接待游客8.89万人（次），实现旅游综合收入4790万元。其中：过夜游游客4.16万人（次），收入3376万元；一日游游客4.73万人（次），收入1414万元。

【全省贯彻《旅行社条例》执法检查暨旅游行政执法培训动员】 2010年7月12日，云南省各地（州）市、县旅游行政执法人员200余人到曲靖，参加全省贯彻《旅行社条例》执法检查暨旅游行政执法培训会，省旅游局副局长徐光佑作动员讲话。省旅游局、省法制办组织学习培训了有关行政处罚、行政许可、行政复议及《旅行社条例》、《导游人员管理条例》等法律法规，学员就旅游市场检查、旅游投诉受理等进行了交流讨论。

陆良白水塘景区。

（市旅游局/供稿）

【中秋节小长假旅游收入突破四千万元】 2010年中秋节小长假期间，曲靖市共接待游客8.91万人（次），实现旅游综合收入4562万元。其中：过夜游游客3.63万人（次），收入2969万元，一日游游客5.28万人（次），收入1593万元。

【罗平文明旅游区通过验收】 2010年8月31日，由省文明办牵头，省建设厅、省旅游局、省环保局、曲靖市文明办等专家组成的检查组，分别对罗平省级文明风景旅游区九龙瀑布群、多依河风景区创建文明景区进行检查验收。两景区各项指标均达到标准并通过验收。

【节前旅游安全大检查】 2010年9月20～30日，市旅游局组织开展对全市旅游安全工作检查。检查的重点是全市各旅游景区（点）、旅游星级饭店、旅行社等旅游企业的安全制度建立、安全设施设备运行等情况，期间，全市各级旅游部门共出动检查车辆40余台（次），人员130余人（次），检查星级旅游饭店35家、旅行社17家、旅游景区、景点18家。

【“十一”黄金周旅游收入超亿元】 2010年10月1～3日，曲靖市共接待旅游人数34.96万人（次），实现旅游收入1.38亿元，同比分别增长8%和11%。其中：接待一日游游客17.06万人（次）；接待过夜游游客万17.9万人（次）。全市旅游住宿设施平均床位出租率69%，其中星级酒店出租率70%以上。

特色旅游

【第十二届罗平国际油菜花文化旅游节】 2010年2月3日，中国云南·罗平第十二届国际油菜花文化旅游节暨首届花海美食文化节在罗平县举行开节仪式。旅游节由云南省旅游局、曲靖市政府主办，罗平县政府承办，中国人民网协办。节会主题是《爱之圣地·金色罗平》，举办时间为2月3日～4月19日。旅游节开展了“农业生态旅游观光、喀斯特地貌观赏、景区景点推介、布依风情展示、招商引资洽谈为一体的山水田园休闲旅游特色”五项活动内容。节会期间在九龙景区举行“二月二”布依赛歌会、在多依景区举行“三月三”布依族泼水狂欢、千对情侣游花海、观峰林、看日出等系列活动。

【第十届五龙“三月三”民俗文化旅游节】 2010年4月16～18日，第十届师宗五龙“三月三”民俗文化旅游节在五龙旅游小镇成功举办。旅游节期间开展了以民俗文化为主的丰富多彩文艺演出，百米竹杆舞、狂欢泼水、竹筏戏水等活动项目。

【“三月三”宣威东山寺庙会】 2010年4月16日，宣威传统民俗“2010年三月三东山寺庙会”在宣威东山旅游景区举办。庙会期间，每天进入景区上香及游玩人数2万余人，门票收入4万余元。

【第六届珠江源美食文化节】 2010年9月27日，由曲靖市政府、云南省旅游局主办，麒麟区政府、市旅游局承办，曲靖经济技术开发区、市餐饮与美食协会共同协办的第六届珠江源美食文化节在珠江源广场开幕。美食节期间，开展了名特产品展销会、“五系列”创意大比拼、乡村美食大比拼、分享品尝羊汤锅、快乐体验自驾游、养生和食疗讲座6大节庆活动。10月1日，马龙分会场也举行了开幕式及歌曲PK赛、逛乡街、品马过河风味等精彩活动。曲靖市450家企业，900余种名特产品、旅游商品集中展销；3万余名游客共同品尝寥廓街道、三宝镇、白石江街道、沿江乡的羊汤锅；95家餐饮企业参加地方特产创新大赛、乡村美食大比拼，制作了400多道“色、香、味、形、具、意”俱佳的精品菜。

第六届珠江源美食文化节开幕式。

（栗昆/摄）

国际旅游

【简述】 2010年，曲靖市旅游景点共接待海外游客1.73万人（次），同比增长6%，创汇396.13万美元，同比增长57%。其中：麒麟区3324人，创汇95.25万美元，罗平县9533人，创汇218.26万美元；过夜游客15705人，其中：接待外国人4728人，香港同胞3102人，台湾同胞7875人。

【朝日电视台《中国神秘之旅》节目聚焦曲靖旅游】 2010年8月25～26日，《中国神秘之旅》拍摄组到会泽县、麒麟区对当地文物古迹、民间斑铜工艺、爨乡古乐等进行拍摄，此专题片是中国对日本、欧美国家开展旅游宣传促销的重要载体，将在日本、美国、以及中国香港、台湾等地电视台播出。由日本JVC公司用六种语言出版，向世界各国发行。

景区景点开发建设与促销

【富源县滇南胜景关景区举行开街仪式】 2010年1月3日，富源县政府与云南泰利达投资有限公司联合举办的滇南胜境开街仪式正式举行。滇南胜境风景区规划总投资约3.16亿元，按国家4A级景区标准建设，计划用3～5年的时间完成核心景区设施及绿化建设，充分展示入滇第一关“以天为界，以地为界”、石龙爱情传说、云南自然生态、名人文化的独特魅力，为国内外游客提供一个集休闲、观光、访古、娱乐为一体的人间胜境。

【罗平举办“行走发现新视界——罗平区域旅游经济与旅游品牌”专家论坛会】 2010年2月24～26日，由云南省旅游局、曲靖市旅游局主办，罗平县政府承办，红云红河烟草集团协办的“行走发现新视界·罗平区域旅游经济与旅游品牌”专家论坛会举行。中央电视台、人民日报、人民网、中国国际杂志社、中国旅游报、云南日报、云南电视台、春城晚报、曲靖日报等20余家新闻媒体对此次论坛进行了宣传报道。

【师宗免费派送500万元车行师宗VIP旅游消费券】 2010年3月15日，师宗县旅游局、旅游开发公司正式启动“500万元车行师宗VIP旅游消费券免费派送活动”，这是继2009年作为云南省首家发放500万旅游消费券后，师宗县再次成为首家免费派送价值1000万元优惠券的旅游目的地。

【罗平签下40亿元旅游合作开发项目】 2010年3月24日，罗平县政府县长张长英与昆明城建房地产开发股份有限公司董事长李捷，在罗平县签订总投资约40亿元的系列旅游项目开发合作协议。云南省旅游局长喻顶成、曲靖市政府市长岳跃生等领导参加签约仪式。

【参加2010年重庆国内旅游交易会】 2010年4月22～24日，曲靖市组团参加了2010年重庆国内旅游交易会。期间，发放各类旅游宣传品2万余份，其中VCD光碟5000余碟，文字图片资料1.5万份，收集全国各地旅游宣传VCD光碟、文字图片资料、旅游企业名片1000多份。

【会泽名城保护开发】 2010年，会泽县实施古城街道恢复性建设项目，该项目总投资4500余万元，完成全长7310.3米的东关街、东内街、南内街等27条街巷道的青石路面铺设；实施西外街风貌整体改造工程，该工程总投资100万元，对原有现代建筑材料进行更换，实施主要街道亮化工程。工程总投资60余万元，在古城区街道安装了独具会泽特点的仿古灯，在古城区东西一条街与老街交叉口设置花木盆景路障。

花车巡游。

【参加香港国际旅游展览会】 2010年6月10～13日，曲靖市组团参加第24届香港国际旅游展览会，展会上重点推出了曲靖旅游精心打造的三条精品旅游线路，期间共发放各类宣传资料2万余份，专业洽谈60余场，前来展台参观的旅行商及游客7万余人。

（市旅游局/供稿）

【A级旅游景区质量等级复核】 2010年6月28日至7月1日，曲靖市旅游局组成A级旅游景区质量等级复核小组，对全市A级旅游景区开展复核工作。曲靖市3个4A级旅游景区、1个3A级旅游景区的服务质量、环境质量、景观质量、游客意见各项考评分值均达到相应质量等级标准。

【中国最具魅力的节庆活动】 2010年7月，在“世博会2010年中国节庆高峰论坛”上，罗平国际油菜花文化旅游节被评为全国7个“中国最具魅力的节庆活动”之一。

【罗平县荣膺2010品牌中国两项殊荣】 2010年8月10日，在北京国家会展中心举行的第四届中国品牌节颁奖仪式上，罗平县荣膺“2010品牌中国（县域旅游）百强品牌旅游目的地”、“九龙瀑布群”荣膺“2010品牌中国（县域旅游）百强品牌景区”两项殊荣。

【参加2010年成都自驾车交易博览会】 2010年10月21～28日，由曲靖市旅游局以及罗平、会泽、沾益、师宗等县（市）区和曲靖市旅行社等旅游企业组成的宣传促销代表团，先后在成都、重庆、贵阳开展宣传推介活动。期间，发放VCD光盘、景区（点）介绍及线路地图、自驾车旅游指南等宣传促销资料2万余份。

【九龙瀑布群被评为云南七大胜景】 2010年10月，由百事可乐七喜品牌联合云南省旅游局、云南日报报业集团、云南省旅游业协会、春城晚报、云南省旅游协会景区分会主办的“七彩云南喜游心选”云南七强景区评选活动揭晓，罗平九龙瀑布群景区被评选为云南七大胜景之一。

【参加2010上海国际旅交会】 2010年11月18～22日，曲靖市组团参加2010年中国上海国际旅游交易会。曲靖市展台整体设计充分体现了曲靖旅游发展的主体思路，同时以亮丽的灯箱展示了油菜花海、菌子山、珠江源、会泽大海草山等风光图片，打出了珠江源头第一市这个主题。期间，共计发放宣传资料5万份，接待海内外旅行商和社会各界人士1000余人（次）。

（李金亮）

2010年曲靖市新增星级宾馆（饭店）基本情况一览表

名称	星级	批准文号	批准时间	出资人	法定代表人	经营场所	许可经营业务	总经理	联系人	联系电话	传真
霞光宾馆	三星	云旅星评发〔2010〕4号	2010.4	云南省煤田地质局一四三煤田地质勘探队	徐莉惠	曲靖市交通路59号	住宿	徐莉惠	徐莉惠	0874－3367288	0874－3366038

开发区·园区

责任编辑　孙立云

曲靖经济技术开发区

【简述】　2010年，曲靖经济技术开发区秉承建设资源节约型、环境友好型、外向发展型新区的“三型理念”，立足新型工业的聚集区、高新技术的示范区、改革开放的试验区、珠江源大城市新区“四区”的发展方向，充分发挥国家级经济技术开发区的窗口、示范、辐射、带动“四个作用”，使开发区成为全市工业化的龙头、城市化的亮点、现代化的先导和生态的示范的“四化”目标，在推进科学发展、跨越发展、率先发展中大胆创新、大干快上，主导产业迅速壮大，产业招商成效显著，新区建设再上台阶，升级工作圆满成功，素质能力明显提升，超额完成了全年的各项目标任务。

【主要经济指标】　2010年，曲靖经济技术开发区实现地区生产总值85.3亿元，按可比价格计算，比上年增15.7%；实现工业总产值200.2亿元，增20.4%；固定资产投资达60.8亿元，增30.1%；财政总收入19.8亿元，增62.9%，财政一般预算收入完成6.6亿元，占GDP的比重为7.7%，增10%；开发区社会消费品零售总额为7.5亿元，增21.1%；城镇居民人均可支配收入16918元，增13.7%。

【招商引资】　2010年，曲靖经济技术开发区按照招大引强和产业集群发展的思路，大力实施产业招商，成立五大产业招商小组，开展产业招商、中介招商、专场推介和项目洽谈活动40多次。年内新签约项目22个，到位国内资金17.3亿元，比上年增48%，实际利用外资500万美元，增108.3%。年内，开发区签约引进13个重大项目，总投资超过300亿元，与云南冶金集团成功签约投资120亿元的多晶硅二期及下游延伸项目、与省工投公司签约合作建设投资100亿元的新兴产业示范园、与昆钢集团签约钢铁物流中心项目、与恒大集团签约投资20亿元的恒大曲靖·名都城和投资60亿元的西城景观公园项目、与乔治白集团签约投资4亿元的乔治白服装生产项目等。

【重点项目建设】　2010年，曲靖经济技术开发区坚持把产业集聚作为检验工作成效的关键。围绕五大主导优势产业，狠抓项目、做优服务、做大平台、集聚产业，驰宏30吨锗、多晶硅、农垦汽配园、中建科技等项目相继建成，产业结构进一步优化，项目建设和开发水平实现了“双提升”。年内，开发区建成项目44个，25个省、市重点项目完成投资28亿元。驰宏公司已经成为区域内技术先进、成长性和规模效益最好的上市企业；南海子工业园区年产3000吨多晶硅项目建成投产；农业食品科技园完成投资5.1亿元，配套设施和场馆建设快速推进；与省工投公司合作建设完成20万平方米标准厂房。

【城乡建设】　2010年，曲靖经济技术开发区基础设施配套完成投资3.4亿元，新增城市面积1.3平方千米。先后实施了迎霞路西段、学府路南段、靖阳路、和兴街、南海大道等7条城市道路和园区干道的建设工程。通过盘活存量、培育增量、合理流转等多种途径，基本满足项目用地和基础设施建设用地需求。先后争取中央扩大内需、省级扶持资金2600多万元，对重点企业技术改造和标准厂房给予奖励扶持。按照城乡一体、工农互促、发展共享的思路，投入资金3亿多元，大力推进区域内征地拆迁和社区居民安置小区等民生工程。区域内科技研发、物流配送等要素配套逐步健全，城市管理水平明显提高，塑造了西片区魅力开放、和谐宜居、欣欣向荣的开发建设形象。

【软环境建设】　2010年，曲靖经济技术开发区深入开展“素质提升年”活动，明确目标任务，提出可操作性强的20条加强学习的方法措施和6项评价标准。年内组织干部到复旦大学、沿海地区、北美、新加坡培训，干部职工的综合素养明显提高。按照重奖重惩的原则，创新部门年度综合考核、产业招商等考评机制，修改完善评先奖优办法，加大问责力度，创新工作落实机制，开展企业和群众满意率测评、服务回访等活动，提高了开发区的公信力和执政水平。

（莫石云）

2010 年曲靖经济技术开发区经济指标完成情况表

指标名称	单位	2010 年	
		实际完成	比上年增长%
生产总值（GDP）	亿元	85.3	15.7
工业总产值	亿元	200.2	20.4
工业增加值	亿元	58.5	17.6
固定资产投资	亿元	60.8	30.1
社会商品零售总额	亿元	7.5	21.1
财政总收入	亿元	19.8	62.9
地方财政一般预算收入	亿元	6.6	10
在岗职工年平均工资	元	37607	11.1
城镇居民人均可支配收入	元	16918	13.7
引进国内市外资金	亿元	17.3	48
西城工业园区工业总产值	亿元	63.1	
西城工业园区固定资产投资	亿元	22.3	
南海子工业园区工业总产值	亿元	75.1	
南海子工业园区固定资产投资	亿元	12.9	

西城工业园区

【简述】 西城工业园区位于曲靖中心城区西北部，地跨麒麟区西城和建宁两个街道办事处，是云南省确定的三十二个重点工业园区之一，建设用地规划面积 20.37 平方千米（其中：西片区 13.10 平方千米，麻黄片区 7.27 平方千米）。分三期建设，即：全面启动期（2005～2010 年）；整体建设期（2011～2015 年）；完善提高期（2016～2020 年）。规划区主要以外向型、科技型、低能耗、符合环保标准的生产性项目为主，是环保生态型规划区。主要发展有色金属综合利用及深加工、汽车配套及配件、特色轻工业及生物制药等主导产业；辅之以农副产品加工、汽车销售服务、印刷包装、新型建材、物流等产业。

年内，围绕“科学布局、规范建设、功能配套、市场运作”的要求，开发区管委会与省工投公司合作，以建设标准厂房为基础，规划建设新兴产业示范园，总规划用地 3216 亩，预计总投资 100 亿元，计划建设标准厂房 80 万平方米，重点引进无污染的 IT 产业配件、品牌服装、小家电、小五金、生物制药及生产性服务业等项目，园区将按照“低碳生态、循环经济、山水入城、产城一体”的理念，力争建成曲靖的新兴产业中心、现代服务业中心和珠江源大城市的新兴工业园区。

【主要经济指标】 2010 年，西城工业园区落地项目 31 个，建成项目 18 个，累计完成投资 23.4 亿元。全年西城工业园区实现工业总产值 63.1 亿元，实现工业增加值 22 亿元，实现销售收入 68 亿元，税收收入 4 亿元，实现利润 3.5 亿元，固定资产投资完成 22.3 亿元，项目建设稳步推进，经济实力逐步增强。

【标准厂房建设】 2010 年，西城工业园区按照“企业集中、资本集聚、产业集群、土地集约”的原则，围绕轻工产业集中、集群发展的思路，力争年内建成 20 万平方米的标准厂房。西城工业园区标准厂房建设以合作建

2010 年 6 月 3 日，省委副书记李纪恒视察曲靖开发区标准厂房建设。
（龙其梅/摄）

设为主、企业自建为辅，其中：管委会与省工投公司合作建成11.7万平方米；企业自建5.41万平方米。年底合计竣工17.11万平方米，在建10.1万平方米。

【招商引资】 2010年，西城工业园区，结合轻工产业的特点，以标准厂房建设为切入点，采取边建设、边招商的运行模式，加大招商引资力度，开发区西城工业园区标准厂房招商取得重大进展。2010年拟入驻标准厂房的项目共31个，拟租厂房面积30.91万平方米，计划投资185534万元，其中已签投资协议的项目9个，分别是云南曲靖江之源精密机械有限公司年产1万台数控机床项目、深圳市马德兰环境科技有限公司美家环保项目、云南曲靖市麒麟区友缘有限责任公司友缘太阳能沼气应用技术项目、曲靖先峰印刷有限责任公司印刷项目、云南卓业能源科技有限公司太阳能电池及组件生产基地建设项目、江阴市盛东金属制品有限公司钢筋焊接网生产项目、新加坡苏米特集团云南曲靖苏米特光电产业项目、浙江金龙科技有限公司手机配件生产项目、浙江平阳县乔治白衬衫有限公司曲靖乔治白服饰生产项目，拟租厂房面积10.72平方米，计划用工5000人。在谈拟租厂房项目22个，拟租面积20.19万平方米，计划投资99420万元。通过标准厂房这一平台，西城工业园区将形成太阳能利用、IT配件、环保产品和服装等产业园区。

（徐　勍）

南海子工业基地

【简述】 截至2010年底，南海子工业园区成为具有一定规模的新型工业化园区。基地共完成固定资产投资10422.63万元；其中道路建设完成投资6300万元；消防站建设完成投资1015.63万元；污水处理厂及管网工程完成投资2000万元；南海新区自来水厂及综合楼完成投资1107万元。入园企业完成投资88980万元；其中：昆明冶研新材料股份有限公司年产3000吨多晶硅项目已建成投产，完成投资85760万元；交警支队考试中心、车管所、检测线项目完成投资3100万元；云南三元德隆铝业有限公司年产5万吨铝型材项目前期工作已全部完成，完成投资120万元。招商引资工作顺利推进，10月27日，市政府与云南冶金集团股份有限公司签订硅材料产业基地项目投资建设协议，该项目预计投资120亿元。

【基础设施配套建设】 2010年，南海子工业基地继续加快推进以项目供水、排水、道路建设等为重点的各项配套建设工作。至年底，南海子工业园区已完成基础设施建设投资4亿多元。南海一号路路面硬化工程已启动；多晶硅南门至消防站路基建设工作前期工作已开工，年底实现南海大道全线贯通；南海新区自来水厂项目总投资7300万元，已开始供水，具备了南海子工业园区已入驻企业用水生产规模；污水处理厂及管网建设工程预计总投资9930万元。输水管网工程已完全满足了多晶硅项目生产排污要求。南海新区消防站、110千伏、220千伏变电站已建成并投入使用。

【项目建设】 2010年，南海子工业园区入园建设项目7个，其中：昆明冶研新材料股份有限公司年产3000吨多晶硅项目列入了“云南省20个重点推进工业建设项目”。项目总投资294641.81万元，一期建设用地954.117亩。11月，项目已建成投产。驾驶员考试中心、车管所、检测线、红云仓储物流项目、云南三元德隆铝业有限公司年产5万吨铝型材生产线等项目有序推进，至年末，南海子工业园区入园项目累计完成固定资产投资40余亿元。

【招商引资】 2010年，按照南海子工业园区规划，结合园区开发建设实际，围绕光电子相关产业扎实开展工作，引进亿元以上投资项目2个，引进市外国内资金85760万元。3月5日，开发区管委会与云南三元德隆铝业有限公司签订了投资建设协议，在曲靖南海子工业园区新建年产5万吨铝合金建筑型材加工厂。该项目计划总投资3.5亿元，占地20公顷，建设期1年半，建成投产后预计可实现年销售收入12亿元，实现税收6610万元。7月16日，中电投云南国际电力投资有限公司与曲靖经济技术开发区签署《南海子风电项目合作开发协议》。南海子工业园区在建设中坚持走新型工业化道路，以工业化带动城市化，规划建成以多晶硅及电子工业、电力配套工业、新材料制造业为重点的“绿色”、“低碳”、“环保”的清洁能源园区。10月27日，曲靖市政府与云南冶金集团股份有限公司签订《硅材料产业基地项目投资建设协议》该项目预计总投资120亿元，建成投产后每年将实现产值150亿元。

【服务企业】 2010年，南海子工业园区按照“处处都是投资环境，事事关系发展形象”的总体要求，做好入园项目的各项服务工作。从审批立项、土地、环评、规划建设为企业提供“一条龙”的全方位服务。从筹建到生产经营过程中，提供“一站式”服务和项目全程跟踪服务。开通24小时投资服务热线。建立《入园项目跟踪落实和服务工作机制》，为落地项目实行

南海子工业园区多晶硅项目。

（张宏川/摄）

全方位的“一条龙”优质服务；做好项目的跟踪服务，建立《项目跟踪服务台账》，推进已签约项目的尽早开工建设。

【征地拆迁】 2010年，南海子工业园区开展了中国人民解放军77298部队新增用地的征地拆迁工作。新征用地的四至界线已确定，补偿工作已顺利完成；麒麟片区佳源公司占用土地的征地拆迁工作已顺利完成；云南三元德隆铝业有限公司土地报件已报至省国土部门待批；多晶硅项目二、三期项目用地深加工项目征地工作已正式开展，污水处理厂、南海大道土地手续省国土厅已批复。

【融资工作】 2010年，南海子工业园区向有关部门、争取对园区开发建设资金支持，开辟多种融资渠道，探索适合南海子工业园区发展的投资经营模式，充分利用社会闲置资金，多渠道筹措园区开发建设资金，缓解园区融资难的问题。2010年，争取新型工业化补助资金200万元，中央预算内补助资金1400万元，通过其他模式融资3200万元。

（张　勇）

云南（曲靖）国际农业食品科技园

【简述】 云南（曲靖）国际农业食品科技园位于曲靖经济技术开发区内，规划建设面积5.3平方千米。是曲靖市政府与加拿大天辰国际集团共同规划建设的现代农业示范项目，旨在通过建设，充分发挥科技园农业应用科技孵化、转化交流平台作用，引进北美和欧洲在农业生产、加工、管理方面的先进技术和经验，提升曲靖市、云南省农业生产、农产品加工和农业生产管理水平，加快推进农业现代化进程，为全国农业现代化提供示范作用。按照“政府引导、市场机制、企业运作”的原则，实行政府支持下的企业运作模式，力争建成集研发、认证、种养加工销售一条龙、农工技贸一体化的现代农业示范区，经济高效益、农民大受益、环境友好型的循环经济试验区，面向曲靖、云南和全国的高新农业辐射区，世界著名的农产品、食品、生物产品聚集区。

【投资】 云南（曲靖）国际农业食品科技园总投资约50亿元，其中云南省政府支持5亿元、曲靖市政府自筹10亿元、入园企业投资20亿元，争取国家资金支持15亿元。按照2011年5月建成开园的目标任务，协调争取，主动联络沟通，筹措园区建设资金，截至2010年底，园区共筹集资金10.4亿元，为项目建设顺利推进提供有力的资金保障，园区建设年内累计完成投资94584万元。

【前期工作】 2010年，云南（曲靖）国际农业食品科技园项目发展规划、可行性研究报告、环境影响评价报告、修建性规划、水土保持方案已获批复；园区内部共17个单体项目，已有16个项目获得项目投资备案证，14个获得环评批文，11个需要通过林地审批的项目中已有6个获得林地使用核准同意书；其他需要办理的手续正在组织报批。

【基础设施建设】 2010年，云南（曲靖）国际农业食品科技园投资1.3亿元建设的和兴街东段、靖阳路道路工程、2号路道路工程已完成道路路基及配套管网，完成投资7000万元，使开发区道路路网功能进一步完善的同时，减轻了开发区基础设施建设的投融资压力，促进开发区基础设施开发建设又好又快发展。

【园区内部建设】 2010年2月24日，云南（曲靖）国际农业食品科技园区启动建设项目，至年底已有23个项目开工建设，白冲水库扩深和地勘2个项目已完工。目前，园区内所有场馆和道路的地勘工作已完成；园区内共有10条道路，其中4条道路路基工程已完工；白冲水库清淤工程已完工；排水箱涵隐蔽工程初验合格；土壤科学和植物保护馆、植物栽培和水产养殖馆正在进行基础浇筑；植物与肉类加工技术馆、附属服务用房、员工用房正在进行框架式结构柱子浇筑；银河景观区域等正在进行土方开挖，水处理厂基槽钢筋安装已完成；朗目山种牛养殖项目和普朗代克苗圃项目完成场地清理工作；朗目山迎宾楼、仓库、牛棚、围栏、安保大楼及附属建筑在紧张施工；迎宾桥、接待中心完成拦标价编制；地下停车场、售票中心、中国传统农业展示区、道路管网7个标段、迎宾馆正在进行图审和拦标价编制。

【招商引资】 2010年，云南（曲靖）国际农业食品科技园通过加大招商引资力度，理顺招商机制。至年底已有云南（曲靖）朗目畜牧开发有限公司、云南（曲靖）七彩园农业科技服务有限公司、云南（曲靖）艾斯米农业食品测评服务有限公司、云南（曲靖）普朗代克生物科技有限公司、云南·曲靖天虹景观有限公司、云南（曲靖）靖和源农业食品有限公司等6家合资公司落户园区。恒大集团园区后勤服务中心项目已开工建设。室内种植与养殖、马铃薯良种研发、泰国正大集团畜牧标准化基地建设等3个项目已签订合同，正在办理相关手续。同时，中、加合作西式面包和餐点开发、中、加合作薯条生产、疫苗研发生产、生物可降解塑料、肉牛品种改良、良种牛人工授精中心建设、分子提纯生产

2010年5月12日，科技园省级协调推进领导小组工作会议。

（龙其梅/摄）

等项目正在洽谈中。

（阮江红）

宣威经济技术开发区

【简述】 2010年，云南省宣威经济技术开发区“紧扣科学发展、和谐发展、率先发展”主题，突出园区建设、招商引资两个重点，坚持项目带动、工业化和城镇化互动、协调服务推动三大原则，实施扩量增收，促进经济实力、投资环境、招商规模，均有较快、较好发展。全年完成工业总产值77.8亿元，同比增16.9%；实现工业增加值27.1亿元，增14.8%；完成固定资产投资23.3亿元，增32%；实现本级财政收入2.84亿元。

【羊场磷化工基地】 2010年，宣威羊场磷化工基地0.8亿千克黄磷装置、15万千瓦自备电厂、7500万块/年磷渣制砖、650万千克/年泥磷制酸、2500万千克/年磷酸、3200万千克/年三聚磷酸钠和黄磷尾气净化发电项目已竣工投产。12亿千克/年矿渣水泥建设进展较快，小箐火车站改扩建项目和20亿千克/年焦化、12亿千克/年浮法玻璃前期工作有序推进。全年计划投资7724万元，实际完成1.84亿元。

【凤凰山循环经济基地】 2010年，宣威凤凰山循环经济基地恒邦公司2亿千克/年钙镁磷肥、革香河公司3600万千克/年硅锰合金项目一期工程建成投产；云维公司6亿千克/年电石和30亿千克/年石灰岩矿山、云电投2×300兆瓦煤矸石电厂、恒邦公司1亿千克/年低品位磷矿粉节能综合利用项目、园区供水管网工程启动；天浩集团3000万千克/年高纯锌及3亿千克/年铟、锗综合回收和凤凰钢铁公司2亿千克/年钢材铸件前期工作进展顺利。

【虹桥食品工业基地】 2010年，宣威经济技术开发区以特有的火腿、马铃薯深加工为主导，走“产－加－销”和“农－工－贸”综合开发路子，重点发展无污染的轻工业和现代服务业，拓展城市新区。规划建设“一平台五中心”（即中小企业服务平台、食品加工中心、金属制品加工中心、商贸物流中心、文化体育中心、职教培训中心）。年内，中小企业服务平台、文化艺术中心项目建设接近尾声，体育运动中心、金月大酒店、云河汽车产业园及火腿加工标准化厂房项目开工建设。

【中小企业服务平台项目】 2010年宣威经济技术开发区中小企业服务平台项目由开发区投资有限公司投资建设，总投资4600万元，主要建设项目有：便民服务大厅。吸纳相关职能部门入驻，设立服务窗口，为投资企业提供“一条龙”服务，保证项目审批手续在厅内办结。信息服务平台。建设局域网，收集、发布国家产业政策，原材料市场价格，产品供求情况和发展走势等信息，实现信息资源共享。多功能会务中心。为园区管委会及相关企业安排会议、培训、商品预展等服务。写字楼为入驻企业提供临时办公场所，还能为中介机构提供办公租赁场地。目前工程施工进展顺利，整体工程于2010年底竣工。

【招商引资】 2010年，宣威经济技术开发区采取节会招商、以商招商、网络招商、以园招商、上门招商等方式进行全方位、多形式的推介，促成云南远东集团12亿千克/年矿渣水泥、江苏宇龙有限公司19亿千克/年焦化、张家港华尔润集团12亿千克/年浮法玻璃，重庆云河集团1万辆/年专用汽车，武汉凯迪公司生物质能发电、云南天浩集团3000万千克/年高纯锌粉及3亿千克/年铟、锗原料综合回收项目签约，部分项目已顺利启动实施。同时，引导本地火腿加工企业退城入园，集群发展，走统一品牌、统一质量标准、统一销售价格的生产经营路子。

（赵 龙）

曲靖职业教育中心

【简述】 2010年，曲靖职教中心管委会履行各项职责，圆满完成市委、市政府年初确定的各项目标任务，完成职教中心基础设施及6所职业院校建设、并已投入使用，教师住宅小区、综合商务大厦、公共租赁房等配套项目建设有序进行，累计完成投资25.016亿元，其中年内完成投资约8.96亿元，工程建设中保证了质量高、速度快、无安全事故、无征地拆迁上访，基本实现了可容纳10万学生的集教育、文化、科技、体育、居住为一体的现代化、园林化、数字化职教园区的建设目标。

【基础设施建设】 2010年，曲靖职教中心全面完成横一路、横二路、横三路、纵一路、纵二路、步行街、农校南门前大道等“三纵四横”共7条主干道、3座桥梁、4个广场及绿化、亮化、水体景观、雕塑等建设工程，基础设施建设项目累计完成投资约2.33亿元，其中年内累计完成投资约3700万元。职教中心道路按城市主干道二级公路标准建设，采用C30混凝土刚性路面，路面下预埋雨水、污水、弱电管道，全长9175.25米（123579.35

曲靖职业教育中心。

（沈良启/摄）

平方米)，3座桥梁168米（4000平方米)，人行道面层采用300×300荷兰砖铺贴，全长17229.105米(63501.158平方米)，种植滇朴、桂花、香樟、雪松、黄花木兰、红花木莲、滇润楠等行道树3000余棵，道路、广场绿化面积达50万平方米，安装路灯500盏、景观灯300余盏、草坪灯500余盏，地下供排水管沟15千米等，启动招商引资约3660万元的职教中心数字平台建设项目，曲靖职教中心基础设施建设全面完成。

【院校建设】 2010年，入驻职教中心的曲靖农业学校、曲靖财经学校、曲靖应用技术学校、曲靖工商职业技术学校继续实施配套设施和后续建设，云南能源职业技术学院、曲靖市技工学校已基本建成，实现整体搬迁入驻办学，竣工建筑面积达70万平方米，校园道路达10万平方米，安装路灯750盏，植树4.5万棵，校园绿化工程及相关配套设施达25万平方米，体育场馆达15万平方米，完成固定资产投资15.049亿元，其中年内完成投资约5.44亿元。曲靖农业学校竣工建筑面积达13.5万平方米，累计完成投资3.241亿元；曲靖财经学校竣工建筑面积达10万平方米，累计完成投资2.142亿元；曲靖工商职业技术学校竣工建筑面积达13万平方米，3座桥梁128.4米（1735平方米)，累计完成投资2.725亿元；曲靖应用技术学校竣工建筑面积达11.09万平方米，累计完成投资2.43亿元；云南能源职业技术学院竣工建筑面积达12万平方米，累计完成投资2.611亿元；曲靖市技工学校竣工建筑面积达10万平方米，累计完成投资1.9亿元。

【配套项目建设】 2010年，职教中心教师小区、综合商务大厦、农民安置新村、公共租赁房等配套项目全面开工建设，累计完成投资约3.839亿元，其中年内累计完成投资约3.145亿元。综合商务大厦建设项目规划建筑面积7.55万平方米，已完成主体建筑15层，主体竣工建筑面积5.2万平方米；书香华庭教师小区规划建筑面积11万平方米，9栋主体工程建筑面积6.87万平方米，5栋主体建筑即将竣工；祥达花园教师小区规划建筑面积15.66万平方米，竣工建筑面积7.4万平方米。

【园区办学】 2010年，职教园区6所职业院校“退城入园”，集约建设、节约办学，形成“1+1>2”的聚集效应，发展空间、办学实力大幅提升，招生规模大幅递增，市级职教资源增加了7倍，承载三年制中等职业教育的能力由1.5万人增至10万人以上。年内，职教中心推行“订单式”和“三段式”中职办学模式。一年文化基础课，二年专业课，三年到企业顶岗实习的培养模式和一年在县以下职业学校实习，一年在市职教中心职业学校学习，一年在企业实习的办学模式。与253户企业签订人才供求协议，入驻学生达6万人，其中96%的学生来自农村，毕业生就业率达98%以上。

【组织领导】 2010年7月27～28日，全国人大常委会原副委员长、民建中央原主席、著名经济学家成思危深入曲靖职教中心各入驻院校，详细考察曲靖职教中心建设情况和职业教育发展情况。7月22日，省委书记、省人大常委会主任白恩培带领省委理论学习中心组与会人员到曲靖职教中心调研指导工作。市住建局、职教中心管委会“高要求管理、高质量建设、高速度推进”职教中心建设工作。市委、市政府将职教中心建设纳入曲靖中心城区重点项目统一部署，提出年度工作任务和总体要求，由市委常委、常务副市长周宗指挥建设工作，由市住建局局长殷永坤主管中心工作，全面负责职教中心建设工作。指挥靠前，服务到位。市委、市政府领导不定期视察中心建设一线，召开现场办公会，解决实际困难和问题；市住建局领导经常深入施工现场，召开工作例会，发现问题、解决问题、督促进度；项目联系人员随时深入项目建设现场，巡回监督管理，检查考核进度情况，及时做好“跟踪服务”；提高了工程建设速度，保证工程建设质量。筹措资金，保证进度。市住建局、管委会采用BT模式引资1.3亿元，解决技工学校资金不足的困难，促进了技工学校工程进度；争取省政府债券资金3000万元，市级财政贴息资金420万元、税收返还1100万元，确保了公共基础设施后续建设。建管结合，谋划长远。职教中心管委会一手抓职教中心后续工程建设，一手抓职教中心公共基础设施管理。管委会将职教中心公共区域的道路卫生、绿化设施划片交由各入驻学校负责管理；成立了职教中心警务室，营造了整洁、优美、安全、有序的教育教学环境；组织开展职教中心工程建设领域突出问题专项治理工作，建立健全防治机制，加强监管力度；组织起草职业中心中长期发展规划和管理实施意见，谋求职教中心长远发展。

（郑明书）

财政税务

责任编辑　孙立云

综　述

2010年，曲靖市财政系统按照“增加总量、提高质量、突出重点、服务发展”的要求，坚持向上争取与强化征收相统一、强化支出责任与加强支出监管相统一、突出重点与整合资金相统一，在促进发展方式转变和经济结构调整上迈出新步伐，在加强基础设施和生态文明建设上实现新突破，在改善民生和保持社会和谐稳定上取得新成绩，为全市经济社会平稳较快发展提供强有力的财政支撑。

注重支持经济发展，培植壮大财源基础。综合运用贴息、奖励、补助等措施，发挥财政资金“四两拨千斤”的作用，着力支持经济建设。大力支持重大项目建设。围绕重大建设项目和重点工作，多渠道筹措资金，创新融资方式，安排重点项目建设经费及民生工程市级配套资金1.14亿元，还本付息资金1.4亿元，支持了铁路、公路、城市、水利、环境保护、保障性住房等一系列重大基础设施的建设及重要民生工程的顺利实施。支持产业结构调整和战略性新兴产业发展。围绕推动产业结构调整，运用各种财税手段，支持传统产业改造升级。安排非公经济发展专项资金8699万元，扶持338户企业，支持实施“创办中小企业工程”和“中小企业成长工程”；支持推动资源循环式利用、企业循环式生产、产业循环式组合，推广煤电矿气化一体化发展模式，构建节约能源资源和保护生态环境的产业结构、增长方式和消费方式。充分利用国际金融组织和外国政府贷款支持重点项目建设。全市利用国际金融组织贷款2027万美元、外国政府贷款1600万欧元，共计折合人民币2.75亿元，用于法国开发署沼气项目、农发基金项目和职业教育项目等，拓宽地方政府的融资渠道。优化中小企业信贷环境。不断开辟多元化筹资渠道，加大融资力度，支持全市经济建设。全市9个县共获准组建小额贷款公司28户，注册资金总额达18.16亿元，其中24家已开业运营，累计贷款余额达11.46亿元。

注重服务“三农”，促进农村经济社会发展。年内，不断增加“三农”投入，加大资金整合力度，促进农业增效、农民增收。旱灾期间，全市各级财政部门积极支持抗旱保生产。争取上级资金12780万元，筹集调度资金4785万元，帮助灾区群众解决生产生活困难；投入水利抗旱救灾资金5786万元，解决人畜饮水问题。落实各项惠农政策。围绕惠农“一折通”的发放管理，进一步完善粮食直补、农资综合补贴、农机具补贴等各种惠农补贴管理办法，直接将各种惠农补贴兑现到农户手中。2010年落实兑付各项涉农补贴45506万元，惠农人数达102302人（次）。支持现代农业发展。全市农业综合开发项目总投资16338万元，比上年增18.75%。实施中低产田地改造项目12个，高标准农田示范工程2个，生态小流域治理项目1个，省级科技示范推广项目9个，产业化经营项目9个。扎实做好村级公益事业“一事一议”财政奖补工作。在749个行政村开展“一事一议”财政奖补工作，实施项目1492个，总投资5.68亿元。落实家电下乡、汽车摩托车下乡政策。全市财政共兑现家电下乡、汽车摩托车下乡补贴资金23024万元，受益农户超过37.9万人（次），拉动农村消费21.9亿元；累计销售家电下乡产品266347台，销售汽车摩托车下乡产品116142辆，销售金额共计218984万元。

注重保障和改善民生，维护社会和谐稳定。2010年，全市各级财政部门支持发展教育事业。安排全市农村义务教育经费5.47亿元。发放农村义务教育阶段贫困家庭寄宿制学生生活补助2.09亿元，帮助226901名贫困学生就学。筹措资金8.08亿元，加大中小学危房改造和标准化建设力度，保障二期40万平方米排危任务的完成。筹措资金6291.98万元，支持中等职业教育发展。安排中等职业教育国家助学金5291.98万元，49388名学生受益。支持发展科技文化事业。筹措资金，推进基层文体综合站、图书馆、文化馆和村文化活动室建设，改善边远农村看电视听广播难问题；大力支持创新型曲靖行动计划，着力支持科技计划项目申报、科技创新和科技服务工作。支持完善社会保障体系。累计发放城市低保金13770万元，月人均补差109元，93646名城市最低生活保障对象全部纳入保障。市级财政安排农村低保资金926万元，争取上级补助资金18824万元，26.09万名农村低保人员得到补助，农村五保供养对象全部纳入农村低保，城乡低保做到应保尽保。支持就业再就业政策。安排再就业补助资金5635万元；139户企业享受失业保险稳岗政策补助7547万元，稳定了30288人的就业岗位；以小额担保贷款、“贷免扶补”和劳动密集型小企业贷款为突破口，推进创业带动就业，累计发放贷款6719笔32334万元，扶持6703户创业，带动24801人就业。筹集资金1441万元支持1639名优秀高校毕业生到村级上岗任职。安排医改补助资金5710万元，贯彻落实国家基本药物制度，健全基层医疗卫生服务体系，推进医药卫生体制改革，促进基本公共卫生服务逐步均等化。年内全市新农合参合人数达482万人，参合率达96%；全市累计减免补偿1211万人（次），减免补偿总费用60475万元，平均每人（次）减免补偿49.95元。城镇居民基本医疗保险参保432295人，报销补助6822万元。支持民居地震安全工程建设和廉租房建设。修缮加固8000户，拆除重建700户；市级财政安排配套资金2590万元，投资5.34亿元建设廉租住房7124套35.62万平方米。切实维护社会稳定。争取中央和省政法专项补助资金25577万元。

注重财政各项改革，进一步提高理财水平。深入推进各项财政体制改革。深化预算编制改革。通过成立预算编审委员会，明确和规范预算编审流程，核实部门基本支出基础信息，对部门申报项目进行绩效评价或评审，由编审委员会集体确定年度预算草案，初步建立以部门预算为基础、以投资评审为支撑、以绩效评价为导向、以监督检查为手段的“四位一体”的公共预算体系。深化政府采购制度改革。年内，按照“扩大规模、健全制度、理顺机制、加强监管、促进规范、发展功能”的要求，扩大采购范围及规模。全市政府采购预算金额90596万元，实际采购金额83079万元，节约7517万元，节约率8.3%。全面推进村级会计委托代理记账改革。全市115个乡镇（街道办事处）、1599个村委会（社区）全部推行村级会计委托代理服务工作，6320个村民小组财务实施委托代理，代管集体资金达10.37亿元。

注重财政绩效管理，提高财政资金使用效益。突出绩效管理，改进财政监督方式，努力提高财政资金使用效益。精心组织开展行政成本控制工作。着力降低行政成本，一般公共服务支出下降3.6%。进一步推进项目评审工作。2010年财政投资评审项目164个，送审投资额5929.8万元，审定投资额4765.27万元，审减不合理投资1164.53万元，综合审减率20%，进一步规范财政投资和建设资金管理使用行为，提高财政资金的使用效益。加强行政事业单位国有资产管理。实行资产信息统计报告制度，逐步建立资产信息动态监控体系，完善资产运行管理机制。加大会计信息监督管理力度。开展“云南会计节”和“曲靖会计系列宣传周”活动，加强对会计从业人员的管理，对市直部门基础会计信息进行核查，提高单位财务管理水平。

财　政

【简述】 2010年，曲靖市各级财政部门按照“保增长、调结构、强基础、促消费、重民生”的要求，紧紧围绕财政管理科学化、精细化、绩效化、规范化和财政干部内强素质、外树形象两大主题，深入调研解难题、多措并举抓增收、优化支出促发展、以人为本重民生、推进改革建机制、创先争优求突破，圆满完成各项财政收支目标任务。

2010年，市财政局获曲靖市“千村扶贫、百村整体推进”整合资金先进集体，获全省会计监督工作先进单位，获2008~2009年“欢乐珠江源”广场文化活动先进单位，获2009年度全国财政信息工作先进单位，获全市民族团结进步模范集体，老龄工作受到市政府表彰，妇女儿童工作受到市委、市政府表彰。

【财政收支】 2010年，曲靖市辖区内完成财政总收入250亿元，同比增40.3亿元，增长19.6%，是2005年94.4亿元的2.7倍，“十一五”期间年均增长21.6%。地方一般预算收入完成72.4亿元，增9.2亿元，增幅14.6%，是2005年29.5亿元的2.5倍，“十一五”期间年均增长19.7%。地方一般预算支出完成181.6亿元，增41.4亿元，增29.6%，是2005年的53.2亿元的3.4倍，“十一五”期间年均增长27.8%。基金预算收入完成26.8亿元，增11亿元，增69.8%。基金预算支出完成29亿元，增11.1亿元，增60.6%。

【非税收入征管】 2010年，曲靖市财政局非税收入管理局坚持“依法征收、规范管理”，创新征缴模式，强化监督检查，全面推进规范非税收入管理工作，逐步实现政府非税收入管理的科学化、精细化、规范化和绩效化，确保了全市非税收入的稳步增长和财政收支目标的完成。全年市本级政府非税收入完成9.7亿元，较上年同期增7500万元，增8.3%。

【预算管理】 2010年，曲靖市财政局建立健全预算编审委员会集体编审预算机制。明确和规范预算编审流程，分阶段召开预算编审委员会会议，听取市本级可用财力的测算情况、基础信息审核和基本支出预算的编制情况，以及各部门申报项目的审核情况，由编审委员会综合平衡后，采取集体投票方式确定上报市政府的年度预算草案。修改完善基本支出和项目支出预算管理办法。初步建立以部门预算为基础、以投资评审为支撑、以绩效评价为导向、以监督检查为手段的“四位一体”的公共预算体系。在基本支出中，调整公用经费标准，减少以项

2010年9月19日，曲靖市会计宣传周系列活动启动仪式。

（付学其/摄）

目支出弥补公用经费不足的情况；在项目预算安排中，充分发挥投资评审的项目评审优势，切实挤干“水分”，进一步增强项目预算安排的科学性、效益性。及早启动2011年部门预算编制工作。在当年上半年启动第二年部门预算编制，开创全省早编细编部门预算的先河。严格财政预算指标监督管理。严格执行《曲靖市市级财政预算指标管理工作规程》、预算指标来源、预算指标下达的日常管理，定期与相关业务科室及上下级财政核对预算指标，确保财政资金使用安全，提高资金使用效益。推进预算管理公开、透明。加快建立健全规范的预算公开机制，积极、主动、自觉接受监督，通过《曲靖市财政收支情况》月报和相关情况汇报等及时将财政执行情况向人大报告、向审计公开，依法接受监督。

【财政法制税政】 2010年，曲靖市财政法制税政工作围绕财政工作中心，以“三落实”、“三加强”和“三增强”为载体，即：贯彻落实国家一系列宏观调控财税政策措施，加强财税政策宣传，增强执行税收政策的针对性、准确性、有效性；贯彻落实依法行政纲要，加强财政法制宣传教育，增强广大财税干部和财会工作者自觉遵守财税法纪的自觉性、严肃性、灵活性；贯彻落实争先创优具体要求，加强队伍自身建设，增强法制税政工作的积极性、创造性、主动性，促进财政增收和经济社会的持续健康发展。针对历年企业所得税税源调查和重点产品国际竞争力调查中出现的新情况、新问题，年内，从做好样本筛选入手，深入基层和企业进行现场辅导和数据采集，共完成企业所得税税源调查170户，调查企业包括所得税纳税大户、所有上市公司和一定数量的外资企业、民营企业等。反映了各行业之间不同的发展特点。

【财政课题调研】 2010年，曲靖市财政局组织开展“曲靖财政现状、结构、原因及对策，推进财政绩效管理、提高财政资金使用效益探析，曲靖工业发展与财政收入关系探析，加强行政事业单位国有资产管理、提高国有资产使用效益研究，曲靖市财政支农与扶贫开发思考，曲靖市市级政府非税收入增收空间探析，曲靖市政府采购工作中存在的主要问题及对策，曲靖市地方政府性债务管理探析”等9个课题的专题调研，实现“曲靖市市本级基本支出预算管理暂行办法、曲靖市市本级项目支出预算管理暂行办法、关于建立市级项目支出绩效管理机制的意见、关于建立市级部门项目支出预算评审机制的意见、曲靖市市级部门项目支出预算评审管理暂行办法”等19项调研成果转化，部分成果已报请市政府批准实施。

【提案议案办理】 2010年，曲靖市财政局共办理人大代表建议22份，其中主办8份，协办14份。办理政协提案29个，其中主办5个，协办24个。

【信息宣传】 2010年，曲靖市财政信息宣传工作在全省16个州（市）财政系统信息工作考核中排名第一；在市委办对全市52个重点市直部门信息工作考核中排名第一；在市政府办对全市59个市直部门信息工作考核中排名第一；上报信息被财政部、省委、省政府、省财政厅等采用141条，其中：财政部《财政信息》采用5条，在全国87个地市级信息直报点中名列第8位，被评为2010年度财政部信息宣传先进单位；中央电视台财经频道采用1条；省委、省政府采用11条；财政部《全国财政新闻联播》采用124条，名列全省第一。

（惠泽道）

2010年曲靖市地方财政一般预算收入执行情况表

单位：万元

项　目	2008年决算数	2009年快报数	同比增减%
101 税收收入	542173	627146	15.67
10101 增值税	153982	173470	12.66
10103 营业税	137027	168515	22.98
10104 企业所得税	20743	27590	33.01
10105 企业所得税退税			
10106 个人所得税	12485	15026	20.35
10107 资源税	11515	12240	6.30
10108 固定资产投资方向调节税			
10109 城市维护建设税	65391	84144	28.68
10110 房产税	11867	13738	15.77
10111 印花税	5175	6551	26.59
10112 城镇土地使用税	16362	19666	20.19
10113 土地增值税	6114	9558	56.33
10114 车船税	5084	5814	14.36
10118 耕地占用税	9187	9646	5.00

续表

项　目	2008 年决算数	2009 年快报数	同比增减%
10119 契税	19027	15832	-16.79
10120 烟叶税	68214	65356	-4.19
10199 其他税收收入			
103 非税收入	89702	97180	8.34
10302 专项收入	29519	36778	24.59
10304 行政事业性收费收入	15769	18255	15.77
10305 罚没收入	30089	30521	1.44
10306 国有资本经营收入	-748	-3127	318.05
10307 国有资源（资产）有偿使用收入	5063	4349	-14.10
10399 其他收入	10010	10404	3.94
本年收入小计	631875	724326	14.63

2010 年曲靖市地方财政一般预算支出执行情况表

单位：万元

2009 年支出项目	2009 年决算数	2010 年支出项目	2010 年快报数	同口径比上年增减%
201 一般公共服务	182230	201 一般公共服务	164712	11.49
202 外交		202 外交		
203 国防	3425	203 国防	3133	-8.53
204 公共安全	92468	204 公共安全	105844	14.47
205 教育	370433	205 教育	448634	21.11
206 科学技术	8626	206 科学技术	14469	67.74
207 文化体育与传媒	12185	207 文化体育与传媒	14933	22.55
208 社会保障和就业	197379	208 社会保障和就业	225394	21.33
210 医疗卫生	118430	210 医疗卫生	167144	41.13
211 环境保护	31794	211 环境保护	67319	111.73
212 城乡社区事务	56450	212 城乡社区事务	52914	-5.39
213 农林水事务	202045	213 农林水事务	305863	51.38
214 交通运输	42030	214 交通运输	34208	-18.61
215 采掘电力信息等事务	31162	215 采掘勘探电力信息等事务	46110	17.59
216 粮油物资储备等管理事务	27914	216 商业服务业等事务	36848	46.95
217 金融监管支出	298	217 金融监管等事务支出	3020	913.42
228 债务付息支出	5378	220 国土资源气象等事务	26404	-23.45
229 其他支出	19420	221 住房保障支出	72448	206.53
		222 粮油物资储备管理事务	2215	-21.26
		228 债务付息支出	12591	134.12
		229 其他支出	11716	48.04
本年支出小计	1401667	本年支出小计	1815919	29.55

税　务

国家税务

【简述】　2010年，曲靖市国税系统围绕“和谐发展年”工作主题，大力组织税收收入，推进依法治税，强化税收征管，优化纳税服务，加强队伍建设，较好地完成了各项税收工作任务，全市国税收入达到149.6亿元，同比增长14.8%。“十一五”时期全市国税系统共组织入库税收收入590.26亿元，年平均增长率达17.01%。比“十五”时期增329.10亿元，增126.01%。累计为纳税人减免（退）各类性质税款46.65亿元。比“十五”时期减免税32亿元，增45.78%。

【国税收入】　2010年，曲靖市国税系统累计完成国税收入1496022万元，同比增192851万元，增14.80%，完成省国税局下达年度计划的106.73%。其中：增值税入库698857万元，增80045万元，增12.94%；消费税入库624482万元，增74018万元，增13.45%；企业所得税入库122827万元，增25178万元，增25.78%；储蓄存款利息收入个人所得税入库796万元，减1323万元，降62.44%；车辆购置税入库49060万元，增14933万元，增43.76%。全市累计完成地方一般预算收入194367万元，增24058万元，增14.13%，完成市政府年初目标的101.5%。其中：市本级地方一般预算收入入库54981万元，增2222万元，增4.21%。

【税收征管】　2010年，曲靖市国税系统税收征管户数达48931户，其中：国有企业313户，集体企业492户，股份合作企业67户，联营企业7户，有限责任公司2030户，私营企业3605户，其他企业87户，涉外企业92户，非企业单位3户，个体工商户41924户。与“十五”期末的2005年相比，征管户数净增20858户，增74.3%。年内市国税局以信息管税为依托，探索风险引导下的专业化税源管理，在明确职责、突出专业、完善流程、风险控制等方面作了有益的探索和实践。截至年底，全市除储蓄扣税外的所有纳税人已全部纳入财税库银联网管理，进入财税库银系统管理的纳税人共5510户，成功扣缴税款和税务登记工本费50724.14万元，完成财税库银横向联网试点工作。年内，全市共换发新版普通发票10021户，占全市国税系统使用旧版发票用票户的94.48%，其中：使用网络版普通发票纳税人4119户，使用单机版发票1户，使用手工发票5574户，使用机打发票纳税人占普通发票用票户的42.18%。截至2010年12月征期，全市纳入储蓄扣税的双定户由710户增加到4500户，占4935户起征点的91%，上升了77个百分点。全年通过储蓄扣税成功扣缴税款25864笔，737.73万元。年内，全市国税系统创新纳税评估工作机制，做好日常纳税评估和专项纳税评估工作。共对854户纳税人进行了增值税纳税评估，补缴增值税4369.76万元，滞纳金102.74万元，共计4472.50万元；评估辅导企业所得税纳税人1823户，通过评估增加应纳税所得额28039.88万元，补缴企业所得税5707.41万元，入库滞纳金及罚款87.39万元，调整减少亏损5965.5万元。全年，全市国税系统应进行企业所得税汇算清缴企业2955户，汇算清缴面达99.13%，汇算清缴企业实现应缴所得税额76537万元，比上年增2504.13万元，实际负担率19.90%；减免税15441.12万元，同比减9874.52万元；应补企业所得税4325.93万元，增5383.66万元。全年全市国税系统围绕“压缩陈欠，杜绝新欠”的工作思路，加大清理陈欠税款力度，共清缴入库欠税2566万元，其中：清理陈欠1245万元，清理新欠1321万元，清理陈欠税款加收滞纳金330万元。

【优惠政策落实】　2010年，曲靖市国税系统按国家税收优惠政策，共减免抵扣各类税收6.7亿元。为全市1058户企业申报抵扣固定资产进项税额41000万元，为福利企业和资源综合利用企业办理退税4473.79万元，为全市189户享受再就业税收优惠的个体经营纳税人减免增值税9.63万元；全年全市共有98户企业享受减免税，共减免企业所得税11722.8万元；全年共办理完成出口退（免）税计划指标6190万元，与上年同期退（免）税计划完成额3946.9万元相比增56.8%。年内，全市有30833位车主享受了国家税收优惠政策，直接受益4021万元。

【纳税服务】　2010年，曲靖市国税系统为优化纳税服务，为10个县（市）、区国税局所属的17个办税服务厅，105个窗口122名办税人员均安装了《窗口服务评价系统》，自7月1日系统正式投入使用以来，全市应参加评价票数8223票，实际参加评价票数6532票，参加评价率79.44%，评价满意率达99.49%。成立大企业和国际税务管理科开展大企业税收管理与服

2010年11月18日，全市国税系统分系列考试举行。

（杨永荣/摄）

务工作，制定定点联系，企业涉税事项协调会议制度，年内共受理定点联系企业涉税诉求5项，解决回复5项，建立非居民企业管理台账，会同财政、商务、外汇、保险等部门，建立境外投资企业联系制度。开展“纳税人需求调查及满意度测评”活动，被省国税局评定为2010年全省税收宣传月优秀创新项目。2010年度受理政府“96128”热线电话17起，纳税人通过电话反映的问题及时进行办理，得到纳税人的好评。

【税收秩序整顿和规范】 2010年，曲靖市国税系统查处税收违法案件1008户（辅导自查907户），重点稽查有问题户数108户，全市共查补税款、滞纳金和罚款18381万元（企业自查入库16342万元），查补入库总额比上年同期增长20.26%。年内，查处的“南疆税案”涉及全市202户企业，增值税专用发票1670份，税额21541.75万元，已经追缴入库税款和滞纳金6960.55万元。全年全市共对520户企业实施税收专项检查和分级分类税收检查，查补税款及滞纳金合计4428.47万元；组织企业自查和重点检查共27户，共查补税款和加收滞纳金395.69万元。年内，全市公安、税务部门共查处案件163件，其中：税务部门查处130件；公安部门查处2件；公安、税务部门共同查处31件；打掉制售假发票团伙1个，捣毁信息窝点1个，其他窝点2个，查获涉案发票共计130036份（真票2166份，假票127870份）。“十一五”期间，全市国税部门通过整顿和规范税收秩序共查补收入41390万元。较“十五”期间查补收入9677万元，增加31713万元，增327.72%。

【信息化建设】 2010年，曲靖市国税局围绕“信息管税、科技兴税”思路开展信息化建设工作。财税库银横向联网试点推广工作全面完成，普通发票机开系统运行良好，重点税源网上直报系统得以开通，增值税一般纳税人、企业所得税网络申报工作全面推行，“出口退税网络申报系统”顺利上线，企业可在网上自行审核、自行申报。自主开发的“曲靖市国税局标准化协同办公系统”于4月1日起在全市国税系统推广使用。在全省首家实现工作量数字化管理。“十一五”期间，自主开发了“曲靖市国家税务局文档、报表共享系统”、“视频点播网站系统”、“综合征管软件客户端自动更新系统”、“曲靖市国家税务局外网政务网站”、“标准化协同办公信息系统”、“廉政风险预警系统”等软件，推广应用了“曲靖市BQQ即时通信软件”、“WSUS内网补丁升级系统”。

【教育培训】 2010年，曲靖市国税局组织110名业务骨干到无锡税校参加培训；组织开展全市重点税源网上直报系统、政务信息写作、普通发票简并换版等18期培训。组织全市国税系统征收管理和行政管理两个系列的120名选手参加考试，选拔出“征管业务尖子”和“行政业务尖子”各30名；举办全市国税系统第七届业务能手竞赛，10支代表队共30名选手参加综合业务个人赛和纳税评估团体赛；参加全省国税系统第八届业务能手竞赛，获得团体赛二等奖、小组赛三等奖的好成绩，杨林被授予“云南省国税系统业务能手称号”。

（徐　霞）

2010年曲靖市国税收入执行情况表

单位：万元

县市区名	税收收入合计			“两税”收入		
	累　计			累　计		
	累计收入	比上年累计+－额	比上年累计+－%	累计收入	比上年累计+－额	比上年累计+－%
合计	1496022	192851	14.80	1323339	154063	13.18
开发区	768535	70403	10.08	686650	61179	9.78
麒麟区	120726	38203	46.29	76095	21938	40.51
会泽县	217615	14551	7.17	207118	14296	7.41
宣威市	105184	17134	19.46	93440	14061	17.71
沾益县	53673	3821	7.66	47310	－904	－1.87
马龙县	15152	3592	31.07	13299	2313	21.05
富源县	124555	27385	28.18	120869	28785	31.26
罗平县	28775	6109	26.95	26046	5292	25.50
师宗县	27440	5703	26.24	23742	3387	16.64
陆良县	34367	5950	20.94	28770	3716	14.83

2010 年曲靖市国税局纳税前 100 名重点税源企业名单

单位:万元

序号	单位名称	行业代码	三税合计	其中:增值税	消费税	企业所得税
1	红云红河烟草(集团)有限责任公司曲靖卷烟厂	卷烟制造	601462.30	119734.85	457818.30	23909.15
2	红云红河烟草(集团)有限责任公司会泽卷烟厂	卷烟制造	191843.00	36660.00	147561.00	7622.00
3	云南省烟草公司曲靖市公司	烟草制品批发	126686.93	58077.69	17185.32	51423.92
4	云南驰宏锌锗股份有限公司	铅锌冶炼	25401.34	25401.34	0.00	0.00
5	云南大为制焦有限公司	炼焦	13761.46	11609.84	0.00	2151.62
6	云南滇东能源有限责任公司	火力发电	13070.97	12179.19	0.00	891.78
7	云南电网公司曲靖供电局	电力供应	12971.20	12724.83	0.00	246.37
8	云南驰宏锌锗股份有限公司会泽分公司	铅锌冶炼	11850.58	11850.58	0.00	0.00
9	云南曲靖麒麟焦化有限公司	炼焦	9798.22	7745.07	0.00	2053.15
10	国投曲靖发电有限公司	火力发电	9015.63	9002.43	0.00	13.20
11	一汽通用红塔云南汽车制造有限公司	汽车整车制造	6394.15	3930.58	771.99	1691.58
12	富源县十八连山镇雄达煤矿	烟煤和无烟煤开采洗选	5648.07	5648.07	0.00	0.00
13	云南燃一有限责任公司	炸药及火工产品制造	5120.25	5120.25	0.00	0.00
14	曲靖市宣威宇恒水泥有限公司	水泥制造	4722.06	2773.48	0.00	1948.58
15	富源县老厂镇恒达煤矿	烟煤和无烟煤开采洗选	4692.88	4692.88	0.00	0.00
16	中国南方电网有限责任公司调峰调频发电公司鲁布革水力发电厂	水力发电	4677.34	4677.34	0.00	0.00
17	国电宣威发电有限责任公司	火力发电	4665.30	4626.30	0.00	39.00
18	宣威市嘉钦工贸有限责任公司	煤炭及制品批发	4495.99	4494.69	0.00	1.30
19	云南省后所煤矿	烟煤和无烟煤开采洗选	4478.00	4478.00	0.00	0.00
20	富源县老厂镇老牛坡煤矿	烟煤和无烟煤开采洗选	4442.24	4442.24	0.00	0.00
21	宣威市工投动力配煤有限公司	煤炭及制品批发	4407.82	3556.87	0.00	850.95
22	云南宣威磷电有限责任公司	其他基础化学原料制造	4241.61	3409.18	0.00	832.43
23	富源县老厂镇宏发煤矿	烟煤和无烟煤开采洗选	4013.97	4013.97	0.00	0.00
24	曲靖大为焦化制供气有限公司	炼焦	4013.10	2578.00	0.00	1435.10
25	国营云南包装厂(国营九八一五厂)	炸药及火工产品制造	3690.97	3690.97	0.00	0.00

续表

序号	单位名称	行业代码	三税合计	其中:增值税	消费税	企业所得税
26	沾益县云龙有限责任公司	烟煤和无烟煤开采洗选	3632.71	3632.71	0.00	0.00
27	云南远东水泥有限责任公司	水泥制造	3461.00	2162.00	0.00	1299.00
28	云南曲靖越钢集团有限公司	炼焦	3435.75	3435.75	0.00	0.00
29	云南省曲靖双友钢铁有限公司	炼钢	3314.80	3057.54	0.00	257.26
30	富源县十八连山乡天井煤矿	烟煤和无烟煤开采洗选	3235.00	3235.00	0.00	0.00
31	沾益县万利有限责任公司	炼焦	3092.95	3092.95	0.00	0.00
32	罗平县供电有限责任公司	电力供应	3051.91	3051.91	0.00	0.00
33	云南曲靖华福铸造炉料有限公司	炼铁	3017.91	2930.20	0.00	87.71
34	曲靖天福烟叶复烤有限责任公司	烟叶复烤	2973.15	1834.08	0.00	1139.07
35	云南省恩洪煤矿	烟煤和无烟煤开采洗选	2745.76	2745.76	0.00	0.00
36	羊场煤矿	烟煤和无烟煤开采洗选	2723.66	2723.66	0.00	0.00
37	曲靖供电有限公司	电力供应	2511.72	2511.72	0.00	0.00
38	曲靖华联煤电有限公司宣威分公司	烟煤和无烟煤开采洗选	2505.66	2505.66	0.00	0.00
39	富源县供电有限责任公司	电力供应	2464.57	2464.57	0.00	0.00
40	富源县十八连山镇丹烁煤矿	烟煤和无烟煤开采洗选	2444.52	2444.52	0.00	0.00
41	富源县十八连山镇平庆煤矿	烟煤和无烟煤开采洗选	2248.16	2248.16	0.00	0.00
42	曲靖市商业银行股份有限公司	商业银行	2141.00	0.00	0.00	2141.00
43	陆良供电有限公司	电力供应	2124.88	2124.88	0.00	0.00
44	富源县老厂镇舍乌煤矿	烟煤和无烟煤开采洗选	2062.46	2062.46	0.00	0.00
45	富源县老厂镇上厂煤矿	烟煤和无烟煤开采洗选	1983.15	1983.15	0.00	0.00
46	曲靖市盛凯焦化有限责任公司	炼焦	1902.22	1757.10	0.00	145.12
47	富源县十八连山镇四角地煤矿	烟煤和无烟煤开采洗选	1896.18	1896.18	0.00	0.00
48	曲靖众一精细化工股份有限公司	原油加工及石油制品制造	1841.48	1213.02	0.00	628.46
49	曲靖博浩生物科技股份有限公司	其他未列明的农副食品加工	1807.30	621.57	0.00	1185.73
50	云南省兴云煤矿	烟煤和无烟煤开采洗选	1800.69	1800.69	0.00	0.00
51	华电云南发电有限公司以礼河发电厂	水力发电	1711.23	1711.23	0.00	0.00

续表

序号	单位名称	行业代码	三税合计	其中:增值税	消费税	企业所得税
52	富源县大河镇补木戛煤矿	烟煤和无烟煤开采洗选	1706.16	1706.16	0.00	0.00
53	富源县营上镇大则勒煤矿	烟煤和无烟煤开采洗选	1702.29	1702.29	0.00	0.00
54	富源县竹园镇兴发焦化厂	炼焦	1546.79	1546.79	0.00	0.00
55	云南省宣威燃料有限公司	煤炭及制品批发	1541.13	1541.13	0.00	0.00
56	富源县老厂镇色补煤矿	烟煤和无烟煤开采洗选	1532.34	1532.34	0.00	0.00
57	富源县黄泥河镇戛拉煤矿	烟煤和无烟煤开采洗选	1529.81	1529.81	0.00	0.00
58	曲靖市大山矿业有限责任公司	烟煤和无烟煤开采洗选	1486.39	1486.39	0.00	0.00
59	云南罗平锌电股份有限公司	铅锌冶炼	1483.00	1483.00	0.00	0.00
60	云南曲靖呈钢钢铁(集团)有限公司	炼铁	1452.16	707.34	0.00	744.82
61	师宗县朝阳煤矿	炼焦	1451.23	1451.23	0.00	0.00
62	富源县老厂乡大槐树煤矿	烟煤和无烟煤开采洗选	1361.65	1361.65	0.00	0.00
63	云南云翔玻璃有限公司	平板玻璃制造	1326.24	1087.34	0.00	238.90
64	曲靖市麒麟区众合煤业有限公司	烟煤和无烟煤开采洗选	1323.69	940.85	0.00	382.84
65	师宗县供电有限责任公司	电力供应	1289.88	1289.88	0.00	0.00
66	宣威市革香河水电开发有限公司	电力供应	1285.65	1285.65	0.00	0.00
67	宣威市供电有限责任公司	电力供应	1254.00	1254.00	0.00	0.00
68	会泽县供电有限责任公司	电力供应	1146.10	1146.10	0.00	0.00
69	师宗县雄壁煤矿	烟煤和无烟煤开采洗选	1134.45	1134.45	0.00	0.00
70	曲靖市麒麟区嘉发煤业有限公司	烟煤和无烟煤开采洗选	1115.96	1115.96	0.00	0.00
71	富源县营上镇大坪煤矿	烟煤和无烟煤开采洗选	1107.96	1107.96	0.00	0.00
72	宣威市鸿博商贸有限公司	煤炭及制品批发	1102.44	1102.44	0.00	0.00
73	云南省陆东煤矿	烟煤和无烟煤开采洗选	1097.86	1097.86	0.00	0.00
74	曲靖市麒麟区小露天煤矿	烟煤和无烟煤开采洗选	1087.10	1087.10	0.00	0.00
75	曲靖市麒麟区遮格冲煤矿	烟煤和无烟煤开采洗选	1052.78	1052.78	0.00	0.00
76	云南大为化工装备制造有限公司	金属压力容器制造	1052.46	1052.46	0.00	0.00
77	云南金精新金属材料有限公司宣威市金精铁合金分公司	铁合金冶炼	1047.02	1047.02	0.00	0.00

续表

序号	单位名称	行业代码	三税合计	其中:增值税	消费税	企业所得税
78	马龙县明龙焦化实业有限公司	炼焦	1034.47	1034.47	0.00	0.00
79	曲靖市麒麟区凯达煤业有限公司	烟煤和无烟煤开采洗选	989.83	989.83	0.00	0.00
80	沾益县宇恒水泥有限公司	水泥制造	986.34	569.26	0.00	417.08
81	富源县墨红镇阿令德煤矿	烟煤和无烟煤开采洗选	971.56	971.56	0.00	0.00
82	富源县墨红镇戛达煤矿	其他社会团体	971.55	971.55	0.00	0.00
83	云南省师宗民科煤业有限公司	其他贵金属冶炼	958.62	958.62	0.00	0.00
84	师宗县白马田煤矿	烟煤和无烟煤开采洗选	952.09	952.09	0.00	0.00
85	曲靖市马龙县元泰钢铁有限公司	炼铁	950.93	944.81	0.00	6.12
86	宣威市金红地矿业有限公司	煤炭及制品批发	944.86	944.86	0.00	0.00
87	曲靖市麒麟区秧田冲扶贫煤矿	烟煤和无烟煤开采洗选	939.54	939.54	0.00	0.00
88	曲靖市麒麟区东山镇强源煤炭有限公司	烟煤和无烟煤开采洗选	921.34	921.34	0.00	0.00
89	宣威市宣能有限责任公司	五金零售	915.81	80.72	0.00	835.09
90	曲靖丰源铸造炉料有限公司	炼铁	913.25	913.25	0.00	0.00
91	富源县竹园镇逼生煤矿	烟煤和无烟煤开采洗选	903.06	903.06	0.00	0.00
92	曲靖市麒麟区祠堂坡煤矿	烟煤和无烟煤开采洗选	887.91	887.91	0.00	0.00
93	富源县后所镇小河沟煤矿	烟煤和无烟煤开采洗选	880.43	880.43	0.00	0.00
94	曲靖宏捷实业有限公司	煤炭及制品批发	874.61	644.98	0.00	229.63
95	富源团结煤业有限公司	烟煤和无烟煤开采洗选	862.88	862.88	0.00	0.00
96	马龙供电有限公司	电力供应	832.95	832.95	0.00	0.00
97	富源县竹园镇色水煤矿	烟煤和无烟煤开采洗选	816.58	816.58	0.00	0.00
98	云南金精新金属材料有限公司宣威市金精冶炼分公司	铁合金冶炼	813.95	730.00	0.00	83.95
99	云南电网公司曲靖供电局会泽供电分局	电力供应	811.12	811.12	0.00	0.00
100	宣威市倘塘镇三岔煤矿	烟煤和无烟煤开采洗选	808.80	808.80	0.00	0.00

注:1. 数据来源重点税源系统。2. 增值税均为应纳税额合计。3. 消费税均为应纳税额合计。4. 企业所得税只是国税征管的预缴税额。5. 云南省烟草公司曲靖市公司税款含各县公司税款。

地方税务

【简述】　2010年，曲靖市地方税务局围绕“科学发展、和谐地税”的工作主题，深入开展创先争优活动，大力推进自身建设，以组织收入为中心，夯实管理基础，推进信息管税，改进纳税服务，提升行政效能，创新工作举措，狠抓工作落实年内共组织入库各项税费收入86.96亿元，比“十一五”期间增171.6%。完成全市一般预算收入46.67亿元；完成市本级一般预算收入7.7亿元。完成了各项工作任务，继续保持良好的发展势头。

【税费收入】　2010年，曲靖市地方税务局共组织入库各项税费收入86.96亿元，比上年同期增收14.26亿元，增19.62%，比2005年增171.6%。其中：组织各项税收收入63.41亿元，增10.8亿元，增20.54%，比2005年增长167.85%；组织社会保险费收入及其他基金收入23.55亿元，比上年增3.55亿元，增17.2%，比2005年增182.26%。完成全市一般预算收入46.67亿元，同比增17.45%，占市政府下达一般预算收入任务的103.72%；完成市本级一般预算收入7.7亿元，同比增22.03%，占市政府下达市本级一般预算收入任务的105.5%。

【财税库银横向联网推广扩面工作】
2010年，曲靖市地税局全面推广实现多元化申报系统与财税库银横向联网系统的对接，解决了两个系统对接之前，上线的纳税人仍然要先到税务机关申报，再到银行获取电子税票的不方便问题。年内，全市共有2671户纳税人通过财税库银联网系统缴税，累计征收税款5.85亿元，其中，开发区分局和沾益县局正常纳税户全面上线。财税库银横向联网系统的成功推广应用，为广大纳税人提供了方便快捷的服务平台，足不出户就可以完成纳税申报工作；也是地税部门降低征管成本、减轻基层负担、提高工作效率、实现信息共享、保证税款安全，及时发现管理漏洞，推进纳税评估、强化征收管理，实现税收扁平化管理的有效平台。

【行政管理】　2010年，曲靖市地方税务局围绕“发展·和谐”的目标要求，引入激励机制，抓好督促落实，提高行政管理绩效。实行月工作例会制度。按月召开工作例会，总结报告当月工作目标完成情况，对机关工作进行按月跟踪问效，提出下月工作目标任务，有计划、有步骤推进各项工作开展。实行目标管理。对各县（市）区地方税务局和市属分局实行地税目标管理，将工作目标分解为14类54项指标，实行百分制考评管理，按年度进行效能监控考评。推行绩效考核。对市地税局机关实行工作绩效考核，落实任务，明确责任，奖勤罚懒，强化依法履职和服务意识，提高了机关工作效率。年内，对市地税局机关干部职工进行绩效考核，考核扣分63.4分，扣分47人（次），扣款56846元。

【信息化管税】　2010年，曲靖市地方税务局在全市范围内推广应用自主开发的税收精细化管理软件，加强欠税、延期缴纳税款、委托代征税款和重点税源的监管。全面推广应用个人所得税管理信息系统，截至2010年，实行全员全额明细申报的人员达106749人，开具完税证明38537份。推广应用稽查查账软件，对33户纳税人进行电子查账，共查补税款6000余万元。推进房地产模拟评税试点工作，取得阶段性成果。

【征收管理】　2010年，全市地税系统突出抓好对重点税源和行业的纳税评估，以评促管，以评促收。年内，共完成纳税评估893户，评估补税5883万元，加收滞纳金51万元。做好“两税”信息比对工作，比对补征税费281.89万元。清理检查有问题户22947户，漏征漏管户154户。开展企业所得税汇算清缴，共汇算2152户企业，汇算清缴入库税收2.4亿元。提高年收入12万元以上纳税人自行申报率和申报质量，全市受理自行纳税申报2178人，补税493.7万元。推行建筑业项目税收管理员责任制，进一步加强货物运输业自开票纳税人管理，及时调整土地增值税预征率，加强土地增值税清算工作。在全市范围内全面启用新版普通发票，通过宣传培训，规范管理，顺利完成发票换版工作。注重税费同征同管，加大清欠力度，挖掘工作潜力，全年共收回社会保险费欠费7812万元，其中养老保险费4472万元，扩面新增参保户5496户；社会保险费征收工作实现“税银模式”下的多元化申报。

【依法治税】　2010年，曲靖市地税系统规范税收执法行为。建立健全税务行政审批工作机构，专门下发通知，出台《税收减免过错责任追究办法》，规范行政审批行为。编撰涉及税务行政处罚的8大类36小类违法行为案例，指导、规范具体行政处罚工作。建立健全工作机构，规范法律文书和工作流程，保障行政复议工作正常开展。深入开展税收执法督察，组建全市执法督察人才库，实行自查和重点督察相结合，对各县（市）区局2007年1月至2010年6月期间的执法行为

云南省地税系统财税库银横向联网在曲靖试点成功上线。

（盛立所/摄）

进行全面督察。全年审理重大税务案件79件，对71卷税务行政执法案卷进行评查。查处税务违法行为。突出抓好对多年来没有检查过的重点税源企业和纳税大户的专项检查，全市地税稽查部门共约谈和检查纳税人975户，查补入库收入2.5亿元。与公安部门联合开展打击假发票专项整治，缴获假发票13万份，打掉犯罪团伙1个、储藏窝点2个、信息窝点1个，抓获涉案人员17名；坚持税收检查和发票检查“双查制”，查获违法发票12045份，查补税款113.98万元，加收滞纳金3000元，处以罚款20.88万元。注重稽查成果应用，向主管税务机关提出税收征管稽查建议140多条。

【税收服务】　2010年，曲靖市地税系统以“优秀办税服务厅”创建活动为载体，以信息化技术为支撑，丰富办税服务厅功能，搭建网上申报缴税平台、手机短信提醒服务平台、网上查询和96128政务服务专线查询平台等，方便纳税人。年内，沾益县地税局、马龙县地税局办税服务厅被省地税局评为“优秀办税服务厅”。全年共减免营业税1.04亿元；减免困难企业房产税326万元，困难企业土地使用税472万元；减免各项再就业税收441万元；减免房地产相关税费2626.8万元；审批认定企业财产损失2824万元；审核认定127户企业享受西部大开发企业所得税政策优惠。

【自身建设】　2010年，曲靖市地方税务局广泛开展“爱读书、读好书、善读书”活动，邀请专家学者举办一月一专题讲座。共举办7期业务培训，培训355人（次）。组织开展心理健康知识讲座、各类主题演讲比赛、职工亲子活动等各种文体活动，举办全市地税系统第三届竞乐运动会和首届职工书画摄影展。共创建省级“园林单位”6个，“巾帼文明示范岗”3个、“五四红旗团支部”1个等。聘请6名特邀监察员，联合市检察院在全市地税系统开展预防职务犯罪巡回讲座。制定出台《曲靖市地方税务系统税收执法权和行政管理权动态预警监督暂行办法》，设置4类27项94个预警监督点，降低了税收执法和行政管理风险。

（施兴季）

2010年曲靖市地税收入执行情况表

单位：万元

项目	各项税费收入总计			地方税收收入				其他基金收入		
	累计数			累计数				累计数		
	实际完成数	比上年同期数（±）%	比2005年数（±）%	实际完成数	比上年同期数（±）%	完成年计划	比2005年数（±）%	实际完成数	比上年同期数（±）%	比2005年数（±）%
全市合计	869627	19.62	171.60	634057	20.54	106.56	167.85	235570	17.02	182.26
直属分局	137267	26.01	291.02	104205	27.20	109.69	204.03	33062	22.41	3883.37
开发区	95031	21.42	127.06	70068	22.63	106.16	224.37	24963	18.16	23.27
麒麟区	129326	22.38	173.20	88813	22.48	107.00	166.85	40513	22.15	188.23
沾益县	68723	19.24	192.81	49120	21.19	108.43	193.66	19603	14.61	190.72
马龙县	28428	22.05	202.49	23060	25.12	111.94	229.01	5368	10.41	124.70
宣威市	101480	14.92	136.31	69911	14.06	104.34	129.89	31569	16.86	151.89
富源县	102902	16.32	273.25	80316	16.07	105.68	257.63	22586	14.98	341.91
罗平县	41011	14.09	129.07	30138	18.14	102.16	117.15	10873	4.20	170.20
师宗县	37298	24.09	171.26	29290	24.15	110.11	174.15	8008	23.87	161.19
陆良县	55289	18.06	149.76	37114	19.49	106.04	152.72	18175	15.24	143.93
会泽县	72872	14.58	88.22	52022	15.09	102.00	64.04	20850	13.33	197.69

金融·保险·证券·期货

责任编辑　孟德良

金　融

概　述

2010年，曲靖市金融机构执行适度宽松的货币政策和各项宏观调控政策，坚持货币信贷总量调控与结构优化并重，持续加大信贷支持，改善金融服务，不断满足社会发展和抗旱资金需求。年末，人民币各项存、贷款余额分别为1016.64亿元和629.93亿元，比年初增加181.35亿元和103.63亿元，增长21.71%和19.69%，年度增量分列云南省州（市）（除昆明外）第二和第一。其中：贷款增量超出居全省州（市）第二位的玉溪市达18.43亿元。信贷投放稳定快速增长。

金融运行平稳。2010年，曲靖市各项存款快速增长，结构稳中有变；贷款增速高位回落，信贷投放向常态回归，投放节奏趋于均衡；信贷支持重点突出，增量贷款中长期化特征减弱，信贷结构逐步优化。银行资产质量有所提高，存贷比略有下降，备付金率适度。

——各项存款快速增长，结构稳中有变，活期化趋势有所缓解。

年内，各项存款总体呈持续增长态势，12月份创历史单月最大增量（35.69亿元）。12月末，本外币各项存款余额达1017.42亿元，突破千亿元大关，比年初增加181.49亿元，增量超出上年同期32.44亿元，增长21.71%，增速快于上年同期0.01个百分点。各类存款较年初全面增长，合力推动各项存款快速增长，其中，储蓄存款、企业存款、财政存款、农业存款、机关团体存款、委托存款分别比年初增加88.74亿元、38.11亿元、31.31亿元、12.43亿元、4.97亿元、0.69亿元，增长21.08%、14.13%、435.04%、24.25%、8.89%和182.03%。新增存款结构稳中有变：储蓄存款、企业存款稳定增长，财政存款成为最大变量。剔除节假日因素，储蓄存款总体呈平稳较快增长态势，12月末储蓄存款余额509.69亿元，比年初增加88.74亿元，增量超出上年同期20.24亿元，增长21.08%，增速快于上年同期1.64个百分点。1～12月，城镇居民人均可支配收入、农民人均现金收入同比分别增长13%和12.7%。居民教育、医疗、就业、养老等预期支出增加，国内资本市场持续振荡，房地产市场观望氛围浓厚，个人投资渠道狭窄，储蓄分流效应减弱。年内，曲靖市工业经济加快回暖，企业产销两旺，资金周转、贷款回笼加速，部分重点企业股权资金归位到账较多，同时新建、续建项目大幅增加，大量配套资金转为存款，共同推动了企业存款的稳定增长。12月末，企业存款余额307.89亿元，首度突破300亿元大关，比年初增加38.11亿元，增长10.14%。财政存款迅猛增长。各行业缴纳税费增多，同时各级财政集中下拨抗灾救灾资金，推动财政存款大幅增长。12月末，财政存款余额38.51亿元，比年初增31.31亿元，增435.04%。新增定期存款占比上升，活期化趋势有所缓解。就存量看，12月末活期企业存款、居民储蓄存款合计占企业存款、储蓄存款存量的64.8%，活期存款占比较上年同期上升1.87个百分点，仍呈活期化趋势。但就增量看，1～12月定期企业、居民储蓄存款合计新增37.73亿元，占企业存款和储蓄存款增量的29.8%，比上年同期上升23.2个百分点，存款活期化趋势有所缓解。存款稳定性的增强，对信贷投放的合理增长形成有利支撑。

——贷款增速高位回落，信贷支持重点突出，信贷结构持续优化，对经济发展保持强劲支持。年内，各项贷款持续增长。12月末，本外币各项贷款余额629.93亿元，比年初增加103.38亿元，增19.63%，继续保持2009年以来的快速增长。其中：短期贷款、中长期贷款分别比年初增加43.66亿元、57.16亿元，增长24.52%和17.23%。信贷投放向常态回归，“前松后紧”特征明显。增速高位回落，增量同比微量增加。就增速看，1～12月各项贷款同比增速由24%逐步降至19.69%，总体呈高位回落态势。就增量看，各项贷款新增103.63亿元，仅比上年多增2.12亿元。受“早投放，早收益”传统经营理念及下半年以来宏观调控政策密集出台影响，年初信贷投放高度集中。1～4季度，贷款增量分别为45.57亿元、16.25亿元、14.5亿元和27.31亿元，总体呈前高后低走势。其中：一季度贷款增量占全年增量之比达43.97%。同时，为将季度贷款规模控制在监管部门要求的额度之内，辖内各商业银行普遍采取季初集中放贷，季末集中压缩的方式。进入三季度，贷款季初集中投放现象更加明显，如：7月份贷款净增10.34亿元，占三季度贷款增量之比达71.31%；10月份贷款净增14.52亿元，占四季度贷款增量之比达53.17%。短期贷款快速增长，票据融资恢复增长，流动资金需求支持力度明显加大。伴随曲靖经济加速企稳回升，经济主体经营活动趋于活跃，流动资金需求不断扩大。金融机构适应此种需求，短期贷款快速、平稳增长，连创历史最大增量。同时，四季度以来票据融资快速恢复增长，单季增量达10.55亿元，直接拉动票据融资比年初增加2.8亿元，增长17.09%。12月末，短期贷款余额221.74亿元，比年初增加43.66亿元，增长24.52%，快于各项贷款平均增速达4.83个百分点。其中：单位经营类短期贷款新增28.31亿元，增长32.2%，有效缓解了企业流动资金的紧张局面；贸易融资新增7.49亿元，增长201.87%，充分支持了企业贸易的流动资金需求；个人贷款及透支新增10.64亿元，增长13.06%，剔除个人短期消费贷款负增长12.18亿元，个人经营类短期贷款实际新增22.82亿元。中长期贷款持续增长，高位有所回落。2010年，各银行业金融机构贯彻国家产业政策和省、市重大项目建设规划，落实对全市重点项目的授信和融资承诺，继续加大对城建、水利、电力、交通基础设施建设的支持力度，同时支持个人经营及消费的中长期资金需求，中长期贷款保持稳定增长。12月末，中长期贷款余额389.01亿元，比年初增加57.16亿元，增长17.23%，增量继续保持高增长势头，但增量比上年同期减少14.93亿元，增速下降13.08个百分点。其中：单位中长期贷款余额248.85亿元，比年初增加20.44亿元，增长8.95%；个人中长期贷款余额136.24亿元，比年初增加37.7亿元，增长38.26%，增速快于各项贷款达18.57个百分点。1～12月，银行对23个重大项目累计投放贷款55.13亿元，重点支持了沾六铁路复线、宣倘二级公路、曲靖市中小学危房标准化改造、驰宏翻番工程、曲靖农业食品科技园、市第一人民医院住院楼、龙源风力发电、富源县污水处理及排水管网等23个重大项目建设。贷款占固定资产投资到位资金比重持续上升。信贷对经济、社会发展薄弱环节支持力度持续加大。个人贷款快速增长。12月末，个人贷款余额228.28亿元，比年初增48.34亿元，增26.86%，快于各项贷款平均增速达7.17个百分点。其中：个人短期消费贷款受贷记卡普及使用等影响，比年初减少12.18亿元，下降63.11%。个人中长期消费贷款比年初增加19.87亿元，增31.22%，快于各项贷款平均增速11.53个百分点；非消费性个人贷款比年初增加40.65亿元，增长41.92%，快于各项贷款平均增速达22.23个百分点。金融支农进一步强化。为支持农户抗灾救灾的资金需求，促进大灾之年农业生产的平稳增长，涉农金融机构信贷支农力度明显加大。全年累计发放农户小额信用贷款26.41亿元，支持农户668902户，占全部农户数的49.22%。12月末，农户贷款余额118.93亿元，占全部个人贷款存量的52.1%；比年初增加33.95亿元，占全部个人贷款增量的70.23%，增长39.96%，快于各项贷款平均增速达20.27个百分点。全年人行曲靖市中心支行累计发放支农再贷款4.46亿元，年末余额达3.46亿元。在涉农金融机构的合力支持下，第一产业总产值在大灾之年仍同比增6.6%。小企业贷款快速增长。12月末，小企业贷款余额90.87亿元，比年初增加25.81亿元，增39.67%，快于各项贷款平均增速达19.98个百分点，信贷对中小企业的支持力度明显加大。增量贷款中长期化特征减弱，信贷结构更趋优化。2010年，短期、中长期贷款增量分别占全部贷款增量(不含票据融资)的43.3%和56.7%，占比分别比年初提高18.6个百分点和降低18.6个百分点，增量贷款中长期化特征明显减弱。贷款行业投放重点突出，投放机构及区域集中度高。就行业投向看，在纳入统计的20个行业中，制造业、建筑业、电力燃气水的生产供应业、批发零售业、交通仓储邮运业分别新增27.87亿元、11.89亿元、9.92亿元、5.95亿元和2.24亿元，5行业合计新增57.87亿元，占全部行业贷款增量的110.25%，有效满足了主要支柱产业发展的需要。贷款减少集中于房地产业、公共管理业和居民服务业，分别减少7.23亿元、2.78亿元和1.2亿元。就投放机构看，全市16家银行业金融机构中，农村信用社、建行、农行、工行、中信银行分别新增29.77亿元、13.9亿元、9.87亿元、9.62亿元和7.89亿元，合计新增71.05亿元，占全部贷款增量的68.56%。就区域分布看，市辖1区1市7县中，麒麟区、宣威市两地分别新增56.11亿元和16.03亿元，合计新增72.14亿元，占全市新增贷款的69.61%。

——现金净投放同比增加，银行存贷比小幅下降，信贷资产质量有所提高，备付金率适度，清算、支付能力较强。全年全市金融机构累计现金收入1917.16亿元，现金支出1993.83亿元，净投放76.67亿元，同比多投放11.01亿元，增长16.77%。12月末，银行余额存贷比61.91∶100，比年初下降1.08个百分点，在年内连续6次上调存款准备金率共3个百分点的情况下，金融机构信贷投放趋于平稳。不良贷款余额202931万元，同比减少33461万元，不良贷款率3.2%，比年初下降1.29个百分点，同比下降1.3个百分点。银行业备付金率11.08%，比年初下降0.53个百分点，继续保持适度水平。其中，重点关注的曲靖市商业银行、农村信用社分别为29.14%和33.61%，清算、支付能力较强。

保险业稳健运行，股市持续振荡。全年保险机构累计实现保费收入19.59亿元，比上年增加3.97亿元，增长25.41%；累计赔款4.9亿元，同比增加0.77亿元，增长18.54%；累计给付0.79亿元，同比减少0.16亿元，下降16.84%；保险业稳健运行，有效发挥保障救助功能。2010年，股市持续振荡，开户数增加较多，但成交量明显萎缩。截至12月末，辖区证券营业机构开户总数达59817户，同比增14.81%；累计交易量468.24亿元，同比减12.76%；保证金存款余额4.32亿元，同比减10.19%。

支持地方经济发展力度加大。2010年，曲靖市中心支行按照适度宽松货币政策的内涵要求及曲靖市产业发展实际情况，人民银行曲靖市中心支行制定下发《曲靖市二〇一〇年信贷指导意见》，明确全年信贷投放领域和支持重点，督促指导商业银行合理分配信贷资源，优先满足战略新兴产业、农业、社会薄弱环节、重点项目和重点企业的资金需求，促进全市经济的持续、快速、健康发展。针对特大干旱，主动向上级争取优惠政策，全力做好抗旱救灾和春耕生产。全年人民银行累计向农村信用社发放支农再贷款4.46亿元，向曲靖惠民村镇银行发放支农再贷款4600万元，并于4月30日重新启动停办10年之久的再贴现，累计对曲靖市商业银行办理再贴现3笔、金额1500万元投向辖内涉农中小企业，成为云南省使用支农再贷款最多的州（市）和唯一使用再贴现的州（市）；加强对社会弱势群体的支持，全年累计发放农户小额信用贷款26.41亿元，支持农户达668902户，占全部农户数的49.22%；发放小额担保贷款（含贷免扶补）32334万元，支持1万余名下岗职工实现再就业；累计发放助学贷款291万元，帮助解决1557名在校大学生的学习及生活困难；累计办理借新还旧61296万元、贷款延期176629万元、减免加罚息240万元、停息挂账2011万元、民贸贴息138.6万元。支持全市重大项目融资工作，全年共对23个重大项目发放贷款55.13亿元。

金融服务创新发展。2010年，人民银行曲靖市中心支行扩大直接支付惠民领域。在财政、社保等部门的支持配合下，“健康长寿补贴”、“石油价格补贴”、“移民补贴”、“行政事业单位在职人员工资”四项政府补贴资金由国库直接支付到户（个人）。全年共通过小额支付系统直接支付政府补助资金14988笔、金额1106.8万元，加快政府补助资金支拨效率，落实国家惠民政策和举措。大力推动金融服务创新，提升金融服务水平。各金融机构拓宽融资渠道，改进经济实体融资方式，较好满足了企业直接融资需求。年内，光大银行曲靖分行通过信托产品融资平台引进5亿元信托资金，交通银行曲靖分行办理融资租赁业务6亿元，中信银行牵头组织曲靖市10户中小企业集合票据推介会，12月末票据融资余额为19.18亿元。对救灾款项“特事特办，随到随办”，保证救灾资金在第一时间拨付到位。共调拨各县、市（区）抗旱、抗洪救灾资金8400万元。坚持金融知识的宣传普及，针对农村、现役军人等特定对象金融知识匮乏的状况，组织开展“金融知识到农村、进军营”等宣传服务活动，金融服务社会、服务大众的功能得到发挥。推动金融IC卡试点工作，曲靖市和曲靖市商业银行确定为全国首批10个金融IC卡多应用推广试点城市和银行。推进财税库银横向联网工作。8月，曲靖率先在云南省首批实现财税库银横向联网；12月末，曲靖市各级国库、国税、地税及商业银行全部加入横向联网系统，上线覆盖面达100%，改善了纳税人支付环境，节约征纳双方成本，实现税务部门、纳税人、国库三方共赢。全年共通过横联系统办理电子缴税入库业务11833笔、金额10.1亿元。

维护金融稳定、工作保障有力。2010年，人民银行曲靖市中心支行加大对上调存款准备金、加息等重大政策新规颁布实施后的情况进行跟踪监测，组织对潜在的金融风险进行评估监测，保证辖内金融系统的稳定。督促各金融机构及时收集反洗钱情报，对外商投资企业资本金流入及结汇、贸易项下收结汇真实性等情况进行重点监测，打击洗钱犯罪；组织开展反洗钱检查，全年对红塔证券股份有限公司曲靖麒麟东路证券营业部、中国人寿股份有限公司曲靖分公司、交通银行曲靖市分行3家机构进行反洗钱现场检查。加强对金融改革发展的动态监测，做好工、农、中、建等已股改上市银行在曲靖分支机构的运行，农发行、邮政储蓄银行经营转型，曲靖市商业银行、农村信用社等地方性金融机构法人治理结构、村镇银行等新型金融机构及小额贷款公司经营机制等情况的监测，加强引导、指导，督促商业银行理顺内外关系，增强风险管控能力，维护辖区金融稳定。

（杨本枝）

2010年曲靖市存款分布情况表

（单位：亿元）

区域分布				机构分布			
	余　额	比年初	增减%		余　额	比年初	增减%
麒麟区	481.91	86.06	21.74	工　行	124.06	0.45	0.36
宣威市	138.1	27.91	25.33	农　行	194.72	14.25	7.89
陆良县	63.99	11.06	20.9	中　行	51.51	5.44	11.81
师宗县	43.41	6.19	16.64	建　行	156.35	20.33	14.94
罗平县	46.77	10.52	29.01	农发行	8.11	1.98	32.33
富源县	105.27	19.51	22.74	交　行	29.02	1.61	5.87
会泽县	62.01	9.34	17.72	广发行	25.63	0.03	0.11
马龙县	24.91	4.43	21.62	招　行	14.78	7.58	105.23
沾益县	50.28	6.35	14.46	市商行	81.06	16.82	26.19
				民　生	7.94	6	118.07
				浦发行	5.85	5.85	0
				中　信	6.97	6.97	0
				光　大	6.8	6.8	0
				农信社	231.38	46.86	25.39
				邮　储	30.8	6.94	29.09
				村镇行	2.07	1.45	235.51

2010年曲靖市贷款分布情况表

单位：亿元

主要行业分布				区域分布				机构分布			
	余额	新增	增减（%）		余额	新增	增减（%）		余额	新增	增减（%）
农林牧渔	10.67	0.19	1.78	麒麟区	280.58	53.12	23.36	工行	103.44	9.62	10.26
采矿业	30.06	1.62	5.68	沾益县	58.63	2.61	4.66	农行	111.74	9.87	9.69
制造业	118.27	27.87	30.82	宣威市	73.33	15.31	26.39	中行	24.16	3.09	14.69
电气水产供业	73.62	9.92	15.57	陆良县	36.7	4.88	15.32	建行	77.97	13.9	21.7
建筑业	24.56	11.89	93.92	师宗县	23.88	2.32	10.77	农发行	30.27	5.51	22.26
交通运输业	51.54	2.24	4.54	罗平县	30.78	4.76	18.27	交行	28.66	1.53	5.63
水利环境业	10.78	-0.45	-4.01	会泽县	29.39	6.02	25.77	广发行	22.95	1.93	9.2
房地产业	12.05	-7.28	-37.49	富源县	77.16	8.08	11.7	招行	11.03	3.85	53.69
教育业	4.08	1.38	51.1	马龙县	13.81	0.85	6.58	民 生	5.67	5.33	1555
居民服务业	3.29	-1.2	-26.8					光 大	2.72	2.72	0
批发零售业	28.46	5.95	26.44					中 信	7.89	7.89	0
公共管理业	3.45	-2.78	-44.67					浦发行	2.98	2.98	0
卫生社保业	4.96	1.84	58.82					市商行	38.88	4.22	12.16
科研技服业	1.53	1.47	2521					农信社	158.76	29.77	23.08
租赁服务业	2.29	0.07	3.24					邮储	1.77	0.44	32.53
住宿餐饮业	1.78	0.21	13.14					村镇行	1.05	0.97	1162

工商银行曲靖分行

【简述】 2010年，工行曲靖分行落实省分行提出的“持续发展是硬道理、增盈创效是硬指标、同业领先是硬本领、合规经营是硬保障”“四硬”经营理念，在强化业务营销，推进信贷结构调整，全面清收压降不良贷款，快速化解信贷风险，不断夯实内控管理基础，实现经营效益提升，促进经营管理发展。实现拨备前利润2.85亿元，比上年增加280万元，完成年计划的97.74%，全年实现安全经营无事故。

【存贷款业务】 2010年，工行曲靖分行人民币各项存款余额124.16亿元，较年初增加4787万元，存量同业占比23.56%，增量同业占比1.1%；人民币各项贷款余额103.44亿元，较年初增加9.62亿元，存量同业占比32.60%，增量同业占比26.37%。

【中间业务】 2010年，工行曲靖分行中间业务收入大幅增长，全年实现中间业务收入7175万元，同比增加1219万元，完成年度计划的89.13%，同业占比33.07%。

【资产质量】 2010年，工行曲靖分行累计清收处置不良贷款2.21亿元，不良贷款余额1.08亿元，较年初下降1.9亿元，完成年度计划的110.62%，不良率1.04%，较年初下降2.14个百分点，低于全省平均水平，实现不良贷款余额和不良率双下降。压降收回潜在风险贷款25529万元，完成年计划的56.73%，清户8户。小企业贷款不良率继续保持为零。

【信贷结构调整】 2010年，工行曲靖分行加快信贷结构调整步伐，大力发展个贷业务、小企业信贷业务和贸易融资业务取得成效。个贷业务健康快速发展，个人贷款存量、增量同业占比均为第一，个人贷款余额30.66亿元，较上年末增加77277万元，完成年度计划的141%，个人贷款占全部贷款总额的29.72%，较上年末提高5.28个百分点，在总量提升的同时，实现个人综合消费贷款、个人经营贷款、个人公积金委托贷款等全面发展。小企业信贷业务快速提升，通过大力发展小企业网络循环贷款（网贷通）业务、拓展小企业国内贸易速效业务、创新运用多种担保方式，加大对小企业的融资支持力度，全年累计发放小企业贷款3.94亿元，累计收回2.95亿元，小企业贷款较年初增长9600万元，小企业国内贸易融资8190万元，在支持全市小企业发展的同时改善贷款结构。国内贸易融资业务快速发展，贸易融资余额8.54亿元，年内业务净增5.09亿元，完成年计划的110.65%，国内贸易融资替代率34.14%，业务规模、增量均居全省前列，较好发挥了对信贷资金的替代补充作用。

【信用卡业务】 2010年，工行曲靖分行信用卡业务持续健康快速发展，信用卡发卡存量、消费交易额、透支规模、中间业务收入同业占比均为第一，银行卡专业考核全省系统排名第一。全年信用卡净增发卡14289张，居全省系统第一；信用卡消费交易额148470万元，比上年增73519万元，完成年计划的154.4%；信用卡透支规模34238万元，较年初净增16670万元，完成年计划的269.7%；信用卡分期付款余额19193万元，较年初净增

9509万元，完成年计划的217.8%；实现中间业务收入2163万元，完成年计划的153.24%；信用卡不良透支占比0.4%，比年初下降0.3个百分点，控制在总行、省行规定的2%以内。

2010年1月23日，工商银行曲靖分行三届一次职工代表大会举行。

（张慧玲/摄）

【电子银行业务】 2010年，工行曲靖分行电子银行业务覆盖面不断扩大，顺利完成广电网络公司、曲靖市人事局网上缴费等项目推广工作，新增个人网上银行34257户，比上年增3721户；新增企业网上银行653户，增145户；新增手机银行17668户，同比多增4960户；新增个人电话银行16252户，增8749户；网银交易额达1178亿元，增246亿元；电子银行业务量占全行业务量的37.15%，较上年提高2.17个百分点。

【个人投资理财业务】 2010年，工行曲靖分行着力引导“科学理财，和谐生活”，个人理财业务的规模和范围不断扩大，全年销售个人理财产品82.22亿元，同业占比第一，其中销售灵通快线短期理财产品75.25亿元；销售国债3.73亿元，同业占比第一；代理基金销售2.34亿元，同业占比第二；代理保险销售1.05亿元，同业占比第三；销售品牌金44千克、如意银166.5千克，分别完成省行下达任务的125.7%、489.7%，均排全省系统第二；销售纸黄金941千克、账户银29731千克，黄金积存21.67千克。

【国际业务】 2010年，工行曲靖分行国际业务创历史新高，累计完成国际结算量8508万美元，达年计划的200%；完成结售汇业务量7742万美元，达年计划的245.7%；实现国际业务中间业务收入181.34万元，完成年计划的166.37%，国际结算量、结售汇业务量同业排名第一，系统排名第二；外汇中间业务收入系统排名第二。

【内控管理】 2010年，工行曲靖分行强化“合规经营是硬保障”经营理念，在全行开展“夯实基础，强化管理”主题教育活动及“内控和案防制度执行年”活动，采取教育、培训、风险提示与考核相结合，加大违规治理工作力度，深入推进账户专项治理，突出合规经营和风险防范在各项工作中的重要位置。着力化解经营风险，限时整改上年内控评价和年内各种内、外部专项检查中发现和存在的问题，继续抓好企业开户、U盾申领、预留印鉴卡片管理、银企对账、票据承兑与贴现业务、客户营销与维护、员工参与赌博及购买大额彩票8个案件高发风险点的防范和整治工作，实施反洗钱专项治理，消除隐患防控风险。细化“三防一保”管理，着力提高安防教育、预案演练、安全检查、隐患整改实效，落实人防、物防、技防工作，确保全行安全，保卫工作被省行表彰为先进集体。

【服务提升】 2010年，工行曲靖分行以提高整体服务水平为目标，加强服务管理，成立服务与品牌管理办公室，不断完善“行长坐班制”，及时发现和解决一线网点服务工作中存在的问题和困难，畅通内部服务渠道，提高整体服务效率。通过改进服务检查方式、推广使用服务评价器、加强服务培训三管齐下，促使一线柜员不断改善服务，提高服务技能。优化网点布局，通过更名搬迁、升格、撤并等，成立南市支行，完成翠峰分理处撤并开发区支行等工作，完成辖内30个对外营业网点的装修或升级改造工作，建成离行式自助银行7个。合理配置人力资源，完成曲靖城区二级支行营销中心组建工作，增加营销人员配备，增强对中高端客户的服务能力。

【企业文化建设】 2010年，工行曲靖分行全面推进企业文化建设，坚持抓好文明单位创建，市分行、陆良支行、罗平支行省级“文明单位”届满重新申报获成功。全面完成《工于至诚行以致远》企业文化培训工作，引导干部员工践行工行企业文化核心价值理念，凝聚力量推动发展。队伍建设富有成效，全面开展各级管理干部年度述职和网上测评工作，举办管理干部培训2期、员工岗位技能培训146期4980人（次），参加省分行中年员工岗位技能比赛荣获优胜团体奖，2人获单项二等奖，参加曲靖市银监分局举办的全市金融机构“三办法一指引”知识竞赛荣获团体二等奖，市分行团委被总行团委表彰为“五四”红旗团委，员工李剑逸被总行团委表彰为“中国工商银行优秀共青团员”。履行企业社会责任，干部员工为曲靖市抗旱救灾捐款166490元，向青海玉树地震灾区捐款61810元。

（罗巧红）

农业银行曲靖市分行

【简述】 2010年，农行曲靖分行围绕城乡两个市场，立足搞活城市、三农两大板块，加快业务有效发展，推进经营战略转型，强化内部管理，建立健全风险防控机制，持续提升市场竞争能力，推进各项工作稳步健康发展。全年各项存款余额194.72亿元，较上年净增14.24亿元，完成省农行计划的74.94%，总量、增量在全省农行系统排名分别为第二位、第十位，曲靖同业中，总量排名第二位，增量排名第四位。其中：对公存款余额78.69亿元，比年初下降2.2亿元，储蓄存款余额116.03亿元，净增16.45亿元，完成省分行计划的105.45%。各项贷款余额111.73亿元，净增9.87亿元，完成省农行计划的100.71%，总量、增量在全省农行系统排名分别为第三位、第五位，曲靖同业中，总量排名第二，增量排名第三。其中：清收委托不良资产本息6247万元，自营不良贷款本息14086万元。五级分类不良贷款余额20343万元，比年初减少15369万元，占比1.82%，较年初下降1.64个百分点。实现中间业务收入7937万元，完成省农行计划的108.72%。实现拔备前利润38842万元，完成省分行计划的94%，拔备后利润35903万元，完成省分行计划的102.22%。

【业务经营】 2010年，农业银行曲靖市分行推进“三农”金融事业部制改革。所辖8个县级支行纳入“三农”金融事业部经营单元，围绕农业产业化、农村城镇化、工业化和城乡一体化的发展方向，加强市场调研，推进各项金融产品在县域的灵活运用，提升农行县域竞争力，提高各项业务的县域市场份额。抓好省农行确立的重点推进县支行的工作。年内，省农行确定宣威、会泽、富源、沾益农行为重点推进县支行，结合省农行的推进方案，曲靖分行研究具体的实施方案，力求在经营权限、信贷政策、资源配置、劳动组合等方面给予倾斜，增强其地域竞争力，支持其优先发展。从推进效果看，4个重点县支行发展相对较好，部分指标系统内有相对优势，但与同业比较（重点针对信用社）还有一定差距。加强对县域优质客户的营销。大力营销农业产业化龙头企业和项目、地方财源企业和项目、县域行政事业单位存款、县域房地产业务、个人生产经营贷款等。在支持县域优良大户方面，针对宣威磷电、罗平锌电公司、宣威革香河水电开发有限公司、沾益南江建工集团等AA级以上重点企业，主动营销贷款，在工作中尝试股权质押贷款方式，对罗平锌电公司发放9450万元的股权质押贷款。在支持县域经济支柱产业方面，努力开发符合国家产业、行业政策、经营效益和发展前景看好的各类企业客户，如重点支持云南东恒经贸集团有限公司6000万元流动资金贷款，介入会泽县鼎业房地产经营有限公司项目贷款、宣威市革香河水电开发有限公司项目贷款，积极营销、储备优良项目，为调整县域信贷结构、客户结构作好准备。在扶持农业产业化龙头企业方面，广泛寻找“三农”产业链和县域产业链上的优质项目和优质客户，对省、市级重点龙头企业进行摸底调查，全市有省级以上农业产业化龙头企业32家，与曲靖农行有合作关系的龙头企业有20家，有贷款余额的5家，年内累计投放8196万元，有余额8196万元。在信贷投入上，重点支持省级农业产业化龙头企业富源光华魔芋开发有限公司、富源金田原、云南东恒经贸集团有限公司、陆良七里香食品有限公司等企业的发展。在支持县域城镇化建设方面，实现县域新准入楼盘10个，准入总额度91040万元，存量准入楼盘18个，累计准入额度13.04亿元。做好惠农卡发卡和小额农户贷款工作。2010年，惠农卡新增发卡92509张，完成省农行计划的132.15%，新增授信农户11254户，完成省农行计划的112.54%，新增农户贷款22750万元，完成省农行计划的229.77%。惠农卡实现累计发卡229458张，居全省第一，累计授信34049户93662万元，累计农户小额贷款14404户47043万元，实现惠农卡存款余额17895万元，卡存款存量、增量全省第一。

【业务管理】 2010年，农业银行曲靖市分行提升临柜业务操作质量，针对临柜业务管理薄弱环节，先后开展人民币结算账户、柜面业务印章、临柜业务登记薄、现金收付、反假、社保基金账户排查、金库业务的检查，及时掌握临柜操作中存在的突出违规问题，落实整改和规范。抓好会计监控系统的运行管理和日常对账管理，防范临柜业务风险，全年共下发督办869笔，督办信息及时回复率100%。会计主管及时核销率、监管员现场核销率分别达99.82%、98.08%，均超过全省平均水平，有效防范和控制柜员违规操作。抓实对账工作，农行曲靖分行账户总数6193户，签约账户数6121户，总签约率达98.84%，并加强与曲靖邮政的合作，建立与邮政的信息反馈制度、管辖机构按季通报制度和督办整改制度，明确了各支行、网点对账管理人员在对账工作中的责任，全市综合对账回执收回率有较大提高，基本实现对账目标，有效控制账户风险。做好五大中心和一个业务模块在前台、后台的渗透功能，利用科技支撑提高集约管理水平。加强会计监管检查，农行曲靖分行机关、各县（市）农行机关均落实会计自律监管的部门和人员，按季对全辖营业机构的会计、出纳工作情况进行检查，并定期召开内控工作相关会议，分析存在问题，提出改进意见。加强会计主管学习交流和员工培训，提高会计操作岗位员工业务素质。

【风险排查】 2010年，农业银行曲靖市分行巩固案件专项治理成果，开展案件风险排查活动，全行抽调99名业务骨干组成10个分组24个小组，对全辖62个对外营业机构进行为期一个多月的排查，全面排查会计、财务、信贷等存在的问题和案件隐患。落实总行集中审计发现问题的整改，在切实抓好发现问题整改的同时，总结经验，强化制度建设。落实省分行离任审计发现问题整改，做好干部管理权限内的离任审计工作。整改率达96%以上，组织开展对两个直管网点负责人的离任审计。开展合规文化教育活动，号召员工加强对法律、法规及规章制度的学习，强化员工对制度、操作流程的执行力建设，培育全行浓郁的合规文化氛围，打造人人重风险、事事讲合规的良好营销、管理格局。抓实员工排查和违规积分管理。全年实现无案件的管理目标。

【核算管理】 2010年，农业银行曲靖市分行以经济增加值核算为重点，优化信贷资产质量和结构，围绕优势产业、优良法人客户、优质个人客户的吸纳和散、小、差客户的退出，加强信贷结构和客户结构调整，强化贷款有效投放。全面树立价值管理理念，出台的绩效考核办法、业务经营计划下达、费用配置办法等相关文件中，引导支行和机构强化核算意识，发展重点业务。做好利率的定价和监测、经济资本管理，严格执行贷款利率定价管理要求，信贷计划优先安排重点类、引导类低风险业务、涉农贷款和县域重点客户发展需求。做好资产负债业务监测和资金计划管理，确保支付正常并提高管理效益，最大限度做到综合备付金执行控制在省分行计划内。发挥财管会职能，规范财务决策行为，健全财务管理机制，强化费用管理，费用向业务发展、网点转型、加强机构服务设施、改善员工办公条件，对费用开支的方向做到严格把握，对费用列支的过程做到严格管理。规范集中采购，组织全行集中采购工作。

按月完成信贷资产减值测试并落账。做好固定资产管理、房地产确权等工作。

【安全监管】 2010年，农业银行曲靖市分行落实安全保卫责任。市分行与各支行、机关部室、直管网点签订安全保卫责任书，各单位与员工签订安全保卫责任书，把安全保卫工作责任落实到各单位和个人。加强与保安公司合作，做好押运、守库、网点保安等工作。做好金库达标建设工作，按时完成全市12个金库的达标验收。做好物防技防设施维护，改善部分机构监控老化、图像不清、内存不足的问题，做好转型网点的安防设施达标。扎实开展安全巡查、检查，贯彻执行好分行、支行、网点各级安全检查要求，保证检查频次、检查内容和检查面，发现隐患及时纠正整改，筑牢安全防线。加强枪支弹药管理，建立枪支管理登记。做好沾益、富源、陆良、马龙支行的押运工作，确保安全押运。

【网点建设】 2010年，农业银行曲靖市分行做好营业网点转型工作，在省农行批复的26个网点中，已有宣威支行营业室、沾益西平分理处、师宗丹凤分理处、师宗支行营业室、开发区分理处、中安分理处、老厂分理处、金穗分理处、阳光支行、沿江分理处、东路分理处、蓝箭支行、大坡寺支行、沾益支行营业室、西苑支行、马龙支行营业室、城关支行等19个网点基建完工投用或即将投用，会泽支行营业室、东环分理处、上堡街支行、九龙分理处、环城支行、文化路分理处等6个网点完成招标。

【审查审批流程】 2010年，农业银行曲靖市分行改变过去多级调查、多级审查审议为一级调查、一级审查、一级审批模式，从根本上重新规范信贷业务运作流程和限时办结制度，提高信贷运作效率，缩短了审批时间。

【文化建设】 2010年，农业银行曲靖市分行采取多种形式，抓好农行企业文化核心理念的推广和深植，组织开展“践行文化理念、学习先进典型”的演讲活动和宣传企业文化的征文活动。继续抓好员工行为准则的贯彻学习，引导培育广大员工正确认识股份制经营下如何体现立业价值，把员工价值取向与企业文化导向融合起来，努力创建优秀企业打造优秀员工、优秀员工彰显优良企业形象的共荣共进氛围。继续抓好员工合规文化教育，巩固合规文化教育成果，强化合规意识向各领域、各条块业务的渗透，努力创建按规行事的氛围。加强员工培训，着力提高员工整体素质。

（李　榕）

农发行曲靖市分行

【简述】 2010年，中国农业发展银行曲靖市分行按照“提升素质、科学发展、精细管理、构建和谐”的工作理念，以“促发展、强基础、控风险、增效益”为工作目标，加大支农力度，严格内部管理，深化内部改革，强化队伍建设，各方面工作取得长足进步。宣威支行被省分行表彰为“先进集体”和“文明单位”，富源支行被省分行表彰为“文明单位”，4人被省分行表彰为“先进工作者”，1人被省分行表彰为“青年营销能手”，1人被省分行表彰为“优秀共青团干部”。

【存款业务】 2010年，中国农业发展银行曲靖市分行各项存款余额为9.13亿元，比年初增加2.17亿元，增长31%。其中，企事业单位存款8.11亿元，比年初增加1.98亿元，增长32%；财政存款1.01亿元，比年初增加1894万元，增长23%。所辖7个县级支行中有3个存款余额超1亿元，其中1个机构存款余额达3.90亿元。

【贷款业务】 2010年，中国农业发展银行曲靖市分行累计发放贷款10.86亿元，重点支持粮油储备、收购及调销，中小学危房整体改造暨标准化建设，云南（曲靖）国际农业食品科技园建设，农村公路、电站建设，农村电网改造，油脂、魔芋、生物科技等领域产业化龙头企业的发展；利用公司带农户的模式，支持农民从事农产品加工、流通、生猪养殖等，促进农民增收致富。年末各项贷款余额为30.27亿元，比年初增加5.51亿元，增长22%。其中：中长期贷款19.71亿元，比年初增加6.72亿元，增长52%；粮油购销储贷款7.68亿元，比年初减少5867万元，下降8%；其他短期贷款2.88亿元，比年初减少6210万元，下降28%。在贷款总额中，政策性贷款21.96亿元，占比73%，比年初提高9个百分点；准政策性贷款7300万元，占比2%，比年初降低2个百分点；商业性贷款7.58亿元，占比25%，比年初降低7个百分点。所辖7个县级支行中有3个存款余额超1亿元，其中1个机构贷款余额达12.46亿元。

【中间业务】 2010年，中国农业发展银行曲靖市分行在发展中间业务上，将工作重点放在代理保险业务营销上，继续坚持“指标考核、任务到人、专项奖励、双单作业”，年末全分行共实现中间业务收入75万元，其中代理保险手续费收入66万元。

【经营效益】 2010年，中国农业发展银行曲靖市分行以效益为中心，开源与节流并举，一方面促增收，发展存款、贷款和中间业务；另一方面抓节支，加大成本核算和财务管理，建设“节约型银行”。年末，所辖机构全部实现盈余，全年各项财务收入1.88亿元，各项财务支出1.16亿元，收支轧差，实现账面盈余7209万元，同比增盈1027万元，增长17%，完成上级行下达计划的146%。人均利润达46万元，比上年增加7万元，增长18%。

【风险防控】 2010年，中国农业发展银行曲靖市分行做好客户评级授信工作，提高信贷准入管理水平。把好贷款审查环节关，不断提高贷款风险分类管理和风险监测、预警、分析水平，改善风险监测手段，加强贷款监测工作力度，及时跟踪监测贷款的变化情况。强化内控，推行精细管理，加大监督、检查和审计工作力度。聘请法律顾问，加强法律指导，采取法律诉讼手段，力促不良贷款清收。切实加大对不良贷款和风险贷款的清收力度，成立清收工作组，落实责任制，全年累计清收不良贷款751万元。年末，不良贷款余额为1487万元，占贷款总额的0.49%。

【内部改革】 2010年，中国农业发展银行曲靖市分行推进二级分行经营管理基础平台建设工作。作为省分行指定改革试点行，出台加强经营管理基础平台建设的实施方案，建立贷款（业务）营销评估平台、贷款审查审议平台、风险案件管控平台、资源配置考核平台和员工队伍建设平台。全面推行员工聘用合同管理工作，全市共签订聘用合同153人，合同签订率达100%。

【回报社会】 2010年，中国农业发

展银行曲靖市分行大力开展抗旱救灾捐款和帮扶工作，全行158名员工共捐款33150元，95人（次）到抗旱挂钩联系点，累计投入抗旱救灾经费达109350元，为灾区群众新建水池、安装引水管道、租用和改装车辆运水、购买瓶装矿泉水。

（陈张雁）

建设银行曲靖市分行

【简述】 2010年，中国建设银行股份有限公司曲靖市分行坚持“发展、改革、创新、合规、效率、团队”指导思想，加快业务发展，扎实推进转型，深化内部改革，加强合规建设，强化团队协作，提高工作效率，各项业务保持持续健康发展。年内，市分行涌现出市级以上先进单位9个，先进个人10人，市分行荣获省体育局“云南省群众体育先进单位”称号，宣威支行营业室获总行级“青年文明号”，翠峰支行获全省“2010年银行业文明服务示范岗位”、1人获总行“岗位技巧我来秀”三等奖。个人存款新增、个人类中间业务收入、贷记卡新增和POS商户总量全省系统内个人业务“四个第一”。单位人民币结算收入和工程项目资金监管业务收入全省系统内公司业务“2个第一”。公司类贷款不良率为“零”。

【存款业务】 2010年，中国建设银行股份有限公司曲靖市分行一般性存款余额达156.4亿元，新增20.4亿元，其中：对公存款余额90.03亿元，新增9.13亿元，增幅11.28%，全省建行系统排名第二，全市同业四行占比34.98%，排名第一；个人存款余额66.35亿元，新增11.23亿元，增幅20.36%，全省建行系统排名第一，全市同业四行占比24.63%，排名第二。

【贷款业务】 2010年，中国建设银行股份有限公司曲靖市分行各项贷款余额78亿元，新增13.9亿元，增幅21.68%，其中：公司类贷款余额59.75亿元，新增10.45亿元，增幅21.2%，全省建行系统排名第三，全市同业四行占比25.17%，排名第三；对公贷款余额新增同业四行占比62.32%，排名第一；个人类贷款余额18.22亿元，新增3.45亿元，全市同业四行占比24.32%，排名第二。不良贷款率及不良贷款额实现双降，完成不良贷款处置额6807.5万元，完成省分行下达计划的268.03%，完成超值现金回收2070万元，完成省分行下达超值现金回收计划的538.36%，不良贷款处置额和超值现金回收额均超额完成省分行计划。

【中间业务】 2010年，中国建设银行股份有限公司曲靖市分行成功将建行“房易安”产品推广到一手房领域，使之成为增加建行中间业务收入一个新的亮点。全年实现中间业务收入6241万元。

【业务发展】 2010年，中国建设银行股份有限公司曲靖市分行通过强化对公存款监控管理，提升存款精细管理水平、抓好账户新增和加强无贷户管理、持续提升对大客户的服务能力。加大贷款营销，加强储备管理，加快项目申报，抢抓贷款投放，一批重点项目顺利申报、审批、投放，贷款投放、新增较好。通过营销挖掘，小企业业务发展速度加快，主动和深入细致地挖掘了一批产业链上的优质中小企业客户，营销供应链融资产品，成效较为明显。国内保理业务营销逐见成效，国内信用证业务实现零的突破，保险代理业务迈上新台阶，收入创历史新高。加强公务卡业务营销推广工作，经过全年的艰苦营销，实现公务卡营销工作取得较好成绩。通过采取主动“走出去、请进来”的营销方式，CTS“鑫存管”业务得到稳步推进。在实现信托业务跨跃式的快速发展的同时，各项代理业务取得较好发展。落实信贷加工调整退出工作，完成信贷结构调整工作。

【业务管理】 2010年，中国建设银行股份有限公司曲靖市分行加强信贷基础管理，完善贷中贷后流程机制，制定实施细则及专项考核办法严控业务风险。确定经营目标，科学制定重点产品、重点业务激励政策，做到正负激励并用，调动一线员工的积极性，提高营销效能。抓好网点转型，对员工进行产品要点和操作流程培训，提升网点员工服务及销售能力。对重点产品开展专项营销活动，以及对一些重点产品直接营销，缩短营销半径提高营销效率。定期督导通报，激励先进、鞭策落后。对个人类贷款工作进行专项布置，将任务层层分解到各支行，明确目标，强化措施，同时，还将政策支持、配套服务措施制定下发并落实到位，对不良贷款建立常态监控机制、对逾期半年以上的不良贷款坚决依法起诉、结合实际制定不良贷款三年规划，加大对不良贷款的监控和处置，将全行个贷不良贷款率压缩到全省的个贷不良率平均水平内。

【电子银行业务】 2010年，中国建设银行股份有限公司曲靖市分行提高个人电子银行客户买单挂价水平，并组织做好领导人员带头、员工参与的电子银行产品体验活动；对企业客户的账户信息进行分析，确定企业网上银行和企业网上银行代发代扣重点客户名单，并按名单逐户落实；对企业网上银行和企业网上银行代发代扣客户采用“梯度挂价”，对交易量大的新增客户重点激励；提出“加强电子渠道分流，提升客户服务效率实施意见”的16条措施，并逐条落实；有计划有步骤地完成设备更新配置、各类系统上线、升级网络改造工作。

（苏　跃）

中国银行曲靖市分行

【简述】 2010年，中国银行曲靖市分行全面深化结构调整，强化风险控制，突出基础建设，加强人力资源管理等工作，各项业务实现持续、健康发展。年末，共实现本外币存款519792万元，较年初新增55396万元，增11.93%；实现人民币存款515097万元，较年初新增54416万元，增11.81%；各项外币存款709万美元，较年初新增148万美元，增26.38%；全辖人民币各项贷款241565万元，较上年新增30946万元，增14.69%；全年实现中间业务净收入1060万元，比上年增124万元；全辖不良率为0.47%，较年初下降0.14个百分点。实现净利润9654万元，增幅103.84%，创历史最好水平。

【业务发展】 2010年，中国银行曲靖市分行采取有效措施，各项业务持续发展。存款业务方面：通过继续加大源头营销力度，发掘新客户和潜力客户，加强目标客户和源头客户的营销和管理，扩大优质客户群；开展全员营销活动，加强主营产品的销售和服务；强化考核机制，开展竞赛活动，鼓励全行人员拓展储蓄存款及相关产品，形成全员营销氛围。贷款业务方面：密切关注曲靖市的重点项目，通过与省行的上下协调，加快实现贷款投放，同时加大票据业务和国际结算业务的拓展力度，促进公司业务的全面发展。继续坚持开展好住房按揭贷款及二手房贷款，同时加快结构调整，加强个人投资经营贷款、个人抵质押循环贷款等多种产品共同发展的策略，保持和扩大发展速度及规模。中间业务发展方面：继续加强结算、资金、商户、保险代理、基金销售、银行卡、第三方存管等业务，不断扩大各产品线对中间业务收入的综合贡献率。

【深化改革】 2010年6月，中国银行曲靖市分行新一届班子通过调整人员、调整部门职能、调减部门自身业务指标等措施，加大市分行公司业务部、个人金融部等业务管理部门对全辖各机构网点业务的管理、指导和服务等职能作用，把全辖业务的整体发展指标与部门绩效考核全面挂钩，从而促进业务管理部门真正发挥好对基层网点业务发展的指导和切实解决实际问题的作用，实现全辖业务的整体发展目标。

【网点建设】 2010年，中国银行曲靖市分行通过推进机构网点建设，提高综合效能。全面完成市分行办公楼和宣威支行办公楼的改造装修工作。新设立的富源支行于11月29日正式对外营业。纳入装修计划的陆良支行开始现场施工。

【内控管理】 2010年，中国银行曲靖市分行内控管理进一步加强。按照省分行内控自查制度的要求，严格落实自查、自纠制度。在各机构、网点每日、每周、每月自查的基础上，按照检查制度要求，按时开展常规检查、季度检查和专项检查工作。进一步完善内控考核办法，并严格考核。持续落实监控录像调阅检查和讲评制度，强化非现场检查工作。继续抓好规章制度、法律法规等学习教育活动。继续加强对重要风险环节和业务领域的专项检查，将管理监督工作落到实处。抓好整改落实。强化晨会、周会制度，加强案件警示教育。继续做好员工思想动态分析和关注员工八小时外情况工作。有效防范案件事故，持续实现“不发一案，不误一人”的防案目标。内控管理工作在省分行的内控考核中，获全省排名第四，州（市）行排名第一，被省分行评为2010年度内控工作先进单位。

【文化建设】 2010年，中国银行曲靖市分行“追求卓越”核心价值观的企业文化建设工作意见，持续推进企业文化建设。制定《中国银行曲市分行2010年企业文化建设实施方案》。开展好职工之家活动，为职工提供良好的健身环境。持续开展羽毛球、乒乓球、篮球、网球等职工兴趣小组的日常性文体活动。组织员工参加省分行“中行杯”2010年网球、羽毛球比赛，并获得了网球男子单打冠、亚军，羽毛球女子单打进入前8名，市分行获得“优秀组织奖”的好成绩。11月，被省分行推荐参加总行在江苏南通召开的中国银行企业文化建设工作现场经验交流会，并在会上作交流发言。

（肖姗艳）

交通银行曲靖分行

【简述】 2010年，交通银行曲靖分行与交行全资子公司—交银租赁合作，成功为企业客户发放融资租赁款6亿元。曲靖分行现有5个营业网点，5个在行式自助银行，3个离行式自助银行，6台单机ATM。全年人民币各项存款总额291245万元，市场占比为4.11%。其中：储蓄存款为120116万元。人民币各项贷款余额285579万元，市场占比为6.54%。不良贷款余额719万元，不良贷款率为0.25%。其中个贷不良贷款余额26万元，不良率为0.053%。实现考核利润7644万元。

【业务发展】 2010年，交通银行曲靖分行围绕地方经济发展重点，在存贷比居高不下的情况下，转变工作思路，加快金融创新，寻找促进业务发展的突破口，满足客户多样化融资需求，取得明显成效。通过与交银租赁公司开展合作，先后为云南大为制焦有限公司、云南大为制氨有限公司办理融资租赁业务，共发放融资款6亿元。融资租赁业务资金的成功引入，使得企业已投入固定资产用于购买设备的“死”钱得以盘活，增强企业资金流动性；也拓宽银行收入来源渠道，带动负债业务发展。加大交叉销售力度，抓产品组合和理财产品，发售多期理财产品。通过大力发展个人理财业务，做大沉淀的个人资产（AUM）总量，提高客户对银行的依存度，通过个人资产和储蓄存款的转化，夯实储蓄业务根基。全行管理的个人资产（AUM）增量全辖排名第二。实施“一体两翼”客户提升战略，以品牌客户为主体，以基础客户为两翼，围绕沃德、交银、快捷重点客户，整合产品销售、市场推广、外部促销、内部激励，进一步改善客户体验，提高客户“钱包份额”，实现客户群体总量增长和内涵提高。加大代发工资、第三方存管、手机银行、个人网银、贷记卡等基础指标的发展力度，拓宽和强化客户基础。

为弥补曲靖分行网点不足，进一步合理布局自助设备，对烟厂自助银行进行搬迁，新增3台单机ATM。在加强原有设备管理的同时自助设备的使用效率也在逐步提高，电子渠道的分流率有效提升。大力拓展网银用户，有效支撑业务发展。配有专人加强与企业的联系，帮助客户解决使用网银中遇到的问题，加强电子银行业务知识、新品种的培训。手机银行做为交行的一个新的战略品牌，全行干部员工积极参与，有效拓展，手机银行业务取得较大突破。

【风险管控】 2010年，交通银行曲靖分行持续开展风险排查，严格贷后管理，密切关注资产质量的变化情况，严防新增不良贷款，努力化解存量不良贷款，加强贷后管理力度，完善日常监控和专项排查相结合的风险监控制度。在年内的区域审计检查中，对公授信业务评级为B+，财务业务评级为B，在省分行风控部对贷款资料和贷款用途的检查中取得92分的好成绩，省辖行排名第一。进一步健全年度考核机制，修订完善《交通银行曲靖分行会计主管履职行为考核实施细则》和《交通银行曲靖分行基层营业机构柜面人员考核办法》，加强对会计主管和柜员的考核力度。完善“三会”制度，坚持每周会计主管例会、每季会计风险分析例会、基层营业机构晨会制度，重点加强在制度执行中的薄弱环节、重要风险环节、重要岗位等的业务制度提示和风险预警提示，强化对屡查屡犯情况的问责。加强培训和日常管理制度建设，建立长效管理机制。加大对员工风险意识、自律意识的培育，把日常管理中发现的风险点，编制成案例，进行分析、讲解，培育柜员的风险意识，落实违规处罚，提高警示作用。

【文化建设】 2010年，交通银行曲靖分行加大培训力度，提高员工素质。全行员工分条线进行上岗资格考试认证，实行持证上岗，持证率达100%。个金销售队伍中个人金融理财师（AFP）持证比率为60%。充分发挥党、团、工会作用，开展有益于身心健康的文体活动，丰富员工的物质文化生活。

【服务提升】 2010年，交通银行曲靖分行把服务作为常态工作坚持常抓不懈。将服务贯穿于经营管理的全过程，完善管理制度，加大管理力度，在全行形成对服务齐抓共管的工作格局。引入第三方公司对服务质量进行监督检查，加大对员工业务技能、服务技巧、服务艺术等方面的培训力度，切实提高服务技能和服务水平。强化规范服务与销售辅导管理，狠抓服务理念和服务意识。继续依托总分行推出的服务品牌，开展系列小型、大型营销宣传活动，提升交行良好品牌形象。服务考核得分比上年平均每月高出12分，年总分高出68分。

（许贤芳）

邮储银行曲靖市分行

【简述】 2010年，中国邮政储蓄银行曲靖市分行有麒麟、宣威、会泽、富源4个一级支行，全市共55个邮政金融网点，其中：银行自营网点13个，从业人员249人。按照商业银行的规律和要求，融入地方经济，紧跟同业市场，发挥自身的特色和优势，以现代商业银行的先进理念和管理为标杆，围绕风险和利润两个核心，加速向商业银行转型，加快业务发展的步伐，加大全面风险管理的力度，加强队伍建设和素质提升，以创新的思想，精细的管理，全面提升服务质量和营销能力，业务经营持续健康发展，管理不断加强。

【存款业务】 2010年，邮政储蓄银行曲靖市分行坚定“零售立行”不动摇，贯彻“以客户为中心”的理念，加强产品经理、客户经理、大堂经理等7支队伍建设，加大宣传营销，制定行之有效的项目营销、专业营销、交叉营销、全员营销方案，以优质服务挖掘客户资源，个人储蓄和公司存款稳步增长。坚持“公司富行”经营理念，借助邮储银行沟通城乡“二元经济”和邮政“三流合一”的特点，走特色发展之路，充分发挥网点遍布城乡的优势，整活全网客户资源，拓展资金归集类项目，重点发展非融资类企业客户，年末个人储蓄存款29.02亿元，净增5.85亿元，增幅25.23%；存款余额1.78亿元，比上年净增1.09亿元，增幅160%。

【贷款业务】 2010年，邮储银行曲靖市分行坚持“信贷强行”理念，贯彻落实“发展稳健、风险可控、效益增长”的经营方针，推进从管业务向管队伍转变、从发展业务向发展优质客户转变，落实不良贷款余额和不良率双降、增量贷款逾期率和不良率控制在省行标准以内、优质客户和放贷量双增，信贷业务步入稳健规范发展轨道。年内，共发放贷款1.55亿元，个人贷款结余17688.99万元。

【中间业务】 2010年，邮政储蓄银行曲靖市分行加快转型发展个人业务步伐，推进业务转型，加大中间业务的发展力度。依托网点和结算渠道优势，发放银联卡30472张，加快信用卡业务发展，年末结存卡数541张；加快自助机具和电子银行建设，拓宽支付结算渠道，对5台ATM机具进行更新，新安装2台ATM自动取款机，年末商易通结存281台，POS结存341台，注册网银客户数量1140户，电话银行注册客户数量2559户。理财类业务取得突破性进展，累计销售理财类产品33573.97万元，较上年有较大提升。

【内控管理】 2010年，邮政储蓄银行曲靖市分行贯彻落实“风控稳行”方针，推进全面风险控制，确保安全运营。落实全面风险管理，加强风险管理委员会体系建设，将全员内控和全面风险管理理念贯穿于各项工作之中。组织个人、公司、信贷三项业务内控评价及机构评级工作，开展“邮政金融安全生产大检查及行业内控和案防制度执行年”、“业务行为规范年”活动，启动“资产保全”等一系列工作，加强邮政储汇资金案件治理工作，开展各分支机构现金业务专项检查、城市零售信贷、公司业务、代收付类中间业务和代理保险业务专项审计工作，开展学习贯彻银监会“三个办法，一个指引”活动，促进“三道防线”各项职责的落实，建立比较清晰的风险管控激励约束机制。始终保持邮储资金安全管理高压态势，开展资金安全检查，执行责任查究等相关规定，全年无资金安全责任事故和案件发生。开展“信贷合规管理年”活动，千方百计打好信贷逾期整治和不良贷款处置攻坚战，年末逾期贷款金额比年初减少109.18万元，小额信贷逾期率、不良率1.67%，低于全省平均水平。

【服务建设】 2010年，邮政储蓄银行曲靖市分行加强网点基础设施建设，完善网点服务功能。顺利完成宣威、会泽、富源3个支行营业部装修改造工程和搬迁开业工作，以新建的4个支行营业部为重点，开展“网点规范化服务”、“示范网点”等创建活动，充分发挥示范点标杆、引导等作用，

2010年11月28日，邮政储蓄银行曲靖市分行组队参加2010年银行业公众教育日活动。

（李洪斌/摄）

全面推行统一着装、挂牌上岗制度，规范《晨会制度》，加强业务培训和监督检查，人员素质得到提升，服务环境不断改善，服务水平进一步提高。

【企业文化】 2010年，邮政储蓄银行曲靖市分行充分发挥市分行党委的核心作用，企业文化建设取得新成绩。巩固与邮政企业团结协作，形成共举一面大旗、共享全网资源、共创美好未来的和谐发展局面。市分行机关率先改进工作作风，推行实效管理，开展深入基层、深入客户、深入竞争对手“三深入”活动，推行中层管理人员“资金案件否决制、经营末位淘汰制、行长奖励基金制、履职谈话制、晋升实绩制、履职报告制”六种机制。在全行广泛开展支行长合规访谈、警示教育、“风险合规在我心中大讨论”、法律事务培训下基层等活动，让风险防范深入人心，合规制度成为员工的行为准则。深入开展职业道德教育，编印《银行员工行为禁令》、《信贷员手册》规范员工行为，以行为家、行兴我荣的理念逐步成为广大员工的共识。广泛开展“创先争优”活动，李俊梅、马荣萍等10人荣获省分行2010年度“行长提名奖”。广泛开展关爱员工活动，动员员工向西南干旱灾区捐款13210元。

（李洪斌）

广发行曲靖分行

【简述】 2010年，广发行曲靖分行调整经营发展思路及营销策略，经营效益成绩显著。全年实现利润6896万元，比上年增3783万元，增幅121.52%，全行人均利润达100万元以上，人均创利水平名列全市银行业前茅。

【存款业务】 2010年末，广发行曲靖分行各项存款余额达256585万元，实现存款的恢复性增长，全年日均存款225454万元，较上年新增39692万元，增长21.37%，同业存款15.5亿元，创历史最好水平。

【贷款业务】 2010年，广发行曲靖分行资产业务保持持续增长，年末，各项贷款为229464万元，比上年同期增加19328万元，增幅为9.2%。全年累计发放对公贷款116笔，共计151118万元；个人贷款1268笔，共计22745万元，个人贷款增幅为29.52%。

【业务发展】 2010年，广发行曲靖分行调整业务发展方向和营销重点，以市场为导向，加强与大客户、重点客户的沟通联系，巩固和加深合作关系，做好实体经济，中小企业的深度挖掘和交叉营销工作，按照以中小企业为基础，争取发展优质大客户为目标的思路，做好全行授信客户的深度营销，逐步扩大资产规模，增强盈利能力和竞争实力。坚持牢固树立支持中小企业发展的基础市场定位，持续不断打造中小企业服务、好融通、票据贴现业务品牌，通过贸易链融资，充分运用票据、动产质押、第三方监管等特色业务，通过1+1老客户推荐新客户的方式带动上下游客户延伸扩大中小企业客户资源，继续做大做强票据贴现、银承开票业务，以此带动存款规模的扩大，提升授信客户的综合贡献度。把资产业务的营销重点转移到实体经济、中小企业上，并坚持“抓大不放小”的营销思路，围绕曲靖市的重点骨干企业，有发展潜力的优质中小企业，主动开展营销，全年共上报授信项目106个，其中：新增授信项目50个，新增授信客户42个，通过存量客户扩大额度续做及新增客户增量贷款，全年一般性贷款余额达23亿，较上年末新增5亿元，增长29.41%。

【信贷管理】 2010年，广发行曲靖分行贯彻“三个办法一个指引”的贷款新规，加大信贷资产全流程管理，有效防范信贷资产的流动性风险。组织全行信贷人员，客户经理学习掌握信贷管理新规定新办法，并结合信贷业务的工作实际贯彻落实，加强贷款的支付管理，从源头防范贷款使用风险。组织开展政府平台公司类贷款的清理、整改、风险防控工作，对政府信用类贷款多方努力追加担保，及时清收到期贷款，有效防控政府类平台公司贷款风险。同时，加大到逾期贷款的清收力度，化解新增不良贷款风险，降减逾期不良贷款余额。

【票据业务】 2010年，广发行曲靖分行票据贴现规模保持增长态势，贴现客户群逐步扩大。全年累计直贴40亿元，较上年增加4.6亿元，增幅为13%，实现票据业务市场占比逐步提升。

【个人业务】 2010年，广发行曲靖分行持续加大个人银行业务营销组织力度，调优业务增长方式，通过全员营销、交叉营销，带动全行个人业务全面发展；坚持公司业务与零售业务并重的原则，一手抓大项目，优质大客户营销，一手抓储蓄存款、个人消费贷款、个人理财业务发展。从年初就持续不断开展储蓄存款营销活动，在全行员工中树立“全员营销、交叉营销、发散营销”意识，表彰先进，鞭策后进，推动全行储蓄存款余额跃上新的台阶。年末，全行储蓄存款余额44244万元，较上年新增15223万元，增长52.46%。大力组织开展个人消费贷款，特别是个人住房按揭贷款的营销活动，个贷营销费用向营销一线倾斜。全行个人类贷款余额达3.6

2010年11月3日，广发行曲靖支行升格为分行。

（钱丽/摄）

亿元，较上年末增17250万元，增长92%。通过全员营销和交叉营销活动的开展，全年新增贵宾客户225户，贵宾客户量达270户，准贵宾客户393户，准贵宾客户量达705户，开立第三方存管510户，新增网银开户数938户。代理保险收入102万元，代理基金销售896.2万元，其中：中欧基金销售850.6万元，名列昆明分行第一；信用卡发卡1385张，较上年增1065张，全年发卡量创历史新高。

【内控监管】 2010年，广发行曲靖分行强化管理、注重内控，严格防范各类案件和风险的发生。通过“银行业内控和案件防范制度执行年”系列工作的开展，保持全年全行未出现重大安全隐患和重大业务差错，全年无大小经济和刑事治安案件发生。加大案件、风险的排查和检查力度，全年无经营安全事故和责任事故。

【客户服务】 2010年，广发行曲靖分行牢固树立“全员服务”意识，打造服务品牌核心竞争力，二线为一线服务，全行为客户服务，急客户所急，想客户所想，细心周到、关注关心客户需求。通过优质高效服务，为客户提供差异化、人性化贴心服务。

【队伍建设】 2010年，广发行曲靖分行员工队伍和经营管理层员工建设取得新成效。年初，经行内公开竞聘考核，提拔了一大批优秀年轻干部充实到业务营销一线，成为业务骨干，随着业务规模的扩大，日常业务量成倍增长，为尽快提升员工的技能和素质，牢固树立“全员学习”意识，迅速提升员工业务技能和服务水平，在员工中开展“比、学、赶、帮”学习活动，每季开展一次前台人员的技能竞赛活动，提高员工的营销技能和服务水平。对新招聘员工实行一对一导师制，以老带新，互帮互学，共同提高，帮助新员工尽快适应岗位要求。

【机构建设】 2010年，广发行曲靖分行在年初完成5家离行式自助银行的选址、装修、审批，已正式对外营业，新筹建的两家离行式自助银行也将对外营业；3月，支行顺利升格为分行；7月，完成曲靖玄坛路支行乔迁并更名为南宁西路支行。

（钱　丽）

招商银行曲靖分行

【简述】 2010年，招商银行曲靖分行各项业务健康快速发展，管理水平迈上新台阶，市场占比进一步提升，自营存款在曲靖市股份制商业银行中排名第三，在招商银行昆明分行省内各机构平衡计分卡考核及综合经营指标考核中分列第二和第三；荣获2010年度招商银行昆明分行二次转型争先赛先进基层单位、招商银行昆明分行先进集体。

【存款业务】 2010年，招商银行曲靖分行资产总额达15.2亿元，比年初增加7.1亿元，增87.65%；自营存款14.9亿元，比年初新增7.6亿元，增104.11%；对公存款9.68亿元，比年初新增4.47亿元，增85.8%；储蓄存款5.22亿元，比上年末新增3.17亿元，增154.63%。

【贷款业务】 2010年，招商银行曲靖分行自营贷款11亿元，比年初新增3.6亿元，增48.65%，一般贷款7.13亿元，比年初新增2.86亿元，增66.98%；对公贷款2.88亿元，新增0.86亿元，增42.6%；个贷4.25亿元，新增2亿元，增88.89%。

【内控管理】 2010年，招商银行曲靖分行开展“整改薄弱问题，提升基础管理”年活动，将督导工作寓于业务发展和二次转型之中，通过实施督导进一步促进业务发展，促进二次转型，推动全行健康快速发展。大力建设合规文化，构建良好内控环境；完善系统及流程机制管理，加强风险识别与评估；加强内部检查，排除风险隐患；加强监督、评价与纠正，督促整改；细化员工教育培训，提高培训效果。实现年内“零”案件、“零”重大责任事故、“零”严重违纪行为、“零”重大审计发现问题的“四零”目标。

【企业文化】 2010年，招商银行曲靖分行以“统一思想、强化转型、强化管理、迎难而上，全力推进分行各项业务健康快速发展”为指导思想，加强企业文化建设，在全行大力弘扬敢为天下先的创新文化，倡导挑战自省奉献的招银精神，营造尊重关爱分享的工作氛围，组织开展各类活动激励广大员工融入招银文化，发挥工作激情。8月，参加曲靖市银行业“三个办法、一个指引”电视知识竞赛，在16家银行业金融机构中脱颖而出荣获三等奖，成为唯一一家获奖的股份制商业银行；9月，参加招商银行昆明分行“青春风采杯”中、英双语知识竞赛获团体二等奖，选派员工代表昆明分行参加招商银行总行“青春风采杯”中、英双语知识竞赛获全国总冠军；选送节目参加招商银行昆明分行兔年新春晚会，获评“最受欢迎节

2010年12月26日，招商银行曲靖汇宝支行开业。

（吴杰/摄）

目”奖。

【机构建设】 2010年，招商银行曲靖分行加强机构建设，优化网点布局，提升服务形象，顺利完成1家离行式自助银行、1家同城支行的设立工作。5月25日，康桥自助行开业运营；12月26日，曲靖汇宝支行对外营业。

（吴 杰）

浦发行曲靖支行

【简述】 2010年5月11日，上海浦东发展银行曲靖支行正式开业，位于曲靖市麒麟区寥廓南路177号。支行下设四部一室，分别为公司银行业务发展一部、公司银行业务发展二部、个人银行业务发展部、营业部和办公室，辖区内设有1个营业网点。共有员工23人，其中：本科学历21人，占比为91%，大专学历2人，占比为9%。中共党员10人，占比为43%。

【经营管理】 2010年，浦发银行曲靖支行秉承“笃守诚信、创造卓越”的经营理念，围绕“加快发展、注重质量、提高效益、夯实基础、严格内控”的经营思路，各项制度建设逐步完善，内部管理逐渐加强。制订全员营销、分层营销、分级维护的营销思路，实施行领导、部门经理、一般员工3个层级的营销维护梯次。制定明确的客户营销计划，明确营销计划责任人，拟定时间进度。通过建立科学有效的激励机制，组织形式多样的劳动竞赛来激发和调动员工的主动性、积极性依托科技创新和产品流程优化，推出“浦发创富”公司金融服务品牌和“轻松理财”个人理财品牌。“浦发创富”专为企业定制，在现金管理、供应链金融、投行业务、资产托管、企业年金等各个领域提供金融服务。“轻松理财”则专为个人客户提供全方位金融服务，包括个人账户管理、支付管理、投资管理、融资管理、家庭综合财务管理、咨询服务等系列金融和服务产品。

【业务发展】 2010年，浦发银行曲靖支行基础客户发展较快，各项存款稳定增长，信贷营销效果显著。年末，公司各项人民币存款余额68869万元，其中：对公存款余额53808万元，储蓄存款余额15061万元；人民币各项贷款余额43426万元，其中：公司贷款余额40837万元，个人经营性贷款余额2589万元，无不良贷款。

【服务理念】 2010年，浦发银行曲靖支行恪守“新思维、心服务”的服务理念。坚持以“新思维”为指导，创造性地开展工作，充分发挥股份制银行灵活、专业的机制优势，倾力支持曲靖地方经济建设。在服务客户中，重视营业网点硬环境建设，从软环境上体现和丰富“心服务”的内涵，通过诚心、专心、用心、贴心、全心的“心服务”理念和近乎苛刻的“心服务”要求，形成一种自我完善的良性服务机制；通过对“客户评价系统”反馈信息进行评比奖惩，由上级行和本行定期进行业务技能测评，经常性开展产品、礼仪培训等手段提高员工的业务技能和服务意识，努力提供优质金融服务。

【内控建设】 2010年，浦发银行曲靖支行建立健全各项内部管理制度，严控各业务条线的操作规程和规章制度，执行对公账户开户、印鉴卡管理、支付结算、现金管理、银企对账、电子银行管理、自助设备管理、重要空白凭证管理、密码管理和现金尾箱交接管理和个人客户开户、发卡、挂失、大额取现预约登记等方面的规章制度。在各类授信业务的调查、报审和发放过程中严格执行国家信贷政策和总行信贷投向政策；执行中国银行业监督管理委员会颁布实施的“三个办法，一个指引”的相关规定；严格执行总、分行关于贷款资金支付审核的相关规定；严格执行抵押物他项权证办理、审核、登记和移交代保管，质押品登记、审核和移交代保管的相关规定；按时完成用途检查和常规检查、风险预警、贷款分类、到期催收等各项贷后管理措施。成立安全保卫工作领导小组、反洗钱工作领导小组、案件防控工作领导小组。定期检查全面运行情况，发现隐患及时清除。各部门指定兼职内控合规和案件防范联络员、兼职安全员和消防员，建立安全保卫责任制，逐级签订《安全责任书》。责任部门每周一次安全检查，每季度进行一次安全预案演练。支行行长每月参加一次安全检查，每月主持召开安全保卫及内控合规、案件防范工作会议。

【队伍建设】 2010年，浦发银行曲靖支行加强队伍建设，对新员工实行“传、帮、带”；要求并鼓励员工完成对应岗位培训并取得资格认证；以人为本，建立科学有效的激励机制、良好的职业发展通道和健全的薪酬福利保障体系；开展“岗位创优”活动，定期进行工作评比、服务测评、技能测试并实施奖惩；推动员工与企业共同发展的企业文化建设。

（朱 猛）

2010年11月28日，浦发银行曲靖支行组队参加2010年银行业公众教育日活动。

（浦发行/供稿）

光大银行曲靖分行

【简述】 2010年2月2日，中国光大银行曲靖分行作为昆明分行下设二级分行开始试营业，经过10个月的筹建，于12月8日正式开业。公司坚持“打造专业团队，和谐发展”的文化理念，为曲靖市提供全方位的金融服务，业务包括人民币存款、贷款、结算业务，办理票据承兑与贴现、代理发行金融债券、代理兑付、销售政府债券、代理收付款项，外汇存款、外汇贷款、外汇汇款、外币兑换、国际结算、资信调查、咨询、见证业务等。

【业务发展】 2010年，中国光大银行曲靖分行一般存款时点6.8亿元，日均2.73亿元，其中：对公存款时点4.19亿元，日均余额1.6亿元；对私存款时点2.61亿元，日均余额1.13亿元；贷款2.72亿元，其中：对公贷款2.12亿元，对私贷款0.6亿元，银行承兑汇票开票13笔，累计金额0.36亿元。

【公司业务】 2010年，中国光大银行曲靖分行贷押业务取得突破，全程通业务平稳推进，成功与多家曲靖市汽车全程通客户和优质生产型企业达成业务合作，同时随着《中国光大银行昆明分行非全程通网络汽车经销商授信业务管理办法（暂行）》的推出，“两方”业务将成为中国光大银行曲靖分行的新亮点。

【零售业务】 2010年，中国光大银行曲靖分行明确下设信用卡中心、财富管理中心、服务支持中心和零售信贷业务中心的分工职责，深入推进零售业务工作向纵深方向发展。同时建立起优质客户经理、大堂经理队伍，依托光大零售品牌业务：“阳光理财”、“阳光个贷、有需即达”、“个人黄金业务”、“出国金融业务”，持续优化零售客户结构，加快零售业务全面发展。

【网点建设】 2010年，中国光大银行曲靖分行共建成离行式自助银行3处，分别为：曲靖沃尔玛超市交通路店、曲靖市中天购物中心和曲靖市阳光花园小区。

【阳光服务】 2010年，中国光大银行曲靖分行开展“阳光服务”工作，全行上下从试营业起便迅速进入状态，通过阳光服务新“十项做法”、“月主题活动”、“行长信箱”、“走出办公室办公”、“再看同业”等系列活动，不断丰富服务内涵，拉近服务距离，增加沟通频率，收到良好效果，初步树立起中国光大银行曲靖分行阳光服务品牌形象。

【党群工作】 2010年，中国光大银行曲靖分行成立党总支委员会，建立机关党支部和营业部党支部，并成立共青团中国光大银行曲靖分行委员会，党、团组织架构的建立，从组织上确保党群工作正常开展。深入开展“四强四优”创先争优活动，组织召开“更有内涵的发展”大讨论活动动员大会。

（胡　芳）

民生银行曲靖分行

【简述】 2010年，中国民生银行曲靖分行设立公司业务部、零售业务部、综合管理部、运营管理部、营业部5个部门。坚持“开动脑筋办银行、规规矩矩办银行、扎扎实实办银行”的理念，探索和实践新模式、新方法，各项工作实现稳健、快速发展，管理、风险控制水平及团队建设均取得较好成效。年末，分行资产总额84869.75万元，存款余额79412.90万元，贷款余额56731.10万元，开业当年实现盈利，不良贷款零记录，全年无案件发生。

【经营管理】 2010年，中国民生银行曲靖分行完成组织架构搭建，建立健全各专业团队，完善各团队管理、工作制度、考核办法，明确各团队人员的日常工作职责，规范例会制度；明确发展定位，借势推市，以零售高端客户和小微企业金融服务为战略方向，实施小微金融服务目标；全面推行SOP流程化建设，真正建立“以客户为中心”的流程银行服务。

【中间业务】 2010年，中国民生银行曲靖分行中间业务收入稳定增长，通过传统结算服务、投行业务、现金管理、金融管理和融资租赁业务等新兴业务，多途径实现中间业务创收，创新能力得到进一步提升。

【风险管理】 2010年，中国民生银行曲靖分行坚持依法合规经营，主动接受监管，在员工中进一步确立安全、合规意识，为风险防范工作奠定坚实基础。在日常工作中，严把资产管理关，严把授信条件关口。注重贷前调查，贷中、贷后切实做到位不走过场，确保各类台账信息的准确性，进一步加强贷后动态评价工作，对信贷风险分类检查，加大监管力度，做到信贷资产风险隐患早发现、早预防，将贷后管理提升为贷后综合服务。严把会计管理关，加强对新入行会计人员的管理，对责、权、利进行规范和要求。坚持对重要岗位会计人员和新入行会计人员进行家访，贯彻实施“业务分类管理，风险集中控制”的风险管理理念，实现账户集中管理、大额资金走款审批集中管理，对账集中管理等，从源头上实现风险集中控制。严把财务管理关，制订严格的财务审批制度，财务对账制度，各类账务细化管理，账务公开，开源节流，用好每分钱。严把印章管理关，制定印章管理实施细则，严格落实用印条件，控制风险。严把科技风险关，全年，各类系统运行稳定，系统运行管理进一步规范和完善，科技风险得到有效控制，无事故和重大故障发生，确保科技系统安全运行。严把安全保卫关，落实逐级安全责任人制度，做到“严防死守，确保安全”，完善技防手段，切实加强安全基础工作建设，全面提升曲靖分行安全防范能力，梳理制度，加强安全意识教育，不断完善，落实和规范安全保卫工作。

【回馈社会】 2010年，曲靖发生特大旱灾，民生银行曲靖分行第一时间捐款65090.5元；同时，分行出资48万元，分别在师宗县彩云镇拨云村、长街村委会小沙湾村、新寨村和居者乐村打出4口“民生井”，每口井每小时出水量38立方米以上，解决了当地百姓缺水问题。

（谢　艳）

中信银行曲靖分行

【简述】 2010年3月17日，中国银行业监督管理委员会曲靖监管分局颁发《关于同意中信银行股份有限公司曲靖分行开业的批复》和金融许可证；中信银行围绕筹备工作推进营业场所各分项工程建设的现场管理和协调，办理曲靖分行开业的各项证、照，开业前的相关内外部验收工作，制定各项工作的框架体系制度，配合分行落实组织架构建设和各岗位人员的到位、岗前培训教育，开展公司和零售两条主线的营销工作。5月18日，正式开业。开业当日各项存款余额4.83亿元，其中储蓄存款余额0.33亿元，对公存款余额4.5亿元；各项贷款余额2.73亿元。年末，各项存款余额为69731万元，各项贷款余额78874万元。全年实现中间业务收入25.44万元。实现账面利润831万元，系统内风险回报率43.29%，利差率4.8%，均排名前列。

【存款业务】 2010年，中信银行曲靖市分行存款保持平稳增势，发挥全员营销意识，制定相应的考核机制，充分调动员工积极性，把负债业务放在首位，通过提升服务品质、完善零售贵宾增值服务体系建立目标客户群，拓展储蓄业务市场。年末，各项存款余额69731万元，日均余额24168万元，其中储蓄存款余额13141万元，对公存款余额56586万元。

【贷款业务】 2010年，中信银行曲靖市分行在信贷政策紧缩的不利局面下，坚持“抓机遇、抢市场、树品牌”的发展思路，拓展和夯实基础客户群体，贷款投放井然有序，信贷业务稳步发展。年末，各项贷款78874万元。其中：个人贷款余额4138万元，对公贷款余额74736万元，贴现余额22036万元；累计贴现46770万元。全年，支持当地中小企业发展，努力解决中小企业融资难等问题。同时开展“煤炭金融”、“钢铁金融”、“汽车金融”业务，分析研究曲靖市重点项目和行业情况，选择符合国家产业政策目标，制定相应的营销服务方案。

【票据业务】 2010年，中信银行曲靖市分行票据业务稳步发展，组织客户经理拓展票据贴现，全年营销近2亿元票据贴现。年末，贴现余额22036万元，累计贴现46770万元。累计开出银行承兑汇票10110万元，取得保证金存款7182万元，取得手续费收入8万元。

【金融创新】 2010年5月18日，由中信银行曲靖市分行牵头，与发改委、经委、人民银行、曲靖银监分局共同举办“金融创新论坛”，论坛邀请中信证券有限公司、中信建投、中信银行总行投行中心、中信信托投资公司等重要单位，以及50多家地方骨干企业。在曲靖人行、经委的大力协助下，中信银行对全市30强企业进行摸排，选择符合条件的优质中小企业推进“中小企业集合票据”、企业中期票据、并购贷款业务，并与企业签订“中期票据承销合作意向书”。年内，中信银行“煤炭金融”初具雏形，煤炭产业链业务试水启航，搭建起“煤炭金融”创新服务平台。实现对煤炭产业链环节企业的贷款发放。

【队伍建设】 2010年，中信银行曲靖市分行吸引人才，优化资源配置。共有员工29人，男女比例近1：1，其中本科21名，研究生1名，注册会计师1名，AFP金融理财师1名。

2010年5月18日，中信金融创新论坛在曲靖举行。

（中信银行/供稿）

【内控建设】 2010年，中信银行曲靖市分行内控管理从空白区域逐渐走向规范化、制度化和标准化。年内，共拟定33项制度。围绕“银行业内控和案防制度执行年”，通过自查自纠活动，更好的将合规操作渗透到各业务条线、各部门，覆盖到每一个环节。坚持教育，树立观念，通过典型案例讨论，将合规观念和意识渗透到每个岗位、每个业务操作环节中，营造“讲合规、注防范、促案防”的良好氛围。

（武媛媛）

曲靖市商业银行

【简述】 2010年，曲靖市商业银行加大资金组织力度，注重优化信贷结构，全面提高资产质量，内部改革稳步推进，网点布局进一步优化，跨区域经营基础得到夯实，存款快速增长、贷款结构优化、内部管理提升、信息科技发展、经营业绩突出。年末，各项存款余额908678万元，比年初增266338万元，增长41.46%；各项贷款余额437667万元，较年初增加91062万元，增长26.27%，不良率为1.88%；全年累计金融往来业务收入5733万元，实现经营利润11531万元，较上年增长10.33%，缴纳各种税金4093万元，比上年增加1127万元。年内，曲靖营业部被中银协授予“千佳文明规范服务示范单位”，富源支行被省银协授予“文明规范服务示范单位”，参加曲靖银监局组织的公众教育日活动中被评为“先进单位”。

【贷款业务】 2010年，曲靖市商业银行支持和服务中小企业的市场定位，新增贷款严格按照70%以上用于支持中小企业的比例投放。年内，新增贷款91062万元，支持中小企业发展贷款占新增贷款的88.8%。执行银行监管部门3:3:2:2贷款投放节。加强票据贴现利率市场定价的指导。贯彻落实贷款“三办法一指引”。重新设计借款合同和操作流程，进一步规范信贷管理，提高执行贷款新规自觉性和有效性。以“你无我有、你有我精”经营理念，在新设立的昆明分行、会泽、沾益支行开办小企业信贷业务。“融惠通”小企业信贷中心的微小企业信贷业务成绩显著，全年累计发放贷款2695笔41179万元，年末贷款余额

33395万元，实现利润1632万元，比计划增226万元。年内，荣获中国银行品牌评估中心等主办单位联合授予的“中国服务中小企业最佳商业银行”荣誉称号。

【中间业务】 2010年，曲靖商业银行发卡量和卡存款大幅提高，全行新增卡、新增卡存款余额、年末卡存款余额等指标均超额完成计划。加大ATM机、POS机的布放力度，拓展特约商户，增加中间业务收入。全行实现中间业务收入529万元，完成计划的129%。其中，实现银行卡收入212万元，结算及代理业务收入317万元。

【内控管理】 2010年，曲靖商业银行加大审计检查力度，切实防范经营风险，促进全行依法合规经营。开展对全行各项经营目标计划完成情况专项审计和党风廉政建设的考核、检查。同时做好新任职和调动人员的离任审计，对解除劳动合同人员对其工作期间所经办报业务进行审核，全年共开展离任及经济审计42次。强化自律监管，加大各类专项检查力度，防范化解经营风险。结合强制性休假和岗位轮换要求，采用突击检查，抽调人员集中开展对各经营机构业务操作真实性、合法性的案件风险排查和常规性检查等。做好全行的案件防范工作，深入开展“案件与内控制度执行年”活动。制定并落实《曲靖市商业银行2010年案件防控工作意见》，签订并落实《曲靖市商业银行2010年案件防控、安全保卫、消防安全和客户投诉责任书》，重视和加强员工日常思想教育和安全防范检查工作，对近两年新入行干部员工开展警示教育，不断修改完善内控制度，突出操作风险和信用风险防范，把控制风险、防范案件贯穿到日常的管理工作中。

【内部改革】 2010年，曲靖商业银行推进“定岗、定编、定员”工作。为尽快全面实现“小企业授信表现出色银行”的战略目标，聘请北京融标管理咨询公司从组织架构、岗位描述、薪酬制度、业务流程、风险管理、战略规划等全方位进行流程设计。按照前台、中台、后台短流程银行模式确定总行的组织架构和部门设置，对总行人员进行调整，对行长、总经理、副总经理进行轮岗和任免，轮岗面达到90%，完成岗位描述和岗位评价、业务流程等工作。在全行进行“车改”工作，把全行原有的业务用车全部进行公开拍卖，对员工给予交通补贴。

【网点建设】 2010年，曲靖商业银行加大机构网点布局，先后完成昆明分行、沾益支行、会泽支行筹建至开业的工作。昆明分行的开业，为商业银行跨区域经营迈出坚实一步，昆明分行在成立后的短期内，以“小”为基，以“小”取胜。红河分行申报获得批准，筹建工作全面展开。

（丁文勇）

曲靖市农村信用合作联社

【简述】 2010年，曲靖市农村信用联社在省联社以服务创优为动力，以支持“三农”发展为宗旨，以提高全员素质为基础，以依法合规经营为重点，以管控风险为着力点，以提质增效为目标。各项工作取得较好成绩。年末，各项存款余额为231.38亿元，各项贷款余额为158.76亿元，其中农业贷款余额为135.58亿元。各项存款、贷款、农业贷款总量居全市银行业金融机构第一位，较好发挥了服务“三农”、支持县域经济发展的金融主力军作用。

【服务“三农”】 2010年，曲靖市农村信用联社首先立足“三农”，加大信贷支农力度，全力做好防汛抗旱信贷支农工作。在全市遭遇百年不遇的严重旱灾和马龙县“6·25”特大洪涝灾害期间，曲靖市联社把信贷支持“抗旱双保”、抗洪救灾作为服务“三农”最紧迫的政治任务来抓，树立“抗大旱、防大灾”的思想，集中资金、集中力量投入到支持防汛抗旱（洪）救灾工作中，突出“以农为本，为农服务”的经营宗旨，建立信贷绿色通道，千方百计筹措资金，简化信贷手续，加大信贷投放力度，全力支持保民生、保春耕、保支农工作。全年累计发放各项贷款134.52亿元，比上年增加17.54亿元，增14.99%，其中累计发放农业贷款119.46亿元，比上年增加20.18亿元，增20.32%。其次遵循“政府牵头、信用社主导、部门配合、农民参与、整体联动、完善制度、规范管理、提高质量、扎实推进”的工作原则，推进信用乡（镇）建设，全市119个信用社开办农户小额信用贷款，评定信用农户38.02万户，信用村35个，信用乡（镇）3个。开展“贷免扶补”创业小额贷款工作，促进全市创业带动就业工作，全年共发放创业小额信贷6214笔，金额3.1亿元。存量贷款余额8627笔，金额3.61亿元。

【改革成果】 2010年，曲靖市农村信用联社全面完成县联社班子换届选举工作。市联社于5月17日至6月28日首在全市范围内进行公开选聘麒麟区联社副主任人选2名，到8月末，全市辖内麒麟区、沾益县、马龙县、师宗县、罗平县、富源县、宣威市、会泽县8家县级联社先后完成领导班子换届工作。通过换届，全市新提拔理事长1人、监事长1人、主任3人、副主任8人。在全体干部员工中形成“干部能上能下、员工能进能出、薪酬能高能低、优劣能奖能罚”的正向激励机制，最大限度地发挥绩效考核在经营管理中的重要作用，不断增强员工的竞争意识、服务意识和忧患意识，促进农村信用社稳定、和谐、快速发展。完善法人治理结构，以党委为核心，进一步建立和完善“三会一层”组织体系，规范运作机制，建立健全各项规章制度和决策程序，调整优化组织架构，全面实施人力资源、资金、财产和财务“四个统一”管理，形成决策、执行、监督相互制衡，以及激励与约束相结合的法人治理结构。

【服务创优】 2010年，曲靖市农村信用联社坚持以客户需求为中心，以规范服务为手段，以服务零距离为目标，进一步深化服务创优工程建设，通过加强门柜微机综合业务系统管理，改善客户用卡环境，提高科技管理水平，加强服务建设，增强服务功能，开展服务竞赛活动，提升服务水平，延伸服务内涵，拓展服务区域，打造服务品牌，从根本上巩固和提升“农金网”、“双基本”、“服务创优”三大基础工程和服务体系建设成果，为城乡客户提供优质便捷的金融服务。开展“三个办法、一个指引”推进月活动，通过开展多层次、多轮次的学习、培训、宣传和落实贷款新规活动，真正将贷款新规融入到日常信贷管理工作中，推进贷款新规有效实施。举办全市农村信用社第一届业务技能比赛活动。市联社对在全市农村信用社第一届职工业务技能比赛中荣获团体前3名、个人单项比赛荣获前3名的27

人给予表彰奖励。开展“2010年曲靖银行业公众教育服务日”活动，全市农信社紧扣“公众教育服务”主题，有针对性地向公众普及现代金融知识，提升公众的金融安全意识，营造良好金融环境和秩序，重点让广大公众了解和认识银行业和农村信用社丰富的金融产品、业务品种，成效明显，并荣获全省“2010年云南银行业公众教育日服务活动先进单位”和全市“2010年银行业公众教育日服务活动组织奖”荣誉。充分利用点多面广和金碧卡、金碧惠农卡、“惠农一折通”、“惠农金桥”等业务优势，不断丰富业务品种，拓宽服务领域，大力拓展代理中间业务空间，通过与曲靖市烟草公司签订银企战略合作协议，建立银企战略合作伙伴关系，电子化结算代付烟叶收购款，以及开办惠农“一折通”、“贷免扶补”小额创业贷款、“安贷宝”、“家电下乡”、“手机下乡”、新农保试点等新业务，更好地服务“三农”。全年农村信用社代理财政直补农民资金“惠农一折通”业务300余万笔，金额5.68亿元。

【科技服务】 2010年，曲靖市农村信用联社坚持以加强网络信息建设为基础，以贯彻落实计算机各项管理制度为核心，以强化计算机安全、规范操作、服务经营发展为总体目标，落实各项科技基础工作，加快全市农村信用社电子化、信息化的建设步伐，做好新一代核心业务系统软硬件及网络维护工作，突出风险防范，确保核心业务系统正常运行，促进服务水平大力提高。实施计算机运行日志，柜员密码定期更换，严密监测网络运行情况，建立信息安全报送制度；构建病毒防御系统，做好病毒防控工作；做好OA系统维护工作，创造良好电子化办公环境，逐步实现办公无纸化，节能化操作目标。全市实现营业网点网络覆盖率达100%，现有自助设备83台，其中：自助存款机3台，自助取款机76台，查询补登机4台，累计发行金碧卡68.22万张，其中发放金碧惠农卡12.65万张。

【案件治理】 2010年，曲靖市农村信用联社加强制度建设，结合创先争优活动和警示教育活动的开展。进一步建立健全“不能为”防范机制、“不愿为”自律机制、“不敢为”惩戒机制，使经营管理活动有章可循，并采取有效措施狠抓制度落实，提高制度执行力。逐级签订《党风廉政建设责任书》，加强廉政、诫免、警示、任前和工作等谈话制度，努力提高拒腐防变能力。全力配合省联社检查组开展贷款真实性和账户管理合规性检查工作，通过加强领导、督导检查、协调配合，有力推动9家县（市）区联社自查、专项检查以及整改落实工作。深入开展案件专项治理和治理商业贿赂工作，全面开展对“黄、赌、毒”和炒股、经商办企业等“九类人”的重点排查，通过“回头看”等深度排查，严防风险和案件发生。重视来信来访工作，全年收到上访案件4件，比上年减少4件，每件都按程序进行落实、答复和处理。

【安全保卫】 2010年，曲靖市农村信用社贯彻落实“预防为主、群防群治、突出重点、保障安全”的方针，全面贯彻落实“一把手”负责制，加大对安全评估不达标和有隐患的机构网点房屋重建和整改力度；落实《值班守库应急辅班暂行规定》、《电视监控管理暂行规定》、《营业终了和值班守库前清场暂行规定》等制度，逐级签订《安全保卫工作责任书》、《消防责任书》，做到责任层层分解，逐级落实，确保营业网点安全。全市农信社233个网点电视监控覆盖率、报警装置、安装防弹玻璃达100%，营业网点安全评估达标96%，业务现金库达标99%，业务尾款箱达标100%，累计完成投资4734万元。加大对制度执行情况的检查力度，维护制度的严肃性，保障全市农信社人身资金安全。

（王天荣）

曲靖惠民村镇银行

【简述】 2010年，曲靖惠民村镇银行以业务经营为主线，依照“存款立行、支农兴行、管理助跑、效益引航”的工作思路，围绕“立足地方、支持城乡、服务三农”的市场定位来实施机构布局计划和业务经营工作，结合村镇银行工作实际，规范内部管理，狠抓制度落实，改善金融服务，拓展信贷市场，把握发展机遇，充分发挥农村金融生力军作用，审慎地开展各项业务，实现稳健经营和一年减亏为盈的良好开局。年内，顺利完成城东支行筹建并开业，截至12月31日，城东支行吸收各类存款5627万元，办理贷款763万元，迈出曲靖惠民村镇银行机构布局基础的第一步。

【存款业务】 2010年，曲靖惠民村镇银行根据年初董事会批准的《2010年经营目标计划报告》，以“全员揽存，渗透城乡，辐射农村，激励促进，扩大总额”的资金组织工作整体思路，根据营业机构的实际情况，通过细分客户，按照各类客户的情况展开拓存吸储工作。年末，各项存款余额20702万元，较年初增长14531万元，增长率235.47%，超额完成全年计划任务。

【贷款业务】 2010年，曲靖惠民村镇银行把支持“三农”经济放在重要位置，根据政策导向，主动营销涉农贷款，了解和把握当地涉农中小企业发展状况，发放贷款支持当地涉农企业。在把握涉农贷款比例不低于要求的前提下，办理市内公务员等自然人消费贷款、个体工商户经营贷款和小企业流动资金贷款。年末，各项贷款余额为10513万元，较年初增长9680万元，增长率1162.06%。

【服务“三农”】 2010年，曲靖惠民村镇银行不断改进服务方式，提升服务效率，填补农村金融服务空白，提升农村金融服务竞争力，在缓解农民和中小企业贷款难的同时，确立“城乡居民是基本客户、微小企业是主要客户、中小企业是重点关注客户”的客户定位，为新时期村镇银行支持“三农”建设找到一个切入点，“服务三农”的生力军作用已经显现。在具体工作中，研发“惠民农家乐”、“惠民创业”、“惠民企业之星”和“惠民幸福家园”4大类10余种信贷产品，初步探索出一条“企业+农户”、“专业合作社+农户”、“企业+专业合作社+农户”的信贷方式，满足不同客户群体多样化的信贷产品需求。在春耕生产及抗旱救灾信贷资金办理中，简化抗旱保春耕贷款手续，优先办理，优先投放，保证符合条件的贷款及时发放到位，切实帮助农民抗旱保苗。支持麒麟区在农业产业化结构调整中发展起来的农业龙头企业和种养殖大户的流动资金需求，有选择性的投放支农贷款。主动和沿江、珠街、三宝等乡（镇）的政府和村委会联系，依托农业专业生产合作社，发放合作社社员农户贷款，确保当地葡萄种植户和蔬菜种植户购农资的信贷资金需求。在全市首家开办林权抵押贷款业务，对探索林权抵押贷款业务奠定基础。全年共发放贷款10513万元，其中：累计发放涉农贷款119笔，金额7573

万元，较年初增长 7523 万元，占比 72.03%。

（陈　虹）

保　险

概　述

2010 年，曲靖市保险行业持续健康发展，服务领域不断拓宽，整体实力进一步增强。年末，整个保险行业实现业务收入 23.29 亿元，其中：财险业务收入 10.11 亿元，与上年同期相比增长 35.85%，赔款支出 4.45 亿元，增 7.32%，综合赔付率 43.89%；寿险业务收入 13.18 亿元，增 22.88%，给付支出 0.63 亿元，增 48.88%；全市共有保险公司 25 家，产险公司 15 家，寿险公司 9 家，保险代理公司 1 家，兼业代理单位新增 137 家。全市保险从业人员达 14581 人。整个市内保险行业的机构建设、队伍建设及业务收入，在省内仅次于昆明。全市各保险机构缴纳营业税金及附加税达 1.26 亿元，个人所得税约 1031 万元。

2010 年，曲靖市保险行业贯彻全省保险行业工作会议精神，转变方式，防范化解分险，多层次推进依法合规和风险管控建设，按照保监局规范保险市场秩序、创造和谐保险市场环境要求，促进全市保险业持续健康发展。

——加大自律力度，规范市场秩序，签订自律公约，规范市场行为。

组织产寿险公司学习签订新版公约，对优惠系数、手续费作进一步界定，交强险 4%，商业险按照公司大小，经营长短拟定，最高不得突破 10%，开展自律检查，把好规范关口，新版公约签订后，组织产险公司 15 家抽调人员，组成 3 个工作组，对全市产险公司进行承保、理赔，手续费支付的台账，兼业代理单位代理的业务和手续费支付情况进行全面检查，通过随意抽调承保单证，理赔案件，系统查验等工作，各公司都基本按照自律公约要求，认真规范，严格管理，保持业务发展的稳定性。对有个别机构未出告知单，单证管理欠规范等问题，现场给予指出，要求尽快整改。通过检查发现，保险市场问题和相互诋毁的情况逐步减少，沟通、协调、往来、交流认识增多，业务规模、质量得到提高，效益上升，车险亏损面降低。

保护被保险人利益。加大信息公开力度，方便消费者对保险产品、承保、理赔等信息进行自主查询，各保险公司向社会公开服务标准。解决消费者反映强烈的消费误导、理赔难问题，定期对未决赔款案件进行清理检查，对损害消费者权益的行为加大查处力度。各保险公司增设信访投诉工作检查，提高信访投诉处理效率。保监局通过监管通报、公告等方式公开披露保险行政处罚信息，支持新闻媒体举报、曝光各种违法违规行为，发挥舆论监督、市场惩戒作用。加强保险宣传，提高消费者理性消费意识和维权意识。

——加强保险行业行风建设，加强保险队伍建设，提高保险诚信、展示保险行业风貌，提升服务，创造保险发展的优良环境，以“内强行风整体素质、外塑行风良好形象”为目标，把握大局、贯彻保监局召开的“云南保险业依法合规、廉洁从业暨行风建设综合治理”的会议精神，从服务做起，从诚信做起，从数字真伪做起，使全市保险行业形象、保险服务、保险竞争、保险理赔有一个大转变。

——发展“三农”保险，为新农村建设护航。巩固和完善畜牧业保险运行机制，各保险公司加强对承保业务培训和学习，发展农村家庭财产保险、农用机械保险、交通运输工具保险等业务，增强农民抵御风险能力。继续推进借款人人身意外伤害保险发展，加强与农村信用社及其他金融机构的合作，开发更多保险产品，不断满足贷款机构多层次的资金安全保障需求，进一步推进政策性农业保险工作，保障农业优势特色产业发展。

——做好大灾救助工作。年内，曲靖自然灾害比较频繁，各保险公司秉承“用心承诺，用爱负责”的服务理念，积极应对，应赔尽赔，应赔快赔，履行保险责任，参与政府完成旱灾和“6·25”马龙洪灾造成的保险财产损失的及时赔付，赔付金额达 3000 多万元。

——加强保险企业自主创新，提升保险服务水平。各保险机构加大产品创新力度，针对经济社会发展水平和人民生活需求，不断推出适应性保险产品，形成广覆盖、多层次、多样化的保险产品体系。研究建立保险行业与企业代表定期沟通、交流机制，听取企业保险需求以及对保险产品开发、保险服务等方面的意见建议，进一步研究开发针对性产品。进一步拓宽营销渠道，创新服务手段和方式，切实加强销售服务，提高承保效率，加快理赔速度，做好各种延伸服务，以优质服务促进业务发展。大力推进保险条款通俗化、保单语言差异化和保险服务标准化。加强管理创新，降低管理成本和经营成本。加强保险营销员教育和管理，提升保险营销水平。运用现代信息技术，发展网上保险等新服务方式。

——加大保险宣传力度，调解纠纷。对存在保险理赔不及时，服务不到位等问题，引起纠纷引发矛盾突出，到公司静坐、示威等情况，协会对来访人员进行耐心疏导，解释，对信件、来函件件给予落实，配合公司做好宣传解释工作。年内，成功调解 2 起群众到公司纠纷案件，对 3 起来信案件进行落实答复。

——稳健经营车险电销业务，确保更好发展。2010 年下半年，曲靖市部分保险公司推广的电销产品以其价格便宜、省时省事等优势被广大个人保险消费者所接受。但受到车险、监管政策调整和保险企业管控能力等一系列因素影响，车险电销模式如何实现健康发展和持续盈利还需要全行业进一步探索。部分公司已经形成一套行之有效的管理体系，在销售人员整个培养过程中，包括进入公司、进阶、晋升等各个阶段合规经营培训和考核始终是重中之重，促使销售人员形成重业务品质的自我约束机制。另外，为电销产品成立单独的质检团队，在接洽、咨询、报价、成交等各个环节进行风险点检查和确认，作为独立的第三方质检体系来发挥监督作用。

——贯彻执行协会推出的机动车交通事故快速处理快速理赔办法。各保险公司采取有效措施，加强培训，做好道路交通事故快处快赔工作，大力宣传快处快赔作为一项重要的便民措施在城市道路中的作用。快处快赔，增设服务点，加强领导，主动与交警沟通，选配好人员，协调处理好事故认定工作。

——加强保险行业协会建设，充分发挥行业协会作用。一方面发挥行业协会维权作用，听取会员单位呼声，真实反映会员意愿，发挥好“行业代言人”的作用，维护广大会员利益，发挥维权功能。另一方面提升服务水平，把为会员单位提供优质服务作为工作宗旨，一切工作均围绕服务来展开。通过建立行业信息交流平台和数据库，及时准确向会员单位反馈市场信息；通过多种多样的宣传方式，开展保险业正面宣传，提高公众保险意识；通过处理信访投诉，把保险当事人之间的矛盾解决在萌芽阶段。注重调查研究，及时掌握、分析、解决保险市场存在问题，努力为会员单位创造和谐、有序的市场环境。

协调和组织保险代理人考试工作，确保考试质量，为保险从业人员提供较好服务。年内，曲靖保险行业协会共接9108人报名，参考人数8929人，通过4581人，及格率50.3%。

2010年曲靖市财产保险公司业务统计表

单位：万元

单位	险种	保费收入				赔款金额			
		本期	同期	同比%	份额%	本期	同期	同比%	赔付率%
人保产险	企财险	2198.00	2449.00	－10.25	67.80	746.00	332.00	124.70	33.94
	家财险	284.00	270.00	5.19	61.13	252.00	172.00	46.51	88.73
	车辆险	43153.00	31196.00	38.33	51.38	18585.00	16984.00	9.43	43.07
	工程险								
	责任险	441.00	559.00	－21.11	60.96	106.00	178.00	－40.45	24.04
	货运险	459.00	259.00	77.22	85.27	99.00	97.00	2.06	21.57
	农业险	5691.00	3635.00	56.56	100.00	3737.00	3277.00	14.04	65.67
	意外伤害险	1496.00	852.00	75.59	49.38	379.00	625.00	－39.36	25.33
	健康险	1985.00	4516.00	－56.05	77.36	2662.00	4214.00	－36.83	134.11
	其他险种	178.00	6.00	2866.67	19.63				
	合计	55885.00	43742.00	27.76	55.25	26566.00	25879.00	2.65	47.54
平安产险	企财险	565.04	624.39	－9.51	17.43	196.38	32.2	509.88	34.76
	家财险	32.65	19.92	63.91	7.03	4.09	1.49	174.50	12.53
	车辆险	12648.32	6874.64	83.99	15.06	4541.56	3537.84	28.37	35.91
	工程险								
	责任险	150.81	110.66	36.28	20.85	91.31	41.96	117.61	60.55
	货运险	15.54	3.68	322.28	2.89		4.27		0.00
	农业险								
	意外伤害险	222.62	102.78	116.60	7.35	30.59	39.53	－22.62	13.74
	健康险	43.82	17.87	206.47	1.71	12.94	42.71	－69.70	29.53
	其他险种	3.77	6.64	1059.38	0.42	0.63	32.72	－98.07	16.71
	合计	13682.57	7760.58	76.31	13.53	4877.50	3732.72	30.67	35.65
太平洋产险	企财险	91.47	167.48	－45.38	2.82	19.68	25.48	－22.76	21.52
	家财险	8.29							
	车辆险	7300.24	4613.49	58.24	8.69	3245.42	2007.67	61.65	44.46
	工程险	2.08				7.82			375.96
	责任险	45.39				0.37			
	货运险	22.88	22.52						
	农业险								
	意外伤害险	302.19	192.22	57.21	9.97	104.03	28.25	268.25	34.43
	健康险								
	其他险种								
	合计	7772.54	4995.71	55.58	7.68	3377.32	2061.40	63.84	43.45

续表

单位	险种	保费收入				赔款金额			
		本期	同期	同比%	份额%	本期	同期	同比%	赔付率%
大地产险	企财险	36.55	27.23	34.23	1.13				
	家财险	15.91	35.53	153.20	3.42	2.22			13.95
	车辆险	5022.57	3999.67	25.57	5.98	2165.7	1898.25	14.09	43.12
	工程险								
	责任险	17.94	8.87	102.25	2.48	1.18	3.67	-67.85	6.58
	货运险	3.13			0.58				
	农业险								
	意外伤害险	133.07	112.08	18.73	4.39	74.49	99.77	-25.34	55.98
	健康险	478.22	473.52	0.99	18.64	430.05	309.73	38.85	89.93
	其他险种								
	合计	5707.39	4656.90	22.56	5.64	2673.64	2311.42	15.67	46.85
阳光产险	企财险	30.68	32.05	-4.27	0.95		2.31		0.00
	家财险	0.72	0.68	5.88	0.15				
	车辆险	4，427.29	1，649.28	168.44	5.27	918.16	868.3	5.74	20.74
	工程险								
	责任险	8.54	4.21	102.85	1.18	0.8	1.61	-50.31	9.37
	货运险	10.00	11.93	-16.18	1.86		11.4		0.00
	农业险								
	意外伤害险	275.49	197.58	39.43	9.09	102.84	82.89	24.07	37.33
	健康险								
	其他险种	724.85							
	合计	5477.57	1895.73	188.94	5.42	1021.80	966.51	5.72	18.65
天安产险	企财险	64.80	63.00	2.86	2.00		1.83		0.00
	家财险	2.65	5.00	-47.00	0.57		0.00		
	车辆险	3278.50	2508.00	30.72	3.90	1472.60	1774.00	-16.99	44.92
	工程险								
	责任险	10.30	10.50	-1.90	1.42	40.70	2.62	1453.44	395.15
	货运险								
	农业险								
	意外伤害险	45.35	45.00	0.78	1.50	8.36	8.00	4.50	18.43
	健康险	44.65	44.00	1.48	1.74	28.88	29.00	-0.41	64.68
	其他险种	0.27	12.50	1850.00	0.03				
	合计	3446.52	2688.00	28.22	3.41	1550.54	1815.45	-14.59	44.99

续表

单位	险种	保费收入				赔款金额			
		本期	同期	同比%	份额%	本期	同期	同比%	赔付率%
国寿产险	企财险	53.00	47.00	12.77	1.63	8.00	21.00		
	家财险		96.00	-100.00	0.00	3.00	44.00	-93.18	
	车辆险	3621.00	3870.00	-6.43	4.31	1930.00	2326.00	-17.02	53.30
	工程险								
	责任险	4.00	7.00	-42.86	0.55				
	货运险	27.00	19.00	42.11	5.02		1.00	-100.00	0.00
	农业险								
	意外伤害险	46.00	57.00	-19.30	1.52	30.00	66.00	-54.55	65.22
	健康险								
	其他险种								
	合计	3751.00	4096.00	-8.42	3.71	1971.00	2458.00	-19.81	52.55
永安产险	企财险	53.38	40.38	32.19	1.65	1.97	5.10	-61.37	3.69
	家财险	24.32	10.93	122.51	5.24				
	车辆险	1835.19	1467.32	25.07	2.19	819.32	720.45	13.72	44.64
	工程险								
	责任险	5.28	4.20	25.71	0.73				
	货运险	0.15	2.53	-94.07	0.03				0.00
	农业险								
	意外伤害险	23.75	21.04	12.88	0.78	1.14	2.99	-61.87	4.80
	健康险								
	其他险种								
	合计	1942.07	1546.40	25.59	1.92	822.43	728.54	12.89	42.35
永诚产险	企财险	34.00	88.00	-61.36	1.05				
	家财险								
	车辆险	931.00	678.00	37.32	1.11	446.00	300.00	48.67	47.91
	工程险								
	责任险								
	货运险								
	农业险								
	意外伤害险	170.00	256.00	-33.59	5.61	96.00	54.00	77.78	56.47
	健康险								
	其他险种								
	合计	1135.00	1022.00	11.06	1.12	542.00	354.00	53.11	47.75

续表

单位	险种	保费收入				赔款金额			
		本期	同期	同比%	份额%	本期	同期	同比%	赔付率%
华泰产险	企财险	109.72	1.9		3.38	1.4			
	家财险	96.02				27.6			
	车辆险	366.96	317.6	15.54	0.44	130.51	168.2	-22.41	35.57
	工程险								
	责任险	39.09			5.40	13.20			33.77
	货运险								
	农业险								
	意外伤害险	290.54	157.15	84.88	9.59	19.60	7.80	151.28	6.75
	健康险								
	其他险种								
	合计	902.33	476.65	89.31	0.89	192.31	176.00	9.27	21.31
安邦产险	企财险								
	家财险								
	车辆险	515.74	464.89	10.94	0.61	297.97	559.76	-46.77	57.78
	工程险								
	责任险	1.02	0.66	54.55	0.14				
	货运险								
	农业险								
	意外伤害险	8.39	8.05	4.22	0.28	0.28	2.52		
	健康险								
	其他险种		-0.36		0.00	16.52	22.68	-27.16	
	合计	525.15	473.24	10.97	0.52	314.77	584.96	-46.19	59.94
都邦产险	企财险								
	家财险								
	车辆险	401.47	310.40	29.34	0.48	157.57	261.73	-39.80	39.25
	工程险								
	责任险		1.5		0.00				
	货运险								
	农业险								
	意外伤害险		4.46	-100.00	0.00		0.21	-100.00	
	健康险				0.00				
	其他险种								
	合计	401.47	316.36	26.90	0.40	157.57	261.94	-39.85	39.25

续表

单位	险种	保费收入				赔款金额			
		本期	同期	同比%	份额%	本期	同期	同比%	赔付率%
渤海产险	企财险	5.40	4.69	15.14	0.17				
	家财险								
	车辆险	197.20	326.38	-39.58	0.23	153.76	3.77	3978.51	77.97
	工程险								
	责任险								
	货运险								
	农业险								
	意外伤害险	8.12	15.65	-48.12	0.27		5.16	-100.00	0.00
	健康险	14.36	37.36		0.56	4.37			30.43
	其他险种								
	合计	225.08	384.08	-41.40	0.22	158.13	8.93	1670.77	70.26
华安产险	企财险		77.02		0.00		0.09		
	家财险								
	车辆险	181.23	224.87	-19.41	0.22	90.05	12.54	618.10	49.69
	工程险								
	责任险								
	货运险								
	农业险								
	意外伤害险	8.3	13.01		0.27	7	0.66		
	健康险								
	其他险种								
	合计	189.53	314.90	-39.81	0.19	97.05	13.29	630.25	51.21
太平产险	企财险						0.09	-100.00	
	家财险								
	车辆险	100.1	83.12	20.43	0.12	65.01	6.04	976.32	64.95
	工程险								
	责任险								
	货运险	0.62	2.48	-75.00	0.12				0.00
	农业险								
	意外伤害险						0.6	-100.00	
	健康险								
	其他险种								
	合计	100.72	85.60	17.66	0.10	65.01	6.73	865.97	64.55

续表

单位	险种	保费收入				赔款金额			
		本期	同期	同比%	份额%	本期	同期	同比%	赔付率%
行业合计	企财险	3242.04	3622.14	-10.49	3.21	973.43	420.10	131.71	30.03
	家财险	464.56	438.06	6.05	0.46	288.91	217.49	32.84	62.19
	车辆险	83979.81	58583.66	43.35	83.03	35018.63	31428.55	11.42	41.70
	工程险	2.08	0.00		0.00	7.82	0.00		
	责任险	723.37	706.60	2.37	0.72	253.56	227.86	11.28	35.05
	货运险	538.32	321.14	67.63	0.53	99.00	113.67	-12.91	18.39
	农业险	5691.00	3635.00	56.56	5.63	3737.00	3277.00	14.04	65.67
	意外伤害险	3029.82	2034.02	48.96	3.00	853.33	1023.38	-16.62	28.16
	健康险	2566.05	5088.75	-49.57	2.54	3138.24	4595.44	-31.71	122.30
	其他险种	906.89	24.78	3559.77	0.90	17.15	55.40	-69.04	1.89
	合计	101143.94	74454.15	35.85		44387.07	41358.89	7.32	43.89

2010年曲靖市财产保险公司车辆保险业务统计表

单位：万元

单位	险种	承保数量（件）			保费收入			赔款金额			
		本期	同期	同比%	本期	同期	同比%	本期	同期	同比%	赔付率%
人保财险	汽车	69477	63653	9.15	30546.00	19432.00	57.19	12741.00	13078.00	-2.58	41.71
	摩托车										
	拖拉机										
	交强险	116235	123350	-5.77	12607.00	11760.00	7.20	5754.00	4655.00	23.61	45.64
	合计	185712	187003	-0.69	43153.00	31192.00	38.35	18495.00	17733.00	4.30	42.86
平安财险	汽车	65045	36581	77.81	12627.74	6693.23	88.66	4501.94	3438.37	30.93	35.65
	摩托车	1713	15130	-88.68	20.58	181.42	-88.66	39.62	99.47	-60.17	192.52
	拖拉机										
	交强险	37988	36217	4.89	3696.76	2398.09	54.15	1294.93	968.81	33.66	35.03
	合计	104746	87928	19.13	16345.08	9272.74	76.27	5836.49	4506.65	29.51	35.71
太平洋产险	汽车	13085	9963	31.34	5180.66	3144.36	64.76	2421.01	1506.63	60.69	46.73
	摩托车	160	66	142.42	5.92	1.97	200.51	0.95	1.51	-37.09	16.05
	拖拉机										
	交强险	22882	20072	14.00	2113.66	1467.16	44.06	823.46	499.53	64.85	38.96
	合计	36127	30101	20.02	7300.24	4613.49	58.24	3245.42	2007.67	61.65	44.46
大地产险	汽车	9068	8023	13.03	2597.00	2320.00	11.94	1230.00	1130.00	8.85	47.36
	摩托车										
	拖拉机										
	交强险	80327	70130	14.54	2667.00	2312.00	15.35	935.00	856.00	9.23	35.06
	合计	89395	78153	14.38	5264.00	4632.00	13.64	2165.00	1986.00	9.01	41.13

续表

单位	险种	承保数量（件）			保费收入			赔款金额			
		本期	同期	同比%	本期	同期	同比%	本期	同期	同比%	赔付率%
天安产险	汽车	4872	4795	1.61	1895.50	1480.00	28.07	966.48	1134.70	-14.83	50.99
	摩托车										
	拖拉机	21	60	-65.00	0.93	3.00	-69.00	5.58			
	交强险	15362	11412	34.61	1382.10	1025.00	34.84	500.50	440.90	13.52	36.21
	合计	20255	16267	24.52	3278.53	2508.00	30.72	1472.56	1575.60	-6.54	44.92
国寿产险	汽车	7088	7438	-4.71	2204.00	2316.00	-4.84	1308.00	1786.00	-26.76	59.35
	摩托车										
	拖拉机										
	交强险	12953	14130	-8.33	1416.00	1554.00	-8.88	623.00	540.00	15.37	44.00
	合计	20041	21568	-7.08	3620.00	3870.00	-6.46	1931.00	2326.00	-16.98	53.34
阳光产险	汽车	7771	2558	203.79	1828.98	552.57	231.00	252.50	257.64	-2.00	13.81
	摩托车										
	拖拉机										
	交强险	64327	33448	92.32	2577.81	1117.71	130.63	200.63	309.00	-35.07	7.78
	合计	72098	36006	100.24	4406.79	1670.28	163.84	453.13	566.64	-20.03	10.28
永安产险	汽车				878.13	613.50	43.13	439.80	469.71	-6.37	50.08
	摩托车				6.00	7.06	-15.01	13.57	4.15	226.99	226.17
	拖拉机				2.80	25.09	-88.84	9.21	6.76	36.24	328.93
	交强险				948.27	821.67	15.41	356.74	239.83	48.75	37.62
	合计	0	0		1835.20	1467.32	25.07	819.32	720.45	13.72	44.64
永诚产险	汽车				598.00	423.00	41.37	295.00	232.00	27.16	49.33
	摩托车				33.00	25.00	32.00	15.00	2.00		45.45
	拖拉机										
	交强险				300.00	230.00	30.43	136.00	66.00	106.06	45.33
	合计	0	0		931.00	678.00	37.32	446.00	300.00		47.91
都邦产险	汽车				168.06	152.32	10.33	103.87	142.47	-27.09	61.81
	摩托车										
	拖拉机										
	交强险				233.41	158.08	47.65	53.70	119.26	-54.97	23.01
	合计	0.00	0.00		401.47	310.40	29.34	157.57	261.73	-39.80	39.25
渤海产险	汽车	468	651	-28.11	128.78	177.82	-27.58	95.77	42.27	126.57	74.37
	摩托车	13	60	-78.33	1.65	0.73	126.03	0.30	0.10	200.00	18.18
	拖拉机	4	300	-98.67	0.06	16.54	-99.64	4.07	3.30	23.33	6783.33
	交强险	669	1072	-37.59	66.71	131.39	-49.23	58.00	8.99	545.16	86.94
	合计	1154	2083	-44.60	197.20	326.48	-39.60	158.14	54.66	189.32	80.19

续表

单位	险种	承保数量（件）			保费收入			赔款金额			
		本期	同期	同比%	本期	同期	同比%	本期	同期	同比%	赔付率%
华泰产险	汽车	697	752	-7.31	191.23	171.56	11.47	74.61	87.73	-14.95	39.02
	摩托车	34	2911	-98.83	0.41	34.93	-98.83		26.09	-100.00	0.00
	拖拉机	0			0.00						
	交强险	12802	1106	1057.50	175.32	111.11	57.79	55.90	54.38	2.80	31.88
	合计	13533	4769	183.77	366.96	317.60	15.54	130.51	168.20	-22.41	35.57
安邦产险	汽车	754	585	28.89	217.33	142.29	52.74				
	摩托车	228	169	34.91	2.74	2.03	34.98				
	拖拉机										
	交强险	1193	900	32.56	145.10	105.40	37.67				
	合计	2175	1654	31.50	365.17	249.72	46.23				
华安产险	汽车	433	215	101.40	110.97	161.85	-31.44	74.94	5.26	1324.71	67.53
	摩托车	46	794		0.55	9.53		0.60			109.09
	拖拉机		1			0.06					
	交强险	631	262	140.84	69.71	53.44	30.45	144.82	0.78	18466.67	207.75
	合计	1110	1272	-12.74	181.23	224.88	-19.41	220.36	6.04	3548.34	121.59
太平产险	汽车	24			8.06			60.87			755.21
	摩托车	120			1.63						
	拖拉机										
	交强险	47			5.38			35.69			663.38
	合计	191	0		15.07	0.00		96.56	0.00		640.74
行业合计	汽车	178782	132656	34.77	60656.57	38817.00	56.26	25300.59	24012.49	5.36	41.71
	摩托车	2314			111.48	294.73	-62.18	98.61	139.47	-29.30	88.46
	拖拉机	25	361	-93.07	6.59	69.78	-90.56	28.07	16.82	66.88	425.95
	交强险	365416	312099	17.08	29652.50	24296.72	22.04	11465.11	9064.31	26.49	38.66
	合计	546537	466804	17.08	90427.14	63478.23	42.45	36892.38	33233.09	11.01	40.80

2010 年曲靖市财产保险公司各县级支公司保费收入统计表

单位：万元

单位	险种	保费收入													
		宣威	份额%	罗平	份额%	富源	份额%	会泽	份额%	师宗	份额%	沾益	份额%	陆良	份额%	马龙	份额%
人保产险	企财险	188.0	69.32	158.00	91.03	131.00	99.46	66.00	80.08	131.00	97.47	161.0	97.46	62.00	85.87	32.0	23.79
	家财险	111.0	88.05	60.00	95.36	1.00	15.13	2.00	57.80	24.00	95.96	36.0	97.83	2.00	41.93		0.00
	车辆险	10847.0	73.23	2182.00	45.11	3712.00	58.60	2017.00	41.54	2398.00	69.75	2530.0	67.85	2048.00	39.71	807.0	54.24
	责任险	17.0	21.77	52.00	76.38	49.00	99.80	52.00	76.82	47.00	90.65	20.0	94.34	42.00	49.98	2.0	29.54
	货运险	18.0	87.80	1.00			0.00		0.00					0.00			
	农业险	1116.0	100.00	601.00	100.00	714.00	100.00	706.00	100.00	582.00	100.00	494.0	100.00	759.00	100.00	328.0	100.00
	意外伤害险	315.0	93.59	119.00	29.69	103.00	92.46	175.00	82.62	142.00	98.71	172.0	94.71	224.00	96.17	43.0	40.38
	健康险	516.0	98.06	156.00	99.43	145.00	99.38	210.00	99.86	160.00	99.69	132.0	99.44	211.00	99.57	70.0	99.35
	其他险种		0.00	3.00	21.54												
	合计	13128.0	75.89	3332.00	52.76	4855.00	64.73	3228.00	52.53	3484.00	76.81	3545.0	74.46	3348.00	51.33	1282.0	60.04
平安产险	企财险	82.2	30.31	4.40	2.54	0.00	0.00	2.30	2.79	3.40	2.53	2.1	1.27	10.20	14.13	102.5	76.21
	家财险	14.1	11.18	0.80	1.27	5.30	80.18	0.20	5.78	0.40	1.60	0.6	1.63	2.40	50.31	0.1	100.00
	车辆险	848.4	5.73	413.10	8.54	749.20	11.83	971.30	20.01	354.80	10.32	541.6	14.52	972.50	18.86	387.0	26.01
	责任险	61.1	78.23	12.30	18.07	0.10	0.20	2.80	4.14	2.60	5.01	0.1	0.47	1.00	1.19	3.5	51.70
	货运险	2.5	12.20	0.00		4.60	100.00	2.50	47.62					0.00		0.0	
	农业险																
	意外伤害险	18.1	5.38	5.20	1.30	6.60	5.92	8.30	3.92	0.70	0.49	1.5	0.82	5.70	2.45	51.0	47.90
	健康险	10.2	1.94	0.80	0.51	0.90	0.62	0.30	0.14	0.50	0.31	0.5	0.41	0.92	0.43	0.5	0.65
	其他险种		0.00		0.00		0.00		0.00				0.00		0.00		0.00
	合计	1036.6	5.99	436.60	6.91	766.70	10.22	987.70	16.07	362.40	7.99	546.4	11.48	992.72	15.22	544.6	25.51

续表

单位	险种	保费收入															
		宣威	份额%	罗平	份额%	富源	份额%	会泽	份额%	师宗	份额%	沾益	份额%	陆良	份额%	马龙	份额%
太平洋产险	企财险			7.84		0.11	0.08	14.12	17.13		0.00						
	家财险	0.97	0.77	1.18	1.88	0.31	4.69	1.26	36.42	0.61	2.44			0.37	7.76		
	车辆险	1081.69	7.30	893.95	18.48	405.82	6.41	853.79	17.59	279.85	8.14			693.75	13.45		
	责任险							2.10	3.10	2.25	4.34			41.03	48.83		
	货运险																
	农业险																
	意外伤害险			249.39	62.23			19.85	9.37	0.79	0.55						
	健康险																
	其他险种																
	合计	1082.66	6.26	1152.36	0.83	406.24	0.11	891.12	0.84	283.50	0.15	0.00	0.00	735.15	0.70	0.00	
阳光产险	企财险	0.99	0.37	3.32	1.91												
	家财险		0.00		0.00												
	车辆险	732.57	4.95	555.45	11.48	190.88	3.01	236.12	4.86			250.40	6.72	302.84	5.87	191.78	12.89
	责任险			2.50	3.67		0.00	2.77	4.09							1.27	18.76
	货运险							2.75									
	农业险																
	意外伤害险			1.00	0.25	1.47	1.32					0.91	0.50	1.27	0.55		
	健康险																
	其他险种																
	合计	733.56	4.24	562.27	8.90	192.35	2.56	241.64	3.93	0.00	0.00	251.31	5.28	304.11	4.66	193.05	9.04

续表

单位	险种	保费收入															
		宣威	份额%	罗平	份额%	富源	份额%	会泽	份额%	师宗	份额%	沾益	份额%	陆良	份额%	马龙	份额%
天安产险	企财险					0.60						2.1					
	家财险											0.2					
	车辆险	373.7	2.52	203.80	4.21	731.10	11.54	238.80	4.92	133.50	3.88	312.4	8.38	634.80	12.31		
	责任险							7.00	10.34			1.1	5.19				
	货运险																
	农业险																
	意外伤害险			0.20	0.05					0.10	0.07	7.2	3.96	0.40			
	健康险			0.10	0.06						0.00	0.2	0.15				
	其他险种											0.7	100.00				
	合计	373.7	2.16	204.10	3.23	731.70	9.76	245.80	4.00	133.60	2.95	323.9	6.80	635.20	9.74	0.0	
大地产险	企财险					0.00											
	家财险																
	车辆险	634.45	4.28	465.45	9.62	255.73	4.04	288.46	5.94	271.89	7.91	94.44	2.53	414.51	8.04	102.17	6.87
	责任险												0.00				
	货运险																
	农业险												0.00				
	意外伤害险	3.00	0.89	19.07	4.76	0.16	0.14	2.46	1.16	0.26	0.18	0.01	0.01	1.46	0.63	12.48	11.72
	健康险		0.00														
	其他险种	12.62	100.00	10.93	78.46	1.85	100.00	3.06	100.00					0.43	100.00	0.81	100.00
	合计	650.07	3.76	495.45	7.85	257.74	3.44	293.98	1.07	272.15	6.00	94.45	1.98	416.40	6.38	115.46	5.41

续表

单位	险种	保费收入															
		宣威	份额%	罗平	份额%	富源	份额%	会泽	份额%	师宗	份额%	沾益	份额%	陆良	份额%	马龙	份额%
永安产险	企财险				0.00	0.00											
	家财险			0.94	1.49												
	车辆险	240.5	1.62	122.93	2.54	120.73	1.91	54.60	1.12								
	责任险			1.28													
	货运险			0.00													
	农业险																
	意外伤害险	0.5	0.15	6.92	1.73	0.17	0.15										
	健康险				0.00		0.00										
	其他险种				0.00		0.00										
	合计	241.0	1.39	132.07	2.09	120.90	1.61	54.60	0.89	0.00	0.0	0.0	0.0	0.00	0.0	0.0	
都邦保险	企财险																
	家财险																
	车辆险					97.92	1.55										
	责任险																
	货运险																
	农业险																
	意外伤害险																
	健康险																
	其他险种																
	合计	0.00		0.00	0.00	97.92	0.02	0.00	0.00	0.00	0.00	0.00	0.00	0.00	0.00	0.00	0.00

续表

单位	险种	保费收入															
		宣威	份额%	罗平	份额%	富源	份额%	会泽	份额%	师宗	份额%	沾益	份额%	陆良	份额%	马龙	份额%
安邦保险	企财险																
	家财险																
	车辆险	53.14	0.36	0.40	0.01	71.52	1.13	194.99	4.02					90.59	1.76		
	责任险							1.02									
	货运险																
	农业险																
	意外伤害险							6.20						0.10			
	健康险																
	其他险种																
	合计	53.14	0.31	0.40	0.00	71.52	0.95	202.21	3.29	0.00	0.00	0.00	0.00	90.69	1.39	0.00	0.00
行业合计	企财险	271.19	1.57	173.56	2.75	131.71	1.76	82.42	1.34	134.40	2.96	165.20	3.47	72.20	1.11	134.50	6.30
	家财险	126.07	0.73	62.92	1.00	6.61	0.09	3.46	0.06	25.01	0.55	36.80	0.77	4.77	0.07	0.14	0.01
	车辆险	14811.44	85.62	4837.08	76.59	6334.90	84.46	4855.06	79.01	3438.04	75.80	3728.84	78.32	5156.99	79.07	1487.95	69.69
	责任险	78.10	0.45	68.08	1.08	49.10	0.65	67.69	1.10	51.85	1.14	21.20	0.45	84.03	1.29	6.77	0.32
	货运险	20.50	0.12	1.00	0.02	4.60	0.06	5.25	0.09	0.00	0.00	0.00	0.00	0.00	0.00	0.00	0.00
	农业险	1116.00	6.45	601.00	9.52	714.00	9.52	706.00	11.49	582.00	12.83	494.00	10.38	759.00	11.64	328.00	15.36
	意外伤害险	336.59	1.95	400.78	6.35	111.40	1.49	211.81	3.45	143.85	3.17	181.61	3.81	232.93	3.57	106.48	4.99
	健康险	526.20	3.04	156.90	2.48	145.90	1.95	210.30	3.42	160.50	3.54	132.74	2.79	211.92	3.25	70.46	3.30
	其他险种	12.62	0.07	13.93	0.22	1.85	0.02	3.06	0.05	0.00	0.00	0.70	0.01	0.43	0.01	0.81	0.04
	合计	17298.71		6315.25		7500.07		6145.05		4535.65		4761.09		6522.27		2135.11	

2010 年曲靖市人寿保险公司业务统计表

单位：万元

单位	险种	保费收入				赔款金额			
		本期	同期	同比%	份额%	本期	同期	同比%	份额%
中国人寿	人身意外伤害险	1905.55	2943.98	－35.27	40.25	1562.80	845.71	84.79	82.01
	健康险	1140.48	1631.87	－30.11	35.31	1648.27	809.56	103.60	144.52
	寿险	51785.80	46463.58	11.45	41.83				0.00
	合计	54831.83	51039.43	7.43	41.61	3211.07	1655.27	93.99	5.86
新华人寿	人身意外伤害险	395.60	482.90	－18.08	8.36	73.39	66.40	10.53	18.55
	健康险				0.00				
	寿险	21230.50	12682.92	67.39	17.15	372.40	217.40	71.30	1.75
	合计	21626.10	13165.82	64.26	16.41	445.79	283.80	57.08	2.06
太平洋人寿	人身意外伤害险	1713.00	1289.22	32.87	36.18	154.04	138.34	11.35	8.99
	健康险	321.59	72.90	341.14	9.96	157.75	112.43	40.31	49.05
	寿险	13396.52	11262.37	18.95	10.82	1450.35	1396.22	3.88	10.83
	合计	15431.11	12624.49	22.23	11.71	1762.14	1646.99	6.99	11.42
人民人寿	人身意外伤害险	208.53	159.15	31.03	4.40	89.99	0.11	81709.09	43.15
	健康险	470.85	340.90	38.12	14.58	255.13	88.69	187.66	54.18
	寿险	11327.16	10689.69	5.96	9.15	47.05	8.84		0.42
	合计	12006.54	11189.74	7.30	9.11	392.17	97.64	301.65	3.27
泰康人寿	人身意外伤害险	92.32	74.83	23.37	1.95	33.75	18.24	85.03	36.56
	健康险	360.23	337.11	6.86	11.15	90.90	72.98	24.55	25.23
	寿险	7413.29	6226.33	19.06	5.99	50.11	101.90	－50.82	0.68
	合计	7865.84	6638.27	18.49	5.97	174.76	193.12	－9.51	2.22
平安人寿	人身意外伤害险	37.01	84.92	－56.42	0.78	8.77	60.74	－85.56	23.70
	健康险	602.92	626.34	－3.74	18.67	76.08	134.39	－43.39	12.62
	寿险	12741.72	8237.41	54.68	10.29				0.00
	合计	13381.65	8948.67	49.54	10.16	84.85	195.13	－56.52	0.63
阳光人寿	人身意外伤害险	96.35	81.22	18.63	2.03	27.05			28.07
	健康险	99.27	61.24	62.10	3.07				0.00
	寿险	3885.43	1300.18	198.84	3.14	18.30			
	合计	4081.05	1442.64	182.89	3.10	45.35			1.11
太平人寿	人身意外伤害险	10.77	7.85	37.20	0.23	10.00			92.85
	健康险	70.6	44.47	58.76	2.19	2.63			3.73
	寿险	2024.36	1859.44	8.87	1.64				0.00
	合计	2，105.73	1，911.76	10.15	1.60	12.63			0.60
平安养老	人身意外伤害险	275.69	128.11	115.20	5.82	62.49	58.76	6.35	22.67
	健康险	164.25	148.49	10.61	5.08	105.62	107.19	－1.46	64.30
	寿险	0			0.00	12.96	0.34	3711.76	
	合计	439.94	276.6	59.05	0.33	181.07	166.29	8.89	41.16

续表

单位	险种	保费收入				赔款金额			
		本期	同期	同比%	份额%	本期	同期	同比%	份额%
行业合计	人身意外伤害险	4734.82	5252.18	-9.85	3.59	1995.23	1188.3	67.91	42.14
	健康险	3230.19	3263.32	-1.02	2.45	2336.38	1325.24	76.30	72.33
	寿险	123804.78	98721.92	25.41	93.96	1932.87	1724.7	12.07	1.56
	合计	131769.79	107237.42	22.88		6309.83	4238.24	48.88	4.79

2010年曲靖市人寿保险公司新单业务统计表

单位：万元

单位	险种类别	新单保费收入				续期保费收入				赔款金额			
		本期	同期	同比%	份额%	本期	同期	同比%	份额%	本期	同期	同比%	赔付率%
中国人寿	个险	4892.57	5047.94	-3.08	29.41	19732.68	18346.72	7.55	47.03	1926.64	993.16	93.99	39.38
	银邮保险	23276.29	22724.44	2.43	38.81	2044.44	270.60	655.52	40.27				
	团险	3655.67	4394.26	-16.81	49.67				0.00	1284.43	662.11	93.99	35.14
	合计	31824.53	32166.64	-1.06	37.90	21777.12	18617.32	16.97	46.26	3211.07	1655.27	93.99	10.09
新华人寿	个险	2648.00	2226.00	18.96	15.92	4868.40	3243.20	50.11	11.60	325.10	145.30	123.74	12.28
	银邮保险	11883.70	6641.97	78.92	19.82	1830.40	571.75	220.14	36.05	72.05	99.99	-27.94	0.61
	团险	395.60	482.90	-18.08	5.38				0.00	73.39	66.40	10.53	18.55
	合计	14927.30	9350.87	59.64	17.78	6698.80	3814.95	75.59	14.23	470.54	311.69	50.96	3.15
人民人寿	个险	614.15	1056.04	-41.84	3.69	319.89	90.53	253.35	0.76	21.41	2.63	714.07	3.49
	银邮保险	9953.01	7841	26.94	16.60	30.75			0.61	22.07	5.57	296.23	0.22
	团险	1439.38	2292.7	-37.22	19.56	35.76	3.58	898.88	93.71	348.69	89.22	290.82	24.23
	合计	12006.54	11189.74	7.30	14.30	386.4	94.11	310.58	0.82	392.17	97.42	302.56	3.27
太平洋人寿	个险	2034.84	1695.52	20.01	12.23	6351.00	5353.39	18.64	15.14	381.72	384.72	-0.78	18.76
	银邮保险	4833.18	4120.92	17.28	8.06	584.60	101.72	474.71	11.52	996.16	801.67	24.26	20.61
	团险	1625.09	1349.93	20.38	22.08	2.40	3.01	-20.27	6.29	384.26	460.60	-16.57	23.65
	合计	8493.11	7166.37	18.51	10.12	6938.00	5458.12	27.11	14.74	1762.14	1646.99	6.99	20.75
平安人寿	个险	3697.76	2799.91	32.07	22.23	6732.99	5183.22	29.90	16.05	84.85	195.13	-56.52	2.29
	银邮保险	2941.22	2917.58	0.81	4.90	9.68			0.19				
	团险		1.53		0.00				0.00				
	合计	6638.98	5719.02	16.09	7.91	6742.67	5183.22	30.09	14.32	110.09	110.09	0.00	1.66
泰康人寿	个险	848.74	1438.62	-41.00	5.10	3135.10	3548.24	-11.64	7.47	124.47	156.75	-20.59	14.67
	银邮保险	3614.48	1506.61	139.91	6.03	177.10	3.80	4560.53	3.49	4.5	7.2		0.12
	团险	90.42	140.87	-35.81	1.23		0.00		0.00	45.79	29.17	56.98	50.64
	合计	4553.64	3086.10	47.55	5.42	3312.20	3552.04	-6.75	7.04	174.76	193.12	-9.51	3.84
阳光人寿	个险	1450.37	810.48	78.95	8.72	524.53			1.25	18.3			
	银邮保险	2476.93	359.4	589.18	4.13	23.85			0.47				
	团险	153.75	132.53	16.01	2.09				0.00	27.05			
	合计	4081.05	1302.41	213.35	4.86	548.38	0		1.16	45.35			

续表

单位	险种类别	新单保费收入				续期保费收入				赔款金额			
		本期	同期	同比%	份额%	本期	同期	同比%	份额%	本期	同期	同比%	赔付率%
太平人寿	个险	449.34	255.38	75.95	2.70	297.36	111.74	166.12	0.71	10.00			2.23
	银邮保险	990.8	1433.53	-30.88	1.65	375.88	90.38	315.89	7.40	2.63			0.27
	团险				0.00				0.00				
	合计	1，440.14	1688.91	-14.73	1.72	673.24	202.12	233.09	1.43	12.63			0.88
平安养老	个险								0.00				
	银邮保险								0.00				
	团险								0.00				
	合计								0.00				
行业合计	个险	16635.77	15329.89	8.52	19.81	41961.95	35877.04	16.96	89.14	2892.49	1877.69	54.05	17.39
	银邮保险	59969.61	47545.45	26.13	71.42	5076.7	1038.25	388.97	10.78	1097.41	914.43	20.01	1.83
	团险	7359.91	8794.72	-16.31	8.77	38.16	6.59	479.06	0.08	2163.61	1307.5	65.48	29.40
	合计	83965.29	71670.06	17.16		47076.81	36921.88	27.50		6178.75	4014.58	53.91	7.36

（何会攀）

人保财险曲靖分公司

【简述】 2010年，中国人保财险曲靖市分公司按照省分公司“努力推动公司向效益型、稳健型、健康型、市场主导型公司转变”的总体要求，大力推进业务发展，业务规模首次突破5亿元大关，再创历史新高。年末，公司实现签单保费55884万元，同比增长27.77%，累计赔款27448万元，简单赔付率为49.12%。

【业务发展】 2010年，中国人保财险曲靖市分公司实行阶段性业务分解，利用阶段性考核促进业务快速发展。整合资源，对4S店实施专管专营，强化承保管控。年内，机动车险完成保费收入43153万元、，比上年增长38.34%。其中：商业险保费30546万元，增长57.19%；交强险保费12607万元，增长7.2%。实现费率、折扣率大幅回升至全省第二位。加强平稳推动农业保险健康发展，加强与当地政府部门的公关协调，巩固具有曲靖特色的烤烟种植保险，共承保烤烟92399公顷，保费收入2218.41万元；加强承保保额控制，明确保险标的座落地点；加强依法合规经营，坚决杜绝“假赔案”等违规行为，实现规模效益的“双丰收”；加强政策性能繁母猪保险的管控。

【网点业务】 2010年，中国人保财险曲靖市分公司建立业绩考核机制。强化工作督导机制，按照农网推动方案，市分公司机关各部门及总经理室成员，分别与12个支公司核算单位的44个农网建立挂钩督导联系点，各支公司完成竞赛活动结果将作为挂钩点负责人个人年终考核依据，形成上下联动、共谋发展的良好氛围。建立沟通协调机制，各县（市）公司建立网点工作台账，召开沟通协调会议，听取工作汇报，研究解决发展中的困难和问题。坚持业绩通报机制，在公司内网开辟“农网论剑”栏目，定期通报农网业绩。建立规范管理机制，对全市中介和个人代理人员进行集中归档，规范管理。抓两头，带中间，促个代及网点产能提高。注重“抓典型、立榜样，稳步推进，做实做大个代营销及‘两网’建设和发展工作”。全市44个农网点，平均产能为79.55万元，较上年增加15.77万元，增幅26%。其中，平均产能最高的公司是宣威支公司，达到126.5万元，平均产能最低的是富源支公司，达到41.39万元。

【经营管理】 2010年，中国人保财险曲靖市分公司抓好上级各项理赔管理制度、流程、规范和标准的贯彻执行，制定相应管理措施和办法，建立理赔业务指标体系分析运用制度，对理赔业务质量和工作效率每月进行一次分析，并形成书面分析报告。进一步推进远程定损工作，加强定损、核损人员前后台监督管理，实行系统点选，严禁核损、报价流程尚未结束同意修车，保证曲靖公司远程定损工作正常运行。加强核损环节管控，加强通融案件、特殊案件管理，对此类案件必须经承保公司领导、中心主任、分管副总会商签署意见后方能提交核损，同时，在贯彻落实省公司“六项”理赔管控措施的同时，结合本地实际情况，对车险及能繁母猪险的第一现场查勘率、费用政策、奖惩措施，未决赔案管理等方面进一步作出强调。加强未决赔案管控，公司自上而下将未决赔案管理作为2010年“增效益”的重要举措之一，全年共开展各类数据清理达17次。强化打击假赔案力度和深度，年内，共拒赔案件102件，拒赔金额达227.75万元，比上年上升96.34%。

【客户服务】 2010年，中国人保财险曲靖市分公司加强客户服务管理基础，实施差异化服务策略，提高客户服务质量和服务水平。全力配合推进95518客户服务中心省集中。按照上级公司省集中工作“三个不要”、“三个服从”要求，努力降低省集中过程中对客户服务的不利影响，实现向省切换座席的平稳过渡。推进客户实名制，提升客户信息质量。按照上级公司推进应用CRM系统的要求，落实客户实名制管理办法和考评办法，加强实名制流程日常监控，开展对客户信息质量抽查，定期通报各支公司实名制执行情况和客户信息质量的相关指标数据，在客户实名制的基础上，继续加强对组织机构代码、身份证号码采集力度，加强“两码”的采集，确保客户档案“一户一档”，全面提高数据质量。坚持规模化运作，提升“人保之友”俱乐部运营能力。进一步规范和细化俱乐部建设，扩大会员规模，规范俱乐部管理，及时掌握会员发展情况，逐步开展分析客户俱乐部运行成效，更好地为优质客户会员提供差异化服务，持续开展“理赔大提速”活动，不断提高理赔人员专业素质、服务礼仪、查勘及时性、赔付及时性和营业厅建设、营业厅服务人员服务礼仪的标准化服务水平，着力提高客户满意度，建立完善服务质量监测考评机制，在各支公司实行“营业厅经（副）理值班制度”，加强各支公司客户服务标准化执行力度的检查和测评。在全省系统“神秘人”调查中，曲靖公司在全省综合得分排名由上年的第15位上升到第5位。加强投诉处理工作的管理和考核力度，共受理投诉案件47件，其中：总公司转办投诉6件、省公司转办投诉5件、省保监局转办投诉1件及95518客户服务中心转办投诉35件。全部按流程在规定时间内处理完毕，投诉处理率100%，回访率100%。将客户节作为展示公司服务品牌，提升客户服务水平的一项长效机制。组织开展好“携手中国人保 共享世博亚运”客户节活动，公司联合人保寿险公司成立客户节领导小组，全市各公司结合实际开展形式多样的客户节，如在各营业场所悬挂宣传横幅、利用休息日在人群聚中区摆摊设点进行宣传咨询活动，召开客户座谈会、联谊会，开展重要客户答谢会、全省统一开放日等活动，对客户节中中奖客户积极联系落实好领奖事项，及时上报活动开展的宣传信息资料。

【回报社会】 2010年，中国人保财险曲靖市分公司密切关注灾区干旱情况，多渠道开展筹措捐款134080元，及时送往挂钩抗旱救灾点——陆良县龙海乡大兴村，并多方联系消防部门定时、不定时为挂钩点小学送去生活急需用水。

（冯亚玲）

中国人寿曲靖分公司

【简述】 2010年，中国人寿保险股份有限公司曲靖分公司坚持“转方式、调结构、防风险、促发展”方针，强化“一保两控”，快速壮大销售队伍，强势调整业务结构，强化风险管控，有效提升核心竞争力，确保市场主导地位。公司共有249名已签合同员工，其中：分公司97人，县公司152人；按学历划分，研究生1人，本科63人，专科130人，中专以下55人。年内共举办各级各类销售技能培训100多场，培训1800多学时，参训人员3000余人（次）。

【业务发展】 2010年，中国人寿保险股份有限公司曲靖分公司实现保费收入54831万元。其中：长险首年保费收入33055万元，完成任务指标109.3%；首年期交保费收入7083万元，完成任务指标的80.76%；10年期交保费收入2885万元，完成任务指标67.1%；短期险保费收入4886万元，完成任务指标104.62%；个险渠道收入期交保费4712万元，完成全年任务指标71.71%；银保渠道实现趸交保费20107万元，完成全年任务指标119.65%，银保期交业务实现保费2330万元，完成全年任务指标105.9%；团险渠道短险保费收入4886万元，完成年度计划104.62%。处理各类赔款案件47280件，其中，长期险赔款金额1274万元，短期险赔款金额3228万元。

【银行保险】 2010年，中国人寿保险股份有限公司曲靖分公司银行保险业务健康稳定发展。全年实现保费22546万元，其中趸交20068万元，完成全年任务目标的117.84%，期交2478万元，完成全年任务目标的106.36%。共开通农行、工行、建行、邮政、交行、广发行、中行、招行等8条渠道，全市系统共进驻网点97个，客户经理、理财经理163人，新成立分公司理财中心。

【团体人身保险】 2010年，中国人寿保险股份有限公司曲靖分公司团体人身保险业务以调整结构、依法合规经营、加快团险业务健康发展为重点，企业年金业务和短险业务取得较好成绩。短险提前3个月完成省、市公司下达的全年任务。全市系统中标签约企业年金客户1个，基金规模450万元，达成年度任务目标的25%。短期险业务，全市短期险（包括富源煤意险、全市学平险业务）累计完成4700万元，达成省公司全年任务的100.64%。意外险完成3200万元，达成省公司全年任务的101.59%。短期险完成4392万元，达成省公司全年任务的122%，其中团险渠道短期意外险完成2636万元，达成省公司任务的121.48%。团险渠道在坚持依法合规经营的前提下，制定各阶段企划方案。下半年扭住学平险业务主线，把学平险工作贯穿于“9·30”活动中。发放学平险宣传资料、《致家长的一封信》送达学平险承保清单。学平险承保学生达860492人，同比增23%；保费收入4176万元，同比多收200万元，增5%；投保率达86%，同比增长10个百分点。狠抓计划生育家庭意外险工

2010年5月25日，中国人寿保险公司与云南省计划生育协会在曲靖温泉召开计划生育意外伤害保险工作启动暨培训会。

（中国人寿曲靖分公司/供稿）

作。全年收保费420万元，比上年净增保费250万元，增147.05%。公司主动与市安监局、煤炭局、卫生局和劳动局等行业加强联系，寻找业务发展点。全市共收分散性业务300万元。其中团体业务收分散性短险业务保费100万元。

【个人保险销售】 2010年，中国人寿保险股份有限公司曲靖分公司出台"金虎迎瑞"、"激情四月盛大绽放"、"巅峰对决，赢在当下"、"百舸争流"等业务企划方案。个险销售业务得到长足发展。全年全市系统实现个险渠道总保费（含续保）24507万元，其中新单期交保费4621万元，完成全年计划的70.33%，10年期交保费收入3060万元，完成全年计划的71.16%。年内，召开客户联谊会近300场。在福禄满堂新险种上市时，分公司统一对个险渠道各级管理人员和营销员进行全面培训及新险种上市的业务启动工作。利用"幸运卡"的推广使用，进一步掀起业务发展高潮。队伍建设工作，本年度新增营销员人力543人，公司全年举绩人力1385人，举绩率为76%；持证人力1542人，持证率81.2%。

【县域保险发展】 2010年，中国人寿保险股份有限公司曲靖分公司继续推进"保险先进村"建设，确保每一保险先进村建设点至少保证有2名本土化驻村业务员，在年内创82个保险先进村，打造一支300人的驻村业务员队伍。继续推进全市"保险先进村"及"星级营销服务部"创建工作；大力拓展农网人力和10年期交业务，打造更多星级营销服务部。全年全市系统创建达标的保险先进村73个，完成年初计划数的82%，实现10年以上期交保费1133万元。

制定"2010年度县域保险渠道发展目标"。开好县域工作会议，突破农网团队建设的瓶颈，特别是总结农网团队建设的经验、教训。提出以乡镇、村委会干部为基础的新团队发展思路。

【业务管理】 2010年，中国人寿保险股份有限公司曲靖分公司制定《业务管理考核指标细则》和《客户服务考核指标细则》，在系统各级柜面深入开展"降差错、升服务，强管理，防风险，满意在客户"活动。全年累计受理各类长、短期险新单13655件，学平险、计生险、移动爱心卡等清单合计707万余人，处理各类赔款案件47280件，处理客户查询、咨询、投诉等1207件，发放鹤卡34538张，回访、面访54880件，清理集团历史业务档案417060份。全年全市柜面未发现案件。

【客户服务】 2010年，中国人寿保险股份有限公司曲靖分公司主要以柜面设置客户服务岗，全面开展客户服务工作；完成1+N服务规定的动作，健康好帮手、国寿大讲堂、特约商家打折活动和客户节活动；狠抓客户投诉处理工作，加大鹤卡发行力度，鹤卡服务功能升级后，新单、VIP客户发卡率达100%，普通客户年增20%。

（倪华武）

平安财险曲靖中心支公司

【简述】 2010年，中国平安财产保险股份有限公司曲靖中心支公司坚持"聪明经营、健康超越"的经营方针，继续秉承"信誉第一、效率第一、客户至上、服务至上"的服务宗旨。在业界首推"平安车险、万元以下、资料齐全、一天赔付"的服务承诺。同时，平安产险通过一系列技术革新，推出车险小额快速通道、电子地图调度、95512电话批改车牌等项目，完善客户服务及理赔流程；中国平安产险经营业务范围在车险、财产损失险、责任保险及信用与保证保险等一切法定产险业务及国际再保险业务的基础上又推出个人抵押贷款房屋保险、个人分期付款购车保证保险等符合市场需求的新险种，经营险种150多个。

【渠道建设】 2010年，中国平安财产保险股份有限公司曲靖中心支公司进一步完善公司组织架构，在全市8县（市）均设立服务网点，下设4个支公司4个营销服务部，4个支公司分别为宣威支公司、陆良支公司、富源支公司、会泽支公司；所有网点全部实现专线专网，同时中支本部进行渠道细化，成立四大业务渠道，提升平安现代化的工作效率及客户服务质量；公司内部架构充分完善、细化和健全。

【业务发展】 2010年，中国平安财产保险股份有限公司曲靖中心支公司保费收入突破亿元大关，总体保费收入13767万元，同比增长77%；三大险种稳步增长，各项考核指标均处于健康状态。车险业务大幅增长的同时，财意险业务也取得良好业绩，市场份额稳居全市第二。进一步加强财产险和意健险的业务发展，针对不同客户群体推出一系列能够满足客户需求的财意险险种，成功承保红云红河集团等大中型企业的保险业务，各项业务均衡发展。

【员工培训】 2010年，中国平安财产保险股份有限公司曲靖中心支公司注重员工素质及技能培训，制定多样化培训规划，对中支本部、各支公司及各县级营销服务部新员工开展新人培训、礼仪培训、代理人培训、专项业务技能培训等多次特色培训。全面提升销售人员对效益险种的专业知识和技能，同时提升内勤员工的服务水平及专业技能。并督促员工参加总公司的平安大学和网上培训学习，要求员工通过自身所在岗位的技能等级考试，熟练掌握全新销售理念和工作技能。

【客户服务】 2010年，中国平安财产保险股份有限公司曲靖中心支公司将"平安车险，万元以下，资料齐全，一天赔付"的服务承诺落到实处。自承诺宣布之日至年底，曲靖中心支公司累计结案数为16064笔，平均结案时间为0.46天，1天内赔付达成率为99.8%。年内，中国平安财产保险股份有限公司以"绿色承诺、服务先行"为主题，在珠江源影视中心举办2010年客户服务节与VIP、续优、团体等重要客户共享大片回馈客户。

（潘 燕）

平安人寿曲靖中心支公司

【简述】 2010年，中国平安人寿保险股份有限公司曲靖中心支公司建立宣威、陆良、马龙、沾益和区域拓展等新网点，中支规模不断扩大，已拥有超过700人的代理人队伍。综合金融平台建设持续推进，交叉销售协同效益不断增强。大力倡导诚信，强化诚信服务教育，全面提升服务质量，为消费者提供高水平、专业化的金融服务。年内，公司实现净利润人民币179.38亿元，比上年增长23.9%。其中银行、投资业务利润比上年增31.5%。派发年度末期股息，每股派发现金股息人民币0.40元（含税）。

【员工培训】 2010年，中国平安人寿保险股份有限公司曲靖中心支公司注重员工技能培训和梯队建设、提高员工服务素质和专业技能。强化员工潜能挖掘，将岗位职能分为行政系列、后援系列、业务系列和销售系列。开展新人培训、代理人培训、岗前基础培训和主管、经理等高级技能管理培训，全年共计培训1000余人（次）。

【特色险种】 2010年，中国平安人寿保险股份有限公司曲靖中心支公司在上年优秀险种的基础上，推出一系列以养老、重疾和投资理财险种，可依据客户不同需求而选择不同产品，并推出一系列附加住院费用医疗保险、附加意外和意外医疗保险等多个附加险，来保障客户的个性化需求。

【业务发展】 2010年，中国平安人寿保险股份有限公司曲靖中心支公司大力推行E化营销平台建设，创新营销手段，搭建起全面支持业务队伍销售、服务与管理的功能平台，同时电子投保、移动保全等新型模式得到稳步推广。全面建立高效运作的总分支公司经营管理平台，逐步实现运营成本优于主要竞争对手，运营费用率持续下降，客户满意度稳步提升。年内，个险累计预收API2438万元，同比增长率（年化标保）62%。个险业务员631人，人力达成率22%。

【客户服务】 2010年，中国平安人寿保险股份有限公司曲靖中心支公司开展“客户关怀工程”，对每一位客户进行亲访，送去鲜花与问候，主动上门为客户做好售后服务，虚心听取客户对公司的意见和建议，举办各类知识竞答抽奖活动等增值服务，让客户感受到平安细致入微的人性化服务。进一步推行服务时效承诺，对预约上门服务等各项首问业务提出明确的时效承诺，理赔服务周到、迅速、快捷。为客户就诊开辟“绿色通道”，并为客户联系病房、主治医生，为家庭困难的客户解决实际困难。

（包荣芹）

太平洋财险曲靖中心支公司

【简述】 2010年，太平洋财产保险曲靖中心支公司贯彻总公司“转方式，调结构，防风险，促发展”的经营思路，围绕集团公司“可持续增长的价值发展战略”和“以客户需求为导向”的战略转型，提高盈利能力，持续优化业务结构，推进市场拓展能力、基础管理能力，转变发展方式，提升内部管理效率，不断实施创新，推动和实现可持续价值增长。开创业务上规模、效益上台阶、职工增效益的新局面。年内，公司共签单保费8046万元，实收保费7886.92万元（含表外114万元），比上年同期增长58.87%；报立案14223件，已决赔款3202万元，结案率92.42%，简单赔付率42.1%。

【人力资源改革】 2010年，太平洋财产保险曲靖中心支公司加强领导班子建设，先后充实曲靖中支总经理室职位。为确保人力资源优化项目实施，公司人力资源管理集约化、规范化、标准化，以及总公司HER系统上线的顺利实施和上线后正常运行，严格执行总公司规定的“以岗定薪、岗变薪变”原则，对公司员工进行定员定岗，定岗定薪，使全辖员工薪酬结构明晰、工资待遇明显提高。

【中介业务】 2010年，太平洋财产保险曲靖中心支公司贯彻落实中介业务管理规定，组织学习相关文件，贯彻落实中国保监会《关于2010年保险公司中介业务违法行为查处情况的通报》等文件通知，指导县级支公司渠道业务发展，全面开展自查自纠、坚决遏制重大违法违规案件发生；严肃中介管理规定，严格执行上级公司、保监委下发的管理规定。加强中介业务合规管控，强化警示教育，进一步督促全辖机构和员工依法合规经营；制定营销方案，加大推动力度，促进保险业务多元化发展，中介代理业务取得较大发展，年内实现代理保费收入占全辖保费收入的25%。

【行风建设】 2010年，太平洋财产保险曲靖中心支公司加强保险业行风建设，推动诚信文化建设，推进《保险监管人员行为准则》和《保险从业人员行为准则》的落实。在由云南保监局主办，云南省保险协会承办的保险业“优良行风从我做起”大型演讲比赛中，太平洋财产保险曲靖中心支公司共青团组织代表参加云南分公司举行的初赛，以《争做行风标兵，提高自我服务》为演讲题目，荣获云南分公司初赛一等奖。

（董　玲）

太平洋寿险曲靖中心支公司

【简述】 2010年，太保寿险曲靖中心支公司坚持“转方式、调结构、防风险、促发展”的工作主线，优化综合成本率，持续提升内含价值，提高合规经营和风险防范能力，加强干部队伍建设，保证经营效益稳步增长。年内，完成人身险保费收入15430万元，比上年增22.23%，名列全省第二。公司进一步深化全面预算管理，开源节流，严格控制费用成本，全年节余费用120多万元。

【合规经营】 2010年，太保寿险曲靖中心支公司落实分公司合规及风险控制重点工作，按照保监会《寿险公司内部控制评估办法》要求，对内部控制的健全性、合理性、有效性进行评价整改。通过经营年度和班子成员任期经济责任审计，及时发现存在问题，进行反馈、诫勉，限期落实整改。开展佣金合规管理自查整改。开展案件责任追究清理。开展小金库专项治理。开展销售误导自查自纠，切实整改规范。开展反洗钱自查，提高对反洗钱的认识，进一步完善内控制度建设。通过长期坚持宣传落实合规政策，依法合规经营，公司合规与风险管理工作成效明显，各类风险得到有效控制。

【个人营销业务】 2010年，太保寿险曲靖中心支公司以个人营销《基本法》为牵引，以营销团队发展为核心，使团队人力和业务持续健康增长。抓机构建设，以县级机构晋级达标为牵引，提升中心城市销售能力。抓人力发展，把人力发展作为工作的重中之重，利用《基本法》架构增员、晋升文化。抓教育训练，严格执行培训标准，全年举办各类培训班40期，培训726人（次）。抓基础管理，严格执行基础管理标准，重点强化差勤管理、早会运作、活动量管理，使团队逐步养成积累、经营客户的思想。抓市场企划，充分宣传公司“人生四季·有保障·真幸福”的产品品牌，对市场进行细分，结合公司整体产品推动思路，强化产品销售技能，培养团队市场竞争力。个人营销保费收入2034万元，续期保费收入6938万元。

2010年4月10日，太平洋寿险云南分公司爱心款捐赠223658元给曲靖抗旱救灾。

（何继熠/摄）

【团体直销业务】 2010年，太保寿险曲靖中心支公司加强团体业务条线基础管理，坚持合规销售，团体直销业务快速发展。主要举措：维护好乘意险渠道，按监管要求完善电子出单系统，加强对代理单位工作人员培训，使乘意险业务销售合规有序，业务良性发展。夯实基础，深化合作，加力发展安贷宝代理业务，把该业务做成服务"三农"，惠及各方的民心保险。采取有效竞争策略和手段，抢占行业性业务市场，深化保险代理合作，在同业保持领先优势。"建工险"、"安保互动"业务发展势头良好。全年团体直销保费收入1625万元。

【银行保险业务】 2010年，太保寿险曲靖中心支公司重视银行代理业务发展，不断提高整体销售能力和市场竞争力，继续保持与代理银行的合作优势和主渠道地位，以主渠道支撑业务增长。贯彻落实银保《基本法》，抓好队伍基础管理和业务培训，加强对客户经理网点活动量督导，开好计划、分析、总结会，推动并努力实现做大做强银保业务。全年银行代理保费收入4833万元。

【营运及客户服务】 2010年，太保寿险曲靖中心支公司顺利完成柜面标准化建设，组织并圆满完成总公司业务财务综合管理系统试点上线工作。顺利开展"3·15"消费者权益保护活动及2010年关爱工程系列活动。年内，公司承保保单8.5万余件，给付保单2380余件，给付金额1600多万元，理赔案件385件，赔付保险金545万元。12月，参加总公司年度"服务全明星"现场比武决赛，1位员工荣获"服务全明星二等奖"。

【后援管理】 2010年，太保寿险曲靖中心支公司继续深化全面预算管理。编制年度、月度预算，特别加强对预算执行的过程监控，关注费用收支状况，及时调整经营策略，保证公司费用控制和经营活动正常开展。完成对固定资产、文书档案的全面清理。

（何继熠）

大地财险曲靖中心支公司

【简述】 2010年，中国大地财产保险曲靖中心支公司下设综管部、计财部、客户服务部、业务管理部、业务处理中心五大职能部门。年末，公司共拥有正式员工79人，营销人员200余人。公司秉承稳健经营、价值为先、客户至上、服务社会的经营理念，保费规模逐年增加，机构网点遍布全市，服务能力稳步提高。保险产品200多种，涵盖财产保险所有领域，能满足各阶层高、中、低档的保险需求，同时承保短期健康险、意外伤害保险。

【业务发展】 2010年，中国大地保险曲靖中心支公司共完成保费5950万元，其中：车险保费5256万元，非车险73万元，人身险611万元。保费比上年增加1293万元，增幅28%，代征车船税634万余元。

【网点建设】 2010年，中国大地保险曲靖中心支公司将服务网络遍布全市7县1市1区，并在宣威、罗平、陆良成立支公司，在富源、师宗、会泽、马龙、沾益设立营销服务部。

【客户服务】 2010年，中国大地保险曲靖中心支公司秉承"客户至上"原则，为加快赔案进程，在全辖开启PDA现场定损，推出3000元以内的赔案现场决案，万元以内赔案当日决案等人性化客户服务。年内，大地保险曲靖中支公司共接报案9554件，立案8644件，决案8459件，决案率97.85%，共计支付赔款2674万元。

（张 志）

新华人寿曲靖中心支公司

【简述】 2010年，新华寿险曲靖中心支公司保费突飞猛进，效益明显增加，下辖机构有本部营销服务部、宣威支公司和7家营销服务部，公司本着"以人为本、服务社会"的经营宗旨，以"立信于心、尽责至善"的经营理念，机构不断扩张，管理逐步规范，初步实现全预算制的科学化管理体制。年内，实现保费收入21213万元，比上年增127%。全年实现费用预算，投入产出比收支平衡。

【业务发展】 2010年，新华寿险曲靖中心支公司业务经营稳步推进，保费收入持续上升。实现个人业务标准保费收入2234万元，同比增73%；银代业务保费收入11884万元，增258%；续收业务保费收入6699万元，增698%；团险业务保费收入396万元，增107%。

【业务管理】 2010年，新华寿险曲靖中心支公司将风险管控工作放在突出位置，在完善治理结构、强化执行力、合规内控建设、信息化建设等方面下工夫，注重培育良好的合规文化，形成有利于风险管控的内部环境。风控队伍不断壮大，风控体系不断健全，风控制度体系初步形成，风控防线坚实牢固。通过长期妥善处理问题，不间断的意愿启动工作，整合团队力量，优化内部结构，使公司内外勤增强对公司、对自己从业信念与信心。

【业务经营】 2010年，新华寿险曲靖中心支公司客户服务水平不断提高，回访客户12564件，总赔付理赔金额389.3万元，公司与员工建立员工短信平台，不断发布公司最新营销方案动态以及公司经营业绩。公司后援支持部门工作不断细化完善，提高服务质量和服务水平，完善服务平台，改善技术支持和服务措施，致力于为客户提供更优良服务。

（毋海燕）

人民人寿曲靖市中心支公司

【简述】 2010年，中国人民人寿保险股份有限公司曲靖市中心支公司传承“以人为本，和谐奋进”的企业文化，拓展市场，通过个险营销、团体保险、银邮保险、产寿互动、电子商务平台（远程出单系统）等多渠道、全方位的开拓业务。

【经营业绩】 2010年，中国人民人寿保险股份有限公司曲靖市中心支公司实现保费收入12006万元，占曲靖寿险市场份额的9.11%，在9家寿险公司中排名第4位。其中个险渠道保费收入614万元，占比5.11%；银邮渠道保费收入9953万元，占比82.90%；团险渠道保费收入420万元，占比3.50%；互动渠道保费收入1019万元，占比8.49%。

【理赔业务】 2010年，中国人民人寿保险股份有限公司曲靖市中心支公司理赔结案合计2263件，赔付金额385万元。身故案件68件，赔付金额139.87万元。

（江志旭）

证　券

太平洋证券曲靖营业部

【简述】 2010年，太平洋证券股份有限公司曲靖麒麟南路证券营业部地处商业中心，有营业面积1400平方米，硬件设施齐全，设有250多台自助委托系统和行情分析机，电话委托系统特设150条数字中继线。提供沪、深证券账户实时开户等证券登记业务；可对深圳和上海A股、国债回购、基金、国债、企业债券、可转换债券等投资品种进行自由买卖。提供银证转账等多种资金划转方式；刷卡、电话委托、热自助和网上交易等多种交易方式。年末，曲靖营业部共计完成交易量401.17亿元，营业利润在太平洋证券所属营业部中排名第一，在曲靖市场份额遥遥领先于其他证券公司。

【客户服务】 2010年，太平洋证券股份有限公司曲靖麒麟南路证券营业部要求每位员工本着用真诚之心去对待和感染每一位客户，通过做好每一件小事，在潜移默化中去影响客户，从而实现客户服务工作从粗放型向精细型转变。主动上门安装交易软件；对身体不便的老人上门办理业务；对新客户进行现场培训、电话回访，使初入市的客户能够掌握交易规则，并及时了解股市动态；对重点、核心客户在过生日时都能送上鲜花和蛋糕，在重要节日编辑发送祝福短信等等。对于在缴款期内的配股、即将到期的权证，如有投资价值，营业部都逐一电话通知，并告知可能存在的投资风险；针对新股发行，通过发送短信方式进行通知工作；针对员工、客户经理开发的客户，营业部也安派专人进行回访，并在金证系统逐一录入回访情况，全年曲靖营业部新客户回访率达到100%，回访老客户8000多人（次）。

【个性化服务】 2010年，太平洋证券股份有限公司曲靖麒麟南路证券营业部依托公司研究院和资产管理部研究成果和经纪业务部信息资源，及时准确通过QQ群在线、电子邮件、短信平台等方式把信息传递给客户，树立起营业部咨询特色，增强客户信任度，以标准化、规范化方式提高营业部整体咨询水平。针对不同客户需求提供差异化、个性化服务产品有红珊瑚贵宾版、红珊瑚尊享版、红珊瑚理财俱乐部客户终端等。为能及时给广大客户投资操作提供一些具体参考，曲靖营业部特邀资深分析师在曲靖市举办多次投资策略报告会。另外，营业部还专门安排经验丰富的工作人员利用业余时间到交行、农行、工行等银行举办巡回讲座。让客户掌握更多投资技巧，加强公司与客户沟通交流，提高客户对公司和公司服务品牌的认识和认可，让太平洋证券精品服务工程走进千家万户。

【三方存管业务】 2010年，太平洋证券股份有限公司曲靖麒麟南路证券营业部与多家银行建立良好合作关系，共同为客户提供多品种、多方式、多渠道金融服务。年内，公司与中国工

太平洋证券曲靖营业部场景。

（王冰莹/摄）

商银行、中国交通银行、中国农业银行、中国建设银行、中国银行、招商银行、兴业银行、中信银行签订证券保证金第三方存管协议，并顺利上线运行，太平洋证券的客户在云南任何一个区（县）都可以办理第三方存管业务，进行资金存取。

【内部管理】 2010年，太平洋证券股份有限公司曲靖麒麟南路证券营业部注重对员工培训，经常性组织新业务、新知识学习和交流，定期或不定期举办业务技能讲座，形成比、学、赶、帮、超的优良作风，全面提升员工综合素质及营业部核心竞争力。营业部建立一套科学用人机制，把“能者上，庸者下、平者让”的人事管理制度落到实处，对业绩优秀者进行奖励，在营业部中形成凭业绩说话，以强带弱的风气。

（王冰莹）

光大证券曲靖营业部

【简述】 2010年，光大证券股份有限公司曲靖营业部获中国证监会批复，成为曲靖证券市场第一家拥有经纪人资格证的券商。年内，营业部总资产6517.93万元，净资产608.96万元。公司秉承“诚信、专业、卓越、共享”的经营理念，努力将公司打造成为一家“收入多元化、竞争差异化、渠道规模化、管理精细化、业务国际化”的现代金融企业。营业部共有员工27人，后台员工8人，其中党员4人，所有员工均为大学本科及以上学历；前台人员19人。

【业务发展】 2010年，光大证券股份有限公司曲靖证券营业部拥有齐全的经营品种，为客户提供综合性产品服务和各种创新业务。包括：融资融券、隔夜委托、A股、B股、开放式基金、封闭式基金、ETF、权证、代办股份转让、创业板、国债、企业债券、金融债券、证券集合理财、专户理财产品等品种。网上交易、手机炒股、电话委托、热键委托、磁卡委托等；统一的全国客服热线：95525和4008888788电话服务平台提供电话委托、集合理财、融资融券、金股信、语音信箱和人工服务等六大功能。全年股东开户数1937户，年度交易量62.23亿元，年末托管市值3.2亿元、保证金余额0.63亿元，营业收入1097.65万元，利润总额631.38万元，净利润608.35万元。

【内控建设】 2010年，光大证券股份有限公司曲靖证券营业部配备安全稳定的电力网设备（双回路电源）、先进的HP服务器。为投资者提供自助委托、电话委托、网上委托、手机委托等多种委托方式；提供钱龙、大智慧、光大超强版、金阳光投资决策支持系统等多套网上及现场交易系统；并提供国内领先多层次优质咨询服务。客户可以通过呼叫中心服务热线，进行身份验证、委托交易、业务咨询、投诉建议和业务受理。

【客户服务】 2010年，光大证券股份有限公司曲靖证券营业部金阳光投资决策支持系统是一个集股市行情、快捷交易和投资资讯为一体的证券投资综合理财平台。该系统全面服务于光大证券所有交易客户，由客户利用金阳光投资决策支持系统专用软件自助申请相应资讯等级，一旦申请成功即可享受相应服务，遵循“不申请不服务，不达标不服务”原则。该支持系统也给非光大证券交易客户提供全面体验机会，只要利用金阳光投资决策支持系统专用软件自行申请试用账户，一旦申请成功即可免费享受一定期限的综合理财服务。俱乐部会员除股票外，还可以同享光大银行贵宾服务；购车优惠计划；房地产投资建议；其他投资品知识和信息。俱乐部不定期组织体育活动、休闲娱乐、户外旅游等富尊增值服务。不定期开展养生讲座、健康计划学习，使身体与财富同行等等。

【安全保障】 2010年，光大证券股份有限公司曲靖证券营业部为实施网上交易安全加固计划，营业部坚持对客户各种资料规范化管理，严格风险管控，以保护投资者账户、资金等安全为重，为投资者营造安全高效的投资环境。年内，营业部成立金阳光富尊理财俱乐部。以曲靖营业部专业的投资顾问团队选择适合不同投资者产品，适时答疑，投资者私人理财专家为服务中心，层层筛选，步步优化，让投资者尊享财富增值之乐，通过各种沟通渠道为投资者提供早盘短信—当日操作计划；盘中短信—行情转折提示；个股推荐—省去选股烦恼；股市沙龙—分析师面对面沟通；在线交流—适时答疑解惑；资金配置—理财有道；持仓报告—掌握账户信息；更好地把握市场趋势、优质投资标的、投资组合以及理财规划建议，达到减少投资风险，扩大投资收益的目标。

（许洪强）

红塔证券曲靖营业部

【简述】 红塔证券曲靖麒麟东路营业部于2010年2月经中国证监会核准并通过当地监管局验收，营业面积达2000平方米，营业部设立不同类别交易设施供客户选用。散户厅拥有120个自助委托终端机，中户室拥有125个座位，高档大户室17间。营业部提供网上、电话、自助、柜台、手机等交易方式；委托代理A股、B股、国债及国债回购、企业债券、基金、权证等交易，办理各基金公司开放式基金代销业务。为客户提供投资培训、教育活动。

【客户服务】 2010年，红塔证券曲靖营业部结合曲靖当地实际情况，开拓市场，强化内部管理，完善各项规章制度，提高员工队伍素质，提升综合服务水平。建立60人的客户服务团队，通过创新咨询产品和服务，为各级投资者提供不同需求的“一对一”客户服务。提出“与客户一起成长”的服务理念。每周周三，营业部举办股民学校，由分析师亲自授课，主要介绍证券市场相关基本知识与市场风险提示，介绍各证券品种风险收益特点和交易流程。通过与客户面对面接触，在长期授课过程中，将客户服务工作融进课堂。3月21～22日，曲靖营业部邀请红塔证券研究资讯部总经理罗晓明先生，联合招商银行曲靖分行在曲靖石林国际大酒店举办2场投资报告会，报告会题目为《2010年中国证券市场投资策略》。

【投资者教育】 2010年，红塔证券曲靖营业部将投资者教育工作放在重要位置，从总经理到营销员工，建立一整套投资者教育工作计划，按照公司《投资者教育工作实施细则》建立投资者工作领导小组，由总经理负责，客户服务、客户营销、运维部门和电脑主管组成教育工作小组。制定营业部年度投资者教育实施计划和方案。开展客户服务中心和营销中心负责人具体组织营业部投资者教育工作，设立投资者园地、宣传公司基本情况和经营理念、揭示证券投资风险、介绍各项证券业务、接受投资咨询与处理客户投诉、提示相关市场信息，实时在营业现场张贴一系列关于证券市场、非法证券等信息的宣传海报。

（朱　军）

期　货

红塔期货曲靖营业部

红塔期货曲靖营业部场景。

（王智平/摄）

【简述】　红塔期货有限责任公司曲靖营业部于2010年4月9日在曲靖市工商行政管理部门登记注册，4月16日获中国证券监督管理委员会经营许可证，成为曲靖市第一家经批准设立的期货公司营业部，营业部设立财务、风险控制、开户与管理、技术和市场开发等多个岗位。为客户提供各种交易品种投资交易辅助咨询、投资培训等专业化服务。年内，曲靖营业部全年总交易额276亿元。

【业务开展】　2010年，红塔期货有限责任公司曲靖营业部为投资者提供国内4家交易所上市的所有期货品种经纪业务与交割业务，并帮助投资者充分利用期货市场的“套期保值”与“价格发现”功能为其服务，组织年度生产经营，规避市场风险；同时也为投资偏好者提供一个合法正规的期货交易和交流平台。可进行交易的品种包括上海期货交易所的铜、铝、锌、天然橡胶、燃料油、螺纹钢、线材、黄金；大连商品交易所的黄大豆（1号、2号）、豆粕、豆油、玉米、棕榈油、聚乙烯、PVC；郑州商品交易所的白砂糖、小麦、棉花、菜籽油、PTA、早籼稻；中国金融期货交易所的沪深300指数。

【业务培训】　2010年5月起，红塔期货有限责任公司曲靖营业部每月定期（每月第三周周四晚上、每月最后一周周六下午）在营业部举办期货专题沙龙与期货培训、不定期举办期货投资报告会，通过对基础知识、风险控制、投资交易策略、投资者心理、期货行情技术分析等方面的培训提高投资者交易能力。营业部与当地其他金融机构和相关企业的合作，对期货基础知识及交易方法做专场培训，行业间良好互动。营业部全体员工不断加强业务综合素质方面的学习，接受云南省证监局、曲靖市人民银行及各监管单位的检查和指导，2010年合规合法经营，并做好2011年即将上市新品种的学习与准备工作。

【银期业务】　2010年，红塔期货有限责任公司曲靖营业部开通工行、农行、建行和交行的“银期转账”业务，投资者可视情况自行选择合作银行，并进行全国范围内资金灵活划拨。投资者也可通过交易软件中“转账”模块及中国期货保证金监控中心查询核对划转资金和交易，保证资金安全。

【投资者服务】　2010年，红塔期货有限责任公司曲靖营业部为客户提供国内主流的博易、文华及金仕达等行情、交易软件，提供双备份高速传输线路连接国内各期货交易所，保障投资者投资交易快捷、通畅和安全。投资者可通过总公司客户服务热线和公司网址以最快捷的方式获得相关资讯和服务。公司网站的服务平台及时发布国际国内相关财经资讯和期货交易信息，以及公司研发部门专业行情评论，向投资者提供实用性强的资讯信息。营业部通过手机短信和QQ群等维护方式向投资者提供“大盘行情早报分析”、“行情交易提示”、“重要新闻”以及“公司通知公告”等信息，第一时间向投资者传递相关市场信息，供投资者参考以把握投资交易机会和控制交易风险。还为投资者提供投资报告、风险管理方案等辅助服务，供投资者参考和借鉴。

（胡莲尖）

商贸流通服务业

责任编辑　孟德良

综　述

2010年，曲靖市商务系统以搞活流通扩大消费为主线，开拓国内外市场确保社会消费和对外贸易持续快速增长为重点，推进商贸物流项目建设为突破口，加强市场运行监测监管，全面推动商务事业又好又快发展。

社会消费快速增长。2010年，围绕搞活流通、扩大消费这条主线，全力贯彻落实扩大消费的各项政策措施，在城乡居民稳定增长的基础上，大力改善消费环境，培育新兴消费，通过实施“万村千乡市场工程”、“双百市场”工程、推进重点商贸物流项目建设和“家电下乡”等措施，推进流通产业发展，消费环境明显改善，流通规模不断扩大，社会消费品零售总额持续增长。市场监测调控和市场秩序监管得到加强。重要商品市场供应保持稳定，尤其是在应对上半年抗击严重旱灾和下半年抑制通货膨胀，确保生活必需品和成品油供需平衡。年内，全市社会消费品零售总额完成232.8亿元，比上年增长22.5%，其中：城市零售额156.1亿元，增24.3%，农村零售额76.7亿元，增19%。

对外贸易快速增长。2010年，曲靖市围绕外贸进出口目标任务，贯彻落实稳定外贸增长的政策措施，组织15批（次）企业35人（次）参加国际展览，开拓市场抓订单。围绕全市产业结构调整和国际市场需求，加强出口商品基地建设，完成农产品出口基地备案面积6666.7公顷。优化出口商品结构，提高出口商品竞争力，扩大农产品出口，全年农产品、轻工产品出口8000万美元，同比增长2.2倍。加大政策促进力度，争取外贸政策扶持资金820万元。加大服务力度，协调进出口工作中遇到的检验、通关、运输、退税、结汇等方面的问题，争取到中信保2100万美元的出口保险额度，防范企业出口收汇风险。通过落实系列促进措施，全市对外贸易走上稳步发展轨道。年内，全市完成进出口总额21743万美元，同比增长28.8%，完成省政府与市政府签订的目标任务。

利用外资质量明显提高。2010年，曲靖市紧紧抓住以提高利用外资质量和水平作为工作重点，强化外商投资企业服务，做好农业食品科技园区的服务工作，确保项目建设顺利进行。年内，新批设立外资投资企业6户，总投资1.66亿美元，合同利用外资8066万美元，实际利用外资2166.58万美元，完成省下达的任务指标。协调推进曲靖开发区申报升级为国家级经济技术开发区的工作，经过多次向省商务厅、国家商务部汇报争取，曲靖经济技术开发区成功升级为国家级经济技术开发区。

对外经济合作有新进展。2010年，曲靖市在加大“走出去”政策宣传力度的同时，争取对外经济合作促进政策，有力推进了全市对外经济合作。年内，争取省“走出去”专项扶持资金108万元，新增境外投资100万美元，外派劳务80人。新增替代种植面积桉树面积546.67公顷，新增橡胶种植面积566.67公顷。

市场监管监测得到加强。2010年，曲靖市加强市场运行监测，完善市场运行监测体系，组织68户企业进入商务部、省商务厅和市级商品市场监测系统，重点跟踪监测粮食、肉类、蔬菜、食糖等生活必需品和农资、成品油、钢材、水泥等重要生产资料市场运行状况，及时掌握市场供需情况，为准确反映供求变化、调剂市场供应发挥重要作用。建立和完善市级重要物资储备制度，实施市级猪肉储备，落实了省级猪肉储备活体承储企业7户3.2万头，火腿承储企业2户300吨，冻肉承储企业1户350吨。加强流通领域食品安全监管，进一步强化酒类流通监管，年末，全市酒类流通备案登记11385余户，发放酒类流通随附单近10万份，实现县城以上城市酒类流通备案登记100%。县级生猪定点屠宰、无害化处理达100%，3户屠宰企业进入商务部标准化改造项目，争取改造补助资金64.5万元。加大商务综合行政执法宣传力度，组织开展知识产权保护活动，制订《曲靖市打击侵犯知识产权和制售假冒伪劣商品专项行动实施方案》，牵头组织开展知识产权保护、成品油市场、无牌无证机动车、拼装车、报废机动车和走私进口车及切割件等专项整治活动，依法加强报废汽车回收、茧丝绸、直销等特种行业监管，年内，全市共开展商务综合行政执法26次，查处案件4件，推进市场秩序规范化进程。

科学编制商务发展“十二五”规划。2010年，为进一步推动全市商务事业持续快速发展，市商务局组织编制曲靖市商务发展“十二五”规划。规划回顾全市“十一五”商务事业发展情况，总结“十一五”商务事业发展中的主要做法和取得的经验，分析“十一五”商务工作存在的主要问题和“十二五”商务事业发展的机遇和挑战，制订“十二五”期间商务工作目标任务，明确发展思路和工作重点，提出“十二五”商务事业发展的保障措施。

扎实做好综治维稳工作。2010年，

曲靖市结合商务部门的实际，确定综治维稳工作重点，加强综治维稳工作，把抓好综治维稳工作作为商务事业发展的基础。加强领导，成立综治维稳工作领导小组，把综治维稳工作列入重要议事日程。建立综治维稳工作目标责任制，把综治维稳工作落到实处。做好负责联系改制企业维稳工作，及时掌握情况，研究解决相关问题。注意把握各种倾向、苗头性问题，做好矛盾纠纷排查工作，及时消除不稳定因素，增强综治维稳工作实效。加强信访工作，接待来信来访。结合商务部门的职能职责，制定曲靖市成品油市场供应应急预案，成品油经营安全和市场保障工作措施，努力做好成品油经营安全和市场保障工作。制定曲靖市生活必需品市场供应应急预案，建立突发事件和群体事件应急方案，完善市场监测体系，确保生活必需品的正常供应。

抓好机关自身建设。2010年，曲靖市全面开展“创先争优”活动，结合商务工作实际，提出争当“勤奋学习、遵纪守法、增进团结、促进工作、廉洁自律”的5个模范和“业务工作进位争先，优质服务争前列，商务工作创佳绩”的创先争优目标。围绕创建“学习型组织、学习型机关”的目标，以学习型组织建设促学习型机关建设，在局机关开展创建学习型机关，争当学习型干部活动。开展效能型机关建设，贯彻落实市政府关于行政问责的“四项制度”、市委关于加快经济社会发展软环境建设的“七项制度”，《信息公开条例》等，年内，全局受理服务承诺事项报件207件，涉及承诺件114件，限时办结207件，限时办结率达100%，首问首办件207件，首问首办率达100%，投诉件为零。以精神文明创建为抓手，全力推动党建、廉政建设和创先争优、维稳等活动的开展，更好服务于中心工作。加强干部职工教育培训，组织中国东盟贸易知识及政策、境外投资政策、商务信息化建设和商务执法等5期培训，培训人员近360人；安排相关人员参加商务部药品流通管理、“放心肉”体系建设、商务行政综合执法以及商务厅信息化建设等培训。

（刘省贤）

商贸管理

【农村流通网络建设】　2010年，曲靖市继续实施“万村千乡市场工程”，争取各级财政资金604万元，建设和改造170个农家店和6个配送中心，带动社会投资9185万元，新增农村商业面积18470平方米，完成市政府确定的目标任务。农家店县、乡（镇）的覆盖率达到100%，行政村覆盖率达到98%以上，高于全省60%的水平，基本形成以城区店为龙头、乡级店为骨干、村级店为基础的适应农村现代流通的网络。在扩大农家店覆盖率和提高配送率的同时，进一步加强农家店的质量建设，拓展为农服务领域，增强“一网多用”功能，累计创建食品安全店150个，农家店已成为老百姓心中的放心店、安全店、实惠店、品牌店，取得明显的经济效益和社会效益。编制《曲靖市城乡商品市场专项规划》，实施“双百市场工程”、“乡镇农（集）贸市场改造工程”和“农产品专业批发市场工程”。年内，争取省、市财政补助资金470万元，带动投资34708万元，开展商品市场规范化、标准化建设改造项目30个，完成市政府确定的目标任务。为扩大曲靖产品市场，搭建电子商务营销平台，建立“曲靖产品全球电子商务推广平台”，推进全市的企业及产品走向市外、省外及国际市场。充分利用“新农村商网”等电子商务网站平台，做好农产品网上购销对接，年末，全市实现网上成交总额突破1亿元。

【“两下乡”工作】　2010年，曲靖市有效推进“两下乡”工作，充分利用报纸、电视、广播等新闻媒体加大政策宣传力度。组织开展“家电下乡”销售网点专项整治工作，规范销售网点行为。进一步健全和完善销售和售后服务体系。年内，销售家电下乡产品245721台，销售金额4.5亿元，已累计销售家电下乡产品331422台，销售金额5.8亿元，已兑现补贴7253万元，汽车、摩托车销售81462辆，销售额12.65亿元，已兑现补贴资金1.26亿元，累计销售143585辆，销售额22.33亿元，已兑现补贴2.22亿元。家电下乡销售数量和金额位居全省第一。

【商务服务业】　2010年，曲靖市服务业发展加快。着力打造曲靖特色餐饮品牌，实施“名企、名店、名菜、名厨、名师”工程，促进曲靖餐饮业发展。在年内中国烹饪协会、云南省商务厅开展的“2010年云南省餐饮业品牌表彰活动”中，仟和等3家餐饮企业获“云南省餐饮名企”称号，热带森林等8家企业获“云南省餐饮名店”称号，9名厨师获“中国滇菜烹饪名师”称号，1名厨师获“中国滇菜餐饮服务名师”称号，两组宴席获“中国滇菜名宴”称号，20道菜品获“中国滇菜名菜”称号，3个小吃获“中国滇菜名小吃”称号，获奖数名列云南前茅。在第六届珠江源美食节期间，组织评选百强餐饮企业、百优经理、百优服务员、百优厨师。“宣威火腿”被认定为“中华老字号”。年内，全市完成零售额31.7亿元，同比增长18.4%。推进社区商业建设，开展“便利消费进社区，便民服务进家庭”为主题的社区商业“双进”活动，4个社区获国家商业示范区称号。组织实施“家政服务工程”，培训家政服务员600名，推进家政服务业发展。洗浴洗染、美容美发、维修服务有序发展，典当、拍卖行发展有序推进，服务功能不断完善；开展商业节能减排工作，全市100平方米以上的商业设施高效节能灯使用率达91%，培育和创建绿色饭店，曲靖官房大酒店等7家企业获“中国绿色饭店”称号，超额完成“十一五”节能目标，促进商贸服务业健康发展；组织企业参加国内会展，参加北京云南商品大集、中国食品博览会、昆明新春购物街，为全市企业产品拓展市场搭建平台。

【商贸流通重点建设项目】　2010年，曲靖市抓住国家实施扩大内需的政策机遇，引导民营资本投资商贸物流项目，加快推进商贸物流项目建设步伐。全年全市重点推进投资额在500万元以上的商贸物流项目67个，总投资397568.3万元。商贸流通重点建设项目的推进，加强了商贸流通基础设施建设，进一步改善城乡消费硬环境。

【市场监管监测】　2010年，曲靖市加强市场运行监测，完善市场运行监测体系，组织68户企业进入商务部、省商务厅和市级商品市场监测系统，重点跟踪监测粮食、肉类、蔬菜、食糖等生活必须品和农资、成品油、钢材、水泥等重要生产资料市场运行状况，及时掌握市场供需情况，为准确反映供求变化、调剂市场供应发挥重要作用；做好生活必须品、重要生产资料商品市场保供工作，修改完善《曲靖市成品油保障供应工作实施方案》，健全完善成品油市场供应应急预案和保供机制，制订《稳定物价消费总水平保障蔬菜猪肉和日用品市场供应工作方案》，健全完善生活必需品市场供应应急机制，实行突发公共事件生活必需品统计报告制度和突发公共事件生活必需品应急供应联席会议制度。建立和完善市级重要物资储备制度，实施市级猪肉储备，落实省级猪肉储备活体承储企业 7 户 3.2 万头，火腿承储企业 2 户 300 吨，冻肉承储企业 1 户 350 吨。落实市级猪肉储备活体承储企业 11 户 1.87 万头，有效提高市场保供能力，尤其是上半年的严重干旱中抗旱物资、蔬菜保供上，下半年稳定物价消费总水平和生活必需品及成品油保供工作中发挥作用。加强流通领域食品安全监管，进一步强化酒类流通监管，年内，全市酒类流通备案登记 11385 余户，发放酒类流通随附单近 10 万份，实现县城以上城市酒类流通备案登记100%。县级生猪定点屠宰、无害化处理达 100%，3 户屠宰企业进入商务部标准化改造项目，争取改造补助 64.5 万元。完成 5 户屠宰企业的升级改造工作，组织开展生猪屠宰、强化畜禽屠宰监管确保肉品质量安全专项整治工作，确保人民群众喝“放心酒”、吃“放心肉”。抓商务综合执法推进，促市场秩序规范。开展诚信兴商宣传活动，制订《曲靖市商务领域“诚信经营”示范创建活动方案》，举行以“诚信兴商、和谐发展”为主题的现场宣传咨询活动，推进诚信兴商工作有序开展；加大商务综合行政执法力度，开通“12312”举报投诉服务电话，共接到举报投诉 2 件，查处 2 件，受理结案率100%。加大商务综合行政执法宣传力度，组织开展知识产权保护活动，制订《曲靖市打击侵犯知识产权和制售假冒伪劣商品专项行动实施方案》，牵头组织开展知识产权保护、成品油市场、无牌无证机动车、拼装车、报废机动车和走私进口车及切割件等专项整治活动，依法加强了报废汽车回收、茧丝绸、直销等特种行业监管，全年全市共开展商务综合行政执法 26 次，查处案件 4 件，推进了市场秩序规范化进程。推进商务行政综合执法试点工作，陆良、会泽县商务局被商务部正式列为全国第三批商务行政综合执法试点单位。举办全市商务综合行政执法培训班，推进商务行政执法规范化进程。

（刘省贤）

对外贸易

【简述】 2010 年，曲靖市完成外贸进出口总额 21743 万美元，比上年增 28.8%，完成省政府和市委、市政府确定增长 20% 的目标任务。其中：出口 19994 万美元，同比增 132.9%；进口 1749 万美元，同比降 78.9%。各县（市）区进出口业绩为：麒麟区 2826 万美元、沾益县 3058 万美元、罗平县 2146 万美元、马龙县 1441 万美元、宣威市 2745 万美元、会泽县 922 万美元、陆良县 841 万美元、富源县 82 万美元、师宗县为零、曲靖经济技术开发区 7684 万美元。

【外贸企业】 2010 年，曲靖市外贸企业有新发展，年内新登记获进出口经营权企业 19 户，累计 197 户。有进出口业绩企业 35 户，同比增 6 户，进出口 100 万美元以上企业 22 户，实现进出口 21122 万美元，占全市进出口总额的 97.1%。列前 10 位的重点企业分别是：云南云峰化学工业有限公司 2745 万美元、曲靖市益兴贸易有限公司 2336 万美元、曲靖联合印染有限公司 2109 万美元、曲靖市沃商贸易有限公司 1692 万美元、沾益县博浩生物科技有限公司 1615 万美元、云南罗平锌电股份有限公司 1610 万美元、云南驰宏锌锗股份有限公司 1450 万美元、曲靖市金顺通商贸有限公司 1198 万美元、云南马龙产业集团股份有限公司 1160 万美元、曲靖市顺翔经贸有限公司 911 万美元。

【出口商品】 2010 年，曲靖市出口商品有 53 个，同比增 12 个。出口 100 万美元以上的商品有 21 个，列前 10 位的重点商品分别是：花布 2108 万美元、万寿菊浸膏 1650 万美元、黄磷 793 万美元、尿素 686 万美元、维生素 K3 出口 438 万美元、冻罗非鱼 375 万美元、纯碱 347 万美元、炭黑 282 万美元、芸豆 269 万美元、葵花籽 251 万美元。从商品类别分，化工产品出口 6397 万美元，占全市出口总值的 32%；轻纺产品出口 8429 万美元，占 42.1%；农产品出口 3641 万美元，占 18.2%；机电产品出口 12 万美元，占 0.1%；矿冶产品出口 1517 万美元，占 7.6%。轻纺产品、农产品出口增长较快，同比分别增长 303.5%、45.1%，成为曲靖市第一和第三大类出口产品。

【出口市场】 2010 年，曲靖市出口市场有 69 个国家和地区，同比增 5 个。列前 10 位的重点市场分别是：越南 1961 万美元、墨西哥 1685 万美元、贝宁 1058 万美元、日本 616 万美元、多哥 567 万美元、美国 501 万美元、印度 393 万美元、西班牙 340 万美元、韩国 299 万美元、冈比亚 261 万美元。在出口主要贸易伙伴中，出口东盟 2530 万美元，同比增长 171.5%，越南是主要贸易国。此外，拉美增长 45.6%，美日增长 43.2%，欧盟下降 38.9%。

【贸易方式】 2010 年，曲靖市一般贸易占据主导，加工贸易增长显著。全年一般贸易进出口 21148 万美元，占全市进出口总额的 97.3%，加工贸易进出口 595 万美元，同比增长 36.5%，占全市进出口总额的 2.7%。

【进口情况】 2010 年，曲靖市完成进口总额 1749 万美元，同比降 78.9%，由于云维集团和罗平锌电 2009 年进口基数较大，2010 年两公司同比减少进口 6586 万美元，导致全市进口大幅下降。

（李关惠）

对外经济合作

【简述】 2010 年，曲靖市对外经济合作发展趋势良好，新增境外投资 100 万美元，新增橡胶种植面积 8500 亩和桉树面积 8200 亩，外派劳务 80 人，中端外派劳务有新的突破。

【境外投资项目】 2010 年，云南省宣威市荣祥经贸公司在老挝独资投资的两家公司，即：老挝荣祥矿业钢铁有限公司和老挝荣祥橡胶发展有限公司，两个公司生产经营进展顺利，新增投资 100 万美元，新增橡胶种植面积 8500 亩。

【境外罂粟替代种植】 2010 年，曲靖市石诚工贸公司在老挝北部乌多姆赛省独资投资成立的老中云靖石诚经济林种植开发投资公司，完成境外罂粟替代桉树种植面积 8200 亩。

【外派劳务】 2010 年，曲靖市由商务部门牵头，协同相关部门开展外派劳务规范工作，指导外派劳务基地搭建对外劳务合作服务平台，引导外派企业和劳务人员从正规渠道招聘劳务人员和到境外就业，从源头上解决外派劳务工作中出现的“私招乱募”等方面的问题，维护全市外派劳务人员的合法权益，全市外派劳务市场秩序井然。

（黎中飞）

餐饮和住宿业

【简述】 2010年，曲靖市餐饮和住宿业快速发展，完成零售额31.7亿元，比上年增长18.4%，增幅同比提高8个百分点。随着经济和市场的发展变化，各类餐饮形式迅速发展起来，根据不同消费需求，餐饮业高档化、平民化、特色化等不同的餐馆稳步发展，经营风格、经营模式和经营品种贴近市场，大众消费逐步成为餐饮消费的主流，从而带动餐饮住宿业零售额持续较快增长。

【餐饮品牌表彰活动】 2010年，曲靖市贯彻《云南省人民政府关于促进餐饮业发展的意见》，推动餐饮企业品牌建设。由中国烹饪协会和云南省商务厅举办的2010年云南省餐饮业品牌表彰活动中，全市餐饮业共获得“云南省餐饮业名牌企业”3家、“云南省餐饮名店”8家、“中国滇菜烹饪名师8名、餐饮服务大师名师1名和“中国滇菜名宴、名菜、名点、名小吃”共29道，获奖数名列前茅。

【绿色饭店创建】 2010年，曲靖市商务局在全市范围内继续开展绿色饭店创建活动，核心是为顾客提供符合环保、健康要求的客房和餐饮。全市通过组织，官房大酒店等7家企业获得了“中国绿色饭店”称号。年内，全市共有12家企业获“中国绿色饭店”称号。通过开展创建绿色饭店活动，企业节约经营成本，社会减少了排放。

【美食文化】 2010年9月27日至10月3日，曲靖市第六届珠江源美食文化周在麒麟区举行。美食文化周期间，全市组织餐饮企业开展“百优经理、百优厨师、百优服务员”的评选活动，经过初评、终审，最后评选出餐饮行业内的100名优秀经理、100名优秀厨师、100名优秀服务员。

【名特优商品展】 2010年9月18日至10月3日，曲靖市在麒麟区举办名特优商品展销活动，参展商品为全市生产的名特优新农产品，轻纺产品、食品以及旅游商品，展销活动组织450个标准展位。

（肖云英）

招商引资

【简述】 2010年，曲靖市招商引资工作坚持以“大招商、招大商”战略，依托优势资源，以项目为支撑，以产业为纽带，以园区为平台，通过严格考核、奖惩、问责，创建了招商引资大格局，全市招商引资总量连续八年排名全省第二，全市社会固定资产投资比例在20%以上。

【国内合作】 2010年，曲靖市实施国内合作项目169项，其中：筹建项目15个，在建项目96个，完成项目58个。项目总投资1238亿元，市外投资方总投资1221亿元，实际到位市外国内资金195.6亿元，完成市政府下达的全年市外到位目标任务数114.7%，比上年增35.5%，其中：省外到位资金124亿元，完成省政府下达的全年目标任务数118%，完成市政府下达的全年省外到位目标任务数的113%。投资方分别来自国内的18个省（市）区，投资涉及能源、矿冶、化工、基础设施建设、生物资源开发、商贸流通、机械加工制造等领域。

【实际利用外资】 2010年，曲靖市新批外商投资企业6户，总投资16740.55万美元，合同利用外资7864.87万美元。年内，全市实际到位外资2166.58万美元，完成省下达目标任务的100.8%。投资方分别来自加拿大、菲律宾国家和香港地区，投资涉及矿冶、生物资源开发、新型能源等领域。

【招商项目】 2010年，曲靖市共向市直相关部门和各县（市）区征集招商项目260余个，通过对项目进行分析、论证、筛选、补充、完善，整理出137个项目，经过征求发改委、交通局、城建局、旅游局等市直有关部门的意见，挑出100个曲靖市重点招商引资项目分门别类编印成册在昆交会前推出招商，其中：生物类29个，工业、能源类项目38个；商贸、物流类项目11个，旅游、度假类项目22个。8月，根据省招商合作局推出并实施新的招商引资项目开发工作机制的要求，在全市广泛集征一次项目，共征集到60余个项目，通过筛选、整理22个上报省招商合作局，选中8个作为省级重点招商项目。

【会展招商】 2010年，在第十八届昆交会上，曲靖市签约招商引资项目52项，项目总投资（内资）302亿元，（外资）9231万美元。签约项目中国内合作成交项目48项，拟利用外资项目4项，合计52项，其中参加昆交会省级签约项目37项，外资项目4项，项目协议总投资276亿元，外资9231万美元。协议（合同）引进市外国内资金269亿元，其中省外投资项目20个，总投资173亿元，合同（协议）引进省外国内资金161亿元。合同（协议）利用外资6662万美元；纳入昆交会成果统计国内合作项目15项。项目总投资26亿元，合同（协议）引进市外国内资金26亿元，其中省外投资项目5个，总投资7亿元，合同（协议）引进省外国内资金7亿元。签约项目涉及煤化工、矿冶、农业、林业、轻工、食品工业、商贸、电力、建材、生物制药、房地产、基础设施、科技、教育等14个行业，投资分别来自法国、英国、泰国和香港特别行政区及内陆北京、上海、浙江、广东、广西、江苏、四川、山东、陕西、湖南等10个省（市）。在昆明成功举办第八届东盟华商投资西南项目推介会暨亚太华商论坛曲靖招商推介会，省侨办主任杨光明主持推介会，市委书记赵立雄致欢迎词，市长岳跃生向来自23个国家、地区，47个华商组织的近400余名侨商进行项目推介，市级四班子主要领导、分管联系领导、秘书长，各县（市）区委、政府主要领导、分管领导、招商局长，市直相关部门负责人出席推介会。期间，市委书记赵立雄、市长岳跃生分别会见25名知名华商和在曲靖有投资意向的重要客商。6月17～19日在南京举行的第三届中法地方政府高层论坛，市长岳跃生向参会的法国企业代表团及有关省、市的地方政府领导介绍了曲靖经济社会的发展情况及曲靖今后的发展方向和重点领域，同时就云南（曲靖）农业食品科技示范园项目的建设、招商及发展前景做了详细推介，让更多的法国客商和地方政府领导认识、了解曲靖。

【曲靖市荣获中国最具竞争力城市100强等三项殊荣】 2010年7月29日，由中国上市公司发展研究院、中国城市发展研究院、中国排行榜网站、《南方企业家》杂志社共同举办的“2010中国上市公司与城市发展论坛暨中国上市公司最具竞争力100强、中国最具竞争力城市100强、中国最佳投资城市、中国上市公司最信赖律师事务所发布会及投资对接交流会”上，曲靖市荣膺“中国最具竞争力城市100强、中国上市公司最具竞争力100强、中国最佳投资城市”三项殊荣。中央电视台、广东电视台、搜狐网、证券时报等媒体对此进行广泛报道，曲靖市招商合作局代表市政府赴广州参加会议并领取三项荣誉。

【中德财政合作项目】 2010年2月25日，中德财政合作—云南农村贫困地区可持续发展项目实施动员会在宣威市召开，该项目历时7年的前期工作及实施准备，历经项目文本申报、考察评估、可行性研究、协议签署、咨询公司国际招投标、项目工程招投标等6个阶段的工作。项目涉及会泽、宣威7乡（镇）23个行政村及106个自然村，近4万农民受益，其中受益贫困人口约占受益总人口的60.2%。项目总投资预算6187.43万元人民币，其中德国复兴银行赠款300万欧元（约合2990.00万元人民币），国内省、市、县配套资金2948.42万元，受益人投劳折资249.01万元。主要建设内容是农田水利灌溉、人畜饮水及水土保持工程。

（杨 峰）

供销合作

【简述】 2010年，曲靖市供销系统以服务社会主义新农村建设为主线，加强基层网络建设，强化农资销售，提升日用消费品配送服务，全面推进供销社改革发展与体制创新，各项工作取得新成绩。年内，全系统实现经营总额37.7亿元，比上年增长27.5%；销售各种化肥84.5万吨，增3.2%。实现税利7402万元，增23.6%，其中，实现利润5093万元，增30.62%；发展“两社一会”3125个。全行业4147名离退休职工100%参加社保，在职职工收入稳步增长，年人均达到1.3万元以上，参与供销社经营的农民人均年收入都过万元，呈现行业稳定发展、职工收入稳步增长的良好局面。商品购销两旺，经济效益不断提升，经营体制逐渐创新，自身建设得到加强，发展环境日趋改善，改革与发展工作稳步推进，实现平稳较快发展。曲靖市供销社基本走出改革的困境和市场的迷局，改革获得两个文明双丰收。在全省供销社系统年度综合业绩考核中荣获特等奖，曲靖市供销社的改革与发展已跻身全国先进行列。7月14日，曲靖市供销社被全国供销合作总社列为为数不多的改革与发展联系点。

【全国县级供销合作社工作经验现场会】 2010年6月28～30日，全国县级供销合作社工作经验现场会在曲靖市召开。来自全国30个省（市）自治区和新疆建设兵团供销社系统的300多名代表参加会议，全国供销合作总社党组书记、理事会主任李成玉出席会议。李成玉实地参观了曲靖市麒麟区大豆专业合作社、三宝黄旗综合服务社、越州横大路综合服务社，陆良县板桥乡级配送中心，宣威市板桥永安综合服务社、鹏跃饲料厂、农特产品配送中心和农资交易中心。李成玉在听取曲靖工作汇报后，在6月29日上午大会上讲话，对曲靖供销社的改革发展工作给予充分肯定，全面深刻解读曲靖经验。指出曲靖市提出“新供销、新机制、服务三农、互利共赢”的发展思路，是供销合作社向农民的一个承诺，也是供销合作社人自身的目标。

【农资经营】 2010年，曲靖市供销系统结合“新网工程”、“乡村流通工程”的建设，标准化、规范化地建好农资经营网点，全系统4300个农村服务网点，控制80%以上的农资市场份额；因地制宜、灵活多变地完善促销机制，采取以赊促销、以物易肥、送货上门、跟踪服务等多种形式扩大销售，在全市范围绝大多数的农村，保证2个小时内服务到位；市（县）区农资公司在做好化肥淡储的基础上，对区域内的化肥供应实行有效调剂，做到总量平衡与结构平衡；配合工商部门清理整顿农资市场，取缔无证照经营和打击假冒伪劣农资商品，维护市场秩序，保护农民利益，扩大供销社的市场份额；注重边、贫地区的农资供应和救灾应急化肥供应，实行价格自律，保证供应。做到能应急、不断档、不脱销，为曲靖市的农业生产提供坚实的物资保障。

【网络建设】 2010年，曲靖市供销系统重建“乡村流通服务体系”，已基本成型。加强化肥仓储服务设施建设，新建化肥仓储服务设施5万平方米，9个县（市）区的农资公司已通过改革提升为服务功能齐全、高效便捷的农资配送中心；恢复和发展农资销售网点1900多个，形成较为完整的农资服务体系，构建配送、信息和科技咨询服务3个平台，形成上联农资生产厂家、下联乡村农资连锁店，集采购、物流、配送、零售和科技服务为一体的农资服务体系，为农民提供安全、放心、经济、优质的农资产品和技术服务。县级日用消费品配送中心建设按照统一标识、统一配送、统一质量管理、统一明码标价的要求，重点推进，已有会泽、宣威、沾益、麒麟和罗平5个县（市）区建成，其余的正在筹备。农村规范化网点建设是主攻农村的一个突破口，也是在改革发展中供销社增强服务“三农”能力的重要载体和标志。年内，新建规范化网点253个，改造网点87个，全部农村网点已恢复和发展到4300个，日用消费品服务体系建设有初步的框架。专业合作社建设顺利推进，已发展到园区化、工厂化和龙头型、大户带动型的各类专业合作社495个，经营的农贸市场26个，经营总额达到15亿元，服务农民28.3万户，经营总额上1000万元的已增加到4个，500万元以上的增加到64个。

【创新机制】 2010年，曲靖市供销系统在改革发展中注重体制机制创新，这项工作是深化改革的重点和难点。联合社与社有企业之间有持股、参股的，参与经营管理，没有持股、参股的，完全市场化运行。在改革中，建立现代企业制度。为适应市场经济的变化，131户社有企业在改制之后普遍建立以股份制、股份合作制为主的现代企业制度，在企业制度建设上有新的突破，经营机制实现与市场经济对接。转变经营方式，实行连锁配送、委托代理等现代市场经济的手段和方式方法，开架售货、明码标价、公开承诺、配送服务等经营形式在新建网点中普遍推行。完善经营机制，实现经营管理体制与农村网点的有效对接，增长方式发生根本性变化，有效促进行业快速发展。自主创新机制建设，以理念创新引领发展模式创新。宣威市的改革被省委副书记李纪恒批示为“可学可推”的经验在全省推广，麒麟区率先在全省实现农村网点全覆盖，会泽县探索出贫困山区供销社的发展路子，师宗县与农民联手搭建农产品销售平台，马龙县以专业合作社推进亿元产值的食用菌产业发展，沾益县重建日用消费品配送中心，陆良、罗平、富源县稳操控农资市场。自主创新，让曲靖供销走出改革困境和市场迷局，成为“三农”服务强势品牌。

【自身建设】 2010年，曲靖市供销系统强学习、转作风、强队伍。针对供销社队伍思想实际，在机关建立党委理论中心学习组、职工学习制度，围绕创先、服务和发展三种意识，承诺、践诺，扎实推进创先争优活动向纵深发展，供销社干部职工务实创新“二次创业”氛围在追赶超越中已形成。按照指导、协调、服务职能要求，全面开展供销社改革与发展调研，排查一系列影响和制约供销社改革与发展的问题，主动提出解决问题的意见建议，全方位地协调县（市）区有关部门关心和支持供销社改革，确定仓储服务设施建设、农村网点规范化建设，开展联合与合作推进发展等重要环节作为工作突破口，按照分类指导的要求，市社领导班子实行分片联系和一县一策、一企一策指导制度，工作收到典型引路、全面推动的实际效果。多次召开现场会，按要求组织外出学习，开阔视野，增强改革与发展的信心和决心。加强党风廉政建设，推进效能政府四项制度落实，强化廉洁从政、服务基层、服务农民意识。落实县以上在职人员参公管理，解决有人办事的问题。采用股份制和聘用制，选举和聘用83名乡镇供销社主任，80%的乡镇恢复供销社建制。累计培训农村经纪人达18690人（次），吸收农民5000多人参与供销社经营服务，一大批流通领域的行家里手加入到供销社。承办代表、委员提案，配合和参与人大代表、政协委员对供销社改革与发展的调研、视察。

（陶光平）

粮油流通

【简述】 2010年，曲靖市粮食系统围绕保障区域粮食安全、维护市场粮价稳定、促进粮食经济发展，采取有力措施，加强宏观调控，保障市场粮油供应；加强监督检查，维护粮油市场秩序；深化国有粮食企业改革，提升企业竞争力；加强粮油基础设施建设，提升粮油仓储能力，市场供给实现供需平衡。建立市、县两级市场供应预警机制，实时监控市场供给状况，形成3个供给保障体系：储备保障体系，全年在逐步落实市县两级粮油储备规模的基础上，争取到中央和省级储备规模10万吨，保障地方粮食数量充足，落实市级食用植物油储备250万千克。企业主导体系，组织国有粮食企业与东北、湖南、湖北等粮食主产地建立长期购销合作关系，充分发挥粮油市场供给的主渠道作用。年内，全市国有粮食企业购入粮食（原粮）2.2亿千克，比上年增长5%，有效保障市场供应。市场调节体系，全市粮食行政主管部门引导社会粮食经营户依法诚信经营，特别是在特大旱灾期间，组织粮食经营大户从外省调运粮食9574.1万千克，食用油1324.2万千克，保障储备、军供、灾民口粮供应，确保全市粮油供应不脱销、不断档。

市场粮价实现区域平稳。全市粮食系统严格执行国家粮食最低保护价政策，充分发挥粮食部门职能和优势，适时监控、及时调控，确保区域内粮价长期稳定。特大旱灾期间，为平抑市场粮价，向市场投放1.2万吨中储粮，600吨中央保滇粮在曲靖实行限价销售，350万千克省级临时存储粮在曲靖周转，300万千克省级储备粮提前轮换。

储备粮油实现科学管理。年内，全市国有粮食企业投入近千万元建设部分粮库电子测温、环流熏蒸、机械通风设施，全市95%以上的粮库达到科学储粮标准，各级储备粮油实现专人、专账、专仓存储，质量完好、数量真实、账实相符，粮食安全。

【粮油经营】 2010年，曲靖市国有（国有控股）粮食企业发挥粮食购销主渠道作用，加强粮油购销，保障市场供应，稳定市场粮价。全年收购粮食232991吨，同比增长9%，销售粮食234101吨，同比减少1%，实现销售收入56237.3万元，同比增长5%，销售利润36.9万元，同比减少10.9%，全行业实现扭亏增盈。

【粮油市场监管】 2010年，曲靖市粮食行政管理部门依据《粮食流通管理条例》，对全市粮食经营企业的粮食经营行为进行有效监督检查，依法打击囤积居奇、以次充好、哄抬物价等非法经营行为，在执行国家粮食政策，维护粮食市场秩序，稳定粮食价格等方面发挥作用。加强清仓查库，保障储备安全。市粮食局根据《云南省粮食局关于开展全省粮食库存检查工作的通知》精神，抽调100余名业务骨干，按照“有仓必到、有粮必查、有账必核、查必彻底”的原则，对全市辖区内国有粮食企业承储的各级储备粮、企业的商品粮和市级储备油开展数量、品种、质量和粮权归属等方面全面清查。加强储备管理，落实储备规模。全市粮食系统按照“储粮科技化、管理规范化、环境优美化”要求，健全制度、完善措施，严格流程、科学管理，添置设备、不断提高科学储粮水平。加强质量监督，维护流通秩序。市粮油产品质量监督检验站在常规监督基础上，加强粮油产品质量监测和检验，防止不合格粮油产品进入流通领域。年内，市粮油产品质检站完成97个粮油样品检验化验工作，代表数量为5865.7万千克。市粮油市场监督管理支队依法开展粮食收购许可年检，依法取缔15户不符合粮食收购条件经营户的粮食收购资格。

【科学储粮工程】 2010年，曲靖市大力争取国家农户科学储粮项目在曲靖实施，全市完成1.02万户科学储粮示范户建设，项目资金由中央补助30%、省级财政配套30%、农户自筹40%，完成总投资367.2万元。项目完成后，能有效减少农户储粮过程中因霉变、鼠害等因素造成的粮食损失150多万千克，大大改善自储粮食卫生状况，有效提升粮食品质。

【政策性粮油供应】 2010年，曲靖市军供粮油实现市级统筹。充分发挥市场配置资源作用，降低军粮采购成本，节约费用开支，稳定军粮价格，保证军粮质量。应急保障实现应保尽保，全市粮食系统分级建立粮食应急预案，确定应急加工企业3家，日加工能力400吨。年内，全市动用地方储备粮384.55万千克，解决因旱受灾群众口粮供应，保证中心城区、受灾地区、敏感地区粮食平稳供应。

【粮食应急体系】 2010年，曲靖市在执行好《曲靖市市级储备粮应急预案》、《军粮供应应急预案》的基础上，市政府出台《粮食临时供应应急保障预案》，各县（市）区制定相应的应急预案和粮食临时供应应急保障方案，明确粮食应急和军粮供应定点加工企业，完善粮食应急软硬件设施建设，粮食应急保障能力和应对粮食突发事件的能力显著提高，保证在紧急情况下粮食调得进、供得上。

（崔建宝）

物资流通

【简述】 2010年，曲靖市物资总公司和市级物资企业坚持“学习打头阵，经营强支撑，管理是生命，维稳作保障”，经营拓市场，管理增效益，维稳促和谐，销售收入比上年增13%，实现利润增11%，上缴税金增24%。

【市场开拓】 2010年，6户市级物资改制企业针对各自实际，实施“主业挖潜，他业延伸”战略，拓展市场营销。实现销售收入25196万元，比上年同期增2849万元。生产资料交易公司优化二手车交易流程服务，实现销售收入2851万元，比上年同期增1135万元，同比增66%。民爆专营公司重点抓住煤矿炸药销售，实现销售收入2.16亿元，比上年同期增1900万元，增10%。

【企业改革】 2010年，曲靖市级物资企业着力解决建立健全现代企业制度突出问题。物资再生利用公司进行董事会和执行监事换届选举，重新聘任总经理、副总经理、财务总监等高层管理人员。民爆专营公司按集团化模式规范内部机构设置及其运行管理。新业物资开发中心以部分“先养后退”和自谋职业人员要求股权纷争为契机，进一步理顺股权关系。

【企业发展】 2010年，曲靖市级物资企业坚持“管理增效益”，6户物资改制企业，实现利润497万元，比上年同期增51万元，同比增11%。和源泰化建公司在房屋租赁和盘活资产中引入公开竞争和招投标机制，实现利润32万元，比上年同期增14万元，同比增78%。民爆专营公司在加强决策管理、财务与资产金管理、经营项目管理的同时，聘请专业咨询公司设计企业形象，优化企业管理流程，着力解决企业管理中突出问题，实现利润393万元，比上年同期增35万元，同比增10%。

（唐玉良）

盐业购销

【简述】 2010年，云南盐化曲靖分公司按照“布局合理、购买方便、辐射周边”原则，在全市各个销区市场开展食盐营销网络建设工作。至年底，全市已经建立食盐连锁店145个，下设办公室、财务部、营销部、市场部及麒麟、宣威、富源3个碘盐配送中心，在岗员工32人。

【食盐运销】 2010年，云南盐化曲靖分公司实行分月计划、按季考核模式，各销售部门深入到各乡（镇）、村和农户家中，详细调查社会库存。加强和食盐配送站（点）、代转批单位沟通，耐心细致地和下游客户做工作，申明食盐供应重要性，在正常销售同时，保持合理库存，针对库存较薄弱和市场混乱区域适时开展配送服务。全年实际销售盐产品38914.5吨，其中：500克纸塑袋盐28500.4吨，10千克畜牧盐796.8吨，食品加工用盐5352.4吨，平衡营养盐233.1吨，248克纸塑袋盐4.6吨，日化盐1.1吨，肠衣盐119.8吨，无碘盐0.824吨，工业盐3906.1吨。

【内部管理】 2010年，云南盐化曲靖分公司完善制度建设，加强三标一体化管理体系宣传和培训，各部门在每周组织开展标准化管理制度学习和讨论，提出合理化建议。增强员工服务意识、质量意识、环境意识、责任意识。分公司考核小组对员工日常工作进行全过程监视和测量，让员工平时表现与收入挂钩，增强员工自律性、主动性和积极性，提高工作效率。注重提高服务质量。开展送盐下乡、送盐上门，方便客户，确保市场供应；严把盐产品进库、出库质量关，杜绝将破包、污染等不合格盐产品投放市场；设置顾客意见簿和顾客投诉电话，倾听客户心声，以优质服务取信顾客，以顾客满意为宗旨；加强与网点客户沟通联系，定期不定期走访客户，了解客户需求和市场信息。

【食盐价格】 2010年，云南盐化曲靖分公司经发改委批准，实行全省、县、乡以上市场统一零售价，具体为：批发价500克纸塑袋盐每吨2222元，零售价：城区每袋1.30元、乡镇每袋1.40元；平衡营养盐批发价为每吨3077元，零售价为每袋1.80元（500克）。

【食盐质量监测】 2010年，云南盐化曲靖分公司根据食品卫生有关部门及云南省盐产品质量监督检验站要求，认真进行到货质量检测，于每季度将所购食盐抽样送省盐产品质量监督检验站对有关指标进行化验分析，形成书面质检报告。经过抽检，分公司食盐标准均全部达到国家优质食盐标准。

食盐连锁网点挂牌。

（吕淼/摄）

【盐政管理】 2010年，云南盐化曲靖分公司开展盐政委托执法检查工作，开展“进村、进户、进店”的“三进”活动。针对一些经济落后地区、偏远山区和农村，开展形式多样的宣传、教育活动，加强食盐安全教育及消除碘缺乏危害健康教育。利用“3·15”消费者权益保护日和“5·15”防治碘缺乏病宣传日，组织执法人员参加宣传活动，发放盐业法规、碘缺乏危害教育等宣传材料；将监管重点和工作重心下移，加强对薄弱环节集中整治。加大对分散在社区、城乡结合部、村镇各类批发市场、集贸市场、小加工作坊、小食品店、小餐馆监管力度，防止工业盐、不合格食盐、假冒伪劣食盐流向农村市场。年内，共查处各类盐业行政违法案件80起，查获各类违法盐产品195.5吨，全市已核发《食盐零售许可证》1.6万个，合格碘盐营销网络正在进一步向自然村推进。

（吕 森）

石油购销

中石化曲靖石油分公司

【简述】 2010年，中石化曲靖石油分公司拥有固定资产总额4.2亿元，年成品油经营突破60万吨，年销售收入达38亿元，成为曲靖市网络最健全、设施最完善、规模最大、实力最强的石油成品油经营企业。年内，面对销售和保供压力，公司在抗旱保供、资源紧张时期，发挥主渠道作用，调配资源，投入市场，保证市场正常供应。

【业务发展】 2010年，中石化曲靖石油分公司重视指标分解工作，传递压力，加大对零配、直销、非油品、长城润滑油等单项销售考核奖励力度，掀起全员营销热潮。在员工中开展“比素质、比技能、比干劲、比贡献、比和谐，盯目标、盯进度、盯考核、盯效果、盯稳定”的“五比五盯”活动，公司全体员工一起分析市场、走访客户、挖掘销售增长点。在管理方面，公司按照“改革回头看”的要求，加大县公司分设力度，同时增加一线销售人员。加大与电信、移动、烟草合作力度，开展送加油卡交叉营销活动，提高IC卡持卡消费比例。年内，共销售成品油6亿千克，比上年增长9%；销售长城润滑油231.2万千克，销售长城润滑油同比增长6.7%；IC卡联网站达96座，发卡点49座，IC卡全年持卡消费比例16.9%；配送中心吞吐量为22.95亿千克，比上年增29.33%。

【业务管理】 2010年，中石化曲靖分公司开展“比学赶帮超”、“强三基”、“除四害”、“强化管理年”等活动。在“强化经营管理年”活动中，持续推进精细化管理，重点加强队伍建设，开展“创先争优”活动。加大便利店销售人员培训力度，加大督查力度，对便利店商品摆设、现场管理中存在问题进行现场落实、及时整改，使加油站便利店管理水平进一步提升。形成非油品业务和经营管理齐抓共管格局。

【非油品业务】 2010年，中石化曲靖分公司按照“把非油业务当成主业来经营”的理念，全体员工实行“两手抓，两手都要硬”的战略措施，做好油品销售同时，继续转变观念，继续做大做强“易捷”便利店工作。开展“油非互促”活动。全年对各站点活动开展情况进行跟踪、了解、分析、总结，及时调整促销方案，形成非油业务和经营管理齐抓共管格局。充实营销队伍，加大投资力度，改造装修便利店，加大燃油、矿泉水销售量，大力发展地方特色餐饮，多个加油站点开展汽车加水业务。对部分闲置房屋、场地实行公开招投标。开发适销对路商品，大力推广成功营销经验。加大便利店销售人员培训力度，加大督查力度，对便利店商品摆设、现场管理中存在问题进行现场落实、及时整改，使加油站便利店管理水平进一步提升。

（宋 琪）

中国石油曲靖分公司

【简述】 2010年，中石油曲靖分公司隶属于中国石油天然气股份有限公司云南销售分公司，主要负责中国石油在曲靖市场的开发、成品油销售和网络建设等工作。公司秉承中国石油“奉献能源、创造和谐”理念，在维护成品油市场稳定和加强保供等方面发挥作用。公司共有员工1000余人，运营加油站84座，占曲靖加油站总数的20%。年内，销售成品油近3亿千克，承担曲靖地区33%的成品油供应任务，实现产值20多亿元，上缴税金2000多万元，解决500多人就业问题，同时投入近5000万元资金进行加油站安全防范改造和技术升级改造，实现一卡在手全国加油。上半年公司投入1000万元资金在曲靖旱灾区打了10多口深水井，有效缓解车辆加水和周边人口生活用水问题。

【企业管理】 2010年，中石油曲靖分公司坚持以经济效益为中心，以加强运营管理为基础，网络布局在快速扩张中优化，市场份额在竞争中不断拓展，经营销量稳步增加。发展网络工程，构建辐射全市的营销网络。安全环保数质量工作平稳受控，全年实现零事故、零伤害、零污染的目标，亿元产值损失率、千人死亡率、环境污染率等指标达到国内先进水平。通过开展专项整治活动，落实精细化管理，注重人才队伍建设，使管理水平显著提升。

【建设规划】 2010年，中石油曲靖分公司新建的曲靖油库库容达5.4万方，工程总投资近两亿元，至年底建设工程已接近收尾阶段。该库建成投运后年周转能力将达到58万方，加之已有的3.6万方油库，年总周转能力可达9亿千克以上，可满足整个曲靖地区的成品油保供需求。

（易微琳）

非公有制经济

责任编辑　孟德良

综　述

2010年，曲靖市各级各部门应对国内外市场的周期性波动，帮助中小企业克服困难，稳定生产经营，提高中小企业抗风险能力和市场竞争力，发挥中小企业在扩大就业和维护社会的稳定作用。抓好政策落实到位、金融支持到位、服务创优、全民创业、企业创新等措施，切实帮助企业解决融资难、用地难、立项难等突出问题，大力促进中小企业和非公有制经济平稳较快发展。

全市非公有制经济发展成效显著。2010年，全市非公有制经济户数13.1万户，比上年同期增1.7万户，增长14.5%；从业人员42.2万人，比上年增35356人，增长9.1%；注册资金269亿元，比上年增548785万元，增长25.6%；实现增加值413.6亿元，同比增长20%，占区域GDP比重达41.1%，比上年提高1.2个百分点；上缴税金45亿元，比上年同期增10.8亿元，增长31.6%。全面完成省政府下达的增加值、从业人员、上缴税金三项考核指标。

贯彻落实国家、省、市有关非公经济和中小企业发展的政策措施，优化发展环境。学习宣传贯彻落实政策和法律法规，结合曲靖实际，进一步完善对中小企业和非公有制经济政策支持体系；出台专门针对中小企业和非公经济发展政策措施，从进一步放宽市场准入领域，实行公平待遇；加大财税、金融和土地政策支持力度；鼓励支持和引导全民创业；支持企业自主创新；强化服务意识，提高服务水平，优化发展环境；加强领导，强化监督，严格考核等方面提出一系列政策和措施，使非公有制经济发展环境得到进一步优化。在全市规模以上538户工业企业中，非公企业达500户，占92.9%，在纳入重点扶持和重点监测的100户工业企业中，非公企业达84户，占84%，非公经济已成为县域经济的主体力量；大多数骨干重点非公企业都与科研院（所）广泛建立联系。

进一步抓好实施“创办小企业工程”和“中小企业成长工程”。结合曲靖市实际，各工业园区、特色园区和工业聚集区规划、引导和推进建设一批中小企业和非公经济创业基地，推动政策引导、自主创业和社会支持相结合的创业发展长效机制，广泛开展“创办小企业、开发新岗位活动”，以创业促进就业。2010年，全市非公企业同比增加1.7万户，从业人员同比增加3.5万人。有53户企业纳入省级成长型中小企业名单认定，促进企业管理上规模、上水平，重点培育百户以上成长型示范企业，带动全市中小企业快速发展。

争取财税支持，鼓励中小企业和非公经济加快发展。市政府设立500万元中小企业暨非公经济发展专项资金，每年扶持50户左右非公企业加快发展；继续加大税收扶持力度，2010年国税部门对全市非公企业共计减免各类税收17335万元，地税部门共计减免各税款441.28万元，对102户从事个体经营的下岗失业人员免收税务登记证工本费2040元；加强银、政企合作力度，争取银行支持。全年全市商业银行累计办理借新还旧贷款61299万元，展期贷款176629万元，减息240万元，停息挂账2011万元，有效减轻全市困难企业资金压力；借助投资公司、担保公司和小额贷款公司等融资平台建设，加大对中小企业发展融资支持力度；组织有发展潜力、优势特色突出的生物资源开发、农产品加工、新型建材、原材料加工、承接转移轻工业项目及节能减排、循环经济、自主创新等项目，争取国家和省级技改资金、节能减排资金、中小企业和非公有制经济发展资金、乡（镇）企业专项资金及资源综合利用项目等资金支持，鼓励企业上市融资、股权融资和发行债券，多渠道增加对中小企业投入。

健全完善社会化服务体系，为中小企业和非公经济发展提供优质服务。在现有服务平台基础上，进一步调整、充实和完善，最大限度地发挥各类服务平台作用；做好“曲靖市建设国家科技成果转化和中小企业科技创新项目推广示范基地”相关工作，发挥基地对中小企业服务和科技支持作用；充分发挥各类商会、协会等民间组织和中介组织作用，更好地为中小企业和非公经济发展提供优质服务；加快各类园区标准厂房建设，为中小企业搭建发展平台。

引导企业促进技术进步。支持中小企业提高技术创新能力和提高产品质量。支持中小非公企业加大研发投入，开发先进适用的技术、工艺和设备，研制适销对路的新产品，提高产品科技含量；支持中小非公企业加快技术改造，采用新技术、新工艺、新设备、新材料进行技术改造；继续推动中小企业开展省、市技术中心认定工作，已有37户中小企业取得省、市技术中心认定，带动全市进一步提高中小企业的科技水平；引导非公和中小企业集聚发展，按照布局合理、特色鲜明、用地集约、生态环保的原则，支持培育一批重点示范产业集群。

引导支持非公、中小企业开拓市场，发展对外合作与交流。支持符合条件的非公、中小企业参与家电、农机、汽车摩托车太阳能下乡和家电、汽车“以旧换新”等业务；组织骨干中小企业参加全国和区域性的各类产品、技术展览展销活动；支持非公、中小企业开展对外交流与合作，努力开拓国际国内市场。

强化节能减排，淘汰落后产能，转变非公经济发展方式。强化节能减排意识，加快建设资源节约型环境友好社会。坚持把节能减排工作作为转变经济增长方式、调整经济结构、调节经济运行重要手段，实现节能与发展相互促进；坚持推进重点耗能企业技术进步与加强节能减排基础工作相结合，强化企业节能减排主体责任；坚持充分发挥市场机制作用与实施政府宏观调控相结合，努力推进依法节能减排；加快可再生能源开发与节约并举，优化能源生产、消费结构；源头控制与存量挖掘、依法管理与政策激励相结合，形成重点突破、整体推进的节能减排新局面。2010年，单位GDP能耗下降4.6%，淘汰落后产能736万吨，全面完成省下达的目标任务。

引导中小企业努力提高经营管理水平。支持培育中介咨询机构，广泛开展对中小企业咨询服务活动；引导企业加强基础管理，完善法人治理结构；督促企业依法经营、诚实守信，履行社会责任；指导企业开展广泛培训，2010年市经委（非公办）共计组织3期计320名骨干企业高管及主管部门干部进行培训，其中到浙江大学培训人员达100人，同时各县（市）区主管部门和企业组织各类培训2万余人；根据发展新型工业化的要求，促进中小企业利用现代信息技术提高研发、管理、制造和服务水平。

加强领导，全力推进非公有制经济较快发展。各级党委、政府、人大、政协高度重视非公经济发展工作，组织相关部门深入企业开展调研，帮助非公中小企业协调解决发展中所遇到的困难和问题。为应对金融危机影响，促进非公有制经济发展，市委、市政府主要领导带领市级相关部门到全市各县（市）区调研，召开一系列现场办公会，帮助企业研究解决制约发展问题，有力地促进全市非公经济发展。市政协定期召开会议，听取广大非公人士和中小企业法人代表的意见和建议，组织政协委员对非公经济和中小企业发展情况进行调研，帮助研究解决非公经济发展中存在问题。市人大结合检查督促有关促进中小企业和非公经济发展的法律、条例贯彻情况，通过采取听取汇报、座谈、走访和实地察看检查等方式，及时帮助企业解决发展中的一些问题，确保全市非公有制经济实现发展目标起到保障作用。市工商联发挥联系非公人士的桥梁和纽带作用，发展24个行业和异地商会，有会员6836个，其中企业会员1895个，组织开展政策宣传、融资、维权和促进就业等服务。

大河乌猪规模养殖基地。

（沈良启/摄）

引导非公经济人士争做合格的有中国特色的社会主义建设者。在非公经济组织中开展创先争优活动。以“创建先进基层党组、争当优秀共产党员”为主要内容，围绕“实施五工程、开展五创优”要求，非公经济组织创先争优活动取得明显成效。全市召开非公经济组织创先争优活动推进、交流会共321次，深入企业调研指导50余次。2010年，市工商联召开曲靖市第二届“社会主义事业优秀建设者”表彰大会，全市30名非公经济人士受到市委、市政府表彰；有效组织引导非公经济人士中的政协委员、大人代表、特邀监督员等参加各种活动，建言献策，全年共提出议案、提案87件。

开展光彩事业活动。2010年，在参与曲靖市就业和再就业、抗旱救灾、扶危济困的光彩事业活动中，全市民营企业和非公经济人士通过光彩会捐赠230余万元用于新农村建设、抗旱救灾等，光彩会成立3年来，累计接收、拨付光彩捐赠资金1290余万元。

（钱　萍）

个体私营经济

【简述】　2010年，曲靖市个体私营经济保持持续、快速、健康的良好发展态势，总量增加，户数及注册资本再创新高；个体私营经济组织形式进一步优化，经济领域进一步拓宽，行业分布多元化；个体私营经济在发展第三产业上优势明显，社会效益和经济效益显著。

【个体工商户】　截至2010年底，曲靖市实有个体工商户120813户，从业人员205132人，注册资金403920万元，比上年分别增长14.73%、14.62%、29.42%；总产值255268万元、销售总额2113929万元、社会消费品零售额1317948万元，同比分别增长43.34%、111.80%、80.82%；全市个体工商户户均注册资金3.34万元，同比增加0.38万元。全年新开业个体工商户24001户，注销8494户，净增15507户。从发展情况看，发展较快的首先是房地产业，有21户，从业人员40人，注册资金32万元，同比分别增长40%、60%、128.57%；其次农林牧渔业，户、人、资分别为2605户、5550人、38133万元，同比分别增长43.76%、40.83%、44.74%；再次是居民服务业和其他服务业，户、人、资分别为12101户、22468人、29230万元，同比分别增长17.91%、18.22%、14.48%。从所占比重看，批发和零售业仍然是主体，户数79345户，从业人员119522人，资金数额210802万元，分别占总体的65.68%、55.58%和52.19%，住宿和餐饮业14081户，从业人员36761人，资金数额41430万元，分别占总体的11.66%、17.10%和10.36%；制造业7359户，从业人员15760人，资金数额36430万元，分别占总体的6.09%、7.33%和9.02%，居民服务业和其他服务业12101户，从业人员22468人，资金数额29230万元，分别占总体的10.02%、10.45%和7.24%，这4个行业共有112886户，占总户数的93.44%，注册资金317892万元，占注册资金总数的78.7%。

【私营企业】 截至2010年底，全市共有私营企业10610户，从业人员216739人，注册资本2285758万元，比上年分别增长12.45%、8.7%、24.99%；总产值1505021万元、销售总额1041698万元、社会消费品零售额700348万元，同比分别增长153%、44.1%、62.4%。私营企业户均注册资本215.4万元，比上年净增21.6万元，增幅达11.1%；注册资金100万~500万元的私营企业1336户，占总户数的12.6%，比上年增长4.6%；注册资金500万~1000万元的645户，占6%，比上年年底增长19.4%；注册资金1000万元至1亿元的361户，占3.4%，比上年增长47.3%；注册资金1亿元以上的15户，而上年仅有3户；私营企业集团11户，比上年增加2户。全年新登记私营企业1465户，注销290户，净增1175户。私营企业中，个人独资企业1908户，同比增长3.86%；合伙企业111户，同比增长2.78%，增幅不大。私营有限公司8575户，同比增长14.49%，注册资本1965271万元，同比增长27.62%，所占比重高达80.85%和86%，构成私营企业的主体。股份制公司从无到有，发展到16户，丰富私营企业组织形式。许多私营企业按照《公司法》的精神和现代企业制度要求，改变家庭式经营方式，实行责权分明、管理科学、激励和约束相结合的内部管理体制，建立起符合现代企业制度的股东会、董事会、监事会，聘请总经理、副总经理等高级管理人才，形成一批私营企业集团，设立大批分支机构，使企业经营决策的制定和实施更加科学和完善，增强企业竞争力。从发展情况看，租赁和商务服务业发展最快，共486户，资金数额87848万元，同比增长21.5%、27.7%；其次是房地产业，共537户，资金数额195660万元，同比增长19.87%、30.8%；再次是金融业，共99户，资金数额129013万元，同比增长16.5%、90%，第四是农、林、牧、渔业，共558户，资金数额102844万元，同比增长16.25%、33.2%；第五是批发和零售业，共4591户，资金数额664769万元；同比增长14.98%、29.4%；第六是建筑业，共492户，资金数额326854万元，同比增长14.1%、25.7%。从各行业所占比重看，批发和零售业4591户，仍然处于绝对的领先位置，占总户数的43.3%；其次是制造业，户数达1155户，占总户数的10.9%；第三是采矿业，户数达892户，占总户数的8.4%；第四是农、林、牧、渔业，户数达558户，占总户数的5.3%；第五是房地产业，537户，占总户数的5%；第六是建筑业，492户，占总户数的4.6%。这6个行业共8225户，占总户数的77.52%，注册资金1905024万元，占注册资金总数的83.3%。

【农民专业合作社】 2010年，曲靖市农民专业合作社发展迅速，逐渐成为全市农业经济组织的重要组成部分，成为实施农业产业化经营、促进农民增收和农业增效的重要载体。全年全市共有农民专业合作社796家，成员总数9165人，注册资本74085.4万元，同比增长73.04%、95.40%、127.19%。上半年新登记336户，成员总数4991人，出资总额45902.55万元。合作社生产经营范围集中在种植业、养殖业、农业生产资料的购买领域，并逐渐扩大到农资经营、农产品储藏、技术信息服务业等诸多领域。就种植业而言，普遍以当地优势农业产业为依托，集中在蔬菜、水果等种植业。农民专业合作社的经济实力和经营规模也明显增强，出资总额100万~500万元的有210户，出资总额500万~1000万元的有15户，出资总额1000万元~1亿元的有7户；成员在50~100人的有20户，100~500人的有14户。农民专业合作社法律责任轻，成立费用低，设立方便，是发展速度最快的一种企业类型。

【创业就业工作】 2010年，曲靖市工商系统继续加强引导，大力发展非公有制经济，拓宽投资领域，扩大就业渠道，促进自主创业，全年有53958人通过从事个私经济实现就业，全市个私经济从业人员达421871人。扶持下岗失业人员、高校毕业生、退役军人、返乡农民工通过创办个体工商户和私营企业实现自主创业，自谋职业，以创业带动就业，鼓励个体工商户、私营企业吸纳下岗失业人员就业。年内，全市有965名下岗职工、118名大学毕业生在个体私营经济领域实现就业再就业。各级个私协会贯彻落实《云南省鼓励创业“贷免扶补”实施办法》及细则等有关文件，为创业人员提供技能培训、政策咨询、创业指导等“一条龙”帮扶服务，全年共帮扶200名创业人员成功创业，带动628人就业，帮助创业者获得创业贷款1000万元。

【无照经营查处】 2010年，曲靖市各县（市）区工商局成立无照经营专项清理整治工作领导小组，由一把手和分管领导负责，制定实施方案，开展以查处取缔餐饮、食品行业无照经营的“促卫”行动、查处取缔农资市场及校园周边无照经营的“护苗”行动、查处取缔违法向河流排污的“清源”行动为重点的无照经营查处取缔工作。在无照经营整治行动中，着重清理无照、无证从事易燃易爆、化学危险品的经营行为和餐饮、娱乐、美容美发、网吧、成品油、采矿等对社会影响大，危害人体健康和人身安全，存在安全隐患，污染环境的行业以及山区、半山区、城郊结合部等无照经营易发多发地区。无照经营的很多当事人属于下岗职工、无业人员等弱势群体，在处理上坚持以人为本，按照“发展与管理并重，登记与监管同步”的原则，既做到关注民生，又做到依法行政，针对不同情况区别对待：情节轻微，当事人属社会弱势群体的，以教育为主，规范引导，免于行政处罚；对符合法律、法规规定，具备开业条件的，立即帮助其办理营业执照；对基本符合法律、法规规定的开业条件，但因某些手续不全暂时无法办理营业执照的，发放限期办证通知书督促其办证；对从事危害公共利益、危害人体健康人身安全的无照经营行为，立即依法取缔并从严从重处罚。年内，全市共查处无照经营案件3018户，案件总值3100.48万元，引导办照1838户，取缔383户。

（杨晓梅）

利用外资

【简述】 2010年，曲靖市新批设立外商投资企业6户，其中：合资企业2户，合作企业2户，独资企业2户。总投资1.66亿美元，注册资本1.1亿美元，合同利用外资8066万美元，投资领域涉及农业综合开发、农业示范和矿产资源。投资国家和地区是：加拿大、香港、维尔京群岛。年末，全市累计批准设立外商投资企业135个，总投资19亿美元，合同利用外资5.7亿美元，实际利用外资达到2.3亿美元。外资来源于港、澳、台地区和美国、荷兰、法国、英国、日本、新加坡、泰国、韩国、德国、澳大利亚、意大利、塞拉利昂等20个国家和地区。合作领域涉及化工、轻工、食品、餐饮服务、医药、农业综合开发、养殖、电力、纺织、电子等16个行业。

【实际利用外资】 2010年，曲靖市实际到位外资1315.08万美元，加上按照省统计口径利用外资850.92万美元，全年实际利用外资2166万美元。超额完成省下达实际利用外资2000万美元的目标任务，外资来源于加拿大、英国（维尔京群岛）、香港等3个国家和地区。

（陈　力）

外资与港澳台投资企业

【外资项目】 2010年，曲靖市引进外资项目6个，分别是：曲靖乾鸿化工有限公司投资总额为3亿元人民币，注册资本为3亿元人民币，合同利用外资2.7亿元人民币。师宗佳康绿农业生物科技有限公司，投资总额和注册资本19653.5万元人民币，合同利用外资10023.29万元人民币。云南恒鼎实业有限公司，投资总额和注册资本为500万美元，合同利用外资500万美元。云南新天盛矿业科技有限公司，投资总额为2400万美元，注册资本为1000万美元，合同利用外资1000万美元。曲靖市燃气有限公司，投资总额3.9亿元人民币，注册资本为13000万元人民币，合同利用外资5070万元人民币。云南曲靖靖和源农业食品有限公司，投资总额为724万美元，注册资本为362万美元，合同利用外资182.09万美元。

【港澳台投资企业】 2010年，曲靖市新批设立港资企业3户。投资总额为9673.15万美元，注册资本为8273.15万美元，合同利用外资6423.23万美元。

（陈　力）

乡镇企业

【简述】 2010年，曲靖市按照“保工业就是保发展，保就业、保稳定、保大局”的要求，努力克服金融危机、产业结构优化对市场的影响，指导企业进一步坚定发展信心，着力稳定生产，借机投资新项目，开辟新市场，继续改造传统产业、加大农产品加工业的发展力度、提高农村劳动力转移培训就业工作力度，鼓励外出打工，把克服当前困难和谋求长远发展结合起来，把发展乡镇企业和推进新农村建设结合起来，保持乡镇企业稳定增长的发展势头。年内，全市企业总数（含个体工商户）87010个，从业人员（含个体工商户）544270人（户），总产值715亿元。

【主要指标完成情况】 2010年，曲靖市乡镇企业完成增加值209.06亿元，增长22.4%。其中，工业增加值143.3亿，增长28.44%；农产品加工销售产值42.17亿元，增长17.8%。职工技能鉴定培训1924人（其中获证人员1562人），超省下达的目标任务42%。

【业务发展】 2010年，曲靖市推进乡镇企业结构调整和产业升级，扶持发展农产品加工业，发展休闲农业、乡村旅游和农村服务业，拓展非农就业空间。加大项目储备、项目申报实施工作，力求从不同渠道争取对乡镇企业，尤其农产品加工企业的资金扶持力度。按照《云南省省级财政支出绩效评价暂行办法》要求，对上年8个项目资金337万元进行绩效评价，形成2009年乡镇企业投资项目扶持资金绩效评价报告。安排专人参加全省乡镇企业项目管理培训，确定推荐上报17个项目申报省级乡镇企业扶持资金，资金总额1915万元。省级实际下达项目扶持资金350万元，扶持项目8个。

【职业技能鉴定】 2010年，曲靖市抓好乡镇职业技能鉴定工作。根据企业和个人要求，向下征求意见确定职业技能鉴定工种，增强技能鉴定的实用性。进一步完善乡镇企业专业技术初级评审委员会工作，促进乡镇企业专业技术人才队伍建设。分别陪同省农业厅会计辅导站、同省乡镇企业培训学校领导、省专业技术职称评定办公室领导到沾益、宣威调研乡镇企业教育培训、职称评定及企村结对工作，效果显著。年内，云南省农业厅安排乡镇企业技能鉴定和培训补助资金15万元。

【统计分析】 2010年，曲靖市乡镇统计工作正常开展。为确保乡镇企业统计工作顺利开展，向市财政争取乡镇企业统计报表印制等工作经费10万元。乡镇企业统计工作作为宏观管理的基础性工作，全面掌握了解企业生产运行状态，分析不同阶段运行特点，随时收集企业生产经营数据，按时汇总上报，通过数据分析研究经济运行情况，为领导决策提供依据。先后2次召开各县（市）区统计员参加的业务培训会、数据汇总会。

（高吉生）

市场建设

责任编辑　孟德良

人才市场

【简述】　2010年，曲靖市人才市场充分发挥市场在人才资源配置中的基础性作用，为构建和谐社会提供人才保障。人才流动日益活跃，交流规模增大，交流总量大幅增长。年内，人才市场举办交流会11场，参会单位553家，提供就业岗位1898个，招聘人数15561人，参与交流人员3.8万余人（次），现场达成意向协议6000余人。“求职找人才市场，用人到人才市场”的观念已经深入人心，人才市场的品牌效应初步显现。

【人才资源配置】　2010年，曲靖市人才市场在人才资源配置中的基础性作用得到充分发挥。完善人才招聘“会员制”，人才市场有会员单位420家，其中：红卡会员单位121家，绿卡会员单位299家。注重信息服务，全年在《曲靖市人事人才信息网》、《曲靖党建网》、《贤士榜》、《曲靖市人事局宣传专栏》、《云南曲靖人才市场宣传专栏》等媒体上和宣传栏发布求才择业信息公告11期，为111家单位发布招聘信息1898条，提供就业岗位1500余个，网络访问量达30万余人（次）。不断拓展服务功能，提供全方位服务。在人才交流会间隙，为求职人才提供推荐服务、为用人单位提供人才信息查询服务。

【人事人才公共服务】　2010年，曲靖市政府所属人才服务体系不断完善，基本满足日益增长的社会需求。拓展人事代理对象、范围和内容。全年为1142名各类人才免费提供档案保管、流动党员管理、户口代管等服务。进一步建立和完善档案管理各项制度，加强对档案的登记、整理、分类、归并、查询查阅、转入转出管理。年内，共接收学生档案6000余份，为4000余人（次）提供档案查询、开具相关证明等服务。举办“高校毕业生就业服务月”、“高校毕业生就业服务周”活动，把登记失业、享受助学贷款及生活困难家庭的应往届毕业生等作为重点服务对象。对困难家庭、就业困难和零就业家庭的高校毕业生免费提供政策咨询、职业指导、职业介绍和人事档案托管等服务。

【高校毕业生就业】　2010年，到曲靖报到登记的普通高校毕业生12248人，加之近3年未就业的5000余人，全市需要就业高校毕业生总数达1.7万人以上。面对严峻的就业形势：不断完善就业政策体系，加强政策引导，鼓励和引导毕业生到基层、艰苦边远地区和艰苦行业就业。年内，高校毕业生到村任职329人、“三支一扶”25人、“特岗教师”245人。鼓励和引导毕业生到各类企业特别是非公企业就业。全年有213人到国有企业就业、4580人与非公企业达成意向性协议、到外地企业就业234人、1576人通过其他方式灵活就业。用财政扶持、税收优惠、金融支持等经济手段鼓励毕业生自主创业和灵活就业。通过“贷免扶补”扶持高校毕业生自主创业377人。鼓励毕业生应征入伍服义务兵役，有160名高校毕业生应征入伍。开展高校毕业生就业见习工作，有821名高校毕业生走上见习岗位。不断完善公开招考、择优录用的办法，为毕业生创造公平竞争的就业环境。年内，全市公务员招考252人，事业单位招聘1440人，其中：教育系统896人，非教育系统462人，“定向招聘”44人。通过以上就业渠道，全市共有10252名高校毕业生实现就业，就业率达到84%。

【人才市场监管】　2010年，曲靖市贯彻执行《云南省人才市场条例》和《曲靖市人才市场管理办法》，对人才市场开展各项业务，按照相应法律法规进行管理。建立人才市场突发事件应急处理机制，强化对人才交流会、人才信息网安全防范措施。同时，加大对人才市场活动的监督检查力度，人社、工商、公安等部门联合开展人才市场执法检查，清理和取缔非法人才中介服务机构，严肃查处伪造档案、虚假招聘、乱收费等扰乱市场秩序的行为，保证人才市场健康有序发展。

（何丽娟）

人力资源市场

【简述】　2010年，曲靖市进一步贯彻《关于鼓励创业促进就业的实施意见》，从改善创业意识、创业能力和创业环境入手，继续实行“政策扶持、创业培训、创业服务”三位一体的就业服务工作机制，改善就业环境，建立创业服务体系，着力推进创业带动就业，促进城乡劳动者实现充分就业。随着人事和劳动保障部门机构的合并，人才市场和劳动力市场将进一步整合，全市人力资源市场功能将更加统一完善。

【组织体系】　2010年，曲靖市所有乡（镇）劳动保障所（站）基本完成“2113116”工程建设，均配备2台以上计算机、打印机和档案柜等办公设施，部分所（站）已有独立的办公楼，为基层劳动力市场管理和服务提供有力保障。同时，劳动保障监察机构执法力度进一步加强，执法环境进一步改善，对人力资源市场运行的监督检查更加规范有效。

【公共就业服务体系】 2010年，曲靖市加强劳动力市场和人力资源市场建设，规范劳动力市场和人力资源市场秩序，推进城乡劳动者公平就业。健全就业再就业工作的内控制度，规范业务台账，制定科学业务流程，严格审批制度，坚持事、权分离原则，完善监督制约机制。深入实施《就业服务与就业管理规定》，完善公共就业服务制度，制定公共就业服务机构绩效考核指标体系；完善职业供求信息、市场工资指导价位信息、职业培训信息、市场信息的发布制度。全面落实就业政策，着力推进创业带动就业。组织实施“就业援助月”、“春风行动”、“民营企业招聘周活动”和“大中专技校毕业生就业服务月活动”等四项公共就业服务专项活动。注重“零就业家庭”等特困群体的就业援助，着力完善面向所有困难群众就业援助制度，开发公益性就业岗位，帮助就业困难群体实现就业。从改善创业意识、创业能力和创业环境入手，探索建立“政策扶持、创业培训、创业服务”三位一体的工作机制，探索新的小额担保贷款办法，深入实施“贷、免、扶、补”措施。加大创业培训和小额担保贷款工作力度，改善创业环境，建立创业服务体系，着力推进创业带动就业。大力支持大学毕业生、失业人员和返乡农民工等各类人员创业，鼓励组织起来创业以实现就业再就业，鼓励创业者吸纳各类人员就业。全面放宽市场准入限制，申请个体工商业、创办企业的，一律不受出资额限制，除国家限制项目外所有创业项目均作为微利项目给予扶持。创业人员从事个体经营给予免费办理有关证照，首次创业人员3年内免收管理类、登记类和证照类有关行政事业性收费，并对从事个体经营的首次创业人员根据带动就业人数多少分别给予1000～2000元的一次性创业补贴。

【职业培训体系】 2010年，曲靖市加大职业技能培训力度，进一步发挥就业专项资金和失业保险基金职业培训补贴的政策效应，引导失业人员提高技能和素质，提升就业质量和就业水平，推进素质就业，缓解就业压力。全市共有职业技能培训站55个，可培训职业（工种）203个。全年共开展107个职业（工种）的培训，培训各类技能人员68830人，其中：失业人员和农村劳动者40816人，实现就业36734人。参加创业培训3846人（SIYB培训），培训后当期全部成功就业创业。按照“条件公开、申请自愿、公平竞争、合理布局、择优认定”的原则，认定失业人员和农村劳动力定点培训机构39个，创业培训定点机构5个。对参加经劳动保障部门认可的创业培训，分阶段按每人不超过1300元给予培训补贴；将城镇登记失业人员、农村劳动者、农民工参加职业技能培训鉴定的补贴分别明确为最高不超过800元、600元和400元。

2010年曲靖市劳动力市场行业需求统计表

产业分组	行业	一季度		二季度		三季度		四季度	
		需求人数（人）	所占比重（%）	需求人数（人）	所占比重（%）	需求人数（人）	所占比重（%）	需求人（人）	所占比重（%）
第一产业	农、林、牧、渔业	2411	5.89	743	1.80	3736	11.00	2110	7.70
第二产业	采矿业	2473	6.05	2395	5.82	1362	4.01	1362	4.97
	制造业	3407	8.33	2019	4.90	1738	5.12	2516	9.18
	电力、燃气及水的生产和供应业	2180	5.33	2257	5.48	1617	4.76	1917	6.99
	建筑业	10072	24.63	11511	27.95	8237	24.26	5687	20.75
第三产业	交通运输、仓储和邮政业	597	1.46	632	1.53	670	1.97	670	2.44
	信息传输、计算机服务和软件业	509	1.24	442	1.07	391	1.15	391	1.43
	批发和零售业	5867	14.34	6154	14.94	4369	12.87	3575	13.04
	住宿和餐饮业	5225	12.78	5831	14.16	3514	10.35	3031	11.06
	交通运输、仓储和邮政业	597	1.46	632	1.53	670	1.97	670	2.44
	信息传输、计算机服务和软件业	509	1.24	442	1.07	391	1.15	391	1.43
	批发和零售业	5867	14.34	6154	14.94	4369	12.87	3575	13.04
	住宿和餐饮业	5225	12.78	5831	14.16	3514	10.35	3031	11.06

续表

产业分组	行业	一季度		二季度		三季度		四季度	
		需求人数（人）	所占比重（%）	需求人数（人）	所占比重（%）	需求人数（人）	所占比重（%）	需求人（人）	所占比重（%）
第三产业	金融业	567	1.39	675	1.64	730	2.15	760	2.77
	房地产业	128	0.31	1304	3.17	13	0.04	13	0.05
	租赁和商务服务业	1400	3.42	241	0.59	1363	4.01	1163	4.24
	科学研究、技术服务和地质勘查业	107	0.26	969	2.35	18	0.05	18	0.07
	水利、环境和公共设施管理业	1119	2.74	2506	6.08	1096	3.23	1096	4.00
	居民服务和其他服务业	2790	6.82	262	0.64	2015	5.93	1015	3.70
	教育	143	0.35	120	0.29	109	0.32	109	0.40
	卫生、社会保障和社会福利业	155	0.38	2219	5.39	286	0.84	286	1.04
	文化、体育和娱乐业	1207	2.95	774	1.88	2205	6.49	1205	4.40
	公共管理与社会组织	543	1.33	132	0.32	486	1.43	486	1.77
	国际组织	0	0	0	0	0	0	0	0
合计		40900	100	41186	100	33955	100	27410	100

（袁锦文）

房地产市场

【房地产业】 2010年，曲靖市有房地产企业238家，完成房地产投资112亿元，实现地方税收10亿元。

【房地产转让】 2010年，曲靖市房地产管理局办理房产所有权证转移登记11865宗，交易面积136.5万平方米，交易金额28.6亿元。

【商品房管理】 2010年，曲靖市房管局办理商品房预售许可证33个，批准预售面积232.5万平方米；签订预售资金监管协议33份，预售资金监管70亿元；商品房网上备案2.1万套，备案面积270万平方米。

【房屋租赁】 2010年，曲靖市房管局租赁登记备案3267宗，总面积为19.5万平方米。

【二手房交易市场】 2010年7月底，曲靖市住建局报市政府同意，由市房管局组建成立曲靖市二手房交易市场。市场为群众提供从交易到办证的“一条龙”全程服务。至12月底，完成交易量2708户，交易金额近4亿元。

【住房置业担保】 2010年10月15日，经曲靖市政府和云南省住房城乡建设厅批准，曲靖市房管局牵头成立住房置业担保公司。

【第十届房交会】 2010年9月10~14日，曲靖市第十届房地产展示交易会在曲靖白石江公园举行，主题为“生态家园，宜居曲靖”。47家企业参展，7万多人（次）进场看房、参观，房交会期间实际成交房屋358套，成交金额1.18亿元；意向性成交房屋4100多套，交易金额将超过10亿元。

【行业管理】 2010年3月，曲靖市对全市房地产行业企业开展年度行检行评工作。4月，召开房协第二届二次理事会议；组织曲靖、昭通（楚雄、丽江部分）经纪人协理从业资格培训、报名，382人参训，组织曲靖经济协理报名考试263人。

（张明林）

商品市场

【简述】 2010年，曲靖市共有各类市场354个。其中：消费品市场340个，农副产品市场127个，工业消费品市场17个，其他消费品市场11个。生产资料市场12个，生产要素市场2个。市场年成交额近100亿元，总占地面积达400万平方米；年成交额超亿元市场22家，年成交额31亿元，占全市市场年成交额总数的31.28%。

【商品交易市场发展状况】 2010年，曲靖市商品交易市场发展特色和成就主要有：市场投资主体多元化，市场建设由国有投资为主，逐步向由政府引导扶持、社会多种经济成分共同投资转变。市场投资主体多元化较好地解决市场建设融资难问题，加快建设速度，提高营运管理水平，上档次、上规模的专业市场开始涌现并逐步成熟起来，市场集聚能力和辐射能力进一步加大。市场结构优化整合，曲靖市商品交易市场随着市场经济发展，通过自我调整和发展完善，市场种类由单一农贸市场向大型农产品批发市场和专业市场方向发展。特色市场初具规模，曲靖市商品交易市场已逐渐向专业特色市场方向发展，已拥有一批具有地方特色的专业市场，如乐业辣椒市场、罗平小黄姜市场、宣威马铃薯市场等。曲靖市商品交易市场建设力度和市场交易规模逐渐扩大，各类专业市场开始出现并活跃起来，但由于市场建设管理相对滞后，市场的集聚效应不明显，市场与产业互补互促作用尚难以充分体现，而且市场建设步伐始终受到经济整体水平和区位条件限制，仍然存在不少困难和问题，体现在：市场种类不全、专业市场发育不足，规模化、专业化程度不高，部分市场功能退化，难以满足消费与经济社会发展需求；市场建设资金投入不足，基础设施差，市场辐射带动能力不强，跨区域外向输出动力不足，竞争力和影响力较弱；市场缺乏长远规划，市场品位和档次有待提升；以网络市场为代表的新型市场建设有待进一步加强。

【商品交易市场】 2010年，曲靖市商品交易市场发展面临着良好发展前景和机遇：国家政策为市场发展提供新条件，就农产品批发市场、标准菜市场、旧货市场、二手车市场、物流配送体系等建设和改造提出一定建议。区域经济发展为市场发展带来新契机，滇中城市群和泛珠三角地区的区域经济合作，使得区域内部城市能够共享区域技术、基础设施、人力资源以及资金，有利于各城市合理分工协作，错位发展，形成各具特色的市场体系格局。产业发展为市场发展提供新支撑，曲靖市优势产业和特色产业发展壮大，有利于以此为依托的商品交易市场保持竞争优势和核心竞争力，为市场后续发展提供广阔发展空间。

【现代商品市场体系构建】 2010年，曲靖市构建基于产销对接的农产品流通体系。建设城市与农村、产地与销地协调发展、各具特色的农产品批发市场网络；以搞活农产品流通为主导，合理梯次布局，完善特色鲜明、功能齐全、渠道畅通的产地型批发市场，建设跨区域流通市场，增强农产品加工增值技术能力和流通增值营销能力；支持大型鲜活农产品批发市场和城市农贸市场升级改造，乡（镇）结合本地农产品特色，建设有形特色农产品专业市场和电子化交易的无形市场。鼓励和支持农产品生产基地、农产品批发市场、农产品深加工企业和大型农产品流通企业加快发展冷链物流技术，重点完善冷藏、仓储、运输、零售终端设施。构建以连锁经营为主的日用消费品流通体系，重点培育大型零售龙头企业，充分利用城乡网络资源，推进日用消费品连锁经营的快速发展，在城区大力发展购物中心、百货店、专业店、社区便民店和连锁超市等日用消费品零售网络，推动以B2C和C2C等模式为代表的网购消费网络，建设有形与无形相结合的城区日用消费品流通体系；在乡（镇）依托“万村千乡市场工程”、“新农村现代流通网络工程”、“家电下乡”、“汽车摩托车下乡”和“家电汽车以旧换新”，发展直营连锁店、加盟店，在村一级发展农家店和综合服务社，实现农家店在乡村的基本覆盖，最终形成以县城为重点、乡镇为骨干、村为基础的农村消费品零售网络，建立完善的农村日用消费品流通体系。构建基于信用管理的农资流通体系，鼓励和引导发展农业生产资料市场，发展农资连锁经营，建立以集中采购、统一配送为核心的新型营销体系，发展以县级配送中心为支撑的县、乡、村多级配送网络，形成以集中采购、统一配送为核心的营销保障体系；支持农资流通企业建立农资质量信息管理系统，加强农资流通过程质量管理，创新农资流通方式，建立农资流通信用管理体系；合理布局、建设农用生产资料配送中心，整合资源，以农村商贸综合服务中心为依托，建立农资消费终端站点，完善面向农民专业合作组织和农户的综合服务功能。构建与产业特色相结合的工业品流通体系，工业品市场的建设以科学布局、完善功能、推广品牌、带动经济发展为主导思路，充分结合曲靖工业产业发展的定位，与优势产业相结合，培育规模大、辐射广的基地型、区域性品牌工业品市场；逐步建立与有色金属、机电设备生产配套的新型市场，集中发展矿山机电、生产资料、建材、汽车、再生资源回收以及其他特色工业品专业市场；按照现代生产方式要求，发展多样化的生产资料批发经营组织形式，鼓励和促进大宗商品的直达供货及招标采购制度；引入电子交易方式、规范大宗生产资料现货交易批发市场；发展服务于工业品市场的物流配送中心，增强工业品市场的区域辐射能力和产品流通效率。构建基于信息管理的现代商贸物流配送体系，形成现代物流发展的物流园区—物流中心—物流配送三个层次体系结构。在曲靖市火车站周边建设综合性物流园区，作为辐射滇东北地区乃至国内外重要物流枢纽，集口岸型、公铁联运中转换装型、仓储及铁路接发运型、仓储型、公路集散型、铁路公路货运枢纽型等多种类型为一体，为曲靖进出货物集散和制造商及分销商在滇东北地区乃至国内外采购和分销提供物流平台；在小坡段太和山以东、铁路旧线以西建设两个大型汽车摩托车物流园区，在麻黄园区内建设钢材、日用品物流区；在沾益县天生桥和花山组团建设物流中心，以煤炭、矿物及生产资料等仓储物流为主，作为综合中心物流园区的有机补充；规划在宣威市和富源县黄泥河镇打造以生活物资及日用消费品

牲畜交易市场。

（沈良启/摄）

为主的物流节点；在其他县（区），以铁路、公路及区位等优势为依托，结合大型专业市场、大型制造企业的发展，建设相关物流配送中心，为其提供相关物流服务。加快信息基础建设和信息资源开发利用，推进商贸物流企业管理信息化；加快物流园区、物流中心、物流配送等三级物流体系的物流信息管理系统及其子系统的基本功能划分和相应的硬件平台建设；加快物流行业公用信息平台建设，鼓励区域间物流平台信息共享；大力倡导绿色物流理念，鼓励和支持物流业节能减排。

（艾金钰）

资本市场

【证券】　2010年，曲靖市股市持续呈振荡走势，全市开户数大幅增加，但成交量却明显萎缩。截至12月末，辖区新增红塔证券、红塔期货2家证券营业机构，开户总数达59817户，比上年增长14.81%；累计交易量468.24亿元，同比减少12.75%；保证金存款余额4.32亿元，同比减少10.19%。

【国债】　2010年，全市累计发行凭证式国债共5期78637.37万元。

（杨本枝）

文化市场

【文化市场专项整治】　2010年，曲靖市各级文化部门开展“平安世博”、“平安亚运”、整治校园周边环境为重点的文化市场专项整治行动，同时加强对网吧、电子游戏、歌舞娱乐场所日常监管，加大对违法违规经营行为处罚力度。全年全市共出动检查人员23199人（次），检查网吧6389家（次），查处网吧违法案件104件，停业整顿18家。检查歌舞娱乐、电子游戏场所6013家（次），查处违规娱乐场所83家，责令改正71家，责令停业整顿3家。全市文化市场呈现内容健康、管理文明、经营有序、和谐发展的良好态势。

【文化市场综合执法支队成立】　2010年8月6日，曲靖市文化市场综合执法支队成立，综合行使文化、文物、体育、广电、新闻出版（版权）的执法职能，综合执法支队成立将有效解决全市文化市场管理工作中长期存在的职能交叉、多头执法、“小队伍、大市场”的问题，文化市场监管力量得到进一步加强。

【演出行业协会成立】　2010年12月29日，曲靖市演出行业协会成立，演出行业协会通过行业自律、自我约束、自我发展、维护会员合法权益，发挥政府与行业之间、行业与社会之间的桥梁和纽带作用。

（刘亚江）

生产资料市场

【简述】　2010年，曲靖市物资流通企业承办的3个生产资料市场通过提升市场服务功能，进一步活跃市场交易。

【生产资料市场】　2010年，曲靖市40余家经营户入场交易钢材、汽车3.1亿元。

【二手车交易市场】　2010年，曲靖市二手车交易市场交易二手车5706辆，交易额1.19亿元；评估二手车47辆，评估额96万元。

【拍卖公司】　2010年，曲靖市拍卖公司举行拍卖会17场，拍卖成交额2305万元，取得佣金105万元，比上年同期分别增55%、41%、128%。

（唐玉良）

拍卖市场

【简述】　2010年，曲靖市共有9户拍卖企业，分别是：曲靖市拍卖有限公司、云南明通拍卖有限公司、云南容峰拍卖有限公司、云南旺隆拍卖有限公司、云南众鑫拍卖有限公司、云南三元拍卖有限公司、曲靖鉴宝堂拍卖有限公司，曲靖众信拍卖有限公司、曲靖市敖丰拍卖有限公司。全市拍卖企业以《中华人民共和国拍卖法》为依据，按照“公开、公平、公正”原则，依法经营，规范操作，年内，拍卖场（次）达43场，成交金额6700.73万元，其中：房地产拍卖成交金额为5225.52万元，机动车拍卖金额为373.89万元，其他物品拍卖成交金额为701.32万元，佣金收入304.41万元，上缴税金46.73万元。全市从事拍卖行业人员75人，拍卖师12人。

典当市场

【简述】　2010年，曲靖市典当企业共有10户，其中麒麟区5户，分别是曲靖东光典当有限公司、麒麟区大方典当有限公司、曲靖市中天典当有限公司、曲靖市东盛典当有限公司、云南丰泰典当有限公司；宣威市4户，分别是宣威市汇丰典当有限公司、宣威市鑫鑫典当有限公司、宣威市三力典当有限公司、云南通诚典当有限公司；会泽县1户，会泽县云会培金典当有限公司。麒麟区大方典当有限公司等4户典当企业在麒麟区、富源县和宣威市设立6个典当物品销售门市。年内，全市典当企业坚持依法依规经营，受到中小企业、个体工商户及广大群众欢迎，在取得较好社会效益和经济效益同时，业务量也有所增加，收入水平比上年有一定提高，全年共办理典当业务820笔，年成交额8626万元，利润达293万元。

（浦　丹）

教　育

责任编辑　陶汝雄

综　述

2010年，曲靖市有各级各类学校2753所，其中：高校3所，中等职业学校30所，普通高（完）中55所，初级中学187所（含九年一贯制学校5所），特殊教育学校5所；小学1705所，小学教学点1318个，幼儿园768所。各级各类学校在校生140.1万人，教职工7.03万人。

全市在园（班）幼儿15.69万人，义务教育阶段在校生98.15万人（小学65.15万人、初中33万人），全市81个乡（镇）通过市级“无文盲”乡（镇）验收。普通高中扩容提质同步推进，在校生12.56万人，中等职业教育办学规模快速发展，全市中等职业教育在校生13.54万人（含市外就读）；高中阶段毛入学率达85.58%，基本普及高中阶段教育。高等学校在校生2.15万人。

通过实施中小学校舍安全工程、职业教育中心建设工程和农村初中改造、新农村卫生新校园建设、教师廉租房建设、特殊教育学校建设等项目，教育基础设施普遍加强，办学条件较大改善。全市各级各类中小学校舍建筑面积830万平方米。

曲靖市、县两级政府和教育主管部门以“两基”迎国检为契机，认真实施教育优先发展战略，不断深化义务教育经费保障机制改革，确保教育经费投入“三个增长”和“两个比例”，全面落实“两免一补”政策，全年全市共有75.24万名（宣威市由省级直接下达）义务教育阶段中小学生享受免杂费和免费教科书政策；享受贫困寄宿制学生生活补助18.89万人（宣威市由省级直接下达）；全市“两免一补”资金55275.18万元（中央38671.28万元、省级9732.47万元、市级4681.09万元、县级2190.34万元），其中：公用经费补助26558.08万元，免费教科书7780.41万元，贫困寄宿制学生生活补助20936.69万元。公用经费标准为小学300元/生/年，初中500元/生/年，贫困寄宿制学生生活补助标准提高到小学750元/生/年，初中1000元/生/年。通过狠抓教育经费投入和控辍保学措施的落实，义务教育质量和水平得到明显巩固和提高。11月底，沾益县作为被抽检的“两基”巩固提高县，顺利通过国检。

认真组织实施好中小学校舍安全工程，全面排除2009年中小学校舍数据库内D级危房。全市一期工程593校913个项目，排危面积563951平方米，实际开工新建校舍655268平方米，已全部竣工验收并交付使用，完成投资65631.44万元。二期工程第一批项目360校462个项目。截至11月30日，校安工程一期、二期及西部农村初中改造工程、农村卫生新校园、明德小学等各种项目工程，累计开工1620个，面积1322888平方米；累计主体完工1544个，面积1252544平方米；累计竣工验收1245个，面积1000505平方米。通过校安工程的实施，全市教育资源得到整合、扩张、优化、提升。

大力发展中等职业教育，基本普及高中阶段教育，大力推进市、县两级职教中心建设，深化中等职业学校教育教学改革，着力加强专业建设，认真落实涉农专业免学费和国家助学金及省政府奖学金等激励政策，进一步建立和完善毕业生就业指导服务机构和网络，广泛建立“订单式”人才培养模式，不断拓展就业空间。全年全市中等职业学校招生65416人，技工学校5895人，毕业生就业率达95%以上；普通高中招生43182人，中等职业教育在校生略高于普通高中在校生数，在全省率先实现了基本普及高中阶段教育的目标。

加快中小学布局调整，促进义务教育均衡发展。市、县两级教育部门根据各地的人口分布状况、基础教育事业中长期发展需求、社会经济发展水平、地理环境、农村城镇化建设规划情况编制校点布局方案，对区域内中小学校进行整体规划、合理布局，确定撤并方案和撤并学校，全年全市撤并初中10所，小学61所，小学教学点482个（其中1师1校教学点320个），超额完成省政府下达的中小学区域布局调整任务，通过加快中小学布局调整，加大薄弱学校建设力度，促进义务教育均衡发展。

深化教育教学改革，着力提升普通高中教育质量和水平。2010年，全市进一步加强高中学校基础建设，深化教育教学改革，扩大优质高中规模，教育教学质量和办学水平显著提高。9月，曲靖市第二中学和民族中学由一级三等晋升一级二等高（完）中顺利通过省教育厅专家组的晋级评估。普通高考再创辉煌，年内，全市普通高中高考报名45191人，上线43755人，占报名总数的96.82%，比上年提高13.98个百分点，其中，考生600分以上249人，一本上线5212人，比上年增1255人；二本上线10772人，比上年增2659人。普通高中教育质量和水平在全省保持领先地位。

加快现代教育示范学校建设，提升学校内涵发展能力。2010年，市教育局围绕“加强现代教育理念建设、加强现代教师队伍建设、加强现代课程体系建设、加强学校管理体系建设、加强现代教育价值建设、加强学校标准化建设”来抓紧、抓实现代教育示范学校建设，全市优选200所学校（小学100所、初中80所、高中20所）作为项目学校，在曲靖一中建设2个视频教室，组织200所项目学校的正、副校长和各级管理员420人参加导入培训。通过切实有效的工作，积极探索现代教育发展规律，发挥现代教育示范学校引领功能，努力构建规模、结构、质量和效益协调发展的现代教育体系，促进教育事业更高水平、更高层次、更宽领域均衡发展。

持之以恒加强教师队伍建设，提升师资队伍整体素质。2010年，全市坚持“一改革两提高”，深化人事制度改革，着力提高教师待遇、着力提高教师队伍素质，逐步建立完善有利于增强队伍活力的资源配置机制、队伍激励机制、师德约束机制；认真组织好教师招录工作，全年全市中小学计划招录新教师935人，报考8582人，录用880人，其中：硕士学位8人，本科学历439人，专科学历423人，中师学历10人。通过“人才强校”战略的深入实施，巩固完善校长培训、骨干教师培训和教师校本培训，构建优质、高效、开放的培训体系，着力打造充满活力的教师团队，全面提升各级各类学校的内涵发展能力。

积极争取资金和项目支持，提升学前教育和特殊教育办学条件。2010年，全市抓住国家“扩内需、保增长”经济政策中加大特殊教育学校建设力度等教育项目建设的机遇，认真做好特殊教育学校项目的申报工作，全年全市争取到特殊教育学校建设项目7校，下达投资计划4410万元（中央预算内投资3270万元、省级地方债券配套资金1140万元）。年内，有2校已竣工投入使用，有2校进入主体施工，另有3校进行招投标前期工作。抓住云南省大力发展学前教育，计划两年时间新建和改扩建1000所农村幼儿园、建设100所示范性幼儿园的机遇，曲靖市争取到了100所农村幼儿园项目指标和15所示范性幼儿园项目指标，并在上半年将项目分配到各县（市）区，结合农村教学布点调整，加大政府投入，扩展投入渠道，计划用两年时间完成项目建设任务，全面改善幼儿教育和特殊教育办学条件，提升办学水平。

规范管理，提升民办教育质量和水平。2010年，曲靖市坚持“以规范求发展、以质量求生存”的指导思想，积极探索建立规范、灵活的民办教育管理机制，提高民办教育的教育教学质量和办学水平。全市有各级各类民办学校764所。其中：幼儿园678所、小学11所、初中3所、普通高中7所、中等职业学校7所、培训学校58所。在校学生14.52万人，比上年增加3.25万人。根据《云南省人民政府关于加快民办教育发展的决定》和《云南省教育厅关于做好2010年云南省民办教育发展专项资金项目申报的工作通知》的文件精神，市教育局会同市财政局对各县（市）区的项目申报进行评审，推荐31个项目申报云南省民办教育专项资金，上报省教育厅、省财政厅参加评审。

深化中考招生改革，进一步推进招生考试阳光工程。2010年，曲靖市实施高中阶段招生考试重大改革，全市第一次自主命题，第一次集中统一评卷，第一次实行网上评卷，第一次试行一级高中20%的招生指标分配到各初级中学定向择优招录。在命题工作中，确立把促进素质教育的全面实施作为中考命题的指导思想，适度降低试题难度，杜绝偏题、怪题、难题、繁题，尽量减少死记硬背的题目，着重考查学生对知识的理解和运用知识解决问题的能力；密切联系学生的生活经验和当前社会热点，体现时代性、实践性和生活化，引导初中教育把课堂教学与社会生活、时代热点密切联系起来，通过中考命题，促进初中教育的教与学向素质教育转变。在命题期间，实行全封闭管理，直至考试结束，并邀请市纪委、市保密局的同志全程监督，确保命题安全。为确保全市统一集中网上阅评卷工作的顺利进行，安排专项资金150万元，购置3台网上评卷扫描阅读设备，从全市抽调800名3年以上教龄的非毕业班教师开展评卷工作。在评卷工作中，严格评卷纪律，规范工作程序，严格执行“谁主管，谁负责”的中考工作责任制和责任追究制，切实加强安全、保密工作，强化工作责任。中考成绩发放后，根据考生的查分申请，复查了2000多份试卷，没有1份误差和错误，实现了评卷工作的“零误差”。

严格规范招生录取程序，招生录取工作中，严格志愿和分数统一的原则，严格地域招生和不重复录取规定，充分体现考生意愿。整个招生考试实行“七统一、五公开”，即：统一命题、统一组织考试、统一公布分数时间、统一宣传渠道和口径、统一填报志愿、统一网上招录、统一招生工作纪律和行为；招生政策公开、招生计划公开、招生程序公开、录取办法公开、招录结果公开。普通高中招生考生志愿表统一实行“一表制”，取消由各招生学校接受择校生志愿表规定，改由考生毕业学校统一组织考生填表，录取分批次进行。

教育管理

【学校德育工作】 2010年，曲靖市教育局紧密结合小学《品德与生活》、《品德与社会》课，初中《思想品德》课，高中《思想政治》课程教学和学校教育实践活动的实际，扎实开展思想政治教育工作。对届满的21所省级文明学校申报复评，对38所申报市级文明学校进行复评考核，报局党委审定认定36所。年内，全市申报省文明学校13所，建成市级文明学校36所。组织开展德育课优秀论文、教案、社会实践报告、“精彩一课”等“五个一”征集推荐活动，其中“精彩一课”录制成DVD光盘，选送省教育厅参赛，获优秀论文一、二、三等奖分别为8/68、34/196、39/278篇（分数表示的是曲靖/全省）；获教案一、二、三等奖分别为3/30、13/82、23/139篇；获社会实践报告一、二、三等奖分别为5/8、8/18、7/28篇；获课件二、三等奖分别为1/9、4/25个（一等奖全省空缺）；获“精彩一课”一、二、三等奖分别为2/10、2/16、6/35个。6月，曲靖工商职业技术学校被省推荐为国家中职德育先进学校，被教育部、人力资源社会保障部评为国家中职德育先进学校，周建平等6位教师评为省级中职学校德育工作先进个人。4～12月，市教育局与市文明办、共青团曲靖市委联合发起在全市各中小学校（含中职中专学校）、幼儿园广泛开展“百万少儿唱红歌、百万少儿诵经典”主题教育活动。使每个学生唱会5～10首革命歌曲；通过课堂诵读、课前诵读、集中展示诵读等形式，结合“五四”、“六一”、“中秋”、“十一”等节假日举办“唱红歌、诵经典”集中展示演唱诵读活动，使每个学生熟记5～10首经典诗词。在各级各类学校师生和家长中组织开展“三生教育”优秀论文、教案、课件、活动方案、社会实践报告、动漫、童谣与儿歌、故事、名人名言搜集整理等“九个一”征集推评活动，共向省保送推荐120余件，均获奖励；组织推荐作品参加云南省“三生教育”歌曲创作大赛，获二、三等奖各2个，获优秀奖、优秀作词奖6个；向省推荐云南省“三生教育”示范学校18所，优秀学校10所。

【中小学教学管理】 2010年，曲靖市教育局通过调研、讲座、课赛等形式，加强对全市中小学的教学管理和指导。教科所教研员深入学校听课510多节，举办专题讲座30场（次），与600多名教师就教学问题进行探讨。在全市选拔的基础上先后推荐6名小学语文、数学、初中政治教师参加省课堂教学竞赛，有5人获省一等奖，1人获省二等奖；组织初中数学、初中语文、初中生物、高中信息技术共6名教师代表云南省参加国家级课堂教学竞赛，有4人获国家级一等奖，2人获国家级二等奖；动员组织全市中小学1680名学生参加省教育厅组织的“首届国际英语大赛——文化交流大使”活动初赛，选拔19人参加省级决赛，2人代表云南参加全国总决赛，2人均获一等奖；推荐15名学生参加省“三生教育”主题演讲比赛，4人获省级一等奖，8人获省级二等奖，3人获三等奖；组织全市8万多名中小学生参加省中小学生作文大赛，有796人获省级一、二、三等奖；组织60多人参加省心理教育培训，110人参加省中小学教学质量评估研讨会，96人参加省课题规划办的培训。

【义务教育段终结性评价工作】 2010年，曲靖市教育局按省教育厅的要求，中考6大学科由州（市）自主组织命题。2月，出台全市6个中考学科的考试指导意见；3月，组织召开全市3300多人参加的6个学科中考研讨会；4月，先后在麒麟、沾益、富源3县（区）11家初级中学进行调研，听取一线教师的建议，以讲座的形式对各学科教学进行经验介绍或教法指导。6个学科在学校共举办讲座66场（次），培训教师640多人；5月组织6个学科共23人的命题队伍，封闭1个月完成6套试题，备用题6套的命制、保密任务。6月，组织721名教师完成全市首次网络阅卷工作，在命题的质量、保密和阅卷工作上实现零错误率。

【高中教学及备考管理工作】 2010年，曲靖市教育局为促进高中改进管理，提高备考效率和教学质量，市高中信息研究中心紧紧围绕建设“五大工程”，规范“十项制度”。落实“八大常规”的要求，开展大量工作。请湖北、四川的专家对全市高三9个学科教师举行备考研讨会，组织9个会场，参加研讨教师1600多人（次）；组织2次省高三统测的考务及质量分析工作，编印2册成绩分析供各学校参考使用；编写2009年全市高中9个学科的备考建议1册免费供高三教师使用；收集黄冈、北京等地各类信息19套，经信息中心筛选后供学校参考使用。对全市57家高中进行“四率”评估，撰写高考各科质量分析、编辑成册。请山东省昌乐二中校长赵丰平来曲靖，培训全市高中学校管理人员700余人（次）。

【课题研究工作】 2010年，曲靖市教育局组织报送省级课题15项，获得省级立项课题4项；申报“十一五”市级第四批课题46项，完成22个省市级课题工作。省、市级课题在选题上均按“降低重心，面向基层，面向教学”的要求，按照教学现实中碰到的问题就是课题的思路选择、评审课题。课题的研究人员大多是一线教师，通过对课题的研究，团结一大批积极进取的教师，促使教师主动学习。同时加大校本教研工作的力度，校本教研在全市全面推开，开展面达100%。

【课改实验】 2010年7月，曲靖市教育局为保证高一年级平稳推进课改工作，组织全市高一年级教师参加教育部的远程网络培训，中学组9个学科教研员担任辅导教师，网络批阅作业4500多人（次），组织全市高一年级教师基本信息统计工作，并上报省教科院。8月，组织全市高一年级1972人参加省高中课改13个学科的课标教材教法培训，保证新课改的顺利推进。8~9月，分别组织初中政治、地理、历史、语文及小学语文5个学科的教材教法培训，培训人数4000多人。10月，组织市高中信息研究中心的专兼职教研员到麒麟、宣威、罗平3县（市）区进行高中课改调研和指导。12月，组织近700人的高中学校管理人员培训，进行高中课改通识培训。

【学校安全监督管理】 2010年，曲靖市教育局与各县（市）区教育局长、市直学校校（园长）签订《2010年学校安全目标管理责任书》，实行一把手负责制、一票否决制、责任追究制和风险抵押金奖惩制度；印发《曲靖市2010年学校安全稳定管理工作意见》等学校安全工作方面文件21个，明传电报14个，对学校安全稳定工作的目标、任务、重点工作内容及工作要求作全面部署。全市完小以上学校都配备法制副校长、辅导员，每学期开学都按要求到校给学生进行法制安全教育；各学校全面开展“三生教育”，有教材、有师资，按大纲开足课时；学年开学初，利用初、高中军训、小学养成教育，组织师生开展校园突发公共事件应急疏散演练；各县（市）区在相关部门的指导下，积极组织开展消防安全、交通安全、防震应急疏散的示范学校创建活动；春季、秋季开学的第一个月，全面开展法制教育在全市各学校已形成惯例。年内，通过不间断地深入开展学校及周边治安综合治理工作，各县（市）区学校及周边治安综合治理工作领导小组及各成员单位多次组织开展拉网式排查，排查整改学校的消防设施、易燃易爆危险化学品存在的安全隐患36处，排查整改学校食堂、校园周边饮食摊点食品安全隐患28处，排查影响学校稳定的矛盾纠纷49件，化解43件，约谈重点人员，排查、稳控重点高危人群160人，逐一落实教育、疏导、稳控措施。各县（市）区都加大投入，在治安情况复杂的城区、乡（镇）学校门口设立专门治安岗亭或依托学校门卫室设置治安执勤点360个，在重点时段都有1~2名民警在治安巡逻，及时处置校园及周边发生的各种治安问题。坚决取缔和清理整治学校及周边的治安乱点，特别是“黄、赌、毒”和文化市场的非法经营行为，取缔和清理整顿文化娱乐场所、违规摊点、网吧、出租房屋2686家。通过市检查组的评审，全市100所学校被认定为市级“平安校园”学校，30所学校被推荐上报为省级“平安校园”的受评审学校，全市累计共创建“平安校园”680所、“平安校园”创建工作已有一个较好的开端。

【教师队伍】 2010年，曲靖市有教职工7.03万人。教师学历合格率普通高中97.83%、中职学校89.62%、初中98.77%、小学99.4%，小学和初中校长任职条件合格率为100%，校长岗位培训合格率100%。组织31045名中小学教师履职晋级培训，合格率97%。委托曲靖师院培训市级骨干教师200名，县（市）区培训骨干教师3216名。省级评估认定15名名校长、37名学科带头人、144名骨干教师。确定宣威教师进修学校创建云南省省级示范性教师进修学校。选拔99名中小学校长作为云南省千名校长赴香港真道书院培训。组织选拔推荐省骨干教师培训44名，第二期农村骨干教师培训99人；国培计划“高级教师研修班”22人，“知行中国班主任”300名，远程培训1969人，短期集中培训375人，置换研修培训180人，管理者培训32人，培训者培训82人。组织全市6个县（市）区的中小学教师700人参加全国英特尔未来教育项目远程培训。完成13个科目2442人（次）的高中教师通识培训，2416人（次）的跟进培训。

幼儿教育·小学教育

【幼儿教育】 2010年，曲靖市有幼儿园768所，比上年增加113所，教职工6728人，比上年增加1535人；3~6周岁入园率达63.83%，比上年提高9.1个百分点。

【小学教育】 2010年，曲靖市有小学1705所，比上年缩减61所，小学教学点1318个，比上年缩减695个，教职工33064人，比上年增21人，在校学生65.15万人，比上年减8700人，学龄儿童入学率99.81%，比上年增0.13个百分点。

中等教育

【初中教育】 2010年，曲靖市有普通初中187所。在校生33万人，比上年增9600人，初中毛入学率102.99%，比上年增9.87个百分点。

【普通高中教育】 2010年，曲靖市有普通高（完）中55所，在校生12.56万人。曲靖市第二中学和民族中学由一级三等晋升为一级二等。全市普通高考报名45191人，上线43755人，占报名总数的96.82%，比上年提高13.98个百分点，其中高分段考生600分以上249人，一本上线5212人，比上年增1255人；二本上线10772人，比上年增2659人。曲靖市以占全省1/7左右的人口，在校生占全省的1/6，每年高考上线人数占全省的1/5，一本上线人数占全省的1/4，普通高中教育质量和水平在全省保持领先地位。

职业教育

【简述】 2010年，曲靖市把大力发展职业教育作为实施“科教兴市”和“人才强市”战略的核心环节来抓，成立曲靖市职业教育改革发展领导小组，制定出台《中共曲靖市委曲靖市人民政府关于职业教育改革与发展意见》、《中共曲靖市委曲靖市人民政府关于大力发展职业教育的实施意见》等系列文件，建立以政府投入为主、多渠道筹措职教经费新机制，全市职业教育改革不断深化，办学活力不断增强，职业教育快速发展。全市辖区内有职业院校26所（其中：高等职业技术学院1所、普通医学高等专科学校1所、中等职业学校24所）、省级示范中等职业学校5所、省（部）级重点中等职业学校2所、国家级重点中等职业学校6所。全市中等职业教育在校生总规模达14.2万人，其中：曲靖工商学校在校生达1万多人；曲靖市麒麟职业技术学校在校生达2万多人，被教育部副部长陈小娅誉为“一张走向全国的职教名片”。全市中等职业教育在校生规模与普通高中在校生规模之比达1.2:1，中等职业教育在校生总规模首次超过普通高中。

民办教育

【简述】 2010年，曲靖市有各级各类民办学校764所，比上年增193所。其中，幼儿园678所、小学11所、初中3所、普通高中7所、中等职业学校7所、培训学校58所；在校学生145199人，比上年增32506人，增28.8%，新审批学校109校，停办14校。曲靖市教育局被省教育厅授予云南省民办教育先进集体。

（徐国龙）

2010年曲靖市小学情况统计表

县（市）区	校数（所）	教学点（个）	其中：一师一校点（个）	在校学生数（人）	教职工数（人）
麒麟区	109	64	25	76612	3515
马龙县	64	110	66	21516	1374
陆良县	138	49	5	62521	3730
师宗县	143	130	63	45241	2353
罗平县	192	193	93	68247	3675
富源县	233	251	99	97792	4194
会泽县	361	26	15	95174	4973
沾益县	107	44	31	40488	2038
宣威市	358	451	166	143921	7212
合计	1705	1318	563	651512	33064

2010年曲靖市普通中学情况统计表

县（市）区	高中		初中		普通中学	
	校数（所）	在校学生数（人）	校数（所）	在校学生数（人）	校数（所）	在校学生数（人）
麒麟区	11	20612	21	37430	32	58042
马龙县	2	3049	9	10685	11	13734
陆良县	8	13277	17	37775	25	51052
师宗县	3	7292	14	21188	17	28480
罗平县	3	9412	20	31719	23	41131
富源县	6	16556	17	49001	23	65557
会泽县	4	13379	31	41213	35	54592
沾益县	5	7751	19	20838	24	28589
宣威市	13	34233	39	80131	52	114364
合计	55	125561	187	329980	242	455541

2010年曲靖市普通高校招生上线情况统计表（一）

单位；人

县（市）区	实考总数	上线总数	上线率%	一本			二本						
				文	理	小计	文	理	艺文	艺理	体文	体理	小计
麒麟区	7260	6978	96.1	522	1121	1643	455	967	129	23	12	6	1592
沾益县	2887	2753	95.4	64	106	170	190	426	87	19	10	18	750
马龙县	1153	1108	96.1	15	43	58	64	125	40	25	22	12	288
宣威市	12746	12530	98.3	368	1386	1757	808	2867	51	10	26	6	3768
富源县	5290	5081	96.0	67	197	264	281	552	77	21	8	11	950
罗平县	3596	3450	95.9	68	143	211	144	352	75	15	6	2	594
师宗县	2755	2700	98.0	60	124	84	220	387	11	2	3	1	624
陆良县	4844	4698	97.0	91	335	426	265	678	97	12	5	4	1061
会泽县	4660	4457	95.6	104	395	499	264	726	101	34	11	9	1145
合　计	45191	43755	96.8	1359	3853	5212	2691	7080	668	152	12	69	10772

2010年曲靖市普通高校招生上线情况统计表（二）

单位：人

县（市）区	三本			一专							二专		
	文	理	小计	文	理	艺文	艺理	体文	体理	小计	文	理	小计
麒麟区	480	443	923	295	526	32	16	3	1	873	1067	887	1947
沾益县	281	257	538	202	311	16	3	2	1	535	399	361	760
马龙县	104	79	183	71	133	10	5	0	4	223	162	194	356
宣威市	879	1294	2173	465	1588	6	4	7	1	2071	979	1782	2761
富源县	427	298	725	332	574	61	9	3	3	982	1283	877	2160
罗平县	211	225	436	202	348	48	14	0	1	613	863	733	1596
师宗县	232	207	439	147	349	3	3	0	1	503	432	518	950
陆良县	375	392	767	248	472	40	11	0	1	772	884	788	1672
会泽县	312	327	639	210	403	73	10	1	0	697	794	683	1477
合　计	3301	3522	6823	2172	4704	289	75	16	13	7269	6856	6823	13679

2010 年曲靖市职业高中情况统计表

县（市）区	学校数（所）	在校生数（人）	教职工数（人）
麒麟区	1	4649	17
沾益县	3	14694	230
马龙县	1	2012	80
陆良县	1	2353	140
师宗县	1	5677	131
罗平县	1	3074	144
富源县	1	6005	91
会泽县	1	1814	107
宣威市	4	6192	481
合计	14	46470	1421

高等教育

曲靖师范学院

【简述】 2010 年，曲靖师范学院围绕“强本申硕创建综合大学”的战略目标和年初提出的工作任务，加强管理，深化改革，不断提高办学质量和效益，学校各项事业全面推进。学校有校本部、古城和环东 3 个校区，占地总面积 1267 亩。校舍面积 25 万平方米；图书馆馆藏文献总量 117.5 万册（种）；固定资产总值 4.62 亿元，其中教学科研仪器设备总值 4941.86 万元。校本部建有适应现代教学需要的综合教学楼、理学实验大楼、逸夫艺术楼、现代信息技术中心、图书馆、学生会堂、体育场馆、高尔夫练习场、多媒体教室等功能完备的教育教学设施，建有功能齐全的校园信息网络系统，网络终端进学生公寓，环境优美，绿化面积占 62.4%。学校设有 16 个教学单位，4 个教辅机构，20 个研究机构，1 个国家级特色建设专业，2 个省级重点建设学科，2 个省级重点专业，2 个省级特色专业，3 个省级实验教学示范中心，2 个省级合格实验室，7 门省级精品课程，2 个省级教学团队，1 个省级人才培养模式创新实验示范区；设有 34 个全日制本科专业，17 个高职高专专业，60 个成人教育专业。专业涉及经济学、法学、教育学、文学、历史学、理学、工学、管理学 8 大学科门类。面向全国 26 个省（市、区）招生，现有全日制本、专科在校生 1.25 万人，另有函授、电大、网络教育在籍学生 1 万余人。

学校有在职教职员工 874 人，其中专任教师 632 人，副高以上职称教师 232 人，高级职称教师占到专兼职教师的 38.9%，博士、硕士学位（含在读）教师 409 人，硕博教师占到专兼职教师 66.4% 以上，36 位教师受聘担任上海师范大学、云南大学和云南师范大学硕士生导师，享受国务院特殊津贴专家 7 人，全国优秀教师 1 人，享受云南省政府特殊津贴、云南省突出贡献专业技术人才专家 3 人，云南省中青年学术技术带头人 1 人，云南省高校教学科研带头人 3 人，云南省高校“教学名师”3 人，省级名师工作室 2 个、云南省优秀教师 3 人，校级学术学科带头人 10 人，中青年学术带头后备人才 18 人，校级教学名师 10 人，长年聘任校外兼职教授 56 人，外籍教师 9 人。2010 年，学校面向安徽、福建、广西、贵州、海南、河北、河南、黑龙江、湖北、湖南、吉林、江苏、江西、辽宁、内蒙古、宁夏、山东、山西、陕西、新疆、重庆、甘肃、四川、浙江、云南 25 个省（市、区）招收新生 4193 人。

【学科专业建设】 2010 年，曲靖师范学院加强教学质量工程管理，学科建设、专业建设和课程建设取得明显进步。学校完成 2011～2020 年学科专业发展定位规划报告，明确未来 5～10

曲靖师院图书馆。

（吴荣洪/摄）

年学科专业发展思路，在继续做好校级重点学科建设的同时，加强省级重点学科建设力度，物理化学和文艺学2个省级“十一五”重点建设学科顺利通过教育厅专家组评估验收，其中，文艺学被评为“优秀”。2010年，学校获得省级教学质量与教学改革工程立项项目共计12项，具体为：化学专业教学团队被评为省级教学团队，学校省级教学团队2个；物理学专业被评为省级特色专业，学校省级重点和特色专业3个；《常微分方程》课程被评为省级精品课程，学校省级精品课程7门；校长周本贞被评为省级教学名师，学校省级教学名师3名；副校长孙成科被评为名师工作室，学校名师工作室2个；地方高师院校学生实践能力培养的研究与探索等3个项目获得省级教学改革工程项目立项；被评为大学英语教学改革示范点，该示范点全省仅6个，其中曲靖师范学院是唯一的一个州（市）院校。曲靖师范学院省级以上教学质量工程项目在全省州（市）院校中处于前列。

【教学】 2010年，曲靖师范学院稳步实施学分制改革工程，制定《2010版本科专业人才培养方案制订的指导意见》《关于组织编写本科课程教学大纲的规定》，修订《学士学位授予实施细则（试行）》《学生学籍管理实施细则》等与学分制改革密切相关的管理制度，建立学分制综合教务管理系统，按照学分制的要求规范教学管理，人才培养质量稳步提高，学生参加全国、全省各级各类考级竞赛取得了优异成绩，毕业生考研上线人数逐年攀升，2010届167名上线，录取135人，其中考取国家“985工程”大学和“211工程”大学64人。学生参加全国计算机等级考试一级总体通过率达到85.1%，非英语专业本科毕业生全国大学英语四级考试通过率由2009年的25.6%提高到26.1%，师范类毕业生普通话水平测试二级乙等通过率达到97.6%，比上年提高3.3个百分点；本科毕业生计算机过级通过率达到97.5%，提高2.4个百分点；学生获省级以上专业技能资格证书奖励数目由上年的198项增加到345项，学生获省级以上专业竞赛奖励由上年的52项增加到72项。

【科研】 2010年，曲靖师范学院科研工作成果丰硕。科研工作在争取高层次项目、横向课题以及研究成果等方面都取得新突破：仅国家社科、自然科学和教育部项目就获得12项，其中国家社科基金项目3项、国家自然科学基金项目2项、教育部科学技术研究重点项目1项、人文社科研究项目6项。还获得省级项目11项，省院省校合作项目1项，省教育厅科研基金项目21项（其中1项重点），省部共建教育部重点实验室开放课题3项，横向专题研究项目3项。获得云南省科学技术奖1项，云南省哲学社会科学优秀成果奖、优秀科技论文奖6项，曲靖市文学艺术创作奖9项。教师以独立作者和第一作者公开发表论文700余篇，其中核心期刊论文90篇，SCI论文17篇，EI论文7篇，ISPT论文2篇；出版著作和主编教材21部。申请专利3项，获专利授权1项。年内，学校新增科研项目经费370.1万元，其中，从校外争取的纵横向项目经费236.6万元，学校资助133.5万元，加大科研奖励力度，全年科研奖励经费47.653万元，最高个人奖励3万余元。纵比，获得的高级别项目最多；横比，在州（市）同类院校中处于领先地位。科研平台建设取得新的突破，学校批准立项建设2个科研创新团队，城市文化研究基地成为云南省哲学社会科学重点研究基地，《曲靖师范学院学报》被评为全国高校优秀社科期刊，“珠江上游经济文化发展研究”栏目获“全国高校学报特色栏目”奖，“文艺学研究”栏目被评为“全国地方高校学报特色栏目”。国家体育总局体育文化研究基地在曲靖师范学院挂牌成立，学校还获得中央财政支持地方高校200万元的专项项目。

【师资队伍建设】 2010年，曲靖师范学院新增教授10人，副教授21人，讲师27人，公开选聘各类人才35人，获得省贴、省突、市贴、市中青年学术技术带头人、云南省高等学校教学名师各1名，选派5名教师到国内外高等院校或科研院所访学，组织70余名中青年教师报考攻读硕士、博士学位，1名教师被评为省级教学名师，孙成科教授被批准建立省级名师工作室，截至12月31日，具有正高专业技术人员52人，副高专业技术人员193人，博士学位52人，硕士362人。本着“不求所有，但求所用”的原则，积极引进外部人才，聘请国务院参事任玉玲、北师大校长钟秉林、著名战斗英雄史光柱以及省内外高校、政府、企业、中小学等150余名知名专家为学校外聘教授，聘请中科院院士潘际銮教授担任学校学术委员会名誉主任，进一步扩大学校办学资源。

【招生】 2010年，曲靖师范学院生源质量实现质的飞跃。学校首次进入云南省优质生源学校，录取分数在高于二本和一专线以上完成招生任务；首次本科招生计划在高于云南同类院校1000人左右的情况下，退出征集志愿的行列；首次出现全部学生为外省籍学生的班级（舞蹈表演与编导专业）；首次出现非师范专业为学校热门专业，会计学专业录取174人；首次省外录取学生人数超过400人，占招生计划的12.6%；首次发出录取通知书突破4000份以上。省外本科招生计划为370人，实际录取429人，超计划录取59人。另外，成职教招生在竞争十分激烈的背景下实现新突破，成人高考报考曲靖师范学院函授夜大考生2500余人，组织实施曲靖市中小学履职晋级培训31045人（次）、富源县小学校长等教育管理干部培训206人、市级中小学骨干教师培训192人；获得云南省初中语文、物理骨干教师160名的培训计划和750名“国培计划”，圆满完成全年“国培计划”培训任务。

【就业】 2010年，曲靖师范学院共有毕业生2695人，其中：本科毕业生2125人，专科毕业生570人，初次就业率85.1%，高于全省平均初次就业率3.1个百分点；年终就业率95.5%，本科就业率98.4%，位居全省第二。学校就业工作获省教育厅目标责任考核一等奖，同时被评为鼓励大学生创业先进集体。与毕业生就业相关，学校还被教育部高校学生司评为“全国普通高等学校毕业生预征工作先进集体”，1位教师被评为“全国普通高等学校毕业生预征工作先进个人”。

【对外交流与合作】 2010年，曲靖师范学院加强对外交流，办学空间得到有效拓展。先后与美国加州州立大学圣伯纳迪诺分校、泰国南邦国际技术大学签署新的交流合作框架协议，设立国际学院，推动开展中外合作办学；先后组织师生共126人（次）分赴美国、新西兰、泰国、台湾和香港等国家和地区进行教育培训、考察、交流和教育实习，招收泰国、美国和日本留学生共28人到校学习汉语，接待国（境）外来访团组10余批共39人（次）到校洽谈交流，组建学校首届外事工作翻译队伍。与上海师范大学、云南大学、云南师范大学在校级层面签订联合培养硕士研究生协议，22名教师被上海师大、云南师大聘为硕士生导师，顺利组织校内首个联合培养硕士研究生的毕业论文答辩。学校学术活动层次进一步提高，范围更加广泛。学校成功承办中国高等教育学会联合办学研究分会2010年会暨第四届全国高校联合办学研讨会和全国新建本科院校联席会议暨第十次工作研讨会2个全国性学术会议，分别有教育部和全国200多所高校的300多位校领导到校参加会议。学校成功举办云南首届本土歌曲“东恒·欧乐亚”杯演唱大赛、第五届全省艺术设计研讨会和艺术设计大展、云南省高校社会主义核心价值体系建设座谈会、全省高校书记校长会、“曲靖市首届油画展”、曲靖市第三届少数民族体育运动会开闭幕式等活动。学校成功举办“百年师范、十年本科”校庆活动。一系列重大活动提升了学校在全省、全国的影响力。全年，校、院2级共举办学术讲座134场，其中请校外专家主讲44场。教师参加国际学术会议交流论文19篇，参加全国性学术会议交流论文13篇。

（吕庆江　何树虎）

曲靖医学高等专科学校

【简述】　2010年，曲靖医学高等专科学校（简称曲靖医专）以优异的成绩顺利通过省教育厅“思想政治课建设”评估，顺利通过国家教育部人才培养工作评估，得到省教育厅评估中心及省思政课建设教学指导委员会的好评。在国家卫生部对学校基层社区卫生人员培训工作检查中，学校7名学员全部通过理论和技能考核，一刷连续3年云南省考核通过率为零的历史，得到卫生部、省卫生厅的高度关注和重视。学校占地367亩，建筑面积9.86万平方米，固定资产总额2.39亿元。学校教学、科研仪器设备总值达1671.2万元，馆藏图书23.1万册，建成400米标准田径运动场，新建6900平方米图书馆，学生实习实验场所面积2.3万平方米，全日制在校生5330人。年内，学校紧紧围绕高职高专人才培养工作评估“以评促改，以评促建，以评促管，评建结合，重在建设”的20字方针，深化教育教学改革，加强师资队伍建设，完善制度建设，加强科研工作、招生就业工作、学生管理等各项工作，拓展对外交流渠道，以质量求生存，以特色求发展。

【学科专业建设】　2010年，曲靖医专设有临床医学系、护理系、医学技术系、基础医学部、公共课部及思想政治课部等6个教学系部，有实验中心和现代教育技术中心等教辅机构。学校积极构建“以临床医学类、护理类专业为基础，大力发展药学类、医学技术类、卫生管理类专业，积极拓展医学相关类专业，形成多专业门类优势互补、资源共享、协调发展的专业群”的专业发展格局，设置有临床医学、护理、助产、眼视光技术、医学检验技术、医学影像技术、药学、中西医结合、医学文秘等9个专科专业（中西医结合专业2010年停止招生）。其中临床医学、护理专业为学校重点专业，眼视光技术专业为学校特色专业，经过积极建设，护理专业被评为云南省特色专业。

【师资队伍建设】　2010年，曲靖医专以优厚待遇吸引人才，引进硕士生10人，本科生8人。188名专任教师中有硕士博士研究生36人，教授和副教授54人，具有“双师”素质教师占教师总数的70%。学校聘有客座（兼职）教授140余人，校外兼职教师109人，培养和推出省级教学名师1人，校级专业带头人2人，校级教学名师2人，市级有突出贡献优秀专业带头人2人。学校大力支持教师攻读研究生，选送教师到国内外院校进修、深造、访学，积极鼓励教师到医院、科研院所、高等院校、医疗卫生企业见习，请省内外专家到校开展教师培训、学术讲座。通过内培外引，学校已形成一支数量基本满足要求、结构相对合理、素质全面、专兼结合的具有“双师型”素质的教师队伍。

【管理制度建设】　2010年，曲靖医专以评估为契机，建立健全各项管理制度，进一步制定并完善学校章程及党委、行政、教代会、教学指导委员会、专业指导委员会工作条例和党风廉政建设等各种规章制度近200个并收编入《曲靖医专管理规章制度汇编》；修改完善学生管理、团员管理等规章制度100个并编印成册，初步构建了“党委领导、校长负责、教授治学、职代会监督”的民主管理机制，推动学校现代化管理、民主管理和科学管理，形成较完整的学校管理科学发展的长效机制。

【教学科研工作】　2010年，曲靖医专《外科学总论》被评为省级精品课程；妇产科教研室被评为省级教学团队；王明琼副教授被评为省级教学名师；王明琼副教授主持的《医学类高职高专“六模块”实践教学体系构建》被评为云南省高等学校教学改革研究项目；眼视光专业技能型人才

2010年7月9日，曲靖医专与英国考文垂大学签订友好合作备忘录并结成友好合作关系。

（周鉴/摄）

“双证培养”模式创新实验区被评为云南省人才培养模式创新实验区；学校附属医院——曲靖市第二人民医院被评为云南省高职高专院校示范实习实训教学基地（校外）；基础医学实训中心被评为云南省高职高专院校示范实习实训教学基地（校内），获省教育厅20万元基地建设经费；护理实训基地入选中央财政支持的职业教育实训基地建设项目，获得中央财政160万元专项经费支持和地方100万元经费支持。学校方洁老师独立承担并主持申报的《少数民族传统医药人才状况调查》得到中国科协立项，获得资助经费30万元；学校《飞龙斩血植物内生菌的研究》、《曲靖医专护理专业男生就业心理压力调查与研究》、《曲靖医学高等专科学校实践教学体系探索与实践》等3个课题获云南省教育厅科研基金项目，学校教师参编教材15部，教师在各类公开刊物发表论文49篇。

【招生与就业】 2010年，曲靖医专面向云南、河北、湖北、重庆、四川等13个省（市、区）招生1911人，报到率94.13%。学校构建了党政统一领导，以招生就业处为主导，系部为主体，班主任为主力，“全员参与，全员负责”的就业工作机制，积极寻求校企合作，校院合作、与76家医院共建附属医院、教学医院和实习医院，深化合作，提高学生实践能力。学校积极推行“双证书”制度，依托学校职业培训站和云南省190职业技能鉴定所，强化学生职业能力培养，拓宽学生就业渠道。2010届学生初次就业率90.1%，年终就业率97.8%，其中专升本学生人数达54人，出国5人，应征入伍11人，在省内同级同类院校中名列前茅。

【对外合作交流】 2010年，曲靖医专瞄准国际人才市场，不断探索教育国际化路径，推动教育改革。通过考察访问、洽谈沟通，学校与英国北安普顿大学、伯明翰城市大学达成合作意向，与英国考文垂大学签订友好合作备忘录并结成友好合作关系，联合开办“2+2”专升本人才培养模式（学生在学校本部学习2年后到国外交流院校继续学习和攻读学士学位）。学校第三批赴英留学的5名学生接受留学前衔接教育并通过出国前相关考试，已顺利递签。学校先后与日本樱花国际语言学院结为姊妹学校，与日本新宿佰管理咨询公司签订了合作备忘录，与大连宜华建设集团有限公司洽谈合作创办独立学院事宜，与菲律宾远东大学互派教师，与泰国东方大学协商合作办学等。学校于6月份被卫生部批准并授牌成为国际护士执业水平考试项目协作组织（ISPN）。

【服务社会】 2010年，曲靖医专积极开展成人学历教育、非学历教育与培训，承担护理员、保健按摩师等13个工种的培训及10个工种的鉴定工作，首次承担盲人保健按摩班的培训，完成城市社区全科岗位培训355人，完成乡（镇）卫生院公共卫生人员培训115人。学校心系扶贫点，3次派出服务队，向扶贫挂钩点捐赠价值13万余元的资金、药品及图书。2010年组织全校师生捐款8.35万元支援干旱和洪涝灾区。学校教职员工20人，学生212人参加义务献血。

（王　娟）

云南能源职业技术学院

【简述】 2010年，云南能源职业技术学院（以下简称能源学院）秉承“明德尚能，励志笃行”校训，坚持“立足能源，突出煤炭，面向工业和信息产业，服务云南，辐射西南，为新型工业培养高素质技能型人才”的办学理念，实现了跨越式发展，正朝着特色鲜明的高水平高职院校的目标奋进。能源学院以高等职业技术教育为主要办学方向，同时开展中职学历教育、成人高等学历教育、岗位培训和职业技能鉴定，为云南和周边省份提供煤炭、电力、机械等行业培养大量的中、高级专业技术人才，是云南省唯一一所以能源专业为主，为煤炭行业培养高素质高级技能型人才，兼设经济、管理、人文与计算机等学科的综合性省属全日制公立高等职业技术学院。

能源学院新老校园占地面积共500余亩，现有规划建筑面积近30万平方米，教学楼5幢，实训楼2幢，实习工厂1个，建有采煤方法、矿井瓦斯监测监控、工程测量技术等专业实验实训室40余个，其中采煤方法、通风安全、瓦斯监测监控、数字化测绘、煤化工和矿山机电等6个实验实训室处于省内先进水平或独有，教学仪器设备资产总值4000余万元；图书馆2座，藏书51万余册。学院共有全日制大中专学生5133人，成人高等教育5529人，开展653工程及其他中短期技术培训1382人，职业技能培训鉴定2700人（次），学院教育总规模达14744人。学院设有资源与环境工程系、机械与电气工程系、计算机与信息工程系、经济与工商管理系、人文与社会科学系（基础课教学部）、成人教育培训学院及思想政治理论课教学部等7个系（部），下设煤矿开采技术、矿井通风与安全、矿山地质、工程测量技术、矿山测量、矿山机电、煤炭深加工与利用、机电一体化技术、发电厂及电力系统、水电站动力设备与管理、计算机应用技术（矿井监测

2010年9月10日，云南能源职业技术学院30周年庆典。

（孟良成/摄）

与控制方向）、会计、物流管理、文秘、广告设计与制作等30余个高职专业和12个成人教育专业，形成以能源、煤炭为主体，覆盖电力、机械、计算机等工业信息产业，兼顾经济、文管等领域，适应云南省经济社会发展需要的专业体系。学院是中国煤炭工业协会职业经理人资格培训机构、云南省煤矿生产能力核定资质单位、云南省煤矿瓦斯等级鉴定资质单位、教育部NIT培训考试基地、工信部软件定点考试中心、人力资源和社会保障部计算机高新技术培训考试站。设有云南省第192职业技能鉴定所和培训站，常年开展矿井掘进工、采煤工矿井维修电工、矿井维修钳工、工程测量工、矿山测量工、矿山地质工、汽车修理工等近20余个工种中级工、高级工、技师和高级技师职业技能培训和鉴定工作。学院分别在云南省羊场煤矿、恩洪煤矿、来宾煤矿、后所煤矿、云南模具三厂、贵州盘江煤电集团等20余家企业建立了校外实训基地。2010年，学院面向云南、重庆、贵州、陕西、湖南、河北、宁夏、内蒙等省（市、区）招录三年制大专1651人，五年制大专293人。9月10日，学院喜迎30年华诞，云南省副省长高峰、省教育厅厅长罗崇敏、省工业和信息化委员会副主任王祥、曲靖市副市长陈军等领导出席庆典，其中厅长罗崇敏、副主任王祥和副市长陈军分别在庆典上致辞。

【学科专业建设】 2010年，能源学院围绕创建省级示范性高职院校工作目标，实施教学改革，加强教学管理，提高教学质量，经过全院师生共同努力，学院被批准为云南省示范性高职院校培育单位，这标志着学院的综合指标评估已由2008年在全省24所高职院校中排名19位升至前10名。年内，学院完成高等学校8个三年制大专的专业方向设置申报工作，重新申报5个五年制大专专业。按照教育部新专业目录调整规范并上报学院已审批的中专专业30个，制定学院五年专业建设发展规划。学院组织教学系部成功申报5个2011年招生的三年制大专新专业。2010年，学院被云南省政府批准为云南省工业人才培养基地；“煤矿开采方法”被评为省级精品课程；“煤化工专业实训基地”（校内）、“云南东源煤电有限公司羊场煤矿实习实训基地”（校外）分别被评为云南省高职高专院校示范实习实训教学基地。

【科研】 2010年，能源学院《电气设备安装技术》、《数字电子技术》被评为云南省高等学校优秀教材；获得省级科研立项9项，其中经费支持的2项；获云南省政府颁发的“云南省教育成果二等奖”1项，其他教育科研奖近10项。教师在各类公开出版刊物发表学术论文50余篇，主编、参编教材20余部。

【师资队伍建设】 2010年，能源学院公开招考专业教师6名，3名教师考取在职硕士研究生，2名教师晋升教授，7名教师晋升副教授，24名教师晋升讲师。至此，学院有教师198人，其中博士1人，研究生48人，本科生110人，教授3人，副教授52人（包括高级讲师等），讲师93人，外聘兼职教师110人，具有双师素质专任专业教师70人，外籍教师2人。年内，学院选派12名教师外出参加培训进修。学院通过认真开展专业技术职务评审工作，走公开招聘社会人才与在职培训相结合的路子，使师资队伍结构在职称、学历、专业等方面得到进一步改善。

【招生与就业】 2010年，能源学院重视毕业生就业工作，坚持以就业为导向，提高岗位适应能力和就业竞争力，对三年制高职专业进行深入透彻的专业改革，制定以学生的职业能力培养为主体目标的专业教改方案，突出实践能力的培养，以保证“素质高，技能强”的人才培养目标的实现。同时，学院还积极推行“职业资格证”和“毕业证”相结合的“双证书”制度，强化学生职业技能的培养和训练，实行长达半年的顶岗实习，力争实现毕业学生与就业岗位之间的“零距离”接触。在积极开展教学改革的同时，学院还注重通过第二课堂的延伸来促进学生素质的提高，开设内容丰富多彩的选修课，为学生科学文化素质的提升和职业技能的拓展搭建平台，推动毕业生就业质量和竞争能力的普遍提高。同时，招生就业处和各系部加强毕业生就业指导，完善订单式人才培养模式，促进毕业生就业工作稳步发展。学院先后与云南煤化集团、贵州盘江煤电集团、云维集团等10余家企业签订“订单教育”培养协议。学院有600余名在校生与企业签订订单教育协议并获得资助。此外，学院每年都在校内举办毕业生“供需见面会”，为企业和毕业生提供双向选择的平台。通过多渠道，全方位的就业指导，学院采矿、通风、地质等专业毕业生的一次性就业率已连续几年达到100%，机电、电力、测绘、选矿、计算机等专业毕业生的一次性就业率超过90%。截至年底，毕业生就业率达92.29%，超过上年同期20个百分点。由于成绩突出，学院连续3年被省教育厅评为“普通高校毕业生就业工作先进单位”。2010年，学院被省教育厅评为云南省高校毕业生就业工作一等奖。

（朱　勇）

党校教育

【简述】 2010年，中共曲靖市委党校紧紧围绕全市经济社会发展大局，认真贯彻《中国共产党党校工作条例》、《行政学院工作条例》、《社会主义学院工作暂行条例》，继续推进“培训工作精品化、办学渠道多元化、科研工作本土化、管理服务规范化，党校事业大发展”目标，各项工作取得新成绩，为促进全市经济社会发展和党的建设作出积极贡献。

【培训工作】 2010年，市委党校积极探索干部成长规律和党校教育规律，不断深化教学改革，提高教学质量，围绕干部“学什么”、“谁来教”、“怎么教”和“培养什么人”等内容进行一系列教学改革和实践，干部培训轮训成效明显。坚持党校姓“党”原则，始终把深入学习贯彻中国特色社会主义理论体系作为党校教育的主课，扎实做好马克思主义中国化最新理论成果进教材、进课堂、进学员头脑工作，同时积极开发和探索适应现实急需的新兴学科和交叉边缘学科。大力推行案例式、体验式、研讨式、互动式等教学方法，不断增强培训的针对性和实效性。圆满完成干部培训轮训任务，全年共举办各类主体培训班18期1605人，主要班次有领导干部学习贯彻党的十七届五中全会精神专题培训班3期485人，县处级领导干部进修班1期54人，乡（镇）领导干部培训班1期55人，中青年干部培训班1期58人，党外干部培训班1期101人，国家公务员初任培训班4期398人，市直事业单位新进人员初聘培训班2期224人，公务员考前辅导班1期85人，云南省军队转业干部培训班1期37人，大学生“三支一扶”岗前培训班1期30人，云南省公路开发投资有限公司昆明东管理处曲靖管理所入党积极分子培训班1期43人，师宗县统战干部培训班1期35人。

【科研工作】 2010年，市委党校以制度创新提升科研管理服务水平。制定了《2010年调研课题设置及管理办法》和《科研管理办法（试行）》，进一步规范科研课题的设置、管理与评审。科研为党委、政府决策服务的职能充分发挥。设立校级科研课题4项，申报立项全省党校（行政学院）系统科研课题2项。《领导参阅》全年编辑出版4期41篇文稿，重点分析整理国家经济社会发展形势，收集外地经济社会发展的典型经验，研究本地经济社会发展和党的建设重大现实问题，受到市委、市政府领导好评；《曲靖党校论坛》严格按照办刊宗旨组稿、审稿、排版设计和编辑，始终成为校（院）改革、发展、建设的示范窗口和研究曲靖经济社会发展及党的建设的园地。积极与其他部门开展科研合作，承接市委、市政府及有关部门的《曲靖市“十二五”规划纲要编审研究》、《曲靖市第二次全国经济普查资料开发研究》、《曲靖市经济结构调整研究》、《曲靖市建设效能政府研究》、《曲靖市农电企业职工思想政治工作研究》等5项课题；在与曲靖市统计局联合开展曲靖市第二次全国经济普查资料开发研究的基础上，进一步深入分析，将编辑出版《曲靖市经济结构研究》专著。“十一五”期间，全校教职工在省市级公开刊物上发表论文、调查报告、专著等科研成果454篇，其中：省级182篇、地市级270篇、专著2部；2010年省级40篇、地市级50篇，组织9项科研成果参加曲靖市社科联第三届科研成果评奖。

2010年6月1日，市委党校第十期中青年干部培训班开班。

（朱升/摄）

【办学渠道多元化】 2010年，市委党校在做好党校专、本科函授学历教育收尾工作的基础上，巩固扩大省委党校在职研究生班办学规模，共录取注册130人，比上年增加56人。同时，积极争取与部门、单位、院校、企业联合办班，探索联合办学新路子。与云南农业大学联合举办农业推广硕士研究生班，组织报名、考试45人；7月，与四川师范大学成人教育学院联合成立曲靖教学点，秋季学期注册人数达329人，实现首届招生“开门红”；与亚太培训中心开办会计从业资格证考前培训班1期160多人；与云南包装厂联合举办基层党员培训班3期260人、商务礼仪知识培训班150多人；与市信访局联合举办全市信访干部培训班1期130多人；与市安监局联合举办全市安监系统干部培训班1期70余人；与市统计局联合开展人口普查培训；与市文联联合举办朝霞工程培训班。

【管理服务】 2010年，市委党校开展以创建学习型党组织、研究型处室，服务型党组织、效能型处室，创新型党组织、和谐型处室，廉洁型党组织、节约型处室为主题的“四个双型”创建活动。加强对干部职工的教育、管理和引导，广大职工爱岗敬业，校（院）氛围和谐、风清气正，涌现了朱俊桦见义勇为等先进事迹。干部队伍整体素质明显提高。加强教师队伍建设，在全国范围内公开招聘4名硕士研究生。组织全校干部职工、县（市）区委党校主要领导到绍兴市委党校学习考察，先后派出12名教师赴省外著名高校学习培训，选派2名干部到基层挂职锻炼。开展中层领导干部竞争上岗工作，选拔8名科级干部，配齐配强处室领导班子。配合市委组织部选拔任命4名市管干部。基础建设和保障能力大幅提升，对部分教室进行改造更新，添置多媒体设备，进一步改善教学条件。继续加强校园绿化环境建设，校（院）现有绿化面积5169平方米，绿地率达41%，绿化覆盖率达53%，人均绿化面积达40平方米，被评为省级园林单位。

（牛 靠）

科　技

责任编辑　陶汝雄

综　述

2010年，曲靖市科技工作贯彻落实省委、省政府《关于建设创新型云南行动计划的决定》，以科技创新为主线，以科技计划项目为突破口，以提高科技进步对经济社会发展的支撑力为重点，深入推进工业技术创新、农业科技进步、民营科技创业、宏观科技管理四大科技集成体系建设，搞好12个科技服务平台，科技工作取得良好成绩。全年全市组织申报国家和省科技计划项目63项，获准立项38项，争取经费3651.8万元。专利申请245件，其中：发明专利申请73件、发明专利授权9件。2010年底，科技进步对工业、农业和国民经济增长的贡献率分别达53.5%、52.7%、54.7%。

科技管理

【“十一五”科技工作】　“十一五”期间，曲靖市持续增加科技投入，深化科技体制机制改革，加强知识产权的创造应用与保护，加快科技成果转化，积极发展高新技术及产业，全民创新意识有了新的提高，科技创新与服务体系建设不断完善，促进科技与经济社会发展的紧密结合。截至2010年底，科技进步对工业、农业和国民经济增长的贡献率分别达到53.5%、52.7%、54.7%，比“十五”末的47.7%、47.5%和47.6%分别提高5.8、5.2、7.1个百分点。全市财政科技拨款由2006年的5552万元，增加到2010年的14469万元（比2009年的8626万元增67%），占地方财政一般性预算支出的比例达到0.79%；全社会研发（R&D）经费投入占地区生产总值的比重达到0.4%。截至2010年底，全市有高新技术企业8家（较2006年的4家增4家），其中上市企业1家、总收入上亿元的5家。据对8家高新技术企业统计，2010年实现工业总产值62.3亿元、增加值24.89亿元。2010年末，高新技术企业从业人员10141人，其中具有高级技术职称的科技人员77人、中级职称的科技人员572人、初级技术职称的科技人员1315人。2010年，高新技术企业申请专利38项、专利授权17项，拥有发明专利14项。

截至2010年底，全市有省级创新型试点企业10家，市级创新型试点企业5家；省级工程技术研究中心1家，省级企业技术中心11家，市级企业技术中心29家，其他研发机构10家；知识产权试点示范企业11家。2006～2010年，全市专利申请累计达到750件，专利授权达到418件，年均增长分别达30%和22%。

全市有100多家企业与30余所省内外著名高校和科研院所开展了科技合作与交流。2002～2010年，实施国家、省科技合作项目33个，得到科技项目经费资助3425万元，带动项目总投资36618万元。

【贯彻落实创新型云南行动计划】　2010年，曲靖市科技局作为创新型曲靖行动计划的牵头部门，与市财政局联合下发《关于申报第二批曲靖市创新型试点企业的通知》、《曲靖市科学技术局关于推荐2010年度曲靖市科学技术局奖励的通知》、《曲靖市知识产权局2010年度县（市）区综合考核目标及实施细则》等一系列文件，为创新型曲靖行动计划目标任务的完成提供保障。市科技局认真编制《曲靖市“十二五”科学技术发展规划》。年内，市科技局承办了云南省科技厅与曲靖市政府召开的科技工作会商会议。围绕全市经济社会发展的重大科技需求，市科技局组织筛选出4个重点科技项目进行会商，共申请科技经费1800万元。

科研活动

【创新型试点企业的审查推荐以及高新技术企业认定推荐工作】　2010年，曲靖市科技局多次实地调研，现场指导帮助，经认真审核、对照筛选，积极做好创新型试点企业的审查推荐和高新技术企业认定推荐工作，年内，共审查推荐省级创新型试点企业3家，组织申报高新技术企业2家。已通过认定高新技术企业2家（云南中建博能工程技术有限公司、云南东玉工贸有限公司）；培育创新型试点企业2家（国营云南包装厂、国营云南燃料一厂），超额完成了目标任务。

【组织实施重大科技项目】　2010年，曲靖市科技局围绕全市支柱产业和经济发展的重大关键技术需求，积极组织实施重大科技项目。如化工产业的国产化大型粉煤气化炉开发制造项目和5万吨/年高温煤焦油加氢制洁净燃料油技术开发及产业化项目，矿冶产业的炼钢转炉煤气回收利用示范工程项目，“两烟”产业的1万套/年烟叶烘烤自动控制成套设备产业化项目等重大科技项目。

【申报国家高新技术产业化基地】　2010年，曲靖市科技局首次组织云南大为化工装备制造有限公司、昆明冶研新材料股份有限公司2家企业申报国家高新技术产业化基地。年内，《云南省麒麟煤化工二次资源高效利用》被认定为云南省高新技术特色产业基地。至年底，曲靖市已有沾益煤化工、麒麟煤化工二次资源高效利用2家云南省高新技术特色产业基地。

【创新型试点企业培育】　2010年，曲靖市科技局牵头对申报曲靖市第一、二批创新型试点7家企业进行评审，年内，曲靖市建功星有限责任公司、沾益县鹏达农业开发有限责任公司、云南曲辰种业有限公司和师宗华海木业有限公司、云南罗平丰瑞粮油产业有限公司5家企业被评为市级创新型试点企业。

【高产创建示范活动】　2010年，由曲靖市科技局牵头，市农业局等有关部门配合，在麒麟区、会泽县、陆良县、宣威市开展8片（8万余亩）水稻、玉米和马铃薯高产创建示范活动。已全面完成下达计划任务，顺利通过省农业厅专家检查、验收。高产创建区玉米2万亩，增产830.3万千克，增收1712.7万元；水稻4万亩，增产362.6万千克，增收870万元；马铃薯2万亩，增产1080万千克，增收1396万元。

【优势特色产业培育】　2010年，曲靖市加快培育优势特色产业，农产品生产和加工朝着区域化、规模化方向发展。全市新增农业龙头企业16个，固定资产达50万元以上的农业龙头企业达242个，其中：农业产业化经营国家重点龙头企业1个、省级重点龙头企业33个、市级重点龙头企业98个。以农业龙头企业为主的产业化经济组织覆盖全市各个优势特色产业，贸工农一体化、产加销一条龙的农业产业化经营不断发展。农业产业链条中的产、加、销环节得到有机联系，农产品市场竞争力有所提高。同时，紧紧依靠科技，抓住关键农时，充分利用温、光、水资源，引导农民优化耕作模式，实行合理间套种，提高粮食作物复种指数，稳定增加粮食播种面积，推进粮食安全生产和农民增收工作再上新台阶。全市粮食作物间作套种技术推广涉及115个乡（镇）、147万户农户、538万农民，示范推广面积550万亩，完成计划数100%。

【抗旱减灾】　2010年抗旱期间，曲靖市科技局组织科技抗旱专家小分队35支，安排科技抗旱经费21.9万元，科技系统干部职工共捐款85520元，购置送水桶460只，安排送水车辆22辆，打机井6口；组织专家培训农户20628人（次）；解决关键技术问题17项。

科技推广

【优质烤烟品种试验示范】　2010年，曲靖市科技局克服旱情，推广种植红花大金元品种到全市2个县15个乡（镇）75951亩，计划投入经费1025万元，已拨付科技经费款项512万元；推广种植K326品种到全市4个县11个乡（镇）166065亩，计划投入经费988.45万元。根据各县（市）区种植情况，按种植计划及时把品种试验经费补助到相关乡（镇），确保新品种试验、示范工作顺利开展，年底已把经费全部拨付到乡（镇）。

【科技宣传工作】　2010年，曲靖市科技局结合科技奖励、技术创新、知识产权等工作及科技活动周、全国科普日、“4·26”世界知识产权日等重大科技活动，组织开展科技及《科技进步法》、《科普法》、《专利法》等宣传活动。加强与新闻媒体合作，在曲靖1台、2台、3台的“源头夜话”栏目中，滚动播出《发明在我们身边》的知识产权日专题节目，对获曲靖市科学技术奖励的部分项目进行跟踪采访报道，宣传曲靖市的科技活动和科技成果，鼓舞广大科技工作者。

【科技信息】　2010年，市科技局做好曲靖科技信息网和曲靖政府信息公开门户网站（市科技局）的信息发布工作。围绕四大集成体系建设，在科技信息网及政府信息公开网上收集、加工整理、发布信息1200条。及时搜集网络及科技期刊中有关国内外科技创新的资料，编印《科技创新参考》24期送发市委、市政府相关领导，采编《曲靖科技信息》24期、知识产权简报21期，为市委、市政府领导和有关部门、企业和农村提供科技信息400余条。

【科技培训】　2010年，曲靖市科技局组织全市相关部门和企业到省科技厅参加全省科技项目申报及管理培训，开展科普统计、科技成果管理奖励及专利业务知识培训，深入企业对中层以上干部开展以加强企业自主创新、提高企业自主创新能力为主体的培训，邀请专家教授举办培训3期，培训260人（次）；围绕科技成果管理和专利的申报、转化、运用等相关业务知识，举办曲靖市科技成果申报及专利业务知识培训班，培训80余人（次），组织专家进行抗旱救灾知识培训20628人（次）。

民营科技

【民营科技企业扶持】　2010年，曲靖市科技局在优化非公有制科技环境、科技项目申报、成果认定、专利代理、科技信息服务等方面择优支持民营科技的发展。围绕建设现代工业强市、培育壮大支柱产业的要求，为民营企业选列产业化技术开发项目。加强对民营科技企业的管理和服务工作。引导民营科技企业积极引进消化吸收新技术、新工艺、开发新产品，加快企业技术进步的步伐，使其成为曲靖市技术创新、成果转化和经济发展的重要力量。至年底，全市民营科技企业达60余家，技工贸总收入25亿元，上缴税金2亿元。

【民营科技企业服务】　2010年，曲靖市科技局加强协调，及时了解民营科技企业经营的方式、内容、市场、技术、资金、人才等情况，指导民营科技企业申报科技项目。年内，组织申报非公有制经济暨中小企业发展专项资金（技术创新）项目10个，申请经费1001万元，立项6项，争取资金185万元；代办科技创新项目41件；开展《云南省麒麟区煤化工高新技术产业特色基地规划》等9个科技计划项目的可行性研究及项目申报书的编制工作。

【民营科技实业家协会】　2010年，曲靖市科技局指导协会组织民营科技企业发展理论研究、科技成果交流、科技产品展洽，开展人才培训、项目可行性论证等工作，为会员提供法律、人才、科技、信息、成果、专利、项目和融资等方面的咨询服务。同时，指导协会认真做好科技成果的材料审查和评定工作。年内，受理科技成果申报材料40份，组织省市有关专家评价37项，其中：自立项目35项，计划内项目2项，均通过科技成果评定和鉴定。

知识产权

【十一五期间专利申请及转化】“十一五”期间，曲靖市共申请专利750件，其中：发明专利185件，实用新型专利419件，外观设计专利146件；专利授权418件，其中：发明专利授权35件，实用新型专利授权298件，外观设计专利授权85件；专利申请年均增长率达29.6%；专利授权年均增长率达22.4%。3种专利构成比例分别为25%、56%、19%，各项指标与“十五”期间相比均实现翻一番的目标。

【专利申请和商标注册】 2010年，曲靖市共申请专利245件，其中：发明73件，实用新型121件，外观设计51件；专利授权100件，发明专利授权7件，实用新型专利授权71件，外观设计专利授权22件。全年全市新申请注册商标262件，到期重新认定19件；曲靖市知名商标新申报50件，到期重新认定38件；中国驰名商标申报企业富源魔芋协会“富源魔芋”商标已申报。截至2010年底，全市共申请有效注册商标2262件，获得中国驰名商标3件，云南省著名商标68件，曲靖市知名商标125件。以专利为主的各类知识产权申请、授权、注册、授予总量在全省各州（市）中排名前列。

【知识产权宣传及人才培养】 2010年，曲靖市共举行专利宣传活动20余次，举办各类专利业务培训班15次，培训各类人员2000余人，开展各类企、事业单位业务培训900余人（次），培训专业人才215人，其中，取得专利行政执法资格人员45人。

【企业知识产权试点】 2010年，曲靖市组织推荐云南驰宏锌锗股份有限公司和一汽通用红塔云南汽车制造有限公司申报第四批全国企事业单位知识产权试点单位，年初2家企业分别取得“国家级知识产权试点示范企业”称号。对辖区内的7户知识产权试点企业进行考核验收，7户试点企业全部通过，2家企业受到省级表彰。

【专利、商标、版权行政执法】 2010年，曲靖市知识产权局依法检查、指导、协调全市的专利行政执法工作，积极开展查处冒充专利、调解专利纠纷，打击专利侵权等违法行为。市工商局加大保护侵犯注册商标专用权力度，以食品商标、药品商标、涉农商标、地理标志、涉外商标、驰名商标、著名商标、知名商标为重点进行专项治理，使注册商标培育、发展、保护工作有序进行。全年全市共查处商标侵权案件117件，案值70.7万元，罚没款56.69万元，没收、销毁侵权商品828件；一般商标违法案件10件，罚款1.46万元。市文化局以保护创新作为版权工作的出发点，着眼于版权保护和产业发展，鼓励优秀作品的创作与传播，着力抓好作者、作品传播者和社会公众三者之间的关系，大力开展宣传教育，增强民众的版权意识。年内，全市共出动检查人员11010人（次），检查出版物市场（店档、摊点）4732个（次），检查印刷复制企业2046家（次）；取缔关闭出版物市场（店档、摊点）13个、印刷复制企业1家；收缴各类非法出版物3.11万件（碟），其中，查缴侵权盗版出版物29751件，淫秽色情出版物1374件；查缴盗版图书13917件；查缴盗版音像制品15834件；查办“扫黄打非”案件23起；行政处罚案件共64起。

【专利激励及专利资助】 2010年，曲靖市知识产权局认真贯彻落实《曲靖市专利发展激励办法（试行）》，组织了2009年全市专利激励金和专利转化激励金的评审工作，经评审，57件授权专利和受理发明专利获单项激励，17项优秀专利技术获专利转化激励；2010年度，有73件专利通过评审认定获得曲靖市的专利激励金，共计21.23万元。年内，向省知识产权局申报27件专利资助金申请，共为专利申请人争取资助金1.02万元。

（吴菊梅）

科协工作

【简述】 2010年，曲靖市科协坚持“重项目、求创新、抓基础、强协作、出特色、创品牌”的思路，按照“贯穿一条主线，实施三项工程、突出三个重点，实行四个强化”的工作架构促进各项工作的落实和创新开展。在抗旱保民生、科学普及与推广、提升公民科学素质、科普资源开发与整合、加强学术交流与合作和自身建设等方面取得明显成绩，在科普进村服务群众、青少年科技教育、科协工作环境改善等方面有明显突破。

【抗旱行动】 2010年，曲靖市科协多次召开专题会议对抗旱工作作安排部署，抽调相关人员组成下基层抗旱救灾保民生促春耕工作组，到乡、村指导、参与抗旱。形成由主席负总责、副主席具体抓、相关人员驻村“传、帮、带”的工作格局。领导班子成员先后3次带领干部职工52人（次），深入师宗县五龙乡牛尾村、高良乡设里村的18个村民小组实地察看了解情况，驻村20天，走访农户220户，调查了解情况，撰写调研报告提出可行性意见、建议，为科学抗旱、全民抗旱提供参考。市科协加强与水务部门联系，协调抗旱资金，全体干部职工积极捐款，为五龙乡牛尾村、高良乡设里村的群众送水桶400只；编印《干旱节水知识与农业节水抗旱技术》、《干旱与传染病预防》宣传挂图5000份，发送到市直、县直机关事业单位及所有乡（镇）、村委会、社区，广泛宣传节水、抗旱及疾病预防科学知识，向全市广大科技工作者发出抗旱倡议书。4月18日，市科协组织科技、医疗卫生、农业、地震等部门的科技工作者，到师宗县高良乡设里村开展抗旱科普服务活动，通过科普大篷车展示、发放宣传资料、广播、展板展示等形式，向高良乡的壮族、瑶族、苗族等群众宣传节约能源资源、选购粮油、地震安全避险、防雷电、生产生活安全用电、健康卫生等方面的知识，举办农机使用知识讲座、免费健康检查活动。

【创新型曲靖行动】 2010年，曲靖市科协认真落实年度建设创新型云南行动计划目标任务，充分发挥部门职能优势，突出科技兴农服务广大农村群众的重点，以农函大、农技协为主要载体，适应农业、农村和群众的需求开展实用科技培训，累计培训新型农民80693人。扶持指导发展新型农民专业合作组织、农技协65个，以中科协、省科协“科普惠农兴村计划”项目为推动，培养科普宣传员74名，新建科普惠农服务站17个。

【青少年科技创新大赛】 2010年，曲靖市举办青少年科技创新大赛，共收到来自9个县（市）区和市直中小学校推选的科技创新作品796件，评出奖项623项，从中选拔推荐246件作品参加全省青少年科技创新大赛，荣获学生创新研究项目一等奖9个、二等奖50个、三等奖62个；少儿科学幻想作文二等奖1篇、三等奖3篇；少儿科学幻想绘画二等奖8幅、三等奖19幅；优秀科技教师方案设计三等奖2个；优秀科技实践活动一等奖1个、三等奖1个。参加全国青少年科技创新大赛，优秀科技实践活动获二等奖1项，创造发明获三等奖1项。机器人工作室选拔6名高中生和2名初中生参加全省机器人大赛，参赛的高中组机器人足球、初中组机器人足球、高中组基本技能和高中组机器人营救灭火等4个项目全部获全省第一名。其中3个项目代表云南省参加第十届中国青少年机器人竞赛，这是曲靖代表团连续第6次进军全国赛，3个项目均获全国二等奖。

【天文观测】 2010年，曲靖市天文台继续在每月农历初七、初八和十五3天晚上为全市市民开放星空观测。年内，结合太阳活动加强的现象，在每周六下午开放天文台，举办太阳黑子观测活动。在曲靖学生和市民中普及天文知识。与新建成的曲靖靖宁宝塔合作举办天文观测活动，曲靖电视台多次作报道。全年共接待2200人到天文台观测。

【科普进校园】 2010年10月13～19日，曲靖市中小学开展以“传播科普知识、体验科技活动、促进健康成长”为主题、以低碳环保科普讲座、电脑机器人表演、航空、航天、车辆模型表演、科普大篷车展示等为主要内容的大手拉小手科普进校园活动。邀请省、市专家讲解。活动走进麒麟、宣威、师宗、富源的10所中小学，1万余名中小学生参与，深受学生欢迎。

【“英特尔”求知计划项目】 2010年，曲靖市科协在麒麟区北关小学开展200名青少年32小时电脑知识和操作、创新思维、协作能力培训，收集参训学生的电脑作品参加全国评比。被推荐为全国南片区“英特尔”求知计划项目教学的示范窗口。12月25日，中国科协“英特尔求知计划”项目区域教师交流会在麒麟区北关小学举行。中国科协“英特尔求知计划”教学支持组组长北京大学教授吴筱萌、全国“英特尔求知计划”优秀骨干许朝峰及云南、贵州、山西、广西等地的“英特尔求知计划”教学专家和骨干教师30多人参加交流会。

【青少年科技辅导员培训】 2010年7月12～15日，曲靖市科协与市教育局联合组织开展青少年科技辅导教师的培训，来自全市中小学的90名青少年科技辅导员参加培训，市教育局、市科协、市二中、市二小、育红小学等11名人员进行电脑机器人、科学DV拍摄、电子模拟遥控模型飞行操作、遥控模型直升飞行操控技术、中小学生电脑绘画、艺术设计、动画制作、电子报刊设计、网页及程序设计等方面的讲解和操作指导。

【云南省农村青少年科普试点项目】 2010年，曲靖市在麒麟区职中、越州一中、三宝三中、珠街一中、沿江示范小学5所学校，实施云南省农村青少年科普试点项目，探索以在校学生为主要对象的农村青少年科普教育有效形式。5所学校分别制定了各具特色的实施方案，以科普讲座、风筝制作、机器人竞赛、土陶制作、动植物标本制作等科普活动为抓手，对1.6万名学生开展“生命、生存、生活”三生教育。

【农村实用技术培训】 2010年，曲靖市农函大结合地方产业结构调整的需要，充分利用农函大网络全、点多面广的优势，广泛在农技协内部设立农函大教学点，协会会员同时又是农函大学员，根据协会建设和发展需要有的放矢开办教学班，聘请地方乡土专家或从省内外聘请专家授课、深入田间地头进行实作指导，为种（养）殖户传递生产技术和市场信息，较好地发挥科技应用推广作用。全年全市农函大共培训学员27084人，开设烤烟、核桃、养猪、魔芋、蚕桑、蔬菜、沼气、莲藕、生姜、兽医、果树、家政服务等26个单科专业、510个教学班。市农函大组织编写乡土教材11种，年内使用自编教材22599册，多媒体教学占农函大实用技术培训的大部分内容。

【烤烟生产科技骨干培训】 2010年12月14～17日，曲靖市农函大和市烟草公司联合举办烤烟生产技术骨干暨农函大辅导教师培训，全市96个烟叶站站长，9个县（市）区生产科科长（或副科长），市公司生产部、技术中心的技术人员，市农函大办公室工作人员等123人参加培训。培训班课程设置《卷烟上水平与原料保障上水平》、《基础设施建设工作规程》、《生产组织方式和专业化服务》、《烟蚜茧蜂生物防治》等9个专题的内容。

【烤烟生产科技服务协会】 2010年，曲靖市科协与市烟草公司联合推进全市烤烟生产科技服务协会的成立，探索由协会组织开展烤烟生产技术服务的做法，开始了新形势下曲靖烤烟生产技术服务的机制改革与创新。至年底，全市共成立烤烟生产科技服务协

2010年10月，科普进校园活动。

（赵苏荣/摄）

会（社）94个，拥有会员6000多人，承担全市所有烟区烟农的技术服务指导，服务经费达3000万元。

【“科技培训兴业”示范奖励项目】 2010年，曲靖市首次设立“科技培训兴业”示范奖励项目，奖励办学好、效果好、群众“带”得好的教学示范点，每年评选3~5个，这在全省属首创。会泽县乐业镇梭落村、师宗县雄壁镇、罗平县马街镇、宣威市阿都乡同兴村，被评为“科技培训兴业计划”奖励示范项目实施点。

【全省农函大表彰会】 2010年11月25~27日，云南省农函大工作暨表彰会在曲靖召开。参加会议的各州（市）领导及工作人员有300余人，中国农函大校长、中国农技中心领导、省科协领导、市委、市政府领导亲临会议指导工作，表彰奖励包括中国农函大、省农函大的先进集体和先进个人，市农函大获先进集体一等奖，45名先进工作者、18名优秀教师受到表彰。曲靖农函大的办学经验、做法在大会上作了交流。全市农函大有15名优秀教师和12名农函大校长被中国农函大表彰。

【科技活动周】 2010年5月15日，曲靖市科协与市科技局合作在沾益开展以“节约能源资源、保护生态环境、保障安全健康”为主题的“2010年曲靖市暨沾益县科技活动周”启动仪式及相关科普宣传咨询服务活动。与市粮食局合作，在珠江源广场举办“2010年科技周暨粮食科技周”宣传服务活动，向过往的群众宣传节水环保、甲型H1N1流感、地震、冰雹、雷雨安全避险及如何安全选购米、面粉、植物油等方面的科技小常识。科技活动周期间共发放科普宣传资料2000份，科普挂图1000余份，展出展板50块。

【全国科普日活动】 2010年9月15日，曲靖市科协联合会泽县委、县政府在会泽县乐业镇二顺村举办曲靖市暨会泽县“全国科普日”系列活动。活动以“节约能源资源、保护生态环境、保障安全健康”为主题，市科协海洋生物3D图片展区受到群众欢迎；科普大篷车向农民群众发放了大量的实用技术资料、图书，大篷车车载科普展品展具吸引了很多群众观看、参与互动、体验。会泽县迤车镇、者海镇老科协组织表演了科普文艺节目。9县（市）区科协与宣传、医疗卫生、农、林、水、科技、地震、环保等部门协调配合，在城区广场或乡村集市人群集中的地方组织有规模有影响的宣传展示活动。

【科普惠农兴村】 2010年，曲靖市科协指导、检查县（市）区做好科普惠农兴村项目工作，督促项目区开展各种形式的科学普及、科技培训、技术推广服务活动。积极组织县（市）区科协进行国家、省科普惠农兴村项目申报，全年全市有10个国家、5个省级科普惠农兴村项目获批准，争取项目资金210万元。继续做好科普示范基地、农村专业技术协会、科普文明村“三个创建”的评选表彰，对全市23个发展良好的基地、协会和带头人进行评选和表彰。加强对农技协的指导和管理，完成对全市农技协发展基本情况的调研。

【曲靖科协成立50周年纪念活动】 2010年7~9月，为纪念曲靖科协成立50周年，市科协组织开展有奖知识竞答、征文、曲靖科协50年大型图片展、曲靖科协50周年纪念画册制作、全市科协系统运动会等系列活动，市、县、乡（镇）三级科协及市直、县直学（协）会人员积极参与。收到知识竞答答题卡1748份，征文50篇。

【科普资源开发】 2010年，曲靖市科协加强科普音像作品的开发。进一步完善《鹤舞高原》科普电视片镜头，两次进入昭通大山包国家级自然保护区拍摄黑颈鹤越冬习性及生态环境，4月、10月分别到香格里拉纳帕海湿地、四川凉山州美姑县拍摄。完成国内知名黑颈鹤专家杨晓君访谈镜头的拍摄。完成《鹤舞高原》专题片第一个稿本的编辑制作任务。结合市内烤烟生产技术骨干暨农函大辅导教师培训，拍摄录制8个讲座的全部内容，经过筛选编辑制作《烟水工程项目财务管理》、《烤烟漂浮育苗技术》等7个烤烟科普讲座系列节目，分别制作7部DVD光碟。拍摄制作《大魔头——马跃》专题片送省电视台。完成科协全委会、青少年科技教育协会、农技协换届、科技论坛、全省农函大表彰会等大型会议的录制，完成烟草培训、航模培训、机器人培训、电脑作品制作培训等及曲靖市科协抗旱救灾科普下乡活动、曲靖市暨会泽县2010“全国科普日”宣传活动、师宗和富源“大手拉小手——校园行”系列活动等活动实况的录制，制作DVD光碟60余碟。为全市100个村配置60小时的农村实用技术视频大礼包。一方面购买收录设备，收录种养殖业、小型农机技术应用、农村沼气建设应用等类科普片，制作DVD光盘83张。另一方面抽调机关干部职工，组成5个摄制组，制作养猪、果树、养牛、核桃等部分专业的光碟教材，配送部分乡村。

【曲靖市第三届科技论坛】 2010年12月13~14日，曲靖市科协与市煤炭工业局、市地震局等单位联合举办曲靖市第三届科技论坛，来自全市科技、农、林、水、煤炭、气象等行业200名科技工作者参加论坛。论坛邀请国务院发展研究中心社会发展部主任、研究员、博士周宏春作题为《发展低碳经济转变增长方式》的专题报告。围绕“科技创新、低碳经济、绿色曲靖”主题，9位名科技工作者进行大会现场交流研讨。论坛共征集论文102篇，《饲料专用玉米新品种‘靖单12号’的选育》等4篇一等奖论文、《打造低碳曲靖，实现经济社会可持续发展》等11篇二等奖论文、《2010年6月25日曲靖强对流天气过程》等25篇三等奖论文，市煤炭工业协会、市地震学会、市农学会、市质量技术协会、市气象学会5个优秀集体受到表彰。推荐15篇优秀论文参加省级论坛，11篇论文入选相关论文集。

（赵苏荣）

防震减灾

【简述】 2010年，曲靖市地震局坚持以震情为中心，致力推进防震减灾三大工作体系建设，地震监测预报、防震减灾知识宣传教育、建设工程抗震设防管理、地震应急救援等各项工作目标顺利完成，受到中国地震局的充分肯定。

曲靖市地震局和市地震学会获市科协表彰。2010年12月13日，曲靖市第三届科技论坛暨优秀论文表彰大会在曲靖召开。会上，曲靖市地震局、曲靖市地震学会荣获科技论坛优秀组织奖；黄又卿提交并在科技论坛交流发言的“打造低碳曲靖实现经济社会可持续发展”论文获二等奖；富源县地震局龚开伟提交的“劫难反思”论文获三等奖。

【队伍建设和专业技能】 2010 年 6 月，曲靖市委、市政府任命太月娥任市地震局党组书记、局长。按市编委文件通知：市编委 2010 年 3 月 25 日会议研究，同意地震监测预报中心和地震工程研究所更名为地震监测预报科和地震工程科，为市地震局机关内设科室，参照公务员法管理。机构调整后，市地震局参照公务员法管理事业编制 17 名，领导职数：局长 1 名，副局长 1 名，科级领导职数 6 名；6 月 17～18 日，市地震局举办全市地震安全性评价学习培训班，省地震局防灾研究所专家虎雄林就国家地震安全性评价的标准条文、关键技术、主要方法、工作深度、基础资料、详细程度、评价结果的合理性及适用性及地震安全性评价相关专业知识等进行讲解。8 月 8 日，市地震局邀请省地震局应急救援处处长郑世远到曲靖讲授地震应急演练知识。10 月 25～27 日，组织全市 37 名干部参加市法制办公室举办的行政执法学习培训；深入各县（市）区地震局和全市各监测点、观测站检查监测环境保护及重要建设工程抗震设防管理执法情况，通过培训和执法检查及时发现问题，促进行政执法工作的规范化、制度化，提高地震执法队伍的执法水平。

【国务院抗震减灾指挥部到曲靖调研】 2010 年 10 月 26 日，国务院抗震救灾指挥部办公室在以中国地震局副局长赵和平为组长，国务院应急办、民政部、国家发改委、中国地震局等相关部门组成的调研组一行在云南省地震局局长皇甫岗、副局长陈勤和省政府应急办、省民政厅、省教育厅、省住房和城乡建设厅领导的陪同下到曲靖市调研防震减灾工作。曲靖市委常委、宣传部部长何华，市人大常委会副主任李玉雪，市政府副市长饶卫和曲靖市抗震救灾指挥部各成员单位领导出席汇报会。副市长饶卫汇报全市防震减灾工作的主要做法和经验。调研组对曲靖市政府及各有关部门高度重视防震减灾工作，认识到位，工作推进扎实有力，成效显著给予充分的肯定。并深入马龙县通泉镇响水街村民小组察看农村民居地震安全工程建设情况，到通泉小学、县第一中学察看校舍安全工程建设情况，到县民政局应急物资储备仓库察看应急物资储备情况。

【地震监测预报】 2010 年，曲靖市地震局研究制定了《曲靖市 2010 年度地震重点监视区短临预报跟踪工作方案》和《曲靖市震情跟踪预测技术方案》，成立领导组和工作组，组织召开全市 2011 年度地震趋势会商会，参与滇东预报协作区趋势会商会和云南省地震趋势会商会。全年分别完成 12 期《震情跟踪工作月报》、《震情通报》和《震情分析》。坚持例行的周、月、半年、年度及紧急情况会商制度。建立和完善全天候 24 小时震情值班制度。全年共对各地反映上报的 12 起宏观异常现象进行及时落实，作出较为科学的分析研判，为地震预报提供了依据。全年对市内及邻区 736 次地震活动进行了快速、准确的测定，对 2 月 21 日麒麟 2.9 级、5 月 10 日宣威务德 3.6 级、5 月 11 日沾益德泽 3.9 级和 11 月 7 日师宗五龙 2.9 级等一系列市内有感地震反映迅速，及时向市委、市政府和分管领导速报。全年共发《地震速报》9 期。成立地震监测工作检查小组深入各县（市）区进行实地检查，对各台站的前兆观测仪器进行维护校准和标定，并按时、按质、按量上报所观测到的数据和图件，每天按时收集、整理、入库全市各监测网点的观测数据，确保各类业务数据资料完整、规范。

【年度震情】 2010 年，曲靖市内共发生 1.0 级以上地震 553 次，其中：1.0～1.9 级地震 516 次，2.0～2.9 级地震 33 次，3.0～3.9 级地震 4 次。市内最大地震为 5 月 11 日沾益德泽 3.9 级。市内发生的 3.0 级以上地震分别是：2 月 21 日 0 时 50 分 41 秒，麒麟区（东经 103°48′、北纬 25°29′）发生 2.9 级地震，震中位置为曲靖城区，震感较强，有感人员较多；5 月 10 日 6 时 7 分 21 秒，宣威市务德镇（微观震中：北纬 26°05′、东经 103°36′）发生 3.6 级地震；5 月 11 日 1 时 49 分 21 秒，沾益县德泽乡（微观震中：北纬 26°02′、东经 103°36′），发生 3.9 级地震。9 月 6 日 21 时 00 分 25 秒，宣威市务德镇（微观震中：北纬 26°07′、东经 103°36′）发生 3.1 级地震；11 月 17 日 1 时 03 分 59 秒，师宗县五龙乡牛尾一带（微观震中：北纬 24°35′、东经 104°17′）发生 3.2 级地震。

【抗震设防管理】 2010 年，曲靖市完成 121 项重要建设工程项目的抗震设防管理审批，其中安评项目 80 项，复核项目 41 项，对相关工程进行现场踏勘和协调工作；参与市重点建设项目“五馆一中心”设计方案评审，针对抗震设防提出相关意见；参加与市政府拆迁安置房及多晶硅项目相关问题协调会，提出地震选址意见；参与中小学校舍安全工程和农村民居地震安全工程建设指导服务工作，全市拆除 D 级校舍 3281 幢 1207433 平方米，累计开工 1596 个，面积 1312828 平方米；累计主体完工 1509 个，面积 1228859 平方米；累计竣工验收 1153 个，面积 929884 平方米；参与农村民居地震安全工程的相关工作，自 2007 年实施以来，全市共投入 22948 万元，加固改造和拆除重建农村民居 753 万平方米，惠及农户 68450 户 30.8 万人；全面落实抗震加固措施，按照城乡统筹发展和新农村建设要求，在小城镇、中心村的建设中落实抗震加固措施，多渠道筹集资金，支持群众对住房进行更新加固改造。

【防震减灾科普宣传】 2010 年 5 月 12 日上午，曲靖市政府在珠江源广场举行第二个“防灾减灾日”和“防灾减灾宣传周”启动仪式。市政府副市长饶卫发表讲话，市地震、国土、消防、林业、公安、卫生等部门负责人出席启动仪式，宣传主题是“减灾从社区做起”；市地震局充分利用宣传阵地开展形式多样的宣传教育活动，编辑出版《曲靖防震减灾》4 期共 1.5 万份；制作地震宣传橱窗 5 期；对曲靖防震减灾网站进行升级改版，发布工作动态 156 条，监测信息 28 条、震防信息 12 条；在省防震减灾网站刊登防震减灾信息 110 条、在政府信息网、政府门户网刊登信息 39 条；市地震局组织开展“5·12”和“11·6”防灾减灾宣传周活动，共发放《防震避震常识》、《地震科普 100 问》、《地震宣传小报》等宣传手册及地震科普读物 30 余万份，展出展版 200 余块，悬挂横幅 56 条，接受咨询 2500 余人（次），在电视台播放《笨笨狗 PK 巨能魔》、《笨笨狗闯魔城》等地震宣传动画片，在广播电台播放《地震来了怎么办?》等宣传片 156 场（次）；开展科普知识“四进活动”，分别到曲靖市检察院、武警曲靖支队和中国南方电网超高压输电公司曲靖分公司、预备役部队等单位进行防震减灾科普知识讲座，结合各单位实际，帮助指导和制定防震自救演练方案并进行实战演练；深入学校举办防震减灾知识讲座，帮助指导学校制定地震应急预案和应急避险演练，积极推进防震减灾科普示范学校创建活动，全市创建省级示范学校1所、市级2所、县级12所；深入各级各类学校举办讲座、发放资料、指导演练共189场（次）；利用地震短信息平台，及时向全市副处以上领导通报震情信息3万多条。

【地震应急救援】 2010年，曲靖市政府为全面加强曲靖市综合应急救援队伍建设，切实提高应急救援处置能力，成立由市消防支队、公安特警、民兵应急、矿山救护以及地震、林业、国土、水务、环保、卫生、建设、供电、气象、人防、交通、农业、民政、通信等18支专业应急救援大队组成的曲靖市综合应急救援支队，于8月6日举行成立暨揭牌仪式，市委副书记、市长岳跃生，副市长早明光，省公安消防总队副参谋长王代明，曲靖军分区司令员卢兴波等领导为各应急救援大队授旗和揭牌，岳市长作重要讲话。曲靖市政府从应急、地震、国土、水务、民政等部门抽调人员组成3个检查组于4月26～30日对9个县（市）区应急管理工作进行检查。7月9日，曲靖市政府防震救灾应急演练现场观摩会在会泽县举行，市政府副市长饶卫及市政府相关部门领导、省地震局应急救援处领导和会泽县五机关领导等参加现场观摩。市地震局安排技术骨干和各县（市）区地震局长参加省地震局组织的地震应急和地震处置能力培训，对全市宏观联络员队伍实行分级培训，不断提高队伍应急组织能力和地震应急演练指挥水平；指导重要部门和大型企事业单位制定、修改《破坏性地震应急预案》，配合教育部门将地震应急纳入学校安全工作的主要内容；制定《震后趋势快速判定工作方案》和《地震应急工作程序》，市内一旦发生3级以上有感地震，及时向市委、市政府报告地震三要素，并第一时间通知震区地震部门，要求及时做好灾情询问及上报等相关应急工作。

（黄又卿）

气　象

【简述】 2010年，曲靖市气象工作坚持“面向民生、面向生产、面向决策”的服务理念，按照“围绕需求抓服务，抓好服务促发展”的工作思路，紧扣“以人为本、关注民生、建设和谐社会、推进气象事业又好又快发展”的主题，突出做好气象防灾减灾和应对气候变化工作，加快气象现代业务体系建设，提升服务农村改革发展为首位的公共气象服务能力，打牢气象事业的发展基础，全力推动全市气象事业稳步发展。

【基本气象业务】 2010年，曲靖市气象局参加全省第4届地面气象测报技术比赛，获团体第6名、个人全能第5名、电码编报单项第3名。地面测报和农业气象测报继续保持错情率0.0‰的好成绩。准确预报年内发生的寒潮、百年不遇干旱、雨季开始期、八月低温、入汛以来的主要降水和入冬以来的冷空气等重要天气过程。

【气象现代化建设】 至2010年底，曲靖市建成乡（镇）多要素自动气象站119个，其中：七要素（雨量、气温、日照、风向、风速、气压、湿度）11个，六要素（雨量、气温、日照、风向、风速、土壤湿度）37个，五要素（雨量、气温、日照、风向、风速）61个，10个应急五要素自动气象站。使曲靖市地面气象探测站点由原来的9个增至119个。同时建成市级气象信息收集处理中心和各县分中心，实现全市市与县和县与县之间的资料共享。进一步推进以气象信息电子显示屏推广运用为重点的气象信息服务体系建设。年内建成农村综合信息服务显示屏595块。先后建成宣威市、罗平县、沾益县和富源县4部天气雷达，曲靖市天气雷达的数量增至5部，县级雷达监测网络系统加强了中低空气象探测能力。配合原来建成的气象卫星地面接收系统和micaps系统，形成了覆盖高、中低空和地面的地基、空基相结合的密集立体气象监测网络。

【抗旱救灾气象服务】 2009年7月至2010年5月下旬，曲靖市连续10个月降水偏少、气温偏高，发生了百年不遇的特大干旱。全市气象部门于1月27日启动干旱灾害二级应急响应（随着旱情发展2月23日升为一级），发布干旱红色预警信息，成立抗旱气象服务领导小组，下设预报服务组、人工增雨组、技术和后勤保障组、安全生产组、督查督办组。加强短期气候的分析研究，提高预测预报准确率，全力做好转折性天气、森林火险等级的气象预报服务。通过电视、广播、报刊、网络、手机短信、农村综合信息电子显示屏、12121电话自动咨询等途径，将干旱监测和气候预测预报等情况，第一时间向各级党委、政府、相关部门和广大群众发布。1月27日至6月3日，向各级党委政府及有关部门领导、技术人员等近3万人及时发布各类气象决策短信193条，受众达600余万人（次）；有针对性地报送各类气象服务材料122篇；发布气象预警信息5次。为进一步提高气象信息服务面，协调各通信公司从5月份免费开通2个月的手机气象短信，以确保广大群众能准确及时地掌握天气

人工增雪抗旱。

（何天华/摄）

变化，安排好生产生活。全市117个增雨抗旱作业点抓住1月中旬至5月27日的17次有利天气过程，实施增雨（雪）抗旱作业41天，累计投入人力6350人（次），出动指挥、保障车363台（次），人工增雪抗旱实施作业2202次，发射各种炮弹19548发，全市115个乡（镇）均不同程度增加降水量，同时，全力配合省气象局做好飞机增雨抗旱的组织实施。

【“6·25”大暴雨气象服务】 2010年6月23日，曲靖市气象局发布《重要天气消息》，并通过电视、广播、手机短信、气象电子显示屏等方式向各级党委、政府和社会公众发布，其中手机短信直接服务的用户为80余万户。当强降雨天气出现后，市气象局立即启动《曲靖市重大气象灾害应急预警预案》，严密监视天气演变，并在第一时间先后8次将各地雨情、未来天气变化情况，通过气象短信及时向市委、市政府和市防汛指挥部及有关部门领导汇报。为市委、市政府领导指挥防洪抢险救灾提供科学决策依据。马龙县于6月25日20时至26日05时降雨量达208.3毫米，为有记录以来历史最高值，会泽县降50年一遇的大暴雨。由于市、县两级气象部门提前准确的预报和灾害性天气出现后的科学跟踪决策服务，灾害虽发生在夜间，但将人员伤亡和财产损失降到最低限度（1人死亡，165人受伤）。

【人工防雹】 2010年，曲靖市共组织防雹作业48天，累计作业2613次，发射各种炮弹31476发。有效地减少和避免冰雹灾害造成的损失。实现防雹保护区内“三增、一减、一无”（即财政增收、农民增收、企业增效；防护区内冰雹灾害减少；无责任性安全事故发生）的目标。

【防雷减灾】 2010年，曲靖市气象局下达整改指令57份，完成防雷图纸审核95份，办理防雷装置竣工验收50家，施放气球审批184份，对5家房地产公司进行立案查处，全年累计督促防雷安全隐患整改3000余条。

【干旱】 2009年7月至2010年5月的11个月中，全市有10个月降水量偏少，气温偏高。出现了自20世纪50年代有气象记录以来，干旱持续时间最长、影响程度最深、影响范围最广、受灾程度最重的跨年度特大干旱。

【雨季开始期】 2010年5月24～28日，曲靖市各县（市）区雨季先后开始，属偏晚年份。由于前期干旱严重，库塘干涸，对大春和烤烟适时栽种造成严重影响。

【汛期洪涝】 2010年，曲靖市主汛期降水量虽属正常，但大雨、暴雨多于常年，洪涝、冰雹、大风、泥石流滑坡等气象灾害也较常年偏重。6月25日马龙降208.3毫米的特大暴雨，突破当地日降雨量118毫米最大记录。

【秋季连阴雨】 2010年9月下旬至10月上旬，曲靖市出现连阴雨天气，对大春作物的成熟收晒以及小春作物的适时播种产生不利影响。

【气象灾害】 2010年1月至2月5日，会泽县遭受严重干旱，造成21个乡（镇）32万人受灾，5.99万人、36.67万头大牲畜饮水困难。农作物受灾面积3.9万公顷，农业直接经济损失1.68亿元。

2月，宣威市遭受严重干旱，造成128万人、11.09万头大牲畜饮水困难。农作物受灾面积9.4万公顷，成灾9.4万公顷，绝收0.68万公顷，损失粮食3.8万吨；林木受灾面积1.56公顷。直接经济损失8.61亿元。

自2009年秋季以来，师宗县发生旱灾，截止2010年2月12日，造成6.8万户22.8万人受灾，6.8万人、43.5万头大牲畜饮水困难。农作物受灾3.3万公顷，成灾3.2万公顷，绝收2.8万公顷；林木受灾100万棵。直接经济损失2.15亿元，其中农业经济损失2.10亿元。

2月19日，宣威市发生霜冻灾害，造成水果、蔬菜、桑蚕、花卉等农作物受灾0.97万公顷，成灾0.17万公顷，绝收0.16万公顷，损失产量6.33万吨，直接经济损失1.58亿元。

2009年9月至2010年4月29日，持续干旱造成沾益县大坡、菱角、德泽、炎方、播乐、白水6个乡（镇）干旱严重，103个村委会出现供水不足，13.02万人、7.95万头大牲畜饮水困难。农作物受灾面积3.32万公顷。农业经济损失3.8亿元。

2009年9月至2010年3月23日，罗平县干旱造成农业、林业、工业、旅游业损失严重。12.87万人受灾，9.2万人口缺粮，牲畜饮水困难。农作物受灾3.93万公顷，成灾3.93万公顷，绝收0.21万公顷，损失粮食6000吨。直接经济损失10.92亿元，其中农业经济损失5.77亿元。

2009年7月至2010年4月20日，麒麟区降雨量偏少，发生严重旱灾。农作物受灾2.42万公顷，成灾2.11万公顷，绝收1.43万公顷。直接经济损失在1亿元以上。

2009年7月以来，富源县持续干旱。截止2010年4月30日，旱灾造成11个乡（镇）65.89万人受灾。农作物受灾3.19万公顷，成灾3.19万公顷。直接经济损失2.1亿元。

2009年9月至2010年5月25日，马龙县发生干旱灾害，造成7.47万人受灾。农作物受灾1.23万公顷，成灾1.23万公顷；水库坝塘干涸91座。直接经济损失2.97亿元，其中农业经济损失1.42亿元。

2009年8月至2010年5月，陆良县发生干旱灾害，造成47.45万人受灾，15.05万人、9.99万头大牲畜饮水困难，3.07万户5.39万人缺粮。农作物受灾3.53万公顷，成灾2.84万公顷，绝收1.70万公顷。直接经济损失3.5亿元。

6月25日晚至26日凌晨，沾益县发生局部冰雹灾害。房屋受损57间；烤烟、万寿菊、玉米等农作物受灾583.3公顷，成灾317.3公顷，绝收200公顷。直接经济损失0.15亿元。

6月25日20时40分至26日凌晨4时40分，马龙县测站降208.3毫米特大暴雨，导致县城上游的龙泉水库出现漫坝，通泉、月望、王家庄、马过河等乡（镇）受灾。5.02万人受灾、0.4万余人被困、1人死亡、165人受伤，转移1.28万户4.14万人，县城有100家机关单位（其中学校3所、医院2所）、0.1万家商店和0.1万户住宅被淹，0.1万余台车辆被淹，0.33万台农业机械受损。房屋受损0.72万户2.0万间，倒塌0.35万户1.1万间；农作物受灾2.05万公顷，水产受灾346.7公顷，死亡大牲畜0.73万头；军供粮和救灾粮被淹500吨；造成电力中断56小时，通信中断36小时。直接经济损失6.0亿元。

6月25日08时至26日08时，麒麟区测站降127.5毫米大暴雨，造成洪涝灾害。房屋进水0.27万间，倒塌133间；农作物受灾0.33万公顷，死亡牲畜263头，冲毁渔业养殖48.8公顷；冲毁道路64.4千米、桥梁10座，毁坏河堤、沟渠、供水管道等水利设施0.67万米，冲毁坝塘坝体30米。直接经济损失0.79亿元，其中农林牧渔业经济损失0.56亿元。

6月25日晚至26日凌晨，沾益县普降中到大雨，局部地区伴有冰雹。洪涝灾害造成民房受损67间，公路塌方500米，小坝塘开裂1处，河埂沟渠倒塌350米，直接经济损失0.17亿元。

6月27日，因嵩明、寻甸、马龙、沾益连降特大暴雨，牛栏江流域水位快速上涨，造成沾益县德泽乡发生洪灾，棠梨树、德泽、热水3个村委会、乡直各站所0.18万户0.81万人受灾。民房进水352间，其中93户已不能居住，倒塌房屋62间，乡政府等10余家单位一楼进水，个体工商户116家商品被淹；农作物受灾76.7公顷，成灾56公顷，死亡牲畜0.17万头，家禽0.23万只；冲损2座小型发电站、高压电线4千米；损坏集镇供水主管道500米、沟渠210米、桥涵3座、道路2.4千米。直接经济损失0.21亿元。

6月27日晚10时，强降水造成宣威市务德镇境内的牛栏江江水急涨，致使糯嘎、新华、太阳、卜嘎4个村0.18万户0.71万人遭受洪涝灾害。农作物受灾766.7公顷，成灾766.3公顷，绝收面积613.3公顷；河堤损毁严重，损毁村组公路4.5千米、低压线路600米。直接经济损失0.15亿元，其中农业经济损失0.14亿元。

6月28日08时至30日08时，罗平县降雨127.9毫米，造成罗雄、钟山、长底、旧屋基、老厂、富乐等6个乡（镇）1.67万人受灾，死亡1人。损坏民房28间，倒塌18间；农作物受灾0.14万公顷，绝收268公顷；损坏渠道51米、乡村公路11.3千米。直接经济损失0.18亿元，其中农业经济损失0.17亿元。

7月21～22日，陆良县小百户、大莫古等乡（镇）的17个村委会遭受大风、冰雹灾害。房屋受损58间；农作物受灾0.27万公顷，成灾0.14万公顷，绝收64公顷。直接经济损失0.11亿元。

8月5日16时，会泽县马路、迤车、火红、待补、大井、乐业等乡（镇）遭受冰雹及暴雨洪灾袭击，造成2.55万人受灾。损坏房屋225间，倒塌11间；农作物受灾0.30万公顷，冲走山羊21只；损毁公路44.4千米。直接经济损失0.46亿元。

（李志诚）

2010年曲靖市各县（市）区平均气温表

单位：℃

县（市）区	一	二	三	四	五	六	七	八	九	十	十一	十二	年均
麒麟	10.6	13.3	15.4	17.8	21.6	19.7	20.9	20.5	19.3	14.6	11.0	9.4	16.2
沾益	9.9	12.6	14.8	17.2	21.4	19.5	20.8	20.3	19.0	14.4	10.6	8.8	15.8
马龙	9.5	12.0	14.2	16.5	20.4	18.6	19.5	18.9	17.7	13.3	9.6	8.1	14.9
富源	9.0	11.6	13.6	15.5	20.2	18.0	19.9	19.2	17.9	13.2	9.3	7.9	14.6
宣威	8.4	11.3	13.8	15.6	20.3	18.3	20.6	20.0	18.5	13.8	9.5	7.5	14.8
会泽	7.7	11.2	13.3	15.6	19.9	17.8	20.0	19.8	17.7	12.8	9.1	6.6	14.3
陆良	9.9	12.6	15.1	18.4	21.8	20.2	21.2	20.3	19.2	14.7	11.2	9.3	16.2
师宗	9.7	12.4	14.8	16.6	20.7	19.3	20.8	19.7	18.5	13.9	10.2	8.8	15.5
罗平	9.4	13.0	15.6	17.7	22.4	20.4	22.0	21.1	19.9	15.4	11.5	8.8	16.4

2010年曲靖市各县（市）区降水量表

单位：毫米

县（市）区	一	二	三	四	五	六	七	八	九	十	十一	十二	全年
麒麟	2.0	1.1	14.0	22.0	80.2	377.3	110.8	103.3	90.1	86.7	32.8	41.6	961.9
沾益	0.8	0.7	7.9	35.6	48.9	298.1	94.5	105.4	80.2	98.1	43.6	35.0	848.8
马龙	2.0	0.2	16.9	24.1	49.4	468.9	118.7	103.1	112.4	99.3	46.3	46.3	1088.2
富源	1.0	0.7	6.2	55.0	96.7	269.4	164.7	110.3	96.6	94.8	48.5	34.5	978.4
宣威	5.0	3.2	0.1	51.3	90.4	188.9	157.2	80.4	132.3	87.9	41.8	16.2	854.7
会泽	5.2	3.1	2.3	27.7	50.5	239.8	146.9	82.3	93.2	76.4	9.4	13.7	750.5
陆良	5.9	2.5	10.0	16.1	69.6	164.9	237.0	88.0	117.2	74.2	30.6	78.7	894.7
师宗	11.3	2.2	7.6	49.2	93.4	302.9	241.7	178.0	97.5	100.7	32.1	67.6	1184.2
罗平	13.7	4.9	2.3	44.9	114.1	363.5	479.4	246.2	184.4	113.6	40.0	66.6	1673.6

2010 年曲靖市各县（市）区日照时数表

单位：小时

县（市）区	一	二	三	四	五	六	七	八	九	十	十一	十二	全年
麒麟	210.2	248.8	235.5	237.3	246.9	114.6	148.2	206.4	146.9	120.1	110.0	162.3	2187.2
沾益	221.8	251.5	226.5	2405	259.2	121.7	155.3	208.9	152.8	116.8	95.2	175.8	2226.0
马龙	245.1	259.7	247.5	253.6	257.3	125.4	152.3	185.5	137.6	104.8	107.0	185.1	2260.9
富源	195.3	237.2	188.5	176.4	215.0	78.9	108.6	166.5	121.1	102.9	81.2	167.3	1838.9
宣威	189.1	236.3	237.4	199.4	208.9	75.3	159.1	169.8	136.8	98.9	88.6	144.3	1943.9
会泽	250.7	260.8	259.8	245.2	265.2	122.8	188.5	211.2	173.1	108.5	135.8	209.2	2431.1
陆良	224.6	253.2	222.3	230.0	244.2	115.9	161.6	194.7	127.9	123.4	109.2	181.6	2188.6
师宗	204.9	243.9	226.6	221.8	226.5	115.2	136.6	174.9	112.9	114.4	96.5	161.0	2035.2
罗平	155.5	208.1	210.8	178.7	210.4	89.8	147.8	196.9	118.5	127.1	95.7	88.6	1827.9

水 文

【简述】 2010 年，面对百年未遇的干旱，曲靖市水文工作围绕经济社会发展需求和全市水利中心工作，坚定不移走大水文发展之路，通过实施水资源管理“三条红线”，为水务一体化管理，提供全面、高效的支撑能力。

【水文监测】 2010 年，曲靖水文分局严格按照《测站任务书》、《水文测验规范》的技术要求，完成黄梨树、沾益等 8 个国家基本水文站，德泽、花山等 74 个雨量站，车马碧、妥者等 8 个水文专用站的水文测验任务。

【水环境监测】 2010 年，曲靖水文分局完成辖区内 2 个主要供水水源地、4 个水功能区和 6 个界河断面及 6 个主要河道断面共计 18 个站点、192 站（次）的监测评价，为实施水资源管理“三条红线”试点工作提供坚强的技术支撑；完成曲靖市 7 县 1 市 1 区的 19 个集中式供水水源地和部分乡（镇）新设水源点的监测评价，确保饮水安全；完成水功能区纳污能力及排放总量限值的 65 个断面的监测和补测及相关调查报送工作；完成 1977 年以来水质监测信息数据共享平台的搭建；完成全年每月牛栏江—滇池补水工程 3 个水质监测断面的监测评价和报送工作；积极开展应急监测，9 月对云维集团突发排污情况进行调查取样，10 月对茨营的突发性水污染事件进行跟踪监测；严格质量控制，年初依据质量管理手册相关要求制定的《2010 年曲靖分中心质量工作计划》，认真完成全年每月的加标加样、插标样、平行样、密码样等质量控制工作，盲样考核 100% 合格。7 月，接受国家计量办的现场考核、笔试、操作和盲样考核，并通过复查评审，监测质量体系得到国家计量认可。全年编制《水质月报、通报》12 期、《水质简报》5 期。

【水文资料整编】 2010 年，曲靖水文分局采用南方片水文资料整编软件 2.0 版，组织完成全市 8 个基本水文站，8 个专用站，74 个雨量站水文资料的整编、复审、汇编任务；组织完成全市 28 件水库水文资料整编、复审工作，并通过省水文局组织的汇审验收和资料刊印。

【水情测报】 2010 年，曲靖水文分局所属水情报汛站由原来 28 站上升到 67 站（含中小河流），承担着向国家防总、长委、珠委和省、市防办、长江三峡集团公司、小岩头电站的报汛任务。全年严格按照《水情信息编码标准》（SL330—2005）共向各受报单位发送 17391 条报文。全市 6 个墒情站，定期或不定期向省、市防汛抗旱部门报送墒情测报信息 6000 多组。年内完成《黄梨树水文站洪水预报方案》、《曲靖市 2010 年度预报方案》、《马龙县“6·25”暴雨洪水调查报告》和《2009 年度曲靖市水资源公报》的编制。全年共编写《旱情简报》22 期、《水情快报》9 期、《水情简报》6 期。

【旱情】 2009 年入秋以来，曲靖市遭遇百年一遇的秋冬春夏四季连旱，干旱范围之广、历时之长、程度之深、损失之重历史罕见。自 2009 年 9 月，全市主汛期结束以后降水量明显减少；10 月，全市持续无降水，旱象初露；11～12 月，各县（市）区降水量较常年偏少 60.3%～80.9%，全市大部分地区土壤墒情代表站的土壤相对湿度开始逐步低于 50%，旱情迅速发展为中度干旱。2010 年 1 月，各县（市）区降水量较常年偏少 22.2%～100%，全市大部分地区土壤墒情代表站的土壤相对湿度开始逐步低于 40%，旱情发展为全市性严重干旱；2 月，各县（市）区降水量较常年偏少 50.8%～100%，全市大部分地区土壤墒情代表站的土壤相对湿度开始逐步低于 30%，旱情发展为全市性的特大干旱；3 月，各县（市）区降水量较常年偏少 27.3%～100%，全市持续特大干旱；4 月，全市降水量总体较常年偏多，降水分布极不均匀，26 个报汛站和 4 个遥测雨量站中，有 40% 的站点降水较常年偏少 7.9%～67.1%，70% 的站点降水量较常年偏多 3.9%～225%，月最高值出现在宣威新屯，为 106 毫米，月最低值出现在陆良莲花田，为 11.4 毫米。随着全市局部地区陆续开始降水，全市旱情开始逐步缓和，但干旱等级指标仍较严重。5 月，全市大部分地区相继进入雨季，局部地区旱情也逐渐得以明显缓解，但截止 6 月上旬，全市局部地区仍在中度旱情。本次大旱，由于长时间、大面积的少降雨、高气温、大蒸发量，致使全市江河来水量比历史同期减少 50% 左右，部分河流减少达到70%以上，井泉水源枯竭、部分水库和坝塘干涸、溪沟断流、水田开裂，因旱缺水严重。据不完全统计，3月15日，干旱已造成420.9万亩农作物受灾，水库干涸63座，有123.3万人、90万头大牲畜饮水出现困难，全市因旱直接经济损失16.44亿元；4月15日，干旱已造成235.4万亩农作物受灾，水库干涸71座，有146万人、106万头大牲畜饮水出现困难。截至5月26日，全市累计投入抗旱人员241.3万人。投入抗旱设施：机电井1024眼，泵站1117处，机动抗旱设备23990台（套），机动运水车辆51818辆；投入抗旱资金40821万元，抗旱用电1329万度，抗旱用油3563.7吨，抗旱浇灌面积134.9万亩，临时解决170.5万人，120.8万头大牲畜饮水困难。

【雨情】 2010年，曲靖市平均年降水量744.6毫米，较常年明显偏小，比上年减少30.4%，与多年平均比减少31.1%，属偏枯降水年份；降水空间分布与常年一致，呈东南多、西北少的分布格局。

1～4月，全市降水量普遍偏少，各地均遭遇不同程度干旱灾害。与多年同期值相比，1月全市降水量较常年偏少22.2%～100%，王家庄、跃进、黄梨树月降水量为零，其他各站月降水量未超过10毫米。2月，全市降水量较常年严重偏少50.8%～100%，最大月降水量出现在跃进，为9.4毫米，其他各站月降水量均未达到5毫米，其中独木、水城、王家庄、鲁布革、响水坝、莲花田、板桥7个站月降水量为零；3月全市降水量较常年偏少27.3%～100%，13个站点月降水量均未达到5毫米，鲁布革月降水量为零；4月，全市降水量总体较常年偏多，降水分布极不均匀。5月，全市降水量总体较常年偏少，除独木比常年偏多1.8%、鲁布革比常年偏多5.9%外，其余各站均比常年偏少13.2%～68.8%。降水量超过100毫米的为独木、他谷，月降水量分别为128.9毫米、109.2毫米；其余各站月降水量在30～100毫米之间，月降水量最低值出现在跃进，仅32.4毫米。5月份降水量空间分布相对均匀，但时间分布极不均匀，73.8%的降水主要集中在下旬，上旬和中旬平均降水量分别占月降水量的19.6%和6.6%。除5月28日鲁布革日雨量达到50毫米外，其余各站日雨量均小于50毫米，本月无单点暴雨发生。6月，全市进入主汛期，降水量总体较常年偏多。除黄梨树、发蒙、西泽、榕峰、龙王庙较常年偏少6.9%～33.1%外，其余各站降水量较常年偏多1.9%～434.6%。月降水量在400毫米以上的站点为西河、独木，月降水量在200毫米～300毫米之间的达22站，其余各站月降水量均在100～200毫米之间。本月降雨量逐渐增多，降雨过程集中，降雨时空分布极不均匀，单点暴雨突出，48.4%的降水主要集中在下旬，上旬和中旬平均降水量分别占月降水量的22.5%和29.1%。6月25日，马龙县发生特大暴雨，麒麟区、会泽县境内发生大暴雨，马龙县城日降水量208.3毫米、会泽县毛家村水库站173.0毫米、麒麟区潇湘水库站117.0毫米，麒麟区雨量站114.0毫米、沾益县西河水库69.8毫米，马龙县王家庄雨量站89.0毫米。6月27日宣威市境内发生大暴雨，宣威市文兴乡大沙地雨量站日降水量103.5毫米、双河雨量站71.5毫米。6月28日，曲靖多处发生大暴雨，形成曲靖中部从东至西以西河水库和阿祖海子为中心的大暴雨带，最大1日降水出现在西河水库站，为159.3毫米，其次是阿祖海子雨量站，为108.5毫米，日降水量在50～100毫米之间的达10个站次。7月，全市降水量总体较常年偏少。除河边、跃进、独木、他谷、发蒙、板桥、西桥、西泽、毛家村、响水坝较常年偏多0.4%～26.8%外，其余各站降水量较常年偏少3.2%～59.7%之间。月降水量在300毫米以上的站点为龙王庙，月降水量在200～300毫米之间的有11站，月降水量在100～200毫米之间的有15站，其余各站月降水量均在100毫米以下。本月降雨过程集中，降雨时空分布极不均匀，单点暴雨突出，55.6%的降水主要集中在下旬，上旬、中旬降水量分别占月降水量的14.7%、29.7%。7月21日，曲靖市中南部发生大暴雨，罗平县撒召站日降水量110.5毫米、阿祖海子站76.0毫米，陆良县大莫古站76.0毫米、巴茅冲站68.0毫米，富源县三台站64.5毫米。7月27日，罗平县阿祖海子站发生单点大暴雨，日降水量达103.5毫米，周边富源县居核站、陆良县周家台子站、罗平县李家树站日降水量分别为30.5毫米、17.0毫米、10.5毫米。8月，全市降水量总体较常年偏少。除毛家村、他谷较常年偏多5.6%～22.2%外，其余各站降水量较常年偏少12.7%～63.2%之间。月降水量在200～300毫米之间的有2站，月降水量在100～200毫米之间的有9站，其余各站月降水量均在100毫米以下。月降水量最多的是龙王庙水库，为248.5毫米；月降水量最少的是东屯水库，为55.2毫米。本月降水时程分布相对均匀，上旬降水量占月降水量的35.3%、中旬降水量占月降水量的29.2%，下旬降水量占月降水量的35.5%。日降水量在30～50毫米之间的站点分别为偏桥、鲁布革、发蒙、沾益、响水坝、白浪，日降水量在50毫米以上的站点为跃进（50.4毫米）、龙王庙（53.4毫米）、毛家村（57.0毫米）、他谷（63.6毫米）。9月，全市降水量总体较常年偏多。除西河、白浪等14个站点较常年偏少1.8%～51.9%外，其余各站降水量较常年偏多2.0%～112%之间。月降水量在200～300毫米之间的有2站，月降水量在100～200毫米之间的有16站，其余各站月降水量在100毫米以下。月降水量最多的是偏桥水库（287.5毫米）；月降水量最少的是水城水库（59.4毫米）。本月降雨过程集中，降雨时空分布极不均匀，单点暴雨突出，49.2%的降水主要集中在下旬，上旬、中旬降水量分别占月降水量的38.4%、12.4%。9月25日，全市大部分地区均有降雨，偏桥水库发生特大暴雨，日降水量达167.1毫米，曲靖渔洞89.5毫米，他谷水文站73.1毫米，鲁布革水库70.0毫米，日降水量超过50.0毫米的站点有8个。10月，全市降水量总体较常年偏多。除独木、石坝等5个站点较常年偏少0.5%～23.3%外，其余各站降水量较常年偏多，偏幅在0.3%～87.7%之间。月降水量在100～150毫米之间的有9站，月降水量在50～100毫米之间的有21站。月降水量最多的是龙王庙水库（120.4毫米）；月降水量最少的是黄梨树水文站（65.9毫米）。本月降水时空分布极不均匀，58.2%的降水主要集中在上旬，中旬、下旬降水量分别占月降水量的26.1%、15.4%。

【江河水情】 2010年，曲靖市各主要江河水情全年水势平缓，各月最大洪峰流量均小于历史同期最大洪峰流量。汛前1～4月，曲靖市降水量普遍偏少，导致河道来水量持续减少，各水文站都处于较低水位运行。其中：1月份除发蒙和沾益站较多年同期平均流量增加1.95%和50%外，其余各站月平均流量均较多年同期平均流量偏少30.8%～71.4%；2月份，各水文站月平均流量较多年同期平均流量偏少34.9%～89.8%；3月份，各水文站月平均流量较多年同期平均流量偏少18.3%～90.8%；4月份，各水文站月平均流量较多年同期平均流量偏少0.9%～84.0%；汛期5～10月，全市主要河道未发生较大洪水，水情整体平稳，各水文站最大流量与历年同期最大流量相比均小于历年最大流量。汛期全市2大流域除金沙江流域黄梨树水文站6月28日发生超警戒水位0.32米以外，其余各水文站无超警戒水位运行情况。

【洪涝灾情】 2010年，曲靖市进入主汛期后，6～9月份由于单点暴雨影响，出现不同程度的洪涝灾情。6月25日，马龙县发生特大暴雨，麒麟区、会泽县境内发生大暴雨，本次降水范围大，强度大，持续时间长，200.0毫米～208.3毫米暴雨笼罩面积120平方千米，主要位于马龙县城及以东地区；150.0毫米以上暴雨笼罩面积276平方千米；100.0毫米以上暴雨笼罩面积755平方千米。“6·25”暴雨洪水灾害造成马龙县的月望、马过河、王家庄、通泉4个乡（镇）、11个村委会不同程度受灾，受灾人口5.5万人，4000余人被困，1人死亡，165人不同程度受伤，转移4万人，其中县城3万人，农村1万人；房屋倒塌1万余间，损坏房屋2万余间，进水3万余间；500余吨军工粮和救灾粮被淹；粮食作物受灾面积1.4万亩，经济作物8.4万亩（烤烟3.1万亩），水产业受灾面积5200亩，损毁河堤104.25米、渠道11780米，冲毁道路45.5千米、桥涵8座，造成直接经济损失6亿元以上。县城内出现严重内涝，积水最深处达2米多，电信中心机房被淹，固定电话中断，交通、电力中断。6月27日，宣威市境内发生大暴雨。6月28日，全市多处发生大暴雨，形成曲靖中部从东至西以西河水库和阿祖海子为中心的大暴雨带。6月份全市有7个县（市）区、36个乡（镇）不同程度遭受洪涝灾害，累计受灾人口24.05万人，倒塌房屋10636间，直接经济损失8.39亿元，其中水利设施直接经济损失3417万元。

7月降雨过程集中，降雨时空分布极不均匀，单点暴雨突出，55.6%的降水主要集中在下旬，上旬、中旬降水量分别占月降水量的14.7%、29.7%。7月21日，曲靖中南部发生大暴雨，最大降水出现在罗平县九龙镇撤召雨量站，110.5毫米，其次是马街乡阿祖海站76.0毫米、设里站58毫米、龙王庙水库66.1毫米。陆良县大莫古76毫米，巴茅冲68毫米、板桥水库56毫米、莲花田水库52.1毫米。富源县墨红镇三台站64.5毫米。师宗县他谷水文站51.7毫米，发蒙水文站55.3毫米。以上站点形成曲靖中南部撤召为中心的暴雨带，日降水30～50毫米的有14站。其他监测站点雨量较小。7月27日，罗平县马街乡阿祖海子雨量站发生单点大暴雨，其他县（市）区仅会泽县毛家村水库、马龙县王家庄雨量站超过30毫米，分别为45毫米和40.5毫米。其他站均小于30毫米，日降水大于10毫米的有6站，无降水的有19站。7月份全市有5个县（市）、29个乡（镇）不同程度遭受洪涝灾害，累计受灾人口12.74万人，倒塌房屋70间，直接经济损失1.1202亿元；农林牧渔业直接经济损失1.0178亿元；工业交通运输业直接经济损失103万元；水利设施直接经济损失246.7万元。

8月降水时程分布相对均匀，8月下旬师宗、罗平、会泽县局部区域发生单点暴雨。8月份全市有2个县、14个乡（镇）不同程度遭受洪涝灾害，累计受灾人口6.161万人，倒塌房屋24间，直接经济损失5805万元。

9月8日，会泽县鱼洞雨量站发生单点暴雨，降水从3：00开始，其中3：00～4：00降水量为1.5毫米，4：00～5：00降水量为8.5毫米，5：00～6：00降水量为33.5毫米。周边松林雨量站日降水量为26.0毫米、冲门口20.5毫米。会泽县田坝乡丁家村站日降水量为59.0毫米。25日晚偏桥水库发生特大暴雨，至26日8时止，偏桥水库日降水量达167.1毫米，暴雨笼罩范围以宣威城区为主。9月25日，全市大部分地区均有降雨。从遥测站统计结果看，全市范围内日降水量超过30毫米的站点有13个。9月份全市有2个县（市）区4个乡（镇）不同程度遭受洪涝灾害，累计受灾人口2078人，倒塌房屋11间，直接经济损失588.7万元。

【水资源管理】 2010年，曲靖市水文部门积极、全面介入全市水资源管理工作，为水资源管理提供技术支持，全年围绕水资源管理工作重点开展地下水禁采区、限采区划界工作；曲靖市地下水利用与保护规划编制工作；曲靖市取水许可总量控制指标编制工作；州、市、县界河水量水质监测站点调查；曲靖市水资源管理系统建设方案编制；云南省州（市）界水体水资源质量状况通报编制工作（曲靖片区）；水量分配州、市、县控制断面站点监测建设；确定重点水域水功能区纳污总量限制纳污红线工作。年内首期开展的是65个州、市、县行政区界水量、水质监测，纳污总量监控试点工作，并编制水资源总量控制方案和水资源管理系统建设方案。

【水资源】 2010年，曲靖市平均降水量968.3毫米，折合降水总量279.9亿立方米，比上年增加30.1%，与多年平均比减少10.1%；全市水资源总量92.43亿立方米，折合径流深319.8毫米，平均每平方千米产水量32.0万立方米，人均占有水资源量1581立方米。

【蓄水情况】 2010年年末，曲靖市塘库蓄水总量达10.19亿立方米。其中：大型水库蓄水29212万立方米，中型水库蓄水39632万立方米，小（一）型水库蓄水18525万立方米，小（二）型水库蓄水8898万立方米，塘坝蓄水5601万立方米。

【河流水质】 2010年，曲靖水文分局以南盘江、北盘江、金沙江干流等17个水质监测断面的监测成果为依据，分全年、丰水期、枯水期3个时段，对全市750.8千米总河长进行评价。其中，全年、丰水期、枯水期未被污染水质为Ⅰ～Ⅱ类的河长265.2千米，占总评价河长的35.3%，已被污染和严重污染，水质为Ⅴ类和劣Ⅴ类河长335.6千米，占44.7%。水质污染严重程度从大到小的河段依次为：南盘江麒麟段、陆良西桥弹药库段、北盘江宣威段；南盘江沾益段、师宗－罗平段。主要超标项目有：氨氮、挥发酚、总磷、五日生化需氧量、砷化物等。

2010 年曲靖市主要河流水质状况统计表

河流	站名（断面）	控制河长（km）	水质类别			全年主要超标项目及超标倍数和极值
			全年	枯水期	丰水期	
牛栏江	毛家村水库	75.2	Ⅱ	Ⅲ	Ⅱ	
	德泽	50	Ⅲ	Ⅲ	Ⅲ	
	黄梨树	90	Ⅱ	Ⅱ	Ⅱ	
	跃进水库		Ⅲ	Ⅱ	Ⅲ	
南盘江	花山水库	8	Ⅳ	Ⅳ	Ⅲ	TN（0.07，1.59）
	沾益东风闸	65	Ⅳ	Ⅴ	Ⅳ	NH_3－N（0.37，2.84）
	下桥闸	70	〉Ⅴ	〉Ⅴ	〉Ⅴ	NH_3－N（8.78，19.3）； CH（18.07，0.539）； CODmn（0.15，11.8）； BOD_5（0.41，8.8）； TP（0.04，0.412）；
	弹药库	60	〉Ⅴ	Ⅴ	〉Ⅴ	DO； NH_3－N（4.49，17.0）； CODmn（0.01，14.2）； BOD_5（1.05，22.6）； As（0.97，0.4486）； CH（2.20，0.089）； Cr^{6+}（0.09，0.168）； TP（0.22，0.686）；
	八大河	100	Ⅲ	Ⅲ	Ⅲ	
潇湘江	潇湘水库		Ⅲ	Ⅲ	Ⅱ	
龙潭河	水城水库		Ⅱ	Ⅱ	Ⅲ	
西河	西河水库		Ⅲ	Ⅲ	Ⅲ	
篆长河	独木水库		Ⅳ	Ⅲ	Ⅳ	Mn（3.44，0.758）； TN（0.01，1.61）；
块择河	响水河水库	18.2	Ⅴ	Ⅲ	〉Ⅴ	TN（1.00，3.05）
革香河	偏桥水库	34.4	Ⅳ	Ⅳ	Ⅳ	TN（0.10，1.11）
北盘江	榕峰（三）	80	〉Ⅴ	〉Ⅴ	〉Ⅴ	DO； NH_3－N（1.31，3.29）； BOD_5（0.71，16.6）； F（0.52，3.98）； TP（1.67，0.694）
可渡河	同兴	100	Ⅱ	Ⅱ	Ⅱ	

按流域分区水质评价情况如下：2010 年，南盘江河段评价总长 321.2 千米。其中全年水质为Ⅰ～Ⅲ类河长 100 千米，占 31.1%，Ⅳ类、Ⅴ类、劣Ⅴ类水质河长 221.2 千米，占 68.9%；北盘江评价河长 214.4 千米，其中全年水质为Ⅰ～Ⅱ类河长 100 千米，占 46.6%，Ⅳ类、Ⅴ类、劣Ⅴ类河长 114.4 千米，占 53.4%；牛栏江评价河长 215.2 千米，全年水质为Ⅱ类河长 165.2 千米，占 76.8%，Ⅲ类水质河长 50 千米，占 23.2%。

2010 年曲靖市流域水质状况统计表

河流名称	全年期分类河长（km）							
	评价河长	Ⅰ类	Ⅱ类	Ⅲ类	Ⅳ类	Ⅴ类	劣Ⅴ类	主要超标项目
牛栏江	215.2		165.2	50				
南盘江	321.2			100	73	18.2	130	NH_3-N；As；CH
北盘江	214.4		100		34.4		80	NH_3-N；BOD_5；TP
河流名称	汛期分类河长（km）							
	评价河长	Ⅰ类	Ⅱ类	Ⅲ类	Ⅳ类	Ⅴ类	劣Ⅴ类	主要超标项目
牛栏江	215.2		165.2	50				
南盘江	321.2			108	65		148.2	NH_3-N；As；CH
北盘江	214.4		100		34		80	NH_3-N；BOD_5；TP
河流名称	非汛期分类河长（km）							
	评价河长	Ⅰ类	Ⅱ类	Ⅲ类	Ⅳ类	Ⅴ类	劣Ⅴ类	主要超标项目
牛栏江	215.2		90	125.2				
南盘江	321.2			118.2	8	125	70	NH_3-N；As；CH
北盘江	214.4		100		34		80	NH_3-N；BOD_5；TP

2010 年曲靖市主要集中式供水水源地水质概况评价表

流域分区		水库	全年水质评价分类蓄水量（亿立方米）							富营养化评价	
Ⅰ级区	Ⅱ级区	名称	水库蓄水量	Ⅰ类	Ⅱ类	Ⅲ类	Ⅳ类	Ⅴ类	劣Ⅴ类	评分值	富营养化程度
珠江	南盘江	西河水库	0.1958		0.1958					55	中营养
珠江	南盘江	潇湘水库	0.2291		0.2291					50	中营养

备注：总磷、总氮、透明度只参加富营养化评价。

【省界水体水质】　2010 年，曲靖水文分局监测的省界断面有八大河和可渡河。八大河是云南与广西的界河，也是南盘江（曲靖段）的下段，水质处于Ⅲ类。同兴是北盘江的一级支流可渡河上的断面，位于宣威市杨柳乡，是云南和贵州的界河，除了汛期地表径流的冲刷影响外，沿河没有什么工矿业，水质为Ⅱ类。

【供水水源地水质】　2010 年，曲靖水文分局对麒麟区 2 个水源地进行 12 次动态跟踪监测，结果表明：西河水库、潇湘水库全年水质为Ⅱ类，均属中营养化水库；对全市 7 县 1 市 13 个城市集中式供水水源地枯汛期（3 月和 7 月）进行监测，包括麒麟区上西山水库、沾益牛过河水库、宣威偏桥水库、会泽金钟龙潭、毛家村水库、跃进水库、花渔洞水库、富源东铺龙潭、响水河水库、罗平龙王庙水库、师宗东风水库、陆良北山水库、马龙黄草坪水库等供水水源地均为中营养。

【《曲靖市计划用水方案编制与实施》审查验收】　2010 年 4 月 21 日，由水利部水资源管理中心组织来自相关流域机构、云南省水利厅的专家，在江苏省张家港市对曲靖市节水型社会建设试点规划的年度（2009 年）专题《曲靖市计划用水方案编制与实施》（以下简称《方案》）进行审查验收。与会领导和专家通过听取汇报、进行质询和讨论后，一致同意《方案》通过审查验收。《方案》将按照专家和代表的意见修改完善，报曲靖市政府审批后公布实施。

【《曲靖市地下水功能区划、地下水保护规划》审查验收】　2010 年 7 月 6 日，曲靖市水务局召开由曲靖水文分局承担编制的《曲靖市地下水功能区划》（以下简称《区划》）、《曲靖市地下水利用保护规划》（以下简称《规划》）报告评审会，参加会议的有云南省水利厅、云南省水文水资源局、云南省地质环境监测院，曲靖市人大农工委、人大环资委、市委政研室、市发改委、财政局、建设局、国土局、环保局、农业局、经委、曲靖能阳水利水电勘察设计有限公司、各县（市）区水务局以及曲靖水文分局的领导、专家和代表共 60 余人。与会领导和专家同意通过评审，分局将按照专家意见对 2 个报告进行修改完善后及时上报市政府审批实施。

（吴而民）

文化·体育

责任编辑　陶汝雄

文　化

概　述

2010年，曲靖市文化工作围绕建设云南民族文化强省、现代工业强市，打造珠江源文化品牌的战略目标，坚持改革，创新发展思路，在艺术精品创作、文艺演出、群众文化活动、文化市场管理、文化交流、文物管理、群众体育、全民健身、文化和体育基础设施建设等方面取得显著成绩，有力推进全市文化体育事业健康快速发展。公益性文化体育基础设施建设有新进展，公共文化服务体系建设不断完善。公共文化基础建设力度进一步加大，基本建成覆盖全市的市、县、乡、村公共文化服务体系。文化娱乐业健康发展，多元文化丰富了广大群众多层次的文化生活需求。市图书馆、博物馆、美术馆、规划展示馆、体育中心已开工建设，计划2013年建成投入使用。全市共新建成36个乡（镇）综合文化站、505个行政村文化活动室。建成文化信息资源共享工程4个支中心、30个基层站点和51个村级服务点。完成第二批632个农家书屋建设点的图书配送、分类、编目、上架及检查验收工作。

群众文化活动有新气象，人民群众精神文化需求不断得到满足，身体素质不断得到提高。全市加大公共文化体育资源向基层倾斜力度，鼓励面向基层、面向群众创新文化内容和形式，向社会提供更多更好的公共文化服务。市图书馆全年接待读者180296人（次），共借阅（阅览）图书272390册（次），并通过开架借阅、流动图书馆、送书下乡等方式，延伸服务空间。市文化馆春节举行游园活动，5月与市教育局、共青团曲靖市委、市妇儿工委等部门联合举办为期4天的曲靖市第十五届青少年曲艺（故事）比赛，10月举办农村文化户（联合体）培训班。

文艺精品创作与展演有新成果，珠江源文化品牌不断得到彰显。围绕“五个一”文艺精品创作目标，积极推进文艺创新与繁荣。市艺术研究所创作了原创歌舞《爨舞踏歌》脚本、布依族歌舞《布依人家》、大型山歌剧《千古笃慕》和一系列歌曲和舞蹈。市演艺中心抓艺术精品创作，争创优异成绩，邀请国内知名戏剧专家对剧本《大唐公主》和《南丹红叶》进行论证、修改，积极组织排练，力争打造成为舞台剧艺术精品，并参加国家级比赛获奖；组团参加云南省花灯艺术周比赛活动，台光磊获演唱二等奖，张晨辉获演唱三等奖，《闹花灯》获三等奖，获奖个数及名次均列各州（市）前列，张雄在云南省首届本土歌曲演唱大赛中获演唱金奖；7月1日，演艺中心为举办庆祝中国共产党建党89周年的大型音乐会，市文化馆组织参加首届云南省少数民族酒歌大赛，曲靖市布依族酒歌《当木拜老》荣获最佳歌曲奖，水族酒歌《吉根老秀秀秀》荣获最佳形象奖，彝族酒歌《爨乡酒歌》、《三敬酒》荣获优秀歌手奖，为宣传推介曲靖起到积极作用。曲靖画院李永刚、龚绍山及外

2010年10月，曲靖市举办农村文化户（联合体）培训班。

（市文体局/供稿）

聘画家张文俊共同创作的版画《红土纪事，春去秋来》获云南省文学艺术创作优秀奖。陈秋毅的《峡谷溪流》、《秋收》入选“天下山水·探秘靖西”全国摄影大展；市新闻图片社协助市政协、市委宣传部举办《万众一心抗大旱，同舟共济渡难关》抗旱救灾大型图片展览，组织全市60余幅作品参加2010年平遥国际摄影节展览。

文化（新闻出版）市场管理有新面貌，进一步净化社会环境。2010年重点开展净化校园周边专项整治行动和开展“平安世博”、“平安亚运”文化市场专项保障行动和整治互联网和手机媒体淫秽色情信息的“扫黄打非”工作，为全市营造健康、文明、有序、和谐的文化氛围。成立演出行业协会，发挥演出行业与政府间的桥梁和纽带作用，履行联络、协调、服务的职能，维护会员合法权益，促进行业自律，积极参与社会公益活动，加强从业人员培训与管理，促进全市演出市场的繁荣发展。

文化遗产保护工作有新进展，进一步加强文化遗产申报工作。第三次全国文物普查实地调查阶段的工作圆满完成，到达率和覆盖率达100%，完成普查登录项目100%。共普查文物1362项，其中复查401项，新发现961项，消失文物99项。“宣威火腿制作工艺”于6月被列入第三批国家级非物质文化遗产保护项目。会泽县洞经音乐传承人田永光、马龙县咨卡火草纺织技艺传承人李桂兰、罗平县铜器制作技艺传承人李六红、宣威市宣威火腿传承人管升阔等4人被省文化厅公布为省级传承人。

文化体制改革有新突破，进一步增强文化产业发展活力。2010年，按照市委、市政府关于进一步深化文化体制改革的部署和要求，进行第二轮文化体制改革，经营性文化事业单位实行转企改制，退出事业单位序列、核销事业编制、注销事业法人登记，实行国有授权经营，公益性事业单位按照“增加投入、转换机制、增强活力、改善服务”的要求，进一步抓实内部劳动人事、收入分配、社会保障分配制度的改革，不断拓展和创新公共文化服务的内容和形式，整合文化市场执法工作，市文化市场综合执法支队于8月成立，综合行使文化、文物、体育、广电、新闻出版（版权）的执法职能，电影发行放映管理体制于8月整体划转广电部门。

（段焯文）

美　术

【简述】　2010年，曲靖画院推出的版画《红土纪事，春去秋来》获云南省文学艺术创作优秀奖，朱锐创作的版画作品《城市记忆》入选2010上海世博会中国美术作品展。曲靖画院画家杨永胜2件作品被收入《中国当代艺术文献2009》；7件版画作品参加2月25日至4月1日在美国康乃迪大学举办的“另一个中国，西南少数民族地区当代版画作品展”；11件作品发表于《库艺术杂志》2010年第8期。曲靖画院龚绍山3件版画作品入选云南省青年美术家提名展；曲靖市文化馆画家琚健的《金色的场院》等10件油画写生作品登于中国网络美术馆，油画《秋临大地》获“云南彩云奖”银奖，水彩画《草山之秋》、《草山韵》、《村口》等3幅作品入选《全国著名水彩画家曲靖作品集》。

（龚绍山）

摄　影

【简述】　2010年，曲靖市新闻图片社组织策划万众一心抗大旱摄影展、舞台摄影艺术展、和谐家园摄影展，《来自珠江源头的影像》送2010年大理国际影会参展。举办2010年第三届佳能·感动典藏摄影联谊会，举办美丽家乡—沿江摄影展。黄耀的《牧歌》、陈秋毅的《大地乐章》入选2009《中国摄影艺术年鉴》；黄耀的《太子出佛》在第二届梵净山国际摄影大赛中获创意佳作奖；陈秋毅的《峡谷溪流》、《秋收》入选“天下山水·探秘靖西”全国摄影大赛；黄耀的《鹰击长空》、《补锅世家》，陈秋毅的《大师与村民》，栗昆的《那个年代》在全国第五届群艺杯摄影大赛中获优秀奖；栗昆的《筋柱》在全国魅力钢铁摄影大赛中获优秀奖；赵正祥摄影作品《和谐》获云南精品文化工程奖。

（栗　昆）

舞台艺术

【《守望家园》获国奖】　2010年11月25日，第四届“中国戏剧奖·小戏小品奖”复赛暨中国·余杭“良渚文化杯”小戏小品大赛在浙江省杭州市余杭区落下帷幕。曲靖市陆良县滇剧团代表云南唯一参赛作品《守望家园》获得优秀演出奖。该作品采用音乐剧和小戏手法，集歌舞说唱于一体，节目作品形式新颖，立意深刻，被云南戏剧家协会推荐参加此次全国小戏小品大赛。这是云南省唯一入选参赛的作品。

【曲靖市代表队参加全省首届花灯艺术周】　2010年11月1～6日，云南省首届花灯艺术周在楚雄彝族自治州姚安县举行，来自全省13个州（市）的39个参赛剧目和300多名演员，参加本次花灯艺术周的展演和比赛。曲靖市罗平县文工团参演的花灯歌舞《走罗平》获得花灯歌舞类一等奖，市珠江源演艺中心参演的花灯歌舞《闹花灯》获得花灯歌舞类三等奖；花灯青年演员演唱比赛中，演艺中心台光磊、张晨辉、桂俊辉和施从琼分获二、三等奖和优秀奖。曲靖代表队获奖等次和数量列全省各代表队之首。

（王怀相）

艺术创作

【舞台艺术创作】　2010年，曲靖市艺术研究所创作大型作品4部、小型作品23件，完成各类晚会11台，指导舞台艺术活动14件，撰写论文6篇，荣获国家级奖2件，省级奖励1件，市级奖励4件，获中国艺术名家研究院、欧美同学基金会“中国文艺金典成就奖”。策划、实施云南省消防工作会议专题文艺晚会《云岭春风》；策划市纪委春节联欢节目；完成在曲靖召开的全国供销社经验交流现场会《供销之花遍珠源》方案及规定创作的剧节目，策划并创作全市校安工程捐赠演出活动《放飞梦想》方案。

【戏剧创作】　2010年，曲靖市艺术研究所推出余晖创作的大型传奇花灯剧《草鞋县令》获云南省文学艺术创作奖励基金奖二等奖；余晖编剧，秦光贵导演，王益平编导的音乐剧《守望家园》作为云南省唯一一部进入复赛的作品参加由中国剧协组办的“第四届全国小品小戏奖”展演，获得演出奖；余晖创作完成大型山歌剧《千古笃慕》、原创歌舞《爨舞踏歌》，余晖、王益平、彭亚波创作完成布依族歌舞《布依人家》等。马华创作和修改完成大型的歌剧《南丹红叶》。小品《老校工献宝》、小话剧《托着太阳升起的人》。为市委组织部和马龙县委组织部创作、完成音乐短剧《大爱如歌》，修改小品《爱心棉被》参加第三届全市组工干部文艺体演出。

【音乐舞蹈创作】 2010年，由曲靖市艺术研究所推出的歌曲《高原风》、论文《调式识别新方法》获中国音乐文学学会等组办的“二十一世纪华人音乐奖”一等奖；创作完成堂琅古乐《诗经爱情》、歌曲《珠江源之恋》、《绿丝带》、《农家乐》、《水乡乐》，歌词《永恒的诺言》、《将真情洒满人间》，及为2010年曲靖市春节晚会编曲《有缘请到会泽来》。舞蹈《欢天喜地》、《好日子》、《如歌的岁月》、《麒麟赞歌》、《彝家欢歌》。

（余　晖）

2010年曲靖市艺术团体情况统计表

项　目	单　位	指　标
艺术表演团体机构数	个	7
从业人员	人	264
国内演出场次	场	501
国内演出观众人次	千人次	717
本年收入合计	千元	16075
其中：财政拨款收入	千元	11641
演出收入	千元	2461

图　书

【馆内服务】 2010年，曲靖市图书馆接待读者199996人（次），其中电子阅览室17948人（次），流通图书239132册（次）；分编各类文献3794种8090册，录入计算机数据3331条；编印《科技使者》6期，共发行3000余份，编辑《〈半月谈〉国内外时事政治摘编》1期；出时事宣传栏4期，新书宣传栏12期，共向读者推荐新书800余种；举办第十届春节灯谜活动、第二届“享受阅读快乐‘你选、我购、大家看’读书推荐活动”和“世博会知识问答”3次读者活动，获得社会好评。

【电子阅览室建设】 2010年9月5日，曲靖市图书馆电子阅览室正式开放，文化共享工程曲靖市支中心也同时挂牌成立。开放当天，《曲靖日报》、《曲靖手机快讯》、曲靖电视台《新闻777》等媒体做了报道，广大市民纷纷到市图书馆咨询如何使用电子阅览室资源。截至12月31日，市图书馆电子阅览室共开放117天，接待读者17948人（次）。

【古籍阅览室建设】 2010年，曲靖市图书馆利用建立建设电子阅览室的机会，将原文献资源部的办公室改造装修成古籍阅览室，多方筹措资金，购买一批古籍专用的樟木书柜，分管业务的副馆长参加省图书馆古籍保护中心统一组织的业务人员培训，年内进行古籍整理工作。

（邵　纬）

群众文化

【简述】 2010年，曲靖市文化馆春节期间在文化路步行街举行大型游园活动；举办声乐、舞蹈和美术免费培训班，参训180余人；与麒麟区文化馆承办全市农村文化户培训班，参训人员80多人，邀请省文化馆及省曲艺家协会的专家授课。承办由曲靖市文化局、市教育局、团市委、市妇儿工委等部门主办的曲靖市第十五届青少年曲艺（故事）比赛，共评选出金奖9名、银奖17名、铜奖33名、优秀节目奖90名。策划、创作、编导曲靖市参加云南省第九届少数民族传统体育运动会表演项目，获1金、3银、1铜佳绩。

2010年6月22日，曲靖市非物质文化遗产保护中心成立挂牌仪式。

（市文体局/供稿）

【非物质文化遗产保护】 2010年6月22日，曲靖市非物质文化遗产保护中心挂牌成立，标志着全市非遗保护工作迈上新台阶。“宣威火腿制作工艺”在6月被列入第三批国家级非遗保护项目。会泽县洞经音乐传承人田永光、马龙县咨卡火草纺织技艺传承人李桂兰、罗平县铜器制作技艺传承人李六红、宣威市宣威火腿传承人管升阔等4人被省文化厅公布为省级传承人。至年末，全市共拥有非物质文化遗产县级保护项目338项，市级147项，省级32项，国家级3项。

（崔艳英 肖学锋）

文 物

【第三次全国文物普查】 2010年，曲靖市文物管理所参加第三次全国文物普查实地调查阶段的工作圆满完成，到达率和覆盖率达100%，完成普查登录项目100%。在此次普查中，共普查文物1362项，其中复查401项，新发现961项，消失文物99项。由于“三普”工作出色，会泽普查队等4支普查队荣获云南省全国第三次文物普查“先进集体”称号，刘忠华荣获全国第三次文物普查“先进个人”称号，田世清等16人荣获云南省全国第三次文物普查“先进个人”称号。

【文物数据库建设】 2010年，曲靖市文物管理所完成全市1.2万件馆藏文物的数据录入工作。完成馆藏文物调查与数据库项目建设，完成一、二、三级文物数据的报送工作，共采集、录入文物数据186件，照片1309张。其中：一级文物3件，采用照片15张；二级文物13件，采用照片97张；三级文物170件，采用照片1197张。

【文物保护】 2010年，马龙县遭遇特大洪涝灾害，曲靖市文物管理所立刻奔赴“高房子”，查看灾情，积极开展文物安全保卫工作，争取上级支持、重视，“高房子”得到进一步的保护，文物安全进一步改善。

（张丽梅）

新闻出版

【简述】 2010年，曲靖市新闻出版局通过对全市133户印刷企业，355户“三小印”经营户和387户出版物零售、出租经营单位，552户音像制品批发、零售、出租单位进行培训和核验登记，加强对新闻出版市场的管理，依法对全市31种内部资料进行年度核验，对编印中的政治导向问题、技术问题及时指正，严把政治导向关。依托行业协会，不断增强行业自律。召开曲靖市印刷行业协会一届三次理事会议，成立各县（市）区分会。深入开展“文明守法经营印刷企业”评选活动，对全市评选出的18户“文明守法经营印刷企业”进行授牌。

【农家书屋工程建设】 2010年，云南省下达曲靖市第二批共632个农家书屋建设目标顺利建成，合同采购金额达1048.72万元，位列全省第二。通过业务培训、图书配送、分类、编目、上架工作及检查、验收工作，农家书屋全部统一挂牌，开放运行，基本实现“十一五”末覆盖50%行政村的规划目标。组织完成全市第三批408个农家书屋建设计划的编制、汇总和上报工作。年内，曲靖市新闻出版局、曲靖市新华书店集团有限公司、麒麟区文化局被表彰为全省农家书屋工程建设工作先进集体；太文、方盛仙、余磊、徐云锋等9人被表彰为农家书屋工程建设先进个人。

【“扫黄打非”工作】 2010年，曲靖市重点开展以保护国家文化安全、保护知识产权、保护未成年人合法权益扫除网上有害信息，打击手机网站传播淫秽色情信息和打击“疆独”等宗教类政治性非法出版物、宣传品的专项行动。全年全市共出动检查人员11010人（次），检查出版物市场（店档、摊点）4732个（次），检查印刷复制企业2046家（次）；取缔关闭出版物市场（店档、摊点）13个、印刷复制企业1家；收缴各类非法出版物29271件（碟），其中，查缴侵权盗版出版物29751件，淫秽色情出版物1374件；查缴盗版图书13917件；查缴盗版音像制品15834件；查办“扫黄打非”案件23起；行政处罚案件共64起。2007～2010年，曲靖市“扫黄打非”领导小组办公室连续四年被云南省“扫黄打非”领导小组表彰为“扫黄打非”工作先进集体；市“扫黄打非”领导小组办公室纪爱华、陈尤智、黄雪梅、徐云锋等人被省“扫黄打非”领导小组表彰为省“扫黄打非”工作先进个人。

（黄雪梅 徐云锋）

文化产业

【简述】 2010年，曲靖市把握社会主义先进文化前进方向，遵循文化发展规律和社会主义市场经济规律；以发展为主题，以改革为动力，以体制机制创新为重点，以实施重大项目带动为途径，以创造更多更好群众需求的精神文化产品为目标，积极推进文化体制改革、大力发展文化产业，不断推动曲靖文化大发展大繁荣。

【文化体制改革】 2010年，曲靖市制定出台《关于进一步深化文化体制改革推进经营性文化事业单位转企改制的意见》文件，与各改革单位及县（市）区签订改革目标责任书，扎实推进改革，至年底，全面完成文化体制改革。经营性文化事业单位取消文化事业单位的事业性质和事业单位人员的事业身份，核销事业编制、注销事业单位法人、进行企业工商注册登记、与在职职工签订劳动合同、按企业办法参加社会保险。进一步建立和完善法人治理结构，健全企业劳动、保险、分配和财务管理制度，规范和完善国有资产管理，盘活资产存量，确保资产保值增值。公益性事业单位完成3项制度改革，进一步确定文化事业单位的职能、任务、岗位和编制。在人事管理方面，实行全员聘用制，法人代表由主管部门进行公选聘任，单位副职由法人代表聘任，单位中层干部实行竞争上岗，单位职工全员聘用。在收入分配方面，实行岗位工资及岗位绩效工资制。聘用人员在岗期间，按照岗位职责履行义务，根据工作业绩、成效、成果获取报酬，上下浮动，岗变薪变。其岗位绩效工资的考核分配比例不低于工资总额的30%。完善单位内部考核体系，由文化主管部门另行制定具体考核办法，全面引入竞争和激励机制，提高工作质量和效率，激发全体员工的积极性、主动性和创造性，切实提高公共文化产品的生产能力和服务水平。建立完善文化行政管理体制，按照“统一领导、统一协调、统一执法”的要求，结合政府机构改革，整合文化（文物）、广播电视、新闻出版（版权）等部门行政执法职能和机构，组建曲靖市市县两级文化市场综合执法机构；按照分级负责、属地管理的原则，统一行使文化市场行政执法管理职能，履行文化市场监管和“扫黄打非”工作职能。理顺电影管理体制，实行电影制作、发行、放映等统一归口管理，着力转变职能、理顺关系、优化结构、提高效能。将全市各级文化主管部门承担的电影发行放映管理、市场准入、市场监管、农村和社区等电影公共服务、农村电影放映工程的实施、指导基层电影队伍建设等职责，统一归口划入各级广电部门；将全市各级文化主管部门所属的国有电影企事业单位（包括国有、国有控股的电影公司、院线公司及影院等）统一划转到各级广电部门；将全市各级文化主管部门与电影工作相关的机构编制、经费、设施、设备等依法依规统一划转到各级广电部门。实施一批重大文化产业项目。2010年，预算投资19亿元的太阳山谷进展顺利；投资3亿余元对会泽古城进行保护、改造和开发；总预算投资35亿元的罗平布依风情园项目已经开工建设；投资7000万元建成“五星级”农家乐稼秀生态园。曲靖农村文化户（联合体）已发展至1600多户，年收入1亿元，从业人员近万人，年人均增收近1万元，发展模式参加全国文化产业发展经验交流，入选《全国文化产业发展案例100例》。民族民间工艺品走向市场，会泽观赏石产业年收入近2000万元，珠江源陶艺园区、沾益大坡手工刺绣和宣威、富源、麒麟的刺绣及富源根雕产业年产值均达1000万元以上。全市共有文化市场机构1431个。其中市场稽查机构10个，娱乐场所970个，互联网上网服务场所（网吧）451个；新闻出版市场机构1432个，其中音像制品批发、零售、出租机构552个，书报刊零售、出租机构372个，三小印355家，印刷企业153个。文化市场共有从业人员4853个，年经营收入2.3亿元，上缴税金1370万元。富源民族文化生态村已建成历史文化陈列馆、红军长征过富源陈列馆、水族民风民俗文化陈列馆等十多个专业陈列馆，收集各种成列品50万件。其中收集毛主席像章35万枚，2009年6月获上海大世界吉尼斯记录。影视文化产业逐渐成熟，马龙县马鸣、麒麟区翠山影视城和罗平、陆良等影视基地相继承接了《谁主沉浮》、《商贾将军》、《突出重围》、《滇西1944》、《山间铃响马帮来》等影视作品拍摄。市内影视公司拍摄的《玩转时空的爱恋》、《旋风跆拳道》等已发行。文化产业与旅游产业不断融合。成功举办珠江源美食文化节、钱王之乡文化旅游节、罗平油菜花文化旅游节、师宗菌子山千花会文化旅游节等，大部分重大旅游产业项目同时也是文化产业项目。全年全市文化产业增加值达53亿元，占全市GDP比重的5.3%。

（余　灿）

党史征研

【简述】 2010年，曲靖市党史部门坚持以资政育人为根本任务，召开全市党史工作会议，学习贯彻全国、全省党史工作会议精神，出台“中共曲靖市委关于贯彻《中共云南省委贯彻〈中共中央关于加强新形势下党史工作的意见〉的实施意见》的实施意见”，稳步推进党史正本编写工作，开展曲靖市革命遗址普查工作，“抗损”课题研究取得阶段性成果，撰写上报《中共云南省委执政纪要》（曲靖篇），成立曲靖市史志学会，开通曲靖史志网站，为推进党史成果转化利用搭建平台。多种党史成果获省奖，多名党史工作者获省委表彰。

【《中共曲靖地方史》第一、二卷】 2010年8月，《中共曲靖地方史》第一、二卷形成征求意见稿，其中第一卷约32万字，第二卷22万字，送请原市级老领导、离退休老同志、各县（市）区党史办和各级各界人士修改征求意见，10月初修改形成送审稿送编委成员、省委党史研究室、市委常委审定，12月通过省委党史研究室审查验收和市委常委会议终审，批准于2011年6月底出版，向建党90周年献礼。

【革命遗址普查工作】 2010年3月17日，全市革命遗址普查培训工作会议在温泉召开，对革命遗址普查工作进行安排布置培训。随后，全市共投入资金10余万元，共130多名普查员开展革命遗址普查工作。至年底，全市普查确定革命遗址166处，其他遗址12处，按时汇总上报省委党史研究室。

【《中共云南省委执政纪要》（曲靖篇）】 2010年3月，中共曲靖市委党史研究室代市委撰写上报《中共云南省委执政纪要》（曲靖篇）约1万字的稿件。按照市委领导批示，市委党史研究室积极组织力量撰写曲靖篇稿件，按时按要求上报省委办公厅和省委党史研究室。

【《中共陆良地方史》第一卷出版发行】 2010年6月，由陆良县委党史研究室编著的《中共陆良县地方史》第一卷由云南人民出版社有限责任公司出版发行。该书系统记述从1927～1950年间，陆良地方党组织的创立、发展、壮大和领导当地人民英勇奋斗的历程，再现了陆良人民在党的领导下不畏艰险、英勇斗争、百折不挠和无私奉献的革命精神，是一部具有较高“存史、资政、育人”价值的史书，对于广大干部群众深刻了解陆良县历史，总结经验，把握现在，开创未来，具有重要的现实意义和深远的历史意义。该书共3编15章22万字。

【党史工作获省表彰奖励】 2010年10月，在全省党史工作会议上，“曲靖市抗日战争人口伤亡和财产损失”课题调研成果、《走向辉煌》被评为全省二等奖；1篇论文获全省三等奖。麒麟区委党史研究室被省委表彰为党史工作先进集体，杨光彦、洪颖、吴跃强被省委表彰为党史工作先进个人，马龙县委常委、县委办主任李金熙被省委表彰为重视党史工作好领导。

【曲靖史志学会成立】 2010年11月30日，曲靖市史志学会成立大会在曲靖温泉职工疗养院召开。曲靖市民政局、市社科联领导到会宣读《关于同意成立曲靖市史志学会的批复》和《关于同意发起组建曲靖市史志学会的批复》，曲靖市委党史研究室、市政府地方志办公室主任杨光彦讲话。依据学会选举办法，史志学会选举产生第一届理事会、常务理事会，在此基础上选举出1名会长、4名副会长、1名秘书长、1名副秘书长，聘请6名名誉会长。会议通过了曲靖市史志学会章程、财务管理办法。学会有个人会员112人，团体会员11个，涵盖市委党史研究室、市政府地方志办公室、市财政局、师范学院、文化局、党校、教育局、党建办及各县（市）区史志办等部门。曲靖市史志学会以整理研究曲靖党史、地方志为目的，以繁荣曲靖史志文化为宗旨，吸纳热爱史志、有志于研究史志的同志为会员，整合、集中、优化曲靖市史志研究资源力量，定期有效地开展活动，为全市史志研究、编纂、宣传、学习、利用等整合资源、搭建平台，使史志工作更好地为地方经济社会发展服务。

【市委常委会议专题研究党史工作】

2010年12月3日，中共曲靖市委常委会议听取了市委党史研究室主任杨光彦关于全国全省党史工作会议精神的传达学习，同意市委党史研究室提交的曲靖市贯彻落实中央、省关于加强和改进新形势下党史工作有关要求的《实施意见》。会议决定：于12月28日召开全市党史工作会议，传达学习全国全省党史工作会议精神，总结全市党史工作，表彰党史工作先进集体和先进个人，安排部署当前和今后一个时期的党史工作；进一步整合资源，加强对曲靖市革命遗址、文物的保护和维修等工作，每年从市财政安排专项经费，用于全市革命遗址保护、开发利用和党史陈列室、革命纪念设施的管理维护及相关党史研究成果的转化工作；同意出版发行《中共曲靖地方史》一、二卷；同意编纂出版《中共曲靖市委执政纪要》。

【贯彻落实《中共云南省委贯彻〈中共中央关于加强和改进新形势下党史工作的意见〉的实施意见》】 2010年12月27日，为贯彻落实《中共中央关于加强和改进新形势下党史工作的意见》和《中共云南省委贯彻〈中共中央关于加强和改进新形势下党史工作的意见〉的实施意见》精神，加强改进全市党史工作，发挥党史工作在曲靖的改革开放和现代化建设事业中的重要作用，市委印发“中共曲靖市关于贯彻《中共云南省委贯彻〈中共中央关于加强和改进新形势下党史工作的意见〉的实施意见》的实施意见”。

【全市党史工作会议】 2010年12月28日，中共曲靖市委、市政府召开全市党史工作会议。省委党史研究室主任杨毅到会指导，市政府副市长毕文权、市政协副主席夏传煊出席会议，各县（市）区分管党史工作的领导、党史办主任，受表彰的获奖代表、曲靖史志办的全体同志等100余人参加会议。会议由市委组织部常务副部长尹耀春主持。市委党史研究室主任杨光彦传达全国、全省党史工作会议精神。市委常委、市委秘书长朱德光就深入贯彻中共中央10号文件和全国全省党史工作会议精神，进一步加强和改进新形势下曲靖党史工作讲话。会上，市政府副市长毕文权宣读曲靖市委、市政府表彰决定，对15个史志工作先进集体、50名先进个人和8位重视史志工作的好领导进行表彰。

【审定县级党史正本】 2010年，曲靖市委党史研究室审阅和修改《中共陆良地方史》第一卷、《中共富源地方史》第一卷、《中共会泽地方史》第一卷、《中共马龙地方史》第一卷送审稿，以及《中共沾益地方史》第一、二卷送审稿，提出修改意见。

（许泰舟）

地方志编纂

【简述】 2010年，曲靖市地方志办公室围绕全市工作大局和年度工作目标，牢固树立精品意识，求真务实、真抓实干，顺利完成各项工作目标任务。7月，《师宗县志（1978～2005）》出版发行；11月，《罗平县志（1978～2005）》出版发行；12月，《陆良县志（1978～2005）》出版发行；年底，《马龙县志（1978～2005）》发排，全市二轮修志工作基本结束。《曲靖市志（1978～2005年）》的发行和读志用志工作取得新进展，至2010年底，发行志书2100多套。年鉴编辑态势良好，全市共出版市级年鉴1部，县级年鉴9部，实现年鉴编辑的满堂红，其中《曲靖年鉴》（2010版）于9月出版。年内，市地方志办公室完成《云南年鉴》、《云南小康年鉴》（2010年版）“曲靖概况”的撰稿上报任务。年内，曲靖市地方志办公室被国家人力资源和社会保障部与中国地方志指导小组联合表彰为全国地方志系统先进集体，被中国地方志指导小组表彰为全国地方志系统先进集体，杨光彦被中国地方志指导小组表彰为全国地方志系统先进个人。

【《师宗县志（1978～2005）》出版发行】 2010年7月，《师宗县志（1978～2005）》由云南人民出版社公开出版发行。师宗县于2005年3月启动第二轮《师宗县志》编修工作，历时5年。《师宗县志（1978～2005）》是继1997年7月编辑出版的首轮《师宗县志》之后的第二部县志。全书共设25篇，有129章569节，共计120万字，有师宗县政区图1幅，其他图片283幅。大事记以编年体为主，辅以纪事本末体，其他各篇以类叙事，横排门类，纵述史实。《师宗县志（1978～2005）》是师宗改革开放以来经济社会发展的真实写照，具有资政、育人、存史等作用。

【《罗平县志（1978～2005）》出版发行】 2010年11月26日，《罗平县志（1978～2005）》正式出版发行。《罗平县志（1978～2005）》的编纂始于2006年3月，于2010年9月交付印刷出版。全志除概述、大事记、附录外，共设23篇96章379节，收录图片34页82幅，总计100万字。该志记载了罗平县1978～2005年间罗平县政治、经济、文化、社会等各方面各项事物发展变化的情况，始终贯穿改革开放这条主线。全志采用篇章节目体，由述、记、志、传、图、表、录7种基本体裁构成。大事记以编年体为主，辅以纪事本末体。人物以传、简介、录、表记述，人物传以去世时间先后排序，坚持“生不立传”的原则，对有重大影响的人物采用以事叙人。该志具有鲜明时代特色和浓郁地方特色，为社会各界了解、研究罗平县提供了翔实的信息和基础资料。

【《陆良县志（1978～2005）》出版发行】 2010年12月，《陆良县志（1978～2005）》正式出版发行。该书是1991版《陆良县志》的续志，志书结构定为编、章、节、目4层，横向分类，竖向叙写。全书设概述、大事记、编、附录、索引、后记6大块。共有7编、48章，计110万字，照片161幅。详细反映陆良县自然、经济、文化、社会的变化，真实、生动地表现了陆良人民艰苦奋斗、奋发图强、建设家园的精神风貌。

【志鉴理论与实践研讨会论文征集评选】 2010年初，曲靖市地方志办公室分别发文征集全市二轮修志理论与实践研讨会论文和《曲靖年鉴》创刊20周年理论与实践研讨会论文，截至8月上旬，共收到论文73篇，其中：二轮修志论文37篇，年鉴论文36篇。征集论文截稿后，市地方志办组织人员进行历时3个月的评审，最后评选出优秀论文15篇（其中：二轮修志论文7篇，年鉴8篇），良好论文48篇（其中：二轮修志论文25篇，年鉴论文23篇）。

【曲靖史志网站开通】 2010年11月29日，曲靖史志网正式开通。曲靖市政府副市长毕文权到会讲话，并启动曲靖史志网开通按钮。曲靖史志网是曲靖市委党史研究室、市政府地方志办公室的门户网站，域名为www. Sz. qj. gov. cn，设有通知公告、曲靖市志、曲靖史志、曲靖年鉴、名人荟萃、史志动态、曲靖之最等栏目，旨在整合曲靖史志资源，开发利用史志资源，展示曲靖史志成果、宣传曲靖史志工作，推介曲靖地情，让国内外人士了解关注曲靖发展。通过这一平台，把丰富的史志资源转化为经济发展的动力，转化为宣传曲靖的亮丽名片，为全市经济社会又好又快发展服务。

【曲靖市志鉴理论与实践论文研讨会】 2010年11月29日下午，曲靖市二轮修志理论与实践研讨会暨《曲靖年鉴》创刊20周年理论与实践研讨会在三宝温泉召开。市史志办公室全体成员、各县（市）区史志办主任及理论文章撰稿人、曲靖电视台相关人员共70余人参会。会议由市史志办公室副主任崔吉耀主持。会上，市政府分管副市长毕文权讲话，对史志工作者提出要求。市史志办公室主任杨光彦讲话，对年底和下一年度的史志工作做出安排部署。9名优秀论文撰稿人，分别针对修志工作和编纂年鉴的篇目设计、组织方式、总纂方法、资料的征集渠道、来源及应用、编撰方式、校对质量、宣传利用等论题作交流发言。最后，市史志办副主任崔吉耀作会议小结。

【云南省地方志系统先进评选】 2010年，曲靖市地方志办公室根据省地方志办公室发的《关于在全省地方志系统开展首届“三个十佳”评选活动的通知》和《关于评比表彰2008~2009年度全省地方志系统先进集体和先进工作者的通知》，召集9县（市）区地方志办公室主任和市史志办全体工作人员举行民主推选，进行“三个十佳”以及2008~2009年度全省地方志系统先进集体和先进工作者的推荐和初审工作。8月，云南省地方志编纂委员会授予曲靖市地方志办公室为云南省地方志系统首届十佳集体，授予韦滇平为云南省地方志系统首届十佳个人，授予《曲靖市志（1978~2005年）》为云南省地方志系统首届十佳成果；授予会泽县地方志办公室、宣威市地方志办公室、师宗县地方志办公室为2008~2009年度全省地方志系统先进集体，授予崔吉耀、李生云、吴乔贵、姚家宽、张鑫为2008~2009年度全省地方志系统先进工作者。

【年鉴编辑】 2010年，全市共编辑出版市级年鉴1部、县级年鉴9部。其中：《曲靖年鉴》于9月25日出版；《师宗年鉴》于7月送达编辑部；《罗平年鉴》于8月15日送达编辑部；《陆良年鉴》于9月29日送达编辑部；《宣威年鉴》于10月25日送达编辑部；《富源年鉴》于11月11日送达编辑部；《沾益年鉴》、《会泽年鉴》于11月28日送达编辑部。其他各县（区）年鉴年内出版。

【《曲靖年鉴》（2010年版）出版发行】 2010年9月25日，由中共曲靖市委、市人民政府主办，市政府地方志办公室编辑，德宏民族出版社出版的2010版《曲靖年鉴》正式向国内外公开出版发行。该年鉴为综合年鉴，由彩图、特载、大事记、概况、百科、人物及二次文献等组成，共设29个部类。共有栏目310个，条目2300个，彩图160页，内文照片149幅，字数120万字。该版年鉴全方位反映全市各行各业、各部门及所辖7县1市1区的基本情况。

【《曲靖年鉴》和《麒麟区年鉴》获奖】 2010年11月15日，在由中国地方志指导小组办公室和中国地方志协会主办的全国地方志系统第二届年鉴评奖中，《曲靖年鉴》2009版获地市级地方综合年鉴类二等奖，《麒麟区年鉴》获县区级地方综合年鉴类二等奖。

【曲靖市5人获《云南年鉴》资深撰稿人】 2010年11月26日，在云南年鉴社举办的2010年《云南年鉴》工作会上，曲靖市地方志办公室张鑫、麒麟区地方志办公室邓永平、沾益县地方志办公室管晓方、富源县地方志办公室樊联奎、罗平县地方志办公室庞亚萍5人获得云南年鉴社颁发的“资深撰稿人”荣誉。

【《曲靖史志》】 2010年，《曲靖史志》出刊4期，约30万字，共发表文章50余篇。该刊设领导关怀、工作研究、文件选登、理论学习、党史论坛、方志探讨、工作交流、历史探源、征稿通知、要文要论、史志论坛、史料选登、文物考证、地方文萃、党史研究、方志探讨、历史回顾、地方风物、学会专栏、年鉴研究等栏目。发挥了刊物在编史修志工作中积累资料、传递信息、交流经验、宣传成果、探研专题、培养人才的作用。

（黎　俊）

档案工作

【简述】 2010年，曲靖市各级档案部门和档案工作者以服务为主线，开展聘请专家讲解、现场知识竞答、撰写论文等多形式的理论学习和业务培训，夯实档案基础业务，强化依法治档和档案宣传工作，大力拓展档案的社会服务功能，扎实推进各项业务建设，机关档案工作、专门档案工作、农业农村档案工作、档案馆工作、信息化建设等方面取得新发展。市档案馆实现参公管理并增加编制1名。市档案局（馆）参照公务员管理事业编制达18名。

【档案资源建设】 2010年，曲靖市档案部门围绕民生指导建档，调整档案接收范围，改善馆藏档案结构，加大档案资源整合力度，从源头上加强民生档案管理，覆盖人民群众的档案资源体系建设取得新成效。市档案局全年共接收进馆档案2501卷、3151件，收集整理图书资料分类编目上架259册。市档案局发出《曲靖市档案局关于认真做好全市机构改革中档案工作的通知》文件，明确新一轮机构改革中撤并单位档案的归属与流向，对机构改革中档案资料的齐全完整提出具体要求。宣威市征集到全国性的《孔子世家谱》一套80册，4.3万页，总厚度2.6米，同时广泛开展对徐文烈、卓琳、周建屏、刘雄武等宣威籍名人资料的收集整理，为名人档案的征集进馆奠定基础。陆良县、师宗县征集到温家宝总理到曲靖视察旱情期间的档案资料入馆；罗平县接收婚姻档案4万余卷；麒麟区、沾益县、罗平县将整理结束的林改档案全部接收进馆，麒麟区、富源县按照档案规范化管理要求，把林改档案进行数字化加工，实行计算机管理。

【档案馆库建设】 2010年，曲靖市抓住国家安排中央预算内投资补助中西部地区县级综合档案馆建设的重大历史机遇。加强全市档案基础设施建设，改善档案保管条件。师宗县档案馆列入第一批建设项目，马龙县、罗平县、富源县、宣威市纳入第二批建设项目。11月29日，师宗县举行档案馆新馆建设开工典礼。

【档案信息化建设】 截至2010年12月，曲靖市档案馆已完成案卷级、文件级目录1041322条，资料目录6006

条（种）的录入工作，建立覆盖馆藏所有档案、资料的目录数据库，实现馆藏档案、资料的微机检索查询；2.8万余条现行公开文件目录和近30万条开放档案目录转接到曲靖档案信息网站，方便社会各界网上查询。富源县全县11个乡（镇）和40个县直机关事业单位实现档案数字化管理，馆藏档案全部建立机读目录，数据达140万条，原文扫描640万页，馆藏档案数字化达95%。麒麟区档案馆对接收进馆的林改档案进行数字化加工工作。沾益县全年录入馆藏档案文件目录49.6万条，实现馆藏档案计算机检索，20余家县直单位实现档案计算机信息化管理。罗平县全年对馆内90个全宗的档案开展案卷级目录录入，录入2.4万余条案卷级目录，扫描1907张照片及1998～2009年的现行文件5万页。

【“八项工程”建设】 2010年，曲靖市各级档案部门加强业务指导，积极开展“八项工程”建设工作。截至年底，全市共有1134家党政机关、181家乡（镇）机关，46家企事业单位，644家村委会实现转星升级，马龙县、师宗县、陆良县全部完成乡镇、村委会的转星升级工作。麒麟区、沾益县、师宗县全部完成乡（镇）的转星升级工作。陆良县10个乡（镇），139个村委会全部配备计算机，实现档案计算机管理。新建家庭档案2.9万余户。

【档案业务指导培训】 2010年，曲靖市各级档案部门积极开展档案业务指导工作，加大对社会主义新农村建设、“866”工程、集体林权制度改革、机构改革、“小康示范村”建设和重点工程档案的业务指导。各县（市）区档案部门积极主动深入到乡（镇）、社区、村委会指导村级各类档案的收集、整理、归档工作。会泽县专门抽调业务能手对全县林权改革档案整理工作进行指导，深入乡（镇）进行业务培训，培训人员2010人。

【档案检查】 2010年11月15～19日，曲靖市档案局组织人员对110家市直机关、团体、企事业单位、学校开展档案安全和年度归档检查。执法检查的主要内容是《中华人民共和国档案法》、《中华人民共和国档案法实施办法》、《云南省档案条例》的学习宣传和贯彻情况，档案安全管理工作，2009年度文件材料的归档完成情况。

【档案宣传】 2010年12月4日，曲靖市档案局在南城门广场开展档案法律法规宣传咨询活动，发出宣传资料、书籍1000余份（册）。全年全市各级档案部门积极开展档案法制宣传，市、县（市）区档案局（馆）在全国各级广播电台、电视台、报刊、杂志上刊（采）用文章120余篇，《曲靖档案》出刊4期，共2400册。

【档案业务培训】 2010年8月28日至9月3日，云南省档案专业基础知识培训班在曲靖举办，市直单位及9个县（市）区档案专兼职人员共310人参加培训。来自省档案局的专家系统给学员讲解了文书档案管理、档案保管与保护、档案利用与编研、数字档案馆建设、人事档案管理、特殊载体档案管理、科技档案管理档案法制工作、重点建设项目档案抢救与保护、档案资源建设等11项档案基础知识。

【业务大练兵活动】 2010年8月，曲靖市档案局（馆）在全市开展业务大练兵海赛、集中赛、现场竞答赛。共收到海赛试卷2733份，27人参加集中赛的书面闭卷答题，9个代表队参加现场竞答赛。最终确定出团体一、二、三等奖6家；个人一、二、三等奖6名；组织奖23家；优秀奖103名。

【档案查阅利用】 2010年，曲靖市档案馆提供档案查阅利用1257人（次），2236卷（次）。为史料查考利用、矛盾纠纷调处、参公管理登记、落实政策提供了重要依据。

【档案公示制】 截至2010年底，曲靖市9个县（市）区有85个乡（镇）、900个村委会（社区）开展档案公示制。并在扩大公示范围、改善公示栏材质、建立报送机制、形成服务体系上不断得到加强，方便农民群众查档用档。

（陶　琴）

报　业

【简述】 2010年，曲靖日报社不断提高舆论引导的针对性、实效性、吸引力、感染力，较好地发挥新闻宣传工作推动经济发展、引导人民思想、培育社会风尚、促进社会和谐的重要作用，舆论导向正确，党报的喉舌作用得到充分发挥，正面引导有力，新闻宣传工作有创新，巩固和扩大了曲靖新闻宣传的主阵地，为推进曲靖经济社会又好又快发展和全面推进小康社会建设，提供强大精神动力、思想保证和舆论支持。年内，曲靖日报社出版《曲靖日报》251期，出版《珠江源晚刊》250期，出版《财富周刊》49期。《曲靖日报》正刊、《珠江源晚刊》均为周五刊，《财富周刊》为星期刊，均为彩色印刷，每期总印量3.2万份。

2010年6月，曲靖日报社被市委、市政府表彰为抗旱救灾先进单位。7月，曲靖日报社实现激光直接制版。9月，《曲靖日报》被省报业协会、省印刷行业协会授予金质奖；成功举办全省州市党报社长、总编辑联谊会，会后，部分报社先后派人到曲靖日报社考察学习。10月，曲靖日报社分别荣获省级、市级“园林绿化单位”荣誉称号。11月，曲靖日报社被中国报业协会授予“经营管理先进单位”荣誉称号；被云南省公安厅评为云南省机关事业单位治安保卫工作先进单位，社长、总编辑被云南省公安厅评为云南省机关事业单位治安保卫工作先进个人。3月，职工徐鸿昌被省委、省政府表彰为云南省第三批新农村建设优秀指导员；5月，被市委、市政府表彰为“千村扶贫、百村整体推进”优秀挂职干部。

【新闻采访】 2010年，曲靖日报社新闻采访工作围绕市委、市政府的中心工作，积极策划、突出重点、深入采访、形成特色，顺利完成各项新闻采访任务。年内，国务院总理温家宝到云南指导抗旱救灾工作来到曲靖，国务院副总理回良玉到曲靖市察看旱灾勉励干部群众，中央农办水利部水利改革发展调研组、国务院安委会督察组、全国人大调研组、全国政协委员调研组到曲靖市调研；省委书记白恩培到曲靖市调研工业生产；省委副书记、省长秦光荣，省委副书记李纪恒，省政协主席王学仁，省委常委、省纪委书记李汉柏，省委常委、副省长李江，副省长孔垂柱，副省长和段琪，省政协副主席王学智，分别多次到曲靖市调研抗旱救灾抓春耕促发展及其他工作，省委中心组集中学习活动到曲靖市调研。全国县级供销合作社工作曲靖经验现场会、全省供销合作社改革发展曲靖现场推进会、全省消防工作会议、全省春耕生产工作现场会、全省水利建设工作会议、全省中低产林改造推进会分别在曲靖召开。曲靖日报社较好地完成了这些重大新闻的采访工作，受到上级领导肯定。

【重大专题新闻】 2010年，曲靖日报社精心策划，组织采访和刊出了2009年全市经济社会发展回眸系列报道。市政协三届三次会议、市三届人大三次会议举行期间，报社及时、规范地完成了报道任务。市委市政府2010年工作会召开，采写了消息，配发了评论。面对百年一遇的特大旱灾，安排记者准确报道市委、市政府抗旱救灾的重大部署，采写了曲靖市万名干部下基层抗旱救灾、全市抗大旱保民生抓春耕促发展专题会等会议和活动的稿件，报道了市级领导深入曲靖市内各地调研抗旱救灾工作的活动，组织记者深入全市各地，采写了《万众一心抗大旱，同舟共济渡难关》、《来自抗旱防火一线的报道》2个专栏的大量稿件。马龙县6月25日遭受特大暴雨袭击，安排记者深入一线及时报道抢险救灾、恢复重建及省、市领导相关活动。下半年，报社开设"调整经济结构、转变发展方式"专栏，采写编发众一化工、一汽红塔、驰宏锌锗、工业园区等大批先进典型；报社开设了"基层党建工作示范点风采录"专栏，采访部记者深入各地，采写了会泽县五星乡、越钢集团、曲靖二中等一批特色鲜明的稿件；报社开设了"精彩曲靖、辉煌'十一五'"专栏，采编刊出曲靖市农业、工业、文化、党建等一批稿件；开设"学习贯彻五中全会精神、展望'十二五'规划"专栏，组织人员撰写了一批本报评论员文章。在年内的专题报道中，采访部记者采写了大批有特色、有亮点的报道。

【《珠江源晚刊》】 2010年，曲靖日报社晚刊采编工作严把政治关，确保舆论导向正确，恪守行业纪律。积极策划晚刊的报道专题，一月一个报道亮点，共策划报道了"旱袭曲靖"、"水荒"、"抗旱防火"、"我们的车停哪里?"、"出租车"、"创建文明城市进行时专栏"、"新医改"、"血荒"等专题报道30余次，100多个版面。关注民生的报道引起社会共鸣，全年采编刊发相应报道80余篇。改进人物报道，推出"名家访谈2010"栏目，共报道10位在曲靖各行各业取得不俗成绩的名家名人；常规的人物报道以"百姓故事"等栏目形式推出，全年100余篇，报道丰富了晚刊的社会性和纪实性。坚持办好副刊，年内，晚刊始终坚持办好"情感"、"市井味道"、"曲靖女人"、"读书"、"珠江源"、"深度"、"地理人文"等副刊版面，共出版220多个版面。

【广告经营】 2010年，曲靖日报社创新广告创收模式，通过分岗定责、提升服务客户水平、以营销活动带动广告、整合报纸网站及手机报资源，经营业务实现突破性增长。经营工作在巩固原有客户的基础上有新发展：巩固原有优势，宣传画册制作业务量不断攀升；稳步提升《大美珠江源》办刊质量，得到主办方及社会各界好评。重大会展业务有新发展，5月，完成全市抗旱救灾摄影展的制作任务；6月，完成策划周期达半年之久的全国县级供销社工作曲靖经验现场会的会场布置、相关宣传品制作等系列工作；9月，成功举办2010曲靖国际汽车品牌文化展，并成功举办答谢晚会，参展客户、展会收入、影响力创下历史最好水平；9月，配合曲靖房交会的举行，推出彩色铜版纸印刷的房交会特刊，有效拓展房地产市场。

【10大新闻事件和新闻人物评选】 2010年，由中共曲靖市委宣传部和曲靖市新闻工作者协会组织，曲靖日报社、曲靖电视台、曲靖人民广播电台和各县（市）区有关部门参与评选，评出2010年度10大新闻事件和新闻人物。10大新闻事件是：全市万众一心抗大旱、曲靖跻身大城市行列、全市"两污"治理创优良生态环境、曲靖市供销系统现代经营服务体系惠农、野马村中低产田地改造模式将在全省推广、曲靖市"两基"工作为发展强基固本、沪昆高速铁路开工兴建、曲靖"五馆一中心"开建、洪水袭击马龙县城、新农村建设整乡推进52万群众生产生活得到改善。10大新闻人物是：陆建友——总理夸奖的"抗旱村长"；张正国——"红旗渠"引来甘泉；庄群勇、董永山——云南百姓最喜爱人民警察；育种专家——蒋思锦；张石明——一腔挚爱献家乡；致力高效农业的劳模——胡家权；干一行爱一行罗笔晖；深山里的文化传播人——王定昌；吕韬——摘省运会曲靖首金；刘召云——让爱动起来。

（徐鸿昌）

2010年度曲靖日报社新闻奖获奖名单

作品名称	获奖类别	作者	备注
《有自主知识产权企业更耐寒》	中国地市报新闻奖一等奖	顾朝芬	
《有自主知识产权企业更耐寒》	中国地市报新闻奖一等奖	张再东	编辑奖
《谨防政绩饥渴症》	中国地市报新闻奖一等奖（言论）	孙富明	
《谨防政绩饥渴症》	中国地市报新闻奖一等奖（言论）	路宏刚	编辑奖
《农民专业合作社成增收指路牌》	中国地市报新闻奖二等奖	张明翔	
《农民专业合作社成增收指路牌》	中国地市报新闻奖二等奖	张再东	编辑奖
《群众动嘴干部跑腿好》	中国地市报新闻奖二等奖（言论）	孙富明	
《群众动嘴干部跑腿好》	中国地市报新闻奖二等奖（言论）	路宏刚	编辑奖

续表

作品名称	获奖类别	作者	备注
《乘上大船闯市场》	中国地市报新闻奖三等奖	顾朝芬	
《乘上大船闯市场》	中国地市报新闻奖三等奖	路宏刚	编辑奖
《大峡谷中的古营盘之迷》	中国地市报新闻奖三等奖	张明翔	
《大峡谷中的古营盘之迷》	中国地市报新闻奖三等奖	张艳	编辑奖
《沾益太平养鸡场借鸡下金蛋》	中国地市报新闻奖三等奖	刘成龙	
《沾益太平养鸡场借鸡下金蛋》	中国地市报新闻奖三等奖	李云	编辑奖
《让养猪无污染零排放》	云南新闻奖三等奖	刘成龙	
《一首流淌了六十年的歌》	云南新闻奖三等奖	张艳	编辑奖
《让养猪无污染零排放》	云南报业新闻奖一等奖	刘成龙	
《让养猪无污染零排放》	云南报业新闻奖一等奖	唐云	编辑奖
《云南松枯死现象触目惊心》	云南报业新闻奖三等奖	袁小平	
《云南松枯死现象触目惊心》	云南报业新闻奖三等奖	唐敏	编辑奖
《梦幻鬼鱼复活世界瞩目曲靖》	云南报业新闻奖三等奖	李祥甫	
《梦幻鬼鱼复活世界瞩目曲靖》	云南报业新闻奖三等奖	窦红宇	编辑奖

广播电视

【简述】 2010年，曲靖广播电视系统围绕“学习型、效能型、和谐型”广电，积极构建7个工作体系，强化7种能力。宣传工作充分发挥广播电视的“喉舌”作用，紧紧围绕市委、市政府中心工作，把握正确舆论导向，营造良好舆论氛围。全年曲靖人民广播电台播发抗旱救灾新闻1722条（次），播出公益广告6700条（次），曲靖在云南人民广播电台播发新闻1013条（次），在中央人民广播电台和中国国际广播电台播发新闻87条（次）、曲靖电视台在云南电视台播出新闻911条，在中央电视台播出新闻174条，电台、电视台在中央、省台的上稿量居全省州（市）第一；在节目创新、广告及产业经营、“村村通”、电影管理体制，人才队伍培养和制度建设等方面取得好成绩，社会对曲靖广电工作的满意度不断提升。

【内宣工作】 2010年，曲靖广电围绕构建社会宣传工作体系，有效提升为党委政府和人民群众服务的责任能力。抗旱救灾宣传工作卓有成效。曲靖人民广播电台FM“104”和“963”2套频率共播发抗旱救灾新闻消息1722条（次），播出公益广告6700条（次）；报送云南人民广播电台各频率共播发曲靖抗旱救灾相关报道159条（次），直播专题访谈节目120分钟。曲靖电视台共采编播出抗旱新闻700余条，专题15期，宣传短片15个，MV抗旱歌曲一首和大量抗旱救灾公益广告；在中央电视台和东方卫视等省级台播出抗旱新闻350多条。主题宣传再上新台阶。围绕各地、各行业在学习实践科学发展观活动中的工作举措和生动实践，认真做好新农村建设、新型工业化、节能减排、人口普查、创先争优、推进学习性党组织建设和保民生、保稳定等主题宣传，得到社会各界的好评。在年内的“两会”宣传工作中，各媒体采取联动方式，对所有新闻栏目实行资源整合，新闻宣传更具针对性和实效性。党的十七届五中全会闭幕后，全市各级广播影视部门迅速行动，及时制定宣传方案，广泛深入地开展五中全会的宣传。突发事件宣传报道及时有力。6月25日晚，马龙县境内突降暴雨，形成洪灾。曲靖电视台在26日凌晨第一时间派出记者前往采访，当天在云南电视台《云南新闻联播》发出信息，引起了省委、省政府高度重视。此后，组织专门班子及时充分做好抗洪救灾宣传，为夺取抗洪救灾全面胜利作出积极贡献。

【外宣工作】 2010年，曲靖广电围绕构建对外宣传工作体系，有效提升曲靖良好形象的外宣能力。对外宣传工作取得新成效。2010年曲靖广电媒体把外宣工作与创先争优活动有机结合，整合人力和物力资源，全力强化外宣工作。据统计，曲靖人民广播电台在云南人民广播电台共播发新闻1013条（次），在中央人民广播电台和中国国际广播电台播发新闻87条（次），对外宣传稳居全省州（市）第一。同时，电台还与香港、新疆、山东、浙江等省级台和陕西安康、广东珠海、中山等市级台开展联线报道18次近250分钟。曲靖电视台在云南电视台播出新闻911条14378分钟，播出专题5部，直播活动4场（次），其中《云南新闻联播》298条（头条36条，提要123条）；在中央电视台各档节目播出新闻174条，其中《新闻联播》17条，直播4场次，在中央、省台的上稿量均居全省州（市）第一。珠江网站与中国新闻网、人民网云南频道、新华网云南频道、中国网盟、云南网等媒体建立友情链接，珠江网站新闻被人民网云南频道采用200多条，新华网云南频道采用100多条，云南网采用100多条。

【节目创优】 2010年，曲靖广电积极构建节目质量评估体系，提升责任媒体的履职能力。全市共有66件作品获省级以上奖励。其中，《味道曲靖》和《法制曲靖》获得全省“十佳”栏目。在构建节目质量评估体系中，积极开展节目质量年活动。曲靖广电加快推出新节目与改革改版有机结合。曲靖电台推出《王广播话农事》、《榜样资讯》2个栏目。电视台开播娱乐服务类方言栏目《小有瞧尝》和《春晚我来秀》2个栏目，获得较好社会反响，尤其是《春晚我来秀》在广大市民中获得较高社会赞誉。倡导“绿色媒介”理念，推动广播电视健康发展。

【广告及产业经营】 2010年，曲靖广电积极推广“绿色媒介”理念，大力压缩医疗医药广告，取消一批品质低下的二类广告，2台仅黄金时段广告播出时间就压缩30%，使收听、收视率和美誉度得到大幅度提升，受到观众和听众一致好评，得到中央未成年人思想道德建设检查组的充分肯定。与此同时，广厦地产切实做好广电花园楼盘收尾和结算工作，积极开展新楼盘市场的调研。

【“村村通”建设】 2010年，曲靖广电全力推进第二批“村村通”工程建设。采购直播卫星接收设备112776套，安装到3690个广播电视“盲村”，解决全市45万山区群众听广播、看电视难问题。“十一五”期间，省、市下达的“村村通”任务数已全面完成，顺利通过省级验收，共完成5961个20户以上已通电自然村的“村村通”建设任务，共解决60万山区农民群众听广播、看电视难的问题。同时在资金十分困难情况下，千方百计筹集资金，对部分摄录设备和媒体资源进行更新改造，为安全平安播出提供了设备保障。与此同时曲靖广电还积极开展移动数字广播电视CMMB建设，以3G手机、MP4、车载电视等移动终端为服务对象的移动数字广播电视项目（CMMB）已经完成设备安装，并投入使用。

【电影】 2010年，曲靖市电影管理体制得到理顺，实现全市电影发行、放映统一归口管理。曲靖城市电影院线放映电影近200部，观众达200万人（次）；农村电影放映1.8万场（次），受益人口360多万，提前1月超额完成国家下达的放映17628场（次）的目标任务。

【队伍和制度建设】 2010年，曲靖广电以构建人才队伍培养体系为突破口，提升建设广电文化的文化能力。围绕学习型广电建设，全局形成每周学习与每月定期开展专题讲座相结合的学习制度。从11月开始，在坚持每周学习的基础上，局党组研究决定1个月开展1次专题讲座，通过聘请各界专家学者进行讲座，进一步拓展干部职工视野，提升队伍能力。“三项教育”与业务竞赛有机结合，全面提升新闻工作者的业务能力。在全局范围内广泛开展“中国特色社会主义理论、马克思主义新闻观、职业精神和职业道德”为主题的3项教育及岗位大练兵活动，传、帮、带与业务竞赛有机结合，全面提升了员工业务能力。完善制度，实施规范管理。年内，曲靖广电局制定《曲靖市广播电视局2010年党员干部培训计划》，进一步健全党员学习教育、管理监督、民主参与、机关党建工作保障等机制；进一步健全完善《曲靖市广播电视局机关管理制度》、《安全保卫制度》、《物业管理制度》、《安全播出制度》、《宣传管理制度》等16项制度，软环境建设进一步得到加强。

（李 昆）

文艺

【简述】 2010年，曲靖市文联紧紧围绕文学艺术出作品出人才的工作思路，认真履行文联组织联络、协调、服务、指导职能，组织全市文艺工作者开展文艺活动，繁荣文艺创作，创作出大批各门类优秀文艺作品奉献社会，服务人民，为全市改革开放和各项社会事业的发展提供精神动力和智力支持。

【长篇小说《红土红土》首发式】 2010年2月7日，曲靖市文联在银都酒店举行长篇小说《红土红土》首发式。市直相关部门领导、部分县（市）区文联领导及来自全市文学工作者共50余人出席首发式。省作协副主席、秘书长杨红昆到会指导。副市长饶卫，市人大常委会副主任、妇联主席李桂珍，市文产办领导及陆良县委政府领导出席会议。会上，副市长饶卫代表市委、市政府讲话，对长篇小说《红土红土》的出版表示祝贺，对全市文学工作提出希望和要求。由作家出版社出版的长篇小说《红土红土》，是赵鸿翔历经8年创作完成的一部40万字的长篇作品。作品中讲述这个特殊时代众多人物的特殊命运，表达了对生活、人生、社会、时代、大自然、红土地的挚爱。

【电视剧本《护国情殇》论证会】 2010年3月5日，由曲靖市委宣传部、市文联召开的长篇电视连续剧本《护国情殇》论证会在曲靖广播电视局举行。市委宣传部、市文产办、市文联、市广电局等有关部门领导、市内从事史学、影视创作专家、剧本作者等30余人出席会议，云南高原影视文化中心总经理李玉森、中央电视台特约编导、云南高原影视文化中心特聘艺术总监陈洁、原中共云南省委宣传部影视中心主任、现云南农垦总局政工部副主任吴丹江等影视界专业人士应邀出席会议。与会专家学者围绕剧本取材、总体构思、历史史实、艺术构架、剧本投拍可行性等方面进行分析研究。

【省政府领导到曲靖调研民间文化遗产抢救工作】 2010年3月25日，中国文联党组成员、书记处书记、云南省政府副秘书长白庚胜率省文联党组成员、副主席黄映玲，省文联副主席、省民间文艺家协会主席杨利先，省政府办公厅秘书六处副处长吕磷峰，省民间文艺家协会副主席、秘书长杨海涛，省政府办公厅秘书六处秘书袁皓等一行8人深入曲靖，就曲靖市民间文化遗产保护工作作专题调研。副市长饶卫要求有关部门认真配合调研组开展调研工作，并要求按照白庚胜的指示认真抓好各项工作的落实。

【曲靖多件作品荣获第六届云南省文学艺术创作奖励基金奖】 2010年3月12日，在云南省第六届文学艺术创作奖励基金奖表彰会上，全省232件作品获奖，其中曲靖作者获奖作品11件。获奖作品分别为：杨卓成长篇纪实文学《山河无语》获文学三等奖，余晖花灯剧《草鞋县令》获戏剧二等奖、边小强美术作品《归潮》获三等奖，傅保中美术作品《革命史——尘封的记忆》获荣誉奖，姜德同摄影作品《只生一个好》获荣誉奖，邵建国书法创作获二等奖，王荣兴书法创作获二等奖，张先廷书法创作获三等奖，太玉国书法创作获荣誉奖，曲靖电视台电视作品《咨卡草褂》获二等奖，曲靖电视台电视作品《篮球女孩的奥运梦想》获三等奖。

【国家档案馆收藏会泽县摄影作品】 2010年4月6日，会泽县文联组织影协会员走进全国重灾区马路乡直击抗旱，会员拍摄一些反映旱情和社会各界支持抗旱的生动图片，及时宣传在各级党和政府领导下振奋精神，团结一致，共保民生的感人瞬间，会员们们用独特的方式支援和帮助正处于旱灾困境中的人民群众，用镜头展现了马路乡人民的奋斗精神，凝聚与灾害抗争的力量。作品参加国家、省、市举办的抗旱图片展，有15幅作品入选市级举办的展览；有10幅照片入选省、国家展览，并被国家档案馆收藏，用于历史资料保存、查询、举办大型展览或其他大型纪念等公益活动。其中：许泰权2张，李永星2张，王良忠1张，徐汝枞1张，张启戊1张，肖利东1张，朱知泽2张。

【云南省文联、作协为曲靖抗旱救灾献爱心】 2010年4月24日，云南省文联党组书记、主席郑明一行12位作家艺术家深入曲靖市，举行抗旱救灾捐赠。在受灾比较严重的陆良芳华镇举行抗旱救灾捐赠仪式，向芳华镇捐赠4万元捐款，同时，还捐赠云南作家艺术家创作出版的书籍1000余册。

【曲靖3位作家参加云南省第二届“青创会”】 2010年7月3~5日，窦红宇、尹坚、韩卫贤3位曲靖作家应邀出席在昆明召开的云南省第二届青年作家创作会议（以下简称“青创会”），此次“青创会”由云南省作家协会主办，来自全省各州（市）1965年以后出生，并在近几年的文学创作中崭露头角的50余名青年作家出席会议。会议是继2000年全省首届“青创会”之后的全省又一次文学创作的青年盛会。会上，对窦红宇等10位德艺双馨青年作家进行表彰、奖励。

【云南省首期“朝霞工程”书法美术音乐培训班在曲靖开班】 2010年7月21~25日，云南省首期“朝霞工程”暑期书法美术音乐培训班在曲靖市委党校举办。省文联副主席段斌、省文联组联部部长张怀燕出席开班典礼，来自昆明、曲靖、楚雄的30位少年儿童学员及市内学员共60人参加为期一周的美术、书法、舞蹈、音乐专业培训，培训围绕提高学员艺术欣赏水平和艺术创作能力展开。

【曲靖市三部戏剧作品获首届全国戏剧文化奖】 2010年10月23日，由中国戏剧文学学会主办的首届全国戏剧文化奖，经过半年多时间的征稿、阅稿、初评和复评后举行总评委投票终评，曲靖市艺术研究所马相的大型彝族歌舞剧《诗娘》荣获首届全国戏剧文化奖大型剧本类优秀剧本奖，沾益县文联韩卫贤的话剧小品《送你一束玫瑰花》、马龙县文化馆白付平话剧小品《皂角树下》同获该奖的小型剧本类三等奖。

【曲靖市老戏剧家协会艺术团放歌国家大剧院】 2010年11月10日，“七彩夕阳”全国中老年合唱艺术节暨全国中老年合唱之星邀请赛在国家大剧院举行，来自全国各地的16个代表团参加这次盛会。曲靖市老戏剧家协会艺术团是西南地区唯一受邀团队，表演了无伴奏合唱《在太行山上》、《阿诗玛的回音》，获得本次比赛明星金奖、群星金奖和组织奖。

【抗旱文学作品征文】 2010年3~10月，曲靖市文联利用《珠江源》开展抗旱文学作品征文活动，开辟“抗旱文学作品征文”栏目，重点刊发反映全市人民在抗旱救灾工作中的先进事迹的报告文学、纪实文学、散文、调查报告、随笔、言论、图片，宣传和讴歌曲靖抗旱救灾先进事迹。还积极组织作家深入一线采写报道，向外地媒体推荐稿件，共收到文字图片稿件120篇（幅），刊发文字及图片稿件40篇（幅），评出获奖作品14篇，有2位作家作品在云南省抗旱文学作品征文活动中获奖。

【参与创作数字电影《公道天职》】 2010年，曲靖市文联参与创作的数字电影《公道天职》完成拍摄制作，《公道天职》由中共曲靖市委组织部出品，由北京国影影视文化有限公司制作，由导演和参与导演过《大决战》、《太行山上》等影片的著名导演何小江执导，由青年演员马跃、刘琳分别饰演男女主角，由会泽县提供主拍摄场地，于6月26日开机，年底完成。《公道天职》紧密结合社会现实和组织工作实际，塑造组织干部“公道正派、务实创新、勤政廉洁、率先垂范”的良好形象。

【曲靖市第二届文学艺术创作政府奖】 2010年12月29日，曲靖市第二届文学艺术创作政府奖颁奖大会在景怡花园酒店举行。会上，对罗远书等119名文学艺术家的119件作品进行表彰奖励。评选工作于6月启动，对在2008年1月1日至2009年12月31日期间，由曲靖籍作者创作、正式出版、发表、获奖、使用的近千件文学艺术作品，按照公开、公正的原则，进行严格评审。获奖的作品包含文学（文艺理论）、戏剧、音乐、舞蹈、美术、书法、摄影、曲艺、民间文艺、电视艺术等10个文艺门类，共119件，其中：荣誉奖5件，一等奖16件，二等奖35件，三等奖63件。

（敖惠琼）

体　育

概　述

2010年，曲靖市体育工作保持健康、持续、快速发展的良好态势。参加省第十三届运动会，曲靖体育健儿夺得金牌79.5枚、银牌28枚、铜牌19枚，金牌数和团体总分均列全省第三，再创省运会佳绩，圆满完成“争三保四”目标。市政府授予曲靖市体育局等7个单位“突出贡献单位奖”，授予李德鳞等19名教练员“突出贡献教练员奖”，授予高峰等84名运动员“突出贡献运动员奖”。“立得女篮”在WCBA2009~2010年赛季上，历史性打入八强，创造云南省女篮在全国顶级赛上最佳成绩；区一幼在全国幼儿体操大赛上，再次夺冠。年内，发展国家级社会指导员2人，省一级社会指导员6人、二级社会指导员140人。群众体育蓬勃发展，各级体育部门始终以服务大众为宗旨，积极开展举办各类规模、形式不一的体育活动，进一步激发全民健身的积极性，突出“我运动、我健康、我快乐”的主题。各级政府不断加大投入力度，体育设施建设持续改善。位于市职教园区，占地30公顷，投资概算9亿多元的市体育中心于11月15日启动工程建设。体育彩票销售市场稳定发展，体育彩票的发行工作严格按照相关法规运作，稳健拓展体育彩票市场，增加销售额度，销售量逐年稳步提升，年销售量由2001年上市之初的3149万元提高到2010年的2.96亿元，每年以5%的速度递增。

竞技体育

【简述】 2010年，曲靖市全力抓好训练单位队伍建设、思想建设和作风建设，推行教练员聘任制度改革，整合优势项目，制定出台《运动员就学就业优待规定》，极大的激发了在训运动员的积极性，有力促进了竞技体育发展。立德女蓝队经过多年的力量积蓄，在WCBA2009～2010赛季进入八强。全年共审批二级运动员114人，二级裁判员210人，三级裁判员684人。严格按照审批程序进行审核，并在网上进行为期7天的公示，接受社会监督。

【元旦环城赛跑】 2010年1月1日，由市政府主办，曲靖市、麒麟区二级宣传、体育、教育、卫生、总工会、妇联及团委等部门联合举办，曲靖市农村信用联社协办的“信合杯”元旦环城赛跑在南城门广场举行，3700余人参赛。

【全国中学生沙滩排球锦标赛】 2010年1月28日至2月7日，全国中学生沙滩排球锦标赛举行，曲靖市体育训练中心女子排球队组队参赛，取得第三名的优异成绩。

【立得女篮跻身季后赛】 2010年3月，曲靖市立得女篮经多年不懈奋战，终于在WCBA2009～2010赛季上，历史性地打进八强，同时有2名球员入选全明星赛，第一次跻身季后赛，创下云南省女篮项目在全国顶级赛场上的最佳战绩。

【全国幼儿体操大赛】 2010年6月，在“李宁杯”全国幼儿体操大赛中，麒麟区一幼幼儿体操代表队荣获全国幼儿体操大赛一等奖、道德风尚奖、音乐编排奖和第二个三连冠奖。至此，区一幼已连续六届荣获全国幼儿体操表演大赛一等奖。

2010年云南省第十三届运动会曲靖代表团成绩表

项目	团体名次	单项名次							
		一	二	三	四	五	六	七	八
自行车		1	0	1	1	0	0	0	0
足球	六								
篮球（女）									
篮球（男）	三								
拳击	二	2	2	1	0	8	0	0	0
柔道	男一女一	7	3	1	0	2	1	1	1
射箭		0	0	1	1	1	2	0	0
乒乓球	男一女四二	1	4	1	1	1	1	0	2
武术	一	3	2	3	2	3	5	1	2
摔跤	男自由式一 男古典式三								
女自由式一	9	7	4	0	1	0	0	0	
举重	男五女三	5	0	0	0	1	1	1	0
体操		0	0	1	0	0	0	0	1
女排（6人）	一								
女子沙排	一								
男子沙排	五								
网球		0	0	0	0	0	1	0	0
田径		3	1	4	3	2	3	4	3
游泳	女二	0	7	2	3	2	1	0	0
散打		3	2	0	1	0	0	0	0
总计		34	28	17	12	21	15	7	9

【云南省第三届传统拳比赛】 2010年6月26~27日，在沙国政武术馆举行的云南省第三届传统拳比赛中，麒麟区武术协会派出22人参赛，麒麟区代表队取得1个集体一等奖、1个集体二等奖和个人9块金牌、7块银牌的好成绩，并荣获团体总分第一名。

第十三届省运会中，由曲靖市政府组成的300余人代表团，其中运动员240人，分别参加16个大项、144个小项的比赛，比上届增报小轮车。共夺取金牌79枚（其中按竞赛规程总则带入40枚）、银牌28枚、铜牌19枚，以团体总分1283.5分的佳绩，名列全省金牌榜和团体总分第三名，圆满完成“十一五”规划竞技体育争三保四目标。同时，有12人打破12项青少年纪录；4个单项、4名教练员、27名运动员获得体育道德风尚奖；8名被评为省群众体育先进个人。

2010年8月8日晚，曲靖市第三届少数民族传统体育运动会在市体育馆开幕。

（陈秋毅/摄）

【成功申办第十四届省运会】 2010年2月，曲靖市向省政府申办省第十四届运动会的举办权。6月，以省体育局副局长赵建军为组长，省体育局、省发改委等部门领导对曲靖市申办工作进行考察。副市长饶卫及相关部门领导陪同考察并向省政府考察组就曲靖市申办工作进行陈述。考察组领导对曲靖市的申办省运会的工作积极性给予充分肯定。8月，经云南省政府批准，曲靖市获得云南省第十四届运动会举办权。

【曲靖市第三届少数民族运动会】 2010年8月7~12日，由曲靖市政府举办，市民宗委、市体育局主办，曲靖师范学院协办的第三届市民运会在麒麟区举行，民运会从项目设置和规则上都力图与国家、省民运会接轨，以传统项目为主，增设新项目。共分竞赛项目和表演项目两大类，其中竞赛项目有秋千、陀螺、射弩、摔跤、高脚竞速、蹴球、板鞋竞速7个大项目61个小项目；表演项目有竞技类、技巧类、综合类、民族健身操4个类别20余个节目。

【组队参加云南省第十三届运动会】 2010年8月17~26日，在文山举行的

【组队参加云南省第九届少数民族运动会】 2010年11月，在普洱举行的第九届民运会上，曲靖代表团160人参加武术、陀螺、秋千、射弩、蹴球、吹枪、摔跤、高脚竞速、板鞋竞速、抢花炮各个项目角逐，取得5金、12银、4铜的成绩。

群众体育

【简述】 2010年2月15~19日，罗平县举办的“龙腾体育·安踏杯”4人制足球赛，共有青年组12支代表队参加比赛。3月5日，在“三八”国际劳动妇女节100周年之际，富源县妇女联合会、富源县总工会、富源县文体局主办开展“三八”国际劳动妇女节系列体育活动，共有23支代表队，400余名女职工参加。4月5~7日，麒麟区白石江街道办事处举办“丰登建筑杯”迎世博乒乓球赛，来自昆明、罗平、陆良、宣威、富源等地的25个参赛队共100余名运动员参加此次比赛。4月14~17日，会泽县举办庆“五一”滇北杯职工乒乓球赛，共有28家单位，300余人参加比赛。6月4日，宣威市城郊片区首届老年文体展演比赛在双龙社区老年活动中心举行。6月10日下午，马龙县新农村建设指导工作总队在县体育馆组织全县驻村指导员开展“趣味体育”活动。6月20日来自市直各单位、各县（市）区、中央省属驻曲单位的60余名青年、中老年垂钓选手参加在曲靖市花果山庄第二十四届钓鱼比赛暨选拔赛。6月24~28日，会泽县五星乡“澜沧江”杯首届农民运动会在五星乡政府球场举行，来自全乡200多名农民运动员参加篮球、扑克、乒乓球、象棋、拔河5个项目的比赛。7月3~7日，由宣威市体运中心和宣威市篮球协会举办的宣威市首届“和谐杯”少儿篮球运动会在宣威西宁一小召开。

【体育基础设施建设】 2010年，曲靖市农民体育健身工程资金投入3216.3万元，其中中央投入136.2万元、省级投入239.8万元、市、县、区级投入966.1万元，国家规划完成农民体育健身工程182个，已建成179个，正在建设3个；地方自建农民体育健身工程：已建成239个，正在建设123个。实施农民健身工程以来，全市受益行政村人口110632人，农村共建成体育健身场地面积248154平方米，农民人均占有公共体育场地面积从原来的0.8平方米增加到0.85平方米。

【机构改革】 2010年9月14日，根据中共曲靖市委文件，撤销原曲靖市文化局、原曲靖市体育局，正式合并为曲靖市文化体育局。根据曲靖市人大文件，由纪爱华担任曲靖市文化体育局局长；根据党组字［2010］139号文件，由张吉德任曲靖市文化体育局党委书记、纪爱华任党委副书记、王丽杰任纪委书记；根据曲办发［2010］36号文件，陈尤智、李卫东、朱伟为党委委员；根据曲政任［2010］51号文件，陈尤智、李卫东、朱伟任曲靖市文化体育局副局长。

（张　瑜）

老年体育

【老年体育赛事】 2010年6月10~13日，曲靖市第十三届城市老年人体

育运动会在曲靖举行，运动会由市老体协主办，比赛项目有门球、地掷球、气排球、中国象棋。各县（市）区、开发区及市老体协分会16个单位组队参加，共有13支门球队、10支地掷球队、11支气排球队和11支象棋代表队共286人参赛。11日上午8：30，在珠江源广场举行开幕仪式，曲靖市老体协主席张爱民致欢迎词，副市长周玲到会讲话，中共曲靖市委常委、组织部部长李云忠宣布运动会开幕，仪式结束后，市老体协武术分会、舞蹈分会、健身柔力球分会、艺术团等展演8个文体节目。麒麟区、富源县、曲靖烟厂、沾益县代表队分获门球前四名；陆良县、沾益县、宣威市代表队分获地掷球团体前三名；市老体协气排球分会、曲靖烟厂、麒麟区、宣威市代表队分获气排球团体前四名；市老体协象棋分会、沾益县、师宗县、会泽县代表队分获中国象棋前四名；罗平县门球代表队获门球体育道德风尚奖；马龙县地掷球代表队获地掷球体育道德风尚奖；师宗县气排球代表队获气排球体育道德风尚奖；麒麟区象棋代表队获中国象棋体育道德风尚奖。

7月5～7日，曲靖市第五届中老年人开轮台球邀请赛在富源县举行，各县（市）区、市老体协台球分会共13支男女代表队60余人参赛，比赛项目为男女团体赛。富源县一队、市老体协台球分会、师宗县、富源县二队分获男子团体前四名；市老体协分会、师宗县、马龙县、罗平县分获女子团体前四名；罗平县男队、富源县女队分获体育道德风尚奖。

2010年曲靖市老年人健身日活动启动仪式。

（王玉生/摄）

8月13～15日，曲靖市老体协2010年柔力球邀请赛在富源县举行。各县（市）区、市老体协柔力球分会、中央省属单位、市直单位共36支代表队4000余人参加团体规定套路的全能比赛。

8月23～26日，曲靖市第25届耆英运动会在曲靖市老干活动中心举行，运动会由市老体协主办，曲靖市粮食局、曲靖市工商局、富源矿厂等3个单位承办。比赛项目为门球、乒乓球、中国象棋，27个建盖耆英馆赞助单位共有22支门球队、19支男女乒乓球队、12支象棋队共368人参赛，曲靖市粮食局一队、富源矿厂、粮食局二队、一四三队代表队分获门球前四名；交通集团沾益公司、水电十四局、沾益老体协、交通集团曲靖总公司分获乒乓球男子团体前四名；后所煤矿、交通集团曲靖总公司、水电十四局、交通集团沾益公司分获乒乓球女子团体前四名；沾益县老体协、水电十四局、省建四公司、富源矿厂代表队分获中国象棋团体前四名。

8月24～27日，云南省第六届老年人开轮台球邀请赛在昆明举行。曲靖市老体协由台球分会组队参赛，曲靖市代表队分获男子乙组团体第一名、女子组团体第三名、男子乙组个人第一名的好成绩。

8月30日至9月2日，云南省2010年老年人钓鱼比赛在红河州泸西县举行，曲靖市老体协由钓鱼分会组队参赛，曲靖市代表队获团体总分第8名、个人总分第6名的好成绩。

9月5～9日，曲靖市老体协组队代表云南省参加在山东威海举行的2010年全国老年人健身活动展示大会，比赛展示交流项目为太极拳（剑），曲靖代表队获交流活动集体42式太极拳套路第七名、太极剑交流活动体育道德风尚奖。

9月14～17日，云南省2010年老年人地掷球比赛在云南省老年人体育活动中心举行，比赛项目为塑质地掷球男、女团体，小金属球团体和个人准确抛击。曲靖市代表队塑质球由地掷球分会、小金属球由陆良县组队参赛。曲靖代表队获塑质球男子团体第八名、女子团体第九名，小金属球团体第八名、个人准确抛击第四名的好成绩。

9月23～24日，曲靖市第二十届老年人钓鱼比赛在曲靖举行，比赛由市老体协主办，曲靖经济技术开发区管委会承办，比赛项目为团体总重量。各县（市）区、开发区、市老体协钓鱼分会共11支代表队50余人参赛。宣威市、陆良县、富源县、马龙县代表队获第一、二、三、四名，经济技术开发区代表队获体育道德风尚奖。

【教练骨干培训】 2010年3月15～19日，曲靖市老体协组织参加云南省老年人体育协会举办的“沙式”太极拳、剑教练员培训班学习。4月13～17日，曲靖市老体协在曲靖举办曲靖市老年人“沙式”太极拳、剑教练员骨干培训班，各县（市）区、开发区、市老体协分会共38人参加培训。3月17～21日，曲靖市老体协在曲靖举办柔力球竞技教练员、裁判员培训班，各县（市）区、开发区、市老体协分会和中央省属柔力球活动站点共50余人参加培训。

（王玉生）

卫　生

责任编辑　李　宁

综　述

2010年，曲靖市卫生工作认真贯彻“以农村为重点，预防为主，中西医并重，依靠科技与教育，动员全社会参与，为人民健康服务，为社会主义现代化建设服务”的工作方针，按照“保基本、打基础、强基层、建机制”的思路，围绕医药卫生体制改革3年5项重点任务，扎实工作，卫生事业取得明显成效，人民健康水平进一步提高。

抓投入，卫生保障机制进一步落实。市本级卫生支出达15340万元，占财政一般预算支出的9.18%，比上年增12.88%。卫生项目建设配套303.35万元，公共卫生服务项目配套2108.88万元，新农合资金配套2173万元，疾病防控配套267.6万元，公共卫生单位绩效工资配套743万元，中医专项经费配套100万元，安排1834.14万元全面回购云南国立投资有限公司在市中医院的全部股权。从2010年起，预算安排村医每人每月补助100元，每个乡（镇）中心卫生院补助8万元，一般卫生院补助6万元。

建机制，深化医药卫生体制改革。制定出台《中共曲靖市委曲靖市人民政府关于深化医药卫生体制改革的实施意见》，市政府印发《曲靖市医药卫生体制改革2009～2011年五项重点工作实施意见》，市政府办公室印发《曲靖市促进基本公共卫生服务逐步均等化的实施意见》，市深化医改领导小组印发《曲靖市基层医药卫生体制综合改革实施意见（试行）》以及8个配套办法，构建全市医改路径，全面加强覆盖城乡居民的公共卫生服务体系、医疗服务体系、医疗保障体系、药品供应保障体系建设，启动公立医院改革试点工作。

抓项目，打基础。全年共争取国家扩大内需卫生项目22个，投资计划30921万元，建设128455平方米，其中：中央预算内投资11600万元，省级财政配套2726万元，市级配套111.6万元，项目单位自筹4483.4万元，项目单位原有资产置换1.2亿元。22个项目单位中，市精神病专科医院1个，县级医院4个，乡（镇）卫生院14个，社区卫生服务中心3个。22个项目已开工建设，有2个项目竣工验收投入使用。

抓保障，新型农村合作医疗制度巩固发展。参加合作医疗人数达482.2万人，比上年增14.2万人，参合率95.93%，比上年提高2.4个百分点。医疗保障水平提高，人均筹资标准达140元，比上年提高40元，平均每人（次）减免补偿49.95元，比上年增12.78元，最高补偿达3万元，比上年增1万元。参合农民增加，保障水平提高，受益面扩大，农民医疗经济负担减轻，“因病致贫、因病返贫”的问题有效解决。

抓均等化，推进基本公共卫生服务。启动实施3类9项国家基本公共卫生服务项目，城市居民健康档案建档率达50.8%，农村居民健康档案建档率为43.3%，65岁及以上老年人登记管理率62.04%，重性精神病人登记管理率66.11%，高血压疾病患者登记管理率32.19%，糖尿病病人登记管理率27.26%，城乡居民基本公共卫生服务逐步均等化。

抓基本药物，促进合理用药。全市从3月1日起，所有政府举办的社区卫生服务中心（站）和乡（镇）卫生院（村卫生所），全部配备和使用307个国家基本药物目录品种并实行“零差率”销售。医疗机构的药品全部跟省标并在网上采购，由25家企业配送，保证药品的供应和质量，乡级和村级医疗机构药品销售“零差率”平进平出不加价，为患者节约购药费用2460万元，由中央、省、市财政专款补助给医疗机构。

抓难点，扎实推进中医药工作。开展“以病人为中心，发挥中医药特色优势”为主题的中医医院管理年活动，继续实施农村基层常见病多发病适宜技术推广项目，加强对农村基层中医药人员培训，宣威市创建为全国农村中医药工作先进单位。

抓基层，疾病预防控制能力不断增强。认真落实国家扩大免疫规划，对8月龄至6岁儿童麻疹强化免疫，对15岁以下儿童查漏补种乙肝疫苗，常规免疫疫苗接种率保持在95%以上。全年法定传染病发病率107.68/10万，无重大传染病流行。

抓拓展，妇幼保健工作进一步加强。积极开展产前筛查和新生儿疾病筛查，全市筛查6026名新生儿，对听力异常的进行告之和干预。为6120名妇女免费进行宫颈癌筛查，会泽县实施农村妇女宫颈癌检查项目，完成1.9万例，对初筛阳性患者进行跟踪、随访和管理服务。整合农村孕产妇住院分娩补助资金和新型农村合作医疗资金，农村孕产妇住院分娩顺产实现“零费用”。全市住院分娩率达95.81%，孕产妇死亡率28.97/10万，婴儿死亡率12.44‰。

抓巩固，爱国卫生运动深入开展。按照“政府组织，地方负责，部门协调，群众动手，科学治理，社会监督，分类指导”的工作方针，以除害灭病为主要内容，把开展爱国卫生活动与抗大旱、防大疫结合起来，巩固创卫成果，净化城乡环境，整治卫生死角，曲靖城区和宣威市通过云南省第九次省级卫生城市检查，再次荣获云南省甲级卫生城市称号，罗平县保持国家卫生县城称号，沾益、马龙、会泽、富源、陆良、师宗6个县获云南省甲级卫生城市称号。

医政管理

【简述】 2010年，曲靖市继续开展“医疗质量万里行”活动，组织大型医院巡查，医疗质量不断提高。城乡对口支援顺利开展，市一医院对口支援会泽、陆良、师宗县人民医院，市二医院对口支援宣威市、马龙县人民医院。市一医院、市二医院和陆良县医院从3月起选定9个病种开展临床路径管理试点工作，规范诊断和治疗，降低医疗成本，控制费用，探索单病种费用管理办法。市一医院、罗平县人民医院作为省级电子病历试点工作联系医院已经启动。拟制《曲靖市医师多点执业管理办法》，积极探索医师多点执业途径。11月，市一医院、市二医院开展预约诊疗服务工作，预约挂号看病700余人（次），方便病人就诊。年内，组织325人参加住院医师规范化培训，完成执业医师资格考试工作，2965人参加实践技能考试，2201人参加全国统一的综合笔试；开展纪念“5·12”国际护士节活动，全市18支护理队伍参加演讲比赛，评选出一等奖1名、二等奖3名、三等奖5名和优秀奖9名，同时对“百名优秀护士”进行表彰；在全市县级以上公立医院开展“优质护理示范工程”，市一医院的4个病区、市二医院的2个病区通过创建；曲靖市直卫生单位有110人加入民主党派，40人加入侨联。

【医疗机构】 2010年，曲靖市共有医疗卫生机构603个，病床17482张，卫生人员14983人，其中：卫生技术人员12765人，其他技术人员463人，管理人员531人，工勤技能人员1224人。与上年比较，医疗卫生机构增3个，病床增1217张，卫生人员增195人。医疗卫生机构中：医院64个，疗养院1个，街道办事处社区卫生服务中心6个，乡（镇）卫生院108个，门诊部2个，诊所（卫生所、医务室）388个，急救中心1个，采供血机构1个，妇幼保健院10个，疾病预防控制中心10个，卫生监督机构10个，其他卫生机构2个。年内，市、县两级公立医院完成门诊诊疗5390324人（次），较上年增9.37%，住院346794人（次），较上年增18.35%。乡（镇）卫生院完成门诊诊疗3919117人（次），住院282317人（次）。农村村卫生所1514个，村医5014人，其中女村医2374人。获得执业医师资格证书34人，执业助理医师资格证书151人，完成门诊诊疗9599474人（次），业务收入18213.52万元，其中药品销售收入14285.52万元，占业务收入的78.4%。

【上海2家医院对口支援曲靖】 2010年3月，上海医院支援云南医院项目启动，上海中医药大学曙光医院对口支援宣威市中医院，复旦大学中山医院对口支援富源县人民医院。在上海医院的对口支援下，受援医院将通过3年的努力，达到二级甲等医院水平。上海医院的医护人员到达宣威和富源，参与带教讲学、会诊查房等，为当地群众提供更加优质的医疗服务。12月27日下午，曲靖市卫生局在石林大酒店召开2010年上海对口支援工作座谈会。

【乡镇卫生院医疗服务评价】 2010年11月18～26日，曲靖市卫生局组织4个专家组，对乡（镇）卫生院开展医疗服务评价暨等级卫生院创建工作现场检查验收和综合评价。市专家组对申报的44家乡（镇）卫生院检查评价后提出意见，经市卫生局12月27日办公会议研究，同意陆良县三岔河镇等26个乡（镇）卫生院为甲等卫生院，麒麟区沿江乡等17个乡（镇）卫生院为乙等卫生院，并命名授牌。对陆良县三岔河镇中心卫生院、会泽县者海镇中心卫生院、会泽县迤车镇中心卫生院、宣威市务德镇卫生院、宣威市龙潭镇卫生院、麒麟区珠街乡中心卫生院、罗平县板桥镇中心卫生院、沾益县炎方乡中心卫生院、富源县营上镇中心卫生院9个医疗服务优秀卫生院给予表彰和奖励。

【卫生应急大队成立】 2010年12月29日，曲靖市卫生应急大队成立仪式在珠江源广场举行。市委常委、市委宣传部部长何华、市人大常委会副主任李桂珍、副市长饶卫、市政协副主席夏传煊等领导为市卫生应急大队授牌。市卫生局成立曲靖市卫生应急指挥部，下设应急办公室在市卫生局疾控科（加挂应急办牌子）。市卫生应急大队下设医疗救援分队、疾病控制救援分队、卫生监督执法分队。应急大队有81名常备队员、并备11辆应急救护车。

【白内障复明工程】 2010年，曲靖市实施国家“百万贫困白内障患者复明工程”项目，由卫生、残联、财政部门联合组织，在市一医院、市二医院和9个县（市）区医院手术，每例手术由中央财政补助800元，对参加

2010年12月29日，市卫生局举行卫生应急大队成立仪式。
（市卫生局/供稿）

新型农村合作医疗和城镇居民医疗保险的白内障手术患者，每例补助500元，从新农合或居民医保基金中列支，参加城镇职工医疗保险的，费用按相关政策报销。省财政补助每例患者200元，用于筛查、转送及宣传和项目管理。年内，全市11个定点医院做白内障复明手术4500例。

【市级文明单位创建】 2010年，曲靖市卫生系统创建市级文明单位取得良好成绩。市第三人民医院、陆良县人民医院、富源县中医医院、师宗县龙庆乡卫生院、会泽县上村乡卫生院创建成为市级文明单位。

医 疗

【深化医药卫生体制改革】 2010年，曲靖市实施深化医药卫生体制改革工作。按照省政府在曲靖开展基层医药卫生体制综合改革试点部署，市委、市政府成立以市委常委、副市长周宗任组长，副市长饶卫为副组长，发改、财政、人事、卫生等23个部门领导为成员的曲靖市深化医药卫生体制改革领导小组，下设办公室在市发改委，有专职人员负责具体工作。年内，出台《中共曲靖市委曲靖市人民政府关于深化医药卫生体制改革的实施意见》、《曲靖市医药卫生体制改革(2009～2011年）五项重点工作实施意见》及8个配套文件，市政府下达工作经费100万元，支持医药卫生体制改革工作。6月3日，市政府在石林大酒店召开有市、县政府领导、发改、人事、财政、劳动、卫生部门领导参加的曲靖市医药卫生体制改革工作会议，市长岳跃生讲话并安排布置全市医改工作，省卫生厅厅长陈觉民到会讲话。6月11日，市政府副市长饶卫带领各县分管卫生的副县长到安徽省考察学习基层医药卫生体制综合改革。7月27日，市医改领导小组组织对全市医改工作督导检查。9月14日，市人大召开第19次常委会议，听取和审议市政府关于深化医改工作情况报告。11月15日，市、县两级卫生局局长到昆明参加省卫生厅组织的全省卫生系统深化医药卫生体制改革培训班。12月26日，市医改办公室组织市、县发改委负责人和市、县、乡医疗卫生单位负责人250人集中在三宝温泉工人疗养院进行为期3天的全市深化医药卫生体制改革培训，学习医药卫生体制改革政策和实施方案。年内，全市着重抓好基本医疗保障制度、基本药物制度、基层医疗卫生服务体系、基本公共卫生服务均等化和公立医院改革试点五项工作，取得初步成效。

【基本药物制度推行】 2010年3月1日，全市9个县（市）区政府举办医疗卫生机构实施基本药物制度工作启动。乡（镇）卫生院、村卫生所、社区卫生服务中心、社区卫生服务站全部配备和使用国家基本药物和省增补的基本药物，并实行“零差率”销售。省深化医改领导小组确定在昆明市、玉溪市、曲靖市率先实行基本药物制度。市政府制定实施基本药物制度方案，提出各级医疗卫生机构使用基本药物的比例：市级不低于20%，县级不低于35%，中医院不低于10%，乡镇（街道办事处）和村卫生所（社区卫生服务站）100%使用。市卫生局于3月21日在曲靖举办全市医务人员使用基本药物培训班，市、县、乡政府办、医疗卫生单位和乡村医生共280余人参加为期3天的学习培训，随后各县卫生局相继组织22期培训。全市医疗卫生机构的药品，全部在省级网上跟省标采购，由25家企业统一配送。国家基本药物307种和省增加补充的166种药品，基本能满足乡、村基层用药要求。年内，全市医疗卫生机构从省药品耗材采购交易监督平台网上跟标采购药品（除宣威市外）3.92亿元，其中：基本药物1.13亿元，2061个品种规格；非基本药物2.79亿元，3316个品种规格，药品配送率达94.07%。乡、村医疗机构“零差率”销售基本药物6540万元，让利给患者2460万元。为弥补基本药物“零差率”部分，市财政配套602万元，连同中央和省补助的4686万元（宣威市补助资金由省财政直拨除外），全部下达到各县基层医疗卫生机构，用于运行补偿。

【基本公共卫生服务】 2010年6月，曲靖市政府出台《曲靖市促进基本公共卫生服务逐步均等化的实施意见》。6月4日，市卫生局召开全市基层医药卫生体制改革现场推进会，重点学习推广沾益县基本公共卫生服务均等化、麒麟区社区卫生服务、会泽县卫生财务监管中心等改革工作。8月24日，市卫生局再次召开全市医药卫生体制改革推进会议，总结交流好的做法和经验，与各县（市）区卫生局签订2010年深化医药卫生体制改革责任书，实行目标责任制管理。基本公共卫生服务项目的主要内容包括3类9项，第一类是针对全体居民有2项：建立居民健康档案、健康教育；第二类针对重点疾病有4项：预防接种、传染病报告与处置、高血压及糖尿病等慢性病防治、重性精神疾病病例管理；第三类针对重点人群有3项：儿童保健、孕产妇保健、老年人保健。年内，按全市人口数每人安排15元业务工作经费，其中：中央和省级财政资金每人14元，市级配套每人0.2元，县级配套0.8元，实际到位资金8209.9万元。至年末，城市居民健康档案建档率50.8%，农村居民健康档案建档率43.3%；65岁及以上老年人登记管理294213人，登记管理率62.04%；重性精神疾病患者登记管理率66.11%；高血压疾病登记管理33.19万人，管理率32.19%；Ⅱ型糖尿病患者登记管理55969人，登记管理率27.26%。

【市第一人民医院内科住院大楼投入使用】 2010年12月14日，曲靖市第一人民医院内科住院大楼投入使用。内科住院大楼于2008年12月26日开工建设，高20层，建筑面积43605平方米，设病床708张，投资上亿元（结算未终结），是曲靖市“十一五”重点工程之一。新住院楼竣工后，专门用于内科住院楼，医院原19层的老住院大楼改为外科住院楼，实现内科、外科分开并新增肾内科、血液科等科室，医院住院病床数达到1600张。12月14日顺利搬迁，当日453名住院病人安全转入内科住院大楼。老门诊楼进行装修扩容改造后，使门诊诊断室增加1678.2平方米，输液室增加543.6平方米。急诊科从原来的一层楼增至二层楼，并建立急诊重症监护病房（ICU），引进一批现代化设施设备。

【市第二人民医院药房托管】 2010年，曲靖市第二人民医院继续实行药房托管改革工作。市二医院从2008年8月26日正式启动药房托管工作，对376个品种的药品在门诊实行零加成（平进平出）。2010年，医院药房托管让利品种升至673个，平进平出让利药品占药房使用药品品种的63.3%，按省中标药品零售价格计算，让利患者221余万元。

【人工受孕业务】 2010年7月29日，云南省卫生厅批准曲靖市妇幼医院开展人工授精业务。年内，开展人工受精6例，已成功受孕1例。

【国际微笑行动启动】 2010年7月22日，国际微笑行动在曲靖市第三人民医院启动。来自美国、澳大利亚、越南、俄罗斯、菲律宾等国家以及北京、香港等地的医疗志愿者和昆明、曲靖负责翻译的40多名志愿者共90多人参加启动仪式，市政府副市长周玲、国际微笑行动中国基金执行委员阮肇斌等出席启动仪式。市三医院全面配合这次免费诊疗行动，把住院部2号楼外一科所有病房清空，80多个床位配备新床被。医疗志愿者用带来的麻醉机、心电监护仪、除颤仪、电动吸引器、电力设备及耗材，为98名唇腭裂患者做了手术。8月2日，为患者复查，医疗效果好，接受手术最小的5个月，最大的56岁。

【重性精神病人救助治疗】 2010年8月5日，曲靖市第三人民医院与罗平县残联联合启动实施“解锁行动”，把14名精神病人接到市三医院治疗。住院期间的费用，医院给每人减免800元，罗平县残联以每人每月2200元的标准拨付，出院后，再由医院免费赠予每人500元的药物，供病人一年的巩固治疗。经过3个月的治疗，14名患者病情好转稳定。11月2日，由罗平县残联及部分家属代表把患者接回罗平家中。

【扩大内需卫生项目】 2010年，中央扩大内需卫生项目安排曲靖市22个，其中：市第三人民医院精神专科项目1个，县级医院项目4个（富源县医院、罗平县中医医院、马龙县医院、宣威市医院），乡（镇）卫生院项目14个，社区卫生服务中心项目3个。发改委下达投资计划30921万元，下达建设规模128455平方米。中央财政投资1.16亿元、省级财政配套2726万元、市级财政配套111.6万元全部到位，县级财政配套和项目单位自筹资金陆续到位。年末，22个项目全部按时开工建设，有2个项目竣工验收投入使用。

【抗震救灾医疗队】 2010年4月14日，青海省玉树县发生7.1级地震。4月15日，曲靖市卫生局接到省卫生厅组建赴青海参加抗震救灾医疗队的通知后，从市急救中心抽派5名业务骨干（1名医生、2名护士、2名驾驶员）、1辆120急救车组成曲靖抗震救灾医疗小组，携带救灾常用药品和设备，15日上午10时出发前往省急救中心集中，随省医疗队于下午18时乘坐火车赶赴青海，参加救治伤员行动。在灾区，医疗队员克服困难，创造条件开展工作，完成各级部门交给的抗震救灾工作任务。年内，刘树洪、黄建华2人被省卫生厅党组评为优秀共产党员，邓云霞、李微、王建国3人评为先进个人。市卫生局党委作出决定，在全市卫生系统通报表扬曲靖医疗队。

【引进招聘研究生】 2010年，曲靖市直医疗卫生单位引进招聘研究生40人，其中：曲靖医专7人，市一医院24人，市二医院7人，市妇幼医院1人，市合作医疗管理办公室1人。

中医中药

【市中医医院体制改革】 2010年7月8日，曲靖市卫生局与云南国立投资有限公司签定《终止曲靖国立中医医院有限公司合作暨股权转让协议》，市卫生局回购云南国立投资有限公司持有曲靖国立中医医院有限公司的全部股权，云南国立投资有限公司股权退出后，不再参与医院的管理。2004年4月12日，云南国立投资有限公司入股市中医医院，股权回购后，曲靖国立中医医院恢复曲靖市中医医院名称，是市政府举办的公益事业单位。

【全国农村中医药工作先进县】 2010年11月29日，卫生部中医药管理局组织专家组到宣威市，检查评估宣威市创建全国农村中医药先进县工作。以浙江省中医药管理局副局长陈学奇为组长的一行7人，通过2天时间评估检查，同意宣威市为全国农村中医药工作先进单位。

【乡村医生中医专业中专学历教育】 2010年4月，曲靖医专分两期对初中以上文化程度、45岁以下、具有乡村医生执业资格的在岗农村无学历的以中医药知识与技能为主及应用中西医两法的乡村医生进行培训。10月份全部完成第一年300人培训任务。学员学制两年，省财政给予2800元/人的补助，用于学费、教材、申报、考核及集中学习期间适当的食宿补助。学员实行学分制和弹性学制，以集中学习和分散学习两种形式，每学期集中在校学习30天（分3次完成），2年集中学习共90天。完成教学计划，各门课程考试合格者，由学校颁发省教育厅验印的中专毕业证书。取得该学历证书的，准许参加全国执业助理医师考试。

疾病防控

【传染病防治】 2010年，曲靖市共报告法定传染病19种6410例，无甲类传染病例报告，发病率107.68/10万，低于省政府下达145.25/10万的控制指标。报告死亡87例，死亡率1.46/10万，病死率为1.34%。抽查市直医疗卫生单位、宣威市、罗平县、师宗县的传染病报告质量，查出乙、丙类传染病227例，漏报32例，漏报率为14.1%。传染病发病数前5位病种是肺结核、肝炎、痢疾、梅毒、伤寒副伤寒，占发病总数的91.09%。死亡病例的病种是艾滋病、肺结核、狂犬病、肝炎、甲型H1N1流感、梅毒。全年无重大传染病流行。

【免疫规划】 2010年，曲靖市继续开展国家免疫规划，疫苗接种率保持在高水平，卡介苗99.42%，口服脊灰疫苗99.08%，百白破混合针剂98.93%，麻疹疫苗98.67%，乙肝疫苗99.42%，流脑疫苗98.17%，乙脑疫苗99.03%，甲肝疫苗98.81%。年内，对8月龄至6岁儿童麻疹疫苗强化免疫，接种51.08万人。对1994年至1998年出生人群乙肝疫苗查漏补种50.62万人。

【狂犬病防治】 2010年，曲靖市报告犬伤人事件34506起，进行免疫接种34501人，免疫率99.99%。年内，全市报告狂犬病发病11例，死亡率100%。

【结核病防治】 2010年，曲靖市共登记结核病人2170例，报告率为94.23%，病人系统管理率为98.56%，涂阳病人治愈率为96.32%。

【麻风病防治】 2010年，曲靖市新发现麻风病人5例，开展规范化治疗率100%，规则服药率100%。

【艾滋病防治】　2010年是全市贯彻落实《曲靖市新一轮防治艾滋病人民战争实施方案（2008～2010年）》的最后一年，全市共投入防治工作经费705.78万元，其中：中央财政补助209.48万元，省财政补助223.5万元，市财政投入193万元，县级财政投入79.8万元。全市从1991年开始艾滋病监测工作，年内共监测29.3万人，报告感染率为0.15%，男女比例为1.04∶1。传播途径构成为：异性性传播占76.32%，同性性传播占3.27%；注射吸毒传播占13.86%，母婴传播占2.27%，传播途径不详占2.77%，其他占1.51%。与2009年相比，异性性传播和同性性传播分别上升12.25%、3.05%，传播途径以性接触感染传播为主。感染者职业构成农民上升较快，占64.24%，艾滋病防治任务仍然十分艰巨。年内，全市1个确证实验室、14个初筛实验室、56个市级监测哨点运转良好，在26个县级医疗机构和97个乡（镇）卫生院拓展建成艾滋病检测点，基本建立覆盖全市的监测检测和咨询服务网络。

卫生监督

【简述】　2010年，曲靖市卫生监督局认真执行国家法律法规，加大综合执法力度，开展“蓝盾行动”，积极探索医疗市场量化分级管理，保障人民群众身体健康。1～2月“蓝盾行动”，检查餐饮单位5342户，实施行政处罚254户，其中：责令整改149户（次），警告96户（次），罚款9户（次）。同时，组织清查“问题奶粉”，没有发现销售使用问题奶粉及乳制品的情况。3月1日至5月15日“蓝盾2号行动”，检查餐饮服务、公共场所经营、二次供水单位3054户，所查从业单位持有效许可证2506户，持证率为82.05%，从业人员12190人，持有效健康证10484人，持有效证率为86%。8月份的“蓝盾3号行动”，对城区二次供水专项整治，共查二次供水单位334家，持有效卫生许可证154家，持有效证率46.1%。年内，受理各类卫生行政许可3858件，不符合办理条件的有71件（健康证不到位、卫生设施不齐全等原因），符合办理条件的有3787件，办结率为100%。全年对餐饮业和公共场所实施卫生处罚803户，给予警告、责令整改、罚款等处理。取缔非法行医19起，对医疗机构实施一般程序行政处罚19户（次）。

【餐饮业监管】　2010年，曲靖市有餐饮业监管单位22717户，其中：大型饭店234户，中小型饭店13598户，小吃店6850户，食堂类2035户；从业人员47717人。餐饮单位持有效卫生许可证率95.8%，从业人员持有效健康体检证率91.7%。在麒麟城区有餐饮经营单位1629户，从业人员8757人，持有效卫生许可证率98.1%，持有效健康体检证率96.7%，“职业禁忌病”调离率100%。

【公共场所卫生监督量化分级管理】　2010年12月25日，曲靖市卫生局对曲靖城区公共场所卫生监督量化分级管理授牌。曲靖城区有公共场所卫生监管单位1351户，其中：住宿业488户、文化娱乐场所276户，美容美发单位462户、公共浴室60户、游泳馆6户、其他59户。根据卫生部《关于推行公共场所卫生监督量化分级管理制度的通知》，市卫生局组织从业单位进行学习，通过创建、自查、检查验收，评定出A级单位21家，B级单位24家，C级单位1040家，公共场所达C级以上单位占80.3%。授牌仪式在石林大酒店会议室举行，共授牌34块，其中：曲靖九洲医院、曲靖五洲医院、曲靖妇产医院等13家医疗机构获得A级医疗机构授牌，罗曼大酒店、东方明珠沐浴休闲有限公司等21家公共场所单位，分别获得住宿业、沐浴业、游泳业、美容美发业A级公共场所授牌。

【城区水质监测】　2010年，曲靖城区有3个自来水厂，3个水厂都持有卫生许可证执业，从业人员93人，其中制供水及检验人员35人，持有效健康证35人，持证率100%。市卫生监督局抽检水样180件，合格率达100%。

血液管理

【简述】　2010年，曲靖市血液工作认真贯彻《中华人民共和国献血法》、《血站管理办法》等法律法规，做到依法管理、依法采血、合理用血，采、供血规范。1月13～15日，曲靖市中心血站在翠峰大酒店举办曲靖市临床科学合理用血培训班，全市县级以上临床用血医疗单位的126人参加培训。10月14～15日，卫生部2010年医疗质量万里行——血液质量安全督导组一行4人对曲靖市中心血站督导检查。加大宣传力度，在元旦节、“三·八”节、“5·8”红十字日、“6·14”世界献血者日、“国庆节”、“艾滋病防治日”等节日积极组织宣传无偿献血。市中心血站含临时聘用人员共有48人，参加无偿献血69人（次），参与成分献血27人（次），有12人无偿献血3次以上。年内，市中心血站完成采血25442人（次），共采集血液733.14万毫升，无偿献血率达100%，献血人次较上年增加5.6%，献血量增加3.2%，保证了临床用血需要，血液安全无事故。

农村卫生

【新型农村合作医疗】　2010年，曲靖市新型农村合作医疗扎实推进，稳步发展。与上年相比，4822007人参加合作医疗，增142325人；参合人数占农民总数的95.93%，提高2.4个百分点；筹资标准人均达140元，增加40元；在140元中，由中央财政补助每人60元，地方财政补助每人60元（富源、会泽、宣威3个贫困县地方财政补助的60元由省财政承担，麒麟、沾益等6个县地方财政补助的60元由省、市、县三级财政按比例配套），农民个人缴费20元；基金总额达67508.10万元，增20711.28万元；1210.76万余人（次）得到合作医疗门诊和住院医药费用减免补偿60475.82万元，平均每人（次）减免补偿49.95元，增12.78元；住院补偿最高3万元，提高1万元；门诊减少46.45万人（次），住院人次增加45920人（次）；全年基金使用率为89.58%。

【新型农村合作医疗出院即时结报】　2010年6月1日，曲靖市第二人民医院和市中医医院开展对新型农村合作医疗出院病人即时结报工作，医药费用结算后，由医院垫付，病人只交个人自付部分，方便患者，医院垫付部分再与各县新型农村合作医疗管理中心结算。截止12月底，两所医院共即时结报2019人，其中：麒麟区707人，马龙县111人，陆良县153人，师宗县68人，罗平县14人，富源县411人，会泽县8人，沾益县288人，宣威市259人。各县县、乡、村定点医疗机构已全部实行现场减免即时结报，市级两所医院试点后即将在所有市级定点医疗机构推开。

【农村儿童先心病医疗保障试点】 2010年7月，会泽县开展提高农村儿童先天性心脏病医疗保障水平试点工作。对0～14岁患有儿童先天性室间隔缺损、先天性房间隔缺损、先天性动脉导管未闭和先天性肺动脉狭窄4种先心病病症并具有手术适应症的参加新型农村合作医疗农村儿童，救治病例全部实行外科手术治疗。在省卫生厅指定的定点医疗治疗，住院医疗费用包干制，由新农合资金和民政医疗救助资金补助，医疗费用超出部分由定点医疗机构承担。每位病例出院后，新农合资金补助包干总费用的70%，民政医疗救助资金补助包干总费用的20%～30%（对特困家庭补助30%，低保对象家庭补助25%，个人承担5%，一般对象补助20%，个人承担10%）。年内，共有33名儿童接受治疗，新农合资金人均补助23126元。

【优秀乡村医生表彰】 2010年，云南省卫生厅授予全省33名优秀乡村医生荣誉称号。曲靖市有3名乡村医生获得表彰，他们是：陆良县马街镇小龙潭村卫生所李德昆，师宗县彩云镇槟榔村卫生所李志刚，麒麟区三宝镇五联村卫生所李玉凤（女）。全国优秀乡村医生评选空缺。

【乡村医生财政补助提高】 2010年，曲靖市乡村医生的收入增加。省财政以2008年底乡村医生人数每人每月补助200元，市财政补助100元，县级财政补助200元（富源县补助300元），财政补助达到每人每月500元。省、市财政从2010年开始补助。同时，乡村医生还可从开展医疗、公共卫生业务和实施基本药物零差率销售渠道的绩效中得到一定的补助。

妇幼保健

【简述】 2010年，曲靖市妇幼保健工作认真贯彻《母婴保健法》及《云南省母婴保健条例》，坚持"以保健为中心，以保障生殖健康为目的，保健与临床相结合，面向基层，面向群众和预防为主"工作方针，妇幼保健工作取得新成绩。孕产妇系统管理率94.48%，比上年上升1.66%；住院分娩率95.81%，上升2.71%；新法接生率99.07%，上升0.16%；高危孕产妇住院分娩率99.87%，上升0.37%；产后访视率97.06%，上升0.10%；孕产妇死亡20例，死亡率28.97/10万，下降7.75/10万；新生儿破伤风1例，发生率为1‰，与上年持平；5岁以下儿童死亡率15.58‰，下降0.97‰；婴儿死亡率12.24‰，下降0.97‰；新生儿死亡率8.84‰，下降0.55‰；儿童系统管理率84.23%。2006～2010年，全市住院分娩率分别为80.60%、87.06%、89.39%、92.32%、95.81%；孕产妇死亡率分别为42.22/10万、36.90/10万、42.26/10万、35.16/10万、28.97/10万。住院分娩率逐年上升，孕产妇死亡率逐年下降。

【农村孕产妇住院分娩补助】 2010年，曲靖市继续开展农村孕产妇住院分娩补助项目。中央和省财政按2009年妇幼卫生年报核定农村活产人数，按照"当年全额预拨，次年考核结算，差额多退少补"的原则核拨资金，按人均400元补助。市卫生局印发《曲靖市2010年农村孕产妇住院分娩补助实施方案》，对全市农业户籍孕产妇实行补助，提高住院分娩率达95%以上，孕产妇死亡率稳中有降。医疗机构实行限价收费，正常生产（含会阴切开与缝合术）乡（镇）卫生院每例限价650元，由项目资金补助400元，新农合资金补助250元；县级医疗机构每例限价950元，由项目资金补助400元，新农合资金补助350元。在县、乡医疗机构住院分娩正常生产实现"零费用"，全市孕产妇住院分娩72479人，住院分娩率95.81%，比上年上升3.49个百分点。

【新生儿听力筛查项目】 2010年3月27日，《爱尔启聪中国行》——2010走进云南曲靖暨曲靖市新生儿听力筛查项目启动仪式在曲靖官房酒店举行。市委副书记、市长岳跃生，市人大常委会主任刘海芳，市委常委、宣传部部长何华，市人大常委会副主任李桂珍，市政协副主席夏传煊，市慈善总会会长陈世贵，省卫生厅副厅长张笑春出席启动仪式，副市长饶卫主持仪式。来自中国科学院、中国人民解放军总医院全军耳鼻喉科研究所、南京医科大学、北京协和医院等10余所全国知名医院的15位耳鼻喉科专家，参与指导新生儿免费听力初筛及基因筛查，并对筛查出的聋病高危新生儿进行诊断与干预，同时对全市参与项目的医生进行培训。启动仪式上，全国政协委员、中国听力医学会发展基金理事长、女市长分会会长、中国贫困聋儿救助行动执行委员会主席陶斯亮女士讲话，并代表基金会向市政府捐赠10万元抗旱资金、向市卫生局捐赠价值80万元的听力筛查设备和助听器。曲靖市新生儿听力筛查项目的执行医疗单位共7家：曲靖市第一、

2010年3月27日，《爱尔启聪中国行》——2010走进云南曲靖暨曲靖市新生儿听力筛查项目启动仪式在曲靖官房酒店举行，陶斯亮女士代表基金会向市政府捐赠10万元抗旱资金及医疗设备。（市卫生局/提供）

第二人民医院，市妇幼医院，市妇幼保健院，会泽县、罗平县、宣威市妇幼保健院。共筛查6026例新生儿，对筛查出的异常及时进行告之干预，防范儿童聋哑发生率。

【妇女宫颈癌检查】 2010年6月24日，由全国妇联、国务院妇儿工委办公室、卫生部主办，中国妇女发展基金会、曲靖市人民政府、北京协和医院承办的“母亲健康快车、手拉手平安工程”曲靖预防子宫颈癌筛查公益活动启动。全国妇联副主席、书记处书记、中国妇女发展基金会理事长甄砚在启动仪式上讲话，省妇联副主席李毅，市委常委、宣传部部长何华，副市长饶卫参加启动仪式并讲话。启动仪式后，与会专家对120名基层医务人员进行为期1天半的专业技术培训。项目在麒麟、沾益、陆良、会泽4个县（区）的18个乡镇（街道办事处）72个村（居）委会、社区进行，采取分层抽样方法，对常住人口被抽中的6120名18～65岁已婚妇女，免费子宫颈癌筛查及HPV感染检测。年内，会泽县开展农村妇女宫颈癌检查项目，检查对象为35～59岁育龄妇女，共完成1.9万例农村妇女宫颈癌检查任务，查出醋酸可疑阳性1645例，有709例做了阴道镜检查，阴道镜检查中有258例可疑阳性，经做切片病理检查，61例为可疑阳性，及时做了治疗。

【市妇幼保健院迁新址】 2010年9月16日，曲靖市妇幼保健院搬迁到南片区银屯路。因城市建设需要，荷花塘老地址改造，由荷花塘拆迁办提供区建设局办公楼作为临时安置用房。市妇幼保健院在新址开展工作，各项业务正常进行。

爱国卫生

【简述】 2010年，曲靖市把开展爱国卫生活动与抗大旱、防大病紧密结合起来，以“巩固创卫成果，净化城乡环境，整治卫生死角”为主要内容，抓巩固，爱国卫生运动深入开展。9月9日，云南省第九次城市卫生检查团第一团到曲靖，进行为期4天的检查，在反馈会上，团长杨慈生高度评价曲靖市的城市卫生。年末，全市有2个云南省甲级卫生城市（曲靖市、宣威市），云南省甲级卫生县城6个（沾益、马龙、会泽、富源、陆良、师宗），国家卫生县城1个（罗平）。云南省卫生乡（镇）7个（陆良县三岔镇，师宗县五龙乡，富源县黄泥河镇、营上镇，沾益县花山镇，会泽县娜姑镇，麒麟区越州镇）。云南省卫生村6个（师宗县五龙乡水寨村，罗平县罗雄镇水沟村、长底乡新寨村、长底乡小发达村，宣威市倘塘镇通南铺村，麒麟区珠街乡墩子村）。年内，继续做好除“四害”和农村改厕工作，全市开展春秋两次规模灭鼠活动，曲靖中心城区投放灭鼠毒饵8000千克，喷洒灭虫剂700千克，“四害”密度监测阳性率控制在国家规定的范围内，经检查验收，再次被命名为云南省“灭鼠先进城区”和“灭蟑螂先进城区”。创新机制，把改厕项目纳入全市社会主义新农村建设“8666”工程项目强力推进，投入1105万元，建设以沼气池为主的卫生厕所16750户，农村改厕普及率由2009年的61.95%上升到63.25%，无害化卫生厕所普及率达27.88%。

医学教育与科研

【科学技术奖】 2010年，曲靖市科学技术奖励委员会对2009年度各专业评审委员会评审结果进行审定，作出奖励项目和奖励等级的决定。市科学技术奖共38个项目，其中卫生类项目17项，占获奖项目的44.7%，其中：一等奖2项，二等奖8项，三等奖7项。市第二人民医院杜贵永等人的“介入肾动态显像在泌尿系统疾病的临床应用”和市第三人民医院高飞等人的“利培酮合并无抽搐电休克治疗精神分裂症的疗效研究”分别获一等奖。

【城市社区卫生人员培训】 2010年12月24日，卫生部基层社区卫生人员培训项目第二督查组，到曲靖市督查社区卫生人员培训工作。崔树起组长一行7人，实地检查曲靖医专和麒麟区社区卫生服务中心，查阅资料，对培训的10名学员进行理论考试，抽查3名学员的实践技术操作，督查组对曲靖的基层社区卫生人员培训工作成绩给予充分肯定。社区卫生人员培训由市卫生局组织，曲靖医专负责教学，严格按卫生部培训大纲进行，理论教学和临床实习相结合，每期培训60天，全市培训分两期完成，分别于6月22日和8月31日开课，共组织培训全科医师216人，社区护士139人。

【曲靖医专附属医院评估】 2010年8月17～18日，省教育厅、省卫生厅组织专家组到市二医院，就医院作为医专非直属附属医院进行考察评估。以云南中医学院郭兆刚教授为组长的专家组一行6人，通过听汇报、召开师生座谈会、查阅医院管理文件、参与学术讲座、参加教学查房等方式，对市二医院教学等相关情况进行全面检查。经过考察评估，专家组同意上报省教育厅、卫生厅批准曲靖市第二人民医院成为曲靖医专非直属附属医院。

学 会

【曲靖市医学会】 2010年，曲靖市医学会有团体会员单位29家，其中5家为民营医院，会员达3000人。10月14日，成立第一届神经外科专业委员会，10月23日，成立心血管专业委员会，到年末，市医学会已有25个专业委员会，各专业委员会年内共组织学术活动18次，其中骨科、传染、神经内科、妇产、医院感染管理、泌尿、麻醉等专业委员会举办的大型学术活动，均邀请省内、外专家讲学，反响较好。12月9日，由中华医学会儿科学分会组织的“儿科医师西部巡讲”活动首次走进曲靖，由全国著名儿科专家易著文、李文益等8位教授组成的专家团，就儿科专业作学术讲座9场，在市妇幼医院义诊、会诊、查房，50多名患者得到专家的诊断治疗，来自全省各州（市）的30名儿科医师和各县（市）区的70名儿科医师参加学术讲座。年内，接受医疗事件咨询100余例，接受委托医疗事故鉴定48起，在受理的43起中，已完成鉴定42起，结论为医疗事故的17起，不是医疗事故的25起。

民营医院

【个体诊所】 2010年，曲靖市9个县（市）区有个体诊所353个，卫生人员1277人。卫生技术人员1167人，占诊所人员数的91.4%。没有正规床位，只设留观输液室床位。按照批准的内容执业行医。

（陈世全）

社会民生

责任编辑　李　宁

人　口

【人口变动】　2010年末，曲靖市户籍人口达626.4万人，比上年增10.2万人，增1.7%，其中男性人口328.2万人，占总人口的52.4%，比上年增5万人，增1.5%。女性人口298.2万人，占总人口的47.6%，比上年增5.2万人，增1.8%。全市总人口性别比为110.1（女性为100）。全市年末总户数为182.9万户，比上年增加3.8万户，户均人口为3.4人。在总人口中，非农业人口为78.1万人，占总人口的12.5%，比上年增0.6万人。全市人口预期寿命为67.67（2000年人口普查数）岁；人口密度为217人/平方千米；全市18岁以下人口为169.8万人，比上年增9万人，增5.6%，占总人口的27.1%；全市60岁以上人口69.1万人，比上年减3.8%，老年人口占总人口的比重达11%，按照国际划分标准，曲靖已在老龄化社会之中，老龄化问题将更加突出。

【从业状况】　2010年底，曲靖市从业人员384.03万人，比上年增2.5%，其中：从事第一产业人员214.31万人，占55.8%；从事第二产业人员68.01万人，占17.7%；从事第三产业人员101.71万人，占27%。在从业人员中：乡村从业人员307.64万人；城镇单位从业人员为33.19万人；私营企业从业人员21.7万人；个体工商业从业人员21.5万人。年内，全市城市建设规模进一步扩大，小城镇建设稳步推进，城镇化率为37%，比上年增2.2个百分点。

【少数民族】　2010年末，曲靖市共有少数民族人口46.1万人，占总人口的7.4%，与上年基本持平，其中彝、回、布依、壮、苗、水、白族等7个少数民族人口占少数民族人口总数的97%。

（胡　锦）

计划生育

【简述】　2010年，曲靖市人口计生系统以争创省级人口计生优质服务先进县（市）区活动为抓手，以深化计划生育利益导向机制、推动公共服务体系、信息化建设为重点，人口和计划生育工作呈现良好发展局面。全市落实“三术”53250例，计划生育率达98.41%。825户农业人口家庭自愿领取《独生子女父母光荣证》，兑现一次性奖励42381户。出生缺陷一级预防和农村妇女增补叶酸预防神经管缺陷项目顺利推进。宣威市和会泽县两个试点县（市）的孕前检查率分别达到60.2%和62%，重点县师宗县孕前检查率达到67%，其他县孕前检查率均超过10%。全市建成农村人口文化建设示范点18个，每个县（市）区均建有两个以上规范的人口文化大院。计划生育优质服务不断强化。全市流动人口计生服务管理“一盘棋”工作通过国家人口计生委评估组的实地评估。认真开展育龄妇女及家庭成员数据库初始化工作。出台《曲靖市违法生育实名举报受理及奖励办法（试行）》，对群众举报和工作调研中发现的违法多生育信访件依法依纪进行查处。全市有18个计划生育村居民自治示范点，每个县（市）区建立2个村居民自治示范单位。全力抓好抗旱救灾工作。认真实施效能政府四项制度和开展创先争优活动。

存在的困难和问题：一是人口计生事业经费投入不到位。二是一些乡（镇）挪用、占用计生办编制的情况较为突出。三是部分基层领导对人口计生工作形势认识不足，督促检查力度不够，工作措施落实不到位，存在放任自流现象，与市委、市政府的总体要求差距较大。四是一些县（乡）计生服务站（所）设备陈旧、老化，有的地方多年没再更新，已经不能满足当前提倡安全优质服务的要求。五是普惠政策与计划生育优惠政策的衔接不够。国家出台的农业补助、义务教育“两免一补”、征地补偿、农村低保、新农合、农村孕产妇住院分娩补助等惠民政策，基本上没有关于对遵守计生政策的家庭优先优惠享受或对违反计生政策的家庭限制享受的相关规定要求，一定程度上削弱了计划生育基本国策的地位。

【计划生育优质服务】　2010年，沾益县计生服务站申报全国计划生育优质服务县级示范站；全市有3个乡（镇）计生服务所申报全国计划生育优质服务乡级示范所；陆良、富源、马龙和会泽4个县被评为省级计划生育优质服务先进县。年内全市2008年实施的39个计划生育服务体系建设项目已全面竣工投入使用，实际完成投资1828万元；2009年实施的12个项目已全部完工，实际完成投资700万元。

【出生缺陷一级预防和农村妇女增补叶酸预防神经管缺陷项目】　2010年，曲靖市组织技术人员培训346班（次）4148人，婚前培训39243人（次），孕前检查40329人，孕期B超筛查

8823人，农村妇女服用叶酸人数53831人。

【依法行政】 2010年，曲靖市人口计生委出台《曲靖市违法生育实名举报受理及奖励办法（试行）》，完善信访制度，坚持下访为主，把矛盾纠纷解决在基层。多次深入到信访难点乡（镇）现场办公，解决实际问题。对群众举报和工作调研中发现的违法多生育信访件依法依纪进行查处。全市人口计生系统共办理信访件987件，其中：求诉件293件、举报件142件、咨询件544件、申诉件5件、其他3件。年内，全市人口计生系统开展基层文明执法专项活动，专项治理乱收费、乱罚款、越权执法等损害育龄群众合法权益的问题。分批对全市726名执法人员进行集中培训，举办166名乡（镇）计生分管领导及计生专干参加的全系统基层文明执法培训班。规范行政自由裁量权，建立行政处罚自由裁量权基准制度，督促各县（市）区进一步细化和量化，严格执行。进一步规范管理服务行为，推进依法行政，完善节育手术执业准入等相关制度，严格手术操作规程，确保节育手术安全有效。

【计划生育村（居）民自治】 2010年，曲靖市健全完善“县指导、乡服务、村自治、组协助、户落实”的工作机制。全市有18个村居民示范点，每个县（市）区都建立2个村（居）民自治示范单位。

【计生家庭意外伤害保险】 2010年，曲靖市共投保计生家庭意外伤害保险161167户，保费413.8万元，投保额排名全国第5位，其中，政府、集体投入80万元。各县（市）区均开展此项工作，麒麟区、陆良县投保费超百万元。

【人口计生政策宣传】 2010年，曲靖市共计上报省计生委人口计生信息34期70多条（篇）。9月15日，由市人口计生委主要领导带队做客《珠源清风》直播节目，介绍人口计生工作的奖励优惠政策、处罚政策、流动人口服务管理、农村妇女增补叶酸预防神经管缺陷项目和“优生促进工程”等情况，接听热线电话，解答政策咨询，主动接受社会监督。

【工作督查】 2010年，曲靖市人口计生委对中央扩大内需新建和改扩建的计生服务体系项目进行集中督查；7月20～27日，对9个县（市）区半年工作开展情况进行督查，并报请市政府于8月30日召开人口计生工作半年督查通报会，副市长饶卫作题为《加强领导明确责任狠抓落实确保人口计生工作持续稳定健康发展》的讲话。9月8～17日，对全市人口计生系统开展文明执法专项活动和农村育龄妇女增补叶酸等重点工作进行专项督查，及时通报工作情况，提出贯彻落实的具体要求。年内，对各县（市）区落实村级计生宣传员和社区流动人口计生管理员报酬情况进行督查，“两员”报酬提高到每人每月300元以上。

【全市农村人口文化大院建设现场推进会】 2010年5月14日，全市农村人口文化大院建设现场推进会在马龙县召开。市人口计生委党组书记、主任权美琼安排部署全市农村人口文化大院建设；马龙县人口计生局在会上作农村人口文化大院建设经验交流发言。与会各县（市）区人口计生局局长、宣教股长、药具站长及市人口计生委各科（室）站负责人现场参观马龙县通泉镇大海哨村委会和响水街村民小组的新家庭文化屋、人口文化大院。省人口计生委宣教处处长王永忠出席会议并作指导。

（何宗义）

2010年1月25日，国家人口计生委检查组到宣威市评估流动人口一盘棋工作。

（张文/摄）

民族事务

【简述】 2010年末，曲靖市有少数民族46.1万人，占全市总人口的7.4%，7种世居少数民族人口分别为：彝族25.2万人、回族8万人、壮族3.5万人、布依族3.3万人、苗族3.4万人、水族0.8万人、瑶族0.2万人。一年来，全市民族工作部门坚持各民族“共同团结奋斗，共同繁荣发展”的民族工作主题，围绕“抗大旱、保民生、抓春耕、促发展”大局，保民生第一需求，抓发展第一要务，担稳定第一责任，推动民族地区科学发展，维护全市民族团结和民族地区社会稳定，民族工作取得新成绩。

【全市民族工作会议暨第六次民族团结进步表彰大会】 2010年5月25日，全市民族工作会议暨第六次民族团结进步表彰大会在曲靖召开。市委常委、市人大常委会、市政府、市政协分管联系民族工作的领导，各县（市）区委书记、党委和政府分管联系民族工作的领导，统战部长、民宗局长，各乡镇（街道办事处）党（工）委书记、民族乡乡长，市委和市级国家机关各部委办局，各企事业单位、人民团体，中央、省属驻曲单位，驻曲解放军、武警部队主要领导，受表彰的模范集体代表和模范个人共400多人参加会议。市委书记赵立雄出席会议并讲话，省民委主任王承才到会指导并讲话，市委副书记、市长岳跃生主持会议并作总结讲话。会议深入学习贯彻国务院第五次民族团结进步表彰大会、云南省民族工作会议暨第六次民族团结进步表彰大会精神，表彰了在全市民族团结进步事业中作出重要贡献的40个模范集体和60名模范个人，发出《民族团结倡议书》，研究部署当前和今后一个时期的民族工作，市委、市政府制定出台《关于进一步加强民族工作，促进民族团结，加快少数民族和民族地区科学发展的决定》（曲发〔2010〕3号文件）。

【民族政策宣传】 2010年，曲靖市民宗委以召开全市民族工作会议暨第六次民族团结进步表彰大会、市第三届民族运动会，参加省第九届民族运动会等民族工作重要会议和大型活动为契机，协调曲靖日报社、曲靖电视台、珠江网站、曲靖广播电台、《今日民族》杂志等传媒，全方位、高密度、大规模宣传党和国家的民族政策。坚持在中小学开设《民族政策常识》和《民族常识》课程，在市、县、乡三级党校开设民族理论、党的民族政策和国家民族法律法规讲座、课程，深入开展民族团结日、民族团结周、民族团结月宣传活动，全年共开展宣传教育活动50余次。

【民族团结稳定工作】 2010年，曲靖市民宗委坚持实施矛盾纠纷大排查、大调处工作格局，修订完善《曲靖市涉及民族方面群体性事件应急预案》，建立健全民族团结稳定形势分析研判制度和三级响应四级维稳机制，规范信息报送制度。5月召开清真食品生产经营管理工作暨民族关系状况分析研判会，9月召开民族团结稳定形势分析研判会，全年共排查影响民族团结矛盾纠纷3件、隐患3件。积极开展民族团结进步创建活动，在16个村开展民族团结进步创建活动，在麒麟区白石江街道黄家庄社区开展民族团结示范社区创建活动。确定177名各族各界少数民族代表人士，建立和完善定期召开座谈会、走访慰问制度，春节前夕由市级领导带队深入到各县（市）区对民族宗教界人士进行春节慰问，加强与少数民族干部群众、宗教界人士的沟通，帮助解决实际困难。积极争取市委、市政府把民族团结和宗教工作纳入对各县（市）区综合考核内容。认真实施市委、市政府综合责任制、云南省民委系统民族团结目标管理责任制、省宗教局宗教工作目标管理责任制，把民族团结和宗教工作目标任务分解到各县（市）区民宗局和委机关各科（室），对各县（市）区民族团结和宗教工作进行考核。全年全市民族团结、民族地区社会稳定，在《云南省民委系统2010年民族团结稳定目标管理责任制》考核中，获全省第一名。

【清真食品管理制度】 2010年，曲靖市民宗委牵头起草并由市政府制定的《曲靖市清真食品管理办法》，严格履行法定程序，经市人民政府第十二次常务会讨论通过，2009年12月7日市人民政府第43号公告公布，2010年2月1日起施行，在全省州（市）中首家制定实施清真食品管理的政府规章。为实施好管理办法，市民宗委联合市卫生局、市质监局、市工商局、市食品药品监督管理局下发通知，制定全市统一的《曲靖市清真食品生产经营申请表》、《曲靖市清真食品标志牌申请表》、《曲靖市清真食品标志牌审验表》和清真食品标志牌，建立了清真食品生产经营的审批和管理制度。对全市1071家清真食品生产经营单位进行全面摸底调查，对证照齐全、经营时间长、经营状况好、符合《清真食品管理办法》的268家清真食品生产经营单位核发了清真食品标志牌，解决了“清真不清”和制度缺失、监管缺位等问题。

【民族地区抗旱工作】 2010年，曲靖市民宗委在全市遭受百年一遇的特大旱灾中，迅速调查统计出全市民族地区1525个村民小组，103837户392265人、223025头大牲畜饮水困难，557846亩农作物受灾的实际情况。针对民族地区90%的严重旱情，市民宗委领导和科以上干部，深入9个县（市）区的15个民族村、8所民族地区学校、6处宗教活动场所实地察看灾情，紧急安排民族地区抗旱资金48万元，组织部门和机关干部职工捐款4万余元、全市宗教界捐款13.3万元，支援民族地区抗旱救灾工作。

【民族地区经济】 2010年，曲靖市民宗委开展民族地区基本情况调查，为省制定散居民族地区扶持政策和“十二五”规划提供决策依据；争取上级扶持项目资金首次突破千万元，达1053万元，比上年增47.5%，优先安排民族地区民生项目，帮助民族地区解决特殊困难，以项目带动少数民族和民族地区经济社会发展，其中为“整村推进”工程7个村配套资金126万元，为“整乡推进”工程7个村配套资金50万元。安排1名干部完成挂钩联系点沾益县后山村委会整乡推进项目工程建设任务。按7种世居少数民族都有高标准民族团结示范村的目标，投入资金575万元，以整村推进形式，高标准、高起点新建10个民族团结示范村、5个散居民族发展示范村、1个“民族特色村寨”试点村。按全省一流民族团结示范村、一流彝族民居、一流民族学校目标建设的富源县庆云民族团结示范村一期工程已竣工。在罗平长底布依族乡大海林布依族村创建“民族特色村寨”，投入资金100万元，结合当地旅游和民族文化资源开发，注重保护与发展，推进

2010年5月25日，曲靖市民族工作会议暨第六次民族团结进步表彰大会在珠江源大剧院召开。

（市民宗委/提供）

民族特色村寨建设。全年全市11户民族特需商品定点生产企业共享受流动资金贷款贴息138.6万元，3户定点企业申报省财政技术改造专项贴息贷款3项，争取到省级财政贴息18万元。市民宗委联合市人民银行对部分定点企业“十一五”期间优惠政策落实情况进行检查调研，提出“十二五”政策建议，在省民委经济工作会上作经验交流。

【民族教育】 2010年，曲靖市民宗委继续支持办好曲靖市民族中学、宣威市民族中学、8个民族乡中学和188所民族小学，把2011年全面排除民族地区中小学D、C级危房、2012年全面解决民族中小学寄宿学生生活补助、市财政每年单列民族教育经费40万元专项用于民族中小学办学补助，作为贯彻落实曲发〔2010〕3号文件的一项重要内容，进行任务分解并列入市委、市政府督查室督查内容。协调市招生办修订出台2010年中考少数民族考生加分照顾政策，并积极进行宣传。做好各级各类学校在全市招收少数民族学生工作，按分配的名额向云南师大附中、云大附中各推荐1名布依族学生就读高中。

【民族文化】 2010年3月，由曲靖市民宗委组织编写的《曲靖回族历史与文化》正式出版，并于12月18日云南省回族研究会四届二次会议在曲靖召开时举行首发式。市民宗委支持并直接指导成立曲靖市彝学学会，于7月30日举行曲靖彝学学会成立大会。2010年安排民族文化抢救保护项目经费90万元，实施曲靖彝族文献提要编撰、曲靖市市级少数民族非物质文化遗产保护项目影像档案录制、马龙县马鸣乡咨卡村彝族火草褂纺织工艺抢救保护、师宗县壮族历史文化挖掘整理、罗平县布依族古文字文献挖掘整理5个项目。

【民族体育】 2010年8月7～12日，由曲靖市政府举办、市民宗委和市体育局主办、曲靖师范学院协办的市第三届少数民族传统体育运动会成功举行，9个县（市）区和曲靖师院组成10个代表团参赛，运动会总人数达1000余人，规模超过了历届。此次运动会共产生金、银、铜牌各61枚；表演项目8个金奖、12个银奖；19名裁判员、评判员，106名运动员，35名志愿者荣获体育道德风尚奖；各代表团荣获组织奖；曲靖师院体育学院、音乐舞蹈学院和麒麟区文明办获特别贡献奖。2010年11月16～23日，云南省第九届少数民族传统体育运动会在普洱市举行，曲靖市由160人组成代表团，参加10个竞赛项目和5个表演项目比赛，竞赛项目共获金牌5块，银牌12块，铜牌4块，表演项目获得1个金奖、3个银奖、1个铜奖的好成绩。3个运动队和23名运动员获体育道德风尚奖，代表团获组织奖。曲靖市3名个人被评为全省民族体育工作先进个人，3个单位被评为全省民族体育工作先进集体，受到省民委、省体育局表彰。

【民族干部和人才队伍建设】 2010年，曲靖市民宗委参与制定《曲靖市2010～2020人才发展规划》，确定了少数民族人才队伍建设的指导思想、目标任务、对策措施。认真履行人才工作领导小组成员单位职责，对近年来的少数民族人才工作进行认真总结，在全市人才工作会上进行书面交流。在全市事业单位公开考试招聘录用工作人员中，制定少数民族考生加分政策，按政策为符合加分条件的864名少数民族考生办理加分手续。继续开展大规模培训民族干部工作，与市委组织部、市委统战部联合组织县（市）区党委、政府分管领导、市民族工作领导小组成员单位部分领导、民族乡党委书记、乡长25人到中央民族干部学院学习培训；组织全市民宗系统办公室主任、宗教科（股）长和分管领导共43人进行民族宗教政策法规和信息工作业务培训。

（陶丽芬）

宗教事务

【简述】 2010年，曲靖市加强党的宗教信仰自由政策和国家法律法规的宣传力度，依法保障公民宗教信仰自由，依法管理宗教事务，保护宗教活动场所依法开展正常宗教活动。做好宗教“五五”普法检查验收及“评先”上报工作。指导宗教团体加强自身建设，完成市佛教协会、市基督教“两会”换届工作。排查影响宗教领域稳定的“热点”、“难点”问题，积极稳妥做好相关工作，协助省宗教局办理全国政协委员关于落实基督教房产提案。坚持独立自主自办原则，指导市基督教“两会”依法依规与境外宗教组织开展正常的宗教交往和宗教慈善活动。配合有关部门打击取缔邪教，维护正常的宗教活动秩序。抵御境外利用宗教进行的渗透活动，保持全市宗教领域和谐稳定。积极引导各宗教团体开展创建“和谐寺观教堂”活动，12月，沾益县西平镇大觉寺被中央统战部、国家宗教局授予“首届全国创建和谐寺观教堂先进集体”荣誉称号。

【宗教调研】 2011年，曲靖市对民间信仰活动场所情况进行调查，形成《曲靖市民间信仰活动场所情况调查报告》，通过调查，基本掌握本市民间信仰活动场所的数量、民间信仰种类和表现形式、民间信仰的特点等基本情况，对民间信仰活动存在问题进行分析，并提出对策建议。年内，配合市政协对《宗教事务条例》贯彻落实情况进行调研。4月19～23日，市民宗委分管领导和有关人员配合市政协调研组到会泽、宣威、陆良、罗平4县（市）对贯彻落实《宗教事务条例》情况进行调研，重点了解掌握宗教活动场所、教职人员、宗教团体自身建设及宗教管理机构建设等方面的现状，调研组通过听取各县（市）区政府对贯彻落实《条例》情况汇报，到宗教活动场所与宗教界人士座谈方式进行调研。通过调研，掌握了基本情况，肯定成绩和经验，分析存在问题，向市委提交专题报告，提出加强工作的建议。

【宗教业务工作】 2010年7月16日，曲靖市市民宗委召开各县（市）区分管副局长、宗教科科长参加的专题工作会议，对宗教活动场所财务监督管理、宗教教职人员认定备案、治理基督教私设聚会点三项工作进行安排布置；成立领导小组，制定工作方案，并到省级确定财务监督管理试点活动场所进行具体安排，各项工作有步骤开展。

【朝觐工作】 2010年，曲靖市民宗委将朝觐工作纳入全市宗教工作目标责任制考核，并实行一票否决制。认真做好有组织、有计划的朝觐工作，举办朝觐人员培训班，免费为20人办理相关手续，组织朝觐人员做好体检、注射预防针等出境准备工作。朝觐人员于10月25日前往沙特朝觐并安全归来，继续保持全市多年无零散朝觐良好局面。

【宗教团体工作】 2010年，曲靖市民宗委做好市佛教协会和市基督教"两会"换届工作。1月25～27日，11月3～5日分别召开曲靖市佛教和基督教第二次代表大会，会议通过市佛协一届理事会市基督教"两会"一届委员会工作报告，修订《曲靖市佛教协会章程》、《曲靖市基督教三自爱国运动委员会章程、《曲靖市基督教协会章程》，选举产生新一届领导班子和新一届理事会（委员会）理事（委员）、常务理事（委员），圆满完成换届工作任务；指导和帮助宗教团体开展工作。指导各宗教团体开展创建"和谐寺观教堂"活动、财务监督管理工作、宗教教职人员认定备案工作，指导市伊协举办全市第三届"卧尔兹"演讲比赛，举办朝觐人员培训班。推荐13名伊斯兰教界代表参加省伊斯兰教第五次代表会议，指导市佛协完成演志法师方丈升座法会。指导市基督教"两会"推荐1名青年报考云南省神学院。引导宗教团体开展社会公益事业。在曲靖市遭遇百年不遇的旱灾时，各宗教团体积极响应抗旱救灾号召，发扬宗教界扶贫济困、乐善好施的优良传统，向宗教界人士和信教群众发出倡议书，通过捐款捐物、举办祈福法会的方式表达爱心。市伊斯兰教协会及有关清真寺捐款32845元，市、县佛教协会及有关寺院捐款81708元，市、县基督教协会及有关教堂捐款1.8万元，宗教团体共捐善款13万余元。

【宗教基础数据年报】 2010年，曲靖市民宗委对全市宗教方面基本情况有关数据进行统计。截止2009年底，全市有宗教活动场所285个，宗教教职人员807人，信教群众约24万人，有6个县（市）区级宗教团体、3个市级宗教团体。

【参加首届云南省宗教界运动会】 2010年6月19～23日，曲靖市组队到大理参加云南省首届宗教界运动会，由32名佛教、伊斯兰教、基督教界人士组成的运动员参加男子篮球、男女400米接力赛2个团体项目，男子羽毛球、女子跳绳、象棋等8个个人项目角逐，其中男子篮球取得第3名。

【宗教活动场所审批报批工作】 2010年，曲靖市民宗委收到要求设立宗教活动场所的7个报件，按照《宗教活动场所设立审批和登记办法》要求进行认真审核，并到实地查看，对其中2件符合设立寺观教堂条件的报省宗教局审批，4件符合设立固定处所条件的由市民宗委审批，1件不予审批。做到依法行政、依法管理、合理布点，既满足信教群众正常需要，又杜绝乱建宗教活动场所。

【对外交流】 2010年，曲靖市民宗委指导市基督教"两会"做好境外宗教组织来访工作。经省宗教局批准，香港天福协会访问团一行16人，于4月2～14日，到沾益县基督教教会进行慈善慰问活动。访问团到炎方乡法洒村委会土桥苗族村、盘江镇遵花铺村委会三道坎苗族村对232户、840余名村民进行慈善慰问。

（桂小梅）

居民生活

城镇居民生活

【简述】 2010年，曲靖市城镇居民收入持续增长，消费平稳运行，人民生活水平逐步提高。据国家统计局曲靖调查队对2010年1～12月曲靖市380户城镇居民抽样调查资料显示，城镇居民人均可支配收入15940.34元，同比增13.02%，扣除价格因素后实际增9.1%；消费性支出10918.074元，增7.4%，扣除价格因素后实际增3.7%。完成曲靖市政府下达年底城镇居民人均可支配收入15530元和增幅9%的目标任务。

【城镇居民收入】 2010年，曲靖市城镇居民人均家庭总收入17581.44元，同比增2003.91元，增12.86%；人均可支配收入15940.34元，同比增1835.81元，增13.02%，占家庭总收入的85.79%。从总收入的构成情况看，工资性收入、经营净收入、财产性收入和转移性收入分别占家庭总收入的81.09%、4.15%、1.73%和13.03%；四项收入呈"三升一降"格局。其中，工资性收入、经营净收入和转移性收入分别增长15.6%、4.8%、11.03%，财产性收入下降37.9%。

收入持续增长，"保增长"效果显现：工资性收入占主导地位，成为拉动收入增加和增长的主要动力。全年全市城镇居民人均工资性收入14257.04元，同比增1928.04元，增15.6%，占总收入的81.09%。工资性收入增长的主要因素是各县先后对事业单位的每位职工在调整工资前每月每人提前预支500元不等；企业单位效益好转，兑现了增补工资和绩效工资；各级政府为切实做好稳定就业促进就业工作等政策的贯彻实施，推进了城镇居民就业再就业的发展，有效促进了居民收入的持续增长。城镇居民家庭工资性收入占主导地位，成为拉动收入增加和增长的主要动力，也是推动可支配收入增长的重要因素。经营净收入持续增长。全年全市城镇居民人均经营净收入729.76元，同比增33.48元，增4.8%，占总收入的4.15%。主要是各级政府进一步优化投资环境，制定一系列再就业优惠政策，鼓励下岗、失业人员自主创业，自谋职业，促使城镇居民经营性净收入的增长。城镇居民财产性收入下降。

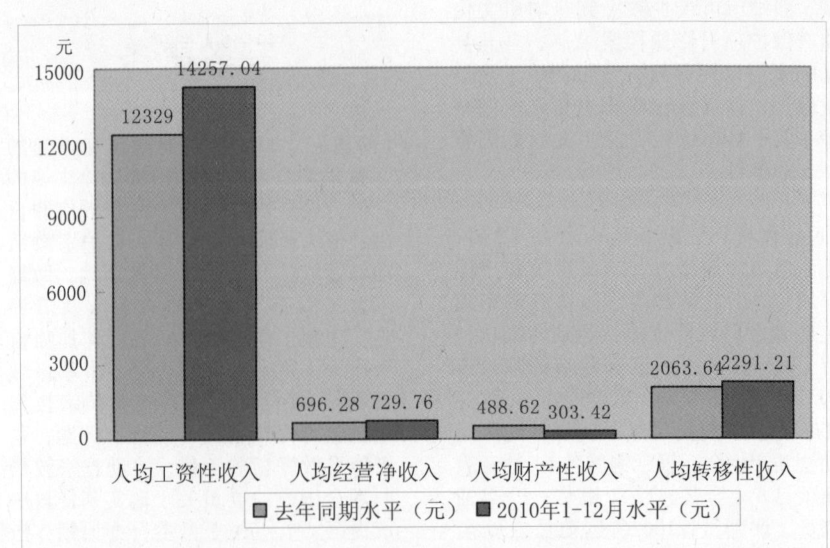

全年全市城镇居民人均财产性收入303.42元，同比下降37.9%，占总收入的1.73%。主要是利息收入下降14.7%，股息与红利收入下降40.3%，出租房屋收入下降9.4%，其他财产性收入下降89.5%。转移性收入持续增长。全年全市城镇居民人均转移性收入2291.21元，同比增227.57元，增11.03%，占总收入的13.03%。转移性收入增长的原因是随着社会保障体系的进一步完善，各级政府加大财政转移支付力度，提高最低生活保障标准和离退休人员收入水平。养老金或离退休金增13.9%，最低生活保障收入增139.6%，保险收入增127.2%，提取住房公积金增24.2%。

【城镇居民家庭支出】　2010年，据抽样调查资料显示，曲靖市城镇居民人均家庭总支出15320.03元，同比增910.71元，增6.3%；消费性支出10918.74元，占家庭总支出的71.27%，同比增755.1元，增7.4%，扣除价格因素后实际增3.7%。八大类消费支出呈五增三降态势，其中：食品占消费性支出36.75%，同比降2.4%；衣着占12.59%，增3.7%；居住占10.21%，增78.1%；家庭设备用品及服务占6.11%，增26%；医疗保健占6.24%，降4.2%；交通和通信占15.5%，降8.7%；教育文化娱乐服务占10.04%，增39.2%；其他商品和服务占2.56%，增27.7%。

全年全市城镇居民消费呈现以下特点：恩格尔系数下降，食品消费下降。全年城镇居民人均食品支出4012.5元，同比降2.4%，占消费性支出36.75%。恩格尔系数从上年同期的40.45%降到36.7%，人民生活进一步改善。衣着用品仍是居民消费的热点，衣着消费更注重质量。据抽样调查资料显示，1～12月城镇居民人均衣着用品消费1374.28元，同比增3.7%，占消费性支出12.59%。主要是购买成品服装、鞋类的数量和质量均增加，即衣着材料同比增93.1%、鞋类增40.7%、其他衣着用品增21.3%和衣着加工服务费146.8%。住房条件改善，居住消费不断攀升。由于城镇居民住房消费热度不减，居住消费不断攀升，居住条件进一步改善。全年城镇居民人均居住消费1115.13元，同比增78.1%，占消费性支出10.21%。其中，住房支出583.87元，同比增3.2倍；水、电燃料及其他457.55元，增4.7%；居住服务费73.71元，增49.7%。住房消费成为拉动城镇居民消费的一个动力。家庭设备用品支出增长，家庭服务持续升温。1～12月城镇居民人均家庭设备用品及服务支出667.39元，同比增26%，占消费性支出6.11%。其原因是由于近年来城镇居民乔迁新居的家庭较多，添置耐用消费品成了一项重要的消费支出，同比增2.9%；同时为装饰新居，添置室内装饰品，同比增61.5%；家庭日用杂品增60%，家具材料增6.9倍，家庭服务增38.5%。医疗保健消费支出下降4.2%，但城镇居民保健意识仍然增强。年内，政府多方加大医疗改革力度，各级各部门严格控制药品价格，使城镇居民在就医、购药等方面方便许多，随着城镇居民生活质量提高，城镇居民更加注重保健。全年城镇居民人均医疗保健消费支出681.73元，同比降4.2%，占消费性支出6.24%。其中：医疗器具降95.1%，保健器具增18.9倍，药品费降0.1%；滋补保健品增1.5倍；医疗费降7.7%；其他医疗保健支出降17.1%。交通和通信类支出下降8.7%，但汽车消费仍然升温，家庭汽车拥有量增加。全年城镇居民家庭人均交通通信支出1692.24元，同比降8.7%，占消费性支出15.5%。人均交通支出1034.65元，同比降15.3%；其中，虽然家庭交通工具支出454.1元，降45.3%，但家用汽车支出154655.2元，增93.9%，城镇居民家庭每百户家用汽车拥有量达19.06辆，比上年同期增6.67辆，增53.8%；人均通信费用657.59元，同比增3.9%。教育文化娱乐服务支出增长39.2%。全年城镇居民人均用于教育文化娱乐服务支出1095.85元，同比增39.2%，占消费性支出10.04%。其中，人均文化娱乐用品支出211.54元，降6.6%；文化娱乐服务为487.67元，同比增89.1%；人均用于教育396.63元，同比增30.9%。人均其他商品和服务增长27.7%。全年城镇居民人均其他商品和服务消费279.63元，同比增27.7%，占消费性支出2.56%。其中，其他商品192.69元，同比增18.7%；服务费86.94元，同比增53.5%；城镇居民美容美发等服务消费支出人均达62.93元，同比增68.9%。

（陈德云）

2010年曲靖市城镇居民家庭消费支出情况表

项目	2009年（元/人）	2010年（元/人）	增幅（%）
家庭总支出	14409.32	15320.03	6.3
消费性支出	10163.64	10918.74	7.4
其中，服务性消费支出	2326.22	2812.09	20.9
1. 食品	4110.99	4012.50	-2.4
2. 衣着	1325.36	1374.28	3.7
3. 居住	626.23	1115.13	78.1
4. 家庭设备用品及服务	529.69	667.39	26
5. 医疗保健	711.32	681.73	-4.2
6. 交通和通讯	1853.66	1692.24	-8.7
7. 教育文化娱乐服务	787.41	1095.85	39.2
8. 其他商品和服务	218.97	279.63	27.7

农民生活

【简述】 2010年，曲靖市委、市政府始终把“三农”作为全市工作的重中之重，全面推进新农村建设、发展现代农业，进一步深化和完善农村各项改革，克服国际金融危机和百年不遇的特大干旱，实现农民持续增收和生活水平稳步提高。

年内，全市农民人均纯收入为4130元，比上年增464元，增12.7%，随着收入大幅度增长，农民生活质量继续提高，消费水平得到进一步改善。据抽样调查结果显示：2010年农民人均生活消费支出3120元，比上年增446元，增16.8%，增加的生活消费支出主要用于改善生活，农民生活质量得到继续提高，消费水平进一步改善。表现在恩格尔系数上升，商品性消费增加，耐用消费品拥有量增长。全年农民人均食品消费支出1396元，比上年增208元，增17.51%，食品支出占生活消费品支出的比重（恩格尔系数）为44.7%，比上年上升0.3个百分点，说明农民生活水平因物价上涨影响略有下降，但农村居民恩格尔系数仍低于全省2.5个百分点，说明农民生活质量仍高于全省农民生活平均水平。全年农民生活消费支出中，用现金支付消费2472元，比上年净增219元，增9.72%，现金消费支出占生活消费品支出的比重79.23%，比上年降5.03个百分点。年内，农村居民用于食品消费支出1396元，比上年同期增582元，增71.50%；用于衣着消费支出人均为208元，比上年增加31元，增17.51%；用于居住的消费支出人均568元，比上年增170元，增42.71%；人均用于家庭设备用品及服务支出156元，比上年增37元，增31.09%；用于医疗保健支出人均236元，比上年同期增42元，增21.65%；用于交通通信支出280元，比上年同期增44元，增18.64%，交通通信支出主要用于交通费、邮电通信费和购买动力燃料。随着农村道路建设、农电改造，农村水利设施建设项目的实施，农村生产生活基础设施建设步伐加快，生活环境逐渐改善，加之国家惠农政策对农村居民实行家电下乡补助，农村居民家用电器设备购置增加。全年农村居民平均每百户拥有彩色电视机94.6台，比上年增1.42台，增1.53%；电冰箱17.62台，比上年增7.35台，增71.63%；洗衣机63.08台，比上年增4.42台，增7.53%；固定电话13.31部，比上年减2.71部，减16.9%；平均每百户拥用移动电话145.32部，比上年增18.98部，增15.02%；摩托车37.94辆，比上年增6.65辆，增21.24%；生活用汽车31.35辆，比上年增13.2辆，增72.75%，家用汽车开始进入普通农民居民家庭。

（蒋科艳）

消费者权益保护

【简述】 2010年，曲靖市消费者协会围绕“消费与服务”年主题，加大《中华人民共和国消费者权益保护法》、《食品安全法》、《云南省消费者权益保护条例》宣传力度，履行消费者协会工作职能，构建曲靖市消费维权保护网络，促进曲靖消费市场和谐稳定。全市消费维权工作进一步推进，消费环境进一步优化。

【“消费与服务”年主题宣传】 2010年，曲靖市各级工商部门和消协围绕“消费与服务”年主题，认真开展消费维权宣传活动。成立“3·15”活动领导小组，对全市宣传活动进行统一安排部署。曲靖市工商局、市消费者协会与曲靖移动公司共同组织编印以“消费与服务”为主题的宣传材料9万份下发到各县（市）区进行宣传。曲靖市工商局、曲靖市消费者协会、麒麟区工商局共同在珠江源广场开展为期1天的宣传咨询活动，并在珠江源广场举办2010年“消费与服务”年主题“3·15”文艺演出。各县（市）区工商局同时在辖区中心城区举办大型宣传咨询活动。组织由质检、烟草、卫生、农业等部门共同组成宣讲小分队深入农村，开展送知识、送技能、送服务下乡活动。紧密结合农村实际，围绕与人民群众生产生活息息相关的农业生产资料、食品、家电、抗旱救灾物资等涉农商品开展知识讲座，讲授涉农法律法规、使广大农村消费者掌握更多常用商品真伪辨别常识和消费维权知识，切实提高广大农民朋友抵制假劣商品的责任意识和维权意识。继续在全市范围内开展法律宣传“六进”（进企业、进商场、进超市、进市场、进社区、进学校）活动。充分利用“一会两站”载体、农村逢集、民族节日之际，开展消费维权宣传活动，努力提高农民消费者的维权责任。全市共组织55个宣讲小分队深入农村、市场、超市、社区和学校，开展“消费与服务”年主题宣传活动。共计设置宣传点79个，110个行政执法单位和公共企业单位2740人参加宣传活动，制作宣传展板109块、标语224条，接待消费者咨询17880人（次）。现场受理投诉19件，为消费者挽回经济损失79397元。

【市场整治】 2010年，曲靖市工商部门和消协立足职能，强化监管，认真组织开展市场整治工作，为广大消费者营造良好的消费环境。整治工作做到两个结合：与食品安全为重点，结合节日食品安全监管工作，对食品、地方名特优产品、酒类市场进行清理整治。与红盾护农保春耕活动相结合，进一步巩固和完善种子留样备查制度，加大对种子、农药、化肥和农机具等涉农经营户监管力度、预防不合格涉农商品流入市场。

【消费维权知识普及】 2010年，曲靖市消协积极与相关新闻媒体合作，在全市范围内推动消费维权知识普及，改善全市消费环境。针对曲靖市在保护消费者合法权益工作及消费领域中存在的重点、热点、难点问题，切实加强宣传报道工作。及时采集相关部门公布的商品比较信息，以重大事项通报的形式，对社会发布通报。根据受理消费者投诉热点、难点情况分析，按照规定程序审批，及时发布消费提示（警示）。全市各级消协年内针对农资、抗旱物资、老年消费事项和识别地沟油等，发布消费提示27条。

【维权网络建设】 2010年，曲靖市工商部门和各级消协将打造全覆盖、便捷、高效维权网络作为保护消费者合法权益，构建安全、和谐消费环境的重要工作来抓。全市115个乡镇（街道办事处）全部建立消费者协会分会，由乡（镇）领导任分会长，在行政村、社区和部分学校以及经营面积达到500平方米以上的市场、商场和服务企业建立“两站”1868个。提前实现在乡（镇）100%建立消协分会，在行政村100%建立“两站”的目标，逐步形成覆盖城乡、上下联动、反应迅速、工作规范、高效便民的基层消费维权网络。

【消费投诉受理和调解】 2010年，曲靖市各级工商部门共受理消费申诉

3961件，同比下降5.06%；调解成功3961件，调解成功率100%；为消费者挽回经济损失1489.78万元，下降8.56%；处理举报207件，同比下降10个百分点，案件总值71.81万元；受理消费者咨询9057件，关于消费者权益保护的咨询共5581件，占咨询总数的61.62%。

（熊石玉）

民　政

【简述】　2010年，曲靖市民政部门坚持"以民为本、为民解困、为民服务"的理念，认真履行"保障民生、发展民主和服务社会"的基本职能，在服务大局中打基础、在服务民生中谋发展、在规范管理中求突破，全市共投入民政资金10亿元，圆满完成2010年确定的各项目标任务，为"十二五"民政事业健康有序发展打下坚实基础。年内，曲靖市救助站、曲靖市干休所、马龙县王家庄民政办、麒麟区婚姻登记处、宣威市虎头山烈士陵园被省民政厅命名为首批全省民政系统行风建设示范单位。

【救灾救济】　2010年，曲靖市遭受了百年不遇的特大旱灾和"6·25"特大暴雨等自然灾害，特别是百年不遇的特大旱灾，创下了有气象资料记载以来干旱持续时间最长、干旱程度最深、旱情发生范围最广、造成损失最大的"四个之最"。全市因各类自然灾害造成受灾人口达457.7万人，因灾死亡15人，因灾死亡大牲畜7424头（只），因灾倒塌房屋12799间；受损房屋29031间，农作物受灾面积达39.6万公顷、成灾35.7万公顷、绝收25.4万公顷，造成直接经济损失52.7亿元，其中农业经济损失近32.2亿元。市民政局及时下拨中央、省、市抗旱救灾补助资金1.6亿元，其中：中央、省救灾补助资金13620.9万元；市级救灾补助资金300万元；市级社会捐赠资金达2546.2万元；市级共产党员抗旱救灾特别捐献3552125元。广泛动员社会力量进行社会捐赠，全市共接收社会抗旱救灾捐款10266.83万元；发放救济粮8790.9吨，及时救助灾民56.8万人；发放现金2798.24万元，救助困难人口23.64万人；发放救济衣被11.5万件，安排衣被救助568.9万元，救助困难人口11.02万人。接收并发放省内外各界人士捐赠价值602万元的救灾物资、发放上海捐赠救灾衣被11车皮，及时有效保障了灾区群众的基本生活。截止12月30日，已竣工倒塌重建房屋8835间，还有1183间正在建设中，已修复损坏房屋26837间，还有1860间正在修复，共下拨民房恢复重建资金3700万元。

【社会救助】　2010年，曲靖市各级民政部门积极推进以城乡最低生活保障、医疗救助、五保供养为主要内容，以临时救助为补充，与住房、教育、司法等专项救助相衔接配套的城乡社会救助体系建设。注重各项制度内容和操作上的对接，注重发挥社会救助体系整体效能，稳步提高城乡居民救助水平。适当扩大城乡低保覆盖面，适度提高保障标准。严格执行低保政策，认真落实低保配套资金，并按省民政厅下达的农村低保扩面人数，及时确定保障对象、及时拨付发放保障金。全年全市城市低保4.9万户、9.4万人和农村低保12.5万户、26.09万人全部纳入低保范围，累计发放城市低保金13770.8万元、农村低保金21867万元。完善城乡医疗救助制度，不断提高对困难群众的惠及率和补助水平。按照《云南省进一步完善城乡医疗救助指导意见》，全市取消救助病种限制和救助起付线，并结合实际适当提高特困群众大病医疗救助水平，落实救助配套资金，出台《社会救助工作目标管理考核细则》。全年实施城乡医疗救助34077人（次），支出救助资金3208万元，人均救助941元。资助参合参保42万人，支出资金1751万元。完善程序，规范运作，对全市38.3万人发放临时救助资金1632万元，有效解决低保边缘群体和涉诉特殊群众临时性、突发性生活困难问题。针对百年未遇的特大旱灾，城市低保人均按20元、农村低保、五保对象人均按15元标准，及时发放2个月临时救助金，共支出救助金904万元；春节期间，城市低保户按人均50元标准，及时发放春节慰问金375.56万元，全市城乡困难群众基本生活得到有效保障。加大敬老院建设力度，不断提高五保供养水平。按有关规定将农村五保对象全部纳入财政转移支付补助供养范围，实现应保尽保。全市有敬老院81所，有床位2894张，为全市2.1万户、2.25万名农村五保对象提供全面保障，累计支出供养资金3166万元。全市开展首次农村星级敬老院创建活动，评出一、二、三星级敬老院9所。

【基层政权建设】　2010年，曲靖市民政局切实加强基层政权建设，督查指导全市第四届村委会换届选举，切实开展村务公开和民主管理"难点村"治理及转化工作，圆满完成换届选举各项工作任务。全市115个乡镇（街道办事处）、1451个（其中：1408个村委会，43个村改居）村民委员会，全部完成换届选举工作。村党组织选举党总支书记1432名，占98.69%，选举产生委员5547人。村委会选举产生主任1438个，占总数的99%；选举产生委员5547人。加强基层民主建设，建立党政领导、民政牵头、部门协调的领导机制，开展马龙县、宣威市示范县（市）创建活动，深化村务公开、民主管理和民主监督。

【社区建设】　2010年，曲靖市围绕自治好、管理好、服务好、治安好、环境好、风尚好的"六好"目标，市政府抽调相关人员组成和谐社区建设调研组，深入全市社区就办公条件、设施设备、工作经费、人员待遇、编制等情况进行反复调研，几易其稿形成《曲靖市和谐社区建设实施意见》，市委、市政府多次召开专题会议进行研究，正式下发《关于解决和谐社区建设中几个突出问题的意见》，全市和谐社区建设取得突破性进展。制定城乡社区基础设施建设五年规划和年度工作目标，建立健全保障机制和考核、奖励办法，县（市）区每年开展一次对村（居）干部的教育培训，不断提高干部的综合素质。下发《曲靖市城市社区志愿者注册制度》，并在麒麟区开展试点工作。

【双拥工作】　2010年，曲靖市不断深入开展拥军优属活动，增进军政军民团结。全市在春节和"八一"建军节期间，共召开拥军座谈会2900场（次），列支经费187.24万元；组成1752个慰问团（组），走访慰问重点优抚对象和复退转军人2.6万人（次），赠送慰问金及慰问品折币175.98万元，走访慰问部队1172个（次），赠送慰问金及慰问品折币238.78万元。

【优抚工作】　2010年，曲靖市切实维护重点优抚对象合法权益。及时下拨各类优抚经费1.6亿元，确保全市32766名重点优抚对象的基本生活、及时兑现4134户义务兵家属优待金、重点优抚对象临时价格补贴资金以及提高重点优抚对象抚恤补助标准。切实为重点优抚对象解“三难”。将276户重点优抚对象列入全省危房改造范围；市民政局经多方协调，争取各县（市）区安排优抚对象解“三难”资金210万元；积极汇同市人保局、卫生局、财政局制定下发《曲靖市优抚对象医疗保障实施意见》，共安排医疗补助金783.1万元。

【退役士兵安置】 2010年，曲靖市各级民政部门认真落实退役士兵“双考”程序，公开、公正、公平推行退役士兵安置工作。全年全市共接收退役士兵1606人，其中：回农村安置1092人，占总数的68%，符合城镇安置条件514人，占总数的32%。至6月底，岗位安置211人，自谋职业303人。

【就助管理】 2010年，曲靖市规范开展流浪乞讨人员救助，全市各级救助站投入救助经费101万元，共救助流浪乞讨人员5984人（次）。

【福利企业监管】 2010年，曲靖市对全市139家福利企业开展年检，合格81家，自动退出58家，安置残疾人职工6043人。

【康复救助】 2010年，曲靖市积极开展“重生行动”，为贫困家庭唇腭裂儿童实施手术康复363名，免费为全市50名“唇腭裂”、“尿道下裂”等儿童先天性疾病实施手术康复救助。

【福利彩票】 2010年，曲靖市加强福利彩票发行销售工作。全年完成销量3.2亿元，全面完成省民政厅下达的年度销售任务。

【区划地名管理】 2010年，曲靖市加快地名公共服务工程建设，按计划圆满完成2条州（市）间、3条县级界线年检任务；全面完成创建平安边界任务，共签订190份平安边界协议、2998份睦邻友好公约、352份界桩管理委托书；及时出台《开展曲靖中心城区地名规划实施意见》；审核上报罗平撤县设市、沾益撤县设区完整资料，启动马龙撤县设区前期准备工作。

【殡葬工作】 2010年，曲靖市深化殡葬改革，加大殡葬改革政策宣传力度，利用清明节在珠江源广场开展以“倡导文明祭祀，保护绿色家园”为主题的殡葬改革宣传活动，全市出动宣传车20余辆（次）、发放宣传册（本）5万份、悬挂宣传布标300余条，同时，曲靖日报、广播电台、电视台作了宣传报道，全市受教育面10万人（次）。加大辖区内公墓经营单位的管理，积极开展公墓经营单位一年一度年检审核工作，审核合格率为100%。加大殡仪馆和农村公益性公墓建设力度，全年火化率达13.5%。

【社会组织管理】 2010年，曲靖市坚持培育发展和监督管理并重原则，以改革创新、规范服务为重点，保障民间组织健康有序发展。全市社会组织数量已发展到897个，其中社会团体670个，民办非企业单位227个，全市新登记社会组织47个。完成社会组织的年检工作，年检率为99%，合格率达99%。顺利完成全市社会团体小金库专项治理工作。全市897个新社会组织积极投入开展创先争优活动之中，新社会组织自身建设得到加强，桥梁纽带作用得到更好发挥。

【婚姻登记】 2010年，曲靖市各级民政部门努力提高婚姻登记质量，健全服务管理体制，改善服务态度，提高服务质量，全年结婚106638对、离婚8221对，登记合格率为100%。

【民政基础设施建设】 2010年，曲靖市、县两级民政部门争取中央和省级资金投入，加大市、县级投入力度，社会福利、社会事务、优抚安置、社区建设、救灾物资储备库等设施建设得到全面提升。投入资金435万元，新建流浪未成年儿童救助保护中心3个，投入资金4800万元，新建8所农村敬老院，新增床位400余张。争取资金750万元，新建救灾仓库3个、改扩建救灾仓库5个。中央和省级投入资金700万元，对宣威市烈士陵园进行改扩建；投入资金1300万元，对市级军供站进行改扩建；2010年新建殡仪馆3所，建成农村公益性公墓8所，市级投资补助160万元。争取省级资金4000余万元，对市、县两级民政局办公用房进行新建和改扩建。

【软环境建设】 2010年，曲靖市民政局切实优化民政软环境建设。健全完善民政工作体制机制和内部管理制度。有效落实首问首办责任制、服务承诺制、限时办结制等制度，以优化软环境为重点的管理体制成效明显。对行政审批项目和行政事业性收费项目进行全面彻底清理，保留社会团体登记、民办非企业单位登记、涉外婚姻登记、离婚登记、涉台澳港收养3个行政审批项目，精简10项，精简率达67%；对6项行政事业性收费项目进行清理，全部取消收费项目，精简率100%；全面简化办事程序，凡受理申请事项，做到一般事项当即办理，重大事项在3个工作日内办理，最长的由原来的60个工作日减为不超过3个工作日办理。高效落实“阳光政府”四项制度。以建立政府信息公开网站平台为重点，以进驻政务服务中心为关键，全力打造阳光民政成效显著。制定《曲靖市民政局推行阳光政府四项制度的实施方案》。明确规定重大决策听证制度、重要事项公示制度、重点工作通报制度、政务信息查询制度的试行细则。在政府门户网站设立的专栏中按时公布工作月报、工作简报、定期上报听证、公示、通报、查询事项等内容。专人负责“96128”政务信息查询专线服务工作。进入市政府服务中心的3项行政审批和服务项目实行“一个窗口对外、一条龙服务、一站式办结”的工作机制。落实效能政府四项制度。市民政局制定《曲靖市民政局效能政府四项制度实施方案》，并根据实际工作分解细化出《曲靖市民政局行政能力提升制度实施细则》、《曲靖市民政局行政绩效管理制度实施细则》、《曲靖市民政局行政成本制度实施细则》、《曲靖市民政局行政行为监督制度实施细则》。制定学习培训计划、工作目标倒逼制度、以及控制会议、文件、庆典、论坛、考察和车辆购置维修等具体措施、实施“一线工作法”、开展限时撰写理论研讨文章35篇、上机操作编辑文字、制作表格等系列提升综合能力的活动。至年底，在政务信息公开网站上汇编信息34条；在线解答群众问题7个，按时答复率100%，群众满意率100%；“96128”查询专线在线解答群众问题1200余个，答复率100%，群众满意率96%以上；民政政务服务中心限时办结23件、答复群众咨询148件（次），限时办结率100%，群众满意率100%。年内，民政政务服务窗口被评为优秀窗口。

（丁　鳊）

劳动就业

【简述】 2010年，曲靖市劳动保障系统抓好就业和社会保障各项工作，就业和社会保障各项指标任务全部完成或超额完成省、市下达的目标任务，实现全市就业持续增长、劳动者素质不断提高、社会保障体系更加健全、劳动关系逐步稳定、管理服务日渐规范等目标。

【就业】 2010年，曲靖市围绕“改善民生、保持就业局势稳定”这一目标，狠抓就业工作各项指标任务的落实，有效控制失业率，实现就业持续增长，保持就业局势稳定。落实扶持政策，促进就业。继续贯彻执行《关于鼓励创业促进就业的实施意见》（曲政发〔2009〕33号），全面落实市场准入、税费减免、财政投入、金融支持、社会保障、技能培训等各项就业措施，积极筹集资金，全面落实社会保险补贴、岗位补贴、职业技能鉴定补贴、职业介绍补贴，积极开发公益性就业岗位、鼓励企业吸纳就业，开展就业援助活动，重点帮助就业困难群体实现就业再就业。全市共有49674人享受到各项就业扶持政策，促进了就业。推动创业型城市建设，带动就业。按照《曲靖市创建国家级创业型城市的方案》（曲政办发〔2009〕88号）狠抓落实，从改善创业意识、创业能力和创业环境入手，探索建立“政策扶持、创业培训、创业服务”三位一体的工作机制。以小额担保贷款、“贷免扶补”和劳动密集型小企业贷款工作为突破口，推进创业带动就业。全年全市累计发放贷款4237笔20206万元，其中：贷免扶补3699笔18469万元；小额担保贷款538笔1737万元，共扶持4237户创业，带动就业10593人。认定劳动密集型小企业15户，发放贷款350万元，吸纳就业480人。各级劳动就业服务机构发放“贷免扶补”贷款1172笔5857万元，完成省下达任务的100%。小额担保贷款基金规模达到4542万元，比上年增加1325万元，基本满足创业贷款需要。搭建劳务对接平台，转移就业。全市就业管理部门积极推动“春风行动”，实施农村劳动力转移就业特别行动计划，大力开展劳务输出，促进农村富余劳动力转移就业，增加农民收入。通过招聘会、洽谈会等方式为求职者和用工单位搭建对接平台，全年共组织招聘会187场（次），入场人数达74451人（次），共收集省内外256个用工单位提供的岗位11万个，达成意向44451人，通过双向选择，实现就业38409人。举办技能培训，提升就业。加大失业人员职业技能培训力度，引导失业人员提高技能和素质，提升就业质量和就业水平，推进素质就业，全市认定职业技能培训定点机构39个，创业培训定点机构5个，全年职业技能培训结业40816人，其中：失业人员1704人，农村劳动者39112人，完成任务的109%。实现就业36734人。参加SIYB创业培训3846人，培训结业全部实现成功创业或就业。发挥失业保险功能，稳定就业。将失业保险费率从2009年的2.1%降低到1.5%；将困难企业社会保险补贴标准提高80%；为112户困难企业提供失业保险稳岗政策补助6700万元，稳定企业就业岗位28000个；将失业救济金标准上调10%。管好用好专项资金，保障就业。严格执行《关于就业专项资金使用管理有关问题的通知》（云财社〔2009〕53号）和《关于进一步规范就业专项资金申报审核拨付程序的通知》（曲劳社发〔2009〕24号文件），管好用好就业专项资金，为促进就业提供资金保障。全面开展就业专项资金的检查和自检自查工作，规范资金的管理使用，杜绝违纪违规行为的发生。确保每一笔资金都不折不扣地用在失业人员身上。全市筹集就业专项资金5635万元，支出专项资金5500万元，其中：职业培训补贴支出900万元、社会保险补贴支出3000万元、岗位补贴支出1200万元、技能鉴定补贴支出100万元、小额担保贷款贴息支出150万元、其他支出150万元。截至年底，全市累计提供就业岗位36888个，完成市政府下达任务的112%，其中开发公益性岗位5230个，完成任务的101%；城镇登记失业人员32679人，其中失业职工12233人，城镇新成长劳动力20446人；城镇失业人员新增就业人数25547人，完成任务的111%，其中特殊困难人员就业6359人，完成任务的141%。225户“零就业家庭”实现每户1人就业。农村劳动力转移就业151110人，完成任务的137%。全市城镇登记失业率为3.5%，比控制指标低0.5个百分点。

【技能人才培养】 2010年，曲靖市继续落实“三年九千”高技能人才培养计划，拟定《曲靖市技能人才队伍建设十二五规划》，修改完善《曲靖市技能人才队伍建设中长期规划》。全市共有职业技能培训站55个，可培训职业（工种）203个。全年共开展107个职业（工种）的培训，培训各类技能人员68830人。加强职业技能鉴定机构建设，确保职业技能鉴定质量。全市共有职业技能鉴定所17个，可鉴定工种146个。全年共开展96个职业（工种）的鉴定，鉴定各类技能劳动者27740人，鉴定合格取得职业资格证书24269人。其中：高级技师17人，技师386人，高级工3230人，中级工17357人，初级工3279人。不断充实职业技能鉴定考评员队伍，2010年新培训考评员176人，全市职业技能鉴定考评员人数达到709人。建立职业技能鉴定质量督导制度，全市共有国家职业技能鉴定质量督导员43人，定期不定期对全市职业技能鉴定工作进行检查监督，确保职业技能鉴定质量。做好技师社会化考评工作，加强高技能人才培养基地建设。在市技工学校等3所技校、云维集团等3家企业建立6个高技能人才培训基地。全年共培训鉴定高级工以上高技能人才4036人，其中：高级技师37人，技师598人，高级工3401人。做好技校招生工作，年内有21所技工学校在曲靖市招生，共录取新生6414人，技校招生工作连续6年取得较好成绩。做好机关事业单位工人技术等级考评工作。共有964名机关事业单位技术工人通过培训考核晋升了技术等级，取得《中华人民共和国职业资格证书》，其中：高级工602人，中级工321人，初级工41人。

【建立和谐劳动关系】 2010年，曲靖市深入贯彻落实《劳动合同法》，加大劳动保障执法监察力度，提高劳动争议仲裁办案质量，创新信访工作机制，切实维护劳动者合法权益，劳动者维权意识逐步提高，劳动关系日趋和谐稳定。规范劳动用工登记管理，全面推行劳动合同制度。全市有5236户企业进行用工登记，与劳动者签订劳动合同涉及职工318801人，劳动合同签订率达98.3%；其中有4625户企业使用农民工，签订劳动合同176560人，签订率达92.1%。全市企业共签订集体合同1348份，涉及职工251165人。

【企业工资分配宏观调控】 2010年，

曲靖市严格执行最低工资标准。发布全市2010年企业工资指导线意见，规定：企业平均货币工资增长基准线为12%；企业平均货币工资增长上线为22%；企业平均货币工资增长下线为3%，确因生产经营困难不能按下线标准增长职工工资的企业支付给在法定工作时间内提供正常劳动的职工的工资不得低于当地最低工资标准。通过对全市制造业、电力、燃气及水的生产和供应业、建筑业、交通运输、仓储及邮政业、批发和零售业、住宿和餐饮业、房地产业、其他行业等119户企业24365名从业人员2010年人工成本进行的调查、分析、统计，公布了全市行业人工成本信息。通过对各相关行业67个不同工种（职位）工资收入进行调查、分析，发布全市劳动力市场工资指导价位。全面实行企业工资总额备案制，全市共有271户企业实行企业工资总额备案，涉及职工27388人，备案工资总额78049.01万元。就《曲靖市农民工工资保证金管理办法》的实施召开听证会，在曲靖市商业银行开设曲靖市农民工工资保证金账户，全面推行农民工工资保证金制度。

【劳动争议仲裁与信访】 2010年，曲靖市在处理劳动争议和信访案件中，改进仲裁程序，将劳动争议仲裁办事流程及仲裁文书样本在曲靖政府网上进行公布，方便劳动者明明白白维权；向社会公开承诺劳动争议案件受理审查期限，接受社会监督；对劳动争议案件进行先调解、后仲裁，实现劳动仲裁快立、快审、快结。全年全市受理劳动争议案件1485件，涉及劳动者1976人，其中集体案件20件，涉及劳动者528人。共调解处理案件909件，涉及劳动者1220人。仲裁处理案件576件，涉及劳动者756人。创新信访处理机制，推行三方面谈制度，使一些疑难信访问题得到高效快捷、客观公正的处理。年内，全市受理群众来信273件，接待来访2966件，4340人（次），办理书记市长热线、网上信访17件。参与处理887起集体上访，涉及劳动者1752人（次）。

【劳动保障执法监察】 2010年，曲靖市通过日常巡查、举报专查、专项检查等对用人单位执行劳动保障法律法规情况进行监察，严肃查处侵害劳动者合法权益的违法违规行为。全市主动监察用人单位3903户，涉及劳动者180058人，年审用人单位8169户，涉及劳动者人数309331人；督促用人单位补签劳动合同2.32万份；补交社会保险费104.6万元；审查用人单位规章5376件；清欠劳动者工资37802617元，涉及劳动者27542人；查办投诉举报案件569件，对155户用人单位进行行政处罚，行政罚款37.46万元。劳动保障、人事、公安、建设、工会等5部门抽调106人联合开展农民工工资支付情况专项检查行动，重点检查用人单位劳动用工、劳动合同签订、工资支付和执行劳动保障法律法规的情况。共抽查用人单位2255户，涉及劳动者人数13.67万人，其中农民工11.56万人。责令支付工资及赔偿金总额555.8万元，通报欠薪严重违法单位7户。劳动保障、人事、公安、工商等部门抽调150余人集中开展清理整顿人力资源市场秩序专项行动，共检查用人单位345户，职业中介机构41户，其他用人单位304户，对2户存在违反职业中介管理规定的单位责令改正。

【农民工工作】 2010年，曲靖市从农民工就业、社会保障、维权服务等方面加大工作力度。通过"农村劳动力转移就业特别行动计划"、"春风行动"、"春风送岗位活动"、"贷免扶补"等措施，推进农民工就业，鼓励农民工创业。全市相关部门组织召开农民工专场招聘洽谈会395场（次），提供就业岗位8万余个，为9万多名农村劳动力提供免费职业介绍服务，实现转移就业30605人；收集省内外企业用工信息10万多条，输出农民工5.8万人。1000余名农民工享受自主创业"贷免扶补"政策，发放贷款5000余万元。加强培训，提高农民工职业技能素养。全市共培训转移农村劳动力222643人，完成市政府下达任务的111.3%。推进农民工参加社会保险。继续推行农民工工伤保险"平安计划"，加大煤矿等高风险行业农民工参加工伤保险工作力度；推进建筑、餐饮等行业农民工参加工伤保险工作；逐步将稳定就业的农民工纳入城镇职工基本医疗保险参保范围；探索实施农民工参加养老、失业等社会保险工作。至年底，全市有734户用人单位为82211名农民工缴纳工伤保险；农民工参加医疗保险达10490人，参加养老保险达25245人。维护农民工合法权益。建立和完善农民工工资支付保障制度，设立保障金7000多万元。推行企业工资集体协商制度，严格执行最低工资标准。加大劳动争议仲裁和农民工法律援助工作力度，畅通农民工投诉"绿色通道"。开展"春暖行动"、"彩虹行动"，提高农民工劳动合同签订率，全市有176560名农民工与4625户企业签订劳动合同，劳动合同签订率达92.1%。

【依法行政】 2010年，曲靖市劳动保障部门办理市人大代表建议4件、市政协委员提案15件，面商率、答复率、办结率、满意率均达到100%。继续推进"阳光政府"工作，开通政务信息网上查询系统，公开政府信息347条，其中：业务类258条，政策法规类69条，规划计划类20条。通过曲靖劳动保障网向公众通报劳动就业、社会保障、执法监察等工作进展情况；就党风廉政建设、机构设置、部门职能、办事程序、文件资料、政策法规等政务信息提供咨询服务。设立"依申请公开"子栏目，向公众提供政府信息公开在线申请服务，群众提出政府信息公开申请后可随时查阅政府信息公开申请处理的状态。贯彻重大决策听证制度。分别就《曲靖市农民工工资保证金管理办法》、《曲靖市城镇职工基本医疗保险市级统筹实施办法》、《城镇居民基本医疗保险门诊医疗统筹暂行办法》等政策的出台举行听证会。实施重要事项公示制度，对重大部署、实施计划、综合规划以及五年规划的制定与调整，中央、省、市有关劳动和社会保障政策，公务员招考录用、干部任免、职称评定、评优评先、表彰奖励等事项进行公示，听取群众意见和建议并合理采纳使用，全年公示14个项目。实施重点工作通报制度，通过"四网五橱窗"——曲靖市政府门户网站、政务信息公开网站、阳光政府四项制度网站、曲靖市劳动保障网，局机关、社保中心、就业中心、医保中心、监察支队宣传橱窗向公众通报劳动就业、社会保障、执法监察等工作进展情况以及公众关注的劳动保障业务工作事项，全年共通报26个事项。认真接听、解答"96128"政务信息查询专线电话。除局机关外，又相继在社保中心、就业中心、医保中心、监察支队开通4部电话，全年累计接听"96128"电话780余次。推进效能政府建设，对相关制度进行梳理和修订，对现行的行政成本控制、行政许可、行政执法、政务公开、服务承诺等各项政策规定、制度进行清理。制订《曲靖市劳动和社会保障局行政处罚自由裁量权基准制度》。组织自检自查，发现问题，及时整改。

（袁锦文）

社会保障

【简述】 2010年，曲靖市社会保障体系建设工作以完善制度为重点，创新工作方法，统筹推进各项社会保险扩面工作，社会保险覆盖范围稳步扩大，基金征缴收入不断增长，社会保险基金安全完整。做好两个“确保”，确保离退休人员养老金和失业人员救济金按时足额发放。全市共有企业离退休人员47753人，全年发放养老金66684万元，100%实现社会化发放，没有发生拖欠、漏发现象。全年发放失业救济金1685万元，保障了8500名失业人员失业期间的基本生活。做好各项社会保险待遇调整工作。1月1日起为企业离退休人员增加基本养老金。全市符合增资人员45490人，月人均增资120元。调整工伤保险、生育保险待遇标准，增幅达10%。提高城镇职工基本医疗保险参保人员住院费用报销比例、住院床位费支付标准，降低参保人员住院起付线标准和使用乙类药品和属于基本医疗保险支付部分费用的诊疗项目自付比例。8月1日调整失业保险标准，平均增幅10%。做好市级城镇职工基本医疗保险统筹以及城镇居民基本医疗保险门诊医疗统筹启动工作，拟定实施方案，并于11月30日就《城镇职工基本医疗保险市级统筹实施办法》、《城镇居民基本医疗保险门诊医疗统筹暂行办法》组织召开听证会，待批准实施。提高工伤保险基准费率。调整工伤保险基准费率，提高工伤保险支撑能力。基本解决老工伤人员纳入工伤保险社会统筹问题。按照“全部纳入、分步实施、尊重历史、统筹兼顾”的工作方法，完成老工伤人员的身份清查、资料核实、经费测算及有关材料汇总上报工作。截至年底，纳入工伤保险统筹管理企业142户，纳入老工伤人员1672人，完成目标的106%。清算应缴纳的老工伤纳入统筹费用1600万元，实际到账资金544万元。规范工伤认定和劳动能力鉴定工作程序。全市共受理工伤认定案件3225件，劳动能力鉴定申请1272人（次），召开劳动能力鉴定委员会议10次，劳动能力鉴定专家会议28次，通过评定和鉴定已确定结论1197人（次）；为75名工伤职工进行旧伤复发、伤残辅助器具和延长停工留薪期的确认工作。做好新型农村养老保险试点工作。分别于2009年12月、2010年10月在富源县、师宗县开展新农保试点工作，至12月底，富源县、师宗县已全面完成省下达的新农保参保任务。截止年底，全市养老、医疗、失业、工伤、生育保险参保人员达196.28万人（次），全面完成省、市确定目标任务。

【城镇职工基本养老保险】 2010年，曲靖市养老保险参保人数达20.86万人，其中：参保职工16.12万人；离退休人员4.78万人。实际缴费人数14.68万人。全年共收缴基金8.21亿元，收回历年欠费3590万元。发放养老金66684万元。参保人员个人账户建账率达到100%。审批办理正常退休1505人，上报省人力资源和社会保障厅审核批准提前退休956人。企业退休人员进入社区实行社会化管理47231人，社区社会化管理服务率达99.8%。

【城镇职工基本医疗保险】 2010年，曲靖市参加城镇职工基本医疗保险社会统筹单位4212户，参保人员39.15万人，覆盖单位和人数均达到应覆盖的95%以上，完成省下达指标的100.4%，其中：在职参保人员28.89万人，退休人员10.26万人，收缴基本医疗保险基金8.3亿元，享受医疗保险待遇59059人（次），审核、结算、支付医疗费用33251万元，审核划拨个人账户291万人（次），支付个人账户资金28058.1万元，实现医疗保险基金收支平衡，略有结余。

【城镇居民基本医疗保险】 2010年，曲靖市参加城镇居民基本医疗保险参保43万人，完成任务的104.9%，全年征缴基本医疗保险基金8028万元，享受居民医保待遇25620人（次），审核、结算、支付医疗费用6390.5万元。

【失业保险】 2010年，曲靖市参加失业保险22.02万人，其中新扩面8053人，完成省下达任务的105%，全市共收缴失业保险基金6555万元，支付失业保险待遇8385万元，其中：失业救济金1685万元，8500名失业人员按时足额领取失业保险金。在确保失业人员按时足额领取失业保险金的基础上，从失业保险基金调剂6700万元，给予112户困难企业发放失业保险稳岗政策补助，稳定就业2.8万人。

【工伤保险】 2010年，曲靖市参加工伤保险27.95万人，其中：机关事业单位参保11万人，企业职工参保8.73万人，高风险行业（农民工）参保8.22万人。全年收缴工伤保险基金11842万元，有3915人享受工伤保险待遇，支付工伤保险费8420万元。

【生育保险】 2010年，曲靖市生育保险参保21.53万人，其中：机关事业单位参保11万人，企业职工参保10.53万人，收缴基金2780万元，享受生育保险待遇2204人，支付生育保险待遇1304万元。

【农村养老保险】 2010年，曲靖市农村社会养老保险参保人数达218490人，被征地农民参保6583人，有2923人领取保险，村（社区）干部符合参保条件并已参保1753人。全年基金收缴合计2300万元。新农保试点县富源县参保35.64万人，享受待遇60520人。师宗县参保10.9万人，享受待遇34589人。

（袁锦文）

2010 年曲靖市就业和再就业工作主要指标表

单位：人

	累计提供就业岗位数		失业人员情况			就业再就业情况							农村劳动力转移就业和劳务输出人数		城镇登记失业率	培训结业人员数			创业培训人数	成功创业人数	稳定困难企业就业岗位
		开发公益性岗位数	城镇登记失业人数	城镇新成长劳动力就业人数	失业职工人数	城镇失业人员就业再就业数	城镇新成长劳动力人数	城镇失业职工再就业人数	大中专技校毕业生就业人数	持优惠证人员就业数	特殊困难群体就业数	其中：4050人员就业数		有序输出			城镇失业人员培训人数	农村劳动力培训人数			
序号	1	2	3	4	5	6	7	8	9	11	12	13	15	16	17	18	19	20	21	22	23
市本级	4661	983	3220	918	2302	2272	674	785	813	341	193	115	—	—	3.15	14	14	0	—	13	0
麒麟区	5906	511	4237	2183	2054	4673	1408	2336	929	2336	2336	1343	20965	1407	3.15	2980	688	2292	300	300	2270
宣威市	7150	520	6620	6110	510	5501	2440	1500	1561	245	750	125	10400	4010	4	6479	260	6219	928	920	8251
沾益县	3251	400	2858	1263	1595	2555	1503	886	166	543	324	267	7612	3946	3.1	12	12	0	359	657	2097
富源县	3708	810	3361	2176	1185	2312	1193	843	276	780	747	312	7486	749	3.1	3499	60	3439	753	716	3693
陆良县	3600	649	4262	2177	2085	3152	1423	1499	230	665	975	740	20167	8977	2.8	3777	1254	2523	608	980	4928
马龙县	1575	227	1100	680	420	867	483	354	30	320	221	147	2337	946	1.60	2200	200	2000	172	481	350
师宗县	2130	392	1556	864	692	1125	390	172	563	303	303	67	5494	1970	3.2	396	71	325	252	765	1515
罗平县	2310	256	2007	1445	562	1608	430	502	676	364	346	147	31748	821	2.8	3867	144	3723	716	274	3168
会泽县	3578	482	3601	2415	1186	2345	1024	1074	247	1074	487	232	14724	8681	3.98	319	319	0	397	749	513
合计	37869	5230	32822	20231	12591	26410	10968	9951	5491	6971	6682	3495	120933	31507	3.5	23543	3022	20521	4485	5855	26785

说明：(1) > (2) + (3)　　(4) = (5) + (6)　　(7) = (8) + (9)

2010 年曲靖市劳动和社会保障主要指标表

序号	项目	计算单位	计划任务	完成情况
一	就业和再就业			
1	提供就业岗位	万个	3.3	3.69
2	扶持自主创业人数	人	1300	4237
3	城镇新增就业人数	万人	2.3	2.56
4	城镇失业人员再就业人数	万人	0.8	0.91
5	其中：就业困难人员再就业人数	万人	0.45	0.64
6	城镇登记失业率	%	4	3.5
7	新增转移农村劳动力	万人	11	15.11
二	社会保险			
8	城镇参加基本养老保险人数	万人	20.78	20.86
9	其中：企业职工	万人	16.12	16.12
10	城镇参加职工基本医疗保险人数	万人	39	39.15
11	城镇参加居民基本医疗保险人数	万人	41	43.06
12	城镇参加失业保险人数	万人	21	21.88
13	参加工伤保险人数	万人	27.93	27.95
14	其中：农民工	万人	8.22	8.22
15	城镇职工参加生育保险人数	万人	21.53	21.53
16	新农保试点县参保人数	万人	32	35.64
三	技能人才培养			
17	新增技师和高级技师人数	人	350	635
四	劳动关系和收入分配			
18	劳动合同签订率	%	98	98.3
	劳动争议仲裁结案率	%	95	100
五	基础能力建设			
19	企业退休人员社区管理服务率	%	99	99.8
20	劳动保障城域网建设覆盖率	%	100	100

老龄工作

【简述】 2010 年，曲靖市老龄系统、市老龄委各成员单位围绕全市中心工作和广大老年人物质文化需求，以保障和改善民生为重点，推进各项老龄事业发展。党政主导力度进一步加大。老龄工作首次纳入市委、市政府对县（市）区综合考核内容。成员单位职能作用进一步发挥。20 个成员单位按照全委会要求及工作职责，为老年人办实事取得较好效果。惠老优待政策进一步落实。特别是“四免一补”优待政策有效落实。老年社会保障体系进一步健全。以完善制度为重点，社会保险覆盖范围稳步扩大，富源县、师宗县实行新型农村养老保险。“创建”工作进一步巩固提高。全市创建“敬老先进村（社区）”达 120 个，超额完成年初制定的创建任务，基层老龄工作得到夯实。养老服务体系建设进一步建立。建设 15 个社区居家养老服务中心，居家养老服务工作全力推进。敬老氛围进一步浓厚。“敬老月”活动起步早，内容丰富，参与面广，新亮点多。老龄管理服务进一步增强。老年社团规范活动，老年人精神文化生活不断丰富。老龄部门自身建设进一步加强。组织开展“创先争优”活动，成功举办老龄工作干部、养老从业人员两期培训班。老龄宣传工作进一步拓展。营造出尊老、敬老、爱老、助老的对外宣传环境。

【老龄工作首次纳入综合考核】 2010 年，老龄工作首次纳入市委、市政府对县（市）区综合考核内容，在市委、市政府召开的 2010 年工作会议上，副市长周玲安排布置全市老龄工作，并主持召开市老龄委全体会议，对 2010 年全市老龄工作提出具体工作任务和要求。各县（市）区对乡镇（街道）老龄工作目标管理考评体系全面建立，形成条抓块管的老龄工作局面。

【曲靖市推进养老服务业发展茶话会】 2010年10月19日，由曲靖市老龄委办公室主办、曲靖安厦房地产集团承办的曲靖市推进养老服务业发展茶话会在曲靖安厦大酒店举行，市长岳跃生、市委副书记范华平、副市长周玲参加茶话会并讲话，与10名市级老领导、20个老龄委成员单位领导及部分老年人代表共商曲靖养老服务大业，老龄工作进入市委、政府重要议事日程。

【全面落实惠老优待政策】 2010年8月2～4日，曲靖市老龄委组织检查组到各县（市）区检查惠老26项优待政策落实情况。9个县（市）区高龄老人保健（长寿）补助全部纳入财政预算，除宣威市外，8个县（区）均按省级标准发放，共发放81097人1663.822万元。会泽县城各会馆、大海草山、雨碌大地缝景区，沾益县珠江源风景区，陆良县彩色沙林，师宗县凤凰谷、菌子山风景区，罗平县九龙瀑布、多依河、小三峡等重点景区对60岁以上老年人免购门票；各县（市）区城区内所有公厕老年人免费使用；县级人民医院、中医院挂出“老年人优先、免收普通挂号费”标识；麒麟区、沾益县、宣威市、师宗县城市公交车对老年人免费乘坐。“四免一补”优待政策全面落实。

【居家养老“11266”工程】 2010年，曲靖市老龄办为努力探索养老服务体系建设新路子，在总结2009年开展的10个社区居家养老服务试点工作的基础上，组织建设社区居家养老服务中心，全力推进居家养老服务。全市实施“11266”工程（即：建1个社区居家养老服务中心；制定1套行之有效的管理服务制度；建立2支队伍：专业服务队伍和志愿者队伍；开展6项服务；抓好6个结合），在无项目带动、无项目资金投入的情况下，大力拓展此项工作。经11月中旬市老龄办对全市9个县（市）区19个建设点的初步验收，基本建好并投入使用15个，服务效果显现，并出现新的亮点，为全市加快推进居家养老服务工作创造了经验。

【老龄工作队伍建设】 2010年，曲靖市老龄委办公室切实加强老龄工作队伍建设。9月12～15日，全市各县（市）区、各乡镇（街道）和市直各单位的老龄干部、老龄委成员单位联络员及分管领导共计190余人，在曲靖三宝温泉集中培训老龄工作业务。之后，市老龄办组织县（市）区老龄办主任到昆明市、玉溪市、普洱市、西双版纳州学习考察老龄工作。4月20～30日，市老龄办与昆明颐康职业培训站在曲靖夕阳红公寓酒店举办第二期养老护理员职业资格培训班，共60人参加培训。全市累计有134人取得人力资源和社会保障部门颁发的《养老护理员职业资格证书》（初级），为全市发展养老服务业储备了专业人才。

【“敬老月”活动】 2010年全国“敬老月”期间，曲靖市老龄部门举办“曲靖”市老龄事业发展“十一五”成就展、2010年敬老节广场文艺演出、曲靖市推进养老服务业发展茶话会；在全市范围发出“敬老节”公益信息；成功组织安排由省政协副主席陈勋儒、省民政厅厅长王树芬、省老龄委专职副主任王建新等领导率领的省“关爱老人、边疆行”慰问团到马龙县马鸣乡敬老院走访和慰问演出；副市长周玲率市老龄、民政部门领导下基层慰问特困老人、百岁老人和敬老院老人，为老人们送去节日慰问金，并为他们解决实际困难；市、县两级财政对134名百岁寿星发放长寿补助全部落实。积极向省申报为“五老”解“两难”解决15户“老乡干、老党员”的“住房难”问题；市老龄办、市老龄事业发展促进会配合省老龄事业发展促进会解决18个行政村老年人协会建设补助经费共18万元。

【宣传信息化工作】 2010年，曲靖市老龄办收集来自9个县（市）区、17个市直单位、8个老年社团共150篇稿件，其中采用80篇，编印15期《老龄工作信息》对外交流，利用广播、电视、设立咨询点、发放宣传资料等形式进行广泛宣传，做到市、县繁华街道、乡、村都有醒目标语，营造尊老、敬老、助老的外宣环境。积极创新老龄信息工作新载体，对曲靖市老龄信息网站进行充实更新，借助网络加大老龄宣传的社会辐射力度。

【曲靖市首个乡镇老龄事业发展促进会成立】 2010年10月14日，宣威市西宁街道老龄事业发展促进会成立，在捐赠仪式上筹集老龄事业发展基金32万元。曲靖市乡镇（街道）老龄事业发展促进会实现零的突破，《云南老年报》头版头条对此进行报道。

【老戏剧家艺术团放歌国家大剧院】 2010年11月10日，“七彩夕阳”全国中老年合唱艺术节暨全国中老年合唱之星邀请赛在国家大剧院举行，来自全国各地的16个代表队参加盛会，曲靖市老戏剧家协会组成53人的艺术团，是西南地区唯一受邀团队。他们表演的无伴奏混声合唱《在太行山上》、《阿诗玛的回音》获得比赛明星金奖、群星金奖和组织奖。

（李　芬）

2010年10月19日，市委、市政府领导参加曲靖市推进养老服务业发展茶话会。

（李芬/摄）

残疾人工作

【简述】 2010年，曲靖市残疾人工作以贯彻落实中央和省促进残疾人事业发展意见为主线，以加强残疾人社会保障体系和服务体系建设为重点，以残疾人康复为主题，切实加强残疾人组织建设，大力推进残疾人康复、教育、就业、扶贫等工作，全市残疾人事业实现又好又快发展。年内，市委、市政府出台《中共曲靖市委、曲靖市人民政府关于促进残疾人事业发展的实施意见》（曲发〔2010〕8号），罗平县、师宗县、会泽县、富源县出台促进残疾人事业发展实施意见。

【残联组织建设】 2010年，曲靖市开展基层残疾人工作创建和社区残疾人工作示范工作。村委会（社区）残疾人联络员（专职委员）工作补贴从每人每月50元提高到100元。在各级残联开展残疾人工作者职业道德建设教育活动。将近3年来新任市和县（市）区残联理事长、副理事长送到省残联进行业务和任职培训。各级残联举办107期培训班，培训市、县、乡残联干部和村委会（社区）残疾人联络员（专职委员）2241人。

【残疾人康复】 2010年，曲靖市残联与市卫生局联合制发《曲靖市2010年“百万贫困白内障患者复明工程”实施方案》。各级残联组织1万余名患者进行筛查，组织符合手术条件的4380例白内障患者实施白内障复明手术，其中残联对3049例进行补助。在马龙县、宣威市、麒麟区、罗平县继续开展“社会化、综合性、开放式”精神病防治康复工作，4个项目县（市）区覆盖总人口284万人，检出精神病患者并建档立卡17169人，监护精神病人16767人，接受医疗救助免费服药贫困精神病人903人，同时启动沾益县精神病防治工作。在宣威市、麒麟区、师宗县、马龙县继续开展社区康复工作，启动罗平县、沾益县残疾人社区康复工作，对县、乡、村三级康复人员进行培训，对残疾人康复需求进行调查，为22122名残疾人提供社区康复服务。与微笑行动中国基金会驻昆明办事处联合邀请4个国家志愿者医务人员，分别在市第三人民医院、会泽县医院对134名唇腭裂残疾患者实施免费手术。认真开展各项残疾人康复工作，完成盲人定向行走训练400人，低视力配用助视器81人，聋儿语训93人，普及型假肢装配102例，智力残疾儿童康复训练100人，智力残疾儿童家长培训65人，贫困肢残儿童矫治50例，肢体残疾人康复训练108人，残疾人辅助器具供应2752件（其中贫困残疾人免费发放1651件）。

【残疾人就业】 2010年，曲靖市残联和市财政局联合下发《关于残疾人助学和就业补贴有关问题的通知》（曲残发〔2010〕35号），对残疾人助学和就业补贴有关问题作出明确规定。在市、县人力资源和社会保障部门就业服务机构开设残疾人就业失业登记和就业服务窗口，为残疾人免费提供就业失业登记、职业介绍、职业技能培训、政策咨询等“一站式”就业服务。市残联配合曲靖市就业服务中心成功举办2010年春季招聘会。全年全市人力资源和社会保障就业服务机构共登记城镇失业残疾人员208人，已实现就业62人，年末实有城镇登记失业残疾人员319人，其中长期失业人员95人。县（市）区残联建立残疾人失业、求职台账，登记在册残疾人1302人。年内，加大按比例安置残疾人就业力度，加强对福利企业安置残疾人就业管理，创建残疾人扶贫示范基地，拓宽残疾人就业渠道，多形式开发适合残疾人就业公益性岗位，全市新增城镇残疾人就业478人，征收残疾人就业保障金1160万元。用14.9万元创业补贴，扶持146名残疾人开办按摩店、缝纫店、电焊店、家电维修店等自主创业。加大劳务输出力度，职业技能培训后输出361名残疾人到市外就业，其中输出200余名残疾人到江苏、50余人到昆明、11人到天津就业。

【残疾人职业技能培训】 2010年，曲靖市残疾人职业技能培训纳入人力资源和社会保障、农业、扶贫部门就业再就业培训、“阳光培训工程”、“雨露扶贫工程”等培训计划，给予培训补贴，全年培训残疾人2599人。年内，市残联在全市范围内选择26个有适合残疾人就业培训专业的职业技能学校，作为残联系统残疾人职业技能培训基地。残联系统组织621名残疾人进行职业技能培训，其中，委托市特殊教育学校、曲靖医专举办盲人保健按摩培训班四期，培训盲人保健按摩师127人（其中年内结业，取得职业资证62人）；委托宣威兴业职业技术培训学校、陆良县职业技术学校、曲靖市机动车驾驶学校等7个职业技能培训学校，对497名残疾人进行电焊工、缝纫工、电子装配工、汽车驾驶员、家电维修等工种培训。依托科技、农业等部门或聘请农业专家、致富能手等开展残疾人实用技术培训89期，培训残疾人5049人。

【残疾人解困】 2010年，曲靖市各级残联争取将残疾人扶贫纳入当地扶贫项目同步实施，将残疾人扶贫列入当地政府“866”工程和整村推进扶贫工程内容，纳入当地扶贫项目同步推进。按照《2010年云南省农村危房改造实施意见》，协调住房和城乡建设部门，逐户落实农村贫困残疾人危房改造对象，积极参与检查验收，完成残疾人危房改造350户。认真实施“阳光家园”重度残疾人托养项目，将上级补助130万元项目经费落实到重度残疾人家庭，完成重度残疾人居家安养2313人，集中托养83人。建立扶贫示范基地，市和9个县（市）区建立10个残疾人扶贫就业示范基地。围绕2010年第二十个“全国助残日”主题“加大扶持与救助力度，帮扶农村贫困残疾人”，全市各级党政领导和残联走访慰问残疾人6650人（户），发放慰问金和慰问物资折合人民币180万元。全市残联争取到中国残联2.5万元、省残联3万元救灾资金，及时安排到旱灾最严重、最需要救助的农村贫困残疾人和残疾人扶贫示范基地。自筹资金7.58万元，帮助1000多户残疾人（户）和1个残疾人养殖扶贫示范基地，解决饮水困难和春耕生产中资金短缺问题。2010年“6·25”马龙县特大暴雨灾害，市残联筹资35万元，其中5万元用于县残疾人康复中心药品及医疗康复器具购置补助，30万元用于帮助297户因灾房屋倒塌和形成危房的残疾人户重建家园。

【残疾人教育】 2010年，曲靖市残疾儿童教育纳入义务教育体系，“两免一补”政策得到落实，残疾人特殊教育进一步发展。年内，宣威市、会泽县特教学校建成，9月份招生开班，罗平县、师宗县启动特教学校建设。认真组织实施彩票公益金助学项目，救助残疾学生115名。资助曲靖市特殊教育学校、麒麟区启智爱心学校对30名智力残疾儿童、少年进行学习和康复训练。资助当年录取的大中专残疾新生75人，资助资金8.65万元。

【残疾人宣传文体】 2010年，在第二十个"全国助残日"活动期间，曲靖市召开各级残工委会议、政府办公会议、各部门座谈会，发表电视讲话，进行广播电视宣传，电视新闻报道，播放公益广告，张贴标语口号，发放宣传资料，广泛宣传各级党委、政府促进残疾人事业发展的意见和残疾人工作的法律、法规、政策，以广泛开展群众性残疾人文体活动为重点，活跃残疾人文化体育生活，积极选拔培养文艺体育人才，向国家和省输送优秀文体苗子，全市有5名残疾运动员参加12月在广州举办的亚残运会，获得3枚金牌和2枚铜牌。

【残疾人维权】 2010年，曲靖市残联建立残疾人法律援助联络站，各级法律援助中心为68名残疾人提供法律援助服务。全年全市残联组织接待来信来访1696件（次），处理结案率达100%。年内，没有出现到省、到京集体群访和非正常上访。无障碍设施、设备不断增加和改善。投入经费19.8万元在曲靖市特殊教育学校建立盲人有声读物阅览室。

【残疾人证核发】 2010年，曲靖市各级残联严格执行残疾人证管理办法和第二次全国残疾人抽样调查残疾标准，制定核发第二代残疾人证规范程序，成立残疾评定机构，明确核发残疾人证责任，建立办证纠错机制，实行残疾人证办证承诺制度，全市已办残疾人证100301本，办证合格率达到考核标准。

【残疾人基础设施建设】 2010年，曲靖市残疾人综合服务中心占地5.1亩，建筑面积4234平方米，总投资1173万元，筹集到位资金1022万元，项目列为政府代建项目，由市发改委代建中心代建。项目实施中，严格执行项目法人责任制、招投标制、监理制，至年底主体工程已全部完工待验收。宣威市残疾人综合服务中心建设项目，占地6.07亩，建筑面积5223平方米，投资1200万元，已基本完成主体工程建设。麒麟区残疾人综合服务中心改扩建项目，已按要求完成。

（周潮昆）

红十字会工作

【简述】 2010年，曲靖市各级红十字会以科学发展观统领红十字会工作，以在党员干部中开展创先争优活动为载体，认真实施《中华人民共和国红十字会法》、《云南省红十字会条例》，依法履行职责，发挥政府在人道工作领域的助手作用。年内，市红十字会被市直机关工委列入社团组织创先争优试点单位。

【"红十字博爱送万家"活动】 2010年1月15～25日，曲靖市各级红十字会积极筹集款物，组织开展红十字"博爱送万家"活动，向贫困群众、职工发放价值13万元的大米、食用油、棉被等物品，受益群众1万余人。

【抗旱救灾】 2010年，曲靖市遭受百年不遇特大旱灾。2月下旬，市红十字会通过媒体发出《关于援助曲靖市旱灾灾民紧急募捐呼吁书》，累计收到募捐善款61万元，并及时购买物品送达灾区。4月3日，中国红十字基金会救灾项目官员高瑞立等人在省红十字会副会长和永春陪同下，到曲靖市考察旱灾灾情。年内共争取上级红十字会、外省红十字会援助抗旱资金868万元。其中：来自中国红十字基金会抗旱资金692万元，共实施抗旱救灾建设项目71个。

【地震、洪涝灾害援助】 2010年4月14日，青海省玉树县发生里氏7.1级地震。4月20日，市红十字会通过新闻媒体向社会各界发出《援助玉树地震灾害募捐呼吁书》，全市共接收善款49万元，并通过省红十字会汇往玉树灾区。6月25日，曲靖市马龙县发生洪涝灾害。6月26日，市红十字会领导及有关人员及时前往灾区查看灾情，安抚及看望灾民。6月27日，省红十字会党组书记、常务副会长段鸿到受灾最严重的月望乡小海子村慰问灾民，并发放价值20万元的物品，2000名灾民得到救助。12月上旬，市红十字会领导带领部分工作人员前往马龙县王家庄吴官田村及马过河镇何家村慰问灾民，共送去价值8万元的大米、棉被，受益群众1000人。

【卫生救护培训】 2010年，曲靖市各级红十字会推动急救知识、自然灾害避险逃生知识和技能的普及。4月，市红十字会联合市国土资源局开展全市卫生救护知识、自然灾害避险逃生知识和技能大赛活动。各县（市）区红十字会及曲靖师院、曲靖医专、市第一人民医院、曲靖交通医院等15个单位组队参赛。5月18～19日在曲靖正式比赛。最后，市第一人民医院参赛队荣获一等奖；富源县红十字会参赛队荣获二等奖；曲靖师院、会泽县红十字会、沾益县红十字会参赛队荣获三等奖。年内，全市共培训救护员近3万人，普及卫生救护知识1.8万人。全市初步形成以市红十字会救护培训中心为龙头，县红十字会救护培训站为骨干的卫生救护培训工作网络。

【造血干细胞捐献】 2010年，曲靖市红十字会加大对造血干细胞捐献宣传力度。市红十字会有关人员深入大专院校、企事业单位宣讲红十字会运动基本知识，宣传捐献造血干细胞的意义。5月19日，云南能源职业技术学院学生曾超成功捐献造血干细胞。年内，全市共有1166人自愿参加造血干细胞血样采集。

【拓宽人道救助渠道】 2010年，市红十字会与曲靖交通医院、曲靖妇产医院联合开展"携手人道，关爱女性健康"医疗救助活动。活动内容：为妇女免费发放5万份红外线乳腺扫描检查，2万份免费阴道镜检查，4万份宫颈癌TCT免费检查，为88名贫困妇女免费做爱心手术。

（张玉文）

慈善事业

【简述】 2010年，曲靖市慈善事业围绕"赈灾、救难、扶贫、济困、助孤、安老、助医、助学"的总会宗旨探索性地开展工作，工作中严格捐赠款物的管理使用，共募集善款1278万元，累计募集善款2091万元，发放救助款物1423万元，救助困难群众、贫困学生6.7万人（次），促进和推动全市慈善事业在赈灾救难、扶贫济困、助孤安老、助学助医等方面发挥积极作用。

【会员代表大会】 2009年7月9日市委58次常委会议研究，以曲复［2009］10号文件批复同意成立曲靖市慈善总会，明确市慈善总会属政府主办的独立法人的群团组织。市慈善总会于2009年9月25日正式成立并召开第一次会员代表大会，会议顺利选举产生第一届理事会会长、常务副会长、副会长、秘书长、副秘书长、常务理事、理事，聘请了顾问、名誉会长、法律顾问，审议通过《曲靖市慈善总会章程》和《曲靖市慈善总会受捐善款管理使用办法》。于2010年8月9日召开第二次全体会议，总结总会成立以来工作，增选部分理事、常务理事、副会长。市慈善总会现有理事138名、会长1名、常务副会长1名、副会长18名、秘书长1名、副秘书长2名、常务理事55名，聘请顾问4名、名誉会长3名、法律顾问1名。并先后加入云南省慈善总会、中华慈善总会，成为云南省慈善总会、中华慈善总会团体会员单位。

【抗旱救灾】 2010年，面对曲靖百年不遇旱灾，市慈善总会积极组织人力物力做好抗旱救灾工作。下拨抗旱救灾慈善捐款580万元专项用于购买储备粮解决灾区困难群众基本生活。下拨抗旱救灾慈善捐款20万元帮助会泽县云峰村解决人畜饮水困难。下拨洪涝灾害慈善捐款10万元支持马龙县大龙井村“6·25”特大洪灾灾后民房恢复重建。

【助学助困活动】 2010年，曲靖市慈善总会向全市9个县（市）区教育局、曲靖师院、宣威一中划拨助学善款127.3万元，专项用于校舍修善，购置课桌椅，捐助贫困学生费用开支。开展“六·一”助学献爱心活动，为4所学校送去价值3.5万元的学习、体育用品。积极参与中国扶贫基金会爱心包裹项目捐赠活动，捐赠3万元为100名贫困地区及灾区小学生送去爱心包裹。开展灾区困难学生助学活动，积极向省慈善总会争取救助名额，32名困难学生到湖北省黄石市免费就读职业技术学校。

【“送温暖、献爱心”活动】 2010年，曲靖市慈善总会积极开展春节“送温暖、献爱心”活动，支出慰问经费20万元、发放毛毯400床，慰问灾区困难群众、特困户、五保户660户。

【宣传工作】 2010年，曲靖市慈善总会通过媒体对宣传慈善总会成立的意义、宗旨、性质、任务及会议情况进行宣传报道。工作开展情况先后6次在曲靖电视台和曲靖日报上播出、刊登，同时在《曲靖日报》对捐款企业进行公示，提高市民对慈善事业的认知度。创刊《曲靖慈善》并首期印发500本。

（罗培洪）

曲靖市慈善总会成立暨第一次会员代表大会。

（沈良启/摄）

关教工作

【简述】 2010年，曲靖市关工委配合党政职能部门，结合实际进行爱国主义和革命传统教育、思想道德和法制教育、时政形势和科技教育；围绕中国关工委成立20周年成就展、省关工委召开表彰大会、市关工委成立20周年庆祝活动，完成了工作计划和临时任务。

【全国关工委“双先”表彰会】 2010年6月22日，中国关工委和中央文明办在北京召开纪念中国关工委成立20周年暨全国关心下一代工作表彰大会，曲靖市关工委被评为全国关心下一代工作先进集体；曲靖市关工委主任张朝林、会泽县关工委主任赵连海、宣威市关工委主任高永富、富源县关工委常务副主任杨学智被评为全国关心下一代工作先进工作者。

【省关工委“双先”表彰会】 2010年6月10日，云南省关工委“双先”表彰大会在昆明召开。曲靖市荣获省关心下一代工作先进集体10个、爱心奉献先进集体8个，荣获关心下一代工作先进工作者32人、荣誉奖2人、功勋奖2人、突出贡献奖1人，荣获爱心奉献先进个人奖4人。曲靖市关心下一代工作委员会被评为先进集体，赵立雄、李云忠被授予荣誉奖，滕占臣、肖本仁被授予功勋奖，张朝林获突出贡献奖。

【曲靖市关心下一代工作委员会成立20周年庆祝大会】 2010年11月24日，曲靖市委、市政府召开曲靖市关心下一代工作委员会成立20周年庆祝大会。省关工委和11个州（市）关工委以及寻甸县关工委的领导，市四班子分管和联系关工委工作的领导，各县（市）区关工委原担任过常务副主任以上职务的老同志、驻会领导和关工委办公室人员，市关工委顾问和全体组成人员以及五个专门委员会成员、原驻会副秘书长以上人员，共200多人参加会议。会议由市委常委、组织部部长李云忠主持，市委副书记范华平致欢迎辞，省关工委主任张宝三作讲话，市关工委张朝林主任作工作报告。省关工委常务副主任郭金弟、鲍德珠，市委常委、市委秘书长朱德光，市人大常委会副主任李桂珍，副市长饶卫，市政协副主席夏传煊和部分原市级老领导出席庆祝大会。

【全市农村留守儿童情况调研】 2010年，曲靖市关工委组成调研组分别到各县（市）区和部分乡（镇）及相关部门调研留守儿童情况，深入到村、户直接同村（居）委会、村民小组和学校负责人、留守儿童及其监护人交谈。调研组先后走访21个乡（镇）、29个村（居）委会，座谈或个别了解乡（镇）村（居）委会、村民小组、农村小学负责人近100人，入户走访留守儿童家庭60余户，参阅各县调查报告等大量资料，找准存在问题，提出工作建议，形成专题调研报告。市关工委随后形成调研综合报告上报省关工委。

【《论语》命题毛笔书法大赛】 2010年4月12日，曲靖市关工委发文要求组织好中、小学生参加《论语》命题毛笔书法大赛活动，各中、小学各选1件报市关工委筛选。全市参赛学生共1.5万人，其中：小学有152所1.15万人，中学有62所4200人。5月10日，市关工委将各县（区）关工委和市直学校报送来的毛笔书法作品20余幅，送请市老书协进行筛选，评出9幅作品报省关工委参赛。书法内容涉及到6种，有两碑（爨碑、魏碑）、两体（欧体、颜体）、两书（隶书、楷书）。最后有4幅作品获奖。全省共设一等奖5名（曲靖市有1名——会泽县东风小学傅俊豪同学），二等奖10名（曲靖市有2名——师宗县丹凤小学骆炬伸同学和沾益县西平小学王睿民同学），三等奖20名（曲靖市有1名——曲靖市第二小学朱书娴同学），鼓励奖69名（曲靖市有5名）。

【纪念中国工农红军长征过曲靖75周年、庆祝中国延安精神研究会成立20周年大会】 2010年4月23日下午，曲靖市市关工委与市延安精神研究会、麒麟区西城街道办事处共同举办“纪念中国工农红军长征过曲靖75周年、庆祝中国延安精神研究会成立20周年大会”。有市关工委驻会人员、市延安精神研究会驻会人员及部分顾问、理事、西城街道示范小学部分师生和当地群众600余人参加会议。会议由市延安精神研究会常务副会长李湘主持，市关工委常务副主任陈玉法讲话，市民族艺术团一队和市老剧协合唱团分别表演了12个文艺节目，对于部群众和青少年学生宣传长征精神和延安精神。

【联合举办曲靖市第十五届青少年曲艺（故事）比赛】 2010年5月20～24日，曲靖市文化局、市教育局、市关工委、团市委、市文联、市少工委在市文化馆联合举办曲靖市第十五届青少年曲艺（故事）比赛，有26所幼儿园、学校的193个节目、300余名选手参赛。最后，评出一等奖10名、二等奖20名、三等奖40名、优秀奖123名、组织奖20名。市关工委主任张朝林、副主任黄文杰参加颁奖晚会。

【联合召开“用延安精神办学育人工作经验交流会”】 2010年10月12日，曲靖市关工委与市教育局、市延安精神研究会联合召开“用延安精神办学育人工作经验交流会”。各县（市）区教育局、延安精神研究会、关工委的领导，各县（市）区选送交流材料的学校领导及材料撰写人，曲靖师院、曲靖医专延安精神研究会领导，曲靖各中等专业学校、曲靖市属各中职学校、中小学、幼儿园和市特殊教育学校的领导共116人参加会议。上午，先后到麒麟小学、曲靖应用技术学校和爱国主义教育基地三元宫参观学习。下午，在市人大培训中心报告厅召开大会。市政府副市长饶卫出席会议并讲话，市延安精神研究会会长、市关工委主任张朝林传达云南省“用延安精神办学育人”工作经验交流会精神，市教育局党委副书记吉云刚作讲话和会议小结。大会共收到交流材料52篇，19篇在大会上交流发言。

2010年4月23日，曲靖市关工委成立20周年庆祝大会会场。

（市关工委/供稿）

【助学工作】 2010年5月，曲靖市关工委将全市2010年度云南省困难家庭未成年人救助专项经费（救助经费17.2万元，宣传教育培训活动等经费2.8万元。救助小学生35人，初中生63人，高中生130人，共228人）登记申报及实名制汇总表报市财政局备案，并派专人报送省关工委，省将专项经费下拨后，12月已将救助金如实发放到学生手中。10月，市关工委麒麟希望学校庆祝学校成立20周年，市关工委支持6万元，还为37名困难学生解决1.19万元救助费。据统计，全年全市共捐资1928.32万元，受助学生84137人。

（何甚良）

扶贫开发

【简述】 2010年，曲靖市扶贫系统以“整乡推进”扶贫开发为抓手，积极创新思路，强化措施，继续实施大投入、大整合、大参与的“大扶贫”开发战略，扶贫工作取得明显成效。全市扶贫总投入达26.35亿元，其中各级财政扶贫资金4亿元（中央及省级投入1.62亿元，市级投入1.09亿元，县级投入1.29亿元），扶贫信贷资金5.53亿元，整合各部门资金4.5亿元，社会帮扶资金1.32亿元，群众投工、投料、投资11亿元。

【“整乡推进”扶贫开发】 2010年，曲靖市委、市政府在总结全市“866”工程建设和会泽县五星乡“整乡推进”扶贫开发试点的基础上，在全市9个县（市）区的10个乡（镇）实施以到乡到村到户的“8666”工程为主的“整乡推进”扶贫开发，继续推进以大整合、大参与、大投入为主要措施的“大扶贫”开发战略。全年完成项目总投资19.21亿元，其中省级财政投入1800万元，占总投入的0.09%，市级财政投入1.09亿元，占总投入的5.6%，县级财政投入1.29亿元，占总投入的6.7%，部门整合资金4.5亿元，占总投入的23.4%，挂钩帮扶资金1.15亿元，占总投入的6%，群众投工、投料、投资11亿元，占总投入的58.21%。户“八有”、自然村“六有”、行政村“六有”、乡（镇）“六有”目标（简称“8666”目标）全面实现，分别完成建设计划的115%、110%、110%、105%。10个乡（镇）、98个项目村全部通过考核验收，并全部考核评定为优秀。年内，计划整合投入7000万元资金，在宣威市阿都乡实施“整乡推进”。阿都乡被列为省级“整乡推进”新增试点，300万元试点资金已拨付到位，该项工作已启动实施。

【整村推进扶贫】 2010年，曲靖市共实施省级整村推进重点村453个，投入扶持资金6795万元。上年底，下达第一批省级整村推进重点村121个，投入省级财政扶贫资金1815万元。截至2010年6月底，全面完成项目建设任务。8月，下达第二批省级整村推进重点村310个，扶持省级财政资金4650万元，项目覆盖9个县（市）区的98个乡（镇）243个村委会。项目下达后，各县（市）区多形式整合项目资金，精心编制规划，严格落实扶贫项目目标管理责任制和廉政承诺责任制，全面推行公示公告制，利用秋收后的农闲时节积极组织农户实施。11月，追加第三批22个省级整村推进重点村计划，省级投入330万元，已完成规划申报、审批工作，12月份启动。年内，在宣威市实施安居工程300户，在会泽县实施200户，在马龙县实施100户，每户补助1万元，共扶持资金600万元。

【产业扶贫】 2010年，省级下达曲靖市产业扶贫项目15件1800万元，年内完成项目的立项、规划、申报工作，待省审批后实施。

【扶贫互助资金试点】 2010年，上级下达中央财政扶贫资金100万元，在麒麟区沿江乡大龙村委会和庄家圩村委会，选择10个村民小组，实施贫困村互助资金试点，旨在建立扶贫资金与农民自主经营相结合的有效方式，引导发展支柱产业，增强贫困农户组织化程度和自我发展能力。年内，项目点已初步拟定实施方案，待审核批准后即可启动实施。

【小额信贷扶贫】 2010年，曲靖市积极争取省级两批小额扶贫到户贷款3.2亿元，扶持贴息资金1600万元，扶持奖补资金192万元。贷款下达会泽县5600万元、富源县5600万元、麒麟区2000万元、陆良县4000万元、罗平县1800万元、师宗县3300万元、沾益县2000万元、马龙县1200万元、宣威市6500万元。贷款主要扶持各地发展前景好的种、养、加项目，以及一乡一品、一村一业的特色优势产业，培育增收致富产业群，带动农民脱贫增收致富。年内，贷款已全部投放到户，部分县（市）还自筹贴息资金扩大贷款规模，全市实际投放扶贫到户贷款4.4627亿元。2009年及以前年度的小额贷款回收率达到100%，小额信贷资金实现积极稳妥回收、安全有效运行。

【扶贫贴息贷款】 2010年，曲靖市组织申报11个扶贫贴息贷款项目，发放贷款1.07亿元，扶持贴息321万元。其中，省级扶贫贷款项目2个，富源县睿智经贸有限责任公司大河乌猪养殖基地建设，发放贷款2000万元，扶持贴息60万元，通过项目建设，可年向社会提供优质商品肥猪2万头，生产有机复合肥1万吨，该项目可提供85个就业岗位，17个村6000人受益；富源县坤星源魔芋开发有限公司，推荐发放贷款2000万元，扶持贴息60万元，新建4500吨魔芋精粉加工厂及2万亩魔芋基地，实现销售收入2.8亿元，新增就业人员350人，带动3000多户农户增收。市级认定推荐项目9个，资金9110万元，涉及4个县，实际贷款6700万元，扶持项目贷款贴息资金201万元。扶持项目分别是：富源县营上镇田园养殖场，建设猪舍1.8万平方米，贷款900万元；富源县朝阳农业综合服务有限公司，年产商品芋7500吨，培育生产种芋5000吨，贷款780万元；富源县精粮坊油贸有限公司，新建年加工大米4500万千克及小麦面粉加工3000万千克的加工厂，贷款600万元；富源县光华魔芋开发有限公司，年产1000吨魔芋精粉项目，贷款500万元；宣威市宣泰火腿有限公司，新建车间、发酵仓库、粗加工车间等，贷款920万元；宣威市荣升火腿有限责任公司，新建自动化生产线等设施，形成年加工5000吨鲜腿生产能力，贷款950万元；罗平县板桥黄姜开发有限公司，生产无公害小黄姜4万吨，干姜片5000吨，贷款750万元；罗平县九龙黄姜有限公司，年加工生姜7.2万吨，贷款800万元；师宗县华海木业有限公司，年生产加工6万立方米细木材

省扶贫办主任王智到会泽检查指导扶贫开发工作。

（市扶贫办/供稿）

板及其他木业产品，贷款500万元。

【劳动力转移培训】　2010年，曲靖市争取省下达两批贫困地区劳动力转移培训计划1.86万人，按人均200元标准，补助财政扶贫资金372万元，下达富源县9000人、会泽县9600人。年内，争取省下达劳动力基地技能培训计划5700人，补助资金486万元。其中，省高级工业技工学校1500人，按人均1000元标准补助资金150万元，会泽县实施技能培训2000人，按人均800元标准补助160万元，麒麟区实施技能培训2200人，按人均800元标准补助176万元，截至年底，已完成引导性培训1.68万人、技能培训4050人。

【革命老区开发建设】　2010年，曲靖市投入扶持资金340万元。其中：会泽100万元，陆良县100万元，富源县100万元，师宗县20万元，马龙县20万元。项目资金按照“突出重点、确保解决革命老区最薄弱、老区人民最期盼的问题”，“对革命贡献大的地方优先扶持，对贫困程度深的村寨给予优先照顾”的要求，主要解决特殊领域、特殊人群的特殊问题。

【扶贫监测】　2010年，曲靖市进一步加强扶贫统计监测工作，及时统计上报整乡推进和整村推进进度报表、小额信贷半年报表、劳动力培训转移进度季报表、易地扶贫进度季报表以及会泽、富源2县贫困监测点相关数据，及时准确地反映扶贫开发工作的进度及成效。认真办好“千村扶贫、百村整体推进”工作简报，全年编发简报14期，扶贫宣传工作得到明显加强。及时办理人大代表建议和政协委员提案，办理建议和提案5件，全部按时办结并答复。

（徐　斌）

移民开发

【简述】　2010年，曲靖市移民开发工作取得显著成效。全市大中型水库移民人口102392人，占全省的四分之一，分布在9个县（市）区106个乡（镇）950个村。市移民开发局定编15人，正处级，参照公务员法管理的事业单位。县（市）区移民开发局定编74名，正科级，事业单位。

【后期扶持】　2001年，曲靖市在移民后期扶持工作中，市、县两级领导小组克服困难完成移民人口核定登记工作。坚持正确的舆论导向，多形式广泛宣传后期扶持政策，使广大群众理解政策不偏差，干部执行政策不走样。克服水库建设历史久远，资料不全等困难，反复核查、登记、公示，核定登记移民人口。尊重移民意愿并听取移民村群众意见，进村入户签字认定后期扶持方式，全市直补占91.15%，项目扶持占1.69%，二者结合扶持占7.16%。市、县筹集移民指标差额资金1544.72万元，保证及时足额兑现。规范移民后期扶持管理，移民人口核实、建档到人，累计核减参工、死亡等移民人口730人。研发大中型水库移民后期扶持管理软件并在全省推广使用，促进移民后期扶持规范化、自动化管理。及时兑付后期扶持资金。资金到账后5个工作日内拨出市级账户，县级在资金到账后15个工作日内兑现到人。2006年以来，上级下达后扶资金24361.96万元，全市累计兑现25906.68万元，其中2010年兑现6143.52万元。移民每人每年有600元的现金收入，改善了生产生活条件。加强监管，做到资金封闭运行，从国库到银行，再1人1折直拨到移民个人存折上。经2008年省审计厅组织为期1月的审计调查和2009年国家移民局的稽查，没有出现违规使用移民资金的情况。

【移民安置】　2010年，曲靖市开展宣威万家口子、毛家河、阿都、罗平老江底水电站，红石岩、苏斗河水库等移民搬迁安置工作和白鹤滩、会泽象鼻岭水电站的前期工作。配合设计部门开展天生桥一级水电站罗平、师宗库区遗留问题的调查落实、规划设计等工作。移民安置房屋“统一规划、统一设计、抽签定宅基地、分户建盖”，得到移民认可。天生桥电站罗平库区利用库区水域扶持移民发展渔业，形成鱼苗生产、饲料加工、养殖、水产品加工、运输、营销一条龙产业，带动移民就业2320人。年内，抓好中小型水利水库实物指标调查细则的评审把关和实物指标调查复核工作，为建设蓄水工程搞好协调服务。“十一五”期间，曲靖在建中型水电站10座，中型水库4座。按照国务院471号令和省政府“移民工作十原则”，完成宣威达开、师宗凤凰谷、会泽小岩头水电站和牛栏江—滇池补水工程共1842人的移民搬迁安置和生产开发工作。

【项目建设】　2010年，曲靖市移民开发局以库区和移民安置区村组为单元，坚持政策原则，尊重移民意愿规划项目。邀请纪工委、财政、发改、水务等部门参加项目申报、审查，坚持专家评审论证和网上公示，听取群众意见，主动接受监督。严格按照制度要求管理项目，加强工程质量管理，完善项目档案，办理移交接管手续，明确建后管理主体，使项目长期发挥效益。年内，启动库区基金和应急资金3410万元111个项目的实施工作。“十一五”争取国家后扶结余资金2479万元，已实施结束的项目60个、国家投资1379万元，受益177063人，其中移民41075人。

【信访工作】　2010年，曲靖市针对移民人口核定登记工作中信访突出的情况，市、县高度重视，移民部门全力以赴，积极应对。年内，接访124件（次）169人（次），其中到省上访4件7人（次），到市上访27件40人（次），信访总量比2009年下降42.1%；排查重点信访件8件并按时办结回复。2007～2010年，市、县、乡接待上访5万余人（次），果断处置多起大规模群体性越级上访。移民部门积极配合各级各有关部门大接访、大下访，实行领导包案，定期接访，带案下访，坚持排查、梳理、分析、调处、化解、稳控、防范相结合，坚持依法按政策办事，促进社会稳定。2009年以来，实现了“无群体恶性事件发生、上访人员明显减少、信访总量明显下降”的目标。

（李在勇）

县（市）区

责任编辑　孙立云

麒麟区

【简述】　麒麟区位于云南省东部，滇东高原中部，南盘江上游，地处东经103°10′～104°13′、北纬25°08′～25°36′之间，东邻富源县、罗平县，南接陆良县，西与马龙县相连，北与沾益县接壤，总面积1552.83平方千米，距省会昆明135千米，320、326国道和昆曲、曲陆、曲胜3条高速公路、贵昆铁路交织于此，是曲靖市政治、经济、文化中心。曲靖市委、市政府驻城区寥廓街道办事处，麒麟区委、区政府驻城区南宁街道办事处。2010年末，全区共辖南宁、寥廓、建宁、白石江、西城5个街道办事处和三宝、越州、东山3镇及珠街、沿江、茨营3乡，共有80个村民委员会，29个社区居委会。中心城区建成区面积56平方千米，城镇化率66.2%。城区海拔1820米，年平均气温16.2℃，年降雨量961.9毫米。年末总人口740747人，其中非农人口482782人，少数民族人口36273人，男性379781人、女性360966人，男女性别比105.2∶100，10年之间年均人口增长率1.33%。

2010年，辖区内实现地区生产总值315亿元，比上年增13%。其中：第一产业增加值13.7亿元，增7.2%；第二产业增加值193.9亿元，增13.3%；第三产业增加值107.4亿元，增13.1%。三次产业结构比为4.3∶61.6∶34.1，综合经济实力居全省县域经济十强。

【第一产业】　2010年，麒麟区完成农林牧渔业总产值27.1亿元，比上年增15%。其中农业产值11.6亿元，增11.1%；林业产值0.2亿元，减53.5%；牧业产值14.2亿元，增22%；渔业产值1.1亿元，增2.9%；农林牧渔服务业产值260万元，增4%。

2010年全区粮食总产量18142万千克，比上年增443万千克，增2.5%；烤烟移栽面积12.3万亩，烤烟收购1886万千克；蔬菜总产量17021万千克，增1.9%；蚕茧产量64万千克，增18.5%；水果产量2736万千克，增147%；油菜籽41万千克，减48.8%。粮经结构比为37∶63。全年完成造林3.875万亩，其中天然林保护工程人工造林1万亩，泡核桃种植2万亩。完成义务植树175万株。森林覆盖率42.6%。主要林产品产量：棕片2.67万千克，核桃40.79万千克，板栗11.26万千克，花椒105.03万千克。畜牧业和渔业生产保持平稳发展，肉类总产11.22万吨，增9.9%。其中猪肉9.96万吨，增10.8%；牛羊肉0.38万吨，增7.9%；禽类0.89万吨，增7.2%。牛奶0.28万吨，减20%；蛋类1.05万吨，增22%。年末生猪存栏49.4万头，增7%；羊存栏5.7万只，增9.2%。渔产品产量10037吨，增2.9%；淡水养殖面积17839亩。中低产林改造完成1万亩。林地确权率99.4%，宗地勘测准确率100%，林权纠纷调处率97%，均山到户率91.8%，林改各项任务指标均已达到验收标准，全区林改逐步转入配套改革阶段。累计转移农村劳

2010年7月28日，发脉水库开工仪式。

（市水务局/供稿）

动力15.8万人（次），劳务收入占农民人均纯收入的比重达52%。

【第二产业】 2010年，麒麟区工业在支柱产业带动下保持平稳增长态势，区域内工业总产值完成450.2亿元，比上年增18.8%。其中区属工业总产值144.5亿元，增36.9%；规模以上工业总产值完成402.8亿元，增17.1%。辖区内规模以上轻工业总产值108.5亿元，增11.8%；重工业总产值294.3亿元，增19.2%；国有工业总产值248亿元，增15.9%；集体工业总产值0.5亿元，增15%；股份制企业总产值138.8亿元，增17.6%。规模以上工业完成增加值154.2亿元，增12%。工业经济总量跃居全省第三。越州工业园区和麻黄工业基地累计入园项目56个，亿元以上项目14个，完成固定资产投资30.7亿元，实现工业总产值90.1亿元。越州工业园区被命名为"云南省新型工业化产业示范基地"、"云南省煤化工二次资源高效利用高新技术特色产业基地"。

主要工业产品产量：原煤526.7万吨，比上年增21%；焦炭336万吨，增8.1%；水泥28.2万吨，减3.1%；发电66562.7万千瓦时，增12%；化肥16774吨，减37.9%；汽车52831辆，减25.5%；卷烟373.9亿支，增3.1%；铅10.31万吨，增16.1%；锌19.37万吨，增2.8%；生铁49.7万吨，增4.8%。

2010年全区有建筑企业92个，完成总产值50.9亿元，比上年增50%。其中建筑工程产值完成45.1亿元，增54.5%；安装工程产值完成3亿元，增3.9%；其他产值完成2.8亿元，增50.8%。

【第三产业】 2010年，麒麟区以现代服务业发展规划为龙头，不断健全城乡消费体系。多元化筹资，积极推进城市农贸市场标准化改造。加快乡村流通服务体系建设，健全农产品流通网络，年内共建农村规范化网点40个。继续做好家电、汽车摩托车、农机（具）下乡及以旧换新工作。落实房地产政策，保持房地产合理投资，加快廉租住房、经济适用住房和中小户型、中低价位普通商品住房建设，增加低收入群众住房的有效供给。全年麒麟区廉租住房建设总面积7.06万平方米、1412套，总投资8472万元（不含道路、绿化及附属设施建设投资1694.4万元）。乡镇（街道）完成私房建设4061户（套），建筑面积69.42万平方米，投资7.37亿元。完成集镇道路、停车场、农贸市场等40个基础设施项目建设，投资7488.43万元。同时，启动了乡（镇）公有住房租赁管理工作和农村房屋所有权证换发工作。争取中央、省、市农村居民地震安全工程及农村危房改造补助资金1060万元。旅游业保持较快发展，成功举办第六届珠江源美食文化活动节。全年接待海外游客980人（次），旅游外汇收入17.7万美元，接待国内游客168.8万人（次），旅游收入8.9亿元。住宿餐饮业零售额完成9.1亿元，比上年增9.7%。进一步完善非公经济激励机制，扶持和引导自主创业、就业容量大的非公企业发展，不断提高非公经济的运行质量和效益。年内，非公经济实现增加值83亿元，增21%，占GDP的比重达32%。

【交通运输】 2010年，麒麟区拥有公路215条，总里程1155千米，公路密度为98千米/百平方千米，实现了1小时交通通达圈。年内，共续建新建交通建设项目15个，完工14个，建设公路里程146.36千米。全年完成营运性客运量480.6万人，旅客周转量5.1亿人千米，同比增9.6%和9.7%；完成货运量2264.6万吨，货物周转量16.1亿吨千米，增60%和57%。

【邮电通信】 2010年，麒麟区邮电业务收入1777万元，比上年增17.5%，电信业务收入9860万元，年内新建城区营业厅6个、乡（镇）营业厅1个。实施了2010年宽带接入网优化工程，麒麟主城区和发达乡镇接入宽带8M端口占比达72.7%。乡（镇）行政村的宽带接入率达到100%。对部分乡（镇）中小学实施了光纤接入，为满足农村信息化建设提供高效、优质的基础网络。

【商贸流通】 2010年，麒麟区社会消费品零售总额完成71.8亿元，同比增22.3%。其中农村零售额增22.3%，城市零售额增22.1%。按行业分，批发和零售业完成62.7亿元，增24.4%；住宿和餐饮业完成9.1亿元，增9.7%。区属商业、粮业、供销、物资社会商品零售总额完成86994.7万元，增21.2%；业务收入总额完成98078.4万元，增24.5%；利润总额完成719.3万元，增593%；缴纳税金1944.9万元，增32%。商品购进总额100026.8万元，增17.9%。生猪（牛、羊）定点屠宰22.14万头，屠宰量4.3%；牛羊定点屠宰6.36万头，屠宰量增5.2%，检疫率达99%。

全市外贸进口完成5153万美元（含开发区），同比增66.13%。其中出口完成5129万美元，增20.3%；进口完成24万美元，增300%。共实施国内合作项目28个（结转项目16个，新增项目12个），实际引进市外国内资金170700万元，同比增40.85%。实际引进国外资金229.5万美元，增90.8%

【财政税务】 2010年，麒麟区财政总收入完成25.1亿元，比上年增43%。其中地方财政一般预算收入9.2亿元，增21.1%。地方财政收入完成12.6亿元，增46%。地方财政支出完成20.7亿元，增25%。麒麟区地税局累计入库各项税费收入129327万元（含地方教育费附加及文化事业建设费），增22.17%。

【金融保险】 2010年，麒麟区金融业快速增长，存贷款持续增加。年末金融机构各项存款余额481.9亿元，比上年增21.7%。其中居民储蓄存款余额194.3亿元，增23.3%；各项贷款余额283.6亿元，增24.7%。

全区金融机构累计现金收入714.76亿元，现金支出700.68亿元，收支相抵净回笼现金14.08亿元，全年驻区银行金融机构备付金率11.08%。

2010年，驻区保险机构累计实现保费收入19.59亿元，同比增3.97亿元，增25.41%；累计赔款4.9亿元，增1.43亿元，增41.21%；累计给付0.79亿元，减0.16亿元，降16.84%。驻区证券营业机构累计实现交易量468.24亿元，减12.75%；累计开户59817户，增14.81%。

【固定资产投资】 2010年，麒麟区全社会固定资产投资总额完成192.8亿元，比上年增31.4%。其中城镇投资完成118.1亿元，增45.5%；农村投资完成18.6亿元，增2%；房地产投资完成56.1亿元，增18.3%。区属完成投资92.3亿元，增33.4%。全区累计施工项目581个，增33%。本年新开工项目405个，增70.9%。其中区属新开工项目304个，增204%。

【城镇建设】 2010年，麒麟区城市建成区面积达到56平方千米，城镇化率66.2%。城市建设固定资产完成投资39亿元，城镇基础设施及私房建设完成投资8.2亿元。西门街片区改造前期工作有序开展，“两江”治理成效明显，荷花塘片区旧城改造拆迁工作进展顺利，326国道（麒麟区段）道路改扩建项目顺利开工，南宁东西路拓宽改造建设一期项目全面完成，子午路立交桥周边景观改造建设前期工作进展顺利，廉租房建设有力推进，廉租房建设总面积7.06万平方米、1412套，总投资8472万元。省级园林城市创建成功，中心城区建成区绿化覆盖面积1905.79公顷，绿化覆盖率36.44%，绿地面积1741.58公顷，绿地率33.30%，人均公园绿地面积9.14平方米，达到了省级园林城市的基本指标和标准，被云南省人民政府命名为“省级园林城市”。城市道路网更趋完善，城市布局更趋合理，全区城市道路202千米。城市供水综合生产能力17.5万吨/日，供水管道346千米，自来水普及率100%；城市排水管道密度8.18千米/平方千米，生活垃圾无害化处理率100%。液化石油气用气人数28.5万人，供气总量达8543吨，城市用燃气普及率80.9%；城市公共汽车572辆，出租汽车1589辆。全区653个自然村村庄规划全面完成，实现村庄规划全覆盖，规划面积57.87平方千米，集镇建成区面积17.8平方千米；集镇绿化面积达25万平方米，人均绿化面积3.2平方米；集镇自来水普及率100%；全区农村住房建筑面积1488.3万平方米，人均住宅面积38.44平方米。

【环境保护】 2010年，曲靖中心城区全年空气质量优良天数354天，占全年的97%。中心城区集中式饮用水源地潇湘水库和西河水库水环境质量优良，达标率为100%。声环境质量整体良好。全年削减二氧化硫1771.72吨，削减化学需氧量3531.25吨。加强两江口污水处理厂和越州、麻黄工业园区（基地）污水处理设施的日常监督检查。完成麒麟区第一次全国污染源普查工作，对全区5657个污染源普查对象进行了普查，区环保局被国务院第一次污染源普查领导小组办公室、环境保护部、国家统计局、农业部表彰为“第一次全国污染源普查先进集体”。

【教科文卫体】 2010年，麒麟区共有区属公办学校（幼儿园）132所，在校（园）学生（幼儿）14.18万人，在职教职工6705人。学校占地218.5万平方米，校舍总面积93.85万平方米。区域内共有各级各类中小学（幼儿园）282所，在校（园）学生（幼儿）18.12万人。幼儿入园率84.77%。区域内高中阶段毛入学率91.5%，高考上线率97.26%，提前完成了“基本普及高中阶段教育、全面提升教育质量”的既定发展目标。继续推进中心城区中小学新建改扩建“6+8”工程。中小学校舍安全工程一期建设项目已全部竣工并交付使用，二期建设项目已基本竣工，共排除危房76429平方米，新建校舍105651平方米，完成投资11353.37万元。

2010年，全区科技创新能力明显增强，麒麟区国家可持续发展先进示范区创建工作稳步推进，科技进步对经济增长的贡献率达56.6%。农业科技进步、工业技术创新、民营科技创业、宏观科技管理“四大集成体系”建设全面推进。

全年文化建设事业健康发展。深入推进文化“五个一”精品工程。麒麟区文化馆、图书馆、文物管理所主体工程已经完工。小品《“猪”联璧合》在广州举行的“中国文化群星奖”大赛中获奖。涌现出了歌曲《我的麒麟美》、《麒麟是我家》、小品《快乐农家》、小舞剧《辣操媳妇》等一批精品节目。组织完成了“2010年大型春节联欢晚会”等大型演出，配合完成了珠江源广场文艺演出40场，越州镇广场文艺演出13场，观众达14万余人。组织电影放映队深入各村及社区完成“2131”工程放映近1100场，确保覆盖率达100%。农家书屋工程建设顺利进行，在全区新建成109个农家书屋，共配发各类图书20余万册。完成了46个行政村文化活动室、43个小广场的建设。积极推进第三次全国文物普查，文化市场监管工作成效明显，文化市场欣欣向荣。

年内体育事业健康开展。体育中心于2010年1月10日破土动工。投资2800万元的网球场于10月27日竣工验收，投入使用。投资23万元支持各乡镇、街道文体广场建设。参加云南省第三届传统拳比赛，夺得团体总分第一名和集体器械比赛一等奖、集体拳术比赛二等奖。参加云南省第十三届运动会武术、举重比赛，夺得金牌6枚、银牌2枚。参加云南省第九届少数民族传统体育运动会，在武术比赛中夺得第一名1个、第二名5个、第三名2个。代表云南省参加全国健身气功站点联赛，两项集体项目夺得三等奖，个人夺得第七名。参加云南省第四届太极拳、剑套路锦标赛，共获得9枚金牌，9枚银牌和集体二等奖。举办2010年春节“东方明珠杯”广场三人篮球赛，有25个队近100人参加比赛。

年末共有卫生机构76个，床位5016张；综合医院17个，专科医院5个，疗养院1个，社区卫生服务中心（站）5个，疾病预防控制中心（防疫站）2个，妇幼保健院2个，卫生院6个，诊所、卫生所、医务室33个，急救中心1个。有卫生技术人员3904人，其中卫生技术人员3276人，乡（镇）卫生院卫生技术人员172人。2010年全区参合农户11.31万户，参合农民39万人，参合率达98.9%；乡（镇）和行政村覆盖率达100%。全年减免补偿135.66万人（次），共免补偿5516.92万元。初步建立基本药物制度。基本公共卫生服务逐步均等化。全面推行城乡医疗救助一站式即时结算服务管理模式。

【人民生活】 2010年，麒麟区城镇居民人均可支配收入16712元，同比增13.2%；农民人均纯收入5569元，增11%。城镇居民家庭平均每百户拥有彩色电视机116台、洗衣机96台、电冰箱90台、摩托车12辆、家用电脑66台、家用汽车12辆、移动电话232部；农民家庭每百户拥有电视机112台、电冰箱39台、洗衣机83台、家用汽车6辆、摩托车69辆。城镇居民人均消费性支出12486.4元，增14.5%；农民人均生活消费现金支出4758元，增21.66%。城镇居民居住类支出1665.4元，增97.1%，人均居住面积27.9平方米；农民居住消费1053元，增147%，人均居住面积41.96平方米。城乡通信、城区数字电视覆盖率均达100%，农村有线电视覆盖率达99.7%。城镇居民医疗保险、新型农村合作医疗、职工医疗互助参加率分别达到99%、98.9%、100%。保障性住房建设力度不断加大，建成经济适用房、廉租房13.6万平方米，解决了2712户中低收入家庭的住房困难。

【精神文明建设】 2010年，麒麟区加强社会主义核心价值体系的学习宣传，组织开展首届道德模范评选表彰、“好人”评选等活动。加强未成年人思想道德建设，组织开展“美德少年”、“百万少儿唱红歌、百万少儿诵经典”等活动。全区5个单位被市文明委表彰为“未成年人思想道德建设工作先进单位”。群众性精神文明创建成果丰硕，全国城市公共文明指数顺利通过中央文明委组织的测评。全年共有101个单位荣获市、区文明单位、文明村（社区）、科普文明村（社区）荣誉称号。举行“老吾老以及人之老”为主题的麒麟区关爱空巢老人志愿服务活动。在“四进村、常下乡”活动中，各部门捐款捐物共计12万余元。

（李 筠）

沾益县

【简述】 沾益县位于云南省东北部、曲靖市中部，地跨东经103°29′~104°14′，北纬25°31′~26°06′之间。东邻富源县，南连麒麟区、马龙县，西接会泽县、昆明市寻甸县，北与宣威市毗邻。县委、县政府驻西平镇，距省会昆明151千米，距市政府驻地13千米。2010年末，全县辖西平、盘江、白水3镇，德泽、菱角、炎方、播乐、大坡5乡，共有村（居）委会122个，其中居委会5个，村（居）民小组859个，其中居民小组48个，有自然村1208个。国土总面积2801.1平方千米。县城海拔1884米。全年平均气温15.8℃；降水量848.8毫米；日照时数2226小时。年末，全县总人口431058人，增5.5%。其中，非农业人口65155人，占总人口的15.12%；男性225792人，占总人口的52.38%，女性205266人，占总人口47.62%。

2010年，全县实现生产总值96.4亿元，比上年增13%（按可比价格计算，下同），“十一五”期间年均增15.88%。其中第一产业实现增加值22.1亿元，增7.4%；第二产业实现增加值50亿元，增18.8%；第三产业实现增加值24.3亿元，增13.9%。一、二、三产业结构比为23:52:25。

【资源特产】 2010年，沾益县境内自然资源丰富。全县森林覆盖率为48.65%。主要森林植被类别有湿润常绿阔叶林、落叶阔叶林。有云南松、华山松、滇油杉等优势树种。并有国家二级保护树种黄杉林，国家二级保护植物中国蕨、扇蕨，国家一级保护动物黑颈鹤、黑鹤，国家二级保护动物斑羚、穿山甲、灰鹤、林麝等珍稀动植物。矿产资源有煤、磷、铁、矾、钼、镍、铅锌、石灰岩、白云岩、粘土、建筑用沙等数十种。其中，煤、磷、石灰岩储量大，品质好，煤储量1.61亿吨，磷矿储量2.9亿吨，石灰岩遍布各乡（镇）。水资源总量10.35亿立方米，水能蕴藏量13.25万千瓦。主要河流南盘江、北盘江属珠江水系，牛栏江属金沙江水系，径流总面积2187平方千米。有花山、白浪、西河3座中型水库，库容总量13203万立方米。有小型水库119座，库容总量6475万立方米。

【第一产业】 2010年，沾益县农村经济稳步提高。全县实现农业总产值360419万元，比上年增18.6%。累计兑付惠农补贴资金2.14亿元。建成高产稳产农田40.2万亩，全年实现粮食总产2.58亿千克、烤烟产值3.2亿元、畜牧业产值20.5亿元，分别比2005年增37.9%、155%、244%，被评为全国粮食生产先进县，成功申报为全国生猪调出大县。特色产业快速发展，建成全国最大的万寿菊种植加工基地、当归种植基地和全省重要的蚕茧生产基地，沾益县被认定为“云药之乡”。农业产业化全面推进，引进培育龙头企业30户，发展农业专业合作组织61个。推广农业科技措施，累计推广先进实用技术面积12万公顷，主要农作物良种覆盖率达95%，认定无公害农产品产地92.4万亩，认证无公害农产品、绿色食品37个。大力发展劳务经济，累计转移输出农村富余劳动力10.56万人（次），实现劳务收入22亿元。

【第二产业】 2010年，沾益县工业主导更加凸显。全县实施工业强县战略，以“一园四片一中心”建设为龙头，强化“五供一配套”服务，扎实开展“五访五帮”活动，初步形成了以煤化工、冶金能源和生物资源为主，机械制造和建材产业为辅的五大产业体系。2010年，全县工业总产值、增加值分别达188亿元、44.3亿元，“十一五”期间年均分别增长32.9%、27.8%。规模以上工业企业总产值、销售收入、增加值分别达134.8亿元、146.7亿元、34.2亿元，“十一五”期间年均分别增长22.5%、21.7%、23.8%。非公经济快速发展，增加值、上缴税金分别达36.04亿元、5.82亿元，“十一五”年均分别增长19.2%、32.6%，非公经济占GDP的比重由2005年的31.6%上升为2010年的37.4%。成功创评花山工业甲醇、博浩叶黄素浸膏等8个云南名牌产品，云南煤化工工业园区在全省首家通过“云南省高新特色产业园区”认定，沾益工业园纳入曲靖国家级经济技术开发区建设范围。

【第三产业】 2010年，沾益县第三产业总产值、增加值分别达41.6亿元、24.3亿元，“十一五”期间年均分别增17.85%、21.47%。全年第三产业增加值占GDP的比重首次超过第一产业。着力打造城市配送型、市场流通型和产业基地型物流园区，完成滇东北物流中心总体规划。全面实施“万村千乡”、“乡村流通”、“家电下乡”、“乡村连锁超市”和“放心示范店”工程，新建和改造农家店139个，落实家电、汽车摩托车下乡惠农政策，建设销售网点77个，销售家电20184台，汽车摩托车12432台，累计兑现补贴资金2028.5万元，社会消费品零售总额12.8亿元，“十一五”期间年均增长21.13%，被确定为“乡村流通工程”省级试点示范县。抓住云南“旅游二次创业”机遇，坚持消费旅游一体化建设，建成以珠江源、海峰湿地、锦源丽都、莲花山庄为代表的一批旅游休闲、饮食文化基地，成功承办“第三届泛珠三角区域合作与发展论坛”开幕式和“第十二届国际奥委会主席杯全国百城市自行车赛决赛暨全民健身与奥运同行自行车赛决赛”，成功举办了首届万寿菊节、3届珠江源美食文化节和4届“珠江源登山越野挑战赛”、“珠江源山地自行车越野挑战赛”，形成了“辣子鸡”等餐饮品牌，累计接待游客194.19万人（次），实现旅游综合收入8.2亿元。

【交通运输】 2010年，沾益县交通运输邮电仓储业实现增加值1.82亿元，比上年增12.8%。年末民用运营汽车拥有量3134辆，增16.5%。其中，载客汽车356辆，载货汽车2778辆，增19%。全年客运量285.8万人，旅客周转量20047.5万人/千米；货运量343.70万吨，货运周转量25346.03万吨/千米。

【邮电通信】 2010年，沾益县邮政业、电信业稳步发展。全年完成邮电业务总量2954万元，比上年增10.3%。其中，邮政业务收入853万元，增3.1%；电信业务收入2101万元，增13.4%。固定电话用户1.5万户，降22.8%，宽带网用户8483户，增14.7%。移动业务收入9200万元，增11.9%，手机用户18.6万户，增116.3%。

【商贸流通】 2010年，沾益县社会消费品零售总额完成128483万元，增23.2%。全年累计签订国内投资合作项目协议8项，新签项目和2009年结转项目共投入资金11.62亿元，增176%。完成外贸进出口总额2500万美元，降48%。

【财政税务】 2010年，沾益县财政总收入完成10.44亿元，比上年增11.19%。“上划中央两税”3.36亿元，降6.08%；地方财政一般预算收入完成5.43亿元，增15.05%，地方财政一般预算支出完成12.68亿元，增34.24%。全县国税系统共组织各项税收入库53673万元，增7.66%。其中，增值税47303万元，降1.87%；企业所得税4757万元，增766.48%；个人所得税51万元，降59.2%；车辆购置税1556万元，增61.08%。全县地税系统共组织地方税收收入49703万元，增21%，其中完成县级一般预算收入39022万元，增23.8%；组织征收社会保险费17586万元，增11%；组织征收工会经费1053万元。

【金融】 2010年，沾益县金融机构各项存款余额50.28亿元，比上年增14.5%，其中城乡居民储蓄28.3亿元，增24.5%；各项贷款余额59.21亿元，增5.7%，其中中长期贷款余额43.3亿元，增3.8%；全年累计现金支出101.57亿元，增26%；全年累计现金收入94.4亿元，增26.9%；全年货币净投放7.16亿元，增15.3%。

【固定资产投资】 2010年，沾益县抢抓中央扩大内需促进经济增长的有利机遇，着力优化投资环境，不断加强与省、市有关部门衔接，全力推进各领域的项目建设。顺利推动实施了六（盘水）沾（益）铁路复线、牛栏江—滇池补水、云维集团、东源曲靖铝业等一大批重点工程建设，为沾益加快发展注入了新的活力。年内，全县固定资产投资完成84.26亿元，比上年增20%。其中，城镇投资完成581713万元，增10%；农村投资完成108420万元，增2.6倍；房地产投资完成62040万元，降35.6%。

【城镇建设】 2010年，沾益县主动对接珠江源大城市总体规划和滇中城市经济圈规划，启动了新一轮城市总规修编，编制完成县城老城片区、西北片区、铁路以西片区等控制性规划和排水、道路竖向、近期住房建设等专业规划，控制性规划覆盖率达80%。启动了东风南路片区旧城改造工程，完成龙华大道、盘江路、龙泉路等十大城市路网工程建设，建成珠江源小区、玉林小区、龙华园小区、九龙新苑等小区，新建商品住房21万平方米，完成城市建设投资86亿元，县城建成区面积达8.34平方千米，城镇化率由2005年的21%提高到2010年的38%，城市承载能力不断增强。城市管理逐步强化，成立了城市管理综合执法大队，开展了省级文明县城、省级园林县城创建活动，连续4年保持“云南省甲级卫生县城”称号。

【环境保护】 2010年，沾益县大力实施节能改造，推进工程减排、结构减排和管理减排，县城2万方污水处理和曲靖生活垃圾焚烧发电等项目，淘汰落后产能企业22家、落后产能226.23万吨，推广节能灯74.9万只，削减化学需氧量3957.21吨、二氧化硫排放量89998.54吨，万元GDP能耗下降4.4%。全面推进“七彩云南沾益保护行动”、“绿色珠江源”行动，建设项目环评执行率和“三同时”执行率达100%，重点流域、重点行业和重点企业污染得到有效治理。实施“天保”、退耕还林等重点生态工程，新建沼气池16950口，节能改灶13953眼，人工造林4.4万亩，封山育林10.5万亩，改造中低产林8.24万亩，森林覆盖率达48.65%。资源保障能力明显提升，完成第二次全国土地调查，第二轮土地利用总体规划及矿产资源规划编制通过省、市评审。累计报批项目建设用地1万余亩，盘活存量土地1000余亩。投资4026万元实施6个土地开发整理项目，净增耕地7425亩。建立国土资源管理共同责任机制，节约集约用地、国土资源联合执法、矿村共建试点工作顺利推进。全县基本农田保护率达87%。私挖滥采行为得到遏制，地质灾害防治卓有成效

【科教文卫体】 2010年，沾益县始终坚持教育优先发展战略，全面化解“普九”债务8132万元，投入“两免一补”资金1.51亿元、受益31.38万人（次），投入8343万元排除中小学D级危房8.59万平方米、新建校舍10.31万平方米，年内，全县有中、小学校180所，在校学生93819人，在编教职工4290人。小学适龄儿童入学率和初、高中阶段毛入学率分别为100%、104.4%、90.7%。“两基”工作顺利通过国家验收，职业教育成绩突出。投资180余万元，新（改）建6个乡（镇）基层综合文化站、122个村级文化活动室、25个农家书屋和9个基层信息资源共享工程服务点，完成275个自然村的“村村通”卫星直播覆盖工程，新增受益人口4.28万人。投资4662万元，完成健康建设，县医院住院楼即将建成，改（扩）建8个乡（镇）卫生院，完成122个卫生所标准化建设，县乡村三级医疗服务体系进一步健全，公共卫生服务水平进一步提升。全民健身活动广泛开展，成功举办沾益县第三届运动会，西平镇黑桥社区被表彰为全国群众体育先进单位。

【人民生活】 2010年，沾益县人民生活水平进一步提高。职工劳动工资有所增长，全县在岗职工总数24784人，职工工资总额80242万元，增15.9%；在岗职工年平均工资32752元，比上年增12.7%。城镇居民人均可支配收入15303元，增13%；人均消费性支出10156元，增24.8%；农民人均纯收入4813元，增11.7%；农民人均生活消费性支出2400元，增20%。

【精神文明建设】 2010年，沾益县落实公民道德建设实施纲要，扎实推进“群星文明工程”创建活动，深入开展未成年人思想道德建设，评选了首届劳动模范，城乡文明程度明显提高。创建13家省级、58家市级、50家县级文明单位（村）。

【社会保障】 2010年，沾益县全力推进就业再就业工作，全年累计培训农村劳动力6万人，新增就业岗位1.7万个，城镇失业人员新增就业11890人，安置“零就业家庭”307人就业，城镇登记失业率3.5%。城镇基本养老保险参保人数9500人、医疗保险参保人数3.2万人、失业保险参保人数1.9万人、工伤保险参保人数1.5万人、生育保险参保人数1.1万人、城镇居民医疗保险参保人数2.2万人、农村养老保险参保人数1.3万人。失地少地农民养老保险参保人数5433人，参

保率47%，发放城乡低保金3713万元。累计建设廉租住房9.1万平方米，发放廉租住房租赁补贴181.99万元。

（管晓方）

宣威市

【简述】 宣威市位于云南省东北部，东经103°35′30″～104°40′50″、北纬25°53′30″～26°44′50″之间，东接贵州盘县，南连富源县、沾益县，西与会泽县隔牛栏江相望，北与贵州威宁、水城山水相依，总面积6069.88平方千米，市区距曲靖市政府驻地102千米。境内最高点为东山主峰滑石板，海拔2868米，最低点是清水河与木冬河交汇处的腊龙岔河，海拔920米，相对高差1948米。2010年，年均气温14.8℃，年均降雨量854.7毫米。

年内，辖26个乡镇（街道办事处）331个村委会25个居委会，总人口1467787人。其中：非农业人口144617人，占总人口9.85%。少数民族人口96523人，占总人口6.58%。男性771354人，女性696433人，男女性别比111：100。出生率10.48‰；死亡率4.42‰；人口自然增长率6.06‰。

2010年，宣威市实现生产总值148.2亿元，比上年增13.2%，"十一五"期间年均增长13.66%。其中一产业实现32.5亿元，增7.1%，二产业实现66.6亿元，增14.5%，三产业实现49.1亿元，增14.7%；三次产业结构为22：45：33。

财政总收入20.3亿元，增17.7%，"十一五"期间年均增长15.61%。地方财政一般预算收入9亿元，比上年增13.4%，年均增长16.47%；财政总支出33.8亿元，增30.6%，年均增长29.8%；固定资产投资完成117.37亿元，增26.1%，年均增长28.3%；金融机构存款余额138.1亿元，增25.33%，年均增长19.4%；贷款余额74亿元，增27.62%，年均增长10.6%；社会消费品零售总额61亿元，增长22.2%，年均增长22.07%；城镇居民人均可支配收入14671元，增10.8%；农民人均纯收入3735.1元，增9.72%。

【第一产业】 2010年，宣威市实现农业生产总值57.88亿元，比上年增16.8%。农业增加值32.5亿元，增7.1%。全年粮食播种面积17.36万公顷，其中夏粮2.8万公顷（大、小麦1.87万公顷，豆类0.4万公顷，马铃薯0.53万公顷），秋粮14.56万公顷（玉米6.34万公顷，水稻0.67万公顷，杂粮1.15万公顷，豆类0.56万公顷，马铃薯5.84万公顷）。实现粮食产量6.25亿千克，增4.14%；收购烟叶3859万千克，实现收购总值5.81亿元。销售烤烟4715.5万千克，销售卷烟42555箱，实现税收2.14亿元，增0.36%

全年共完成人工造林1.5万公顷，其中义务植树380万株，完成森林管护26.7万公顷，完成0.82万公顷退耕还林工作，完成5200口沼气池建设，推广节能改灶5000户。实施森林病虫害防治监测26.7万公顷，完成病虫害防治0.45万公顷。

年内，改善灌溉面积2800公顷，新增除涝面积1667公顷，修复水毁工程150处，治理河道35千米，治理水土流失面积65.03平方千米，新增供水受益人口2.4万人。人饮安全项目涉及26个乡（镇、街道）88个村委会，工程总投资5773.37万元，解决了32895户123184人13658头牲畜的饮水安全问题。"长治""珠治"工程共完成治理面积4148千米，完成总投资753.8万元。

年末，生猪存栏183.78万头，牛17.5万头、羊30.4万只，家禽201.3万只。全年出栏肥猪318.45万头，牛5.13万头、羊16.32万只、家禽325.2万只。实现畜牧业产值28.8亿元，畜牧业收入16.1亿元。

【第二产业】 2010年，宣威市工业总产值完成142.8亿元，比上年增15.71%。其中规模以上工业完成产值88.97亿元，增5.07%；规模以下工业完成产值53.83亿元，增30.2%。规模以上四大支柱产业继续保持增长，其中煤炭工业完成产值15.8亿元，增23.53%；化工工业完成产值27.2亿元，增8.24%；建材工业完成产值7.79亿元，增23.45%；冶金工业完成产值3.11亿元，增40.72%。四大支柱产业产值累计53.9亿元，占规模以上工业产值的60.6%，成为拉动经济的主要力量。主营业务收入完成79.37亿元，增0.8%；利税总额完成3.62亿元，增11.5%；利润总额亏损0.905亿元，比上年减亏56.05%；工业投资完成34.7亿元，增4.8%。年内全市主营业务收入2000万元以上企业达44户、累计主营业务收入73.3亿元、累计工业产值83.4亿元、累计工业增加值28.4亿元，成为全市工业经济的主要支柱。大企业、非公企业、节能降耗、煤电运力运行呈现四好，园区工业经济发展迅速，云维乙炔化工项目、云电投600兆瓦煤矸石热电项目等重点项目顺利开工建设。

【第三产业】 2010年，宣威市个体私营经济共完成社会消费品零售总额49.27亿元，比上年增37.26%，占全市社会消费品零售总额的80.66%。年内，全市经市工商局核准注册登记的从事商业贸易的个体工商户7684户，减11户；有从业人员10789人，增21人，注册资金总额1.38亿元，减少100万元。全市现有私营商业企业496户，增3户；从业人员5829人，增203人，注册资金总额6.83亿元，增800万元。

【商贸流通】 2010年，宣威市社会消费品零售总额完成61.08亿元，同比增22.2%。第三产业完成增加值49.06亿元，占GDP比重33.1%。外贸进出口实现1250万美元，增20%。成品油全市购进2.09亿千克，增10.5%，成品油销售2.07亿千克，增10.8%。全市定点屠宰场集中宰杀生猪98670头，增5.1%。酒类备案登记2189户，并逐步推引溯源制管理。再生资源回收登记88户。"家电下乡"销售网点205个。

【交通运输】 2010年，宣威市客运量989.7万人（次），完成客运周转量9331.1万人/千米，完成货运量999.94万千克，货运周转量86308.03万千克/千米。年末，全市公路通车里程达7386.9千米，其中国道1条106.6千米、省道5条161.1千米、县道18条515.2千米、乡道328条2409.6千米、村道1534条4112.4千米、专用道22条62千米。按技术等级分，一级公路36.16千米、二级公路122.53千米、三级公路44.46千米、四级公路29.06千米，等外公路4277.75千米。

【邮电通信】 2010年，宣威市完成邮政业务收入1562.29万元，比上年增16.95%；中国电信宣威分公司完成业务总收入5180万元，移动业务收入完成798万元。全年共发展固定电话用户5100户，宽带网用户7496户，致富通电话用户237户，移动电话用户9035户，3G无限宽带用户1721户。

【财政税务】 2010年，宣威市实现辖区内各级财政总收入203306万元。地方财政一般预算收入90016万元，比上年增10639万元，增13.4%。完成地方一般预算支出313187万元，增67375万元，增27.41%。

2010年，宣威市国税局共组织各种国税收入10.52亿元，增19.45%，完成全年任务的105.61%。宣威市地方税务局共组织入库税收收入69993万元，比上年增14.10%；完成宣威市本级收入56630万元，增12.73%。

【金融保险】 2010年，宣威市共有各类金融机构80个，从业人员804人。年末人民币各项存款余额138.1亿元，比上年增25.33%。其中：储蓄存款余额85.75亿元，增19.15%。各项贷款余额74亿元，增27.62%。全年累计现金收入270.26亿元，累计现金支出285.31亿元，货币净投放15.05亿元，增6.72%。

年内，全市12家财产类保险公司完成保费收入1.95亿元，比上年增45.71%；各项赔款支出8295万元，增17.61%。全市7家人寿类保险公司实现保费收入1.51亿元，增17.59%；各项赔款支出7465万元，增66.41%。

【固定资产投资】 2010年，宣威市实施投资500万元以上的项目172个，完成固定资产投资117.37亿元，比上年增26.1%。羊过水水库工程竣工验收，东屯、三联、马房、冲门口水库除险加固主体工程基本完成，小干河、红石岩水库和中德财政合作、农业综合开发等项目加快建设；响水电站扩容、阿都电站建设速度加快，110千伏、220千伏、500千伏等骨干电网项目加快实施；宣倘二级公路建成通车，普宣高速公路开工建设，贵昆铁路六沾复线宣威段建设进展顺利；磷电公司年产2.5万吨磷酸、6500吨泥磷制酸、3.2万吨三聚磷酸项目建设开始试运行，革香河公司年产3.6万吨镍铬合金一期工程、凤凰山钢铁厂技改项目建成投产，云维年产60万吨电石及年产300万吨石灰石矿山、云地电投60万千瓦煤矸石综合利用热电厂、恒邦年产10万吨低品位磷矿粉综合利用等项目开工建设；成功引进并启动建设云南云河集团年产1万辆专用汽车项目，填补了云南省专用汽车生产的空白。

【城镇建设】 2010年，宣威市以建设“50平方千米、50万人口的生态、文明、健康、快乐城市”为总目标，围绕实施“一湖、两河、三山、四园、五街、六中心”城市精品工程的具体要求，强化规划、建设、管理和经营工作，城镇化进程稳步推进，城乡人居环境质量有效改善。至年底，城市建成区面积达28.5平方千米，比上年增2平方千米；集镇建成区面积33.36平方千米，增4.91平方千米；城镇总人口53.16万人，城区人口23.8万人，城镇化水平达36%，增2%。

【环境保护】 2010年，宣威市主要工业排污企业建有废气污染物在线监测仪器12套，废气治理设施97套，废气处理能力达1093.31万标立方米/时，二氧化硫年去除量2617.34万千克，烟尘年去除量14.82亿千克，工业粉尘年去除量4100.4万千克；工业废气排放总量456.28亿标立方米。建有废水在线监测仪器2套，废水处理设施24套，处理能力达1.22亿千克/日，年处理工业废水193.21亿千克，工业用水重复利用率85.06%，工业废水排放达标率100%，工业废水排放量从2005年的32.01亿千克降到10.81亿千克，工业废水中主要污染物年去除量分别为：化学需氧量7.56万千克、氨氮2.32万千克。工业固体废弃物综合利用量达20.95亿千克，其中冶炼废渣0.31亿千克、粉煤灰4.72亿千克、炉渣4.23亿千克、煤矸石1.21亿千克、石膏渣0.67亿千克、其他废渣7.01亿千克。工业固体废物处置量29.63亿千克，综合利用率达41.5%，比上年提高9个百分点。

全年共办理建设项目环保审批手续94个，其中环境影响评价报告39个，登记表55份。批准3个建设项目的试生产申请，完成19个建设项目的环境保护验收；严肃查处了2个未批先建违法建设项目。

【教科文卫体】 2010年，宣威市“两基”成果得到进一步巩固。小学入学率和巩固率分别为99.79%、99.69%，比上年均有所提高；初中毛入学率为104.38%、巩固率为99.44%；残疾儿童入学率为97.81%，比上年提高23.52个百分点。青壮年非文盲率为99.92%，比上年提高0.32个百分点。15700平方米校安工程二期建设进入招投标阶段。

2010年，宣威市开展广场群众文化活动32场，观众250万人（次），送戏下乡60场，观众70万人（次），送书下乡3000册，农村电影“2131”工程完成4560场，观众123万人（次），各单位、行业新排上演各类文艺节目1100多个，经营性演出35场，实现演出收入60万元，截至2010年底，全市共有文化专业户（文化联合体）125户，农村业余文艺宣传队225支，农村电影放映队24个，其中数字电影放映队14支。年内完成第四批中央扩大内需乡镇综合文化站建设11个，乡（镇、街道）综合文化站设施新增11个，年内完成73个村级文化活动场所建设，完成11个文化信息资源共享工程点建设，建成“农家书屋”163个。

2010年，全市有中等职业学校5所、完全中学12所、初级中学39所、小学809所（含教学点451个）、幼儿园81所、特殊教育学校1所，共计947所。办学前班的小学303所，农民文化技术培训学校363所。有中等职业技术学校学生9611人，普高学生34233人，初中学生80131人，小学学生143921人，幼儿学前班学生34003人，小学入学率和巩固率均为99.79%。

2010年，组织申报科技项目5项，其中科技部项目1项、省科技厅项目4项，总投资5864万元，科技资金扶持705万元。立项支持本级科技项目四类13项，总投资380万元，其中科技资金扶持70万元。组织验收宣威市荣升火腿有限责任公司的《宣威火腿产业化技术集成与示范推广》项目、宣威市海璇实业有限责任公司的《宣威市无公害生猪产业化开发》项目、宣威市畜牧科贸有限公司的《冷鲜肉及产品深加工》技术创新与产业发展项目，总投资2813.24万元，其中申请科技扶持资金140万元。年内授权专利26件，其中发明专利8件，实用新型、外观设计专利18件。

2010年，宣威市参加新型农村合作医疗人数117.08万人，参合率95%，全年门诊减免300.72万人（次），减免金额2173.96万元，住院补偿8.62万人（次），补偿金额13179.69亿元。

年内，先后举办了首届“和谐杯”少儿篮球运动会、第三届“和谐杯”篮球运动会、跆拳道邀请赛、第五届体育运动会、农村老年人体育运动会，投资8000万元建设的宣威市体育中心工程进展顺利。

【人民生活】 2010年，宣威市城镇居民人均可支配收入14670.59元，比上年增10.8%；城镇居民人均支出13468.94元，增9.16%。农民人均纯收入3735.1元，增9.72%；农民人均支出2931.11元，增8.78%。

【精神文明建设】 2010年，宣威市精神文明建设工作重点以省级文明城市创建为抓手，不断创新内容、创新形式、创新管理体制和工作机制，着力抓好城乡清洁工程、居民素质工程、文明示范工程、群星文明工程，扎实推进公民思想道德建设，为构建“生态宣威、文明宣威、健康宣威、快乐宣威”营造了良好的社会环境。全市有17个单位、5个村、2个社区、1个小城镇被曲靖市委市政府命名表彰为文明单位；有24个单位（社区、村）被宣威市委市政府命名表彰为文明单位；有16个单位被宣威市委市政府表彰为“十星级文明和谐单位”先进集体。

（余俊柏）

马龙县

【简述】 马龙县地处乌蒙山西南麓，位于云南省东部，介于东经103°16′~103°45′、北纬25°08′~25°37′之间；东与麒麟区接壤，南与陆良县相连，西南与宜良县毗邻，西及西北与嵩明、寻甸两县交界，东北与沾益县相依。全县总面积1614.15平方千米，最高海拔2493米，最低海拔1772米，县城海拔2034.2米。2010年日照时数2260.9小时，增1.2%；年均气温14.9℃；年降雨量1088.2毫米。县城距省会昆明市113千米，距曲靖市政府22千米。

2010年，全县辖3乡5镇，2个社区、1个居委会，64个村委会，431个自然村，521个村民小组。年末总人口202515人，其中农业人口180064人，占总人口的88.91%，非农业人口21015人，占总人口10.38%。少数民族人口15748人，占总人口7.78%，男性人口104196人，女性人口98319人，男女性别比为106.17:100。人口出生率7.64%；自然增长率3.52%，人口密度每平方千米125人。

年内，全县生产总值25亿元，比上年增14.5%。其中：第一产业增加值5.6亿元，增7.5%，第二产业增加值11.22亿元，增15.1%，第三产业增加值8.18亿元，增18.4%。三次产业结构由上年的24.6:44.7:30.7调整为22.4:44.9:32.7。

【第一产业】 2010年，马龙县加大烤烟、食用菌、万寿菊、核桃、黑山羊、深沟鸡等特色产业的扶持力度，农业优势产业快速发展。全县农、林、牧、渔业总产值10.61亿元，比上年增7.5%，其中：种植业产值5.02亿元，林业产值5102万元，牧业产值4.59亿元，渔业产值2324万元，农林牧渔业服务业产值2600万元。全年农作物播种面积4.63万公顷。其中：粮食作物2.95万公顷；烤烟8666公顷；油料1684公顷；蔬菜2342公顷；万寿菊1536公顷。粮食总产量8.35万吨，增4.1%。收购烟叶20075吨，收购总值2.97亿元。实现鲜菇产量4163吨。主要农产品产量：水稻2.55万吨，增2.5%；玉米2.54万吨，增7.0%；薯类2.31万吨，增19.1%；水果1.05万吨，增45.8%；蔬菜4.64万吨，增3.0%；油菜籽994吨，增18.5%。年内，实现林业增加值2800万元，增2.7%。核桃产量89.2吨，板栗147.8吨，花椒56.5吨。全县新植和补植核桃6万亩，建成高规格县级样板1.6万亩；改造中低产林5.3万亩。全民义务植树55万株。森林覆盖率达52.4%。年内，畜牧生产以发展黑山羊、深沟良种鸡为重点。全县畜牧业增加值2.19亿元，增15.0%。肉类总产量4.18万吨，增19.3%。年末生猪存栏22.73万头；羊存栏22.09万只；大牲畜存栏8.40万头；肥猪出栏35.67万头；菜牛出栏1.95万头；菜羊出栏13.44万只；家禽出栏114.41万只。水产品产量4160吨；渔业增加值1308万元。

年末，全县拥有农业机械总动力16064万瓦特；大中型拖拉机649台，小型拖拉机2030台，农业机耕、机耙、机灌面积及机收面积不断扩大。全年农村用电量1702万千瓦时；化肥施用（折纯）量1.28万吨。新增有效灌溉面积40公顷，有效灌溉面积累计达9810公顷；累计治理水土流失面积7.26万公顷。全县共有水库（塘坝）494座，其中：中型水库1座，小型水库150座，塘坝343座，水库总库容10023万立方米；建成引水工程21件。

【第二产业】 2010年，马龙县着力打造昆曲经济带工业园，“一园五片区”建设初具规模，民营工业快速发展。培育形成以呈钢为龙头的冶金产业、明龙为龙头的焦化产业、马龙产业集团为龙头的化工产业、云翔玻璃为龙头的建材产业和首锋矿山为龙头的机械制造产业。云翔玻璃有限公司成为云南最大玻璃生产企业；呈钢钢铁有限公司轧钢生产线建成投产，填补了曲靖没有成品钢材的空白。大力发展循环经济，探索创新“小寨模式”。实现工业总产值43.60亿元，比上年增13.1%。规模以上工业总产值39.65亿元，增15.5%。全县23户规模以上企业实现主营业务收入39.97亿元，增46.3%，实现利税1.12亿元。主要工业产品产量：黄磷8577吨；水泥50.74万吨；生铁53.70万吨；焦炭50.16万吨；精锌4733吨；农膜1226吨；平板玻璃316.19万箱；陶瓷砖368.40万平方米。完成发电量165万千瓦时。

年内，全县建筑业产值7686万元，按可比价计算，比上年增28.4%。其中具有资质等级的建筑企业5家，建筑业产值5.14亿元，增103.6%。全年房地产开发投资完成3.63亿元，增71.2%。房屋建筑施工面积38.44万平方米，增52.8%；房屋建筑竣工面积38.20万平方米，增100.5%。全年房地产开发投资完成3.63亿元，增71.2%。商品房屋销售面积27.27万平方米，商品房屋销售额4.79亿元。

【第三产业】 2010年，马龙县完成第三产业增加值8.18亿元，同比增18.4%。按照“建设昆曲高速公路两翼生态旅游经济带”的规划布局，马龙县全力打造休闲娱乐、健身康体、特色餐饮美食为一体的旅游精品线。金阳休闲运动中心和太阳山谷大型综合旅游度假区等重点项目稳步推进。全年接待游客32.33万人（次）；旅游综合收入1.54亿元。在经济不景气的大环境下，商贸、交通运输、通信、餐饮等服务业仍持续快速发展，城乡市场繁荣。

【交通运输】 2010年，马龙县交通运输邮电仓储业实现增加值9096万元，增16.2%。至年底，全县公路通车里程1109.33千米，公路密度为69.16千米/百平方千米。全县行政村通车率100%，自然村通车率86%。全县拥有客运车辆359辆，货运车辆1663辆。全年客运量254.3万人，旅客周转量6357.5万人千米；货运量117.36万吨，货物周转量8352.12万吨千米。

【邮电通信】 2010年，马龙县邮电业务总量完成4493万元。其中邮政业务141万元。至年末，全县有广播电视台1座，有线电视用户1.1万户，其中：数字电视用户5000户；互联网宽带用户4299户；固定电话用户8055户；移动电话用户8.26万户。

【商贸流通】 2010年，马龙县完成社会消费品零售总额4.90亿元，比上年增22.8%。其中，城镇实现消费品零售额2.94亿元，增22.9%；农村实现消费品零售额1.96亿元，增22.6%。分行业看，批发和零售业4.04亿元，增21.8%；住宿和餐饮业8574.4万元，增27.6%。全年出口总额1417万美元，增21.5%。

【财政税务】 2010年，马龙县财政总收入43776万元，比上年增62.0%。其中：上划中央“两税”9960万元，增20.9%。一般预算收入23921万元，增18.6%。一般预算支出87178万元，增51.3%；其中工资性支出28098万元，占32.2%。

【金融】 2010年，马龙县金融保险业实现增加值7819万元，比上年增15.0%。现金收入58.17亿元，现金支出64.67亿元，净投放6.51亿元。年末金融机构人民币存款余额24.91亿元，增21.6%；其中：储蓄存款余额14.59亿元。年末全县金融机构人民币各项贷款余额13.91亿元，增7.4%。其中：短期贷款余额6.32亿元；中长期贷款余额7.54亿元；票据融资余额579万元。

【固定资产投资】 2010年，马龙县完成全社会固定资产投资26.25亿元，同比增41.0%。其中：城镇固定资产投资21.81亿元，增40.1%；农村固定资产投资8150万元。在总投资中，第一产业投资1.21亿元；第二产业投资18.64亿元，第三产业投资6.40亿元。国有投资14.26亿元，其他投资11.99亿元。

【城镇建设】 “十一五”期间，马龙县城基础设施建设累计完成投资5.25亿元，先后新建或改造了龙泉路、文化路、潘马路、龙湫路；建成了商业文化广场、历史文化广场、迎宾广场、马龙剧院等。累计投资1.7亿元，完成乡镇“10个1”工程，集镇功能逐步完善。2010年，马龙县城镇建设以建设昆明、曲靖两大城市间的“生态花园”为目标，着力打造“生态、休闲、宜居”精品城市，全力推进城市建设和城乡一体化进程。县城“三房”、“三厂”、“三路”、“三片区”、“一中心”建设快速推进，水景公园等重大建设工程基本竣工投入使用。年末，县城建成区面积5.0平方千米，城镇人口5.6万人，城市化水平27.9%，比上年提高2个百分点。

【招商引资】 2010年，马龙县进一步加大招商引资力度，“十一五”期间，累计引进县外国内资金27.5亿元，年平均增长48.8%；外贸出口累计达9592万美元，有力拉动了县域经济发展。2010年，全县实现出口总额1417万美元，比上年增21.5%。

【环境保护】 2010年，马龙县环境保护工作以县城绿化和污染物减排为重点，小寨循环经济模式取得成效。工业固体废物综合利用率72.39%，工业固体处置率27.1%，工业废气处理率84.0%，工业烟尘排放达标率94.33%；全年二氧化硫排放总量1653.5吨（其中工业排放总量1346.5吨）；生活化学需氧量排放总量1741.05吨。

【教科文卫体】 2010年，马龙县落实“两免一补”政策，大力开展中小学危房整体改造暨标准化建设，基础设施得到较大改善。年末有各类学校205所（含教学点），在校学生4.26万人，教职工2527人，其中：专任教师2179人，占86.23%。全县小学适龄儿童入学率99.92%。初中阶段入学率99.37%，初中升学率90.44%，普通高中辍学率0.23%。高考上线率99.21%。年内，投资6282万元，新建、改扩建和修缮校舍5.11万平方米，排除D级危房4.84万平方米。

年末，全县共有科技人员4143人，其中：工程技术人员393人，农业技术人员241人。全县完成农业科技项目2项。

年内，开展了形式多样的群众性文化活动。“农村电影‘2131’工程”共放映电影1121场。年末有农村文艺队（文化户）180支，年演出500余场次。年末有文化馆1个，文化站8个，图书馆1个。年内建成村级文化活动室21个、农家书屋43家，档案馆1个。

年内，全县有医疗卫生机构91个，其中：诊所13个。拥有床位总数540张，共有卫生工作人员623人，卫生技术人员331人。其中：执业医师及助理医师193人，注册护士80人。全年乙类传染病发生10种226例，发病率为112.03/10万，丙类发生5种274例，发病率为135.81/10万。参加农村合作医疗的农民16.21万人，参

2010年建成的马龙县城水景公园。

（苏正平/摄）

合率为94.02%，累计门诊减免补偿58.82万人（次），金额471.36万元；累计住院减免补偿1.34万人（次），金额1573.37万元。

年末，有体育馆1座，体育专职教练6个，少儿业余体校在校学生58人，全年向上级输送各类运动员3人。马龙籍运动员在各类大赛中获奖牌3枚。全年举办各项比赛4次，中小学体育达标率98%。

【人民生活】 2010年，马龙县城镇居民人均可支配收入13888元，比上年增15.0%。城镇居民人均消费支出11239元，增13.1%。其中：人均食品消费支出4351元，增1.2%；衣着消费1303元，减0.5%；医疗保健支出696元，减0.4%；教育文化娱乐服务消费支出1381元，增18.3%。城镇居民恩格尔系数38.7%，同比下降4.6个百分点。平均每百户家庭拥有家用汽车20辆，家用电脑37台。人均居住面积36平方米。全年农民人均总收入4913元，人均纯收入3665元，增16.3%；农民人均生活消费支出3559元，增47.5%。农村居民恩格尔系数50.9%，同比下降1.6个百分点。平均每百户家庭拥有彩色电视机98台，移动电话153台。人均住房面积33.9平方米。

年末，全县共有农村敬老院6所，床位560张，收养327人。累计发放低保金1295.54万元（农村636.6万元，城镇658.94万元），共有8300名农村贫困人口享受农村最低生活保障金，累计有4477人（次）城镇贫困居民享受城市最低生活保障金。统规统建受灾民房3307户、加固改造7216户，建成1.55万平方米廉租住房。

年末，全县参加“五险”35748人（次）。城镇职工参加基本医疗保险9800人，城镇居民参加基本医疗保险10727人，参加工伤保险4704人（包括农民工2813人），参加基本养老保险4100人，参加失业保险6417人。开发就业岗位1575个，城镇新增就业人数832人，特殊困难群体就业221人，城镇下岗失业人员再就业347人，城镇登记失业率1.6%。

【精神文明建设】 2010年，马龙县广泛组织开展“关爱工程”、“助学工程”、“净化工程”、“基础工程”，为未成年人办实事好事，加强未成年人思想道德建设。王家庄中学被中央文明委确定为未成年人思想道德建设联系点。在全县村级干部中推行“四双”（“双公开”、“双通过”、“双监督”、“双评议”）目标承诺制，促进了农村精神文明建设全面发展。年内，全县共创建省级文明单位13个、文明村6个，市级文明单位18个、文明村4个，县级文明单位21个、文明村10个、文明行业1个。

（苏正平）

富源县

【简述】 富源县位于云南省东北部，曲靖市东部。县政府驻地中安镇，距省会昆明198千米，距曲靖市政府驻地63千米。辖区总面积3251平方千米。富源属高原多山地区，山区占总面积的90%，槽坝及缓坡地区占10%。

2010年，平均气温14.6℃，较上年偏低0.5℃。年降水量较常年相比偏少10%。冬季降水量仅3毫米，与上年相比少40毫米，春季平均降水量158毫米，与上年相比少18毫米。夏季为主汛期，降水量544毫米，与上年相比多122毫米。秋季降水量241毫米，与上年相比多71毫米。冬季日照时数560小时，春季日照时数580小时，夏季日照时数356小时，秋季日照时数306小时。

年内，全县辖11个乡（镇），161个村（居）民委员会（其中7个社区，154个村委会），1782个自然村。年末户籍总数19.58万户，总人口78.11万人（男性40.54万人，女性37.57万人，男女性别比107.9:100)，其中非农业人口6.36万人，比上年增8.3%，占总人口8.15%；少数民族人口68516人，占总人口8.77%，增7.06%。人口密度每平方千米240.28人。出生率为11.38‰，死亡率5.34‰，自然增长率6.04‰。

2010年，全县工农业生产总值111.94亿元，同比增13.5%。财政总收入21.63亿元，增20.6%。地方财政一般预算收入完成8.38亿元，增16.7%。全社会固定资产投资完成88.86亿元，增22%。社会消费品零售总额完成19.43亿元，增25.6%。金融机构年末存款余额105.27亿元，增22.7%；贷款余额78.71亿元，增13.9%。城镇居民人均可支配收入18393元、增13.2%，农民人均纯收入4266元、增12%。单位GDP能耗、二氧化硫和化学需氧量排放量均控制在上级下达的指标范围内。

“十一五”期间，全县综合经济实力显著增强。县域经济连续五年实现高速增长，与“十五”末相比，生产总值增长1.3倍，年均增13.8%。财政总收入、地方财政一般预算收入分别年均增34.4%、26%。社会消费品零售总额年均增长19.9%。农民人均纯收入、城镇居民人均可支配收入年均增长15.2%、14.8%。三次产业结构比重为18.5:55.7:25.8。富源被列为全省首批县域经济发展试点县，连续三年被表彰为“云南省县域经济发展先进县”，县域经济综合竞争力跃居全国西部百强县第47位、与“十五”末相比上升了50位。

【第一产业】 2010年，富源县农林牧渔业总产值完成31.85亿元，比上年增13%；农业增加值完成20.7亿元，增7.5%；粮食产量达30.02万吨，增4.1%；收购烟叶1.9万吨，实现产值2.86亿元。农业特色产业持续发展，全年出栏肉猪136万头，增17.65%；实现畜牧业产值15.3亿元，增13.2%。种植魔芋6866.67公顷，实现产值3.36亿元，增11.6%。栽植核桃4480公顷，改造中低产林1666.67公顷，完成防护林建设2000公顷，种植蓝莓100公顷。改造中低产田地2000公顷。投入1.69亿元，建成农田水利工程1126件，全年解决了11万人饮水安全。2010年富源县被表彰为全省农田水力建设先进县。全年造林面积达3600公顷，其中封山育林1000公顷，义务植树279万株。

【第二产业】 2010年，富源县实现工业产值157.44亿元，按可比价计算增10.9%，其中规模以上工业企业实现产值132.41亿元，增12.9%；规模以下工业实现产值25.03亿元，增1.4%。在总产值中，煤炭开采和洗选业实现产值83.7亿元，增0.6%；炼焦业实现产值16.24亿元，增83.3%；电力生产业实现产值45.54亿元，增12.9%，其中滇东电厂（含二期）总产值44.88亿元，增13.1%；冶金业实现产值2.76亿元，增102.0%。煤电产业占全部工业总产值的比重达95%，支柱地位更加凸显。

年内全县118户规模以上工业企业共实现利润14.86亿元，增4.6%；利税总额28.45亿元，增16.6%。

【第三产业】 2010年，富源县新增

“万村千乡”农家店15个，新建乡村流通工程网点23个，销售家电下乡产品32664台（件）、汽车摩托车下乡产品12209辆，兑现补贴资金2732万元。新增商住房13.07万平方米，房地产实现增加值1.96亿元、增8%。第三产业活力不断增强，实现增加值28.9亿元，增13.8%。全年共接待游客22.23万人（次），增12.5%，旅游总收入1.52亿元，增43.25%。

富源雄达煤矿。

（沈良启/摄）

【重点项目建设】 2010年，富源县实施重点项目建设95个，其中：新开工27个，续建26，前期工作42个，完成投资47.8亿元，带动全社会固定资产投资增长22%．年内县财政安排项目前期工作经费1500万元，争取到中央扩大内需项目41个、资金2.06亿元，一批投资上亿元的重大项目有力推进，昆钢煤炭一体化循环经济工业基地项目开工，云南冶金集团铝产品加工项目进展顺利，滇东第二发电厂一、二号机组投产发电。沪昆高速铁路富源段开工建设，富江二级公路、富墨公路分别完成工程量的61%和81%，洞上水库主坝封顶并下闸蓄水，风力发电、矿山机械设备制造等项目前期工作进展顺利。全年储备各类项目80个，计划总投资172.6亿元。

【交通运输】 2010年末，富源县公路通车里程达3015千米，其中高速公路28.8千米。年末全县机动车总量达64294辆，其中汽车30652辆。累计完成35条310千米通村油（水泥）路建设，富墨、富江公路分别完成工程量的81%和61%，沪昆高速铁路客运专线富源段建设顺利开工。

截至2010年12月底全县完成39条325.55千米，完成投资9.28亿元。全县11个乡（镇）161个行政村通油（水泥）路109个。

全年客运周转量14710万人/千米，货运周转量92610万吨/千米。

【邮电通信】 2010年富源县有移动电话用户26万户。固定电话用户9800户。互联网用户9000余户。全县邮政业务收入866.5万元；电信营业收入2600余万元。

【商贸流通】 2010年，富源县实现社会消费品零售总额19.43亿元，比上年增25.6%。从经济成份看，非公有制经济实现零售额11.29亿元，占全县零售总额的比重为58.1%。城镇实现消费品零售额12.41亿元，增30.0%；农村实现消费品零售额7.03亿元，增18.6%。批发零售业2.09亿元，增6.4%；零售贸易业15亿元，增31.5%。住宿9799万元，增15.7%。餐饮业1.4亿元，增9.2%。外贸出口83美元，降24.5%。

【财税金融】 2010年，富源县财政总收入21.63亿元，比上年增20.67%。其中中央财政收入完成11.19亿元，增28.11%；省级财政收入完成1.66亿元，增0.82%；市级财政收入完成995万元，增0.91%；县级财政收入完成8.68亿元，增16.58%。一般预算收入完成83833万元，增16.76%；中央、省、市、县级收入占财税总收入的比重分别为51.74%、7.66%、0.46%、40.14%。增值税完成3.01亿元，增31.59%；营业税完成2.39亿元，增41.24%；个人所得税完成4192万元，增21.61%。全年地方财政支出完成21.47亿元，增39.68%。

年末金融机构各项存款余额105.27亿元，增22.74%，其中企业存款余额25.77亿元，同比增21.23%；个人储蓄存款余额54.85亿元，增20.94%。金融机构各项贷款余额78.71亿元，增13.95%，其中短期贷款33.89亿元，增21.23%；中长期贷款44.05亿元，增8.45%。

【固定资产投资】 2010年，富源县全社会固定资产投资88.87亿元，比上年增22.03%。按经济类型划分，国有经济投资39.11亿元，降9.7%；集体经济投资5000万元，增31.8%；股份制经济投资3.76亿元，增20.8%；个体私营经济投资39.04亿元，降68.7%；其他经济投资39.04亿元，增6.3倍。分产业看，第一产业投资6.8亿元，增335.3%；第二产业投资52.59亿元，增1.7%，第三产业投资29.48亿元，增50.8%。全年完成房地产开发投资2.66亿元，增70.9%，其中住宅投资1.63亿元，增56%，房屋施工面积26.6万平方米，增37.1%。

【环境保护】 2010年，富源县工业废水排放达标率为40%；工业固体废物综合利用率为38%；工业废气排放达标率为88%。年内，主要污染物总量减排工作的目标是完成滇东电厂五台机组脱硫设施增容改造二氧化硫排放量控制在6.427万吨；后所煤矿电厂削减二氧化硫排放量300吨；淘汰富源县水泥有限责任公司1条立窑生产线；滇东电厂脱硫系统增容改造工程于2月份开工建设，到6月底，投入资金3.5亿元，完成了5台机组脱硫系统增容改造工程，同期对第二发电厂2号机组脱硫系统进行了改造。截至11月底，县城生活污水处理厂已投入资金4200万元，完成污泥储存池、污泥脱水间、配电室等构筑物建设。，6月份前对5个焦化企业实施了关停。

【教科文卫】 2010年，富源县教育事业稳步发展。建立健全“两免一补”制度。全部免除农村义务教育阶段学生学杂费，做好农民工随迁子女的义务教育工作。年内，全县共有中等职业学校1所，在校生6005人。普通中学23所，在校生6.56万人。小学233所，在校生9.52万人。幼儿园69所，在园幼儿1.71万人。高中阶段毛入学率达83.6%。全年投入2.99亿元，新建校舍面积15.8万平方米，13所学校改造项目进展顺利，救助困难学生6.33万人（次），全县高考上线率达97.3%。

年内，全县共有各类卫生机构224个，其中医院10个，乡镇卫生院11个，共有病床1457张，卫生技术人员1041人。完成了151个村级卫生室建设和3个卫生院改扩建，乡村医生报酬得到统一解决。继续为参合农民人均代交10元参合资金，新型农村合作医疗参合率达99.87%。

年内，全县有文化户（联合体）141户，其中文艺演出类85户，农民业余演员1426人，经营性文化户（文化联合体）年收入400余万元。富源民族文化生态村通过五年的努力，已建成富源县历史文化陈列馆、红军长征过富源陈列馆、水族民风民俗文化陈列馆等十多个专业陈列馆，收集各种成列品50万件，被市文产办命名为曲靖市首批重点文化企业。全年全县有文化馆1个，文化站11个，文物管理所1个，公共图书馆1个。全县电视覆盖率93%，广播覆盖率95%。

【人民生活】 2010年，富源县城乡居民收入水平持续提高。城镇居民人均可支配收入1.84万元，比上年增13.18%；农村居民人均纯收入4267元，增12.0%。年内，全县纳入统计单位从业人员5.23万人，增11.12%，单位从业人员月平均工资2439元，增8.87%，其中国有单位为2869元，增14.86%；集体为2552元，增15.6%；其他单位1996元，降0.99%。年末，全县城镇职工参加基本养老保险4506人，参加失业保险1.94万人，城镇居民参加基本医疗保险和大病统筹3.31万人。

【精神文明建设】 2010年6月，由曲靖市委文明办组织检查组对富源推荐申报的市级文明单位、村、小城镇进行检查，通过检查，县委、政府按照《富源县群众性精神文明创建管理办法》，对命名表彰的县级17个文明单位、11个文明村和11个文明城信企业分别给予一次性奖励3000元、5000元，共兑现了各类创建奖金11.38万元。

清明节，号召全县各中小学组织了一次以“清明节纪念革命先烈”为主题的升旗仪式，激发广大学生的爱国热情；广泛开展“我承诺，做一个有道德的人”网上签名寄语活动。广泛动员县城广大市民参与综合整治活动。11月19号在金城广场举行县城综合整治启动仪式，有3000余人参加了启动仪式，紧紧围绕“创文明城、做文明人”主题实践活动，上百名志愿者加入“城市是我家、人人都要爱护它”的行动，营造了县城综合整治的良好氛围，为富源县城申报市级文明城市奠定了基础。

（樊联奎）

罗平县

【简述】 罗平县位于云南省东部，滇、桂、黔三省（区）结合处。地处东经103°57′~104°43′，北纬24°31′~25°25′之间。东沿黄泥河与贵州省兴义市接壤，东南沿南盘江、清水江与广西壮族自治区西林县隔河相望，西南与师宗县为邻，西至北界，分别与陆良、麒麟、富源三县（区）交接。西经石林至昆明市207千米，北距曲靖市政府驻地132千米，东至贵州省兴义市86千米，南距广西壮族自治区西林县156千米。东西最大横距75千米，南北最大纵距99千米。交通便利，324国道及南昆铁路横贯县境，南昆铁路在县境全长57.57千米，设各级站点5个。县境内最高海拔白腊山主峰2468米，最低海拔三江口722米。全县总面积3018平方千米，山区面积占78%，坝区面积占22%，千亩以上的坝子40个，县城所在地罗平坝子15521.8公顷。罗平地处滇东高原向黔西南高原过渡斜坡上，地势西北高，东南低，地形地质结构复杂，西部和北部是较为完整的滇东高原面，中部属岩溶断陷湖形盆地，东部和南部受河流侵蚀、切割，形成中低山和峡谷相间的地貌。2010年年均气温16.4°C，年降雨量1673.6毫米。

2010年，全县辖罗雄、板桥、富乐、马街、阿岗、九龙6个镇和大水井、钟山、长底、旧屋基、鲁布革、老厂6个乡，7个居民委员会，153个村民委员会，1194个自然村，1723个村民小组。年末，总户数17.08万户，总人口60.56万人，其中非农业人口5.41万人，占8.93%；少数民族人口8.17万人，占13.49%；男性人口32.05万人，占52.93%，女性人口28.50万人，占47.071%。人口出生率9.75‰，死亡率3.86‰，自然增长率5.89‰，人口密度每平方千米200.65人。

2010年，面对百年不遇特大干旱和金融危机带来的严峻挑战，全县经济社会发展经受住了复杂经济形势和各种严峻困难的考验，国民经济持续快速协调健康发展，经济活力明显增强，实现县内生产总值78.1亿元，按可比价计算增13%；其中，第一产业完成增加值20亿元，增7.2%；第二产业完成增加值30.6亿元，增14%；第三产业完成增加值27.5亿元，增15.4%。

【第一产业】 2010年，罗平县农业产业化再上新水平，全县有耕地2.97万公顷，其中水田5283公顷。全年农作物总播种面积11.84万公顷。粮食种植4.61万公顷，总产2.61亿千克，比上年增7.41%；油菜种植3.98万公顷，总产3516.1万千克，由于受干旱影响比上年减37.5%；烤烟种植1.21万公顷，总产3314.7万千克，增16.26%，获省、市“烤烟生产先进县”表彰；生姜种植面积7059公顷，总产1.33亿千克，增3.1%。建成50万亩优质粮食、50万亩油菜、14万亩小黄姜、10万亩蔬菜、2.5万亩中药材种植基地，5万亩水产养殖基地。至年末，全县大牲畜（除牛外）存栏3.27万头（匹），牛存栏7.46万头；生猪存栏71.1万头，出栏110.34万头；山、绵羊存栏15.2万只，出栏14.38万只。

2010年，完成农、林、牧、渔业总产值39亿元，比上年增17%，其中种植业19.9亿元，增19.87%；林业1.47亿元，减10.36%；牧业14.96亿元，增19.3%。

【第二产业】 2010年，罗平县工业经济平稳增长，实现工业总产值67.8亿元，同比增20.1%，其中规模以上工业总产值48亿元，同比减14.6%。冶金、能源、化工、建材、生物资源加工五大支柱产业不断发展壮大，产值占全县工业总产值的85%以上。锌电公司、锌电股份公司、玉马水泥厂等技改项目建成投产。丰瑞油脂、新海丰渔业、阳洋姜业等一批轻工业项目发展壮大，轻重工业比重由“十五”末的7∶93调整为17.3∶82.7。主要产品产量：锌锭8.5万吨，增6.3%；发电量33亿度，增26.9%；原煤200万吨，增15.7%；硫酸10万吨，增24.8%。

【第三产业】　2010年，罗平县第三产业加快发展，三产实现增加值27.7亿元，同比增13.99%，旅游规划策划取得新成果，投资526万元改善旅游配套基础设施和接待条件；成功引进总投资26.5亿元的布依族风情园、时代广场等项目。实现旅游综合收入6.7亿元，减4%。

【交通运输】　2010年，罗平县完成交通建设投资11304万元，交通事业保持了持续、快速、健康、协调发展的良好势头。截止年底，全县公路通车总里程3086.81千米，其中：国道55.52千米，省道104.96千米，县道302.8千米，乡道1025.64千米，村道1597.89千米；一级公路55.52千米，二级公路5.5千米，三级公路70.68千米，四级公路1274.63千米，等外公路1680.48千米。12个乡（镇）100%通了油（砼、弹石）路，155个行政村已全部通公路，1235个自然村已通公路1171个。

全年完成道路客运量304.35万人（次）、客运周转量24348万人/千米，完成公路货运量266.38万吨、货物周转量34341.22万吨千米，完成水路客运量3.13万人、客运周转量100.16万人千米。

【邮电通信】　2010年，罗平县实现电信业务收入1600万元，同比增6.67%。年内，在乡镇公路沿线新建7个8800基站，开通8个行政村宽带网，农村宽带网通达率达35.29%。移动新增基站46个，新增传输杆路120皮长千米。行政村网络信号覆盖率达100%，自然村覆盖率达95.3%。全县移动通信网络覆盖率达94.83%。

【财政税务】　2010年，罗平县经济运行明显提高，全年地方一般预算收入3.4亿元，比上年增14.1%；地方一般预算支出12.9亿元，增27.5%。年末，金融机构各项存款46.8亿元，增29%。各项贷款30亿元，增16.5%。新成立了3户小额贷款公司，融资平台进一步夯实。

【固定资产投资】　2010年，罗平县全社会固定资产投资完成35.6亿元，比上年增25%。完成社会消费品零售总额19.9亿元，增20.6%。

【城镇建设】　2010年，罗平县完成城乡建设固定资产投资16.77亿元，比上年增44.15%。城镇化率达39%。城镇（县城和乡镇政府驻地）建成面积拓展到30.6平方千米，其中：县城建成区面积拓展到15.5平方千米，城市绿化面积达544.32平方米，绿化率达3.32%。

【环境保护】　2010年，罗平县全县建设项目环境影响评价执行率和环保“三同时”制度执行率达100%。全县纳入环境统计的企业有31家，重点工业企业废水达标率达99.12%；烟尘、粉尘和氮氧化物达标率均达100%；工业重复用水率达92%；固体废物综合利用率达98%。完成管网配套工程建设34.83千米；城市生活污水收集率和处理率达80%。全年推广使用节能灯19.46万只，新建沼气池4000余口。至年底，全县已创建省级生态乡镇2个，绿色学校38所，市级自然保护区1个，绿色酒店1家。

【教科文卫】　2010年，罗平县科教、卫生等社会事业健康发展。投入资金2.14亿元，新建中小学174所，排除D级危房9.4万平方米，新建校舍18.8万平方米。统筹城乡教育资源配置，撤并校点238个。2010年，全县有高级中学3所，在校学生9412人；职业高中1所，在校学生3074人；初级中学20所，在校学生31719人；完全小学192所，教学点193个，在校学生10670人。适龄儿童入学率达99.93%。2010年，全县高考上线3717人，上线率96.8%，比上年提高16.5%。

2010年，申报国家专利10项，科技对经济增长的贡献率达48%。举办各类实用技术培训班816期，受训人员89453人（次）；举办科普展览28期，观众达14000余人（次）；放映科教电影261场，观众21000人（次）；科普讲座28场，听众达4200人（次）；科普橱窗220期；发放科普资料20600份；撰写科普广播稿15件。

2010年，文化产业和文化事业繁荣，广场文化活动和农村文艺活动蓬勃发展。建成1个县级文化信息共享工程，9个乡（镇）网点，8个乡（镇）文化综合站，105个村级文体活动室，有227支农村文艺演出队。全年开展文艺下乡演出39场，送书下乡7.3万余册。年内，花灯歌舞剧《走罗平》参加在楚雄州举行的“2010年云南省花灯艺术周”活动，获一等奖。电影放映“2131工程”全年完成放映场次2011场，观众55.8万人（次），同时建成了云南省首家县级3D数码影院。

2010年，城镇居民基本医疗保障制度覆盖率达85%，新型农村合作医疗参合率达95.68%。至年末，全县有各类医疗卫生机构221个，其中：县直单位5家，有12个乡（镇）卫生院，村（居）民委员会举办的卫生所153个，社会办医疗机构51个。有在职职工976人，其中卫生技术人员916人，全县有病床1701张。

【社会治安】　2010年，罗平县围绕争创“省级先进平安县”目标任务，以“创先争优”活动为契机，以深入推进“三项重点工作”为着力点，抓住影响社会和谐稳定的源头性、根本性、基础性问题，深入推进社会矛盾化解，社会管理创新和公正廉洁执法。全面开展社会治安综合治理，巩固提升平安创建成果，确保了全县社会和谐稳定，为全县经济发展营造了安定和谐的法治环境。全年全县共受理各类治安行政案件4099件，查处3918件，查处率为95.58%，处理违法人员4126人。列管重点人口2502人，列管率为4.15‰；列管治安危险分子82人、重症精神病人20人，纳入帮教的违法青年136人，管控“五种人”179人，刑释解教1972人，吸毒人员311人。全县共立各类刑事案件2774起，破获1294起，破案率为39.3%。

【人民生活】　2010年，罗平县农民人均纯收入4486元，比上年增10.98%，城镇居民可支配收入16820元，增14.8%。全县职工从业人员年平均工资33040元。

【精神文明建设】　2010年，罗平县精神文明建设着力深化群众性精神文明创建活动，不断提高公民思想道德素质和城乡文明程度，深入实施《公民道德建设实施纲要》，省级文明县城通过初验，精神文明建设进一步向纵深推进。年内，启动“绿丝带”抗旱救灾志愿者行动。推荐上报曲靖市第二届道德模范候选人9名，全县共申报县级文明社区8个、文明单位47个、文明村52个、文明示范村12个。

（庞亚萍）

师宗县

【简述】 师宗县位于云南省东部，曲靖市东南部，地处滇、桂两省（区）结合部。东与罗平县接壤，东南与广西壮族自治区西林县隔江相望，南邻文山州丘北县，西南与红河州泸西县毗邻，北倚陆良县。地跨东经103°42′~104°34′，北纬24°20′~25°00′。县委、政府驻地丹凤镇，距省会昆明市178千米，距曲靖市政府驻地120千米。境域纵距约90千米，横距56千米。境内最高海拔菌子山主峰2409.7米，最低海拔高良乡坝泥河与南盘江交汇处737米，县城海拔1850米。全县国土总面积2783平方千米，其中，坝区面积占总面积的10%，属典型的山区农业县，总耕地面积7.26万公顷。

2010年全县气温偏高，是有气象记录以来的最高值，出现了百年不遇的特大干旱，连续10个月降水偏少，是有气象记录以来降水最少、气温最高、持续时间最长、影响范围最广的秋、冬、春、初夏连旱现象，期间累计降水仅499毫米，较历年同期平均值，偏少50%。年平均气温15.5℃，较历年同期平均值偏高1.6℃，年日照时数2035.2小时，全年无霜期253天。

2010年，全县辖丹凤、雄壁、葵山、彩云4镇和竹基、高良、五龙、龙庆4乡，5个社区104个村民委员会，792个村民小组。年末，全县人口总户数106941户，总人口412269人。其中，农业人口370716人，非农业人口41553人。男性人口214650人，女性人口197619人，人口性别比108.6：100，少数民族人口73884人，占总人口的17.9%。城镇化率28%。

2010年，师宗县国民经济实现平稳较快发展。全年完成地区生产总值512828万元，按可比价计算，比上年增13%，其中，第一产业实现增加值183472万元，增8%，第二产业实现增加值200337万元，增15.9%，第三产业实现增加值129019万元，增13.1%。三次产业结构为35.8：39.1：25.1。

【第一产业】 2010年，师宗县农业产业化稳步推进，产业结构调整继续优化，农业农村经济发展活力增强。农业产总值达281852万元，增17.5%，农业主导产业培育初见成效，粮、烟、畜等传统产业得到巩固提高，农业基础明显增强。种植业产值达122018万元，增11.2%。粮食产量达172813吨，增5.8%；烤烟收购26185吨，增14.3%，收购值4.02亿元，蔬菜产量15.55万吨，增0.1%，油料产量1930吨，畜牧业产值124062万元，增19.2%，大牲畜存栏150708头，增5.8%，生猪存栏441730头，增9.97%，猪出栏727297头，增18.4%，羊存栏194195只，增14.3%，肉类总产量88246吨，增16.2%，禽蛋产量1525吨，增37.8%。林业产值32556万元，增41.2%，完成造林面积8827公顷，年末全县生态公益林达68793公顷，商品林达92493公顷，活林木总蓄量达534万立方米，自然保护区5个，保护面积8490.1公顷，年末实有森林面积9.96万公顷，森林覆盖率达53.8%。渔业产值803万元，增0.88%，农业基础设施进一步加强，全年各类水利设施投资1.45亿元，完成各类水利工程4491件，年内完成中低产田改造6667公顷。农业机械总动力24.56万瓦特，比上年增9.2万瓦特。

【第二产业】 2010年，师宗县坚持工业强县目标，加快推进工业化进程，工业经济持续发展，工业支柱产业得到巩固提升。围绕国家产业导向和扶持政策，充分利用资源、区位等优势，夯实产业发展基础，强化煤化工、电力、建材、食品加工、冶金和木材加工六大工业产业，促进工业经济增长。年内，完成工业总产值433660万元，比上年增30.3%，实现工业增加值11.16亿元，增16.8%。生产原煤301.26万吨，与上年基本持平，焦炭144.08万吨，增1.9%，水泥88.78万吨，增58.4%，洗精煤30.44万吨，降9.1%；发电量44877万千瓦时，增25.06%，生产外墙瓷砖130.8万平方米，降25.18%，黄磷8522吨，增79.2%，铁合金3678吨，增9.59%；精锌4546吨，增36.3%，农膜1843吨，增34.9%，罐头561吨，降22.6%，白酒1179千升，增20.68%；服装2.0万件，增26.58%；糕点685吨，增5.55%。

【第三产业】 2010年，师宗县第三产业运行良好，消费需求旺盛。全年实现第三产业增加值12.9亿元，比上年增13.1%，第三产业增加值占地区生产总值25.1%。社会消费品零售额78479万元，增21.8%。其中，国有经济4483万元，增19.8%，集体经济

2010年3月2日，北京理工大学团员青年情系师宗县葵山灾区学生。

（师宗县史志办/供稿）

3823 万元，增 15.8%，其他经济 70173 万元，增 22.3%。年内，共接待国内外游客 66.82 万人（次），增 16.05%，旅游综合收入 3.48 亿元，增 17.15%。

【交通运输】 2010 年，师宗县以项目为重点，坚持项目兴交通，加快项目谋划建设步伐，提升交通发展水平。全年完成投资 2.07 亿元，比上年增 50.34%，全县公路通车总里程达 2209 千米，基本形成四通八达、城乡连接的交通公路网络。全县有货运车辆 3910 辆，完成客运量 317 万人（次），客运周转量 21255 万人/千米；货运量 395.42 万吨，货运周转量 33563.53 万吨/千米。县境内有铁路 52.9 千米，火车站 5 个，国道过境公路 52.6 千米，省道过境公路 108.64 千米。

【邮电通信】 2010 年，师宗县邮电通信业加速发展，实现业务收入 9462 万元，比上年降 26.2%，有固定电话用户 11391 户，比上年减 696 户。有移动电话用户 10.83 万户，比上年增 4300 户，报刊期发数 12.27 万件，增 9.55%，函件数 1.59 万件，增 12.0%。

【国内贸易】 2010 年，师宗县社会消费品零售总额完成 7.85 亿元，比上年同期增长 21.78%。按区域分，城市消费品零售总额完成 5.92 亿元，增 21.8%；县以下社会消费品零售总额完成 1.93 亿元，增 21.6%。按行业分，批发业实现零售总额完成 4235 万元，增 18.7%；零售业实现社会消费品零售总额 6.05 亿元，增 21.6%；住宿餐饮业实现零售总额 1.37 亿元，增 23.7%。按所有制性质分，公有经济完成社会消费品零售总额 8306 万元，增 18.0%；非公有制经济完成 7.02 亿元，增 22.3%。

【财政税务】 2010 年，师宗县财政以“加快重大项目建设，落实税收征管措施，加强非税收入管理，有效盘活闲置资产，积极争取上级支持，确保财政收支平衡”为工作重点，促进了全县经济社会持续、快速、健康发展。全县财政总收入达 59.99 亿元，比上年增 23.2%。其中，上划中央“两税”17807 万元，增 16.7%，地方一般预算收入 29173 万元，增 16.2%，地方财政支出 112696 万元，增 24.8%。其中，县级财政支出 5.6 亿元，增 2%。

【金融】 2010 年末，师宗县各类金融机构存款余额 434124 万元，比上年增 16.7%。其中，城乡居民储蓄存款余额 256938 万元，增 25.2%。贷款余额 243392 万元，增 12.9%。全年现金净投放 77079 万元，增 24.3%。保险业务收入 8732 万元，增 6.7%，保险业务赔款 5305 万元，增 3.5 倍。

【固定资产投资】 2010 年，师宗县加大固定资产投资力度，加大能源、农业基础设施、建材、公路、旅游、城镇、教育、卫生的投入。全社会固定资产投资完成 43.9 亿元，比上年增 28.06%，“十一五”期间累计完成固定资产投资 141.56 亿元。其中，城镇投资完成 23.65 亿元，增 28.0%；农村投资完成 12.42 亿元，增 81.9%；农村私人投资完成 4 亿元，增 29.03%；房地产投资完成 3.83 亿元，降 34.8%。建筑业增加值实现 3.5 亿元，增 19.9%，年内，争取到中央、省、市各种资金 4.05 亿元，“十一五”期间累计争取资金 9.54 亿元。在固定资产投资重点项目中，实行重点项目基本情况报送制，做好季报投资分析，严格管理国家政策性银行贷款支持项目和中小企业贷款项目的申报工作，搞好资金申报和管理工作。对全县 86 个重点建设项目逐项检查，对重点项目实行目标考核责任制，落实到县级各领导，分解到相关单位和部门。

【招商引资】 2010 年，师宗县继续加大招商引资力度。年内，共储备项目 50 个（上报市级储备 12 个）。签约项目 12 个，总投资 48.58 亿元，有在建项目 20 个，总投资 49.83 亿元，实际引进县外国内资金 15.12 亿元，增 23.2%。

【城镇建设】 2010 年，师宗县紧紧围绕打造生态园林型城镇的总体目标，按照“科学规划，扩大规模，完善功能，打造精品，优化环境，提升品位”的思路，基础设施逐步配套，城镇功能日臻完善，年内城市基础设施建设完成投资 3.39 亿元，比上年增 76.3%，完成通源大街北段城市截污管网改造、师宗广场等市政设施建设，启动文笔公园、通玄公园二期、茶园新区基础设施项目建设。完成省市级重点项目 4 个，县政府确定的“五定”目标责任项目 14 个，总投资 7.17 亿元，实际完成投资 7.189 亿元，完成全年固定资产投资任务的 101%。继续推进房地产开发项目，在建的商住房项目 7 个，总建设规模 26.5 万平方米，投入资金 5.35 亿元。全面完成省、市下达的住房保障项目建设任务 900 套 4.5 万平方米，投资 6.75 亿元。发放租赁补贴 194 户 1689 人 39.53 万元。以创建“省级园林城市”为契机，加大道路绿地、庭院绿地、单位和小区等公共绿地建设力度，县城建成区面积 10 平方千米，城镇化率达 28%，人均住房面积达 35.8 平方米，完成绿化投资 1500 万元，新增绿地面积 4 万平方米，绿地率和绿化覆盖率分别达 33.5%、36%，全县绿化占地面积 1000 平方米以上的单位、小区有 54 个，25 个单位和 13 个小区达到省级园林单位（小区）标准。12 月 28 日，师宗县被省人民政府授予“省级园林县城”称号。投资 8100 万元建设、改造雨污管网 57.4 千米，污水收集率达 95% 以上，改造人行道 7.6 万平方米，修复车行道路面积 5 万平方米，改造路灯 2300 余盏，全县路灯总量 4388 盏，亮化率达 97%，更新环卫保洁箱（桶）370 余只，路标街牌 40 余处，新建便民木亭 15 座。高起点规划文笔公园建设项目，占地约 166.67 公顷，计划总投资 2 亿元，城市生活垃圾填埋场项目总投资 3718.03 万元，土建及防渗工程于 6 月 22 日竣工初验，垃圾处理填埋和中转站试运行正常，垃圾无害化处理率达 90%。污水处理厂总投资 2890 万元，城市污水处理率达 85% 以上。以“农村危房改造工程”为契机，以点带面大力推进村镇建设，争取上级补助资金 400 万元，在 8 个乡镇 21 个村（组）400 户农户实施农村危房改造工程基本完工，全县 8 个乡镇集镇建设和农村私人建房累计投资达 5.11 亿元。

【环境保护】 2010 年，师宗县围绕“绿色、和谐、富裕师宗”目标，突出重点区域、行业、企业的环境监管，切实加大环境污染案件查处力度。全年全县二氧化硫排放量为 2052.8 吨，比上年降 4.9%；烟尘排放量为 3040.3 吨，增 0.7%。完成师宗县第一次全国污染源普查工业源 15 家、农业源 9 家、畜禽养殖业 1 家的数据更新、调查工作。征收排污费 280 万元，重点督促师宗东方红锌业有限公司重金属污染治理，投资 18 万元对厂区 347 米管道、122 个管件阀门重新更换，新建 200 立方米雨水收集罐，投资 27 万元新建 260 立方米地上收集池，实现生产污水不外排及循环利用目标。全年出动执法人员150余人（次）、车辆30余辆（次），检查企业57家，查处环境违法案件9宗，取缔土法炼锌、炼焦、旧轮胎加工、泥磷加工、小炼铁等“十五小”37起，对45家企业下达限期整改通知书，完成污染源现场监督检查30余次，污染防治设施检查60余次，排污许可证现场检查58次，对存在严重环境违法行为的1家造纸企业、1家焦化企业分别处以5万元、3000元的罚款。解决环境污染纠纷1起、环境污染信访8起，对污染严重的1家煤焦油冶炼企业实施搬迁。

【教科文卫体】 2010年，师宗县全面推进教育综合改革，不断改善办学条件，教育事业得到快速发展。继续对中小学学生实行免交学杂费、免交教科书费和寄宿制学生生活补助的政策，初步建立农村义务教育经费保障机制。年末，全县拥有各级各类学校219所。其中：普通中学17所、小学150所、幼儿园52所。全县在校学生92530人，比上年增3.2%，其中，高中在校学生7292人，初中在校学生21188人，小学在校学生45241人，高考上线2705人，上线率99.23%，比上年提高9.93个百分点。全年为中小学学生免除教科书费506.42万元，中小学学生享受寄宿制学生生活补助2178.1万元，兑付职中学生享受国家助学金293.86万元。

年内，科技进步对经济发展的支撑作用进一步增强，科技对国民经济贡献率达43%。全年举办科技培训136次，培训农业科技人员848人，培训县、乡、村干部1126人，培训农村实用技术人员7696人，创办科技示范园4个、科技示范村14个、科技示范户676户。示范性推广种植薏苡仁1466.67公顷，半夏100公顷、中草药133.33公顷，师宗县被云南省科技厅、云南省食品药品监督管理局批准为“云药之乡”。组织申请国家专利3项，发展民营科技企业2户。

年内，文化事业和文化产业稳步推进，体育和广播电视事业进一步发展，民族、民间文艺和群众性体育活动丰富多彩，文艺演出队伍不断扩大，文艺创作和竞技体育在省市级获得好成绩。年内，参加体育锻炼人口达36%，竞技体育获市级以上11金、10银、7铜，“十一五”期间累计获市级以上50金、47银、54铜。投资3000万元的文化馆、图书馆、博物馆、运动场“三馆一场”建设主体工程完工，投资683万元建成6个乡（镇）综合文化站建设。不断健全文化市场长效管理机制，加大文化市场管理力度，出动530余人（次）检查文化经营单位850个（次），收缴非法制品1268件，罚款3.95万元。实施农村电影放映“2131”工程，结合抗旱救灾、森林防火、节约用水、防震减灾等方面进行电影科教片宣传，全年放映1410场，观众28.4万人（次）。全县拥有专业演出队1支，业余文化演出队162支，全年演出7882场。有文化馆1个、图书馆1个，藏书8.7万册。广播电视事业较快发展，广播电视实现村村通，全县有线电视用户2.45万户，广播电视覆盖率96%。

年内，城乡医疗、预防和救治体系逐步完善，新型农村合作医疗全面推进。参合人数30.56万人，参合率达94.11%，受益农民53.5万人（次），享受医疗、医药费补助3922.8万元，人均128.36元；传染病防治得到有效控制，农村卫生服务网络、服务队伍、管理体制不断健全。年末，全县拥有卫生机构38个，病床741张，专业卫生技术人员793人，按常住人口计算，全县每千人拥有病床1.88张。每千人拥有专业卫生技术人员为2.02人。

【人民生活】 2010年师宗县单位从业人员25357人，同比增6.87%；从业人员劳动报酬69690万元，增20.4%。在单位从业人员中，在岗职工工资总额69498万元，在岗职工年平均工资27574元。其中，国有在岗职工年平均工资30717元，增8.58%；集体单位在岗职工年平均工资36356元，增68.0%；其他单位在岗职工年平均工资24230元。全年全县农民人均纯收入3784元，增15.86%；城镇居民可支配收入15050元，增13.43%。

【精神文明建设】 2010年，师宗县精神文明建设以社会主义核心价值体系为根本，科学发展观、“创先争优”活动的宣传教育，以人为本，服务群众，坚持“三贴近”原则，加强社会公德、职业道德、家庭美德、个人品德教育，着力推进文明创建活动群众化，城乡整体文明程度和群众的文明素质进一步提高，为建设“和谐师宗”提供了强大的精神动力和智力支持。组织开展师宗县第二届道德模范评选活动，从80名参选人员中，挑选和推荐了15名候选人参加市级评选活动，县委政府表彰了“师宗县2010年道德模范”15人。组织开展文明诚信创建活动，共创评市级文明诚信市场1家、消费者满意街1条、文明诚信企业2家、文明诚信经营户8户、精神文明建设工作先进集体1个。在全县中小学组织开展“百万少儿诵经典，百万少儿唱红歌”、“传唱新童谣、做一个有道德的人”网上签名寄语活动，5.12万名学生参与签名寄语，鼓励和倡导广大少年儿童学习和弘扬传统文化。组织开展“绿色”电脑西部活动，为5个乡（镇）的4所中小学和3个文化站赠送电脑45台。在全县集中开展了文明卫生、文明交通大行动，共出动人员8万余人（次），发放《关爱生命文明出行倡议书》等宣传资料3000余份。开展“文明单位、文明村镇、文明行业、文明社区”创建活动，申报省级文明风景旅游区1个，创建省级文明单位13个、文明村7个、文明小城镇1个，市级文明单位14个、文明村5个、文明社区1个、文明小城镇1个，县级文明单位22个、文明村17个。

【社会保障体系建设】 2010年，师宗县社会保障、社会救助体系不断健全和完善，继续抓好“两个确保”和“三条保障线”工作。年内，职工参加养老保险5967人，职工、农民参加工伤保险12624人，其中：农民工参加工伤保险8924人，职工参加生育保险3710人，农村养老保险137423人、参保率达63.48%，被征地农民参加养老保险555人，城镇职工医疗保险17151人，城镇居民基本医疗保险22176人，失业保险6370人。城乡贫困居民基本实现“应保尽保”，城镇享受低保人员4555人，低保金656.2万元；发放农村低保2.13万人，低保金1710.6万元，发放各种惠农补贴4555.9万元。发放1560名企业离退休人员基本养老金2410万元，发放137名“先养后退”人员退养生活费266万元，供养五保人员1509人，发放供养金253.1万元；优抚对象1788人，发放优抚金538.1万元；发放城镇低收入家庭住房租金补贴147万元，物价补贴41万元。扩大就业再就业，开发就业岗位2130个，失业人员再就业1125人，登记失业率3.2%，转移输出劳动力7417人。关爱残疾人员保障工作稳步推进，全县残疾人员就业1890人，城镇残疾人就业率75%。

（戚乔寿）

陆良县

【简述】　陆良县位于云南省东部，曲靖市南部。县城距省会昆明市129千米，距曲靖市65千米。总面积1989.59平方千米，境内坝子面积771.99平方千米，占全县总面积的38.2%，为云南第一大坝子。2010年，全县辖中枢、板桥、马街、三岔河、召夸、小百户、大莫古、芳华8镇和活水、龙海2乡及华侨管理区共11个乡（镇、区），139个村（居）委会。最高海拔龙海山2687米，最低海拔普乐村1625米。全县年内气候温和，春暖干旱，夏无酷暑而少雨，秋冬无严寒，出现严重干旱。年平均气温16.7℃，高于上年1.5℃，年降雨量894.7毫米，较上年偏少244.6毫米。

年末，有总人口644434人，男性人口337359人；女性人口307075人。男女性别比为110∶100，有少数民族人口11337人。人口出生率10.96%，死亡率4.54%，自然增长率6.42%。

全年实现生产总值95亿元，比上年增13.1%。其中：第一产业完成32亿元，增7.5%；第二产业完成37亿元，增18.8%；第三产业完成26亿元，增11.9%；一、二、三产业的比重为34∶39∶27。工农业现价总产值159.66亿元，增8.18%；工农业产值的比重为63∶37。

【第一产业】　2010年，陆良县完成现价农林牧渔服务业总产值594055万元，比上年增12.37%。其中：农业产值244744万元，增11.8%；林业产值16217万元，增11.8%；牧业产值315242万元，增13.85%；渔业产值6502万元，降8.8%；服务业产值11350万元，增1.26%。

2010年，全县粮食播种面积901050亩，粮食总产量293848吨，比上年增2.51%。油料27954吨，增4.39倍。烤烟生产2.51万吨。蚕茧7170吨。新增造林面积2.4万亩，森林总面积达134.5万亩，森林覆盖率33.44%。全年生猪出栏1364576头，增6.32%。牛羊肉产量12749吨，增20.82%。蔬菜种植面积223275亩，产量2964012吨；水果产量286215吨。农业机械总动力39757万瓦特，农机从业人员13616人。

年内，累计投入抗旱救灾资金5691.5万元，有效解决了19.6万人、7.5万头大牲畜饮水困难，新认定县级重点农业龙头企业12家，总数达58家；发放小额信贷资金8000万元；累计建成滇陆猪扩繁场76个、畜禽养殖小区102个；新植核桃4万亩，改造中低产林1万亩；建成蔬菜大棚2000亩、节水浇灌面积2500亩。农村基础设施建设明显改善，恨虎坝水库主体工程全面完工，莲花田水库除险加固、大坝冲水库扩建、板桥河水库综合治理等项目顺利通过评审，大凹水库等6件小（一）型水库除险加固工程顺利推进；建成高标准农田8.3万亩。

全年共完成各类水利工程1098件，投入工日640.23万个，完成投资11645.55万元；水库总数108座，库容量18791万立方米，水利工程供水量17611万立方米。

【第二产业】　2010年，陆良县完成现价工业总产值1002659万元，比上年增32.53%。其中：国有工业158388万元，集体工业20719万元，其他工业823552万元。在工业总产值中：轻工业301253万元，增21.32%；重工业701406万元，增32.71%；轻重工业产值的比重为30∶70。

年内，4.95万千瓦风力发电、一期年产15万吨锌焙砂及附产物脱硫制酸、年产3500台（套）拖拉机、园区集中供热工程等项目顺利竣工投产；在线低辐射镀膜玻璃及资源综合利用、年产5.1万吨桑条制浆及碱回收系统改造、茧丝绸深加工等项目顺利开工建设。

年内，全县有规模以上独立核算工业企业52个，完成现价总产值640484万元，同比增32.22%；工业增加值182935万元，增20.80%。

【第三产业】　2010年，陆良县实现社会消费品零售总额19.2亿元，比上年增21.41%；交通运输、邮政通信、物业管理、餐饮等服务业健康发展；新建、改建“万村千乡”市场工程农家店10家、县级日用百货配送中心1个、村级日用品销售网点12个，销售“家电下乡”、“汽车摩托车下乡”产品71141台（件），兑付财政补贴资金4071万元。

【交通邮电】　2010年，陆良县有重点在建公路项目50个189.03千米，累计完成投资11875万元。完成养护里程1700千米，好路率达62%。全年完成货运量1077万吨，比上年增9%；货物周转量86151万吨千米，增5.9%；客运量883万人，增3.6%；旅客周转量46748万人千米，增3.7%。

全年完成邮电业务收入15798万元，增12.4%。其中：邮政业务收入1023万元；电信业务收入2155万元，年末拥有固定电话用户2.6万户、宽

2010年2月8日，陆良县消防大队官兵为山区群众送饮用水。

（李井/摄）

带网数据用户1.6万户、电信通用户2100户；移动通信业务收入12620万元。

【商贸流通】 2010年，陆良县实现社会消费品零售总额192248万元，比上年增21.41%。城市市场实现消费品零售额116172万元，增21.81%，农村市场实现76076万元，增20.79%。批发零售贸易业实现161376万元，增21.15%；住宿餐饮业实现30872万元，增22.75%；非公有制经济实现消费品零售额148351万元，占全部消费品零售额的77.17%。

【财政税务】 2010年，陆良县完成财政总收入90330万元，比上年增38.58%。其中：上划中央"两税"累计完成20479万元，增15.17%；地方一般预算收入39009万元，增15.4%。财政支出151039万元，增28.96%。

【金融】 2010年，陆良县各类金融机构存款余额639917万元，比上年增20.9%；其中企业存款170177万元，增15.78%；各项贷款余额367149万元，增15.37%；现金收入1702269万元，增19.94%；现金支出1761907万元，增22.02%；货币净投放69638万元，增2.4倍。财产保险完成保费收入3349万元，支付赔款1985万元，综合赔付率59.27%，实现利润226万元。人寿保险完成保费收入7100万元。办理赔案7100件，赔付金额450万元。

【固定资产投资】 2010年，陆良县全社会固定资产投资完成526500万元，比上年增25%。其中：基本建设451858万元，房地产开发53154万元，完成廉租房建设9.8万平方米、1966套。农村私人投资21488万元。

【城乡建设】 2010年，陆良县完成城乡建设固定资产投资36.6亿元，启动县城总体规划修编，完成县城南片区、北片区、青山工业园区等控制性详规和乡（镇）总体规划修编以及14个村委会村庄规划编制；新建、续建城镇基础设施、房地产开发项目71个，同乐大道南延线、爨文化公园、爨文化商业步行街、城西三路、小百户桥、响水坝桥、中马大道等一批城镇重点建设工程相继建成投入使用，县城建成区面积15.5平方千米，城镇化率、城市绿化率分别达37.3%、17.9%。拥有集镇30个，集镇面积14.5平方千米。累计投入资金8.3亿元，先后实施了2批28个"866"建设村、1个整乡推进、2个小康示范村、2个革命老区村、27个省级重点村、128个省级整村推进重点村、3730户农村地震安全工程建设，陆良县被国家农发办列为支持新农村建设示范区。

【环境保护】 2010年，陆良县投入资金8000万元，西桥工业园区专项整治初见成效，南盘江陆良段出境水质明显改善，渣场建设进展顺利，工业废渣综合利用率达85%以上；累计创建省级生态乡（镇）5家、省级环境友好示范企业1家、市级环境友好示范企业3家、绿色社区1家、绿色学校75家；建成全国首条垃圾环保再生煤生产线；完成林业重点工程造林21万亩，淘汰水泥、焦炭、铁合金、化工落后生产装置34座（条）220.7万吨，削减二氧化硫5009.9吨、化学需氧量960.6吨，全面完成"十一五"节能减排控制性指标。

【教科文卫体】 2010年，陆良县累计投入资金1.4亿元，排除中小学D级危房13.6万平方米，新建校舍16.2万平方米，办学条件不断改善，教育教学质量明显提高。年内，全县有教职工人数8031人，小学在校生62521人，初、高生在校生51052人，职业技术学校在校生2353人。大力发展文化事业，全面完成乡（镇）综合文化站改（扩）建及144个村级文化室、116个农家书屋建设，陆良县再次被命名为"中国民间书法艺术之乡"、"全国文化先进县"。大力发展医疗卫生事业，城乡卫生改革稳步推进，医疗及公共卫生服务体系建设不断加强，完成9个乡（镇）卫生院建设项目；新型农村合作医疗参合率达92%以上，年均减免和补偿费用3728万元，群众"看病难、看病贵"问题得到有效缓解。社会保障体系不断健全，全县低保和养老、医疗、失业、工伤、生育保险基本覆盖各类群体，城镇职工基本养老保险、农村养老保险、城镇居民医疗保险参保率分别达70%、7%、91.6%，城镇登记失业率连续5年控制在4%以下。

【人民生活】 2010年，陆良县农村经济总收入48.5亿元，比上年增8.74%；农民人均纯收入5056元，增499元，扣除物价因素实际增11%；农民人均生活消费支出4331元，增22.9%；其中食品支出1449.7元，增28.1%。农民家庭人均拥有住房面积32平方米。城镇职工家庭人均收入17080元，增9.88%。其中：可支配收入15265元，增13.14%。人均支出12851人，增2.4%。人均居住面积45.08平方米。

【精神文明建设】 2010年，陆良县精神文明建设不断加强，公民思想道德素质和社会文明程度进一步提升。"双拥"工作成效明显，2010年荣获云南省第八届双拥模范县称号。营造科学发展、和谐发展的良好氛围。精心打造外宣精品，寻求合作伙伴，努力推出展示陆良风采、体现特色、扩大影响、提升形象的《陆良史话》和《陆良歌曲集》。12个文明单位、6个文明村1个文明小城镇受到省委、省政府的命名表彰；15个市级文明单位、6个文明村、2个文明社区、1个文明小城镇受到市委、市政府的命名表彰。

（保满良）

会泽县

【简述】 会泽县位于乌蒙山主峰地段，地跨东经103°03′~103°55′，北纬25°48′~27°04′，东邻宣威市、贵州省威宁县，南接沾益县、寻甸县，西连东川区、巧家县，北毗鲁甸县。全县国土面积5854平方千米，山区面积占95.7%。2010年末辖21个乡（镇）19个社区居委会357个村民委员会。县城距省会昆明市210千米，距曲靖市245千米。境内最高海拔大海梁子牯牛寨4017米，最低海拔小江四级电站695米，县城海拔2126米，年均气温14.3℃，年降雨量750.5毫米。年末总人口100.75万人，比上年增5.11%。其中：非农业人口7.4万人，减5.15%，占总人口7.35%；少数民族人口5.34万人，增5.79%，占总人口5.3%；男性54.13万人，增3.83%，占总人口53.73%；女性46.62万人，增6.63%，占总人口46.27%，性别比为116：100（以女性为100）。人口出生率11.92‰，死亡率5.88‰，自然增长率6.04‰。

2010年，全县国内生产总值95.02亿元，按可比价计算，同比增13.1%。其中：第一产业增加值19.89

亿元，增7.3%；第二产业增加值53.65亿元，增13.8%，在第二产业中工业增加值50.83亿元，增13.5%；第三产业增加值21.48亿元，增14.7%。一、二、三产业的结构比为20.9∶56.5∶22.6。

【第一产业】 2010年，会泽县完成农林牧渔业总产值39.54亿元，同比增20.78%。其中农业产值14.06亿元，增21.10%；林业产值1.94亿元，增29.86%；牧业产值22.27亿元，增19.41%，渔业产值9405万元，增33.50%；农林牧渔服务业产值3267万元，增17.86%。粮食总产3.71亿千克，增2.62%，收购烤烟8000吨，完成收购额1.08亿元，减16.77%，全县农业机械总动力1.89亿瓦特；全年完成机耕面积14.66万亩，机播面积0.7万亩，机收面积0.8万亩。共建成各类水利工程5682件，解决及改善了2.39万户、10.15万人、10.87万头（只）大小牲畜的饮水困难，并使全县水利有效灌溉率按耕地面积计算达55.04%。生猪存栏增8.87%，牛存栏增3.20%；羊存栏增6.10%；肥猪出栏增8.70%，肉牛出栏增9.09%，羊出栏增8.55%。猪、牛、羊、禽肉产量21.58万吨，增8.31%。完成小（一）型水库除险加固4件、续建中型水库1件、续建小（一）型水库1件、其他工程32件；实现新增和改善灌溉面积7.16万亩、除涝面积0.24万亩、防洪保护面积0.75万亩、抗旱下种面积2.68万亩，恢复水毁面积0.14万亩、治理水土流失面积60.0967平方千米、改造中低产田地0.5万亩。

【第二产业】 2010年，会泽县实现工业总产值90.36亿元，同比增17.36%，其中：规模以上实现总产值78.32亿元，增16.21%；规模以下实现总产值12.05亿元，增49.21%。烟草制造业实现产值41.18亿元，增12.21%；有色金属冶炼及压延加工业实现产值19.03亿元，增9.22%。电力生产和供应业实现产值3.08亿元，降21.94%。21家规模以上工业企业实现产品销售收入72.96亿元，增16.07%；实现利税总额33.41亿元，增10.10%；实现利润总额7.18亿元，增13.12%；实现销售产值76.77亿元，增20.47%，产品销售率达98.03%。有资质建筑企业完成产值5.93亿元，增36.27%；企业签订合同额6.95亿元，增142.6%；施工项目147个，增53.13%；房屋建筑新开工面积28.52万平方米，增109.49%。龙头企业培育成效明显。会泽县有工业企业1835户、从业人员1.86万人。其中：产值上亿元的8户——产值在5000万元至1亿元的2户。

【第三产业】 2010年，会泽县第三产业完成增加值16.81亿元，比上年增15%。消费品市场活跃，餐饮市场旺盛。实现社会消费品零售总额16亿元，增25.2%。其中：城市社会消费品零售额实现8.98亿元，增31.8%；农村社会消费品零售额实现7.03亿元，增17.6%；住宿餐饮业实现零售额2.68亿元，增36.7%。全年共接待游客60.23万人（次），实现旅游综合服务收入3.88亿元，分别降14.36%和10.58%。文化旅游开发带动第三产业快速发展，实现增加值21.5亿元，增14%。

【交通运输】 2010年，会泽县境内公路通车里程5834千米。其中：国道363千米、省道203千米、县道620千米、乡道1794千米、村道2854千米。21个乡（镇）通油（弹石）路率100%，通油路率86%；361个行政村通公路，通村率达100%。全年货运量1148万吨，同比增16.55%；货运周转量8.6亿吨千米，增6.26%；客运量465万人，增13.97%；客运周转量3.2亿人千米，增10.59%。

【邮电通信】 2010年，会泽县邮政局在全县20个乡（镇）设有25个营业服务网点。69条委代办投递路线。实现邮政收入823万元，人均用邮量8.57元。其中：函件61.64万元，包件19.89万元，报刊发行100.08万元，集邮91.5万元，特快专递109.62万元，物流15.67万元，电子商务及代理业务140.73万元，代理金融258.87万元，代理汇兑17.83万元，邮政出售品5.4万元。全县拥有通讯基站422个，光纤总长1.58万千米，移动手机用户26.95万户，座机用户2.27万户，宽带网用户1.23万户，手机上网用户7130户，3G上网用户1.02万户，实现产值1.31亿元。实现运营收入上亿元，用户总量28万。

【商贸流通】 2010年，会泽县商贸流通成效显著。“家电下乡”工程，产品流通网络健全，对41家销售网点4家售后服务网点进行升级改造，共销售汽车、摩托车8207辆，家电3.5万台（部），销售资金2.31亿元，对农直接补助资金2360万元。“万村千乡”市场工程，新增乡级配送中心3家，新建农家店50个，农家店乡镇覆盖率达100%，行政村覆盖率达99%。受理成品油企业改扩建2家，形象包装4家，证照变更3家，申请新建站点1家；成品油购进6.55万吨，同比增13.8%；成品油销售6.35万吨，增13.2%。全年，会泽县商品购进总额完成2.14亿元，增39.9%。完成商品经营总额4.29亿元，增50.5%。

【财政税收】 2010年，会泽县完成财政总收入28.17亿元，同比增9.76%。上划中央“两税”累计完成19.23亿元，增8%。其中：增值税4.46亿元，增0.37%；消费税14.77亿元，增10.54%。地方财政收入6.1亿元，增10.71%；地方财政支出21亿元，增20.38%。非税收入完成1.2亿元，增24.63%。会泽县国税局完成税收收入21.76亿元，增7.16%。其中：增值税入库5.94亿元，消费税入库14.77亿元，企业所得税入库8502万元，储蓄存款利息收入个人所得税入库82万元，车辆购置税入库1913万元，地方一般预算收入入库16215万元。地方税务累计组织各项税费收入7.29亿元，增6.19%。其中：组织税收收入5.41亿元，增15.32%；县级一般预算收入3.58亿元，增12.10%，征收社会保险费1.7亿元，增17.95%；征收散装水泥专项资金6.79万元；矿山生态环境恢复治理保证金385.24万元；入库工会经费1262.74万元，增24%。企业所得税增121.56%，营业税增27.7%；地方小税种中土地增值税和车船税分别较上年增318.74%和21.64%。

【金融】 2010年，会泽县金融运行形势良好。全县金融机构各项存款余额62.01亿元，同比增17.72%；城乡居民储蓄存款36.98亿元，增13.26%；金融机构各项贷款余额29.1亿元，增24.54%。

【固定资产投资】 2010年，会泽县完成固定资产投资58.51亿元，同比增20.29%，其中：城镇固定资产投资完成36.28亿元，增1.57%；房地产开发投资完成6.95亿元，增87.75%。

【城镇建设】 2010年，会泽县城镇化率达28.23%，全县建成区面积达24平方千米，县城建成区面积10平方千米。全年用地面积达60.27万平方米；批准立项开发的房地产建设项目9个，建筑面积87.85万平方米，完成投资9.33亿元。全长650米宽60米总面积3.9万平方米总投资1650余万元的通宝路西延长线竣工验收并投入使用，全长4245米宽度58米总投资3.5亿元的瑞祥路建设完工并投入使用；全长850米宽18米总投资980余万元的瑞丰路（瑞祥小区段）已竣工验收并投入使用，总投资580余万元的翠屏直街、西直街北段、京运街北段、春晓街北段绿化亮化、通宝路路灯改造工程完工并投入使用；总投资3600万元国债资金建设、总填埋容量126.5万立方米、总有效库容107.5万立方米、使用年限为20年的垃圾处理场投入试运营；总投资6979万元的污水处理厂全部完工进入试运行；总造价5800万元的管道燃气工程，累计完成投资2800万元，目前已完成厂房建设、生产站区设备安装、辅助生活区设备安装及瑞祥路燃气管网的铺设工作；总投资400余万元的东内街风貌修复试点工程完工，顺利通过评审验收并投入使用。围绕省级园林城市、甲级卫生城市创建目标，全面扎实开展“一化三治”县城绿化和市容市貌治理、城市秩序治理、环境卫生治理四大工程。通过努力12月会泽县被云南省人民政府授予云南省园林县城称号。

【环境保护】 2010年，会泽县完成了会泽滇北工贸有限公司粗铅节能减排改造项目（减排二氧化硫1463.258吨/年）和云南磷源化工有限公司1、2号黄磷炉关停取缔项目（减排二氧化硫9.92吨/年）合计减排二氧化硫1473.178吨，会泽县污水处理厂于2010年9月20日进水调试。完成对56家企业的排污申报登记工作。全年共收取排污费394万元。出动人员283人（次），检查企业157厂（次），对8家企业采取了停产治理、限期整改、限产限排措施，对1家企业处以5万元罚款。全年，出动20人（次）对会泽县涉及使用放射性同位素（含密封放射性同位素）的3家水泥厂和云南驰宏锌锗股份有限公司会泽分公司采选厂进行检查，查清了放射源的数量及种类。于9月、11月对者海镇的两条地表径流（阿依卡小河、简槽河）进行采样分析，取得监测数据40个，监测结果表明，者海镇的两条地表径流（阿依卡小河、简槽河）水环境质量超过Ⅲ类功能区要求。对者海镇环境空气质量现状监测1次。

【教科文卫体】 2010年，会泽县教育、科技、文化、卫生和体育事业全面发展。年内，全县共有各级各类学校487所，其中：普通中学35所、小学387所、职业技术学校1所、教师进修学校1所、幼儿园62所、特殊教育学校1所。有在校生17.16万人，有教职工8596人，小学毛入学率101.17%、初中毛入学率100.93%，普高辍学率0.85%、幼儿入园率55.57%，全县各类学校有校舍建筑面积111.57万平方米，有图书196.3万册。年内，共排除中小学D级危房20.06万平方米。完成教师廉租房建筑面积2.64万平方米，总投资3120万元，至年末完成16所学校16个项目、2.04万平方米的建设任务，解决了404户教职工的住宿问题。

2010年，会泽县科技工作共完成了UNDP科技特派员项目、省科技厅科技富民强县专项行动计划“会泽县5000亩脱毒马铃薯种薯基地建设”项目、省科技厅“会泽县2010年粮食作物（玉米）高产创建活动”项目、省科技厅科技富民强县专项行动计划“国际型猕猴桃产业化开发”项目、省科技厅技术创新及产业发展“果品深加工开发试验示范”项目，全年完成专利申请12件，其中发明专利3件。争取市级科技项目3个，累计争取资金300余万元。者海、待补两个省级万亩玉米高产创建基地分别建成百亩核心区、千亩展示区和万亩示范区各1个，并通过省、市专家组的验收。组织实施了红豆杉育苗，连片种植项目。开展2010年“保护知识产权宣传周”活动，共发放《云南科技报》（三下乡专版）560余份、《合理用药宣传手册》250余份、《食品安全知识读本》250余份，发放科普图书、抗震救灾、科技法律法规、预防疾病及科技三下乡报刊等宣传资料8万余份，宣传对象10万余人（次）。

2010年，会泽县文化工作成效显著。在2009年12月29日至2010年1月11日期间举办的云南省“奇石城杯”第四届赏石展上，有19组奇石分获金、银、铜奖，获奖率达76%，“三下乡”活动中，为群众送图书1400余册、春联1500幅、门画2000幅、年画2000幅，现场书写春联200余幅。共出动执法人员400余人（次），出动执法车辆150余辆（次），检查各类经营户700余户（次），共收缴非法盗版光碟600余张，取缔“黑网吧”11家，收缴电脑50套；取缔无证经营电子游戏室1家，拆除游戏机主板6块；取缔无证照经营电子游戏摊点3个，收缴国家明令禁止的退币机5台。受理群众“12318”文化市场举报电话8次，及时处理案件8件。处罚接纳未成年人的网吧8家，处罚上网实名登记册不健全的网吧1家，处罚无证经营歌舞厅2家，处罚违规

会泽大海梁子。

（沈良启/摄）

经营赌博机的游戏室1家，县图书馆借阅各类书刊、期刊杂志3.62万册（次），接待读者1.03万人（次）。电影管理站全年放映电影4300场（次），观众18万人（次），其中广场电影放映76场。在国家级非物质文化遗产传承人张氏斑铜第十二代传人张克康家启动斑铜制作技艺传习所。洞经音乐团长田永光被命名为云南省非物质文化遗产传承人，洞经音乐业务骨干陶治国被命名为曲靖市非物质文化遗产传承人。

2010年，会泽县共有各级各类医疗卫生机构437个、有专业技术人员1277人、拥有病床2047张（公立医疗机构1970张）。全年，全县累计门诊病人90.57万人（次），累计住院病人67.03万人（次），门诊平均处方费59.34元，出院病人平均医疗费用2240.51元。全县参加新型农村合作医疗81.65万人，参合率93.51%，

全年共接待到会泽训练专业运动队伍6批240余人（次）。70多名优秀苗子赴西安参加了国家体育总局组织的训练营，由于各项训练工作突出，会泽县体育运动学校被评为“2010年国家中长跑奥林匹克高水平后备人才基地训练营优秀单位”。

【人民生活】 2010年，会泽县农民人均纯收入2643元，同比增11.53%；人均有粮418千克，增2.70%；人均住房面积26.9平方米。全县在岗职工人数3.42万人，在岗职工工资总额11.64亿元，增11.1%。职工年平均工资3.43万元，增7.70%。城镇居民人均可支配收入1.32万元，增9.62%；城镇居民人均消费支出8193元，减22.90%。

【精神文明建设】 2010年，会泽县精神文明建设工作以建设“文明和谐会泽”为目标，以构建社会主义核心价值体系为根本，以“知荣辱、树新风、促和谐”为主题，深入开展群众性精神文明创建活动，组织开展各项志愿者服务活动。开展评选推荐第二届曲靖市道德模范活动，评选出13名候选人参加第二届曲靖市道德模范评选。开展“诚信体系”创建活动，共创建市级文明诚信市场2个、市级文明诚信企业5家、市级消费者满意街1条、市级文明诚信经营户11户。在驾车、田坝两个乡整体推进“群星文明工程”创评工作，在全县文明村、小康示范村和“866”工程实施村中开展创星评星工作，全年全县共评选出六星级以上“星级文明户”1.42万户。

【中低产田地改造】 2010年，会泽县中低产田地改造项目涉及待补、者海、五星、迤车等乡镇，全年完成投资6780.5万元，改造中低产田地6.35万亩，平整土地2.76万亩，新增耕地面积1091.7亩，建成蓄水工程447件，开挖沟渠61.25千米，铺设管网129.99千米，新建田间道路51.11千米。实施中低产田地改造后，项目区田地的农业综合生产能力和抗御自然灾害能力明显提高，先后引进农业龙头企业和种植大户落户项目区，发展蔬菜、花卉、中药材等特色产业；待补野马项目区建管结合、科技与效益并重的管理经营模式得到了省、市各级领导的重视及认可，被评为“省级优秀示范”项目，省委书记白恩培批示，全省推广学习。

【“整乡推进”扶贫开发建设】 2010年，会泽县“整乡推进”扶贫开发建设涉及五星、待补2个乡（镇）25个贫困村委会351个自然村农户20154户7.6万人。五星、待补2个乡（镇）规划建设项目1788件，规划总投资3.91亿元，完成投资3.74亿元，占计划的96%。五星乡省级财政扶持资金600万元项目分别在2009年和2010年内完成，各项建设任务全面完工。待补镇户“八有”完成99.9%、自然村“六有”、行政村“六有”和镇“六有”完成100%，并于2010年12月通过市级检查验收。通过“整乡推进”扶贫开发的实施，项目乡（镇）、村发生了明显变化，产业开发初具规模，农业生产条件显著改善，农村社会事业发展，村容村貌改观，党的基层组织凝聚力得到增强，干群关系更加融洽。2010年，2个乡（镇）实现农业总产值3.73亿元、同比增61%，农村经济总收入2.98亿元、增52%，农民人均纯收入2740元、增50%。

（田德粉）

人　物

责任编辑　张　鑫

市级领导(2010年任命)

刘海芳　男，汉族，1955年9月出生，大学文化，云南师宗人，1975年8月加入中国共产党，1974年12月参加工作。

1974年12月至1979年1月，部队服役，任班长、文书；1979年1月至1981年8月，师宗县斗坞中学任教；1981年8月至1983年8月，曲靖师范读书，任班长、学生会主席；1983年8月至1984年5月，师宗县丹凤小学任教；1984年5～12月，师宗县教育局工作；1984年12月至1985年9月，师宗县委组织部工作；1985年9月至1987年8月，曲靖地委党校大专班行政管理专业读书；1987年8～12月，师宗县委办公室工作；1987年12月至1990年9月，师宗县竹基乡乡长、党委书记；1990年9月至1993年3月，师宗县委常委、县纪委书记；1993年3月至1996年9月，师宗县委常委、县政府常务副县长（其间：1993年10月至1994年4月在北京市丰台区挂职任卢沟桥农工商总公司总经理助理）；1996年9月至1997年11月，曲靖地区行署计生委党组书记、主任；1997年11月至2001年3月，中共会泽县委书记；2001年3月至2003年3月，曲靖市人民政府党组成员、秘书长；2003年3月至2006年8月，曲靖市人民政府副市长（其间：2005年7～12月在农业部挂职任农垦局副局长）；2006年8月至2010年1月，中共曲靖市委常委、市人民政府副市长；2010年1～2月，曲靖市人大常委会党组书记；2010年2月，曲靖市人大常委会党组书记、主任。

宁德刚　男，汉族，1964年12月出生，大学文化，云南宣威人，1995年10月加入中国共产党，1983年7月参加工作。

1981年9月至1983年7月，曲靖财贸学校农村金融专业学习；1983年7月至1990年9月，中国农业银行会泽县支行工作，历任稽核股副股长、计划股副股长、股长；1990年9月至1992年7月，中国农业银行武汉干部管理学院大专班经济信息专业读书；1992年7月至1993年5月，中国农业银行会泽县支行办公室主任；1993年5月至1997年6月，中国农业银行曲靖地区支行资金计划科副科长、科长；1997年6月至2000年1月，中国农业银行陆良县支行党委书记、行长；2000年1月至2003年7月，中国农业银行曲靖市分行营业部党委书记、总经理；2003年7～10月，中国农业银行思茅地区分行副行长；2003年10月至2005年6月，中国农业银行曲靖市分行副行长；2005年6月至2006年9月，曲靖市委副秘书长；2006年9月至2010年5月，中共富源县委书记；2010年5月，曲靖市人民政府党组成员、副市长。

早明光　男，汉族，1965年9月生，大学文化，云南隆阳人，1990年11月加入中国共产党，1984年8月参加工作。

1981年9月至1984年8月，云南省交通学校读书；1984年8月至1987年12月，龙陵县交通监理站工作；1987年12月至1988年12月，龙陵县公安局工作；1988年12月至1992年6月，龙陵县公安局交警大队副大队长（主持工作）；1992年6月至1997年1月，龙陵县公安局交警大队大队长；1997年1～11月，龙陵县公安局副局长兼交警大队大队长；1997年11月至2001年7月，保山市（今隆阳区）公安局交警大队大队长；2001年7月至2006年4月，腾冲县公安局党委书记、局长；2006年4月至2010年5月，保山市公安局党委委员、副局长；2010年5月，曲靖市人民政府党组成员、副市长、公安局长。

毕文权　男，汉族，1972年1月生，吉林九台人，博士研究生文化，1993年10月加入中国共产党，1994年7月参加工作。

1990年9月至1994年7月，哈尔滨工业大学金属材料及热处理专业读书；1994年7月至1995年7月，中国第一汽车集团公司底盘厂淬火工段见习；1995年7~12月，中国第一汽车集团公司底盘厂技术发展科齿轮工艺员；1995年12月至1996年6月，中国第一汽车集团公司底盘厂技术发展科高频工艺员；1996年6月至2000年1月，中国第一汽车集团公司底盘厂团委书记（其间：1998年9月至2001年3月在吉林大学工商管理专业学习，获硕士学位）；2001年1~5月，中国第一汽车集团公司底盘厂检查科副科长；2001年5月至2002年3月，中国第一汽车集团公司底盘厂生产科副科长；2002年3~12月，中国第一汽车集团公司底盘厂技术科副科长；2002年12月至2003年12月，一汽解放汽车有限公司车桥分公司人力资源部部长；2003年12月至2006年1月，一汽解放汽车有限公司车桥分公司产品工程部部长；2006年1月至2007年7月，一汽解放汽车有限公司车桥分公司副总经理；2007年7月至2010年11月，中国第一汽车集团公司团委书记（其间：2003年9月至2009年6月在吉林大学材料物理与化学专业学习，获博士学位）；2010年11月，曲靖市人民政府党组成员、副市长。

李雪松 男，拉祜族，1961年9月生，在职研究生文化，云南景谷人，1986年7月加入中国共产党，1978年8月参加工作。1978年8~12月，景谷县钟山乡知青；1978年12月至1980年12月，在部队服役；1981年1月至1996年2月，景谷县公安局秘书科科长、副局长、局长；1996年2月至2001年1月，思茅地区孟连县公安局局长；2001年1~5月，思茅市中级人民法院副院长；2001年5月至2005年11月，思茅市中级人民法院副院长（正处）；2005年11月至2006年3月，文山州中级人民法院党组书记、副院长、代理院长；2006年3月至2009年12月，文山州中级人民法院党组书记、院长；2010年1~2月，曲靖市中级人民法院党组书记、副院长、代理院长；2010年2月，曲靖市中级人民法院党组书记、院长。

（刘江梅）

劳动模范

罗笔晖 女，1965年11月出生，汉族，云南省昭通市人，大专学历，工程师，一汽通用红塔公司员工。1984年10月至1985年9月，云南蓝箭汽车制造厂机加分厂铣工。1985年9月至1988年1月，云南工学院汽车运用系学习。1988年2月至1990年3月，云南轻型汽车技工学校教师。1990年4月至1993年7月，云南蓝箭汽车制造厂车身分厂施工技术员。1993年8月至1997年2月，云南亚标汽车制造有限公司生产部施工技术员。1997年3月至2002年2月，一汽红塔云南汽车制造有限公司生产部装配工艺员。2002年8月至2005年1月，一汽红塔云南汽车制造有限公司产品开发部装配工艺员。2005年1月至2009年8月，一汽红塔云南汽车制造有限公司技术部生产准备室主任。2009年9月后任一汽通用红塔云南汽车制造有限公司技术部生产准备室主任。2007年获“曲靖市劳动模范”称号。2008年荣获“云南省劳动模范”称号。2009年获一汽集团公司授予“一汽巾帼标兵”称号，十一届全国人大代表。

罗笔晖作为工程技术人员，仅在2008~2009年中，组织34个项目的生产准备工作，完成样车验证789辆，完成整改797项，提高了整车产品质量。她大胆探索，提出金属材料管理按零件进行，以零件的投入产出为基础数据，应用科学的统计分析方法，找出浪费原因，制定规章制度，把材料利用率由2005年的66.34%提高到2007年的67.87%。2008~2009年，罗笔晖累计完成工艺降成本76.73万元，为公司发展作出重要贡献。2010年4月24日，罗笔晖被国务院发文授予“全国劳动模范”称号。

张石明 男，汉族，1961年7月出生，初中文化，中共党员，马龙县纳章镇纳章社区人，2001年7月加入中国共产党，现任马龙县福兴洗矿厂厂长。1975年9月至1978年7月，在纳章附中读书。1979~1981年，任纳章二社记分员。1982~2000年，从事交通运输业。2000年7月至2004年3月，任纳章村委会主任。2004年3月后，任马龙县福兴洗矿厂负责人。

2000年，他和中安监狱签订了20年委托绿化管理合同，投资1000余万元复耕矿区土地并种植桉树3800亩，边复耕边利用尾矿坝将含有铁矿的土剔出来，既绿化荒山，又获得丰厚的收入，他还积极引导农民种植桉树，免费为他们提供技术服务，安排刑满释放人员到自己的企业里工作。他先后捐资500余万元用于家乡公益事业，出资100.66万元建成纳章镇福明幼儿园，捐资90万元支持新农村、中小学校舍及集镇“十个一”建设，自2007年以来每年投资135万元养护马纳公路。先后两次被曲靖市委、市政府授予“三村四化”新农村建设金质勋章。2007年3月被曲靖市委、市政府表彰为新农村建设十大新闻人物；2007年4月被曲靖市政府表彰为市级劳动模范。2008年6月被中华慈善总会、中国个体劳动者协会表彰为四川汶川地震灾区捐赠献爱心先进个人；2008年4月被云南省政府表彰为省级劳动模范。2010年4月24日，张石明被国务院发文授予“全国劳动模范”称号。

（曲靖市总工会/供稿）

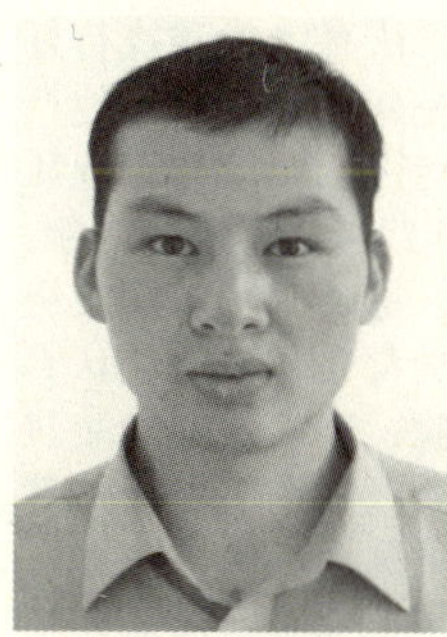

徐成东 男，汉族，云南省会泽县人，1973年8月出生，大专文化，中共党员，技师，1991年12月参加工作。1991年12月至1995年4月，在云南驰宏锌锗股份有限公司会泽采选厂工作。1995年5月至2004年3月，在云南驰宏锌锗股份有限公司会泽铅厂工作。2004年4月至2009年4月，在云南驰宏锌锗股份有限公司曲靖艾萨炉分厂工作。2009年4月后，在云南驰宏锌锗股份有限公司曲靖分公司铅厂工作，任艾萨炉第二工序工序长。2008年4月，徐成东被中华全国总工会授予全国五一劳动奖章，被云南省政府授予“云南省劳动模范”称号。2008年10月，获得云南省第八届“十大杰出青年”提名奖。

徐成东在铅厂艾萨炉从试车到实现达产达标的整个发展过程中，带领艾萨炉二班先后承担“泡沫渣的研究和控制”等重大攻关项目的岗位试验任务。他提出根据进料量配合风煤量进行工艺控制的方法，使得泡沫渣得到有效控制，提高了铅产品的质量和产量，操作工的劳动强度大大减少。由徐成东牵头的喷枪改进实验，每年节省成本高达200余万元，“开炉作业率”从外国专家撤离时的50%提高到平均85%以上，最高达到100%，“烟尘率”大幅下降，达到了国际同行业先进水平。经过严格的考核评比，他所带领的艾萨炉二班2007年被全国有色工业协会评选为全国有色行业“节能减排”先进班组。年综合能耗比同行业节约1400多万元。2010年4月24日，徐成东被国务院发文授予“全国劳动模范”称号。

（孟庭坤）

龙金平 男，1968年8月出生，汉族，初中文化，技师，中共党员，羊场煤矿杨家矿井副井长。2007年被评为曲靖市兴曲技能人才。2008年被评为云南省第十九届劳动模范。2009年被评为曲靖市十大新闻人物并荣登榜首。

杨家矿井是羊场煤矿最主要的原煤生产单位，承担着全矿总量80%以上的原煤生产任务。龙金平自2001年任该矿副井长后，不断加强学习，努力提高技术素质和操作能力，同时不断总结管理经验，认真完善和执行好各项管理制度，提高管理水平。他严把工程质量关，实行工作量与工程质量、安全、产量挂钩考核，按劳取酬，调动职工积极性，每月矿质量检查组考评该队工程质量都是优良。他认真总结瓦斯治理经验，采取锯末粉装袋砌墙封堵老塘瓦斯、工作面加设局部扇风机稀释上隅角瓦斯、回风巷铺设瓦斯抽放管路抽排瓦斯、增设瓦斯抽放专用巷道引流瓦斯等办法，有效杜绝回采工作面上隅角瓦斯事故。他注重职工安全技能培训，实行师带徒制度，新学徒与老师傅签订师徒协议，确保队伍技术素质。为了降低材料消耗，他在加强顶板管理、严格支护质量的基础上，采取各种激励机制改善放炮工艺和回柱工艺，提高坑木回收复用率，减少成本支出，提高经济效益，增加职工收入。在他的带领下，该队自2005年后连续保持大倾角薄煤层炮采工作面月产上万吨和杜绝工作面冲矸垮顶事故发生的安全生产好成绩，职工收入保持每年按11.8%的比例逐年递增，有效保持职工队伍的团结稳定，2007年9月该队成绩突出被评为全国煤炭工业先进集体。2010年4月24日，龙金平被国务院发文授予“全国劳动模范”称号。

（羊场煤矿办公室/供稿）

先进人物

胡家权 男，汉族，1971年10月出生，云南省沾益县人，大学学历，农艺师，中共党员，麒麟区农业技术推广中心科技工作者。1992年7月曲靖农校农学专业毕业。1992年8月至1995年12月，麒麟区东山农科站工作。1996年1月后在麒麟区农技中心从事农业技术推广工作。1998～2002年，任区农业局团总支委员、区农技中心团支部书记。2002年7月至2009年8月任区农技中心粮作站站长。2009年8月后任麒麟区农业技术推广中心主任。先后获得各种奖励奖项36次，2008年被评为云南省先进工作者，全国农业技术推广服务中心科技减灾先进个人等。

2005～2009年，他不断探索麒麟区高产高效栽培的有效途径，经过数十次反复试验研究，几十万亩示范样板推广，换来了农民丰收的喜悦及当地政府的认可，先后4次被麒麟区政府授予科技进步一等奖、青年自主创新奖等。他主持的农业部超级稻项目，实现万亩示范区平均产量722.3千克/亩，比非示范区平均亩增产76.2千克。2009年他组织实施的水稻、玉米省级高产创建示范项目，均创造出麒麟区新的高产记录，水稻万亩区平均单产提高至763.3千克/亩；玉米万亩示范区平均产量724.7千克/亩，辐射带动全区玉米总产比前三年平均增10.73%。组织实施的云南高原粳稻优质高产新品种推广成效显著，获农业部丰收三等奖。近年来，麒麟区优质稻推广面积每年均在10万亩以上，每年可为农民新增收入1300万元以上。他指导群众有效应用科技抗灾救灾，2008～2010年在麒麟区抗击冰冻灾害、旱灾中共计挽回小春粮食6.25万吨。2010年4月24日，胡家权被国务院发文表彰为全国先进工作者。

吴应珍 女，1984年11月出生，苗族，初中学历，普工，中共党员，云南省罗平县旧屋基彝族乡老寨完小则郎村小学教师。2004年9月被评为云南省优秀教师。2007年5月被团中央、国家民委、全国青联授予全国各族青年团结进步杰出奖。2007年9月被评为云南省优秀教师。2008年5月被评为云南省先进工作者。2009年4月被评为云南省十大杰出青年。

2000年7月，吴应珍初中毕业后，开始代课。多年来，吴应珍以校为家，爱生如子，严以律己，以身作则，为人师表，任劳任怨，呕心沥血，为农村山区小学的教育事业作出巨大贡献。吴应珍扎根民族山区，献身教育事业的先进事迹经中央电视台、云南电视台、人民日报、中国教育报、云南日报等新闻媒体播报后，其先进事迹感人肺腑，家喻户晓。2010年4月24日，吴应珍被国务院发文表彰为全国先进工作者。

（曲靖市总工会/供稿）

李树平 男，汉族，1960年12月出生，云南省罗平县人，中共党员，大专学历。1982年参加工作，现任曲靖市地方税务局稽查局局长。自1998年7月任职以来，他积极推进稽查体制改革，不断创新稽查工作方法，深入组织开展税收专项检查和打击发票违法犯罪活动，震慑了税收违法犯罪者，维护了地方税收经济秩序。近3年来，组织市局稽查局检查纳税人2124户，查补收入4.97亿元；查办发票违纪违法案件21起，查获假发票19836份，打掉团伙6个。他多次被评为优秀公务员、优秀党员、先进工作者及先进个人，在各种刊物发表论文10余篇。2010年4月12日，李树平被国家税务总局发文表彰为全国打击发票违法犯罪活动先进个人。

卢福建 男，汉族，1977年4月出生，大学文化，云南省陆良县人，中共党员，1997年8月参加工作。先后在陆良县地方税务局、曲靖市地方税务局工作。2008年3月任师宗县龙庆乡党委副书记（挂职），现任师宗县地方税务局党组成员、纪检组长。在两年多的新农村建设工作中，他落实新农村建设指导员“六大员”工作职责，严格执行“五个不”要求，结合“866”工程建设，争取支持，为当地群众办好事、办实事。期间，他共争取帮扶资金65.5万元、港币15万元，新建扯寨村委会办公楼1幢，新建老年活动室3个，修建卫生室1个，修建乡村公路2千米，修建村社公路7千米，硬化村庄路面2万平方米，改善了村民的生产生活条件。2010年2月25日，卢福建被云南省委、省政府发文表彰为云南省第三批新农村建设工作优秀指导员。

（曲靖市地税局/供稿）

朱家甫　男，汉族，1965年8月出生，云南省宣威市人，中共党员，大学文化，1985年8月参加工作。历任宣威市田坝镇党委副书记、副镇长、代理镇长、镇长，板桥镇党委副书记、副镇长、代理镇长、镇长、党委书记，宣威市委办公室主任、市委常委、市政府党组副书记、市政府副市长、市委副书记。2008年9月后任曲靖市国土资源局党组书记、局长。任现职以来，始终围绕“保护资源、保障发展”两大主题，准确研判形势，积极破解难题，勇于实践，敢于创新，积极推进改革，规范土地管理，狠抓干部队伍作风建设，提高服务水平，并在矿村共建、增减挂钩、依法行政等方面作出突出贡献。2010年12月，朱家甫被国土资源部表彰为全国国土资源管理系统推进依法行政先进个人。

沈鹰　男，汉族，1961年11月生，云南省富源县人，大专文化。1981年8月至1986年9月在富源县农业局农科所工作，任技术员、助理农艺师；1986年9月至1987年9月在富源县地震办工作；1987年9～12月在富源县农业局农科所工作，任助理农艺师；1987年12月至今在曲靖地区土地管理局、曲靖市国土资源局工作，历任地籍科副科长、测绘管理科科长。在测绘工作中，他坚持推进测绘依法行政，加强测绘统一监督管理，特别是相对独立坐标系统的清理、统一，分县建立基础测绘首级控制网，推动县级测绘管理机构建立、全国整顿和规范地理信息市场专项行动等，均取得较好成绩。2010年4月，沈鹰被全国整顿和规范地理信息领导小组表彰为先进个人。2010年12月，被国家测绘局授予全国测绘系统测绘奖章。

（曲靖市国土资源局/供稿）

聂建凯　男，汉族，1963年10月21日出生，云南省沾益县人，1983年12月加入中国共产党，大专文化（云南省委党校公安管理函授专业）。沾益县公安局党委副书记、政工监督室主任。

聂建凯从事公安政治工作10年来，发表新闻稿件2300余篇、理论调研文章14篇；撰写了沾益公安联合国公共服务革新奖、全国优秀公安局、全国公安机关警察公共关系实践基地、全国公安机关爱民模范集体等申报材料并获得批准；在他的带领下，沾益公安思想政治工作在曲靖市县级公安机关年度考核中连续8年名列前茅；他组织对沾益“乡村110”进行总结报道，经验在全省推广；他把警察公共关系理念引入公安工作和队伍建设的实践中，创建警系民，民互动，谱和谐的“公关民警”模式；出色完成了派出所和局机关的图书室、局史馆、文化长廊建设，并组织举办具有较大规模与影响力的5届“警察开放日”和“爱民实践大走访”活动。2007年1月，被云南省公安厅评为全省“三基”工程建设标兵。2007年7月，被中共沾益县委评为优秀党务工作者；2007年12月，被评为优秀公务员。2008年1月，被中共沾益县委评为优秀党务工作者；2008年12月，被评为优秀公务员。2009年12月，被评为优秀公务员、记个人嘉奖1次。2010年7月，被中共沾益县委评为优秀党务工作者；2010年11月，被公安部评为全国公安机关优秀教育训练工作者。

（曲靖市公安局/供稿）

翟应江　男，汉族，1963年1月出生，中共党员，研究生文化，曲靖市老龄委办公室党组书记、主任。他不辱老龄工作者的使命，多方协调，调动一切积极因素，狠抓“敬老先进村（社区）”创建活动，2006～2010年，全市643个村（居）按“七个一”标准创建达标，基层老龄工作局面发生可喜变化。他不断总结推广老龄工作经验，树立先进典型，积极探索开展社区居家养老服务，抓好老年社团工作，全市老龄工作步入新的发展阶段。在全省老龄工作战线上，曲靖一直走在前列，市、县老龄部门多次受上级表彰。自2006年省老龄办对州（市）实行目标管理考核以来，曲靖市已连续四年获得一等奖。2007年10月，翟应江被市政府表彰为全市老龄工作先进个人。2009年1月，被省政府表彰为老龄工作先进个人。2010年11月，被全国老龄委授予“全国老龄工作先进个人”荣誉称号。

（曲靖市老龄办/供稿）

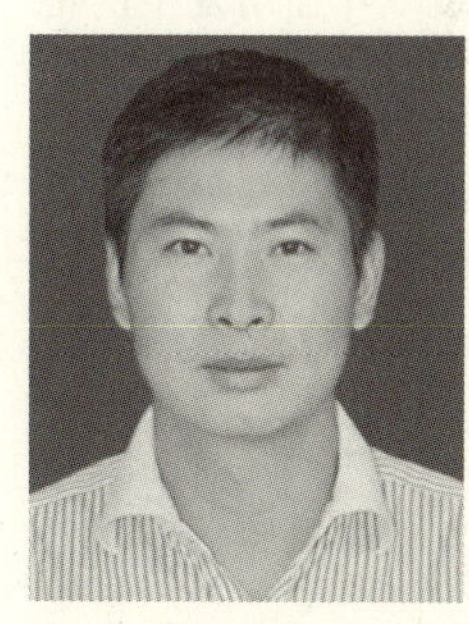

王建华　男，汉族，中共党员，贵州省桐梓县人，1972年3月出生，1990年3月应征入伍到消防部队服役，历任战士、班长、排长、中队长、大队长等职。2006年9月转业到曲靖市人民防空办公室工作。2007年4月任曲靖市人民防空办公室党组成员、综合科长。他围绕人防建设中心工作，站在发展角度思考全局性问题，积极出主意、抓落实，工作中贴近中心，靠近重点，服务大局，为领导决策提供高质量的参谋服务。近年来，他起草完成《曲靖市人民政府曲靖军分区关于进一步推进人民防空事业发展的实施意见》等200余份各类综合材料和各种日常公文，在《中国人民防空》等刊载文章30余篇，组织起草30多个规范人防行政许可和工作行为的制度、职责和规定，提升人防行政办事效率和服务质量，推动人防建设。2010年10月，王建华被国家人民防空办公室表彰为全国人防建设先进个人。

（曲靖市人防办/供稿）

白波 男，汉族，1979年5月生，云南省大姚县人，大学本科学历，中共党员，工程师职称。2002年7月开始在曲靖市气象台从事短期天气预报工作。白波自参加工作以来，兢兢业业、默默奉献、勤钻好学，先后发表了《压能风在短时强降水天气中的可预报性应用研究》、《云南一次暴雨天气过程熵流指数演变》、《曲靖市雨季开始期的时空分布特征及夏季降雨规律研究》、《曲靖冷锋前强对流的环流及雷达回波特征分析》、《曲靖市2006年6月两次中－β尺度暴雨天气成因分析》、《短期强降水预报及诊断在热力学与动力学中的初步探讨》、《2007年7月22日至8月3日曲靖连续性强降水过程分析》、《曲靖50年不遇的低温冰冻天气成因分析》等多篇论文。在2009～2010年曲靖发生的特大干旱抗旱服务和马龙、麒麟特大暴雨抗洪抢险服务工作中成绩突出。2010年5月，白波被中国气象局授予“优秀值班预报员”称号。

（市气象局/供稿）

刘忠华 男，汉族，中共党员，云南省曲靖市麒麟区人，1971年10月23日出生，1994年7月毕业于云南大学历史系文物博物专业，1997年8月参加工作，大学本科学历、文物副研究馆员。

在2007年9月至2009年12月曲靖市文物普查宣传培训与实地调查阶段工作中，刘忠华协助领导具体承担着全市普查工作的宣传培训、数据整理汇总，简报编辑出版、文件起草落实、普查问题调研与解决、普查业务实地指导和普查队员专业技术建设、实地验收等大量工作。共组织实施大型培训4次，受训人员200余人（次），直接参与会泽、麒麟、富源等县（区）授课，受训人员120余人（次）；组织撰写编辑市级简讯15期，县级简讯21期，采编信息100余条。先后11次深入现场，同一线普查队员同吃同住同工作。调研普查中路线组织、制度建设、数据采集、走访群众、文物识别等存在问题30余个。反馈汇报后，梳理总结成指导性文件（意见）9个。先后16次直接参与会泽、富源、陆良、马龙、罗平、师宗、宣威等县（市）的一线文物实地调查达130余天，指导普查队员进行文物识别、形态把握、实地测绘、价值认定、数据录入、档案建设。调查不可移动文物点127处，指导并直接审定不可移动文物登记表630余份、图纸400余张，占曲靖市普查总量的46%。2010年1月，刘忠华被云南省文化厅、云南省人力资源与社会保障厅表彰为云南省基层文化工作优秀个人；2010年5月，被云南省第三次全国文物普查领导小组办公室表彰为云南省第三次全国文物普查实地调查阶段先进个人；2010年6月，被国务院第三次全国文物普查领导小组办公室表彰为全国第三次全国文物普查实地调查突出贡献个人奖。

（曲靖市文化体育局/供稿）

王朝欢 男，汉族，1955年10月出生，大学文化，云南省宣威市人，1975年8月参加工作，1981年4月加入中国共产党。曲靖市林业局党组书记、局长。

王朝欢任市林业局长后，以林业生态建设为重点，全面实施天然林保护、退耕还林、防护林建设、以核桃为主的木本油料和以杉木为主的速生丰产林建设、农村能源建设、国家重点公益林森林生态效益补偿等林业重点工程。按照“生态建设产业化，产业发展生态化”的思路，调整林业产业结构，实现生态体系与产业体系良性循环。积极开展中低产林改造，提升林业生产力，加快造林绿化步伐，实现森林增长量、蓄积量和森林覆盖率的三增长，生态、经济、社会三大效益协调发展。多年来，曲靖森林防火工作连续多年名列全省前茅，被国家林业局评为森林防火先进单位，森林公安工作被国家人事部、国家林业局表彰，退耕还林、天然林保护工程连续多年名列全省第二，重点公益林生态效益补偿获得全省一等奖，集体林权制度主体改革目标考核一等奖，被市委、市政府表彰为“千村扶贫、百村整体推进”整合资金先进集体等。王朝欢也先后获得全国森林防火先进个人、“十一五”全省森林防火先进个人等荣誉，为森林资源保护、国土绿化作出积极贡献。2010年4月，王朝欢被全国绿化委员会授予“全国绿化奖章”。

杨琼 女，汉族，云南省会泽县人，1968年6月生，1989年7月参加工作，大学文化，民盟三届市委委员，曲靖市林业局副局长，分管林改、资源林政、林勘队、办公室等工作。

2008年6月，全市林改工作全面铺开，杨琼积极钻研国家、省、市有关林改方面的政策法规，虚心向领导和干部职工请教，熟悉林改的有关知识、相关政策和操作规程。经常深入基层开展调研，为市委、市政府决策提供参谋建议，同时围绕“为什么要林改、改什么、怎么改”指导林改工作。林改工作中，她始终把林改质量放在首位，对各地林改中明晰产权、均山到户、整改完善、纠纷调处、档案管理等方面工作加大督促检查力度，以检查促进度，以检查促整改，以检查促质量，以检查促档案管理。组织完成全市主体改革市级检查、省级检查和复查工作，全市集体林权制度主体改革工作顺利通过省级复查。2010年7月27日，杨琼被云南省委、省政府表彰为云南省深化集体林权制度主体改革先进个人。

孙宗运 男，汉族，河南省唐河县人，中共党员，大学文化，1970年7月生，1991年参加工作，历任曲靖市林业局天保退耕办主任、局办公室主任、营

林科科长，现任林政法制科科长。

2008年6月全市集体林权制度改革工作开展后，孙宗运负责全市集体林权制度改革领导小组办公室的具体业务工作，承担全市林改工作情况汇报、起草相关文件、筹备各种林改会议、市级林改档案资料的收集整理及各县（市）区林改工作的指导。对前来咨询政策和反映问题的群众，总是热情接待，耐心解答，主动帮助查找资料寻找依据。多次深入基层检查指导工作，给当地群众耐心细致地讲解林改的目的和意义，程序、方法和步骤，以及林改后老百姓能得到什么实惠等问题，保证广大群众的知情权、参与权和决策权，确保林改工作不违背农民意愿，不损害群众利益。在集体林权制度改革工作中，确保全市深化集体林权制度改革工作健康、快速推进，主体改革工作基本完成。2010年7月27日，孙宗运被云南省委、省政府表彰为云南省深化集体林权制度主体改革先进个人。

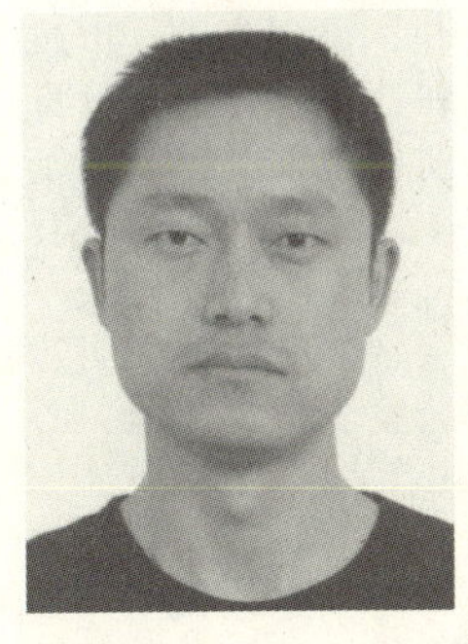

吕庆参　男，汉族，云南省宣威市人，中共党员，大学文化，1977年10月生，1997年至2004年7月在曲靖监狱工作，2004年8月后在曲靖市林业局工作，先后在营林科、局办公室工作，现任林政法制科副科长。2007年从局办公室抽调到市林改办工作，负责林改办的简报撰写报送和相关会议材料起草等日常工作，参与筹备了8次全市林改工作会议，并负责撰写讲稿和起草领导讲话、文件等材料100余篇。多次深入基层检查指导林改工作，从发动群众、制定村组《林改方案》、纠纷调处、外业调查到内业收集材料、输机录入、档案建立等全方位进行检查指导。参与主体改革市级检查验收工作，起草市级检查验收报告，并配合完成省级检查和复查有关工作。2010年7月27日，吕庆参被云南省委、省政府表彰为云南省深化集体林权制度主体改革先进个人。

高建华　男，汉族，云南省宜良县人，1961年8月生，1981年7月参加工作，中共党员，工程师，现任曲靖市自然保护区管理办公室主任。在全市开展集体林权制度主体改革工作中，围绕“林改改什么？怎么改？”主题，多次深入马龙县、沾益县、麒麟区、陆良县等地，指导基层抓好林改工作；参与沾益县、麒麟区市级林改自检自查工作；参与省级对会泽县、师宗县的阶段性检查陪检工作。针对林改期间纠纷突出的实际，高建华与其他同事一起，积极参与全市林权纠纷调处工作，按照实事求是、依法依规的基本要求，本着有利于争议地区长期和谐稳定、有利于双方群众生产生活的基本原则和既尊重历史、又照顾现实的科学态度，站在长远发展和全局利益的高度，先后调处和化解山林权纠纷16起，为排解纠纷，化解矛盾，维护社会稳定作出积极贡献。2010年7月27日，高建华被云南省委、省政府表彰为云南省深化集体林权制度主体改革先进个人。

（曲靖市林业局/供稿）

李新龙　男，汉族，云南省陆良县人，1954年5月生，1971年12月参加工作，1978年8月参加中国共产党，现任曲靖市森林公安局调研员。

李新龙在任曲靖市森林公安局局长期间，带领全市森林公安民警围绕林业中心工作，发挥自身优势，服务集体林权制度改革和林产业发展，在严厉打击借林改之机破坏森林资源的违法犯罪活动的同时，认真分析林区治安形势，及时排查掌握因集体林权制度改革可能引发群体性事件的倾向性、苗头性问题，最大限度地把矛盾纠纷解决在萌芽状态，确保全市集体林权制度改革和林产业发展的顺利进行。2009年11月17日，李新龙被国家林业局森林公安局记个人二等功一次；2010年7月27日，李新龙被云南省委、省政府表彰为云南省深化集体林权制度主体改革先进个人。

（曲靖市森林公安局/供稿）

杨光彦　男，汉族，1958年3月生，大专文化，现任中共曲靖市委党史研究室、市政府地方志办公室主任。

杨光彦注重政治理论修养和业务能力的提高，五年来，学习撰写理论文章、业务研究、工作交流、调研报告、学习心得等80余篇共40余万字，对加强全市党史工作队伍建设、指导全市党史研究工作起到较好作用。组织学习贯彻中央和省委党史研究室“五年工作规划”和一系列文件精神，结合曲靖具体实际，创新工作思路，及时拟制曲靖党史研究工作发展规划。争取市委、政府领导对党史研究工作的关心、支持。将全市党史研究工作由资料征集转移到党史正本编撰阶段，团结带领全市党史工作者，全身心投入中共地方党史正本编撰工作。他还组织开展纪念十一届三中全会召开30周年大型图片展、改革开放30年论文研讨会，把地方党史纳入各级培训内容，积极开发利用地方党史征集成果，在全系统乃至全社会营造良好的修史、读史、用史氛围，充分发挥“存史、资政、育人”的功能和作用。他认真履行主要领导“一岗双责”的责任制，把党风廉政建设列为部门工作的议事日程。市委党史研究室连续几年受到市纪委和市直机关工委的表彰奖励，他本人也被评选表彰为全市“十佳廉政公仆”。在他的积极协调和努力争取下，理顺了全市党史系统多年未理顺的管理体制，实行全员“参公”管理。他切实加强领导班子建设，2009年从市委史志办提拔1名副主任，改变市委党史研究室多年不出干部的被动局面；1名副科长公考为昆明市处级后备干部，5名干部提拔为科级干部；选调3名基层年轻干部充实党史办，人员结构得到改善。他千方百计改善工作条件，新购置公务用车1辆、电脑10台、文件档案柜16组，改造会议室1个，改善了市委党史研究室的工作环境。自觉带头加强学习、带头深入基层搞好调查研究、带头撰写调研报告、带头抓好理论学习专题辅导。2010年10月，杨光彦被云南省委表彰为党史工作先进个人。

洪颖 女，彝族，1976年12月生，中共党员，大学文化，1998年7月参加工作，中共曲靖市委党史研究室党史二科科长。

在工作中，她牢记党的宗旨，带头弘扬党的优良传统和作风，勤奋学习，潜心钻研强业务，不断提升业务素质和能力。牢牢把握实事求是的原则，力求做到“不唯上、不唯书，只唯实”。她先后参与《中共曲靖党史大事记（1950～1997）》、《艰难探索——曲靖“大跃进”运动和国民经济调整》、《百废俱兴——曲靖过渡时期党史资料》、《曲靖革命老区》、《走向辉煌——曲靖改革开放新时期党史资料》、《中共曲靖地方史》（第一、二卷）等党史资料书籍的征编工作，并承担了大量撰稿任务，其中多部书籍被省委党史研究室评选为优秀党史成果。她还参与了“抗战时期曲靖人口伤亡与财产损失”课题调研、曲靖市纪念改革开放30周年大型图片展筹展工作，独立承担曲靖市革命遗址普查工作任务，主要承担曲靖市史志学会的筹建工作等。不论是在党史资料征集、党史书籍编撰、正本撰写、专题调研方面，还是在党史宣传教育方面，都取得显著成绩，受到各级领导的充分肯定。2010年10月，洪颖被云南省委表彰为党史工作先进个人。

吴跃强 男，汉族，1966年10月生，中共党员，大学本科学历，1985年参加工作，1991年到党史部门工作，中共富源县委党史研究室、县政府地方志办公室主任。

吴跃强先后主编或参与编撰《东山烽火》、《富源忠魂》、《富源县社会主义过渡时期党史资料》（1950～1956）、《改革开放中的富源》（1978～1998）、《中共富源地方史》第一卷、第二卷等党史书籍；为曲靖市党史研究室出版的《艰难探索》、《百废俱兴》等出版物提供富源部分专题资料。积极开展业务探讨，在相关刊物发表理论文章10余篇。2010年，他积极争取县委、政府领导和相关部门的大力支持，克服诸多不利因素，带领全体人员深入乡镇村寨，爬山涉水，走访知情人，圆满完成革命遗址普查工作任务。他积极协调，争取县委将党史工作纳入重要议事日程，保证工作经费，推动党史工作取得突破性进展。自觉树立党史干部的良好形象。从事党史工作20年来，他热爱岗位，甘守清贫，刻苦钻研，很好地完成了县委和上级党史部门交给的各项工作。在公务员年度考核中，多次被评为优秀等次，并被选为富源县第十次、十一次人大代表。2010年10月，吴跃强被中共云南省委表彰为党史工作先进个人。

李金熙 男，汉族，1968年11月生，中共党员，大学文化，马龙县委常委、县委办主任。

作为分管全县党史工作的领导，他一直倾力支持关心、指导帮助马龙县史志办的工作，积极协调解决各种困难和问题。他始终争取县委将党史工作列入党建工作的重要内容。选强配好党史办领导班子，协调招考和选调2名公务员到县史志办工作。在推荐原史志办主任到县委组织部任副部长后，又从县史志办内新提拔1名主任，从乡镇调入1名副主任，充分调动史志办干部职工的积极性，为党史工作的长期顺利开展提供了组织保障。他还为党史工作部门创造良好的工作环境。将县委办的一辆越野车划归史志办使用，改善出行条件；争取经费为史志办购置电脑、打印机、照相机等办公设备；关心党史工作者的学习、工作和生活，做党史工作者的贴心人。几年来，在他的领导和大力协调帮助下，马龙县党史工作取得显著成绩。先后编辑出版了《光辉的历程——马龙县过渡时期党史资料》（1950·01～1956·08）、《中国共产党云南省马龙县组织史资料》（1987·11～2006·06）、《云南省马龙县政权、军事、统战、群团系统组织史资料》（1987·11～2006·06）、《曲折探索》等党书籍；开展马龙县“土地改革”、“整风和反右派斗争”、“四清运动”、“两年徘徊”等专题资料的征集；开展《中共马龙地方史》（第一卷）的编撰工作；按时完成革命遗址普查工作；开展马龙县“文革”十年专题资料征编，为党史正本第二卷的编撰打好基础。2010年10月，李金熙被中共云南省委表彰为重视党史工作的好领导。

（洪颖/供稿）

张朝林 男，汉族，1941年12月出生，高中文化，云南省陆良县人，1963年12月加入中国共产党，1962年6月参加工作。历任战士、宣传科长、武装部政委、县委书记、市长、曲靖市人大常委会主任等职。2003年退休，担任曲靖市关心下一代工作委员会主任至今。张朝林到任后，全身心投入到了市关工委各项工作中。积极争取支持，健全全市关工委机构。在他的努力下，市关工委组织机构进一步得到健全，办公设备、工作经费得到保障，为全面开展好关工委工作打下了较好的物质基础。积极动员老同志参与到关心下一代工作中，进一步壮大关工委队伍，保证了工作的顺利开展。尽心尽力为青少年办实事。在修复、管理“三元宫”和解决市关工委麒麟希望学校校址问题上做了一些力所能及的工作，得到市委、市政府、上级关工委和社会各界的充分肯定。2010年，张朝林被省关工委授予云南省关心下一代工作突出贡献奖；2010年6月22日，张朝林被中国关心下一代工作委员会、中央精神文明建设指导委员会办公室表彰为全国关心下一代工作先进工作者。

赵连海 男，汉族，1945年1月出生，中专文化，云南省会泽县人。1971年1月加入中国共产党，1964年5月参加工作。历任支书、党委书记、副县长、副书记、县人大常委会主任等职。2002年退休，担任会泽县关工委主任。他退而不休，无私奉献，充分发挥余热，作出积极贡献，把会泽县关心下一代工作开展得有声有色。狠抓关心下一代工作组织网络建设，按照“五个一”的要求，加强乡（镇）、村（社区）基层关工组织和单位关工组织建设。抓制度建设，确保关心下一代工作有章可循。不断完善县、乡关工委《工作规则》、《工作职责》等制度，建立健全长效工作机制。抓学习，不断提高关工队伍的思想理论素质和业务素质。他组织相关人员收集、整理、编写了大量的经验交流文章，从理论上探讨如何进一步做好关心下一代工作。通过狠抓自身建设，使全县关心下一代工作做到有组织、有队伍、有计划、有制度、有经费。他坚持经常深入基层进行调研，了解基层关工组织的工作情况和青少年的思想动态、贫困生情况及联系点情况，指导工作，解决困难，总结经验，推广典型。2010 年 6 月 22 日，赵连海被中国关心下一代工作委员会、中央精神文明建设指导委员会办公室表彰为全国关心下一代工作先进工作者。

高永富　男，汉族，1944 年 9 月出生，大学文化，云南省宣威市人，1971 年 2 月加入中国共产党，1968 年 9 月参加工作。曾任国营石林林场党支部副书记，宣威县贫下中农协会秘书，县林业局长，中共宣威县委常委、组织部长，县委副书记，宣威市政协一、二届委员会主席。1988 年曾获省委宣传部、省少儿工委“少儿工作好领导”表彰。2005 年 1 月退休，6 月任宣威市关工委主任至今。团结和带领市关工委一班人，积极动员老同志参与关教工作，协调有关部门支持与配合，先后在全市中小学生中开展法制教育、社会主义荣辱观教育、社会主义核心价值体系教育、学会感恩、让生命充满爱教育系列活动，及中学实施半军事化管理和小学养成教育，以及捐资助学等。为弘扬传统文化，丰富青少年文化生活，组织开展全市青少年“我爱祖国”主题书法、绘画窗，收集、整理编辑《新编童谣》。关爱失足青少年，开展“一帮一”、“多帮一”以及定期回访帮教活动，得到家长、学生、学校和社会的认可和好评。2008 年获曲靖市委、市政府“关心下一代工作先进个人”，2010 年被云南省关工委关心下一代工作先进个人。2010 年 6 月 22 日，高永富被中国关心下一代工作委员会、中央精神文明建设指导委员会办公室表彰为全国关心下一代工作先进工作者。

杨学智　男，汉族，1945 年 12 月出生，高中文化，云南省罗平县人。1965 年 6 月加入中国共产党，1963 年 8 月参加工作。从军 36 年，历任战士、连指导员、营教导员、团政委、富源县武装部政委、县委常委。2001 年 6 月任县关工委副主任，2004 年任县关工委常务副主任。工作做到勤学习、建机制、善协调、重调研、抓试点、搞活动。建立健全关工委工作规则、工作制度；为全面完成中学半军事化管理、小学强化养成教育训练验收工作、农民文化技术学校办班培训，多次深入乡（镇）、部门协调工作经费 63.9 万元；各项工作坚持先行试点、以点带面，逐步推开，全县关心下一代工作共推广各类典型 36 个；从 2001 年开始每年开展一次主题教育活动，坚持 11 年；创先工作中，富源关工委开展的“百个企业帮百校、开办百所规范化家长学校、聘请百位老同志任文化市场义务监督员”的三百活动，筹集改善办学条件、救助贫困生资金 1.1 亿元，全市家长学校现场会在富源县召开，营业性网吧杜绝了未成年人进入，体现出了“三百”活动带来的社会效益。先后获市委、市政府表彰 2 次，省关工委表彰 2 次。2010 年 6 月 22 日，杨学智被中国关心下一代工作委员会、中央精神文明建设指导委员会办公室表彰为全国关心下一代工作先进工作者。

（曲靖市关工委/供稿）

黄木忠　男，汉，1956 年 8 月出生，大专，中共党员，红云红河烟草（集团）有限责任公司曲靖卷烟厂厂长，经济师。

作为红云红河集团曲靖卷烟厂厂长，黄木忠高度重视绿化工作，把它作为构建和谐、促进科学发展的一项重要工作来抓，为曲靖卷烟厂的和谐发展，为曲靖市打造山水园林城市作出重要贡献。他目标明确，坚持以科学发展观为指导打造花园式工厂，全厂绿化工作机构健全、投入到位、措施有力；他全力支持并亲自参与规划、指导曲靖卷烟厂建设花园式工厂工作，厂区分片、分段、分区、分层次进行绿化美化，全厂绿地率达 60%，庭院绿化覆盖率达 70%，成为远近闻名的花园式工厂，曾于 2004 年被评为全国绿化模范单位。2010 年 4 月 1 日，黄木忠被国家绿化委员会表彰为全国绿化奖章获得者。

（凌　峰）

安兴荣　男，彝族，1968 年 12 月生，云南省宣威市人，大学文化，1990 年 7 月参加工作。2007 年 11 月任师宗县政府副县长。

安兴荣分管全县烤烟生产工作。在工作中，抓住现代烟草农业整县推进契机，科学规划，系统设计，围绕烟水、烟路、烤房、农机具、育苗工场、防雹网点、信息系统、现代化烟站“八配套”，稳步提高师宗烟叶的基础设施建设水平。根据“统分结合，双层经营”的原则，以“政府引导、烟草扶持、烟农主体、市场运作”为指导，遵循“和谐、普惠、共享”的原则，实现规模化种植，集约化经营。按照“政府引导、烟草扶持、第三方服务、市场化运作”的工作思路，遵循“烟草直补烟农，烟农购买服务”的原则，建立烤烟生产服务专业合作社，为烟农提供专业化育苗、机耕、植保、烘烤、运输服务，提高烤烟管理水平，减轻烟农劳动强度，增强烟农收益。按照“重心下移、着眼基层、突出服务、加强基础”的工作方针和曲靖市烟草专卖局（公司）“1238”创优工作要求，以“同力夯基·同心铸魂·同向致远”为主题，以完善站点设施为出发点，以加强队伍建设为重点、以强化站点管理和文化建设为抓手，从设施建设、队伍建设、站点管理、信息化建设 4 个方面积极开展优秀烟叶站创建活动。其中，彩云烟叶站成为2010年度全国烟叶收购暨现代烟草农业建设现场会议参观点，受到国家、省、市烟草部门的一致好评。2010年7月，安兴荣被云南省政府表彰为滇东现代烟草农业示范区建设工作先进个人。

康永先 男，汉族，1964年12月生，云南省师宗县人，在职研究生学历，1999年9月加入中国共产党，1985年9月参加工作。1985年在县建设局工作，任工程质量监督站站长，1998年12月任丹凤镇副镇长，2003年7月任竹基乡人大主席，2006年3月任县经济局党委书记，2008年3月任县政府办副主任、县烟办主任。

康永先积极发挥烟草办公室在烤烟生产中的协调组织职能，围绕烤烟生产的中心工作，严格按照现代烟草农业建设“一基四化”的要求，组织协调烟草等有关部门和广大干部职工，扎实推进现代烟草农业的各项基础设施建设，完成“烟水、烟路、烤房、农机具、育苗工场、防雹网点、信息系统、现代化烟站”八配套的既定目标。坚持“依法、自愿、有偿”的原则，大力推进烟叶生产组织模式的转变，深入到各乡（镇）和烟农中去，采取转包、出租、互换、转让、股份合作等多种方式，促进土地承包经营权流转，发展4009户种植专业户、2个家庭农场和10个专业合作社，促进适度规模种植，形成与生产力水平、管理水平相适应的生产组织形式。按照“自愿入社、自主经营、建立自我发展机制”的原则，大力推进烤烟生产专业化服务体系建设，积极帮助烟草部门和烟农探索建设育苗、机耕、植保、烘烤等生产关键环节专业化服务组织，为烟农提供全方位的烤烟生产服务。按照县政府的要求，积极推进彩云、大同、葵山、竹基、丹凤5个烟叶优秀站的创建工作，充分发挥烟叶站在政策宣传、种植计划落实、合同签订与管理、技术培训与推广、烟用物资供应、烟叶生产收购、基础设施建设、卷烟农网延伸、专卖管理和企业文化建设等方面的积极作用。其中，彩云优秀烟叶创建活动受到国家、省、市烟草部门的好评。2010年7月，康永先被云南省政府表彰为滇东现代烟草农业示范区建设工作先进个人。

万家培 男，汉族，云南省师宗县龙庆乡人，1965年10月生，大专文化，中共党员。1988年7月在龙庆烟叶站参加工作，1997年5月任龙庆烟叶站副站长，1999年2月任龙庆烟叶站站长，2004年4月在彩云烟叶站工作，任站长。

2010年，在创建“全国基层优秀烟叶站”工作中，他带领彩云烟叶站干部职工认真落实各项工作，建立30项管理制度，建成8类20个目标管理档案，实行“234”绩效管理办法，使彩云烟叶站建成“全国基层优秀烟叶站”。在滇东现代烟草农业综合示范区建设工作中，与有关部门完成2266.66公顷烟水工程、道路、沟渠、管网等工程210件，与湖南中烟、江苏中烟共建“品牌原料基地”，完成“两厂两中心”建设。在百年不遇旱灾之年，带领职工与广大烟农一道抗大旱，按期完成2640公顷移栽任务，并发展出1个烟叶种植家庭农场、8个种植合作社、918户种植专业户，使彩云烟站的“创优”工程、滇东现代烟草农业建设彩云片区成为省内外烟草行业参观学习的亮点，接待参观学习人员1200余人（次），彩云烟叶站、彩云片区现代烟草农业建设被定为全国、全省“烟叶收购暨现代烟草农业建设会议”分会场。2010年7月，万家培被云南省政府表彰为滇东现代烟草农业示范区建设工作先进个人。

吴剑 男，汉族，云南省宣威市人，1973年12月生，大学文化，中共党员。1995年9月在曲靖卷烟厂参加工作，任曲烟企业卷烟市场部副主任。2003年7月任曲靖市烟草公司办公室副主任。2008年1月，在师宗县烟草专卖局工作，任局长、党委副书记。2010年3月，任师宗县烟草专卖局党委书记、师宗县烟草分公司经理。

2010年，在百年不遇的大旱大灾之年，吴剑带领广大职工认真落实烤烟生产各个环节的科学技术及措施，在彩云烟叶站创建全国基层“优秀烟叶站”的工作中，加强基层队伍建设，加大基础设施建设，落实基层管理建设及信息化建设，使彩云烟叶站建成“全国基层优秀烟叶站”。在滇东现代烟草农业综合示范区建设工作中，组织干部群众完成土地整型，建立“两厂两中心”，工作中有创新、有亮点、特点突出，被全国、全省“烟叶收购暨现代烟草农业建设会议”指定为分会场，成为与会人员及部分省内外烟草行业参观学习的样板。在烤烟移栽期间，深入调查研究，组织抗旱资金，落实抗旱物资，带领职工与烟农一道抗大旱夺丰收。在“打造现代品牌原料工厂”的工作中，与湖南中烟、湖北中烟、江苏中烟共建2266.66公顷原料基地，完成道路、沟渠等工程238件，探索出一条新路子、新模式，完成国家局（公司）、省人民政府“抗大旱、保育苗、促移栽”和“保总量、保质量、保增收”的要求，完成计划种植烟叶11066.67公顷，收购烟叶2618.6万千克，100%完成计划，比上年增14%，烟叶每千克均价达15.34元，实现收购总值40162.95万元，比上年增14%，上缴烟叶税比上年增18.4%，做到大旱之年提高单产、提高质量、增加效益，使国家增收、企业多利、农户增效、政府满意。2010年7月，吴剑被云南省政府表彰为滇东现代烟草农业示范区建设工作先进个人；11月30日，获得云南省政府2010年烟叶生产抗大灾保增收工作突出贡献奖。

许绍文 男，汉族，1966年10月生，云南省陆良县人，大学专科学历，中共党员。1988年7月在师宗县五洛河林场参加工作。1993年10月在师宗县杉木林总场工作。1997年10月在师宗县政府办公室工作。2006年4月，在师宗县安全生产监督管理局工作，任副局长。

许绍文任安监局副局长后，以满腔的工作热情，严谨负责的工作态度，投身于安全生产监管工作。首先抓安全生产宣传教育，增强生产经营企业从业人员安全意识。其次抓隐患排查治理，着力防范安全生产事故。第三抓安全执法，从严查处违法违规行为。第四抓周到服务，全力为生产经营企业办实事。第五抓安全标准化建设，夯实企业安全生产基础。2010年1月，许绍文被国家安全生产监督管理总局、国家煤矿安全监察局表彰为安全生产监督管理先进个人。

赵永平　男，汉族，中共党员，专科学历，1962年10月生，1984年7月楚雄农校毕业后分配到师宗县农业局工作。1997年5月任县农业局副局长，2001年11月任彩云镇副书记、副镇长，2002年1月任彩云镇镇长，2006年2月任彩云镇党委书记，2008年3月任县农业局局长。

2010年，师宗县遭遇百年不遇极端干旱的侵袭，小春减产达95%。在严峻的形势面前，赵永平带领农业部门全体干部职工积极投入到“百日抗旱促春耕”行动中，他亲自担任农业局抗旱促春耕领导小组组长，明确“小春损失大春补、粮作损失经作补、农业损失非农补”的抗大旱保春耕应对思路，采取扩面积、推科技、促转移，确保粮食增产、农业增效、农民增收。在他的带领下，干部职工深入一线开展科技推广，采取“挂农户、插牌子、亮身份、定目标、包产量、兑奖惩”的方式，面对面、手把手对农户进行科技指导服务，确保科技人员到村、技术要领到户、良种良法到田。最终高产创建样板8.95万亩均顺利达到预定目标并通过省、市验收，辐射带动全县大面积粮经作物丰产栽培。圆满完成以测土配方施肥、病虫害综合防治为主的九大农业科技推广任务。2010年，师宗县全年粮食总产1.72亿千克，同比增906万千克，增5.5%；建设产业基地37.9万亩，实现产值80033万元；争取项目16个，争取资金2300万元。2010年12月，赵永平被国家农业部表彰为全国粮食生产先进工作者。

窦友道　男，汉族，1980年4月生，大学文化。2001年参加工作，师宗县农业局经营管理站副站长、师宗县农村土地承包纠纷仲裁委员会仲裁员。

2004年，师宗县成立农村土地承包经营纠纷仲裁委员会，办公室设在县经管站，窦友道带领4名同事具体负责该项工作。他首先熟悉法律政策，除了学习《土地承包法》等法律外，还学习掌握其他法律法规政策，如《合同法》、《继承法》、《婚姻法》、《土地法》等方面的政策法规，为业务工作的开展奠定了坚实基础。由于师宗县农村土地承包纠纷仲裁工作为全省首家，可借鉴的东西较少，窦友道积极主动编制各种法律文书，制定各项规章制度，不仅使师宗县的仲裁工作逐步完善，而且为全省全面推开该工作提供了宝贵经验。6年来，从调查取证、勘查测量、开庭审理、政策咨询等，窦友道无不身先士卒，在他带领下仲裁工作取得很大成绩。仲裁委员会成立以来，他亲自参与仲裁案件23起，参与或指导调解纠纷200余起，维护了农民合法权益，使大量的土地承包矛盾和纠纷调处在基层、满意在基层，确保了师宗县农村社会稳定。2010年，窦友道被国家农业部评为农村土地承包纠纷仲裁试点先进个人。

李玉才　男，汉族，现年60岁，中共党员，师宗县丹凤镇糯白村委会大糯白村人，现任村委会护林防火员，大糯白村支部书记。

李玉才认真学习农业科技，成为种田好手，通过向农技人员请教、听广播、看电视和阅读科普书籍，结合自己多年的种粮经验，他的丰产意识明显增强。2010年，他选好品种、抓死节令、科学种田，带领一家人每天早出晚归，辛勤耕耘60多亩土地，大小春生产粮食40多吨。李玉才还热心帮助村民，对村民就买良种、抓节令和田间管理等问题的请教等有问必答，提出自己的建议。2010年是百年不遇的大旱之年，村委会要打一眼井解决大糯白和小糯白两个村小组的人畜饮水难题，李玉才积极协调平衡两村村民对打井选址的分歧，打井工作很快开工，两个村子的农户都用上了自来水。2010年12月，李玉才被国家农业部表彰为全国粮食生产大户。

赵寿康　男，汉族，1951年10月5日出生，中共党员，初中学历，师宗县龙庆乡束米甸村委会束米甸村人。1977年4月，任束米甸村小组组长。1988年4月，任束米甸村委会主任。1990年10月至1991年10月，先后任束米甸村委会、朝阳村委会副主任。1991年11月，任束米甸村委会主任。1995年5月后，任束米甸村总支书记。

在2010年抗旱救灾工作中，赵寿康带领群众翻山越岭寻找水源。挨家挨户排查旱情，把全村的灾情及时记在日记本上。多方筹集资金，进行运水、建设水源点等抗旱自救。组织36名党员干部开展共产党员抗旱先锋队捐款活动，共捐款3500元，组织运水702车4212方。从2010年3月8日到4月25日，投资56.89万元，带领群众投工投劳建设大石崖水源，解决1650人1085头大牲畜长久的安全饮水问题。2010年6～10月，经上级部门牵头，协调到美国爱之旅基金会捐赠的13.9万元建设下则黑水源点，让下则黑群众喝上自来水。累计筹措发放救济粮11055千克。2010年7月，赵寿康被中共云南省委评为2010年云南省共产党员抗旱先锋行动优秀共产党员。

刘殷勇　男，汉族，1974年7月生，云南省陆良县人，大学学历，政工师，中共党员。1995年在陆良县烟草公司参加工作，任办公室副主任、团委书记。2002年1月任陆良县小百户烟叶站副站长、站长、党支部书记，同年10月任同乐大酒店经理。2005年7月任陆良县烟草公司办公室主任。2007

年12月在曲靖市烟草公司工作，任办公室副主任、团委副书记。2010年3月在师宗烟草分公司工作，任副经理。

2010年，在彩云烟叶站创建全国“基层优秀烟叶站”工作中，刘殷勇协助经理、团结广大职工，积极努力工作，把彩云烟叶站建成“全国基层优秀烟叶站”。在滇东现代烟草农业综合示范区建设中，带领广大职工组织实施土地整型、“两厂两中心”的建设，实现“原料供应基地化、烟叶品质特色化、生产方式现代化”。在探索基地单元建设新模式、新方法、“打造现代化品牌原料工厂”、加强信息化建设、为工业企业远程主导生产、节约成本等方面取得显著成绩。在百年不遇的大旱之年，带领广大职工“抗大旱、保育苗、促移栽”的工作中，严格规范，标准生产，因地制宜，科学管理，按时完成全县1.11万公顷大田移栽任务。在滇东现代烟草农业综合示范彩云片区建设中，被“全国、全省烟叶收购暨现代烟草农业建设会议”定为分会场和参观点。2010年7月，刘殷勇被云南省政府表彰为滇东现代烟草农业示范区建设工作先进个人。

（戚乔寿）

李晓朴 男，汉族，1967年9月生，云南省马龙县人，中共党员，大学文化，1986年7月分配到马龙二中任初中物理教学工作，1993年9月至于1995年11月任马龙二中教导主任；1995年11月至2000年8月任马龙二中校长、党支部书记；2000年8月至今任马龙一中校长、党支部书记。参加工作后一直从事教育教学及学校管理工作，多次受各级各部门表彰奖励。现任曲靖市中小学教育管理研究会理事，曲靖市中学教师中级专业技术职务评审委员会委员，省委联系专家。2010年10月，李晓朴被省政府表彰为云南省有突出贡献的优秀专业技术人才，被省教育厅表彰为特级教师、云南省中小学学科带头人，被团市委表彰为优秀共青团工作者。

李微 女，汉族，1961年7月出生，云南省师宗县人，中共党员，1983年8月参加工作，大学文化，现任中共马龙县委书记。2010年6月，李微被全国妇联、全国维护妇女儿童权益暨平安家庭创建协调组表彰为全国维护妇女儿童权益先进个人。

何春汛 男，汉族，1976年12月出生，云南省曲靖市麒麟区人，中共党员，1996年12月参加工作，大学文化。2010年12月，何春汛被中国气象局表彰为全国重大气象服务先进个人。

（苏正平）

宦国跃 男，汉族，江苏省丹阳市人，大学文化，云南省会泽黑颈鹤国家级自然保护区管理局局长，会泽县环境保护局副局长，会泽县林业局副局长。

1984年12月至1997年6月，宦国跃在会泽县城乡建设环境保护局工作。1997年7月至2004年2月，在会泽县政府办公室工作，任信息科科长；2004年3月至今任会泽县环境保护局副局长；2005年10月至2006年3月任马路乡党委副书记（挂职）；2010年4月至今任会泽县林业局副局长；2008年10月至今任云南省会泽黑颈鹤国家级自然保护区管理局局长。在会泽县第一次全国污染源普查工作中，宦国跃任污普办主任、普查指导员。认真组织开展会泽县第一次全国污染源普查，各乡（镇）均成立普查机构，组织制定普查工作方案、数量质量控制方案和各项规章制度，加大污染普查工作的宣传力度。编制并落实工作经费100万余元，认真做好入户清查摸底工作，严格执行污染源普查各项规范，并制定了预测方案，组织做好数据填写、审核、录入及汇总上报工作。通过省、市污普办现场抽查、验收，各项差错率均符合国家规定标准，各项普查数据均按要求及时归档，圆满完成会泽县第一次污染源普查工作。2010年4月，宦国跃被国家环保部表彰为第一次全国污染源普查全国先进个人。

吕春梅 女，汉族，1979年5月出生，大学文化，中共党员、云南省会泽县人，1999年5月参加工作，会泽县者海林场副场长，林业工程师。

2007年，吕春梅就投身到林改第一线。驻尹武村负责林改工作，为确保外业勘查和勾图质量，吕春走遍尹武村的大山小沟，对每宗地都进行现场踏查实地勾绘。林改期间，因山路湿滑，吕春梅扭伤了左腿，她带伤坚持整理内业材料。进村5个多月后，吕春梅全面完成老厂乡尹武村林改试点工作。之后吕春梅又分配到矿山镇搞林改，成为全镇技术负责人，矿山镇林改工作质量名列全县前茅，档案痕迹管理受到市领导表扬。之后她又到娜姑镇作整改检查。吕春梅坚持林改政策，以群众意愿为准实行再次均山，受到群众的好评。2010年7月27日，吕春梅被云南省委、省政府表彰为云南省深化集体林权制度主体改革先进个人。

王正云 男，汉族，1967年2月出生，大学文化，1987年7月参加工作，中共党员，云南省会泽县人，会泽县林业局副局长、县林改办综合组组长。

林改期间，他2次带领相关业务人员到外地参见考察，学习借鉴外地好的林改经验和做法。带领业务和技术人员多次深入基层调研，摸底调查，提出建议，为县委、政府正确决策提供依据，理清全县林改工作思路。他严格把握政策和科学制定切实可行的林改实施方案，综合指导，规范操作。统一制作适合全县操作的表格和各类资料等，组织人员深入乡（镇）、村组作巡回讲课，向群众宣传政策。他带领的林改主体改革综合组始终负责对全县林改各个环节的监督检查，多次深入乡（镇）作督促检查，发现问题及时加以纠正，确保林改质量。主动请求挂钩3个乡（镇）指导林改工作。2010年7月27日，王正云被云南省委、省政府表彰为云南省深化集体林权制度主体改革先进个人。

乔虎 男，汉族，1976年8月出生，中共党员，云南省会泽县者海镇人，大学文化，1998年7月参加工作，2000年8月加入中国共产党，马路乡党委书记。

2010年，马路乡遇到百年不遇的

特大旱灾，乔虎深入一线，积极部署，同干部、群众一道探讨抗旱救灾工作方案，做到村村有重点，村村有保障。从春节收假的第一天开始，直到5月底旱情基本解除的3个月时间里，坚守在抗旱救灾第一线，组织抗旱救灾工作。早部署、早安排，使马路乡“化灾为机”，为全乡争取项目资金，有力推进全乡各项基础设施建设。2010年7月24日，乔虎被云南省委表彰为云南省“共产党员抗旱先锋行动”先进个人。

熊成富 男，汉族，高中文化，1976年8月出生，云南省会泽县马路乡人，1999年1月参加工作，1998年3月加入中国共产党。马路乡人民武装部代理部长。

2010年，面对严重的旱灾，他扎根大坪村，和群众一起抗击旱灾。积极组织党员爱心送水队和共青团员爱心送水队，定期给村里孤寡老人送水；带领群众来回走4个小时崎岖的山路到牛栏江底背水，鼓舞了群众战胜旱灾的信心，“缺水不缺精神”的斗志赢得各大媒体的关注，中央电视台等多家媒体对他的事迹进行采访报道；带领群众奋战在一线，配合施工队改造到大坪的村组公路，方便运水车辆进入，打通送水“生命线”。2010年7月，熊成富被云南省委表彰为云南省“共产党员抗旱先锋行动”优秀共产党员。

郑科美 男，汉族，云南省会泽县人，1981年5月出生，大学本科文化，任会泽县火红乡党政办主任、农业技术推广站站长、气象信息员。

郑科美于2000年分配到火红乡农业技术推广站从事农业技术推广工作。他跑遍全乡每个村、组，对各地土壤的酸碱度进行周密测试和记录。2008年，火红乡成立气象服务站，郑科美担任信息员。为尽快进入工作角色，他除了积极参加上级组织的每次培训外，还自费订阅《中国气象报》，利用业余时间学习有关的气象知识。在掌握了一定的气象知识后，他到县气象部门收集了近10年来火红乡的气象资料，统计当地降雨、冰冻天气状况，用以指导当地的马铃薯生产。在每年马铃薯种植之前，都要与上级气象部门联系，收集掌握当地中长期气象预报情况，对照具体指数进行深入研究，提出最佳播种时间。确定时间后，他就带领全站职工及时深入农户，一边宣传气象信息，一边开展技术培训。在2009、2010年的持续干旱中，他带领农科站全体人员进村入户，采取召开群众会和向村组干部、种植大户发送手机短信等方式，宣传气象知识，动员群众推迟播种节令，事实证实了气象预报的准确性。由于晚播，出苗期正好与雨水来临期对接，在全县农作物大幅减产的情况下，火红乡的马铃薯仍然获得了丰收。2010年5月，郑科美被国家气象局表彰为全国群众满意气象信息员，成为全市唯一获此殊荣的基层气象信息员，全省仅3人获此表彰。

（田德粉）

张学韬 男，汉族，1965年4月出生，宣威市田坝人，宣威市计划生育服务站站长。

张学韬自1988年从事计划生育工作后，亲自主刀为2万多育龄群众实施输卵（精）管结扎术，未出任何安全事故，在优生促进工作中身先士卒，带领本站医务工作人员下到基层、进村入户为广大育龄群众检查身体，抽取血样。他自觉把提高自身素质当成一项政治任务切实抓紧抓好，善于学习并将所学理论与工作实践相结合，创新思维，切实提高理论素养、政治业务素质和驾驭工作、解决现实问题的能力。任宣威市计划生育服务站站长后，带领全站职工努力争创一流工作水平，为全市计划生育技术服务工作作出积极贡献。在日常工作中，树立严格的组织观念，带头遵守组织纪律和本单位制定的各项规章制度，团结同志，虚心听取不同意见，提高自身修养，廉洁自律。多次被上级有关部门评为先进个人。2010年12月，张学韬被国家人口计生委表彰为全国计划生育科技大练兵先进个人。

徐兴卫 男，汉族，1967年4月出生，中共党员，大学本科学历，高级农艺师，1996年5月任宣威市农业利用外资办公室副主任，分管项目工程技术业务工作。1994年被云南省农业厅表彰为省农业系统先进个人；1996年获宣威市政府科技进步特等奖；1996年获曲靖地区行署星火一等奖；1999年被中共曲靖市委表彰为农村基层组织建设优秀工作队员；2004年、2006年受到曲靖市农业利用外资办表彰。

2008年2月至2010年2月，他被抽调到宣威市乐丰乡挂职党委副书记。在挂职期间，他牢记工作队员职责要求和工作队长工作职责，立足实际，在做好调查研究的基础上，向工作队提交《前吉村贫困状况调查报告》一份。组织完成“866”工程的建档立卡工作及“866”工程《实施方案》编制工作。独立完成《蔬菜引繁种基地建设项目可行性研究报告》、《加工型马铃薯基地建设项目可行性研究报告》、《外销型无公害蔬菜基地建设项目可行性研究报告》、《马铃薯淀粉加工及种薯扩繁项目可行性研究报告》的编写。积极争取大量资金和项目，支持前吉村新农村建设。全村完成工程总投资1169.86万元，共到位扶持资金340.30万元。其中，向上级有关部门共争取项目整合和挂钩帮扶资金140.3万元，有力推进“866”项目实施。2010年2月，徐兴卫被云南省委、省政府授予“云南省第三批新农村建设优秀指导员”荣誉称号。2010年3月，被曲靖市委、市政府授予“优秀挂职扶贫干部”荣誉称号。

刘顺平 男，彝族，中共党员，宣威市政协委员、龙潭镇新河村党总支书记、宣威市华平煤业公司经理。

2010年3月，当特大旱灾出现后，刘顺平率先为全镇抗旱救灾捐款6.66万元，又在市委倡导的非公企业献爱心活动上捐款6万元，还通过自己的私人关系，联系到一家企业为龙潭抗旱定向捐款20万元，在他的带动下，全镇非公企业为抗旱捐款37万元。他还免费出动挖机1台，装载机2台，通过10天加班加点的努力，在龙潭河沿途筑了50个拦水坝，在公路沿线挖了100个蓄水池，解决龙潭村等6个村委会当地群众生产生活用水问题。又把6辆拉煤的私人货车按每天支付每辆车2000元费用租用过来，为每辆车购置能容20方水的油桶将其改装成拉水车，组建由6辆大货车组成的龙潭华平煤业公司义务送水车队，自己亲任队长每天拉水帮助抗旱救灾。当时放马坪村委会上竹箐三个自然村的620名群众和1100头大牲畜因大旱饮水困难，刘顺平了解到这一情况后，从昆明请来120地质勘探队寻找地下水源，通过勘探和规划设计，他决定打一眼570米的深井，他承担放马坪村委会上竹箐三个自然村打井、建抽水站和安装饮水管路等的全部资金120万元，3月10日开始打井，5月20日深井出水，解决这3个村620名群众和1100头大牲畜因大旱饮水困难。刘顺平共投入抗旱救灾金额超过200万元。在刘顺平的带动下，龙潭镇12个煤矿自发组建6个抗旱义务送水中队，31辆拉水车每天拉水为群众解渴，帮助群众进行春耕生产。2010年7月24日，刘顺平被中共云南省委表彰为“共产党员抗旱先锋行动”优秀共产党员。

杨承普 男，汉族，1950年11月出生于宣威市热水镇，中共党员，热水镇营沟村党支部书记。

在百年一遇的特大旱灾面前，杨承普以身作则，带领村民艰苦奋斗力抗旱魔。他和村两委班子认真贯彻落实镇党委政府“抗旱保民生保春耕”各项举措，组织党员与用水困难的五保户、老弱病残人员结成抗旱对子，义务拉水、送水；将该村已经建好尚未投入使用的400口沼气池改为临时水窖蓄水池，动员农户积极蓄水，动员群众及早翻犁土地，动用塑料水袋、水桶等一切可以利用的设施蓄水。春耕生产中，组织农用车、拖拉机13辆，每天送水至田间地头，确保全村213公顷烤烟、33.3公顷辣椒全部移栽结束，玉米、马铃薯等农作物在最佳节令播种结束。动员农户在全村开挖人工水井近100口，利用在全村建设“共产党员爱心水窖”60口的机遇，发动群众在村庄及田间地头广泛建设水窖，不断添置蓄水设施，为群众生产生活用水增添保障。2010年7月24日，杨承普被云南省委表彰为云南省“共产党员抗旱先锋行动”优秀共产党员。

申忠林 男，汉族，1965年6月出生，中共党员，研究生学历，1986年7月参加工作，2008年10月后任中共宣威市委副书记。申忠林作为市委主抓林改工作的领导，在集体林权制度改革中，加强领导，精心组织，确保林改政策执行到位。曾8次组织召开林改专题会议，研究和部署林改工作；17次下到林改第一线，专题调研和检查督促林改工作。在他的带领下，宣威建立健全了市乡村“三级书记”抓林改的目标责任管理、市乡领导挂钩联系、风险抵押金、“检查督促”等一系列林改工作制度，确保了“四有”：即林改工作有人协调有人抓，政策措施有人落实，技术业务有人把关，具体工作有人督促检查，使林改工作目标任务层层落实到位。在抓好主体改革工作的同时，他还注重后续产业发展，组织种植优质核桃55万亩，建立核桃采穗圃2个，圃内嫁接核桃优良品种10余个，改良母树1万多株，为壮大林业产业，巩固主体改革成果，培植核桃产业和促进经济社会快速发展奠定了良好基础。2010年7月27日，申忠林被中共云南省委、省政府表彰为云南省集体林权制度主体改革先进个人。

田志德 男，汉族，大学本科学历，1965年4月出生，1984年12月参加工作。先后任宣威市人民检察院副检察长、市委组织部副部长，热水镇党委书记、板桥镇党委书记。现任宣威市林业局党委委员、局长。自启动林改工作以来，田志德兢兢业业、克难攻坚，为林改工作的顺利推进发挥了重要作用。

他将全市300余名林业干部职工和987个护林员纳入林改的主力队伍予以培训使用，经过两年多的艰苦努力，圆满完成林改主体改革任务。截至2010年5月底，共完成集体林确权448.29万亩，确权率达99.5%。共确权26.74万宗林地，制发证23.4万本。共排查纠纷1207起，调处1200起，调处面积为43.95万亩，起诉调处率为99.4%，面积调处率为99.3%。两年多以来，他累计组织开展政策法规、技术业务培训1442场（次），培训4.2万人（次）。针对个别乡（镇）技术人员稀缺的实际，他从省林业调查规划院协调技术支撑，将林改外业勘测任务承包给省规划院，在龙场、普立等乡（镇），他从林业院校协调聘请实习学生参加林改工作，有效地解决全市技术力量不足的问题，使林改得以顺利推进。充分利用广播、电视、报纸等新闻媒体，采取印发宣传资料、制作简报、组织文艺会演等方式进行林改工作宣传，使林改工作家喻户晓，为林改工作稳妥推进创造了良好条件。2010年7月27日，田志德被云南省委、省政府评表彰为云南省集体林权制度主体改革工作先进个人。

符世标 男，汉族，1963年12月出生，1996年7月加入中国共产党，1997年12月到普立乡林业站参加工作，2008年后任普立乡林业站站长。

他率全体职工在辖区范围内开展林改工作，要求各村严格制定改革方案，实行“阳光操作”，保护林农的参与权、知情权和决策权。他与其他人一起细致、扎实的做好每一户的山林换发证。全面完成全乡12个行政村13万余亩林地5600余宗地块的改革任务，发放林权证1万余本。以核桃产业为重点带动村组造林。全乡全年累计栽植7500亩，苗木成活率达到90%以上。

符世标始终坚持“以人为本，积极预防，科学扑救”的原则，构建完备的森林防火工作体系。落实各项防火措施，开展宣传教育工作，严格火源管理，狠抓预防工作；加大督查力度，精心组织专项督查；及时扑救，做到一旦有火灾，及时出动积极扑救。通过他与其他工作人员的共同努力，全年共发放《森林防火保证书》4000余份，签订各种森林防火责任书100余份。2010年7月27日，符世标被省委、省政府表彰为云南省集体林权制度主体改革工作先进个人。

张庆良 男，汉族，大学学历，中共党员，1970年5月出生，1991年8月参加工作。先后任杨柳乡林场场长、林业站副站长、站长、宣威市水务局水政科科长、宣威市防汛抗旱指挥部办公室副主任和宣威市水务局灌区管理中心主任。

在2010年抗旱救灾工作中，他负责收集防汛抗旱的有关信息，提出工作意见，为领导决策提供依据，同时负责市直管水库和灌区的防汛抗旱和供水管理，适时掌握分析全市的降雨、蓄水形势，及时提出抗旱的对策措施，加强水库的调度和管理，确保全市城市、重点工业供水安全，确保灌区农业用水的需要，加强对集镇和山区供水的研究分析，组织编制抗旱供水保障措施，强化对基层抗旱的技术指导，结合工作实际向有关领导建言献策。加强蓄水管理，统一调度既有水量。及时加快蓄水进度，使宣威市成为曲靖市各县（市）区中蓄水任务完成最好的市，为抗旱工作打下坚实基础。2010年7月，张庆良被云南省委、省政府评为云南省抗旱救灾工作先进个人。

吕文坚 男，汉族，1969年4月出生于宣威市虹桥街道，中共党员，大专文化，1989年7月参加工作，历任宣威市渔业管理站副站长、站长、支部书记等职，现任宣威市渔业管理站站长。

工作以来，在池塘无公害养殖技术、稻田养鱼技术等方面结合宣威实际，因地制宜研究出一整套适用技术方案。累计引进锦鲤、鲟鱼、胭脂鱼、武昌鱼、青鱼等16个名特优新品种，养殖8000亩；推广池塘精养高产技术1.1万亩，年增收350万元；推广青鱼专池饲养900亩，收益360万元。在《中国渔业报》、《云南农业》等省部级刊物上发表《宣威野生鱼类资源丰富、采取多种保护措施》、《宣威渔业发展的现状、思路及对策》等学术论文。2000年在农函大水产养殖技术教学工作中，成绩显著，被云南省农村致富技术函授大学授予优秀教师称号；2004年参与实施完成的“推广稻田养鱼10万亩、实现产值3490万元”项目，荣获省农业厅农业技术推广二等奖。2010年12月，吕文坚被农业部授予全国农牧业渔业丰收奖农业技术推广贡献奖。

（余俊柏）

烈　士

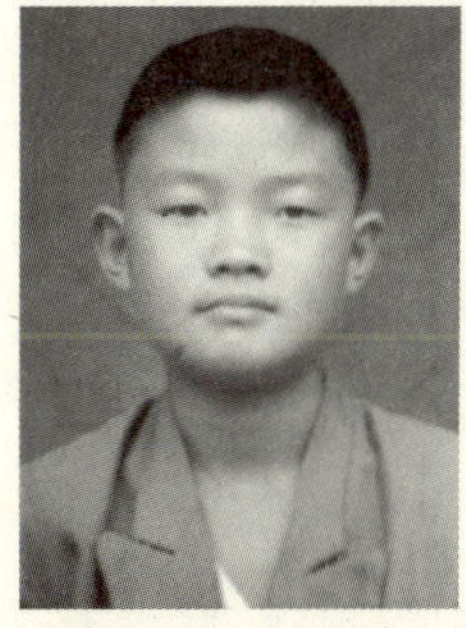

赵兵　男，汉族，中专文化，1986年3月1日出生，陆良县马家沟人。2006年5月参加蒙自县公安局协警员工作。2007年10月30日在参加蒙自县开展的整治收戒吸毒人员活动中，抓捕犯罪嫌疑人杨杰军时，另一名协警员林建安被犯罪嫌疑人杨杰军刺伤脸部，赵兵见状，临危不惧，奋不顾身地冲上去控制犯罪嫌疑人，遭犯罪嫌疑人杨杰军暴力反抗，赵兵与犯罪嫌疑人杨杰军展开了生死搏斗，被犯罪嫌疑人杨杰军用“折叠刀”猛刺胸部，因伤势过重，经红河州第一人民医院抢救无效，于2007年10月30日15时30分牺牲，年仅21岁。2009年10月19日，云南省政府以云政复〔2009〕89号文件批准赵兵为革命烈士。

杨德芳　男，汉族，1963年5月15日出生于宣威市热水镇柏木村，1986年1月参加工作，在2008年8月1日执行煤矿瓦斯爆炸搜救任务中牺牲，生前系宣威市煤炭局矿山救护队职工。

2008年8月1日，宣威市煤电联营公司双河煤矿发生瓦斯爆炸。杨德芳与其他7人接受任务于当日中午12时40分赶赴事故现场，深入矿井展开搜救工作。在搜救过程中，杨德芳不顾个人安危，身背15千克重的氧气呼吸器，反复四次深入到断面狭小、巷道凹凸不平、支护损坏严重、多处顶板垮落、煤尘飞扬的矿井内进行搜救。在第四次深入矿井，进入四平巷距回风口220米处，杨德芳踩滑跌倒，面罩滚歪，吸入大量一氧化碳气体中毒，经宣威市人民医院抢救无效，不幸牺牲。杨德芳牺牲后，宣威市政府于2008年9月26日作出决定，在全市开展向杨德芳学习活动。2010年2月12日，云南省政府以云政复〔2010〕8号文件批准杨德芳为革命烈士。

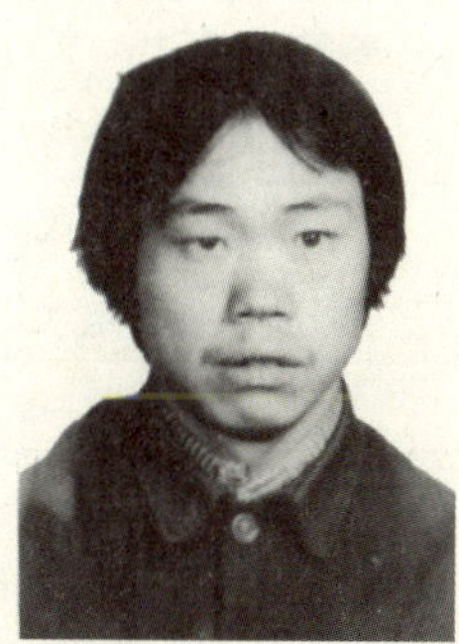

姜德富　男，汉族，小学文化，1968年5月生，生前系会泽县金钟镇尚德村委会第三村民小组村民。2007年7月8日为抢救落水儿童不幸牺牲。

2007年7月8日，乐于助人的姜德富得知村民姜中学的母亲病故，急需人力帮助料理丧事的消息后，他便早早起床赶到姜中学家帮忙，他办完事务已近晚上7时，他疲惫不堪，在一旁喝茶休息。大约晚上7时20分左右，在姜中学家北侧约100米的水窖边玩耍的11岁儿童吕永金掉进4米深的水窖中。听到呼救声后，姜德富飞快地向出事现场跑去，他边跑边脱衣服，跳进漆黑的水窖左摸右探地把落水儿童抓住后急忙叫在场的群众找梯子和绳子。但由于水窖里严重缺氧，加之水窖全是用水泥浇筑的，墙壁十分光滑，无法攀登。他用尽全身力气多次将吕永金往水窖口猛推出去，但都未能成功。由于疲惫过度，他再也支撑不住，整个身躯渐渐被水吞没，待群众找来梯子把他打捞出来时，他的双手还紧紧地抱着吕永金，经施救人员全力抢救，俩人均抢救无效死亡。姜德富不幸牺牲后，会泽县政府于2008年1月31日表彰他为见义勇为先进个人。2010年6月30日，云南省政府以云政复〔2010〕26号文件批准姜德富为革命烈士。

尹长生　男，汉族，1948年7月生，马龙县月望乡下营村委会积粮冲村人。2006年1月20日下午3点左右，积粮冲村村民郭跃所家饲养的猪窜到郭开学家菜园吃菜，郭开学之母潘石英发现后将猪赶到郭跃所家，要求郭跃所管好自己家的猪，不要随意让牲口出来糟蹋群众的庄稼。郭跃所不仅不接受劝告，反而蛮横无理，双方由此引发口角。郭跃所对潘石英老人进行追打，潘石英被迫躲到其子郭开学家。郭跃所随即找来锄头，猛挖郭开学家的门，声称要把里面的人全部挖死，眼看门就要被挖开，3条人命危在旦夕。此时，尹长生经过这里，见多人围观却无人敢上前阻拦，就主动上前劝阻。但此时已丧失人性和理智的郭跃所不听劝阻，反身用锄头将上前劝阻的尹长生挖倒在地，见尹长生还有气息，又用锄头猛挖其脖颈，致使尹长生当场死亡。案发后，犯罪嫌疑人郭跃所于2006年1月21日被马龙县公安局刑事拘留，同年2月3日被执行逮捕。2006年6月22日，曲靖市中级人民法院以故意杀人罪判处郭跃所死刑，剥夺政治权利终身。2010年6月30日，云南省政府以云政复〔2010〕27号文件批准尹长生为革命烈士。

黄成康　男，汉族，1981年8月4日出生，陆良县板桥镇黄家头村人，1999年12月入伍，服役于成都军区56253部队，2000年12月退伍，2001年12月在成都西城花园任保安，

2003年3月到百花芳邻小区担任物管队员，任物管队保安班班长。2004年6月16日凌晨，在抓捕犯罪嫌疑人时不幸身中五刀，英勇牺牲。

2004年6月16日凌晨2时许，犯罪嫌疑人王大权从百花潭公园翻墙进入百花芳邻住宅小区伺机作案，被正在小区内巡逻的物管队员秦向敏发现，物管队保安班班长黄成康听到呼叫后，两人合力在绿化带中将藏匿的犯罪嫌疑人王大全抓获，带至小区儿童游乐场时，黄成康叫秦向敏立即报警。犯罪嫌疑人闻言将秦向敏推开后亡命逃窜，黄成康一面呼叫同事，一面追赶上去，在追出50米时，黄成康猛地一扑将嫌疑人扑翻在水泥台上，不料嫌疑人再次挣脱，疯狂地向小区黑暗处逃窜。闻讯后，物管队员龚升华、曾驰也迅速赶到。此时犯罪嫌疑人王大权为逃避打击，穷凶极恶地掏出弹簧刀向追赶的物管队员乱刺，黄成康不畏凶恶地与歹徒英勇搏斗，并忍着伤痛紧紧地抱住歹徒，终因失血过多，体力不支，倒在血泊中。曾驰赶到继续追赶，被歹徒刺伤胸部，龚升华冲上前去欲抓住歹徒，被刺伤右手拇指，正在此时，秦向敏也冲到嫌疑人面前将其抓住，歹徒持刀乱刺，将秦向敏肚皮划了一道小口子。众物管员忍住伤痛，齐心协力，终将犯罪嫌疑人制伏。120急救车赶到将浑身鲜血淋漓的曾驰、扑倒在地一动不动的黄成康送往成都市第九医院急救，黄成康终因身中五刀，心脏被刺穿，伤势过重，抢救无效，光荣牺牲，献出了年仅22岁的生命。2010年7月21日，四川省政府以川府函〔2010〕134号文件批准黄成康为革命烈士。

（李德启）

人物表录

2010年曲靖市百岁老人一览表（新增）

姓名	性别	出生年月	民族	文化	居住地（县、乡、村）	长寿金补助情况（元/年）
马式全	男	1910·05	汉	文盲	曲靖市肿瘤医院宿舍	3600
韩现周	男	1910·10	汉	文盲	麒麟区珠街乡庄家屯村委会4组	3600
李小兰	女	1910·09	汉	文盲	麒麟区越州镇横大路村委会大野毛村小组	3600
保关召	女	1910·03	汉	文盲	麒麟区越州镇竹园村委会岳北村小组	3600
宁二莲	女	1910·10	汉	文盲	宣威市落水镇多乐村	2400
徐小二	女	1910·08	汉	文盲	宣威市双河乡尖山村	2400
江洪昌	男	1910·11	汉	文盲	宣威市宛水街道新文社区	2400
晏德勋	男	1910·09	汉	文盲	宣威市龙潭镇磨石村二组	2400
高东兰	女	1910·11	彝	文盲	宣威市格宜镇翠华村14组	2400
李俊东	男	1910·10	汉	文盲	宣威市龙场镇五里村	2400
沈菊兰	女	1910·09	汉	文盲	宣威市龙场镇志嘎村	2400
尹维兴	男	1910·02	汉	文盲	宣威市热水镇陡沟村	2400
潘小兰	女	1910·03	汉	文盲	宣威市热水镇岱海村	2400
徐粉菊	女	1910·09	汉	文盲	宣威市普立乡更底村	2400
史玉娥	女	1905·03	汉	文盲	富源县中安镇清溪社区	2400
杨小园	女	1910·11	汉	文盲	富源县后所镇阿依诺村委会	2400
刘小中	男	1910·12	汉	文盲	富源县后所镇双诺村委会	2400
丁金廷	男	1910·10	汉	文盲	富源县后所镇双诺村委会	2400
唐有园	女	1910·01	汉	文盲	富源县营上镇迤启村委会	2400
叶中兰	女	1910·10	汉	文盲	富源县营上镇速助村委会	2400
黄立富	男	1910·02	汉	文盲	富源县黄泥河镇牛场村委会	2400
史长芝	女	1910·07	汉	文盲	富源县老厂乡补乃三社	2400
耿光彩	男	1909·06	汉	文盲	富源县古敢乡补掌村委会	2400
海老三	女	1909·03	彝	文盲	罗平县阿岗镇以宜村委会	2400

续表

姓名	性别	出生年月	民族	文化	居住地（县、乡、村）	长寿金补助情况（元/年）
杨石翠	女	1910·10	汉	文盲	罗平县阿岗镇阿岗居委会	2400
资二召	女	1910·10	汉	文盲	罗平县阿岗镇高桥村委会	2400
张和秀	女	1910·04	汉	文盲	罗平县板桥镇金鸡村委会	2400
袁得祥	男	1908·03	汉	文盲	罗平县板桥镇品德村委会	2400
余中定	女	1909·01	汉	文盲	罗平县板桥镇舍邦歹村委会	2400
秦刚明	女	1910·04	汉	文盲	罗平县大水井乡金歹村委会	2400
陈老大	女	1910·05	汉	文盲	罗平县大水井乡栗树坡村委会	2400
杨桂芝	女	1910·03	汉	文盲	罗平县大水井乡栗树坡村委会	2400
杨永昌	男	1910·04	汉	文盲	罗平县九龙镇关塘村委会	2400
保金芝	女	1910·04	汉	文盲	罗平县罗雄镇西关街227号	2400
杜老顺	男	1910·11	汉	文盲	罗平县马街镇铁厂村委会	2400
陈珍兰	女	1910·03	汉	文盲	罗平县钟山乡拖黑村委会	2400
阮桂兰	女	1905·12	汉	文盲	沾益县菱角乡稻堆村委会	2400
龙绍根	男	1901·11	彝	文盲	会泽县上村乡邮政所	2400
魏李氏	女	1910·04	汉	文盲	会泽县娜姑镇干沟子村委会	2400
董付氏	女	1910·09	汉	文盲	会泽县者海镇新唐子村委会	2400
吕郑氏	女	1910·07	汉	文盲	会泽县老厂乡白沙村委会	2400
付席珍	男	1910·08	汉	文盲	会泽县金钟镇丰乐社区	2400
张小凤	女	1910·01	汉	文盲	师宗县丹凤镇丹凤社区	2400
闻才桂	女	1910·04	汉	文盲	师宗县彩云镇长街拨云村	2400
梁小三	女	1910·12	汉	文盲	师宗县丹凤镇大同村47号	2400
刘怀美	男	1910·01	汉	文盲	师宗县五龙壮族乡狗街村112号	2400
李焕珍	女	1910·02	汉	文盲	师宗县五龙壮族乡保太村366号	2400
王小朝	男	1910·08	汉	文盲	师宗县雄壁镇下鸭子塘村23号	2400
秦玉才	男	1910·02	汉	文盲	师宗县竹基乡永安村145号	2400

（曲靖市老龄办/供稿）

2010年度曲靖市享受云南省政府特殊津贴人员名录（3人）

张雪峰　曲靖市化工研究设计院
蔡荣甫　曲靖市动物卫生监督所
钱成明　曲靖市种子管理站

2010年度曲靖市获云南省有突出贡献优秀专业技术人才三等奖人员名录（3人）

杨国仓　曲靖市沾益县农业技术推广中心
高本云　曲靖市第二中学
李晓朴　曲靖市马龙县第一中学

2010年度享受曲靖市政府特殊津贴人员名录（36人）

任石所　曲靖市麒麟区农业局土肥站
韩学瑞　曲靖市农业技术推广中心
卢宗民　曲靖市水产站
董云忠　会泽县农业技术推广中心
吕云会　宣威市土肥工作站
曾　嵘　云南烟草公司曲靖市公司
姚丽花　曲靖市麒麟区第三中学
尹树平　曲靖市民族中学
杨永兴　马龙县第一中学
肖云惠　富源县胜境中学
何道普　宣威市第一中学
黄　蕊　曲靖市机关幼儿园
吴克伟　曲靖市第一小学
巴春生　曲靖医学高等专科学校
杨关所　曲靖市麒麟区教师进修学校
施晓东　曲靖师范学院
张　凌　中共曲靖市委党校

郭　莉　曲靖财经学校
郭　辉　师宗县畜牧局饲草饲料站
李　芹　曲靖市兽药饲料监察所
杨同德　会泽县动物疫病预防控制中心
赵　俊　师宗县林业局林业站
宁艳芬　曲靖市森林防火指挥部办公室
刘自平　罗平县中医医院
邓星梅　曲靖市妇幼医院
戴普席　宣威市第一人民医院
邓耀明　曲靖市广播电视局工程师办
余　晖　曲靖市艺术研究所
琚　健　曲靖市文化馆
符　麟　宣威市花灯剧团
罗大锋　云南驰宏锌锗股份有限公司
蒋　鸿　云南曲靖越钢集团有限公司
王留和　曲靖供电有限责任公司
丁鸿富　曲靖市南盘江管理处
邱连跃　沾益县水务局农村水利科
柴体静　云南曲靖交通集团有限公司

2010年度曲靖市中青年学术技术带头人名录（19人）

颜　晴　曲靖市特殊教育学校
王德稳　罗平县富乐镇第二中学
徐文尊　曲靖市第二小学
孙琼仙　陆良县中枢镇中枢小学
成飞翔　曲靖师范学院
傅　明　中共曲靖市委党校
张树昆　曲靖市中医医院
刘灵敏　曲靖市第一人民医院
胡晓东　宣威市中医医院
殷减清　富源县植保植检站
王劲松　曲靖市土肥工作站
刘加红　云南烟草公司曲靖市公司
陈学飞　曲靖电视台
李永刚　曲靖画院
高春国　曲靖市畜禽改良工作站
符世继　云南驰宏锌锗股份有限公司
李　林　红云红河烟草（集团）有限公司曲靖卷烟厂
钱林周　曲靖市规划管理局
太佩荣　曲靖市林业勘察设计队

2010年度曲靖市取得高级专业技术职务资格人员名录

一、正高

1. 主任医师

陈一非　李惠萍　耿静明　黄瑞金
张　英　赵琼华　杨　兵　刘云明
陈文群　刘　滔　邓星梅　苑　静
李　光　罗关靖　郭　芸　赵兰青
黄晓燕　王玉考　戴普席　周　泉
张　霖　罗美辉　王顺道

2. 主任护师

蒋琼仙

3. 一级演员

杨美凤

4. 一级演奏员

黄金良

5. 高级记者

王乔富

6. 教授

王明琼　尹华玲　谷林茂

二、副高

1. 高级讲师

丁秀娥　丁雪莲　董晓梅　傅　毅
李家富　刘进权　张党柱　孟万生
潘　锐　杨祖德　杨　颖　陈立新
彭　锦　杨　露　张桃荣　田雪峰
资绍昆　范琼仙　刘　红　戈　墨
崔同逵　邓道坤　耿琼仙　夏桂娥
周开儒　杨正祥　高红英　夏朝吉

2. 副主任医（药、护、技）师

巴瑞琼　高芹梅　王凤庭　杨丽芳
付玉东　潘贵林　李　娟　粟　茂
王树清　刘天锡　李外琼　耿荔蓉
肖　宏　吕　斌　顾永芳　宋　琼
皇甫昌涛　姚兴朝　李琼英　徐莺
冯　敏　李桃兰　张　维　周娟娟
陈玉仙　张再勤　王迁波　凌　青
罗树荣　马迎娥　母群华　单祖常
吕玉梅　符剑玲　王慧玲　王定伦
陆家勇　黄和东　徐美琼　田美琼
向爱琳　苏春华　薛武宪　杨顺华
徐念东　尹正莉　荀祥翰　周尧斌
冯智朴　顾粉仙　何青松　杨　生
刘俊萍　尹明福　李德惠　张柱花
张金平　韩兴忠　施金定　汪德芳
尹明珊　马双全　堵淑琼　朱美湘
黄春娅　刘俊英　许旭燕　续惠玲
谷朗慧　吴　瑛　龙粉花　孙汝媛
刘彩琼　刘永书　刘维先　马卫芬
罗魁元

3. 二级公证员

解天贵

4. 二级演员

毕玉明　方　晴　桂俊辉　刘　芳
周红霞　应　佳　李应康

5. 二级演奏员

李海红　刘　敏　魏　箐

6. 二级编导

秦忠贵

7. 主任舞台技师

王勇强　芮丽红

8. 高级农艺师

何　琼　张琼芳　胡家权　李国灿
范正全　刘小花　杞晓花　李祥能
张玉荣　郑刚宁　杨艳芬　邱　凤
陶兴坤　吕德芳　晏维柱　雷国方
杜留祥　吴　秀　张静芬　李加先
林祖堂　朱吉兰　孙先波　杨加玉
杨文春　褚会珍　吴琼芬　张自德
李树荣　郭石生　袁金祥　马琼仙
高玉花　段吉才　施洪兵　李家宝
潘开华　刘有国　葛丽清　袁水金
李佳莉　他礼才

9. 高级工程师

窦仕荣　姜有祥　钟　云　戴荣飞
赵建华　彭加能　郭玉清　李杰屏
唐旭斌　代冲云　王付华　赵琼仙
李世吉　赵　俊　何健良　秦洪源
张文莉　徐　跃　周恩国　张开平
资宗云　夏耀炳　李向荣　周石光
姜刚林　张朝坤　蔡学昌　缪朴英
李乐秋　王　永　胡慕芳　孙来方
李　慈　张　玄　张贵华　彭敏锐
杨立新　邵　芬　康得琳　余云美
赵菊香　周　玲　李永环　张习清
陈　华　李　源　牟水晶　普庆红
顾会琼　肖若琼　王德先　梁竹林
许媛偕　李春贤　徐　丽　李云红
周秀丽　丁绍芬　李凤琼　张洪星
李　元　张富强　陈贤光　侯汉全
王怀彬　殷商民　王守稳　李晓富

10. 中学高级教师

王建河　韩志勇　韩　亮　杨燕萍
阮秀丽　张　瑾　庄季明　晏和勤
何智勇　徐晓书　杨正凡　彭福友
赵发润　龚麦珍　张东粉　赵　维
赵中权　赵会帮　张　佳　刘建康
刘　鑫　赵鑫彬　刘华宝　李卫贤
田　方　杨　志　王娟粉　陈开鹏
晏　杰　余　敏　叶学理　刘　会
戴祖达　王　堃　刘　海　李　祎
蔡稳益　樊维佐　杜　锋　杨　勇
刘冰洁　何　爱　王果花　袁　松
钱稳良　王克祥　孙维生　金仁汉
张发志　黄登龙　肖　浩　徐志祥
何石赛　聂云松　张建成　李成方
何　丽　肖志雄　秦丽萍　艾　春
刘江胜　刘　伟　张通文　秦正高
张剑铭　王富先　高　峰　唐春凤
龚稳来　李赛良　范俊鸿　谢加权
王　智　陈美芬　张琼英　毛妍芳
李春梅　王　强　杨　稳　张　勇
潘　斌　金立平　李　汉　蔡晓江
李齐宾　唐　俊　李　东　尹云德
赵耀辉　孙　武　樊保琨　朱兴华
张孔林　陈丽琼　张惠玲　何嘉勋
尹乔应　赵琼仙　张鹏宇　姚国永
刘　琼　沈雁芬　问兴武　刘福平
杨树义　李琴英　刘兴志　沈爱先
徐丽琼　段安奎　朱德平　朱知国
李道良　胡万平　陈贵琴　陈石莲
缪祥奎　楮顺仓　唐会英　熊　燕

王建中　高金玉　袁金荣　桂进勇
陶立昌　代 强　毕兴奎　刘礼春
何树云　任正权　宁 华　朱香香
孙 凤　尹吉友　张顺堂　姜方弘
刘万春　柳发勇　唐 波　刘堂燕
崔兴华　袁 惠　张 隼　魏 琼
赵 林　郭宝东　张庆堂　段永华
陶德明　王发德　吴会东　黄 金
毕 强　邹正洪　梅晓玲　王美珍
郑俊鹏　代兴荣　赵 萍　陈加全
李顺金　戴普跃　杨少琴　郭启琼
唐金宇　陶文瑜　浦绍祥　赵忠孝
张 毅　廖朝龙　袁仕康　束嘉志
韩绍平　保德怀　马 香　蒋建先
姚 旭　李燕琼　丁保顺　徐广文
浦绍华　赵 燕　刘梅香　代兴明
唐兴红　徐云开　付文洪　彭 翠
彭 琛　王 韬　钱建良　金乐德
朱 洪　李 民　杨国华　钱文高
李 俊　杨玉兰　代兴凤　包崇林
杨 翠　方美丽　付碧玲　杨 宏
李俊辉　马国荣　孟 怡　杨 华
彭智芳　刘纯芬　刘 华　朱建友
王晓韶　郑金生　高 鹏　苏林广
徐卫平　王金萍　徐 斌　秦永明
方旭彬　郭聪坤　方鹏荣　朱定荣
付贵红　郑 俊　陈云仙　龙西明
罗自云　郭树红　刘汝昌　王亚全
陈正阳　杨武学　岳贵堂　阮自红
阮国权　陈晓荀　梁德全　陈谷存
王顺良　张自刚　孙伟年　马占元
俞石琼　张丽芬　高丽芬　邓 萍
潘玉华　赵庚贤　武涛顺　刘鸭生
潘 斌　杜怀书　杨国权　桑恒一
郭自茂　袁贵良　朱国文　杨光兴
姜红全　邵永富　高 祥　李乔贵
戚晓琼　宋荣良　李映坤　王自顺
钱金祥　黄亚方　金国云　孙春涛
宋建忠　杨谷生　杨晓宇　李涯红
常建文　汪鸭生　保峰明　赵 芬
牛关萍　赵正华　孙 青　袁宝坤
王联生　满建芳　保建生　资国生
王家明　杨定芬　陈晓鹏　李 艳
邵自坤　朱承英　张光辉　孙石明
梁 泉　周月萍　伏任芬　陈岳林
张亚轩　王崇翔　李会仙　方宏亮
刘春莉　董月玲　朱国正　王学英
张竹芬　牛艳芬　唐彩霞　冯建华
武白丛　邵 磊　潘德建　杨俊洪
杨娅娥　徐秀芬　黄国良　张桥寿
袁 炜　陈押住　李桂芬　陈书生
刘云翠　祝丹萍　刘改琼　陈 琼
雷安春　李文荣　王世仙　王二明
顾柱琼　黄政学　喻浪涛　劳红林
李裁孔　孟志能　许莉红　张子卿
冯乖书　张永东　陈文学　莫权书

何灿锋　李江涛　赵世林　刘德光
朱谷生　储文昀　李锡贵　杜令琼
保贵心　孙慧芬　许晓选　田二佳
彭家良　庞安良　刘长先　宋淑芬
杨学堃　申小发　方志华　文勇柱
杨志华　吴兴鹏　李 碧　刘爱珍
韩兰英　谭金梅　肖 敏　耿 莉
李佐菊　周学文　刘 恒　张家飞
朱稳才　高映芬　顾小桃　杨泽辉
赵云杯　陈永强　金朝云　龚 铭
喻家友　赵 林　赵培清　王跃能
许保中　江亚丽　李利琼　赵荣德
李权鸿　吴基锋　昝明光　陈刚林
张士街　马力洪　杨成灿　木丽玲
舒建发　阮守程　施家富　徐龙赋
张 弘　张瑞金　高斌林　郭家鸿
王玉乔　李 丽　刘 辉　于若燕
马向红　李清江　徐安富　刘春桥
孙 斌　彭四海　赵家宽　伏吉才
刘艳梅　杨 惠　韩建国　吕雷坤
蔡培建　赵选梅　李云华　王丽波
陈德苍　殷 敏　王见华　王建武
李文艳　李 祥　陈瑞嘉　张亚萍
李宝芝　邱 梅　吴梅花　刘 俊
赵 静　张跃理　孙光能　张 波
徐春雷　陆宝春　刘 红　卢所香
唐述斌　胡绍琼　晏怀芬　朱晓蓉
黄 新　詹 寅　赵广雄　樊三明
缪朝平　朱兴国　刘稳培　谢晓朴
张 英　黎春宏　赵保荣　张智中
刘金华　段旭东　容轶戈　李凤花
李建华　雷琼仙　李晓霞　张锡斌
代乔良　孙家学　张 浩　董祥洪
张贵春　颜新生　李绍江　张富琴
周艳波　陈凤美　张 宏　代红方
荀雪梅　和 平　张文娜　马顺祥
王燕妮　丁良雄　丁绍孔　吴利杰
尹于俊　黎 俊　杨德才　郭贵德
张见学　柯云芬　赵粉兰　樊贺芬
陈付学　张学华　赵慧梅　温琼梅
冯关莲　谢红平　陈少华　王树飞
汪家华　张燕立　赵德永　何祝存
丁爱仙　李粉娥　吕秀莲　孙德林
黄昆生　伏永存　马玉全　陈冬春
孙和清　朱俊颖　柏存娣　孔小芝
马愿波　宋谷华　杨洁焕　顾林忠
顾 斌　杨家合　赵 乔　孙 龙
张一峰　朱 力　朱家所　段见法
曾华坤　黄跃忠　殷云生　朱贵华
陶文学　王 睿　张 恒　朱有生
亚 金　殷菊芬　孙家顺　王补林
冯建明　颜 晴　曹莲枫　黄家明
付新荣　刘树方　庄华飞　沈建周
郝秀丽　刘克芬　蒋立香　李建富
解淑芬　罗美招　李富强　田福智
赵玉平　何 健　李召秀　黄雪梅

保留凤　叶惠琼　田嘉怀　赵 琳
余 晴　唐 平　周云霞　丁彩仙
李菊华　梅宝成　胡关吉　代志刚
何兴堂　胡丽华　陈小平　翟连擢
赵志强　王国先　刘 婷　王东林
肖明选　王常毛　宋顺礼　肖石花
朱朝亮　王正良　王瑞云　郑永明
茹志邦　王绍红　张 顺　严志坚
马吉琼　朱勋彦　钱召才　王莱成
杨国宇　陈太斌　邹正光　杨金德
刘晓荣　邱丽芬　袁 英　张腾波
杨立东　李 卫　田子远　徐天云
张天浩　林明松　徐梨果　樊佳树
吕桂芳　周开菊　余俊表　高菊彩
陶汝斌　余仕辉　何陆祥　王丽娟
邓俊成　陆大荣　熊定云　周琼芝
熊朝明　熊定好　郭 杰　缪应举
朱树宽　胡慧荣　白丽欢　朱贞聪
何世飞　陆继飞　秦庆富　王赛芬
李树花　徐永立　赵大军　孔令花
黄 拓　杨万坤　栾玉娥　孔琼波
孙琼梅　张梅琼　吴仕燕　樊 高
夏群山　王贵权　邓 岳　邱秀芬
夏仁仓　赵庆跃　田金卫　黄初伟
符光贤　宁祥功　张天柱　龙润菊
彭 赟　樊 华　孔美华　范文蕾
浦绍华　浦绍基　徐学启　赵守敬
余慧仙　朱竹湘　邱莱娥　李慧华
刘 涛　余彩琼　晏祥军　黄初党
吴绍雄　李 萍　赵从江　李启标
沈立波　赵映辉　吕俊英　宁 浩
朱树逵　侯开琼　刘丽芬　官祥坤
何家茂　余国喜　孔德芳　朱家宣
时友坤　徐德章　朱勋刚　何树彪
杜光荣　吕庆兴　吴永松　浦恩辉
秦绍兴　代兴会　吕丽荣　施梅华
范宗勤　朱祥宏　李兴武　金宪芮
朱坤琳　王兴能　杨汝贵　刘光迪
郭忠慧　赵树华　赵丽芬　赵永秋
李兴会　高 青　丁春吉　刘 琼
张慧娟　徐 东　杨兴怀　朱发启
尹朝贵　徐安飞　袁明达　杨兴辉
陈首银　范 娥　顾绍明　吕翠华
桂师伟　龚德全　李加合　吴应普
黄美娥　包崇丽　王 丽　冯智祥
李荣义　潘云平　李启辉　秦庆平
李锐和　张显琳　陆春梅　余仕彬
毕兴俊　陆家志　徐学毕　胡勤华
范彩兰　高广书　朱勋照　崔光贤
何良迅　龙林巧　包崇武　张德斌
王庆梅　何家登　符 韬　包福荣
朱美荣　张如波　樊同平　符仕护
余绍伦　何佳碧　尹品宗　王琼芬
徐春梅　刘云学　钱应龙　王绍明
浦同宪　凡龙珍　杨光廷　蒋正平
王定文　张怀慧　王照稳　戴映菊

刘云志　王　菲　吴琼芬　符庆斌
张荣祥　尹德智　张泽珍　张兴江
顾绍松　郑　祥　廖　菁　秦秋梅
李秀娥　王文丽　夏红梅　朱菊珍
范廷刚　符宗德　杨光平　鲁次文
杨会仙　刘泽宪　曾加坤　沈庆平
范国廷　包崇毅　余仕表　侯开后
荀玉安

11. 中青年破格

宋家坤（中学高级教师）
朱兴勇（高级记者）
桂吉良（高级教练）
陈柱顺（高级统计师）

12. 高级经济师

何玉美　蔡　春　黎　玲　吕　峰
薛桂琼　孙　红　王文忠　郭家国

13. 高级会计师

阮花云　王冬坤

14. 高级统计师

汪　芸　黄荣萍

15. 副研究馆员

刘忠华　侯文科　夏燕玲

16. 副研究员

郎正德

17. 高级畜牧（兽医）师

陶正文　母其宏　唐开金　杨同德
王政法　荆礼明　陈明文　刘万洪
何美云　徐德昌　赵泽华　程月仙
保建良　杨永全　刘剑琨　郑广云
杨路宝　尹朝赋　王先明　耿家禄
杨进保　高林生　戚桂花　刘保明
殷红文

18. 主任记者

朱明方　杨映辉　乔兰英　王　炜
蒋丽萍　罗冰雯　戴　莹

19. 主任编辑

董　锐　尹　坤　孔云凤

20. 副教授

曹云莉　梅　寒　王谷仙

21. 高级实验师

黄秀华

（殷利强）

附 录

责任编辑 张 鑫

领导关怀

温家宝到云南指导抗旱救灾工作纪实

来源：新华网

去年入秋以来，我国西南地区遭遇历史罕见的特大旱灾，给群众生产生活造成严重影响。正值抗旱救灾的关键时刻，3月19日至21日，中共中央政治局常委、国务院总理温家宝来到云南省曲靖市，深入旱灾最严重的地区，看望慰问受灾群众，指导抗旱救灾工作。

温家宝指出，目前全国旱情还在发展，北方地区和东部地区又出现低温寡照和雨雪冻害，农业生产面临的形势不容乐观。必须从经济社会发展全局的高度来重视农业，切实做好当前的抗旱救灾工作，抓好春耕生产，千方百计保证今年农业有个好收成，保持经济平稳较快发展和物价总水平基本稳定。

19日下午，温家宝来到陆良县芳华镇狮子口村万亩大麦示范田，实地察看农作物受灾情况。温家宝走进麦田，蹲下身子，拔起一棵大麦察看。由于持续8个月的干旱，大麦只长了不到一尺高，麦穗干瘪。他又抓起地里的土块，用手掰了掰，基本没有水分。温家宝眉头紧锁，神情凝重。当地负责人告诉总理，曲靖数百万亩农作物因旱绝收，正准备水田改旱田，异地育秧，种玉米、马铃薯，争取小春损失大春补。温家宝点点头。他叮嘱当地干部，干旱还可能持续下去，要做好最坏的准备，尽最大的努力，把群众生活安排好，把春耕尤其是大春生产安排好。

陆良县德格海子水库库容160万立方米，由于持续干旱已干涸见底。20日下午，温家宝来到这里，只见库底泥土裂开了一条条纵横交错的缝隙，密密麻麻的泥块像梅花桩一样，让人触目惊心。温家宝踩着干裂的土块走了100多米，弯腰捡起一个蚌壳，沉默良久。当地干部告诉总理，全省目前有580多条中小河流断流，310多个小水库和3600多个小坝塘干涸。

温家宝十分关心灾区人畜饮水保障情况。19日下午，他走进芳华镇蔡官营村。许多村民和预备役民兵正在路旁挖沟，准备安装引水管道。温家宝在沟边蹲下，向村民了解抗旱救灾和生产生活情况，鼓励大家要想方设法打水井，修渠道。村子里，消防官兵送来了两车水，村民正在排队接水。温家宝走过去，向消防战士表示亲切慰问，并询问供水情况。群众告诉总理，政府为老百姓送水，每人每天供应25公斤水。温家宝叮嘱村民，这些水来之不易，要节约着用。他对围拢过来的村民说，今年，西南地区特别是云南遭受了百年一遇的大旱。我相信，只要我们团结一心，各级干部群众共同努力，就一定能战胜这场旱灾。

20日上午，温家宝来到师宗县葵山镇海子村。今年1月，在水务部门指导下，村里打了一口40多米深的井，日出水量达到72立方米。许多村民正赶着牛车排队拉水。听说村民要等两个小时才能接到水，温家宝叮嘱当地干部要尽快查清地下水储藏情况，“再打一口井，大家就不用等这么长时间了。”山坡上，人们正用水泥修一个储水池，温家宝走过去，鼓励施工人员加快进度，争取早日投入使用。他对乡亲们说：“我相信，老天难不倒人，困难总会过去。”温家宝走进村民李老四低矮破旧的土坯房，询问生活情况。他叮嘱当地干部，遇到灾害，要特别关心五保户、低保户和其他困难群众。在陆良县大莫古镇戈依村，地勘部门正在施工打井。温家宝鼓励大家要依靠科学技术，多打井，为群众排忧解难。水利、农业和国土等部门要协同作战，寻找新水源。

20日上午，温家宝来到师宗县葵山镇大麦地村。74岁的村民王顺生正在水窖打水，温家宝走过去，拎起绳子也打上来一桶，看到水很清，他满意地点点头。在王顺生家的院子里，温家宝和村民围坐在一起，聊起抗旱救灾和春耕备耕情况。王顺生老伴起身，想进屋倒茶水，温家宝微笑着婉拒："我们不能喝你的水，运来一点水不容易。"看到村民们饮水安全有保障、口粮充足、春耕用的种子化肥也都准备就绪，精神状态不错，温家宝十分欣慰。他问大家还有什么困难？村民王存生说，要是增加一些水利设施就更好了。"你说到点子上了。"温家宝肯定地说，"政府要加大支持力度，不仅解决当前困难，还要从长远解决问题。"

召夸中低产田改造示范区是陆良县现代烟草农业建设基地之一，目前已整理土地2万多亩。20日上午，温家宝来到这里，登上高处，俯瞰四周，只见成千上万亩红土地连成一片，一排大型拖拉机正在平整土地。当地负责人告诉总理，通过坡改梯、零改整，这里田成方、沟成网、路相连、渠相通，土地质量提高了，耕地面积也增加了，"今后可以做到旱能浇、涝能排，旱涝无虞。"看着眼前壮观的场景，温家宝欣慰地笑了。

20日下午，陆良县德格海子水库旁的庄稼地里，村民们在技术人员指导下，正用营养袋和肥床两种方式培育玉米苗，以便气候条件具备时随时移栽。温家宝认真观看育苗过程，询问有关情况，还在草垫子上坐下来，往一个个塑料袋里添加营养土。他称赞大家为抗旱想了这么多办法。他说，面对旱灾，政府的支持固然重要，但是群众的努力更加重要。

19日和20日晚上，温家宝分别主持召开基层抗旱救灾工作情况汇报会和座谈会。他指出，受灾地区的各级党委政府积极组织干部群众抗旱救灾，付出了巨大努力，取得了初步成效。要毫不松懈地继续抓好抗旱救灾工作，全面落实各项措施：一是优先解决群众饮水问题。这是当前最为迫切的任务，要摆到抗旱救灾工作的第一位。要想尽一切办法，保证群众的生活用水。要进行全面排查摸底，并根据实际情况制定饮水解困方案，落实供水措施。重点抓好现有水源的统一管理和调配，千方百计增加抗旱水源，加快应急水源工程建设。要组织运水、送水，不惜代价尽快缓解人畜饮水困难，绝不能让一名群众没水喝。二是扎实抓好春耕备耕。要调整结构，推广抗旱技术，根据水源情况适时补种、改种农作物，力争做到小春损失大春补，粮食损失经济作物补，种植业损失养殖业补，农业损失非农业补，努力夺取今年农业丰收。三是严密防范森林火灾。要认真做好森林防火工作，严格落实责任制，加强火灾隐患排查，严密监测火情，完善应对预案，努力避免发生重特大森林火灾和重大人员伤亡。四是保持灾区市场和社会稳定。要保障粮油、肉类、蔬菜等的市场供应，搞好重要商品物资的运输调度，加强市场监测和调控，防止价格大幅波动。要加大对受灾群众特别是重点旱区、困难群众的救助力度，保障灾区群众的基本生活，维护灾区正常的生产生活秩序。他要求，要从长计议，大力加强水利设施建设，从根本上增强抗御自然灾害的能力。

温家宝强调，各级党委和政府要切实加强对抗旱救灾工作的领导，党员干部要深入一线，真正负起责任。各地区和各有关部门要密切配合，形成合力，进一步完善应急预案，把各项抗旱救灾措施落到实处。要一手抓抗旱救灾，一手抓经济社会发展，努力实现今年经济社会发展的各项目标。

（新华社记者 李斌）

温家宝总理考察云南抗旱工作纪行

来源：《云南日报》

即使在"无灾不成年"的云南，这场灾害也实属罕见——旱魔已在红土高原肆虐半年多，平均降雨量比同期减少30%，水库蓄水量同比大幅减少，大部分地区旱情百年一遇！河水断流、田地龟裂、山塘水坝见底，3217万亩农作物减产或绝收，780万群众饮水困难，全省农业直接经济损失已达170亿元。

"我代表党中央、国务院来看望乡亲们，希望能给你们带来安慰、鼓励和力量。"灾情牵动中南海，3月19日至21日，中共中央政治局常委、国务院总理温家宝飞赴曲靖，在省委书记白恩培、省长秦光荣的陪同下，深入抗旱救灾第一线考察旱情，代表党中央、国务院看望慰问灾区干部群众，研究部署抗旱救灾工作，给予坚持抗旱救灾的全省干部群众巨大的鼓舞和坚强的信心。

在滇期间，温总理白天马不停蹄地调研，晚上进行座谈、听取汇报，每天都忙至深夜。在田间地头，他爬陡坡、越沟壑，走到奋战在抗旱一线的军民中间；面对饱受缺水之苦的乡亲，他真情流露，还未开口便已哽咽。那一刻，总理的心情，或许就如他最喜爱的诗句所写：为什么我的眼里常含泪水，因为我对这土地爱得深沉……

能不能异地育苗？再不行就水改旱

不顾旅途劳累，19日下午4时，温家宝一下飞机便乘车前往受灾最重的陆良县芳华镇察看农作物受灾情况。道路两边，原本应齐腰高的麦子只有一尺高，枯黄羸弱。总理面色凝重、眉头紧蹙地走进田间，蹲下身子，薅起一把麦苗仔细察看。

“正常的麦苗应该有9到11个侧根，你看这，一个都没有。”随行的农业部领导说。

“是啊，到现在都没灌浆。”总理捏着干瘪的麦穗，忍不住叹息。

“像这样的大麦有多少亩？”

“全市种了50万亩大麦，基本都绝收了。”曲靖市委书记赵立雄回答。

省委书记白恩培告诉总理，曲靖是滇中粮仓，粮食产量占全省1/5以上。“察看的这一片，是陆良县万亩高产农田示范基地，原本是最好的农田……”

总理没有说话，他蹲在地上，捏着板结成块的泥土，用双手使劲刨了几下——下层泥土同样没有湿润的痕迹。

“能不能搞异地育苗？再不行就水改旱。”温家宝总理说，虽然水源紧张，但不能放弃大春生产，因为它关系到全年的农业生产，也关系到旱情缓解后群众的生活问题。“要因地制宜，调整种植结构，增加抗旱品种的种植面积。”

听说芳华镇水河村用节水技术保住了部分小春作物，温家宝总理特地赶来查看。

水河村，一个充满“水乡”气息的名字。这个有231户人家的村庄，位于芳华河与普山河的交汇处，去年底以来，由于持续干旱，两条河逐渐干涸。村里新近铺设了5.9公里管道引水到村，缓解了人畜饮水问题。

田野里的风很大，总理在仅有30厘米宽、崎岖不平的田埂上行走着，突然一脚踩在田埂左侧一块松动的土块上，脚底一滑，差点跌倒，幸而被旁边人及时拉住。他理了理被拉歪的外衣，继续迈步前行。

陆良县植保所的技术员袁老冲正在地里教农民用地膜点灌的办法种植洋芋。他介绍，这种方法浇苗不浇地，40立方米水就可以灌溉2至3亩。“您看，花蕊已经长出来了，说明底下在长洋芋了。”

听到这里，温总理欣慰地说，越是干旱的时候，越要发挥好科技作用，利用科技帮助农民提高抗旱技能。

水库的库容还有多少？总理对此十分关心。

20日下午，头顶烈日，他来到了原本有160万立方米蓄水、如今已干涸见底的大莫古镇海子水库。库底沟壑纵横，一条条巴掌宽的裂缝触目惊心。“什么时候干涸的？”“春节左右就见底了。”

省水利厅厅长周运龙介绍，目前全省有380多个小型水库、3800多个小坝塘干涸。全省水库只剩40多亿立方米库容，比正常年景少得多。听着这些，总理一脚深一脚浅地走在库底，面色严峻，久久没有说话。

随后，温总理察看了水库周边农田通过肥床育苗和营养袋育苗等方式点种包谷的情况。“缺水条件下，营养袋育苗效果很好，就是特别费劳力。”听完技术人员的介绍，总理蹲坐在草墩上，用饮料瓶将营养土倒进育苗袋里，不一会儿就倒满了一排，他的额头也渗出了汗珠。

“这么热的天气，总理还来看望我们，感谢您！”

“抗旱救灾的所有工作，都要依靠群众的努力。所以，应该感谢的是你们。”总理真诚地回应。

多打几口井，别让群众等得太久

总理最牵挂的是老百姓喝水难的问题，19日下午，他来到了陆良县蔡官营村。去年底，这里366位村民赖以生存的13米深的水井完全干涸了。

“有没有试过再往下打打看？如果下面有水，我们就再向下打10米。”站在井口，温家宝叮嘱村里干部要千方百计开辟水源，可以把井往深一层打，打到下一个储水层。

“岩溶地区还有打井的余地，只要地质勘探工作跟得上，还可能找到一些新的水源。如果找到一个大的岩溶地质构造，就相当于多了一个小水库。”总理把随行的农业、水利、地质部门的负责人叫到一块，要求几个部门联合起来，帮助群众勘测新的水源。

考察的过程中，总理多次强调，在抗旱救灾中，首要任务就是要千方百计确保人畜饮水，把保民生始终放在第一位。

听说地质、水利等部门在师宗县葵山镇海子村打出了一口46米深的井，水质很好，温总理特地赶过去看。刚到海子村，就看见牛车一辆接一辆，从井口排出上百米远。

县水利局长介绍，这口井日出水量达72立方米，缓解了海子村等4个村小组1471人和402头大牲畜的饮水困难。

总理一边走，一边和老乡们打招呼。听说因水流较小，有的人已经排了2个多钟头的队时，总理询问水利局长，这附近还有没有新的水源。

“这里是喀斯特地貌，以前是个小坝塘，应该还能打出地下水。”

听到这里，总理拜托他们：“再多打几口井，多找点水源，别让老百姓等得太久。”

当车队正准备离开时，总理乘坐的汽车突然拐进了旁边的村庄。原来，总理听说海子村还比较贫困，特地要求到农户家里看看。

走进村民李老四家低矮破旧的屋子，看着他家墙壁上还糊着报纸，爬上逼仄的楼梯，查看了储粮情况后，温总理严肃地说：“这里还比较贫困，又遭遇了这么大的灾害，老百姓生活更困难了，一定要落实好中央的各项扶贫政策，特别要做好对贫困户、低保户、五保户的帮扶工作，逐步建立健全农村各项保障制度。”

“旱灾的影响面很大，我们要把困难估计得更充分一些，作最坏的准备，尽最大的努力，争取一个好的结果。”

运水不容易，我不能多喝你们的水

21日上午，温家宝一行来到师宗县葵山镇大麦地村查看山区旱情。大麦地村是个依山坐落的村庄，环境十分优美。刚下车，就碰到村民张永生牵着牛车拉水归来。张永生说，自己凌晨6点就去4公里外的赵拱桥排队拉水，拉满了6桶150公斤水，到现在才回来。

总理摸着牛犄角问：“家里几口人，这是一天的用水量吗？”

“7口人，省着点够用。”他指着水牛说，这牲口一天要喝3桶水，拉来的水一半都归它了。

再往前走是78岁的王顺生家，老两口正从门口的水窖里挑水。“这口水窖能装多少？”“装满能有28吨。现在还剩20吨左右。”

总理接过他手中的水桶，握住绳子，熟练地将塑料桶在水面上一顺，便打起了一桶清澈的水。“不错，这水挺干净的。”

“去你家看看吧。”总理提出建议。王顺生和老伴激动地拉着总理的胳膊，簇拥着走进小院，和总理挨坐在一块儿拉起家常。

“老人家，这样的旱情您以前经历过吗？”

“60多年前好像有过一次。那时候真是一点办法都没有，不像现在，还是党和政府好。”

“粮食够吃吗？化肥、种子备齐了吗？孩子们在外面打工吗？”得到王顺生肯定的回答后，温总理高兴地点点头。

他问大家还有什么困难？村党小组长王存生说，要是增加一些水利设施就更好了。“你说到点子上了。”温家宝肯定地说，“政府要加大支持力度，不仅解决当前困难，还要从长远解决问题。”

主人端来瓜子，总理抓了几粒尝了尝，“3颗瓜子就有2颗是瘪的嘛。”总理笑起来，随即又沉默了，“没有雨，连葵花籽都不灌浆了。”

王存生告诉总理，虽然很困难，但村里民风很好，大家都互相谦让，没有发生过因水引发的纠纷。而且，县里、乡里的干部一直在村里驻点，帮助大家一起找水源、想办法。

“这说明你们这里干部好、群众好、民风好，再加上党的政策好，这‘四好’，就是我们战胜困难的力量源泉。”总理的话赢得一片掌声。

“哎呀，光顾着说话，连茶都忘了倒。”王老汉的妻子起身要去厨房给总理端茶，却被总理拉住了。

总理说，“你们运来这点水不容易，我们不能多喝你们的水。”

临别前，温总理特地拉着王老汉一家人在屋前合影，他们的手紧紧握在一起，而背景里那棵苹果树上的花正悄然绽放。

保持乐观向上的精神，这最宝贵

“从根本上说，搞好抗旱救灾工作还得靠经济实力，也就是靠经济社会发展。”在考察陆良县召夸6万亩中低产田改造项目、大地万亩核桃苗基地、大莫古镇工场化育苗基地时，温总理一再强调，云南要在抗旱救灾的同时，统筹抓好经济社会发展各项工作，加大产业培育力度，增强核桃等优势产业的竞争力。

然而，短期的应急措施，在当前则显得更加迫切。

“如果老天继续旱下去，怎么办？”19日下午，在陆良县蔡官营村村口，温总理向正在挖渠铺管的老乡们提出这个问题。

他给出四条建议：一是想办法保民生，把保人畜饮水作为首要任务来抓，千方百计搞好应急水源工程；二是想办法调结构，增加耐旱作物的面积，小春损失大春补；三是想办法增收，要组织群众多种经营、外出打工；四是从长远规划，兴修水利，努力让农田变得旱涝保收，让群众生活没有后顾之忧。

“我说的这几条，你们同意吗？”

“同意！”大家异口同声地回答。

在蔡官营村，在海子村，在戈依村……每到一处，温总理都会把战胜旱灾的信心和决心传递给大家。

“今年，云南遭受了百年不遇的大旱，给乡亲们生活带来许多困难。在此，我向奋战在抗旱第一线的干部群众表示慰问。”在群众中间，温总理总是那样动情。他说，国家会给予受灾地区更多支持，但更关键的还是靠广大群众的努力。

“我们应该感谢子弟兵，他们在群众最需要的时候挺身而出；我们应该感谢人民群众，你们在困难面前顽强不屈；我们也应该感谢孩子们，他们和成年人一样经受着困难，但所有人都保持着乐观向上的精神，这一点最宝贵。”

“我相信，只要我们团结一心，不畏艰难，就一定能够找到办法，战胜这场特大灾害！”

“总理辛苦了。”人群如潮水般涌上前来，各族干部群众大声向总理问好。总理迎上前，与乡亲们一一握手，与回族老人马升荣紧紧拥抱。真情的流露，让群众与总理的心贴得更紧。

（云南日报记者　谢炜）

温家宝：坚决打好抗旱救灾这场硬仗

——在云南考察旱情和抗旱工作时的讲话

来源：新华网（2010年3月20日）

目前，全国的旱情十分严重。截至3月18日统计，全国耕地受旱面积达9736万亩，有2054万人、1260万头大牲畜因旱饮水困难。旱灾最重的是云南、广西、贵州、四川、重庆五个省区市，受旱耕地面积8368万亩，占到全国受旱面积的86%。特别是云南、广西和贵州的干旱已持续了几个月，一些地方灾情达到百年一遇，对地区经济社会发展特别是农业生产造成极大威胁，给人民生活特别是城乡居民饮水安全带来很大困难。对这次旱灾，党中央、国务院高度重视，国家有关部门已经多次下拨抗旱救灾资金，派出工作组指导抗旱。面对灾情，各地抗旱救灾工作部署早、力度大，及时启动应急响应，紧急调拨资金、物资、人员，组织干部群众积极抗旱，付出了巨大努力，也取得了初步成效。我讲四点意见。

一、切实把抗旱工作摆到当前工作的重要位置

目前，整个西南地区的旱情还在持续，据气象预报，近期旱区不会有明显的降雨过程，干旱将持续蔓延，损失会继续增加，抗旱救灾的难度也会进一步加大。旱灾带来的危害，主要表现在以下几个方面：一是人畜饮水困难，越来越多的群众的基本生活受到影响。二是农业减产，不仅冬小麦、油菜等小春作物或者绝收、或者大幅度减产，而且春播、春种也难以进行，水稻、玉米等大春作物备耕和生产受到影响。三是推高物价，我注意到，云南、贵州等地已经出现因干旱引起的粮油等农副产品价格上涨。另外，干旱造成水电发电量减少，一些地方用电偏紧。可以说，旱灾既影响生活，也影响生产，影响整个社会的正常秩序。

做好当前的抗旱救灾工作，事关人民群众的基本生活和经济社会发展的大局。今年，我国经济社会发展面临的形势十分复杂，要保持经济平稳较快发展和物价总体水平的基本稳定，必须千方百计保证今年农业有一个好收成。今年农业的状况，在一定程度上对国家发展的全局具有决定性的作用。我们要从全局的高度认识今年“三农”工作和当前抗旱救灾工作的重要性，以对人民高度负责的精神，不麻痹，不懈怠，进一步动员和行动起来，坚决打好这场抗旱救灾的硬仗，努力把灾害的损失降到最低程度。

二、全面落实当前抗旱救灾和春季农业生产的各项措施

当前抗旱救灾和春季农业生产，最重要的是解决好四个方面的问题。

一是优先解决群众饮水问题。这是当前最为迫切的任务，要摆在抗旱救灾工作的第一位。要想尽一切办法，保证群众的生活用水。对旱区的缺水问题，要进行全面排查摸底，并根据实际情况制定饮水解困方案，落实供水措施。重点抓好现有水源的统一管理和调配，千方百计增加抗旱水源，加快应急水源工程建设，全面启动各类抗旱设施，尽可能多引、多拦、多蓄水。严重缺水的地方，要组织力量打井找水。确实无法解决水源问题的地方，要组织运水、送水，不惜代价，尽快缓解人畜饮水困难，绝不能让一个群众没有水喝。

二是扎实做好春耕备耕。今年西南地区干旱，小春作物减产已成定局。去年冬天，北方地区入冬比常年提前20天，华北、黄淮北部等主产区的冬小麦提前15~25天停止生长；今年开春，北方又持续低温，冬小麦的返青比常年晚10天左右。目前北方夏粮主产区尽管土壤墒情较好，但越冬作物苗小、苗弱的问题比较突出。在江淮和长江中下游地区，由于降水偏多，持续低温寡照，一些地方还出现严重渍害。所以，从全国来看，农业生产形势很不乐观。大家知道，我们已连续6年农业增产，在50%的耕地还是靠天吃饭的情况下，确实来之不易。农业增产政策起了很重要的作用，但老天爷也帮了大忙。按正常年景，我们是“两丰两歉一平”，在连续6年增产后，今年能不能保住1万亿斤的总产量，这确实是个考验，首先夏粮丰收就面临严峻挑战。各地区、各有关部门要迅速行动起来，采取有效措施，从春耕备耕做起，扎实落实各项农业生产措施，努力克服灾害和不利天气的影响。要加大春季田间管理的力度，落实越冬作物促弱转壮的技术措施，促进苗情转化升级，加强病虫害的防治，做好化肥、农药、种子等供应，宣传和落实各项惠农政策，鼓励农民努力扩大春播面积，努力夺取今年农业丰收。

西南受旱严重的地区，要通过调整结构、推广抗旱技术，化解农业生产难题。要根据不同作物的受灾程度，科学规划农业生产。受灾较轻的小春作物，要采取措施，尽量减少损失；受灾特别严重的，要及时改种。要依靠科技力量改变种植结构和模式，引导群众扩大旱育秧面积和旱粮播种面积，搞好水稻、玉米等大春作物的备耕。力争做到小春损失大春补、粮食损失经济作物补、种植业损失养殖业补、农业损失非农补，努力实现农业稳定发展、农民持续增收。

三是严密防范森林火灾。持续的干旱使旱区的森林火险长时间处在高危险等级。一定要认真做好森林防火工作，严格落实责任制，加强宣传，加强火灾隐患排查，严密监测火情，完善应对预案，努力避免发生重特大森林火灾和重大人员死亡。

四是保持灾区市场和社会稳定。要保证灾区粮油、肉类、蔬菜等市场供应，搞好重要商品物资的运输调度，加强市场监测和调控，防止价格大幅波动。要避免出现春夏粮荒和因旱致贫。西南旱区贫困面都比较大，有些地区一次旱灾就可以致贫。要制定切实可行的灾民生活救助方案，加大对受灾群众特别是重点旱区困难群体的救助力度，保障灾区群众的基本生活，维护灾区正常的生产生活秩序。

三、加强对抗旱救灾工作的支持

做好抗旱救灾各项工作，要切实加强领导，干部要深入一线，真正负起责任，落实好抗旱救灾责任制。各地区和各有关部门要密切配合，形成合力，进一步完善应急预案，把各项抗旱救灾措施落到实处。

发展改革委、财政等部门要继续加大对旱区抗旱救灾资金物资的支持力度，加快应急水源等项目建设。抗旱救灾资金可打捆使用，中央部门不要把资金分得那么细，最好由省里去调配。水利、农业、林业等部门要组织力量，深入一线，对灾区抗旱、春耕、森林防火等有针对性地开展技术指导和服务，做好种子、种苗、抗旱设备的保障工作。气象部门要加强天气会商和灾情监测，适时开展人工增雨。粮食、商务部门要根据灾区市场变化，加强粮油等的调剂、调运，及时做好储备粮油、商品粮周转库存的出库，保证灾区粮油和各种生活品的供应和价格稳定。工商部门要加强市场秩序管理，打击各种扰乱市场的行为。电力、石油等部门要优先保证抗旱用电、用油。铁路、交通等部门要优先保证粮油等基本生活用品以及各种救灾物资的运输。民政部门要进一步加大对受灾群众的救助力度，妥善安排好灾区困难群众的生活。

各受灾地区也要自力更生，继续增加抗旱投入，细化各项抗旱救灾的方案和措施，确保责任落实到人，措施落实到位，切实帮助群众解决生产生活中的困难。要一手抓抗旱救灾，一手抓经济社会发展，努力实现今年经济社会发展的各项目标。从根本上讲，搞好抗旱救灾工作，还得靠经济实力、靠经济社会的发展。现在，我们的条件比过去好得多，无论是从全国还是从受灾地区看，都有能力抵御住这场重大的自然灾害。因此，在工作中要特别注意统筹兼顾，抓好今年经济发展的各项任务。

四、从长计议，大力加强水利设施建设

我国农业已经是连续6年增产，6年间粮食产量增加2000多亿斤。但必须看到，我国农业基础薄弱的问题并没有根本改善，农业抗灾能力不强的矛盾仍然十分突出。这次受灾地区河流很多，常年雨量也不少，水资源总量排在全国前列，但时空分布极为不均，旱灾仍然列自然灾害之首。抗旱基础设施建设滞后，水源工程不足，灌溉设施不配套，山区人畜饮水困难，是地区经济社会发展的突出问题。要痛定思痛，下更大的决心，采取更有力的措施，加强水利建设。大中小水库统筹考虑，水库、塘坝与水窖统筹考虑。做到有水存得住，没雨时用得上。只有这样，才能从根本上增强抗御自然灾害的能力。

水利建设要重点抓好三个方面：

一是加强控制性骨干工程建设。西南旱区多是石灰岩地区，都存在水多、水少和水脏的问题。干旱的一个原因是，骨干蓄水工程少，工程性缺水问题突出。因此，拦水、蓄水、兴修水库就显得特别重要，就需要建设一些控制性骨干水利工程。这有利于提高供水能力，提高抗灾能力和水资源的利用效率，对解决城市及其他人口稠密地区的用水问题，对促进经济社会发展和生态改善都有好处。要在科学规划的基础上，加快建设。

除了拦水、蓄水外，打井也是增加水源的重要途径。石灰岩地区，水并没有完全跑掉，有的进入了地下水库、地下溶洞、地下暗河，要摸清石灰岩地区地下水分布状况。水利、地质等部门，要派出强有力的技术队伍，进行地下水勘查，特别要寻找蓄水量比较大的地下水源。在喀斯特地貌区，打一口井，干旱时就能解决大问题。

二是加强小型水利设施建设。这次旱灾暴露了农田水利设施薄弱的问题，也激发了农民水利建设的积极性和主动性。我觉得这是一个动员农民的好机会。因为通过这次旱灾，灾区的农民有切肤之痛，他们的感受最深。要抓住这个有利时机，加强政策支持，通过以奖代补、民办公助等形式，鼓励农民大力兴办小型水利设施，把农民的积极性保护好、发挥好。要优先安排农民群众要求最迫切、最急需、效益最显著的工程，加快兴建集雨水窖、泵站提水、集中供水等农村饮水安全工程，加快建设小山塘、小电灌站等“五小水利”工程。

三是加强节水工程建设。要全方位加大节水力度，大力推广节水技术。加快大型灌区节水改造，鼓励农民发展集雨节灌等。把节水灌溉作为一项根本性措施来抓，采取切实措施，不断创新节水机制和节水模式。

这次特大旱灾，对各级党委、政府都是一个考验，对干部也是一个考验。我们一定要尽最大努力，确保人民群众的基本生活，确保经济社会的健康发展。我相信，我们一定能够做到这一点。

文件选编

中共曲靖市委　曲靖市人民政府
关于推进以新村庄新社区建设为重点的
统筹城乡发展的实施意见

曲发〔2010〕13号

为认真贯彻落实中央和省关于加大统筹城乡发展、进一步夯实农业农村发展基础的部署要求，推进全市经济社会科学发展，立足曲靖实际，提出加快推进以新村庄、新社区建设（以下简称“两新”工程）为重点统筹城乡发展的实施意见。

一、实施“两新”工程的重要意义

近年来，市委、政府围绕富民强市总目标，按照科学发展、率先发展、绿色发展、创新发展总要求，立足市情，实施了以“866”工程、整乡推进和小康示范村建设为重点的新农村建设，有效地加快了农业增效、农民增收步伐。但全市农村发展不平衡、基础设施建设仍然薄弱、社会事业发展仍然滞后、社会保障仍不到位、富民产业培育仍不充分，统筹城乡发展仍是一项事关曲靖发展全局的紧迫任务。必须抓住目前全市总体上已基本进入工业化中期，开始进入城市化加速推进、城市文明加速普及、城乡加速融合，基本具备“以工促农、以城带乡”的客观条件和经济基础的发展机遇，创新体制机制、拓展发展空间、加大统筹城乡发展力度，推进以新村庄、新社区建设为重点的城乡统筹发展，实现农业发展、农村繁荣、农民小康。实施“两新”工程，是新形势下加快城乡一体化步伐，推进新型工业化、新型城市化、农业农村现代化的战略工程、基础工程、民心工程，是一项全局性、创新性的工作，有利于将公共财政向农村倾斜，改善各类基础配套设施和农民生产生活条件，满足人民群众日益增长的物质文化需求；有利于有效缓解土地要素、户籍等瓶颈制约，拓宽发展空间，加快农民市民化步伐，更好地享受改革发展成果；有利于打破城乡二元结构，缩小城乡差距，实现城乡一体化发展。

二、实施“两新”工程的总体要求、目标任务

总体要求：坚持以邓小平理论和“三个代表”重要思想为指导，深入贯彻落实科学发展观，坚持规划先行、先试点后推开、先易后难、先近后远和财政可承受、农民可接受、发展可持续的原则，以中心城区和城郊结合部为重点，以土地“增减挂钩”、“矿村结合”和深化户籍制度改革为抓手，以“三集中、两分两换”为切入点和突破口，整合资源，合力攻坚，集中打造，逐步完善基础设施，完善服务功能，让人居环境好起来，农村产业强起来，群众生活富起来，逐步缩小城乡差距，统筹城乡发展。

目标任务：通过几年努力，新村庄要按照布局合理、集中居住、基础设施配套、环境宜居、生活富裕、管理民主、社会和谐的要求，逐步实现农房改造集聚，基础设施配套、公共服务到位、社会保障健全、富民产业兴旺、宜居生态、环境优美，成为农村经济、文化和生活服务的中心。新社区要按照统筹城乡发展的要求，借鉴城市建设和管理理念进行规划建设的村庄实体化、村民职工化、居住社区化、收入多元化、保障规范化、生活城市化的新型农村居民集中居住区。麒麟区、宣威市、会泽县、富源县每年各分别建设2个以上新村庄和新社区，罗平县、陆良县、沾益县、师宗县、马龙县各分别建设1个以上新村庄和新社区，力争2020年全市建设新村庄、新社区达400个以上，每个新村庄、新社区建设规模不少于300户。今年各县（市）区开展的“两

新”建设试点必须于8月底前确定，9月底完成规划，10月份组织实施，2011年5月底前完成建设任务。全市“两新”工程建设总体规划须在今年12月底前完成。

三、实施“两新”工程的主要措施

（一）以“三集中、两分两换”为切入点和突破口，加快新社区、新村庄建设。“三集中”：一是工业向园区集中。重化工进园区，轻工业以建设通用标准厂房实现集中发展。二是农民住房逐步向新社区、新村庄有序集中。要通过把城乡结合部纳入城镇化建设、城中村改造等方式，建设好新社区。三是通过耕地、林地依法有序流转向龙头企业集中，实行规模经营，建大基地、做强龙头，发展富民产业，加快农业产业化，让农民富裕起来。“两分两换”：就是把宅基地与承包地分开，拆迁与安置分开；以承包经营权换股、换租、换保障，推进集约经营；以宅基地换钱、换房、换地方，推进集中居住，实现“土地节约集约有增量，农民安居乐业有保障”。

（二）以规划为先导，统一建设标准。坚持以科学规划为龙头，把新村庄、新社区建设与建设工业区、商贸区、居住区和现代农业区相结合，布点规划与城镇总体规划、土地利用总体规划和产业发展规划有效衔接，“两新”建设与城中村改造、土地“增减挂钩”、“矿村结合”、异地搬迁、安居房建设、棚户区改造有机结合，统一规划、统一样式、统一建设、统一购置标准，做到每个新村庄和新社区规划建设方案科学、布局合理、措施配套，成熟一个，实施一个。麒麟中心城区、各县（市）区县城的城中村改造，要按照城市建设总体规划，高标准、大配套、高起点建设。新村庄建设要按照全面打造的要求，统筹兼顾好供水、供电、道路、绿化等基础设施建设，合理选点、统规统建，统一规划布局、统一设计、统一实施、一次建成。新社区的重点是城中村改造和城郊结合部建设。新村庄主要布局在交通便利、资源丰富、发展特色富民产业条件好、建设地质条件好的地方。凡是新村庄建设必须做到“四通”、“四化”、“三配套”，即“通水、通路、通电、通网络，村内道路硬化、绿化、亮化、美化，配套建有一个设施相对完备、服务功能相对集中的包含行政办公、文体活动、医疗卫生服务、幼托教育、商业服务等多功能综合服务中心，配套建设垃圾和污水集中处理设施。凡新社区建设必须做到“十有”，即有完善的建设规划、有支撑带动能力强的特色产业、有规模大档次高的集中居住区、有运转高效的便民服务中心、有垃圾中转站、有污水集中处理设施、有较大面积的游园绿地、有发达的商贸服务设施、有完善的教育文体科技医疗设施、有健全的养老就业等社会保障体系。

（三）深化户籍制度改革，加快农民变市民步伐。要科学制定政策、合理设置门槛，让符合条件的农民转为市民。一是中心城区和县城规划区内的农民，失去土地和人均土地不足0.3亩（含0.3亩）的，经本人申请，县级规划建设、国土、农业部门认定，同级公安部门审批，可分期分批转为城镇居民。二是在全市建制镇以上城镇拥有合法固定住所，有合法、稳定的职业，本人年收入连续两年达到所在县（市）区上年社会平均工资水平，连续两年参加城镇职工养老保险和医疗保险，家庭成员年收入连续两年达到当地上年城镇居民人均可支配收入水平的，本人及其配偶子女（符合计划生育政策、法规的子女）可在现居住地申请落户。住房情况由县级建设部门认定，收入和参保情况由县级劳动和社会保障部门认定，计划生育情况由县级人口与计划生育部门认定，最后由县级公安部门审核办理落户手续。三是进城农民工落户城镇，采取积分制设定落户基本条件，凡积分达到100分的农民工，本人可申请转为城镇居民。其积分办法是：①学历记分。经县级教育部门认定，取得初中毕业证的，记20分；取得高中毕业证的，记25分；取得职业中专毕业证的，记30分；取得大专毕业证的，记40分；取得大学毕业证的，记50分。②技能记分。经县级劳动和社会保障部门认定，取得初级工证书的，记20分；取得中级工证书的，记70分；取得高级工证书的，记100分。③参加社会保险记分。经县级劳动和社会保障部门认定，参加城镇职工养老保险的，每缴纳一年记2分；参加城镇职工医疗保险的，每缴纳一年记2分；参加工伤保险的，每缴纳一年记1分；参加失业保险的，每缴纳一年记1分；参加生育保险的，每缴纳一年记1分。④特殊贡献记分。经县级卫生部门认定，义务献血的，每献一次记5分，加分最多不超过10分；经县级公安部门申报，县（市）区委政法委认定，见义勇为的，每一次记20分，加分最多不超过50分；经社区认定，做义工的，每10天记1分，加分最多不超过10分。⑤扣分。经县级人口与计划生育部门认定，曾违反计划生育政策超生的，取消积分资格；经县级公安交警部门认定，曾违反交通管理法规的，受处罚一次扣5分；经县级公安部门认定，曾违反治安处罚法规的，受处罚一次扣10分（警告处罚的除外）；经基层人民法院认定，触犯刑事法律，构成犯罪被追究刑事责任的，取消积分资格。⑥各项记分累计达到100分的，由县级劳动和社会保障部门负责综合认定，同级公安部门接到落户申请，公示10天后，未收到举报的，给予办理落户手续，并报同级纪检监察部门备案。⑦凡符合上述条件，在全市城镇落户的人员，与城镇居民享有国家法律、法规和政策规定的同等权利和义务。同时，在履行村民同等义务的前提下，原耕地、林地承包经营权不变，宅基地使用权不变，房屋所有权不变，集体经济组织中的权益不变。转为城镇户口时，年满18周岁的，允许生两胎的计划生育政策不变。

（四）整合资源，多渠道筹措建设资金。一是市、县两级财政要加大投入。市级财政每年安排1000万元、每年从矿产资源有偿使用费中安排2000万元，用于新村庄、新社区建设。各县（市）区也要安排足够的建设资金，确保“两新”工程建设顺利进行。二是通过开展土地“增减挂钩”和“矿村结合”筹资。要用足用活土地“增减挂钩”相关政策，将节约的土地通过置换，用于房地产开发等方式筹集建设资金。要总结“矿村结合”的经验，充分调动企业的积极性，支持新村庄建设，实现共建共享。三是整合项目资金。要加大各类项目资金整合力度，捆绑使用，确保各级各部门的项目资金要优先整合、优先投入到建设新社区、新村庄和发展富民新产业上来。四是加大农民房产抵押贷款力度。要加大力度，在全市推行农民房产抵押贷款工作。由建设部门负责核发农户房屋产权证，用于抵押贷款，城市商业银行、农村信用社等金融部门必须大力支持；要鼓励其他国有商业银行，主动介入，切实解决建设资金不足的问题。要鼓励农民对土地承包经营权、集体建设用地使用权、林权等实行资本化运作，鼓励建设村通过“一事一议”方式筹措建设资金。五是积极鼓励有条件的企业、银行发展农村投融资担保公司和村镇银行，为农民融资提供服务。六是积极鼓励社会各界积极投资参与建设。要挖掘潜力，充分调动各方面积极性，多渠道、多种形式引导社会资本投资“两新”工程建设。

四、实施“两新”工程的组织保障

（一）加强组织领导。市委、市政府成立由市委分管领导任组长，市政府分管领导任副组长，市直相关部门主要领导任成员的“两新”工程建设领导小组，下设办公室在市委农办，负责“两新”工程建设的调研、选点，科学制定好每个点的配套方案和实施政策，加强检查指导工作。各县（市）区要成立相应的领导机构，切实加强对此项工作的领导，及时研究解决工作中出现的困难和问题。各有关部门要密切配合、各司其职、各尽其责，全力做好相关工作。市委、政府将于2011年5月召开典型现场会，抓点促面，褒奖先进，鞭策后进，增强各级抓“两新”工程建设的压力和动力。

（二）广泛宣传发动。各地各部门要按照市委、市政府的决策部署，统一思想、统一行动、层层发动，最大限度地使广大干部和群众充分认识统筹城乡发展的重要意义，最大限度地发挥好人民群众的积极性、创造性和主动精神，引导广大农民群众投身统筹城乡发展的生动实践。要多形式、有计划、有步骤地强化对“两新”工程建设的宣传报道，营造全市上下共同关心、协力参与的浓厚氛围，形成加快发展的强大合力。

（三）强化考核奖惩。全市建立“两新”工程建设工作目标考核指标体系，层层分解目标任务，细化进度要求，强化措施落实。从明年开始要把“两新”工程建设工作纳入各县（市）区贯彻落实科学发展观综合考核进行考核，集中下达、集中考核，与县（市）区的党政一把手、分管领导和市级相关领导、部门领导的奖惩、政绩、任用挂钩，确保“两新”工程建设取得实实在在的成效。

曲靖市人民政府关于创建园林城市的实施意见

曲政发〔2010〕34号

各县（市）区人民政府，市直各委、办、局：

为加快全市城市园林绿化建设步伐，进一步提升城市生态品质，改善城市人居环境，打造安全、文明、宜居的森林型、园林型、生态型珠江源城市群，现就创建园林城市（县城）提出如下实施意见。

一、指导思想、总体目标和基本原则

（一）指导思想

以科学发展观为指导，统筹生态建设、环境保护和资源利用，建设总量适宜、分布合理、植物多样、景观优美、资源节约、生态良好的城市园林绿化体系，完善城市功能，增强城市发展活力和竞争能力，努力打造人与自然和谐相处的城市环境，促进城市经济、社会与环境全面、协调、可持续发展，努力建设森林型、园林型、生态型珠江源特色城市群。

（二）总体目标

2010年，曲靖城创建为省级园林城市，罗平、师宗、会泽、马龙县城创建为省级园林县城；2011年，沾益、宣威、陆良县城创建为省级园林县城；2012年，曲靖城创建为国家级园林城市，富源县城创建为省级园林县城。鼓励提前创建省级和国家级园林城市或园林县城。另外，到2012年，创建省级园林小城镇5个、市级园林小城镇10个。

（三）基本原则

1. 规划先行、景观优美的原则。实行城市园林绿化、城市景观与建筑用地、道路交通等各项基础设施同步规划，控制绿化指标和绿线范围，实施重绿量、重生态的大环境绿化。要大力发展城市园林艺术，按照美化景观、突出特色、注重文化的要求，以乔木为主多植大树，建设城市绿化景观精品工程。

2. 生态优先、环境优先的原则。坚持环境效益最大化，抓好区域产业结构、能源结构调整与工业污染治理，构建生态自净、生态再生、生态循环体系，统筹城区绿化、城郊绿化和区间绿化。重大决策事项和重大建设项目，必须实行环境影响评价和规划设计方案公示制度。推广生态技术、生态工艺和生态材料，降低能耗、减小环境损失。

3. 以人为本、人性化设计的原则。始终以人的需求为主导，进行人性化设计、人性化建设，充分体现对人的关爱与尊重，不仅考虑功能性要求，更加注重城市空间归属感、场所感、舒适感等社会、心理与行为需求，使城市园林绿地成为市民休闲娱乐、陶冶情操、消解社会压力的场所和促进城市文明建设的阵地。

4. 因地制宜、打造特色的原则。各创建城市要根据各地的自然风貌、人文历史、资源环境，扬长避短，挖掘、塑造城市文化。在园林绿化建设中遵循适地适树、乡土树种为主的原则，展现地域植物特色与地方文化特色。

5. 工程带动、重点实施的原则。重点实施一批城市绿化、风景名胜区生态建设、工业污染治理、城郊生态恢复、水系整治、荒山绿化、退耕还林等方面的重点工程与精品工程，发挥示范带动作用。

二、主要任务及工作措施

（一）科学编制城市绿地系统规划

曲靖城、沾益、马龙城市绿地系统实行同城规划、统一管理。罗平县、师宗县建立和完善绿地系统规划控制管理体系，其余县（市）2010年内完成绿地系统规划编制和报批，通过绿地系统规划科学确定城市风景林地、公共绿地、生产绿地、防护绿地、附属绿地的规划布局，确保城市绿化建设的系统性、完整性和均衡性。

（二）加快城市各类绿化工程建设

1. 抓好大环境绿化建设，增加城市绿化总量。保护好城市周边山体、水体、河流及水源地等自然环境，城市周边视线范围内的山体严禁开挖，树木严禁采挖，水体严禁污染。实施退耕还林、封山育林大环境绿化，增加城市绿化总量，提升城市整体绿化水平，改善城市区域生态环境。

2. 搞好公共绿地建设，提高园林绿化水平。以开辟公园景区、广场绿地、街头绿地为重点，加强人口密集区和城市中心区小游园和街头绿地的建设。园林绿化设计以满足市民活动和休闲需求为重点，做到500米左右建有一个小游园或休闲绿地，1000米左右建有一个公园或绿化广场，提高城市园林绿化设计和施工水平，突出环境的舒适性、景观性、生态性和文化艺术性。实行城市绿地和绿化树木认建认养制度，通过广泛宣传，充分调动社会各界和全体市民爱绿、护绿、建绿的积极性，推进防护林、纪念林、风景林和公共绿地的认建、认养活动，努力提高城区乔木拥有量和绿化覆盖率。

3. 加强居住小区和庭院绿化建设，全力改善人居环境。一是实施绿色图章管理制度。绿化建设与工程建设同步设计、同步审批、同步验收。严格执行居住小区和单位庭院绿化达标标准，控制建筑日照间距系数、建筑密度及容积率标准、退让红线距离等指标，对绿化指标或绿化不合格的建设项目不予立项审批或建筑工程不予验收。对临街居住小区实行拆墙透绿和绿地前置管理，其临街面50%的宽度应当建设绿地并与城市公共绿地连接。二是实施异地绿化补建绿地管理制度。对无条件就地绿化或者绿化不达标的单位和居住小区，一律实行异地绿化，由建设行政主管部门安排在城市公共绿地建设区域进行绿化建设。

4. 实施“绿荫”工程。城市道路绿化要以乔木为主、突出乡土树种，城区道路实施以补植、增植行道树为主的绿化改造，确保新建城市干道绿化面积不少于道路总用地面积的25%，每条城市道路两侧都种植行道树，有条件的种植两排或多排行道树。

5. 加大生产绿地建设，提高苗木自给率。各县（市）区要在交通干线两侧规划建设规模化的苗木生产基地，开发乡土苗木资源，鼓励和吸引单位、私营企业、个人投资苗木生产经营，促进乡土苗木的商品化生产，实现苗木自给率达到80%、生产绿地占城市建成区面积的2%。

6. 加大绿色通道建设，提高绿化景观效果。各创建城市应积极协调，对曲嵩、曲胜、曲陆高速公路，324、326高等级公路，贵昆铁路、南昆铁路等对外通道穿越城区的路段，要严格控制绿化带，争取有关部门增加绿化建设投人，提高设计、施工和养护质量，努力建设森林型、生态型、园林型绿色生态走廊。

（三）完善园林绿化管理制度，提高规范管理水平

1. 制定执行《曲靖市城市绿线管理规定》、《曲靖市古树名木保护办法》、《曲靖市异地绿化补建绿地实施办法》、《曲靖市城市绿地和绿化树木认建认养办法》、《曲靖市绿色图章管理制度》、《曲靖市绿化养护质量标准》等规范性文件和技术规范标准。各县（市）区也要研究制定切实可行的实施办法，确保城市绿化管理有章可循，规范城市园林绿化规划、建设、养护和管理行为。

2. 建立完善的绿地档案管理制度。各县（市）区要按照园林城市的标准和要求，健全城市绿地档案体系，提高管理科技化水平。对现状绿地进行建档管理，对新建绿地实行设计方案审批制度和竣工资料验收备案管理制度，明确每块绿地的面积、位置、规划建设情况和管护责任单位，建立档案编号、物种资料、现状图片、损坏记录等资料档案，实行纸质和电子档案两套管理系统，为城市绿化管理提供科学依据。

3. 严格执行分级审批管理制度。建设面积在1万平方米以下并且工程造价在300万元以下的园林绿化工程规划设计方案由各县（市）区建设行政主管部门审批；建设面积在1万平方米以上（或者工程造价在300万元以上）2万平方米以下的报市建设行政主管部门审批，建设面积2万平方米以上的，由市建设行政主管部门审核报省建设行政主管部门审批；改变绿地性质在2000平方米以下的由各县（市）区建设行政主管部门审批，2000平方米以上的由市建设行政主管部门审批；砍伐或者移植城市绿化树木40株以上或胸径在40厘米以上的，由市建设行政主管部门审批；古树名木和珍稀树木禁止砍伐和移植。

4. 严格执行《曲靖市绿化树木采挖流通管理暂行规定》。林业行政主管部门对城市规划区外绿化树木的采挖移植流通采取管制措施，对未经审批的采挖移植及收购经营行为依法进行处罚；建设行政主管部门和交通行政主管部门要配合林业行政主管部门做好苗木来源的管理。

（四）理顺管理体制，做好风景名胜区保护绿化工作

一是按照《云南省风景名胜区管理条例》的规定理顺管理体制，实行归口管理；二是做好区域内风景名胜资源的调查、评价、规划和建设；三是按照《云南省建设厅关于开展省级风景名胜区综合整治工作的通知》（云建景〔2008〕158号）要求，完成省级风景名胜区综合整治工作，健全管理机构，完成总体规划，查处风景名胜区内的违法建设和破坏行为；四是对景区内的裸露山体进行绿化，保护好古树名木资源，在湿地、水系、古迹等生态敏感区域种植防护林和水土保持林，形成规模绿量。

（五）加快城市基础设施建设，不断完善城市生态功能

一是积极探索和推广节水型绿化模式，加强滴灌等节水灌溉设施建设，最大限度地利用河水和中水进行绿化灌溉，推进节水型城市建设；二是加快城镇污水、生活垃圾处理设施建设步伐，县级以上城市2010年全部建成“两污”设施，逐步实现雨污分流、清污分流、截污蓄水，恢复绿化生态系统，对城市水系流域进行彻底整治；三是实施道路畅通工程，提高城市主次干道通车速度；四是优先发展公交事业和加快停车场建设，近期发展以大客车为主、出租汽车为辅的公共交通系统，远期发展电车、轻轨等新型环保公共交通系统，控制小汽车保有量，减少尾气排放污染；五是优化生活能源结构，大力发展太阳能，普及管道燃气，减少生活污染。

三、园林绿化建设的重点

（一）加大投入，构筑曲靖城城市绿化框架

三山 即：启动寥廓山、西山（石马龙山、翠山）、曹家大山三山绿化景观建设。加快以寥廓公园为核心的寥廓山风景林区绿化景观保护和开发建设，以翠山影视文化为特色的西山风景区建设，以风景林为主的曹家大山大环境绿化建设，形成曲靖周边大环境绿化景观。

四水 即：规划和建设好白石江、潇湘江、西河、南盘江4条水系景观带，把全城公园、广场、山体绿化景观连接为一个完整的绿化景观体系。

五湖 即：依托城市水系和潇湘湖、西河水库，在东城区建设东湖及生态湿地涵养区，西城区建设2个人工湖泊水体景观。

六带 即：一是打造珠江源大道纵向景观带，北连沾益、南接三宝温泉；二是完善麒麟南北路—子午路干道景观带，连接白石江公园、龙潭公园、珠江源广场、南城门景观长廊、南城门广场、河滨公园绿化景观；三是完善麒麟东西路—翠峰大道景观带，把城东、城西景观连为一体；四是完善曲胜高速公路景观带，建设森林型、园林型、生态型的绿色景观走廊；五是金江景观大道向东连接沿江，实现城乡绿化一体化；六是三江大道景观带横贯东西城区，连接翠山曹家大山景观。

（二）突出特色，提高县城园林绿化建设水平

各县（市）应针对各自特色，按照创建园林城市的标准和要求，制定城市园林化建设规划，确定以城市周围山体、水体（河流）等大环境绿化和城市主干道、公园、广场和城市出入口为重点的园林绿化工程建设。以植物造景为主、绿地为辅、乔灌草结合，使绿化植物群错落有致，立体绿化效果明显。在巩固现有绿化成果的基础上，抓好沿山绿化带、沿江（河）景观带、沿路森林带的建设，加快节点绿化改造等项目建设，使之成为城市绿色景观亮点。采取有效措施，着力提高旅游小镇、重点镇景观绿化水平。

四、强化保障，确保园林城市创建工作顺利推进

（一）加强领导，进一步落实责任

为加强对创建园林城市工作的组织领导，市委、市政府成立市创建园林城市领导小组，负责创建工作的组织领导和协调工作。领导小组下设办公室在市建设局，负责创建目标的制定、具体任务的分解和考核督查，每年对各县（市）区人民政府、各责任部门的任务完成情况进行检查考核。各县（市）区每年2月底前向市领导小组办公室上报年度项目计划，12月底前上报年度创建工作情况，次年2月前组织开展检查。各县（市）区要成立相应的领导机构，按照市人民政府的统一部署，分解任务，落实责任，精心组织实施，形成主要领导负总责，分管领导具体抓，一级抓一级、层层抓落实的工作机制。各创建城市要制定体现各自特色切实可行的创建方案和工作措施，确保在规定的时限内完成创建目标。对按期完成创建目标的，市财政和县级财政每年安排一定资金对责任城市、责任单位和责任人员进行奖励。对不能按期完成创建任务、影响全市创建目标的，追究有关责任人员责任。

（二）健全机构，强化园林绿化执法管理

市级园林绿化主管部门要完善职能，加强对全市园林绿化规划、建设、管理、创建工作的指导、督促和检查。各县（市）区要健全园林绿化管理机构，组建园林绿化专业执法队伍，严格执行园林绿化及风景名胜区管理法规，加大对擅自改变绿化用地性质、侵占绿地、非法砍伐移植城市绿化树木、破坏园林绿化设施行为的查处力度，保护园林绿化成果。公安、建设、林业、国土资源、环保、农业、水务、交通、工商等行政主管部门要采取联合行动、综合执法的方式，严肃查处和打击开挖城市周边山体、污染水体、非法采挖树木等违法行为，有效保护城市周边生态环境。

（三）创新机制，拓宽建设资金渠道

建立以政府投资为主、各方筹资为补充的多渠道、多层次投入体系。一是确保财政投入，市级财政对各县（市）区创建国家、省级园林城市（县城）和市级园林小城镇给予以奖代补，县级财政要将创建经费纳入本级财政年度预算；二是开展绿化认建、认养活动，动员社会力量建设单位园、企业园、纪念园，种植纪念树；三是开展全民义务植树活动，男年满11周岁60周岁以下、女年满11周岁55周岁以下，有正常生活来源、身体健康的城市居民每年到指定的地点开展义务植树活动；四是开放园林绿化特许经营，引导社会资金参与绿化建设和维护。

（四）深化改革，推进市场化运作

按照“建管分离、管养分离、作业放开”的原则，深化绿化养护制度改革，引入竞争机制，降低养护成本，提高养护质量，鼓励和扶持本地绿化企业做强、做大，城市公共绿地和道路绿化养护实行公开招标，优选绿化企业进行专业养护。

（五）加强宣传，广泛开展社会动员

各创建城市要加强宣传，深入动员，让全社会认识、理解和支持创建工作；有关部门和新闻媒体要广泛宣传报道创建工作，开辟专栏宣传创建内容，让广大市民充分认识到创建园林城市不仅是城市建设和发展的需要，更是维护市民健康和创建良好人居环境的重要措施，最大限度地调动与激发全社会参与创建工作的热情，提高市民爱绿、护绿意识，引导和鼓励广大市民积极参与到园林绿化建设和创园工作中来。

2010年4月1日

曲靖市人民政府关于建立矿村共享资源开发成果新机制的意见

曲政发〔2010〕38号

各县（市）区人民政府，市直各委、办、局：

为统筹兼顾好矿区资源效益、经济效益、生态效益、安全效益和民生效益，积极探索加强矿区环境保护、安全保障、社会稳定、民生改善和社会发展的有效途径与办法，推

动我市矿区科学发展，按照科学发展观的要求和党的十七大、十七届三中、十七届四中全会精神，结合我市实际，现就建立矿村共享资源开发成果新机制提出以下意见：

一、充分认识矿村共享资源开发成果新机制的重要意义

我市矿产资源丰富。多年来，历届党委、政府依托矿产资源，不断加大矿产资源勘查开采和加工转化力度，着力培育壮大能源、化工、矿冶、建筑建材等支柱产业，促进了经济社会的跨越式发展，矿产资源开发已成为全市经济社会发展的重要支撑和保障。但随着矿产资源的进一步开发，也带来了一些不容忽视的问题，部分开发企业一味追求经济效益，忽视生态效益和社会效益，因采矿诱发的地面塌陷、滑坡、崩塌等地质灾害直接影响人民群众生命财产安全，矿业经济发展与矿区群众增收致富脱节，造成各种利益矛盾冲突加剧，影响了社会和谐稳定和矿区科学发展。

因此，走科学发展、和谐发展之路，把推进矿区经济发展作为第一要务，把带动群众增收致富作为第一要义，把实现矿区的发展速度与结构质量和效益相统一，人口资源环境相协调作为基本要求，把统筹兼顾好企业得发展、环境得保护、群众得实惠作为根本方法，把建立矿村共享资源开发成果新机制作为突破口，建设资源节约型、环境友好型、成果共享型矿区，是解决当前我市矿产资源开发中存在突出问题的根本途径，也是广大人民群众的迫切愿望和推进全市经济社会“科学发展、率先发展、安全发展、和谐发展”的必由之路。全市各级各部门要充分认识建立矿村共享资源开发成果新机制的重要意义，将其作为学习实践科学发展观的具体行动，强化领导，真抓实干，实现好、发展好、维护好矿区群众根本利益，切实做到“开发一方资源，做强一方产业，保护一方水土，带活一方经济，富裕一方百姓”。

二、指导思想和基本原则

（一）指导思想

以邓小平理论、“三个代表”重要思想和党的十七大精神为指导，深入贯彻落实科学发展观，正确处理资源开发与节约利用、环境保护、农民致富的关系，以矿产资源整合为突破口，以调动发挥好矿区政府、企业和群众三个方面的积极性为重点，以建立资源节约的共创机制、环境友好的共保机制、开发成果的共享机制为主要内容，齐心协力、齐抓共管、齐头并进，推进资源高效开发，促进矿区社会和谐，保护矿区生态安全，改善群众生产生活条件，走出一条资源节约、环境友好、成果共享的新路子，促进全市经济社会又好又快发展。

（二）基本原则

1. 开发与保护并重的原则。正确处理资源开发与节约利用、环境保护的关系，按照“谁开发、谁保护，谁污染、谁治理，谁破坏、谁恢复，谁受益、谁补偿”的要求，促进矿产资源节约开发、清洁开发、安全开发和可持续开发。

2. 对口帮扶的原则。按照政府引导、企业主导、群众参与的方式，把矿产资源开发与矿区建设等紧密结合起来，一个矿山企业对口帮扶一个或几个村社建设发展，各尽其责、各尽所能、各得其所，促进矿村协调发展。

3. 互利共赢的原则。统筹兼顾政府、企业和群众的利益，把支持矿山企业发展壮大与矿区群众增收致富、改善人居环境有机结合起来，将资源优势转化成产业优势、经济优势和发展优势，做到企业得发展、群众得实惠。

4. 点面结合的原则。按照全面推进、重点突破、典型引路、以点促面的原则，在全市具备条件的矿区全面推进建立矿村共享资源开发成果新机制工作。同时，集中力量，培育一批矿村共享资源开发成果的典型，通过典型的示范带动面上工作，推进全市矿区科学发展。

5. 一村一策的原则。要根据矿区经济发展水平、群众生产生活条件和矿山企业分布及生产规模，采取“一村一策”、“一村一案”的办法，从解决群众最急需的问题入手，因地制宜，分类实施，灵活推进，确保取得实效。

三、主要任务

矿村共享资源开发成果新机制的总体目标任务是实现“355”，即：在资源节约上，做到资源集中度有提升、集约利用率有提高、产能产值有增加；在环境友好上，做到地质灾害有减少、矿区生态有改善、矿业秩序有改进、矿区安全有保障、矿区矛盾有缓解；在成果共享上，做到惠农产业有发展、生活补偿有落实、公共设施有改善、农民收入有增加、新农村建设有进步。重点是建立三种机制：

（一）构建资源节约的“共建机制”

1. 在资源市场化配置上共同努力。矿区政府要在宏观调控下充分发挥市场配置资源的基础性作用，统筹规划矿产开发，推进资源优先整合到符合产业政策的、规划矿区内的、产品上下游和勘查开发一体化的优势企业，鼓励矿产资源进一步向开发利用水平高、安全保障条件优、矿区生态保护好、社会责任强的优势企业集聚，提高资源集中度。各类符合条件的优势企业要结合资源规划积极主动地通过协议转让、评估交易、参资入股、租赁经营等多种方式整合资源。引导矿区群众通过听证等方式，理解与支持资源整合政策与方案，监督资源配置情况。

2. 在资源规模化开采上互相支持。矿区政府要依法严把资源开采企业市场准入关、发展提高关和市场退出关，严格落实煤矿“关一建一”和“关小建大”及有关产能标准等政策，积极支持产能高、装备好、管理科学、工艺先进的规模化开采，坚持淘汰产能低下、污染环境、浪费资源和安全无保障的落后企业，进一步提高产业竞争力。矿山开采企业要加大技改扩能建设，加强标准化矿井建设，提升开采水平，保障安全生产。矿区群众在土地征转等环节要积极支持规模化开采企业做优做强，监督和自觉抵制低效落后产能。

3. 在资源集约化利用上共同参与。矿区政府要通过土地、信贷、税费、立项和行业准入等政策，加强对矿山企业资源综合利用管理，提高资源综合利用率，支持矿产资源的循环利用和深加工，鼓励上下游企业联合重组，推动产业优化升级和资源集约。矿山企业要制定有效的资源综合开发利用方案，加大技术改造力度，延伸产业链，提升附加值，提高资源利用的集约化水平。矿区群众要在发挥好监督作用的基础上，有条件的可以通过合作联营等多种途径加强对尾矿、废渣的利用。

（二）构建环境友好的“共保机制”

1. 在地质灾害防治上群防群治。矿区政府要加大对矿区地质灾害防治的投入，健全地质灾害的预警预报和综合治理机制，落实矿山企业的地质环境保护与恢复治理责任。对资源已枯竭或已经关停的废弃矿区，生态环境严重恶化或地质灾害现象明显的，要以政府为主导，积极通过财政补助、土地、信贷等优惠政策，落实专项整治资金、整治方案和预警预报措施，加大治理力度；矿山企业要落实防治地质灾害的主体责任，编制并有效实施治理方案；矿区群众要主动参与地质灾害的巡查巡防，积极探索发挥群众预警预报作用的有效途径与办法。

2. 在生态环境恢复上群策群力。矿区政府要认真落实矿山地质环境恢复治理保证金制度，鼓励引导社会法人或自然人按照“谁恢复、谁受益、谁使用”的原则，参与废弃矿区的生态恢复，进行产业化经营。矿山企业要认真组织编制环境影响评价和水土保持防治方案，落实环境恢复、水土流失治理责任和补偿责任，集中治理污染物，妥善处置废弃物。对因开采造成群众房屋财产损坏、人畜饮水枯竭的，矿山企业要积极主动地落实补偿补助。矿区群众要充分发挥好监督和举证作用，及时反映房屋财产损坏、人畜饮水枯竭情况，依法落实有关补偿。

3. 在矿业秩序维护上多方联动。矿区政府要加强矿产资源管理，每年从矿产资源有偿使用费中预算安排专项资金，加大对非法开采和私挖滥采的打击力度，严厉查处涉矿违法违规行为，维护正常的矿产资源勘查、开采秩序，切实保障矿业权人的合法权益。矿山企业要采取多种途径、多种形式捍卫采矿区域资源、维护合法权益，有条件的可以建立护矿队伍。矿区群众要主动配合，积极参与巡防巡查，积极探索建立村社矿业秩序群防保证金制度，健全举报奖励制度。

（三）构建开发成果的“共享机制”

1. 对口发展惠农产业。把矿产资源开发与群众增收致富结合起来，支持矿山企业对口发展惠农特色产业。按照政府引导、企业主导、群众参与的办法，由矿山企业对口帮扶村社发展一个以上的惠农产业，村社和群众以集体产权参股、补偿入股或就地用工参与矿山生产生活服务等方式参与利益分配。把惠农产业的发展与集体产权的有序流转结合起来，积极鼓励、引导矿区农村集体经济组织、农民在依法自愿有偿的前提下，将集体土地使用权和土地承包经营权、林地使用权和林木所有权进行转包、租赁、作价入股、合作经营。

2. 对口落实补偿制度。矿山企业需占用林地、耕地和其他土地的，须经具有审批权限的政府及有关职能部门依法批准并将土地和各类地上附着物纳入补偿范围，依法、及时、足额地对口补偿到位；矿产资源勘查需临时使用农村集体经济组织耕地、林地及其他土地的，应依法办理临时用地手续并给予补偿；因矿山建设或开发，造成当地群众财产损失的，矿山企业应当全额赔偿；造成当地交通、电力、供水设施损坏的，应及时采取补救措施，并根据影响程度，依法给予赔偿；因勘查、开采矿产资源使耕地、林地受到破坏的，应当因地制宜采取复耕复垦、植树种草或者其他补救措施。

3. 对口建设公共设施。矿山企业要认真履行社会责任，积极以捐资、合资、合作等多种形式对口建设矿区的学校、医院、市场和文化生活设施等公共设施，发展公益事业，切实解决好矿区群众就学难、就医难、就业难、交通难、住房难和文化活动难等问题。对建设公共设施和开展公益事业的矿山企业，享受有关土地、信贷、税费等鼓励政策。

4. 对口推进新农村建设。按照“一村一策”的原则，由矿山企业对口帮扶村社的新农村建设，重点推进农民安居工程、村容村貌整治、庭院硬化、绿化美化、基本烟（农）田、小水窖、小水池、沼气、改厕、改厩、改灶等建设，改善矿区群众生产生活条件。

四、工作措施

（一）分类指导。一是对新建矿山开发项目。新建矿山开发项目在上报审批前，必须先制定矿村共享资源开发成果方案，对口一个自然村或相邻的几个自然村，由开发业主与所在地乡（镇）人民政府签订共建协议，方可上报审批办理相关手续。二是对在建或已投产矿山企业。积极引导矿山企业制定矿村共享资源开发成果方案，对口帮扶一个或几个自然村建设发展，促进矿村协调发展。在建或已投产的设计产能在15万吨以上的煤矿，必须制定矿村共享资源开发成果方案，对口至少一个自然村，并与所在地乡（镇）人民政府签订协议后组织实施。煤矿规模较小的矿区，由县（市）区人民政府牵头协调矿区煤矿，编制矿村共享资源开发成果方案并签订后组织实施。

（二）制定方案。矿村共享资源开发成果方案由县（市）区人民政府负责组织，由所在地乡（镇）人民政府编制。实施方案经村民代表大会讨论通过后，报县（市）区人民政府审批，并报市级投资主管部门备案。矿村共享资源开发成果方案要从当地实际出发，重点解决群众最关心最急需解决的问题。一是着力改善群众生产生活条件。重点开展通路、通电、村内道路硬化、安居工程、村容村貌整治、绿化美化、基本烟（农）田、“五小”水利工程、沼气、改厕、改厩、改灶等建设。二是着力培育带动农民增收致富的特色产业。因地制宜，突出比较优势，科学制定产业发展规划，重点发展种养殖优质产业和加工业，促进农民增收。三是着力完善农村公共服务体系。重点实施小学排危、村卫生室、村文化室、村兽医室和通电话、通广播电视等建设。

（三）分批实施。建立矿村共享资源开发成果新机制从2010年起全面实施，首先在煤炭资源开采矿区推开。根据工作进展情况，适时扩大到铅锌矿和磷矿资源矿区。实施主体原则上为乡（镇）人民政府，跨乡（镇）的项目由县（市）区政府统筹协调确定。

五、保障措施

（一）强化组织领导

各级人民政府要把建立矿村共享资源开发成果新机制工作摆到更加突出的位置，强化组织领导，层层落实责任。市人民政府成立由市长任组长，分管副市长任副组长，市国土资源局、市发改委、市财政局、市经委、市地税局、市煤炭局、市环保局、市水务局、市林业局、市农业局等为成员单位的“曲靖市建立矿村共享资源开发成果新机制工作领导小组”，并设办公室在市国土资源局。各县（市）区人民政府也要成立领导小组及办公室，负责组织领导、指挥协调、督促检查等工作。有关乡（镇）要成立项目实施小组，明确具体领导和人员，负责编制方案和组织实施，确保按时按质按量完成建设任务。各级各部门要进一步加强协调配合，切实履行职责，发挥部门优势，整合部门资源，做到各司其职，各负其责，密切配合，协同行动。要广泛动员群众参与，使群众真正成为投入和建设的主体力量。

（二）完善投入机制

矿村共享资源开发成果方案应有详细的资金投入预算。对公益性项目的投入按照“四个一块”的办法来多方筹集。一是动员企业投入一块。明确矿山企业的主体投入责任，按照“一企一策、一地一策”的原则，引导和督促企业筹集建设资金，加大矿区环境恢复治理和支持对口扶持村建设力度。矿山企业的投入原则上不低于项目总投资的60%。二是政府投入补助一块。市、县两级人民政府每年从煤焦价格调节基金、矿产资源有偿使用费、矿业权价款中提取部分作为新机制专项资金，用于矿村共享资源开发成果项目补助。市级每年选择确定部分重点矿村共享资源开发成果项目给予扶持。三是动员矿区群众自筹资金和投工投劳一块。四是积极争取上级扶持一块。各级政府及有关部门要积极争取上级在资金、项目、政策等方面给予倾斜和扶持。

（三）加大政策支持

1. 参与矿村共享资源开发成果项目的企业，可享受以下扶持政策：一是企业的安全生产投入、拆迁补偿费用、植被恢复支出、综合利用废弃物的项目投资、从事塌陷区治理开发的项目投资，按有关规定在企业所得税前扣除；二是在资源配置、采矿权证年检、延续登记等方面给予优先办理；三是市、县人民政府注资成立的各类信用担保公司，优先给予贷款信用担保；四是市级财政每年安排的工业发展资金、技改贴息、科技三项费、项目前期工作经费给予重点倾斜。

2. 对矿村共享资源开发成果项目实施较好的县（市）区，在用地指标、财政转移支付等方面给予重点倾斜。

3. 层层建立目标考核责任制，对矿村共享资源开发成果项目进行全面考核。对资金筹措到位、帮扶力度大、建设项目实施进度快、质量好、成效显著的先进集体和先进个人给予重奖；对工作拖沓、措施不力、工作效果差、未能按时完成任务的进行通报批评。

2010年5月17日

曲靖市人民政府关于建设五馆一中心的决定

曲政发〔2010〕72号

麒麟区人民政府，市直有关委、办、局：

为进一步加强全市文化、科技、体育基础设施建设，大力发展社会事业，构建和谐社会、文明社会，经市政府研究，决定建设“五馆一中心”，现将相关问题决定如下：

一、“五馆一中心”的具体建设内容

（一）“五馆”：科技馆，图书馆，美术馆，博物馆，规划展示馆。

（二）“一中心”：体育中心（体育场、体育馆、综合训练馆）。

二、“五馆一中心”建设规模

（一）“五馆”建设规模：博物馆建筑面积1.9万平方米，美术馆建筑面积0.8万平方米，科技馆建筑面积1.5万平方米，图书馆建筑面积1.9万平方米，规划展示馆建筑面积1.5万平方米。

（二）体育中心建设规模：体育中心建筑面积7.4万平方米（其中：体育场4.1万平方米，3万人座、体育馆1.4万平方米，0.54万人座、训练馆1.9万平方米）。

三、“五馆一中心”的建设投资

（一）“五馆”概算总投资7.05亿元，含场馆建设、室外景观、规划设计、征地拆迁、不可预见等费用。

（二）“体育中心”概算总投资9.16亿元，含场馆建设、室外景观、规划设计、征地拆迁、不可预见等费用。

四、“五馆一中心”的建设选址

“五馆一中心”选址于曲靖中心城区，地处麒麟区丰登、小坡社区，东至珠江源大道（珠江源古镇旁），西至紫云路，南至凤苑路，北至小坡联络线。该区域地理位置较好，交通条件优越，基础设施配套。

五、“五馆一中心”的建设用地

（一）“五馆一中心”建设，依据建设规模，立足长远发展，规划用地规模为599亩。周边道路用地374亩，新体校用地163亩。

（二）土地由市土地储备中心收储，以行政划拨方式供给，属“五馆一中心”配套的经营性项目以招拍挂方式供给。

（三）“五馆一中心”及周边配套基础设施用地涉及的拆迁安置以市土地储备中心为主体，具体由麒麟区政府组织实施。征地、拆迁、安置涉及的费用纳入建设成本。农民拆迁安置房必须统规统建，一次性建成。

六、“五馆一中心”的建设及管理

（一）“五馆一中心”的建设由市建设局负责，具体组建“五馆一中心建设指挥部”作为法人和建设主体，负责组织项目的建设管理，该项目涉及的使用部门市文化局、市体育局、市科协、市规划局配合建设。

（二）“五馆一中心”建成的资产属市人民政府所有，职能部门使用，成立专门的营运管理公司经营管理。

（三）在建设期间市政府成立协调领导小组，领导、统筹、协调项目建设，项目建设实行目标责任制管理，按时、按质完成年度和总体建设任务的给予奖励。

（四）“五馆一中心”所在区域涉及的鑫康路、凤苑路、轩顺路、靖州路、紫云路、文体园支路纳入市级城市市政基础设施建设并作为土地储备中心该片区土地收储整理项目投资，由市建设局组织建设，小坡联络线（龙华大道至小坡收费站）由市、区共同建设，以铁路为界，市建设局、交通局负责东段，麒麟区负责西段。

七、“五馆一中心”建设手续的办理

市发改委、市建设局（含规划局）、市国土资源局（含土地储备中心）、市环保局、市经委、市体育局、市文化局、市科协、市人防办、市消防支队、麒麟区政府等部门分别负责所涉及的各级手续办理，指定专人负责；市财政局负责政府投入资金的协调落实；市审计局负责工程项目的审计，指定专人负责；市监察局负责招标、物资采购、工程进度等工作的监督，指定专人负责。各部门要高度负责，特事特办，为项目建设创造最优服务。

八、“五馆一中心”建设资金的筹集

（一）“五馆一中心”建设投资大，采取多方筹集，多元融资的方式筹集资金。市政府通过贷款、周边土地出让收益、财政预算、向上级争取支持等方式进行筹资。

（二）设施使用部门（市体育局、市文化局、市科协、市规划局）的筹集和向上级争取支持筹资不低于项目投资的5%；盘活、处置文化、体育、科协原有对应设施筹资。

（三）积极争取采用"BT"、"BOT"、"TOT"、合作、股份制等方式向社会融资，属经营性项目面向市场开放融资建设。

九、"五馆一中心"建设的政策支持

（一）建设期间缴纳的各种税费，属市级收入部分全额返回用于场馆建设。

（二）城市基础设施配套费全额减免。

（三）办理手续交纳市属部门的各种费用均按最大限度给予减免。

十、"五馆一中心"建设的时限和质量要求

"五馆一中心"自2010年启动建设，2012年底全面完工投入使用。质量要创省级优良并争创国家级优良工程，环境必须是园林生态型并创省级园林单位。

十一、"五馆一中心"的配套建设

（一）除"五馆一中心"直接用地外所剩163亩土地作为配套用地。

（二）具体项目安排有：建设体育中心的辅助田径运动场、综合网球场、运动员公寓及服务设施，群众性体育活动设施，曲靖体育运动学校、行政办公等。

（三）运动员公寓及服务设施占地60余亩，作为经营性项目采取公开招商方式市场化建设。

（四）体育运动学校迁入该地，体育运动学校现有用地（70余亩地）由土地收储部门收储出让收益全部返给市体育局用于新体校、网球场和田径辅助场等建设或通过招商方式由开发商先投资新体校等建设，老校通过挂牌出让由开发商开发。

（五）为有利于下步管理，市文化局、市体育局迁入该地，原资产处置用于新址建设。

2010年11月2日

统计资料

2010年曲靖市主要经济指标完成情况表

指标名称	计量单位	2010年完成数	增幅%
地区生产总值	亿元	1005.5	13.1
第一产业	亿元	183.5	6.6
第二产业	亿元	526.7	15.5
工业	亿元	468.7	14.9
建筑业	亿元	58	20.1
第三产业	亿元	295.3	12.4
农业总产值	亿元	329.4	7.5
粮食总产量	亿千克	25.47	4.3
全社会固定资产投资	亿元	701.5	26.4
居民消费价格指数	亿元	103.6	-
进出口总额	亿美元	2.17	28.8
出口	亿美元	2	132.9
社会消费品零售总额	亿元	232.8	22.5
城镇居民可支配收入	元	15940	13
农民人均纯收入	元	4130	12.7
财政一般预算收入	亿元	72.4	14.6
财政一般预算支出	亿元	181.6	29.6

表中所列数据均为快报数，最终定案数以《曲靖统计年鉴》为准。

2010 年曲靖市主要经济社会指标在云南省位次表

州(市)	人均 GDP(元)		GDP(万元)		地方财政收入(万元)		人均地方财政收入(万元)		农民人均纯收入(元)		社会消费品零售总额(万元)		人均社会消费品零售总额(元)		农业总产值(万元)		粮食产量(吨)		人均粮食产量(千克)		烤烟产量(吨)		全社会固定资产投资总额(万元)	
	绝对数	位次	绝对数	位次	绝对数	位次	绝对数	位次	绝对数	位次	绝对数	位次	绝对数	位次	绝对数	位次	绝对数	位次	绝对数	位次	绝对数	位次	绝对数	位次
昆明市	33550	1	21203723	1	2538316	1	4016	1	5810	1	10601922	1	16775	1	2007273	2	1084240	7	172	16	90920	5	18127912	1
曲靖市	17236	4	10055458	2	724326	2	1242	6	4130	4	2328024	2	3990	9	3293767	1	2546946	1	437	3	204807	1	7014741	2
玉溪市	32091	2	7364903	3	647297	3	2820	2	5747	2	1415277	6	6167	2	1200181	8	451438	12	197	15	104978	2	3246153	5
保山市	10495	11	2608992	9	213778	10	860	13	3626	8	843578	9	3393	12	1323970	6	1125705	6	453	2	63253	7	2116527	11
昭通市	7075	16	3796235	7	256180	8	477	16	2768	15	1056653	8	1969	16	1156229	10	1759368	2	328	13	56114	9	3561294	4
丽江市	11688	10	1435885	13	164551	11	1339	5	3410	10	454984	14	3704	10	449379	14	433844	13	353	8	23764	12	2020622	12
普洱市	9553	13	2473049	10	308580	6	1192	7	3456	9	726620	10	2807	15	1130295	11	904821	9	350	9	40949	10	2351108	9
临沧市	9075	15	2182879	11	145140	12	603	15	3279	13	725787	11	3017	13	1178623	9	792043	10	329	12	29064	11	2344217	10
楚雄州	14787	5	4000508	6	306979	7	1135	8	3896	7	1319345	7	4877	4	1525017	5	960325	8	355	7	101274	3	2806154	7
红河州	14551	7	6504154	4	612237	4	1370	4	3922	5	1534684	3	3433	11	1758400	4	1415714	3	317	14	94168	4	5205514	3
文山州	9491	14	3298515	8	220266	9	634	14	2806	14	1436429	4	4133	7	1200679	7	1275792	4	367	5	61605	8	2710307	8
西双版纳州	14629	6	1609871	12	112586	14	1023	12	4354	3	506003	13	4598	5	761556	12	371138	14	337	11			1111614	15
大理州	13519	8	4748676	5	376161	5	1071	11	3902	6	1421032	5	4045	8	1986920	3	1268985	5	361	6	80922	6	2827992	6
德宏州	11693	9	1406270	14	132390	13	1101	10	3368	11	543613	12	4520	6	579985	13	603027	11	501	1	1081	13	1313152	14
怒江州	10276	12	540046	16	58388	16	1111	9	2005	16	148659	16	2829	14	105670	16	177424	15	338	10			600000	16
迪庆州	20051	3	770976	15	59667	15	1552	3	3347	12	209872	15	5458	3	117187	15	146701	16	382	4			1339617	13

（表中所有数据均根据各州市 2010 年快报资料整理，正式定案数以各地出版的统计年鉴上登载的数据为准。）

2010年曲靖市各县（市）区主要经济指标表

县（市）区	GDP（万元）	一般预算收入（万元）	一般预算支出（万元）	全社会固定资产投资（万元）	农民人均纯收入（元）	农业总产值（万元）	社会消费品零售总额（万元）
麒麟区	3090022	92134	177953	1928351	5569	270986	717626
马龙县	233636	23921	87178	262450	3665	106080	48986
陆良县	950293	39009	151039	53660	5056	591421	192248
师宗县	512828	29173	112696	438520	3784	281852	77179
罗平县	780712	34307	128818	358710	4413	389469	198610
富源县	1119390	83833	209633	888710	4267	319321	194318
会泽县	950181	61018	210034	585100	2643	395407	159746
沾益县	963534	54260	126847	842600	4813	360419	128483
宣威市	1481898	90016	313187	1173700	3735	578812	610829

（肖晶晶/供稿）

索　引

说　明

一、本索引采用主题分析方法，索引范围包括类目、分目、条目、表格等，图片未制作索引。

二、本索引中以数字、字母开头的条目单独列出，作为非音序排序，其余的按照汉语拼音音序排列，同音字按声调排列，第一字相同，按第二字排列，依次类推。

三、类目、栏目用黑体标明。标引词后的数字表示该索引内容所在页码，页码后的 a、b、c 分别表示左、中、右栏。

四、“附见”条目缩后一字位置放在相关分目、条目下面；条目后的第二个页码或两个以上页码，表示该条目“参见”内容所在的不同位置；条目需作补充说明的，则括注于标引词之后。

非音序排序

A

B

D

E

F

G

H

J

K

L

M

N

P

Q

R

S

T

W

X

Y

Z